“新世纪优秀人才支持计划”资助项目

༄། །བོད་རིག་པའི་དཔྱད་རྩོམ་ཕྱོགས་བསྒྲིགས།

藏学研究论文集

དེབ་འདིའི་རྩོམ་སྒྲིག་ཚོགས་ཆུང་གིས་བསྒྲིགས།

本书编写组　编

བོད་ལྗོངས་བོད་ཡིག་དཔེ་རྙིང་དཔེ་སྐྲུན་ཁང་།

西藏藏文古籍出版社

图书在版编目（CIP）数据

藏学研究论文集 / 藏学研究论文集编写组编 .
—拉萨 ： 西藏藏文古籍出版社， 2016.5
ISBN 978-7-80589-786-8

Ⅰ. ①藏… Ⅱ. ①藏… Ⅲ. ①藏学—文集 Ⅳ. ①K281.4-53

中国版本图书馆 CIP 数据核字（2016）第 076973 号

“新世纪优秀人才支持计划”资助项目，项目编号：NCET-12-0581

བོད་རིག་པའི་དཔྱད་རྩོམ་ཕྱོགས་བསྒྲིགས།

རྩོམ་སྒྲིག་འགན་འཁུར་པ། ཚེ་དཔག　ཧོ་ཝེ་ཧྲེང་།
责任编辑　次　巴　何卫峰
དཔེ་སྐྲུན། བོད་ལྗོངས་བོད་ཡིག་དཔེ་རྙིང་དཔེ་སྐྲུན་ཁང་།
出　　版　西藏藏文古籍出版社
གནས་ཡུལ། ལྷ་ས་གྲོང་ཁྱེར་སེར་ར་ལམ་སྒོ་རྟགས་ཨང་༢༢　སྦྲག་ཨང་༨༥༠༠༠༠
པར་རྐུའི་བྱ་སྤྱོད་ལ་རྡུང་རྡེག་གཏོང་བ། ༠༨༩༡-༦༦༤༩༩༩༨　༡༣༩༠༨༩༩༠༠༨༥
地　　址　拉萨市色拉路22号　邮政编码：850000
打击盗版：0891-6649998　13908990085
པར་ཁང་། པེ་ཅིན་དབྱི་ཞིང་པར་འདེབས་ཚད་ཡོད་ཀུང་སི།
印　　刷　北京谊兴印刷有限公司
བརྒྱུད་འཚོང་། ཞིན་ཧྭ་དཔེ་ཚོང་ཁང་།
经　　销　全国新华书店
རེབ་ཚད། 开　　本　16 开（787× 1 092）
པར་ཤོག 印　张　26.75
པར་ཐེངས། 2016ལོའི་ཟླ་5པར་པར་གཞི་དང་པོ་བསྒྲིགས་ཤིང་པར་ཐེངས་དང་པོ་བཏབ།
版　　次　2016年5月第1版第1次印刷
དཔེ་རྟགས། 书　　号　ISBN 978-7-80589-786-8
རིན་གོང་། སྒོར་68.00
定　　价　68.00元

དཀར་ཆག

目 录

ར་སྔའི་འཇུག་ཚུལ་དང་གྲངས་ངེས་ལ་ཐོག་མར་དཔྱད་པ།

ལྷ་མགོན།

ནང་དོན་གནད་བསྡུས། དཔྱད་རྩོམ་འདིའི་ནང་དུ་བོད་ཀྱི་བརྡ་སྤྲོད་རིག་པ་ལས་འདོགས་ཅན་གསུམ་གྱི་ཡ་གྱལ་ཏེ་ར་སྔའི་འཇུག་ཚུལ་སྐོར་གྱི་རིགས་དབྱེ་ཁག་གསུམ་དང་། དེའི་གྲངས་ངེས་མི་འདྲ་བའི་ཐད་སྔོན་ཕྱིན་མཁས་པའི་བཞེད་དགོངས་མི་མཐུན་པ་ཆེ་ཁག་བཞི་ཡོད་པ་རྣམས་གཞུང་ཁུངས་རྣལ་མ་དག་ལ་གཏུགས་ཏེ་རང་གི་རིག་པས་དཔྱད་ཡོད།

བརྡ་ཆད་གཙོ་བོ། ར་སྔ། འཇུག་ཚུལ། གྲངས་ངེས།

ཡོངས་གྲགས་སུ་བོད་ཀྱི་བརྡ་སྤྲོད་བྱེད་པོ་སློབ་དཔོན་ཐོན་མིས་སྦྲ་རིག་པའི་བསྟན་བཅོས་ཆེན་མོ་བརྒྱད་མཛད་ཀྱང་། ཆོས་དང་རིག་གནས་འཕེལ་འགྲིབ་ཀྱི་དབང་གིས་ད་ཆ་ངེད་ཅག་གི་མཐོང་ལམ་དུ་སུམ་རྟགས་ཙམ་ལས་གཞན་རྣམས་འབྱུང་བཞིའི་དབྱིངས་སུ་འཐིམས་སོང་བར་བཤད། སྐབས་འབབ་ཀྱི་བཤད་བྱ་འདོགས་ཅན་གྱི་ནང་ཚན་ར་སྔར་མཚོན་ནའང་སློབ་དཔོན་ཐོན་མིའི་སུམ་རྟགས་ཀྱི་རྩ་བར་དངོས་བསྟན་དུ་མི་སྣང་བས་ན། ཕྱིས་བྱུང་མཁས་པ་རྣམ་པས་ཕྱོགས་བསྒྲོམས་དང་གཏན་འབེབས་མཛད་པ་སྔོན་ཕྱིན་བརྡ་སྤྲོད་སྨྲ་བ་དག་གི་ར་སྔའི་གྲངས་ངེས་ཐད་བཞེད་དགོངས་ཅི་རིགས་སུ་སྣང་བའི་གནད་འདི་ལས་རྗེས་སུ་དཔོག་ཐུབ། དེས་ན་བོད་ཀྱི་ཡི་གེ་ཀུན་ལས་འོག་ན་གདན་ལྷུར་མཛེས་པ་གསུམ་དུ་གྲགས་པ་ལས་ར་སྔ་བཤད་པ་ལ། རྐྱང་བའི་དབང་དུ་བྱས་པའི་ར་སྔ་དང་མགོ་འདོགས་བརྩེགས་གསུམ་གྱི་ར་སྔ་གཉིས་སུ་དབྱེ་སྟེ། སྐབས་དོན་བཤད་པར་བྱ་བ་དངོས་ནི་མིང་གཞི་རྐྱང་བའི་དབང་དུ་བྱས་པའི་ར་སྔ་ཡིན་པས་དེའི་འཇུག་ཚུལ་དང་། གྲངས་ངེས་ཐད་ཀྱི་འགྱུར་ལྡོག་སོགས་རེ་རེ་བཞིན་འོག་ནས་གླེང་བར་བྱ།

གཅིག ར་སྟའི་འཇུག་ཚུལ་ལ་དཔྱད་པ།

སྤྱིར་བཏང་བོད་སྐད་སྒྲ་བ་ཐུན་མོང་གི་ལྟ་ཚུལ་ལ་ར་སྟའི་འཇུག་ཚུལ་ཞེས་གླེང་དུས། དེ་ནི་ཡ་ར་ལ་ལྟའི་འདོགས་ཅན་གྱི་ནང་ཚན། ར་སྟ་བཅུའམ་བཅུ་གཅིག་འབའ་ཞིག་ལ (གྲངས་ངེས་ཐད་གཞན་དགོངས་མི་མཐུན་པའི་གནད་འོག་ནས་འཆད་ངེས) འདོད་ཀྱིན་མོད། ཡིན་ནའང་བོད་བཙན་པོའི་སྐབས་ཀྱི་བརྡ་རྙིང་ཡིག་ཆ་དང་རྡོ་རིང་ཡི་གེ་སོགས་ཡིག་ཚང་རེ་འགའ་ཞིབ་ཏུ་བློག་དུས། ར་སྟ་ཐོབ་པའི་ཡི་གེ་ལ་རྣམ་པ་མི་འདྲ་བ་དང་། དེ་དག་གི་འཇུག་དོན་ལའང་དགོས་པ་མི་འདྲ་བ་མཆིས་པས། འདིར་སྔོན་གྱི་ཡིག་རྙིང་ཁག་དང་གནའ་དེང་གི་བརྡ་སྤྲོད་རིག་པའི་གཞུང་ཁུངས་རྣལ་མ་དག་ལ་ཁུངས་བཙོལ་ནས་ར་སྟའི་འཇུག་ཚུལ་མི་འདྲ་བ་གཙོ་བོ་ཕྱོགས་གསུམ་དུ་དབྱེ་སྟེ། དང་པོ་ནི་བརྡ་སྤྲོད་སྒྲ་བ་ཐུན་མོང་གིས་བཞེད་པའི་འདོགས་ཅན་བཞིའི་ཡ་གྱལ་ར་སྟའམ་ར་བཏགས་སུ་འབོད་པ་ཡིན་ལ། འདིའི་གྲངས་ངེས་ཐད་བཞེད་དགོངས་མི་མཐུན་པ་མཆིས་པ་འོག་ནས་ཞིབ་ཏུ་འཆད་ངེས་པས་སྐབས་འདིར་མི་སྤྲོ། གཉིས་པ་ནི་ལེགས་སྦྱར་གྱི་སྐད་སོགས་ཕྱི་ཡིག་ནས་ཆོས་དང་རིག་གཞུང་ཚུར་བོད་སྐད་ལ་བསྒྱུར་དུས་ཕ་རོལ་གྱི་སྒྲ་དོན་ལ་གོ་བ་བདེ་ལེགས་སུ་འཇུག་སླད་སྒྲ་ཇི་བཞིན་ཕབ་པ་དག་ལ་ངོས་འཛིན་ཞིང་། ཕྱི་མ་ནི་བོད་ཀྱི་བརྡ་རྙིང་ཡིག་ཆ་དང་རྡོ་རིང་སོགས་སུ་བཀོད་པའི་མིང་མཐའི་ར་ཡིག་ཉིད་ར་སྟའི་རྣམ་པ་ཅན་དུ་བྲིས་པ་དེར་གོ འདིའི་སྐོར་ཅུང་ཟད་ཞིབ་པར་སྤྲོས་ན། གོང་སྨྲས་ར་སྟའི་འཇུག་ཚུལ་རྣམ་གྲངས་དང་པོ་ནི་བརྡ་སྤྲོད་སྒྲ་བ་ཕལ་ཆེ་བའི་གཞུང་དུ་གླེང་འདུག་ཅིང་། གྲངས་ངེས་ཐད་གཙོ་ཆེར་བཞེད་དགོངས་མི་མཐུན་པ་ཕྱོགས་བཞི་ཙམ་སྣང་སྟེ། སོ་སོ་ནི་ར་སྟ་བཅུ་ཙམ་འདོད་པ་དང་། བཅུ་གཅིག་ཏུ་འདོད་པ། བཅུ་གཉིས་སུ་འདོད་པ། བཅུ་བཞི་ཙམ་འདོད་པ་བཅས་ཡིན། རྣམ་གྲངས་གཉིས་པ་ནི་སྔོན་གྱི་ལོ་པཎ་དག་གིས་ལེགས་སྦྱར་གྱི་སྐད་དོད་སོགས་ནས་ཆོས་དང་རིག་གནས་བསྒྱུར་བའི་སྐབས། ཕ་རོལ་བའི་སྒྲ་དོན་ལ་གཞིགས་ནས་བོད་ཡིག་ཏུ་ཕབ་སླད་དགོས་དབང་གིས་བྲིས་པ་དག་ལ་ཟེར་ཞིང་། འདི་ལ་དཔེར་ན། བོད་སྐད་དུ་ཇོ་བོ་རྗེ་དཔལ་ལྡན་མར་མེ་མཛད་ཅེས་པར་ལེགས་སྦྱར་སྐད་དོད་དུ་དཱི་པཾ་ཀ་ར་ཤྲཱི་ཛྙཱ་ན། ཕྱག་ན་རྡོ་རྗེའི་སྐད་དོད་དུ་བཛྲ་པཱ་ཎི་ཞེས་འབྲི་སྲོལ་ཆགས་པའི་ཤྲཱི་དང་ཛྙ་ཡིག་ལྟ་བུའི་རིགས་མཐུན་ཡི་གེ་མང་པོ་ཞིག་དགོས་དབང་གིས་སྒྲ་ཇི་བཞིན་དུ་བྲིས་པ་ལས། བོད་ཡིག་རང་དུ་འདི་འདྲ་མི་སྣང་ལ་དེ་དག་གིས་ལུང་དུའང་མི་སྟོན་ནོ།། ཕྱི་མ་ནི་བོད་ཀྱི་བརྡ་རྙིང་ཡིག་ཆ་དང་རྡོ་རིང་སོགས་སུ་སྣང་བའི་མིང་མཐའི་རའི་རྗེས་འཇུག་ཉིད་ར་སྟའི་རྣམ་པ་ཅན་དུ་བྲིས་པའི་སྐོར་ཡིན་ལ། དེ་ལ་འགྱུར་ལྡོག་གི་གོ་རིམ་ངེས་ཅན་ཞིག་ཀྱང་ཡོད་པར་སྙམ་སྟེ། ཞྭ་ལྷ་ཁང་གི་རྡོ་རིང་གི་གོང་

ནས་མར་རྩིས་པའི་ཐིག་ཕྲེང་ཉེར་གཅིག་པ་ཏུ། "དྲིན་འོས་བྷ་ཤྲིན་བྷ་དགོངས་པ་ལས།…" ①ཞེས་པ་དང་། ཏུན་ཧོང་ནས་ཐོན་པའི་ཡིག་ཆ P·T1079དགེ་སློང་བམ་ཀེང་ཟེར་བའི་བྲན་མོའི་རྒྱུད་དོན་མཆིད་གསོལ་བའི་གཏུག་བཤེར་གྱི་ཡི་གེ་ཞེས་པའི་ཐིག་ཕྲེང་གསུམ་པར "ལུག་གི་ལོ་ལ། བདེ་བློན་ཞང་བཙན་བཟང་དང་། བློན་གཡུ་སྒྲ་དང…" ②དང་། གཞན P·T1078སྟོང་སར་གྱི་ལྷེའི་ཚལ་ཞིང་སྐོར་རྒྱུད་དོན་གྱི་གཏུག་བཤེར་ཡི་གེའི་གོང་ནས་མར་རྩིས་པའི་ཐིག་ཕྲེང་གསུམ་པ་ཏུ། "བློན་ལྷ་བཞྲེ་མདོ་བརྩན་ལ་ཕུལ་ནས…" ③ཞེས་བཀོད་པར་གཞིགས་ན། བར་དང་གཡར། བཞེར་སོགས་ཀྱི་མཐའ་རྟེན་གྱི་ར་ཡིག་དེ་ཉིད་ར་སྟའི་རྣམ་པ་བཞིན་འོག་ལ་འབྲི་བའི་སྲོལ་ཞིག་ཀྱང་བཙན་པོའི་དུས་སྐབས་ནས་ཡོད་པར་སྣང་ལ། གོང་སྨོས་དེ་དག་ལ "～" འཇུག་པ་ནི་འདྲ་ཡང་། འཇུག་པའི་རྒྱུ་མཚན་དང་དོན་ཐ་དད་དུ་སྣང་བས་ཕྲན་གྱིས་རེ་རེ་ཕྲལ་ནས་དབྱེ་སྒོ་གསུམ་དུ་ཕྱེས་པ་ཡིན།

གཉིས། ར་སྟའི་གྲངས་ངེས་དང་དེའི་འགྱུར་ལྡོག་སྐོར།

འདོགས་ཅན་གྱི་ར་སྟའི་མིང་གི་རྣམ་གྲངས་གཞན་ལ་ར་བཏགས་སུའང་འབོད་དེ། འདིར་ར་སྟ་ལས་ར་བཏགས་མ་སྨྱུད་པའི་རྒྱུ་མཚན་ནི། "ར་ལ་བཏགས་པ་བཅུ་གསུམ་དང་།། ལ་ལ་བཏགས་པ་བཅུ་དང་ནི།། ས་ལ་བཏགས་པ་བཅུ་གསུམ་འདོད" ཅེས "ར་ལ་བཏགས" དང "ལ་ལ་བཏགས" ལྟ་བུ་ནི་ར་མགོ་དང་ལ་མགོ་ཏུ་འདོད་དགོས་པར་རྟོག་ལོའི་དག་ཡིག་ཉེར་མཁོ་བསྡུས་པ་དང་། ས་པཎ་གྱི་དག་ཡིག་སོགས་མཁས་པ་ཚད་ལྡན་དག་གི་གསུང་དུ་སྣང་ལ། དེ་བས་ར་བཏགས་དང་ར་ལ་བཏགས་སོགས་ཕན་ཚུན་འཁྲུལ་ཉེན་ཆེ་བར་དམིགས་ཏེ་སྐབས་འདིར་ར་སྟ་ཞེས་པའི་ཐ་སྙད་རྒྱུན་སྤྱོད་བྱས་པ་ཡིན། གཤམ་ནས་བསྟན་པ་ཕྱི་དར་ནས་ད་ལྟའི་བར་དུ་ཚབ་མཚོན་རང་བཞིན་གྱི་བརྡ་སྤྲོད་མཁས་པ་འགའི་དགོངས་པ་འདྲ་མིན་ཅི་རིགས་སུ་སྣང་བའི་ར་སྟའི་གྲངས་ངེས་སྐོར་རེའུ་མིག་ཏུ་རེ་རེ་བཞིན་དགོད་རྒྱུ་དང་། དེ་མུར་གྲངས་ངེས་འདྲ་མིན་བྱུང་བའི་ཐད་གཤིབ་བསྡུར་ཙུང་ཟད་བྱ།

①བསོད་ནམས་སྐྱིད་དང་དབང་རྒྱལ་གྱིས་བསྒྲིགས། བོད་ཀྱི་གནའ་རབས་ཡིག་ཆ་གཅེས་བསྡུས། [G] ཁྲིན་ཏུའུ། སི་ཁྲོན་མི་རིགས་དཔེ་བསྐྲུན་ཁང་། 2003ལོར་པར། ཤོག་ངོས་74
②བསོད་ནམས་སྐྱིད་དང་དབང་རྒྱལ་གྱིས་བསྒྲིགས། ཏུན་ཧོང་ནས་ཐོན་པའི་གནའ་བོའི་བོད་ཡིག་ཤོག་དྲིལ། [G] པེ་ཅིན། མི་རིགས་དཔེ་བསྐྲུན་ཁང་། 2003ལོར་པར། ཤོག་ངོས་70
③བསོད་ནམས་སྐྱིད་དང་དབང་རྒྱལ་གྱིས་བསྒྲིགས། ཏུན་ཧོང་ནས་ཐོན་པའི་གནའ་བོའི་བོད་ཡིག་ཤོག་དྲིལ། [G] པེ་ཅིན། མི་རིགས་དཔེ་བསྐྲུན་ཁང་། 2003ལོར་པར། ཤོག་ངོས་79

མཁས་པའི་མཚན།	ལྷ་བའི་ཡོང་ཁུངས།	ར་སྟའི་གྲངས་ངེས།	སོ་སོའི་རྣམ་གྲངས།
སློབ་དཔོན་ཐོན་མི།	སུམ་རྟགས་ཀྱི་རྩ་བ།	དངོས་བསྟན་སུ་མི་སྣང་།	
རྗོག་ལོ་ནྡྷ་བ་བློ་ལྡན་ཤེས་རབ།	དག་ཡིག་ཉེར་མཁོ་བསྡུས་པ།	བཅུ།	ཀྲ་ཁྲ་གྲ་དྲ་པྲ་ཕྲ་བྲ་མྲ་སྲ་ཧྲ།
ས་པཎ་ཀུན་དགའ་རྒྱལ་མཚན།	དག་ཡིག་ཉེར་མཁོ་བསྡུས་པ་སྙིང་སྦྱོར་ཡིད་བཞིན་ནོར་བུ།	བཅུ།	ཀྲ་ཁྲ་གྲ་དྲ་པྲ་ཕྲ་བྲ་མྲ་སྲ་ཧྲ།
པྲ་ཏི་རིན་ཆེན་དོན་གྲུབ།	ཀུན་བཟང་དགོངས་རྒྱན།	དངོས་བསྟན་དུ་མི་སྣང་།	
སི་ཏུ་པཎ་ཆེན།	སུ་ཏིག་ཕྲེང་མཛེས།	དངོས་བསྟན་དུ་མི་སྣང་།	
རྫོམ་མཁན་མི་གསལ།	བོན་གྱི་བརྡ་སྤྲོད་ཉི་སྙིང་།	བཅུ་གཉིས།	ཀྲ་ཁྲ་གྲ་ཏྲ་དྲ་པྲ་ཕྲ་བྲ་མྲ་ཤྲ་སྲ་ཧྲ།
ཚུལ་ཁྲིམས་རྒྱལ་མཚན།	བརྡ་སྤྲོད་ཉི་ཤུ་བདུན་པ།	བཅུ་གཉིས།	ཀྲ་ཁྲ་གྲ་ཏྲ་དྲ་པྲ་ཕྲ་བྲ་མྲ་ཤྲ་སྲ་ཧྲ།
གསེར་ཏོག་བློ་བཟང་ཚུལ་ཁྲིམས་རྒྱ་མཚོ།	མཆན་འགྲེལ་ངོ་མཚར་འཕྲུལ་ལྡེ།	བཅུ་གཅིག （བཅུ་བཞི）	ཀྲ་ཁྲ་གྲ་ཏྲ་ཐྲ་དྲ་ནྲ་པྲ་ཕྲ་བྲ་མྲ་ཤྲ་སྲ་ཧྲ།
ཨ་ཤ་ལ་བསྟན་དར་ལྷ་རམས་པ།	སྐལ་ལྡན་ཡིད་ཀྱི་པདྨོ།	བཅུ་གཅིག	ཀྲ་ཁྲ་གྲ་ཏྲ་ཐྲ་དྲ་པྲ་ཕྲ་བྲ་སྲ་ཧྲ།
ཀུན་བཟང་རྒྱལ་མཚན།	མིང་བསྟན་ལེགས་པར་བཤད་པ་རིན་པོ་ཆེའི་གཏེར་ཁྲིམ།	བཅུ་གཉིས།	ཀྲ་ཁྲ་གྲ་ཏྲ་དྲ་པྲ་ཕྲ་བྲ་མྲ་ཤྲ་སྲ་ཧྲ།
དམུ་དགེ་བསམ་གཏན་རྒྱ་མཚོ།	བོད་ཀྱི་ཡི་གེ་སྤྱི་རྣམ་བློ་གསལ་འཇུག་ངོགས།	བཅུ་གཅིག	ཀྲ་ཁྲ་གྲ་ཏྲ་ཐྲ་དྲ་པྲ་ཕྲ་བྲ་སྲ་ཧྲ།
ཚེ་ཏན་ཞབས་དྲུང་།	བོད་གངས་ཅན་གྱི་སྐྲ་རིག་པའི་ལེ་ཚན་ཕྱོགས་བསྡུས་འགག།	བཅུ་གཅིག	ཀྲ་ཁྲ་གྲ་ཏྲ་ཐྲ་དྲ་པྲ་ཕྲ་བྲ་སྲ་ཧྲ།
རྡོ་རྗེ་རྒྱལ་པོ།	སུམ་རྟགས་ཀྱི་སྙིང་འགྲེལ་ལེགས་བཤད་འདྲེན་པའི་ཕོ་ཉ།	བཅུ་བཞི།	ཀྲ་ཁྲ་གྲ་ཏྲ་ཐྲ་དྲ་ནྲ་པྲ་ཕྲ་བྲ་མྲ་ཤྲ་སྲ་ཧྲ།

གོང་གི་རེའུ་མིག་ལས་བརྡ་སྤྲོད་མཁན་པོ་དག་གི་ར་སྟའི་གྲངས་ངེས་ཐད་ཀྱི་བཞེད་དགོངས་མི་འདྲ་བ་ཅི་རིགས་སུ་སྣང་ལ། དེ་ལྟར་ལྟ་བ་མི་འདྲ་བ་བྱུང་བའི་གནད་ཀྱང་སློབ་དཔོན་ཐོན་མིས་མཛད་པའི་སུམ་རྟགས་གཉིས་ཀྱི་རྩ་བས་མ་ཟིན་པའི་ཕྱིར་ན། རྗེས་བྱུང་བརྡ་སྤྲོད་སྨྲ་བ་དག་གིས་རང་ཉིད་ཀྱི་

སློ་གྲོས་རྩལ་དུ་བཏོན་ནས་རང་ལུགས་བཀོད་པར་འཁྲུམས། རེའུ་མིག་གཞིར་བྱས་ན་གཙོ་བོ་འདོད་ཚུལ་ཆེ་ཁག་བཞི་རུ་དབྱེ་ཆོག་སྟེ། རྔོག་ལོའི་དག་ཡིག་ཉེར་མཁོ་བསྡུས་པ་དང་། ས་པཎ་གྱི་དག་ཡིག་ཏུ་ར་སྐའི་རྣམ་གྲངས་བཅུ་རུ་དབྱེ་ཞིང་། བོན་གྱི་བརྡ་སྤྲོད་ཉི་སྙིང་དང་ཉི་ཤུ་བདུན་པར་བཅུ་གཉིས་སུ་འདོད། གསེར་ཏོག་སུམ་རྟགས་དང་དེའི་རྗེས་འབྲངས་དག་གིས་བཅུ་བཞིར་བགྲང་ཞིང་། བསྟན་དར་ལྷ་རམས་པ་དང་། ཚེ་ཏན་ཞབས་དྲུང་། དམུ་དགེ་བསམ་གཏན་སོགས་ཀྱིས་བཅུ་གཅིག་ཏུ་བགྲང་འདུག

ལོ་རྒྱུས་ཡིག་ཚང་རིག་པའི་ཆ་ནས་བསམ་བློ་བཏང་ན། གོང་གི་ཡིག་ཆ་དག་ལས་ཆེས་སྔ་བ་ནི་རྔོག་ལོས་མཛད་པའི《དག་ཡིག་ཉེར་མཁོ་བསྡུས་པ》རེད། དག་ཡིག་འདི་ནི་བསྟན་པ་ཕྱི་དར་གྱི་དག་ཡིག་གི་ཡིག་ཆ་སྔ་ཤོས་ཙམ་དུ་མ་ཟད། ཕྱིར་བརྡ་སྤྲོད་སྐོར་གྱི་ཡིག་ཆ་སྔ་ཤོས་གྲས་སུ་བགྲང་ཆོག་པ་ཡིན། དེས་ན་གཞུང་འདིར་ར་སྐ་བཅུ་པོ་ཇི་ལྟར་བགྲང་ཡོད་ཅེ་ན། "ཀྱི་མ་གྲོགས་ཁྱོད་ཚང་ལ་དགྱེས།། རྟོག་དཔྱོད་ཕྱོགས་བཅུར་བྱེད་ཅིང་སྤྱོད།། བཀྲ་ཤིས་འཁྲིགས་པའི་གླུ་ས་འདིར།། དྲ་སྒོས་སྤྲས་པའི་འཕྲེད་སྒོ་ཅན།། ཕོ་བྲང་ནང་ན་སྦྲ་མཁན་བྱ།། སྐེ་བ་བསྲིང་ནས་ཧྲིག་གེ་བལྟ" ①ཞེས་བཀོད་ལ། ཚིག་བཅད་འདི་དག་ལས་ང་ཚོས་རྔོག་ལོས་ར་སྐ་བཅུ་རུ་བགྲང་བའི་སོ་སོ་ནི་ཀྲ་ཁྲ་གྲ་དྲ་པྲ་ཕྲ་བྲ་མྲ་སྲ་ཧྲ་ཡིན་པ་རིགས་འདེད་བྱས་ནས་ཤེས་ཐུབ། གཞན་ས་པཎ་གྱིས་མཛད་པར་གྲགས་པའི《དག་ཡིག་ཉེར་མཁོ་བསྡུས་པ་ལེགས་སྦྱོར་ཡིད་བཞིན་ནོར་བུ》ཞེས་པར་ཡང་གྲངས་ངེས་ཐད་བཅུ་རུ་བགྲང་བ་གོང་དང་འདྲ་སྟེ། གཞུང་དེར "ཀྱི་མ་གྲོགས་ཁྱོད་ཚང་ལ་དགྱེས།། རྟོག་དཔྱོད་ཕྱོགས་བཅུར་བྱེད་ཅིང་སྤྱོད།། བཀྲ་ཤིས་འཁྲིགས་པའི་གླུ་ས་འདིར།། དྲ་སྒོས་སྤྲས་པའི་འཕྲེད་སྒོ་ཅན།། བྲང་ཁང་ནང་ན་སྦྲ་མཁན་བྱ།། སྐེ་བ་བསྲིང་ནས་ཧྲིག་གེ་བལྟ" ②ཞེས་རྔོག་ལོའི་དག་ཡིག་ཁྲིད་ཀྱི་ཚིགས་བཅད་དུམ་བུ་དེ་དྲངས་ནས "ཕོ་བྲང" ཞེས་པ "བྲང་ཁང" དུ་བསྒྱུར་འདུག་མོད་ཀྱང་། ར་སྐའི་རྣམ་གྲངས་བགྲང་ལུགས་ནི་ཀྲ་ཁྲ་གྲ་ཏྲ་དྲ་པྲ་ཕྲ་བྲ་སྲ་ཧྲ་བཅས་གོང་དང་མཚུངས། འདིར་ངེས་དགོས་པ་ཞིག་ལ་དག་ཡིག་འདི་ཉིད་ས་པཎ་གྱིས་མཛད་མིན་ཐད་ལྟ་ཚུལ་འདྲ་མིན་མཆིས་མོད། ཕྲན་ལ་ཕྱོགས་དེར་ཆེད་དམིགས་ཀྱིས་ཉམས་ཞིབ་མེད་པས་ཡིན་མིན་གྱི་གཏམ་སྨྲ་མ་ཕོད། དག་ཡིག་འདི་ཉིད་ས་པཎ་གྱིས་མཛད་པ་གཞིར་བཞག་སྐོར་བལྟས་པ་ཡིན་ན། མཁས་ཆེན་རྣམ་པ་གཉིས་ཀྱིས་བཞེད་དགོངས་གཅིག་ཏུ་འདུག་ལ། དག་ཡིག་གཉིས་ཀ་གཤིབ་སྡུར་བྱས་ཚེ། ས་

①རྔོག་ལོ་ཙཱ་བ་བློ་ལྡན་ཤེས་རབ། དག་ཡིག་ཉེར་མཁོ་བསྡུས་པ། བཀའ་གདམས་དཔེ་དཀོན་གཅེས་བསྡུས་པོད་གསུམ་པ། [M] པེ་ཅིན། ཀྲུང་གོ་བོད་རིག་པ་དཔེ་སྐྲུན་ཁང་། 2009ལོར་པར། ཤོག་ངོས་662

②ས་པཎ་ཀུན་དགའ་རྒྱལ་མཚན། དག་ཡིག་ཉེར་མཁོ་བསྡུས་པ་ལེགས་སྦྱོར་ཡིད་བཞིན་ནོར་བུ། དཔལ་ལྡན་ས་སྐྱའི་གསུང་འབུམ་པོད་གཉིས་པ། [M] ཟི་ལིང་དང་པེ་ཅིན། མཚོ་སྔོན་མི་རིགས་དཔར་སྐྲུན་ཁང་། མི་རིགས་དཔེ་སྐྲུན་ཁང་། 2005ལོར་པར། ཤོག་ངོས་221

པཎ་གྱིས་མཛད་པར་གྲགས་པ་དེ་རྫོག་པོའི་དག་ཡིག་ལ་ཁུངས་བཙོལ་ནས་རྗེས་སུ་བྲིས་པ་ནི་ཙུང་སྨྲ་བོར་རྟོགས་ཐུབ། དེས་ན་ཁོང་རྣམ་གཉིས་ཀྱིས་ར་སྔ་བཅུ་ཙ་བགྲང་བའི་དགོངས་གཞིའམ་རྒྱུ་མཚན་ནི། ཕྲན་གྱིས་དཔྱད་ན་གནད་གཙོ་བོ་དེ་བོད་རང་གི་སྐད་དང་ཡི་གེ་འབའ་ཞིག་གཞིར་བྱས་ཏེ་ཀྲ་ཁྲ་གྲ་དྲ་པྲ་ཕྲ་བྲ་མྲ་སྲ་ཧྲ་བཅས་ལས་ཏྲ་ཐྲ་ནྲ་ཤྲ་སོགས་བོད་ཀྱི་མིང་བརྡའི་གྲུབ་ཆ་ཞིག་ཏུ་མ་བཞེད་པ་ཨེ་ཡིན་སྙམ་སྟེ་དཔྱད་པར་འཚལ། བོན་གྱི་བརྡ་སྤྲོད་གཞུང་གྲགས་ཆེན་ཉི་སྙིང་དང་ཉི་ཤུ་བདུན་པར་ར་སྔ་བཅུ་གཉིས་སུ་བགྲང་འདུག་ལ། དེ་དག་སོ་སོ་ནི་ཀྲ་ཁྲ་གྲ་ཏྲ་དྲ་པྲ་ཕྲ་བྲ་མྲ་ཤྲ་སྲ་ཧྲ་བཅས་རེད། འདི་ལྟར་ར་སྔ་བཅུ་གཉིས་སུ་བགྲང་དགོས་པ་ལ། 《བརྡ་སྤྲོད་ཉི་ཤུ་བདུན་པའི་རང་འགྲེལ》དུ། "གཉིས་པ་ར་སྔ་ཐོབ་པ་བཅུ་གཉིས་ནི། ཀ་ཁ་ག་ཏ་ད་པ་ཕ།། བ་མ་ཤ་ས་ཧ་རྣམས་སོ།།ཞེས་པས་བསྟན་ཏེ། བོད་ཡིག་ལ་མགོ་བའི་ར་སྔའི་ཐོབ་པ་བཅུ་དང་ཉི་སྙིང་ལྟར་མ་ཤ་གཉིས་བཅས་བཅུ་གཉིས་ནི་ཀ་ཁ་ག་ཏ་ད་པ་ཕ་བ་མ་ཤ་ས་ཧ་རྣམས་སོ་སོར་ར་སྔའི་སྦྱར་བས་ཀྲ་ཁྲ་གྲ་ཏྲ་དྲ་པྲ་ཕྲ་བྲ་མྲ་ཤྲ་སྲ་ཧྲ་རྣམས་ཡིན་ཞེས་པའོ" ①ཞེས་པ་ལས་བོད་རང་ལ་མགོ་བའི་ར་སྔ་བཅུ་ཙ་བགྲང་ལུགས་སྔ་མ་ནས་ཡོད་པར་བཞེད་ལ། ཡང་གཞུང་དེར "ཡང་འདུལ་བ་ལས། ཁྲིག་ཁྲིག་ལྷམ་གྱི་སྒྲ་སྐད་དང་། སྐར་མ་སྟོན་སྟུབས་སོགས་ནི་བོད་སྐད་དངོས་མ་ཡིན་པར་མངོན" ②ཞེས་གསུངས་པ་སོགས་ལ་བརྟག་ན། ལུང་ཚིག་འདིའི་ཤུགས་བསྟན་ལ་སྟོན་མའི་དུས་ན་ར་སྔ་བཅུ་ཙ་འདོད་པ་ལས་གཞན་དག་རྗེས་ནས་གསར་སྟོན་མཛད་པའི་གནད་འདི་ཡང་ཞིབ་ཏུ་དཔྱད་ན་ངང་གིས་རྟོགས་ཐུབ་པར་སྙམ། དེས་ན་རྗེས་སུ་གསར་སྟོན་མཛད་དེ་ར་སྔ་བཅུ་གཉིས་སུ་བགྲང་བ་ནི་གཙོ་བོར་བོད་རང་སྐད་ཀྱི་དབང་དུ་བྱས་པ་མ་ཡིན་པར་རྒྱ་གར་གྱི་ལེགས་སྦྱར་གྱི་ཡི་གེ་བོད་ཡིག་ཏུ་བསྒྱུར་དུས་ཤ་ཡིག་ལྟ་བུ་དགོས་དབང་གིས་གསར་སྟོན་མཛད་པར་དམིགས་པ་རེད་སྙམ། གསེར་ཏོག་བློ་བཟང་ཚུལ་ཁྲིམས་རྒྱ་མཚོའི་སུམ་རྟགས་ཀྱི་འགྲེལ་བར། གཞུང་དངོས་སུ་ར་སྔ་བཅུ་གཅིག་མ་གཏོགས་བགྲང་མི་འདུག་མོད། དེབ་ཀྱི་རྒྱབ་ལོག་གི་དབྱངས་གསལ་མགོ་འདོགས་སོགས་ཀྱི་རེའུ་མིག་ཏུ་ར་སྔ་བཅུ་བཞིར་བགྲང③སྟེ། ཕན་ཚུན་ནང་འགལ་ལྟ་བུར་མངོན་མོད། གང་ལྟར་ཀྲ་ཁྲ་གྲ་ཏྲ་ཐྲ་དྲ་ནྲ་པྲ་ཕྲ་བྲ་མྲ་ཤྲ་སྲ་ཧྲ་བཅུ་བཞིར་བགྲང་བ་ནི། ཏྲ་དང་ཤྲ་ལྟ་བུ་རྒྱ་གར་གྱི་སྒྲ་སྦྱོར་ལ་དམིགས་ནས་གསར་

①ཚུལ་ཁྲིམས་ཕུན་ཚོགས། བོན་གྱི་བརྡ་སྤྲོད་ཉེར་བདུན་པ་ཞེས་བྱ་བ་བཞུགས་སོ། བོན་གྱི་ཐ་སྙད་རིག་མཛོད། [M] པེ་ཅིན། མི་རིགས་དཔེ་སྐྲུན་ཁང་། 1996ལོར་པར། ཤོག་ངོས་231

②ཚུལ་ཁྲིམས་ཕུན་ཚོགས། བོན་གྱི་བརྡ་སྤྲོད་ཉེར་བདུན་པ་ཞེས་བྱ་བ་བཞུགས་སོ། བོན་གྱི་ཐ་སྙད་རིག་མཛོད། [M] པེ་ཅིན། མི་རིགས་དཔེ་སྐྲུན་ཁང་། 1996ལོར་པར། ཤོག་ངོས་231

③གསེར་ཏོག་བློ་བཟང་ཚུལ་ཁྲིམས་རྒྱ་མཚོ། བོད་ཀྱི་བརྡ་སྤྲོད་སུམ་ཅུ་པ་དང་རྟགས་ཀྱི་འཇུག་པའི་མཆན་འགྲེལ་མདོར་་བསྡུས་ཏེ་བརྗོད་པ་ངོ་མཚར་འཕྲུལ་གྱི་ལྡེ་མིག [M] པེ་ཅིན། མི་རིགས་དཔེ་བསྐྲུན་ཁང་། 1957ལོར་པར། ཤོག་ངོས་44 ཤོག་ངོས་232

དུ་བསྟན་པར་གཞི་བྱས་ཏེ་བཅུ་བཞིར་བགྲང་བ་ལས་བོད་རང་སྐད་དུ་དེ་དག་མེད་ལ་ལྷུང་དུའང་མི་སྟོན་ནོ།། དུས་ཕྱིས་བརྡ་སྤྲོད་མཁས་པ་བསྟན་དར་ལྷ་རམས་པ་དང་། ཚེ་ཏན་ཞབས་དྲུང་། དམུ་དགེ་བསམ་གཏན་སོགས་ཀྱིས་ར་སྒྲ་བཅུ་གཅིག་ཏུ་འདོད་པ་ཀྲ་ཁྲ་གྲ་ཏྲ་ཐྲ་དྲ་པྲ་ཕྲ་བྲ་སྲ་ཧྲ་བཅས་རེད་ལ། རཏ་ཀྱི་རྣམ་གྲངས་བཅུ་གཅིག་གི་དབང་དུ་བྱས་པ་འདི་ལའང་ཞིབ་ཏུ་དཔྱད་པ་ཡིན་ན། གཙོ་བོ་བོད་རང་སྐད་ཀྱི་ རྣང་གཞིའི་སྙིང་མིང་གཞི་རྒྱུང་བ་དང་བརྩེགས་མར་ཐོབ་པའི་རཏའི་ཡི་གེ་རྣམས་ལ་གཙོ་ཆེར་དགོངས་པར་བསམ་མོད། འོན་ཏེ་ཁོང་རྣམ་པས་སྒྲ་ཡིག་ཉིད་རཏའི་རྣམ་གྲངས་གྲུས་སུ་མ་བགྲང་བའི་དགོངས་གཞི་གཙོ་བོ་ཅི་ཡིན་པ་ཕྲན་གྱིས་གསལ་པོར་མ་རྟོགས་པས་མཁྱེན་ལྡན་རྣམས་ཀྱིས་ལྷུ་མཐུད་དཔྱད་པར་འཚལ། གོང་གསལ་ལྟ་བ་འདི་དག་ལ་དཔེ་དོས་ནས་དཔྱད་པ་བགྱིས་པ་ཏ་ལམ་མེད་པར་མཐོང་ཞིང་། ཤེས་བྱའི་གནད་ཕྲན་བུ་ཡིན་ཡང་འདི་བོད་གངས་ཅན་གྱི་བརྡའི་མ་ལག་གི་གྲུབ་ཆ་ཡིན་པས་དེའི་འགྱུར་ལྡོག་དང་འཇུག་ཚུལ་སོགས་ལའང་དཔྱད་པ་བགྱི་བའི་དགོས་པ་ཡོད་པར་སེམས།

སྔོམ་བྱང་།

སྐབས་བབ་ཀྱི་དཔྱད་བྱ་ར་སྟ་ལ་མཚོན་ན། བོད་ཀྱི་བརྡ་སྤྲོད་སློབ་གཞུང་ཀུན་གྱི་དགོངས་པ་གཅིག་མཐུན་དུ་མི་སྣང་བའི་ཤེས་བྱའི་གནད་ཅིག་རེད་སྙམ་ལ། ཕྲན་གྱིས་གོང་ནས་ཞུ་བའི་དོན་ཚན་ཁག་གཉིས་པོ་ཡང་སྔོན་གྱི་བརྡ་རྙིང་ཡིག་ཆ་དང་མཁས་པའི་གསུང་ལ་ཁུངས་བཙལ་ཏེ། རང་གིས་ཕྱོགས་སྡོམ་དང་དཔྱེ་ཞིབ་ཟུང་འབྲེལ་གྱི་ལམ་ལ་འཇུག་ཁུལ་བྱས་པ་ཡིན་ཏེ། དཔྱད་བྱའི་དོན་ཚན་དང་པོར་མཚོན་ན། རཏའི་འཇུག་ཚུལ་ལ་སློལ་རྒྱུན་གྱི་མཁས་པ་དག་གི་དགོངས་པ་ལས "~"ཐོབ་པའི་ཡི་གེ་གཞན་དག་ཏེ། ལེགས་སྦྱར་གྱི་སྐད་སོགས་ཕྱི་ཡིག་ནས་ཆོས་དང་རིག་གཞུང་ཚུར་བསྒྱུར་དུས་ཕ་རོལ་གྱི་སྒྲ་དོན་ལ་གོ་བ་བདེ་ལེགས་སུ་འཇུག་སླད་སྒྲ་ཇི་བཞིན་ཕབ་པའི་ཤྲཱ་ཛྙཱ་སོགས་དང་། བོད་ཀྱི་བརྡ་རྙིང་ཡིག་ཆ་དང་རྡོ་རིང་སོགས་སུ་བཀོད་པའི་མིང་གཞི་རྒྱུང་བའི་རའི་མཐའ་རྟེན་ཉིད་རཏའི་རྣམ་པ་ཅན་དུ་བྲིས་པའི་ཡྲ་ཞྲ་སོགས་ཀྱང་ལོགས་སུ་དྲངས་ནས་དཔྱེ་ཚན་ཞིག་ཏུ་བཤད་ཡོད་ལ། དཔྱད་བྱ་གཉིས་པ་རཏའི་གྲངས་ངེས་ཐད་སྔོན་ཕྱིན་བརྡ་སྤྲོད་མཁས་པ་དག་གིས་དགོངས་པ་མི་མཐུན་པར་ཕྱོགས་སྡོམ་བྱས་རྗེས། ལྟ་བ་རེ་རེ་ལ་དཔྱེ་ཞིབ་དང་དེ་ལྟར་འདོད་པའི་དགོངས་གཞི་ག་འདྲ་ཡིན་པའི་སྐོར་ལ་རང་ཉིད་ཀྱི་ལྟ་ཚུལ་བརྗོད་ཡོད་པ་སྟེ། དཔེར་ན་གོང་ནས་ར་སྟ་བཅུ་རུ་འདོད་པ་དང་། བཅུ་གཅིག་ཏུ་འདོད་པ། བཅུ་གཉིས་སུ་བགྲང་བ། བཅུ་བཞིར་བགྲང་བ་གང་ཞིག་ཡིན་རུང་། ཐོག་མར་བརྡ་སྤྲོད་མཁས་པ་རྣམས་ཀྱིས་དེ་

ལྟར་བསྒྲང་བའི་དགོངས་གཞིའམ་རྒྱུ་མཚན་གཙོ་བོ་དེ་ཅི་ཡིན་སྐོར་གསལ་བོར་རྟོགས་རྒྱུ་ནི་ཧ་ཅང་གལ་འགངས་ཆེ་བའི་གནད་ཅིག་རེད་སྙམ་ཞིང་། དེ་དག་ཤེས་པ་ལ་ར་སྔ་ལ་ཐོབ་ཐང་གི་དབང་དུ་བྱས་ན་མིང་གཞི་རྐྱང་བར་ཐོབ་པ་ཞིག་དང་བརྩེགས་མར་ཐོབ་པ་གཉིས་ཡོད་པ་རྟོགས་དགོས་ལ། དེ་མིན་ད་དུང་བོད་རང་སྐད་ཀྱི་དབང་དུ་བྱས་ནས་ར་སྔ་བསྒྲང་ལུགས་ཤིག་དང་། ལེགས་སྦྱར་གྱི་སྐད་བོད་ཡིག་གི་གཟུང་སྟབས་སུ་ཕབ་རྗེས་རྒྱ་བོད་སྐད་ཐུན་མོང་གི་དབང་དུ་བྱས་པའི་བསྒྲང་ལུགས་མི་འདྲ་བདོག་པ་སོ་སོར་མ་འདྲེས་པར་དཔྱད་པ་ཡིན་ན། གོང་གི་རྟོག་འཛིང་ཆེ་བའི་གྲངས་ངེས་ཐད་ཀྱི་དཀའ་གནད་དེར་འགྲེལ་བ་འོས་འཚམ་ཞིག་རྒྱག་ཐུབ་པར་སྙམ། དེས་ན་དོན་གྱིས་ར་སྔའི་རྣམ་གྲངས་ག་ཚོད་ལ་བསྒྲང་ན་འོས་སམ་ཞེ་ན། དེ་ལ་གཙོ་བོ་བོད་རང་སྐད་ཀྱི་དབང་དུ་བྱ་དགོས་པ་མ་ཟད། མིང་གཞི་རྐྱང་བའམ་བརྩེགས་མར་ཐོབ་པའི་བོད་ཀྱི་མིང་བརྡའི་གྲུབ་ཆ་གཙོ་བོ་དེར་ངོས་འཛིན་དགོས་པར་སྙམ་སྟེ། གཞན་ལེགས་སྦྱར་སྐད་ལ་བསམ་བློ་བཏང་ནས་རྣམ་གྲངས་བཅུ་བཞིར་བསྒྲང་བར་བྱས་ན། ཤྲ་སོགས་བསྒྲང་དགོས་ན་ཛྲ་སོགས་ཀྱང་བསྒྲང་དགོས་པ་གོང་གི་དོན་ཚན་དང་པོའི་སྐབས་སུ་སོང་བས་འདིར་བསྐྱར་ཟློས་སུ་མི་སྤྲོད་པར་བྱ། དེ་བས་བོད་རང་སྐད་ཀྱི་དབང་དུ་བྱས་པའི་ཐོག་མའི་བསྒྲང་ལུགས་ནི་རྗོག་ལོ་ཆེན་མོ་དང་ས་པཎ་གྱི་དགོངས་པ་ལྟར་ཀྲ་ཁྲ་གྲ་དྲ་པྲ་ཕྲ་བྲ་མྲ་སྲ་ཧྲ་བཅུ་རུ་འདོད་པ་དང་། སླད་མར་བསྟན་དར་ལྷ་རམས་པ་དང་ཆོ་ཏན་ཞབས་དྲུང་། དམུ་དགེ་བསམ་གཏན་སོགས་ཀྱི་དགོངས་པའང་གོང་མ་དེར་གཞི་བྱས་ནས་བསྒྲང་བ་རེད་སྙམ་ལ། གཞན་ར་སྔ་བཅུ་གཉིས་སམ་བཅུ་བཞིར་བསྒྲང་བ་ནི་གཙོ་བོ་དགོངས་ས་ཉིད་ལེགས་སྦྱར་གྱི་སྐད་ཡིན་པས་གནད་དེ་སེམས་ལ་འཇགས་དགོས་རྒྱུ་ཤིན་ཏུ་གལ་ཆེ་བར་སྙམ།

(རྩོམ་པ་པོ། ལྷ་མགོན། ཕ་ཡུལ། མཚོ་སྔོན་གཙང་ཚ། གྲུང་དབྱང་མི་རིགས་སློབ་གྲྭ་ཆེན་མོའི་བོད་རིག་པ་ཞིབ་འཇུག་གླིང་གི་2013ལོའི་ཤེས་རམས་པ།)
(མཇུག་སྡོན་དགེ་རྒྱན། ཚེ་རིང་ཐར།)

ཀ་ཟིའི་རྣམ་རྒྱུད་ལས་ཆད་པའི་སྟག་ལུང་བཀའ་རྒྱུད་ཀྱི་གདན་རབས་སྐོར་ཅུང་ཙམ་གླེང་བ།

ངག་དབང་རྡོ་རྗེ།

ནང་དོན་གནད་བསྡུས། དཔྱད་རྩོམ་འདིར་ཀ་ཟིའི་རྣམ་རྒྱུད་ཀྱི་ཁྱེས་ཚུལ་དང་རྣམ་རྒྱུད་དེ་ལས་ཆད་པའི་སྟག་ལུང་བཀའ་བརྒྱུད་ཀྱི་གདན་རབས་སྐོར་ཅུང་ཙམ་གླེང་ནས་དེ་འབྲེལ་གྱི་ལོ་རྒྱུས་དོགས་གནད་འགའ་ལ་རང་བློས་གང་དཔོག་དང་མཐའ་དཔྱད་ཕྲན་ཙམ་བྱས་ཡོད།

བརྡ་ཆད་གཙོ་བོ། ཀ་ཟིའི་རྣམ་རྒྱུད། སྟག་ལུང་བཀའ་བརྒྱུད། ལོ་རྒྱུས།

གླེང་གཞི།

ཀ་ཟིའི་རྣམ་རྒྱུད་ནི་བོད་ཀྱི་ལོ་རྒྱུས་གར་སྐྱེགས་ཐོག་མ་བབ་གལ་ཆེན་ལྡན་པའི་རྣམ་རྒྱུད་ཅིག་ཡིན་ལ། དེས་བོད་ཀྱི་ལོ་རྒྱུས་ཀྱི་ཆུ་རྒྱུན་རིང་མོའི་ཁྲོད་གོ་གནས་འགངས་ཆེན་ཞིག་བཟུང་ཡོད། ས་སྐྱའི་འཁོན་རྒྱུད་ཀྱི་སྟོབས་ཤུགས་ཇེ་ཆེར་སོང་བ་དང་བསྟུན་ནས་ས་སྐྱ་བའི་སྟོབས་ཤུགས་ཇེ་ཆེར་རྒྱས་པ་དང་དུས་མཉམ། ཀ་ཟིའི་རྣམ་རྒྱུད་དེ་ཡང་སྟག་ལུང་བཀའ་རྒྱུད་ཀྱི་འཕེལ་རྒྱས་ཇེ་ཆེར་སོང་བ་དང་བསྟུན་ནས་སྟོབས་ཤུགས་ཇེ་ཆེར་ཕྱིན་པ་མ་ཟད། སྟོབས་ཤུགས་དེས་བོད་དབུས་ཕྱོགས་དང་ཁམས་ཕྱོགས་ཀྱི་སྤྱི་ཚོགས་ནང་ཤུགས་རྐྱེན་གལ་ཆེན་ཐེབས་ཡོད་པས། སྐབས་དེའི་བོད་ཀྱི་སྤྱི་ཚོགས་ནང་ཆོས་སྲིད་གཉིས་ལ་དབང་མངའ་བའི་རྣམ་རྒྱུད་གལ་ཆེན་གྱི་གྲལ་དུ་ཚུད་ཡོད།

ད་ཕན་ཞིབ་འཇུག་པའི་ཁྲོད་ན་དགོན་པ་དེའི་ལོ་རྒྱུས་ལ་དཔྱད་པ་བྱས་པའི་དཔྱད་འབྲས་དཀོན་ལ། འགའ་ཞིག་མཆིས་ཀྱང་ལག་ཏུ་སོན་པའི་དཔྱད་གཞིའི་ཡིག་ཆ་ཕྲན་བུ་ཙམ་ལས་མེད། དེ་དག་ལ་ཞིབ་པར་མ་བརྟགས་པའི་དབང་གིས། མ་རྟོགས་པའི་ཚུལ་འགའ་ཞིག་སྣང་། དེས་ན། འདིར་སྤྱི་ལོ་1609ལོར་

བྲིས་པའི་《སྟག་ལུང་ཆོས་འབྱུང་ངོ་མཚར་རྒྱ་མཚོ》དང་། 《སྟག་ལུང་ག་ཟིའི་གདུང་རབས》《སྟག་ལུང་ཐང་པ་བཀྲ་ཤིས་དཔལ་གྱི་རྣམ་ཐར》གཞི་རྩར་བཟུང་ཐོག་མཁས་པ་གཞན་གྱིས་མཛད་པའི་ཆོས་འབྱུང་དང་དེབ་ཐེར་འགའ་གཤིབ་བསྡུར་བྱས་ཏེ། སྟག་ལུང་གི་ག་ཟིའི་གདན་རབས་དང་དེ་འབྲེལ་ལོ་རྒྱུས་དོན་གནད་འགའ་ཞིག་ལ་ཐབ་ཙམ་དཔྱད་ཞིབ་བྱས་ཡོད།

དང་པོ། ག་ཟིའི་རུས་རྒྱུད་ཀྱི་སྐོར།

གཅིག ག་ཟིའི་རུས་རྒྱུད་སྤྱིའི་གྲེས་ཚུལ་སྐོར་རགས་ཙམ་བརྗོད་པ།

དེ་ཡང་ཐོག་མར་ག་ཟི་ཞེས་པའི་རུས་རྒྱུད་དེ་བོད་མིའུ་གདུང་དྲུག་ཏུ་དབྱེ་བ་ལས་དེ་དག་གང་གི་ཁོངས་སུ་གཏོགས་པར་ཞུ་ན། 《སྟག་ལུང་གདུང་རབས》ལས"སྤྱིར་རྗེའུ་རིགས་དང་། ཕྱི་བྲག་ཏུ་བོད་མིའུ་གདུང་དྲུག་ནི། བསེ་དང་དམུ་དང་ལྡོང་དང་གསུམ། །སྟོང་དང་དབྲ་དང་འབྲུ་དང་དྲུག །ཞེས་པ་ལས་དབྲ་རིགས་ལྡང་ཁམས་ག་ཟི་ཞེས་སེ་ཁྱུང་གི་རུས་ལས་ཆད། དེ་ལ་དཀར་ནག་ཁྲ་གསུམ་ཡོད་པ་ལས། །ཁྲ་བོ་སྲས་དགུའི་ནང་ནས་གོང་གོང་ལྷ་སྲ"[1]ཞེས། བོད་མིའུ་གདུང་དྲུག་ཏུ་དབྱེ་བའི་དབྲ་རིག་གི་རུས་ལས་ཆད་པའི་ག་ཟི་དཀར་ནག་ཁྲ་གསུམ་དུ་དབྱེ་བ་ལས་ཁྲ་བོའི་ཁོངས་སུ་གཏོགས་པ་བསྟན་པ་དང་། 《ལྷོ་རོང་ཆོས་འབྱུང》ལས"བོད་མི་གདུང་དྲུག་གི་ནང་ནས་སེ་ཁྱུང་གི་དབྲ་ལས་ཆད། དེ་ལ་དཀར་ནག་ཁྲ་གསུམ་ཡོད་པའི་ཁྲ་བོ་བུ་དགུའི་ནང་ནས་སྐང་ངོ་སྐོམ་ལྷ……དེ་ལ་བུ་གསུམ་ཡོད་པའི་ནང་ནས་ཡོན་འབར་པོ"སེ་ཁྱུང་གི་དབྲ་ལས་ཆད་པ་རྗོགས་ལ།[2] གཞན། 《དེབ་ཐེར་སྔོན་པོ》ལས"གདུང་རུས་དབྲག་ཟི་འབྲིང་པོའི་ནང་ཚན་གླུ་དགེ་ཡིན"[3]ཞེས་གདུང་རུས་དབྲག་ཟི་འབྲིང་པོའི་ནང་ཚན་གླུ་དགེ་ཡིན་པར་བརྗོད་ཡོད། གླུ་དགེ་ནི་ག་ཟི་ཁྲ་བོ་ནས་ཆད་པའི་རུས་ཚན་ཞིག་ཡིན་པར་འདོད། བར་སྐབས་ཀྱི་ལོ་རྒྱུས་ཡིག་ཚང་འགའ་ཞིག་གི་ནང་ག་ཟིའི་སྐོར་ལ་གཱ་ཟི་དང་དགུ་ཟི་སོགས་འབྲི་སྟངས་མི་འདྲ་བ་འགའ་ཞིག་མཆིས་ཀྱང་དེ་དག་ནི་ཉོར་བའམ་ག་ཟིའི་རུས་རྒྱུད་དང་རུས་རྒྱུད་གཞན་ཕྱེ་ནས་གསར་དུ་བྱུང་བའི་རུས་ཚན་གསར་པ་ཞིག་ཏུ་གོ་བར་ངེས་ཏེ། 《སྟག་ལུང་གདུང་རབས》ལས"མི་ཉག་གནས་པོ་ཁྲི་རྒྱལ་གྱི་རུས་པ་དགུ་ཡིན་ཅིང་། དེའི་རིགས་ཀྱི་སྨུ་གུ་མའི་སྙིང་དུ་ག་གཟི་བཞུགས་པས་མཚན་ཡང་དགུ་ཟིར་

①ངག་དབང་བསྟན་པའི་ཉི་མ། དཔལ་སྟག་ལུང་ག་ཟིའི་གདུང་རབས་ཟམ་མ་ཆད་པར་བྱོན་པའི་རྣམ་ཐར་ངོ་མཚར་ནོར་བུའི་ངོ་ཤལ་སྐྱེ་དགུའི་ཡིད་འཕྲོག་བཞུགས་སོ། [M] དབུ་ཅན་བྲིས་མ། ཤོག་གྲངས་17

②རྟ་ཚག་ཚེ་དབང་རྒྱལ། ལྷོ་རོང་ཆོས་འབྱུང་། [M]ལྷ་ས། བོད་ལྗོངས་བོད་ཡིག་དཔེ་སྙིང་དཔེ་སྐྲུན་ཁང་། 1994ལོར་པར། ཤོག་གྲངས454

③ འགོས་ལོ་གཞོན་ནུ་དཔལ། དེབ་ཐེར་སྔོན་པོ། [M]ལྷ་ས། སི་ཁྲོན་མི་རིགས་དཔེ་བསྐྲུན་ཁང་། 1985ལོར་པར། ཤོག་གྲངས717

གྲགས་”[1]ཞེས་ག་ཟེ་མཆེད་གསུམ་དུ་གྲགས་པའི་ཆུང་བ་ཀླུན་ཀ་ཕར་བཀྲོས་མི་ཉག་ཁྲི་རྒྱལ་གྱི་བུ་མོ་གང་མོའི་མག་པར་ཕྱུར་པས། དེ་ལས་ཆད་པའི་ཏུས་དགུ་ཟེར་སྲོས་པ་ལས་ཤེས།

དེས་ན་ག་ཟེ་ཞེས་པའི་ཏུས་རྒྱུད་དེ་བོད་མིའུ་གདུང་དྲུག་ཏུ་དབྱེ་བ་ལས་སེ་ཁྱུང་དབྲ་རིགས་ཀྱི་ཁོངས་སུ་གཏོགས་པ་གསལ་པོར་རྟོགས།

གཉིས། ག་ཟེའི་ཏུས་རྒྱུད་ཀྱི་འཕེལ་འགྱུར།

ག་ཟེའི་ཏུས་རྒྱུད་ནི་བོད་ཀྱི་ལོ་རྒྱུས་ཐོག་མཛད་རྗེས་དང་གོ་གནས་འགངས་ཆེན་ལྡན་པའི་ཏུས་རྒྱུད་ཅིག་ཡིན། ཏུས་རྒྱུད་དེ་ནི་ཐོག་མར་བོད་མིའུ་གདུང་དྲུག་ཏུ་དབྱེ་བ་ལས་བྱེ་བྲག་དབྲ་ཡི་ཁོངས་སུ་གཏོགས་ལ། ཕྱིས་སུ་རིམ་བཞིན་འཕེལ་རྒྱས་སུ་སོང་ནས་སྨད་མདོ་ཁམས་སྐྱ་གཡུང་སྨང་གི་ཆར་གཞིས་ཆགས་པ་དང་། ཡུལ་དེ་ནས་རིམ་བཞིན་སྟོབས་ཤུགས་ཇེ་ཆེར་འཕེལ་ནས་ག་ཟེ་ཀླུན་ཀ་འཕར་བཀྲོས་དང་མི་ཉག་ཁྲི་རྒྱལ་གྱི་བུ་མོ་གཉེན་བསྡེབས། ག་ཟེའི་རྒྱུད་ལས་ག་ཟེ་ཤཱཀྱ་བཟང་པོས་མདོ་སྨད་དཔོན་ཆེན་གནང་བ་སོགས།[2] ག་ཟེའི་ཁྲིམ་རྒྱུད་དེ་མདོ་ཁམས་ཁུལ་དུ་སྟོབས་ཤུགས་ཆེས་ཆེར་རྒྱས་པ་གསལ་པོར་རྟོགས་ཐུབ།[3] དུས་རབས་བཅུ་གཉིས་པའི་དུས་དཀྱིལ་ཙམ་དུ་ག་ཟེའི་ཏུས་རྒྱུད་ལས་ཆད་པའི་སྟག་ལུང་ཐང་པ་བཀྲ་ཤིས་དཔལ་ཉིད་དབུས་སུ་ཕེབས་ནས་ཕག་གྲུའི་ཐུགས་སྲས་སུ་གྱུར་བ་དང་། སྤྱི་ལོ1180ལོར་སྟག་ལུང་རྫོ་རྗེ་གདན་གྱི་དགོན་པ་བཏབ་པ་དང་བུ་སློབ་བསྐྱངས་པས། དེའི་སློབ་བརྒྱུད་འཛིན་པ་རྣམས་ལ་སྟག་ལུང་བཀའ་བརྒྱུད་ཅེས་ཀུན་ལ་གྲགས་པར་གྱུར། དེ་ནི་ག་ཟེའི་གདུང་རྒྱུད་ལས་དབུས་སུ་གནས་གཞི་བཙུགས་པའི་ཐོག་མ་ཡིན། དེ་རྗེས་རིམ་བཞིན་ག་ཟེའི་གདུང་བརྒྱུད་རྣམས་ཀྱིས་སྟག་ལུང་གི་གདན་ས་མཛད་པ་དང་། གདན་རབས་གསུམ་པ་སངས་རྒྱས་ཡར་བྱོན་གྱི་རྗེས། ཁོང་གི་ཚ་བོ་བཀྲ་ཤིས་བླ་མ་དང་སངས་རྒྱས་དབོན་གཉིས་གདན་སའི་ཁྲི་འཛིན་ཐད་མ་མཐུན་པར་གྱུར་བས། སངས་རྒྱས་དབོན་ཉིད་ཁམས་ཕྱོགས་སུ་ཕྱིར་ལོག་པ་དང་། སྤྱི་ལོ1277ལོར་རི་བོ་ཆེའི་དགོན་པ་བཏབ་ནས་སྟག་ལུང་བཀའ་བརྒྱུད་ཀྱི་བསྟན་པ་སྤེལ་བས་སྟག་ལུང་མ་ཐང་ཞེས་གྲགས། དེ་རྗེས་སྤྱི་ལོ1333ལོར་སྟག་ལུང་

①ངག་དབང་བསྟན་པའི་ཉི་མ། དཔལ་སྟག་ལུང་ག་ཟེའི་གདུང་རབས་ཟམ་མ་ཆད་པར་བྱོན་པའི་རྣམ་ཐར་ངོ་མཚར་ནོར་བུའི་དོ་ཤལ་སྐྱེ་དགུའི་ཡིད་འཕྲོག་བཞུགས་སོ། [M] དབུ་ཅན་ཕྱིས་མ། ཤོག་ངོས་33

②ངག་དབང་བསྟན་པའི་ཉི་མ། དཔལ་སྟག་ལུང་ག་ཟེའི་གདུང་རབས་ཟམ་མ་ཆད་པར་བྱོན་པའི་རྣམ་ཐར་ངོ་མཚར་ནོར་བུའི་དོ་ཤལ་སྐྱེ་དགུའི་ཡིད་འཕྲོག་བཞུགས་སོ། [M] དབུ་ཅན་ཕྱིས་མ། མདོ་སྨད་དཔོན་ཆེན་ཞེས་པ་དཔོན་གནས་ཇི་འདྲ་ཞིག་ཡིན་པ་མ་རྟོགས་པས་དཔྱད་པར་འཚལ།

③ཏྲ་ཚག་ཚེ་དབང་རྒྱལ། ལྷོ་རོང་ཆོས་འབྱུང་། [M]ལྷ་ས། བོད་ལྗོངས་བོད་ཡིག་དཔེ་སྙིང་དཔེ་སྐྲུན་ཁང་། 1994ལོར་པར། ཤོག་ངོས་454

གདན་རབས་བརྒྱུད་པ་ཀུན་སྤྱངས་ནམ་མཁའ་དཔལ་དབྱངས་འཕན་ཡུལ་དར་ཡུལ་དུ་འབྲུངས་པས། དེ་ནི་ག་ཟེའི་གདུང་རྒྱུད་དབུས་སུ་འབྲུངས་པའི་ཐོག་མ་ཡིན་ལ་དར་ཡུལ་སྐྱིད་ཁང་སོགས་སུ་སྟག་ལུང་སྡེ་པ་ཞེས་པའི་ག་ཟེའི་གདུང་རབས་གཞི་རྟེན་ཆགས་པའི་ཐོག་མཐའང་ཡིན། ① དེ་རྗེས་ཀྱི་དུས་རབས་གསུམ་ལྷག་སྔོ། སྤྱི་ལོ་1180ལོར་སྟག་ལུང་ཐང་པ་བཀྲི་ཤིས་དཔལ་གྱི་སྟག་ལུང་དགོན་པ་བཏབ་པ་ནས་སྤྱི་ལོ1689ལོ་སྟག་ལུང་ཡ་ཐང་གི་ག་ཟེའི་གདུང་རབས་ཆེས་མཐའ་གདན་རབས་ཉེར་གཅིག་པ་འོད་འཇོ་ཞབས་དྲུང་བཀྲ་ཤིས་ཆོས་རྒྱལ་དང་། སྤྱི་ལོ་1711ལོར་སྟག་ལུང་མ་ཐང་འམ་ཁམས་རི་བོ་ཆེའི་ག་ཟེའི་གདུང་རབས་ཆེས་མཐའ་བཀྲ་ཤིས་དབང་རྒྱལ་བར། ག་ཟེའི་རུས་རྒྱུད་ལས་སྟག་ལུང་ཡ་ཐང་དང་མ་ཐང་གི་གདན་རབས་རིམ་པར་བྱོན་པ་དང་། སྔ་ཕྱིར་དུས་རབས་བཅུ་བཞི་དང་བཅོ་ལྔ་པའི་ནང་ག་ཟེའི་གདུང་རྒྱུད་ལས་སྟག་ལུང་སྡེ་པ་དང་རི་བོ་ཆེ་སྡེ་པ་སོགས་གཞུང་སའི་སྡེ་པ་ཐོན་པ་སོགས། ག་ཟེའི་རུས་རྒྱུད་ལ་ཆོས་ཕྱོགས་ཀྱི་དབང་ཆ་ཙམ་མ་ཡིན་པར་སྲིད་ཕྱོགས་ཀྱི་དབང་ཆ་ཡང་ཆེན་པོ་ལྡན་པས། བོད་དབུས་ཕྱོགས་དང་ཁམས་ཕྱོགས་ཀྱི་སྤྱི་ཚོགས་ནང་གི་སྟོབས་ཤུགས་གལ་ཆེན་ཞིག་ཆགས་ཡོད།

གཉིས་པ། ག་ཟེའི་རུས་རྒྱུད་ལས་ཆད་པའི་སྟག་ལུང་ཡ་ཐང་གི་གདན་རབས་བརྗོད་པ།

ཐོག་མར་འདིར་སྟག་ལུང་བཀའ་བརྒྱུད་ཀྱི་ལོ་རྒྱུས་ཙུང་ཙམ་བརྗོད་པར་འདོད་དེ། དེ་ཡང་སྟག་ལུང་བཀའ་བརྒྱུད་ནི་བཀའ་བརྒྱུད་ཆེ་བཞི་ཆུང་བརྒྱད་དུ་གྲགས་པའི་ནང་གསེས་ཆུང་བ་བརྒྱད་ཀྱི་ཁོངས་སུ་གཏོགས་པ་དང་། དེ་ནི་ཐོག་མར་ཕག་མོ་གྲུ་པའི་སློབ་མ་སྟག་ལུང་ཐང་པ་བཀྲ་ཤིས་དཔལ་བས་རབ་བྱུང་གསུམ་པའི་ལྕགས་བྱི་སྤྱི་ལོ1180ལོར་འཕན་པོ་ལྷུན་གྲུབ་རྫོང་ཁོངས་སུ་སྟག་ལུང་གི་དགོན་པ་བཏབ་སྟེ་གནས་གཞི་བཟུང་བ་ནས་སྟག་ལུང་བཀའ་བརྒྱུད་དུ་གྲགས་པ་བྱུང་། དེའི་ཡང་སློབ་སངས་རྒྱས་དབོན་ཁམས་སུ་བྱོན་ནས་རབ་བྱུང་ལྔ་པའི་མེ་བྱི་སྤྱི་ལོ་1277ལོར་རི་བོ་ཆེ་དགོན་པ་བཏབ། དེ་རྗེས་སྟག་ལུང་བཀའ་བརྒྱུད་དེ་ཡ་ཐང་མ་ཐང་ཞེས་དབུས་ཁམས་གཉིས་སུ་གྱེས། ལོ་རྒྱུས་ཡིག་ཚང་ལྟར་ན། རི་བོ་ཆེར་སྟག་ལུང་ཡང་དགོན་འམ་མ་ཐང་དུ་འབོད་ལ། འཕན་ཡུལ་ལྷུན་གྲུབ་རྫོང་ཁོངས་སུ་གཏོགས་པའི་སྟག་ལུང་མ་དགོན་ལ་སྟག་ལུང་ཡ་ཐང་དུ་འབོད། སྟག་ལུང་བཀའ་བརྒྱུད་ནི་བཀའ་རྒྱུད་ཆུང་བརྒྱད་ནང་སྣང་གྲགས་ཆེས་ཆེར་རྒྱས་པའི་སྒྲུབ་བརྒྱུད་ཅིག་ཡིན་ལ་ད་ཕན་རང་ལུགས་ཀྱི་ཆོས་བརྒྱུད་མ་ཉམས་པར་གནས་ཡོད།

①ངག་དབང་རྣམ་རྒྱལ་གྱིས་མཛད་པའི་སྟག་ལུང་ཆོས་འབྱུང་ངོ་མཚར་རྒྱ་མཚོའི་ནང་གསལ། རྒྱུད་པ་གཤམ་དུ་སྟག་ལུང་ཡ་ཐང་གི་གདན་རབས་སྐབས་བཤད་པར་བྱ།

ག་གཟིའི་གདུང་རྒྱུད་ལས་ཆད་པའི་སྟག་ལུང་ཡར་ཐང་གི་གདན་རབས་ཉི་ཤུ་ལྷག་བྱོན་ཡོད་པ་ལས་དེ་དག་རེ་རེ་བཞིན་རྒྱས་སྤྲོས་བྱ་བའི་དགོས་པ་མ་མཆིས་པས། འདིར་སྟག་ལུང་བཀའ་བརྒྱུད་པའི་ལོ་རྒྱུས་ཀྱི་དོན་ཆེན་འགའ་དང་འབྲེལ་ཆེ་བའི་གདན་རབས་དག་གཙོར་བཟུང་ནས། ག་གཟིའི་གདུང་རྒྱུད་དང་སྐོར་སུ་སྟག་ལུང་བཀའ་བརྒྱུད་ཀྱི་ལོ་རྒྱུས་ཀྱི་འཕེལ་འགྱུར་ལ་རང་བློས་དཔོག་ཚོད་ཀྱི་དཔྱད་པ་ཙུང་ཙམ་བཏང་ཡོད།

གདན་རབས་དང་པོ། སྟག་ལུང་བཀའ་བརྒྱུད་ཀྱི་སྲོལ་གཏོད་པ་པོ་སྟག་ལུང་ཐང་པ་བཀྲ་ཤིས་དཔལ་ནི་མདོ་ཁམས་སྐུ་གཡུང་སྐང་གཡང་ཤོད་པོང་ར་སྟེང་ག་བྱ་བར། བོད་མིའུ་གདུང་དྲུག་གི་ནང་ནས་དབྲ་རིགས་ག་ཟིའི་རྒྱུད་ཀྱི་ཡབ་འབལ་སློན་འབར་པོ་དང་ཡུམ་དགེ་གསུམ་ཕྲ་མོའི་སྲས་སུ། རབ་བྱུང་གཉིས་པའི་ཆུ་ཁྱི་སྤྱི་ལོ་1142ལོར་སྐུ་བལྟམས། ཡབ་ཡུམ་གཉིས་ནས་འདོད་ཡོན་གྱི་རྩེ་དགའ་དུ་མས་ཁྲིད་ཀྱང་ཐུགས་མ་གཡོས་པར་བརྩོན་པ་ཕུན་སུམ་ཚོགས་པས་ཡིས་གློག་དང་། རྡོ་རྗེ་ཕུར་བུའི་ཆོས་སྐོར། གསོ་བ་རིག་པ་ལ་སོགས་པ་དཔྱིས་ཕྱིན་པ་མཁྱེན། དགུང་ལོ་18ལ་ཐང་སྐྱ་གཙུག་ལག་ཁང་[①]དུ་མཁན་པོ་ག་སྟོན་ལྷ་ཁང་པ་ཤེས་རབ་རྡོ་རྗེ་དང་སློབ་དཔོན་མཚར་སྟོན་སྒོ་མང་། དད་དགེ་ཁྲིམས་ལྡན་གྲངས་ཚང་དང་བཅས་པའི་དབུས་སུ་དགེ་བསྙེན་དང་། དགེ་ཚུལ་གྱི་དངོས་པོ་ཡང་དག་པར་བཞེས་ཏེ་མཚན་བཀྲ་ཤིས་དཔལ་གསོལ། དགེ་བཤེས་བྲག་དགོན་པའི་དྲུང་དུ་བཞུགས་ནས། ཕར་ཕྱིན་དང་། དབུ་མ། གསང་སྔགས་སྐོར་མང་པོ་གསན། ཕག་མོ་གྲུ་པའི་དངོས་སློབ་དགེ་བཤེས་རྫོག་གི་སར་བྱོན་ནས་ཞུས་པས་སྐྱབས་འགྲོ་སེམས་བསྐྱེད། ཡི་དམ་གྱི་བསྐྱེད་རིམ། བཟླས་པའི་མན་ངག ལུས་ཀྱི་འཕྲུལ་འཁོར་སེམས་ཀྱི་འཇོག་ཐབས། ཉལ་ཐབས་ཀྱི་འཕོ་བ་བླ་མའི་རྣལ་འབྱོར་སོགས་མང་དུ་གསན་ནས།《གསང་བ་བདུད་རྩིའི་ཕྲེང་བ》ཞེས་པའི་བསྟན་བཅོས་ཤིག་ཀྱང་མཛད། དགུང་ལོ་24སྤྱི་ལོ1165ལོར་དབུས་སུ་ཕེབས། འགྲོ་མགོན་ཕག་མོ་གྲུབ་པ་མཇལ་བ་ནས་བཟུང་བླ་མར་བསྟེན་ཅིང་བཀའ་གནང་བ་ལྟར་ཕག་མོ་གྲུ་པ་སྐུ་གཤེགས་བར་ལོ་མང་པོའི་རིང་ཉེ་གནས་ཀྱི་འགན་བཞེས་གནང་བས་སློབ་མའི་ནང་ནས་བླ་མ་ལ "མོས་གུས་མཐར་ཐུག་སྟག་ལུང་ཐང་པ"[②]ཞེས་གྲགས་པ་བྱུང་། སྤྱི་ལོ་1180ལོ་དགུང་ལོ39སྟེང་དར་སྒྲུམ་རོང་གསུམ་ནང་འབྲུག་བྱུང་བ་འདུམ་འགྲིག་ལེགས་པར་མཛད་པས། ཁོ་ཚོས་སོ་སོའི་ལུང་པར་སྤྱན་དྲངས་ནས་ཡུལ་གཞིས་ལོངས་སྤྱོད་ཐམས་ཅད་སྟག་ལུང་བཀའ་བརྒྱུད་ཀྱི་ཆོས་གཞིས་སུ་ཕུལ་ནས་དགོན་

---

①འདི་ནི་མདོ་ཁམས་གཡང་ཤོད་དུ་གནས་པའི་དགོན་ཞིག་ཡིན་པ་ལས་ལྷ་སའི་མལ་གྲོ་གོང་དཀར་རྫོང་ཁོངས་ཀྱི་ཐང་སྐྱ་དགོན་པ་མ་ཡིན།
② འགོས་ལོ་གཞོན་ནུ་དཔལ། དེབ་ཐེར་སྔོན་པོ། [M]ལྷ་ས། སི་ཁྲོན་མི་རིགས་དཔེ་བསྐྲུན་ཁང་། 1985ལོར་པར། ཤོག་ངོས་663

གནས་ཞིག་གསར་འདེབས་ཡོང་བའི་རེ་འདུན་ཞུས་པ་ལྟར་སྟག་ལུང་གི་དགོན་པ་བཏབ་སྟེ་གནས་གཞི་བཟུང་བ་ནས་སྟག་ལུང་བཀའ་བརྒྱུད་དུ་གྲགས་པ་བྱུང་། མཐར་དགུང་ལོ་69སྤྱི་ལོ་1210ལོར་ཞི་བར་གཤེགས། དགེ་འདུན་རྣམ་དག་སྟོང་ལྔ་ལ་ཉེ་བར་ཚོགས་[1]པར་བཤད། བྱ་ཆེན་མཐའ་ཡས་པ་བྱོན་པ་རྒྱས་པར་མི་བརྗོད་ཡང་། དེ་དག་ལས་སྲས་ཀྱི་ཐུ་བོ་ནི་རང་དང་གདུང་རྒྱུད་གཅིག་པའི་ཐུགས་སྲས་རིན་ཆེན་མགོན་པོ་ཡིན།

གདན་རབས་གཉིས་པ་རིན་ཆེན་མགོན་ནི་སྟག་ལུང་ཐང་པ་བཀྲ་ཤིས་དཔལ་ཉིད་དགོངས་པ་མ་རྫོགས་གོང་རྒྱལ་ཚབ་ཏུ་དབང་སྐུར་བ་ཡིན། ཁོང་ནི་སྟག་ལུང་ཐང་པ་དང་གདུང་རྒྱུད་གཅིག་པའི་ག་ཟིའི་རྒྱུད་ནས་འཁྲུངས་པ་ཞིག་ཡིན་ཏེ། ཡུལ་སྐྱ་གཡུང་སྨད་གཡང་ཤོད་ལུང་པའི་བྱེ་བྲག་ཐོང་ར་སྟེང་ཀ་ཉེ་བ་རབ་སྨད་བྱ་བར་ཡབ་སྟག་ལུང་གི་ཡོན་བདག་ག་ཟི་མགོ་ཡག་དང་ཡུམ་ཇོ་ཟི་བཟའ་བཀྲ་ཤིས་མཚོའི་སྲས་སུ་སྤྱི་ལོ1190ལོར་སྐུ་བལྟམས། དགུང་ལོ་བཅུ་གསུམ་ལ་དབུས་སུ་ཕེབས། དགུང་ལོ་བཅུ་དགུ་ལ་བསྙེན་པར་རྫོགས། ལུགས་ཏ་སྤྱི་ལོ1210ལོར་སྟག་ལུང་གི་བསྟན་པའི་བདག་པོར་མངའ་གསོལ། སྟག་ལུང་ཐང་པའི་གདུང་རྟེན་དངུལ་སྐུ་འཛམ་གླིང་རྒྱན་སོགས་མང་དུ་བཞེངས་པ་དང་། དུས་མཚུངས་སྤྱི་ལོ་1224སྟག་ལུང་གི་གཙུག་ལག་ཁང་ཆེན་མོ་ཀ་བ་བརྒྱད་ཅུ་ཅན་གྱི་རྨང་བཏིང་ནས་ལེགས་པར་བསྒྲུབས། [2] ཐོག་མར་གདན་སར་ཕེབས་སྐབས་གྲྭ་པ་རྣམས་ཀྱིས་མི་དགྱེས་པའི་ཚུལ་བྱས་ནས་གྲྭ་པ་མང་པོ་ཞིག་དགོན་པ་ནས་ཁ་བྲལ་བས། སྟག་ལུང་དུ་གྲྭ་གྲངས་བདུན་བརྒྱ་ལྷག་ལས་མེད་པར་གྱུར། ཕྱིས་སུ་གྲྭ་གྲངས་ལྔབ་གསུམ་ཙམ་འཕེལ་ཡོད་དེ། 《དེབ་སྔོན》ལས "གྲྭ་པ་བདུན་བརྒྱ་ཙམ་ལས་མེད་པ་བྱུང་ནའང་། དེ་རྗེང་གྲྭ་པ་མང་དུ་འཕེལ་ནས་སུམ་སྟོང་བདུན་བརྒྱ་ཚོགས། སྤྱིལ་པོ་ཡང་མང་དུ་འཕེལ། གཤེགས་དུས་ནི་ལྔ་སྟོང་ཙམ་ཚོགས" [3]ཞེས་པ་ལས་ཤེས། དེ་མིན་སྟག་ལུང་པའི་རྒྱུ་ནོར་དབང་ཐང་ཡང་ཐུར་བས་རྒྱས་པར་སོང་ཡོད་དེ《སྟག་ལུང་ཆོས་འབྱུང་ངོ་མཚར་རྒྱ་མཚོ》ནང "ནང་ཐམས་ཅད་གསེར་དངུལ་གོས་དར་སོགས་མ་ཚང་བ་མེད་པའི་ནོར་ལོངས་སྤྱོད་ཀྱིས་གང་། གནག་རྟ་མང་མང་ལ་སྟོང་ཙམ་དང་། ཉུང་ཉུང་ལ་ལྔ་བརྒྱ་ཙམ་ཡོད་པའི་སྲྀ་ཁ་བཅུ་དགུ་ཡོད། སྟག་ལུང་བའི་སྡེར་གཏོགས་པ་

---

①ངག་དབང་རྣམ་རྒྱལ། སྟག་ལུང་ཆོས་འབྱུང་ངོ་མཚར་རྒྱ་མཚོ། [M]ལྷ་ས། བོད་ལྗོངས་བོད་ཡིག་དཔེ་སྙིང་དཔེ་སྐྲུན་ཁང་། 1992ལོར་པར། ཤོག་ངོས་227

②ངག་དབང་རྣམ་རྒྱལ། སྟག་ལུང་ཆོས་འབྱུང་ངོ་མཚར་རྒྱ་མཚོ། [M]ལྷ་ས། བོད་ལྗོངས་བོད་ཡིག་དཔེ་སྙིང་དཔེ་སྐྲུན་ཁང་། 1992ལོར་པར། ཤོག་ངོས་227

③འགོས་ལོ་གཞོན་ནུ་དཔལ། དེབ་ཐེར་སྔོན་པོ། [M]སི་ཁྲོན། སི་ཁྲོན་མི་རིགས་དཔེ་བསྐྲུན་ཁང་། 1985ལོར་པར། ཤོག་ངོས་736

ལ་ཁྲི་སྐོར་ཁ་ཚང་བར་བྱུང་བ་ཡིན”[1] ཞེས་གདན་རབས་འདིའི་རིང་དགོན་པའི་འདུལ་ཁྲིམས་དམ་དུ་སྒྲུང་བ་དང་སྐུ་གསུང་ཐུགས་རྟེན་མང་དུ་བཞེངས་པ་སོགས་ཁོང་ཉིད་ཀྱི་མཛད་འཕྲིན་རྒྱ་ཆེར་འཕེལ་ནས་སྟག་ལུང་བཀའ་བརྒྱུད་འཕེལ་རྒྱས་སྟར་བས་ཆེ་བར་སོང་ཡོད།

དེ་ཡང་འགའ་ཞིག་གི་སྟག་ལུང་དེ་ཡོན་རྒྱལ་རབས་སྐབས་སུ་བོད་ཁྲི་སྐོར་བཅུ་གསུམ་དང་ཁྲི་སྐོར་གང་ལ་ཡང་མི་གཏོགས་པའི་ཧོར་དུད་དུ་ཕྱེ་ནས་ས་མི་དུད་རྩིས་བྱས་པ་ལས། ཁྲི་སྐོར་བཅུ་གསུམ་ཁོངས་སུ་གཏོགས་པ་བཞེད་མཁན་འདུག་ཀྱང་།《རྒྱ་བོད་ཡིག་ཚང་ཆེན་མོ》ལས “ཁྲི་སྐོར་གང་ལ་མི་ཐེ་བ། །ཧུ་འཚམས་སུམ་བརྒྱ་དྲུག་ཡོད། །……སྟག་ལུང་པ་ལ་ལྔ་བརྒྱའོ། །”[2]དང་།《བོད་ཀྱི་ལོ་རྒྱུས་ཀྱི་དོན་པདྨ་རཱ་གའི་ལྡེ་མིག》ནང་། “དབུས་ཁུལ་དུ་ཁྲི་སྐོར་དུ་མི་གཏོགས་པ་བྱང་སྟག་ལུང་ཁོངས་ཐེམ་དུད500དང་། །”[3]ཞེས་པ་དང་། གཞན་ད་དུང་།《སྟག་ལུང་ཆོས་འབྱུང》ལས། “སྟག་ལུང་བའི་སྡེར་གཏོགས་པ་ལ་ཁྲི་སྐོར་ཁ་ཚང་བར་བྱུང་བ་ཡིན”[4]ཞེས་པར་བརྟགས་ན། སྟག་ལུང་དེ་ཁྲི་སྐོར་བཅུ་གསུམ་ཁོངས་སུ་མི་གཏོགས་པ་ཤེས།

གདན་རབས་གསུམ་པ། སངས་རྒྱས་ཡར་བྱོན་ནི་གཡང་ཤོད་བོང་ར་སྟེང་ཀའི་གདོང་སྣར་ག་ཟི་མགོ་ཡག་གི་གཅུང་། ཡབ་ཡོན་ཆེན་མགོ་རྒྱལ་དང་ཡུམ་ལྷ་མོ་གསལ་སྒྲོན་གྱི་སྲས་སུ་རབ་བྱུང་གསུམ་པའི་ཆུ་ཕག་སྤྱི་ལོ་1203ལོར་སྐུ་བལྟམས། དེ་ནི་གདན་རབས་གཉིས་པ་རིན་ཆེན་མགོན་པོའི་ཚ་བོ་ཡིན། ཐང་སྐྱ་ཆོད་ཐར་ལྷ་ཁང་དུ་མཁན་པོ་ག་སྟོན་བླ་མ་སོགས་ལས་རབ་ཏུ་བྱུང་མཚན་ཤེས་རབ་བླ་མར་གསོལ། ལྕགས་སྦྲུལ་སྤྱི་ལོ1221ལོར་དབུས་སུ་ཕེབས། དེ་ནས་རྗེ་རྗེ་གདན་སྟག་ལུང་གི་ཆོས་གྲྭ་ཆེན་པོར་ཕྱག་ཕེབས་རྗེ་སྐུ་ཡལ་བ་དང་མཇལ། མཁན་པོ་གཙང་པ་སོགས་ལས་བསྙེན་པར་རྫོགས། མེ་སྤྲེལ་སྤྱི་ལོ་1236ལོར་སྟག་ལུང་གི་གདན་ས་མཛད། གདན་རབས་འདི་ནི་དམ་པ་ཆོས་ཀྱི་ལུགས་དང་འཇིག་རྟེན་མིའི་ལུགས་གཉིས་ལ་མཁས་པ་ཞིག་ཡིན། གདན་རབས་འདིའི་རིང་སྐུ་གསུང་ཐུགས་ཀྱི་རྟེན་དང་ཆོས་རྫས་མང་པོ་གསར་དུ་བཞེངས་པ་དང་། མདོ་རྒྱུད་བསྟན་བཅོས་ཀྱི་གླེགས་བམ་རྩིས་ལས་འདས་པ་ཕྱག་ཏུ་བྱུང་། དེ་བཞིན་སྟག་ལུང་བཀའ་བརྒྱུད་ཀྱི་བཅའ་ཁྲིམས་དམ་པོ་མཛད་པར་བཞེད་དེ《སྟག་ལུང་ཆོས་འབྱུང་ངོ་

①ངག་དབང་རྣམ་རྒྱལ། སྟག་ལུང་ཆོས་འབྱུང་ངོ་མཚར་རྒྱ་མཚོ། [M]ལྷ་ས། བོད་ལྗོངས་བོད་ཡིག་དཔེ་སྙིང་དཔེ་སྐྲུན་ཁང་། 1992ལོར་པར། ཤོག་ངོས་263

②དཔལ་འབྱོར་བཟང་པོ། རྒྱ་བོད་ཡིག་ཚང་ཆེན་མོ། [M]ཁྲིང་ཏུའུ། སི་ཁྲོན་མི་རིགས་དཔེ་སྐྲུན་ཁང་། 1985ལོར་པར། ཤོག་ངོས་299—300

③ཐུབ་བསྟན་ཕུན་ཚོགས། བོད་ཀྱི་ལོ་རྒྱུས་སྤྱི་དོན་པདྨ་རཱ་གའི་ལྡེ་མིག[M]པེ་ཅིང་། མི་རིགས་དཔེ་སྐྲུན་ཁང་། 2006ལོར་པར། ཤོག་ངོས་245

④ངག་དབང་རྣམ་རྒྱལ། སྟག་ལུང་ཆོས་འབྱུང་ངོ་མཚར་རྒྱ་མཚོ། [M]ལྷ་ས། བོད་ལྗོངས་བོད་ཡིག་དཔེ་སྙིང་དཔེ་སྐྲུན་ཁང་། 1992ལོར་པར། ཤོག་ངོས་263

མཚར་རྒྱ་མཚོ》ལས “ཡབ་སྲས་གོང་མ་གཉིས་ཀྱི་རྣམ་ཐར་དང་བཅའ་ཁྲིམས་ལས་ཀྱང་ཆེས་གཙང་ཞིང་དམ་པར་མཛད་དེ། ཆོས་རྗེའི་རྣམ་ཐར་བཅུ་གསུམ། གླིང་གི་འདུལ་ཁྲིམས་བཅུ་གསུམ། ཚོགས་ཀྱི་བཅའ་བ་བཅུ་གསུམ་སྟེ་སོ་དགུ་བཅས་པའི་དང་པོ་ནི” [1]ཞེས་བཅའ་ཁྲིམས་སོ་དགུ་གཏན་ལ་ཕབ་པ་ཤེས། གཞན་ཡང་གདན་ས་འདིའི་སྐབས་ཏེ། སྤྱི་ལོ་1240ལོར་གོ་དན་གྱི་དམག་དཔོན་དོར་རྟ་ནག་པོའི་ཧོར་དམག་བོད་དུ་སླེབས་པ་དང་། རྭ་སྒྲེང་དང་འཕན་པོ་རྒྱལ་ལྷ་ཁང་གཉིས་ཧོར་དམག་གི་དྲག་པོའི་སྟོབས་ཤུགས་འོག་ཚུད་ནས། གྲྭ་གྲངས་སྟོང་ལ་ཉེ་བ་དམར་གསོད་དང་དགོན་པའི་རྟེན་རྫས་འཕྲོག་བཅོམ་སོགས་གཏོར་སྐྱོན་ཚབས་ཆེན་ཐེག་ཡོད།

སྟག་ལུང་ནི་རྭ་སྒྲེང་དང་འཕན་པོ་རྒྱལ་ལྷ་ཁང་གཉིས་ཀྱི་བར་ན་གནས་ཤིང་། དེ་གཉིས་བར་ངེས་པར་བརྒྱུད་དགོས་པའི་ལམ་ཁག་གཙོ་བོ་ཡིན། འོན་ཏེ་ཧོར་དམག་གིས་གཏོར་སྐྱོན་ཙུང་ཙམ་ཡང་མ་ཐུང་བའི་རྒྱུ་རྐྱེན་གང་ཡིན་པར་བརྟགས་ན། 《མཁས་པའི་དགའ་སྟོན》ལས “རྭ་སྒྲེང་དུ་གནོད་པ་ཆེན་པོ་བྱས། སྟག་ལུང་སྨུག་པས་གཡོགས་ཏེ་མ་མཐོང་།” [2]ཞེས་འཁོད་ཀྱང་། དོན་དངོས་ཐོག་དེ་ལྟར་མ་ཡིན་པར་སེམས་ཏེ། 《སྟག་ལུང་ཆོས་འབྱུང་ངོ་མཚར་རྒྱ་མཚོ》ལྟར་ན “རེ་ཞིག་ཧོར་དུ་མུར་གྱི་དམག་གི་དཔུང་ཆེན་པོ་བོད་དུ་ལྷགས་པ་ན་ཞང་བཙུན་ལ་གནང་སྦྱིན་བསྐུར་ནས་ཧོར་གྱི་སར་བཏང་། གསོལ་འདེབས་འབའ་ཞིག་ལ་དྲིལ་བས་གདུག་སེམས་ཞི་ནས་གདུལ་བྱར་གྱུར། ཧོར་གྱི་སར་ཕྱིན་པའི་རེས་ལ་ལམ་འགྲུལ་ཚན་གཅིག་གིས་གཟིམས་གུར་འཕྲུར་མིའི་མགོ་ཐོག་ཏུ་ཐུགས་རྗེ་ཆེན་པོ་བཞུགས་པར་མཐོང་ནས་ཕྱག་བཙལ། ཉ་པ་ཤན་པ་རྔོན་པ་ལ་སོགས་པ་ལས་སུ་སྡིག་པ་ཉེ་ཚེ་བྱེད་པ་རྣམས་ཀྱང་ཞལ་མཐོང་བ་ཙམ་གྱིས་སྣང་བ་འགྱུར་ནས་སྡིག་པ་སྤོང་བ་ལ་བཞུགས” [3]ཞེས་སངས་རྒྱས་ཡར་ཕྱིན་གྱིས་ཐབས་དང་ཡོན་ཏན་ལ་བརྟེན་ནས་ཧོར་དམག་གི་གནོད་འཚེ་ལས་ཐོག་པ་ཤེས། གཞན་ཡང་། རྒྱལ་མཆོག་ལྔ་པ་ཆེན་པོས་མཛད་པའི《དེབ་ཐེར་དཔྱིད་ཀྱི་རྒྱལ་མོའི་གླུ་དབྱངས》ནང “བོད་མཐའ་འཁོབ་ཀྱི་རྒྱལ་ཁམས་ན། དགེ་འདུན་གྱི་སྡེ་ནི་བཀའ་གདམས་ཆེ། ངོ་བསྲུང་ནི་སྟག་ལུང་ཆོས་རྗེ་མཁས། གཟི་བརྗིད་ནི་འབྲི་གུང་སྤྱན་སྔ་ཆེ། ཆོས་ནི་ས་སྐྱ་པཎྜི་ཏ་མཁས་པར་འདུག་པས་གང་སྤྱན་འདྲེན་གྱི་ལུང་

[1]ངག་དབང་རྣམ་རྒྱལ། སྟག་ལུང་ཆོས་འབྱུང་ངོ་མཚར་རྒྱ་མཚོ། [M]ལྷ་ས། བོད་ལྗོངས་བོད་ཡིག་དཔེ་སྙིང་དཔེ་སྐྲུན་ཁང་། 1992ལོར་པར། ཤོག་ངོས་273

[2]དཔའ་བོ་གཙུག་ལག་ཕྲེང་བ། ཆོས་འབྱུང་མཁས་པའི་དགའ་སྟོན། [M]པེ་ཅིང་། མི་རིགས་དཔེ་སྐྲུན་ཁང་། 2006ལོར་པར། ཤོག་ངོས་726

[3]ངག་དབང་རྣམ་རྒྱལ། སྟག་ལུང་ཆོས་འབྱུང་ངོ་མཚར་རྒྱ་མཚོ། [M]ལྷ་ས། བོད་ལྗོངས་བོད་ཡིག་དཔེ་སྙིང་དཔེ་སྐྲུན་ཁང་། 1992ལོར་པར། ཤོག་ངོས་276

སྟོལ་ཅིག” ①ཞེས་ཧོར་གོ་དན་ལ་ཕུལ་བའི་ཆབ་ཤོག་ནང་། ས་སྐྱ་དང་བཀའ་གདམས། འབྲི་གུང་བཀའ་བརྒྱུད་སོགས་ཆོས་ལུགས་སྟོབས་ཤུགས་མི་འདྲ་བའི་མི་སྣ་ཕུད་གཞན་ད་དུང་སྟག་ལུང་ཆོས་རྗེ་ཡང་བརྗོད་ཡོད་པས། སྐབས་དེའི་སྤྱི་ཚོགས་ནང་སྟག་ལུང་བཀའ་བརྒྱུད་དང་སྟག་ལུང་ཆོས་རྗེའི་གོ་བབ་ཇི་འདྲ་ཡོད་པ་གསལ་པོར་རྟོགས་ནུས།

སྤྱི་ལོ1244ས་སྐྱ་པཎ་ཁྲུ་དཔོན་སོག་ཡུལ་དུ་ཕེབས་པའི་ལམ་བར་སྟག་ལུང་དུ་ཕེབས་པ་དང་མཇལ་བས། ཕྱིས་སུ་ས་པཎ་གྱིས་ཁ་ཆེ་པཎ་ཆེན་ལ “སྟག་ལུང་སངས་རྒྱས་ཡར་བྱོན་པའི་སྤྱན་སྔར་ཆོས་ཀྱི་གསུང་གླེང་མིན་པ་འཇིག་རྟེན་འདིའི་གསུང་གླེང་ལར་མི་འོང་པར་གདའ། དེ་ལྟ་བུའི་དགེ་བཤེས་གཞན་སུ་ལའང་མི་གདའ་ངོ་མཚར་ཆེ་ཨང་ཞུས་པས།” ②ཞེས་ཆོས་ལུགས་ཀྱི་མཁྱེན་རྒྱ་ཡངས་པ་ལས་འཇིག་རྟེན་ཕལ་པའི་གཏམ་གླེང་མི་བྱ་བར་གསུངས་ཀྱང་། དོན་དངོས་ཐོག་སངས་རྒྱས་ཡར་བྱོན་ནི་ཆོས་ཁོ་ན་འཆད་པར་མཁས་པའི་དགེ་སློང་ཞིག་མ་ཡིན་ཏེ། ཁོང་གིས་ས་པཎ་གྱི་གོ་གནས་དང་། ས་སྐྱ་པ་དང་ཡོན་རྒྱལ་རབས་ཀྱི་འབྲེལ་བ་གསལ་པོར་རྟོགས་པས། ཁོང་གིས་ས་པཎ་ཁྲུ་དཔོན་དང་མཇལ་སྐབས། “དེའི་ཚེ་རིན་པོ་ཆེས་ཆོས་རྗེ་ས་པཎ་ལ་ཁྱེད་ཀྱི་དཔོན་པོ་འདི་ལ་རྒྱ་བོད་ཧོར་གསུམ་རེ་དགོས་པ་ཞིག་འོང་བར་སྣང་བས། དེ་དུས་ངེད་སྟག་ལུང་པ་ལའང་གང་ཕན་གྱི་ཞལ་ཏ་མཛོད” ③ཅེས་གསུངས་པ་ལས་ཁོང་ནི་མཁྱེན་རྒྱ་ཡངས་ཤིང་བློ་གྲོས་ཀྱི་འཇུག་པ་གསལ་བའི་སྐྱེ་བོ་ཞིག་ཡིན་པ་ཤེས། དེ་རྗེས་ཁོང་གིས་ས་སྐྱ་པ་དང་འབྲེལ་བ་བཙུགས་པ་དང་ཆབས་ཅིག་རང་ཉིད་ཀྱི་ཚ་བོ་བཀྲ་ཤིས་བླ་མ་འགྲོ་མགོན་འཕགས་པའི་ཉེ་གནས་སུ་མངགས་ནས་སྟག་ལུང་གིས་བདག་རྐྱེན་ཞུས།

དེ་ཡང་སངས་རྒྱས་ཡར་བྱོན་གཤེགས་ཁར་གདན་ས་རང་གི་ཚ་བོ་གཉིས་④སུ་ལ་གཏད་མིན་གསལ་པོར་མི་ཤེས་ཏེ། “དེ་ནས་རིན་པོ་ཆེ་སྐུ་གོང་མ (སངས་རྒྱས་ཡར་བྱོན) སྐུ་ཁམས་ཅུང་ཟད་སྙོག་པའི་ཚུལ་བསྟན། དབྱར་ར་བའི་ཆོས་གསུམ་གྱི་དགོང་མོ་དཔོན་པོ་བཀྲ་ཤིས་བླ་མ་གཟིམས་སྤྱིལ་དུ་བོས་ནས་མཇལ། སྟག་ལུང་པ་ཡོན་མཆོད་ཐམས་ཅད་སྔ་སོར་ངས་ཇི་ལྟར་བསྐྱངས་པ་བཞིན་ཁྱོད་

---

①རྒྱལ་དབང་ལྔ་པ་ཆེན་པོ། བོད་ཀྱི་དེབ་ཐེར་དཔྱིད་ཀྱི་རྒྱལ་མོའི་གླུ་དབྱངས། [M]པེ་ཅིང་། མི་རིགས་དཔེ་སྐྲུན་ཁང་། 1957ལོར་པར། ཤོག་ངོས་90

②ངག་དབང་རྣམ་རྒྱལ། སྟག་ལུང་ཆོས་འབྱུང་ངོ་མཚར་རྒྱ་མཚོ། [M]ལྷ་ས། བོད་ལྗོངས་བོད་ཡིག་དཔེ་སྙིང་དཔེ་སྐྲུན་ཁང་། 1992ལོར་པར། ཤོག་ངོས་285

③ངག་དབང་རྣམ་རྒྱལ། སྟག་ལུང་ཆོས་འབྱུང་ངོ་མཚར་རྒྱ་མཚོ། [M]ལྷ་ས། བོད་ལྗོངས་བོད་ཡིག་དཔེ་སྙིང་དཔེ་སྐྲུན་ཁང་། 1992ལོར་པར། ཤོག་ངོས་285

④སངས་རྒྱས་ཡར་བྱོན་གྱི་ཚ་བོ་གཉིས་ཏེ། སྟག་ལུང་གདན་རབས་བཞི་པ་བཀྲ་ཤིས་བླ་མ་དང་རི་བོ་ཆེ་དགོན་ཕྱག་འདེབས་པ་པོ་སངས་རྒྱས་དབོན།

ཀྱིས་སྐྱོངས། བཅའ་བ་དང་རྣམ་ཐར་རྣམས་ཀུང་དའི་དུས་བཞིན་དུ་གྱིས་གསུངས་ནས་ཞབས་དབང་མཛད་དོ།”[①]ཞེས་དང་། གཞན་ད་དུང་རང་ཉིད་ཀྱི་ཚ་བོ་སངས་རྒྱས་དཔོན་ལ་འབྲལ་བ་བསྒྲུང་བའི་རྟེན་རྣམས་གནང་བས། དཔོན་རྣམ་གཉིས་བླ་མའི་གདན་སའི་ཁྲི་འཛིན་ཐད་ཐུགས་མི་མཐུན་པ་ལྟར་གྱུར། དེར་སྟག་ལུང་ཆོས་འབྱུང་ལྟར་ན་སངས་རྒྱས་ཡར་བྱོན་ནི་དུས་གསུམ་སྒྲིབ་མེད་དུ་གཟིགས་པས་བསྟན་པ་ཁམས་དབུས་གཉིས་སུ་འཕེལ་ན་སྐྱབ་བརྒྱུད་ཀྱི་རིང་སྲོལ་རྒྱ་ཡོངས་སུ་མ་ཆད་པར་གཅིག་བྱུང་བར་གཟིགས་ནས་རྗེ་སངས་རྒྱས་དཔོན་ལ་འབྲེལ་བ་བསྒྲུང་བའི་རྟེན་སྤྱན་འདྲེན་དུ་ཏུང་བ་རྣམས་སྩལ་ཏེ་དོན་ལ་དེ་དག་སྡོམས་ནས་དབྱི་ཤོད་ཀྱི་རི་བོ་ཆེར་བཀའ་བརྒྱུད་འདིའི་བསྟན་པ་ཚུགས་ཞེས་དོན་ལ་བསྟན་པ་གཏད་པ་དང་། བཀྲ་ཤིས་བླ་མ་ལ་སྟག་ལུང་གི་སྡེ་དགོན་གཙུག་ལག་ཁང་འདིར་བཞུགས་ནས་བསྟན་པ་སྐྱོངས་དགོས་པས་ཡིན་ཞེས་བསྟན་པར་གསུངས་འདུག དེ་ལྟར་དོན་དུ་བླ་མ་དཔོན་པོ་རྣམས་གཉིས་བར་ཅུང་མི་མཐུན་པར་གྱུར་བས་སངས་རྒྱས་དཔོན་གྱིས་རང་རང་གིས་བླ་མས་གནང་བའི་རྟེན་གཙོགས་ཆེན་རྣམས་བསྣམས་ནས་འཁོར་དང་བཅས་མདོ་ཁམས་སུ་ཕེབ། དགུང་ལོ་ཉེར་དྲུག་སྙེ་ཕྱི་ལོ་1277ལོར་ཁམས་རི་བོ་ཆེར་རི་བོ་ཆེའི་དགོན་པ་བཏབ་ནས་སྟག་ལུང་བཀའ་བརྒྱུད་པའི་ཆོས་བརྒྱུད་འཛིན་པས་སྟག་ལུང་མ་ཐང་དུ་གྲགས་པར་འདུག དེ་རྗེས་སྟག་ལུང་བཀའ་བརྒྱུད་དེ་ཁམས་ཕྱོགས་སུ་དར་སྒོ་ཚུགས་པ་དང་། དབུས་ཀྱི་མ་དགོན་ལ་ཡ་ཐང་དང་རི་བོ་ཆེ་དགོན་ལ་མ་ཐང་ཞེས་སྟག་ལུང་པའི་བསྟན་པ་དེ་དབུས་དང་ཁམས་གཉིས་སུ་གྱེས་ནས་རྒྱས་པར་བྱུང་། སྟག་ལུང་མ་ཐང་འམ་རི་བོ་ཆེའི་གདན་རབས་སྐོར་གཤམ་དུ་མ་ཐང་གི་གདན་རབས་སྐབས་བརྗོད་པར་བྱ།

སྟག་ལུང་གི་གདན་རབས་བཞི་པའི་ཐད་དོས་འཛིན་སྟངས་མི་འདྲ་བ་གཉིས་ཡོད་དེ། འགའ་ཞིག་གི་སངས་རྒྱས་དཔོན་སྟག་ལུང་གི་གདན་རབས་བཞི་པར་དོས་བཟུང་བ་ཡོད་ཀྱང་། གོང་དུ་ཞུས་པ་ལྟར་སངས་རྒྱས་དཔོན་གྱིས་སྟག་ལུང་གི་གདན་ས་ལོ་གཅིག་མཛད་རྗེས་ཁྲི་འཛིན་ཐད་མ་འཆམ་པས། ཁམས་ཕྱོགས་སུ་ཕེབས་ནས་རི་བོ་ཆེའི་གདན་ས་ཕྱག་བཏབ་པས་རི་བོའི་ཆེའི་གདན་རབས་སུ་དོས་འཛིན། དེ་ན་འདིར་སྟག་ལུང་ཆོས་འབྱུང་ནང་བཀོད་པ་བཞིན་གདན་རབས་བཞི་པ་བཀྲ་ཤིས་བླ་མར་བཞག་ཡོད། ཁོང་ནི་ཡབ་ཡོན་བདག་ག་ཟི་ཆོས་ཡག་དང་ཡུམ་ཇོ་ཟི་གཟའ་གཟུངས་སྒྲོན་གྱི་སྲས་སུ་ལྕགས་ཡོས་ཕྱི་ལོ1231ལོར་གཡང་ཤོད་བོང་ར་སྟེང་དུ་སྐུ་བལྟམས། དགུང་ལོ་བཅུ་དྲུག་པ་ལ་དཔལ་ཐང་སྐྱའི་ཆོས་གྲྭ་ཆེན་པོར་མཁན་པོ་གདན་ས་པ་དང་སློབ་དཔོན་གྲགས་པ་བཟང་པོ་ལས་རབ་ཏུ་བྱུང་། མཚན་བཀྲ་ཤིས་

①དག་དབང་རྣམ་རྒྱལ། སྟག་ལུང་ཆོས་འབྱུང་ངོ་མཚར་རྒྱ་མཚོ། [M]ལྷ་ས། བོད་ལྗོངས་བོད་ཡིག་དཔེ་སྙིང་དཔེ་སྐྲུན་ཁང་། 1992ལོར་པར། ཤོག་ངོས་306—307

བླ་མར་གསོལ། མཁན་སློབ་ལས་ཀ་གི་ཀ་དང་། ལམ་སྒྲོན་སོགས་ཆོས་བསྐོར་དུ་མ་གསན་བླ་མ་མཁས་པ་ལས་ཟབ་ཆོས་མང་པོ་ཞུས། དགུང་ལོ་ཉི་ཤུ་རྩ་ལྔ་ལ་དབུས་སུ་ཕེབས་ནས་སངས་རྒྱས་ཡར་བྱོན་ཞབས་ལ་གཏུགས། དགུང་ལོ་ཞེ་གསུམ་སྟེ་སྤྱི་ལོ1273ལོར་སྟག་ལུང་གི་གདན་ས་མཛད། བཀྲ་ཤིས་བླ་མ་ནི་དེ་སྔོན་འགྲོ་མགོན་འཕགས་པའི་ཕྱག་ཕྱི་མཛད་སྐྱོང་བས་སེ་ཆེན་རྒྱལ་པོའི་བར་གྱི་འབྲེལ་ཡང་ཏ་ཙང་ལེགས་པར་སེམས་ཏེ། "ཕྱིས་ལྷ་ཆེན་བཞེངས་པའི་སྐབས་གསེར་ང་ལ་མེད་དེ་རྒྱལ་པོ་ཆེན་པོ་ལ་ཡོད་གསུངས་པས། གསེར་གསོལ་རན་ཙ་ན། སེ་ཆེན་རྒྱལ་པོས་གསེར་བྲེ་དྲུག་ཕུལ་བ་ཕྱག་ཏུ་ཕྱིན་པ་དང་།"[①]ཞེས་པ་ལས་གསལ་པོར་རྟོགས། མཐར་གདན་ས་ལོ་ཉི་ཤུ་རྩ་ལྔ་བར་བསྐྱངས་ནས་དགུང་ལོ་དྲུག་ཅུ་རྩ་བདུན་བཞེས་པ་སྤྱི་ལོ1297ལོར་དགོངས་པ་རྫོགས།

གདན་ས་ལྔ་པ་སངས་རྒྱས་དཔལ་བཟང་ནི་མདོ་ཁམས་གཡང་ཤོད་དུ་ཡབ་ཡོན་བདག་ཞང་སྐབས་དང་ཡུམ་རྒྱ་གར་ལྕམ་གྱི་སྲས་སུ་མེ་སྦྲུལ་1257ལོར་སྐུ་བལྟམས། ཁོང་ནི་བཀྲ་ཤིས་བླ་མའི་ཚ་བོ་ཡིན་ལ་གོང་དང་མཚུངས་པར་ག་ཟིའི་རྒྱུད་དུ་འཁྲུངས། དགུང་ལོ་བཅུ་དྲུག་ལ་དབུ་སུ་ཕེབས། དཔལ་སྟག་ལུང་གི་ཆོས་གྲྭ་ཆེན་པོར་ཕེབས་ནས་བཀྲ་ཤིས་བླ་མའི་ཞབས་ལ་གཏུགས། འགྲོ་མགོན་ཆོས་རྒྱལ་འཕགས་པའི་ཕྱག་ཕྱིར་ས་སྐྱའི་ཆོས་གྲྭ་ཆེན་པོར་ཕེབས་ཏེ་རབ་ཏུ་བྱུང་། མེ་བྱ་སྤྱི་ལོ1297ལོར་སྟག་ལུང་གི་གདན་ས་མཛད། གདན་ས་ལོ་བཅུ་གསུམ་གྱི་བར་བསྐྱངས་ནས་དགུང་ལོ་ལྔ་བཅུ་རྩ་བཞི་སྟེ་སྤྱི་ལོ1310ལོར་དགོངས་པ་རྫོགས།

གདན་རབས་དྲུག་པ་ཆོས་རྗེ་རཏྣ་གུ་རུ་ནི་ཡབ་ཡོན་བདག་ཐུགས་རྗེ་སྐྱབས་དང་། ཡུམ་གཟུངས་ལྕམ་གཉིས་ཀྱི་སྲས་སུ་ས་བྱི་སྤྱི་ལོ་1288ལོར་གཡང་ཤོད་བོང་ར་སྟེང་ཀར་སྐུ་བལྟམས། ཁོང་ནི་སངས་རྒྱས་དཔལ་བཟང་གི་ཚ་བོ་ཡིན། དཔལ་ཐང་སྐྱའི་ཆོས་གྲྭ་ཆེན་པོར་མཁན་ཆེན་བསོད་ནམས་ཡེ་ཤེས་དང་སློབ་དཔོན་སངས་རྒྱས་བཟང་པོ་ལས་དགེ་ཚུལ་གྱི་དངོས་པོ་བཞེས། དགུང་ལོ་བཅུ་དགུ་ལ་དབུས་སུ་ཕེབས་ནས་སངས་རྒྱས་དཔལ་བཟང་པོའི་དྲུང་དུ་གཏུགས། དགུང་ལོ་ཉི་ཤུ་གཅིག་ས་བྱི་སྤྱི་ལོ་1309ལོར་གདན་སར་བཞུགས། "རྗེ་འདིས་བཀའ་བརྒྱུད་ཀྱི་གདན་ས་ཆེན་པོ་རྣམས་ནས་གྲུབ་པའི་དབང་ཕྱུག་དག་གིས་རྡོ་རྗེའི་མགུར་དབྱངས་ཀྱི་རྟ་དང་བཅས་པ་འཁྲུལ་མེད་དུ་བླངས་ཏེ། སྔོན་ཡོད་གདན་ས་ཉིད་དུ་བརྒྱུད་པའི་རྡོ་རྗེའི་མགུར་ཟབ་མོ་རྣམས་ཀྱི་མཐའ་རྒྱས་སུ་སྤེལ་ནས་དུས་བཟང་ཐམས་ཅད་དུ་ཚང་བར་ལེན་ཅིང་ཁྱད་པར་རྗེ་བཙུན་བཞད་པའི་རྡོ་རྗེའི་དུས་ཆེན་ཧོར་ཟླ12ཚེས14ནས་15ཉིན་

①དག་དབང་རྣམ་རྒྱལ། སྟག་ལུང་ཆོས་འབྱུང་ངོ་མཚར་རྒྱ་མཚོ། [M]ལྷ་ས། བོད་ལྗོངས་བོད་ཡིག་དཔེ་སྙིང་དཔེ་སྐྲུན་ཁང་། 1992ལོར་པར། ཤོག་ངོས་311

ལ་བར་མེད་དུ་འཛིན་པ་སྟག་ལུང་པའི་མགུར་ཆེན་ཞེས་པ་འདིའི་སྲོལ་གཏོད།”[①]ཅེས་དང་། ད་སྐབས་ལོ་ལྔར་བོད་ཟླ་བཅུ་གཉིས་པའི་ཚེས་བཅུ་བཞི་བཙོ་ལྔ་ལ་ཚོགས་སྲོལ་ཡོད་པའི་རྗེ་མི་ལའི་དུས་མཆོད་ཀྱི་སྲོལ་ཕྱེ། གཞན་སྟག་ལུང་གི་མགོན་ཁང་རྙིང་མར་གྲགས་པ་དེ་བཞེངས། སྟག་ལུང་གི་གདན་ས་ལོ་གྲངས་སུམ་བཅུའི་བར་བསྐྱངས་ནས་དགུང་ལོ་ལྔ་བཅུ་རྩ་གཉིས་མེ་ཡོས་སྤྱི་ལོ1339ལོར་དགོངས་པ་རྫོགས།

གདན་རབས་བདུན་པ་རཏྣ་ཀ་ར་ནི་ཡུལ་གཡང་ཤོད་བོང་ར་སྟེང་ཉིད་དུ་ཡབ་ཡོན་བདག་ཐུགས་རྗེ་སྐྱབས་དང་ཡུམ་གཟུངས་ལྕམ་གྱི་སྲས་སུ་ལྕགས་བྱི་སྤྱི་ལོ་1300ལོར་སྐུ་བལྟམས། ཁོང་ནི་ཆོས་རྗེ་རཏྣ་གུ་རུའི་གཅུང་པོ་ཡིན། ཐང་སྐྱ་དགོན་དུ་དཔལ་པུཎྱ་རྫ་ནས་མཁན་པོ་དང་། བུ་རྡྷ་རྡྷ་དྲས་ལས་སློབ་མཛད་དེ་དགེ་བསྙེན་དང་། དགེ་ཚུལ་གྱི་དངོས་པོ་ལེགས་པར་བཞེས། མཚན་རཏྣ་ཀ་རར་གསོལ་ནས་མི་རིང་བར་དབུས་སུ་ཕྱིན་ནས་སྟག་ལུང་གི་ཆོས་གྲྭར་ཕེབས། ཆོས་རྗེ་རཏྣ་གུ་རུའི་ཞབས་ལ་གཏུགས་བཀའ་ཕྲུག་ཆུ་བོ་གཉིས་འདྲེས་ཀྱི་གདམས་པ་རྣམས་ལེགས་པར་གསན། དགུང་ལོ་བཞི་བཅུ་མེ་ཡོས་སྤྱི་ལོ1339ལོར་གདན་ས་མཛད། རྗེ་འདིས་སྔ་ཕྱིར་ཁ་ཆེའི་པཎ་ཆེན་ཤཱཀྱ་ཤྲཱི་བཀའ་སྲོལ་འཛིན་པ་ཆོས་ལུང་པ་དང་འདུལ་བའི་ཚིག་དོན་ལ་མཁས་པ་དགེ་བཤེས་བསོད་ནམས་དབང་ཕྱུག ས་སྐྱའི་བླ་མ་འགྲོ་མགོན་ཆོས་རྒྱལ་འཕགས་པ། དཔང་ལོ་ཙཱ་བ་བློ་གྲོས་བརྟན་པ་སོགས་མཁས་གྲུབ་མང་པོའི་ཞབས་ལ་གཏུགས་ནས་ཐོས་བསམ་རྒྱ་ཆེར་མཛད་པས་མཁས་པའི་དབང་པོར་གྱུར། སྐུ་གསུང་ཐུགས་ཀྱི་རྟེན་མང་དུ་བཞེངས་པ་དང་། ལྷག་ཏུ་གདན་ས་ཉིད་དུ་ཐོས་བསམ་གྱི་བསྟན་པ་དར་བའི་ཆེད་དུ་གསུང་རྟེན་དཔག་ཏུ་མེད་པ་བཞེངས་ཡོད་དེ། “གསུང་གི་རྟེན་དུ་མདོ་སྔགས་ཀྱི་དགོངས་འགྲེལ་དང་རིག་གནས་ཕྱི་མ་བཞི་གསལ་བར་བྱེད་པའི་བསྟན་བཅོས་བོད་དུ་འགྱུར་རོ་ཅོག ཆོས་ཀྱི་རྣམ་གྲངས་ཉིས་སྟོང་གསུམ་བརྒྱ་བཞི་བཅུའི་གྲངས་སྙེད་ལེགས་པར་བཞེངས”[②]ཞེས་གསལ།

གཞན་ད་དུང་རྗེ་འདིར་ཡོན་རྒྱལ་པོས་གཡང་ཏེའི་ཕྱག་དམ་དང་འཇའ་ས་གནང་ཡོད་དེ། “རྒྱ་ནག་གོང་མ་ཆེན་པོས་བཅོམ་ལྡན་འདས་རིན་ཆེན་འབྱུང་ལྡན་གཉིས་སུ་མེད་པའི་ཁམས་གསུམ་ཆོས་ཀྱི་རྒྱལ་པོར་མངའ་དབུལ་བའི་མཆོད་རྗེས་རཏྣ་ཀ་ར་ཞེས་ལེགས་པར་སྦྱར་བའི་སྐད་ཀྱི་མཚན་ལཱུ་ནའི་ཡིག་གཟུགས་སུ་བཀོད་པའི་ཁ་རིས་ཅན་གྱི་ནོར་བུ་གཡང་ཊིཙུའི་ཕྱག་ཐམ་འབྲུ་ཤ་འགྱུར་གྱི་འཆང་

①ངག་དབང་རྣམ་རྒྱལ། སྟག་ལུང་ཆོས་འབྱུང་ངོ་མཚར་རྒྱ་མཚོ། [M]ལྷ་ས། བོད་ལྗོངས་བོད་ཡིག་དཔེ་སྙིང་དཔེ་སྐྲུན་ཁང་། 1992ལོར་པར། ཤོག་ངོས་311

②ངག་དབང་རྣམ་རྒྱལ། སྟག་ལུང་ཆོས་འབྱུང་ངོ་མཚར་རྒྱ་མཚོ། [M]ལྷ་ས། བོད་ལྗོངས་བོད་ཡིག་དཔེ་སྙིང་དཔེ་སྐྲུན་ཁང་། 1992ལོར་པར། ཤོག་ངོས་350

བཟུང་ཡོད་པ། རྒྱལ་པོ་ཉིད་ཀྱི་བླ་མའི་ཡུལ་དང་། རྒྱལ་ཁམས་མ་ལུས་པའི་མཆོད་གནས་སུ་དྲིལ་བསྒྲགས་པ་དུས་གཏན་དུ་བའི་ལས་ཀ་དང་འཇའ་ས་ཕྱག་ཏུ་བཞེས"[①]ཞེས་པ་ལས་ཤེས། ལོ་གྲངས་ཉེར་གཉིས་ཀྱི་བར་དུ་གདན་ས་བསྐྱངས་ནས་དགུང་ལོ་དྲུག་ཅུ་རྩ་གཉིས་པ་ཞུགས་སྐབས་སྤྱི་ལོ1361ལོར་དགོངས་པ་རྫོགས།

དེ་ལྟར་གོང་དུ་བརྗོད་པའི་སྟག་ལུང་གི་གདན་རབས་བདུན་པོ་དེ་དག་ནི་མདོ་ཁམས་གཡང་ཤོད་ཀྱི་ག་ཟིའི་རྒྱུད་ནས་བྱོན་པས"ཁམས་བྱོན་བདུན"[②]དུ་འབོད། དེ་རྗེས་ག་ཟིའི་གདུང་རྒྱུད་དེ་མདོ་ཁམས་ནས་དབུས་སུ་འཕོ་ཕྱུར་བྱུང་བར་ཤེས་ཏེ། "དེ་ནས་སྔར་སྨྲོས་པ་ལྟར་ཉམས་མེད་སངས་རྒྱས་དཔལ་བཟང་གི་གཅུང་ཡོན་བདག་གཡུང་དྲུང་སྐྱབས་ཀྱི་སྲས་ཡོན་བདག་ཡེ་ཤེས་རིན་ཆེན་གྱིས་ཕྱུག་མོ་དཔལ་ལེགས་ཞེས་པ་ཁབ་ཏུ་བསྲུས་ཏེ། ཉི་མ་དབུས་ཀྱི་རྒྱལ་ཁམས་སུ་ཡར་ཐེབས་ནས་འཕན་ཡུལ་ཕྱོགས་སུ་ཁྱིམ་གྱི་འཁོས་ཀ་བཟུང་སྟེ་རྟེན་ཆགས་པ་ལས་སྟག་ལུང་ངོ་རྗེ་གདན་འདི་ཉིད་ཀྱི་ཁྲི་ལ་མངའ་མཛད་པ་དག་ག་ཟིའི་གདུང་རིགས་རྩོད་མེད་འཕན་ཡུལ་དུ་བཞུགས་པ་དེ་ལས་རིམ་པར་བསྐྱུན་པ་ཤ་སྟག་གོ"[③]ཞེས་པ་ལྟར། ག་ཟིའི་གདུང་རྒྱུད་འཕན་ཡུལ་དུ་གཞི་རྟེན་ཆགས་ནས་སྟག་ལུང་གི་ག་ཟིའི་གདུང་རབས་ཐོག་མར་དབུས་ནས་བྱོན་སྒོ་ཚུགས་པ་གསལ་པོར་རྟོགས།

གདན་རབས་བརྒྱད་པ་ཀུན་སྤངས་ནམ་མཁའ་དཔལ་དབྱངས་ནི། འཕན་ཡུལ་རིག་པའི་འབྱུང་གནས་ཀྱི་སའི་ཆ་དར་ཡུལ་ཞེས་བྱ་བར་ཡབ་ཡོན་བདག་ཡེ་ཤེས་རིན་ཆེན་དང་ཡུམ་ཕྱུག་མོ་དཔལ་ལེའི་སྲས་སུ་ཚུ་བྱ་སྤྱི་ལོ1333ལོར་སྐུ་འཁྲུངས། གདན་ས་ལོ་གྲངས་བཅོ་ལྔ་མཛད་ནས་མཐར་སྤྱི་ལོ1379ལོར་དགོངས་པ་རྫོགས། "ཆོས་རྗེ་གདན་ས་པ་དབུས་སུ་འཁྲུངས་པ་རྣམས་ཀྱི་ཐོག་མ་འདི་ཡིན"[④]དེ་ནི་དབུས་སུ་འཁྲུངས་པ་རྣམས་ཀྱི་ཐོག་མ་ཡིན་ལ"དར་ཡུལ"[⑤]སྙིང་ཁང་སོགས་སུ་སྟག་ལུང་སྲེ་པ་ཞེས་པའི་ག་ཟིའི་གདུང་རབས་གཞི་རྟེན་ཆགས་པའི་ཐོག་མའང་ཡིན། དེ་རྗེས་ག་ཟིའི་ཏུས་རྒྱུད་ལས་ཆད་པའི་སྟག་ལུང་གི་གདན་རབས་བཅུ་གཉིས་ལྷག་རིམ་བཞིན་དབུས་ནས་བྱོན་ཡོད་དེ། དེ་དག་ཡང་གོང་མ་

①ངག་དབང་རྣམ་རྒྱལ། སྟག་ལུང་ཆོས་འབྱུང་ངོ་མཚར་རྒྱ་མཚོ། [M]ལྷ་ས། བོད་ལྗོངས་བོད་ཡིག་དཔེ་སྙིང་དཔེ་སྐྲུན་ཁང་། 1992ལོར་པར། ཤོག་ངོས་351—352
②ངག་དབང་རྣམ་རྒྱལ། སྟག་ལུང་ཐང་པ་བཀྲ་ཤིས་དཔལ་གྱི་རྣམ་ཐར། མ་ཡིག་པར་མ།
③ངག་དབང་བསྟན་པའི་ཉི་མ། དཔལ་སྟག་ལུང་ག་ཟིའི་གདུང་རབས་ཟམ་མ་ཆད་པར་བྱོན་པའི་རྣམ་ཐར་ངོ་མཚར་ནོར་བུའི་ཕྲེང་བ་ཤལ་སྐྱེ་དགུའི་ཡིད་འཕྲོག་བཞུགས་སོ། དབུ་ཅན་ཕྲིས་མ། ཤོག་ངོས་114
④ངག་དབང་རྣམ་རྒྱལ། སྟག་ལུང་ཆོས་འབྱུང་ངོ་མཚར་རྒྱ་མཚོ། [M]ལྷ་ས། བོད་ལྗོངས་བོད་ཡིག་དཔེ་སྙིང་དཔེ་སྐྲུན་ཁང་། 1992ལོར་པར། ཤོག་ངོས་355
⑤ས་ཆའི་མིང་། ད་ལྟ་ལྷ་ས་གྲོང་ཁྱེར་ལྷུན་གྲུབ་རྫོང་བྱང་ཁ་ཤང་གི་ཁོངས་སུ་གཏོགས།

རྣམས་དང་འདྲ་བར་མཁས་གྲུབ་གཉིས་ལྡན་གྱི་སྐྱེ་བོ་བསམ་གྱིས་མི་ཁྱབ་པ་ཤ་སྟག་ཡིན་ཏེ། དེའི་ཁྲིད་པོ་དོང་ཕྱོགས་ལས་རྣམ་རྒྱལ་དང་ཤར་རྒྱལ་བ་ཙོང་ཁ་པ་ཆེན་པོ། ལྕང་ལུང་པ་གཞོན་ནུ་བློ་གྲོས་སོགས་ཀྱིས་ཞབས་ལ་གཏུགས་ཤིང་གདམས་ངག་ཞུས་སྒྲོང་ལ་རྒྱ་ནག་གོང་མས་གུ་ཤྲིའི་མཚན་གསོལ་[1]སྒྲོང་བའི་གདན་རབས་དགུ་པ་བཀྲ་ཤིས་དཔལ་བརྩེགས་དང་། ཕག་གྲུ་དང་འབྲི་གུང་བཀའ་རྒྱུད་སོགས་ཀྱི་ཟབ་ཆོས་ཐུགས་ལ་མངའ་ཞིང་། སྨམ་པོ་སྤྱན་སྔ་པ། ཞྭ་དམར་ཆོས་ཀྱི་གྲགས་པ། འབྲུག་རྒྱལ་དབང་ཆོས་རྗེ་སོགས་ཀྱིས་ཞབས་ལ་གཏུགས་ནས་གདམས་ངག་ཞུས་སྒྲོང་བའི་གདན་རབས་བཅུ་གཉིས་པ་ངག་དབང་བཀྲ་ཤིས་དཔལ་བཟང་། གཞན་གདན་རབས་བཅུ་བདུན་པ་ཞབས་དྲུང་ངག་དབང་རྣམ་རྒྱལ་སོགས་བྱོན་ཡོད།

དུས་རབས་བཅོ་ལྔ་པའི་ནང་ག་ཟེའི་ཁྲིམ་རྒྱུད་ནང "མི་དབང་དང་སྡེ་པ" [2]ཞེས་པའི་ཐ་སྙད་ཐོག་མར་ཐོན་པས། ག་ཟེའི་ཁྲིམ་རྒྱུད་ལ་ཆོས་ལུགས་ཀྱི་དབང་ཆ་ཙམ་མ་ཡིན་པར་གཞུང་སའི་གོ་གནས་ཡོད་པ་གསལ་པོར་རྟོགས། སྤྱི་ལོ་1380ལོར་སྟག་ལུང་ཐང་པ་བཀྲ་ཤིས་དཔལ་གྱི་སྟག་ལུང་གི་གདན་ས་ཕྱག་བཏབ་པ་ནས་1689ལོར་གདན་རབས་བཅུ་དགུ་པ་ངག་དབང་བཀྲ་ཤིས་ཆོས་རྒྱལ་གྱི་གདན་སའི་ཁྲི་འགན་མ་ཛོགས་བར་གྱི་དུས་རབས་གསུམ་ཙམ་རིང་སྟག་ལུང་ཡ་ཐང་གི་གདན་རབས་རྒྱུན་མ་ཆད་པར་ག་ཟེའི་གདུང་ལས་བྱོན། གདན་རབས་བཅུ་དགུ་[3]པ་བཀྲ་ཤིས་ཆོས་ཀྱི་རྒྱལ་པོའི་སྐབས་ཞལ་ངོ་ནང་ཁུལ་གྱི་འགལ་བ་ཇེ་ཆེར་གྱུར་ནས་ཁུ་དཔོན་བར་མི་མཐུན་པར་གྱུར་བས་སྤྱི་ལོ1679ལོར་གཞུང་ས་དགའ་ལྡན་ཕོ་བྲང་ནས་གཞུང་བཞེས་ཀྱིས་སྤྱི་ལོ་1720བར་ལོ་བཞི་བཅུ་ཞེ་གཉིས་རིང་སེར་བྱེས་གྲྭ་ཚང་ནས་ཁ་འཛིན་མཁན་ཐོག་ཁ་ཤས་བྱས་ཀྱང་བདག་སྐྱོང་མེད་པར་ཡང་དགོན་དང་གླིང་དགོན་སོགས་ཀྱང་གོག་ཧྲུལ་ཏུ་གྱུར། དེ་རྗེས་ག་ཟེའི་གདུང་རྒྱུད་ལས་བྱུང་བའི་སྟག་ལུང་གི་ཁྲི་པའི་རྒྱུན་ཆད་པ་དང་། སྟག་ལུང་སྡེ་པ་ཞེས་དར་སྲས་རོང་གསུམ་བཅས་ལ་དབང་བསྒྱུར་བའི་སྲིད་དབང་དེ་ཉིད་ཀྱང་ལྷ་སའི་ཉེ་འདབས་ཀྱི་སྡེ་པ་རག་པ་སྟོང་ཤུལ་གྱི་གཞིས་ཀར་གནས་འཕོས་ནས་རིམ་བཞིན་གཞུང་སའི་ཉུ་དཔོན་བྱས་པའི་མཛད་རྗེས་སུ་སྡེ་དཔོན་མདོ་མཁར་བའམ་རག་ཁ་ཤག་གི་གཞིས་ཀར་སྦྲེད་པར་གྲགས་སོ།

དེ་རྗེས་ག་ཟེའི་ཉུས་རྒྱུད་ལས་བྱོན་པའི་སྟག་ལུང་བཀའ་བརྒྱུད་ཀྱི་གདན་རབས་ཆད་པས་སྟག་ལུང་

---

[1]ངག་དབང་རྣམ་རྒྱལ། སྟག་ལུང་ཆོས་འབྱུང་ངོ་མཚར་རྒྱ་མཚོ། [M]ལྷ་ས། བོད་ལྗོངས་བོད་ཡིག་དཔེ་སྙིང་དཔེ་སྐྲུན་ཁང་། 1992ལོར་པར། ཤོག་ངོས་392—393

[2]ངག་དབང་རྣམ་རྒྱལ། སྟག་ལུང་ཆོས་འབྱུང་ངོ་མཚར་རྒྱ་མཚོ། [M]ལྷ་ས། བོད་ལྗོངས་བོད་ཡིག་དཔེ་སྙིང་དཔེ་སྐྲུན་ཁང་། 1992ལོར་པར། ཤོག་ངོས་421

[3]ངག་དབང་བཀྲ་ཤིས་ཆོས་རྒྱལ་དེ་སྟག་ལུང་གི་གདན་རབས་ཉེར་བཞི་པར་བཞེད་མཁན་ཡང་ཡོད་པས་དཔྱད་པར་འཚལ།

གི་ཆོས་རྒྱུད་འཛིན་པའི་གདན་རབས་རྣམས་རིམ་བཞིན་སྤྱིལ་སྐྱའི་ལམ་ལུགས་སུ་གྱུར་འགོ་ཚུགས།

ག་ཟིའི་ཏུས་རྒྱུད་ལས་ཆད་པའི་སྟག་ལུང་ཡ་ཐང་གི་གདན་རབས་རིམ་བྱོན།

(འདིར་གདན་རབས་བཅུ་བདུན་བར་སྟག་ལུང་ཆོས་འབྱུང་ལྟར་བཀོད་པ་དང་དེ་རྗེས་ཀྱི་གདན་རབས་རྣམས་ལོ་རྒྱུས་ཡིག་ཚང་འགའ་ཞིག་གཞིབ་བསྡུར་བྱས་ནས་བཀོད་པ་ཡིན། སྐར་རྟགས་བཀོད་པ་དེ་དག་གདན་རབས་ཏུ་བརྩི་མཁན་ ཡང་འགའ་ཞིག་ཡོད་པས་དཔྱད་པར་འཚལ།)

གདན་རབས།	ཁྲི་འཛིན་གྱི་མཚན།	འཁྲུངས་འདས་ལོ་གྲངས།	གདན་ས་མཛད་པའི་དུས་ཚོད།	ཟུར་མཆན།
དང་པོ།	སྟག་ལུང་ཐང་པ་བཀྲ་ཤིས་དཔལ།	1142—1210	1178—1210	1178ལོར་སྟག་ལུང་དགོན་ཕྱག་བཏབ།
གཉིས་པ།	སྐུ་ཡལ་རིན་ཆེན་མགོན་པོ།	1191—1236	1210—1235	བཀྲ་ཤིས་དཔལ་གྱི་ཚ་བོ།
གསུམ་པ།	སངས་རྒྱས་ཡར་བྱོན།	1203—1272	1235—1272	རིན་ཆེན་མགོན་པོའི་ཚ་བོ།
བཞི་པ།	བཀྲ་ཤིས་བླ་མ།	1231—1297	1273—1296	སངས་རྒྱས་ཡར་བྱོན་གྱི་ཚ་བོ། གདན་རབས་འདིའི་གོང་དུ་སངས་རྒྱས་དབོན་གྱིས་གདན་ས་ལོ་གཅིག་བསྐྱངས།
ལྔ་པ།	སངས་རྒྱས་དཔལ་བཟང་།	1257—1310	1296—1309	བཀྲ་ཤིས་བླ་མའི་ཚ་བོ།
དྲུག་པ།	རཏྣ་གུ་རུ།	1288—1339	1309—1339	སངས་རྒྱས་དཔལ་བཟང་གི་ཚ་བོ།
བདུན་པ།	རཏྣ་ཀ་ར།	1300—1361	1339—1361	རཏྣ་གུ་རུའི་གཅུང་པོ། གོང་གི་གདན་རབས་བདུན་པོ་འདི་ཁམས་ཕྱོགས་ནས་འཁྲུངས་པས་ཁམས་བྱོན་བདུན་དུ་གྲགས།

བརྒྱད་པ།	ནམ་མཁའ་དཔལ་དབྱངས།	1333—1379	1361—1376	རཏྣ་གུ་རུའི་ཚ་བོ། ག་གཞིའི་གདུང་རྒྱུད་དབུས་ནས་འབྱུངས་པའི་ཐོག་མ་ཡིན།
དགུ་པ།	བཀྲ་ཤིས་དཔལ་བརྩེགས།	1357—1424	1376—1424	ནམ་མཁའ་དཔལ་དབྱངས་ཀྱི་ཚ་བོ།
བཅུ་པ།	བྱང་ཆུབ་རྒྱ་མཚོ་དཔལ་བཟང་པོ།	1403—1448	1424—1430	བཀྲ་ཤིས་དཔལ་བརྩེགས་ཀྱི་ཚ་བོ།
བཅུ་གཅིག	བཀྲ་ཤིས་དཔལ་འོད་བཟང་པོ།	1408—1460	1430—1460	བྱང་ཆུབ་རྒྱ་མཚོ་དཔལ་བཟང་པོའི་གཅུང་པོ།
བཅུ་གཉིས།	ངག་དབང་གྲགས་པ།	1418—1496	1461—1472	བཀྲ་ཤིས་དཔལ་འོད་བཟང་པོའི་ཚ་བོ། དེ་རྗེས་བཀྲི་ཤིས་དཔལ་བཟང་པོས་(1461-1508)གདན་ས་ལོ་བཅུ་གསུམ་བསྐྱངས། གདན་སར་བཞུགས་ཀྱང་རིང་མིན་ཁྲི་ཟུར་མཛད་པས་གདན་རབས་དངོས་ལ་མི་འདྲེན།
བཅུ་གསུམ།	རྣམ་རྒྱལ་གྲགས་པ་དཔལ་བཟང་།	1469—1530	1485—1530	ངག་དབང་བཀྲ་ཤིས་དཔལ་བཟང་པོའི་ཚ་བོ།
བཅུ་བཞི།	བསོད་ནམས་ཡེ་ཤེས་དཔལ་བཟང་།	1472—1520	1501—1520	རྣམ་རྒྱལ་གྲགས་པ་དཔལ་བཟང་གི་ཚ་བོ།
བཅོ་ལྔ།	རྣམ་རྒྱལ་བཀྲ་ཤིས།	1534—1563	1530—1555	བཀྲི་ཤིས་དཔལ་གྱི་ཚ་བོ། བར་དུ་ཁོང་གི་གཅུང་པོ་རྣམ་རྒྱལ་ཕུན་ཚོགས་ཆོས་རྒྱལ(1532-1601)གྱི་གདན་ས་ལོ་གཉིས་བསྐྱངས།
བཅུ་དྲུག	ཀུན་དགའ་བཀྲ་ཤིས།	1536—1605	1555—1585	རྣམ་རྒྱལ་དཔལ་བཟང་པོའི་ཚ་བོ།

བཅུ་བདུན།	ཞབས་དྲུང་ངག་དབང་རྣམ་རྒྱལ།	1571—1626	1585—1615	ཀུན་དགའ་བཀྲ་ཤིས་ཀྱི་ཚ་བོ།
བཅོ་བརྒྱད།	མ་ཆེན་ཞབས་དྲུང་བཀྲི་ཤིས་དཔལ་གྲུབ།	1600—1671	1615—1638	ཞབས་དྲུང་ངག་དབང་རྣམ་རྒྱལ་གྱི་ཚ་བོ།
བཅུ་དགུ	རྗེ་ཞབས་དྲུང་ངག་གི་དབང་ཕྱུག	ལོ་ཚིགས་མ་རྙེད།	1638—1640	1640ལོར་ཁྲི་ལས་བབས་ཏེ་ཁམས་རི་བོ་ཆེར་ཕེབས།
ཉི་ཤུ་པ།	རྫོང་ཞབས་དྲུང་རྣམ་རྒྱལ་ལེགས་གྲུབ།	1659—1719	1657—1667	1667ལོར་ཁྲི་ལས་ཐུར་ནས་ཆོས་རྫོང་དུ་བཞུགས་པས་མཚན་དུ་རྫོང་ཞབས་དྲུང་དུ་གྲགས།
ཉེར་གཅིག་པ།	འོད་ཛེ་ཞབས་དྲུང་བཀྲ་ཤིས་ཆོས་རྒྱལ།	1660—1689	1669—1689	བཀྲི་ཤིས་དཔལ་གྲུབ་ཀྱི་ཚ་བོ། སྟག་ལུང་གི་གདན་སའི་ཁྲི་ལ་ལོ་བཅུ་བཞུགས་རྗེས་ནང་ཁུལ་རྙོག་གཞི་ཆེན་པོས་ཁྲི་ལས་ཕབས་ཏེ་ས་ལུག་1678ལོར་སྡེ་པ་གཞུང་གིས་སྡེ་དགོན་གཞུང་བཞེས་བཏང་། དེ་རྗེས་ག་ཟེའི་གདུང་རྒྱུད་ལས་བྱུང་བའི་སྟག་ལུང་གི་ཁྲི་པའི་རྒྱུན་ཆད་པར་གྱུར།
སུམ་ཅུ་སོ་གཉིས་པ།	ཐུབ་བསྟན་བྱང་ཆུབ་ཆོས་ཀྱི་ཉི་མ།	1916—1995	མི་གསལ།	ག་ཟེའི་རྒྱུད་ལས་འཕྲོས་ཡང་གདུང་རབས་གོང་མ་རྣམས་དང་གདུང་རུས་གཅིག་ཡིན་མིན་གསལ་པོར་མི་ཤེས་པས་དཔྱད་པར་འཚལ། གཞུང་ས་ནས་སྔར་ལམ་ལྟར་དུ་ཐོག་ཐུའི་གོ་གནས་ཕུལ་སྐྱོང་ལ། རྗེས་སུ་བོད་ལྗོངས་ནང་བསྟན་མཐུན་ཚོགས་ཀྱི་དྲུང་ཆེ་གཞོན་པའི་མཚན་གནས་འཛིན་སྐྱོང་།

གསུམ་པ། ག་ཟེའི་དུས་རྒྱུད་ལས་ཆད་པའི་སྟག་ལུང་མ་ཐང་ངམ་ཁམས་རི་བོ་ཆེའི་གདན་རབས་སྐོར་བརྗོད་པ།

སྟག་ལུང་མ་ཐང་འམ་ཁམས་རི་བོ་ཆེའི་དགོན་ནི་ག་ཟེའི་གདུང་རྒྱུད་འཕྲུལ་བྲལ་སྟག་ལུང་གདན་རབས་གསུམ་པ་སངས་རྒྱས་ཡར་བྱོན་གྱི་ཚ་བོ་སངས་རྒྱས་དབོན་གྱིས་ཕྱག་བཏབ་པ་དང་། སྟག་ལུང་བཀའ་བརྒྱུད་ཀྱི་ལུགས་བཞིན་བསྐྱངས་པས་སྟག་ལུང་མ་ཐང་དུ་གྲགས། དེ་རྗེས་ག་ཟེའི་གདུང་རྒྱུད་དེ་དབུས་དང་ཁམས་གཉིས་སུ་སྟོབས་ཤུགས་མི་འདྲ་བར་གྱེས།

གདན་རབས་དང་པོ་སངས་རྒྱས་ཡར་བྱོན་ནི་ཡབ་ག་ཟེ་རྗོ་རྗེ་རིན་ཆེན་དང་ཡུམ་བཙུན་པོ་བཟའ་གཉིས་ཀྱི་སྲས་སུ་ལྕགས་ཕག་སྤྱི་ལོ་1251ལོར་སྐུ་བལྟམས། སྤྱི་ལོ་1254ལོར་དབུས་སུ་ཕེབས་ནས་དཔལ་སྟག་ལུང་ཆོས་གྲྭར་མཁན་པོ་ཐང་དཀར་བ་སོགས་ལས་རབ་ཏུ་བྱུང་མཚན་གྲགས་པ་དཔལ་འོད་ཟེར་བཟང་པོར་གསོལ། དེ་ཡང་སངས་རྒྱས་ཡར་བྱོན་གཤེགས་ཁར་གདན་ས་རང་གི་ཚ་བོ་གཉིས་སུ་ལ་གཏད་མིན་གསལ་པོར་མི་ཤེས་པས། དབོན་རྣམ་གཉིས(སངས་རྒྱས་དབོན་དང་བཀྲ་ཤིས་བླ་མ)ཁྲི་འཛིན་ཐད་ཐུགས་མི་མཐུན་པ་ལྟར་གྱུར་ནས་སངས་རྒྱས་དབོན་སྟག་ལུང་གི་གདན་ས་ལོ་གཅིག་མཛད་ནས་ཁམས་སུ་བཞུད་དགོས་པ་བྱུང་སྟེ། སྤྱི་ལོ1277[①]ལོར་དབོན་སངས་རྒྱས་ཡར་བྱོན་གྱི་གནང་བའི་རྟེན་གཙིགས་ཆེན་རྣམས་བསྣམས་ནས་འཁོར་དང་བཅས་མདོ་ཁམས་སུ་ལོག དགུང་ལོ་ཉེར་དྲུག་སྟེ་སྤྱི་ལོ་1277ལོར་ཁམས་རི་བོ་ཆེར་རི་བོ་ཆེའི་དགོན་པ་བཏབ། དེ་ནས་བཟུང་སྟག་ལུང་བཀའ་བརྒྱུད་དེ་ཁམས་ཕྱོགས་སུ་དར་སྙོ་ཚུགས་པ་དང་། དབུས་ཀྱི་མ་དགོན་ལ་ཡ་ཐང་དང་རི་བོ་ཆེ་དགོན་ལ་མ་ཐང་ཞེས་སྟག་ལུང་པའི་བསྟན་པ་དེ་དབུས་དང་ཁམས་གཉིས་སུ་གྱེས་ནས་རྒྱས་པར་བྱུང་། མཐར་དགུང་ལོ་བཞི་བཅུ་ཞེ་དྲུག་སྟེ་སྤྱི་ལོ1297ལོར་དགོངས་པ་རྫོགས།

དེ་རྗེས་སྟག་ལུང་མ་ཐང་འམ་རི་བོ་ཆེའི་གདན་རབས་རྣམས་རིམ་བཞིན་ག་ཟེའི་གདུང་རྒྱུད་ལས་བྱོན་པ་དང་། དེ་རྗེས་ལོ་ངོ་ཉི་རྒྱ་ལྷག་གི་འཕེལ་རྒྱས་བརྒྱུད་རི་བོ་ཆེ་དགོན་དེ་སྐབས་དེའི་ཁམས་ཁུལ་གྱི་དགོན་པ་ཆེ་ཤོས་སུ་གྱུར་པར་ཤེས། དུས་རབས་བཅོ་ལྔའི་ནང་ག་ཟེའི་ཁྲིམ་རྒྱུད་ནང་སྡེ་པ་དང་མི་དབང་

①དེབ་སྔོན་ལྟར་ན་སངས་རྒྱས་བོན་དགུང་ལོ26སྟེ། སྤྱི་ལོ1276ལོར་རི་བོ་ཆེའི་དགོན་པ་བཏབ་པར་གསུངས་འདུག་ཀྱང་། སྟག་ལུང་ཆོས་འབྱུང་ལྟར་ན། སངས་རྒྱས་དབོན་སྤྱི་ལོ་1277ལོའི་ཟླ་བ་དང་པོའི་ནང་དབྱི་ཤོད་དུ་བྱོན་ནས་ཟླ་བ་གཉིས་ཀྱི་རྗེས་དགོན་པ་བཞེངས་པ་གསལ་བ་ལྟར། འདིར་སྟག་ལུང་ཆོས་འབྱུང་ལྟར་བཀོད་ཡོད། སྟག་ལུང་ཆོས་འབྱུང་ངོ་མཚར་རྒྱ་མཚོའི་ཤོག་ངོས610སྟེང་གསལ། དེབ་སྔོན་ཤོག་ངོས་764སྟེང་གསལ།

ཐོན་པ་ལས། ཆོས་ལུགས་ཀྱི་སྟོབས་ཤུགས་དེ་རིམ་བཞིན་ཇེ་ཆེར་སོང་ནས་ཡུལ་སྡེའི་དབང་ཆ་ཡང་ཡོད་པར་གྱུར་པ་གསལ་པོར་རྟོགས། མཐར་དུས་རབས་བཞི་ལྷག་བརྒྱུད་རྗེས་ཀྱི་སྤྱི་ལོ1711ལོར། བཀྲ་ཤིས་དཔལ་སྤྲུལ་གྱིས་གདན་ས་བཀྲ་ཤིས་དབང་རྒྱལ་ལ་གཏད་པ་དང་། དེ་རྗེས་ག་ཟིའི་ཉུས་རྒྱུད་ལས་བྱོན་པའི་རི་བོ་ཆེའི་གདན་རབས་ཆད་པས་རི་བོ་ཆེའི་གདན་ས་འཛིན་པའི་གདན་རབས་རྣམས་རིམ་བཞིན་སྤྲུལ་སྐུའི་ལམ་ལུགས་སུ་གྱུར་འགྲོ་ཚུགས།

ག་ཟིའི་ཉུས་རྒྱུད་ལས་ཆད་པའི་སྟག་ལུང་མ་ཐང་འམ་ཁམས་རི་བོ་ཆེའི་གདན་རབས་རིམ་བྱོན།
（འདིར་སྟག་ལུང་ཆོས་འབྱུང་ལྟར་བཀོད་པ་ཡིན། ）

གདན་རབས།	ཁྲི་འཛིན་གྱི་མཚན།	འཁྲུངས་འདས་ལོ་གྲངས།	གདན་ས་མཛད་པའི་དུས་ཚོད།	ཟུར་མཆན།
དང་པོ།	སངས་རྒྱས་དབོན།	1231—1291	1277—1291	སངས་རྒྱས་ཡར་བྱོན་གྱི་ཚ་བོ་ཡིན། སྟག་ལུང་ཡ་ཐང་གི་གདན་ས་ལོ་གཅིག་མཛད་ནས་སྤྱི་ལོ༡༢༧༧ལོར་ཁམས་རི་བོ་ཆེའི་དགོན་པ་བཏབས།
གཉིས་པ།	ཨོ་རྒྱན་མགོན་པོ།	1293—1366	1305—1366	སངས་རྒྱས་དབོན་གྱི་ཚ་བོ། དགུང་ལོ་བཞིའི་ཐོག་དབུས་ནས་ཁམས་སུ་གདན་དྲངས།
གསུམ་པ།	མཁས་གྲུབ་རྒྱལ་བའི་མཚན་ཅན།	1344—1401	1366—1384	ཨོ་རྒྱན་མགོན་པོའི་ཚ་བོ།
བཞི་པ།	རིན་ཆེན་འབྱུང་ལྡན།	1362—1418	1384—1418	མཁས་གྲུབ་རྒྱལ་བའི་མཚན་ཅན་གྱི་ཚ་བོ།
ལྔ་པ།	གྲགས་པའི་མཚན་ཅན།	1376—1421	1418—1421	རིན་ཆེན་འབྱུང་ལྡན་དང་ཡབ་གཅིག་ཏུ་གྱུར་པའི་གཅུང་པོ།

དྲུག་པ།	མི་གཡོ་མགོན་པོ།	1409—1454	1425—1454	རཏྣ་ཀ་ར་དང་ཡབ་གཅིག་ཏུ་གྱུར་པའི་གཅུང་དཔོན་སེང་གེའི་སྲས།
བདུན་པ།	མགོན་པོ་ཡེ་ཤེས།	1430—1473	1455—1473	མི་གཡོ་མགོན་པོའི་ཚ་བོ།
བརྒྱད་པ།	འཇིག་རྟེན་དབང་ཕྱུག	1454—1533	1475—	ག་ཟིའི་རྒྱུད་དུ་འཁྲུངས། དགུང་ལོ་རེ་གཉིས་ལོར་སྟག་ལུང་མ་ཐང་གི་ཆོས་འབྱུང་མཛད།
དགུ་པ།	པདྨ་རྒྱལ་པོ།			འཁྲུངས་འདས་ལོ་གྲངས་དང་གདན་ས་བསྐྱངས་པའི་དུས་ཚོད་མི་གསལ་བས་དཔྱད་པར་བགྱི།
བཅུ་པ།	ཆོས་རྗེ་མཆོ་སྐྱེས་རྡོ་རྗེ།	1530—1590		པདྨ་རྒྱལ་པོའི་གཅུང་པོ། ཆོས་རྗེ་མཆོ་སྐྱེས་རྡོ་རྗེ་གཤེགས་རྗེས་ཀྱི་ལོ་བཅོ་ལྔ་ཙམ་གྱི་རིང་དགོན་པའི་འགན་དེ་ཕྱག་མཛོད་ཀརྨ་གྲགས་པ་ནས་བཞེད། དེ་རྗེས་ཀྱི་དུས་རབས་གཅིག་ལྷག་རིང་ག་ཟིའི་གདུང་རྒྱུད་ནས་གདན་ས་བསྐྱངས་ཡོད་ཀྱང་ལོ་རྒྱུས་ཁ་གསལ་མེད་པས་འདིར་མ་བཀོད།

སྡོམ་བྱང་།

དུས་རབས་བཅུ་གཉིས་པའི་དུས་དཀྱིལ་ཙམ་དུ་ག་ཟིའི་རུས་རྒྱུད་ལས་ཆད་པའི་སྟག་ལུང་ཐང་པ་བཀྲ་ཤིས་དཔལ་ཉིད་དབུས་སུ་ཕེབས་ནས་ཕག་གྲུའི་ཐུགས་སྲས་སུ་གྱུར་བ་དང་། སྤྱི་ལོ1180ལོར་སྟག་ལུང་རྡོ་རྗེ་གདན་གྱི་དགོན་པ་བཏབ་ནས་སྟག་ལུང་བཀའ་བརྒྱུད་ཀྱི་སྲོལ་ཕྱེས་པས། ག་ཟིའི་རུས་རྒྱུད་དེ་སྟག་ལུང་བཀའ་བརྒྱུད་ཀྱི་འཕེལ་རྒྱས་དང་བསྟུན་ནས་སྟོབས་ཤུགས་ཇེ་ཆེར་རྒྱས་ཡོད། སྤྱི་ལོ1277ལོར་ག་ཟི་སངས་རྒྱས་དབོན་གྱིས་ཁམས་རི་བོ་ཆེའི་དགོན་པ་བཏབ་ནས་སྟག་ལུང་བཀའ་བརྒྱུད་ཀྱི་བསྟན་པ་སྤེལ་བས་སྟག་ལུང་མ་ཐང་ཞེས། ག་ཟིའི་སྟོབས་ཤུགས་དེ་དབུས་ཁམས་གཉིས་སུ་ཁྱེས་ཡོད། དེ་རྗེས་ཕྱི་ཕྱིར་དུས་རབས་བཅུ་བཞི་དང་བཅོ་ལྔ་པའི་ནང་ག་ཟིའི་རུས་རྒྱུད་ལས་སྟག་ལུང་སྡེ་པ་དང་རི་བོ་ཆེ·

སྡེ་པ་སོགས་གཞུང་སའི་སྡེ་པ་ཐོན་པ་དང་། ག་ཟེའི་གདུང་རྒྱུད་ལ་ཡོན་རྒྱལ་པོས་གཡང་ཏེའི་ཕྲུག་དམ་དང་འཛའ་ས་གནང་བ། རྒྱལ་མཆོག་སྐུ་ཕྲེང་བཅུ་གསུམ་པའི་སྐབས་ཏུ་ཐོག་ཐུའི་མཚན་གནས་གནང་བ་སོགས། ག་ཟེའི་གདུང་རྒྱུད་དེ་ཆོས་སྲིད་གཉིས་ལ་མངའ་དབང་བསྒྱུར་བའི་གདུང་རྒྱུད་འགངས་ཆེན་ཞིག་ཡིན་པས། སྐབས་དེའི་བོད་ཀྱི་སྤྱི་ཚོགས་ནང་གི་སྟོབས་ཤུགས་གལ་ཆེན་ཞིག་ཆགས་ཡོད།

(རྩོམ་པ་པོ། ངག་དབང་རྡོ་རྗེ། ཕ་ཡུལ། བོད་ལྗོངས་ལྷ་ས། ཀྲུང་དབྱང་མི་རིགས་སློབ་གྲྭ་ཆེན་མོའི་བོད་རིག་པ་ཞིབ་འཇུག་གླིང་གི་2013ལོའི་ཤེས་རམས་པ།)
(མཇུག་སྒྲོན་དགེ་རྒན། ཀོ་ཤུལ་གྲགས་པ་འབྱུང་གནས།)

བསང་གི་འབྱུང་ཁུངས་དང་དེའི་དགེ་མཚན་སྐོར་ལ་རགས་ཙམ་དཔྱད་པ།

ཨ་བན• ལྷུགས་མོ་མཚོ།

ནང་དོན་གནད་བསྡུས། བསང་གཏོང་བ་ནི་གདོད་མ་ནས་བྱུང་ཞིང་དེང་དུས་སུ་ཡང་དང་དོད་ཆེན་པོ་ཡོད་པའི་བོད་ཀྱི་དམངས་ཁྲོད་ཆོ་ག་ཞིག་རེད། བོད་ཀྱི་ཁྱིམ་ཚང་རེ་རེའི་སྒོ་ཁ་དང་ཁང་བའི་ཡང་ཐོག ར་སྒོར་ནང་དུ་བསང་ཁྲི་བརྩིགས་ཡོད་ལ། རི་མགོ་དང་། སྒོར་ལམ། ལྷ་ཁང་སོགས་གང་སར་བསང་ཁྲི་མཐོང་རྒྱུ་ཡོད། དེ་མ་ཟད་བོད་ལ་རི་བསང་དང་ཀླུ་བསང་སོགས་འཕུལ་སྲོལ་ཡང་ཡོད་པ་རེད། འོན་ཏེ་བོད་མིའི་བསང་གཏོང་བའི་གོམས་སྲོལ་དེ་རྒྱུ་ཅི་ཞིག་གིས་དར་བ་དང་། དེའི་འབྱུང་ཁུངས་གང་འདྲ་ཡིན་པ་སོགས་ཡིག་ཐོག་ཏུ་ཁ་གསལ་ཞིག་བཀོད་པ་ཙུང་མཐོང་དཀོན། དཔྱད་རྩོམ་འདིར་གཙོ་བོ་བན་བོན་གྱི་ཡིག་ཆ་ཁ་ཤས་གཞིར་བཟུང་ནས་བསང་གི་ཐོག་མའི་འབྱུང་ཁུངས་དང་གྲུབ་ཆ་སོགས་ལ་དབྱེ་ཞིབ་དང་། ད་དུང་བསང་གི་རྒྱུ་དང་ཕན་ཡོན་སྐོར་ལ་དཔྱད་པ་རགས་ཙམ་བགྱིས་ཡོད།

མིང་བརྡ་གཙོ་བོ། བསང་། འབྱུང་ཁུངས། དགེ་མཚན།

དང་པོ། བསང་གི་གོ་དོན་དང་འབྱུང་ཁུངས།

བོད་དུ་གནའ་ནས་བཟུང་བསང་ཞེས་པའི་རིག་གནས་ཀྱི་རྣམ་པ་ཞིག་བྱུང་ཡོད་ཀྱང་། དེའི་གོ་དོན་ཅི་ཡིན་པ་དང་འབྱུང་ཁུངས་གང་འདྲ་ཡིན་པའི་སྐོར་ལ་དཔྱད་པ་བགྱིས་པ་ཙུང་ཞུང་། གཤམ་དུ་བདག་གིས་རང་གི་ལྟ་ཚུལ་དེར་ཞིབ་འཇུག་པ་འགའི་ལྟ་ཚུལ་དང་སྦྲགས་ནས་ཙུང་གླེང་བར་བྱ་སྟེ།

གཅིག བསང་གི་གོ་དོན།

ནམ་མཁའི་ནོར་བུ་རིན་པོ་ཆེ་ལགས་ཀྱིས "བསང་གི་ངོ་བོ་དང་བྱེད་ལས་གཙོ་བོ་ནི་མནོལ་གྲིབ་

མི་གཙང་བའི་རིགས་རྣམས་བསང་བའམ་དག་པར་བྱེད་པ་སེལ་གྱི་སྒོ་ཞིག་ཡིན” [①]ཞེས་གསུངས་པ་ལས་བསང་ཞེས་པའི་ཐོག་མའི་རང་བཞིན་ནི་མི་གཙང་བའམ་མནོལ་གྲིབ་སེལ་བར་བྱེད་པ་ལ་གོ་བ་ཤུགས་ཆེ་ལ་སེལ་གྱི་སྒོ་ཞིག་ཡིན་པའང་རྟོགས་ཐུབ། "སེལ་ཞེས་བྱ་བའི་རྒྱུ་མཚན་ཡང་འགྲོ་བ་མིའི་རིགས་རྣམས་ཀྱི་ རྩ་དཀར་ནག་དང་། མནོལ་གྲིབ་དང་དམི་རྒྱུགས་དབུལ་ཕོངས་བགེགས་བར་ཆད་ཉེས་པའི་ཚོགས་ཅི་མཆིས་པ་ཐམས་ཅད་སེལ་བར་བྱེད་པའི་ཐབས་ཟབ་མོ་ཞིག་ཡིན་པའི་ཆ་ནས་སེལ་ཞེས་གྲགས་པ་ཡིན། སེལ་གྱི་སྒོ་སུམ་བརྒྱ་དྲུག་ཅུར་ཡོད། དེང་དུས་བན་བོན་ཐུན་མོང་ལ་ཤིན་ཏུ་གྲགས་ཆེ་བའི་སེལ་སྒོ་ནི་བསང་གི་རིགས་རྣམས་ཡིན། བསལ་བྱའི་དུག་རིགས་ཇི་སྙེད་པ་ཞིག་ཡོད་པ་གསལ་བར་བསྟན་ཅིང་། སེལ་བྱེད་ཀྱི་གཙོ་བོ་ནི་བསང་དང་ཚན་ཞེས་བྱ་བ་དེ་གཉིས་ཡིན” [②]ཞེས་པ་ལས་སེལ་བྱ་བ་དེ་ཡང་མི་གཙང་བ་དང་བགེགས་བར་ཆད་སོགས་སེལ་བ་བྱེད་པ་ཡིན་ལ། བསང་དེའི་ནང་ཚན་ཞིག་ཏུ་གཏོགས་པ་ཤེས་ཐུབ། ཡང་མཁས་དབང་ཆབ་སྤེལ་ཚེ་བརྟན་ཕུན་ཚོགས་མཆོག་ནས། "བསང་ནི་བོད་རིགས་ཀྱི་ལྷ་གསོལ་བའི་བྱེད་སྒོའི་ནང་མེད་དུ་མི་རུང་བའི་ཆ་ལག་ཅིག་ཡིན། ལོ་རྒྱུས་ཀྱི་ཐོག་ནས་བཤད་ན། གཙོ་བོ་མི་ཡུལ་གྱི་བཙོག་གྲིབ་མཐའ་དག་སེལ་ནས་ལྷ་སྤྱན་འདྲེན་པའི་སྔོན་འགྲོའི་ཆ་ག་ཡིན་པ” [③]ཞེས་གསུངས། དེ་དག་ལས་ང་ཚོས་ཤེས་ཐུབ་པ་ཞིག་ནི་བསང་ཞེས་པ་འདི་སྔོན་ཆད་བྱ་ཚོག་ཅིག་ཡིན་པ་རྟོགས་ཐུབ། དེའི་དོན་ནི་མི་གཙང་བ་དང་མནོལ་གྲིབ་སོགས་དག་པའམ་སེལ་བར་བྱེད་པ་དེ་རེད། ཕྱིས་སུ་དེ་བོན་གྱི་ཆོས་ལུགས་ཀྱི་ཆོ་ག་ཞིག་ཏུ་འཕེལ་འགྱུར་བྱུང་ནས་མིང་ཚིག་ཏུ་བསྒྱུར་ནས་བསང་ཕུད་པ་དང་། བསང་གཏོང་བ་ཞེས་བཀོལ་བར་སྣམ་མོ།།

འོན་ཀྱང་དེང་དུས་བསང་ཞེས་བརྗོད་ཚེ་ངེས་པར་ལྷ་གསོལ་ཀླུ་མཆོད་ཀྱི་ཆོ་ག་སྒྲུབ་ལུགས་འབའ་ཞིག་ཏུ་ངོས་འཛིན་པ་ལས་གདོད་མའི་བསང་ཞེས་པའི་བརྡ་རང་སྟེང་གི་གོ་དོན་དང་ཁྱད་པར་ཆེ་བར་སོང་བ་འདི་ལ་སུས་ཀྱང་གསལ་ཁ་ཆེ་བ་ཞིག་མཛད་མེད་ཅིང། ལྷག་པར་བསང་ཡིག་འདོན་གསོལ་གྱི་ནང་དུ་སྣང་ཚུལ་འདི་གཉིས་དབྱེ་བ་སོ་སོར་མ་ཕྱེ་བར་འདྲེས་པ་དང་། ཡང་འགའ་ཞིག་གིས་དུ་བ་ལ་བརྟེན་ནས་གྲིབ་དག་པར་བཤད་པ་སོགས་བཞེད་ཚུལ་སྣ་ཚོགས་འདུག་པ་སོགས་འདིར་གཅིག་ཚོས་

①ནམ་མཁའ་ནོར་བུ། ནམ་མཁའི་ནོར་བུའི་གསུང་རྩོམ་ཕྱོགས་བསྒྲིགས། [M] པེ་ཅིན། ཀྲུང་གོའི་བོད་རིག་པ་དཔེ་སྐྲུན་ཁང་། 2009ལོར་པར། ཤོག་ངོས་327

②ནམ་མཁའ་ནོར་བུ། ནམ་མཁའི་ནོར་བུའི་གསུང་རྩོམ་ཕྱོགས་བསྒྲིགས། [M] པེ་ཅིན། ཀྲུང་གོའི་བོད་རིག་པ་དཔེ་སྐྲུན་ཁང་། 2009ལོར་པར། ཤོག་ངོས་327

③ཆབ་སྤེལ་ཚེ་བརྟན་ཕུན་ཚོགས། བོད་རིགས་ཀྱི་ལྷ་གསོལ་བསང་གཏོང་གི་ཡུལ་གོམས་སྐོར་གླེང་བ། [J] ཀྲུང་གོའི་བོད་རིག་པ། 1989(04)

ཀྱིས་ཁ་ཆོན་གཅོད་དཀའ་ཡང་། དེང་སང་བོད་ཀྱི་ས་ཆ་ཁ་ཤས་སུ་གཤིན་པོ་དུར་འཇུག་བྱེད་ཚེ་ཁང་ཁྱིམ་གྱི་སྒོའི་ཕྱི་རུ་མེ་འཇོག་པ་དང་། ཡང་སྨྲམ་མར་བུ་བཙས་པའི་དུས་སྒོ་མདུན་དུ་མེ་བཞག་སྟེ་ཕྱི་ནས་ཁྱིམ་དུ་ཡོང་བའི་མི་སུ་ཡིན་རུང་མེའི་སྟེང་དུ་འགོམ་ནས་ནང་ལ་ཡོང་བ། དེ་བཞིན་ཁང་ཁྱིམ་གང་ཞིག་གི་སྒོའི་ཕྱི་ན་དུ་བ་ལྡོག་ལྡོག་འཕྱུར་བ་ཞིག་ཡོད་ཚེ་དུད་ཚང་དེར་ཉེན་ཚབས་ཆེ་བའི་ནད་པ་སོགས་ཡོད་པར་བསྟན་པས་གང་བྱུང་གིས་ཁྱིམ་ལ་མ་ཡོང་ཞེས་པའི་བརྡ་ཙམ་ལས་དོན་ཅི་ཡང་མེད་པ་འདིས། གདོད་མའི་དུས་ཀྱི་བསངས་བྱ་བ་མེ་ལ་མ་གཏོགས་དུ་བ་ལ་འགྲེལ་ཚུལ་མེད་པ་འདྲ། ཕྱིར་དེང་དུས་གོས་སོགས་རླུང་ལ་གཡེང་བ། ཆུ་ལ་བགྲུ་བ་ཡོད་ཀྱང་། དེ་ལྟར་མ་བྱུང་ཚེ་མེ་ལ་བདུག་ནས་ཆོག་པར་བྱེད་པ་སོགས་ལ་བསམ་ན་གདོད་མའི་བོད་མི་རྣམས་ཀྱིས་ས་ཆུ་མེ་རླུང་འབྱུང་བ་བཞི་ལ་དད་མོས་བྱེད་པ་ལས་སྲོལ་འདི་མཆེད་པར་མངོན་ཏེ། གདོད་མའི་བོན་གྱི་ལུགས་སུ་འབྱུང་བ་བཞི་ལ་གནས་པའི་ལྷ་ཡོད་པར་སྨྲ་བ་དང་། སྣོད་བཅུད་ཀྱི་སྐྱེ་དངོས་ཡོད་དོ་ཅོག་འབྱུང་བ་བཞི་ལས་སྐྱེས་ཤིང་མཐར་འབྱུང་བ་བཞི་རང་སར་ཐིམ་པར་བྱ་དགོས་པར་འདོད་པ་འདིས་ཆེས་གདོད་མའི་དུས་ཀྱི་རང་བྱུང་ཁམས་དང་། མིའི་རིགས་ཀྱི་ཐུན་མོང་གི་གདོད་མའི་འདུ་ཤེས་གཉིས་བར་གྱི་འགལ་འདུའི་རང་བཞིན་གསལ་བར་མངོན་ཐུབ་པ་མ་ཟད། འདི་ནི་བོད་མི་རང་གི་ཐུན་མོང་མ་ཡིན་པའི་བསམ་བློའི་འདུ་ཤེས་ཤིག་ཀྱང་རེད། དེར་བརྟེན་སྨན་རྒྱུད་སོགས་ལས་རླུང་མཁྲིས་བད་ཀན་གསུམ་ག་ས་ཆུ་མེ་རླུང་འབྱུང་བ་བཞིའི་རང་བཞིན་དང་འབྲེལ་ཏེ་བརྟག་པའི་ལུགས་སོགས་མང་དུ་དབྱེ་བའི་སྲོལ་འདི་ཡང་དོན་དམ་པར་འབྱུང་བ་བཞི་དང་མིའི་སྐྱེ་ཕུང་གཉིས་རྟེན་འབྲེལ་ལུགས་འབྱུང་གི་རྒྱུ་མཚན་གྱིས་གཅིག་ཏུ་བསྡུས་པ་དང་། དེ་བཞིན་གཤིན་པོ་དུར་འཇུག་བྱ་ཚེ་མེ་ལ་སྲེག་པ། ཆུ་ལ་སྐྱུར་བ། ས་འོག་ཏུ་འཇུག་པ། རླུང་སྟེ་བྱ་རྒོད་ལ་གཏོར་བ་བཅས་བེམ་པོ་དེ་ཉིད་ངེས་པར་འབྱུང་བ་བཞི་གང་རུང་ལ་ཐིམ་པར་བྱེད་པའང་གནད་འདི་ལ་ཐུག་པར་སྣམ། དེ་ན་གོང་ནས་དྲངས་པ་བཞིན་འབྱུང་བ་བཞི་ལ་ཁྱད་མེད་དུ་དུར་འཇུག་བྱེད་ནའང་། འདི་དག་ལས་ཀྱང་ཆེས་སྤྱ་བ་ནི་མེ་ལ་སྲེག་པའི་ལུགས་འདི་ཙུང་མངོན་ཆེ་བ་དཔའ་བོ་གཙུག་ལག་ཕྲེང་བས "སྲས་ཀྱིས་ཆིབས་ཁ་ཐུབ་པར་ཞུར་པ་ན། །རྒྱུ་ཐག་ལ་འཇུས་ནམ་མཁར་གཤེགས་སོ་སྐད། །ལྷ་ལ་རོ་མེད་འཇའ་ཚོན་ལྟར་ཡལ་བས། །ཁྲི་བདུན་བང་སོ་གནམ་ལ་བཏབ་ཅེས་གྲགས། །"①ཞེས་བོད་བཙན་པོའི་ཐོག་མ་རྣམས་ཀྱི་བེམ་པོ་མེ་ལ་སྲེག་པའི་སྲོལ་བྱུང་བ་སུ་ལའང་རྩོད་མེད་དང་། དེ་བཞིན་ཆེས་སྔ་བའི་གནའ་ཤུལ་བང་སོ་དག་ན་བེམ་པོ་མེ་ལ་སྲེག་པའི་སོལ་བ་སོགས་མཐོང་ཡུལ་དུ་ཡོད་པ་སོགས་ལ་བསམས་ན

①དཔའ་བོ་གཙུག་ལག་ཕྲེང་བ། ཆོས་འབྱུང་མཁས་པའི་དགའ་སྟོན། [M] པེ་ཅིན། མི་རིགས་དཔེ་སྐྲུན་ཁང་། 2006ལོར་ཟླ་1པར། ཤོག་ངོས་87

མི་ནི་ཆེས་གདོད་མ་ནས་ཏ་ཅང་གཙིགས་ཆེན་བྱེད་པ་མཐོང་ཐུབ་ལ། དེ་ནས་བོད་མི་རྣམས་ཀྱིས་ཆེས་སྔ་མོ་ནས་འབྱུང་བ་བཞིའི་ནང་གི་མེ་ལ་དད་པའི་རྣམ་པ་ཞིག་བྱུང་ཡོད་པའང་མཐོང་ཐུབ།

"གནའ་བོའི་ཀི་ཏུ་སིའི་ལྷ་སྲུང་དུ་ཕོ་ལོ་མེ་ཞི་སི་འབོད་པས་མི་ཞིག་གིས་མེ་ཐོག་མར་ལྷ་ཡུལ་ནས་བརྐུས་འོང་བར་བཤད་པ་དང་། རང་རྒྱལ་མན་ཧྲུ་རིགས་ཀྱི་ལྷ་སྲུང་དུའང་ཨ་ཐོ་ཞེས་པའི་དཔའ་རྗོད་ཅིག་གིས་ལྷ་ཡུལ་ནས་མེ་ཁྱེར་འོང་བའི་བཤད་རྒྱུན་ཡོད།"①གཞན་ཡང་བོད་ཀྱི་དམངས་ཁྲོད་དུ། བྱ་དེ་ཕོ་ལྷ་ཡུལ་ལ་མེ་སློང་དུ་སོང་ཚུལ་སོགས་མང་། སྤྱིར་བེམ་པོ་མེ་ལ་སྲིག་པ་དེ་བསང་བྱ་བའི་གོ་དོན་དང་འབྲེལ་དཀའ་ཡང་། དེང་དུས་དུར་ས་གསར་དུ་འཚོལ་བ་ལ་དག་རྒྱུན་དུ "རི་ཡག་ས" "ས་གཙང་ས" སོགས་གཙང་བྱ་བའི་ཐ་སྙད་འདི་དང་མ་བྲལ་བ་ལ་བསམས་ན་མེ་སོགས་འབྱུང་བ་བཞིའི་རང་སྙིང་ན་བསངས་སམ་གཙང་བྱ་བའི་རང་བཞིན་འདི་ཤུགས་ནས་ཡོད་པར་འདོད་པ་གོ་ནུས་པ་དང་། དེ་བཞིན་དབྱིན་ཇིའི་མཁས་པ་ཕྲེ་ལེ་ཅིས " 'མེ་ཕུང' གིས་ནད་དང་འཆི་བ། སྡོད་བཅུད་མཐའ་དག་ལ་འཚེ་བའི་གནོད་པ་སྲིག་ཅིང་ཞི་བར་བྱས་ཏེ། མི་དང་དུད་འགྲོ་ལོ་ཏོག་བཅས་གཙང་བར་བྱེད་པ་ཡིན" ② ཞེས་པས་འཐུས། དེ་ན་བེམ་པོ་དེ་མེ་ལ་སྲིག་པས་རྟེའི་སྙིང་གི་བཙོག་གྲིབ་དང་དྲི་མ་ཡོད་ཚད་བསངས་ཐུབ་པ་རིག་པས་གྲུབ་ཅིང་། ལྷ་གསོལ་བསངས་མཆོད་བྱེད་པའི་སྲོལ་འདི་ཡང་མེའི་རང་བཞིན་གཙང་མ་ཡིན་པའི་རྒྱུ་མཚན་གྱི་རྨང་གཞིའི་སྙིང་རིམ་གྱིས་ཁྱབ་རྒྱ་ཆེ་བ་དང་འཕེལ་རྒྱས་ཆེས་ཆེར་བྱུང་བ་དང་། དེ་དུས་ཀྱི་མི་རྣམས་ཀྱིས་མེ་ལ་དད་པ་བྱུང་བའང་སྙམ།

གཉིས། བསང་གི་འབྱུང་ཁུངས།

1. བསང་གཏོང་སྲོལ་བྱུང་ཚུལ།

སྤྱིར་བསང་ཞེས་པ་ནི་གཙང་གི་དོན་ཡིན་པས། བསང་ཕུལ་ཞེས་པ་ནི་གཙང་ཕུལ་བ་སྟེ། མི་གཙང་བའི་མནོལ་གྲིབ་ཐམས་ཅད་བསང་བར་བྱེད་པའི་ཆོ་ག་ཞིག་ལ་ཟེར་ཞིང་། འདིའི་ཐོག་མའི་ཁུངས་ཐད་ལ་འཇིག་རྟེན་དང་འབྲེལ་བའི་བཤད་ཚུལ་ཞིག་དང་། ཆོས་ལུགས་དང་འབྲེལ་བའི་བཤད་རྒྱུན་ཚུལ་གཉིས་མཆིས་ཏེ།

འཇིག་རྟེན་དང་འབྲེལ་བའི་བཤད་ཚུལ་ནི། བོད་གཙོས། རྒྱ་ནག་དང་། ཁ་ཆེ་མི་རིགས་གང་ལ་མཆོན་ནའང་རི་འགོ་མཐོན་པོའི་སྙིང་ནས་དུ་བ་གཏོང་བའི་སྲོལ་ཀ་དེ་གདོད་མ་གློག་ཆས་ཡོ་བྱད་མེད་

① 池田大作．社会与宗教 [M] 成都：四川人民出版社，1991:123.

② 吕大吉主编．宗教学纲要 [M] 北京：高等教育出版社，2003:148.

པའི་དུས་སྐབས་སུ། ཚོགས་པའམ་ཐུན་མོང་རང་བཞིན་གྱིས་ཕན་ཚུན་རི་མཐོན་པོའི་མགོ་ནས་དུ་བ་བཏང་སྟེ། གསང་བཟ་སྲོད་བྱེད་ཀྱི་བཟ་ཐབས་ཁྱད་པར་བ་ཞིག་ལགས་པས་དེ་ཐོག་མར་དམག་འཁྲུག་ཏུ་སྤྱོད་ལ། ཕྱིས་སུ་བོད་རང་ལ་མཚོན་ན་རིམ་བཞིན་ཆོས་ལུགས་ཀྱི་ཆ་ག་ཞིག་ཏུ་གྱུར་བའོ།།

ཆོས་ལུགས་དང་འབྲེལ་བའི་བཤད་ཚུལ་ནི། བོད་དུ་བསང་མཆོད་བྱུང་བའི་ཐོག་མའི་ཁུངས་བསྟན་པ་ལ་ཐུའུ་བཀྭན་ཆོས་ཀྱི་ཉི་མས "མདོ་རྒྱུད་རྒྱ་གཞུང་རྣམས་སུ་བསངས་ཀྱི་ཆོ་གའི་ཐ་སྙད་དངོས་སུ་བཤད་པ་མ་མཐོང་ཡང་། དོན་ཐོབ་ལ་བསངས་ཀྱི་ཁུངས་སུ་འགྲོ་བ་གསང་འདུས་རྩ་རྒྱུད་ལས། དྲི་ལ་རྣམ་གསུམ་ཤེས་བྱས་ནས། ཞེས་པ་ལྷ་བུ་མང་ལ། ཁྱད་པར་དུ་མ་སྒ་ཏ་བཟང་མོའི་རྟོགས་བརྗོད་དུ། བཟང་མོས་སངས་རྒྱས་མཆོད་པའི་ཆེད་དུ་མཐའ་འཁོབ་ཀྱི་ཡུལ་བུ་རམ་ཤིང་འཕེལ་དུ། རང་གི་ཁང་པའི་ཡང་ཐོག་ནས་བསངས་ཀྱི་དུད་སྤྲིན་གཏུལ་བ། བཅོམ་ལྡན་འདས་མཉན་ཡོད་དུ་བཞུགས་པའི་སྤྱན་སྔར་མཆོད་པའི་སྤྲིན་གྱི་ཕུང་པོར་འཁྲིགས་པའི་ལོ་རྒྱུས་མདོ་ལས་གསུངས་པ་དེ་ཉིད་བསངས་ཀྱི་ཁུངས་སུ་འགྲོ་བར་སེམས་སོ།" [1]ཞེས་བསངས་ཀྱི་ཁུངས་དེ་ཐོག་མར་ཡུལ་དབུས་རྒྱ་གར་དུ་གཏུགས་ཡོད་ཅིང་། དེ་བཞིན་བོད་ཡུལ་དུ་ཇི་ལྟར་དར་བའི་སྐོར་ནས་རྒྱལ་དབང་ལྔ་བ་ཆེན་མོ་དང་པཎ་ཆེན་ཐམས་ཅད་མཁྱེན་པའི་གསུངས་དྲངས་ཡོད་པའི་ཚུལ་ནི། "རྒྱལ་དབང་ལྔ་བ་ཆེན་མོས། 'གངས་རིའི་དཔལ་ལྡན་སླ་ལའི་ལྗོངས་ཆེན་པོའི། །ལྷ་ཀླུ་གཞི་བདག་དགའ་བར་བྱེད་པའི་བསངས། །ཞང་ཞུང་གཤེན་རབ་མེས་པོའི་རྗེས་འབྲངས་པའི། །གཡུང་དྲུང་བོན་གྱིས་སྲོལ་བཏོད་ཐོག་མར་དར། །ཟན་ཡང་ཆོས་འཁོར་བཞེངས་པའི་སྟོན་འགྲོའི་སྐོར། །སངས་རྒྱས་ཀུན་དངོས་པདྨ་ཐོད་ཕྲེང་གིས། །ལྷ་སྲིན་སྡེ་བརྒྱད་དམ་བཏགས་བསངས་མཆོད་དང་། །རང་རང་དགྱེས་བསྐྱེད་མཐུན་པའི་རྫས་ཀྱིས་བཟན་ཞེས་དང་། །'
པཎ་ཆེན་ཐམས་ཅད་མཁྱེན་པས། 'སློབ་དཔོན་པདྨ་འབྱུང་གནས་ཀྱི། །ཐུགས་རྗེས་རྒྱ་མཚོ་ཆེར་གཡོས་ཏེ། །བསངས་མཆོད་བསམ་འཕེལ་ཨིནྡྲ་ནཱི་ལ། །མངོན་ཕྱུངས་རྒྱལ་མཚན་རྩེར་མཆོད་པས། །ཕུན་ཚོགས་འདོད་དགུའི་གྲུ་ཆར་ཕབ། །སྐལ་བ་ངན་པ་ཐམས་ཅད་བསལ། །' " [2]ཞེས་གསུངས་པ་ལྟར་བསང་ཕུད་པ་དེ་ཐོག་མར་གཡུང་དྲུང་བོན་ལ་དར། སློབ་དཔོན་ཆེན་པོས་བསམ་ཡས་ཆོས་འཁོར་བཞེངས་པའི་སྟོན་འགྲོ་དང་། བོད་འབངས་རྣམས་ཀྱི་ཉེར་འཚོའི་རྒྱུད་པ་ཞི་ཞིང་། ཕན་བདེ་ལེགས་ཚོགས་འཕེལ་

[1]རིབ་གོང་པ་མཁར་རྩེ་རྒྱལ། འཇིག་རྟེན་མཆོད་བསྟོད། [M] པེ་ཅིན། ཀྲུང་གོའི་བོད་རིག་པ་དཔེ་སྐྲུན་ཁང་། 2009ལོར་པར། ཤོག་ངོས་232

[2]རིབ་གོང་པ་མཁར་རྩེ་རྒྱལ། འཇིག་རྟེན་མཆོད་བསྟོད། [M] པེ་ཅིན། ཀྲུང་གོའི་བོད་རིག་པ་དཔེ་སྐྲུན་ཁང་། 2009ལོར་པར། ཤོག་ངོས་234

བའི་ཐབས་སུ་བསངས་ཀྱི་ཆོ་ག་མང་དུ་མཛད། རང་ཕྱོགས་སུ་རྒྱལ་བ་བསོད་ནམས་རྒྱ་མཚོའི་དུས་སྤྲུལ་སྐུ་བསོད་ནམས་ཡེ་ཤེས་དབང་པོས་བསངས་ཆོག་རྣམ་དག་ཆོས་སྐུ་མར་གྲགས་པ་མཛད་ནས་ཅུང་ཟད་དར་བ། ཕྱིས་སུ་པཎ་ཆེན་ཐམས་ཅད་མཁྱེན་པས་བསངས་ཆོག་རྒྱས་འབྲིང་དང་། རྒྱལ་དབང་ལྔ་པས་བཀྲ་ཤིས་འཁྱིལ་བ་སོགས་མཛད་པ་ནས་ས་དར་ཇེ་དར་དུ་གྱུར། དེའི་རྐྱེན་གྱིས་བོན་བསྟུན་པ་དང་མཉམ་དུ་བཙན་གསོལ་གཉན་གསོལ་གྱི་གོམས་སྲོལ་ཉམས་ན་ཡང་། ལྷ་གསོལ་བསང་གཏོང་གི་གོམས་སྲོལ་མུ་མཐུད་དུ་དར་རྒྱས་བྱུང་བ་རེད། ལྷ་གསོལ་བསང་གཏོང་གི་འདོད་སྨོན་དེ་འང་སྔོན་ཆད་ཚེ་རིང་ནད་མེད་དང་། དབང་ཐང་ཀླུང་རྟ་སྐྱིད་པ། མི་དང་མི་མ་ཡིན་གྱི་དགྲ་བགེགས་ལས་རྣམ་པར་རྒྱལ་བ་སོགས་ཚེ་འདིར་འདོད་དོན་ཤེས་ཆེར་དམིགས་པ་དེ་རིམ་བཞིན་ཆོས་མཐུན་གྱི་ཆ་རྐྱེན་འཕེལ་ཞིང་འགལ་རྐྱེན་ཞི་བ་སོགས་བདེ་དོན་གཉེར་བའི་ཕྱོགས་སུ་དམིགས་ཤུགས་ཇེ་ཆེར་གྱུར། ཡིན་ནའང་ལྷ་གསོལ་བསང་གཏོང་དང་། དར་འཛུགས་གནས་བསྐོར་སོགས་ཀྱི་བྱེད་སྒོའི་རྣམ་པ་ནི་ད་ཏུང་གནའ་བོའི་ལུགས་ལྟར་སྐྱོད་པ་ལགས།

2. བསང་གཏོང་ཡུལ་གྱི་ལྷ་བྱུང་ཚུལ།

《སྲིད་པའི་མཛོད་ཕུག》ནང་འཕོད་པའི་འཇིག་རྟེན་ཆགས་ཚུལ་གྱི་སྐོར་ལས “ཀླུང་མེ་ཆུ་ས་འབྱུང་བ་ལྔའི་བཅུད་ལས། །འོད་སྣང་མུན་སྣང་གཉིས་སུ་བྱུང་སྟེ། །དེ་ཡང་རྒྱུ་ལྔ་དྭངས་མའི་བཅུད་ལས། །ལྷའི་སྨོན་ལམ་གྱིས་རྐྱེན་བྱས་ཏེ། །འོད་ཀྱི་སྒོ་ང་ཡོགས་བཞི་ཟུར་བརྒྱད་གཡག་མ་གྲུས་ཙམ་ཞིག་སྲིད་དོ། །སྙིགས་མའི་བཅུད་ལས་མེད་འབུམ་ནག་པོའི་སྨོན་ལམ་གྱིས་རྐྱེན་བྱས་ཏེ། །མུན་པའི་སྒོ་ང་ཟུར་གསུམ་སླང་ཤད་ཉལ་བ་ཙམ་ཞིག་བྱུང་ངོ་། །……སྣང་མུན་དེ་གཉིས་ནི་ལས་དགེ་སྡིག་གི་ཕ་མ་ཞེས་ཀྱང་བྱ། །ལྷན་ཅིག་སྐྱེས་པའི་ལྷ་དང་ལྷན་ཅིག་པའི་བདུད་ཅེས་ཀྱང་བྱའོ། །”①ཞེས་པ་ལས། ང་ཚོས་ཤེས་པ་ནི་སྣང་མུན་གྱི་ཡབ་ཡུམ་རྣམས་དང་ཕོང་ཚོའི་སྲས་སྲོས་རྣམས་ནི་བོན་གྱི་ལྷ་གཙོ་གྲས་རྣམས་ཀྱི་འབྱུང་ཁུངས་ཡིན་ལ། སྒོ་ང་ནི་ལྷ་དང་བདུད་ཀྱི་ཆེས་ཐོག་མའི་འབྱུང་ཁུངས་སུ་འདོད་པའི་ལྟ་ཚུལ་ནི་བོན་ལུགས་ཀྱི་ཐུན་མོང་མ་ཡིན་པའི་ལྟ་བ་ཞིག་རེད། འདི་བོད་ཀྱི་འཇིག་རྟེན་གྱི་ཆགས་ཚུལ་ཐད་ནས་རྒྱུ་གཉིས་ལས་གྲུབ་པར་འདོད་པའི་ལྟ་བའི་ཐོག་ནས་ཐོག་མར་མངོན་པ་རེད།

བོན་ལུགས་ཀྱི་སྲོལ་རྒྱུན་ལྟར་ན། ལྷ་ཡུལ་བཞི་ཡོད་པར་འདོད་པ་དེ་ལ་གནས་རིགས་ཆེན་པོ་བཞི་ཡང་ཟེར། ད་དུང་སྲིད་པ་ཆགས་སྐབས་ཀྱི་ནམ་མཁའ་ཡིས་གལ་ཆེའི་ནུས་པ་བཏོན་ཡོད་པར་ངོས་

①མཁར་རྨེའུ་བསམ་གཏན་གྱི་གསུང་རྩོམ་ཕྱོགས་བསྒྲིགས། མདའ་དང་འཕང་། སྟོད་ཀ། [M] པེ་ཅིན། ཀྲུང་གོའི་བོད་རིག་པ་དཔེ་སྐྲུན་ཁང་། 2010ལོར་པར། ཤོག་ངོས་280

འཛིན་ལ། ནམ་མཁའ་ཉིད་ཀྱང་སྐྱེ་བོའི་རྣམ་པར་བསྒྱུར་ནས་མིང་དུ་ནམ་མཁའ་སྟོང་ལྡན་ཕྱོད་སུམ་རྗེ་ཞེས་འབོད། འགྲོ་བ་མི་ནི་ཐོག་མ་སྐྱེ་སྐབས་ནས་བཙུན་ལྷ་རྣམས་དང་འབྲེལ་ནས་ཡོད་ནའང་། མིས་ལྷ་ལ་གནོད་བྱེད་མི་ཉན་པ་མ་ཟད་གདོན་འདྲེར་ཡང་གནོད་འཚེ་བྱ་མི་ཉུང་ལ། རང་སྟོབས་མངོན་པའམ་ཕ་རོལ་དགྲ་བོ་ལས་རྣམ་པར་རྒྱལ་བར་བྱ་སྐབས་ལྷ་རྣམས་ཀྱི་དཔུང་རོགས་ལ་བརྟེན་པ་ཡིན། མི་རྣམས་ནི་ཐོག་མ་ལྷ་ལས་མཆེད་པ་དང་མི་དང་ལྷ་བར་འབྲེལ་བ་དམ་ཟབ་ཅིག་ཡོད་ལ། གལ་སྲིད་བདུད་ཀྱིས་མི་རྣམས་ལ་གནོད་བྱས་ན་མིས་ལྷའི་སྟོང་གྲོགས་བཙལ་བ་ནི་རང་བཞིན་ཡིན་ལ། ལྷས་མི་སྐྱོབ་པ་ནི་ལྷ་མི་གཉིས་བདུད་ལས་རྣམ་པ་ཀུན་ཏུ་རྒྱལ་དགོས་པའི་དོན་གྱི་ཡིན། ལྷ་བདུད་ཕན་ཚུན་མཐུན་ཐབས་གཏན་ནས་མེད་པས། མི་ནི་སྟོབས་ཤུགས་དེ་གཉིས་ཟུང་དུ་འཇུག་ཕྱིར་སྐྱེས་པ་དང་། ལྷ་བདུད་གཉིས་རྩོད་པའི་གཞི་ཚ་ཡང་གྱུར་བའོ། བོན་གྱི་ལྷ་ཚོགས་སུ་གཙོ་བོར་ཞི་ལྷ་བདེ་གཤེགས་གཙོ་བཞི་དང་དྲག་ལྷ་གསས་མཁར་མཆོག་ལྔ། བཀའ་སྐྱོང་མ་བདུད་བཙན་གསུམ་སོགས་མང་པོ་ཡོད་དོ། །

《སྲིད་པ་སྤྱི་སྐོར་སྣང་སྲིད་སྤྱི་མདོས》ལས "བསངས་ཕྱུལ་ཏེ། བསྔོ་བསྔོ་བསྔོ། བསང་ངོ་ལྷ་བསང་ངོ་། གཤེན་ལྷ་འོད་དཀར་བསང་། ཕྱུགས་ཀྱི་ལྷ་བསང་། གཞི་ལ་ཁ་འཛིན་གྱིས། སྒྲ་ཡི་བླ་བསང་། བྱེས་ལ་ལམ་ཡག་གྱིས། ཞང་གི་བླ་བསང་། རྒས་པོ་ཚེ་རིང་གྱིས། ཕྱ་ཡི་བླ་བསང་། མནོལ་གྲིབ་རྫུ་ཞ་ཕུད། ཀླུང་གི་བླ་བསང་། ཀླུང་རྟ་དར་ཁ་སྟོན། འཕྲུག་གི་བླ་བསང་། ན་ཚ་ཞི་བ་གྱིས། སྙིང་གི་བླ་བསང་། ཐུ་ནུས་མེ་ལྕེ་སྤོར། བར་གྱི་གཉན་བསང་། རྒྱལ་བསྲུན་ཆམ་ལ་ཕབ། འོག་གི་ཀླུ་བསང་། ནད་རིམས་གོད་ཁ་ཟློག་སྲིད་པའི་ཐོད་དཀར་བསང་། སྐྱབས་དང་སྐྱོབ་མ་གྱིས། ཞེར་མ་ཅང་སེ་བསང་། ལུས་དང་གྲིབ་བཞིན་འགྲོགས།" ཞེས་པ་ལས་བསང་ཕྱུལ་ཡུལ་གཙོ་བོ་ནི་ལྷ་ཀླུ་གཉན་གསུམ་ཡིན་པ་ཤེས་ཐུབ། དེང་གི་དུས་སུ་ད་དུང་དེ་བཞིན་རྒྱུན་འཛིན་དང་དར་སྤེལ་བྱས་ཡོད་དོ། །

3. བསང་རྫས་བྱུང་ཚུལ།

གེ་སར་གྱིས་རང་གི་སྐྱེས་མ་འབྱུང་ཁུངས་བདུད་ཡིན་པ་ལ་ལྷ་ཞིག་དང་བཤོས་པ་ཞིག་ཡོད་པ་དེ་དམར་གསོད་བྱས་པ་དེ་ལགས། དེ་ཡང་ནམ་ཞིག་ཁོ་མོས་རང་གི་ཕྲུ་བོ་དང་ཕྲུ་གུ་གེ་སར་དབྱུགས་ནས་ངམ་ཞེས་པའི་བདུད་ཁམས་སུ་ཕྱིར་ཡོག་བྱས། གེ་སར་གྱིས་རང་གི་སྐྱེས་མ་བཀྲོངས་པ་ལས་ཡེ་ཡི་ཁམས་ན་དམེ་གྲིབ་ཆེན་པོ་ཐོག་སྐད། དེས་ན་དམེ་གྲིབ་དང་རྒྱ་མཚོའི་འཇིང་ལས་ཐོན་པའི་དུག་གཉིས་དག་པར་བྱ་ཆེད་དག་གཙང་གི་ཚོ་གའི་སྲོལ་བཏོད། ① དག་གཙང་གི་ཚོ་གར་མཁོ་བའི་སྨན་རྫས་ལ་སོགས་པའི་

---

①མཁར་རྗེའུ་བསམ་གཏན་གྱི་གསུང་རྩོམ་ཕྱོགས་བསྒྲིགས། མདའ་དང་འཕང་། སྟོད་ཆ། [M] པེ་ཅིན། ཀྲུང་གོའི་བོད་རིག་པ་དཔེ་སྐྲུན་ཁང་། 2010ལོར་པར། ཤོག་ངོས་318

དངོས་རྫས་དགོས་པ་དེ་དག་ནི་གནམ་གྱི་དགུ་ཚིགས་སྐྱ་མོ་དང་གནམ་མཚོ་ཕྱུག་མོར་གནས་བཅའ་བའི་ལྷ་མོ་གནམ་ཕྱི་གུང་རྒྱལ་གྱིས་མཁོ་སྤྲོད་བྱས་པ་ཡིན་སྐད།

གནའ་སྔ་མོའི་དུས་ནས། བོད་མདོ་དབུས་ས་མཐོར་བསང་རྒྱ་ཤུག་པ་དང་བ་ལུ་མཁན་དཀར་སོགས་སྐྱེ་དངོས་རྩི་ཤིང་གི་རིགས་མང་པོ་ཡོད་པ་དང་། དེ་དག་བོད་གནའ་དུས་ཀྱི་ཕ་མེས་གོང་མ་རྣམས་ཀྱིས་བསང་གི་རྒྱུར་ཏུང་བ་ཇི་ལྟར་ཤེས་ཞེ་ན། བོད་རྒྱལ་སྲོང་བཙན་སྒམ་པོའི་ཡར་སྔོན་དུ། བོད་ཀྱི་ཡུལ་འདི་སྲུང་ལྡེའུ་བོན་གསུམ་གྱིས་བསྐྱངས་པ་ལས། ལྷ་ལ་བསང་གཏོང་སྲོལ་དེ་བོན་ལུགས་ཀྱི་བྱེད་སྒོར་གཏོགས་པར་བཤད། དེ་ཡང་འབྲེལ་ཡོད་ཡིག་ཚང《གེ་ཁོད་མནོལ་བསང》ལས། "བསང་གི་རྒྱུ་འདི་གང་ནས་བྱུང་། །སྲིད་གསུམ་འདུས་པའི་རྩེ་མོ་ཡང་གོང་ན། །གནང་ཕྱི་གུང་རྒྱལ་བདུད་རྩིའི་ཡུལ། །སྐུ་ལ་བདུད་རྩིའི་ཐུལ་པ་གསོལ། །ཞལ་ནས་བདུད་རྩིའི་ཆར་པ་འབེབས། །ཕྱག་ན་བདུད་རྩིའི་བུམ་པ་བསྣམས། །ལས་སུ་བདུད་རྩིའི་ཐང་ལ་བརྫལ། །ཉོན་མོངས་སྡུག་བསྔལ་འཇོམས་པ་དང་། །གེ་ཁོད་ལྷ་ཞལ་བལྟ་བའི་ཕྱིར། །དབུ་ཡི་སྐྱིན་མ་ཕྱུད་ཕྱོད་ལ། །ཞལ་གྱི་མཆིལ་མ་ལྦུགས་གང་ལ། །ཞལ་ནས་བདེན་པའི་སྨོན་ལམ་བཏབ། །མི་ཡུལ་གླིང་བཞིའི་འཛིག་རྟེན་ན། །ཉོན་མོངས་རྣམ་རྟོག་སྡུག་བསྔལ་མང་། །ནམ་རྟོག་འཛོམས་པའི་རྩི་དང་སྨན། །ལྷ་རྫོད་ཐང་ཤིང་སྐྱེ་བར་ཤོག། གནམ་ནས་ས་ལ་གཏོར་བ་ལས། །དེ་ལ་བསང་གི་རྒྱུ་རུ་བྱུང་། །ཨ་གྲོང་དཀར་པོ་གངས་ཀྱི་རྩི། །བདུད་རྩི་སྲོ་ལོ་གཡའ་ཡི་རྩི། །བདུད་རྩི་ཨ་པ་བྲག་གི་རྩི། །སྦྲ་བ་ཐོད་དཀར་སྤང་གི་རྩི། །བ་སྤུ་དཀར་པོ་སྤྲིབ་ཀྱི་རྩི། །ཙན་དན་སྨུག་པོ་ནགས་ཀྱི་རྩི། །ཞང་ཞུང་སྲིད་པའི་བོན་པོ་ཡིས། །བདུད་རྩི་བསང་ཤིང་ལོ་བྲིགས་ནས། །ཉོན་མོངས་དུག་མཆོན་མེ་ལ་བསྲེགས། །མི་སྡུག་དྲག་པོའི་ཐོག་རྫོད་འཕྲོས། །གདུག་པོའི་དགྲ་བགེགས་ཁོ་ཐག་བཅད། །མེ་ལྕེ་བར་སྣང་ཁམས་སུ་ཁྱབ། །ཉོན་མོངས་རྣམ་རྟོག་མུན་པ་གསལ། །འདགས་ལ་ས་གཞིའི་ཁོངས་སུ་ལྷག། ལྷ་དང་མི་ཡི་ལོངས་སྤྱོད་རྒྱུ། །ཐལ་བ་དུད་ཕྱེ་རླུང་གིས་གཏོར། །དགྲ་བགེགས་ཐལ་བ་བརྡུལ་དུ་རློག། དུད་པ་སྤྲིན་ཕུང་མཁའ་ལ་འཁྲིགས། །ལྷ་གསལ་དབལ་གྱི་ཞངས་ལ་ཐིམས། །དམེ་བ་དག་ལ་མནོལ་བ་བསང་། །"[①]ཞེས་བརྗོད་པ་ལས་ང་ཚོའི་ཤེས་པ་ནི་ལྷ་མོ་གནམ་ཕྱི་གུང་རྒྱལ་གྱིས་ཁ་ནས་བསིལ་ཆབ་དེ་གནམ་ནས་ས་སྟེང་དུ་གཏོར་རྗེས། གངས་རི་ན་ཨ་གྲོང་དང་། རྫ་རིར་སྲོལ་ལོ། བྲག་རི་ན་ཨ་བ། སྤང་ལ་སྦྲ་བ་ཐོད་དཀར། རི་ལྡེབས་སུ་སྦྲོས་མོ། བྲག་གསེབ་ཏུ་མཁན་པ། ཉིན་དུ་གཡུ་ལྟར་སྔོ་བའི་ཤུག་པ་དང་སྤྲིབ་ཏུ་བ་ལུ་བཅས་སྐྱེ་བར་སྨོན་པ་བཅས་སོ། ཚ་ག་དངོས་སུ་སྤེལ་སྐབས་གོང་དུ་བརྗོད་པའི་སྐྱེ་དངོས་དེ་དག་བསྔུ་རུབ་བྱས་

[①]ནམ་མཁའ་ནོར་བུ། ནམ་མཁའི་ནོར་བུའི་གསུང་རྩོམ་ཕྱོགས་བསྒྲིགས། [M] པེ་ཅིན། ཀྲུང་གོའི་བོད་རིག་པ་དཔེ་སྐྲུན་ཁང་། 2009ལོར་པར། ཤོག་ངོས་328

རྗེས་དེ་དག་ཆུ་སྐྱོགས་རིང་པོ་ཞིག་གམ་ཡང་ན་ཁང་པའི་ཕྱི་རོལ་དུ་དམིགས་བསལ་གྱིས་བརྩིགས་པའི་སྣེ་གས་བུ་ཞིག་གི་ཐོག་ཏུ་མེར་བསྲེགས་པ་ཡིན།

ཡང《རྒྱུགས་བརྟན་ལྷ་བསང》ལས "བསང་གི་རྒྱུ་བྱུང་གང་ནས་བྱུང་། །ཕ་གནམ་ལ་འབྲུག་ཆེན་ལྡིར་མ་ལྡིར། །མ་ས་ལ་གློག་ཆེན་ཁྲ་མ་ཁྲ། །བུ་ཏ་རྐོད་གངས་ཀྱི་ཐིག་པ་ཡིན། །རྒྱ་མཚོ་ཆུ་ཡི་ལྦུ་བ་ཡིན། །མ་ཕམ་གཡུ་མཚོའི་ཁ་ཞབ་ཡིན། །བཟང་དྲུག་སྨན་གྱི་ནུས་པ་ཡིན། །དྲི་ཞིམ་སྤོས་ཀྱི་ངད་པ་ཡིན། །ཕྱི་མར་འོ་སྐོལ་གསུར་གྱིས་མཆོད། །གསེར་ལོ་འབར་བའི་སྤག་པ་དང་། །གཡུ་ལོ་འབར་བའི་ཤུག་པ་དང་། །དུང་ལོ་འབར་བའི་བ་ལུ་དང་། །མཁན་པ་སྤོས་དཀར་ཨ་ག་རུ། །ཤིང་བདུད་རྩི་ཅན་གྱི་དུད་པ་དང་། །ཕྱི་མར་ཟས་ཕུད་གསེར་སྐྱེམས་ཀྱིས། །ལྷ་འདྲི་ཐམས་ཅད་བསང་བའི་ཕྱིར། །"①ཞེས་འབྱུང་བ་ལས། ཐོག་མར་བསང་གི་རྒྱུ་འདི་གནམ་ནས་བྱུང་བར་བརྗོད་དེ། གནའ་སྐལ་བ་ས་ཆགས་དུས་གནམ་ནས་འབྲུག་གྲགས་པ་དང་ས་ནས་གློག་འཁྱུག་པའི་རང་བྱུང་ཁམས་ཀྱི་སྣང་ཚུལ་འདི་ལས་གནམ་ས་ཁ་སྦྱོར་གྱི་རྟགས་མཚན་ཏེ། གློག་ཞགས་ལམ་ལམ་འཁྱུག་པ་ལས་སྤྲིན་ཆེན་པོ་གཡོས། སྤྲིན་ཆེན་པོ་ལས་ཆར་བྱུང་སྟེ་བརྟན་པ་སྔོད་ཀྱི་འཛིག་རྟེན་ཐོག་གི་སྐྱེ་དངོས་དང་རྩི་ཤིང་ལ་སོགས་པ་བརླན་གྱིས་གཤེར། གནམ་གཤིས་འཁྲུག་གྲང་གི་དབང་གིས་བོད་ཡུལ་ས་གཞི་ཐམས་ཅད་གངས་ཀྱིས་བཟུང་། འཛམ་གླིང་སྟོད་གངས་རིན་པོ་ཆེ་ལས་ཟགས་པའི་ཆུའི་ཐིགས་པས་མ་ཕམ་གཡུ་ཡི་མཚོ་མོ་བསྐྱིལ། ཆར་རླུང་དྲོད་གསུམ་ལ་བརྟེན་ནས་གཡའ་སྤང་བྲག་གསུམ་དང་ལུང་བ་ཉིན་སྲིབ་ཀུན་ཏུ་བཟང་པོ་དྲུག་ལྡན་གྱི་སྨན་སྣ་དང་། གསེར་ལོ་འབར་བ་སྤེ་ལོ་མ་སེར་པོ་ཅན་གྱི་ཤིང་སྤག་པ་དང་། གཡུ་ལོ་འབར་བ་སྤེ་འདབ་ལོ་སྔོན་པོ་ཅན་གྱི་ཤིང་ཤུག་པ། དུང་ལོ་འབར་བ་སྤེ་སྲིབ་ཕྱོགས་ནས་སྐྱེ་བའི་ལོ་མ་དཀར་པོ་ཅན་གྱི་བ་ལུ། དེ་བཞིན་མཁན་པ་དང་། སྤོས་དཀར། ཨ་ག་རུ་སོགས་སྐྱེས། དེ་རྣམས་མེར་བསྲེགས་པ་ལས་བྱུང་བའི་དུད་པ་དང་། ཕྱི་མར་ཟས་ཕུད། བདུད་རྩི་གསེར་སྐྱེམས་བཅས་ཀྱིས་ལྷ་དང་འདྲི་རྣམས་བསང་བར་བྱེད་པ་ཡིན་ཞེས་སོ། །

དེར་བརྟེན་བསང་རྫས་ལ་ཅན་དན་དཀར་དམར་དང་། ཨ་གར་སྐྱ་སྨུག སྤག་པ། དུ་རུ་ཀ འོམ་བུ། སྤ་སྨུག་སོགས་དྲི་ཞིམ་པའི་ཤིང་སྣའི་རིགས་ཅི་འཛོམ་དང་། སླ་རྩི་དུག་རིགས། ཤིང་ཀུན་སོགས་དྲི་མི་ཞིམ་པའི་རིགས་སྤངས་པའི་བཟང་དྲུག སྤོས་དཀར། མ་ནུ། སེ་ལ། ཆུ་སྲིན་སྙེར་མོ། སྤང་སྤོས་སོགས་སྨན་སྣའི་རིགས་དང་། རིན་ཆེན་སྣ་ལྔ། གོས་སྣ། དར་སྣ། འབྲུ་སྣ་རྣམས་དང་། ཤ་ཆང་སྒོག་བཙོང་སོགས་མ་འདྲེས་

①ཆབ་འགག་རྗེ་རྗེ་ཚེ་རིང་གིས་གཙོ་སྒྲིག་བྱས། བསང་མཆོད། [M] ལན་གྲུ། ཀན་སུའུ་མི་རིགས་དཔེ་སྐྲུན་ཁང་། 2006ལོར་པར། ཤོག་ངོས་35

པའི་ཟས་སྣ། དཀར་གསུམ། མངར་གསུམ། ཕྱུར་མར་སོགས་བསངས་རྫས་ཅི་འབྱོར་རྣམས་སོ་སོའམ་གཞི་བྱེས་ཀུན་ཏུ་འཇུག་པ་བདེ་བར་འདོད་ན་ཐམས་ཅད་ལྷན་ཅིག་ཏུ་བསྲེས་ཏེ་ཕྱེ་མ་བྱས་པས་ཀྱང་རུང་ལ། བསངས་སྡིགས་མཐོན་པོ་མི་ཁྲི་སོགས་མི་འགོམ་པ་བྱ་ཞིང་། རྒྱུན་འཁྱེར་ལྷ་བུ་ལ་སྤྱོས་ཕོར་ཆེན་པོས་ཀྱང་རུང་ལ། མེ་ཡང་རྫ་སོལ་གྱི་མེ་མི་རུང་ཞིང་། བ་ལྕི་དང་ཤིང་སོལ་སོགས་ཀྱི་མེ་གཙང་མ་སྤྲ་གོན་བྱ་དགོས། དེང་སང་བསངས་ཀྱི་ལག་ལེན་བྱེད་པ་དར་ཆེ་ཡང་། ཕལ་ཆེར་གྱིས་བསངས་རྫས་རྣམས་འབད་རྩོལ་མི་བྱེད་པར། ཡུལ་ལུགས་དང་སྒོ་བསྟུན་ནས། ཤིང་གང་བྱུང་གི་དུ་བ་གདུལ་བ་ལ་ཕྱེ་མར་ཙུང་ཟད་རེ་བཏབ་པས་ཆོག་པར་བྱེད་པ་སྣང་མོད། དེ་ལ་མཆོག་དམན་གྱི་མགྲོན་དགྱེས་པ་བསྐྱེད་པ་དང་། དེའི་མཐུས་རང་གི་འདོད་དོན་འགྲུབ་པ་སོགས་ཀྱི་ཕན་ཡོན་ཇི་བཞིན་འབྱུང་བ་དཀའ། བསངས་རྒྱུར་རུང་བ་ཤིང་སྣ་གང་དག་དང་། མི་རུང་བ་གང་དག བསངས་ཀྱི་འཛོམ་བྱ་དང་ཉེས་པ་གང་ཡིན་སྐོར་གསལ་པོར་ཤེས་དགོས། དེང་སང་དཀར་ཕྱོགས་སྐྱོང་བའི་ཡུལ་ལྷ་གཞི་བདག་རྣམས་ལ་དཀར་མཆོད་ཀྱི་འདོད་ཡོན་བྱེ་བྲག་ཚོ་དང་འོ་མ། ཀ་ར་དང་སིལ་ཏོག ཕྱེ་དང་རྩམ་པ། མེ་ཏོག་དང་བདུག་སྤོས། ཇ་ཕུད་དང་ཆང་ཕུད། དེ་བཞིན་ལྷ་ཤིང་ཤུག་པ་དང་བ་ལུ་མཁན་དཀར་སོགས་ཀྱིས་མཆོད་པ་དང་། འཇིག་རྟེན་གྱི་ལྷ་མཐོ་བོ་ཆེ་ནག་ཕྱོགས་པའི་རིགས་རྣམས་ལ་མིའི་ཤ་ཁྲག་དང་། ར་ལུག་བྱ་སོགས་ཀྱིས་མཆོད་སྤྲོལ་ཞིག་ཀྱང་ཡོད། བསངས་རྫས་འདི་དག་ཀྱང་རང་གང་འདོད་ཅི་འདོད་ལྟར་མེར་བསྲེག་རྒྱུ་ཞིག་མ་ཡིན་པར་སྔགས་དང་ཏིང་ངེ་འཛིན་སོགས་ཕྱག་རྒྱས་བྱིན་གྱིས་བརླབས་ཏེ་འབུལ་དགོས་པའོ། །

4. བསང་ཤིང་བྱུང་ཚུལ།

གོང་གི་བསང་རྫས་དེ་དག་ལས་བསང་ཤིང་ནི། ཐུའུ་བཀྭན་ཆོས་ཀྱི་ཉི་མས “གཉེར་མའི་བསངས་ཀྱི་ཆོག་བསྒྲིག་རྣམས་སུ། མཁན་པ། ཤུག་པ། བ་ལུ་གསུམ་བཤད་ནས། འཆི་བ་མེད་པའི་ཡོན་ཏན་བདུད་རྩིའི་ཤིང་། །དྲི་ཞིམ་སྤོས་ངད་དུད་སྤྲིན་ནམ་མཁའ་འཁྲིགས། །ལྷ་འདྲེ་མི་གསུམ་རྒྱུགས་ཤིང་འཐིབ་པ་སེལ། །འོད་གསལ་མེ་ལྕེའི་འོད་ཟེར་འཕྲེང་བར་འགྲོ། །མ་རིག་རྨོངས་པའི་མུན་ནག་ཐམས་ཅད་སེལ། །མི་སྣག་ཚ་ཞིང་བསྲེག་པའི་ངར་ལྡན་པས། །མནོལ་ཆག་མི་གཙང་ལྡན་ལྡིན་སྲེག་པར་བྱེད། །དེ་ལྟར་ཡོན་ཏན་ཁྱད་འཕགས་ཤིང་གསུམ་འདི། །ཞེས་དེ་གསུམ་བསྲེག་པའི་མེ་དང་དུ་བས་ཉེས་སྐྱོན་མང་པོ་སེལ་བར་བྱེད་དོ། དེས་ན་གནས་ཆེན་ཁྱད་པར་ཅན་དུ་འབྲུངས་པའམ། མིན་ཀྱང་ས་ཕྱོགས་གཙང་མར་སྐྱེས་པའི་ཤུག་པ། མཁན་པ། བ་ལུ་རྣམས་བསངས་ཤིང་གི་གཙོ་བོ་ཡིན་པས་ཅི་མང་བསགས། དེ་ཡང་ལོ་མ་དང་མེ་ཏོག་རྒྱས་པའི་དུས་སུ་བཏུས་པ། མི་ཁྲི་སོགས་ཀྱིས་འགོམ་ཡུག་མ་སོང་ཞིང་མི་གཙང་བའི་རིགས་

གྱིས་མ་སྦགས་པ། འབུ་སྲིན་སོགས་མེད་པའི་གཙང་ཁྱད་ཐོན་པ་གལ་ཆེ”①ཞེས་གསུངས་སོ། དེས་ན་བསང་ཤིང་ནི་གཙོ་བོ་ས་ཕྱོགས་གཙང་མ་ནས་སྐྱེས་པའི་ཉེས་སྐྱོན་མང་པོ་སེལ་ཐུབ་པའི་ཤུག་པ་དང་། མཁན་པ། བ་ལུ་རྣམས་ཀྱིས་བྱེད་པ་དང་། དེ་བཏུས་དུས་ད་དུང་འཛུམ་བྱ་མང་པོ་ཡོད་པ་རྟོགས་ཐུབ། འདིར་ཐོག་མར་བོད་གངས་ཅན་ཡུལ་དུ་བསང་ཤིང་ཇི་ལྟར་དར་ཚུལ་སྐོར་གསལ་པོར་ཤེས་པའོ། །

5. བསང་གཏོང་བའི་དུས་དང་གནས།

བསངས་གཏོང་བའི་དུས་དང་གནས་ནི། ཐུའུ་བཀྭན་ཆོས་ཀྱི་ཉི་མས “གཟའ་སྐར་ཚེས་གྲངས་བཟང་པོའམ་རྒྱུན་བསངས་ལྟ་བུ་དུས་ངེས་མེད་དུ་བཏང་ཡང་ཆོག་ལ། གནས་ནི་ལྷ་ཀླུ་ཁྱད་པར་ཅན་གནས་པའི་སའམ། ལྷ་རྟེན་ལ་སོགས་པའི་གམ་དུའམ། མིན་ཀྱང་བླ་གབ་མེད་པའི་ས་ཕྱོགས་གཙང་ཞིང་ཡིད་དུ་འོང་བ་འབུ་སྲིན་སོགས་འཚིག་པའི་ཉེས་མེད་པའི་གནས་དང་། རང་གི་ཁང་པའི་ཡང་ཐོག་ལྟ་བུ་གཡེར་ཆེ་བའི་གནས་སུ་བཏང་ན་ལེགས་སོ།”②ཞེས་གསུངས་པ་ལས་བསང་གཏོང་དུས་ཡང་ག་ས་གང་དུ་གཏོང་མི་ཆོག་ལ། སྐལ་བ་བཟང་བའི་དུས་དང་འབབ་འབུ་སོགས་མི་གནོད་པའི་གནས་སུ་གཏོང་དགོས་པ་ལས། ཆོས་ལུགས་ཀྱི་སྙིང་རྗེ་གཙོ་བྱས་པའི་བྱམས་སེམས་ཀྱང་མཚོན་པའོ། །

གཉིས་པ། བསང་གཏོང་བའི་དགེ་མཚན།

ལྷ་གསོལ་བསང་གཏོང་གི་བྱེད་སྒོ་དེས་བོད་ཀྱི་ལོ་རྒྱུས་སྟེང་ནས་གལ་ཆེའི་གནས་བབ་བཟུང་ཡོད་དེ། དཔེར་ན། གནའ་བོའི་སྐུ་བོན་གྱིས་ལྷ་གསོལ་ཞིང་འདྲེ་བཏུལ་ནས་བཙན་པོའི་སྐུའི་རིམ་གྲོ་དང་ཆབ་སྲིད་དར་བར་བགེགས་རྐྱེན་བསལ། དམག་དོན་གྱི་བྱ་གཞག་ཁྲིད་ལྷ་གསོལ་འཕྲིན་བཅོལ་གྱི་བྱེད་སྒོ་སྤེལ་ནས་རྒྱལ་ཕམ་གྱི་དབྱེ་བ་བརྟད། ལྷ་འདྲེ་མི་ཁོག་ཏུ་བཀླམས་པར་གསོལ་མཆོད་ལུང་བསྟན་ཞུས་ནས་བླང་དོར་གྱི་བགྲོད་ལམ་བསྟན་པ་སོགས་བྱས་པ་རྣམས་སྲིད་ཕྱོགས་ལ་མཁོ་གལ་ཆེ་བས་དམངས་ཁྲོད་དུ་དར་ཁྱབ་ཆེ་ལ། བོད་ཀྱི་གནས་སྐོར་ལ་གངས་སྐོར་དང་མཚོ་སྐོར། གནས་སྐོར་བཅས་ཀྱི་དབྱེ་བ་ཡོད་པ་དང་། གངས་སྐོར་ནི་རྟ་ལོར་བྱེད་པ་དང་། མཚོ་སྐོར་ནི་ལུག་ལོ། གནས་སྐོར་ནི་སྤྲེལ་ལོར་བྱེད་པ་བཅས་ཀྱི་ཁྱད་པར་ཡོད། ད་དུང་རི་ཆུ་གསོལ་བའམ། རི་བསང་ཆུ་བསང་གཏོང་བ། དགྲ་ལྷའི་སྤྱི་བསང་

①རིབ་གོང་པ་མཁར་རྩེ་རྒྱལ། འཇིག་རྟེན་མཆོད་བསྟོད། [M] པེ་ཅིན། ཀྲུང་གོའི་བོད་རིག་པ་དཔེ་སྐྲུན་ཁང་། 2009ལོར་པར། ཤོག་ངོས་235
②རིབ་གོང་པ་མཁར་རྩེ་རྒྱལ། འཇིག་རྟེན་མཆོད་བསྟོད། [M] པེ་ཅིན། ཀྲུང་གོའི་བོད་རིག་པ་དཔེ་སྐྲུན་ཁང་། 2009ལོར་པར། ཤོག་ངོས་236

བསྐོར་བ། ཐབ་ལྷ་མེ་ལྷ་གསོལ་བ་སོགས་ཀྱི་སྲོལ་ཡང་ཡོད་པས། བོད་རིགས་ལ་མཚོན་ན་ལྷ་གསོལ་བསང་གསོལ་གྱི་རིག་གནས་དེ་ནི་ལོ་རྒྱུས་ཐོག་ནས་མ་ཟད་ད་ལྟའི་འཚོ་བའི་ནང་དུའང་མེད་དུ་མི་རུང་བ་ཞིག་རེད།

དེར་བརྟེན་རིག་གནས་ཀྱི་སྣང་ཚུལ་གང་ཞིག་ཡིན་ཡང་དེ་ནི་སྤྱི་ཚོགས་ཀྱི་དགོས་མཁོ་གང་རུང་གི་འོག་ཏུ་བྱུང་བ་ཞིག་ཡིན་པས། བོད་དུ་བསང་གཏོང་སྲོལ་བྱུང་བ་དེ་ལའང་མི་སྐྱེར་དང་སྤྱི་ཚོགས་ཀྱི་ཕན་ནུས་ངེས་ཅན་ཞིག་ལྡན་པར་སྙམ་སྟེ། །

གཅིག ནང་གི་དགེ་མཚན།

བསང་གཏོང་བ་དེ་ནི་རང་ཉིད་ཀྱི་འཇིག་རྟེན་གྱི་སྐྱིད་སྡུག་ལེགས་ཉེས་རྒྱང་རྒྱང་སྒྲུབ་པའི་ཕྱིར་དུ་ལྷ་ལ་སྐྱབས་བཅོལ་བ་ཙམ་ཞིག་མ་ཡིན་པར། དེའི་ཕག་ཏུ་མི་བུའི་སེམས་ཁམས་ལ་བདེ་བ་འཐོབ་བྱེད་ཀྱི་མངོན་མེད་ཀྱི་སྟོབས་ཤུགས་ཤིག་ཀྱང་ཡིབ་ནས་བསྡད་ཡོད་པ་རེད།

1. མགྲོན་ཚན་དག་གི་དངོས་གྲུབ་དང་མགོན་སྐྱབས།

བསང་མཆོད་ལ་མཚོན་ན། བླ་མ་ཡི་དམ་སངས་རྒྱས་བྱང་སེམས་རྣམས་མགྲོན་ཚན་དང་པོ་དང་། དཔའ་བོ་མཁའ་འགྲོ་རྣམས་མགྲོན་ཚན་གཉིས་པ། ཆོས་སྐྱོང་སྲུང་མ་རྣམས་མགྲོན་ཚན་གསུམ་པ། ཡུལ་ལྷ་གཞི་བདག་དང་གནས་བདག་གཏེར་བདག་རྣམས་མགྲོན་ཚན་བཞི་པ་བཅས་སྤྱིའི་ཆ་ནས་སྡེ་ཚན་བཞིར་དབྱེ་སྟེ་མཆོད་པ་གཏོང་བ་ནི་ཐུན་མོང་སྤྱིའི་འགྲོ་ལུགས་ཡིན་པར་བཤད་ཆོག་ཅིང་། ཚ་གསུར་བསྔོ་སྐབས་མ་གཏོགས་གདོན་བགེགས་དང་རིགས་དྲུག་ལན་ཆགས་ཡི་དྭགས་འབྱུང་པོ་རྣམས་ལ་སྦྱིར་བཏང་བསང་མི་བསྔོ་བར་སྣང་། མགྲོན་དང་པོས་བསོད་ནམས་ཀྱི་ཚོགས་རྒྱ་ཆེན་པོ་གསོག་ཅིང་ཐུགས་རྗེས་སྐྱོང་བ་དང་། མགྲོན་གཉིས་པས་ཕན་པ་བསྒྲུབ་ཅིང་བར་ཆད་སྲུང་བ། མགྲོན་གསུམ་པས་གཞན་དོན་འགྲུབ་ཅིང་ཐེག་ཆེན་པར་འགྱུར་བ། མགྲོན་བཞི་པས་ཤ་འབོན་ཞི་ཞིང་ཕྱིན་ཆད་གནོད་པ་མི་བྱེད་པའི་ཕན་ཡོན་རྒྱ་ཆེན་པོ་ཡོད་པར་འབྲེལ་ཡོད་ཡིག་ཆ་ལས་གསུངས་སོ། །

མགྲོན་ཚན་འདི་རྣམས་ལ་མཆོད་དགོས་པའི་རྒྱུ་མཚན་ནམ་ཕན་ཡོན་གང་ཡིན་ཞེ་ན། བསང་མཆོད་ཀྱི་ཡིག་ཆ་དག་ལས་མཆོག་དང་ཐུན་མོང་གི་དངོས་གྲུབ་གཉིས་ཀ་སྩོལ་བའི་ཕྱིར་དུ་བླ་མ་ཡི་དམ་དང་། བར་ཆད་སེལ་བའི་ཕྱིར་དུ་མཁའ་འགྲོ་ཆོས་སྐྱོང་དང་། སྨོན་ལམ་བཟང་པོ་གདབ་པའི་ཕྱིར་དུ་དགེ་སྐྱོང་དྲང་སྲོང་། འཁོར་བ་རྒྱས་པའི་ཕྱིར་དུ་ནོར་ལྷ་ལྷན་སྐྱེས་རྣམས་ལ་འབུལ་བ་ཡིན་ཞེས་སོགས་ལས། མགྲོན་ཚན་གོང་མ་འདི་རྣམས་ལ་མཆོད་པའི་དགོས་པ་བསྟན་ཅིང་། གཞན་ཡང་དཔའ་བོ་མཁའ་

འགྲོ་དང་ཆོས་སྐྱོང་སྲུང་མ་གཉིས་ལས། ཆོས་སྐྱོང་ཡིན་ན་མཁའ་འགྲོ་ཡིན་པས་ཁྱབ་ཅིང་། མཁའ་འགྲོ་ཡིན་ན་ཆོས་སྐྱོང་ཡིན་པས་མ་ཁྱབ་པའི་རྣམ་དབྱེ་ཡང་ཡོད་པར་གསུངས་སོ། མདོར་ན། འདི་ལྟར་བགྱི་བའི་དགོས་པའམ་དམིགས་བྱ་ནི་བསང་རྫས་དེ་དག་མགྲོན་ལ་ཚོ་གའི་ཕྱག་ལེན་ཇི་ལྟ་བ་བཞིན་ཕུལ་བའི་རྟེན་འབྲེལ་གྱིས་སྔོན་བསགས་ཉེས་བྱས་ཀྱི་ལས་སྒྲ་ཚོགས་དག་པར་འགྱུར་བ་དང་། ཁྱད་པར་བླ་མ་དང་ལྷག་པའི་ལྷའི་སྐུ་གསུང་ཐུགས་དང་འགལ་བའི་ཉེས་བྱས་དང་། གྲིབ་ཀྱི་རིགས་སྣ་ཚོགས་དང་། ཐབ་གཞོབ་དང་། མི་གཙང་བའི་རིགས་དང་། མནོལ་བ་སོགས་དག་ཅིང་སེལ་བ་དང་། གཉན་པའི་གནས་སུ་མི་རུང་བའི་ལས་བྱས་པ་རྣམས་ཀྱང་དག་པར་མ་ཟད། རང་ལ་མགོན་སྐྱབས་དང་དཔུང་གཉེན་མཛད་ཅིང་འཕྲིན་ལས་སྒྲུབ་པ། བསྐོངས་གྲོགས་བྱེད་པ་བཅས་ཀྱིས་གཞན་དང་རྩོད་པའི་བསམ་ངན་དང་། ཁ་མཆུ། འཁྲུག་རྩོད། དགྲ་ཇག་ཆོམ་རྐུན། ནད་མུག་འཆི་བ་སོགས་ཀྱི་གནོད་པ་ཞི་ནས་རང་གཞན་བཅུད་དང་། ཡུལ་ཕྱོགས་སྣོད་ལ་བཀྲ་ཤིས་དགོས་འདོད་ཀྱི་ལེགས་ཚོགས་འབྱུང་བའི་སླད་དུ་དམིགས་པ་ཡིན། མདོར་ན། དུས་དང་རྣམ་པ་ཐམས་ཅད་དུ་འཆི་མེད་ཞི་བདེའི་འཕེལ་རྒྱས་འབྱུང་བའི་ཆེད་དུ་འབུལ་ཞིང་བསྔོ་བ་ཡིན་ནོ།།

2. སེམས་ཁམས་སློམས་སྒྲིག་དང་སེམས་གསོ།

"མི་གཙང་ཉེས་པའི་ཚོགས་ཀུན་སེལ་བ་དང་། དངོས་གྲུབ་སྤྱོལ་ཕྱིར་བསངས་ཀྱི་མཆོད་པ་འབུལ" ཞེས་བསམ་སྦྱོར་མི་ལེགས་པས་གནོད་པའི་ལས་གང་བགྱིས་པའི་སྒྲིབ་པ་དང་། ན་བ་སོགས་མི་འདོད་པའི་རྐྱེན་ངན་མཐའ་དག་ཞི་བ། མཆོག་དང་ཐུན་མོང་གི་དངོས་གྲུབ་འབྱུང་བར་བསང་གི་མཆོད་པ་འབུལ་བ་འདི་དོན་དམ་པར་བསང་བྱེད་པ་དེ་མཆོད་ཡུལ་གྱི་ཆེད་དུ་མ་ཡིན་པར་བསང་གཏོང་མཁན་རང་ཉིད་ཀྱི་དམིགས་འབེན་དང་འདོད་དོན་འགྲུབ་པའི་ཆེད་དུ་ཡིན་ཏེ། ང་ཚོས་ཤེས་པ་ལྟར་མི་རྣམས་ཀྱིས་ལྷ་འདྲེར་མཆོད་པ་བྱེད་པའི་དམིགས་ཡུལ་གཙོ་བོ་ནི་བགེགས་བར་ཆད་དང་ནད་གདོན་སོགས་ཞི་ནས་བསོད་ནམས་འཕེལ་བར་འདོད་པ་ལས་མ་འདས། ང་ཚོའི་འཚོ་བའི་ཁྲོད་མི་རྣམས་ཀྱིས་ཆར་སྣོང་བ། སེར་བ་འགོག་པ། དགྲར་འཐབ་པ། ཚོང་བྱེད་པ། ན་ཚ་ཞི་བ། བླ་མ་དང་དགེ་འདུན་པ་སོགས་སྤྱན་འདྲེན་པ། སྟོན་མོ་དང་རྩེད་ར་ཚོགས་པ། མཇལ་སྐོར་དུ་འགྲོ་བ་སོགས་ལས་གང་བྱ་ཆེ་སྟོན་འགྲོ་ལ་བསང་ཕུད་དེ་ཡུལ་ལྷ་གཞི་བདག་དང་ཆོས་སྐྱོང་སྲུང་མར་སྐྱབས་བཅོལ་ནས་རང་གི་བྱ་བ་ཐམས་ཅད་བར་ཆད་མེད་ཅིང་བདེ་བླག་ཏུ་འགྲུབ་པར་གསོལ་མཆོད་བྱེད་པ། ཐ་ན་སློབ་མ་རྒྱུགས་ལེན་ཡང་བསང་མཆོད་བྱེད་པའི་རྣམ་པ་ཡོད། དེར་བརྟེན་བསང་ཕུད་པ་ནི་གཙང་མ་བྱེད་པའམ་ལྷ

མཆོད་གླུ་གསོལ་གྱི་ཚིག་རྐྱང་རྐྱང་ཙམ་མ་ཡིན་པར་དུས་རྒྱུན་གྱི་འཚོ་བའི་ནང་དུ་བྱ་བ་ཐམས་ཅད་ཀྱི་སྟོན་དཔག་དང་སྐྱབས་བཅོལ་བྱེད་ས་ཞིག་ཏུ་གྱུར་ཡོད། བོད་བྱང་ཐང་གི་ས་ཁུལ་ཁ་ཤས་སུ་སྨྲ་ནང་ནས་བསང་ཕུད་དེ་བསང་དུད་ཀྱི་རྒྱུ་ཕྱོགས་ལ་བལྟས་ཏེ་ལོ་དེའི་ནང་གི་བྱ་བ་ཐམས་ཅད་སྟོན་དཔག་བྱེད་པའི་སྲོལ་ཡོད་ལ། མདོ་སྨད་ཀྱི་ཞིང་གྲོང་ཁ་ཤས་སུ་ཏ་སྡེ་ཕན་ཚུལ་མདའ་རྩེད་བྱེད་སྐབས་གྲོ་ནས་སོགས་འབྲུ་རིགས་དང་། ར་མ་བྱ་ཕོ་སོགས་ཁྱིམ་གྱི་རྒྱུ་ཐོག་མང་པོ་བསང་ལ་དམར་མཆོད་དུ་ཕུད་སྲོལ་ཡོད། གཞན་ཚོ་བ་དང་ཏ་སྡེ་ཁག་གི་གནད་དོན་གལ་ཆེན་ཐག་གཅོད་བྱེད་སྐབས་བསང་ཕུད་དེ་མནའ་སྐྱེལ་པའི་སྲང་ཚུལ་འདི་རིགས་ང་ཚོས་དུས་རྒྱུན་དུ་མཐོང་ཐུབ་པ་ནི། “ང་ཚོའི་མཆོད་སྦྱིན་ནི་སྟོན་མོ་བཤམས་པ་དང་ཟན་པ་སྟེར་དང་ཅུང་འདྲ་པོ་ཡོད” ཅེས་དང་། ཡང “དམངས་ཁྲོད་ཀྱི་དད་མོས་ཁྲོད་རྒྱུ་མཚན་ཅི་ཡང་མེད་པ། མགོ་བ་ཅི་ཡང་མེད་པའི་མཆོད་སྦྱིན་བྱེད་པ་གཏན་ནས་མེད་དེ། ཁོ་ཚོས་མཆོད་སྦྱིན་བྱ་བ་དེ་དངོས་པོའི་འཚོ་བའམ་ཡང་ན་བསམ་བློའི་འཚོ་བའི་སྙིང་དགོས་མགོ་སྣ་ཚོགས་ཤིག་ཡོད་ངེས” ཞེས་པས་བསང་གཏོང་མཆོད་སྦྱིན་བྱེད་པ་དེ་ནི་ང་ཚོ་རང་གི་སེམས་ཁམས་གསོ་བའི་ཐབས་ལམ་ཞིག་ཡིན་པ་ཧ་ཅང་གསལ་ལོ། །

གཉིས། ཕྱིའི་དགེ་མཚན།

བསང་གཏོང་བ་ལ་མི་བུ་སྐྱེར་གྱི་རང་སྙིང་གི་ཕན་པ་མང་པོ་ཡོད་ལ། དེ་མིན་ཕྱིའི་ཁོར་ཡུག་སྲུང་སྐྱོབ་སོགས་སྤྱི་ཚོགས་ལ་ཡང་དགེ་མཚན་ཆེན་པོ་ལྡན་ཏེ། །

1. རང་བྱུང་ཁོར་ཡུག་སྲུང་སྐྱོབ།

བོད་ཀྱི་རང་བྱུང་ཁོར་ཡུག་གི་དབང་གིས་བོད་ཀྱི་ཁོར་ཡུག་མང་ཆེ་བར་རི་བོ་མང་པོས་བསྐོར་ཡོད་ལ། རི་བོ་དེ་དག་དང་འབྲེལ་ནས་རི་ལྷའི་རྣམ་པ་བྱུང་ཞིང་། རི་ལྷ་དེ་ལ་གོང་བཀུར་བྱ་བའི་ཆེད་དུ་བསང་ཕུད་པའི་རིག་གནས་ཀྱི་རྣམ་པ་ཞིག་བོད་དུ་བྱུང་བ་དེས་གཅིག་ན་དེ་ནི་མི་བུ་སྐྱེར་གྱི་སྙིད་ སྡུག་ལེགས་ཉེས་གང་ཅུང་གི་ཕྱིར་དུ་ཡིན་པ་རེད། འོན་ཏེ། ཕྱོགས་གཞན་ཞིག་ནས་བལྟས་ཚེ་བོད་ཀྱི་བསང་ཕུད་པའི་རིག་གནས་དེས་བོད་ཀྱི་ཁོར་ཡུག་སྲུང་སྐྱོབ་ལ་ཐོན་པའི་ནུས་པ་དེ་ནི་གཞན་གྱིས་ཚབ་བྱེད་མི་ཐུབ་པའི་མངོན་མེད་ཀྱི་སྟོབས་ཤུགས་ཤིག་ཡིན་པར་སེམས།

སྤྱིར་བོད་མདོ་དབུས་ས་མཐོ་ནས་སྐྱེས་པའི་བོད་མི་ཞིག་ཡིན་ཕྱིན། རང་ཉིད་འཚོ་སྡོད་ཀྱི་ཁོར་ཡུག་ཏུ་བསང་གཏོང་ཚུལ་དང་བསང་བསྐོ་ཚུལ་སོགས་མཐོང་ཐོས་མྱོང་དུ་མ་གྱུར་བ་ཞིག་ཕལ་ཆེར་ཡོད་མི་སྲིད་པས། གལ་སྲིད་ང་རང་ཚོས་ཡིད་འཇོག་ཏོག་ཙམ་བགྱིས་ན། བསང་ཕུད་པར་ངེས་པར་མགོ་བ་རྒྱུ་

གང་དག་ཡིན་པ་དང་། དེ་དག་མ་ཚང་མ་འཛོམས་ནའང་གང་དྲན་དྲན་བྱེད་མི་ཉུང་ཚུལ་དང་གིས་ཧ་གོ་ཡོང་ངེས་ཏེ། གལ་སྲིད་བྱས་ཉེས་ཤོར་ཆེ་ནམ་མཁའི་ལྷ་དང་། འོག་གི་ཀླུ། བར་སྣང་གཉན་ལ་སོགས་པར་བཅོལ་གྲིབ་བཟློས་ཡོང་བའི་རྒྱུ་མཚན་ཡང་བོད་དམངས་ཁྲོད་དུ་བཤད་རྒྱུན་ཡོད། དེ་ཡང་། "འཇིག་རྟེན་གྱི་ལྷ་ཚོགས་ནི་གཙང་མ་ལ་དགའ་ཞིང་སྦྲི་བ་ལ་འཇིགས་པས། གཙང་སྦྲི་མ་འདྲེས་པ་བྱེད་རྒྱུ"[①]ཤིན་ཏུ་གལ་ཆེ་བ་དང་། བོད་ཀྱི་ཡུལ་གྲུ་སོ་སོར། རང་གི་ཕ་མེས་རྒྱུད་ཀྱི་སྲུང་མ་དང་། ཡུལ་ལྷ་གཞི་བདག ནོར་ལྷ་གཏེར་བདག་གི་ཚོགས་རྣམས་རང་ཉིད་འཚོ་སྐྱོད་བྱེད་པའི་ལུང་བ་ཕུ་མདོ་བར་གསུམ་དང་། རི་ཆུ་ནགས་གསུམ། ཁང་ཁྱིམ་ཁོར་ཡུག་ཕྱི་ནང་ལ་སོགས་པར་གནས་བཅས་ཏེ་མི་རྣམས་ལ་དངོས་ཤུགས་བརྒྱུད་གསུམ་གྱིས་བདེ་སྡུག་ལེགས་ཉེས་ཀྱི་རྟགས་ནུས་པ་ཅི་རིགས་སྟོན་བཞིན་ཡོད་པར་འཇིགས་སྐྲག་དང་དད་གུས་མཉམ་སྐྱེས་བྱེད་པའི་དབང་གིས། ཁོར་ཡུག་ལ་གཏོང་བརླག་མི་གཏོང་ཞིང་། ཁོར་ཡུག་དེ་མིའི་དབང་བསྒྱུར་བྱ་ཡུལ་ཞིག་ཏུ་ངོས་མི་འཛིན་པར་ཁོར་ཡུག་ནི་མི་རྣམས་ཀྱིས་གོང་བཀུར་བྱ་ཡུལ་ཞིག་ཏུ་བརྩི་བས་བོད་ཀྱི་བསང་གཏོང་བའི་ཚ་ག་དེས་བོད་ཀྱི་ཁོར་ཡུག་སྲུང་སྐྱོབ་ལ་མངོན་མེད་ཀྱི་དགེ་མཚན་ཞིག་ཐོན་ཡོད་པ་རེད།

2. འཆམ་མཐུན་སྤྱི་ཚོགས་འཛུགས་སྐྲུན།

ཆོས་ལུགས་དང་ཆོས་ལུགས་ཀྱི་ཚ་ག་བརྒྱུད་དེ་སྤྱི་ཚོགས་ལ་ཕན་ནུས་བཏོན་པས། ཆོས་ལུགས་ཚ་ག་ནི་སྤྱི་ཚོགས་རིག་གནས་ཤིག་ཏུ་གྲུབ་ལ། དེས་སྤྱི་ཚོགས་ལ་གཞན་གྱིས་ཚབ་བྱེད་མི་ཐུབ་པའི་བྱེད་ནུས་ངེས་ཅན་ཞིག་ཐོན་པར་སྣམ་སྟེ། མི་རྣམས་ཀྱི་རི་ལྷའི་སྣང་བརྙན་གསར་བཟོ་དང་རི་ལྷ་མི་གཤིས་ཅན་དུ་བཟོས་པ་དེས། མི་རྣམས་ཀྱིས་དེ་ལ་དད་མོས་བྱེད་པའི་བློ་སྐྱེས་ཏེ་ལྷ་བསང་གཏོང་བ་དང་། རི་ལྷས་ཀྱང་མི་རྣམས་ལ་གནས་སྐབས་ཙམ་གྱི་སེམས་ཀྱི་བདེ་བའམ་དགོས་འདོད་སྟེལ་བས། དེས་མི་དང་ལྷ་ཡི་འབྲེལ་བ་མ་ཟད། མི་དང་མི། མི་དང་སྤྱི་ཚོགས་ཀྱི་བར་ལ་ཡང་འཆམ་མཐུན་གྱི་ཁོར་ཡུག་བླ་མེད་ཅིག་བསྐྲུན་ཡོད་པར་སེམས་སོ། །

བོད་ཀྱིས་བསང་མཆོད་ཚ་ག་སྒྲུབ་པ་དེས་དེང་དུས་བོད་ཀྱི་མཐའ་མཚམས་ས་ཁུལ་དང་འབྲེལ་བའི་མི་རིགས་གཞན་མང་པོར་ཤུགས་རྐྱེན་ཐེབས་ཏེ་མི་རིགས་དེ་དག་གིས་རི་ལྷ་འདི་དག་གསོལ་བར་བྱེད་པས་ན། སྣ་མང་རིག་གནས་གོང་བུ་གཅིག་ཏུ་བསྒྲིལ་བར་བྱེད་པའི་འབྲེལ་ཟམ་ལྟ་བུ་ཞིག་ཀྱང་ཅི་ལ་མིན། དེར་མ་ཟད། མི་རྣམས་ཀྱིས་རི་ལྷ་གསོལ་བ་དེ་ནི་ལྷ་དང་མིའི་བར་གྱི་འབྲེལ་འདྲིས་བྱེད་སྟངས་

①ནམ་མཁའ་ནོར་བུ། ནམ་མཁའི་ནོར་བུའི་གསུང་རྩོམ་ཕྱོགས་བསྒྲིགས། [M] པེ་ཅིན། ཀྲུང་གོའི་བོད་རིག་པ་དཔེ་སྐྲུན་ཁང་། 2009ལོར་པར། ཤོག་ངོས་138—167

ཞིག་ཀྱང་རེད། གཉིས་ནས་བསང་མཆོད་ཆོ་ག་བསྒྲུབས་པ་བརྒྱུད། ས་གནས་ངེས་ཅན་གྱི་ས་ཁོངས་རིག་གནས་བསྐྱུན་པས་མི་རིགས་ཕན་ཚུན་བར་གྱི་འབྲེལ་འདྲིས་དང་མཐུན་སྒྲིལ་ལ་ཕན་པ་ཡོད། གསུམ་ནས་རི་མཆོད་བྱེད་སྐབས་སྣ་མང་ཅན་དུ་འགྱུར་བ། མི་རིགས་སོ་སོའི་དགའ་ཕྱོགས་དང་གོམས་གཤིས་མི་འདྲ་བས་མཆོད་འབུལ་བྱེད་སྐབས་ཀྱང་སྣ་མང་ཅན་དུ་གྱུར་ཡོད། མི་རིགས་སོ་སོར་དུས་ཡུན་རིང་པོར་འབྲེལ་འདྲིས་བྱས་པ་དང་བསྟུན་པར་ཁྱད་ཇེ་ཞུང་དུ་སོང་ལ་མཐུན་ཕྱོགས་ཇེ་མང་དུ་གྱུར། ཚང་མར་གཅིག་མཐུན་གྱི་ཆོས་ལུགས་སེམས་ཁམས་དང་དད་མོས་ཀྱི་རྣམ་པ་ཡོད་པར་གྱུར།

སྡོམ་བྱང་།

བོད་ཀྱི་བསང་གཏོང་སྲོལ་དེ་གདོད་མ་ནས་བྱུང་ཞིང་། སྔོན་ཆད་རང་བྱུང་ལ་དད་པ་སེ་ལ་དད་པ་སོགས་ནས་བྱུང་བ་ཡིན་ལ། དེ་གཙོ་བོར་འཚོ་བའི་ནང་གི་བཙོག་གྲིབ་དང་མི་གཙང་བ་སོགས་དག་སེལ་ལམ་སྲིད་དོན་དམག་འཁྲུག་སོགས་ཏུ་བཀོལ་བ་ཡིན་ཡང་། ད་ལྟ་ཆོས་ལུགས་ཀྱི་རྣམ་པ་དེ་གཙོ་བོར་གྱུར། ང་ཚོས་ཤེས་པ་ལྟར་རིག་གནས་ཀྱི་སྣང་ཚུལ་གང་ཞིག་ཡིན་ཡང་དེ་ནི་སྤྱི་ཚོགས་ཀྱི་དགོས་མཁོ་གང་ཐང་གི་འོག་ཏུ་བྱུང་བ་ཞིག་ཡིན་པས། དེ་ལ་སྤྱི་ཚོགས་ཀྱི་ཕན་ནུས་ངེས་ཅན་ཞིག་ལྡན་ཏེ། མི་རྣམས་ཀྱིས་བསང་བཏང་ནས་ལྷ་འདྲེར་མཆོད་པ་བྱེད་པའི་དམིགས་ཡུལ་གཙོ་བོ་ནི་བགེགས་བར་ཆད་དང་ནད་གདོན་སོགས་ཞི་ནས་བསོད་ནམས་འཕེལ་བར་འདོད་པ་ལས་མ་འདས། བོད་རང་གི་ཐུན་མོང་མ་ཡིན་པའི་རང་བྱུང་ཁོར་ཡུག་གི་དབང་གིས་བོད་ཀྱི་ཁོར་ཡུག་ཀུན་ཏུ་རི་བོ་མང་པོས་བསྐོར་ཡོད་ལ། རི་བོ་དེ་དག་དང་འབྲེལ་ནས་རི་ལྷའི་རྣམ་པ་བྱུང་ཞིང་། རི་ལྷ་དེ་ལ་གོང་བཀུར་བྱ་བའི་ཆེད་དུ་བསང་ཕུད་པའི་རིག་གནས་ཀྱི་རྣམ་པ་ཞིག་བོད་དུ་བྱུང་ཡོད་པ་རེད། གཅིག་ན་དེ་ནི་མི་བུ་སྐེར་གྱི་སྐྱིད་སྡུག་ལེགས་ཉེས་གང་ཐང་གི་ཕྱིར་དུ་ཡིན་པ་རེད། འོན་ཏེ། ཕྱོགས་གཞན་ཞིག་ནས་བལྟས་ཚེ་བོད་ཀྱི་བསང་ཕུད་པའི་རིག་གནས་དེས་བོད་ཀྱི་ཁོར་ཡུག་སྲུང་སྐྱོབ་ལ་ཐོན་པའི་ནུས་པ་དེ་ནི་གཞན་གྱིས་ཚབ་བྱེད་མི་ཐང་བའི་མངོན་མེད་ཀྱི་སྟོབས་ཤུགས་ཤིག་ཡིན་པར་སེམས། བོད་དུ་མི་རྣམས་ཀྱིས་རི་མཐོན་པོའི་མགོ་ཐ་ལབ་ཙེ་བསྟོད་པ་དང་། ལྷ་བསང་གཏོང་བ་སོགས་བརྒྱུད་ནས་ལྷ་ལ་དགའ་བ་བསྐྱེད་ལ། ལྷ་ཡིས་ཀྱང་མི་ལ་ཕན་བདེ་སྩོལ་བར་གསོལ་བ་ཡིན། བོད་ཀྱི་བསང་མཆོད་རིག་གནས་ལ་མཚོན་ན་གཅིག་ནས་ལྷ་དང་ཁ་བཟ་འཕྲོད་པ་དང་སྤྱི་ཚོགས་ཀྱིས་ལྷ་ལ་བཀུར་བསྟི་བྱེད་པའི་རྣམ་པ་མཚོན། བསང་ཕུད་པ་ནི་མདོར་ན་མི་དང་ལྷའི་འཇིག་རྟེན་འདི་གཉིས་ཕན་ཚུན་འབྲེལ་གཏུགས་བྱེད་པའི་རྣམ་པ་ཞིག་མཚོན་པ་སྟེ། མི་དང་

ལྷའི་བར་གྱི་འབྲེལ་བ་ཕན་ཚུན་གཅིག་གྲོགས་གཅིག་གིས་བྱེད་པ་ལྟ་བུ་ཞིག་ཏུ་གྱུར་ཡོད་པ་རེད། བསང་མཆོད་ཀྱི་ཚོ་ག་ལ་བལྟས་ཚེ། རི་ལྷར་བསང་མཆོད་བྱེད་པ་དང་རྟ་རྒྱུགས་བྱེད་པ་ཚང་མ་ནི་རི་ལྷའི་ངོ་སོ་བསྟོད་སྟོད་དང་ཐུགས་དགྱེས་པའི་ཆེད་དུ་ཡིན་པར་སེམས་ལ། དེ་མིན་རི་ལྷར་མགོན་སྐྱབས་བཅོལ་ནས་རང་གི་དགོས་འདུན་བསྒྲུབ་ཆེད་ཀྱང་ཡིན་པར་སེམས་སོ། །

(རྩོམ་པ་པོ། ལྕགས་མོ་མཚོ། ཕ་ཡུལ། ཀན་སུའུ་དཔལ་རིས། ཀྲུང་དབྱང་མི་རིགས་སློབ་གྲྭ་ཆེན་མོའི་བོད་རིག་པ་ཞིབ་འཇུག་གླིང་གི་2013ལོའི་ཤེས་རམས་པ།)
(མཇུབ་སྟོན་དགེ་རྒན། བློ་བཟང་མཁས་གྲུབ།)

ཏུན་ཧོང་གཏེར་ཡིག་གི་ཡིག་ཆ་དང་རྫོ་རིང་ཁ་ཤས་ལས་ཞེ་ཆེག་གི་ཁྱད་ཆོས་སྐོར་ལ་རགས་ཙམ་དཔྱད་པ།

དཔལ་ལྡན་རྣམ་རྒྱལ།

གནད་དོན་གནད་བསྡུས། དཔྱད་རྩོམ་འདིའི་ནང་དུ་ཏུན་ཧོང་ནས་ཐོན་པའི་བོད་ཡིག་ཡིག་ཆ་དང་བོད་ཀྱི་རྫོ་རིང་ཡི་གེ་ཁ་ཤས་གཞིར་བཟུང་ནས་ཞེ་ཆེག་གི་སྐོར་གྱི་གནས་ཚུལ་ཞིབ་ཕྲ་དང་དབྱེ་བ། ཐུན་མོང་མ་ཡིན་པའི་ཁྱད་ཆོས་ཀྱང་འབའ་ཞིག་ཡོད་པ་སོགས་རྒྱུ་ཆ་ཁུངས་དག་རྣམས་གཞིར་བཟུང་ནས་དཔྱད་པ་བཏང་ཡོད།

བརྡ་ཆད་གཙོ་བོ། ཏུན་ཧོང་གཏེར་ཡིག ཞེ་ཆེག ཁྱད་ཆོས།

དང་པོ། ཏུན་ཧོང་གཏེར་ཡིག་ལས་བྱུང་བའི་ཞེ་ཆེག

ཞེ་ཆེག་ནི་བོད་ཀྱི་སྐད་དང་ཡི་གེའི་ཁྱད་ཆོས་ཐུན་མོང་མ་ཡིན་པ་ཞིག་ཡིན། ཡང་སྔོས་སུ་ཞེ་ཆེག་ལས་མཚོན་པའི་བོད་མི་ཕན་ཚུན་དབར་གུས་ཞབས་ཤུགས་ཆེན་བྱེད་པའི་སྲོལ་རྒྱུན་བཟང་པོ་སོགས་ཀྱང་བོད་ཀྱི་སྐད་དང་ཡིག་གེ་ལས་མངོན་པའི་རིག་གནས་ཀྱི་རྣམ་པ་ཐུན་མིན་ཞིག་ཡིན། ཏུན་ཧོང་གཏེར་ཡིག་ཁྲོད་ཀྱི་ཞེ་ཆེག་འདི་དག་ལས་མཐོ་རིམ་མི་སྣ་ཁག་བར་གྱི་འབྲེལ་བ་དང་། ཕོ་ཚོའི་བྱ་བྱེད་ལས་གསུམ་ཐད་ཀྱི་ཞེ་ཆེག་སྤྱོད་ཚུལ་ཅི་རིགས་གསལ་པོར་མངོན་བཞིན་འདུག དེ་ཙམ་མ་ཟད་ཞེ་ཆེག་འདི་དག་ལས་བོད་དང་བོད་ཀྱི་མཐའ་འཁོར་རྒྱལ་ཁབ་བར་གྱི་འབྲེལ་འདྲིས་དང་། བོད་ཀྱི་བཙན་པོའམ་བཙན་མོ། བློན་ཆེ་ཆུང་། རྒྱལ་རྒྱུད་སོགས་ལ་ཤུགས་རྐྱེན་ཇི་འདྲ་ཐེབས་ཡོད་པ་དང་། དེ་མིན་སྤྱིར་བཏང་གི་མང་ཚོགས་བར་གྱི་འབྲེལ་བ་ཅི་འདྲ་ཡིན་པ་མཚོན་ནུས། དེ་བས་གོང་རིམ་དང་འོག་རིམ་བར་གྱི་འབྲེལ་བ་ཐད་ལ་ཞེ་ཆེག་གི་ཁྱད་ནུས་རྩལ་དུ་འདོན་ཐུབ། ཏུན་ཧོང་གཏེར་ཡིག་གི་ལོ་རྒྱུས་ཡིག་ཆ་འདི་དག་ལ་ཞིབ་འཇུག་གི་རིན་ཐང་ཆེན་པོ་ལྡན་པའི་སྐོར་ལ་མཁས་དབང་དགེ་འདུན་ཆོས་

འཕེལ་གྱིས "རྒྱལ་རབས་དངོས་ལ་དཔྱོད་ན། གནད་དོན་ཆེ་ལ་གཞི་རྩ་བརྟན་པ་གསེར་གྱི་ས་གཞི་དང་མཚུངས་པ་ཞིག་ཡིན་ཅིང་། རྒྱལ་པོའི་དུས་ཀྱི་བོད་མི་རང་གིས་བྲིས་ཏེ" ཞེས་ཏུན་ཧོང་གཏེར་ཡིག་གི་རིན་ཐང་འདི་ལྟར་གསུངས་པ་ལས་ཀྱང་ཤེས་ཐུབ། འོག་ཏུ་ང་ཚོས་ཏུན་ཧོང་གཏེར་ཡིག་ལས་ཐོན་པའི་ཞི་ཆོག་འགའ་དྲངས་ནས་སྐབས་དེའི་སྤྱི་ཚོགས་ཀྱི་གནས་བབ་ཁྲིད་གོང་འོག་བར་གསུམ་གྱི་འབྲེལ་བར་འཚོལ་ཞིབ་ཙུང་ཙམ་བྱ་རྒྱུ་ཡིན། 《བཙན་པོ་རིམ་བྱུང་གི་ལོ་རྒྱུས》ནང་དུ "དྲི་གུམ་བཙན་པོ་སྐུ་ཚུང་བའི་ཚེ་མཚན་ངེར་གདགས་ཤེས། ......ཐུགས་སུ་ཡང་བཞུགས། ...... ཁྱོད་ཀྱི་ཇོ་བོ་བཙན་པོ་ནི། ལོ་ངམ་ཏ་ཛིས་བཀྲོང་སྟེ། ...... རྐོང་ཡུལ་བྲེ་སྣར་དུ་སྲས་ཤ་ཁྲི་ཉ་ཁྲི་དང་ཡང་མཇལ་ལོ། ...... ཉ་ལྷག་གཉིས་ཀྱིས་བཙན་པོའི་ཕྱུར་བཟུང་ངོ་། རྐོང་ཧོ་ནླ་འབུབའ་ཀྱི་མགུར་དུ་བང་སོ་བརྩིགསོ།"[1]ཞེས་པ་དང་། ཡང་《དོན་ཆེན་གནད་བསྡུས་ཀྱི་ལོ་ཚིགས》ལས། "བཙན་མོ: མུན་ཆང: ཀོང་ཅོ། མགར: སྟོང་རྩན་ཡུལ་ཟུང་གྲིས་: སྤྱན་དྲང་སྟེ: བོད་ཡུལ་དུ་གཤེགསོ། བལ: པོ: ཡུ: སྣ: ཀུག་ཏེ་བཀུམ། ......དེ་ནས་ལོ་དྲུག་ནའ། བཙན: པོ: ཁྲི་སྲོང་རྩན་: དགུང་དུ་གཤེགསོ།"[2]ཞེས་གསལ། བོད་བཙན་པོའི་གདུང་རབས་ཞེས་པའི་ནང་དུ། "...... མངའ་མཛད་བཅུ་གཉིས། ཁྲི་བར་ལ་བདུན་ཚིག་ཤེས་བ་གྱི། གནམ་གི་ལྷ་ལས། ས་ག་དོག་དྲུག་ཏུ། འགྲེང་འགོ་ནག་གི་རྗེ་མྱེད་གི་རྗེ། དུད་ཇོག་ཆག་མྱེད་ཀྱི་བླར། འདི་ནི་ བོད་ཀྱི་སྤྱི་ཚོགས་ཀྱི་མངའ་མཛད་བཅུ་གཉིས་སྐབས་ཀྱི་ལོ་རྒྱུས་ཡིན་པས། ད་བར་ལོ་ངོ་སྟོང་ཚོ་གཉིས་ལྷག་གི་ལོ་རྒྱུས་ལྡན། ཡང་བཙན་པོ་ཁྲི་སྲོང་ལྡེ་བཙན་གྱི་སྐུ་རིང་དུ་བཞེངས་པའི་ཞོལ་རྡོ་རིང་ཕྱི་མའི་བྱང་ངོས་ཀྱི་ཐིག་ཕྲེང་6.11.12.ནང་གི "ཐིག་ཕྲེང་6གྱི་ཞ་སྔ་ནསདབུ་སྙུང་གནང་། །ཐིག་ཕྲེང་11དུ་སྐྱལད་ཕར་གནང་ངོ་། །ཐིག་ཕྲེང་12བརྩན་པོ་སྲས་དབོན་སྐུ་ཚེ་རབས། ། ......"[3]ཞེས་སོགས་འཁོད་པའི་ཞ་སྔ་དང་དབུ་སྙུང་། སྐྱལད། གནང་ངོ་ལྟ་བུ་ཞི་ཚིག་དང་ཞོལ་རྡོ་རིང་ཕྱི་མའི་ཤར་ངོས་ཀྱི་ཐིག་ཕྲེང4.5.6ནང་གི "ཐིག་ཕྲེང་4པ་ཆེན་པོར། བཀའ། །ཐིག་ཕྲེང་5སྐྱལད་ཀྱིས་ཀྱང་། །ཐིག་ཕྲེང་6བཀའ་ལུང་དང་འདྲ། ། ......"[4]ཞེས་སོགས་འདིར་འཁོད་པའི་བཀའ་སྐྱལད་དང་། བཀའ་ལུང་ལྟ་བུ་ཞི་ཚིག་བཀོལ་ཡོད་པ་དང་། ཞོལ་རྡོ་རིང་ཕྱི་མའི་ལྷོ་ངོས་ནང་གི "ཐིག་ཕྲེང་9གཙུག་རྩན་གྱི་སྐུ་ལ་དརད་ཏེ། །ཐིག་ཕྲེང་10དགོང་དུ་གཤགས་སོ། །

[1]ཕང་ཡོན་དང་ཁྲན་ཙང་གཉིས་ཀྱིས་བསྒྱུར། 《ཏུན་ཧོང་ནས་ཐོན་པའི་བོད་ཀྱི་གནའ་ཡིག་ཞིབ་དཔྱད་ཕྱོགས་བསྒྲིགས》 ཧྲང་ཧེ་གནའ་ཡིག་དཔེ་སྐྲུན་ཁང་། 2008ལོར་པར། ཤོག་ངོས་8
[2]གོང་དང་མཚུངས་སོ། །ཤོས་ངོས་3
[3]གོ་ཤུལ་གྲགས་པ་འབྱུང་གནས་ཀྱིས་བསྒྲིགས། །《བོད་བཙན་པོའི་སྐབས་ཀྱི་གནའ་རྫོམ་གཅེས་བསྡུས་སློབ་དེབ》མི་རིགས་དཔེ་སྐྲུན་ཁང་། 2001ལོའི་ཟླ་6པར་པར། ཤོག་ངོས12
[4]གོང་དང་མཚུངས་སོ། །ཤོག་ངོས་16

ཐིག་ཕྲེང་17ལྔེ་བརྩན་གྱི་སྣན་དུ་གསོལད་ནས་། །……”[1]ཞེས་སོགས་འདིར་འཕོད་པའི་སྐུ། གཤེགས། སྣན། གསོལད། ལྟ་བུ་ནི་ཡིག་ཆ་འདིའི་ནང་དུ་ཞེ་ཚིག་མང་པོ་གསལ་བ་ལས་ཆ་ཤས་ཙམ་མོ། །ཞེ་ཚིག་འདི་དག་ལ་རྣམ་པ་མི་འདྲ་བའི་ཁྱད་ཆོས་དང་གོ་བདེ་བའི་ཁྱད་ཆོས་སོགས་གསལ་པོར་སྣང་། གཤམ་དུ་དཔེར་བརྗོད་འདི་དག་ལ་ཞིབ་ཏུ་དཔྱད་པར་བྱ།

གཉིས་པ། ཏུན་ཧོང་གཏེར་ཡིག་ལས་ཐོན་པའི་ཞེ་ཚིག་གི་དབྱེ་བ།

དེའང “མིང་གི་རིགས་ལ་དངོས་པོའི་ཁྱད་གཞི་དང་། ཁྱད་ཆོས་དང་ནི་གྲངས་ཀ་དང་། བྱ་བ་དང་བཅས་བཞི་རུ་དྲིལ།”[2]ཞེས་གསལ་བ་ནང་བཞིན་མིང་ལ་དབྱེ་ན་དངོས་པོའི་མིང་། ཁྱད་ཆོས་བརྗོད་པའི་མིང་། གྲངས་ཀ་དང་བྱ་བའི་མིང་བཅས་ལ་དབྱེ་ཡོད་པས། འདིའི་ནང་གསེས་སུ་གྱུར་བའི་དངོས་པོའི་ཁྱད་གཞིའི་མིང་དང་ཁྱད་ཆོས་བརྗོད་པའི་མིང་། བྱ་བའི་མིང་སོགས་ཏུན་ཧོང་གཏེར་ཡིག་ལས་མཐོང་ཐུབ་སྟེ།

གཅིག དངོས་པོའི་ཁྱད་གཞིའི་མིང་གི་ཞེ་ཚིག

དངོས་པོའི་ཁྱད་གཞིའི་མིང་ནི། “སེམས་ཅན་དང་། བེམ་པོ་དང་། བྱས་པ་དང་། འདུ་ཤེས་ལ་སོགས་པ་སྤྱི་དང་བྱེ་བྲག་ངོ་བོ་ཙམ་སྟོན་པའི་ཐ་སྙད་ཡོད་ཚད་དོ།”[3] དངོས་པོའི་ཁྱད་གཞིའི་མིང་གི་ཞེ་ཚིག་དེ་དག་མང་ཆེ་ཤོས་ནི་མི་དང་འབྲེལ་བ་ཡོད་པ། དཔེར་ན། མིའི་ཡན་ལག་གི་མིང་དང་ཟས་གོས་གནས་མལ། སེམས་ཀྱི་འགྱུར་ལྡོག་བརྗོད་པའི་དངོས་པོའི་ཁྱད་གཞིའི་མིང་སོགས། གོང་ལས་དྲངས་པའི་གཏེར་ཡིག་གི་ཡིག་ཆ་ལ་བལྟས་ན། དེའང་ “…… ཕྱད་མཚན་བདུན་གྱིས་གཏང་རག་ཆེན་པོ་བཏང་ངོ། དབུ་སྙུང་གནང་བའི་གོར་མ (ཕྱག) ་ཏུ་རེག་པ་ནི” དང “……བཙན་པོའ་(ཞལ)་སྔ་ནས་བཀའ་སྩལད་པའ” [4]ཞེས་པའི་ནང་དུ་སོ་སོའི་མིང་ཚིག་སྟོན་པ། ལག་པའི་ཞེ་ཚིག་ཕྱག་ཅེས་བརྗོད་པ་། གདོང་གི་ཞེ་ཚིག་ཞལ་ལྟར་བཀོད་པའོ། ། དེ་བཞིན་དུ “……རྒྱལ་པོ་ཁབ་གཉིས་ཀ་དང་། (གཟིམས)པའི་

①གོང་དང་མཚུངས་སོ། །ཤོག་ངོས17

②དཔའ་རིས་སངས་རྒྱས། 《བརྡ་སྤྲོད་སྦྱོར་བ་རྣམ་བཞི་རབ་གསལ་》མི་རིགས་དཔེ་སྐྲུན་ཁང་། ཤོག་ངོས་79

③གོང་དང་མཚུངས་སོ། །ཤོག་ངོས་79

④གཉའ་གོང་དཀོན་མཆོག་ཚེ་བརྟན་གྱིས་བརྩམས། 《བོད་ཀྱི་བརྡ་རྙིང་ཡིག་ཆ་རྩ་ཆེན་བདམས་བསྒྲིགས་རྣམས་ཀྱི་ཚིག་དོན་ཀུན་ནས་ཁྲོལ་བར་བྱས་པ་རབ་གསལ་མེ་ལོང་》 ཀན་སུའུ་མི་རིགས་དཔེ་སྐྲུན་ཁང་། 2001ལོའི་ཟླ་དང་པོར་1པར། ཤོག་ངོས་41

ཏུ་སུ...... (གསོལ)་བ་མ་གནང་ངོ ...... ངའི་(ཐུགས་ལ་དགོངས)་ཏེ” ①ལྷ་བུའི་དངོས་པོའི་ཁྱད་གཞིའི་མིང་གི་ཞེ་ཆིག་གསལ་པོར་མཐོང་ཐུབ་སྟེ། གཟིམས་དང་གསོལ། ཐུགས་སོགས་ངོ་བོ་ཙམ་སྟོན་པའི་མིང་གི་ཞེ་ཆིག་ཡིན་ནོ། ། དེ་མིན། 《དོན་ཆེན་གནད་བསྡུས་ཀྱི་ལོ་ཆིགས》ལས......ནད་འབྲུམ་བུས་(བསྙེངས)་པར་ལོ་གཅིག......” ②དང་ཀོང་པོ་དེ་མོའི་བྲག་བརྐོས་ཡི་གེ་དེ་ནི་བོད་ལྗོངས་ཀོང་པོ་དེ་མོ་ས་ཁུལ་དུ་བྲག་ངོས་སུ་ཕལ་ཆེར་སྤྱི་ལོ798་ལོ་ནས་སྤྱི་ལོ་815ལོ་བར་ལ་བརྐོས་པ་འདྲ་ཞིང་། དེའི་ནང་གི་ཐིག་ཕྲེང་8.13.20ནང་གི་ “ཐིག་ཕྲེང་8སྲིད་འདི་ལྟར་མཐོ། དབུ་རྨོག་བརྩནད། ཡོང་ལྷ་སྲས་གནམ་དང་འདྲ་བའི་ཆགས་འོག་ན། གནམ་ཀོལ་དུ་གནང་བའང་ཅིས་བས་ཞིགམཆིས་ན། བདགཐིག་ཕྲེང་13ལྷ་སྲས་ལྡེ་སྲོང་གི་སྐུ་རིང་ལ། གཙིགས་ སྔ་མ་བས་བསྐྱེད་པར། བཀའས། གནང་བ། ཐིག་ཕྲེང་20ཡབ་ཀྱི་བཀའས། གནང་བ་བཞི། ན་བཞིན་དུ། ལྷ་སྲས་ལྡེ་སྲོང་གི་སྐུ་རིང་ལ། ། ཐེ། ། བློན་མོལ་ཏེ། ། ......”③ཞེས་སོགས་འདིར་འཕོད་པའི་དབུ་རྨོག ལྷ་སྲས། གནང་། སྐུ་རིང་། བཀའས། གནང་། ཡབ། ལྷ་བུ་སོགས་ཀྱང་ཁྱད་གཞིའི་དངོས་མིང་དང་ཚབ་མིང་དུ་མཐོང་ངོ།།

གཉིས། བྱ་བའི་མིང་གི་ཞེ་ཆིག

བྱ་བའི་མིང་ནི “སེམས་ཅན་གྱི་རྩོལ་བ་དང་། པེམ་པོའི་འགྱུར་བ་སོགས་མཚོན་བྱེད་ཀྱི་ཐ་སྙད་པ་སྟེ།”④ བྱ་བའི་མིང་གི་ཞེ་ཆིག་ནི་སེམས་ཅན་གྱི་བྱ་བ་བྱེད་པ་སྟོན་དགོས་པ་ཞིག་ཡིན་ལ། བྱ་བའི་མིང་ཕལ་ཆེར་ལ་ནང་དོན་གོ་བདེ་བ་དང་ཆིག་གི་ཐ་སྙད་ཕུན་སུམ་ཚོགས་པའི་ཁྱད་ཆོས་མངོན། ཏུན་ཧོང་གཏེར་ཡིག་གི་ཁྲོད་དུ་འདི་འདྲའི་དཔེར་བརྗོད་མང་དུ་མཐོང་ཐུབ་སྟེ། དཔེར་ན། 《ར་མ་ཎའི་རྟོགས་བརྗོད》ལས “......གཙོ་མཆོག་ཁྱེད་ཀྱིས། བདག་ཆག་རྣམས་ལ་(སྐྱོལ)⑤” དང་བཙན་པོའི་གདུང་ཁུངས་ལས “......ཨུང་གི་འོག་ཏུ་བཙན་པི་(ཞབས་ཀྱིས་བཙུགས)་སྟེ......གཡག་དུ་དྲུང་ཕོད་དམ་ཞེས་

①གཉའ་གོང་དཀོན་མཆོག་ཚེ་བརྟན་གྱིས་བརྩམས། 《བོད་ཀྱི་བརྡ་རྙིང་ཡིག་ཆ་རྩ་ཆེན་བདམས་བསྒྲིགས་རྣམས་ཀྱི་ཆིག་དོན་ཀུན་ནས་ཁྲོལ་བར་བྱས་པ་རབ་གསལ་མེ་ལོང》 ཀན་སུའུ་མི་རིགས་དཔེ་སྐྲུན་ཁང་། 2001.1 ཤོག་ངོས་383.24.158

②ཕང་ཡོན་དང་ཁྲན་ཅང་གཉིས་ཀྱིས་བསྒྱུར། 《ཏུན་ཧོང་ནས་ཐོན་པའི་བོད་ཀྱི་གནའ་ཡིག་ཞིབ་དཔྱད་ཕྱོགས་བསྒྲིགས》, རྫང་ཏེ་གནའ་ཡིག་དཔེ་སྐྲུན་ཁང་། 2008ལོའི་ཟླ་8པར་པར། ཤོག་ངོས5

③གོ་ཤུལ་གྲགས་པ་འབྱུང་གནས་ཀྱིས་བསྒྲིགས། 《བོད་བཙན་པོའི་སྐབས་ཀྱི་གནའ་རྩོམ་གཅེས་བསྡུས་སློབ་དེབ》མི་རིགས་དཔེ་སྐྲུན་ཁང་། 2001ལོའི་ཟླ་6པར་པར། ཤོག་ངོས22

④དཔའ་རིས་སངས་རྒྱས། 《བརྡ་སྤྲོད་སྦྱོར་བ་རྣམ་བཞི་རབ་གསལ་》, མི་རིགས་དཔེ་སྐྲུན་ཁང་། ཤོག་ངོས་79

⑤གཉའ་གོང་དཀོན་མཆོག་ཚེ་བརྟན་གྱིས་བརྩམས། 《བོད་ཀྱི་བརྡ་རྙིང་ཡིག་ཆ་རྩ་ཆེན་བདམས་བསྒྲིགས་རྣམས་ཀྱི་ཆིག་དོན་ཀུན་ནས་ཁྲོལ་བར་བྱས་པ་རབ་གསལ་མེ་ལོང》 ཀན་སུའུ་མི་རིགས་དཔེ་སྐྲུན་ཁང་། 2001ལོར་པར། ཤོག་ངོས་5

(བཀའ་སྐྱལ) ་ན། སོ་སོ་ནས་ཀུན་གྱིས་མི་ཕོད་ཆེས་(གསོལ) ་ཧེ ……ལ་ཕྱི་ནི་གདངས་སུ་ཇོ། ཞེས་མཆེན་(གླངས)……བཙན་པོ་དང་ནི་མྱི་(མནལ) ་བར།"⑥ ཞེས་པ་ལས། སྐྱོལ་དང་། ཞབས་ཀྱིས་བཙུགས། བཀའ་སྐྱལ། གསོལ། གླངས། མནལ་སོགས་བྱ་བ་བྱེད་པ་སྟོན་པའི་བྱ་བའི་མིང་གི་ཞེ་ཚིག་ཡིན་པ་མཐོང་ཐུབ་སྟེ། ཡང《དོན་ཆེན་གནད་བསྡུས་ཀྱི་ལོ་ཚིགས》ལས "……སླང་གྱི་ལོ་ལ་665བཙན་པོ་ཐུད་ཀྱི་ལྷུ་ནག་ན་(བཞུགས) ་ཤིང་། བློན་ཆེ་སྟོང་བཙན་འ་ཞ་ཡུལ་ན་འཆིས་པར་ལོ་གཅིག……བཙན་པོ་སྲུས་ཁྲི་འདུས་སྲོང་། སྲིགས་གྱི་ལྷ་ལུང་དུ་(བལྟམ)……" ⑦འདི་ལས་ཀྱང་བྱ་བའི་མིང་གི་རང་བཞིན་ལྡན་པའི་བཞུགས་དང་བལྟམ་གཉིས་འདུག ཞེ་ཚིག་འདི་དག་མིང་རང་སྟེང་གི་གོ་བ་ཙམ་ལས་མེད་པ་ཞིག་མ་ཡིན་པར། སྐབས་དེའི་སྤྱི་ཚོགས་ཀྱི་གོ་རིམ་དང་། སྤྱི་ཚོགས་གནས་བབ་ཁྲིད་གོང་འོག་འབྲེལ་བ་ཡང་གསལ་པོར་མཚོན་གྱི་འདུག

གསུམ། ཁྱད་ཚོས་བརྗོད་པའི་མིང་གི་ཞེ་ཚིག

ཁྱད་ཚོས་བརྗོད་པའི་མིང་ནི "སེམས་ཅན་དང་བེམ་པོའི་རང་གཞིན་དང་རྣམ་པ་སོགས་སྟོན་པའི་ཐ་སྙད་དེ" ⑧ཏུན་ཧོང་གཏེར་ཡིན་ནང་ཁྱད་ཚོས་བརྗོད་པའི་ཞེ་ཚིག་ཀྱང་མང་ཙམ་འདུག་སྟེ།

① བཙན་པོ་རིམ་བྱུང་གི་ལོ་རྒྱུས་ལས "མཚན་བཏགས་ནོར་སྟེ། (ཐུགས་སུ་ཡང་ཞུགས)" ⑨ འདིའི་ཤུགས་ནས་བཙན་པོ་འཚིག་པ་ཟ་བཞིན་ཡོད་པའི་གནས་སྐབས་ཀྱང་ཤེས་ཐུབ།

② "ཡོས་བུའི་ལོ་ལ (སྤྱི་ལོ679) ། ཕྱིང་བར་བཙན་པོ་ཡབ་ཀྱི་(མདད་བཏང)་བར་ལོ་ཅིག" ⑩བཙན་པོ་ འདས་པའི་ལོ་ཕྱི་མའི་ལོ་ལ་འདས་ཚོས་སྤྱིལ་ཏེ་འཕོ་བ་འདེབས་པའི་ཆ་ག་ལ་མདད་བཏང་ཞེས་ཟེར།

③ "གང་རིང་ནི་གང་ཐུང་བ། ཐང་ལྷ་ནི་ཡ་བཞུར་(མཁྱེན)" ⑪ ། འདི་ལས་རང་བཞིན་དང་རྣམ

⑥གཉའ་གོང་དཀོན་མཆོག་ཚེ་བརྟན་གྱིས་བརྩམས། 《བོད་ཀྱི་བརྡ་རྙིང་ཡིག་ཆ་རྩ་ཆེན་བདམས་བསྒྲིགས་རྣམས་ཀྱི་ཚིག་དོན་ཀུན་ནས་ཁྲོལ་བར་བྱས་པ་རབ་གསལ་མེ་ལོང》 ཀན་སུའུ་མི་རིགས་དཔེ་སྐྲུན་ཁང་། 2001ལོའི་ཟླ་5པར་པར། ཤོག་ངོས་45.14.342.58

⑦ཕང་ཡོན་དང་ཁྲན་ཅང་གཉིས་ཀྱིས་བསྒྱུར། 《ཏུན་ཧོང་ནས་ཐོན་པའི་བོད་ཀྱི་གནའ་ཡིག་ཞིབ་དཔྱད་ཕྱོགས་བསྒྲིགས》, ཧྲང་ཧེ་གནའ་ཡིག་དཔེ་སྐྲུན་ཁང་། 2008ལོའི་ཟླ་8པར་པར། ཤོག་ངོས4

⑧དཔའ་རིས་སངས་རྒྱས། 《བརྡ་སྤྲོད་སྦྱོར་བ་རྣམ་བཞི་རབ་གསལ་》 མི་རིགས་དཔེ་སྐྲུན་ཁང་། ཤོས་ངོས་79

⑨ཕང་ཡོན་དང་ཁྲན་ཅང་གཉིས་ཀྱིས་བསྒྱུར། 《ཏུན་ཧོང་ནས་ཐོན་པའི་བོད་ཀྱི་གནའ་ཡིག་ཞིབ་དཔྱད་ཕྱོགས་བསྒྲིགས》, ཧྲང་ཧེ་གནའ་ཡིག་དཔེ་སྐྲུན་ཁང་། 2008ལོའི་ཟླ་8པར་པར། ཤོག་ངོས13

⑩གཉའ་གོང་དཀོན་མཆོག་ཚེ་བརྟན་གྱིས་བརྩམས། 《བོད་ཀྱི་བརྡ་རྙིང་ཡིག་ཆ་རྩ་ཆེན་བདམས་བསྒྲིགས་རྣམས་ཀྱི་ཚིག་དོན་ཀུན་ནས་ཁྲོལ་བར་བྱས་པ་རབ་གསལ་མེ་ལོང》 ཀན་སུའུ་མི་རིགས་དཔེ་སྐྲུན་ན་ཁང་། 2001ལོའི་ཟླ་4པར་པར། ཤོག་ངོས་66

⑪གོང་དང་མཚུངས་སོ། ། ཤོག་ངོས་356

པ་གསལ་པོ་མཚོན་ཡོད་དེ། གོང་དུ་བརྗོད་པའི་ཁྱད་ཆོས་བརྗོད་པའི་མིང་ལྟར་མཐོང་ཐུབ་བོ། །

གསུམ་པ། ཏུན་ཧོང་གཏེར་ཡིག་ལས་ཞེ་ཚིག་གི་ཁྱད་ཆོས་གཞན་དག་ལ་དཔྱད་པ།

ཏུན་ཧོང་གཏེར་ཡིག་ལ་ཕུན་སུམ་ཚོགས་པའི་ནང་དོན་ལྡན་པར་མ་ཟད། ཐ་སྙད་ཀྱི་ནང་དོན་གོ་བདེ་བ་དང་ཚགས་དམ་པོའི་ཁྱད་ཆོས་ཀྱང་གསལ་པོར་འདུག མིང་དང་ཚིག་གི་ཁྱད་ཆོས་ཕུན་སུམ་ཚོགས་པ་འདི་དག་ལས་དེ་དུས་ཀྱི་སྤྱི་ཚོགས་ཀྱི་འཕེལ་རྒྱས་ཆུ་ཚད་ཀྱང་དཔག་ནུས་ཏེ། སྤྱི་ཚོགས་འཕེལ་རྒྱས་འགྲོ་བའི་གོ་རིམ་ཁྲོད་དུ་བོད་ཀྱི་སྐད་དང་ཡི་གེ་ལ་ཡང་ཡར་རྒྱས་ཆེན་པོ་ཕྱིན་འདུག་པ་ཤེས་ཐུབ། ལྷག་པར་དུ་ཏུན་ཧོང་གཏེར་ཡིག་ལས་མཐོང་ཐུབ་པའི་ཞེ་ཚིག་ཕུན་སུམ་ཚོགས་པ་འདི་དག་གིས་ཀྱང་སྐབས་དེའི་སྤྱི་ཚོགས་ཀྱི་རྣམ་པ་མཚོན་ནུས། དཔེར་ན་མིང་གཅིག་དོན་གྱི་རྣམ་གྲངས་སམ་དོན་གཅིག་མིང་གི་མིང་གྲངས་ཀྱི་དབྱེ་བའི་ཞེ་ཚིག་གི་རྣམ་པ། ད་དུང་ཚད་གཞི་མི་འདྲ་བའམ་ཕ་རོལ་པོ་ལ་སྦྱར་ནས་བྱུང་བའི་མིང་གི་ཞེ་ཚིག་ཀྱང་མང་པོ་འདུག

གཅིག འཇུག་ཡུལ་སྣ་ཚོགས་པའི་ཞེ་ཚིག་སྐོར།

བཙན་པོའི་རྒྱལ་རབས་ཀྱི་ལོ་རྒྱུས་དང་འབྲེལ་ཡོད་ཀྱི་ཡིག་ཆ་སྟེ《བོད་ཀྱི་བརྡ་རྙིང་ཡིག་ཆ་རྩ་ཆེན་བདམས་བསྒྲིགས་རྣམས་ཀྱི་ཚིག་དོན་ཀུན་ནས་ཁྲོལ་བར་བྱས་པ་རབ་གསལ་མེ་ལོང》ནང་དུ་བཀོད་པའི་ "ར་མ་ཥའི་རྟོགས་བརྗོད" སོགས་གཞིར་བཟུང་ནས་དཔྱད་ན། ཞེ་ཚིག་གཅིག་དོན་གཉིས་སམ་གསུམ་ཡན་ལ་འཇུག་པའི་དོན་ལྡན་པའི་ཁྱད་ཆོས་ཡོད་ལ། མིང་གཅིག་དོན་མང་ལ་འཇུག་པའི་ཁྱད་ཆོས་ཀྱང་མཐོང་ཐུབ་སྟེ། དཔེར་བརྗོད་དང་སྦྲགས་བཤད་ན།

1 གཤེགས།

① བོད་ཀ་གཡག་དྲུག་གི་རྗེར་གཤེགས་སོ①། （ཕེབས་པའི་དོན། ）

② བཙན་པོ་ཡབ་ཁྲི་སྲོན་བཙན། དགུང་དུ་གཤེགས②། （འདས་པའི་དོན། ）

③ གླང་གྱི་ལོ་ལ་སྤྱི་ལོ་664བཙན་པོ་བྱང་རོལ་དུ་གཤེགས་ཤིང་③། བློན་ཆེ་སྟོན་བཙན་འ་ཞ་ཡུལ་ན་འཆིས་པར་ལོ་ཆིག （བཞུགས་པའི་དོན། ）

---

① གོང་དང་མཚུངས་སོ། །
②གོང་དང་མཚུངས་སོ། །
③ཕང་ཡོན་དང་ཁྲན་ཅང་གཉིས་ཀྱིས་བསྒྱུར། 《ཏུན་ཧོང་ནས་ཐོན་པའི་བོད་ཀྱི་གནའ་ཡིག་ཞིབ་དཔྱད་ཕྱོགས་བསྒྲིགས》 ཧྲང་ཧེ་གནའ་ཡིག་དཔེ་སྐྲུན་ཁང་། 2008,8 ཤོག་ངོས4

འདི་ལས་གཞིགས་ཞེས་པའི་ཞེ་ཚིག་གི་མིང་གཅིག་ལ་དོན་གྱི་རྣམ་གྲངས་མི་འདྲ་བ་ཁ་ཤས་སྟོན་ནུས་པ་མཐོང་།

2 གསོལ།

① མཉན་འཛིན་ཟུང་ནག་པོས། རྗེ་བོ་ལ་གསོལ་ལྟ། （ཞུ་བའི་དོན། ）

② བཙན་པོ་ཁྲི་སྲོང་བཙན་གྱིས་ཀྱང་། ངག་རེ་ཁྱུང་གིས་གསོལ་བཞིན་གནང་སྟེ། སྲིང་མ་བརླག་གོ （བཤད་པ། ）

③ ཚངས་པ་ལ། དངོས་གྲུབ་གསོལ་བའི་ཚིག་ལ། （གསུངས་པའི་དོན། ）

④ སྲོང་བཙན་སྒམ་པོ་ཞེས་མཚན་གསོལ་ཏོ། （བཏགས། ）

གསོལ་ཞེས་པའི་མིང་གཅིག་ལ་དོན་གྱི་རྣམ་གྲངས་ཞུ་བ་དང་། བཤད་པ། བཏགས་པ་སོགས་གོ་དོན་མང་པོ་ལ་འཇུག་པ་ཤེས་ཐུབ།

གོང་གི་དཔེར་བརྗོད་འདི་དག་ནི་གཞའ་གོང་དཀོན་མཆོག་ཚེ་བརྟན་གྱིས་བརྩམས་པའི《བོད་ཀྱི་བརྡ་རྙིང་ཡིག་ཆ་རྩ་ཆེན་བདམས་བསྒྲིགས་རྣམས་ཀྱི་ཚིག་དོན་ཀུན་ནས་ཁྲོལ་བར་བྱས་པ་རབ་གསལ་མེ་ལོང》[①]ལ་གཞིགས་ནས་དྲངས་པ་ཡིན།

3 དགོངས།

① བཙན་པོ་དགོངས་དགོངས་ནས། （བསམ་བློ་བཏང་བ། ）

② ལྷ་མོ་ཁྲོ་སྟེ། རྗེ་བོ་མྱིད་ན། ངན་བུ་སྲུང་སྟེ་ཆ་ཇི་མཆིས། གཙུང་གི་ཐུགས་ལ་མནའ་གཅིན་མྱིད་བཏང་། བདག་དང་ལྷན་ཅིག་བཞུགས་པར་དགོངས་པ་འདྲ་སྟེ། （དེ་འདྲ་ཡིན་པར་འདོད་པའི་དོན། ）

③ རྨ་སྟེ་སྐར་ཅྭིན་ནས། སྟུང་ཚབས་ཆེ་སྟེ། རྒྱལ་པོ་དགོངས་པ། བདག་ནི། ནས་ནས་པའི་སྟེང་དུ་ནང་ཚབས་ཆེ་སྟེ། （གསུངས་པ། ）

④ ལྷ་སྒྲ་ཡོངས་ལ་བརྩེ་དགོངས་བསྐྱབ་བའི་རིགས། （ཐུགས་རྗེའི་བའི་དོན། ）

དགོངས་ཞེས་པའི་ཞེ་ཚིག་གི་རྣམ་པ་གཅིག་ལས་དོན་མི་འདྲ་མ་མང་དུ་སྟོན་ནུས་པ་གསལ་པོར་མཐོང་ཐུབ། དཔེ་བརྗོད་འདི་དག་ནི《བོད་ཀྱི་བརྡ་རྙིང་ཡིག་ཆ་རྩ་ཆེན་བདམས་བསྒྲིགས་རྣམས་ཀྱི་ཚིག་དོན་ཀུན་ནས་ཁྲོལ་བར་བྱས་པ་རབ་གསལ་མེ་ལོང》ལས་དྲངས་པ་ཡིན།[②]

གཉིས། དོན་གཅིག་མིང་གི་རྣམ་གྲངས་ཅན་གྱི་ཞེ་ཚིག་སྐོར།

---

①ཤོག་ངོས·23.47.380.41

②གོང་དང་མཚུངས་སོ། ། ཤོག་ངོས40.390.384.375

ང་ཚོར་ཚེས་རྒྱུས་མངའ་ཆེ་བ་ཁ་ཤས་དྲངས་ན།

① ཁྲོ་མོ་ལ—ཆུང་མ། —བཙུན་མོ།

② གཤེགས་ལ—ཕེབས། — བཞུགས། —ཞབས་གཅིག་བཙུགས།

③ ཤི་སོང་བ་ལ—གྲོངས། —བགྲུམ། —གཤེགས། —དགུང་དུ་གཤེགས།

④ མནའ་བོར་ལ—དབུ་སྙུང་བ། —མནའ་བོར་བ། —བྲོ་སྐྱལ།

⑤ ཉལ་ལ—མནལ། —གཟིམས།

གོང་དུ་གསལ་བ་ལྟར། ཏུན་ཧོང་གཏེར་ཡིག་ལས་མཐོང་པའི་ཞེ་ཚིག་གི་རྣམ་པ་ཕུན་སུམ་ཚོགས་པ་འདི་དག་གིས་བོད་བཙན་པོའི་རྒྱལ་རབས་སྐབས་ཀྱི་སྤྱི་ཚོགས་གནས་བབ་གསལ་པོར་མཚོན་ཡོད། ཞེ་ཚིག་གི་རྣམ་པ་དང་ཁྱད་ཆོས་འདི་དག་ལས་སྐབས་དེའི་རིག་གནས་དང་བསམ་བློའི་ཚུ་ཚོད་ཀྱང་མངོན་འདུག

གསུམ། རིམ་ཚད་ཀྱི་ཐོག་ནས་ཁྱད་པར་ཡོད་པའི་ཞེ་ཚིག་སྐོར།

གཞམ་གྱི་རེའུ་མིག་ནང་གི་ཞེ་ཚིག་འདི་དག་གཙོ་བོ་ནུས་པ་སོགས་ཀྱི་ཐད་ནས་སྤྱིར་བཏང་གི་ཞེ་ཚིག་ལས་ནང་དོན་གཏིང་ཟབ་པོ་ཡོད་པའི་རྐྱེན་གྱིས། དེ་ལ་ཞེ་ཚིག་མཐོ་ཤོས་ཞེས་མིང་བཏགས་པ་ཡིན། དཔེར་ན། "……ང་འི་རྗ་རྗེས་ཁྲི་འི་སྤྱུ་ལ་དུག་བསྐུས་པས་ལག་པ་བྲུགསྟེ་བསད་དེ། ……བཙན་པོ་དྲི་གུམ་ཡང་དེ་ཏུ་བཀྲོངས་ནས"[1]དང་ "……དགུན་བཙན་པོ་ཆབ་སྲིད་ལ་མྱ་ལྭ་གཤེགས་པ་ལས། དགུང་དུ་གཤེགས"[2] དེ་བཞིན་དུ "……དབྱི་ཚབ་སྟུན་ན་འགྲོ་བ་འི་རྣ་བར་ལྟངས་ཤེས་སྟེ། དབྱི་ཚབ་ཀྱིས་ཚིག་དེ་ཧོག་ཅེས་བླངས་ནས། ཅིང་སྐྱུ་ཀྱོད་ཟེར་བ་ལས་བདེན་པ་མྱེད་དོ། ཁོ་བོ་ཡང་འདི་ལས་མ་རངས་པ་མྱེད་ཀྱིས། ཁྱོད་སེམས་དང་མྱི་འདྲའ་རེ་ཞེས་མནའ་བོར་རོ། ……བཙན་པོ་སྤྱུ་རྒྱལ་ལ་གློ་བ་ཉེར་བར་བྱས་ནས། མནའ་མཐོའ་ཡང་ཆེར་བཆད་དོ།"[3]དང་ "……བཙན་པོས་བཀའ་ཛ་སྐྱའད་པ་གཟུངས་སུ་མྱི་འཛིན་རེ་ཞེས་བྲོ་སྐྱའད་ཏོ" ནས "……ངའི་ཞ་སྔ་ནས་ཀྱང་དབུ་སྙུང་གནང་།། གཅེན་མུ་ཏུག་བཙན་དྲ།"[4]སོགས་བརྗོད་པ་དེ་དག་ཁྲིད་ཀྱི་ཞེ་ཚིག་རྣམས་ལོགས་སུ་བཏོན་ནས་བཀོད་བཀོད་དོ།

①གཉའ་གོང་དཀོན་མཆོག་ཚེ་བརྟན་གྱིས་བརྩམས། 《བོད་ཀྱི་བརྡ་སྙིང་ཡིག་ཆ་རྩ་ཆེན་བདམས་བསྒྲིགས་རྣམས་ཀྱི་ཚིག་དོན་ཀུན་ནས་ཁྲོལ་བར་བྱས་པ་རབ་གསལ་མེ་ལོང་》 ཀན་སུའུ་མི་རིགས་དཔེ་སྐྲུན་ཁང་། 2007ལོའི་ཟླ་4པར་པར། ཤོག་ངོས་14—16
②ཤང་ཡོན་དང་ཁྲན་ཅང་གཉིས་ཀྱིས་བསྒྱུར། 《ཏུན་ཧོང་ནས་ཐོན་པའི་བོད་ཀྱི་གནའ་ཡིག་ཞིབ་དཔྱད་ཕྱོགས་བསྒྲིགས》 ཧྲང་ཧེ་གནའ་ཡིག་དཔེ་སྐྲུན་ཁང་། 2008ལོའི་ཟླ་8པར་པར། ཤོག་ངོས་9
③གཉའ་གོང་དཀོན་མཆོག་ཚེ་བརྟན་གྱིས་བརྩམས། 《བོད་ཀྱི་བརྡ་སྙིང་ཡིག་ཆ་རྩ་ཆེན་བདམས་བསྒྲིགས་རྣམས་ཀྱི་ཚིག་དོན་ཀུན་ནས་ཁྲོལ་བར་བྱས་པ་རབ་གསལ་མེ་ལོང་》 ཀན་སུའུ་མི་རིགས་དཔེ་སྐྲུན་ཁང་། 2001ལོའི་ཟླ་4པར་པར། ཤོག་ངོས་26
④གོང་དང་མཚུངས་སོ།། ཤོག་ངོས་43.183

སྤྱིར་བཏང་གི་ཐ་སྙད།	ཞེ་ཚིག་ཐལ་པ།	ཞེ་ཚིག་མཐོ་ཤོས།
བསད	བསྒུམ / གྲོངས།	དགུང་དུ་གཤེགས།
མནའ་བཅད།	གྲོ་སྨྲལད་དོ།	དབུ་སྙུང་གནང་བ།
ཉལ།	མནལ།	གཟིམས།
ཁྲོ་མོ།	ཆུང་མ།	བཙུན་མོ།
ཤི་བ།	འདས།	དགུང་དུ་གཤེགས།
འཚོས	བཞུགས / གཤེགས།	ཞབས་ཀྱིས་བཙུགས།
འགྲོ་བ།	ཕེབས།	ཆིབས་སྒྱུར་གནང་བ།
བཟའ་ཟླ།	ལྕམ།	ལྷ་ལྕམ།
ཁ་ནས།	སྔོལད	ཞ་སྒོ།
སྐྱེས།	འཁྲུངས།	བལྟམས།

འདི་ལྟ་བུའི་ཞེ་ཚིག་དག་ཆེད་དུ་ཞིབ་ཕྲར་དཔྱར་བའི་དམིགས་ཡུལ་ནི། ཞེ་ཚིག་འདི་རིགས་ཀྱིས་མི་དང་མའི་བར་གྱི་གོ་གནས་གསལ་པོར་མཚོན་ཐུབ་པར་སྣམ། ཞེ་ཚིག་འདི་དག་གི་ཐོག་ནས་སྐབས་དེའི་བོད་བཙན་པོའི་རྒྱལ་རབས་ཀྱི་སྤྱི་ཚོགས་ནང་སྐད་བརྡའི་ཐད་ལའང་ནང་དོན་དང་ཁྱད་ཆོས་ཕུན་སུམ་ཚོགས་པོ་ཡིན་པ་མངོན།

སྒོམ་བྱང་།

ཏུན་ཧོང་གཏེར་ཡིག་གི་ཡིག་ཆ་སྣ་ཚོགས་ལས་ཞི་ཆོག་མང་དུ་མཐོང་ཐུབ་པ་མ་ཟད། ཞི་ཆོག་འདི་དག་ལ་ཁྱད་ཆོས་མི་འདྲ་བ་དང་བོད་སྤྱོད་སྐབས་མི་འདྲ་བ་ཡོད་པ་གཞིར་བཅས་གོ་དོན་ཀྱང་མི་འདྲ་བ་ཡོད། གོ་དོན་འདི་དག་བསྡོགས་པ་ལས་སྐབས་དེའི་རྒྱལ་བློན་འབངས་སོགས་བར་གྱི་འབྲེལ་བ་གང་འདྲ་ཡིན་མིན་ཀྱང་ཟུར་བསྟན་ལེབ་མཐོང་གིས་རྟོགས་ཡོང་། དེ་ཙམ་མ་ཟད། ཞི་ཆོག་འདི་དག་ལ་སྐད་བརྡ་རིག་པའི་དོན་སྙིང་དང་། རྩོམ་རིག་གི་དོན་སྙིང་ངེས་ཅན་ཡོད་པས་མཐིལ་ཕྱིན་པ་ཞིག་དཔྱོད་རྒྱུ་གལ་ཆེན་པོ་རེད་སྙམ།

(རྩོམ་པ་པོ་ངོ་སྤྲོད། དཔལ་ལྡན་རྣམ་རྒྱལ། ཕ་ཡུལ། སི་ཁྲོན་དཀར་མཛེས། ཀྲུང་དབྱང་མི་རིགས་སློབ་གྲྭ་ཆེན་མོའི་བོད་རིག་པ་ཞིབ་འཇུག་གླིང་གི2013ལོའི་ཞིས་རམས་པ།)
(མཇུབ་སྟོན་དགེ་རྒན། ཞིས་ལིས་ཧྭ།)

འཇམ་དབྱངས་མཁྱེན་བརྩེའི་དབང་པོའི་མཛད་རྣམ་མདོར་བསྡུས་སྙིང་བ།

ཚེ་རིང་བྱམས།

ནང་དོན་གནད་བསྡུས། དཔྱད་རྩོམ་འདིའི་ནང་དུ་འཇམ་མགོན་བློ་གྲོས་མཐའ་ཡས་ཀྱི་གཏེར་སྟོན་བརྒྱ་རྩའི་རྣམ་ཐར་ལས་འཇམ་དབྱངས་མཁྱེན་བརྩེའི་དབང་པོའི་རྣམ་ཐར་གཙོ་བོར་བྱས། ཁུངས་ལྡན་ཡིག་ཆ་གཞན་ནས་ཅུང་ཟད་ཁ་བསྐངས་ཏེ་འཇམ་དབྱངས་མཁྱེན་བརྩེའི་དབང་པོའི་མཛད་རྣམ་དེ་སྐུ་ཚེ་སྟོད་སྨད་གཉིས་ཀྱི་ཆ་ཊ་བགོས་ནས་བྲིས་ཡོད་དེ། སྐུ་ཚེ་སྟོད་དུ་བསླབ་པ་སློབ་གཉེར་གྱི་སྐོར་དང་། གྲུབ་མཐའ་རིས་མེད་ཀྱི་གདམས་པ་བླངས་བ་གཉིས་དང་། སྐུ་ཚེ་སྨད་དུ་གསུང་རྩོམ་མཛད་པ་དང་། བུ་སློབ་བསྐྱངས་བ། སྐུ་གསུང་ཐུགས་རྟེན་བཞེངས་བ། བཀའ་བབ་བདུན་ལྡན་གཏེར་ནས་བཏོན་པ་བཅས་གཙོ་བོར་བྱས་ནས་བྲིས་ཡོད།

བརྡ་ཆད་གཙོ་བོ། འཇམ་དབྱངས་མཁྱེན་བརྩེའི་དབང་པོ། མཛད་རྣམ།

སྙིང་སྔོང་བ།

འཇམ་དབྱངས་མཁྱེན་བརྩེའི་དབང་པོ་ནི་བོད་ཀྱི་མཁས་དབང་རིམ་བྱོན་གྱི་ཁྲོད་དུ་གྲུབ་མཐའ་རིས་མེད་ཀྱི་བསམ་བློ་འཛིན་པའི་སྐྱེས་བུ་དམ་པ་ཞིག་རེད། ཁོང་ནི་ཟབ་ཉེ་བརྒྱུད་ཀྱི་མངའ་བདག་སྟེ་གྲུབ་མཐའ་སོ་སོའི་གདམས་པ་ཡང་དག་ཐོབ་ལ། བོད་ཀྱི་སྒྲུབ་བརྒྱུད་མང་པོ་འཛོམས་པའི་སྡེ་དགེ་ས་ཆ་ནས་སློབ་གཉེར་མཛད་རྗེས་དབུས་གཙང་སོགས་ཡུལ་ཕྱོགས་མང་པོ་འགྲིམས་མཐར་གྲུབ་མཐའ་རིས་མེད་བསམ་བློའི་དགོས་པ་རྟོགས་པ་དང་བསམ་བློ་དེ་རྒྱ་ཆེར་སྤེལ་ནས། བོད་ཀྱི་གྲུབ་མཐའ་ཚང་མ་ལ་རིས་མེད་ཀྱི་བསམ་བློ་འཛིན་པའི་སློབ་བུ་མང་པོ་གསོ་སྐྱོང་བྱས་ལ། གྲུབ་མཐའི་ཆགས་སྡང་ལ་རྐྱེན་བྱས་ཏེ་འཇིགས་ལ་ཉེ་བའི་གསུང་འབུམ་རྩ་ཆེན་མང་པོ་བསྡུ་སྒྲིག་དང་འཆད་ཉན་སྤེལ་ཏེ། བོད་ཀྱི་རིག་གནས་གོང་དུ་སྤེལ་བར་བྱས་རྗེས་ཆེན་པོ་བཞག འོན་ཀྱང་དུས་ད་ལྟའི་བར་དུ་དམ་པ་ཁོང་ལ་ཞིབ་

འཇུག་དང་ཁོང་གི་རིས་མེད་ཀྱི་བསམ་བློ་སྐོར་ནས་རྣམ་ཐར་མ་གཏོགས་མེད་པས་འདི་ལ་ཞིབ་འཇུག་བྱེད་པའི་དགོས་པ་ཆེ་སྙམ། དེར་བརྟེན་དཔྱད་རྩོམ་འདིའི་ནང་དུ་ཁུངས་ལྡན་ཡིག་ཆ་དག་གཞིར་བཟུང་ནས་ཁོང་གི་རིས་མེད་བསམ་བློ་དང་འབྲེལ་བའི་མཛད་པ་རྣམས་གླེང་ཡོད་དོ།།

དང་པོ། འཇམ་དབྱངས་མཁྱེན་བརྩེའི་དབང་པོའི་སྐུ་ཚེ་སྟོད་ཀྱི་ཆ།

འཇམ་དབྱངས་མཁྱེན་བརྩེའི་དབང་པོའི་སྐུ་ཚེ་སྟོད་ཀྱི་ཆ་ནི་བོད་ཀྱི་མཁས་དབང་གཞན་དག་དང་འདྲ་བར་གཙོ་བོ་བསླབ་པ་སློབ་གཉེར་གྱི་སྐོར་རེད། འོན་ཀྱང་ཁོང་ལ་ཐུན་མིན་གྱི་ཁྱད་ཆོས་ཤིག་ཡོད་པ་ནི། གྲུབ་མཐའ་གང་ལ་ཡང་ཕྱོགས་སུ་མི་ལྷུང་བར་འཇུག་པ་དང་། ཟབ་མོ་ཉེ་བརྒྱུད་ཀྱི་མངའ་བདག་སྟེ་བོད་ཀྱི་གྲུབ་མཐའ་སོ་སོའི་གདམས་པ་ཡང་དག་ཐོབ་པ་དེ་རེད།

གཅིག བསླབ་པ་སློབ་གཉེར་གྱི་སྐོར།

འཇམ་དབྱངས་མཁྱེན་བརྩེའི་དབང་པོ་མཆོག་ནི་ཡབ་གཉོས་ཀྱི་རིགས་ལས་དཔལ་འབྲི་གུང་བྱང་ཆུབ་གླིང་པའི་དཔོན་རྒྱུད་སྡེ་དགེའི་དྲུང་ཆེན་རིན་ཆེན་རྣམ་རྒྱལ་དང་། ཡུམ་སོག་ཟ་དགེ་རབ་གཉེར་ཆེན་མགོན་ཚེའི་བུ་མོ་བསོད་ནམས་མཚོ་གཉིས་ཀྱི་སྲས་སུ་རབ་བྱུང་བཅུ་བཞི་པའི་ལྕགས་འབྲུག་ལོ་སྟེ་སྤྱི་ལོ་1820ལོའི་ཧོར་ཟླ་དྲུག་པའི་ཚེས་ལྔ་ལ་མདོ་ཁམས་སྡེ་དགེ་གཏེར་ཀླུང་དིལ་མགོའི་གྲོང་གི་དབྱར་རྟ་ཁྲུང་ཆེན་ཐག་གི་ཉེ་འདབས་སུ་སྐུ་འཁྲུངས།

འཇམ་དབྱངས་མཁྱེན་བརྩེའི་དབང་པོ་ནི་སྐུ་ན་ཆུང་ངུའི་དུས་ནས་རབ་ཏུ་བྱུང་བར་ཐུགས་ཤིན་ཏུ་འདུན། དགུང་ལོ་བཞི་ལྔ་ཙམ་ནས་ཡི་གེ་ལྷུགས་ཀློག་གསན། མཁྱེན་རབ་དང་རྣམ་དཔྱོད་འགྲན་ཟླ་བྲལ་བས་འབྲི་ཀློག་སོགས་ཆོགས་མེད་པར་མཁྱེན། དགུང་ལོ་དགུ་ནས་རྫོང་སར་དགོན་དུ་ཚོགས་སྒྲིགས་ལ་ཞུགས་ཏེ་ཡབ་མེས་ཀྱི་གྲྭ་ཤག་ཏུ་བཞུགས། དགུང་ལོ་བཅུ་གཉིས་ཐོག་ཐར་རྩེ་མཁན་ཆེན་བྱམས་པ་ཀུན་དགའ་བསྟན་འཛིན་གྱིས་ཨེ་ཝམ་ཐར་པ་རྩེའི་མཁན་ཆེན་བྱམས་པ་ནམ་མཁའ་འཆི་མེད་ཀྱི་ཡང་སྲིད་དུ་ངོས་བཟུང་། འཇམ་དབྱངས་མཁྱེན་བརྩེའི་དབང་པོ་ཀུན་དགའ་བསྟན་པའི་རྒྱལ་མཚན་བཟང་པོ་ཞེས་པའི་མཚན་གསོལ། དེ་ནས་བཟུང་ཐར་རྩེ་སྤྲུལ་སྐུའམ་ཞབས་དྲུང་ཞེས་པའི་མཚན་ཆགས། ཁོང་ཉིད་ཐུགས་རྗེ་ཡས་སྤྲུལ་དུ་ངེས་པས། རྒྱ་གར་ན་སློབ་དཔོན་འཇམ་དཔལ་བཤེས་གཉེན་དང་། པཎ་ཆེན་བི་མ་མི་ཏྲ། རྗེ་རྗེ་དྲིལ་བུ་པ། པཎྜི་ཏ་སྨྲ་མཐའ་ཡས་པའི་བློ་གྲོས། པཎ་ཆེན་ནགས་ཀྱི་རིན་ཆེན་ལ་སོགས་པ་དང་། བོད་ཡུལ་དུ་ཆོས་རྒྱལ་ཁྲི་སྲོང་ལྡེའུ་བཙན། གུ་རུ་ཆོས་དབང་། འབྲོམ་སྟོན་པ་རྒྱལ་བའི་

འབྱུང་གནས། མངའ་རིས་པཎ་ཆེན། རས་ཆུང་རྡོར་གྲགས། མཉམ་མེད་དྭགས་པོ་ལྷ་རྗེ། རྗེ་བཙུན་གྲགས་པ་རྒྱལ་མཚན། གྲུབ་ཆེན་ཐང་སྟོང་རྒྱལ་པོ། ཀུན་མཁྱེན་ཀློང་ཆེན་པ། རྒྱལ་མཆོག་ལྔ་པ་ཆེན་པོ། རིག་འཛིན་འཇིགས་མེད་གླིང་པ་སོགས་ཀྱི་སྐྱེས་རབས་མང་པོ་རྗེས་སུ་དྲན་པ་དང་། གཏེར་ལུང་ལས་རྒྱལ་སྲས་མཆོག་གྲུབ་རྒྱལ་པོ་ཉིད་གཏེར་འབྱིན་རྒྱུད་པའི་སྐྱེ་བ་བཅུ་གསུམ་དུ་འབྱོན་པའི་གསུངས་པའི་ཐོག་མ་སངས་རྒྱས་བླ་མ་ནས་བཅུ་གཉིས་པ་ཆོས་རྗེ་གླིང་པའི་བར་བྱོན་ཟིན་ནས་བཅུ་གསུམ་པ་རྗེ་འདི་ཉིད་ཡིན་པས་རྒྱལ་པོ་ལྔ་པ་མདོ་སྔགས་གླིང་པ་ནི་རྗེ་འདི་ཉིད་ཡིན་པར་གསུངས། དགུང་ལོ་བཅུ་དྲུག་པར་བྲག་སྐྱིབས་ཤིག་ཏུ་ཙུང་ཟད་མནལ་བ་ན། ཊིཀྵཱ་ཞེས་པའི་སྒྲ་ཆེན་པོ་ཞིག་གྲགས་པས་ཙུང་ཟད་བརྒྱལ་བ་ལྟ་བུར་གྱུར་ཀྱང་། དེ་ལས་སད་མ་ཐག་རྗེ་བཙུན་འཇམ་དཔལ་གཞོན་ནུ་དང་། སློབ་དཔོན་འཇམ་དཔལ་བཤེས་གཉེན་དབྱེར་མེད་དུ་དངོས་སུ་མཇལ་ཏེ་བྱིན་གྱིས་བརླབས། དེ་ནས་བཟུང་སྔ་ཕྱུག་དཔེ་གང་ཡིན་ཅུང་ཙམ་རེ་གསན་པའམ་གཟིགས་པ་ཙམ་གྱིས་ཚིག་དོན་མ་ལུས་པ་ཐུགས་སུ་ཆུད་པར་ནུས་པའི་མཁྱེན་རབ་ཀྱི་ཀློང་བརྡོལ། དགུང་ལོ་ཉི་ཤུ་བར་སྟོད་ཕྱོགས་སུ་རིམ་པར་ཕེབས་ཏེ་ངོར་ཐར་རྩེ་བླ་བྲང་དུ་ཞབས་པད་བཀོད། དགུང་ལོ་ཉེར་གཅིག་པར་ཨོ་རྒྱན་སྨིན་གྲོལ་གླིང་དུ་མཁན་ཆེན་རིག་འཛིན་བཟང་པོ་ལས་བསྙེན་པར་རྫོགས། ས་སྐྱ་པ་རྡོ་རྗེ་རིན་ཆེན་སོགས་ལས་ཤིང་རྟ་གཉིས་ཀྱི་བཀའ་སྲོལ་དང་འབྲེལ་བའི་ཐུགས་བསྐྱེད་བཞེས། ཐར་རྩེ་མཁན་རིན་པོ་ཆེ་ལས་བདེ་དགྱེས། སྨིན་གླིང་ཁྲི་ཆེན་འགྱུར་མེད་སངས་རྒྱས་ཀུན་དགའ་ལས་ཡང་དག་སོ་ལུགས། རིག་འཛིན་ཐུགས་ཐིག ཞི་ཆེན་འགྱུར་མེད་མཐུ་སྟོབས་རྣམ་རྒྱལ་ལས་སྒྱུ་འཕྲུལ་ཞི་ཁྲོའི་དབང་བསྐུར་བཅས་གསན་པས་སྔགས་ཀྱི་སྡོམ་པའི་རྩ་བ་ཚུགས། དགུང་ལོ་ཉེར་བཞི་ནས་ཐོག་མར་ངོར་ལུགས་ཀྱི་ཀྱེ་རྡོ་གཞི་བསྙེན། བྱ་རྒྱུད་རིགས་གསུམ་སྤྱི་སྤྱོད་རྣམ་སྣང་མངོན་བྱང་། རྣལ་འབྱོར་རྒྱུད་རྡོ་རྗེ་དབྱིངས་ཆ་མཐུན་རྒྱུད་ཀུན་རིགས་སོགས་ཀྱིས་མཚོན་རྒྱུད་སྡེ་ཤིན་ཏུ་མང་པོ། རྙིང་མའི་ཕྱོགས་སུ་གཏེར་ཁ་གསར་རྙིང་གི་གུ་རུའི་ཐུགས་སྒྲུབ་ཞིབ་དྲག་ཆེ་ཕྲ། ཐུགས་རྗེ་ཆེན་པོའི་རིགས། ཚོགས་ཆེན་འདུས་པ་དང་སྒྱུ་འཕྲུལ་ཞི་ཁྲོ། བཀའ་བརྒྱད་ལུགས་སྲོལ་བཅུ་དགུ་ཙམ་གྱིས་མཚོན། སྔ་ཕྱི་མི་ལོ་བཅུ་གསུམ་ཙམ་དུ་རྒྱུད་སྡེ་གསར་རྙིང་གི་ལྷག་པའི་ལྷ་དུ་མའི་བསྙེན་སྒྲུབ་བཅད་རྒྱ་ཤིན་ཏུ་དམ་པོ་དང་། གཞན་ཡང་དབུས་གཙང་ཁམས་གསུམ་གྱི་སྒྲུབ་གནས་རྣམས་སུ་བསྙེན་སྒྲུབ་ཚོགས་མཆོད་བསྐྱེད་རྫོགས་གང་མཚམས་གནང་བ་དང་། དགུང་གྲངས་བཞི་བཅུའི་སྐོར་ནས་ཕལ་ཆེར་ཐེམ་སྤངས་ཀྱིས་གདན་སར་ཞབས་པད་འཁོད་ཞོར་བསྙེན་སྒྲུབ་ཀྱི་ཉམས་བཞེས་དཔག་ཏུ་མེད་པ་མཛད། མཁའ་སྤྱོད་མའི་རྫོགས་རིམ་གྱི་དམིགས་རྐང་སོགས་ཉིན་རེ་བཞིན་མ་ཆག་པ་དང་། ལོ་གསུམ་བཅད་རྒྱའི་

ཕོངས་སུ་རྡོ་བཙུན་གྲོལ་མཆོག་གི་ཁྲིད་བརྒྱད་གཙོ་བོར་གྱུར་པའི་ཟབ་ཁྲིད་རྣམས་རེ་རེ་བཞིན་ཉམས་བཞེས་མཛད། རྙིང་མའི་ཕྱོགས་སུ་སེམས་སྡེ་ལུགས་གསུམ། ཀློང་སྡེ་རྣ་བརྒྱུད་རྫོ་རྗེ་ཟམ་པ། བི་མ་དང་མཁའ་འགྲོ་སྙིང་ཐིག གཏེར་མའི་ཕྱོགས་ནས་ཀློང་ཆེན་སྙིང་ཐིག་གཙོ་བོར་གྱུར་པའི་ཟབ་ཁྲིད་རྣམས་ཐུགས་དམ་གྱི་མཐིལ་མཛད། མདོར་ན་ཁྲིད་ཚུལ་གསན་ཚད་ཤར་སྒོམ་རེ་ཙམ་མ་མཛད་པ་གང་ཡང་མེད་པས་ཉམས་དང་རྟོགས་པའི་ཡོན་ཏན་ཉིན་རེ་བཞིན་གོང་འཕེལ་དུ་གྱུར།

འཇམ་དབྱངས་མཁྱེན་བརྩེའི་དབང་པོ་དབུས་གཙང་དུ་ཕལ་ཆེར་ཞབས་རྐང་ཁོ་ནར་ཐེངས་གཉིས་ཕེབས། འབད་པ་དང་བརྩོན་འགྲུས་ཆེན་པོས་དབུས་གཙང་ཁམས་གསུམ་གྱི་བླ་མ་རྫོ་རྗེ་འཛིན་པ། དགེ་བའི་བཤེས་གཉེན། རིག་པའི་གནས་ལྔ་ལ་མཁས་པ་སོགས་ཡོངས་འཛིན་བརྒྱ་དང་ལྔ་བཅུ་ཙམ་བསྟེན་ཏེ་བཟོ་གསོ་སྒྲ་ཚད་ཡན་ལག་རིག་པའི་གནས་བཅུར་གྲགས་པ་རྣམས་དང་། འདུལ་མཛོད་དབུ་ཕར་གྱིས་མཚོན་མཚན་ཉིད་ཕྱོགས་གཞུང་བཤད་གསན་སྦྱངས་མཐར་ཕྱིན་པར་མཛད། རྙིང་མ་བཀའ་གཏེར། བཀའ་གདམས་གསར་རྙིང་། ས་ངོར་ཚར་གསུམ། བཀའ་བརྒྱུད་གཾ་ཚང་། འབྲི་སྟག་འབྲུག་པ། ཇོ་ཞལ་བོ་དོང་སོགས་སྟོན་གྱི་ལུགས་སྲོལ་མ་ཉམས་པར་བཞུགས་པ་ཐམས་ཅད་ཀྱི་སྨིན་གྲོལ་ཡོངས་རྫོགས། སྒྱུ་འཕྲུལ་གསང་བ་སྙིང་པོ། དུས་ཀྱི་འཁོར་ལོ། བདེ་དགྱེས་གསང་གསུམ་སོགས་རྒྱུད་དང་བསྟན་བཅོས་ཀྱི་བཤད་སྲོལ་གང་ཡོད་དང་། རྒྱལ་བའི་བཀའ་འགྱུར་རིན་པོ་ཆེ། རྙིང་མ་རྒྱུད་འབུམ། བསྟན་འགྱུར་ལས་རྒྱུན་གང་བཞུགས་ཀྱི་གསོས་བོད་ཡུལ་གྲུབ་མཐའ་རིས་མེད་ཀྱི་བསྟན་བཅོས་ཡོངས་རྫོགས་བསྡོམས་པས་གླེགས་བམ་བདུན་བརྒྱ་ཙམ་གྱི་བཀླག་ལུང་གསན་པ་སོགས་མདོར་ན་མི་ལོ་བཅུ་གསུམ་ཙམ་དུ་ཐོས་པ་ཁོ་ན་བཙལ་ཞིང་། བཤད་རྒྱུན་འདེགས་པའི་བཀའ་ཆེན་བཅུར་གྲགས་པ་རྣམས་ཀྱི་རིང་ལུགས་ཕལ་མོ་གསན་ནོ། །

གོང་གསལ་ལྟར། འཇམ་དབྱངས་མཁྱེན་བརྩེའི་དབང་པོ་ནི་ཁམས་སྡེ་དགེ་ཡུལ་དུ་སྐུ་སྐྱེ་བཞེས་པ་དང་། སྐུ་ན་ཆུང་དུས་ནས་ཐར་རྩེ་མཁན་ཆེན་བྱམས་པ་ནམ་མཁའ་འཆི་མེད་ཀྱི་ཡང་སྲིད་དུ་ངོས་འཛིན་བྱས། དགུང་ལོ་ཉི་ཤུ་ཐོག་རིམ་པར་སྟོད་ཕྱོགས་སུ་ཕེབས་པ་དང་བསྙེན་རྫོགས་ཀྱི་སྡོམ་པ་བཞེས། ཞབས་རྐང་ཁོ་ནར་བརྟེན་ནས་དབུས་གཙང་དུ་ཕེབས། ཁོང་ནི་བོད་ཀྱི་མཁས་པ་ལ་ཤས་ལྟར་རང་ལུགས་མཆོག་འཛིན་མི་བྱེད་པར། བོད་ཀྱི་གྲུབ་མཐའ་སོ་སོའི་ལུགས་སྲོལ་གང་ཡོད་དང་བསྟན་བཅོས་དག་ལ་སྦྱངས་པ་མཛད་ནས་མཁས་པར་གྱུར་བའི་སྐྱེས་བུ་ཞིག་རེད།

གཉིས། གྲུབ་མཐའ་རིས་མེད་ཀྱི་གདམས་པ་བླངས་པ།

འཇམ་དབྱངས་མཁྱེན་བརྩེའི་དབང་པོ་ཁོང་ལ་བོད་ཀྱི་མཁས་པ་གཞན་དག་དང་བསྡུར་ན་ཐུན་མིན་གྱི་ཁྱད་ཆོས་ཤིག་ཡོད་པ་ནི། གཏེར་སྟོན་བརྒྱ་རྩའི་རྣམ་ཐར་དུ། "རྗེ་འདིས་ནི་གླིགས་བམ་གཟིགས་པ་ཙམ་གྱིས་དོན་མཐིལ་ཕྱིན་པ་མཁྱེན་ཅིང་ནམ་ཡང་མི་བསླེལ་བའི་གཟུངས་མངའ་ཡང་ཆོས་ལ་གལ་ཆུང་མི་མཛད་པའི་རྣམ་ཐར་སྟོན་སླད་གསན་པ་ཙམ་དུ་མ་བཞག་པར་སྦྱང་གོམས་མཐར་ཕྱིན་པས་གྲུབ་མཐའ་སོ་སོའི་ལྟ་སྤྱོད་དང་ཁས་ལེན་གྱི་གནད། སོ་སོའི་སྲོལ་དང་དེའི་རིང་ལུགས་འཆུགས་མེད་ཡིན་མིན་སོགས་ཞིབ་ལ་མ་འདྲེས་པར་མཁྱེན་པའི་ཆོས་སྤྱན་རྟུལ་མེད་པར་མངའ་བ་འདི་ཙམ་ཡང་ད་ལྟའི་གང་ཟག་མཆོག་དམན་སུས་ཀྱང་བསྙུན་དུ་མི་སྣང་ངོ། །"①ཞེས་པ་ལྟར། བོད་ཀྱི་བསྟན་འཛིན་ཕལ་མོ་ཆེ་རང་རང་གི་གྲུབ་མཐའི་ལུགས་ལ་མཁས་ཤིང་བསྟན་འགྲོ་བསྐྱངས་ནས་སྐྱེ་འགྲོ་ཀུན་གྱི་དྲང་ཅིང་གུས་པར་བྱ་བའི་ཡུལ་ཁོ་ན་ཡིན་མོད། མདོ་སྔགས་ཀྱི་བསྟན་པ་ཡོངས་ལ་ཐོས་བསམ་སྒོམ་སྒྲུབ་མཛད་ཅིང་རིས་སུ་མ་ཆད་པར་བསྟན་པ་སྤེལ་ཞིང་གདུལ་བྱ་སྐྱོང་བ་ནི་རྗེ་འདི་ཉིད་ཀྱི་ཁྱད་ཆོས་ཡིན། ཁོང་གིས་བོད་ཀྱི་གྲུབ་མཐའ་ཁག་ལ་རིས་སུ་མ་ཆད་པར་སོ་སོའི་གདམས་པ་བླངས་ཡོད་དེ། འཇམ་དབྱངས་མཁྱེན་བརྩེ་སྐུ་ཕྲེང་གོང་འོག་གི་རྣམ་ཐར་ལས་འཇམ་དབྱངས་མཁྱེན་བརྩེའི་དབང་པོའི་ཐུན་མིན་གསང་བའི་རྣམ་ཐར་ནང་། "དགུང་ལོ་བཅོ་ལྔ་པར་དག་པའི་སྣང་བར་རྒྱ་གར་རྡོ་རྗེ་གདན་གྱི་ཀེ་ཙ་ཚང་རིམ་དགུ་པའི་སྟེང་དུ་ཕེབས། རྩག་འོག་མ་ནས་རིམ་པ་སྟེང་དུ་ཕེབས་པ་ན། བརྒྱད་པའི་ནང་སློབ་དཔོན་ཆེན་པོ་འཇམ་དཔལ་བཤེས་གཉེན་པཎྜི་ཏའི་ཚུལ་ཅན་སྐུའི་གཡས་གཡོན་གླེགས་བམ་མང་པོ་བརྩིགས་པ་ཞིག་མཇལ་བ་ལས་གུས་པ་ཆེན་པོས་བཏུད་ཅིང་གསོལ་གདབ་མཛད་པས། གཡོན་ཕྱོགས་ནས་གླེགས་བམ་ཞིག་བླངས་ཏེ་བསྟན་པ་ཤེར་ཕྱིན་སྟོང་པའི་རྒྱ་དཔེར་འདུག དེ་ཉིད་དབུར་བཞག་ནས་དགོངས་པ་གཏད་དེ་མཚན་ཉིད་ཀྱི་ཆོས་ཐམས་ཅད་ཀྱི་བཀའ་ལུང་རྫོགས་པ་ཡིན་ནོ་གསུངས། གཡས་ཕྱོགས་ནས་གླེགས་བམ་ཞིག་བླངས་ནས་བསྟན་པ་རྫོགས་པ་ཆེན་པོ་རྡོར་སེམས་སྙིང་གི་མེ་ལོང་གི་རྒྱུད་ཅེས་བྱ་བར་སྣང་། དེ་ཉིད་དབུར་བཞག་ནས་དགོངས་པ་གཏད་དེ་གསང་སྔགས་རྡོ་རྗེ་ཐེག་པའི་ཚུལ་སྤྱི་དང་ཁྱད་པར་རྫོགས་པ་ཆེན་པོ་སྡེ་གསུམ་གྱི་ཚིག་དོན་བྱིན་རླབས་ཐམས་ཅད་རྫོགས་པ་ཡིན་གསུངས། ལུང་བསྟན་འགའ་ཞིག་ཀྱང་མཛད་པའི་མཐར་དགྱེས་པའི་ཚུལ་གྱིས་འོད་དུ་ཞུ་ནས་རྗེ་ཉིད་ལ་ཐིམ་པས

①ཀོང་སྤྲུལ་ཀརྨ་ངག་དབང་ཡོན་ཏན་རྒྱ་མཚོ། 《ཟབ་མོའི་གཏེར་དང་གཏེར་སྟོན་གྲུབ་ཐོབ་ཇི་ལྟར་བྱོན་པའི་ལོ་རྒྱུས་མདོར་བསྡུས་སུ་བཀོད་པ་རིན་ཆེན་བཻཌཱུརྻའི་ཕྲེང་བ་ཞེས་བྱ་བ་བཞུགས་སོ། །》བོད་ལྗོངས་མི་དམངས་དཔེ་སྐྲུན་ཁང་། 2007ལོའི་ཟླ1པར་པར། ཤོག་ངོས214

དར་ཅིག་རྣམ་པར་མི་རྟོག་པའི་ཏིང་ངེ་འཛིན་ལ་འབྱམས། དེ་ལས་སད་ནས་ཕྱིར་ཕེབས་པའི་ཚེ་སྒོ་དྲུང་དུ་མེ་ཆེན་པོ་འབར་ཞིང་འདུག་པའི་ནང་དུ་དབང་མེད་དུ་ཞུགས་པས་རགས་པའི་ལུས་ཕུང་དངོས་མེད་བསྲེགས་ནས་བི་མ་མི་ཏྲ་ཡིན་སྙམ་པའི་འོད་ཀྱི་སྐུར་ལམ་མེར་གྱུར་པ་བྱུང་ཞེས་པས་མཚོན། མཁས་གྲུབ་ཟུར་པ་ཡབ་སྲས་ལས་སྒྱུ་འཕྲུལ་གསང་བ་སྙིང་པོ་ཉེ་བརྒྱུད་དུ་གསན། སོ་ཡེ་ཤེས་དབང་ཕྱུག་ལས་འདུས་པ་མདོ་ཡི་སྨིན་གྲོལ་ཉེ་བརྒྱུད་དུ་གསན། ཨོ་རྒྱན་ཡབ་ཡུམ་དངོས་ལས་མཁའ་འགྲོ་སྙིང་ཐིག་གི་ཆོས་སྐོར་རྫོགས་པར་གསན། ཀུན་མཁྱེན་ཀློང་ཆེན་པ་ལས་མཁའ་འགྲོ་སྙིང་ཐིག་སོགས་རྫོགས་ཆེན་མན་ངག་སྡེའི་ཉེ་བརྒྱུད་གསན། འཁྲོམ་སྟོན་པ་རྒྱལ་བའི་འབྱུང་གནས་ཡབ་སྲས་ལས་རྗེ་བོ་བཀའ་གདམས་པའི་གཞུང་གདམས་ཡོངས་རྫོགས་ཀྱི་ཉེ་བརྒྱུད་གསན། བླ་ཆེན་འབྲོག་མི་དང་། བླ་མ་དམ་པ་བསོད་ནམས་རྒྱལ་མཚན། མང་ཐོས་ཀླུ་སྒྲུབ་རྒྱ་མཚོ་རྣམ་ལས་ཀྱེ་རྡོར་བརྟག་གཉིས་དང་གུར་སམ་གྱི་རྒྱུད་བཤད་ཉེ་བརྒྱུད་དུ་གསན། ས་ཆེན་ཀུན་དགའ་སྙིང་པོ་ལས་ཡང་ཕུར། ཕུར་པ་རྩ་དུམ་གྱི་ལྷགས་བཤད་བཅས་ཉེ་བརྒྱུད་དུ་གསན། ལྷོ་བྲག་མར་པ་ལོ་ཙྪ་དང་། རྔོག་ཆོས་སྐུ་རྡོ་རྗེ་ལས་ཀྱེ་རྡོར་རྩ་རྒྱུད་མར་ལུགས་ཀྱི་བཤད་སྲོལ་ཉེ་བརྒྱུད་བརྙེས། གྲུབ་ཆེན་ཐང་རྒྱལ་ལས་འོག་ཏུ་འབྱུང་བའི་གྲུབ་ཐོབ་ཐུགས་ཏིག་དང་སྒོམ་པ་ཕྱག་ཆེན་གཏུ་མ། བོག་འདོན་ནི་གུ་ཆོས་དྲུག་བཅས་ཉེ་བརྒྱུད་དུ་གསན། མཁས་གྲུབ་ཁྱུང་པོ་རྣལ་འབྱོར་ལས་ཤངས་ཆོས་སྐོར་ཉེ་བརྒྱུད་དུ་གསན། གྲུབ་ཆེན་དམ་པ་སངས་རྒྱས་ལས་ཞི་བྱེད་སྐོར་དང་སྙན་བརྒྱུད་སྐོར་དམ་པའི་བླ་སྒྲུབ་སྐོར་བཅས་ཉེ་བརྒྱུད་མནོས། མ་གཅིག་ལབ་སྒྲོན་ལས་གཅོད་ཡུལ་གྱི་བཀའ་བབས་ཉེ་བརྒྱུད་དུ་གསན། ཆོས་རྒྱལ་རིགས་ལྡན་བརྒྱད་པར་དང་བཅས་པ་ལས་དུས་འཁོར་དྲུག་གི་ཆོས་སྐོར་ཉེ་བརྒྱུད་དུ་གསན། རྗེ་རང་བྱུང་རྡོ་རྗེ་དང་གྲུབ་ཐོབ་ཨོ་རྒྱན་པ་ལས་བསྙེན་སྒྲུབ་ཀྱི་བཀའ་བབས་ཉེ་བརྒྱུད་དུ་གསན། སངས་རྒྱས་གསང་བ་ལས་སྒྱུ་འཕྲུལ་ལམ་རིམ་དང་། རིད་མདའ་བ་གཞོན་ནུ་བློ་གྲོས་ལས་དབུ་མ་བདེན་གཉིས། སློབ་དཔོན་ཀ་མ་ཤྲི་ལ་ལས་དབུ་མ་རྒྱན་རྩ་འགྲེལ། འཕགས་པ་ཐོགས་མེད་ལས་བྱམས་ཆོས་སྡེ་ལྔའི་ལྷགས་བཤད་བཅས་ཉེ་བརྒྱུད་དུ་གསན། གྲུབ་ཆེན་ལཱུ་ཧི་པ་ལས་དཔལ་འཁོར་ལོ་བདེ་མཆོག་གི་ཆོས་བཀའ་ཡོངས་རྫོགས་ཀྱི་ཉེ་བརྒྱུད་བཞེས།”①ཞེས་པ་ལྟར་རོ། །

བོད་ཀྱི་ཆོས་ལུགས་ལོ་རྒྱུས་ཐོག་ཏུ་གྲུབ་མཐའ་རིས་མེད་ཀྱི་བསམ་བློ་འཛིན་པའི་སྐྱེས་བུ་མང་པོ་ཞིག་ཡོད། མཁས་པ་ལ་ཤས་ཀྱིས་རིས་མེད་ཀྱི་ལྟ་བ་འདིའི་གཞི་རྩ་ཚུགས་ས་ནི་བོད་ཀྱི་ལོ་རྒྱུས་ཐོག་གི་གྲུབ་མཐའ་ཕན་ཚུན་བར་དུ་འགལ་བ་མང་པོ་བྱུང་བའི་ཉེས་དམིགས་ཅི་རིགས་མཐོང་བ་དང་། ཉེས་

①བློ་གྲོས་ཕུན་ཚོགས་ཀྱིས་བསྒྲིགས། 《འཇམ་དབྱངས་མཁྱེན་བརྩེ་སྐུ་ཕྲེང་གོང་འོག་གི་རྣམ་ཐར་བཞུགས》 སི་ཁྲོན་མི་རིགས་དཔེ་སྐྲུན་ཁང་། 1994ལོའི་ཟླ10པའི་པར་ཐེངས་དང་པོ། ཤོག་གྲངས་18—21

དམིགས་དེ་དག་གིས་བོད་ཀྱི་གྲུབ་མཐའ་ཁག་འཆམ་མཐུན་སྒྲོས་གནས་པ་དང་། བོད་ཀྱི་རིག་གནས་འཕེལ་རྒྱས་འགྲོ་བར་གེགས་ཆེན་པོ་ཞིག་ཏུ་གྱུར་ཡོད་པར་སེམས་པས་གྲུབ་མཐའ་ཁག་རྣམས་འཆམ་མཐུན་གནས་དགོས་པའི་རིས་མེད་ཀྱི་ལྟ་བ་བཏོན་པ་ཞིག་རེད་སྙམ་པ་དང་། འདི་ནི་སྐབས་དེའི་སྤྱི་ཚོགས་ཀྱི་གནས་བབ་ངེས་ཅན་ཞིག་གི་འོག་ནས་བྱུང་བའི་ཕྱིའི་རྣམ་པ་ཙམ་ཞིག་གི་རིས་མེད་ཀྱི་ལྟ་བ་ཙམ་ཞིག་ཡིན་པར་འདོད། འཇམ་དབྱངས་མཁྱེན་བརྩེའི་དབང་པོས་གྲུབ་མཐའ་རིས་མེད་ཀྱི་ལྟ་བ་བཏོན་པ་ནི་ཕྱིའི་རྣམ་པ་དེ་ཙམ་མ་ཡིན་ཏེ། ཁོང་གིས་བོད་ཀྱི་གྲུབ་མཐའ་ཁག་གི་གདམས་པ་བླངས་པ་མ་ཟད་བློ་དང་རིགས་པས་ཞིབ་ཏུ་འཇུག་ཅིང་། དེ་དག་ཉམས་སུ་བླངས་པ་དང་ཕན་ཚུན་གཤིབ་བསྡུར་ཟབ་མོ་བྱས་པའི་རྗེས་སུ། གྲུབ་མཐའ་ཕན་ཚུན་གྱི་ཐ་སྙད་འདོགས་སྟངས་མ་གཅིག་པ་མ་གཏོགས། ཚང་མ་སངས་རྒྱས་བསྟན་པའི་དགོངས་པ་ཡིན་པ་རྟོགས་ནས་རིས་མེད་ཀྱི་བསམ་བློ་བཏོན་པ་ཞིག་རེད། འདི་ནི་གྲུབ་མཐའ་ཁག་གི་ལྟ་བ་རྟོགས་པའི་རྗེས་སུ་བཏོན་པའི་རིས་མེད་ཀྱི་བསམ་བློ་ཡིན་པས། ཕྱིའི་རྣམ་པ་ཙམ་གྱི་གྲུབ་མཐའ་ཕན་ཚུན་ཁག་ལ་བརྩི་བཀུར་དང་འདྲ་མཉམ་ཡིན་པའི་འདོད་ཚུལ་དེ་ལས་འགོངས་ཡོད་པ་རེད།

གཉིས་པ། འཇམ་དབྱངས་མཁྱེན་བརྩེའི་དབང་པོའི་སྐུ་ཚེའི་སྐད་ཀྱི་ཆ།

འཇམ་དབྱངས་མཁྱེན་བརྩེའི་དབང་པོའི་སྐུ་ཚེ་སྐད་དུ་གཙོ་བོ་བསྟན་འགྲོ་བསྐྱངས་ཡོད་དེ། བོད་ཀྱི་སངས་རྒྱས་བསྟན་པ་རྒྱུན་འཛིན་དང་དར་སྤེལ་དང་། བོད་ཀྱི་རིག་གནས་དར་སྤེལ་གཏོང་བའི་ཆེད་དུ་དགོན་སྡེ་འཛུགས་སྐྲུན་དང་། མི་སྣ་གསོ་སྐྱོང་། ལུགས་རྩོམ་མཛད་པ། གཏེར་བཏོན་པ་བཅས་ཀྱི་ཕྱོགས་ནས་བྱས་རྗེས་ཆེན་པོ་བཞག་ཡོད།

གཅིག བུ་སློབ་མང་པོ་གསོ་སྐྱོང་བྱས་པ།

འཇམ་དབྱངས་མཁྱེན་བརྩེའི་དབང་པོས་སྐུ་ཚེ་སྐད་དུ་བུ་སློབ་མང་པོ་གསོ་སྐྱོང་བྱས་ཡོད་པ་དང་། བུ་སློབ་དེ་དག་ཀྱང་བོད་ཀྱི་གྲུབ་མཐའ་མི་འདྲ་བ་སོ་སོ་ནས་ཐོན་པ་ནི། "སློབ་མའི་ཚོགས་ཀྱང་། ཕྱིར་བྱང་ཆུབ་ཀྱི་སེམས་རིན་པོ་ཆེ་རྣམ་པ་གཉིས་ལ་བརྟན་པ་ཐོབ་པ་དང་། སྔོས་གྲུབ་མཐའ་གང་ལའང་དག་སྣང་དང་མོས་གུས་ཀྱི་རྩལ་རྒྱས་པ་མ་གཏོགས་ཕྱོགས་རིས་དང་ལོག་རྟོག་གཏན་ནས་མི་མངའ་བའི་དོན་གྱིས་ཞལ་སློབ་གཙོ་གྲས་དཔལ་ས་སྐྱ་བའི་ཁྲི་ཆེན་བཀྲ་ཤིས་རིན་ཆེན་སོགས་དེ་སྐབས་ཀྱི་ཞལ་ངོ་ཐམས་ཅད། ངོར་ཨེ་ཝཾ་པའི་མཁན་ཞབས་ཕལ་ཆེར། ཞྭ་ལུ་མཆོག་སྤྲུལ། ནྭ་ལེནྡྲ་གཟིམ་འོག ཡར་ཀླུང་དཔོན་

རིན་པོ་ཆེ། ས་སྐྱ་དགའ་ལྡན་སློབ་དཔོན། དཔོན་སློབ་ངག་དབང་ལེགས་གྲུབ། ལྷུན་གྲུབ་སྙིང་ཤར་ནུབ་བླ་མ་སོགས་ས་ངོར་ཚར་གསུམ་གྱི་ཕྱོགས་དང་། དཔལ་ཀརྨ་པ་ཆེན་པོ་སྐུ་ཕྲེང་བཅུ་བཞི་པ་དང་བཅོ་ལྔ་པ། སི་ཏུ་སྐུ་ཕྲེང་བཅུ་པ་དང་བཅུ་གཅིག་པ། འཇམ་མགོན་བློ་གྲོས་མཐའ་ཡས། སྟག་ལུང་མ་རིན་པོ་ཆེ། རི་བོ་ཆེའི་རྗེ་ཕག་དྲུང་གསུམ་སོགས་བཀའ་བརྒྱུད་ཕྱོགས། སྨྱོར་ར་ཐམས་ཅད་མཁྱེན་པ། བསམ་སྡིངས་རྡོ་རྗེ་ཕག་མོ་སོགས་བོ་དོང་། ལྕགས་ཟམ་ཉི་མ་ཆོས་འཕེལ་སོགས་ཇོ་ནང་བ། དགོན་མཆོག་བསྟན་པ་རབ་རྒྱས། ལྷ་བཙུན་དོན་གྲུབ་རྒྱལ་མཚན། བྲག་ཡབ་ནོ་མི་ཧན་ཆེན་པོ། ལི་ཐང་མཁན་ཆེན་བྱམས་པ་ཕུན་ཚོགས། ཧོར་ཁང་སར་རྒྱལ་བ་སོགས་དགེ་ལུགས་ཕྱོགས། རྫོང་སྨིན་དཔལ་རི་ལྕགས་ཐམ་ཀཿ དཔལ་ཞི་རྫོགས་སོགས་དེ་སྐབས་བཞུགས་པ་ཕལ་མོ་ཆེ། གཏེར་ཆེན་མཆོག་གླིང་། འཇུ་མི་ཕམ། རྡོ་གྲུབ་བསྟན་པའི་ཉི་མ་སོགས་སྔ་འགྱུར་རྙིང་མའི་ཕྱོགས་ཀྱིས་མཚོན་བསྟན་འཛིན་སྐྱེས་མཆོག་ཡོངས་སུ་གྲགས་པ་རྣམས་དང་། དགེ་བའི་བཤེས་གཉེན། རི་ཁྲོད་སྒྲུབ་པ་པོ། ཆོས་པ་ཉམས་ཆུང་། གཡུང་དྲུང་བོན་ལུགས་འཛིན་པ་ཚུན་གྱི་རིས་སུ་མ་ཆད་པའི་སློབ་མ་མང་པོ་ཡོད།”[①]ཞེས་པ་ལྟར་གཡུང་དྲུང་བོན་ལུགས་ཚུན་གྱི་གྲུབ་མཐའ་མི་འདྲ་བའི་བུ་སློབ་མང་པོ་བསྐྱངས་ཡོད། བུ་སློབ་འདི་དག་ནི་དུས་རབས་བཅུ་དགུ་བའི་བོད་གངས་ཅན་གྱི་མཁས་དབང་སྐོར་ཅིག་ཡིན་ལ། དཔོན་སློབ་ཀུན་གྱིས་གྲུབ་མཐའ་རིས་མེད་ཀྱི་བསམ་བློ་རྒྱུན་འཛིན་དང་ཁྱབ་སྤེལ་བྱས་ཡོད། དེ་ལས་འཇམ་མགོན་ཀོང་སྤྲུལ་ཡོན་ཏན་རྒྱ་མཚོ་ལྟ་བུར་མཚོན་ན། དུས་ཕྱིས་ཀྱི་གྲུབ་མཐའ་རིས་མེད་ཀྱི་བསམ་བློ་འཛིན་པའི་ཚབ་མཚོན་ཞིག་ཏུ་གྱུར་ཡོད་པ་དང་། འཇམ་དབྱངས་མཁྱེན་བརྩེའི་དབང་པོས་གསུང་བསྐུལ་ལྟར་མཛད་ཆེན་ལྔ་ཡི་བསྡུ་བ་མཛད་པ་དང་། ཀོང་སྤྲུལ་རིས་མེད་ཆོས་འབྱུང་སོགས་མང་པོ་མཛད་ནས་བོད་ཀྱི་རིག་གནས་ཀྱི་ཕྱོགས་ངེས་ཅན་ཞིག་ནས་འཕེལ་ཕྱོགས་གསར་བ་ཞིག་ཏུ་བསྒྱུར་ཡོད།

གཉིས། སྐུ་གསུང་ཐུགས་རྟེན་མང་པོ་བཞེངས་པ།

འཇམ་དབྱངས་མཁྱེན་བརྩེའི་དབང་པོས་བོད་ཀྱི་བསྟན་པ་འདི་ཡུན་དུ་གནས་པ་དང་མི་ཉམས་གོང་འཕེལ་འགྲོ་བའི་ཆེད་དུ། སྐུ་གསུང་ཐུགས་རྟེན་མང་པོ་བཞེངས་ཡོད་དེ། “སྐུ་ཆུང་ངུའི་དུས་ནས་གདུལ་བྱ་འགྲོ་དོན་དུ་མིང་བཏགས་པའི་གྲོང་ཆག་ལྡོམ་བུ་སོགས་ལོག་འཚོའི་དཀོར་སྣུད་གཏན་ནས་མ་མཛད་ཀྱང་འབར་བ་གསུམ་དང་འདུ་བ་གསུམ་གྱི་ཡོན་ཏན་ཕྱིར་ཤར་བས་ཟང་ཟིང་གི་དངོས་པོ་འབབ་

①བློ་གྲོས་ཕུན་ཚོགས་ཀྱིས་བསྒྲིགས། 《འཇམ་དབྱངས་མཁྱེན་བརྩེ་སྐུ་ཕྲེང་གོང་འོག་གི་རྣམ་ཐར་བཞུགས》 སི་ཁྲོན་མི་རིགས་དཔེ་སྐྲུན་ཁང་། 1994ལོའི་ཟླ10པའི་པར་ཐེངས་དང་པོ། ཤོག་ངོས་10—11

མེད་བྱུང་བ་ཐམས་ཅད་གནས་མིན་དུ་ཆུད་ཐོས་ཕྲ་མོ་ཙམ་ཡང་མི་བཏང་བར། སྐུ་རྟེན་གསེར་ཟངས་ཁོ་ན་ལས་གྲུབ་པ་སྟོང་ཕྲག་གཉིས་ཙམ་དང་། གསུང་རྟེན་གླེགས་བམ་པསྟི་བཞི་བཅུ་ལྷ་ཉེ་བའི་སྤར། བྲིས་མ་དང་སྤར་མ་བསྒོམས་པའི་པསྟི་ཀ་སྟོང་ཕྲག་གཉིས་ཙམ། ཐུགས་རྟེན་ལྷུན་གྲུབ་སྙིང་གི་མཆོད་སྡོང་ཆེན་མོའི་གཙོས་བརྒྱ་ཕྲག་ལྷག་ཙམ་གསེར་ཟངས་ལས་གྲུབ་པ། དེ་དག་བཞུགས་གནས་ལྷ་ཁང་ཆེ་ཆུང་བཅུ་གསུམ་ཙམ་བཀོད་ལེགས་པར་བཞེངས་ཤིང་དུས་དང་རྒྱུན་གྱི་མཆོད་པ་བཙུགས། གནས་གཞི་གསར་བཞེངས་རིགས་དུས་དབང་གིས་ཚུལ་ལྡན་འབྱུང་དཀའ་བས་སྦྱོས་པ་མ་མཛད་ཀྱང་ཕྱིས་ཚོད་དུས་ཟིང་དབང་གིས་སྟོད་སྨད་འབྲུགས་ཡོང་སྐབས་དགོན་གནས་ཉམས་གུད་ཆེར་ཕྱུར་པ་རྣམས་ལ་རྗེ་ཉིད་ནས་ཀྱང་དགོན་པ་ཆེ་ཆུང་དང་བསྟུན་པའི་གནང་སྦྱིན་དངོས་ཇ་སྟོང་ཕྲག་གསུམ་ལྷག་པ་དང་། རྒྱ་བོད་ཀྱི་མི་དཔོན། ཆོས་རྒྱལ་སྡེ་དགེ་རྒྱལ་བློན་རྣམས་ལ་མཐུན་སྦྱོར་མཛད་ཀལ་གནད་བཀྲོལ་གནང་བའི་སྒོ་ནས་སྔར་གནས་སོར་ཆུད་ཀྱི་ཉམས་གསོས་གསར་བཞེངས་དང་། མཆོད་ཐེབས་ཀྱི་ཞབས་འདེབས། ལུགས་གནས་ཚུལ་མཐུན་གྱི་ཞལ་བསྒྲོས་རྣམས་ཀྱི་སྒོ་ནས་དར་རྒྱས་འཕེལ་བའི་བཀའ་དྲིན་ཆེས་པོ་ཆེ་སྙལ། ཕན་ཚུན་གྱི་ཆོས་སྡེ་ཆེ་ཆུང་རྣམས་ལ་ལོ་རེ་བཞིན་དུ་གཟུང་སྟགས་བསྐོ་བའི་རྟེན་ཡོན་སྦྱོར་གནང་བ་སྤུ་རྗེས་དངོས་བཞི་སྟོང་གི་རྩ་བ་ཕུལ།”[①]ཞེས་པ་ལྟར། རང་ནུས་ཅི་ལྕོགས་ཀྱིས་སྐུ་གསུང་ཐུགས་རྟེན་མང་པོ་གསར་བཞེངས་དང་ཞིག་གསོ་མཛད་ནས་ནང་བ་སངས་རྒྱས་ཆོས་ལུགས་དང་བོད་ཀྱི་རིག་གནས་ཡུན་ནས་ཡུན་དུ་འཕེལ་བར་བྱས་རྗེས་ཆེན་པོ་བཞག།

གསུམ་པ། གསུང་རྩོམ་མང་པོ་མཛད་པ།

འཇམ་དབྱངས་མཁྱེན་བརྩེའི་དབང་པོ་སྐུ་ན་ཆུང་ངུའི་དུས་ནས་བཟུང་དགུང་གྲངས་དོན་གསུམ་བཞེས་པའི་བར་དུ་ལྷགས་རྩོམ་གནང་ནས་པར་འགོད་པ་གླེགས་བམ་བཅུ་གསུམ་ཙམ་ཡོད་ཀྱང་། པར་ཤིང་བརྣག་པར་བརྟེན་ཟེ་ཁྲིན་མི་རིགས་ཞིབ་འཇུག་ཁང་གིས་འཕྲུལ་པར་བརྒྱབ་པའི་གསུང་འབུམ་པོད་ཀ་ནས་ཡའི་བར་ཉེ་ཤུ་རྩ་བཞི་བཞུགས་པ་ནི《བོད་གངས་ཅན་གྱི་གྲུབ་མཐའ་རིས་མེད་ཀྱི་མཁས་དབང་བརྒྱ་དང་བརྒྱད་བཅུ་ལྷག་གི་གསུང་འབུམ་སོ་སོའི་དཀར་ཆག་ཕྱོགས་གཅིག་ཏུ་བསྒྲིགས་པ་ཤེས་བྱའི་གཏེར་མཛོད།》ནང་གསལ། དེ་དག་གི་ཁྲོད་དུ《བསྟོད་ཚོགས་གསོལ་འདེབས་སྨྲས་བཅས་རྒྱལ་བ་

①ཀོང་སྤྲུལ་ཀརྨ་ངག་དབང་ཡོན་ཏན་རྒྱ་མཚོ།《ཟབ་མོའི་གཏེར་དང་གཏེར་སྟོན་གྲུབ་ཐོབ་ཇི་ལྟར་བྱོན་པའི་ལོ་རྒྱུས་མདོར་བསྡུས་སུ་བཀོད་པ་རིན་ཆེན་བཻཌཱུརྻའི་ཕྲེང་བ་ཞེས་བྱ་བ་བཞུགས་སོ།།》བོད་ལྗོངས་མི་དམངས་དཔེ་སྐྲུན་ཁང་། 2007ལོའི་ཟླ12པའི་པར་ཐེངས་དང་པོ། ཤོག་ངོས་214—215

དགྱེས་པའི་རོལ་མོ》དང་། 《གཏམ་ཚོགས་རིག་གཞུང་རྒྱ་མཚོར་འཇུག་པའི་གྲུ་ཛིང་།》 ནང་དོན་རིག་པ《ཟབ་དོན་རྒྱ་མཚོའི་སྤྲིན་ཕུང་།》《མདོ་སྔགས་ཀྱི་དོན་གསལ་བར་སྟོན་པ་ལེགས་བཤད་ཉི་ཟླའི་དཀྱིལ་འཁོར།》《ལྷག་པའི་ལྷ་རབ་འབྱམས་ཀྱི་སྒྲུབ་ཐབས་ཚིག་ཁྲིགས་རྡོ་རྗེ་སེམས་དཔའི་དཔལ་འཛིན།》 རིག་གནས་ཆེ་ཆུང་གི་གསལ་བྱེད《དབྱངས་ཅན་དགྱེས་པའི་རོལ་མཚོ།》ལོ་རྒྱུས་རྣམ་ཐར《གདན་རབས་ངོ་མཚར་ཀུན་དགའི་སྐྱེད་ཚལ།》《ཉེར་མཁོ་སྣ་ཚོགས་འདོད་འབྱུང་བསམ་འཕེལ་དབང་རྒྱལ།》 ཟབ་དོན་རྡོ་རྗེའི་གླུའི་སྐོར《རབ་བྱུང་འོད་གསལ་རྡོ་རྗེའི་གསང་མཛོད་》བཅས་སྡེ་ཚན་དགུར་དྲིལ་ཏེ་བསྒྲིགས་པ་གསུང་རབ་རིན་པོ་ཆེའི་དཀར་ཆག་ལེགས་བཤད་མཛོད་ཀྱི་ལྡེ་མིག་ཏུ་གསལ། དེར་མ་ཟད་རྗེ་རང་ཉིད་ཀྱི་སྒྲུབ་ཐབས་ཀུན་བཏུས་སོགས་བཀའ་བསྡུ་མཛད་པ་དང་། ཁོང་གི་གསུང་བསྐུལ་ལ་བརྟེན་ནས་འཇམ་མགོན་ཀོང་སྤྲུལ་རིན་པོ་ཆེའི《མཛོད་ཆེན་རྣམ་ལྔ》དང་། དཔོན་སློབ་བློ་གཏེར་དབང་པོའི《རྒྱུད་སྡེ་ཀུན་བཏུས》། དཔལ་ཡུལ་རྒྱ་སྤྲུལ་མདོ་སྔགས་བསྟན་འཛིན་གྱིས《སྔ་འགྱུར་བཀའ་མའི་དཀྱིལ་འཁོར་ཉེར་བདུན་གྱི་ཆོས་བཀའ་》རྣམས་ལེགས་པར་བསྡུས་ཤིང་བསྒྲིགས་ཏེ་རྗེས་འཇུག་སྐལ་ལྡན་རྣམས་ལ་ཡོངས་རྫོགས་བསྟན་པ་སྤེལ་བའི་ཕྲིན་ལས་ཀྱི་རྒྱུན་བཞག་ཡོད་དོ། །

བཞི་བ། བཀའ་བབས་བདུན་ལྡན་གྱི་གཏེར་བཏོན་པ།

འཇམ་དབྱངས་མཁྱེན་བརྩེའི་དབང་པོའི་མཚན་གཞན་ལ་བཀའ་བབ་བདུན་ལྡན་པདྨ་འོད་གསལ་མདོ་སྔགས་གླིང་བ་ཞེས་པ་ལྟར། ཁོ་རང་གཏེར་སྟོན་པ་ཞིག་ཡིན་པའི་ཆ་ནས་བཀའ་བབ་བདུན་ལྡན་གྱི་གཏེར་བཏོན་ཡོད་དེ། “དབུས་གཙང་དུ་འབད་པ་ལྷུར་ལེན་བྱས་ནས་ཐོས་པ་རྒྱ་མཚོའི་ཕ་རོལ་དུ་ཕྱིན་པ་མ་ཟད། སྒོམ་སྒྲུབ་ཚད་དུ་འཁྱོལ་བས་ཉམས་རྟོགས་ཀྱི་ཡོན་ཏན་བླ་མ་མེད་པ་འཕེལ་ཏེ། གུ་རུ་མཚོ་སྐྱེས་རྡོ་རྗེའི་དགོངས་པས་བྱིན་གྱིས་བརླབས་ཤིང་བཛྲའི་དབང་བསྐུར་དབུགས་དབྱུང་གིས་མདོ་རྒྱུད་གསར་རྙིང་བཀའ་གཏེར་སྨིན་གྲོལ་རྒྱབ་རྟེན་དང་བཅས་པ་འཆད་སྤེལ་གྱི་བཀའ་བབ་དང་། གནས་བྲག་དམར་མགྲིན་བཟང་དང་། འདམ་ཤོད་སྙིང་དྲུང་། གཏེར་གླུང་པད་མ་ཤེལ་རི་སོགས་ནས་གཏེར་སྒྲོམ་སྤྱན་དྲངས་པ་བཅས་གཏེར་གྱི་བཀའ་བབ་དང་། བཛ་ཡིག་སྤྱན་ལམ་དུ་ཤར་བ་དང་དགོངས་གློང་དུ་གསལ་བ་གཏན་ལ་ཕབ་ཅིང་། གུ་རུ་རིན་པོ་ཆེའི་གཏེར་སྟོན་སོ་སོའི་སྐུའི་རྣམ་པས་དབང་ཁྲིད་ཚིག་རྫོགས་སུ་བསྩལ་བས་ཡང་གཏེར་ཉེ་བརྒྱུད་ཀྱི་བཀའ་བབ་དང་། རིགས་བདག་ཡི་དམ་སོ་སོའི་ཞལ་གཟིགས་ཤིང་བྱིན་གྱིས་བརླབས་པའི་མཐུ་ལས་རྒྱུད་དང་དབྱེར་མེད་པའི་རྡོ་རྗེའི་ཚིག་ཐོས་བྱུང་དུ་བབ་པ་ཟབ་མོ་དགོངས་པའི་གཏེར་གྱི་བཀའ་བབ་དང་། སྔོན་གྱི་གནས་དུས་རྗེས་སུ་དྲན་པ་ལ་བརྟེན་ནས

ཆོས་སྐོར་གཏན་ལ་ཕབ་པ་རྗེས་དྲན་ཆོས་བཀའི་བཀའ་བབ་དང་། གཞན་ཡང་དག་སྣང་གི་བཀའ་བབ་དང་། སྙན་བརྒྱུད་ཀྱི་བཀའ་བབ་བཅས་ཁྱད་པར་གྱི་བཀའ་བབ་ཆེན་པོ་དེ་དག་དང་ལྡན” ཞེས་པ་ལྟར་བཀའ་བབས་བདུན་ལྡན་གཏེར་ནས་བཏོན་ཏེ་རྙིང་མའི་གྲུབ་མཐའ་ལ་མཛད་རྗེས་ཆེན་པོ་བཞག་པ་དང་། རྙིང་མའི་གྲུབ་མཐའི་ཕྱོགས་ནས་ཀུང་ཇེ་ཁོང་ཉིད་བླ་མར་ངོས་འཛིན་བྱེད་པ་རེད།

སྡོམ་བྱང་།

འཇམ་དབྱངས་མཁྱེན་བརྩེའི་དབང་པོ་ཡང་བོད་ཀྱི་མཁས་པ་གཞན་དང་འདྲ་བར་མི་ཚེའི་སློབ་གཉེར་གྱི་གོ་རིམ་ཁྲིད་དུ། ཐོག་མར་ཐོས་པས་རྒྱ་བཅད། བར་དུ་བསམ་པས་གཏན་ལ་ཕབ། ཐ་མར་སྒོམ་པས་ཉམས་སུ་བླངས་ཏེ་ཤེས་བྱའི་རྒྱ་མཚོའི་ཕ་མཐར་བགྲོད་པའི་མཁས་པའི་དབང་པོ་ཞིག་རེད་མོད། གཞན་ལས་ཁྱད་དུ་འཕགས་པ་ཞིག་ནི་སྐུ་ཚེ་སྟོད་དུ་དག་པའི་སྣང་བར་ཞུགས་ནས་ཟབ་མོ་ཉེ་བརྒྱུད་ཀྱི་གདམས་པ་ཐོབ་ནས་གྲུབ་མཐའ་སོ་སོའི་གདམས་པ་ཡང་དག་བླངས་བ་དང་། བར་དུ་རང་གི་བསམ་བློའི་རྒྱུན་སྐྱོང་མཁན་ལ་སྒྲུབ་བརྒྱུད་བརྒྱད་ཀྱི་འཆིང་རྒྱ་ལས་གྲོལ་ཏེ་གྲུབ་མཐའ་སོ་སོ་ནས་ཐོན་པའི་བུ་སློབ་མང་པོ་གསོ་བསྐྱངས་བྱས། ཐ་མར་བཀའ་བབ་བདུན་ལྡན་གྱི་མངའ་བདག་ཁོང་གིས་གྲུབ་མཐའ་སོ་སོའི་བཀའ་བསྟུ་མང་པོ་མཛད་པ་དང་བུ་སློབ་ཁག་ཅིག་ལ་གསུང་བསྒྲལ་ནན་མོ་གནང་ནས་བཀའ་བསྟུ་མཛད་དུ་བཅུག་ཁར། ཁོང་གིས་ཀུང་ལྷུགས་རྩོམ་མང་པོ་གནང་ནས་རིས་མེད་ཀྱི་བསམ་བློའི་རྒྱུན་བཟུང་བ་དང་ཁྱབ་སྤེལ་བཏང་ནས་བོད་ཀྱི་རིག་གནས་ཀྱི་འཕེལ་ཕྱོགས་གསར་བ་ཞིག་དང་། བོད་ཀྱི་སྤྱི་ཚོགས་འཆམ་མཐུན་ཡོང་བར་རྨང་ལེགས་པོ་བཏིང་བ་རེད། ཁོང་གི་བསམ་བློ་རིན་ཐང་ཅན་འདི་འདྲ་ཞིག་གི་ཤུགས་རྐྱེན་འོག་ཏུ། ད་ལྟའང་བོད་ཀྱི་དགོན་པ་ལ་ལས་སྒྲུབ་བརྒྱུད་གཞན་ལ་དམའ་འབེབས་སོགས་སྤྱོད་ངན་ལྷ་ཞོག སྒྲུབ་བརྒྱུད་གཞན་པའི་གདམས་པའི་སྙིང་པོའམ་གསུང་རྩ་ཆེན་ལ་སློབ་གཉེར་བྱེད་པ་དང་། མང་ཚོགས་ཀྱི་ཁྲོད་དུ་ཡང་གྲུབ་མཐའ་མི་འདྲ་བ་ཕན་ཚུན་བར་དུ་འགལ་མེད་ཞི་མཐུན་ངང་གནས་ཡོད་པ་འདི་ནི་དམ་པ་ཁོང་གི་མཛད་པའི་གྲུབ་འབྲས་ཡིན་པར་འདོད་དོ། །

（རྩོམ་པ་པ་ངོ་སྤྲོད། ཚེ་རིང་བྱམས། ཕ་ཡུལ། རེབ་གོང་། ཀྲུང་དབྱངས་མི་རིགས་སློབ་གྲྭ་ཆེན་མོའི་བོད་རིག་པ་ཞིབ་འཇུག་གླིང་གི་༢༠༡༣ལོའི་ཤེས་རམས་པ།）
（མཇུག་སྒྲོན་དགེ་རྒན། འབྲུག་ལྷ།）

མདོ་ཁམས་མི་ཉག་ཡུལ་སྐད་ཀྱི་ད་ལྟའི་གནས་བབ་དང་འཕེལ་རྒྱས་ཀྱི་ཁ་ཕྱོགས།

ཀླུ་བ་སྒྲོལ་མ།

ནང་དོན་གནད་བསྡུས། མི་ཉག་ནི་བོད་ཀྱི་རིག་གནས་ལོ་རྒྱུས་སྟེང་དུ་གོ་གནས་གལ་ཆེན་བཟུང་ཡོད་མོད། འོན་ཀྱང་དུས་རབས་ཀྱི་འགྱུར་ལྡོག་དང་བསྟུན་ནས་དེང་སྐབས་མི་ཉག་རིག་གནས་ནི་རིག་གནས་གཞན་གྱི་ཤན་ཤུགས་ཐེབས་པས་ཉམས་པའི་གནས་ཚུལ་མངོན། དེར་མི་ཉག་སྐད་མ་གཏོགས་མངོན་གསལ་གྱི་ཁྱད་ཆོས་མེད་པའི་གནས་སུ་འཕེལ། སྐད་རིགས་འདི་ནི་གཙོ་བོ་བོད་འབར་སྐད་ཚན་ལས་ཆང་སྐད་ཀྱི་ཡན་ལག་ཁོངས་སུ་གཏོགས། རྩོམ་འདི་གཙོ་བོ་དེང་རབས་སྐད་བརྡ་རིག་པའི་ཞིབ་འཇུག་བྱ་ཐབས་སྤྱད་ནས་མི་ཉག་གི་རུས་ཁུངས་མཆེད་ཚུལ་དང་མི་ཉག་ཡུལ་མིང་ཐོགས་ཚུལ། ལོ་རྒྱུས་སྟེང་མི་ཉག་ཡུལ་ཁམས་ཁྱབ་ཚུལ་དང་ད་ལྟའི་མི་ཉག་སྐད་བེད་སྤྱོད་ཀྱི་གནས་ཚུལ་དང་སྐད་འདིའི་འཕེལ་ཕྱོགས་སོགས་རགས་ཙམ་དཔྱད་བརྗོད་བྱས་པའོ།

བརྡ་ཆད་གཙོ་བོ། མི་ཉག་སྐད། གནས་བབ། ཁ་ཕྱོགས།

སྤྱིར་ཡུལ་སྐད་ཀྱི་རྣམ་གཞག་སྐོར་དེང་སྐབས་མཁས་པ་སོ་སོའི་བཞེད་ཚུལ་མི་མཐུན་པ་མང་པོ་ཡོད། འདིར་ཚང་མས་འདོད་མོས་སུ་བླངས་པ་ནི་རྣན་ལྷུགས་ཐར་རྒྱལ་གྱིས་གསུངས་པ་ལྟར"ཡུལ་སྐད་ཅེས་པ་ནི་སྐད་ཆ་ཞིག་ལ་ས་གནས་དང་། དུས་སྐབས། སྤྱི་ཚོགས་ཀྱི་འགྱུར་བ་བྱུང་སྟེ། ཡི་གེའི་བཀླག་གདངས། ཐ་སྙད། སྒྲའི་སྦྱོར་ཚུལ་ཅི་རིགས་ཀྱི་ཆ་ནས་ཐུན་མོང་གི་སྐད་ཆ་དང་མི་མཐུན་པའི་ཆ་དེ་ལ་ཟེར།"[①] སྤྱིར་སྤྱོད་ཀྱི་སྐད་རིགས་དང་བསྡུར་ན། ཡུལ་སྐད་དམ་ལུང་སྐད་དེ་དག་གིས་ཀྱང་ས་གནས་ངེས་ཅན་ཞིག་གི་མི་དམངས་ལ་ཞབས་འདེགས་དང་མི་རིགས་སྤྱིའི་སྤྱི་སྐད་ཀྱི་སྲོག་གཞི་སོགས་ལ་བཅེ་སྐྱོང་

①རྣམ་ལྷུགས་ཐར་རྒྱལ། བོད་སྐད་ཀྱི་བརྡ་སྤྲོད་གནད་དོན་ཁ་ཤས་ལ་དཔྱད་པ། ཟི་ལིང་། མཚོ་སྔོན་མི་རིགས་དཔེ་བསྐྲུན་ཁང་། 2003ལོར་པར། ཤོག་ངོས་16

བྱེད་བཞིན་ཡོད་པས་དེ་བས་ང་ཚོས་སྤྱི་སྐད་ལ་ཞིབ་འཇུག་བྱེད་ཙོར་དུ་ཡུལ་ལུང་སོ་སོའི་སྐད་རིགས་ལ་མཐོང་ཆེན་བྱེད་དགོས་པ་ནི་ཁ་ཚ་དགོས་གཏུགས་ཀྱི་དོན་ཆེན་ཞིག་རེད་འདུག འདིར་བརྗོད་པར་བྱ་བ་ནི་གཙོ་བོ་ཁམས་སྐད་ཀྱི་ནང་གསེས་མི་ཉག་ཡུལ་སྐད་དེ་ཡིན། ཡུལ་སྐད་འདི་ནི་གཙོ་བོ་བོད་འབར་སྐད་ཚན་ཆང་སྐད་ཀྱི་ཡན་ལག་ཁོངས་སུ་གཏོགས་པ་བཤད།[1] འོན་ཀྱང་དེ་ནི་ཁ་ཚོན་གཅོད་དཀའ་བའི་གནད་དོན་ཞིག་རེད།

བོད་ཀྱི་ལོ་རྒྱུས་ཡིག་ཆ་རུ་བཀོད་པ་ལྟར་ན་བོད་འདིར་གནའ་སྔ་མོར་བོད་མིའུ་རིགས་དྲུག་ནང་ལྡོང་གི་རིགས་བརྒྱུད་ལས་མཆེད་པའི་ཚོལ་ཁ་གསུམ་ལ་ཀུན་དུ་གྲགས་པའི་མི་ཉག་ནི་བོད་ཀྱི་རིག་གནས་ལོ་རྒྱུས་སྟེང་དུ་གོ་གནས་གལ་ཆེན་ཞིག་བཟུང་ཡོད། བོད་ཀྱི་ལོ་རྒྱུས་རིག་པའི་དཔེ་ཆ་དང་རྒྱལ་རབས། དེབ་ཐེར། ཆོས་འབྱུང་དང་ཡིག་ཚང་རུས་མཛོད་དང་དགོན་ཁག་གི་གདན་རབས་སོགས་དཔྱད་གཞི་མང་ཆེ་བའི་ནང་མི་ཉག་སྐོར་ཀྱི་ལོ་རྒྱུས་དང་རིག་གནས་འབོར་ཆེན་ཞིག་དྲངས་ཡོད། དེས་བོད་མི་རིགས་ཀྱི་ལོ་རྒྱུས་ཞིབ་འཇུག་བྱེད་པར་དཔྱད་གཞི་ཡིག་ཆ་འབོར་ཆེན་ཞིག་མཁོ་འདོན་བྱས་པས་མི་ཉག་སྐོར་གྱི་འབྲེལ་ཡོད་ཀྱི་རིག་གནས་སོགས་ལ་ཞིབ་འཇུག་བྱ་དགོས་པ་ནི་ཁ་ཚ་དགོས་གཏུགས་ཀྱི་གནས་ལ་ཐུག་ཡོད་སྙམ། དེ་ལ་དང་ཐོག་མི་ཉག་གི་སྐད་ལ་ཞིབ་འཇུག་བྱ་དགོས་པ་ནི་མི་ཉག་རིག་གནས་སྟོག་འདོན་ཐུབ་པའི་སྟོན་འགྲོའི་ཆ་རྐྱེན་ཞིག་ཏུ་གྱུར་ཡོད། མི་ཉག་ཡུལ་སྐད་དང་ཡུལ་སྲོལ་གོམས་གཤིས་སོགས་ལ་ཞིབ་འཇུག་བྱེད་སྐབས་ནི་དུས་རབས་བཅུ་དགུ་པ་ནས་འགོ་བཙུགས་མོད། འོན་ཀྱང་ཞིབ་འཇུག་གི་ཁ་ཕྱོགས་ནི་གཙོ་བོ་མི་ཉག་དང་ཤིས་ཤའི་རུས་རྒྱུད་དང་འབྱུང་ཁུངས་ཀྱི་འབྲེལ་བའི་གནད་དོན་དག་ལས་མི་ཉག་རང་སྐད་སྟེང་ནས་ཞིབ་འཇུག་བྱེད་མཁན་ནི་ཉིན་མོའི་སྐར་མ་བཞིན་དུ་ཉུང་། རྩོམ་འདི་ནང་གཙོ་བོ་དེང་རབས་སྐད་བརྡ་རིག་པའི་ཞིབ་འཇུག་བྱ་ཐབས་སྤྱད་ནས་དཀར་མཛེས་ཁུལ་དར་མདོ་རྫོང་ལ་གནས་པའི་མི་ཉག་པའི་སྐད་རིགས་དེར་དཔྱད་བརྗོད་རགས་ཙམ་བྱས་པའོ། །

དང་པོ། མི་ཉག་དང་འབྲེལ་བའི་གནད་དོན།

གཅིག མི་ཉག་གི་རུས་ཁུངས་མཆེད་ཚུལ།

སྤྱིར་མི་ཉག་གི་རུས་ཁུངས་མཆེད་ཚུལ་སྐོར་ལ་བོད་ཀྱི་ལོ་རྒྱུས་དེབ་ཐེར་དང་ཡིག་ཚགས་སོགས་སུ་ལྟ་

①Suzuki,Hiroyuki &Sonam Wangmo ,language evolution and vitality of Lhagang Tibetan,a Tibetic language as a minority in Minyag Ragang.

པ་སྣ་ཚོགས་བཀོད་ཡོད་མོད། ཐུན་མོང་གི་ཁས་ལེན་པ་ནི་མི་ཉག་ནི་བོད་ཀྱི་རྩ་བའི་རུས་ཆེན་བཞི་སྟེ་སེ། རྨུ། ལྡོང་། སྟོང་གི་ཡ་གྱལ་ལྡོང་གི་ནང་ཚན་ཕུ་བོ་ལྡོང་གི་རྒྱུད་པ་ལས་མཆེད། ① གཙོ་བོ་ཁམས་ཀྱི་ཤར་ལྷོ་གཉིས་ཀྱི་ཕྱོགས་སུ་འདུས་སྡོད་བྱས་ནས་གནས་པའི་ཡུལ་གྲུ་དེ་དག་རེད། ལྟ་ཚུལ་འདི་ལས་རྒྱ་རིགས་ཀྱི་མཁས་ཆེན་ཁ་ཤས་ཀྱིས་མི་ཉག་ནི་བོད་ཀྱི་གདུང་རྒྱུད་མིན་པ་རྒྱའི་ཡིག་ཚགས་སྟེང་དུ་འཁོད་པའི་སྲུང་རྒྱལ་རབས་སྐབས་“ཤིས་ཤག”②་བཅས་པ་དེའི་རྒྱུད་པ་ཡིན་པར་སྨྲ། གནད་དོན་འདི་ལས་མི་ཉག་ནི་བོད་ཀྱི་རུས་རྒྱུད་ལྡོང་གི་རྒྱུད་པ་ཡིན་པ་དང་མི་ཉག་ཡུལ་ནི་བཙན་པོ་རྒྱལ་རབས་སྐབས་མངའ་ཁོངས་སུ་བཅུག་ཡོད་པ་ཡིག་ཚགས་ཀུན་ལས་བདེན་དཔང་བྱས་ཡོད། དཔེར་ན་《མཁས་པའི་དགའ་སྟོན》ལས་ཐང་ཡིག་ཆེན་ཤར་ཕྱོགས་རྒྱ་དང་མི་ཉག་ནས། །བཟོ་དང་བརྩི་ཀྱི་དཔེ་རྣམས་བླངས། །ལྷོ་ཕྱོགས་དཀར་པོ་རྒྱ་གར་ནས། །ནུབ་ཕྱོགས་སོག་པོ་བལ་པོ་ནས། །ཟས་ནོར་ལོངས་སྤྱོད་གཏེར་ཁ་ཕྱེས། །བྱང་ཕྱོགས་ཧོར་དང་ཡུ་གུར་ནས། །ཁྲིམས་དང་ལས་ཀྱི་དཔེ་རྣམས་བླངས། །དེ་ལྟར་ཕྱོགས་བཞིར་དབང་བསྒྱུར་ནས། །མཐའ་ཡི་ལོངས་སྤྱོད་དབང་དུ་བསྡུས། །འཛམ་གླིང་ཕྱེད་ལ་ཁ་ལོ་བསྒྱུར། ཞེས་སྲོང་བཙན་སྐབས་སུ་མི་ཉག་དང་འབྲེལ་བ་ཡོད་ཚུལ་བསྟན་ཡོད། གཞན《རྒྱ་བོད་ཡིག་ཚང་ཆེན་མོའི》ནང་དུའང “ཕོ་བོ་ལྡོང་ལ་མཆེད་དྲུག་ཡོད། སྟོད་པ་སྤུ་ཚབ་འབྲིང་ཡས་གཉིས། བར་ན་རོ་འཛོར་རག་ཤེ་གཉིས། སྨད་ན་མི་ཉག་གྱི་ཐེན་གཉིས།” ཞེས་གསུངས་པ་དང་། 《བོད་ཀྱི་ལོ་རྒྱུས་སྤྱི་དོན་པདྨ་རཱ་གའི་ལྡེ་མིག》ལས། ཕོ་བོ་ལྡོང་གིས་བཟུང་བའི་ཡུལ་ནི་མི་ཉག་གི་ཡུལ་ཏེ། ཁམས་ཀྱི་ཤར་ལྷོ་གཉིས་སུ་གནས་པའི་ཡུལ་གྲུ་འདི་དག་ལ་ཟེར།” ཞེས་གསུངས། 《བོད་ཀྱི་གནའ་རབས་ཀྱི་ལོ་རྒྱུས》ལས། “ཕོ་བོ་ལྡོང་གི་རྒྱུད་ལས་མི་ཉག་དང་གྱི་ཐན་སོགས་བྱུང་།”ཞེས་བཀོད་ཡོད་ལ། ད་དུང་། རྒྱལ་མོ་འབྲུག་པའི《བོད་ཀྱི་ལོ་རྒྱུས་གླེང་བའི་གཏམ》དང་། ཡར་ཡུལ་ཕུན་ཚོགས་ཚེ་རིང་གི《ཆོས་འབྱུང་མཁས་པའི་དགོངས་རྒྱན》མི་ཉག་མཁས་དབང་མི་ཉག་མགོན་པོའི《འབོ་གངས་དཀར་སྤྲུལ་སྐུའི་རྣམ་ཐར》དང《ཐང་ཡིག་གསར་རྙིང》དང《ཀྲུང་གོའི་མི་རིགས་ལོ་རྒྱུས》དང《བྱང་གི་ལོ་རྒྱུས》དང《ཀན་སུའུ་བོད་རིགས་ལོ་རྒྱུས་གླེང་བའི་གཏམ》སོགས་ཀྱི་ནང་དུ་མི་ཉག་ནི་བོད་ཀྱི་རིགས་རྒྱུད་དྲི་མ་མེད་པ་ཡིན་ལ། རུས་ནི་ལྡོང་ཡིན་པར་ཐག་བཅད་ཡོད་པ་ནང་བཞིན། མི་ཉག་ནི་བོད་ཀྱི་རྩ་བའི་རུས་ཆེན་བཞི་སྟེ་སེ་དང་། རྨུ། ལྡོང་། སྟོང་གི་ཡ་གྱལ་ལྡོང་གི་ནང་ཚན་ཕུ་བོ་ལྡོང་གི་རྒྱུད་པ་ཁམས་ཀྱི་ཤར་ལྷོ་གཉིས་ཀྱི་ཕྱོགས་སུ་གནས་པའི་ཡུལ་གྲུ་དག་གི་མི་རྣམས་ལ་ཟེར་བ་བཅས་བོད་རྒྱའི་ཡིག་ཚང་ཁག་ཏུ་བཞེད་པ་གཅིག་མཐུན་ཡིན།

①ཐུབ་བསྟན་ཕུན་ཚོགས། བོད་ཀྱི་ལོ་རྒྱུས་སྤྱི་དོན་པདྨ་རཱ་གའི་ལྡེ་མིག མི་རིགས་དཔེ་བསྐྲུན་ཁང་། 2006ལོར་པར། ཤོག་ངོས་122

② 西夏

གཉིས། མི་ཉག་མིང་གི་འདོགས་ཚུལ།

སྤྱིར་མི་ཉག་གི་མིང་འདོགས་ཚུལ་སྐོར་ལ་སྔ་ཕྱིའི་གོ་རིམ་དུ་ལོ་རྒྱུས་ཀྱི་ཡིག་ཚགས་དང་དེབ་ཐེར་ནང་དུ་མིང་སྣ་ཚོགས་བཀོད་ཡོད་པ་སྟེ་དཔེར་ན་ལྡོང་དང་། ལྡོང་པ། ལྡོང་སྦྱུང་པ། མེ་ཡོག མེ་ཉག མི་གཉགས། མི་ནག ཙ་མི། ཤར་རྩ་མི་ཤིང་མི། མི་ཉག་སོགས་ཤིན་ཏུ་མང་། དཔེར་ན་《ལ་དྭགས་རྒྱལ་རབས》ལས་མི་ཉག་ལ་ཤར་རྩ་མི་ཤིང་མི་ཞེས་པོས་འདུག རྩ་མི་ཤིང་མི་ཞེས་པར་མཁས་པའི་དབང་པོ་དུང་དཀར་བློ་བཟང་འཕྲིན་ལས་ཀྱིས་ཤར་རྩ་མི་ཤིང་མིའི་གོ་དོན་ཡིན། མདོ་སྟོད་མི་ཡི་ཆོལ་ཁའི་ནང་ནས་མི་ཉག་གི་ཡུལ་ཡིན་ཏེ། མི་ཉག་ནི་མི་མང་བ། རྩ་དང་ཤིང་ཡང་ཐག་རིང་པོ་ནས་བལྟས་ན་མི་ལ་འཁྲུལ་དགོས་པ་ལྟ་བུའི་དོན་ཡིན་ཞེས་གསུངས་ཡོད་པ་མཚོན། 《གུ་བཀྲའི་ཆོས་འབྱུང》ལས། ཐོག་མར་བོད་འདིར་མི་ཡི་འགྲོ་བ་ཆགས་ནས་རིང་ཞིག་ན། ཤར་མི་ཉག་བཞག་བྲ་དཀར་པོའི་རི་རྩེ་ལ་སྟེང་འོད་གསལ་གྱི་ལྷ་ཞིག་གནམ་ནས་བབས་པ། མི་རྣམས་ཀྱིས་གནམ་ནས་བབས་པས་མཚན་མགར་ཚ་འབྲུག་ཅེས་བཏགས། ཞེས་གསུངས་པ་དང་། དེ་ལ་མི་ཉག་མགོན་པོའི་གསུངས་ཚུལ་དང་གཅིག ཁོང་ཉིད་ཀྱིས་མི་ཉག་ཅེས་པ་དེ་མི་ཉག་རང་གི་སྐད་ཅིག་ཡིན་ལ། མི་ཞེས་པ་ནི་གནམ་གྱི་དོན་ཡིན་ཞིང་། ཉག་ནི་བྱིས་པའི་དོན་ཡིན་པས། དེ་གཉིས་སྦྱར་བས་ན་གནམ་ལས་བབས་པའི་བྱིས་པ་སྟེ་འོད་གསལ་ལྷ་ལས་མཆེད་པའི་བོན་གྱི་ལྷ་ཚུལ་དང་མཚུངས། གཞན《ཞང་བོད་ལོ་རྒྱུས་ཏི་སེའི་འོད》ལས། ལྡོང་གི་ཚོ་པ་གཞན་རྣམས་མ་བྲོས་པར་རང་ཡུལ་དུ་བདེ་བར་བསྡད་པ་ཀུན་བོད་ཆེན་པོའི་རྒྱལ་ཁྲིམས་གསེར་གྱི་གཉའ་ཤིང་གིས་རྩུབ་རེག་མེད་པར་བསྐྱངས་པ་དང་། དེའི་མི་རྣམས་ཀྱི་མགོ་ལ་སྐྲ་ཉག་མའི་ཚོམ་བུ་འགའ་རེ་བཞག་ནས་བོད་ལ་དགའ་བའི་རྟགས་སུ་བྱས་པས། མིང་ལ་མི་ཉག་ཐོགས་པར་གྲགས་པ་དང་། མིའི་མགོ་ལ་རལ་བ་འཛོག་པའི་སྲོལ་དེ་ནས་བྱུང་བར་བཤད། དེར་བརྟེན་དེང་སང་མི་ཉག་གི་སྐྲ་ཚུགས་དེ་ཁམས་ཀྱི་བྲག་མགོ་དང་། རྟའུ། དར་མདོ་སོགས་ས་ཆ་མང་པོར་མ་ཉམས་པར་ཡོད་པ། ང་རང་བསམ་ཚུལ་ལ་སྐབས་དེར་ལྡོང་བྱུང་ལ་མི་ཉག་ཅེས་པའི་མིང་ཐོགས་པ་མི་ཉག་ནི་མི་ནག་གི་དོན་ཡིན་སྙམ་ཡང་མུ་མཐུད་དུ་དཔྱོད་དགོས་སྙམ།

གཉིས་པ། མི་ཉག་གྱི་ས་ཁམས་དང་ཡུལ་སྐད་ཁྱབ་ཚུལ།

གཅིག མི་ཉག་གི་ས་ཁམས་ཁྱབ་ཁོངས།

སྤྱིར་མི་ཉག་ཡུལ་ཁམས་དབྱེ་སྟངས་ལ་མཁས་པ་སོ་སོའི་བཞེད་ཚུལ་མི་གཅིག་སྟེ། ལོ་རྒྱུས་སྟེང་དུ་མི་ཉག་པ་དེ་གཙོ་བོ་ས་ཕྱོགས་ཁྱབ་ཁོངས་སྨྲ་བར། གཅིག་ནི་མཚོ་སྔོན་བྱང་ཕྱོགས་དང་ཀན་སུའི་ས་ཕྱོགས་འགའ་དང་། གཉིས་ནི་བོད་མདོ་ཁམས་སྐད་དྲུག་གི་ཡ་གྱུལ་ཟལ་མོ་སྒང་སྟེ། གཙོ་བོ་དེང་རིང་སང་དཀར་མཛེས་ཁུལ་གྱི་དཔལ་ཡོས། སྟེ་དགེ ཟ་ཆུ་ཁ་བཅས་ལ་ཟེར། གསུམ་ནི་མི་ཉག་རབ་སྒང་སྟེ་དེ་རིང་གི་དར་མདོ་རྫོང་གི་ཉེ་འཁོར་གྱི་གྲོང་སྡེ། ལ་ལས་དཀར་ཚུལ་གསུམ་པའི་མི་ཉག་རབ་སྒང་ལས་མི་ཉག་ཆུང་བ་དང་མི་ཉག་ཆེ་བ་དབྱེ། མི་ཉག་ཆེན་པོ་གཙོ་བོ་ད་ལྟའི་དཀར་མཛེས་ཁུལ་གྱི་ཏའུ། བྲག་འགོ ཉག་རོང་། དཀར་མཛེས་ཀྱི་ས་ཁུལ་ཁ་ཤས་ལ་བརྗོད། མི་ཉག་ཆུང་བ་ནི་གཙོ་བོ་དར་མདོ་རྫོང་རྫོང་ཞབས་ས་ཁུལ་དང་ལྕགས་ཟམ་། ས་སྟེ་ལུང་བ་དེ་ཚོར་གོ རྩོམ་འདིའི་བརྗོད་གཞི་གཙོ་བོ་ནི་མི་ཉག་ཆུང་བའི་ཁྱབ་ཁོངས་ཀྱི་སྐད་ཡིན།

གཞན་མི་ཉག་མཁས་དབང་ལྷའི་རྣམ་ཐར་ལས “ཏའི་རྫོང་གི་ལྷོ་ཕྱོགས་དང་སྨད་དུ་མི་ལིས་པར་འོ་ལུང་（八窝龙）གི་ས་ཆ་དང་། ལི་ཐང་ཉེ་འཁོར་གྱི་ཡ་པིའི་ལྕང་གི（雅碧江）ཤར་ཕྱོགས། ལྷོ་དུ་རྒྱའི་ས་མཚམས་ལྕགས་ཟམ་ཁ（甲桑卡）དང་ཡིས་ཐོང་（鱼通）གི་ནུབ་ཕྱོགས། རྒྱལ་རོང་གི་ལྷོ་ཕྱོགས” བཅས་ནི་མདོ་ཁམས་སྒང་དྲུག་གི་ནང་ཚན་མི་ཉག་རབ་སྒང་གི་ཁྱབ་ཡུལ་ཡིན་པར་བསྟན། དེར་མ་ཟད། ད་ལྟའི་མདོ་ཁམས་དར་མདོ་རྫོང་གི་མི་ཉག་ནི་བོད་བཙན་པོའི་སྐབས་ཀྱི་མི་ཉག་ཡིན་པ་ལོ་རྒྱུས་ཡིག་ཉིང་ཁག་ལས་གསལ་པོར་འཁོད་ཡོད། དཔེར་ན་བོད་ཀྱི་ལོ་རྒྱུས་ཡིག་ཆ་དུ་མི་ཉག་ནི་བོད་བཙན་པོའི་མངའ་ཁོངས་སུ་གཏོགས་པ་དང་ཆོས་རྒྱལ་སྲོང་བཙན་སྒམ་པོའི་བློན་པོ་མགར་གྱི་ཕ་མེས་རྣམས་ཤར་མི་ཉག་བཞག་ར་དཀར་མོ་ནས་ཡར་དབུས་སུ་སོང་བ་ཡིན་པ་བསྟན་པ། ལོ་རྒྱུས་སྟེང་དུ་མདོ་སྟོད་ཁམས་ཀྱི་མི་ཉག་རྒྱལ་པོའི་རྒྱལ་ས་ནི་དར་རྩེ་མདོ་ཡིན། མི་ཉག་སྐད་དུ་དར་ནི་གོས་དང་རྩེ་ནི་སྨན་གྱི་དོན་ཡིན་པས། རྒྱ་བོད་བར་གོས་དང་དར་སྨན་རྩ་བརྗེ་རེས་བྱ་བའི་མདོ་ཡིན་པས་དེ་སྐད་གྲགས།[①] གང་ལྟར་ཀྱང་། ལོ་རྒྱུས་སྟེང་དུ་མི་ཉག་ས་ཁམས་ཁྱབ་ཡུལ་ནི་ཁམས་ཕྱོགས་ཕུད་པ་ད་དུང་མཚོ་སྔོན་དང་ཀན་སུའི་ས་ཁོངས་ཁ་ཤས་འདུས་པ། འོན་ཀྱང་ལོ་རྒྱུས་ཀྱི་ཆུ་རྒྱུན་རིང་མོ་ཁྲོད་དུ་རིམ་

①ཀྲུང་གོའི་མི་རིགས་དཔེ་མཛོད་ཁང་གིས་བསྒྲིགས། མཁས་དབང་མི་ཉག་མགོན་པོའི་གསུང་རྩོམ་ཕྱོགས་བསྒྲིགས། ཀྲུང་གོའི་མི་རིགས་དཔེ་སྐྲུན་ཁང་། 2013ལོར་པར། ཤོག་གྲངས་20

བཞིན་དུ་མི་ཉག་ཁྲབ་ཁོངས་ཇེ་ཆུང་དུ་ཕྱིན་ནས་ད་ལྟ་མི་ཉག་ཟེར་བ་རང་ཤུགས་སུ་དར་མདོ་རྫོང་གི་གྲོང་སྡེ་དེ་ཚོར་ངོས་འཛིན་ནོ།།

གཉིས། མི་ཉག་སྐད་ཀྱི་ཁྱབ་ཡུལ།

གོང་དུ་བརྗོད་པ་བཞིན་ལོ་རྒྱུས་སྟེང་དུ་མི་ཉག་ཡུལ་ཁམས་ཀྱི་ཁྱབ་རྒྱ་ནི་ཧ་ཅང་ཆེ་མོད། འོན་ཀྱང་རིག་གནས་འབྲེལ་འདྲིས་དང་རྒྱུ་རྐྱེན་གཞན་དག་སོགས་ཀྱིས་དབང་གིས་ད་ལྟ་མི་ཉག་སྐད་བཤད་མཁན་གྱི་ཁྱབ་ཡུལ་རིམ་བཞིན་ཇེ་ཆུང་འགྲོ་བའི་སྣང་ཚུལ་མངོན། ས་ཁམས་ཁོར་ཡུག་དང་སྲོལ་རྒྱུན་གྱི་གོམས་སྲོལ་ལས་དེང་སྐབས་མི་ཉག་རབ་སྣང་ལ་སྟོད། སྨད། བར་གསུམ་བཅས་དབྱེ་ན། སྟོད་ཕྱོགས་ནི་གཙོ་བོ་རྟའུ་རྫོང་གི་ས་ཁུལ་དེ་དག་ལ་གོ གནས་དེའི་མི་རྣམས་ལ་འདྲ་པ་བ་ཟེར་བས་གཙོ་བོ་འདྲ་སྐད་སྤྱོད་པ། འབྲོག་པས་སྤྱོད་པའི་སྐད་ནི་ཕལ་ཆེ་བ་ཨ་མདོ་ཡུལ་སྐད་དང་ཐག་ཉེ་བའི་ཡུལ་སྐད་ཡིན་པས་ཡུལ་སྐད་འདི་སྤྱོད་མཁན་དང་གོ་བརྡ་འཕྲོད་ཐུབ། བར་ཕྱོགས་ནི་གཙོ་བོ་རོང་མ་འབྲོག་གི་ས་ཆ་ལྷ་སྒང་དང་རྫོང་ཞབས། སྐྱ་གས་ལུང་པ་དེ་དག་ཡིན། ས་གནས་འདིར་གཙོ་བོ་བོད་སྐད་ཤན་ཞུགས་ཐེབས་ཆེ་བའི་མི་ཉག་སྐད་སྤྱོད་བཞིན་ཡོད། ཕལ་ཆེ་ཤོས་བོད་སྐད་དང་གཅིག་མཚུངས་ཡིན། སྨད་ཕྱོགས་ཀྱི་ཡུལ་ནི་ས་བདེ་ཤང་གཙོ་བྱས་པའི་ལུང་པ་ཁ་ཤས་ལ་གོ གནས་དེའི་གཙོ་བོ་དམིགས་གསལ་གྱི་མི་ཉག་སྐད་སྤྱོད་བཞིན་ཡོད། སྐད་དེ་ནི་ཉེ་འཁོར་གྱི་ཡུལ་སྐད་དང་གོ་བརྡ་མི་འཕྲོད་པ། (རྩོམ་འདིའི་བརྗོད་གཞི་མི་ཉག་སྐད་ནི་གཙོ་བོ་ས་བདེ་ལུང་པ་སྐད་ལ་གཞིར་འཛིན་པ་ཡིན།) དེ་མིན་ད་ལྟའི་ས་མིང་འདོགས་ཚུལ་ནས་དཔྱད་ན། ས་མིང་འབོར་ཆེན་ཞིག་ནི་གཙོ་བོ་མི་ཉག་སྐད་ཀྱི་སྒོ་ནས་འདོགས་པ་ཡིན། དཔེར་ན། བྲག་མགོ་རྫོང་གི་(ro he) ཞེས་པའི་ས་ཆ་ནི་མི་ཉག་སྐད་དུ་ཆུ་འགྲམ་ཞེས་པའི་དོན། ཉག་རོག་རྫོང་གི་(khe tsi)ཞེས་པའི་ས་ཆ་ནི་མི་ཉག་སྐད་དུ་ཁྱིའི་དོན་ཡིན། དེ་མིན་ཉག་རོང་སྟོད་རྒྱུད་དུ་བྲག་ཁུང་ཞིག་ལ་(gəba)ཟེར་མི་ཉག་སྐད་དུ་ཕྲ་མའི་དོན་བཅས་ད་ལྟ་ཁམས་ཕྱོགས་ཀྱི་ས་མིང་ཞིང་མིང་། ཁང་པའི་སྒྲིག་ཆ་དང་ཡོ་བྱད་སོགས་ལ་དཔྱད་ན་མི་ཉག་སྐད་དང་མཚུངས་པའི་མིང་འབོར་ཆེན་ཞིག་དྲང་རྒྱུ་ཡོད་པས་རྟའི་རྫོང་གི་མགལ་ཐར་དང་དར་མདོ་རྫོང་གི་ར་ཛ་ཁ། ལྷ་སྒང་། ཉག་ཆུ་རྫོང་གི་ཆུ་ཁ་ས་ཁུལ་དང་ཉག་རོང་གི་ས་ཆ་འགའ་ཞིག་སྔོན་ཆད་མི་ཉག་སྐད་སྤྱོད་སྤྱོད་ཡང་། རྗེས་སུ་བོད་སྐད་ཀྱི་ཤན་ཤུགས་ཐེབས་པས་བོད་སྐད་སྤྱོད་པ་འདྲ།

ད་ལྟའི་མཁས་པ་རྣམས་ཀྱིས་མི་ཉག་སྐད་ནི་བོད་སྐད་ནང་གི་འགྱུར་རྗེ་གསོན་མ་ལྟ་བུ་ལོ་རྒྱུས་རིང་ཞིང་ངོ་མཚར་ཆེ་བའི་སྐད་རིགས་ཤིག་ལ་ངོས་འཛིན་གནང་གིན་ཡོད་མོད། འོན་ཀྱང་དེང་སྐབས་

དུས་རབས་ཀྱི་འགྱུར་ལྡོག་དང་རིག་གནས་གསར་བའི་ཤུགས་རྐྱེན་འོག་ཏུ་ད་ལྟའི་མི་ཉག་སྐད་ཀྱི་གསོན་ཤུགས་ཞན་ལ་རྩ་མེད་དུ་འགྲོ་ལ་ཉེ་བའི་གནས་སུ་སླེབས། དངོས་སུ་མི་ཉག་སྐད་སྤྱོད་མཁན་ནི་མི་ཆིག་ཁྲི་གཉིས་སྟོང་ལྷག་ཙམ་ལས་མེད་པ།[1] གཙོ་བོ་མི་ཉག་འབོ་གངས་དཀར་མཐའ་འཁོར་གྱི་གྲོང་སྡེ་གངས་དཀར་ཤང་། ཕི་སུ་རོང་ཤང་། ས་བདེ་ཤང་། ཕོན་པོ་གཤིས་ཤང་། དེ་མིན་ཉག་ཆུ་རྫོང་གི་གྱུ་གསུམ་ཤང་དེ་ཚོ་ཡིན་ནོ།

གསུམ་པ། དེང་དུས་མི་ཉག་སྐད་བེད་སྤྱོད་ཀྱི་གནས་ཚུལ།

སྤྱིར་མི་ཉག་སྐད་ནི་བོད་འབར་སྐད་ཚན་ལས་ཆང་སྐད་ཀྱི་ཡན་ལག་ཁོངས་སུ་གཏོགས་པ་མཁས་པ་མི་ཉུང་བ་ཞིག་བཞེད་དོན་ལྟར། སྐད་རིགས་འདི་ནི་བོད་ཀྱི་ཡུལ་སྐད་ཁམས་སྐད་དང་ཨམ་སྐད། ཉེ་འཁོར་གྱི་ཨ་སོ་སྐད（尔苏语）དང་དབྱི་རིགས་སྐད་བཅས་དང་བཟ་མི་འཕྲོད་པའི་ཁམས་ཕྱོགས་ཀྱི་ཡུལ་སྐད་སྣ་མང་ཁྲོད་ཀྱི་ལུང་སྐད་ཞིག་ཡིན། ཁམས་ཕྱོགས་ཀྱི་ཡུལ་མི་རྣམས་ཀྱིས་མི་ཉག་སྐད་ལ“རོང་སྐད”བཅས་བརྗོད། རིག་གཞུང་ཁྲོད་དུ་སྐད་རིགས་འདིར“མི་ཉག་སྐད”ཟེར། གོང་གི་མི་ཉག་ཡུལ་གྱི་ས་ཁམས་ཁྱབ་ཡུལ་ལ་དཔྱད་ན་སྔོན་ཆད་ལོ་རྒྱུས་སྟེང་དུ་མི་ཉག་སྐད་སྤྱོད་ཡུལ་གྱི་ཁྱབ་རྒྱ་ཧ་ཅང་ཆེ་མོད། འོན་ཀྱང་དུས་རབས་ཀྱི་འཕེལ་འགྱུར་དང་རིག་གནས་གསར་བའི་ཤུགས་རྐྱེན་འོག་ཏུ་དེང་སྐབས་མི་ཉག་སྐད་བཤད་ཡུལ་གྱི་ས་ཁོངས་ནི་ས་ཁམས་ཆགས་ཚུལ་གྱི་ནང་ཁུལ་དུ་ཤར་རྒྱུད་ཀྱི་ཡུལ་སྐད་དང་ནུབ་རྒྱུད་ཀྱི་ཡུལ་སྐད་བཅས་རིགས་གཉིས་སུ་དབྱེ་ཆོག ནུབ་རྒྱུད་ས་ཁུལ་གྱི་མི་ཉག་སྐད་ནི་གཙོ་བོ་ད་ལྟ་དཀར་མཛེས་ཁུལ་གྱི་དར་མདོ་རྫོང་གི་ས་བདེ། ཟམ་པ་ཁ། འཇིག་རྟེན་དང་སླུ་བ་སོགས་ཤང་བཞི་དང་དགུ་རོང་རྫོང་གི་ཐང་དགུ་ཤང་དང་ཉག་ཆུ་རྫོང་གི་བྲག་སྨན་སོགས་སུ་སྤྱོད་བཞིན་ཡོད། ནུབ་རྒྱུད་ས་ཁུལ་ནི་བོད་པའི་རིག་གནས་ཤན་ཤུགས་དྲགས་པས་ཡུལ་སྲོལ་གོམས་གཤིས་ཕལ་ཆེ་ཤོས་བོད་པ་དང་གཅིག་མཚུངས་སུ་འགྱུར། བོད་བརྒྱུད་ནང་བསྟན་ལ་དད་པ་བྱས་པ། གྲོང་སྡེ་དང་ས་ཁོངས་ནང་ཁུལ་དུ་མི་ཉག་སྐད་བཤད་པ་དང་ཕྱི་རོལ་དང་འབྲེལ་འདྲིས་བྱས་དུས་བོད་སྐད་སྤྱོད་པ། ཤར་རྒྱུད་ས་ཁུལ་མི་ཉག་སྐད་ནི་གཙོ་བོ་ད་ལྟ་དགུ་རོང་རྫོང་གི་བན་པག（弯坝）དང་ཧོན་པག（洪坝）གཡག་ཟ་ས་ཁུལ་གྱི་ཧྲིན་མན་རྫོང་（石棉县）དག་ཡིན། ཤར་རྒྱུད་ས་ཁུལ་གྱི་ཡུལ་སྐད་ནི་གཙོ་བོ་རྒྱ་དང་དབྱི་རིགས་ཀྱི་རིག་གནས་ཤན་ཤུགས་དྲགས་པས་གནའ་བོའི་ཆང་རིགས་ཀྱི་ཡུལ་སྲོལ་གོམས་གཤིས་འབོར་ཆེན་ཞིག་སོར་བཞག་བྱས་པ། རྒྱུན་སྤྱོད་ཀྱི་སྐད་ཆ་ནང་རྒྱ་སྐད་དང་དབྱི་སྐད་ཀྱི་ཐ་སྙད་མང་བ། དུས་

① 康定县县志编纂委员会：康定县县志．四川辞书出版社，1995:45.

རྒྱུན་ཏུ་གྲོང་སྡེ་དང་ནང་ཁྱིམ་དུ་མི་ཉག་སྐད་བཤད་པ་དང་ཕྱི་རོལ་ཏུ་རྒྱ་སྐད་དང་ཞུང་ཤས་ཀྱིས་དབྱི་རིགས་སྐད་བཤད་པ། ཕལ་ཆེ་ཤོས་ཀྱིས་བོད་སྐད་བཤད་མི་ཤེས། དར་མདོ་རྫོང་གི་རྫོང་ཡིག་ལས་ཆེན་རྒྱལ་རབས་སྐབས། མི་ཉག་ནུབ་རྒྱུད་ཀྱི་སྐད་བཤད་མཁན་གྱི་མངའ་འབངས་ནི་ལྕགས་ལག་རྒྱལ་པོའི་མངའ་འོག་ཏུ་བསྡུས། མི་ཉག་ཤར་རྒྱུད་ཀྱི་སྐད་བཤད་མཁན་གྱི་མངའ་འབངས་ནི་སུང་ལིན་རྒྱལ་པོས་དབང་བསྒྱུར་བྱས། དར་མདོ་མངའ་ཁོངས་ཀྱི་མི་ཉག་བ་ཧ་ལམ་མི་ཁྲི་གཅིག་ལྷག་ཙམ་ཡོད། དེའི་ནང་གི་རྫོང་ཞབས་དང་ས་བདེར་མི་སྟོང་དགུ་ཡས་མས་ཙམ་ཡོད། བརྒྱད་ཟུར་རྫོང་གི་བྱང་ཕྱོགས་ཀྱི་ཐང་གོས་ཤང་ནང་མི་ཉག་སྐད་བཤད་མཁན1013ཡོད། དེ་མིན་ཉག་ཆུ་རྫོང་གི་བྲག་མན་དང་ རྟའུ་རྫོང་གི་ས་ཁུལ་ཁ་ཤས་ལ་མི་1300ལྷག་ཙམ་གྱིས་མི་ཉག་སྐད་བཤད་བཞིན་ཡོད།①

དེང་སྐབས་རིག་གནས་འབྲེལ་འདྲིས་དང་རིག་གནས་གསར་བའི་ཤན་ཤུགས་འོག་གོང་གསལ་གྱི་ས་ཁུལ་དེ་ཚོ་ནང་དུ་མི་ལོ་དྲུག་ཅུ་ཡས་མས་རྣམས་ཀྱིས་ཆ་ཚང་བའི་མི་ཉག་སྐད་དྭངས་མ་བཤད་ཐུབ་པ་མ་གཏོགས་ལོ་ཆུང་གཞོན་ནུ་ཁ་ཤས་བོད་རྒྱ་སྐད་རིགས་དང་འདྲེས་པའི་མི་ཉག་སྐད་བཤད་པ་དང་། དེ་མིན་ལོ་ཆུང་བྱིས་པ་རྣམས་ཕལ་ཆེ་ཤོས་བོད་སྐད་དང་རྒྱ་སྐད་སྤྱོད་མ་གཏོགས་མི་ཉག་སྐད་བཤད་མི་ཤེས་པའི་གནས་སུ་ལྷུང་འདུག

བཞི་པ། མི་ཉག་སྐད་ཀྱི་འཕེལ་འགྱུར་ཁ་ཕྱོགས།

གཅིག མི་ཉག་སྐད་དུ་གཡར་ཚིག་ཇེ་མང་དུ་འགྲོ་བ།

སྤྱི་ཚོགས་དང་དཔལ་འབྱོར་འཕེལ་རྒྱས་ཀྱི་འགྲོས་དང་བསྟུན་ནས། མི་རིགས་ཕན་ཚུན་བར་ལ་འབྲེལ་འདྲིས་སྟར་ལས་ཇེ་ཟབ་ཏུ་ཡོང་བས། སྲོལ་རྒྱུན་གྱི་ཐོན་སྐྱེད་བྱེད་ཐབས་དང་སྤྱི་ཚོགས་སྒྲིག་གཞི་སོགས་ལ་ཕོག་ཐུག་ཐེབས་བས་ཇེ་བཞིན་དུ་མཐའ་འཁོར་མི་རིགས་ཀྱི་སྐད་ཡིག་རིག་གནས་སོགས་དང་ལེན་བྱེད་པ་ནི་ལོ་རྒྱུས་འཕེལ་རིམ་གྱི་ཆོས་ཉིད་ཡིན་པས། མི་ཉག་ས་ཁུལ་ཡང་གནས་ཚུལ་འདི་ལས་མ་འདས་པས་སྤྱི་ཚོགས་འཕེལ་རྒྱས་ཀྱི་འགྲོས་དང་བསྟུན་ནས་རང་ཉིད་སྐད་རིགས་ཀྱི་འབྲེལ་འདྲིས་ནུས་པ་དང་སྤྱི་ཚོགས་རིག་གནས་ཀྱི་ནུས་པ་ནི་རིམ་བཞིན་ཉམས་པ། སྐད་ཆ་སྤྱོད་ཡུལ་གྱི་ཁྱབ་ཁོངས་དང་མི་འབོར་ནི་ཇེ་ཉུང་དུ་ཕྱིན་པ། ཡུལ་སྐད་འདིའི་མཐའ་འཁོར་དུ་སྐད་རིགས་སྣ་མང་འདུས་ཡོད་པས། རང་མི་རིགས་ཀྱི་སྲོལ་རྒྱུན་གྱི་མིང་ཚིག་བརྗོད་སྟངས་སྟབས་བདེར་གྱུར་བ་དང་མཐའ་འཁོར་མི་རིགས་གཞན་གྱི་ཐ་སྙད་མིང་ཚིག་འབོར་ཆེན་ཞིག་བསྡུ་ལེན་བྱས། ལོ་རྒྱུས་སྟེང་དུ། མི་ཉག་སྐད་ལ་བོད་

① 康定县县志编纂委员会：康定县县志．四川辞书出版社，1995:47.

སྐད་ཀྱིས་ཤན་ཤུགས་ཆེན་པོ་ཐེབས་པས་ད་ལྟ་མི་ཉག་སྐད་ནང་ནང་ཆོས་སྐོར་གྱི་ཐ་སྙད་བརྗོད་སྟངས་པལ་ཆེ་ཤོས་བོད་སྐད་དང་གཅིག་མཚུངས་ཡིན། རྒྱུན་སྤྱོད་ཀྱི་མིང་ཚིག་ཁྲོད་དུ་རྒྱ་སྐད་ཀྱིས་ཤན་ཤུགས་ཐེབས་ཆེ་བས་རྒྱ་སྐད་ཀྱི་ཐ་སྙད་མང་པོ་ཡང་འདུས་ཡོད། གང་ལྟར་ཀྱང་། དཔལ་འབྱོར་འཕེལ་རྒྱས་དང་འཕྲིམ་འགྲུམ་སྟབས་བདེ་འཕེལ་བ་དང་བསྟུན་ནས། མི་རིགས་ཕན་ཚུན་བར་གྱི་རིག་གནས་བརྗེ་རེས་ཀྱི་གོ་སྐབས་ཇེ་མང་འགྲོ་བས་སྐད་རིགས་བར་གྱི་ཤུགས་རྐྱེན་ཐེབས་ཚད་རིམ་བཞིན་ཇེ་ཟབ་ཏུ་ཕྱིན་པས་མ་འོངས་མི་ཉག་སྐད་རིགས་ཀྱི་ཁྲོད་དུ་ཉེ་འཁོར་མི་རིགས་རྒྱ་བོད་ལྟ་བུའི་མི་རིགས་ཀྱི་ཐ་སྙད་གསར་པ་བསྡུ་ལེན་དང་མཁོ་སྤྱོད་བྱེད་པ་དེ་སྐད་རིགས་འཕེལ་ཕྱོགས་ཀྱི་ལྡོག་མེད་ཀྱི་ཆོས་ཉིད་ཅིག་ཡིན་སྙམ་པའོ།།

གཉིས། མི་ཉག་སྐད་ཀྱི་ཁྱབ་རྒྱ་ཇེ་ཆུང་དུ་འགྱུར།

སྤྱིར་སྐད་རིགས་བེད་སྤྱོད་ཀྱི་ཁྱབ་ཁོངས་ལ་གཙོ་བོ་དོན་གཉིས་འདུས། གཅིག་ནི་སྐད་དེ་ས་ཆ་ཀུན་ལ་འཕྲོད་པ་དང་། གཅིག་ནི་སྐད་བཀོལ་སྤྱོད་བྱེད་པའི་ས་གནས་ལ་གོ་དགོས། དེང་སྐབས་མི་ཉག་ཡུལ་སྐད་ལ་མཚོན་ན། རྒྱ་བོད་སྐད་རིགས་གཉིས་ཀྱིས་ཤུགས་རྐྱེན་ཆེན་པོ་ཐེབས་པས་གོང་དུ་བརྗོད་པ་ལྟར་སྐད་བེད་སྤྱོད་ཀྱི་ཁྱབ་ཁོངས་ནི་རིམ་བཞིན་ཇེ་ཆུང་དུ་འགྲོ་བཞིན་ཡོད། དགེ་རྒན་མི་ཉག་མགོན་པོ་ལགས་ཀྱིས "ལོ་རྒྱུས་སྟེང་དུ་མི་ཉག་སྐད་ཀྱི་ཁྱབ་ཁོངས་ནི་ད་ལྟ་ལས་ཁྱབ་རྒྱ་ཧ་ཅང་ཆེ་བ། ངའི་ཨ་མྱེས་སྐབས་ལ་རྒྱལ་མོ་དངུལ་ཆུ་འགྲམ་གྱི་ལྕགས་ཟམ་རྫོང་གི་བ་དམ་ལུང་དང་ཧི་མན་རྫོང་གི་ལུང་པ་ཁ་ཤས་ཀྱིས་མི་ཉག་སྐད་བཤད་པ། འོན་ཀྱང་ད་ལྟ་ལྕགས་ཟམ་རྫོང་ལ་མི་ཉག་སྐད་བཤད་ཤེས་མཁན་གཅིག་ཀྱང་མི་འདུག ཧི་མན་རྫོང་གི་ཚབ་ཁོས་ཤང་ནང་ལོ་དྲུག་ཙུ་ཡས་མས་ཀྱི་རྒན་པོ་དེ་དག་གིས་མི་ཉག་སྐད་བཤད་ཤེས་པ་མ་གཏོགས་གཞན་དག་ཚང་མ་རྒྱ་སྐད་བཤད་པའོ།"——དེར་མ་ཟད་དགེ་ཧོང་པུ་ཧྲུན་ལགས་ཀྱིས་གསུངས་པ་ལྟར "ཁོང་ཉིད་༡༩༥༧ལོར་མི་ཉག་རྫོབས་ཞབས་ས་ཁུལ་དུ་དངོས་སྤྱོད་བྱེད་སྐབས་གནས་དེའི་མི་རྣམས་ཀྱིས་མི་ཉག་སྐད་བཤད་བཞིན་ཡོད། འོན་ཀྱང་ད་ལྟ་ཚང་མ་བོད་སྐད་ལ་བསྒྱུར་བ།"དེར་བརྟེན། མི་ཉག་སྐད་ནི་སྔོན་ཆད་ལོ་རྒྱུས་སྟེང་དུ་སྙན་པའི་གྲགས་པ་ཁྱབ་པའི་མི་ཉག་ཆེན་པོ་ནས་ད་ལྟ་གྲོང་སྡེ་ཁ་ཤས་ལ་མི་ཉག་ཡུལ་སྐད་སྤྱོད་པ་མ་གཏོགས་མི་ཉག་སྐད་དེ་འཛིགས་ཉེན་ཆེ་བའི་གནས་སུ་སླེབས། གལ་ཏེ་མགྱོགས་མྱུར་གྱིས་སྐད་རིགས་འདི་སྲུང་སྐྱོབ་མ་བྱས་ན། ཕྱིན་ཆད་མི་ཉག་སྐད་ཀྱི་ཁྱབ་ཡུལ་ནི་རིམ་བཞིན་སྤྱི་ཚོགས་འཕེལ་རྒྱས་འགྲོ་བ་དང་བསྟུན་ནས་སྤྱོད་ཡུལ་གྱི་ཁྱབ་རྒྱ་རིམ་བཞིན་ཇེ་ཆུང་དུ་ཕྱིན་ནས་མཐར་རྩ་མེད་དུ་འགྲོ་བ་ནི་སྐད་རིགས་འདིའི་ལྡོག་མེད་ཀྱི་འཕེལ་ཕྱོགས་

ཞིག་ཡིན་པ་སྨྲམ།

གསུམ། སྐད་གཉིས་སྨྲ་མཁན་དང་སྐད་རིགས་སྣ་མང་ཤེས་མཁན་ཇེ་མང་ཡིན་པ།

དུས་རབས་༡༧པའི་སྤྱི་ཚོགས་དཔལ་ཡོན་འཕེལ་རྒྱས་འགྲོ་བ་དང་བསྟུན་ནས། འགྲིམ་འགྲུལ་སྟབས་བདེར་ཕྱིན་པས་སྔོན་གྱི་ས་གནས་ཀྱི་བཀག་རྒྱ་ལས་ཐར་ཏེ་མི་རིགས་ཕན་ཚུན་བར་ལ་འབྲེལ་འདྲིས་བྱེད་སྐབས་ཇེ་མང་དུ་འཕེལ་བ། དུས་མཚུངས་སུ་མི་འབོར་ཆེན་འགྲིམ་སྐྱོད་དང་གནས་སྤོ་བྱས་ནས་མཉམ་འདྲེས་མཉམ་སྡོད་བྱས་པའི་སྣང་ཚུལ་གང་མང་དུ་ཁྱབ་པས། དེང་སྐབས་ས་ཕྱོགས་སོ་སོར" སྐད་ཡིག་མཉམ་སྤྱོད"①མཁན་ཇེ་མང་དུ་ཕྱིན་པ་དང་ཚད་ངེས་ཅན་ཞིག་ནས" སྐད་ཡིག་གཞན་སྤྱོད"②·ཀྱི་སྣང་ཚུལ་འང་འབྱུང་བཞིན་ཡོད།

སྐད་བརྡ་ནི་སྤྱི་ཚོགས་ཀྱི་སྣང་ཚུལ་ཞིག་ཡིན། སྤྱི་ཚོགས་ཀྱིས་འབྱེད་བྱུང་བ་དང་བསྟུན་ནས་རིམ་གྱིས་ཡུལ་ཁག་སོ་སོར་ཐུན་མོང་མ་ཡིན་པའི་ཡུལ་སྐད་ཆགས་པ། དེ་མིན་ཡུལ་ཁག་སོ་སོའི་མི་རྣམས་ཀྱིས་བསམ་བློ་བརྗེ་རེས་དང་འབྲེལ་འདྲིས་ཀྱི་དགོས་མཁོ་དང་བསྟུན་ནས་སྐད་བརྡའི་གྲུབ་ཆ་ལའང་མཐའ་འཁོར་ཚོ་རིགས་ཀྱི་ཐ་སྙད་མང་པོ་ཞིག་བསྡུ་ལེན་བྱས་ནས་རང་ས་རང་མལ་ནས་ལེགས་སྒྲིག་དང་སྤོག་འདོན་དང་གསར་སྤེལ་བྱས་ནས་ཁྱད་པར་ཅན་དུ་མངོན་བཞིན་ཡོད། དེས་ན་མི་ཉག་ས་ཁུལ་ལའང་གནས་ཚུལ་འདི་ལས་མ་འདས་པ། གོང་དུ་བརྗོད་པ་བཞིན་མི་ཉག་ཡུལ་སྐད་ཀྱི་ནང་ཁུལ་དུ་ཤར་རྒྱུད་དང་ནུབ་རྒྱུད་ཀྱི་སྐད་གཉིས་སུ་འབྱེད་པ། ནུབ་རྒྱུད་ས་ཁུལ་གྱི་སྐད་ནི་བོད་སྐད་ཀྱི་ཤན་ཞུགས་དྲགས་པ། ཕན་ཚུན་འབྲེལ་འདྲིས་མང་བས་ནུབ་རྒྱུད་ས་ཁུལ་དུ་མི་ཉག་སྐད་དང་བོད་སྐད་མཉམ་སྤྱོད་བྱེད་མཁན་ནི་མང་བ་དང་སྐད་གཉིས་མཉམ་སྤྱོད་ཀྱི་ཁྱབ་རྒྱ་ཡང་རིམ་བཞིན་ཇེ་ཆེ་རུ་འགྲོ་བཞིན་ཡོད། མི་ཉག་ཤར་རྒྱུད་ས་ཁུལ་སྐད་ནི་རྒྱ་རིགས་འདུས་སྡོད་ཁུལ་དུ་ཆགས་པས་གནས་འདིར་མི་ཉག་སྐད་དང་རྒྱ་སྐད་མཉམ་སྤྱོད་བྱེད་མཁན་མང་། ཁ་ཤས་ད་དུང་ཆང་སྐད་དང་དབྱི་རིགས་སྐད་ཡང་བཤད་ཤེས། སྐད་གཉིས་སྨྲ་མཁན་གྱི་ལོ་ཆུང་ན་གཞོན་ཚོ་རྟག་ཏུ་མི་ཉག་སྐད་བཤད་ཞོར་དུ་རྒྱ་སྐད་དང་འདྲེས་ནས་བཤད། གོང་དུ་མི་ཉག་ཤར་རྒྱུད་དང་ནུབ་རྒྱུད་ས་ཁུལ་གཉིས་ལ་རྒྱུན་མཐོང་གི་ཐུན་མོང་གི་གནས་ཚུལ་ནི་སོ་སོར་རང་ཉིད་ས་ཁོངས་ནང་ཕན་ཚུན་འབྲེལ་འདྲིས་བྱེད་སྐབས་མི་ཉག་སྐད་བཤད་པ་དང་ཕྱི་རོལ་ཡུལ་དང་འབྲེལ་འདྲིས་བྱེད་སྐབས་བོད་སྐད་དང་རྒྱ་སྐད་སྤྱོད་པ། རིམ་བཞིན་དུ་མི་ཉག་ས་ཁུལ་རྒྱ་སྐད་དང་བོད་སྐད། མི་ཉག་སྐད་བཅས་སྐད་རིགས་འདྲིས་སྦྱོར་བྱེད་མཁན་ནི་ཇེ་མང་དུ་ཕྱིན་པ་དང་།

① 语言兼用

② 语言转用

ལྷག་པར་དུ་ལོ་ན་གཞོན་པའི་བྱིས་པ་རྣམས་ལ་མཚོན་ན་མི་ཉག་སྐད་བཤད་མི་ཤེས་པས་ཐད་ཀར་རྒྱ་སྐད་ཡང་ན་བོད་སྐད་སྤྱོད་བཞིན་ཡོད་པའོ།།

སྡོམ་བྱང་།

སློབ་དཔོན་ཆེན་མོ་ཕང་ཡོན་ཤིན་ལགས་ཀྱིས་གསུངས་པ་བཞིན་" སྤྱིར་མི་རིགས་གང་ཞིག་ལ་མཚོན་ན་མིའི་རིགས་ཀྱི་སྐད་ཡིག་ནི་སྒྲིག་གཞི་དང་རྣམ་པ་སྙིང་གི་ཁྱད་པར་ཡོད་པ་ཙམ་ལས་གདོང་མཐའམ་དར་རྒྱས། རྙོག་འཛིང་ཡང་ན་སྟབས་བདེའི་ཁྱད་པར་མེད་ལ། ཡག་ཉེས་ཀྱི་ཁྱད་པར་ནི་དེ་བས་ཀྱང་མེད།"[①]དེ་བས། དེང་སྐབས་སྤྱོད་བཞིན་པའི་ཡུལ་ལུང་སྐད་རིགས་གང་ཞིག་ལ་མཚོན་ན་སོ་སོར་ཆ་ཚང་བའི་སྒྲིག་གཞི་མ་ལག་དང་རིམ་ལྡན་གྱི་བརྡ་སྦྱོད་མ་ལག་ཞིག་ཡོད་པ། སྐད་རིགས་འདི་དག་ཡང་ཚད་ངེས་ཅན་གྱི་སྤྱི་ཚོགས་རིག་གནས་འོག་ཏུ་རིམ་འགྱུར་བྱུང་བ་ཡིན་པས། དེས་ས་གནས་ངེས་ཅན་ཞིག་གི་མི་རྣམས་ཀྱི་འབྲེལ་འདྲིས་ཀྱི་དགོས་མཁོ་སྐོང་བཞིན་ཡོད། སྐད་རིགས་འདི་ཚོའི་སྒྲིག་གཞི་དང་རྣམ་པ་སྙིང་གི་རྙོག་འཛིང་རང་བཞིན་དང་མ་ལག་རང་བཞིན་ནི་ཐུན་མོང་སྤྱི་སྤྱོད་ཀྱི་སྐད་ཡིག་དང་ངོ་ཟླ་བྱེད་ཐུབ་སྙམ། དེར་མ་ཟད་ཡུལ་སྐད་དང་སྐད་ཡིག་ནི་ས་གནས་དང་བེད་སྤྱོད་བྱེད་མཁན་གྱི་མི་འབོར་མང་ཉུང་གི་ཁྱད་པར་ཙམ་ལས། སྐད་རིགས་གང་ཞིག་ལ་མཚོན་ན་ཡུལ་གྲུབ་ངེས་ཅན་ཞིག་གི་འབྲེལ་བརྡའི་དགོས་མཁོ་སྐོང་བས་སོ་སོར་རང་གནས་ཀྱི་ཞིབ་འཇུག་རིན་ཐང་ཆེས་ཆེར་ལྡན་པས་འདི་ནི་སྐད་བརྡ་རིག་པ་བ་ཚོས་འཛིན་དགོས་པའི་སྐད་ཡིག་གི་རིན་ཐང་ལྟ་བའོ།།

དེ་མིན་བོད་ཀྱི་སྤྱི་སྐད་ལས་དོན་ལ་ཤེས་ཡོན་རིག་ལྡན་ཚང་མས་ཐུགས་ཁུར་གྱི་ཚ་ཧྲབས་འཕྲུར་བཞིན་སྐབ་འདིར། ཡུལ་སྐད་དམ་ལུང་སྐད་སོ་སོ་ནི་ཧ་ཅང་ཉམས་ཆུང་པའི་ཚུལ་དུ་གྱུར་དང་འགྱུར་བཞིན་ཡོད་མོད། འོན་ཀྱང་བོད་ཀྱི་ཡུལ་ཕྱོགས་སོ་སོའི་ཡུལ་སྐད་དང་ལུང་པ་སོ་སོའི་ལུང་སྐད་ནི་བོད་སྐད་ཕུན་སུམ་ཚོགས་པ་མཚོན་པའི་རྒྱུ་གཅིག་དང་བོད་ཀྱི་སྐད་རིགས་དེ་ཉིད་མ་ཉམས་གོང་སྤེལ་དང་ཉམས་པར་སླར་གསོ་བྱེད་པའི་ལས་ཀྱང་ཡུལ་སྐད་སོ་སོར་ཁུངས་གཏུགས་ལོས་དགོས་འདོད། བོད་ལ་སྤྱི་སྐད་ཅིག་དགོས་པ་ནི་ཁ་ཚ་དགོས་གཏུག་གི་དོན་ཞིག་ཡིན་མོད། འོན་ཀྱང་ཐལ་ཆེ་བའི་སྒོ་ནས་སྤྱི་སྐད་བརྩོན་ཏེ། ཡུལ་སྐད་དང་ལུང་སྐད་སོ་སོར་སྣང་མེད་དུ་དོར་ན། འབྱུང་འགྱུར་གྱི་ལམ་བུ་ནི་བོད་སྐད་འདི་ཡང་སྐད་རིགས་གཞན་ཞིག་གི་ཡ་གྱལ་དུ་འགྱུར་རྒྱུ་ནི་ཀུན་གྱིས་ཤེས་གསལ་རེད། དེར་མ་ཟད

① 王远新 . 论语言的形式和语言的“优劣”[J]. 世界民族 .2002(6):34 页。

མི་རིགས་གང་ཞིག་གི་སྐད་ལ་ཞིབ་འཇུག་བྱེད་ཚེ་མི་རིགས་དེའི་ཡུལ་ལུང་སོ་སོའི་སྤྱོད་བཞིན་པའི་ཕུན་སུམ་ཚོགས་པའི་ཡུལ་སྐད་དང་ལུང་སྐད་དེ་དག་ནི་ཆེས་ཐོག་མ་དང་མཐའ་མའི་ཁ་གཏད་ས་གཙོ་བོ་དེའོ། དེ་བཞིན་དུ་བོད་ལ་སྤྱི་སྐད་ཅིག་ཆགས་པར་བརྩོན་ལེན་བྱེད་པའི་ཁོར་ལ་ཡུལ་སྐད་དང་ལུང་སྐད་སོ་སོའང་སྣང་མེད་དུ་མི་དོར་བར་རྒྱུན་སྐྱོང་བྱེད་རྒྱུ་ནི་ཧ་ཅང་གལ་ཆེ་བའི་ལས་ཤིག་ཏུ་འདོད། ལྷག་པར་དུ་སྐབས་སུ་བབས་པའི་འདིར་བརྗོད་གཞི་མི་ཉག་སྐད་ལ་མཚོན་ན། སྐད་རིགས་འདི་ནི་མི་ཉག་རིག་གནས་ཀྱི་ཆེས་དམིགས་བསལ་གྱི་ཁྱད་ཆོས་ཤིག་ཡིན་པས། སྐད་རིགས་འདིས་མི་ཉག་བའི་བརྩེ་དུང་དང་འཛིག་རྟེན་ལྟ་བ། མི་ཉག་ཡུལ་གྱི་ལོ་རྒྱུས་ཀྱི་འཕེལ་འགྱིབ་སོགས་ཟིན་ཐོ་འགོད་ཡོད་པས་མི་ཉག་རིག་གནས་སྟོག་འདོན་དང་ཞིབ་འཇུག་བྱེད་པའི་བྱ་ཐབས་ཉག་གཅིག་ཡིན་ནོ། །ཕྱོགས་གཞན་ཤིག་ནས་བཤད་ན། ཡུལ་སྐད་སྲུང་སྐྱོབ་དང་འཕེལ་རྒྱས་གཏོང་ཐུབ་ན་རིག་གནས་མིའི་རིགས་རིག་པ་ཐད་ནས་དོན་སྙིང་ལྡན་པ་མ་ཟད་མཐའ་འཁོར་གྱི་སྐད་རིགས་གཞན་དག་སྲུང་སྐྱོབ་དང་ཞིབ་འཇུག་བྱེད་པར་དཔྱད་གཞི་ཡིག་ཆ་མཁོ་འདོན་བྱུང་ཐུབ། དེ་མིན་མི་ཉག་སྐད་ཀྱི་དཔྱད་གཞི་ཡིག་ཆ་སོགས་འཚོལ་བསྡུ་དང་ཞིབ་འཇུག་བྱས་ན་སྐད་རིགས་འདི་དག་གི་ལོ་རྒྱུས་དང་ཚོ་རིགས་ཕན་ཚུན་བར་གྱི་འབྲེལ་བའི་ལོ་རྒྱུས་ཞིབ་འཇུག་བྱས་པར་ཕན་པར་སྙམ། ལྷག་པར་སྐད་རིགས་འདི་ནི་2003ལོའི་ཟླ་3པ་མཉམ་འབྲེལ་རྒྱལ་ཚོགས་སློབ་གསོ་ཚན་རིག་རིག་གནས་ཀྱི་ཚུ་འཛུགས་ཀྱིས་འཇིགས་ཉེན་འགྲོ་བཞིན་པའི་སྐད་རིགས་ཁོངས་སུ་འཛོག་པས། དེ་བས་ཡུལ་སྐད་འདིར་སྲུང་སྐྱོབ་དང་ཉར་ཚགས། ཞིབ་འཇུག་བྱ་དགོས་པ་ནི་སྐད་བརྡ་རིག་པ་བ་དང་མི་ཉག་བ་རྣམས་ཀྱིས་གཡོལ་ཐབས་མེད་པའི་འོས་འགན་ཞིག་ཡིན་ནོ། །

རྩོམ་འདི་ནི་བོད་ཀྱི་ཡུལ་སྐད་ཞིབ་འཇུག་གི་ཞིང་སར་གཤིན་པོར་སྨན་པའི་རྒྱུ་ཐིགས་ཕྲ་མོ་ཙམ་རེ་གཏོར་ཐུབ་པའི་ལྷག་བསམ་ལ་འཇུས་ཏེ་བྲིས་པའོ། མཐར་རང་ལ་ཤེས་རྒྱ་དམན་པ་དང་ས་གནས་དངོས་ལ་རྟོག་ཞིབ་མེད་པ་སོགས་ཀྱི་དབང་གིས་མི་འགྲིག་ས་དང་ཞིབ་ཆ་མེད་པར་ངེས་པས་ཤེས་ལྡན་པ་རྣམས་ཀྱིས་དགོངས་ཆ་གནང་བར་ཞུའོ། །

(རྩོམ་པ་པོ་ངོ་སྤྲོད། ཟླ་བ་སྒྲོན་མ། ཕ་ཡུལ། ས་ཁྲིན་དཀར་མཛེས། ཀྲུང་དབྱང་མི་རིགས་སློབ་གྲྭ་ཆེན་མོའི་བོད་རིག་པ་ཞིབ་འཇུག་གླིང་གི་2014ལོའི་འབུམ་རམས་པ།)

(མཇུག་སྟོན་དགེ་རྒན། ཚེ་དབང་ལྷ་མོ།)

མདོ་ཁམས་མི་ཉག་ཡུལ་སྐད་ཀྱི་ཁྱད་ཆོས་སྐོར་ལ་རགས་ཙམ་དཔྱད་པ།

——དར་མདོ་རྫོང་གི་མི་ཉག་ཡུལ་ལ་གཞི་འཛིན་པ།

ཟླ་བ་སྒྲོན་མ།

ནང་དོན་གནད་བསྡུས། སྤྱིར་མི་ཉག་སྐད་ནི་མི་ཉག་རིག་གནས་ཀྱི་མཚོན་རྟགས་གལ་ཆེ་ཤོས་ཤིག་ཡིན་པས། སྐད་རིགས་འདིས་མི་ཉག་རིག་གནས་སྟོབ་འདོན་དང་དར་སྤེལ་གཏོང་བར་ཆ་རྐྱེན་ངེས་ཅན་ཞིག་བསྐྲུན་ཡོད། རྩོམ་འདིའི་ནང་གཙོ་བོ་དེང་སྐབས་སྐད་བརྡ་ཞིབ་འཇུག་རིག་པའི་བྱ་ཐབས་དང་ཡུལ་སྐད་འཚོལ་རྟོག་གི་ཡིག་ཆ་གཉིས་ཟུང་དུ་སྦྲེལ་ནས་སྒྲ་གདངས་དང་མིང་བརྡ། བརྡ་སྦྱོར་བཅས་ཀྱི་ཐད་ནས་མདོ་ཁམས་དར་མདོ་རྫོང་མི་ཉག་ཡུལ་སྐད་ཀྱི་ཁྱད་ཆོས་སྐོར་རགས་ཙམ་དཔྱད་བརྗོད་བྱས་པའོ།།

བརྡ་ཆད་གཙོ་བོ། མི་ཉག མི་ཉག་ཡུལ་སྐད། ཁྱད་ཆོས།

སྔོན་གཞི།

སྤྱིར་སྐད་བརྡ་གང་འདྲའང་ཡུལ་སྐད་ཀྱི་ཤན་མ་ཐེབས་པ་ཞིག་མེད་ལ། མི་རིགས་ཀྱི་སྐད་གང་ཡིན་རུང་ཞིག་ལ་མཚོན་ན་དེ་ནི་དང་ཐོག་རིགས་ཚོ་སྤྱི་ཚོགས་ནས་མི་རིགས་དང་མི་རིགས་ནས་རྒྱལ་ཁབ་ལ་དར་བ་ཡིན། དེ་བཞིན་དུ་སྐད་ཡང་ཡུལ་སྐད་ནས་མི་རིགས་ཀྱི་སྤྱི་སྐད་དང་མི་རིགས་ཀྱི་སྤྱི་སྐད་ནས་ཡུལ་སྐད་དུ་རེ་གྲེས་རེ་འདུས་ཀྱི་འཕེལ་འགྱུར་བྱུང་བཞིན་ཡོད། རང་རིགས་བོད་ལ་མཚོན་ན་ལོ་རྒྱུས་ཀྱི་གནས་བབ་དང་སྤྱི་ཚོགས་དང་རང་བྱུང་ཁོར་ཡུག་གི་ཆ་རྐྱེན། སྐད་བརྡ་རང་སྟེང་གི་འཕེལ་འགྱུར་རྒྱུ་རྐྱེན་མི་འདྲ་བས་བོད་ཁུལ་ཀུན་གྱིས་སོས་མཐུན་དུ་གྲུབ་ཡོད་པར་ཡུལ་སྐད་ཆེན་པོ་གསུམ་དབྱེ་ཡོད[1]་མོད། འོན་ཀྱང་དེ་ནང་བྱེ་བྲག་གི་ས་གནས་ཀྱི་ལུང་སྐད་དག་གིས་བོད་ཀྱི་ཡུལ་སྐད་ཕུན་སུམ་ཚོགས་པ་མཚོན་པའི་རྒྱུ་དང་བོད་ཀྱི་སྐད་རིགས་དེ་ཉིད་མ་ཉམས་གོང་སྤེལ་དང་ཉམས་པར་སླར་གསོའི་བྱེད་

[1]དབུས་གཙང་ཡུལ་སྐད། ཁམས་ཀྱི་ཡུལ་སྐད། ཨ་མདོ་ཡུལ་སྐད། ཐེངས་འདིའི་དཔྱད་རྩོམ་ཕྱོགས་སྒྲིག་ཏུ་གསལ།

པར་ཕན་ནུས་ནླ་ན་མེད་པ་ཐོན་དང་ཐོན་བཞིན་ཡོད། དེ་བས་ཡུལ་ལུང་སོ་སོའི་སྐད་རིགས་ལ་ཞིབ་འཇུག་དང་ལྷག་པར་འཛིག་ཉེན་འགྲོ་བའི་ལུང་སྐད་དེ་རིགས་ཀྱི་སྐད་ཆར་འཚོལ་རྟོག་དང་ཞིབ་འཇུག་བྱ་དགོས་པ་ནི་ང་ཚོས་སྐད་བརྡ་རིག་པའི་སློབ་མ་རྣམས་ཀྱི་ འོས་འགན་ཡིན། ཁྱད་པར་དུ་རྩོམ་འདིའི་བརྗོད་གཞི་མི་ཉག་སྐད་ནི་ཡུལ་དུས་དང་ས་གནས་སོགས་ཀྱི་དབང་གིས་སྐད་རིགས་གཞན་དང་བསྡུར་ན་ཐུན་མོང་མ་ཡིན་པའི་ཁྱད་ཆོས་ལྡན་པ་དང་སྐད་རིགས་འདིར་འཚོལ་རྟོག་དང་དཔྱད་ཞིབ་བྱ་ན་མི་ཉག་རིག་གནས་སྟོག་འདོན་དང་སྐད་བརྡ་རིག་པའི་ཐད་ནས་མི་ཉག་དང་འབྲེལ་ཡོད་ཀྱི་གནད་དོན་འཕོར་ཆེན་ཞིག་ཐག་གཅོད་བྱེད་ཐུབ་པའི་ལམ་བུ་གསར་པ་ཞིག་བསྟན་ཞེ་ཐུབ་སྙམ་པའི་ཀུན་སློང་བཟང་པོས་སྐུལ་ནས་བསླངས་ཏེ་བྲིས་པའོ། །

ས་བཅད་དང་པོ། མི་ཉག་སྐད་ཀྱི་ངོ་སྤྲོད་མདོར་བསྡུས།

སྤྱིར་མི་ཉག་དང་འབྲེལ་ཡོད་ཀྱི་ལོ་རྒྱུས་ནི་བོད་ཀྱི་རིག་གནས་ལོ་རྒྱུས་སྟེང་དུ་གོ་གནས་གལ་ཆེན་ཞིག་བཟུང་ཡོད། དེར་མི་ཉག་གི་རུས་ཁུངས་དང་ཡུལ་མིང་ཐོགས་ཚུལ། མི་ཉག་གི་ཡུལ་ཁམས་ཆགས་ཚུལ་བཅས་འབྲེལ་ཡོད་ཀྱི་མི་ཉག་གནད་དོན་སྐོར་ལ་མཁས་པ་སོ་སོས་བཞད་ཚུལ་མི་མཐུན་པ་མཆིས་པས། འདིར་ཚིག་ཚོགས་སུ་གྲུབ་པར་དོགས་ནས་རེ་རེ་བཞིན་དུ་མི་འགོད་པར། གསལ་པོ་ལྟ་འདོད་ན་ཕྲན་གྱི་རྩོམ་གཞན①་ནང་རགས་རིམ་ཙམ་དཔྱད་ཁུལ་བྱས་ཡོད།

སྤྱིར་མི་ཉག་སྐད་ནི་བོད་འབར་སྐད་ཚན་ལས་ཆང་སྐད་ཀྱི་ཡན་ལག་ཁོངས་སུ་གཏོགས་པ། ② སྐད་རིགས་འདི་ནི་བོད་ཀྱི་ཡུལ་སྐད་ཁམས་སྐད་དང་ཨམ་སྐད། ཉེ་འཁོར་གྱི་ཨ་སོ་སྐད（尔苏语）དང་དབྱི་རིགས་སྐད་བཅས་དང་བརྡ་མི་འཕྲོད་པའི་ཁམས་ཕྱོགས་ཀྱི་ཡུལ་སྐད་སྣ་མང་ཁྲོད་ཀྱི་ལུང་སྐད་ཞིག་ཡིན། དེང་སྐབས་མི་ཉག་སྐད་བཤད་ཡུལ་གྱི་ས་ཁོངས་ལ་ས་ཁམས་ཆགས་ཚུལ་གྱི་ནང་ཤར་རྒྱུད་ཀྱི་ཡུལ་སྐད་དང་ནུབ་རྒྱུད་ཀྱི་ཡུལ་སྐད་བཅས་རིགས་གཉིས་སུ་དབྱེ་ཆོག། ནུབ་རྒྱུད་ས་ཁུལ་གྱི་མི་ཉག་སྐད་ནི་གཙོ་བོ་དར་ལྷ་དཀར་མཛེས་ཁུལ་གྱི་དར་མདོ་རྫོང་གི་ས་བདེ། ཟམ་པ་ཁ། འཛིག་རྟེན་དང་སླུ་བ་སོགས་ཤང་བཞི་དང་དགུ་རོང་རྫོང་གི་ཐུང་དགུ་ཤང་དང་ཉག་ཆུ་རྫོང་གི་བྲག་སྨན་སོགས་ལ་སྤྱོད་བཞིན་ཡོད། ནུབ་རྒྱུད་ས་ཁུལ་ནི་བོད་པའི་རིག་གནས་ཤན་ཞུགས་དྲགས་པས་ཡུལ་སྤྱོལ་གོམས་གཤིས་ཕལ་ཆེ་ཤོས་བོད་པ་དང་གཅིག་མཚུངས་སུ་འགྱུར། བོད་བརྒྱུད་ནང་བསྟན་ལ་དད་པ་བྱས་པ། གྲོང་སྡེ་དང་ས་ཁོངས་

①མི་ཉག་སྐད་ཀྱི་ད་ལྟའི་གནས་བབ་དང་འཕེལ་རྒྱུས་ཁ་ཕྱོགས་ལ་རགས་ཙམ་དཔྱད་པ།

② 黄布凡 : 川西藏区的语言 . 中国藏学出版社，2009:18.

ནང་ཁུལ་དུ་མི་ཉག་སྐད་བཤད་པ་དང་ཕྱི་རོལ་དང་འབྲེལ་འདྲིས་བྱེད་དུས་བོད་སྐད་སྤྱོད་པ། ཤར་རྒྱུད་ས་ཁུལ་གྱི་མི་ཉག་སྐད་ནི་གཙོ་བོ་དཀར་མཛེས་རྫོང་གི་ཝན་པག་（弯坝）དང་ཧོང་པག（洪坝）གཡག་ཟ་ས་ཁུལ་གྱི་ཧྲིན་མན་རྫོང་（石棉县）དག་ཡིན། ཤར་རྒྱུད་ས་ཁུལ་གྱི་ཡུལ་སྐད་ནི་གཙོ་བོ་རྒྱ་དང་དབྱི་རིགས་ཀྱི་རིག་གནས་ཤན་ཞུགས་དྲགས་པས་གནའ་བོའི་ཚང་རིགས་ཀྱི་ཡུལ་སྲོལ་གོམས་གཤིས་འབོར་ཆེན་ཞིག་སོར་བཞག་བྱས་པ། རྒྱུན་སྤྱོད་ཀྱི་སྐད་ཆའི་ནང་རྒྱ་སྐད་དང་དབྱི་སྐད་ཀྱི་ཐ་སྙད་མང་བ། དུས་རྒྱུན་དུ་གྲོང་ཚོ་དང་ཁྱིམ་ནང་མི་ཉག་སྐད་བཤད་པ་དང་ཕྱི་རོལ་དུ་རྒྱ་སྐད་དང་ཉུང་ཤས་ཀྱིས་དབྱི་རིགས་སྐད་བཤད་པ། ཕལ་ཆེ་ཤོས་ཀྱིས་བོད་སྐད་བཤད་མི་ཤེས། དར་མདོ་མངའ་ཁོངས་ཀྱི་མི་ཉག་བ་ཧ་ལམ་མི་ཁྲི་གཅིག་ལྷག་ཙམ་ཡོད། དེའི་ནང་གི་རྫོང་ཞབས་དང་ས་བདེར་མི་སྟོང་དགུ་ཡས་མས་ཙམ་ཡོད། བརྒྱད་ཟུར་རྫོང་གི་བྱང་ཕྱོགས་ཀྱི་ཐང་གོས་ཤང་ནང་མི་ཉག་སྐད་བཤད་མཁན་1013ཡོད། དེ་མིན་ཉག་ཆུ་རྫོང་གི་བྲག་མན་དང་ཧྲའུ་རྫོང་གི་ས་ཁུལ་ཁ་ཤས་ལ་མི་1300ལྷག་ཙམ་གྱིས་མི་ཉག་སྐད་བཤད་བཞིན་ཡོད།① རྩོམ་འདིའི་ཡུལ་སྐད་འཚོལ་རྟོག་ས་གནས་ནི་ས་བདེ་ལུང་བའི་མི་ཉག་སྐད་དེ་ཡིན་ནོ།

ས་བཅད་གཉིས་པ། མི་ཉག་ཡུལ་སྐད་ཀྱི་ཁྱད་ཆོས་གཙོ་བོ།

དང་པོ། སྐད་སྒྲའི་རྣམ་བཞག

སྤྱིར་སྒྲ་གདངས་ནི་སྐད་བརྡའི་རྣམ་པ་སྟེ་བརྡ་དོན་གྱི་མཚོན་བྱེད་ཡིན། བོད་ཁུལ་དུ་ཡུལ་གྲུ་ཕན་ཚུན་བར་ལ་གོ་བརྡ་མི་འཕྲོད་པར་ཡོད་པའི་གནད་དོན་གཙོ་བོའང་སྒྲ་གདངས་ཀྱི་ཁྱད་པར་སྟེང་ནས་མངོན་པ་ཡིན། འདིར་བརྗོད་གཞི་མི་ཉག་སྐད་ནི་སྐད་རིགས་གཞན་དག་དང་བསྡུར་ན་མི་མཐུན་པའི་ཆ་མང་པོ་ཡོད་པ་དེ་དག་ཞིབ་ཆ་གཤམ་དུ་སྤྲོས་པར་འདོད་དེ།

གཅིག དབྱངས་དང་གསལ་བྱེད།

དགེ་རྒན་ཆེན་མོ་ཧོང་ཕུ་ཧྥན་ལགས་ཀྱིས་བརྟག་ཞིབ་བྱས་པ་ལྟར་ན། མི་ཉག་སྐད་དུ་དབྱངས་༣༣ཡོད། དེའི་ནང་དབྱངས་རྐྱང་མ་17དང་དབྱངས་བརྩེགས་མ16ཡོད་བཅས་བརྗོད། གསལ་བྱེད་49དང་གསལ་བྱེད་རྐྱང་མ་42དང་གསལ་བྱེད་སྦྲགས་མ7ཡོད་བཅས་བརྗོད།②

① 康定县县志编纂委员会：康定县县志．四川辞书出版社，1995:45。

② 黄布凡：木雅语概况．中国藏学 [J]，1989(4).

1.མི་ཉག་སྐད་ཀྱི་དབྱངས་རྐྱང་པའི་དཔེ་བརྗོད་རེའུ་མིག

དབྱངས་རྐྱང་མ།	མི་ཉག་སྐད།	བོད་སྐད།	དབྱངས་རྐྱང་མ།	མི་ཉག་སྐད།	བོད་སྐད།
i	ni	རིད	y	ly	དུང
e	se	ཤི	ø	nø	འོག་ཏུ་
æ	sæ	ས	a	sa	ཁྲག
ə	pə	བུན་སྐྱིད།	ɐ	thɐ	ཐབས་ཤེས
ɑ	thɑ	ཁྱོད་ཐུབ	o	ndo	ཤ
u	pu	སྟེང་དུ	ɚ	liɚ	ལེས

མི་ཉག་སྐད་ཀྱི་དབྱངས་སྦྲགས་མའི་དཔེ་བརྗོད་རེའུ་མིག

དབྱངས་སྦྲགས་མ།	མི་ཉག་སྐད།	བོད་སྐད།	དབྱངས་སྦྲགས་མ།	མི་ཉག་སྐད།	བོད་སྐད།
ui	ne^{33}kui^{53}	རྫོང་།	uy	ne^{33}kuy^{53}	རྫོང་།
ue	thɐ^{55}kue^{53}	བཅད།	uø	kh^{53}ə^{33}tʂuø	ང་སློབས་པ།
uæ	dʐuæ^{53}	སྒྲ།	ua	qua^{53}	འོག་ཏུ
uə	tʂuə^{24}	གྲུ་གཟིངས།	uɐ	tʂhuɐ^{24}	གྲོ་སྒྲོམ་ཉི་མར་གདན།
uɑ	tʂuɑ^{24}	གྲོག་མ།	uæ	tɕuæ^{33}tɕɦə^{3}	དུག་སྦྲང་།
uā	tɕuā	གྱང་།			

གོང་གསལ་རེའུ་མིག་ལྟར་ན། ༠ཞི་སྐྱེ་གནས་མཚུ་བྱུང་སྐབས་སྣ་ནུས་ནི་༠དང་མཚུངས། དཔེར་ན། mo^{24}，mbo^{53} རི་རྟེ། སྣ་ལྡན་གྱི་དབྱངས་ནི་མང་ཆེ་ཤོས་བོད་སྐད་དང་རྒྱ་སྐད་ཀྱི་གཡར་ཚིག་ནང་

འདུས་པ། ༄ནི་རྒྱ་ཡིག་གི་གཡར་ཚིག་ནང་ཡོད།

2.མི་ཉག་སྐད་ཀྱི་གསལ་བྱེད་དཔེ་བརྗོད་རེའུ་མིག

གསལ་བྱེད	མི་ཉག་སྐད	བོད་སྐད	གསལ་བྱེད	མི་ཉག་སྐད།	བོད་སྐད།
p	pə^{53}	ལྕོག་ཐིག	b	bə	ཚལ
m	mə^{53}	གནམ།	β	βə^{53}	ཕག་
w	wɐ	ཐག་པ	f	f u^{33} fu^{33}	མ་མོས་པོ་རྟོག་གི་ཚིག་གུ
v	ɣɐ^{53}	སད།	ʦ	ʦə^{53}	སྨན
ʦh	ʦ^{h}ə^{53}	རྣ	ʣ	ʣi	ཀ་བ།
s	si	ཞིན་གུང་	z	zi^{53}	གཡག་
t	ti^{53}	ཏིལ་འབྲུ	th	thi^{53}	ཐམ་ཀ
d	di	ཛ་ཏོག	n	nə^{53}	གཉིས
l	lə^{53}	ས་དོང་།	r	rə^{53}	བཞི
ʈʂ	ʈʂə^{53}	སྙིང་།	ʈʂh	ʈʂhə^{53}	ཁྲི
ɖʐ	ɖʐæ^{53}	གྲུ	ʂ	ʂə^{53}	གས་སྦུབས
ʨ	ʨhə^{53}	ད་ལྟ	ʨhə^{5}	ʨhə^{53}	ཆུ
ʥ	ʥə^{53}	རྡོར་མ།	ȵ	ȵuə^{53}	བདུན
ɕ	ɕɐ	ཤར	ʑ	nɐ^{33}zæ^{53}	གྲིབ་སྨྲན།
j	jæ^{53}	གྲོས་ས།	k	ko^{55}mɐ^{53}	རྐོ་བ།
kh	kho^{55}pɑ^{53}	ལུས་པོ	g	gui^{24}	དགུང་ཟ
ŋ	ŋæ^{53}	ཟ	χ	χə^{55}xə^{53}	མགྲོགས
ɣ	ɣə^{24}	ས་བོན	q	tə^{33}qo^{53}	རྐོ་མ།
qh	ɦɑ^{33}qho^{53}	གྲོལ	N	Na^{53}	གསེར
χ	χə^{55}χə^{33}	སྐྱོད	ʁ	ʁə^{24}	སྒོ
ɦ	ɦæ^{33}nə^{53}	བཅུ་གཉིས	mb	mbo^{53}	རྟ
ndz	ndzi^{53}	བྱིག	nd	ndo^{53}	ཤ
ndʐ	ndʐə^{53}	གྲུང་གྲུང་།	ȵʥ	ȵʥə^{33}	ཡོད
ŋg	ŋguæ^{33}ŋguæ^{53}	ཕངས་པ།	ɴɢ	ɴɢua^{33}ɴɢua^{53}	བསྒྲིགས་པོ

གོང་གསལ་གྱི་རེའུ་མིག་ལྟར་ན། མི་ཉག་སྐད་ནང་གསལ་བྱེད་དང་དམ་ལྷོད་ཀྱི་དབྱངས་དང་སྦྱོར་བའི་ཆ་བདུན་ཡོད། དཔེར་ན། β-v, k-q, kh-qh, g-ɢ,ŋ- ɴ, x-χ,ɣ-ʁདེའི་ནང་གསལ་བྱེད་རེ་རེའི་སྟོན་

ནི་ཚོད་པའི་དབྱངས་དང་མཉམ་སྦྱོར་བྱེད། ཕྱི་མ་ནི་གཙོ་བོ་དམ་པའི་དབྱངས་དང་མཉམ་སྦྱོར་བྱས་པ། གསལ་བྱེད β ནི་གཙོ་བོ་སྐྱེ་གནས་མཆུ་སོ་སྒྲ་ལྡན་བཏར་སྒྲ vཞྒོག་པ། f ནི་རྒྱ་ཡིག་གཡར་མིང་ནང་ཡོད་པ།

གཉིས། སྒྲ་གདངས།

སྤྱིར་མི་ཉག་སྐད་ལ་སྒྲ་གདངས་ཅི་ཙམ་ཡོད་པའི་སྐོར་ལ་མཁས་པ་སོ་སོའི་བཞེད་ཚུལ་མི་མཐུན་པ་མང་པོ་ཡོད། དཔེར་ན་ཧོང་ཕུ་རྩན་གྱིས་མི་ཉག་སྐད་ལ་55,24,53,33,15བཅས་སྒྲ་གདངས་བཞི་ཡོད་པ་དང་། དགེན་ཅུན་ཐན་ལགས་ཀྱིས་མི་ཉག་སྐད་ལ་སྒྲ་གདངས་53.33གཉིས་མ་གཏོགས་མེད་བརྗོད། དེས་ན་བོད་མི་ཉག་སྐད་དང་བོད་རྒྱ་དབྱིན་གསུམ་གྱི་ཤན་སྦྱར་ཚིག་མཛོད་ཀྱི་ཐ་སྙད་ལ་གཞིགས་ན་མི་ཉག་སྐད་ལ་སྒྲ་གདངས་གཙོ་བོ་53,33དང་སྒྲ་གདངས་ཕལ་བ་24,15,55བཅས་ཡོད་པར་བསམས། སྒྲ་གདངས་གཙོ་བོ་55,33ནི་མང་ཆེ་བ་སྒྲ་ཚིགས་འདུས་མར་ཡོད། 24དང་53གདངས་ནི་སྒྲ་ཚིགས་རྐྱང་མར་མ་གཏོགས་མེད། 15གདངས་ནི་མིང་ཚིག་གཟུགས་འགྱུར་སྐབས་སུ་འབྱུང་བ། དེ་མིན་མི་ཉག་སྐད་ལ་ད་དུང་དམིགས་བསལ་གྱི་ཁྱད་ཆོས་ཤིག་ནི་དེར་རིང་བའི་སྒྲ་གདངས་ཡོད། 24དང་55གདངས་ནི་སྒྲ་གདངས་རིང་བ། 15ནི་སྒྲ་གདངས་ཆེས་རིང་བ། དཔེར་ན་གཤམ་གསལ་གྱི་རེའུ་མིག་ལས།

བོད་སྐད།	མི་ཉག་སྐད།	བོད་སྐད།	མི་ཉག་སྐད།
ས	tsa^{24}	རི	bɔŋ^{53}
ཟླ་བ།	lɛ^{33}ni$^{5\ 3}$	མི་ཉག	mə^{33}ȵæ^{53}
ཉུང་བ།	ni^{55}ni^{53}	རི་མོ།	khə^{33}ri^{55}

དེས་མ་ཟད་སྒྲ་ཚིགས་འདུས་མ་དང་སྒྲ་ཚིགས་བཞི་ཅན་གྱི་རྗེས་ཀྱི་སྒྲ་ནི་རྟག་ཏུ་33གདངས་ཞྒོག་པ་དང་ཚིག་གྲུབ་ནང་གི་ཚིག་ཕྲད་དང་བྱ་ཚིག ཁྱད་ཆོས་བརྗོད་པའི་ཚིག་ཡང་མཚམས་རེར་ལ་གདངས་33ལ་འགྱུར་བའང་ཡོད། དཔེར་ན། ni^{55}zə^{33}zə^{33} དམར་ཐིང་ཐིང་། gæ^{33}gæ^{53}nɐ^{33}βə^{33} དགའ་བ། næ^{53}mə^{33}ȵæ^{53}æ^{33}βə^{33}ŋɐ^{53}/æ^{55}ni^{33}.ཁྱོད་མི་ཉག་བ་ཡིན་ནམ།

གཉིས་པ། ཐ་སྙད་ཀྱི་རྣམ་བཞག

གོང་དུ་བརྗོད་པ་བཞིན་མི་ཉག་ཡུལ་ནི་རྒྱ་བོད་རིག་གནས་བར་ལ་ཆགས་པས་མི་ཉག་ཡུལ་སྐད་

ཀྱི་མིང་བརྡ་ཐད་ལ་རང་ཉིད་ཀྱི་ཐུན་མོང་མ་ཡིན་པའི་དམིགས་གསལ་གྱི་ཁྱད་ཆོས་ལྡན་པའི་བརྗོད་སྟངས་ཡོད་མོད། འོན་ཀྱང་དུས་ཡུན་རིང་པོ་ཁྲོད་དུ་བོད་སྐད་ཀྱིས་ཤན་ཤུགས་ཐེབས་པའི་རྐྱེན་གྱིས་ད་ལྟ་རྒྱུན་སྤྱོད་ཀྱི་མིང་ཚིག་འབོར་ཆེན་ནང་དུ་བོད་སྐད་དང་རྒྱ་སྐད་ཀྱི་གཡར་ཚིག་འབོར་ཆེན་འདུས་ཡོད། གཡར་ཚིག་མང་ཆེ་ཤོས་ནི་དུས་ཕྱིས་སུ་ནང་འདྲེན་བྱས་པ་ཡིན། མི་ཉག་ནུབ་རྒྱུད་ས་ཁུལ་གྱི་ཡུལ་སྐད་ནི་བོད་སྐད་ཀྱི་ཤུགས་རྐྱེན་ཆེན་པས་རྒྱུན་སྤྱོད་ཀྱི་མིང་ཚིག་ནང་བོད་སྐད་ཞོན་ཆེན་པོ་འདྲེས་ཡོད་པ། དཔེར་ན།

བོད་སྐད།	མི་ཉག་སྐད།	བོད་སྐད།	མི་ཉག་སྐད།
འཛའ	dzɐ	མེ	mə
ཁྲིམས	tʂɐm	ཁྲིམ་མཚེས	tɕhim tɕes
འཛམ་ཐིང་ཐིང་།	dʑa^{33}mɑ mɑ	སྣ་ལུད།	ʂa bu
འདམ་པ།	tɑŋ ba	གཙང་མ།	tsɔ ma
དཔའ་བོ།	pa wu	ཀུན་མ།	kɤ mi

ཤར་རྒྱུད་ཀྱི་ཡུལ་སྐད་ནི་རྒྱ་སྐད་ཀྱིས་ཤུགས་རྐྱེན་ཐེབས་པས་མིང་ཚིག་ནང་རྒྱ་སྐད་ཀྱི་གཡར་ཚིག་མང་བ། དཔེར་ན།

རྒྱ་ཡིག	མི་ཉག་སྐད།	རྒྱ་སྐད།	མི་ཉག་སྐད།
桌子	tɕo^{33}tsi^{53}	灯笼	ti^{55}lo^{33}
瓜瓜	kua^{5}kua^{55}	梨	li^{35}rə^{33}

མི་ཉག་སྐད་ནང་རྩ་བའི་མིང་བརྡ་ཁ་ཤས་ནི་ཆང་སྐད་དང་དབྱི་སྐད་དང་ཐག་ཉེ་བ། དཔེར་ན།

བོད་སྐད།	མི་ཉག	ཚང་སྐད།	དབྱི་སྐད།
གནམ།	$mə^{53}$	mutup	mu^{33}
ཉ	$ʁuə^{53}$	ʁzə	ha^{33}

དེ་མིན་མི་ཉག་སྐད་ནང་དམིགས་གསལ་གྱི་ཐ་སྙད་ཁ་ཤས་ཡོད་པ། དཔེར་ན།

བོད་སྐད།	མི་ཉག་སྐད།	བོད་སྐད།	མི་ཉག་སྐད།
ཉིན་མོ།	$saŋ^{55}$	རིལ་མ།	$xam^{33}pɛ^{55}$
རླུང་།	$mə^{33}mə^{33}$	གསེར།	$ŋa^{55}$
ཟླ་བ།	$le^{33}ni^{55}$	སྐར་མ།	$dʐə^{33}$ fv^{55}

སྤྱིར་མི་ཉག་སྐད་དང་རྒྱ་བོད་མིང་ཚིག་གཤིབ་བསྡུར་གཞིགས་ན། བོད་སྐད་ཀྱི་གཡར་ཚིག་ནི་རྒྱ་ཆ་སུམ་ཅུ་སོ་དྲུག་ཡོད་པ་དང་ཁྱད་པར་དུ་མིང་ཚིག་རྙིང་བ་ནང་དུ་བོད་སྐད་ཀྱི་མིང་ཚིག་འབོར་ཆེན་འདུས་ཡོད་པ་དང་། མིང་ཚིག་གསར་བ་ནང་རྒྱ་ཡིག་མིང་ཚིག་འབོར་ཆེན་འདུས་ཡོད། དེར་མ་ཟད་བོད་རྒྱུད་ནང་བསྟན་དང་འབྲེལ་ཆེ་བའི་མིང་བརྡ་ནི་བོད་སྐད་ཀྱི་གཡར་ཚིག་ཡིན། དེ་ལས་ལྡོག་པ། རྒྱ་ཡིག་གཡར་ཚིག་མང་ཆེ་བ་ནི་རྒྱུན་སྤྱོད་འཚོ་བའི་ཁྲོད་ཀྱི་ཐ་སྙད་དང་བརྡ་ཆད་གསར་བ་ཡིན།

གསུམ་པ། བརྡ་སྤྲོད་ཀྱི་རྣམ་བཞག

སྤྱིར་སྐད་རིགས་གང་ཞིག་ལ་མཚོན་ན་བརྡ་སྤྲོད་ཀྱི་ཁྱབ་ཁོངས་དང་བརྡ་སྤྲོད་ཀྱི་སྒྲིག་གཞིའི་གོ་རིམ་ཆ་ཚང་ཞིང་རང་མཚན་འཛིན་པའི་ཐུན་མིན་གྱི་ཁྱད་ཆོས་ཕུན་སུམ་ཚོགས་པ་ཞིག་ཡོད། དེ་ལྟ་ན་ཡུལ་སྐད་སོ་སོའི་ངག་སྦྱོར་ཁྲོད་ཀྱི་བརྡ་དོན་འཇུག་ཚུལ་ལས་ཁྱད་གཞི་བརྗོད་པའི་ཚིག ཁ་སྐོང་བས་སྐོང་པའི་ཚིག ཚབ་ཚིག གྲངས་ཚིག འཇལ་ཚིག བྱ་ཚིག ཁྱད་ཆོས་བརྗོད་པའི་མིང་ཚིག་སོགས་ཀྱི་འཇུག་ཚུལ་ཁྱད་པར་དང་དེ་མིན་ཕྲད་སྒྲ་ཚོགས་ཀྱི་སྦྱོར་ལུགས་དང་བྱེད་ནུས་སོགས་ཀྱི་ཁྱད་པར་ཅུང་ཟད་ཙམ་ཡོད་པར་སྙམ་ཏེ་མི་ཉག་ཡུལ་སྐད་ལ་ཡང་སྐད་རིགས་གཞན་དང་མི་མཐུན་པའི་བརྡ་སྤྲོད་ཀྱི་ཁྱད་ཆོས་ཕྱོགས་རེ་ཙམ་ཡོད་པ། ཞིབ་ཚགས་བཀོད་ན་གཤམ་གསལ་ལྟར།

གཅིག མིང་ཚིག་རིགས།

1.དངོས་མིང་།

མིང་ཚིག་ཕལ་ཆེ་བོས་ཀྱི་སྔོན་རྗེས་སུ་སྔོན་རྒྱན་དང་འཇུག་རྒྱན་སྦྱར་བ། མི་ཉག་སྐད་ནང་དུ་གཉེན་ཉེའི་མིང་གི་སྔོན་དུ་ཚིག "a" སྦྱར་བ། དཔེར་ན། ཨ་ཕྱིས། a fa ཨ་ཕ། a vap ཨ་ཀྱུ། a kɔ

ཨ་ཆེ། a ɦɐ མི་ཉག་སྐད་དུ་གཅིས་ཆུང་སྟོན་པའི་མིང་ཚིག་རྗེས་སུ་" ʨue" འཇུག་པ། དཔེར་ན། འཇམ་ཆུང་། "rə nu ʨuə" ཤྭ་བ་ཆུང་ཆུང་། "ʦam ʨue" ཉ་མོ་ཆུང་ཆུང་། "ɦu ʨue" སོགས་ཆགས་ཀྱི་ཕོ་མོ་སྟོན་པའི་མིང་མཐའ་ལ་" ʁo" དང་ "mɐ" སྦྱར་བ། དཔེར་ན། རྟ་ཕོ "rap ʁo" རྒོད་མ། "rap mɐp" །

2. གྲངས་ཀའི་མིང་།

(1) གཞི་གྲངས།

མི་ཉག་ཡུལ་སྐད་དུ་གྲངས་རིགས་བརྗོད་སྟངས་གཉིས་ཡོད། གཅིག་ནི་མི་ཉག་སྐད་ཀྱི་རྩ་བའི་གཞི་གྲངས། གཅིག་ནི་བོད་ཡིག་གི་གཡར་ཚིག་ཡིན།

མི་ཉག་སྐད་ཀྱི་གྲངས་བརྗོད་སྟངས་ལ། དཔེར་ན། གཅིག་ནས་བཅུ་བར་གྱི་རྗེས་སུ་ "lø"བཀོད་པ། གཅིག da lø གསུམ། sɔ lø བཞི། ɕi lø ལྔ། ŋa lø

བཅུ་ནས་བཅུ་དགུ་བར་ལ་ "ɦa" +གཞི་གྲངས+lø" རྣམ་པ་མངོན་པ།

དཔེར་ན། བཅུ། $ɦæ^{33}kø^{53}lø$ བཅུ་གཅིག $ɦæ^{33}ti^{53}lø$ བཅུ་གཉིས། $ɦæ^{33}nə^{53}lø$

བཅུ་གསུམ། $ʁo^{33}so^{53}lø$ བཅོ་ལྔ། $ɦæ^{33}ɴɑ^{53}lø$ བཅུ་དྲུག $ɦæ^{33}ʨ^hu^{53}lø$

བཅུ་བདུན། $ɦæ^{33}ȵə^{53}lø$

ཉི་ཤུ་ནས་ཉི་ཤུ་རྩ་གཅིག་བར་ལ་ "ni" + "$ʁuɑ^{53}$" +གཞི་གྲངས+ "lø" རྣམ་པ་མངོན་པ་དང་། དཔེར་ན། ཉི་ཤུ "$nə^{33}ʁuɑ^{53}lø$" ཉི་ཤུ་རྩ་གཅིག "$nə^{33}ʁuɑ^{53}tam^{53}lø$."

གྲངས་ལྔ་བཅུ། དྲུག་བཅུ། བདུན་བཅུ། བརྒྱད་བཅུ། དགུ་བཅུ། བརྒྱ་བཅས་ནི་ "གཞི་གྲངས"+"gag"+lø རྣམ་པ་ཡིན། དཔེར་ན། ལྔ་བཅུ། "$ŋæ^{55}gæ^{53}lø$"དྲུག་ཅུ། "$ʨu^{53}ga^{53}lø$"བདུན་ཅུ། "$ȵu^{33}ga^{53}lø$" བརྒྱ། $ɦa^{33}go^{53}ga^{33}lø$

(2) རིམ་གྲངས། དེ་ནི་བོད་སྐད་དང་གཅིག་མཚུངས་ཡིན།

དཔེར་ན། ཨ་དང་པོ། $ɑ^{55}tɑ^{33}mbu^{53}$ ཨ་གཉིས་པ། $ɑ^{55}ȵis^{33}pa^{55}$

(3) ཆ་གྲངས་དང་ལྷབ་གྲངས།

ཆ་གྲངས་ནི་གཙོ་བོ་སྣ་ཆ་དང་ཕྱི་ཆ་རྗེས་སུ་ "ta⁵³mba⁵³" བར་དུ་ "ɣæ³³" སྦྱོལ་བ། དཔེར་ན། rə³³tə⁵³mbə³³ɣæ³³te³³tə⁵³mbə³³བཞི་ཆ་གཅིག "tə⁵³mbə³³" ནི་ དུམ་བུའི་དོན། བཞིའི་ནང་དུ་དུམ་བུ་གཅིག་ལ་གོ་དགོས།

ལྷབ་གྲངས་ནི་གཙོ་བོའི་གྲངས་རྗེས་སུ་ "lø"。དཔེར་ན། ལྷབ་ལྔ། "na³³ tə⁵³lø"

(4) ཉེ་གྲངས།①

མི་ཉག་སྐད་ནང་རྒྱུན་མཐོང་གི་ཉེ་གྲངས་དཔེར་ན།

(ཉིན) གཉིས་གསུམ། nə⁵⁵so³³ (ལོ) ལྔ་དྲུག ɴɑ⁵⁵tɕhuə

དེ་མིན་གཞི་གྲངས་ཀྱི་རྗེས་སུ་ "ti³³" དང་ "qɑ³³tʂo⁵³" སྦྱར་ནས་ཉེ་གྲངས་ཡང་མཚོན་ཐུབ། དཔེར་ན། kui⁵³ȵi³³ɕə⁵³ ti³³ལོ་གཉིས་ཤུ་ཙམ།

mə³³ni⁵³sum³³tɕuə⁵³ qɑ³³tʂo⁵³མི་སུམ་ཅུ་ལྷག་ཙམ།

3.འཇལ་བྱེད་ཀྱི་མིང་།

རྒྱུན་མཐོང་གི་གཟུགས་དབྱིབས་དང་མང་ཚིག་མཚོན་བྱེད་ཀྱི་ཚད་ཚིག་ནི་ te⁵⁵zə⁵³ (མི་མཚོན་པ།) te⁵⁵lø⁵³ (སྒོར་དབྱིབས་དང་དུམ་བུའི་དབྱིབས་མཚོན།) te⁵⁵βæ⁵³ (ཤོག་བུ་དང་ཤིང་ལྤོ། གོས་སོགས་ལེབ་དབྱིབས་མཚོན།)

4.བྱ་ཚིག

མི་ཉག་སྐད་ཀྱི་བྱ་ཚིག་ལ་གཙོ་བོ་བྱ་ཚིག་རྐྱང་མ། བྱ་ཚིག་འདུས་མ། དེའི་ནང་བྱ་ཚིག་གསུམ་འདུས་མ་དང་བྱ་ཚིག་གཉིས་འདུས་ནི་ཉུང་མང་བ། བྱ་ཚིག་རྐྱང་མ་ཕལ་ཆེ་གཙོ་བོ་བརྗོད་གཅོད་དང་རྟེན་གནས②སོགས་རྣ་བའི་རྒྱུན་སྤྱོད་ཀྱི་ཚིག་དག་ཡིན།

(1) སྐབ་བྱེད་ཀྱི་མིང་། ni⁵³དང་ŋe²⁴

སྐྱེས་བུ་བདག་བརྗོད་ཀྱི་མིང་ni⁵³སྐྱེས་བུ་གཞན་བརྗོད་ཀྱི་མིང་ŋe²⁴ ni⁵³ནི་སྤྱིར་བཏང་གི་སྨྲ་གདངས་མཚོན་པ་དང་ŋe²⁴གཏན་འཁེལ་ཐག་ཆོད་ཀྱི་གདངས་མཚོན་པ།

དཔེར་ན། næ⁵³mə³³ȵæ⁵³æ³³βə³³ŋe⁵³/æ⁵⁵ni³³ཁྱེད་མི་ཉག་པ་ཡིན་ནམ།

ŋə⁵³mə³³ȵæ⁵³βə³³ŋe²⁴/ni ང་མི་ཉག་པ་ཡིན།

①རྒྱ་ཡིག་ཏུ 约数 .

②རྒྱ་ཡིག་ཏུ 判断动词 存在动词

(2) རྟེན་གནས་མཚོན་པའི་བྱ་ཚིག

མི་ཉག་སྐད་དུ་དམིགས་གསལ་གྱི་རྟེན་གནས་མཚོན་པའི་བྱ་ཚིག་འབོར་ཆེན་ཡོད་ལ་དེ་དག་སོ་སོའི་སྟོན་ཕྱོགས་ཀྱི་བྱ་དངོས་སོགས་མི་འདྲ་བས་སྦྱོར་སྟངས་ཡང་མི་གཅིག་པ། དཔེར་ན། ȵdʑə^{53}ནི་གཙོ་བོ་སྲོག་ལྡན་བྱ་དངོས་གནས་པ་དང་དབང་བ། ལྡན་པ་བརྗོད་པ་མཚོན། khuབྱ་དངོས་གཙོ་བོ་སྣོད་ཆས་སམ་ཁྲབ་ཁོངས་གཏན་འཁེལ་ཞིག་ལྡན་པ་མཚོན། tɕəསྒྲ་བརྗོད་བས་ཆ་རྐྱུས་ཡོད་པའི་འགྲུལ་སྤོ་ལྡན་པའི་བྱ་དངོས་གནས་ཡོད་པར་སྦྱར། (མིག་གི་དངོས་སུ་མ་མཐོང་བ) mə^{53}སྒྲ་བརྗོད་བས་དངོས་སུ་མིག་གི་མཐོང་བའི་འགྲུལ་སྤོ་བྱེད་ཐུབ་པའི་དངོས་པོར་སྦྱར་བ། ȵdʑui^{53}རྩ་ཆེན་གྱི་བྱ་དངོས་གནས་པ་མཚོན་པ། ȵdʑe^{24}བྱ་དངོས་གཅིག་དེ་བྱ་དངོས་གཞན་ཤིག་ལ་འདྲིས་པ་ཡོད་པ་རྣམས་ལ་མཚོན། ȵdə^{24}སྤྱི་མཚན་གྱི་དངོས་དོན①ལྡན་པ་མཚོན་པ།

(3) གཞན་དབང་ཅན་གྱི་བྱ་ཚིག②ནི་གཙོ་བོ་རང་དབང་ཅན་གྱི་བྱ་ཚིག་རྗེས་སུ་“tɕ^{h}ə^{53}”སྦྱར་བ། དཔེར་ན། tha^{55}qa^{53} བསྐྲོགས། tha^{55}qa^{53}tɕ^{h}ə^{53} སྐྲག་ཏུ་བཅུག་པ།

5.མཐའ་རྟེན་གྱི་ཕྲད།

མི་ཉག་ཡུལ་སྐད་དུ་གཙོ་བོ་སྤྱིར་བཏང་གི་མཐའ་སྦྱོར་གྱི་ཕྲད་དང་མིང་བརྫ་འགྱུར་བྱེད་ཀྱི་ཕྲད་དང་ཚིག་གི་བསྒྲིགས་གཞི་གྲུབ་བྱེད་ཀྱི་ཕྲད་བཅས་རིགས་གསུམ་ཡོད་པ། དེར་བཞིར་དུ་བཀོད་ན་གཤམ་གསལ་ལྟར།

(1) མཐའ་སྦྱོར་གྱི་ཕྲད།③

མི་ཉག་སྐད་དུ་རྒྱུན་མཐོང་གི་མཐའ་སྦྱོར་གྱི་ཕྲད་ནི“ni^{33}”、“ra^{33}”、“ti^{33}”ཡོད།

“ni^{33}”ནི་གཙོ་བོ་བྱ་བ་བྱེད་བཞིན་བའི་སྤྱིར་བཏང་གི་བཤད་ཉམས་མཚོན་བྱེད་ཀྱི་མཐའ་སྦྱོར་གྱི་ཕྲད་ཡིན། དཔེར་ན། ɦæ^{33}ndzə^{55}po^{53} ni^{33}ཟ་མ་ཟ་བཞིན་ཡོད།

“ra^{33}”བྱ་བ་བྱེད་ཚར་བའི་སྤྱིར་བཏང་གི་བཤད་ཉམས་མཚོན་བྱེད་ཀྱི་མཐའ་སྦྱོར་གྱི་ཕྲད་ཡིན། དཔེར་ན། ɦæ^{33}ndzə^{55}ra^{33} ཟ་མ་ཟ་ཚར་བ།

“ti^{33}”ནི་གཙོ་བོ་བྱ་བྱེད་ཐ་དད་པ་བྱ་བ་ལས་མ་ཚར་བའི་རྗེས་སུ་མཚོན་བྱེད་ཀྱི་ཕྲད་ཡིན། དཔེར་ན། ɦæ^{33}ndzə^{55}ma^{53}ti^{33}. ཟ་མ་ཟ་མ་ཚར་བ།

---

① 抽象事物

② 不自主动词

③ 语气助词

(2) མིང་བརྗ་མཚོན་བྱེད་ཀྱི་ཕྲད།

འདིར་མིང་བརྗ་མཚོན་བྱེད་ཀྱི་ཕྲད་ནི་གཙོ་བོ་བྱ་ཚིག་དང་བྱ་ཚིག་ཚིག་ཚོགས་ཀྱི་རྗེས་སུ་ཚིག་གྲོགས་སྦྱར་ནས་མིང་བརྗ་མཚོན་པར་གོ མི་ཉག་སྐད་ལ་མིང་བརྗ་མཚོན་བྱེད་ཀྱི་དམིགས་གསལ་གྱི་ཚིག་གྲོགས་གསུམ་ཡོད།

"mi^{33}" ནི་གཙོ་བོ་སྐྱེས་བུ་གང་ཟག་གྲུབ་བྱེད་ཀྱི་ཕྲད་ཡིན། དཔེར་ན། khə^{33}ri^{55}རི་མོ། khə^{33}ri^{55}mi^{33}རི་མོ་བ།

"ry^{33}" ནི་གཙོ་བོ་དངོས་པོ་མཚོན་བྱེད་ཀྱི་ཕྲད་ཡིན། དཔེར་ན། ɦæ^{24}ndza^{33} ཟ། ɦæ^{24}ndza^{33} ry^{33} བཟའ་རྒྱུ།

"sə^{33}" ནི་གཙོ་བོ་བྱ་བ་རིས་ཅན་ཞིག་བྱས་ཡོད་པའི་དངོས་པོ་མཚོན། དཔེར་ན། ndo^{13} གོ་བ། tho^{33}ndo^{53} sə^{33} གོ་རྒྱུ། (སྐད་ཆ།)

(3) ཚིག་གི་སྒྲིག་གཞི་གྲུབ་བྱེད་ཀྱི་ཕྲད།

ཚིག་གི་སྒྲིག་གཞི་གྲུབ་བྱེད་ཕྲད་ནི་གཙོ་བོ་མིང་དང་ཚབ་ཚིག མིང་ཚོགས་སོགས་ཀྱི་རྗེས་སུ་སྦྱར་ནས་ཚིག་དང་ཚིག་ཚོགས་བར་གྱི་འབྲེལ་བ་གྲུབ་བྱེད་ཀྱི་ཚིག་ཕྲད་ལ་གོ ། མི་ཉག་ཡུལ་སྐད་དུ་རྒྱུན་མཐོང་གི་ཚིག་གྲུབ་བྱེད་ཀྱི་ཚིག་གྲོགས་ལྔ་ཙམ་ཡོད། རེ་རེ་བཀོད་ན་གཤམ་གསལ་ལྟར།

འབྲེལ་བ་སྟོན་བྱེད་ཀྱི་ཕྲད་ "ɣæ" དཔེར་ན། æ^{33}ki^{55} ɣæ^{33}tɐ^{24} ཨ་ཁུའི་ཞྭ་མོ།

བྱེད་པ་པོའམ་བྱེད་པ། དེ་མིན་བྱ་དངོས་ཀྱི་བདག་པོ་སྟོན་བྱེད་ཀྱི་ཕྲད་ "ji" དཔེར་ན། ŋi^{53} (ŋə^{53}+ji) ȵu^{33}kə^{53}ji^{33}ɣə^{53}ndə^{33}khə^{33}rø^{55}ŋɐ^{33}ངས་སྨྱུ་གུ་ཡིས་འབྲི་ཡིག་བྲིས་པ།

བྱ་བ་བྱེད་ཡུལ་གྱི་གནས་དང་ཕྱོགས་མཚོན་བྱེད་ཀྱི་ཕྲད་ le^{33} དཔེར་ན ɐ^{55}ʦə^{33}ŋə^{33}le^{33}ʁɑ^{33}ti^{33} ཁོས་ང་ལ་གཤེ་གཤེ་གཏོང་བ།

བྱ་བ་བྱེད་སྐབས་ཀྱི་དུས་ཚོད་སྟོན་བྱེད་ཀྱི་ཕྲད་ "tsɐ^{33}ka^{33}" དཔེར་ན། nə^{24} ɕɐ^{55}ʨɐ^{53}ʦə^{33}kə^{33} kə^{33}ʦy^{55}pi^{33}ཉི་མ་ཤར་ཕྱོགས་ནས་ཤར་བ།

བསྡུར་བ་སྟོན་བྱེད་ཀྱི་ཕྲད་ "ti" དཔེར་ན། khuə^{53}ʦə^{33}lə^{53}ti^{33}ki^{33}kɐ^{53}ni^{33}ཁྱི་ནི་བྱི་ལ་ལས་ཆེ།

ཕན་ཚུན་སྦྲེལ་བྱེད་ཀྱི་ཕྲད་ "rə^{33}" གཙོ་བོ་འདྲ་གཤིབ་ཚིག་གྲུབ་ཀྱི་སྐབས་སུ་སྦྱར་བ།

དཔེར་ན། rə^{33}βɐ^{53}βɐ^{33}rə^{33}æ^{33}mɐ^{53}nə^{33}ཨ་ཕ་དང་ཨ་མ་གཉིས།

6.རྒྱན་ཚིག

མི་ཉག་ཡུལ་སྐད་ཁྲོད་དུ་རྒྱན་ཚིག་ཕུན་སུམ་ཚོགས་པ་ཡོད་མོད། རྒྱུན་མཐོང་གི་རྒྱན་ཚིག་གི་རྣམ་པ་ནི་གཙོ་བོ་ཟློས་ཚིག་དང་ཚིག་ཁྲིམ་གཉིས་ཅན་དག་ཡིན།

དཔེར་ན། སྦོམ། bo³³bo རིང་། ʁu³³ʁu³³ ཐུང་། tʂø³³ tʂø⁵³

མཐུག་པོ། ɣui³³ɣui⁵³ འཇམ་པོ། na³³na⁵³ སྲབ་སྲབ། dʑi³³dʑi⁵³

དེ་མིན་རྒྱན་ཚིག་ཁ་ཤས་ལ་རིམ་པའི་སྒྱི་འགྲོས་ཡོད་པ། དཔེར་ན། ཆེ། སྤྱིར་བཏང་གི་རིམ་པ། འཕྲིང་བའི་རིམ་པ། ཆེས་མཐོ་བའི་རིམ་པ་བཅས། སྤྱིར་བཏང་གི་རིམ་པ་ནི་གཟུགས་འགྱུར་བ་མེད་པ་རང་སོར་བཞག་པ། འཕྲིང་བའི་རིམ་པ་དང་ཆེས་མཐོ་བའི་རིམ་པ་གཉིས་ནི་གཙོ་བོ་རྒྱན་ཚིག་གི་སྔོན་དུ "kæ" དང་ "z ə" སྦྱར།

དཔེར་ན། ཆུང་། སྤྱིར་བཏང་རིམ་པ། tsə³³tsæ⁵³འཕྲིང་བའི་རིམ་པ། kæ³³tsæ⁵³ཆེས་མཐོ་བའི་རིམ་པ། zə³³tsæ⁵³

ཆེ། སྤྱིར་བཏང་རིམ་པ། ki³³ke⁵³འཕྲིང་བའི་རིམ་པ། kæ³³ki⁵⁵ke⁵³ ཆེས་མཐོ་བའི་རིམ་པ། zi³³k⁵³₃

7.གནས་སྟོན་པའི་མིང་།

མི་ཉག་ཡུལ་སྐད་ཁྲོད་དུ་ཞིབ་ཅིང་ཕྲ་ལ་ཕུན་སུམ་ཚོགས་པའི་ཁ་ཕྱོགས་སྟོན་པའི་མིང་འབོར་ཆེན་འདུས་ཡོད། དཔེར་ན་གནས་གོང་འོག་རྒྱུད་པར་མཚོན་ན་སོ་སོར་བར་སྟོང་དང་ཆུ་བཞུར། ལུང་པ། ཐབ་ཀ། ཁང་བརྩེགས་སོགས་ཀྱི་ཐད་ནས་ཁ་ཕྱོགས་དབྱེ་རྒྱུ་ཡོད། དཔེར་ན།

	བར་མཚམས	ཆུ་ཤུལ	ལུང་པ།	མེ་གཞོང་།	ཁང་བརྩེགས
གོང་	khæ²⁴	ɦu³³ɣi⁵³	tɕʰe⁵³	ɦu²⁴tə³³	be³³te⁵³
འོག	qua⁵³	ɦu³³βə⁵³	ndæ²⁴	ɦu²⁴tɕhə³³	be³³va³³

འདིར་ལས་ང་ཚོས་ཤེས་རྟོགས་ཐུབ་པ་ནི་ཆུ་བཞུར། ལུང་པ། ཐབ་ཀ། ཁང་བརྩེགས་སོགས་ནི་མི་ཉག་ཡུལ་མིའི་འཚོ་བ་ཁྲོད་དུ་གོ་གནས་གལ་ཆེན་བཟུང་ཡོད་པས་རྒྱུན་ལྡན་གྱི་ཁ་ཕྱོགས་སྟོན་ཚུལ་ཞིག་ཏུ་འགྱུར།

8.ཚབ་ཚིག

(1) སྐྱེས་བརྗོད་ཀྱི་ཚབ་ཚིག

མི་ཉག་ཡུལ་སྐད་དུ་སྐྱེས་བུ་བརྗོད་པའི་ཚབ་ཚིག་ལ་ཡ་གྲངས་དང་ཆ་གྲངས་གཉིས་སུ་དབྱེ་བ། ཆ་གྲངས་ཀྱི་མིང་མཐའ "nə^{33}" སྦྱར། སྐྱེས་བུ་གཞན་བརྗོད་ཀྱི་མིང་ནི་ཉེ་རིང་སྟོན་བྱེད་ཀྱི་ཚབ་ཚིག་དང་གཅིག་མཚུངས་ཡིན་པས་ཉེ་ཕྱོགས་སྟོན་པར་མིང་འགོར "ɐ^{55}" དང་རིང་ཕྱོགས་སྟོན་པ་མིང་འགོ "wɐ^{55}" སྦྱོར་སྲོལ་ཡོད། ཞིབ་ཚགས་སྐོར་གཤམ་གསལ་རེའུ་མིག་ཏུ་བཀོད་ན།

	སྐྱེས་བུ་བདག་བརྗོད་མིང་།	སྐྱེས་བུ་བར་བརྗོད་མིང་།	སྐྱེས་བུ་གཞན་བརྗོད་ཀྱི་མིང་།
ཡ་གྲངས།	ŋə^{53}	næ^{53}	ɐ^{55}(wɐ^{55}) ʦə^{33}
ཆ་གྲངས།	ŋə^{53}nə^{53}	næ^{53}nə^{53}	ɐ^{55}(wɐ^{55}) ʦə^{33}nə^{33}

(2) ཉེ་རིང་སྟོན་བྱེད་ཀྱི་ཚབ་ཚིག

མི་ཉག་སྐད་དུ་སྟོན་བྱེད་ཀྱི་ཚབ་ཚིག་ལ་ཉེ་ཕྱོགས་དང་རིང་ཕྱོགས་སྟོན་བྱེད་ཀྱི་མིང་དབྱེ་བ། ཉེ་ཕྱོགས་སྟོན་བྱེད་ཀྱི་ཚིག་ལ་མིང་འགོར་ ɐ^{55} དང་རིང་ཕྱོགས་སྟོན་བྱེད་ཀྱི་ཚིག་ལ་མིང་འགོར་ wɐ^{55} ཡོད་པ།

དཔེར་ན། ɐ^{53}ʦə^{33} འདི wɐ^{24}ʦə^{33} དེ

ɐ^{53}khɐ^{33} འདི་ནས wɐ^{24}khɐ^{33} དེ་ནས།

(3) འདྲི་བྱེད་ཀྱི་ཚབ་ཚིག

མི་ཉག་སྐད་དུ་ཕལ་ཆེ་ཤོས་ཀྱི་འདྲི་ཚིག་ནི་མིང་འགོར་ ɦæ²ཡོད།

དཔེར་ན། ɦæ^{24}nə^{33}ɦæ^{24}zə^{53}ག་རེ།

na^{33}lɛ^{33}ka^{53}ɦæ^{24}zə^{53}fʊ^{33}pa^{53}ni^{33} ཁྱེད་རང་གི་ཕྲུག་ལས་ག་རེ་གནང་གི་ཡོད།

ɦæ^{24}ti^{55} ག་ཚད། ɦæ^{24}mə^{53}nə^{33}ཇི་འདྲ་འདུག

གཉིས། ཚིག་གི་སྒྲིག་གཞི།

1.ཚིག་གི་སྒྲིག་རིམ།

མི་ཉག་ཡུལ་སྐད་དེ་བོད་སྐད་དང་བསྡུར་ན་ལྟོས་བཅས་ཀྱི་དམིགས་གསལ་གྱི་མིང་ཚིག་བརྗོད་

སྣང་ས་ཡོད་མེད། འོན་ཀྱང་རྩ་བའི་ཚིག་སྦྱོར་གྱི་སྒྲ་ཕྱི་ནི་བོད་ཡིག་དང་གཅིག་མཚུངས་ཡིན། ཚིག་གི་གྲུབ་ཆ་ལ་གཙོ་བོ་བརྗོད་གཞི། རྗོད་པ། ཡུལ་ཚིག ཁྱད་ཚོས་སྟོན་པའི་ཚིག རྣམ་ཚིག་སོགས་ཡོད། དེ་དག་གི་ཚིག་སྦྱོར་གྱི་གོ་རིམ་ནི་གཙོ་བོ་SOVསྒྲིག་གཞི་རྣམ་པ་ལྟར་མངོན་ཏེ། བརྗོད་གཞི་ནི་སྔོན་དང་རྗོད་པ་ནི་མཇུག་ཏུ་ཡོད། ཡུལ་ཚིག་ནི་སྤྱི་བཏང་དུ་བར་ལ་ཡོད། འོན་ཀྱང་སྐབས་འགར་བརྗོད་གཞིའི་སྔོན་དུ་བརྗོད་སྲོལ་ཙུང་ཡོད། ཡུལ་ཚིག་ལ་ཡུལ་ཚིག་བརྒྱུད་མ་དང་ཡུལ་ཚིག་དངོས་མ། ཡུལ་ཚིག་བརྒྱུད་མ་ནི་ཡུལ་ཚིག་དངོས་མ་སྔ་ཕྱི་གཉིས་ལ་བཞག་ཆོག་པ། རྣམ་ཚིག་ཕལ་ཆེ་ཤོས་ནི་བརྗོད་གཞིའི་སྔོན་དུ་སྦྱར་བ། འོན་ཀྱང་དམིགས་བསལ་གྱི་སྐབས་སུ་བརྗོད་གཞིའི་རྗེས་སུ་སྦྱར་བའང་ཡོད།

དཔེར་ན། ŋə^{53} （ང） mə^{33}ȵæ^{53}gɔŋ^{35}kar^{33} （མི་ཉག་གངས་དཀར） rap^{35}ɦu^{33} （ཕ་ཡུལ） ni^{33} （ཡིན） ངའི་ཕ་ཡུལ་ནི་མི་ཉག་གངས་དཀར་ཡིན།

mə^{33}ȵæ^{53} （མི་ཉག） khu^{33}xə^{24}tɕhu^{33}tɕa^{53}ka^{33}khu^{35}ni^{33}མི་ཉག་ལ་མཚོའུ་ཏ་ཙུང་མང་།

2.ཚིག་གྲུབ་འདུས་མ།

མི་ཉག་སྐད་དུ་ཚིག་གྲུབ་འདུས་མ་ནི་གཙོ་བོ་སྦྲེལ་ཚིག་ཡོད་མེད་ལ་བལྟས་པ་ཡིན། དེ་མིན་སྦྲེལ་ཚིག་ཕལ་ཆེ་ཤོས་ནི་ཚིག་དུམ་གྱི་མཇུག་ན་ཡོད། རྒྱུན་མཐོང་གི་ཚིག་གྲུབ་འདུས་མར་ཆ་རྐྱེན་མཚོན་པའི་ཚིག་གྲུབ་ལ་ "na^{33}" དང་རྒྱུ་མཚན་སྟོན་པའི་ཚིག་གྲུབ་འདུས་མ་ལ tsə^{33}kə^{33}། རྒྱུ་འབྲས་སྟོན་པའི་ཚིག་གྲུབ་འདུས་མ་ལkə^{33}། བརྟག་པ་མཐའ་བཟུང་གི་ཚིག་གྲུབ་འདུས་མ the^{53}། སྔར་བའི་འབྲེལ་བ་སྟོན་པའི་ཚིག་གྲུབ་འདུས་མ་ma^{33}to^{53}། མི་མཐུན་པ་སྟོན་བྱེད་ཀྱི་ཚིག་གྲུབ་འདུས་མ་sa^{55}re^{24}། འདིར་ཚིག་ཚོགས་མང་བ་དོགས་ནས་ནང་གསེས་ཀྱི་དཔེར་བརྗོད་གཅིག་མ་གཏོགས་མི་བཀོད་པའོ། ། དཔེར་ན། བརྟག་པ་མཐའ་བཟུང་གི་ཚིག་གྲུབ་འདུས་མ། the^{53}næ^{53}xə^{53}the^{33} ,ŋə^{53}nə^{33}xə གལ་ཏེ་ཁྱོད་འགྲོ་ན། ང་ཡང་འགྲོ།

（རྩོམ་པ་པོ་ཐོ་སྒྲོད། ཟླ་བ་སྒྲོན་མ། ཕ་ཡུལ། སི་ཁྲིན་དཀར་མཛེས། ཀྲུང་དབྱང་མི་རིགས་སློབ་གྲྭ་ཆེན་མོའི་བོད་རིག་པ་ཞིབ་འཇུག་སྒྲིང་གི་2014ལོའི་འབུམ་རམས་པ།)

(མཇུག་སྒྲོན་དགེ་རྒན། ཚེ་དབང་ལྷ་མོ།)

༧༧ ། །དོན་གྲུབ་རྒྱལ་གྱི་སྒྲུང་གཏམ་ལ《ཛྷན་ཨེར》[1]གྱི་ཤན་ཞུགས་པའི་སྐོར་ལ་དཔྱད་པ།

དོན་གྲུབ་ཚེ་རིང་།

ནང་དོན་གནད་བསྡུས། དཔྱད་རྩོམ་འདིར་དཔྱད་བསྡུར་རིག་པའི་ལམ་ནས་དོན་གྲུབ་རྒྱལ་གྱི་སྒྲུང་གཏམ་སྤྱི་ཡི་བརྗོད་བྱའི་དོན་དང་། རྗོད་བྱེད་ཚིག བཏགས་པའི་ཁ་བྱང་། མི་སྣའི་སྣང་བརྙན་འབྲི་བཞེངས་སོགས་ལ《ཛྷན་ཨེར》གྱི་ཤན་ཞུགས་ཚུལ་དང་། ཤན་ཞུགས་པའི་རྒྱུ་མཚན་བཤད་ཡོད་ལ། བྱེ་བྲག་ཏུ་ཤན་ཞུགས་མངོན་པར་གསལ་བའི་སྒྲུང་གཏམ་གཉིས་ཡོགས་སུ་བཀར་ནས་རང་བློས་གང་ལྕོགས་ཀྱིས་དཔྱད་པ་བྱས་ཁུལ་ལགས།

མིང་བརྡ་གཙོ་བོ། དོན་གྲུབ་རྒྱལ། སྒྲུང་གཏམ། ཛྷན་ཨེར། ཤན་ཞུགས།

རྩོམ་པ་པོ་རྣམས་ཐོག་མར་གསར་རྩོམ་ལ་འཇུག་སྐབས། གཞན་གྱི་བརྩམས་ཆོས་ལ་སློབ་སྦྱོང་མི་བྱེད་ཐབས་མེད་ཡིན་པས། གཞན་གྱི་ཤན་མ་ཞུགས་པའི་རྩོམ་པ་པོ་ཞིག་ཡོད་པར་དཀའ། དོན་གྲུབ་རྒྱལ་ནི་བོད་ཀྱི་དེང་རབས་རྩོམ་རིག་གི་རྨང་གཞི་གདིང་མཁན་གྲས་ཤིག་ཡིན་པ་དང་། བོད་ཀྱི་དེང་རབས་རྩོམ་རིག་འཕེལ་རྒྱས་ལ་མཛད་རྗེས་ཆེན་བཞག་ཡོད་པ་དེ་ཀུན་གྱིས་ཁས་ལེན་མོད། འོན་ཏེ་ཁོང་གི་གསར་རྩོམ་གྱི་ལས་ལ་རྩོམ་པ་པོ་སུ་དང་གང་ཞིག་གི་ཤན་ཞུགས་ཐེབས་པར་རིག་གཞུང་ཞིབ་འཇུག་པ་རྣམས་ཀྱིས་དོ་སྣང་བྱས་མི་འདུག བདག་གིས་སྔོན་མའི་དུས་ནས་དོན་གྲུབ་རྒྱལ་གྱི་སྒྲུང་གཏམ་ལ་ཡང་ནས་ཡང་དུ་བལྟས་སྦྱོང་བ་དང་། རྗེས་སུ་དབྱིན་ཇིའི་རྩོམ་པ་པོ་ཤོ་ལང་ཐེ་ཡི་སྒྲུང་གཏམ་གྲགས་ཅན《ཛྷན་ཨེར》ཞེས་པ་དེ་ཞིབ་ཏུ་ལྟ་ཀློག་བྱེད་སྐབས། དོན་གྲུབ་རྒྱལ་གྱི་སྒྲུང་གཏམ་ལ《ཛྷན་ཨེར》གྱི་ཤན་ཞུགས་ཐེབས་པའི་ངེས་ཤེས་རགས་པ་ཞིག་ཐོབ་བྱུང་བར་བརྟེན། རང་གི་ངེས་ཟིན་དེ་གཞན་ལ་བརྗོད་འདོད་ཀྱི་འདུན་པ་དྲག་པོ་སྐྱེས་བྱུང་།

①དབྱིན་ཇིའི་རྩོམ་པ་པོ་གྲགས་ཅན་charlotte Bronte（夏洛蒂・勃朗特）ཡི་སྒྲུང་གཏམ《Jane Eyre》（简爱）ལ་གོ།

དང་པོ། དོན་གྲུབ་རྒྱལ་གྱི་སྒྲུང་གཏམ་སྤྱི་ལ《ཛྷན་ཨེར》གྱི་ཤན་ཞུགས་པའི་སྐོར།

གཅིག དོན་གྲུབ་རྒྱལ་གྱི་སྒྲུང་གཏམ་ལ《ཛྷན་ཨེར》གྱིས་ཤན་ཞུགས་པའི་རྒྱུ་མཚན།

སྒྲུང་གཏམ《ཛྷན་ཨེར》ནི་དབྱིན་ཇིའི་རྩོམ་པ་པོ་ཕྲོ་ལང་ཐེ་ཡིས་སྤྱི་ལོ1847ལོར་བྲིས་པ་ཞིག་ཡིན། དེབ་དེ་པར་བསྐྲུན་བྱས་ནས་དུས་ཡུན་ཐུང་ངུའི་ནང་དབྱིན་ཇི་ཙམ་མ་ཟད་འཛམ་གླིང་རྩོམ་རིག་གར་སྟེགས་ཐོག་སྐད་གྲགས་ཆེན་པོ་ཁྱབ། སྤྱི་ལོ1927ལོར་ཐོག་མར་རྒྱ་ཡིག་ལ་ཆ་ཤས་བསྒྱུར་བ་དང་། ཕྱིས་སུ་རིམ་བཞིན་རྒྱ་ཡིག་ཏུ་ཆ་ཚང་བར་བསྒྱུར་བའི་པར་གཞི་སྣ་ཚོགས་ཐོན་པ་ཡིན་ཡང་། རིག་གསར་མཇུག་བསྒྲིལ་ནས་སྤྱི་ལོ1977ལོར་མཐོ་རྒྱུགས་སླར་གསོ་བྱུང་རྗེས་གཞི་ནས་སློབ་གྲྭ་ཆེན་མོའི་ནང་དར་ཁྱབ་ཏུ་ཅང་ཆེན་པོ་བྱུང་། 《རང་གྲོལ་ཞིབ་འཇུག》ཏུ་དོན་གྲུབ་རྒྱལ་ནི "སྤྱི་ལོ1978ལོ་ནས1981ལོའི་བར་ཀྲུང་དབྱང་མི་རིགས་སློབ་གླིང་མི་རིགས་སྐད་ཡིག་ཚན་ཁག་གི་ཞིབ་འཇུག་སློབ་མའི་འཛིན་གྲྭར་ཞུགས" ①ཞེས་པ་ལྟར་སྐབས་དེ་དུས་དོན་གྲུབ་རྒྱལ་ཀྲུང་དབྱང་མི་རིགས་སློབ་ཆེན་དུ་ཞིབ་འཇུག་སློབ་མ་འདོན་བཞིན་ཡོད་ལ། བརྩམས་སྒྲུང་རྩོམ་འབྲིའི་ལས་ལ་ཐོག་མར་འཇུག་བཞིན་པའི་སྐབས་རེད། དེར་བརྟེན། སྐབས་དེར་ན་གཞོན་ཡིན་པ་ཁོང་གིས་ཕོ་མོའི་བརྩེ་དུངས་བརྗོད་བྱ་གཙོ་བོར་བྱས་པའི་སྒྲུང་གཏམ《ཛྷན་ཨེར》ལ་བལྟས་པ་མ་ཟད། དེ་ཁོང་གིས་སྒྲུང་གཏམ་གསར་རྩོམ་བྱེད་པར་སློབ་སྦྱོང་བྱེད་སའི་རྩོམ་དཔེ་ལྟ་བུ་ཞིག་ཏུ་འཛིན་ཡོད་ཚོད་འདུག་ལ། སྤྱི་ལོ1979ལོར་ཁོང་གི་སྒྲུང་གཏམ་ཐོག་མ《འབྲུག་མཚོ》དང《པད་མཚོ》མཚོ་སྔོན་བོད་ཡིག་ཚགས་པར་ངོས་སུ་སྤེལ་བ་ནི། ཐོག་མའི་སློབ་སྦྱོང་བྱས་འབྲས་ཡིན་པ་འདྲ།

དེ་ཙམ་མ་ཟད་སྐབས་དེ་དུས་དོན་གྲུབ་རྒྱལ་གྱིས་སྒྲུང་གཏམ《ཛྷན་ཨེར》གཞིར་བཟུང་ནས་ཕབ་སྒྱུར་བྱས་པའི་གློག་བརྙན་ལ་ཐེངས་མང་བལྟས་འདུག་སྟེ། ཁོ་བོས་སྔོན་དོན་གྲུབ་རྒྱལ་ཞིབ་འཇུག་སློབ་མ་འདོན་བཞིན་པའི་སྐབས་ཀྱི་སློབ་གྲོགས་དང་། མཉམ་ལས་པ་སྐུ་ཞབས་ཁྲིན་ཆེན་དབྱིན་ཀྲུང་དབྱང་མི་རིགས་སློབ་ཆེན་དུ་ཕེབས་པའི་གོ་སྐབས་དམ་འཛིན་བྱས་ནས་ཁོང་ལ་བཅར་འདྲི་བྱས་པས②། ཁོང་གིས "ཀྲུང་དབྱང་མི་རིགས་སློབ་གྲྭའི་ཉེ་འགྲམ་དུ་གློག་བརྙན་བལྟ་ས་ཞིག་ཡོད། དེར་དོན་གྲུབ་རྒྱལ་དང་ང་གཉིས་རྒྱུན་དུ་གློག་བརྙན་ལྟ་བར་འགྲོ་ཡི་ཡོད། སྐབས་དེ་དུས་ཀྱི་གློག་བརྙན་ནི་ཚོན་ཁྲ་མེད་པར་དཀར་

---

①བློ་བཟང་ཆོས་རྒྱལ་གྱིས་གཙོ་སྒྲིག་བྱས། རང་གྲོལ་ཞིབ་འཇུག[M] ཀན་སུའུ་མི་རིགས་དཔེ་སྐྲུན་ཁང་། 2010ལོར། ཤོག་ངོས་120

②སྤྱི་ལོ2013ལོའི་ཟླ་5ཚེས་22ཀྱི་པེ་ཅིང་དུས་ཚོད་15ཡི་སྐབས། ཀྲུང་དབྱང་མི་རིགས་སློབ་ཆེན་གྱི་རིག་གནས་ཐོག་ཁང་གི་ཐོག་བརྩེགས་བཅུ་བཞིའི་བོད་རིག་པ་ཞིབ་འཇུག་གླིང་གི་གྲོས་ཚོགས་ཁང་དུ།

ནག་རེད། སློག་བརྙན《ཛེན་ཨེར》ཡང་ཐེངས་མང་པོ་བལྟས་མྱོང་། དེས་དོན་གྲུབ་རྒྱལ་གྱི་བརྩམས་སྒྲུང་ལ་ཤུགས་རྐྱེན་ཐེབས་ཡོད་ཀྱང་སྲིད” ཅེས་གསུངས་བྱུང་། དོན་དུ་དེས་དོན་གྲུབ་རྒྱལ་ལ་བག་ཆགས་ཟབ་མོ་བཞག་ཡོད་པ་དང་། ཕྱིས་སུ་ཁོང་གི་སྒྲུང་གཏམ་ཡོངས་ཀྱི་གསར་རྩོམ་ལ་ཤུགས་རྐྱེན་ཆེན་པོ་ཐེབས་ཡོད་པ་ཁོང་གི་སྒྲུང་གཏམ་ལ་བརྟག་ན་ཤེས་ཐུབ།

ལྷག་པར་དུ《ཛེན་ཨེར》ནང་གི་ཕ་མོ་འདྲ་མཉམ་དང་། གཉེན་སྒྲིག་རང་དབང་སོགས་ཀྱི་བསམ་བློ་དག་དང་། དངོས་ཡོད་སྲུན་འཛིན་གྱི་བསམ་བློ་དག་སྐབས་དེའི་བོད་ཀྱི་སྤྱི་ཚོགས་ནང་ལྷག་པར་མཁོ་བར་མཐོང་བས། དོན་གྲུབ་རྒྱལ་གྱི་སྒྲུང་གཏམ་དེ་དག་གི་བརྗོད་བྱ་གཙོ་བོ་ཞིག་ཏུ་གྱུར་ཡོད།

གཉིས། 《ཛེན་ཨེར》གྱིས་དོན་གྲུབ་རྒྱལ་གྱི་སྒྲུང་གཏམ་གྱི་བརྗོད་དོན་ལ་ཤན་ཞུགས་ཚུལ།

《ཛེན་ཨེར》ནི་དུས་རབས་བཅུ་དགུའི་ནང་དབྱིན་ཇིའི་བུད་མེད་ཀྱི་སྤྱི་ཚོགས་གནས་བབ་ཏ་ཅང་དམའ་ཞིང་། ལྷག་པར་དུ་མཐོ་རིམ་སློབ་གསོ་མྱོང་བའི་གོ་སྐབས་འཕྲོག་པ་དང་། ལས་ཞུགས་སོགས་ཀྱི་ཐད་ལ་མཐོང་ཆུང་དང་། འདྲ་མཉམ་མིན་པ། སྐྱེས་པའི་དབང་ཆའི་དུས་རབས་སུ་སྐྱེས་པ་ལྟེ་བར་འཛིན་ནས་བུད་མེད་ཀྱིས་སྐྱེས་པར་ཞབས་ཞུ་དགོས་པའི་སྤྱི་ཚོགས་གནས་བབ་འོག་རྩོམ་པ་པོས་ཛེན་ཨེར་གྱི་ཁེར་རྐྱང་ལྡན་པའི་རང་གཤིས་བརྒྱུད་ནས། སྲོལ་རྒྱུན་གྱི་སྐྱེས་པའི་དབང་ཆའི་དུས་རབས་དང་འཐབ་རྩོད་བྱས་ཏེ། བུད་མེད་ཀྱི་འདྲ་མཉམ་དང་། བརྩི་བཀུར། རང་དབང་བརྩོན་ལེན་བྱེད་པའི་དངོས་ཡོད་སྲུན་འཛིན་གྱི་རྩོམ་ཡིག་ཅིག་ཡིན། འདྲ་མཉམ་དེ་ཡང་ "སྤྱི་ཚོགས་དང་། དཔལ་འབྱོར། གཉེན་སྒྲིག ཁྱིམ་ཚང་སོགས་ཕྱོགས་མང་པོའི་ཁྲོད་དུ་བུད་མེད་ཀྱི་འདྲ་མཉམ་བརྩོན་ལེན་བྱེད་པ་ཞིག་ཡིན" ①པ་གང་ཞིག ལྷག་པར་དུ "ཛེན་ཨེར་གྱིས་བརྩེ་དུངས་དང་གཉེན་སྒྲིག་ཁྲོད་ཀྱི་འདྲ་མཉམ་དེ་དེ་བས་བརྩོན་ལེན་བྱེད་པ་ཡིན།" ② དེ་འདྲའི་འདྲ་མཉམ་མིན་པའི་རྒྱུ་མཚན་གཙོ་བོ་ནི་བུད་མེད་ཀྱིས་སྐྱེས་པར་བརྟེན་དགོས་པ་ཡིན་པ《འཛམ་གླིང་ལོ་རྒྱུས་སྤྱི་བཤད》སོགས་སུ་གསལ། དེར་བརྟེན་ཛེན་ཨེར་གྱིས་རང་གིས་ཁྱིམ་ཚང་དགེ་རྒན་སོགས་བྱས་ཏེ། རང་གི་ལག་པ་གཉིས་ལ་བརྟེན་ནས་རང་ཁ་རང་གསོ་བྱ་རྒྱུ་དེ་གཙོ་བོར་འཛིན་ཞིང་། དཔལ་འབྱོར་སོགས་ཀྱི་ཐད་ནས་གང་ལ་ཡང་མ་བརྟེན་པར་ཁེར་རྐྱང་ཐུབ་པ་ཆགས་གཞིར་བྱས་ཐོག ཕྱོགས་གཞན་གྱི་འདྲ་མཉམ་དང་རང་དབང་བརྩོན་ལེན་བྱེད་པ་ཡིན། ལྷག་པར་དུ་གྲོལ་རིམ་དམའ་བའི་ཛེན་ཨེར་དང་། སྐུ་ཞབས་ལོ་ཆེ་སི་ཐེ་ཡི་ཀྲུག་ཀྲོག་གི་བརྩེ་དུངས་ལམ་བུ་བརྒྱུད་

① 王婷婷《 谈简爱的文学渊源 》[J] 昭通师校学报，2006 年 34 页

② 李红萍《 论简爱人格形象的塑造 》[J] 泉州师专学报，社会科学版，1998 年 34 页

ནས། ཟླ་ཨེར་གྱིས་སྲོལ་རྒྱུན་དང་། ཆོས་ལུགས། དཔལ་འབྱོར་སོགས་ཀྱི་བཀག་རྒྱ་ལས་གྲོལ་ཏེ། ཕོ་མོ་འདྲ་མཉམ་དང་། གཉེན་སྒྲིག་རང་དབང་བརྩོན་ལེན་བྱེད་པ་དེ་ཤུགས་ཀྱིས་མངོན་པར་མཚོན་པར་བྱས་ཡོད།

བསམ་བློ་དེ་ལྟ་བུ་ཞིག་དོན་གྲུབ་རྒྱལ་ལ་འཕྲོད་པའམ། དོན་གྲུབ་རྒྱལ་ལ་བསམ་བློ་དེའི་ཤུགས་རྐྱེན་ཐེབས་པ་གང་ཅུང་ཞིག་གི་རྐྱེན་པས། ཁོང་གིས་བོད་ཀྱི་སྤྱི་ཚོགས་ནང་"ཕ་མས་ལྷ་གུའི་གཉེན་དོན་བཙན་སྒྲིག་བྱེད་སྲོལ་གྱི་བཀས་བཀོད་རྒྱུད་འཛིན་གྱི་བསམ་བློ་རྙིང་པ"[①]དང་། ཕོ་མཆོག་མོ་དམན་གྱི་བསམ་བློར་སུན་འབྱིན་བྱ་རྒྱུ་དེ་བརྩམས་སྒྲུང་གི་བརྗོད་བྱར་འཛིན་ནས། 《སེམས་གཙང》དང་། 《སད་ཀྱིས་བཙེམ་པའི་མེ་ཏོག》《འབྲུག་མཚོ》《པད་མཚོ》སོགས་བྲིས་ཏེ། ལྷ་སྐྱིད་སོགས་ཀྱི་ལས་དབང་བརྒྱུད། གཉེན་སྒྲིག་ཕ་མས་གཏན་འཁེལ་བྱེད་པའི་སྲོལ་རྒྱུན་ལས་འགོངས་ཏེ། གཉེན་སྒྲིག་རང་དབང་གི་རེ་བ་མཚོན་ཡོད། དེ་བཞིན་འབྲུག་མཚོ་དང་"ང"སློབ་གྲྭ་ཆེན་མོ་ཐོན་ནས་བྱ་བའི་འདུན་མ་འབྲི་སྐབས། འབྲུག་མཚོས་"ངས"གྲོང་ཁྱེར་དུ་སྡོད་ཅེས་བཤད་པར་མ་ཉན་པར། འབྲོག་ཕྱོགས་ཀྱི་སློབ་གསོའི་བྱ་གཞག་གོང་དུ་སྤེལ་ཆེད་རང་ཉིད་ཀྱི་ལང་ཚོ་དང་ནུས་ཤུགས་སོགས་ལེགས་སྐྱེས་ཕུལ་བ་རང་ཐག་རང་གིས་བཅད་པ་སོགས་ལས། ཁོ་མོར་ལྷད་མེད་ཀྱི་བརྩེ་དུངས་ཡོད་པ་གང་ཞིག ཁེར་རྐྱང་ཚུགས་ཀྱི་རང་གཤིས་མངའ་བ་མཚོན་ལ། ལོ་འགའི་རྗེས་སུ་"ང"རང་རྩ་ཐང་དུ་འགྲོ་དུས། འབྲུག་མཚོས་གཡུར་དུ་ཟ་བའི་འབྲས་བུ་དང་། བྱས་རྗེས་ཆླབས་ཆེན་བཞག་པས་"དཔའ་མོར"གྱུར་པར་ཡི་རངས་སྐྱེས་པ་སོགས་བྲིས་ཏེ། རང་ཉིད་དང་བསྡུར་བའི་ཚུལ་གྱིས། སྐྱེས་པ་ལས་བུད་མེད་དམན་པ་མེད་པ་ར་སྤྲོད་དང་། བུད་མེད་ཀྱིས་ཕྱོགས་ཡོང་ནས་ཕོ་མོ་འདྲ་མཉམ་བརྩོན་ལེན་དགོས་པའི་གནས་ལུགས་གསལ་སྟོན་བྱས་ཡོད།

གསུམ། 《ཟླ་ཨེར》གྱིས་དོན་གྲུབ་རྒྱལ་གྱི་སྒྲུང་གཏམ་ནང་བུད་མེད་ཀྱི་སྣང་བརྙན་གསར་བཞེངས་བྱེད་པར་ཤན་ཞུགས་ཚུལ།

《ཟླ་ཨེར》མིང་དུ་གྲགས་པའི་རྒྱུ་མཚན་གཙོ་བོ་ནི་རྩོམ་པ་པོས་ཁེར་ཚུགས་ཐུབ་པའི་བུད་མེད་ཀྱི་སྣང་བརྙན་དང་། རང་གཤིས་འབྲི་བཞེངས་བྱས་པས་ཡིན་ཏེ། དེ་ཡང་སྤྱི་ཚོགས་ཐོག་གི་འདྲ་མཉམ་མིན་པར་ངོ་རྒོལ་བྱེད་ཕོད་པ་དང་། རང་དབང་དང་འདྲ་མཉམ་ལ་བརྩོན་ལེན་བྱེད་ཕོད་པ་ཞིག་ཡིན་ལ། སེམས་རྒྱུད་བཟང་ཞིང་། བརྩེ་དུངས་ལ་འགྱུར་བ་མེད་པ། རང་གཤིས་བརྟན་པ། ཁེར་ཚུགས་དང་རང་བཀུར་གྱི་འདུ་ཤེས་ཟབ་མོ་ཡོད་པ། སློབ་སྦྱོང་ལ་དགའ་བ་དང་། ཡར་ཐོན་གྱི་བསམ་བློ་ཡོད་པ། ལྷག་པར་

①བློ་བཟང་ཆོས་རྒྱལ་གྱིས་གཙོ་སྒྲིག རང་གྲོལ་ཞིབ་འཇུག[M] ཀན་སུའུ་མི་རིགས་དཔེ་སྐྲུན་ཁང་། 2010ལོར། ཤོག་ངོས་38

ཏུ་རང་གི་ལས་དབང་རང་གིས་ཐག་གཅོད་པ་དང་། རང་ལ་རང་གི་བསམ་བློ་ཡོད་པ། བསམ་པ་དེ་བྱེད་ཐོད་པ་སོགས་ཀྱི་ཐུན་ཨེར་གྱི་སྣང་བརྙན་བསྟུན་ཡོད།

དོན་གྲུབ་རྒྱལ་གྱི་སྙུང་གཏམ་ནང་དུ་ཡང་། བུད་མེད་རྣམས་རང་ལ་རང་གི་བསམ་བློ་ཡོད་པ་དང་། རང་གི་ལས་དབང་རང་གིས་ཁ་ལོ་བསྒྱུར་བ། བསམ་པ་དེ་བྱེད་ཐོད་པ། ཁེར་རྐྱང་དང་། ཡར་ཐོན་གྱི་བསམ་བློ་ཡོད་པ་སོགས་ཀྱི་སྣང་བརྙན་ལེགས་པར་མངོན་ཡོང་སྟེ། པད་མཚོ་ལྷ་བུ་རང་ལ་སློབ་གྲྭ་འགྲིམ་པའི་སྐལ་བ་མ་བྱུང་ཡང་། དགའ་སྤྱིད་འབད་ཐབས་ཀྱིས་རང་སྦྱོངས་བྱས་ནས་སློབ་གྲྭར་འགྲོ་བའི་གོ་སྐབས་འཚོལ་བ། འབྲུག་མཚོས་རང་ཉིད་གྲོང་ཁྱེར་ལ་ལས་ཀ་རག་པའི་གོ་སྐབས་དོར་བ་དང་། བརྩེ་གྲོགས་ཀྱི་ཁ་ཏ་ལ་མ་ཉན་པར། འབྲོག་ཕྱོགས་ཀྱི་སློབ་གསོའི་བྱ་གཞག་ཆེད་དུ་ཡོད་ཚད་བློས་གཏོང་ཐོད་པ། ལྷ་སྐྱིད་ཀྱིས་ཕ་མས་ཕྱུ་གུའི་གཉེན་དོན་བཅའ་སྒྲིག་བྱེད་པའི་སྲོལ་རྒྱུན་ལ་ངོ་རྒོལ་བྱེད་ཐོད་པ་དང་། ལྷིང་མེད་ཀྱི་བརྩེ་དུངས་དང་། གཉེན་སྒྲིག་རང་དབང་གི་ཆེད་དུ་ལྟེབས་པར་བརྩམས་ཏེ། ཚེ་སྲོག་ཀྱང་བློས་གཏོང་ཐོད་པ་སོགས་ཡོད་པ་ཡིན། སྤྱིར་ཁེར་རྐྱང་དང་། བརྩེ་དུངས་ལ་འགལ་བའི་ཆ་ཡོད་མོད། འོན་ཀྱང་《ཐུན་ཨེར》ནང་དུ་ཐུན་ཨེར་གྲོས་པ་དང་། སྐུ་ཞབས་ལོ་ཆེ་སི་ཐེ་དབང་པོ་སྐྱོན་ཅན་དུ་གྱུར་ཞིང་། བཟའ་ཟླ་སྐྱོན་པ་དེ་གྲོངས་རྗེས་སླར་ལོག་ནས་གཉེན་སྒྲིག་པ། 《འབྲུག་མཚོ》ཡི་ནང་འབྲུག་མཚོས་རང་གི་བརྩེ་གྲོགས་དང་བྲལ་ནས་འབྲོག་ཕྱོགས་སུ་སོང་ཡང་། ཕྱིས་སུ་ཕོ་གཉིས་མཉམ་དུ་ཐུག་ནས་བར་ཐག་གིས་བཅད་མེད་པའི་བརྩེ་དུང་གི་རྒྱུན་བསྐྱངས་པ་སོགས་ལས་ཁེར་རྐྱང་དང་། བརྩེ་དུངས་ཀྱི་འབྲེལ་བ་དེ་ཐག་གཅོད་ཡག་པོ་བྱས་ཡོད།

བཞི། 《ཐུན་ཨེར》གྱིས་དོན་གྲུབ་རྒྱལ་གྱི་སྙུང་གཏམ་ནང་ཚིག་ལ་ཤན་ཞུགས་ལུགས།

《ཐུན་ཨེར》གྱི་འཛམ་གླིང་བརྩམས་སྒྲུང་གྲགས་ཅན་གཞན་དང་མི་འདྲ་བའི་ཐུན་མིན་གྱི་ཁྱད་ཆོས་གཅིག་ནི་ "གླིག་པ་པོ" ཞེས་པའི་ཚིག་དེ་མང་དུ་བེད་སྤྱད་ཡོད། དེས་གླིག་པ་པོ་རྣམས་གྲོགས་པོ་བཟང་པོའི་འདྲ་ཤེས་བཟུང་ནས། གླིག་པ་པོའི་བློ་འགུག་ཐུབ་པ་དང་། མི་སྣའི་སེམས་ཁམས་དང་བསྟུན་ནས་གླིག་པ་པོར་དགའ་སྐྱོ་ཆགས་སྡང་ཡོང་བ་དང་། གླིག་པ་པོས་མི་སྣའི་སེམས་ཁམས་དང་། ལས་དབང་ལ་ངོ་ཁུར་བྱེད་པར་ནུས་པ་གལ་ཆེན་ཐོན་ཡོད་ལ། ཡང་ "གླིག་པ་པོ" ཞེས་པའི་ཚིག་དེར་བརྟེན་ནས "རྩོམ་པ་པོས་ང་ཚོའི་ལག་ཟུང་ནས་འཇུས་ཏེ། འཁྲིད་མ་འདྲུད་ཀྱིས་ང་ཚོ་ཁོ་མོ་སོང་སྤྱོད་བའི་ལམ་དུ་འགྲོ་རུ་བཙུག་པ་དང་། ཁོ་མོས་མཐོང་སྤྱོད་བ་དག་མཐོང་དུ་བཙུག་ནས། ཁོ་མོ་སྐད་ཅིག་ཙམ་ཡང་ང་

ཚོ་དང་མི་འབྲལ་བ་དང་། ང་ཚོ་ཡུད་ཙམ་ཡང་ཕོ་མོ་དང་བྲལ་བར་མི་འཇུག" ①དེ་ཡང་དཔེར་ན། ཛེན་ཨེར་ཐོག་མར་སྐྱ་ཞབས་ལེ་ཆེ་སི་ཐེ་ཡི་ཁྲིམ་དུ་སླེབས་སྐབས "一部小说中新的一章，有些像一出戏中的新的一场，读者，你一定想象，你看到的是米尔科特乔治旅馆中的一个房间"②བྲིས་ཡོད་པ་དང་། ཛེན་ཨེར་ཐྲོས་འགྲོ་སྐབས་ "读者啊，叙述这些细节是不愉快的。" ③ཡུལ་གཞན་དུ་སླེབས་རྗེས "读者，你也许以为在地点和命运的变迁中，我已经忘掉了罗切斯特先生。说真的，一刻都没忘过" ④ དེ་ནས་ཕྱིས་སུ་སླར་ཁོང་གི་གམ་དུ་ལོག་ནས་ཁོང་མཐོང་སྐབས་ "读者啊，且听我解释。" ⑤ཞེས་དང་། "读者呵，我同他结了婚。" ⑥སོགས་སྒྲུང་གཏམ་དེའི་ནང་ "ཀློག་པ་པོ" ཐེངས་23ལྷག་ཙམ་བེད་སྤྱད་ཡོད།

དེ་དང་འདྲ་བར་དོན་གྲུབ་རྒྱལ་གྱི་སྒྲུང་གཏམ་མང་པོའི་ནང་དུ་ཡང་། "ཀློག་པ་པོ" འམ་ "ཀློག་མཁན་" ཞེས་པའི་ཚིག་དེ་མང་དུ་སྤྱད་ཡོད་དེ། དཔེར་ན། 《སད་ཀྱིས་བཅོམ་པའི་མེ་ཏོག》ནང་དུ་ཆེ་རིང་གིས་ལྷ་སྐྱིད་ལྟེབས་རྩིས་བྱས་པ་དང་ཐྲོས་པའི་སྐོར་དག་ཐོས་རྗེས་ "ཨ་ཁ། གནས་ཚུལ་དེ་ཚོ་ཁྱེད་ཚོར་བཤད་རྒྱུ་ལྟ་ཅི། ངའི་སེམས་ལ་དྲན་པ་ཙམ་གྱིས་ཀྱང་སྡུག་བསྔལ་བཟོད་གླགས་མེད་པས། ཀློག་མཁན་རྣམས་ཀྱིས་བཟོད་སྒོམ་གནང་བར་མཁྱེན" ⑦ཡང་ཨ་ནེ་སྒྲོལ་མས "ཀྭ་ཡེ། བརྩེ་ལྡན་གྱི་གྲོགས་པོ། མཁྱེན་ལྡན་གྱི་ཀློག་པ་པོ་རྣམ་པ་ལགས། གལ་ཏེ་ཁྱེད་ཀྱིས་གོང་གསལ་གྱི་གཏམ་རྒྱུད་དག་ལ་གཟིགས་སོང་ན། ཁྱེད་ཡང་ཇོ་མོ་ང་དང་འདྲ་བར་གཏམ་རྒྱུད་དེའི་ནང་གི་མི་སྣ་གཙོ་བོ་ལྷ་སྐྱིད་ལ་གདུང་སེམས་སྐྱེ་སྲིད" ⑧ ཡང་《བརྩེ་དུངས་ཀྱི་ཐ་ཆྙབས》དུ་ "ཀློག་པ་པོ་རྣམས་མཁྱེན་འདོད་ཡོད་ན་འབྲུག་མོས་ང་ལ་བསྐུར་བའི་ཡི་གེ……སྤྱན་བསྟར་ཞུས་ཆོག" ⑨སོགས་དང་། གཞན《ཤ་དང་རུས་པའི་བརྩེ་དུངས》དང་《ཚུལ་ཁྲིམས་རྒྱ་མཚོ》《བཙན་པོའི་བང་སོ་མྱུལ་བའི་གཏམ་རྒྱུད》སོགས་ཀྱི་ནང་དུ་ཡང་ཡོད། དེ་ནི་དོན་གྲུབ་རྒྱལ་གྱི་སྒྲུང་གཏམ་གྱི་ཆེས་མངོན་གསལ་དོད་པའི་ཁྱད་ཆོས་ཤིག་ཡིན་ལ། དེ་《ཛེན་ཨེར》ཀྱིས

① 周小娟： "坦白" 仪式的文学呈现 —再论 < 简爱 > 叙述者与读者的关系 [J]，北京航空航天大学学报，2011 年 1 月第一期， 99 页 .

② 勃朗特著，黄源深译： 简爱 [M]，译林出版社 ，2006 年版， 112 页 .

③གོང་གི་དེབ་དེའི་ཤོག་ངོས་418

④གོང་གི་དེབ་དེའི་ཤོག་ངོས་509

⑤གོང་གི་དེབ་དེའི་ཤོག་ངོས་543

⑥གོང་གི་དེབ་དེའི་ཤོག་ངོས་576

⑦དོན་གྲུབ་རྒྱལ། དཔལ་དོན་གྲུབ་རྒྱལ་གྱི་གསུང་འབུམ་པོད་གཉིས་པ[M] མི་རིགས་དཔེ་སྐྲུན་ཁང་། 1997ལོར། ཤོག་ངོས་230

⑧གོང་གི་དེབ་དེའི་ཤོག་ངོས་226

⑨གོང་གི་དེབ་དེའི་ཤོག་ངོས་22

ཤན་ཞུགས་པ་རྗེགས་སྐྱོ།།

ལྔ། 《ཐུན་ཨེར》གྱིས་དོན་གྲུབ་རྒྱལ་གྱི་སྒྲུང་གཏམ་གྱི་མི་སྣའི་འཐོད་སྟངས་ལ་ཤན་ཞུགས་ཚུལ།

《ཐུན་ཨེར》ནི་རང་རྣམ་གྱི་རང་བཞིན་ལྡན་པའི་སྒྲུང་གཏམ་ཞིག་ཡིན་པས། རྩོམ་པ་པོས་མི་སྣ་དང་པོ་བེད་སྤྱད་ནས། "ང" ཡི་ངག་བརྒྱུད་དེ། གློག་པ་པོར་མི་སྣའི་སེམས་ཁམས་ཞིབ་ཚགས་དང་། ཡིད་དབང་འཕྲོག་ཤུགས་ལྡན་པ། སྒྲུང་གཏམ་གྱི་བདེན་པའི་རང་བཞིན་དང་། སྙིང་ཉེ་བའི་རང་བཞིན་ཤུགས་ཆེར་བཏང་བའི་སྒོ་ནས་རང་ཉིད་ཀྱི་མཐོང་ཐོས་ཉམས་མྱོང་སོགས་ཅན་ཨེར་གྱི་གཟུགས་སུ་བཀོད་ནས་བྲིས་ཏེ། ཀློག་པ་པོ་དང་འབྲེལ་བ་ཟབ་པའི་སྒོ་ནས་ཡིད་ཀྱི་དང་བ་འདྲེན་པར་བྱས་ཡོད། དོན་གྲུབ་རྒྱལ་ལ་ཡང་དེའི་ཤན་ཞུགས་ནས་བརྩམས་སྒྲུང་བཅོ་ལྔ་ནང་ནས《སེམས་གཙང》དང་། 《བརྩེ་དུངས་ཀྱི་ཐ་ རླབས》《ཚུལ་ཁྲིམས་རྒྱ་མཚོ》དང་། 《ཤ་དང་རུས་པའི་བརྩེ་དུངས》དང་། 《སད་ཀྱིས་བཅོམ་པའི་མེ་ཏོག》དང་། 《པད་མཚོ》དང་། 《འབྲུག་མཚོ》དང་། 《སྒྲུང་པ》དང་། 《བཙན་པོའི་བང་སོ་མྱུལ་བའི་གཏམ་རྒྱུད》《སྔོ་ཚོད་ཚོང་ཁང་གི་མཐོང་ཐོས》བཅས་བཅུ་ཐམ་པ་སྟེ། སུམ་ཆ་གཉིས་ཙམ་མི་སྣ་དང་པོའི་ཐོག་ནས་བྲིས་ཡོད་དོ།།

དྲུག སྒྲུང་གཏམ་གྱི་ཁ་བྱང་འཁྲི་སྟངས་ལ་ཤན་ཞུགས་ལུགས།

སྒྲུང་གཏམ《ཐུན་ཨེར》ཁྲོད་དུ་མི་སྣ་གཙོ་བོ་ཅན་ཨེར་གྱི་འཚོ་བའི་བརྒྱུད་རིམ་སྟར་ཐྲེང་དུ་བརྒྱུས་ནས་བཀོད་ཡོད་པས། 《ཐུན་ཨེར》ཞེས་པའི་ཁ་བྱང་འདི་ཡང་སྒྲུང་གཏམ་དེའི་ནང་གི་མི་སྣ་གཙོ་བོར་གྱུར་པའི་བུད་མེད་ཐུན་ཨེར་གྱི་མིང་ནས་བཏགས་པ་ཞིག་ཡིན། དོན་གྲུབ་རྒྱལ་གྱི་སྒྲུང་གཏམ《འབྲུག་མཚོ》དང་《པད་མཚོ》གཉིས་ཀྱི་ཁ་བྱང་ཡང་བུད་མེད་ཀྱི་མིང་ཐོག་ནས་བཏགས་པ་ཡིན་ལ། དེ་ལྟར་འདོགས་དོན་ཡང་སྐབས་དེར་དོན་གྲུབ་རྒྱལ་སྒྲུང་གཏམ་སློབ་སྦྱོང་གི་ལས་ལ་ཐོག་མར་འཇུག་སྐབ་ཡིན་པས། སྐབས་དེའི་མིག་ལྟོས་སུ་གྱུར་པའི་《ཐུན་ཨེར》ལ་དཔེ་བལྟས་ནས་བཏགས་པ་ཞིག་ཡིན་པར་སྙམ། ད་དུང་ཕྱིས་ཀྱི་སྒྲུང་གཏམ《ཚུལ་ཁྲིམས་རྒྱ་མཚོ》དང་《ཐབ་པོ་སྣོ་སྐྱོང་》སོགས་ཀྱི་ཁ་བྱང་ཡང་སྒྲུང་གཏམ་གྱི་མི་སྣ་གཙོ་བོའི་མིང་ནས་བཏགས་ཡོད།

གཞན་ཡང་བསམས་པར་བྱ་བ་འདི་ལྟར་ཡོད་དེ། སྤྱིར་ལོ་རབས་ཉི་ཤུའི་དུས་རབས་བརྒྱད་ཅུའི་ཡས་མས་སུ་བོད་མི་རིགས་ནི་དེང་རབས་རིག་གནས་དང་། ཚན་རྩལ། ལྷག་པར་དུ་དེང་རབས་ཀྱི་སློབ་གསོ་རྗེས་ལུས་ཡིན་པ་དངོས་དོན་ཡིན། དེར་དོན་གྲུབ་རྒྱལ་ལ་སེམས་ཚོར་ཟབ་མོ་བྱུང་ཡོད། འོན་ཀྱང་

ཁོང་གིས་བོད་ཀྱི་དེང་རབས་སློབ་གསོའི་བྱ་གཞག་དང་རིག་གནས་གོང་དུ་སྤེལ་རྒྱུའི་རེ་བ་དེ་ལོ་ཆུང་ཞིག་གམ་ཡང་ན་སྐྱེས་པ་ཞིག་གི་ཐོག་ཏུ་བཞག་པ་མིན་པར། དམིགས་སུ་བྱུད་མེད་ལ་བཅངས་པའི་དགོས་དོན་སྙིང་པོར་བསམས་ཆེ། དེ་ལས་ང་ཚོས《ཙཱན་ཨེར》དང་དེ་གཉིས་བར་གྱི་འབྲེལ་བ་ཞིག་གཞབ་པ་མངོན་དུ་ཕྱུང་ཐུབ་བོ།།

གཉིས་པ། དོན་གྲུབ་རྒྱལ་གྱི་སྒྲུང་གཏམ་བྱེ་བྲག་པར《ཙན་ཨེར》གྱི་ཤན་ཞུགས་ཚུལ།

གཅིག《ཙཱན་ཨེར》དང་《ཤ་དང་ཊུས་པའི་བཙེ་དུངས》ལ་ཤན་ཞུགས་ཚུལ།

《ཙཱན་ཨེར》གྱིས《ཤ་དང་ཊུས་པའི་བཙེ་དུངས》ལ་ཐུན་མོང་གི་ཁྱད་ཆོས་ནི་མི་སྣ་གཙོ་བོ་མཚན་མོ་གཉིད་ཉལ་དུས་བྲོས་འགྲོ་བ་དང་། ཕྱིར་དྲན་དང་སྣྲགས་འགྱོད་བཤགས་བྱས་པ། སྡུག་བསྔལ་ཆེ་ཤོས་ཀྱི་མིག་ཆུ་ལྷུང་བ། མཇུག་འབྲས་ཡང་ཕལ་ཆེར་འདྲ་བ་བཅས་ཁག་བཞི་ཏ་དཔེ་ཆོག

1 མཚན་མོ་གཉིད་ཉལ་དུས་བྲོས་འགྲོ་བ། 《ཙཱན་ཨེར》ནང་དུ་མི་སྣ་གཙོ་བོ་ཙཱན་ཨེར་དང་སྐུ་ཞབས་ལོ་ཆེ་སི་ཐེ་གཉིས་མཆོད་ཁང་དུ་གཉེན་སྒྲིག་མཛད་སྒོ་སྤེལ་བཞིན་པའི་སྐབས། ཙཱན་ཨེར་གྱིས་སྐུ་ཞབས་ལོ་ཆེ་སི་ཐེ་གཉེན་སྒྲིག་བྱས་ཟིན་པ་རྟོགས་པས་གཉེན་སྒྲིག་བྱེད་སྒོ་མཚམས་འཇོག་བྱེད་དགོས་བྱུང་། སྐུ་ཞབས་ལོ་ཆེ་སི་ཐེ་ཡིས་སྔོན་གྱི་གཉེན་སྒྲིག་བྱས་པ་དེ་ནོར་འཁྲུལ་ཞིག་ཡིན་པ་དང་། ཙཱན་ཨེར་ལ་ཁོང་གི་མནའ་མ་བྱ་རྒྱུར་ཞུ་བ་འཐེན་ཡང་ཁས་མ་བླངས། དེའི་ནུབ་མོ་ཁོང་གཉིད་ཉལ་དུས་སུ། ཙཱན་ཨེར་གྱིས་རང་གི་བཙེ་དུངས་རྣམ་དག་ཞིག་གི་ཆེད་དུ་བྲོས་ཕྱིན། དེ་དང་འདྲ་བར《ཤ་དང་ཊུས་པའི་བཙེ་དུངས》གྱི་ནང་དུ་ཨ་ཁུ་ལྷ་བཟོས་རང་གི་པ་ཕ་གཉིད་དུ་ཡུར་བ་དང་བསྟུན་ནས། ཧང་འཇབ་ལག་འཇབ་ཀྱིས་གོས་ཀྱོན་རྗེས་རང་གི་གྲོགས་པོ་གཉིས་དང་མཉམ་དུ་ཡུལ་གཞན་དུ་བྲོས་པ་གཉིས་གཅིག་མཚུངས་སུ་སྣང་།

ཙཱན་ཨེར་བྲོས་འགྲོ་བ་ནི་སྒྲུང་གཏམ་དེའི་མཐོ་རླབས་ཡིན་ལ། དེས་སྒྲུང་གཏམ་དེའི་ནང་ནུས་པ་གལ་ཆེན་ཐོན་ཡོད་དེ། དེས་ཙཱན་ཨེར་གྱིས་རང་གི་ལས་དབང་རང་གིས་ཐག་གཅོད་པ་དང་། རང་ལ་རང་གི་བསམ་བློ་ཡོད་པ། དེ་བཞིན་གཉེན་སྒྲིག་རང་དབང་། གྲལ་རིམ་དམའ་པོ་ཡིན་ཙང་འདྲ་མཉམ་བརྩོན་ལེན་བྱེད་པ་མཚོན་པར་ནུས་པ་བླ་ལྷག་ཏུ་ཐོན་ཡོད་པ་དང་། ལྷག་དོན་དུ་དེས་སྐུ་དྲག་ཡིན་པའི་སྐུ་ཞབས་ལོ་ཆེ་སི་ཐེ་ཡི་ཁང་པར་མེ་ཤོར་ནས་ཁོང་ཡང་དབང་པོ་སྐྱོན་ཅན་དུ་གྱུར་དུས། ཙཱན་ཨེར་ཕྱིར་ལོག་ནས་ཁོང་དང་མཉམ་དུ་གཉེན་སྒྲིག་བྱས་ཏེ་མི་ཚེ་བསྐྱལ་བར་རྨང་གཞི་བཏིང་ནས། རྒྱུ་ནོར་སོགས་

ཀྱིས་མ་བསླད་པའི་བརྩེ་དུང་རྣལ་མ་དེ་མངོན་ཤུགས་ཆེན་པོས་མཚོན་པར་བྱས་ཡོད། ཨ་ཁྲུ་ལྷ་བཟོ་ བྲོས་འགྲོ་བ་དེས་ཡང་བུ་བྲོས་རྗེས་ཀྱི་པ་ཕའི་སྣང་བརྙན་བྲི་བར་ཆ་རྐྱེན་བསྐྲུན་ཡོད་ལ། དེས་ཕ་བུའི་བརྩེ་དུངས་མཚོན་ཤུགས་ཆེན་པོས་ཐློག་པ་པོའི་སྤྱན་ལམ་དུ་བསྟར་བར་ཆ་རྐྱེན་བསྐྲུན་ཡོད།

2 ཕྱིར་དྲན་དང་སྨྲུགས་འགྱོད་བཤགས་བྱས་པ། ཛྷན་ཨེར་བྲོས་འགྲོ་བའི་ལམ་བར་དུ་ཁོ་མོས་རང་ཉིད་བྲོས་ཕྱིན་པ་སྐུ་ཞབས་ལོ་ཆེ་སི་ཐེ་ཡིས་ཤེས་ན། ཁོང་ལ་ཧློ་ཕམ་ཆེན་པོ་ཡོང་བ་དང་། དེས་ཁོང་ཉིད་སྨྱོ་ངན་གྱི་རྒྱ་མཚོར་ལྷུང་འཛུག་གི་རེད་བསམས་ནས་གནོང་འགྱོད་དང་སྨྲུགས་འགྱོད་བཤགས་བྱས་ཡོད་དེ། 《ཛྷན་ཨེར》ནང་“我忍不住要想罗切斯特先生发现自己被抛弃后该是多么绝望。我恨自己伤害了他，或许又让他去过邪恶的生活甚至死去。”[①]ཞེས་བྲིས་ཡོད། དོན་གྲུབ་རྒྱལ་གྱི《ཤ་དང་རུས་པའི་བརྩེ་དུངས》ནང་དུ་ཡང་ཨ་ཁྲུ་ལྷ་བཟོ་རོགས་པ་གཉིས་དང་མཉམ་དུ་ཡུལ་གཞན་དུ་བྲོས་ཏེ། ལྷ་བཟོའི་ལག་རྩལ་ལ་བརྟེན་ནས་ལག་འབབ་རྒྱ་ནོམ་པ་བྱུང་རྗེས། ཕ་ཡུལ་དུ་ལོག་པའི་ལམ་བར་དུ་ཇག་པས་མི་བསད་རྒྱུ་འཕྲོག་བྱས་པ་དང་། ཨ་ཁྲུ་ལྷ་བཟོ་རང་ཡང་རྨས་སྐྱོན་ཚབ་ཆེན་ཕོག་ནས། མུན་ནག་གི་མཚན་མོ་དེར་གར་འགྲོ་འདིར་འདུག་མེད་པར་ཐང་སྟོང་དུ་ལུས་དུས། རང་གི་པ་ཕ་གཅིག་པུ་གཡུག་བཞག་ནས་བྲོས་འགྲོ་བ་དེར་ཕྱིར་དྲན་བྱས་ཤིང་། དེས་པ་ཕ་ལ་སྨྱོ་ངན་ཚད་མེད་སྲུས་ཡོད་པར་གནོང་འགྱོད་སྐྱེས་ཡོད་པའི་སྐོར་དུ། 《ཤ་དང་རུས་པའི་བརྩེ་དུངས》ནང་“མཚན་མོ་དེར། ཁོང་གཉིད་ལས་སད་དུས་རང་གི་བུ་འཁྲིས་སུ་མེད་པ་མཐོང་བའི་སྐབས་སུ། ཁོང་གི་སེམས་ལ་འཚུབ་ཆ་ཅི་འདྲ་ཆེན་པོ་ཞིག་ལངས།”[②]ཞེས་དང་ཡང་“ངས་ཁོང་གི་སེམས་ལ་བཟོད་ཐབས་མེད་པའི་མནར་གཅོད་བཏང་བ་དང་། འདག་ཐབས་མེད་པའི་ཉེས་པ་བསགས།”དང་། “ཁྱེད་རང་བདེ་མོ་འཚམས་པོར་བཞུགས་ལགས་སམ། ན་བ་འདྲ་མ་བྱུང་ངམ།”[③]སོགས་ལས་རང་གི་འགྱོད་བཤགས་བྱས་པ་དང་། རང་གི་ཕ་ལ་བཅངས་པའི་བརྩེ་དུངས་མཚོན་པར་བྱས་ཡོད་པ་དེ་གཉིས་འདྲ་བ་གང་ཞིག་ཚིག་བེད་སྤྱད་པ་ཡང་ཧ་ལམ་གཅིག་མཚུངས་སུ་སྣང་།

3 སྡུག་བསྔལ་ཆེ་ཤོས་ཀྱི་མིག་ཆུ་ལྷུང་བ། ཛྷན་ཨེར་གྱིས་རང་ཉིད་བྲོས་པ་དེས་སྐུ་ཞབས་ལོ་ཆེ་སི་ཐེ་ལ་ཧློ་ཕམ་དང་། སྡུག་བསྔལ་ཆེན་པོ་སྤྲད་པ། ལྷག་པར་དུ་རང་ཉིད་བརྩེ་དུངས་རྣམ་དག་ཞིག་དང་། རང་བཀུར་གྱི་དོན་དུ་ཁོང་དང་བྲལ་དགོས་པར་སྐྱོ་བ་སྐྱེས་ཏེ། “马车内，我留下了一生中最伤心的

① 勃朗特著：简爱 . [M]，牛津大学出版社， 203 页。
②དོན་གྲུབ་རྒྱལ། དཔལ་དོན་གྲུབ་རྒྱལ་གྱི་གསུང་འབུམ་པོད་གཉིས་པ[M] མི་རིགས་དཔེ་སྐྲུན་ཁང་། 1997ལོར། ཤོག་ངོས་185
③གོང་གི་དེབ་དེའི་ཤོག་ངོས་186

泪 ”ཞེས་སྡུག་བསྔལ་ཆེ་ཤོས་ཀྱི་མིག་ཆུ་ལྷུང་བ་བྲིས་ཡོད། 《ཤ་དང་རུས་པའི་བཅོ་དྲུངས》ནང་དུ་ཡང་ཨ་ཁྲུ་ལྷ་བཟོས་བྲོས་འགྲོ་བ་དང་། པ་ཕའི་སྣང་ཚུལ་ལ་ཕྱིར་དྲན་བྱས་པས “ཆར་རྒྱུན་ཟམ་ཟིམ་དུ་བབས་པ་དང་། གྲང་རླུང་དལ་བུར་ལྡང་བའི་དུས་སུ། ཕ་ཡོ་ཉི་ཤུའི་ལྷག་རིང་ལ་བཞུར་མ་མྱོང་བའི་མྱུ་ངན་གྱི་མཆི་མ་དེ་ཐོག་དང་པོར་ངའི་དཔྲལ་བའི་མིག་གཉིས་ལས་བཞུར།” ཞེས་བྲིས་ཡོད། དེ་གཉིས་ནང་དུ་སྡུག་བསྔལ་ཆེ་ཤོས་ཀྱི་མིག་ཆུ་ལྷུང་ཞེས་ཚིག་བེད་སྤྱོད་བྱས་པ་ཡང་གཅིག་མཚུངས་རེད་འདུག ཡང《མི་རྟག་སྨྱུ་མའི་རྨི་ལམ》དུ་ཡང་དེ་དང་འདྲ་བར “དེ་ནི་ཁོ་རང་གི་མི་ལོ་སུམ་ཅུའི་འཇིག་རྟེན་གྱི་འཚོ་བའི་ནང་གི་སྡུག་བསྔལ་ཆེ་ཤོས་ཡིན་པ་དང་། ཁོ་རང་གི་གདོང་དཀར་སེམས་ན་བཞུར་བའི་མིག་ཆུ་དང་པོ་རེད།” ①ཅེས་ཡོད། དོན་གྲུབ་རྒྱལ་གྱི་སྒྲུང་གཏམ་གཉིས་ཀྱི་ནང་དུ་ཚིག་གི་བེད་སྤྱོད་པ་དེ་གཅིག་མཚུངས་ཡིན་པ་དེ་ལས། ཁོང་གི་སྒྲུང་གཏམ་ནང་གི་ཚིག་དེ《ཐུན་ཨེར》དང་སྐོས་དབང་གིས་སྐབས་འབེལ་གཅིག་མཐུན་བྱུང་བ་ཞིག་མིན་པར་ཁོང་ཉིད་ལ《ཐུན་ཨེར》གྱིས་བག་ཆགས་ཟབ་མོ་བཞག་ཡོད་པ་དེ་རྟོགས་ཐུབ།

4 ལས་དབང་ཡང་ཕལ་ཆེར་འདྲ་བ། 《ཐུན་ཨེར》གྱི་མཇུག་ཏུ་སྐུ་ཞབས་ལོ་ཆེ་སི་ཐེའི་མིག་གཉིས་ལོང་བར་གྱུར་བ་དང་། ལག་པ་གཅིག་འཕྲོ་བརླག་སོང་བ་སོགས་ཀྱི་དབང་པོ་སྐྱོན་ཅན་འཚོ་ཐབས་སྐྱོང་དཀའ་བ་ཞིག་ཏུ་གྱུར་ཡོད། དེ་དང་ཧེ་བག་ཆེན་པོ་མེད་པར《ཤ་དང་རུས་པའི་བཅོ་དྲུངས》ནང་དུ་ཨ་ཁྲུ་ལྷ་བཟོ་ལོག་འགྲོ་དུས་པ་ཕ་ཚེ་ལས་འདས་ཟིན། དེ་ལྟར་བྲིས་ནས་སྟོན་གྱི་བྲོས་འགྲོ་བ་དང་ཐོད་གཏུག་ཡོད་པས་སྒྲུང་གཏམ་ནང་དུ་ནུས་པ་ཆེན་པོ་ཐོན་ཡོད་དེ། སྐུ་ཞབས་ལོ་ཆེ་སི་ཐེ་དབང་པོ་སྐྱོན་ཅན་འཚོ་ཐབས་སྐྱོང་དཀའ་བ་ཞིག་ལས་འདས་པ་མ་བྲིས་པ་དེས། ཐུན་ཨེར་ཁོང་གི་འགྲམ་དུ་ལོག་པ་དང་། ཐུན་ཨེར་གྱི་རང་གཤིས་དང་། ལྷག་པར་དུ་བཅོ་དྲུངས་དང་། གཉེན་སྒྲིག་སོགས་ལ་འཛིན་པའི་རྣམ་འགྱུར་འབུར་དུ་སྟོན་ཐུབ་ཡོད། ལྷ་བཟོའི་པ་ཕ་འདས་པ་བྲིས་པ་དེས། ཁོང་གི་པ་ཕས་བུ་ལ་བཅངས་པའི་བཅོ་བ་དང་། བུའི་འཁྱོད་པ། སྒྲུང་གཏམ་གྱི་སྐྱོ་ཤས་བཅས་དྲག་ཏུ་གཏོང་བ་སོགས་ཀྱི་ནུས་པ་ཐོན་ཡོད།

གཉིས། 《ཐུན་ཨེར》གྱིས《བཙན་པོའི་བང་སོ་སྨུལ་བའི་གཏམ་རྒྱུད》ཤན་ཞུགས་ཚུལ།

《བཙན་པོའི་བང་སོ་སྨུལ་བའི་གཏམ་རྒྱུད》ནང་གི་ལྷ་སྒྲུང་དང་འདྲ་བའི་བྱུང་རིམ་དག་ནི《ཐུན་ཨེར》ལ་བརྟེན་ནས་བློས་བསླངས་བྱས་པ་དང་། དེའི་ཐོག་སྣར་བསྒྱུར་བཅོས་ཤུགས་ཆེན་པོ་བྱས་ཡོད

①གོང་གི་དེབ་དེའི་ཤོག་ངོས་337

ཀྱང་། རྩོམ་ཡིག་ནང་གི་རྩ་བའི་གྲུབ་ཆ་དག་བསྒྱུར་མེད་པར་གསལ་པོར་ལྷག་ཡོད་དེ། ཙྪན་ཨེར་གྱི་ཕ་མ་ཆུང་དུས་ནས་གྲོངས་ཏེ། ཁུ་བོའི་ཁྱིམ་དུ་བཙོལ་སོད། འོན་ཀྱང་ཁུ་བོ་ཡང་སྔ་རྗེས་སུ་གྲོངས་པས། ཙྪན་ཨེར་གཉེན་ཉེ་མེད་པར་ཁུ་བོའི་ཁྱིམ་དུ་འཚོ་བ་སྐྱེལ་དགོས་བྱུང་། ཁྱིམ་མི་དེ་དག་ཆེ་ཆུང་མེད་པར་ཙྪན་ཨེར་ལ་མཐོང་ཆུང་དང་། བརྙས་བཅོས་ཁོ་ན་བྱས་པར། ཉིན་གཅིག་ཙྪན་ཨེར་གྱིས་འཁོན་ལན་སློག་ཆེད། བདག་མོས་ཙྪན་ཨེར་རང་གི་ཁུ་བོ་གྲོངས་ནས་ལོ་དགུ་ཕྱིན་ཡང་མི་གཅིག་ཀྱང་སྡོད་མཁན་མེད་པའི་མུན་ནག་གི་ཁང་པ་དམར་པོ་དེའི་ནང་བཙུག་པས། ལོ་ཆུང་ཆུང་ཡིན་པའི་ཁོ་མོར་འཇིགས་སྐྲག་ཆེན་པོ་སྐྱེས། ལྷག་པར་དུ་ཁོང་གི་ཁུ་བོའི་རྣམ་ཤེས་འདྲེ་རུ་གྱུར་ནས་རང་གི་ཆུང་མ་ལ་ཉེས་པ་གཏོང་བར་ཡོང་བའི་བསམ་བློ་བྱུང་བ་དང་བསྟུན། "黑暗中，我看到一道光闪到屋顶"ཞེས་པ་དང་། "我觉得那一定是鬼魂，来自另一个世界的人"དང་། "是不是什么东西在靠近我"ཞེས་པ་ལྟར་མུན་ནག་ཁྲོད་འོད་ཅིག་ཐོག་པང་ལ་འཕྲོས་ཡོད་པས། ཁོ་མོའི་བསམ་པར་དེ་ནི་འདྲེ་ཞིག་རེད་བསམས་ནས་སྐྲག་སྣང་ཆེན་པོ་སྐྱེས་ནས་དྲན་པ་འཐོར་བ་ཡིན། 《བཙན་པོའི་བང་སོ་མྱུལ་བའི་གཏམ་རྒྱུད》དུ "ང་" སྨག་ནག་པའི་མུན་ཁུང་དེའི་ནང་དུ་ལྷུང་ནས་དངངས་སྐྲག་ཚད་མེད་སྐྱེས་པའི་སྐོར་ལ "རྒྱང་རིང་དེའི་ཐག་ཙུང་རིང་ས་ནས་མེ་སྟག་ལྟ་བུའི་འོད་གོར་ཆུང་ཆུང་ཡོད"① "ལྟ་འདྲི་གང་ཅུང་གི་སྐད་མ་ཐོས" "རྫུ་འཕྲུལ་གྱི་བྱེད་པོ་དེ་ཡང་སྙིང་སུ་ཡིན་ནམ། ང་རང་འཇིག་རྟེན་གྱི་གོ་ལ་གཞན་ཞིག་ཏུ་བསླེབས་པ་མ་ཡིན་གྲང་།" དང་ "མེ་སྟག་ལྟ་བུའི་འོད་སྒོར་དེ་བདག་དང་ཐག་ཇེ་ཉེ་ཇེ་ཉེར་འོངས་" བས་ཁོང་མུན་ཁུང་དུ་ལྷུང་ནས་འཇིགས་སྐྲག་གི་སྣང་ཚུལ་བྲིས་འདུག་ཅིང་། དེ་བཞིན་མུན་ཁུང་ན "བྲག་ཕུག་ཐོག་ཁང་དམར་པོ་བརྩེགས་རིམ་ཅན" དང་འདྲ་བ་གཅིག་འདུག་སོགས་བྲིས་འདུག་པས། མུན་ནག་གི་ཁང་པ་དེ་སྨག་ནག་པའི་དོང་ཞིག་ལ་བསྒྱུར་བ་ཕུད། མུན་ནག་ནང་གི་འོད་དཀར་པོ་དང་། ཁང་པ་དམར་པོ། འདྲེ། འཇིག་རྟེན་གཞན། ཐག་ཇེ་ཉེར་འགྲོ་བ་སོགས་མཚུངས་པར་སྣང་།

ཡང་ "སྐབས་དེར་ང་རང་ཆུང་དུས་ཕ་ཡུལ་ན་ཡོད་དུས། ལོ་ལོན་རྣམས་ཀྱི་འདྲེ་བཤད་བྱས་པའི་སྐད་ཆ་དེ་རྣམས་དབང་མེད་དུ་ཡིད་ལ་འཁོར་བ་དང་། དུས་མཚུངས་ངའི་དབང་པོ་ཐམས་ཅད་གཞུ་རྒྱུད་འཐེན་པ་ལྟར་འཐེང་པོར་གྱུར།" "དྲི་མིང་འབོད་བྱ་བ་དེ་མི་གཉོམ་ཆུང་ལ་བརྙས་བཅོས་དང་ཐབ་རྩོད་བྱས་པ་ཡིན" ཞེས་ཙྪན་ཨེར་ཁུ་བོ་ཤི་པོའི་རྣམ་ཤེས་འདྲེ་རུ་གྱུར་ནས་ཡོང་བར་སྐྲག་པ་དང་། ཙྪན་ཨེར་ལ་ཁྱིམ་ཚང་དེས་ཐབ་རྩོད་དང་བརྙས་བཅོས་བྱེད་ཀྱི་ཡོད་པས་ཚིག་དག་དོན་གྲུབ་རྒྱལ་གྱི་སྐྱུང

①དོན་གྲུབ་རྒྱལ། དཔལ་དོན་གྲུབ་རྒྱལ་གྱི་གསུང་འབུམ་པོད་གཉིས་པ[M] མི་རིགས་དཔེ་སྐྲུན་ཁང་། 1997ལོར། ཤོག་གྲངས་364

གཏམ་ནང་དུ་ཡང་མངོན་ཡོང་གི་འདུག

དེ་ནས་ཏྲན་ཨེར་དྲན་པ་སོས་རྗེས། སྨན་པ་རྒན་པོ་ལོ་ཡི་ཏ་དང་གཡོག་མོ་པེ་ཤི་རང་གི་གམ་དུ་ཡོད་པ་མཐོང་བ་དང་། སྨན་པ་རྒན་པོས་ཁོང་ལ་སྨན་བཅོས་བྱས་རྗེས "告诉贝西要好好照顾我" ཞེས་པ་ལྟར་གཡོག་མོར་ཏྲན་ཨེར་ལ་ལྟ་རྟོགས་ཡག་པོ་བྱེད་དགོས་པའི་ཁ་ཏ་བྱས། ཐེངས་རྗེས་མར་ཁོང་སླར་ཡང་ཡོང་དུས་ཏྲན་ཨེར་ལ་སེམས་སྡུག་ཆེན་པོ་ཡོད་པ་མཐོང་བས། བདག་མོ་ལ་རེ་བ་ཞུས་ནས་ཏྲན་ཨེར་སློབ་གྲྭར་འགྲོ་བའི་མཐུན་རྐྱེན་བསྐྲུན། ཏྲན་ཨེར་དེས་ནས་ཁྱིམ་དེའི་བརྙས་བཅོས་དང་། མཐོང་ཆུང་ལས་གྲོལ་ཏེ་སློབ་གྲྭར་འགྲོ་རྒྱུ་ནི་རང་དབང་ཐོབ་པ་དང་། སྡུག་བསྔལ་ལས་བསྒྲལ་ཏེ་ལྷ་ཡུལ་དུ་འགྲོ་བ་དང་གཉིས་སུ་མ་མཆིས། དེ་ཡང་དོན་གྲུབ་རྒྱལ་གྱིས《བཙན་པོའི་བང་སོ་མྱུལ་བའི་གཏམ་རྒྱུད》དུ་སྨན་པ་རྒན་པོ་དེ་དྲང་སྲོང་རྒན་པོ་ཞིག་དང་། གཡོག་མོ་དེ་བུད་མེད་ཅིག་ཏུ་བསྒྱུར་ནས "ང་དྲན་པ་སོས་པ་ན། ངའི་མདུན་དུ་བུ་མོ་གཞོན་ནུ་མ་ཞིག་དང་། དྲང་སྲོང་རྒན་པོ་ཞིག" [1]ཡོད་པ་དང་། དྲང་སྲོང་གིས་བུ་མོ་དེར" ཚེ་རིང་མ་ཁྱོད་ཀྱིས་ཁོ་ལ་ཞབས་ཏོག་གྱིས་ཟེར" [2]ཞེས་བྲིས་ཡོད། དེ་ནས་སྨན་པ་རྒན་པོས་ཏྲན་ཨེར་སློབ་གྲྭར་འགྲོ་བའི་མཐུན་རྐྱེན་བསྐྲུན་པ་དང་འདྲ་བར། དྲང་སྲོང་གིས "ཁྱོད་རང་ལྷ་ཡུལ་དུ་འགྲོ་བའི་མཐུན་རྐྱེན་ཐམས་ཅད་ངས་སྒྲུར་ཟིན" [3] ཞེས་བཤད་འདུག་པ་དག་ལས་ང་ཚོས《བཙན་པོའི་བང་སོ་མྱུལ་བའི་གཏམ་རྒྱུད》དེའི་གསར་རྩོམ་གྱི་བསམ་བློ་དང་རྩོམ་རྒྱུ《ཏྲན་ཨེར》ལས་བླངས་ནས་བསྒྱུར་བ་ཡིན་པ་མངོན་གསལ་དུ་མཐོང་ཐུབ། གོང་འཁོད་ལྟར་དོན་གྲུབ་རྒྱལ་གྱི་སྒྲུང་གཏམ་སྒྱི་དང་བྱེ་བྲག་སོ་སོར《ཏྲན་ཨེར》གྱི་ཤན་ཞུགས་ཚུལ་གྱི་དཔྱད་པ་རེ་ཞིག་འདི་ཙམ་གྱིས་རྫོགས་པར་དགེའོ།།།

(རྩོམ་པ་པོ་ངོ་སྤྲོད། དོན་གྲུབ་ཚེ་རིང་། ཕ་ཡུལ། བོད་ལྗོངས་ལྷོ་ཁ། ཀྲུང་དབྱང་མི་རིགས་སློབ་གྲྭ་ཆེན་མོའི་བོད་རིག་པ་ཞིབ་འཇུག་གླིང་གི2014ལོའི་ཤེས་རམས་པ།)
(མཇུབ་སྟོན་དགེ་རྒན། ཚེ་རིང་ཐར།)

①དོན་གྲུབ་རྒྱལ། དཔལ་དོན་གྲུབ་རྒྱལ་གྱི་གསུང་འབུམ（པོད་གཉིས་པ）[M] མི་རིགས་དཔེ་སྐྲུན་ཁང་། 1997ལོར། ཤོག་ངོས་382
②གོང་གི་དེབ་དེའི་ཤོག་ངོས་384
③གོང་གི་དེབ་དེའི་ཤོག་ངོས་389

སྨྲན་སྡུ་བ་ཚུལ་ཁྲིམས་འབར་གྱི་རྣམ་ཐར་ལ་ཅུང་ཙམ་དཔྱད་པ།

དཔལ་རྒྱམ།

ནང་དོན་གནད་བསྡུས། དཔྱད་རྩོམ་འདིར་ལམ་རིམ་བླ་རྣམ་ཁྲིད་ཀྱི་སྨྲན་སྡུ་བ་ཚུལ་ཁྲིམས་འབར་གྱི་མི་ཚེའི་རྣམ་ཐར་གཙོར་བཟུང་ཐོག དེ་འབྲེལ་གྱི་ལོ་ཚིགས་སོགས་ལ་དཔྱད་པ་བརྒྱུད། ལོ་དགོན་པ་དང་ཁྲིས་བྱུང་དགོན་སྐྱེ་ཁག་གི་བྱུང་བ་ལས་བཀའ་གདམས་གདམས་ངག་པའི་བསྟན་པ་དར་ཚུལ་རགས་ཙམ་དང་དེ་ལས་འཕྲོས་ཏེ། སྨྲན་སྡུ་བ་ཚུལ་ཁྲིམས་འབར་གྱི་སྐུ་ཚེ་གང་གི་མཛད་པ་ལོ་རྒྱུས་ཡིག་ཆ་གོ་བསྡུར་སྒོས་ངོ་སྤྲོད་བགྱིས་ཡོད།

མིང་བརྡ་གཙོ་བོ། སྨྲན་སྡུ་བ་ཚུལ་ཁྲིམས་འབར། ལོ་དགོན་པ། བཀའ་གདམས་གདམས་ངག་པ།

ལར་བཀའ་གདམས་བྱ་བ་ནི། རྒྱལ་བའི་བཀའ་ལས་ཡི་གེ་ན་གཅིག་ཀྱང་འདོར་དུ་མེད་པར་གང་ཟག་གཅིག་འཚང་རྒྱ་བའི་གདམས་ངག་ཏུ་གོ་བས་བཀའ་གདམས་ཞེས་རྗེའི་རྣམ་ཐར་དུ་གསུངས་པ་བཞིན། བོད་ཀྱི་སྒྲུབ་བརྒྱུད་ཤིང་རྟ་ཆེན་མོ་བརྒྱད་ཀྱི་ཡ་གྱལ་དུ་གྲགས་པའི་བཀའ་གདམས་པར། མཉམ་མེད་ཇོ་བོ་ཡབ་སྲས་ནས་རིམ་པར་བརྒྱུད་དེ། བཀའ་གདམས་དགེ་བཤེས་གསེར་རིའི་ཕྲེང་བ་ལྟ་བུར་བསྟར་ཞིང་། ངེས་དོན་གྱི་རྣལ་འབྱོར་བ་འཁོར་བའི་ཕུན་ཚོགས་ལ་རྒྱབ་ཀྱིས་ཕྱོགས་ཤིང་། ཐར་པ་དང་ཐམས་ཅད་མཁྱེན་པའི་གོ་འཕང་ཞེ་གཅིག་ཏུ་སྒྲུབ་པ་བཀའ་གདམས་དགེ་བཤེས་ཞེས་གཟུར་གནས་མཁས་པ་ཀུན་གྱི་ཁ་ན་སྙན་པ་རླུང་ལྟར་དུ་གྲགས་པའི་ཚུལ་མང་དུ་མ་སྨོས་ཀྱང་ཀུན་ལ་གསལ་མོད། བྱེ་བྲག་དགེ་བཤེས་སོ་སོས་མཛད་པ་ཇི་ལྟར་བགྱིས་ཚུལ་ནི་ཕྱོགས་གཅིག་ནས་ཡིག་ཆས་ཕུད་པ་དང་། གཞན་དུ་ཡིག་ཆ་འགའ་རེ་ཡོད་ཀྱང་དེང་གི་མང་མང་ཞིག་བཤད་སྒྲོས་ཐན་ཐུན་ཙམ་གྱི་རྗེས་སུ་འབྲང་རྒྱུ་ལས། རྣམ་ཐར་ཅུང་ཟད་རེ་ཡོད་པ་དག་ལ་ཡང་བློ་ཞིབ་མོས་སློབ་སྦྱོང་དང་ཞིབ་འཇུག་བྱ་རྒྱུ་ལྟ་ཅོག

ཐ་ན་བམ་གློག་ཙམ་ཡང་མ་ནུས་པར་ཐལ་རྡུལ་གཡོགས་ཏེ་ལྷགས་པ་ནི་སྐྱོ་བའི་གནས་སུ་ཟད།

ཉ་ཙག་གི་ལོ་རྒྱུས་ཆོས་འབྱུང་སོགས་སུ་ཟུར་ཙམ་བལྟས་ན་སྤྱན་སྔ་ཟེར་བའི་མིང་འདི་བོད་སིལ་བུའི་རྗེས་ཀྱི་ལོ་རྒྱུས་རྣམས་སུ་གང་སར་མཆིས་པ་ཞིག་ཡིན་ལ། སྤྱན་སྔ་བ་དེ་དག་ལས་ལ་ལ་གཡུལ་ལ་མཁས་པའི་དཔོན་ཆེན་དང་། ཁ་ཅིག་གཞུང་ལ་མཁས་པའི་པཎ་ཆེན། ཡང་འགའ་རེ་ཉམས་ལེན་ལ་བརྩོན་པའི་རྣལ་འབྱོར་བ་སོགས་སྣ་ཚོགས་སུ་སྣང་ལ། དགེ་བཤེས་ཁོང་ལ་སྤྱན་སྔ་ཞེས་པའི་མིང་འདི་ཐོགས་ཚུལ་ནི་དེབ་ཐེར《མཁས་དགའ》ལས། ཉེ་གནས་རྟག་ཏུ་མཛད་པས་ན་སྤྱན་སྔ་བར་གྲགས་ཏེ། སྤྱན་སྔའི་མཚན་ཐོབ་པ་དང་པོ་ཡིན་[①]ཞེས་གསུངས་པ་དང་། ལོ་རྒྱུས་གཞན་དག་ཏུ་ཡང་དེའི་སྐོར་བརྗོད་སྟངས་མི་འདྲ་བ་འགའ་རེ་མཆིས་མོད་དོན་ལ་མི་མཐུན་པ་ཆེར་མེད་པས་འདིར་རེ་རེ་ནས་མི་བགྲང་། གསལ་བོར་བསྟན་ན། དགེ་བཤེས་གང་ཉིད་སྟོན་པ་ཆེན་པོའི་སྤྱན་སྔར་འཆག་སྟེ། སྟོན་པ་ཁོང་ཉིད་སྐུ་མ་གཤེགས་ཀྱི་བར་ལོ་ངོ་བརྒྱད་ཙམ་གྱི་རིང་ལ་ཉིན་མཚན་ལྷོད་མེད་ཀྱི་ཞབས་ཏོག་བསྒྲུབས་པས་དེ་ལྟར་ཐོགས་པ་རེད་འདུག འདིར་མཚན་ཐོབ་དང་པོ་ཞེས་པ་སྤྱན་སྔའི་མཚན་ཐོགས་པའི་སྔ་བ་ཡིན་ཞེས་པའི་དོན་ཡིན་པ་འདྲ། ཕྱིས་བྱུང་སྤྱན་སྔ་སོགས་ཕལ་ཆེར་ཁོང་ལས་འཕྲོ་བའི་དུས་སུ་བྱུང་བས་སོ། །ཕྱིར་སྤྱན་སྔ་དང་ཞབས་དྲུང་སོགས་ནི་ཚིག་ངོས་ནས་ཞབས་གཡོག་གམ་ཕྱག་ཕྱིའི་དོན་ལས་བརྒྱུད་ཚིག་ཏུ་གོར་མེད་ཀྱང་། ཉ་ཙག་གིས་བླ་མའི་བཀའ་བཞིན་བསྒྲུབ་པ་དང་བླ་མར་ཞབས་ཏོག་སྒྲུབ་པ་བསོད་ནམས་ཀྱི་ཚོགས་སུ་འདོད་ཅིང་། དགེ་བའི་བཤེས་གཉེན་དང་རྒན་པ་ལ་ཞབས་ཏོག་བསྒྲུབ་པ་བོད་མིའི་ཀུན་སྤྱོད་ཀྱི་ངོར་ཡང་ཡ་རབས་སུ་བཀུར་བས། སྤྱན་དང་ཞབས་སོགས་ཀྱི་ཞེ་ས་སྦྱར་ནས་ཆེ་བསྟོད་ཀྱི་དོན་དང་ལྡན་པ་བྱས་པར་སྣང་བས། ཚུལ་འདི་ནས་བལྟས་ན་བླ་དཔོན་མི་གྲགས་མཁས་ཆེན་དག་ལ་ཡང་སྤྱན་སྔ་དང་ཞབས་དྲུང་ལྟ་བུའི་མིང་འཛོམ་མེད་དུ་སྦྱར་བ་ཡིས་ལྟོག་སྟེ་ཆེ་བསྟོད་ཀྱི་དོན་ཞིག་མཚོན་གྱི་ཨེ་ཡོད་སྙམ།

ཁོང་གི་མཚན་ལ་ཡོངས་སུ་སྤྱན་སྔ་བ་ཚུལ་ཁྲིམས་འབར་ཞེས་གྲགས། གཞན་ད་དུང་སྟག་ཚབ་འབར་དང་། སྤྱན་སྔ་ཀོ་ཤམ་པ། སྤྱན་སྔ་པཎྜིཏ་སོགས་མཚན་གྱི་རྣམ་གྲངས་དུ་མ་མཆིས། དེ་མིན《ཆོས་འབྱུང་མེ་ཏོག་སྙིང་པོ་སྦྲང་རྩིའི་བཅུད》དུ། སྤྱན་སྔ་རིན་ཆེན་[②]ཞེས་པ་ཞིག་ཀྱང་འཁོད་འདུག་མོད་ཀྱི། ཡིག་ཆ་གཞན་ལས་མིང་འདི་མ་རྙེད་པས། ཁོང་གི་མིང་ཡིན་མིན་ཐད་ཁ་ཚོན་གཅོད་ཐབས་བྲལ།

①དཔའ་བོ་གཙུག་ལག་ཕྲེང་བ། ཆོས་འབྱུང་མཁས་པའི་དགའ་སྟོན། མི་རིགས་དཔེ་སྐྲུན་ཁང་། 2012ལོར་པར། ཤོག་ངོས་366
②ཉང་རལ་ཉི་མ་འོད་ཟེར། ཆོས་འབྱུང་མེ་ཏོག་སྙིང་པོ་སྦྲང་རྩིའི་བཅུད། བོད་ལྗོངས་བོད་ཡིག་དཔེ་རྙིང་དཔེ་སྐྲུན་ཁང་། 2012ལོར་པར། ཤོག་ངོས་434

འདི་ལྟར་ཁོང་གི་མཚན་གྱི་སྐོར་ཞུང་ཙམ་གླེང་སློང་གི་ཚུལ་དུ་ཐོན་ལ་སོང་ཇེས། དཔྱད་རྩོམ་འདི་འབྲི་བའི་དགོས་དོན་ལ། དགེ་བཤེས་ཁོང་ཉིད་ནི་བཀའ་གདམས་པའི་བསྟན་པའི་སྲོག་ཤིང་དུ་བསྔགས་པའི་མཉམ་མེད་འབྲོམ་སྟོན་པ་རྒྱལ་བའི་འབྱུང་གནས་ཀྱི་སློབ་མའི་མཆོག་གྱུར་བཀའ་གདམས་སྤུན་མཆེད་གསུམ་དུ་གྲགས་པའི་ཡ་གྱལ་ཡིན་པ་དང་། སྤྱིར་རྒྱལ་བསྟན་སྤྱི་དང་བྱེ་བྲག་བཀའ་གདམས་གདམས་ངག་པའི་བསྟན་པ་ལ་མཛད་རྗེས་བླ་ལྷག་ཏུ་ཆེ་བ་དང་། ལྷག་པར་ཁོང་གིས་སྐུ་ཚེ་ཧྲིལ་པོའི་མཛད་པ་ཇི་ལྟར་བསྐྱངས་ཚུལ་གྱིས་དཔྱོད་ལྡན་རྣམས་སློབ་གཉེར་ལ་འཇུག་པའི་གཞེན་སྐུལ་དང་། ཚུལ་ཇི་ལྟར་འཇུག་དགོས་པའི་དཔེ་སྟོན་ལེགས་པོ་བགྱིས་པར་སྣང་བས་དང་། གཞན་རྣམ་ཐར་ཐད་ཀྱི་ཡིག་ཆ་དག་ཀྱང་ཡོངས་སུ་ཐོད་མི་མཚུངས་པས་ལོ་རྒྱུས་ཀྱི་དོན་དངོས་ལ་ཕྱོགས་སུ་ཉེ་བའི་དཔྱད་པ་ཅུང་ཟད་རེ་བགྱི་ཨེ་ཐུབ་སྙམ་པའི་དགོས་དོན་དང་ཀུན་སློང་གིས་བསྐུལ་ཏེ་དཔྱད་རྩོམ་འདི་བྲི་བའི་ལས་ལ་དངོས་སུ་ཞུགས་པ་ཡིན་ནོ། །

དང་པོ། སྐུ་བལྟམས་པ་དང་ཆུང་ངུའི་དུས་ནས་ཐུན་མིན་གྱི་མཛད་པ་དུ་མ་བགྱིས་ཚུལ།

གཅིག ཁོང་དང་འབྲེལ་བའི་ལོ་ཚིགས་ཐད་ཀྱི་བཞེད་པ་མི་མཐུན་པ་དང་རང་གི་འདོད་པ།

དགེ་བཤེས་ཁོང་གི་འཁྲུངས་ལོའི་ཐད་ལ་བཞེད་པ་མི་མཐུན་པ་གཙོ་བོ་གཉིས་བདོག་སྟེ། ལམ་རིམ་བླ་རྣམ་དང་བཀའ་གདམས་ཆོས་འབྱུང་། བྲག་དགོན་པའི་བསྟན་རྩིས་སོགས་ལྟར་ན། རབ་བྱུང་དང་པོའི་ཆུ་མོ་བྱ་ཡི་ལོ (སྤྱི་ལོ 1033) ལ་འཁྲུངས་པར་བཞེད་པ་དང་། དེབ་སྔོན་དང་མཁས་དགའ་སོགས་ལྟར་ན། རབ་བྱུང་དང་པོའི་ས་ཕོ་སྟག་གི་ལོ་སྟེ། སྤྱི་ལོ1038ལོར་འཁྲུངས་པར་བཞེད་པ་གཉིས་སོ། །དེ་རྐྱེན་དུ་བྱས་ཏེ། རབ་ཏུ་བྱུང་བ་དང་སྟོན་པར་མཇལ་ དུས་སོགས་ཀྱི་དགུང་གྲངས་ཕལ་ཆེར་ཀྱང་མི་འདྲ་བར་གྱུར། ལུགས་སྔ་མ་ལྟར་ན། དགུང་ལོ་ལོ་བཅོ་བརྒྱད་སྟེང་རབ་ཏུ་བྱུང་། ཉེར་ལྔ་བར་སྟོན་པ་དང་མཇལ། སོ་གསུམ་ཐོག་དགེ་བཤེས་སྟོན་པ་ཞིང་དུ་གཤེགས། དགུང་ལོ་དྲུག་ཅུ་རེ་གསུམ་པར་ལོ་དགོན་པ་ཕྱག་བཏབ། དགུང་ལོ་བདུན་ཅུ་དོན་གཅིག་པ་སྟེ་རབ་བྱུང་གཉིས་པའི་ཆུ་མོ་ལུག་གི་ལོའི་ (སྤྱི་ལོ1103) སྐལ་ཟླ་བའི་ཚེས་ཉེར་གཅིག་ཉིན་དགོངས་པ་ཆོས་དབྱིངས་སུ་རྫོགས། ① ལུགས་ཕྱི་མ་དེབ་སྔོན་སོགས་ལྟར་ན། དགུང་ལོ་ཉི་ཤུ་བར་ར་སྒྲེང་དུ་ཕེབས། འབྲོམ་བསྙེན། དེ་ནས་ལོ་བརྒྱད་ཙ་ན། འབྲོམ་གཤེགས། དེ་དུས་སྤྱན་སྔ་དགུང་ལོ་ཉེར་བརྒྱད་ལ་སོན། དགུང་ལོ་ལྔ་བཅུ་ང་བདུན་སྟེང་ལོ་དགོན་པ་ཕྱག་བཏབ། དེར་ལོ་

①ལས་ཆེན་ཀུན་དགའ་རྒྱལ་མཚན། བཀའ་གདམས་ཆོས་འབྱུང་། བོད་ལྗོངས་མི་དམངས་དཔེ་སྐྲུན་ཁང་། 2013ལོར་པར། ཤོག་ངོས་316

དྭགས་ལ་བཞུགས། དེ་ནས་སྒྲུག་ཏུམ་ལ་ཕེབས། དེར་ལོ་གསུམ་ལ་བཞུགས། དགུང་ལོ་དྲུག་ཅུ་རྩ་དྲུག་པ་སྟེ་རབ་བྱུང་གཉིས་པའི་ཆུ་མོ་ལུག་གི་ལོའི་ (སྤྱི་ལོ1103) སླལ་ཟླ་བའི་ཚེས་ཉེར་གཅིག་ཉིན་དགོངས་པ་ཆོས་དབྱིངས་སུ་རྫོགས།① དེ་མིན་ལུགས་སྔ་ཕྱི་གཉིས་ཀར་ལོ་བཅུ་གཉིས་ལོན་པའི་ཚེ་ན་གཙང་གི་རྣལ་འབྱོར་མ་གོང་མོ་སྐད་པ་ལས་གདམས་པ་མནོས་པ་ཞལ་མཇུངས་ཀྱང་། དགུང་གྲངས་ཙམ་ཞལ་མཇུངས་པས་ལོ་ཚིགས་སོ་སོ་ཡིན། བཞེད་པ་མི་མཐུན་པ་འདི་གཉིས་ལས་ཕོ་བོ་དེབ་སྔོན་སོགས་ཀྱི་ལུགས་ལ་མོས་ཏེ། དེའི་རྒྱུ་མཚན་ནི་གཅིག་ནས། དེབ་སྔོན་བརྩམས་གྲུབ་ཀྱི་དུས་ཚོད་བཀའ་གདམས་ཆོས་འབྱུང་ལས་སྔ་བ་དང་། བཀའ་གདམས་ཆོས་འབྱུང་ནི་ཕྱིས་ཀྱི་བཞེད་ཚུལ་མི་མཐུན་པ་འཛིན་པ་དག་ལས་ཅུང་སྔ་བ་ཡིན་པས། དེ་དག་གི་ཁུངས་འབབ་ཞིག་ཏུ་གྱུར་ཕྱིན། དུས་ཀྱི་ཆ་ནས་དེབ་སྔོན་སྔ་བས་ཡིད་རྟོན་ཕེར་བ་དང་། གཉིས་ནས། སྒྲུན་སྔ་བ་ཕོང་གི་སྐྱེས་མིང་ལ། སྟག་ཚབ་འབར་ཟེར་བ་ནི་ཀུན་ཏུ་རྫོད་མེད་ཡིན་ཞིང་། མིང་འདིའི་ཟུར་སྟག་ཅེས་པ་ལས་ཏག་ཏག་ཕོང་ཉིད་སྐལ་བ་སྟག་གི་ལོ་ཞིག་ཏུ་སྐྱེས་པ་ཕལ་ཆེར་མཚོན་མི་འགྲོ་སླམ་ཞིང་། འདི་ནི་རང་རེ་བོད་ཀྱི་ཐུན་མིན་མིང་འདོགས་སྲུངས་ཤིག་སྟེ། བྱིས་པ་སྐྱེས་པའི་ལོ་རྟགས་དང་འབྱུང་བ་སོགས་ཀྱིས་མིང་གྲུབ་པར་བྱེད་པ་ནི་སྔ་མོ་ནས་བཟུང་ད་ལྟའི་བར་མཆིས་ལ། དཔེར་ན། སྟག་རྒྱལ། འབྲུག་ཐར། ལྕགས་ཐར་རྒྱལ་ལྷ་བུའི་མིང་མང་དུ་ཡོད་པས་ཀྱང་ཤེས་སོ། གསུམ་ནས། དགེ་བཤེས་ཕོང་བཀའ་གདམས་སྐུ་མཆེད་གསུམ་གསུམ་ལས་དགུང་ལོ་ཆུང་ཤོས་ཡིན་པར་ཡོངས་སུ་གྲགས། གལ་སྲིད་ལུགས་སྔ་མ་ལྟར་ན་དགེ་བཤེས་པོ་ཏོ་བ་དང་ཕོང་གཉིས་བར་དགུང་ལོ་གསུམ་གྱི་བར་ཁྱད་ལས་མེད། ལུགས་ཕྱི་མ་ལྟར་ན་དགུང་ལོ་བརྒྱད་ཙམ་ཁྱད། ལུགས་སྔ་མ་བདེན་དུ་སྲིད་ན་ལོ་གསུམ་ཙམ་ལས་མི་ཁྱད་པས། ཕོང་གསུམ་ལས་ཕོང་ཉིད་དགུང་ལོ་ཆུང་དུས་ནས་ཉམས་རྟོགས་ཀྱི་ཡོན་ཏན་ཆེས་ཆེར་མངའ་བར་བཤད་པ་དང་། དགུང་ལོ་གཞོན་ཤོས་ཞེས་དམིགས་སུ་སྨྲོག་པའང་དགོས་པ་ཆུང་བར་སྣང་། བཞི་ནས། དེབ་སྔོན་དུ་ཡུལ་ཆེ་གེ་མོར་ལོ་ག་ཚོད་དུ་བཞུགས་ཚུལ་བཀའ་གདམས་ཆོས་འབྱུང་ལས་ཅུང་ཞིབ་མོར་ཡོད་ཅིང་། འདི་ཡང་ལོ་ཚིགས་འདི་དག་འཐད་ལྡན་དུ་སྒྲུབ་པའི་དཔང་རྟགས་སུ་རེས།

གཉིས། སྐུ་བལྟམས་པ་དང་ཆུང་ངུའི་དུས་ནས་ཐུན་མིན་གྱི་མཛད་པ་མང་དུ་བཀྱིས་ཚུལ།

དེ་ལྟར་ན་སྤྱན་སྔ་བ་ཚུལ་ཁྲིམས་འབར་ནི། བོད་རབ་བྱུང་དང་པོའི་ས་ཕོ་སྟག་གི་ལོར། ཡབ་དབས་

①འགོས་ལོ་གཞོན་ནུ་དཔལ། དེབ་ཐེར་སྔོན་པོ། སི་ཁྲོན་མི་རིགས་དཔེ་སྐྲུན་ཁང་། 1985ལོར་པར། ཤོག་ངོས་347

ཤཱཀྱ་རྡོ་རྗེ་དང་། ཡུམ་ལི་མོ་ཡེ་ཤེས་སྒྲོན་གཉིས་ཀྱི་སྲས་སུ་ཞན་གྱི་སྣང་ར་སྣང་[1]ངམ་ཡང་ན་ཞན་གྱི་སླང་རའི་སྣང་གི་སྣང་རའི་བརྒྱུད་དེ་ད་ལྟའི་ལོ་དགོན་པའི་ཉེ་འདབས་ཤིག་ཏུ་འཁྲུངས་ཤིང་། ཆུང་ངུའི་དུས་ནས་ཉམས་རྟོགས་ཀྱི་ཡོན་ཏན་ཐུན་མོང་མ་ཡིན་པ་རྒྱུད་ལ་མངའ་བ་ཞིག་ཏུ་སྣང་། སྤྱན་སྔའི་མ་ཡུམ་ནི་རང་བཞིན་གྱི་རྣལ་འབྱོར་མ་ཡིན་པར་གྲགས་པ་དང་། སྤྱན་སྔ་ཁོང་ནི་སྔོན་ཡུན་རིང་པོ་ནས་ལམ་ལ་སྦྱངས་པས་སྐྱེས་བུ་གསུམ་གྱི་ལམ་གྱི་གནད་རྣམས་ཆུང་ངུའི་དུས་ནས་ཡིད་ལ་བཅགས་ཤིང་། ཆུང་དུས་ནས་འདུས་བྱས་མི་རྟག་པ་དང་འཆི་བ་མི་རྟག་སོགས་ཡིད་ལ་དྲན་ཏེ་རྒྱུན་དུ་བཤུམ་པ་དང་། ལན་ཅིག་ཡུམ་གྱིས་པང་ནས་སློབ་དཔོན་གྲོང་འདུལ་བ་ཞིག་ལས་ཕུང་པོ་ལྔའི་རྣམ་གཞག་གསན་པར། བདག་མེད་ཀྱི་ལྟ་བ་རང་འཁྲུངས་སུ་བྱུང་། དགུང་ལོ་བཅུ་གཉིས་ལོན་དུས (སྤྱི་ལོ1048) རྣལ་འབྱོར་མ་གོང་སྣང་བ་བྱ་བ་ལས་གདམས་ངག་གསན་པས་སྒོང་བ་ཁྲིད་པར་བ་སྐྱེས་པར་གསུངས་ལ། ད་དུང་ཆུང་དུས་སུ་ལྷག་པའི་ལྷ་མང་པོའི་སྣང་བ་ཡང་ཡང་འཆར་ཚུལ་ཡང་གསུངས་སོ། །མདོར་ན། ཁོང་ནི་ཆུང་ངུའི་དུས་ནས་བདག་མེད་ཀྱི་ལྟ་བར་ངེས་པ་འཇོངས་ཤིང་། ལམ་གྱི་རིམ་པ་ལ་བློ་སྦྱངས་པས་བག་ཆགས་ཀྱི་སྟོབས་གཞན་ལ་དྲིང་མི་འཇོག་པ་མངའ་བ། སྟོང་ཉིད་མངོན་སུམ་དུ་རྟོགས་པ་བཅས་ཆུང་ངུའི་དུས་ནས་སྐྱེ་བོ་ཕལ་བའི་ངང་ཚུལ་ལས་ཆེར་ཆེས་འགོངས་པའི་ཁྱད་ཆོས་དུ་མ་དང་ལྡན་པར་གྲགས།

གཉིས་པ། རབ་བྱུང་གི་སྔོར་ཞུགས་ཏེ་བསླབ་པ་ཉམས་ལེན་ལ་གཅིག་ཏུ་བརྩོན་ཚུལ།

གཅིག རབ་ཏུ་བྱུང་བ་དང་དགེ་བཤེས་སྟོན་པའི་རྗེས་སུ་བཟུང་བ།

དགུང་ལོ་བཅུ་གསུམ་པར (སྤྱི་ལོ1049) སྟོད་ལུང་ཚ་ཐོག་དགོན་པར་མལ་ཤེས་རབ་སེམས་དཔའི་དྲུང་ནས་རབ་ཏུ་བྱུང་། མཚན་ཚུལ་ཁྲིམས་འབར་དུ་བཏགས། དེར་ཡུམ་གྱིས་རྨི་ལམ་དུ་དུང་དཀར་བུས་པ་ཐོས་པས། ངས་བུ་འདི་རབ་ཏུ་བྱུང་ནས་གྲགས་པ་ཡང་ཆེ་བ་ཞིག་འོང་བར་འདུག་ཅེས་གསུངས་པར་གྲགས། ཚ་ཐོག་དགོན་དུ་ཐེབས་པའི་ཞོར་ལ་ཇོ་བོ་དང་མཇལ་ནས་སེམས་བསྐྱེད་གསུངས་པ་གསན་ཞིང་། ཇོ་བོས་གསེར་གླིང་བའི་བྲམ་པ་པཎྜའི་མཆུ་ཅན་གནང་སྟེ། ངས་ཆོས་རྒྱུད་འཛིན་པ་ཞིག་ཡོང་ཞེས་གསུངས། དེ་ལ་བལྟས་ན་སྤྱན་སྔ་མཆོག་ཆུང་དུས་ནས་སྐྱེ་བོ་གཞན་དང་ཐུན་མོང་མ་ཡིན་པ་ཞིག་ཡིན་ཞིང་། ཇོ་བོ་མཆོག་གིས་ཀྱང་མ་འོངས་པར་རང་གིས་བསྟན་པ་གང་ལ་གཏད་རྒྱུའི་དམིགས་ཡུལ་གྱིས་གདམས་ངག་དམིགས་བསལ་གྱིས་ཞིགས་ལམ་དུ་བཀྲིས།

①སུམ་པ་ཡེ་ཤེས་དཔལ་འབྱོར། ཆོས་འབྱུང་དཔག་བསམ་ལྗོན་བཟང་། ཀན་སུའུ་མི་རིགས་དཔེ་སྐྲུན་ཁང་། 1992ལོར་པར། ཤོག་གྲངས་404

དེ་ནས་དགུང་ལོ་ཉི་ཤུ་ཉེར་གཉིས་ཀྱི་བར་ལན་ཆ་རབ་དང་ཏུག་པར་སློབ་གཉེར་བགྱིས། ལྷག་པར་ལེགས་སྦྱར་གྱི་སྐད་ལ་གསན་སྦྱོང་མང་དུ་མཛད་དེ། རྒྱ་མགོ་གངས་དང་ཆོས་མགོ་རྒྱ་གར་ལ་ཐུག་པའི་དཔེ་ལྟར། རྒྱ་གར་རྡོ་རྗེ་གདན་དེ་བསྟན་པའི་འབྱུང་ཁུངས་འགྲུལ་མེད་དུ་ངེས་པས། གང་དེར་སློབ་གཉེར་དུ་ཕེབས་པའི་འདུན་པ་ཤུགས་དྲག་འཁྲུངས། ཡང་དེའི་དུས་སུ་མདོ་སྨད་གཟིགས་པས་ཆོས་ཐོག་རྡིལ་རྡིལ་དུ་འགྲོ་བས། སངས་རྒྱས་ཀྱི་ས་ལ་བགྲོད་པར་བླ་མ་མི་དགོས་པར་སྣང་སྙམ་པ་བྱུང་། ཡིན་ནའང་ཕྱིས་སུ་བསམ་ན་ནོར་གྱི་ངེས་གར་ཡང་མ་ཕྱིན་པར་འདུག་གསུངས། ཡུམ་གྱི་སྙིང་ནས་ཆོས་གཤའ་མ་ཞིག་བྱེ་སྙམ་ན་དགེ་བཤེས་སྤྱན་སྔར་འགྲོ་གསུངས་ནས། དགུང་ལོ་ཉེར་གཉིས་ཀྱི་སྟེང་། སྟོན་པ་རིན་པོ་ཆེའི་དྲུང་དུ་ཁྲིད་ནས་ཁོང་དང་མཇལ། ཕྱིས་སུ་དེ་ནི་ཁོང་གི་མ་ཡུམ་རང་བཞིན་གྱི་རྣལ་འབྱོར་མ་ཡིན་པས་འདིར་བསྐུལ་བ་ཡིན་ཞེས་ཁོང་རང་གི་ཞལ་ནས་གསུངས།① དེ་ནས་ཁོང་གིས་སྟོན་པའི་དྲུང་དུ་བཙར་ནས་ཁོང་ལ་འགྲོ་ཆོས་ཞུས་ཏེ་རྒྱ་གར་དུ་འགྲོ་དགོངས་པར། ཁོང་གིས་རྒྱ་གར་དུ་མ་འགྲོ་ངས་ཐུགས་ལ་གདགས་གསུངས་པས། དགེ་བཤེས་སྟོན་པས་ཐུགས་ལ་འདོགས་ན་འགྲོ་དོན་མི་འདུག་སྙམ②ནས་རྒྱ་གར་ལ་མ་ཕེབས། སྐབས་དེར་རྒྱ་གར་ལ་ཕེབས་སུ་མ་གནང་བར་ཡང་རྒྱུ་མཚན་འདུག་སྟེ། རྒྱུ་མཚན་ནི་སྐབས་དེར་རྒྱ་གར་གྱི་བརྒྱུད་ལམ་བལ་ཡུལ་སོགས་སུ་སྡེ་གཟར་བྱུང་ཞིང་ཡུལ་ཁམས་མི་བདེ། ཆོས་སྒྲུབ་ཀྱིན་པའི་དུས་སུ་འཕེལ་ཡོད་པས། གལ་སྲིད་ཁོང་དེ་དུས་རྒྱ་གར་དུ་ཕེབས་ན། གཅིག་ནས་ཆོས་ལ་གསན་བསམ་ལེགས་པོ་ཞིག་བགྱི་མི་ཐུབ་པ་དང་། གཉིས་ནས་ལམ་བར་དུ་དུག་སྦྲུལ་གཅན་གཟན་ལ་སོགས་ལམ་ཕྲེང་གི་འཇིགས་པ་དང་། ཕྱི་རོལ་བའི་དམག་དཔུང་དང་འཕྲད་ན། ཁོང་གི་སྐུ་སྲོག་ལ་ཡང་འཚེ་མི་སྲིད་པ་མིན་པས། དེ་ལ་སོགས་པར་དགོངས་ཏེ་ཁོང་རྒྱ་གར་དུ་འགྲོ་བར་མ་གནང་བ་ཡིན་འདུག ལྷག་པར་འབྲོམ་སྟོན་པ་ཁོང་ནི་རྒྱ་གར་ཤར་ནུབ་གཉིས་ཀྱི་པཎྜི་ཏ་ཡོངས་ལས་མཁས་པའི་ཇེར་སོན་པ་ཇོ་བོ་རྗེ་དཔལ་ལྡན་ཨ་ཏི་ཤའི་སློབ་མ་ཡིན་པས། རྒྱ་གར་དངོས་སུ་ཕེབས་ཀྱང་ཁོང་ལས་ལྷག་པའི་བླ་མ་ཞིག་རྙེད་དུ་མེད་པས། སྤྱན་སྔ་བ་ཡང་ཁོང་གི་ཞལ་བཀོད་ལྟར། རྒྱ་གར་དུ་མ་ཕེབས་པར་མ་ཟད། ཁོང་ལས་བྱང་ཆུབ་ལམ་རིམ་སོགས་ཆོས་ཚན་རབ་དང་རིམ་པ་མང་དུ་གསན་སྣང་མཛད།

ཡང་རྣམ་ཐར་ལས་ཤེས་ཐུབ་པ་ནི། ཁོང་ཉིད་དགེ་བཤེས་སྟོན་པས་རྗེས་སུ་བཟུང་རྗེས། ཁོང་གིས་སྒྲུབ་པ་ཉམས་ལེན་ལ་ལྷུར་བླངས་ཏེ། ལན་ཅིག་དགེ་བཤེས་སྟོན་པའི་གྲུབ་མཐའ་ཞིག་གསུང་བ་གསན་དུ་བྱོན་པས། སྟོན་པའི་ཞལ་ནས། ངས་ཁྱོད་ལ་སྒོམ་ཆེན་ཞིག་རེ་བ་ཡིན། ཁྱོད་རང་ནང་དུ་སྒོམས་ཤིག་གསུང་

①ལམ་རིམ་བླ་མ་བརྒྱུད་པའི་རྣམ་ཐར། བོད་ལྗོངས་མི་དམངས་དཔེ་སྐྲུན་ཁང་། 2011ལོར་པར། ཤོག་ངོས་455
②ཡེ་ཤེས་རྒྱལ་མཚན། ལམ་རིམ་བླ་མ་བརྒྱུད་པའི་རྣམ་ཐར། བོད་ལྗོངས་མི་དམངས་དཔེ་སྐྲུན་ཁང་། 2011ལོར་པར། ཤོག་ངོས་456

བས། སྤྱན་སྔས་ཕྱག་མཛད་ནས་ཕྱིན་པ་དང་། སྟོན་པའི་ཞལ་ནས། བྱང་ཆུབ་སེམས་དཔའ་སེམས་དཔའ་ཆེན་པོ་ཤེས་རབ་ཀྱི་ཕ་རོལ་ཏུ་ཕྱིན་པ་ལ་སྤྱོད་པ་བྱ་བ་དེ་ཁོ་འདྲ་བ་ཞིག་ལ་ཟེར་བ་ཡིན་གསུངས་①ཞེས་བྱུང་བ་དང་། ཕྱིས་སུ་སྟོན་པ་རིན་པོ་ཆེ་སྐུ་གཤེགས་ཏེ་དགོན་པ་བ་བསྟེན་པའི་དུས་སུ་ཡང་། ངེས་འབྱུང་ཤུགས་དྲག་པོས་རྒྱུད་བསྐུལ་ཏེ། མཚན་མོ་མནལ་ཡེ་མེད་པར་ལམ་རིམ་སྒོམ་པ་ལ་ཁོར་ཡུག་ཏུ་འབད་པས་རྣལ་འབྱོར་བ་ཆེན་པོས་བག་རེ་ཚོགས་དེ་ཙམ་བརྩོན་པ་ན་ཁམས་ལོག་ཉེན་ཡོད་གསུངས་པ་ལ། སྤྱན་སྔས་དེ་ལྟར་ལགས་ཏེ། དལ་འབྱོར་འདི་རྙེད་དཀའ་བས་གསུངས་②ཞེས་པས་ཀྱང་ཁོང་གིས་དགེ་བཤེས་སྟོན་པའི་བཀའ་བཞིན་སྒོམ་ཆེན་ཞིག་ལ་བརྩོན་པ་ཤེས་ལ། ཕྱིས་སུ་བཀའ་གདམས་གདམས་ངག་པའི་ཆོས་རྒྱུད་རྒྱ་ཆེར་སྤེལ་ཏེ་ཉམས་ལེན་ལྷུར་ལེན་པའི་སྒོམ་ཆེན་མང་དུ་གསོ་སྐྱོང་གནང་བ་དེ་དང་འབྲེལ་བ་ཨེ་ཡོད་སྙམ། དེ་ལྟར་ཁོང་གིས་སྐུ་ཚེ་གང་པོར་དལ་འབྱོར་རྙེད་དཀའ་བར་དགོངས་ནས་དལ་འབྱོར་དོན་ལྡན་དུ་བྱ་བར་བརྩོན། ལྷག་པར་དགེ་བཤེས་སྟོན་པའི་གསུངས་པ་ལྟར་བྱང་ཆུབ་སེམས་དཔའི་སྤྱོད་པ་མང་དུ་བསྐྱངས་པ་ནི། སྤྱན་སྔ་བའི་འཚོ་ཆས་ཤིན་ཏུ་བཀྲེན་པས་ན་བཟའ་རྣམས་ཧྲུལ་ཧྲུལ་དུ་གྱུར་ཏེ། མཐང་གོས་ལ་ཀོ་བའི་ལྷན་པ་བྱས་པས་སྤྱན་སྔ་ཀོ་ཤམ་ཅན་ཞེས་གྲགས་པ་ལྟར་འཚོ་ཆས་ལ་ཆོག་ཤེས་པ་དང་འཁོར་བའི་ཕུན་ཚོགས་ལ་བློ་ལོག་སྟེ་འདུ་བྱེད་ཐམས་ཅད་ཀྱང་བྱང་ཆུབ་སེམས་དཔའི་སྤྱོད་པ་འབབ་ཞིག་ཏུ་ངེས་པ་ནི་འདི་ཙམ་གྱིས་ཀྱང་རྟོགས་ནུས།

གསང་སྔགས་རྡོ་རྗེ་ཐེག་པའི་སྐོར་སྨིན་པར་མཛད་ཚུལ་ནི་ལམ་རིམ་བླ་རྣམ་ལས་ཡོངས་རྫོགས་རྣལ་འབྱོར་བའི་ཞལ་ནས། དགེ་བཤེས་སྟོན་པའི་ཐུགས་ལ་འདོགས་པར་སྣང་བས། ཁྱེད་རང་གསང་སྔགས་ཀྱི་ཆོས་ཞུས་ན་འོང་གསུང་བས། སྐུ་མཆེད་གཞན་གཉིས་ཀྱི་རྡོའི་དུ་བ་རེང་བྱུང་དུས་སྤྱན་སྔས་རྡོ་ཐོན་པར་བྱས། དེར་དགེ་བཤེས་སྟོན་པ་རྡོའི་དུས་བཞེས་སྐྱོ་སུན་རེ་གསོལ་བས། དེ་དུས་སུ་གདམས་ངག་ཞུས་པས་ཐེག་པ་ཆེན་པོ་གསང་སྔགས་ཀྱི་གདམས་ངག་མ་ལུས་པ་གནང་བ་ཡིན་ཞེས་གསལ་བ་ལྟར། གསང་སྔགས་ཀྱི་གདམས་ངག་མ་ལུས་པ་མནོས། འདི་ལྟར་རྒྱལ་བའི་བཀའ་མདོ་སྔགས་གཉིས་ཀྱི་ཆོས་མ་ལུས་པར་གསན་བསམ་ལྷག་མེད་མཛད་ཅིང་། ལྷག་པར་འབྲོམ་སྟོན་པས་ཉོན་མོངས་ཐམས་ཅད་ཀྱི་གཉེན་པོ་བྱེད་ནུས་པའི་ཆོས་ནི་རྟེན་ཅིང་འབྲེལ་འབྱུང་བ་ཟབ་མོ་སྟོང་ཉིད་ཀྱི་ཆོས་ཡིན་གསུངས་ནས་སློབ་དཔོན་ཀླུ་སྒྲུབ་ཀྱི་དགོངས་པ་དབུ་མ་ཐལ་འགྱུར་བའི་གདམས་ངག་གནངས་པར་ངེས་པ་ཆེས་ཆེར་འཇོངས། དེ་ལྟར་དགེ་བཤེས་སྟོན་པ་དང་མཇལ་བ་ནས་ནམ་གཤེགས་བར་འབྲལ་མེད་དུ་ལོ་བརྒྱད་ལ

①ཡེ་ཤེས་རྒྱལ་མཚན། ལམ་རིམ་བླ་མ་བརྒྱུད་པའི་རྣམ་ཐར། བོད་ལྗོངས་མི་དམངས་དཔེ་སྐྲུན་ཁང་། 2011ལོར་པར། ཤོག་ངོས་457

②ཡེ་ཤེས་རྒྱལ་མཚན། ལམ་རིམ་བླ་མ་བརྒྱུད་པའི་རྣམ་ཐར། བོད་ལྗོངས་མི་དམངས་དཔེ་སྐྲུན་ཁང་། 2011ལོར་པར། ཤོག་ངོས་458

བསྟེན། སྤྱི་ལོ1064ལོར་འབྲོམ་སྟོན་པ་རྒྱལ་བའི་འབྱུང་གནས་སྐུ་ཧྲུམ་དུ་སྐུ་གཤེགས། དེ་དུས་སྤྱན་སྔ་བ་དགུང་ལོ་ཉེར་བརྒྱད་ཡིན།

གཉིས། དགེ་བཤེས་སྟོན་པ་སྐུ་གཤེགས་རྗེས་རྣལ་འབྱོར་བ་སོགས་བསྟེན་ནས་བསླབ་པར་བརྩོན་ཚུལ།

དགེ་བཤེས་སྟོན་པ་དགོངས་པ་རྫོགས་རྗེས། བླ་མ་འདས་པས་ཐུགས་ངལ་ཆེན་པོ་བྱུང་བར། ནུབ་གཅིག་རྨི་ལམ་དུ་ཉི་མ་ཞིག་ལུས་ལ་ཤར་བ་དགེ་བཤེས་སྟོན་པའི་ཡོན་ཏན་མ་ལུས་རང་གིས་ཐོབ་པ་ཡིན་ཨང་སྙམ་པ་བྱུང་བར། ཁོང་གིས་རྣལ་འབྱོར་བ་གོང་འོག་འདི་རྣམས་ལ་ཇོ་བོའི་ཡོན་ཏན་མ་ལུས་པ་མངའ་བ་ཡིན་སྙམ་[1]ཞིང་། རྣལ་འབྱོར་བ་རྣམས་ཀྱི་ཆེ་བ་གཅིག་ཏུ་བསྡུས་ན་དགེ་བཤེས་སྟོན་པའི་ཡོན་ཏན་མ་ལུས་པ་མི་གཅིག་འཐོབ་ནུས་པར་དགོངས། ཡང་ཁོང་གིས་རྣལ་འབྱོར་བ་ཆེན་མོ་དེ་བདེན་གཉིས་དང་ལས་ཁ་ཚར་ལ་དགེ་བཤེས་སྟོན་པ་བས་ཀྱང་ཅི་ཞིབ་ཙམ་དུ་བྱུང་། དགོན་པ་བ་དེ་སྒོམ་སྒྲིབ་སེལ་བ་དང་ཆོས་ཟབ་མོ་ཐམས་ཅད་ལ་དགེ་བཤེས་སྟོན་པ་བས་ཀྱང་ཅི་ཞིབ་ཙམ་དུ་བྱུང་། རྣལ་འབྱོར་བ་ཤེས་རབ་རྡོ་རྗེ་དེ་གྲུབ་མཐའ་ལ་དགེ་བཤེས་སྟོན་པ་བས་ཀྱང་ཅི་ཞིབ་ཙམ་དུ་བྱུང་བར་མཁྱེན་[2]ཞེས་པ་ལས་ཇོ་བོ་རྗེ་དཔལ་ལྡན་ཨ་ཏི་ཤའི་གདམས་པ་འབྲོམ་སྟོན་པ་རྒྱལ་བའི་འབྱུང་གནས་སུ་བརྒྱུད་པ་ཡོད་དོ་ཅོག་སྤྱངས་པར་སྨོས་ཅི། དེ་ལས་གཞན་རྣལ་འབྱོར་བ་བཞི་སོགས་ལས་འབྲོམ་ལས་ཀྱང་ཅི་ཞིབ་ཏུ་བྱུང་བའི་བྲེ་བྲག་གི་ཆོས་རྣམས་ལ་ཡང་རྟོགས་ཞིབ་རྒྱ་ཆེར་མཛད་དེ། མཉམ་མེད་ཇོ་བོ་རྗེ་ནས་བརྒྱུད་པའི་གདམས་པ་མ་ལུས་པ་མི་གཅིག་ལ་ཐོབ་པ་ནི་འབྲོམ་སྟོན་པ་ལས་ཀྱང་ཞིབ་བམ་སྙམ་པ་ཞིག་བྱུང་།

ཁོང་གི་བྱང་ཆུབ་ལམ་རིམ་གྱི་ཁྲིད་རྒྱུན་ནི། གཅིག་ནས་འབྲོམ་སྟོན་པ་ནས་ཞལ་ནས་ཞལ་ལ་བརྒྱུད་པའི་གདམས་ངག་ཇོ་བོ་རྗེའི་བྱིན་རླབས་ཀྱི་ཚ་དྲོད་མ་ཡལ་བ་ཡིན་ཞིང་། དེའི་སྟེང་དགེ་བཤེས་དགོན་པ་བ་སོགས་བསྟེན་ཅིང་ཚེ་འདིའི་བྱ་བ་ཐམས་ཅད་བློས་བཏང་སྟེ། བྱང་ཆུབ་ལམ་རིམ་སྒོམ་པ་ལ་དཀའ་སྤྱད་དྲག་པོའི་སྒོ་ནས་བརྩོན་པ་ལྷུར་མཛད་[3]པས། ཇོ་བོ་རྗེ་ནས་བརྒྱུད་པའི་གདམས་པ་བླ་མ་མི་འདྲ་བ་དུ་མ་ནས་བཞེས་ཤིང་། བྱང་ཆུབ་ལམ་རིམ་གྱི་ཉམས་ལེན་གཞན་གྱིས་མི་བསླུན་པ་མང་དུ་མཛད་དེ། མཐར་སྒྲུབ་རྟགས་ཐུན་མོང་མ་ཡིན་པ་མཉེས་ཚུལ་ནི་ལམ་རིམ་བླ་རྣམ་དུ་ལམ་གྱི་རིམ་པ་ལ་སྦྱོང་བ་ཐུལ་ཕྱིན་པ་ཐོབ་ཞིང་། མི་ལོང་གཡའ་དག་པ་ལ་གཟུགས་བརྙན་འཆར་བ་ཇི་བཞིན་དུ་སངས་རྒྱས

[1]ཡེ་ཤེས་རྒྱལ་མཚན། ལམ་རིམ་བླ་མ་བརྒྱུད་པའི་རྣམ་ཐར། བོད་ལྗོངས་མི་དམངས་དཔེ་སྐྲུན་ཁང་། 2011ལོར་པར། ཤོག་གྲངས་457
[2]ཡེ་ཤེས་རྒྱལ་མཚན། ལམ་རིམ་བླ་མ་བརྒྱུད་པའི་རྣམ་ཐར། བོད་ལྗོངས་མི་དམངས་དཔེ་སྐྲུན་ཁང་། 2011ལོར་པར། ཤོག་གྲངས་458
[3]ཡེ་ཤེས་རྒྱལ་མཚན། ལམ་རིམ་བླ་མ་བརྒྱུད་པའི་རྣམ་ཐར། བོད་ལྗོངས་མི་དམངས་དཔེ་སྐྲུན་ཁང་། 2011ལོར་པར། ཤོག་གྲངས་458

དང་བྱང་སེམས་མང་པོས་ཞལ་བསྟན་ནས་དངོས་སུ་བྱིན་གྱིས་བརླབས་[1]ཞེས་གསུངས་པ་ལྟར་རོ།། འདི་དག་ཁོང་གིས་ལམ་རིམ་སྦྱོང་ཚུལ་ཁོ་ན་ཙམ་ཡིན་ཏེ། གཞན་དུ་ད་དུང་ཁོང་གིས་སྒྲུབ་པ་ཉམས་ལེན་ལ་འབད་ཚུལ་ནི་དེབ་སྔོན་ལས་བོད་དུ་བྱུང་བའི་གསང་སྔགས་འདི་མ་བརླས་པ་མེད་བྱ་བ་ཙམ་བརླས་པ་སོང་། ཇོ་བོའི་པད་ཕྱུངས་ལ་དཔེ་མཛད་ནས་རིན་པོ་ཆེ་ལས་པད་ཕྱུངས་ཀྱང་ཤིན་ཏུ་མང་བ་བཞེངས། སཱ་ཙ་མཛད་པ་ཡང་ཕྱོགས་གཅིག་ཏུ་ཕྱུངས་ན་རིའི་དེའུ་ཙམ་འོང་ཟེར་[2]ཅེས་འཕོད་ཅིང་། ཡང་དེ་དང་ཆ་འདྲ་བ་ཞིག་བཀའ་གདམས་ཆོས་འབྱུང་དུ་འཁོད་པར། ངས་ལོཙྪ་བྱས་ཀྱང་འབྲིང་པོ་ཞིག་འོང་སྙམ་པ་ཡིན། ངས་ཐེག་པ་ཆེན་པོ་གསང་སྔགས་ལ་ཕན་ཡོན་ཟེར་བ་རྣམས་ལ་བསྙེན་པ་ཚད་དུ་མ་བསྐྱལ་བ་མེད་ལས་ཚོགས་རྣམས་ལའང་ཉམས་སུ་མ་བླང་བ་མེད། སཱཙྪ་གཅིག་ཕུའང་རི་དེའུ་ཙམ་བཏབ་པ་ཡིན། སྤང་སྤོས་གཅིག་ཕུའང་ཁང་མིག་གང་བ་ཙམ་གཏམས་པ་ཡིན། ཡིག་ཆུང་ལ་སོང་ནའང་དེ་གཅིག་ཕུས་ཚོག་གམ་སེམས་པ་ཅིག་ཡོད་པ་ཡིན། བོད་ན་ང་ཤེས་རབ་ཆེ་སྙེ་ཅི་བྱས་པ་ལ་ང་སྒོམ་ཡུན་རིང་བ་ཡིན། ཆོས་སྐྱོང་རྣམས་ཀྱིས་ཀྱང་ཚུར་འཆང་བྱས་པ་ཡིན་གསུང་བ་ལགས་པར་གདའ་[3]ཞེས་སོགས་ལ་བལྟས་ན་ཤེས་སླ་བ་ནི། སྐབས་དེ་ཤིད་དུ་སྒྲུབ་པ་ཉམས་ལེན་ལ་ཁོང་དང་སྐྱུན་པ་ནི་ཕལ་ཆེར་མེད་ཚོད་ཙམ་དུ་གདའ་བར་འདུག་པས། ཁོང་གིས་བྱང་རིམ་ལམ་གྱི་རིམ་པ་ལ་བློ་སྦྱོང་བ་གཙོ་བོར་བྱས་ཐོག བཀའ་མདོ་སྔགས་གཉིས་ལ་གསན་བསམ་མཛད་ཅིང་། ཆོས་གཞན་དག་ལ་ཡང་སྒྲུབ་པ་དང་ཉམས་ལེན་སྐྱོ་བོ་ཕལ་བའི་བློ་ངོར་ཤོངས་དཀའ་བའི་ཚད་ཙམ་མཛད་ཡོད་པར་སྣང་།

མདོར་ན་ཁོང་ནི་ཐོས་རྟགས་མཁས་པའི་ཡུལ་དུ་ཕྱིན་པས་སྤྱན་སྔ་པཎྜིཏ་[4]ཞེས་ཀུན་གྱིས་བསྔགས་པའི་གནས་སུ་གྱུར་ཅིང་། རྒྱ་གར་གྱི་སྐད་ཀྱང་མི་འདྲ་བ་བདུན་ཙམ་མཁྱེན་པར་གྲགས། སྒོམ་རྟགས་གྲུབ་པའི་ཡུལ་དུ་ཕྱིན་པས་རྗེ་བཙུན་མི་ལ་དང་རྫུ་འཕྲུལ་སུ་ཆེ་ཟེར་བ་བྱུང་[5]ཞིང་། ལྟ་བ་ལ་མཆོག་ཏུ་གྱུར་པ་ནི་མཉམ་མེད་ཇོ་བོ་རྗེའི་གདམས་པ་མ་ལུས་པ་རྫོགས་པར་ཐོབ། སྤྱོད་པ་ལ་མཉམ་མེད་སྟོན་པ་རིན་པོ་ཆེས་ཀྱང་། བྱང་ཆུབ་སེམས་དཔའ་སེམས་དཔའ་ཆེན་པོ་ཤེས་རབ་ཀྱི་ཕ་རོལ་དུ་ཕྱིན་པ་ལ་སྤྱོད་པ་བྱ་བ

①ཡེ་ཤེས་རྒྱལ་མཚན། ལམ་རིམ་བླ་མ་བརྒྱུད་པའི་རྣམ་ཐར། བོད་ལྗོངས་མི་དམངས་དཔེ་སྐྲུན་ཁང་། 2011ལོར་པར། ཤོག་ངོས་458

②འགོས་ལོ་གཞོན་ནུ་དཔལ། དེབ་ཐེར་སྔོན་པོ། སི་ཁྲོན་མི་རིགས་དཔེ་སྐྲུན་ཁང་། 1985ལོར་པར། ཤོག་ངོས་347

③ལས་ཆེན་ཀུན་དགའ་རྒྱལ་མཚན། བཀའ་གདམས་ཆོས་འབྱུང་། བོད་ལྗོངས་མི་དམངས་དཔེ་སྐྲུན་ཁང་། 2013ལོར་པར། ཤོག་ངོས་321

④ལས་ཆེན་ཀུན་དགའ་རྒྱལ་མཚན། བཀའ་གདམས་ཆོས་འབྱུང་། བོད་ལྗོངས་མི་དམངས་དཔེ་སྐྲུན་ཁང་། 2013ལོར་པར། ཤོག་ངོས་320

⑤འགོས་ལོ་གཞོན་ནུ་དཔལ། དེབ་ཐེར་སྔོན་པོ། སི་ཁྲོན་མི་རིགས་དཔེ་སྐྲུན་ཁང་། 1990ལོར་པར། ཤོག་ངོས་348

དེ་ཕོ་འདྲ་བ་ཟེར་བ་ཡིན་གསུངས་པ་ལྟར། མཁས་གྲུབ་གཉིས་ལྡན་གྱི་སྐྱ་བའི་དབང་ཕྱུག གྲུབ་མཉེས་ཀྱི་རིག་འཛིན་ཆེན་པོ་ཁོང་ནི་སྐབས་དེ་དུས་སུ་རྒྱ་བོད་པཎ་གྲུབ་ཀུན་གྱི་གཙུག་ན་ཉི་ཟླ་ལྟར་སྤྲངས་རྟོགས་ཀྱི་ཡོན་ཏན་མངོན་པར་མཐོ་བར་བཞུགས་སོ། །

གསུམ་པ། སྐལ་ལྡན་སློབ་ཚོགས་གདམས་པའི་བཅུད་ཀྱིས་གསོས་ཏེ་གདུལ་བྱའི་དོན་དུ་སྤྱོད་ཚུལ།

ཆོས་འབྱུང་དཔག་བསམ་ལྗོན་བཟང་ལས་བུ་སློབ་ཀྱང་བརྒྱད་བརྒྱ་འདུས་[1]དང་བཀའ་གདམས་ཆོས་འབྱུང་དུ་དེ་ནས་ཚོགས་པ་བདུན་བརྒྱ་ལྷག་ཙམ་འཚོགས་[2]ཞེས་སོགས་ཆོས་འབྱུང་སོ་སོའི་སློབ་ཚོགས་ཅི་ཙམ་འདུས་པའི་གྲངས་ཀ་ལ་ཧེ་བག་ཕྲན་བུ་རེ་ཡོད་མོད་ཀྱི། སྤྱིའི་ཆ་ནས་ཁོང་གིས་བུ་སློབ་མང་དུ་བསྐྱངས་ཡོད་པར་ཐམས་ཅད་ཞལ་མཚུངས་ཤིང་། དེ་ལས་འགྲན་ཟླ་མེད་པའི་སྲས་གསུམ་སྟེ་སྟོད་ལུང་ཆེན་པོ་རིན་ཆེན་སྙིང་པོ། མདར་སྒོམ་རྗེམ་འབར་སྒྲུབ་ཉམས་པ་ཆེན་པོ། སྤྱིལ་སྐྱ་བྱ་ཡུལ་བ་ཆེན་པོ་དང་། འགྲོ་དོན་ཆེ་བའི་སྒོམ་ཆེན་བཞི་འདི་ལ་འདྲེན་ཚུལ་མི་འདྲ་བ་རེ་ཡོད་མོད། བཀའ་གདམས་ཆོས་འབྱུང་ལྟར་ན་ཟར་བ་ཕག་སྒོམ་དང་། ཉག་པ་སྟོན་སྒོམ། མང་ར་སྒོམ་པ། རལ་པ་སེང་སྒོམ་བཅས་ཡིན་ལ། ད་དུང་འདུལ་འཛིན་བཞི་སོགས་ཆོས་འབྱུང་སོགས་སུ་མིང་དངོས་སུ་བྱུང་བའི་བུ་སློབ་ཉེར་བཞི་ཡོད།

དེ་དག་རེ་རེའི་མཛད་པ་མ་ཚང་པ་མེད་པ་བཤད་ན་བརྗོད་པས་མི་ལང་མོད། འགྲན་ཟླ་བྲལ་བའི་སྲས་གསུམ་ལས་རིན་ཆེན་སྙིང་པོ་དང་བྱ་ཡུལ་བ་གྲགས་ཆེ་བས་དེ་གཉིས་ཀྱིས་ཁོང་བླ་མར་ཅི་ལྟར་བསྟེན་ཚུལ་དང་ཁོང་གིས་ཅི་ལྟར་བསྐྱང་ཚུལ་རག་ཙམ་ཞུས་ན། སྟོན་ལུང་བ་རིན་ཆེན་སྙིང་པོ་ནི་གསེར་ཕུག་ལྟང་མ་ཅན་དུ་ཆུ་ཕོ་སྤྲེལ་གྱི་ལོར(1032)སྐྱ་འཁྲུངས། ཁྲུང་པོ་ཇོ་བསོད་ལས་རབ་ཏུ་བྱུང་། བླ་མ་མཁའ་ཌུ་བའི་གསུངས་ལྟར་རྣལ་འབྱོར་བ་ཆེན་མོ་དང་མཇལ། ཁོང་གིས་རྣལ་འབྱོར་བ་ལོ་བརྒྱད་དང་དགོན་པ་བ་ལོ་ལྔ་བསྟེན་ནས་སྤྱན་སྔ་བསྟེན་པ་ཡིན་ལ། དེ་ཡང་བཀའ་གདམས་གོང་མའི་བླ་མ་བསྟེན་ཚུལ་ལྟར་ཁོང་གིས་རྣལ་འབྱོར་བ་འདས་པའི་བར་དུ་གོམ་གང་མ་འབྲལ་བར་བསྟེན་ཅིང་། དེ་ནས་སྤྱན་སྔ་བསྟེན་རྗེས་ཀྱང་མི་ཕྱེད་པའི་དད་པས་ཁོང་དགོངས་པ་རྫོགས་པའི་བར་དུ་ལོ་ངོ་བདུན་བསྟེན། ཚོགས་པ་སུ་བརྒྱ་རེ་ཙམ་འཚོགས།

---

[1] སུམ་པ་ཡེ་ཤེས་དཔལ་འབྱོར། ཆོས་འབྱུང་དཔག་བསམ་ལྗོན་བཟང་། ཀན་སུའུ་མི་རིགས་དཔེ་སྐྲུན་ཁང་། 1992ལོར་པར། ཤོག་ངོས་404

[2] ལས་ཆེན་ཀུན་དགའ་རྒྱལ་མཚན། བཀའ་གདམས་ཆོས་འབྱུང་། བོད་ལྗོངས་མི་དམངས་དཔེ་སྐྲུན་ཁང་། 2013ལོར་པར། ཤོག་ངོས་323

བྲ་ཡུལ་བ་ཆེན་པོ་ནི་སྟོད་ལུང་གོལ་གྱི་ལུང་དུ་འཁྲུངས། ཡབ་གཤེགས་ཡུམ་གྱིས་པོར་ཏེ་ནེ་ནེ་མོ་ཞིག་གིས་བསྐྱངས། བཅུ་གཉིས་ལ་རབ་ཏུ་བྱུང་སྟེ། སྟོད་ལུང་བ་བླ་མར་བསྟེན་ཅིང་། ཉེ་གནས་པོ་ལྷར་མཛད། སྟོད་ལུང་བ་སྤྱན་སྔ་མཇལ་དུ་ཕེབས་དུས། ཁོང་གི་ཕྱག་ཕྱིར་བཞག དེ་ནས་སྤྱན་སྔ་ལ་སངས་རྒྱས་དངོས་ཀྱི་འདུ་ཤེས་ཀྱི་བསྟེན་ཅིང་། སྤྱན་སྔར་མི་འབྲལ་བར་བཞུགས། སྤྱན་སྔ་མཆོག་གིས་འདི་དད་པ་དང་ཤེས་རབ་ནི་ཆེ་ཆོས་ཐམས་ཅད་ལ་ནམ་མཁའ་ལ་མདུང་བསྐོར་གསུངས། ལོ་དགུ་ལ་བསྟེན་ལོ་བཞི་ལ་མཚམས་སུ་བཞུགས། སྤྱན་སྔ་བ་འདའ་ཁར། བྲ་ཡུལ་བས། དགེ་བའི་བཤེས་གཉེན་ལགས། མ་འོངས་པ་ན་ཐུགས་ལ་གདགས་པར་ཞུ་གསུངས་པ་ན། ཇོ་སྲིད་ཆོས་ཀྱི་སྐུ་གཅིག་ཏུ་མ་གྱུར་གྱི་བར་དུ་མི་འབྲལ་ལོ་གསུངས། ① ཡང་ཁོང་ནི་འགྲོམ་སྟོན་པ་དང་བྲ་ཡུལ་བ་སོགས་ལྟར། ཐོས་པ་ཙམ་མ་ཡིན་པར། བླ་མའི་ཞབས་ཏོག་ལ་འབད་པ་ཞིག་ཡིན་འདུག་སྟེ། ཁོང་གིས་ཞལ་ནས། ལན་ཅིག་ཁོང་གིས་ཐལ་འབོད་དུ་ཕྱིན་པའི་ཚེ་སྐས་གདང་གསུམ་པའི་ཁར་ཕེབས་པའི་ཚེ། བཀའ་སྡེ་སྟོད་ཀྱི་དོན་མ་ལུས་པ་ཐུགས་ལ་ཤར་བས། བླ་མའི་ཞབས་ཏོག་ལ་ཡིད་ཆེས་ཏེ། སྐྱི་སྨད་པའི་དགེ་བཤེས་འདི་རྣམས་བླ་མའི་ཞབས་ཏོག་ལ་མི་འབད་པར་ཐོས་པ་ཁོ་ན་འབད་པ་འདི་ནོར་བ་ཡིན་བྱ་བ་ཡང་གསུང་སྐད། ②བཤེས་གཉེན་ལ་ཞབས་ཏོག་སྒྲུབ་པར་དམིགས་བསལ་དུ་འབད་པ་ནི་བཀའ་གདམས་པའི་ཁྱད་པར་ཅན་གྱི་བཤེས་གཉེན་བསྟེན་ཚུལ་ཞིག་ཡིན་པར་འདུག་སྟེ། འདི་ལས་བླ་མའི་བྱིན་རླབས་རྒྱུད་ལ་སླེབ་པ་དང་ཁོང་ལྟར་ཐེམ་པ་བརྒལ་བའི་སྐབས་ཀྱང་ཆོས་དོན་ཡིད་ལ་ཐོགས་པ་ཞིག་ཡིན་ན། ཆོས་ཀྱི་ངེས་པ་ལ་ཕན་པ་ནི་ཁོང་གིས་ལག་ལེན་གྱིས་བསྒྲུབ་ཡོད་དོ། །ཁོང་ལ་སློབ་མ་སྐྱོ་སྟོན་བྱང་ཆུབ་རིན་ཆེན་ཁྲིམ་གཞེར་རིན་ཆེན་སེང་གེ་སོགས་མང་དུ་མཆིས།

འདི་ལྟར་ཁོང་གིས་སློབ་ཚོགས་མང་དུ་བསྐྱངས་ཤིང་། བུ་སློབ་ཀྱི་ཁྲིད་ཕྱིས་བཀའ་གདམས་པའི་བསྟན་པའི་གཙུག་རྒྱན་ལྟ་བུར་གྱུར་བ་འགྲན་མེད་ཀྱི་སྤྲས་གསུམ་སོགས་བྱུང་ལ། ཁོང་དང་ཁོང་གིས་བུ་སློབ་དག་གིས་བསྟན་པ་ནི་ད་ལྟ་ད་དུང་ཡང་བཀའ་གདམས་སྙིང་མའི་གྲུབ་མཐའི་མིང་ཙམ་ཉམས་པ་མ་གཏོགས་བྱང་ཆུབ་ལམ་རིམ་གྱི་གཙོས་པའི་བཀའ་གདམས་གདམས་ངག་དག་ནི་བཀའ་གདམས་གསར་མར་གྲགས་པའི་རི་བོ་དགེ་ལུགས་པའི་གཙོ་བྱས་པའི་སྒྲུབ་བརྒྱུད་ཤིང་རྟ་བརྒྱད་ཀྱི་ཆོས་རྒྱུད་ཀུན་ཏུ་ཏིལ་ལ་ཏིལ་མར་གྱིས་ཚུལ་དུ་གནས་ཤིང་། ལྷག་པར་ཆོས་ཕུང་བརྒྱད་ཁྲི་བཞི་སྟོང་གི་སྙིང་པོ་གཅིག་ཏུ་དྲིལ་ཏེ་གང་ཟག་གཅིག་འཚང་རྒྱ་བའི་ཐབས་སུ་གདམས་པ་བྱང་ཆུབ་ལམ་གྱི་རིམ་པའི་ཆོས་འདི་ཉིད་

①འགོས་ལོ་གཞོན་ནུ་དཔལ། དེབ་ཐེར་སྔོན་པོ། སི་ཁྲོན་མི་རིགས་དཔེ་སྐྲུན་ཁང་། 1990ལོར་པར། ཤོག་ངོས་351

②འགོས་ལོ་གཞོན་ནུ་དཔལ། དེབ་ཐེར་སྔོན་པོ། སི་ཁྲོན་མི་རིགས་དཔེ་སྐྲུན་ཁང་། 1990ལོར་པར། ཤོག་ངོས་351

རྗེ་ཙོང་ཁ་པ་སོགས་སྐྱེས་ཆེན་རྣམས་ཀྱིས་རྒྱ་ཆེར་སྤེལ་བར་མཛད་དེ། ད་ལྟ་ཐུབ་པའི་བསྟན་པའམ་ནང་བསྟན་རིག་གནས་འདི་ཉིད་འཛམ་གླིང་ཐ་གྲུ་ཀུན་ཏུ་ཁྱབ་པ་འདིའང་མཐར་དེད་ན་བོད་དང་བོད་ལྟ་བུ་དག་གི་མཛད་པ་དང་ཕྲིན་ལས་ཡིན་ནོ།།

བཞི་པ། ལོ་དགོན་པ་ལྟེ་བར་བྱས་ཏེ་བཀའ་གདམས་གདམས་ངག་པའི་བསྟན་པ་སྤེལ་ཚུལ།

གཅིག ལོ་དགོན་པའི་སྐོར།

ལོ་དགོན་པ་འདི་བཀའ་གདམས་ངག་པའི་དགོན་སྡེ་ཐོག་མ་ཡིན་རྐྱེན། འདི་ལ་ལོ་རྒྱུས་ཀྱི་དོན་སྙིང་ཆེན་པོ་ལྡན་ཞིང་། དགོན་པ་འདི་དང་འདིའི་ཤུགས་རྐྱེན་འོག་བཀའ་གདམས་གདམས་ངག་པའི་བསྟན་པ་ཆེས་ཆེར་དར་བ་རེད་དེ། འབྲོམ་སྟོན་པ་འདས་རྗེས་སུ་བཀའ་གདམས་པ་ནི་བོད་གི་བུ་སློབ་གཙོ་བོ་བཀའ་གདམས་སྐུ་མཆེད་གསུམ་ལས། བཀའ་གདམས་གཞུང་བ་དང་། བཀའ་གདམས་མན་ངག་པ། བཀའ་གདམས་གདམས་ངག་པ་གསུམ་དུ་དར་ཡོད། ཁ་ཅིག་གིས་ལམ་རིམ་པ་ཞེས་པ་ཞིག་ལོགས་སུ་དགར། ཡང་ཁ་ཅིག་གིས། བཀའ་གདམས་གཞུང་བ་དང་། བཀའ་གདམས་གདམས་ངག་པ་གཉིས་ལས། བཀའ་གདམས་མན་ངག་པ་ལོགས་སུ་མི་དབྱེ། དེ་ཡང་བཀའ་གདམས་སྐུ་མཆེད་གསུམ་ལས་ཆེ་བ་ཕུ་ཆུང་བ་མཆོག་གིས་སློབ་མ་མ་བསྐྱངས་པར་བཞེད་པས་རེད། ཡང་བཀའ་གདམས་ཆོས་འབྱུང་ལ་བལྟས་འོང་ན་བོད་གིས་ཀྱང་སློབ་མ་བསྐྱངས་ཡོད་པར་མངོན་ཏེ། སྤྱན་སྔ་བ་དང་ཕུ་ཆུང་བའི་སློབ་མ་ཕལ་ཆེར་བོད་གི་སློབ་མ་ཡིན་པ་གསལ་བོར་གསུངས་པར་བལྟས་ན། བཀའ་གདམས་མན་ངག་པ་ནི་ཕུ་ཆུང་བ་ལྟ་བུའི་སྒྲས་པའི་རྣལ་འབྱོར་དག་ཕལ་ཆེར་ཡིན་སྲིད་མོད། སྐབས་དོན་བཀའ་གདམས་གདམས་ངག་པ་འདི་སྤྱན་སྔ་མཆོག་དང་དགོན་པ་བ་ལས་བྱུང་བ་ཡིན་ཏེ། ལོ་དགོན་པ་ནི་སྤྱན་སྔའི་བརྒྱུད་པའི་བཀའ་གདམས་གདམས་ངག་པའི་དགོན་སྡེ་ཆེས་གཙོ་བོ་ཡིན་པ་སྨོས་སུ་མ་མཆིས།

ལོ་དགོན་པ་ནི་སྤྱན་སྔ་བ་མཆོག་གིས་རབ་བྱུང་དང་པོའི་ཤིང་མོ་ཕག་གི་ལོ་སྟེ་སྤྱི་ལོ1095ལོར། བོད་གི་འབྲུངས་ཡུལ་ཉན་དུ་བཏབ་པ་ཞིག་ཡིན། ཉན་ལ་ཕྱིས་སུ་དགོན་མིང་ཡུལ་ལ་ཐོགས་ཏེ་ལོ་ཞེས་ཟེར་ཞིང་། ད་ལྟའི་བོད་ལྗོངས་སྣག་རྩེ་རྫོང་ཁོངས་ཀྱི་ཐང་དཀར་ཡུལ་ཚོའི་ཕུ་ལོ་སྐྱིད་མོའི་གཞུང་ཞེས་པ་དེ་ཡིན་ལ། ཡུལ་དེ་ལྷ་ས་ནས་ཤར་དུ་ རླངས་འཁོར་གྱིས་ཆུ་ཚོད་གཉིས་ཙམ་བགྲོད་པའི་སར་ཡོད་ཅིང་། འཕན་ཡུལ་གྱི་ཁོངས་སུ་གཏོགས། དགོན་མིང་ལ་ལོ་ཞེས་ཐོགས་དོན་ནི་འཕན་ཡུལ་གནས་བཤད་ངོ་མཚར་རིག་གནས་ཀྱི་བང་མཛོད་ལས་དགེ་བཤེས་སྟོན་པས་བུ་ཁྱོད་ཀྱི་དགོན་པ་ས་འདི་ལ་འདེབས་ལོ་གསུངས་པས་དགོན་མིང་ལོ་ཞེས་ཐོགས་པ་དང་། ཡུལ་དེར་ཡོད་པའི་སྤྱན་སྔའི་སྒྲུབ་པ་སྐྱོན་སའི་སྐུ་རྒྱབ་ཏུ་ཤིང་

ཅན་དན་ཞིག་འབྲུངས་ཡོད་པ་དེའི་ལོ་མ་གཞན་ལས་ཆེ་བ་ཞིག་གི་ཐོག་ལོ་ཞེས་ཡི་གེ་རང་བྱོན་ཞིག་བྱུང་བས་དེ་ལྟར་ཐོགས་ཞེས་པའི་བཤད་ཚུལ་གཉིས་[1]ཡོད། དེར་མ་ཟད་ཉན་ལ་ཡང་ཏུང་བ་དང་འོས་པའི་དོན་ཡོད་པ་ནི་ལོ་དང་མཚུངས་ལ། དེ་ནི་སྐྱེས་དབང་ཙམ་ཡིན་ཞེས་ན་ཇུང་ཁས་ལེན་ཁག་པས་ཕྱིར་ན་དེ་ལའང་དཔྱད་རྒྱུ་འདུག་སྙམ། ཆ་འཛོག་བྲལ་བའི་སྟོང་དཔག་ཙམ་བྱས་ན་ཡུལ་མིང་ལ་སྔོན་ནས་ཉན་ནམ་ལོ་རེས་མོས་སུ་སྒྱུར་ཡང་། ཕྱིས་ལོ་དགོན་པ་ཞེས་ཐོགས་པ་ཁྱབ་ཆེ་བར་སོང་སྐོ་རིམ་གྱིས་ཡུལ་མིང་ཡང་ལོ་ཁོ་ནར་བོས་པ་མིན་པའི་ངེས་པའང་མེད། གང་ལྟར་འདི་ཡིན་དེ་མིན་གྱི་ཁ་ཚོན་སུས་ཀྱང་ཆོད་དཀའ་བོ།

《ལམ་རིམ་བླ་རྣམ》ལས་དགོན་པ་བཏབ་ཚུལ་ལ། ཤིང་མོ་ཕག་ལོ་དགུང་ལོ་དྲུག་ཅུ་རེ་གསུམ་བཞེས་དུས་ལོ་དགོན་པ་གདབ་པར་དགོངས་ནས་རྒྱ་ཡོན་བདག་ལ་རྩི་ལམ་བརྟག་པ་ཞུས་པས། རྒྱའི་ཞལ་ནས་ཆོས་བགྲེས་པོ་ཞིག་ཡུལ་དུ་འགྲོ་ཟེར་བ་བྱུང་། སྤྱན་སྔའི་ཞལ་ནས་རྩི་ལམ་རྣོ་གསུང་སྐད། ཡོན་བདག་བྱ་རྗེ་སྟོད་པས་མར་གྱི་མེ་ཏོག་ཕུལ་བའི་ངའི་ཡོན་བདག་དཔལ་གསུམ་ཕུ་བ་གསུངས་ནས་མཉེས། དེ་ནས་ལོའི་གཙུག་ལག་ཁང་ག་བཞི་མ་བཞེངས། རྟེན་གཙོ་ལ་དགེ་བཤེས་སྟོན་པ། རྣལ་འབྱོར་བ་ཆེན་པོ། དགོན་པ་བ་གསུམ་གྱི་ནང་རྟེན་དུ་དངུལ་གྱི་གདུང་ཁང་། གསེར་འབུམ་གཡུ་ཕྲ་ཅན། ཕྱི་རྟེན་མཆོད་རྟེན་གསུམ་བཞེངས། དེ་རྣམས་ཀྱི་རྩིག་ཕྲེང་རེ་རེ་ལ་རབ་ཏུ་གནས་པ་ལན་རེ་རེ་མཛད་པས་བྱིན་རླབས་ཤིན་ཏུ་ཆེ་བ་ལགས་ཞེས་པ་ལས། ཡོན་བདག་བྱ་རྗེ་སྟོད་པས་བྱས་པ་དང་། བྱ་རྗེ་སྟོད་པ་ཟེར་བ་མིང་ལ་བལྟས་ན་བྱ་ཡུལ་གྱི་རྗེ་བོ་ཞིག་ཨེ་ཡིན་སྙམ། གང་དེའི་སྦྱིན་བདག་མཛད་ཅིང་། དགོན་པའི་གཞི་རྒྱུ་དེ་ཙམ་ཆེན་པོ་མིན་པར་སྣང་། ཡིན་ནའང་ཕྱིས་ཚོགས་པ་མང་དུ་འདུས་པར་བཤད་པས་དགོན་པའི་གཞི་རྒྱའང་ཇེ་ཆེར་ཕྱིན་ཡོད་པ་འདྲ། དེ་ནས་རྒྱའི་ཡོན་བདག་གིས་རྩི་ལམ་བརྟག་ནས་བཤད་པ་ལྟར། ཆོས་བགྲེས་པོ་ཞིག་ཡུལ་དུ་འགྲོ་ཞེས་པ་ནི་ཆོས་ཡུན་རིང་དུ་གནས་པར་གྱུར་ཞེས་པའི་དོན་ཡིན་ལ། དགོན་པ་འདིའི་བཀའ་གདམས་གདམས་ངག་པའི་གཞི་འཛིན་ལྟ་བུ་ཡིན་པས་ཆོས་ཡུན་རིང་ཙམ་ལ་གནས་པར་ཕན་པ་ཆེན་པོར་བྱུང་ཞིང་། ལྷག་པར་སྤྱན་སྔ་བ་ལོ་དྲུག་ལ་བཞུགས[2]རིང་སློབ་མ་སྲས་ཀྱི་གཙོ་བོ་གསུམ་སོགས་བསྐྱངས་ཏེ། བཀའ་གདམས་གདམས་ངག་པ་ཆེས་ཆེར་དར་བའི་རྨང་གཞིར་གྱུར།

①བསོད་ནམས་ཚོས་དར། འཕན་ཡུལ་གནས་བཤད་ཪ་མཚར་རིག་གནས་ཀྱི་བང་མཛོད། མི་རིགས་དཔེ་སྐྲུན་ཁང་། 2009ལོར་པར། ཤོག་ངོས་91

②འགོས་ལོ་གཞོན་ནུ་དཔལ། དེབ་ཐེར་སྔོན་མོ། སི་ཁྲོན་མི་རིགས་དཔེ་སྐྲུན་ཁང་། 1985ལོར་པར། ཤོག་ངོས་347

གཉིས། ཁོང་གི་བུ་སློབ་རྣམས་ཀྱི་བཏབ་པའི་དགོན་པའི་སྐོར།

ཁོང་གི་བུ་སློབ་རྣམས་ཀྱིས་དགོན་པ་བཏབ་ཚུལ་ནི་བྱ་ཡུལ་བས་སྤྱན་སྔ་བས་སྨུག་ཏུམ་ནས་ཕ་བོང་དཀར་ལེབ་ཞེས་བྱ་བའི་སྟེང་དུ་ཞབས་རྗེས་བཞག་ཅིང་དེ་ནས་ལུང་བསྟན་པའི་གནས་བྱ་ཡུལ་དུ་དགོན་པ་བཏབ། [1]སྨུག་ཏུམ་པ་ཆེན་པོས་ཐང་སྐྱའི་དབུ་རྩེ་གསར་མ་བཞེངས། ཟར་བ་ཕག་སྒོམ་རྗོ་རྗེ་ཡེ་ཤེས་ཀྱིས་མལ་གྲོ་ཕུའི་ཟར་གྱི་གཙུག་ལག་ཁང་བཞེངས། རལ་བ་སང་སྒོམ་གྱིས་ཀླུངས་ཤོད་ཏུག་པའི་མཆོད་ཁང་བ་བཞེངས། ཨེའི་སྒྲི་བ་ཆེན་པོས་ཨེ་ཚུང་དགོན་བཏབ། བརྒྱུད་པའི་སློབ་བུ་སྟོད་ལུང་བའི་སློབ་མ་ཁྲུང་ཁམ་པས་སྟེངས་ཕུ་དགོན་བཏབ། བྱ་ཡུལ་བའི་སློབ་མ་འཕན་ཡུལ་གྱི་སྟབས་མཆོད་གནས་ཀྱིས་ཁྲ་བ་ཁའི་དགོན་པ་བཏབ། རྒྱ་རི་མོ་ཅན་གྱིས་རྒྱ་ད་སྣང་གི་གཙུག་ལག་ཁང་བཞེངས། བ་དར་བས་མལ་གྲོའི་བ་དར་དགོན་བཏབ། རྟ་བ་ཞང་སྒོམ་གྱིས་རྟ་ཕུག་དགོན་བཏབ། བཀྲ་ཤིས་སྣང་བས་འཁྲོམ་གྱི་སྨོན་གྲོང་དོན་བཏབ། དང་ཚང་བས་མདོ་སྨད་ཀྱི་དང་ཚང་དགོན་བཏབ། རྒྱ་རི་བས་རྒྱ་རི་དགོན་བཏབ། གནམ་འབར་བས་སྟོད་ལུང་གི་གནམ་འབར་དགོན་བཏབ་པ་སོགས་བཀའ་གདམས་གདམས་ངག་པའི་དགོན་སྡེ་ནི་ཆར་ཤུལ་གྱི་ཤ་མོ་ལྟར་གཅིག་རྗེས་གཉིས་མཐུད་དུ་བརྗོལ།

དུས་སྐབས་དེ་ཙམ་ལ་དགོན་སྡེ་དེ་འདྲའི་མང་པོ་ཞིག་བྱུང་བ་ཡིས། བཀའ་གདམས་གདམས་ངག་པའི་ཆོས་རྒྱུད་ལ་རེ་ཞིག་སྟོན་ན་མེད་པའི་དར་རྒྱས་ཆེན་པོ་བྱུང་། ཡིན་ནའང་དགོན་སྡེ་འདི་དག་ཕྱོགས་གཅིག་ནས་འཕན་ཡུལ་དང་དྭགས་ཀོང་གི་ཡུལ་གྲུ་ཙམ་ལས་ཕར་འདའ་ཐུབ་མེད་པ་དང་། བོད་ཁམས་ཁྱིངས་ལ་དགོན་སྡེ་མང་པོ་དར་ཁྱབ་ཏུ་འགྲོ་མ་ཐུབ་པ་དང་། ལྷག་པར་མདོ་ཁམས་གཉིས་སུ་བཀའ་གདམས་པའི་བསྟན་པ་དེ་ཙམ་ཞིག་དར་མ་ཐུབ་པས། ཡོངས་ཁྱབ་ཀྱིས་ཤུགས་རྐྱེན་ཆེན་པོ་བཞག་ཐུབ་མེད་པ་དང་། བཀའ་གདམས་པ་རང་ངོས་ནས་འཇིག་རྟེན་ཆོས་བརྒྱད་ཀྱི་སྲིད་པ་ཡོངས་སུ་སྤངས་པའི་རྣལ་འབྱོར་བ་ལ་གཅིག་ཏུ་འབད་པས། རབ་བྱུང་གི་ཆ་རྐྱེན་ཇེ་མཐོར་ཕྱིན་པ་དང་། དགེ་བཤེས་ཕལ་མོ་ཆེ་སྦྱུབ་པ་ཁོ་ན་ལ་གཞོལ་བ་ལས་སློབ་ཚོགས་བསྐྱངས་ཏེ། འཇིག་རྟེན་གྱི་གྲགས་པ་འཕེལ་བར་མི་དགྱེས་པ་དང་། ལྷག་པར་སྲིད་ཀྱི་ཕྱོགས་ལ་ཞེན་པ་སྤུ་ཙམ་ཡང་མེད་པའི་ཆོས་པ་རྣམ་དག་རྣལ་འབྱོར་བ་འབའ་ཞིག་ཡིན་པས་རིམ་གྱིས། བོད་དུ་སྡེ་གཟར་དང་སྲིད་ལོག་སོགས་གཅིག་འཛགས་གཅིག་ལང་གིས་བྱུང་བར། དགོན་སྡེ་ཕལ་ཆེར་དབུས་གཙང་ཕྱོགས་སུ་གཅིག་ཏུ་འདུས་པ་དང་། སྲིད་ཀྱི་འཕོ་འགྱུར་གྱི་ལྦ་བའི་ས་ཁུལ་དུ་ཆགས་པས། སྡེ་གཟར་སོགས་ལས་རྒྱལ་ཁམས་མ་བདེ་བས་རང་བཞིན་གྱིས་ཉམས་

[1]སུམ་པ་ཡེ་ཤེས་དཔལ་འབྱོར། ཆོས་འབྱུང་དཔག་བསམ་ལྗོན་བཟང་། ཀན་སུའུ་མི་རིགས་དཔེ་སྐྲུན་ཁང་། 1992ལོར་པར། ཤོག་གྲངས་408

པ་དང་། འགའ་རེ་ལུས་པ་ནི་གྲུབ་མཐའི་འཐབ་རྩོད་སོགས་ཀྱིས་གྲུབ་མཐའ་གཞན་དུ་བསྒྱུར་ནས། ད་ལྟ་བཀའ་གདམས་རྙིང་མ་ནི་མིང་གི་ལྷག་པ་ཙམ་དུ་གྱུར་ཏེ་དེའི་དགོན་སྡེ་གཅིག་ཀྱང་རྙེད་དུ་མེད་པ་ནི་ཕང་བའི་གནས་སུ་གྱུར།

གང་ལྟར་བར་སྐབས་ཤིག་ལ། དགོན་སྡེ་དེ་འདྲའི་མང་པོ་ཞིག་དུས་གཅིག་ཏུ་བྱུང་། བཀའ་གདམས་གདམས་ངག་པའི་བསྟན་པ་དབྱར་མཚོ་ལྟར་རྒྱས་ཤིང་། སྐྱེས་ཆེན་དམ་པ་མང་པོ་གསེར་རིའི་ཕྲེང་བ་ལྟར་དུ་བྱུང་བ་ནི། ཕྱོགས་གཅིག་ནས་བོད་གཅིག་པུའི་མཛད་པའི་འཕྲིན་ལས་ཡིན་ཞེས་ཀྱང་ཐལ་མི་ཆེ་བར་འདུག་པར་བསམ་ན། ཕྱུན་སུ་བ་ཚུལ་ཁྲིམས་འབར་ནི་ བླ་མས་ངས་ཁྱོད་སྒོམ་ཆེན་ཞིག་ལ་རེ་ཞེས་བཀའ་གནང་བ་ལྟར་ངེས་དོན་གྱི་སྒོམ་ཆེན་ཞིག་ཡིན་པ་དང་། སྐལ་ལྡན་བུ་སློབ་རྣམས་ཀྱི་མིག་ལམ་དུ་མཁས་གྲུབ་གཉིས་ལྡན་གྱི་ངེས་དོན་གྱི་སྟོན་པ་ཞིག རང་རེ་བོད་ཁྱི་རབས་པ་རྣམས་ཀྱི་མིག་ལམ་དུ། སྐད་མང་སྨྲ་བའི་ལོ་ཙཱ་བ་ངེས་དོན་གྱི་སློབ་གཉེར་བ་དང་དགེ་བའི་བཤེས་གཉེན་ཆེན་པོ་ཞིག་ཡིན་ནོ།།

དཔྱད་རྩོམ་འདི་འབྲི་བར་གཅིག་ནས་ཁོང་གི་རྣམ་ཐར་རྒྱས་པ་ཞིག་མེད་པས། དཔྱད་གཞི་ཕུང་བ་དང་། གཉིས་ནས་ཁོ་བོ་ཤེས་པ་ཆུང་ལ་འཕོས་ཀ་ཞན་པས་དཔྱོད་པའི་བློ་མིག་ལྡོངས་པས་ཤེས་མེད་ཀྱི་གཏམ་མཁས་པའི་མདུན་སར་བཞད་གད་འབབ་ཞིག་ཏུ་ཟད་པའང་ནོངས་པ་མེད་པར་ཚིག་ཚོགས་ཀྱིས་སྤྲོས་པ་བགྱིས་ཡོད་ངེས་པས། གཟུར་གནས་མཁས་པའི་སྤྱན་སྔར་ཡིག་ཚོགས་ཀྱི་གད་སྙིགས་ཙམ་ཞིག་ཏུ་སྣང་སྲིད་ཕྱིར། ཁོ་བོའི་ཤེས་མེད་དང་ཧམ་བཤད་ཀྱི་ནོངས་པ་ཅི་མཆིས་ལ་བཟོད་གསོལ་གྱི་དགོངས་པ་ལན་མང་དུ་ཞུ་རྒྱུ་དང་། དཔྱད་རྩོམ་འདིའི་དཔྱད་ཡུལ་རྣམ་ཐར་ཡིན་ཡང་། རྣམ་ཐར་ནི་བོད་རང་གི་ཐུན་མོང་མ་ཡིན་པའི་རྩོམ་ལུས་ཀྱི་རྣམ་པ་ཞིག་ཏུ་འཁྲུམས་པའི་ཆ་ནས། དེའི་རྩོམ་རིག་གི་རིན་ཐང་ལ་དཔྱད་འཇོག་ཚིག་ཟུར་ཙམ་ཡང་མ་ཐོན་པ་ནི་རྣམ་ཐར་ལ་དཔྱད་པའི་སྟོང་ཆ་ཆེ་ཤོས་ཤིག་ཡིན། འདི་ནས་ཁོ་བོས་གཙོ་བོ་ལོ་རྒྱུས་ཀྱི་མིག་དབང་ཞིག་སྤྱད་ཁུལ་བྱས་པ་ཡིན་གྱི། དཔྱད་པ་མཐུ་ཆུང་བས་གང་དུ་མ་ཕྱིན་པར་ལུས་འདུག་ན་ཡང་། དམ་པ་གང་གི་ཆེ་བ་ལ་གུས་འདུད་ཀྱི་ཚུལ་དུ་སྒྲོ་སྐུར་གྱི་མཐའ་གཉིས་ལ་མ་ལྷུང་བ་ཞིག་ལ་གང་ཐུབ་ཀྱིས་འབད་ཁུལ་བགྱིས་པ་ལགས་སོ།།

（རྩོམ་པ་པོ་ངོ་སྦྲོད། དཔལ་རྒྱམ། ཕ་ཡུལ། མཚོ་སྔོན་མགོ་ལོག ཀྲུང་དབྱང་མི་རིགས་སློབ་གྲྭ་ཆེན་མོའི་བོད་རིག་པ་ཞིབ་འཇུག་གླིང་གི2014ལོའི་ཤེས་རམས་པ།）

（མཇུག་སྟོན་དགེ་རྒན། བཀྲ་ཧྲ།）

༄༅། །ལས་ཆོག་མིང་དུ་གྲུབ་པའི་སྐབས་ཀྱི་དུས་གསུམ་འཇུག་ཚུལ་ལ་དཔྱད་པ།

དཔལ་ཆེན་སྐྱབས།

ནང་དོན་གནད་བསྡུས། དཔྱད་རྩོམ་འདིར་ལས་ཚིག་གི་བདག་གཞན་དུས་གསུམ་དང་བྱ་བྱེད་ལས་གསུམ་སོགས་ཀྱི་རིག་པ་སྦྱད་དེ། ལས་ཚིག་མིང་དུ་གྲུབ་ཚུལ་ལ་བྱ་བའི་ངོ་བོ་གཙོར་སྟོན་གྱི་མིང་དུ་གྲུབ་པ་དང་། བྱེད་དངོས་གཙོར་སྟོན་གྱི་མིང་དུ་གྲུབ་པ། ལས་ཀྱི་དངོས་པོ་གཙོར་སྟོན་གྱི་མིང་དུ་གྲུབ་པ། བྱས་འབྲས་ཀྱི་དངོས་པོ་གཙོར་སྟོན་གྱི་མིང་དུ་གྲུབ་པ། བྱེད་པའི་ཐབས་ཚུལ་གཙོར་སྟོན་གྱི་མིང་དུ་གྲུབ་པ་བཅས་རིགས་ལྔར་ཕྱེས་ཤིང་། སོ་སོའི་སྐབས་ཀྱི་དུས་གསུམ་འཇུག་ཚུལ་དང་དེ་ལྟར་འཇུག་དགོས་པའི་རྒྱུ་མཚན་དང་བཅས་ལ་དཔྱད་པ་བགྱིས་ཡོད་དོ། །

མིང་བརྡ་གཙོ་བོ། ལས་ཚིག མིང་། དུས་གསུམ་འཇུག་ཚུལ།

སྔོན་གཞི།

ལས་ཚིག་ཅེས་པ་ནི “ཕྱི་རོལ་དོན་གྱི་གཟུགས་དང་། ནང་སེམས་ཀྱི་ཤེས་པས་བསྡུས་པའི་འཇིག་རྟེན་གྱི་དངོས་པོའི་ཕྱི་ནང་གི་རྒྱུ་རྐྱེན་རྟེན་འབྲེལ་ལས་བྱུང་བའི་འཕོ་འགྱུར་དང་འགུལ་བསྐྱོད། སེམས་ཅན་གྱི་ལུས་ཀྱི་བྱ་སྤྱོད་དང་སེམས་ཀྱི་འཁྲོ་འདུ་སོགས་མིའི་བློ་ངོར་ཇི་ལྟར་སྣང་བའི་རྣམ་པ་དང་། རྟོག་བཏགས་བྱས་པའི་བྱ་བ་ཇི་སྙེད” [1]སྟོན་པའི་ཐ་སྙད་ཅིག་ཡིན་ལ། ཐ་སྙད་འདིའི་རིགས་ནི་ཐ་སྙད་གཞན་དག་དང་མི་འདྲ་བར། བརྟན་གཡོའི་ཆོས་སོ་ཅོག་གི་འདུས་བྱས་འགྱུར་བའི་རང་བཞིན་དང་གཡོ་བའི་ཆ་མཚོན་སླད་ཐ་སྙད་རང་སྟེང་དུའང་དུས་གསུམ་སྐབས་སོ་སོར་སྣ་གཟུགས་ཀྱི་འགྱུར་བ་མངོན་པར་གསལ་བས། ལས་ཚིག་ནི་སྤྱོད་ཤེས་ན་བརྗོད་བྱའི་དོན་གྱི་གནད་འཕིགས་ཞིང་རྗོད་བྱེད་ཚིག་གི་

[1]དོར་ཞི་གདོང་དྲུག་སྣེམས་བློ། བརྡ་སྤྲོད་དོན་འགྲེལ་ཟབ་གནད་ཀུན་གསལ། [M] ཀན་སུའུ་མི་རིགས་དཔེ་སྐྲུན་ཁང་། 1999ལོའི་ཟླ7པར་པར་གཞི་གཉིས་པ་བསྒྲིགས། 1999ལོའི་ཟླ7པར་ཐེངས་དང་པོ་དཔར། ཤོག་གྲངས97

ཉམས་སྐྱིད་པའི་གསོས་སུ་འགྱུར་ལ། དེ་ལས་ལྡོག་ན་ནི་བརྗོད་དོན་གྱི་གདན་ཚིགས་འཚོར་ཞིང་ཡིག་ཚོར་གྱི་ཕུང་པོ་འདྲེན་པའི་གཞི་རྟའང་འགྱུར་སྲིད་ན། འདིར་ཡང་ལས་ཚིག་གི་བྱ་བྱེད་ལས་གསུམ་དང་བདག་གཞན་དུས་གསུམ་གྱི་རྣམ་བཞག་ལ་གཞི་བཅོལ་ཞིང་བརྡ་སྤྲོད་སློབ་རྣམས་ཀྱི་བཞེད་པ་དག་དཔྱད་བསྡུར་བགྱིས་ཏེ། ལས་ཚིག་གི་རྣམ་བཞག་ལས་ལས་ཚིག་མིང་དུ་གྲུབ་པའི་སྐབས་ཀྱི་དུས་གསུམ་གྱི་འཇུག་ཚུལ་ལ་ཅུང་ཙམ་དཔྱད་ཞུལ་བྱའོ། །དེ་བཤད་པའང་དྲུག་སྟེ། ལས་ཚིག་བྱ་བའི་ངོ་བོ་གཙོར་སྟོན་གྱི་མིང་དུ་གྲུབ་པའི་སྐབས་ཀྱི་དུས་གསུམ་འཇུག་ཚུལ་དང་། བྱེད་དངོས་གཙོར་སྟོན་གྱི་མིང་དུ་གྲུབ་པའི་སྐབས་ཀྱི་དུས་གསུམ་འཇུག་ཚུལ། ལས་ཀྱི་དངོས་པོ་གཙོར་སྟོན་གྱི་མིང་དུ་གྲུབ་པའི་སྐབས་ཀྱི་དུས་གསུམ་འཇུག་ཚུལ། བྱས་འབྲས་ཀྱི་དངོས་པོ་གཙོར་སྟོན་གྱི་མིང་དུ་གྲུབ་པའི་སྐབས་ཀྱི་དུས་གསུམ་འཇུག་ཚུལ། བྱེད་པའི་ཐབས་ཚུལ་གཙོར་སྟོན་གྱི་མིང་དུ་གྲུབ་པའི་སྐབས་ཀྱི་དུས་གསུམ་འཇུག་ཚུལ་བཅས་མིང་དུ་གྲུབ་ཚུལ་རིགས་ལྔའི་སྐབས་ཀྱི་དུས་གསུམ་འཇུག་ཚུལ་དང་མཇུག་བསྡོམས་བཅས་དྲུག་གོ །

གཅིག ལས་ཚིག་བྱ་བའི་ངོ་བོ་གཙོར་སྟོན་གྱི་མིང་དུ་གྲུབ་པའི་སྐབས་ཀྱི་དུས་གསུམ་འཇུག་ཚུལ།

བྱ་བའི་ངོ་བོ་གཙོར་སྟོན་གྱི་མིང་ཞེས་པ་ནི་ལས་ཚིག་གང་ཞིག་ཚིག་གི་སྦྱོར་བར་ཞུགས་དུས་བྱ་བ་དངོས་མི་སྟོན་པར་ལས་ཀའམ་བྱ་སྤྱོད་དམ་བྱ་འགུལ་གང་རུང་ཞིག་མིང་དུ་གྲུབ་པ་ཞིག་སྟེ། དཔེར་ན། འཕྲི་དང་སྙོག་དང་བཤད་རྣམས་ཀྱི། །མཚམས་སྦྱོར་སྒྲ་ལ་ཐོགས་པ་མེད། །ཞེས་པ་ལས་འཕྲི་དང་སྙོག་དང་བཤད་ལྟ་བུ་ཡིན་ལ། དེ་དག་སོ་སོ་རང་ངོས་ནས་ལས་ཚིག་ཡིན་པ་ཤིན་ཏུ་གསལ། ཡིན་ཡང་སྐབས་འདིར་ནི་ལས་ཚིག་ཏུ་མ་གྲུབ་སྟེ། འདིའི་སྐབས་ཀྱི་འཕྲི་དང་སྙོག་དང་བཤད་གསུམ་གྱིས་ནི་བྱེད་པ་པོ་གང་ཞིག་གིས་གང་ཞིག་འཕྲི་བ་དང་སྙོག་པ་བཤད་པ་སོགས་སྟོན་པ་མ་ཡིན་པར། འཕྲི་བ་དང་སྙོག་པ་དང་བཤད་པའི་ལས་ཀའམ་བྱ་བའི་ངོ་བོ་ཙམ་སྟོན་པ་ལྟ་བུའོ། །འདི་ལྟ་བུའི་ལས་ཚིག་བྱ་བའི་ངོ་བོ་གཙོར་སྟོན་གྱི་མིང་དུ་གྲུབ་པའི་སྐབས་སུ་དུས་གསུམ་ལས་ད་ལྟ་བ་དང་མ་འོངས་གཉིས་འཇུག་པ་ཡིན་ཏེ། འདས་ཚིག་གིས་ནི་བྱ་བ་གང་ཞིག་བྱས་ཟིན་པ་སྟོན་པས་བྱས་ཟིན་ན་ནི་གང་བྱ་རྒྱུའི་བྱ་བ་ཞིག་ལྷག་མེད་པས་བྱ་བའི་ངོ་བོ་སྟོན་པའི་ནུས་པ་མེད་ཅིང་། སྐུལ་ཚིག་ནི་གཞན་སུ་ཞིག་ལ་བྱ་བ་གང་ཞིག་བྱ་བར་སྐུལ་བ་ཙམ་ལས་བྱ་བ་དངོས་ཀྱི་དོན་མེད་པས་བྱ་བའི་ངོ་བོ་སྟོན་པར་མི་འཇུག དེ་བཞིན་དུ་ལས་ཚིག་གི་དུས་གསུམ་སྐུལ་ཚིག་དང་བཅས་པར་རེ་རེར་དཔྱད་ཅིང “ཞིབ་ཏུ་བརྟགས་ན་ཚིགས་གསུམ་གྱི་ནང་

ནས་བྱ་བའི་ཚིག་གམ་ལས་ཚིག་ཅེས་པ་ནི་བྱ་བའི་ལས་སམ་བྱེད་པའི་ལས་གཉིས་གང་རུང་ཞིག་གིས་སྟོན་དགོས་པ་ལས། འདས་ཚིག་དང་། སྐུལ་ཚིག དགག་སྒྲའི་སྐུལ་ཚིག་བཅས་ཀྱིས་ནི་ལས་དངོས་སྟོན་པའི་ནུས་པ་མེད” [①]པས་ན། འདིར་བྱ་བའི་ངོ་བོ་གཙོར་སྟོན་གྱི་མིང་དུ་གྲུབ་པ་ལའང་བྱ་བ་དངོས་ཀྱི་དོན་ཡོད་པའི་བྱ་ཚིག་མ་འོངས་པ་དང་བྱེད་ཚིག་ད་ལྟ་བ་འཇུག་པ་ལས་འོས་མེད་དོ།། ལས་ཚིག་བྱ་བའི་ངོ་བོ་གཙོར་སྟོན་གྱི་མིང་དུ་གྲུབ་ཚུལ་ལ་མིང་གི་གྲུབ་ཆའི་སྒོ་ནས་ཕྱེས་ན། ལས་ཚིག་རང་སྐྱེང་ནས་གྲུབ་པ་དང་། ལས་ཚིག་དང་མིང་གི་ཆ་ཤས་གཞན་དག་མཉམ་དུ་འདུས་ནས་གྲུབ་པ། ལས་ཚིག་མཉམ་འདུས་སློས་གྲུབ་པ་སོགས་ཡོད་པས་འདིར་རེ་རེ་བཞིན་དཔེ་བརྗོད་དང་བཅས་པ་བཀོད་ན། ལས་ཚིག་རང་སྐྱེང་ནས་བྱ་བའི་ངོ་བོ་གཙོར་སྟོན་གྱི་མིང་དུ་གྲུབ་པ་དཔེར་ན། གོང་བཀོད་ཀྱི་འབྲི་དང་ཀློག་དང་བཤད་སོགས་དང་། མཁས་པའི་བྱ་བ་རྣམ་གསུམ་ཏེ། འཆད་རྩོད་རྩོམ་གསུམ་མོ་ཞེས་པའི་འཆད་རྩོད་རྩོམ་གསུམ་དང་། ཨ་ཁུ་བཀྲ་ཤིས་བཟོ་ལ་མཁས་ཞེས་པའི་བཟོ་སོགས་ལྟ་བུའོ། ། ལས་ཚིག་དང་མིང་གི་ཆ་ཤས་གཞན་དག་མཉམ་དུ་འདུས་ནས་གྲུབ་པ་དཔེར་ན། སྨྲིན་བརྗོད། ཡིག་སྒྱུར། སྒྲ་སྒྱུར། སྤྱོལ་འབྱེད། དཔེ་ཁྲིད། རྒྱང་སྐྱོད། གདོང་མཆོང་། གཡམ་རྒྱུག ཕྱིར་བཙོང། དུག་སེལ། རྟ་རྒྱུག ངག་འགྲུལ། གདོང་ཐུག སྒྲོ་འདོགས། སྐུར་འདེབས། ནང་འདྲེན། དྲན་སྐུལ། ཕྱིར་འཆོང་། ཞིབ་དཔྱོད། འཕོན་འཛིན། བདག་འཛིན། ཕྱོགས་བསྡུ། ཕྱོགས་སྒྲིག་སོགས་ལྟ་བུ་ཡིན་ལ། ཡང་ལ་ལས་ཕྱོགས་བསྡུ་དང་ཕྱོགས་སྒྲིག་ཞེས་པར་ཕྱོགས་བསྡུས་བྱས[②]དང་ཕྱོགས་བསྒྲིགས་བྱས་ཞེས་བྲིས་ཡོད་པ་ནི་མ་དག་པ་སྟེ། ཕྱོགས་བསྡུ་དང་ཕྱོགས་སྒྲིག་ཞེས་པ་གཉིས་ནི་བྱ་བའི་ངོ་བོ་གཙོར་སྟོན་གྱི་མིང་དུ་གྲུབ་པ་ཡིན་པས། འདས་ཚིག་འཇུག་པའི་འོས་མེད་པ་གོང་བཀོད་རྒྱུ་མཚན་ལས་ཤིན་ཏུ་གསལ་ལ། གཞན་ཡང་ཕྱོགས་བསྡུས་བྱས་དང་ཕྱོགས་བསྒྲིགས་བྱས་ཞེས་བྲིས་ན་ནི་ཕྱོགས་བསྡུས་དང་ཕྱོགས་བསྒྲིགས་གཉིས་ལས་བསྡུས་དང་བསྒྲིགས་ཞེས་པས་གང་ཞིག་བསྡུས་ཟིན་པ་དང་བསྒྲིགས་ཟིན་པའི་དོན་སྟོན་པས། གང་བསྒྱུབས་ཟིན་པའི་བྱ་བའི་རྗེས་སུ་བྱས་ཞེས་པའི་ལས་ཚིག་ཅིག་སྦྱར་ན་ནི་སྦྱར་ཀྱང་འཇུག་ཡུལ་མེད་པའི་གནས་སུ་ཐུར་ཡོད་པ་མ་ཟད། ཕྱོགས་བསྡུས་དང་ཕྱོགས་བསྒྲིགས་ཞེས་བྲིས་ན་ནི་གཤམ་ནས་འཆད་འགྱུར་གྱི་ལས་ཚིག་བྱས་འབྲས་ཀྱི་དངོས་པོ་གཙོར་སྟོན་གྱི་མིང་དུ་གྲུབ་པ་ཡིན་པས་ཕྱོགས་གཅིག་ཏུ་བསྡུ་བ་དང་སྒྲིག་པའི་དོན་མེད་ན། གཉིས་ཀ་

---

①མཁྱེན་རབ་འོད་གསལ། མཁྱེན་རབ་འོད་གསལ་གྱི་གསུམ་རྩོམ་ཕྱོགས་བསྒྲིགས། [M] ཀྲུང་གོའི་བོད་རིག་པ་དཔེ་སྐྲུན་ཁང་གིས་བསྐྲུན། 2003ལོའི་ཟླ2པར་པར་གཞི་དང་པོ་བསྒྲིགས། 2003ལོའི་ཟླ2པར་དཔར་ཐེངས་པོ་བརྒྱབ། ཤོག་གྲངས262
②བོད་ཀྱི་གཏམ་དཔེ་ཕྱོགས་བསྒྲིགས་ཞེས་པའི་མདུན་ཤོག་ཏུ་ཧོར་ཁང་བསོད་ནམས་དཔལ་འབར་སོགས་ཀྱིས་ཕྱོགས་བསྡུས་བྱས་ཞེས་བཀོད་ཡོད་པ་ལྟ་བུའོ། །

ཕན་ཚུན་བཀོལ་ནོར་མི་འབྱུང་བར་ཞུའོ། །ལས་ཚིག་མཉམ་འདུས་སློས་བྱ་བའི་ངོ་བོ་གཙོར་སྟོན་གྱི་མིང་དུ་གྲུབ་པའང་ཡོད་དེ། དཔེར་ན། བཟོད་སློམ། ལྟ་སྐོར། བརྟག་དཔྱད། རྟོག་དཔྱོད། རྩོམ་སྒྲིག བསྡུ་སྒྲིག དཔྱད་བརྗོད། སྲུང་སྐྱོབ། སློབ་སྦྱོང་། འཆད་འཁྲིད། འཁྲབ་སྟོན། གསོ་སྐྱོང་། དཔྱད་བསྡུར། སློབ་སྟོན། སྒྲིག་འཛུགས། འབྲུད་འཐེན། དར་རྒྱུད། འདེམས་སྒྲིག འདེམས་སྒྱུར། བཤད་སྒྲུབ། སྒྲུབ་སྦྱོང་སོགས་ལྟ་བུའོ། །མདོར་ན། ལས་ཚིག་བྱ་བའི་ངོ་བོ་གཙོར་སྟོན་གྱི་མིང་དུ་གྲུབ་པའི་སྐབས་སུ་དུས་གསུམ་ལས་ད་ལྟ་བ་དང་མ་འོངས་པ་གཉིས་ཀ་འཇུག་ཅིང་། དེ་གཉིས་ལས་ཀྱང་ད་ལྟ་བ་འཇུག་པ་ཤས་ཆེ་སྟེ། དེ་ཡང་གོང་བཀོད་དཔེ་བརྗོད་ལས་བཤད་སྒྲུབ་དང་བརྟག་དཔྱད་སོགས་རེ་འགའ་མ་གཏོགས་གཞན་མང་ཆེ་བར་ད་ལྟ་བའི་ལས་ཚིག་འཇུག་པས་ཀྱང་དེས་ཤེས་འདྲོངས་ནུས་སོ། །

གཉིས། ལས་ཚིག་བྱེད་དངོས་གཙོར་སྟོན་གྱི་མིང་དུ་གྲུབ་པའི་སྐབས་ཀྱི་དུས་གསུམ་འཇུག་ཚུལ།

བྱེད་དངོས་གཙོར་སྟོན་གྱི་མིང་ཞེས་པ་ནི་ལས་ཚིག་གི་བདག་གཞན་གྱི་རྣམ་བཞག་ལས་བདག་གི་ཆར་གཏོགས་པའི་བྱེད་པ་པོ་དང་བྱེད་པའི་དངོས་པོ་གཙོར་སྟོན་མིང་ཞིག་ལ་བརྗོད་ཅིང་། དེ་ཡང་དཔེར་ན། གཅོད་མཁན་གྱིས་གཅོད་བྱེད་ཀྱིས་བཅད་ལྟ་བུར་མཚོན་ན། གཅོད་མཁན་དང་གཅོད་བྱེད་གཉིས་ནི་བྱེད་དངོས་སྟོན་པ་ཡིན་ཏེ། གཅོད་མཁན་ནི་བྱ་བ་གཅོད་ཅེས་པའི་བྱེད་པ་པོ་དང་གཅོད་བྱེད་ནི་བྱ་བ་བཅད་ཀྱི་བྱེད་པ་ཡིན་པའི་ཕྱིར། དེ་གཉིས་མིང་དུ་གྲུབ་པའང་ཡིན་ཏེ། གཅོད་མཁན་དང་གཅོད་བྱེད་ཅེས་པའི་གཅོད་ནི་བཅད་དང་མི་འདྲ་བར་སོ་སོས་གཅོད་པའི་བྱ་བ་དངོས་མི་སྟོན་པར་མཁན་དང་བྱེད་དང་འདུས་ནས་བྱེད་དངོས་གཙོར་སྟོན་གྱི་མིང་དུ་གྲུབ་ཡོད་པ་ལྟར་ཡིན་ལ། གཞན་ཡང་གཅོད་མཁན་དང་གཅོད་བྱེད་ཅེས་པ་མིང་རྐྱང་བའི་ངོས་ནས་བལྟས་ནའང་དེ་གྲུབ་སྟེ། གཅོད་མཁན་ཞེས་པའི་མིང་གི་བསྟན་དོན་ནི་གཅོད་ཅེས་པའི་བྱ་བའི་བྱེད་པོ་ཡིན་པ་དང་། གཅོད་བྱེད་ཅེས་པའི་མིང་གི་བསྟན་དོན་ནི་གཅོད་ཅེས་པའི་བྱ་བའི་བྱེད་པ་ཡིན་པ་ལྟ་བུའོ། །མིང་དུ་གྲུབ་ཚུལ་འདིའི་རིགས་ལ་ལས་ཚིག་གི་དུས་གསུམ་ལས་ད་ལྟ་བ་ཁོ་ན་འཇུག་པ་ཡིན་ཏེ། ད་ལྟ་བ་ནི་བདག་གཞན་གཉིས་ལས་བདག་དང་བྱ་བྱེད་ལས་གསུམ་ལས་བྱེད་ཀྱི་ཆར་གཞོལ་ཆེ་ཞིང་། མ་འོངས་པ་ནི་བདག་གཞན་གཉིས་ལས་གཞན་དང་བྱ་བྱེད་ལས་གསུམ་ལས་ལས་ལ་གཞོལ་ཆེ་བ་དང་། བྱ་བྱེད་ཀྱི་ཚིག་སྦྱོར་ཚུལ་ཡང་སྦྱོར་གཞི་གཙོ་ཆེ་ཆུང་གི་སྟེང་ནས་ཕྱེ་བས་ན། སྐབས་བབས་ཀྱི་བྱེད་དངོས་གཙོ་བོར་སྟོན་པའི་མིང་དུ་གྲུབ་པ

ལ་བྱེད་ཚིག་ད་ལྟ་བ་འཇུག་པ་ལས་འོས་མེད་དོ། །དེའང་དེ་ལྟར་དུ་གྲུབ་སྟེ། ལས་གང་ཞིག་སྒྲུབ་མཁན་ལ་སྒྲུབ་པོ་པོ་དང་སྒྲུབ་བྱེད་ཀྱི་ཆོས་དངོས་གང་རུང་ལ་སྒྲུབ་བྱེད་ཅེས་པ་ལས་བསྒྲུབ་པ་པོ་དང་བསྒྲུབ་བྱེད་ཅེས་མི་འབྲི་བ་དང་། འབྲི་བྱེད་ཀྱི་སྨྱུ་གུ་ལ་བྲི་བྱེད་དང་བྲིས་བྱེད་ཅེས་དང་། ཡི་གེ་འབྲི་མཁན་ལ་བྲི་མཁན་དང་བྲིས་མཁན་ཞེས་སོགས་བརྗོད་དུ་མེད་པས་ཀྱང་ཤེས་སླ་ཞིང་། གཞན་ཡང་སི་ཏུའི་འགྲེལ་ཆེན་ལས། "བྱེད་པ་པོ་བདག་གི་དངོས་པོའི་སྒྲ་ནི། སྒྲུབ་པ་པོ། སྟོན་པ་པོ། གཅོད་པ་པོ། འབྱིན་པ་པོ། སྒྲུབ་བྱེད། སྟོན་བྱེད། གཅོད་བྱེད། འབྱེད་ལྟ་བུ" ①ཞེས་ད་ལྟ་བའི་ལས་ཚིག་ཁོ་ན་འབྱུང་བ་ལས་ཀྱང་ངེས་ཤེས་རྙེད་སླའོ། །མིང་དུ་གྲུབ་ཚུལ་འདིའི་རིགས་ལ་ནང་གསེས་སུ་ལས་ཚིག་དང་མིང་གི་ཆ་ཤས་གཞན་མཉམ་དུ་འདུས་ནས་གྲུབ་པ་དང་ལས་ཚིག་མཉམ་འདུས་སྐོས་གྲུབ་པ་རིགས་གཉིས་ཡོད་པ་རེ་རེ་དཔེར་བརྗོད་དང་བཅས་པ་བཀོད་ན། དང་པོ་ལས་ཚིག་དང་མིང་གི་ཆ་ཤས་གཞན་འདུས་ནས་བྱེད་དངོས་གཙོར་སྟོན་གྱི་མིང་དུ་གྲུབ་པ་ནི་དཔེར་ན། སྟོན་པ། སློབ་མ། སྲུང་མ། རྩོམ་པ་པོ། སྒྲིག་པ་པོ། རྩོམ་སྒྲིག་པ། རྒྱལ་བ། རྒྱལ་པོ། ཀོ་མ། གཏེར་སྲུང་། ཆོས་སྐྱོང་། ཡོངས་འཛིན། རྗེས་འཇུག ལྟོ་འགྲོ་དུད་འགྲོ། ཆོས་སྐྱོང་། གཟུགས་འཛིན། སྒྲ་འཛིན། ཉོན་སྒྲིབ། སྐོ་སྲུང་སོགས་ལྟ་བུ་ཡིན་ཞིང་། འདི་དག་ནི་ལས་ཚིག་མིང་དུ་གྲུབ་པ་ཡིན་ཏེ། སྟོན་དང་སློབ་སོགས་རང་ངོས་ནས་ལས་ཚིག་ཡིན་པ་ཤིན་ཏུ་གསལ། འདི་དག་སོ་སོ་མིང་གི་ཆ་ཤས་པ་མ་དང་ཆོས་གཟུགས་སོགས་དང་མཉམ་དུ་འདུས་ནས་མིང་དུ་གྲུབ་ཡོད་དེ། དེ་དག་རིམ་བཞིན་དུ་ཆོས་ཀྱི་ཕུང་པོ་བརྒྱད་ཁྲི་བཞི་སྟོང་སྟོན་མཁན་ཡིན་པས་སྟོན་པ་དང་སློབ་པའི་བྱ་བ་དོན་དུ་གཉེར་མཁན་ཡིན་པས་སློབ་མ་སོགས་བྱེད་དངོས་གཙོར་སྟོན་གྱི་མིང་དུ་གྲུབ་ཡོད་པ་ལྟར་ཡིན་ལ། གཞན་རྣམས་ཀྱང་དེ་བཞིན་རིགས་བསྒྲེས་ན་ཤེས་སླའོ། །གཉིས་པ་ལས་ཚིག་མཉམ་འདུས་སྐོས་མིང་དུ་གྲུབ་པ་ནི་དཔེར་ན། བསྟན་འཛིན། འདུལ་འཛིན། ཐོས་འཛིན། ཤེས་སྒྲིབ་སོགས་ཡིན་ཞིང་། བསྟན་དང་འདུལ་དང་འཛིན་སོགས་ནི་རང་ངོས་ནས་ལས་ཚིག་ཡིན་པ་ཤིན་ཏུ་གསལ། ཡིན་ཡང་བསྟན་དང་འཛིན་སོགས་སྤྱ་ཕྱིའི་ལས་ཚིག་གཉིས་ཀ་འདུས་ཏེ་མིང་དུ་གྲུབ་ཡོད་དེ། བསྟན་དང་འཛིན་འདུས་པའི་བསྟན་པ་འཛིན་པ་པ་པོ་སྟེ་བསྟན་འཛིན་སྐྱེས་བུ་སྟོན་པའི་མིང་དུ་གྲུབ་ཡོད་པ་དང་། རྗེས་མ་རྣམས་ཀྱང་དེ་བཞིན་དུ་རིགས་བསྒྲེས་ན་ཤེས་སླ་བ་ལྟར་རོ། །འདིར་ཆེད་དམིགས་སྐོས་གསལ་བཤད་བགྱི་དགོས་པ་ཞིག་ནི། ལས་ཚིག་མཉམ་འདུས་སྐོས་མིང་དུ་གྲུབ་ཚུལ་འདིའི་ལས་ཚིག་གི་དུས་གསུམ་འཇུག་ཚུལ་ནི་མིང་གི་ཆ་ཤས་རྗེས་མར་གྱུར་བའི་ལས་ཚིག་འཛིན་དང་སྒྲིབ་སོགས་ཁོ་ནའི་སྟེང་ནས་འཇོག་པ་ལས་

---

①ཀཱ་སི་ཏུ་ནས་བརྩམས། སུམ་རྟགས་འགྲེལ་ཆེན་མཁས་པའི་མགུལ་རྒྱན་མུ་ཏིག་ཕྲེང་མཛེས། [M] མཚོ་སྔོན་མི་རིགས་དཔེ་སྐྲུན་ཁང་། 2003ལོའི་ཟླ2པར་པར་གཞི་གཉིས་པ་བསྒྲིགས། 2004ལོའི་ཟླ9བར་དཔར་ཐེངས་བཞི་བ་དཔར། ཤོག་གྲངས157

མིང་གི་ཆ་ཤས་སྤྱི་མར་གྱུར་བའི་ལས་ཚིག་བསྟན་དང་འདུལ་སོགས་ཀྱི་སྟེང་ནས་གཞག་ཏུ་མེད་དེ། དེ་ཡང་བསྟན་འཛིན་དང་འདུལ་འཛིན་སོགས་ཀྱི་མིང་གི་ཆ་ཤས་སྤྱི་མ་བསྟན་དང་འདུལ་སོགས་རྣམ་པ་ལས་ཚིག་ཏུ་གནས་ཀྱང་དོན་ནི་བསྟན་པ་དང་འདུལ་བ་སོགས་ཀྱི་ཚིག་བསྡུས་ཙམ་དུ་སོང་ཡོད་པ་མ་ཟད། མིང་རྫིལ་གྱིས་པའི་ངོས་ན་བལྟས་ནའང་བྱེད་དངོས་གཙོ་བོར་སྟོན་བྱེད་ཀྱི་ནུས་པ་དེ་མིང་གི་ཤ་ཆས་རྫེས་མའི་སྟེང་ན་ཡོད་པའི་གནད་ཀྱང་ཞོར་དུ་རྟོགས་པར་ཞུའོ།།

གསུམ། ལས་ཚིག་ལས་ཀྱི་དངོས་པོ་གཙོར་སྟོན་གྱི་མིང①དུ་གྲུབ་པའི་སྐབས་ཀྱི་དུས་འཇུག་ཚུལ།

ལས་ཀྱི་དངོས་པོ་གཙོར་སྟོན་གྱི་མིང་ཞེས་པའང་གོང་དང་མཚུངས་པར་ལས་ཚིག་གི་བྱ་བྱེད་ལས་གསུམ་ལས་ལས་ཀྱི་ཆ་སྟེ་ལས་ཀྱི་དངོས་པོ་གཙོར་སྟོན་པའི་མིང་ཞིག་ལ་བྱ་སྟེ། དཔེར་ན་སློབ་མས་སྦྱང་ཚན་སྦྱངས་ཞེས་པ་ལྟ་བུར་མཚོན། སྦྱང་ཚན་ཞེས་པ་ནི་སློབ་མའི་སྦྱང་བྱ་སྟེ་ལས་ཀྱི་དངོས་པོར་གྱུར་ཡོད་པ་དང་། ཡང་སྦྱང་ཚན་ཞེས་པའི་མིང་རང་སྟེང་ནས་བལྟས་ནའང་སྦྱང་ཚན་ཞེས་པའི་བསྟན་དོན་ནི་སྦྱང་ཞེས་པའི་བྱ་བ་འདིའི་བྱ་རྒྱུའི་ལས་ཀྱི་དངོས་པོར་གྱུར་ཡོད་པ་ལྟ་བུའོ།། མིང་དུ་གྲུབ་ཚུལ་འདིའི་རིགས་ཀྱི་དུས་གསུམ་འཇུག་ཚུལ་ནི་བྱ་ཚིག་མ་འོངས་པ་པོ་ན་འཇུག་པ་ཡིན་ཏེ། དེ་ཡང "བྱེད་པ་ལ་ད་ལྟ་བ་དང་། ལས་ལ་མ་འོངས་པ②" ཞེས་པ་བཞིན་དུ། དུས་གསུམ་ལས་མ་འོངས་པ་ནི་བྱ་ཡུལ་དང་ལས་ཀྱི་དངོས་པོར་གཞོལ་ཆེ་བས། ལས་ཀྱི་ཆར་གཏོགས་པའི་ཆོས་དངོས་ཀྱི་མིང་དུ་གྲུབ་པར་ཡང་བྱ་ཚིག་མ་འོངས་པ་འཇུག་པ་ལས་འོས་མེད་དེ། ལས་ཀྱི་དངོས་པོ་ཡིན་ན་གང་ཞིག་བསྒྲུབ་པར་བྱ་བའི་ཆོས་ཡིན་པས། གང་བསྒྲུབ་པར་བྱ་བ་དེ་བསྒྲུབ་བྱ་ཞེས་འབྲི་བ་ལས་སྒྲུབ་བྱ་དང་བསྒྲུབས་བྱ་ཞེས་མི་འབྲི་བ་དང་། ཟ་ཆང་སོགས་བཏུང་བྱ་ལས་འཐུང་བྱ་དང་འཐུངས་བྱ་སོགས་སུ་བརྗོད་དུ་མེད་པས་ཤེས་སླ་ཞིང་། གཞན་ཡང་སི་ཏུའི་འགྲེལ་ཆེན་ལས། "བྱ་བའི་ཡུལ་གཞན་གྱི་དངོས་པོའི་སྒྲ་ནི། བསྒྲུབ་པར་བྱ་བ། བསྟན་པར་བྱ་བ། གཅད་པར་བྱ་བ། དབྱུང་བར་བྱ་བ། བསྒྲུབ་བྱ། བསྟན་བྱ། གཅད་བྱ། དབྱུང་བྱ།③" ཞེས་བྱ་བའི་ཡུལ་ལམ་ལས་ཀྱི་དངོས་པོ་སྟོན་པའི་སྒྲ་ལ་བྱ་ཚིག་མ་འོངས་པ་པོ་ན་འབྱུང་བར་བསམ་པས་ཀྱང

①ལས་ཀྱི་དངོས་པོ་གཙོར་སྟོན་གྱི་མིང་ཞེས་པ་ནི་དཔའ་རིས་སངས་རྒྱས་ལགས་ཀྱིས་ལས་ཚིག་མིང་འདིའི་རིགས་སུ་གྲུབ་པར་ལས་ཀྱི་དངོས་པོར་འཇུག་པ་ཞེས་བཀོད་འདུག་པས་འདིར་ཡང་དེ་ལྟར་དུ་བཀོད་པ་ཡིན་ནོ།།

②དཔའ་རིས་སངས་རྒྱས་ཀྱིས་བརྩམས། དག་ཡིག་རིག་པའི་གབ་པ་མངོན་ཕྱུང་། [M] མཚོ་སྔོན་མི་རིགས་དཔེ་སྐྲུན་ཁང་། 1999ལོའི་ཟླ12པར་པར་གཞི་དང་པོ་བསྒྲིགས། 1999ལོའི་ཟླ12པར་དཔར་ཐེངས་དང་པོ་དཔར། ཤོག་གྲངས5

③གཙྪ་སི་ཏུ་ནས་བརྩམས། སུམ་རྟགས་འགྲེལ་ཆེན་མཁས་པའི་མགུལ་རྒྱན་མུ་ཏིག་ཕྲེང་མཛེས། [M] མཚོ་སྔོན་མི་རིགས་དཔེ་སྐྲུན་ཁང་། 2003ལོའི་ཟླ2པར་པར་གཞི་གཉིས་པ་བསྒྲིགས། 2005ལོའི་ཟླ9པར་དཔར་ཐེངས་བཞི་བ་དཔར། ཤོག་གྲངས157

ངེས་པ་ཉེད་སྣོ། །མིང་དུ་གྲུབ་ཚུལ་འདིའི་རིགས་ལའང་བྱེ་བྲག་ཏུ་ཕྱེས་ན་ལས་ཚིག་དང་མིང་གི་ཆ་ཤས་གཞན་དག་འདུས་ནས་གྲུབ་པ་དང་ལས་ཚིག་མཉམ་འདུས་སྐོམ་གྲུབ་པ་གཉིས་ཡོད་དེ། དང་པོ་ནི་དཔེར་ན། བསླབ་པ་ཀུན་གྱི་གཞི་འཛིན་ཅིང་། ཞེས་པའི་བསླབ་པ་དང་། བཏུང་ཆུ་སོགས་བཏུང་བྱའི་རིགས་ལ་བཏུང་བར་འབོད་པ། གང་འཕྲབ་བྱའི་གཞུང་ལ་འཕྲབ་གཞུང་། གང་བསླབ་པར་བྱ་བའི་གཞི་ལ་བསླབ་གཞི། སྤྱང་བྱའི་ཚན་པ་ལ་སྤྱང་ཚན། བསླབ་པར་བྱ་བའི་གནས་ལ་བསླབ་གནས། བསླབ་བྱའི་ཚན་པ་ལ་བསླབ་ཚན། གཟུང་བར་བྱ་བའི་དོན་ལ་གཟུང་དོན། གཟུང་བྱའི་ཡུལ་ལ་གཟུང་ཡུལ་། བཅིབ་བྱའི་རྟ་བཅིབ་པ་ཞེས་འབོད་པ་ལྟ་བུ་ཡིན་ལ། ཡང་འགའ་ཤས་ཀྱིས་བསླབ་གཞི་ལ་སློབ་གཞི། སྤྱང་ཚན་ལ་སྦྱོང་ཚན། བསླབ་གནས་ལ་སློབ་གནས། གཟུང་ཡུལ་ལ་བཟུང་ཡུལ་སོགས་འབྲི་བ་ནི་ཏ་ཙང་འཁྲུལ་བའི་གནས་ཏེ། སློབ་གཞི་སོགས་ལྟར་ད་ལྟ་བའི་བྱེད་ཚིག་བྲིས་ན། གང་སློབ་བྱེད་ཀྱི་གཞི་ཡིན་ནམ་ཡང་ན་གང་སློབ་བཞིན་པའི་གཞི་ཞེས་དགོལ་རྒྱུ་ཡིན། དེ་ལྟར་བཀྲལ་ན་ནི་དོན་གོ་རྒྱུ་མེད་པར་འགྱུར་བར་ཐལ་ལོ། །རྗེས་མ་རྣམས་ཀྱང་དེ་ལྟར་དཔྱད་ན་ཤེས་སླ་ཤིང་། མཐའ་མ་གཟུང་ཡུལ་ལ་བཟུང་ཡུལ་ཞེས་བྲིས་ན་ནི་བཟུང་ཟིན་པའི་ཡུལ་ཞེས་དགོལ་རྒྱུ་ཡིན་ནམ། དེ་ལྟར་ན་ནི་གཟུང་ཡུལ་ཞེས་པའི་བསྟན་དོན་དངོས་དང་འགལ་ཡོད་པས། བཟུང་ཡུལ་སོགས་ཀྱི་འབྲི་ཚུལ་ནི་ནོར་བ་ཡིན་པ་ཤེས་པར་ཞུའོ། །གཉིས་པ་ལས་ཚིག་མཉམ་འདུས་སྐོམ་གྲུབ་པ་ནི་དཔེར་ན། "ཟ་རྒྱུ་འཐུང་རྒྱུ་ལ་བཟའ་བཏུང་།"① "བལྟ་རྒྱུ་བོ་ལ་བལྟ་བྱ།"②དེ་བཞིན་དུ་བསླབ་བྱ། བསྟན་བྱ། གཞལ་བྱ། འཕྲིད་བྱ། བཤད་བྱ་སོགས་ལྟ་བུ་ཡིན་ལ། འདི་དག་ནི་ལས་ཚིག་ལས་ཀྱི་དངོས་པོ་གཙོར་སྟོན་གྱི་མིང་དུ་གྲུབ་པ་ནི་གོ་སླ་བས་འགྲེལ་བཤད་ཀྱི་དགོས་པ་མ་མཆིས་ཤིང་། སོར་ཞོགས་བྱེད་འབྲེལ་ལས་ཚིག་ཅིག་ཡིན་ཕྱིན། ལས་ཚིག་གང་དེའི་མ་འོངས་བྱ་ཚིག་གི་རྗེས་སུ་བྱ་ཞེས་པའི་ལས་ཚིག་ཅིག་སྦྱར་ན་ལས་ཚིག་གང་དེའི་བསྟན་བྱའི་བྱ་བའི་གཞིར་གྱུར་བའི་ལས་ཀྱི་དངོས་པོ་སྟོན་པའི་མིང་དུ་གྲུབ་ཐུབ་པའི་གནད་ཀྱང་ཞོར་དུ་ཞུའོ། །

བཞི། ལས་ཚིག་བྱས་འབྲས་གཙོར་སྟོན་གྱི་མིང་དུ་གྲུབ་པའི་སྐབས་ཀྱི་དུས་གསུམ་འཇུག་ཚུལ།

བྱས་འབྲས་གཙོར་སྟོན་གྱི་མིང་ཞེས་པ་ནི། ལས་ཚིག་གིས་གྲུབ་པའི་མིང་དེའི་བསྟན་དོན་ནི་མིང་

①དཔལ་རིས་སངས་རྒྱས་ཀྱིས་བརྩམས། བརྡ་སྤྲོད་སྦྱོར་བ་རྣམ་བཞི་རབ་གསལ། [M] མི་རིགས་དཔེ་སྐྲུན་ཁང་། 2008ལོའི་ཟླ9པའི་པར་གཞི་ཐེངས་པོ་བསྒྲིགས། 2008ལོའི་ཟླ9པར་ཐེངས་དང་པོ་དཔར། ཤོག་གྲངས152
②དཔལ་རིས་སངས་རྒྱས། བརྡ་སྤྲོད་སྦྱོར་བ་རྣམ་བཞི་རབ་གསལ། [M] མི་རིགས་དཔེ་སྐྲུན་ཁང་། 2008ལོའི་ཟླ9པའི་པར་གཞི་ཐེངས་པོ་བསྒྲིགས། 2008ལོའི་ཟླ9པར་ཐེངས་དང་པོ་དཔར། ཤོག་གྲངས152

ཏུ་གྲུབ་བྱེད་ཀྱི་ལས་ཚིག་གང་དེའི་བསྟན་བྱའི་བྱ་བའི་འབྲས་བུར་གྱུར་ཡོད་པ་ཞིག་ལ་ཟེར་བ་ཡིན་ཏེ། དེ་ཡང་དཔེར་ན་བཙམས་ཆོས་ལྟ་བུར་མཚོན་ན། བཙམས་ཆོས་ཞེས་པའི་བསྟན་དོན་ནི་བཙམས་ཞེས་པའི་བྱ་བའི་འབྲས་བུ་ཡིན་ཏེ། རྩོམ་པ་པོ་གང་ཞིག་གིས་རྩོམ་པའི་བགྱི་བ་ཏུར་བླངས་པའི་འབྲས་བུར་བཙམས་ཆོས་གང་དེ་གྲུབ་པ་ཡིན་པ་ལྟ་བུའོ། །མིང་དུ་གྲུབ་ཚུལ་འདིའི་རིགས་ཀྱི་དུས་གསུམ་འཇུག་ཚུལ་ནི་བྱེད་འབྲེལ་ལས་ཚིག་འདས་པ་དང་བྱེད་མེད་ལས་ཚིག་ད་ལྟ་བ་འཇུག་པ་ཡིན་ཏེ། བསྐྱེད་བྱའི་འབྲས་བུ་གང་ཞིག་འབྱུང་བར་སྐྱེད་བྱེད་ཀྱི་རྒྱུ་གང་ཞིག་སྔོན་ལ་འགྲོ་དགོས་པ་ལྟར། བྱས་འབྲས་གང་ཞིག་འབྱུང་བར་ཡང་བྱ་བ་ཞིག་སྔོན་དུ་འགྲོ་དགོས་ཤིང་། ལས་ཚིག་གི་དུས་གསུམ་གྱི་ངོས་ནས་བལྟས་ན། འདས་ཚིག་མ་གཏོགས་བྱ་ཚིག་མ་འོངས་པ་དང་བྱེད་ཚིག་ད་ལྟ་བ་གཉིས་ལ་བྱ་བ་གང་ཞིག་སྔོན་དུ་སོང་ཟིན་པ་སྟོན་པའི་ནུས་པ་མེད་པས། བྱས་འབྲས་གཙོར་སྟོན་གྱི་མིང་དུ་གྲུབ་པ་ལ་འདས་ཚིག་འཇུག་པ་ལས་འོས་མེད་ཅིང་། གཞན་ཡང་བོད་སྐད་ལས་ཚིག་གི་རྣམ་བཞག་ལྟར་ན། བྱེད་འབྲེལ་ལས་ཚིག་ཕལ་ཆེར་གྱི་ཁ་གཏད་དུ་བྱེད་མེད་ལས་ཚིག་རེ་ཡོད་ཅིང་། བྱེད་མེད་ལས་ཚིག་གང་དེའི་དུས་ད་ལྟ་བས་དེའི་ཁ་གཏད་དུ་ཡོད་པའི་བྱེད་འབྲེལ་ལས་ཚིག་གང་དེའི་བྱས་འབྲས་སྟོན་ཐུབ་པས། སྐབས་ལ་ལར་ལས་ཚིག་བྱས་འབྲས་གཙོར་སྟོན་གྱི་མིང་དུ་གྲུབ་དུས་བྱེད་མེད་ལས་ཚིག་གི་ད་ལྟ་བའང་འཇུག་སྟེ། དཔེར་ན། རྒྱལ་བའི་བཀའ་བོད་དུ་བསྒྱུར་བའི་འབྲས་བུར་བཀའ་འགྱུར་དང་ཡིག་གེ་གེ་མོར་བསྒྱུར་བའི་འབྲས་བུར་འགྱུར་ཡིག་ཟེར་བ་ལྟ་བུའོ། །མིང་དུ་གྲུབ་ཚུལ་འདི་རིགས་ཀྱི་གྲུབ་ཆའི་ངོས་ནས་ཕྱེས་ན་ནང་གསེས་སུ་དབྱེ་ན་གཉིས་ཡོད་དེ། དང་པོ་ནི་ལས་ཚིག་དང་མིང་གི་ཆ་ཤས་གཞན་འདུས་ནས་བྱས་འབྲས་གཙོར་སྟོན་གྱི་མིང་དུ་གྲུབ་པ་སྟེ། དཔེར་ན། བསྟན་པ། བྲིས་མ། དཔར་མ། བཟོས་མ། བཙོས་མ། གནད་བསྡུས། བསྡུས་གྲྭ ཟིན་བྲིས། བསགས་ནོར། བསྒྱུར་རྩོམ། སྐྱ་འགྱུར། བཀའ་འགྱུར། བསྟན་འགྱུར། ཁང་བརྩེགས། རྟུལ་བརྩེགས། ཞག་བྲིས། གསེར་བྲིས། ལྡེབས་བྲིས། སྒྲུ་གཞས་ཆེད་བསྒྲིགས་ཞེས་པའི་ཆེད་བསྒྲིགས་དང་། གསུང་རྩོམ་གཅེས་བསྡུས་ཞེས་པའི་གཅེས་བསྡུས། དཔྱད་རྩོམ་ཕྱོགས་བསྒྲིགས་ཞེས་པའི་ཕྱོགས་བསྒྲིགས་སོགས་ལྟ་བུ་ཡིན་ལ། ཡང་ལ་ལས་གོང་དུ་སོང་ཟིན་པའི་བྱ་བའི་ངོ་བོ་གཙོར་སྟོན་གྱི་མིང་དུ་གྲུབ་པའི་ཕྱོགས་སྒྲིག་དང་ཕྱོགས་བསྒྲིགས་གཉིས་ཀྱི་དབྱེ་བ་མ་ངེས་པར་དཔྱད་རྩོམ་ཕྱོགས་སྒྲིག[①] ཞེས་དང་ག་གེ་མོས་ཕྱོགས་བསྒྲིགས་བྱས་སོགས་སུ་འབྲི་བཞིན་པ་ནི་ནོར་འཁྲུལ་ཁོ་ན་སྟེ། སྤྱ་མ་

①དཔེར་ན། མི་རིགས་དཔེ་སྐྲུན་ཁང་ནས་པར་སྐྲུན་བྱས་པའི་བོད་ལྗོངས་སློབ་ཆེན་གྱི་ 211 ལས་གཞིའི་སྐབས་གསུམ་པའི་འཛུགས་སྐྲུན་གྲུབ་འབྲས་ཀྱི་དེབ་ཀྱི་ཞལ་བྱང་དུ། དགའ་བ་པ་སངས་ཀྱི་གཤིབ་བསྡུར་དཔྱད་རྩོམ་ཕྱོགས་སྒྲིག་ཅེས་དང་། རྡོ་གོན་གསང་བདག་རྡོ་རྗེའི་དཔྱད་རྩོམ་ཕྱོགས་སྒྲིག་ཅེས་བཀོད་ཡོད་པ་ལྟ་བུའོ། །

ཕྱོགས་སྒྲིག་ཞེས་ན་ནི་བྱ་བའི་ངོ་བོ་གཙོར་སྟོན་གྱི་མིང་དུ་གྲུབ་པ་ཡིན་ལ། ཕྱི་མ་ཕྱོགས་བསྒྲིགས་ཞེས་ན་ནི་བྱས་འབྲས་གཙོར་སྟོན་གྱི་མིང་དུ་གྲུབ་པ་ཡིན་པས། སྔ་མས་ནི་གསུང་རྩོམ་སོགས་ཐོར་བུར་གནས་པ་ཕྱོགས་གཅིག་ཏུ་སྒྲིག་པའི་བྱ་བའམ་ལས་ཀའི་དོན་སྟོན་ཞིང་། ཕྱི་མས་ནི་ཐོར་བུ་གནས་པ་དག་ཕྱོགས་གཅིག་ཏུ་བསྒྲིགས་ཟིན་པའི་འབྲས་བུར་གྱུར་བའི་ཆོས་གང་ཞིག་སྟོན་པ་ཡིན་ན། དེ་གཉིས་ཀའི་བསྟན་དོན་གྱི་ཁྱད་ནི་ཤིན་ཏུ་ཆེ་བས། ཕན་ཚུན་ནོར་འཛོལ་མི་འབྱུང་རྒྱུ་ནི་ཤིན་ཏུ་གལ་ཆེའོ།། གཉིས་པ་ནི། ལས་ཚིག་མཉམ་འདུས་སྐོར་གྲུབ་པ་སྟེ། དཔེར་ན། སངས་རྒྱས། བསྟན་བཅོས། བཅད་ཤེས་སོགས་དང་། གྲགས་རྩོམ་བདམས་བསྒྱུར་ཞེས་པའི་བདམས་བསྒྱུར། རྒྱུ་ཆ་བདམས་བསྒྲིགས་ཞེས་པའི་བདམས་བསྒྲིགས། བརྩམས་ཆོས་བདམས་བཀོད་ཅེས་པའི་བདམས་བཀོད་ཅེས་པ་ལྟ་བུ་སོགས་སོ།།

༣། ལས་ཚིག་བྱེད་པའི་ཐབས་ཚུལ[1]གཙོར་སྟོན་གྱི་མིང་དུ་གྲུབ་པའི་སྐབས་ཀྱི་དུས་གསུམ་འཇུག་ཚུལ།

བྱེད་པའི་ཐབས་ཚུལ་གཙོར་སྟོན་པའི་མིང་དུ་གྲུབ་པ་ཞེས་པ་ནི། ལས་ཚིག་གང་ཞིག་མིང་དུ་གྲུབ་རྗེས་ཀྱི་མིང་དེའི་བསྟན་དོན་ནི་ལས་ཚིག་གང་དེའི་བསྟན་བྱའི་བྱ་བ་དེ་ཇི་ལྟར་སྒྲུབ་པའི་ཐབས་དང་ཚུལ་ཙམ་གྱི་དོན་དུ་གྲུབ་པ་ཞིག་ལ་བྱ་སྟེ། དེ་ཡང་དཔེར་ན། འཆད་ཐབས་ཞེས་པ་ལྟ་བུར་མཚོན་ན། འཆད་ཐབས་ཞེས་པའི་བསྟན་དོན་ནི་ཇི་ལྟར་འཆད་པའི་ཐབས་སྟེ་འཆད་ཞེས་པའི་བྱ་བ་གང་དེ་ཇི་ལྟར་སྒྲུབ་པའི་ཐབས་ཀྱི་དོན་ཙམ་སྟོན་པའི་མིང་དུ་གྲུབ་པ་ལྟར་རོ།། ལས་ཚིག་མིང་འདིའི་རིགས་སུ་གྲུབ་པའི་སྐབས་སུ་དུས་གསུམ་ལས་ད་ལྟ་བ་ཁོ་ན་འཇུག་པ་ཡིན་ཏེ། བྱེད་པའི་ཐབས་ཚུལ་གཙོར་སྟོན་གྱི་མིང་ཡིན་ན་བྱེད་པ་པོ་དང་བྱ་ཡུལ་ལམ་ལས་ཀྱི་དངོས་པོ་གཉིས་ལས་བྱེད་པ་པོར་གཞོལ་ཆེ་བ་དང་། དངོས་པོ་བདག་གཞན་གཉིས་ལས་བདག་གི་ཆར་གཞོལ་ཆེ་ན། བྱེད་པའི་ཐབས་ཚུལ་གཙོར་སྟོན་གྱི་མིང་དུ་གྲུབ་པ་ལ་བྱེད་ཚིག་ད་ལྟ་བ་ཁོ་ན་འཇུག་པ་ལས་འོས་མེད་དེ། དུས་གསུམ་ལས་མ་འོངས་པ་ནི་བྱ་ཡུལ་ལམ་ལས་ཀྱི་དངོས་པོ་དང་དངོས་པོ་གཞན་གྱི་སྒྲ་ཡིན་པ་དང་། འདས་ཚིག་ནི་དུས་ཀྱི་ཆ་ནས་འདས་པ་ཙམ་སྟོན་པ་ལས་བདག་གཞན་དང་བྱ་ཡུལ་དང་བྱེད་པོ་སོགས་ཀྱི་སྒྲ་ལ་མི་འཇུག་ཅིང་། སྐུལ་ཚིག་ནི་གཞན་གང་ཟུང་བའི་ངོར་གང་ཞིག་བྱ་བར་སྐུལ་བ་ཙམ་སྟོན་པ་ལས་བྱ་བ་སོགས་ཀྱི་དོན་གང་ཡང་མེད་པའི་ཕྱིར། དེའང་གོང་བཀོད་དཔེར་བརྗོད་ཀྱི་སྟེང་ནས་དབྱེ་ཞིབ་བྱས་ན་ལྷག་ཏུ་གསལ་བར་འོངས་ཏེ། འཆད་

[1]བྱེད་པའི་ཐབས་ཚུལ་ཞེས་པའི་བརྡ་ཆད་འདི་ནི་དོར་ཞི་གདོང་དྲུག་སྙེམས་བློའི་བརྡ་སྤྲོད་དོན་འགྲེལ་ཟབ་གནད་ཀུན་གསལ་ཞེས་པའི་དེབ་དུ་སྤྱད་ཡོད་པ་འདིར་བཀོལ་བ་ཡིན་ནོ།།

ཐབས་ལྟ་བུར་མཚོན་ན། འཆད་ཐབས་ནི་བཤད་བྱ་གང་ཇི་ལྟར་འཆད་པའི་ཐབས་ཀྱི་དོན་ཡིན་པས། འཆད་ཐབས་ཞེས་ད་ལྟ་བ་ལས་གཞན་འཇུག་ཏུ་མེད་དེ། གལ་ཏེ་མ་འོངས་པ་སྦྱར་ནས་བཤད་ཐབས་ཞེས་བརྗོད་ན་ནི་མ་དག་པའི་སྐྱོན་ཡོད་དེ། བཤད་ཐབས་ཞེས་ན་དེ་ནི་བཤད་བྱའི་ཐབས་ཡིན་ནམ་ཡང་ན་བཤད་ཟིན་པའི་ཐབས་སུ་དགྲོལ་དགོས། དེ་གཉིས་གང་དུ་བཀྲལ་ཡང་དོན་གྱིས་དབེན་པར་འགྱུར་ན། འཆད་ཐབས་སྟེ་འཆད་པ་པོ་གང་ཞིག་གིས་བཤད་བྱ་གང་ཞིག་ཇི་ལྟར་འཆད་པའི་ཐབས་ཡིན་པས་ན་འཆད་ཐབས་ཞེས་བྲིས་ན་དོན་ལ་འཁྱོར་ཞིང་དག་ཆ་ཐོན་པར་འགྱུར་རོ།། བོད་སྐད་ཀྱི་བྱེད་འབྲེལ་ལས་ཚིག་ཕལ་ཆེར་གྱི་རྗེས་སུ་ཐབས་དང་ཚུལ་སོགས་ཀྱི་མིང་གི་ཆ་ཤས་སྦྱར་ན་བྱེད་པའི་ཐབས་ཚུལ་སྟོན་པའི་མིང་གི་རིགས་སུ་འགྱུར་ཐུབ་སྟེ། དཔེར་ན། གློག་ཐབས། འཛིན་སྟངས། གློག་སྟངས། འབྲི་སྟངས། རྩོམ་སྟངས། འཆད་ཐབས། སྦྱོར་ཚུལ། སྦྱོར་སྟངས། འཁྲིད་ཐབས། འཁྲིད་སྟངས།། སློབ་ཚུལ། འབྲི་ཚུལ་སོགས་ཀྱིས་མཚོན་ཞིང་། ཡང་འགའ་ཤས་ཀྱིས་གློག་ཐབས་ལ་བགླུག་ཐབས་ཞེས་འབྲི་བ་གང་སར་མཐོང་ཡང་དེ་ཡང་དག་ཆ་མ་ཐོན་པའི་སྐྱོན་ཡོད་པར་འདོད་དེ། གོང་དང་མཚུངས་པར་བགླུག་ཐབས་ཞེས་ན་ནི་བགླུག་བྱའི་ཐབས་ཞེས་དགྲོལ་རྒྱུ་ཡིན་ནམ། དེ་ལྟར་བཀྲལ་ན་ནི་གོ་རྒྱུ་མེད་པར་འགྱུར་ཏེ། ཐབས་ནི་ཇི་ལྟར་གློག་པའི་ཐབས་ཡིན་པ་ལས་བགླུག་བྱ་མ་ཡིན་པའི་ཕྱིར་རོ།། ཡང་ལ་ལས་སྣར་ཐང་ལོ་ཙཱ་བ་སོགས་ཀྱིས་ཀྱང་ལྕགས་བགླུག་ཐབས་ཞེས་བཀོད་ཡོད་པས་ཟེར་ན། དེ་ཡང་མཐའ་གཅིག་ཏུ་མ་ངེས་ཏེ། ས་པཎ་སོགས་ཀྱིས་གློག་ཐབས་སུ་འབྲི་བའང་ཡོད་ན①། དེ་གཉིས་ལས་གང་ཞིག་བཟང་སྤྱོད་པའི་ལུགས་དང་མཐུན་པ་ནི་རང་བློས་དཔྱད་ན་རྟོགས་པར་འགྱུར་རོ།།

སྒོམ་བྱང་།

མཐར་གོང་བཀོད་མཐའ་དག་མདོར་དྲིལ་ན། བོད་སྐད་ལས་ཚིག་མིང་དུ་གྱུར་སྐབས་བསྟན་དོན་གྱི་ཆ་ནས་ཕྱེས་ན། བྱ་བའི་ངོ་བོ་གཙོར་སྟོན་གྱི་མིང་དུ་གྱུར་པ་དང་། བྱེད་དངོས་གཙོར་སྟོན་གྱི་མིང་དུ་གྱུར་པ། ལས་ཀྱི་དངོས་པོ་གཙོར་སྟོན་གྱི་མིང་དུ་གྱུར་པ། བྱས་འབྲས་གཙོར་སྟོན་གྱི་མིང་དུ་གྱུར་པ། བྱེད་པའི་ཐབས་ཚུལ་གཙོར་སྟོན་གྱི་མིང་དུ་གྱུར་པ་ཞེས་རིགས་ལྔ་རུ་འདུ་ཞིང་། སོ་སོའི་སྐབས་ཀྱི་དུས་གསུམ་འཇུག་ཚུལ་ཡང་བརྗོད་བདེའམ་སྟབས་བདེ་ཙམ་གྱིས་ཞུགས་པ་མ་ཡིན་པར། མིང་གང་དེ་འགྲུབ་བྱེད་ཀྱི་ལས་ཚིག་གི་བདག་གཞན་དུས་གསུམ་དང་བྱ་བྱེད་ལས་གསུམ་གྱི་རྣམ་བཞག་གི་རྗེས་སུ་འགྲོ་ཕྱོགས་བྱེད་པས་ན། ལས་ཚིག་གང་ཞིག་མིང་དུ་གྱུར་དུས་མིང་དེའི་བསྟན་དོན་དང་མིང་དེ་འགྲུབ་བྱེད་ཀྱི་ལས་ཚིག

①ས་པཎ་གྱི་ལྕགས་གློག་ཐབས་ཀྱི་ཞལ་བྱང་དུ་ལྕགས་ཀྱི་གློག་ཐབས་འབྲས་བུ་འབྱུང་བའི་མེ་ཏོག་ཞེས་བཀོད་ཡོད་པ་ལྟ་བུའོ།།

གི་བདག་གཞན་དུས་གསུམ་དང་བྱ་བྱེད་ལས་གསུམ་བར་གྱི་འབྲེལ་བར་ལེགས་པར་བརྟགས་ཏེ། གང་ལ་གང་འཚམས་ཀྱིས་བྲི་རྒྱུ་ཤིན་ཏུ་གལ་ཆེ་ཞིང་། གཞན་ཡང་བསྡོད་བསྡུགས་དང་འཕྲོག་བཅོམ་སོགས་རྒྱུན་འབྱམས་སུ་སོང་ཤིང་གཏན་ཆགས་སུ་གྲུབ་ཚར་བ་རྣམས་ནི་དཔྱད་པའི་དགོས་པ་མ་མཆིས་པས་རེ་ཞིག་བཏང་སྙོམས་སུ་བསྐྱུར་ཞིང་། བཀག་འགོག་དང་དར་སྤེལ་སོགས་ནི་བོད་ཀྱི་མིང་གི་སྦྱོར་ཚུལ་དང་མཐུན་མིན་ད་དུང་དཔྱད་རྒྱུར་ལྷག་ན་རེ་ཞིག་འབྲི་མ་སྦྱོབས་པས་ཟུར་དུ་བཞག་པ་ཡིན་ཞེས་པའི་གསལ་བཤད་ཀྱང་ཞོར་དུ་ཞུ་རྒྱུའོ། །

（རྩོམ་པ་པོ་ངོ་སྤྲོད། དཔལ་ཆེན་སྐྱབས། ཕ་ཡུལ། མཚོ་སྔོན་རེབ་གོང་། ཀྲུང་དབྱང་མི་རིགས་སློབ་གྲྭ་ཆེན་མོའི་བོད་རིག་པ་ཞིབ་འཇུག་གླིང་གི2014ལོའི་ཤེས་རམས་པ།）
（མཇུབ་སྟོན་དགེ་རྒན། བཀའ་མགོན།）

ལྷོ་བྲག་ནམ་མཁའ་རྒྱལ་མཚན་གྱི་མི་ཚེའི་བརྒྱུད་རིམ་བཤད་པ།

གཙོད་པ་དོན་གྲུབ།

ནང་དོན་གནད་བསྡུས། འདིའི་ནང་དུ་གཙོ་བོ་ལྷུང་རྟོགས་གཉིས་ལ་མངའ་བརྙེས་པའི་ལྷོ་བྲག་མཁན་ཆེན་ནམ་མཁའ་རྒྱལ་མཚན་ཁོང་ཉིད་ཀྱི་མི་ཚེའི་བརྒྱུད་རིམ་ལ་མཁས་པ་གཞན་དང་ཐུན་མོང་མ་ཡིན་པའི་རིགས་ཅུས་གདུང་རྒྱུད་དང་ཁྲིམ་ཚང་གི་རྒྱབ་ལྗོངས་ཡོད་པ་ལ་བརྟེན་ནས། ཁོང་ནི་གདུང་རྒྱུད་བླ་མ་ཡིན་པར་ངོས་བཟུང་བ་དང་། གཞན་ཡང་མཆོག་གྱུར་གྱི་བུ་སློབ་མང་དུ་བསྐྱངས་པ་དང་ཆབས་ཅིག བཀའ་གདམས་ཚུ་བོ་གཉིས་ཀྱི་རྒྱུན་མུ་མཐུད་དུ་དར་སྤེལ་མཛད་པ་དང་། ཁོང་གིས་གསུང་ལས་བསྐྱངས་པའི་བུ་སློབ་མང་དུ་ཡོད་པའི་ནང་ནས་རྗེ་རིན་པོ་ཆེ་ལ་སོགས་བུ་སློབ་མང་ཏུ་བསྐྱངས་ཏེ་བོད་གངས་ཅན་ལྗོངས་ཀྱི་བཀའ་གདམས་བསྟན་པའི་སྲོལ་བསྐྱངས་པ་ཡིན་ནོ།

བརྡ་ཆད་གཙོ་བོ། ལྷོ་བྲག ནམ་མཁའ་རྒྱལ་མཚན། མི་ཚེའི་བརྒྱུད་རིམ། མཛད་རྗེས།

སླེང་གཞི།

དེ་ཡང་གནའ་མིའི་ཁ་དཔེར་ལོ་རྒྱུས་ཀྱི་ཚིག་གསུམ་མ་གོ་ན། །ཕ་ཨ་ཁུ་ཡིན་ཀྱང་ངོ་མི་ཤེས། །ཟེར་བ་ལྟར་ལྷོ་བྲག་ཡུལ་ནི་མི་རྣམས་ཀྱིས་བོད་ཀྱི་གདོད་མའི་ཆོས་ལུགས་བོན་དང་། ཕྱིས་སུ་རྒྱ་གར་ནས་དར་བའི་སངས་རྒྱས་ཆོས་ལུགས་ཀྱི་འཕེལ་འགྲིབ་ཐོག་གོ་གནས་མི་དམན་པ་ཞིག་བཟུང་ཡོད་ལ། ལྷག་པར་དུ་ས་འདིའི་མི་རྣམས་ནི་བཙན་པོ་གདུང་རྒྱུད་འབྲུལ་མེད་དང་སྐྱེས་ཆེན་དམ་པ་མང་པོ་བྱུང་སྤྱོང་བའི་གནས་ཁྱད་པར་ཅན་ཞིག་ཡིན། དེས་ན་ངས་སྐབས་འདིར་རིགས་ཤུད་ཕུ་དང་འབྲེལ་བའི་ལྷོ་བྲག་ཡུལ་གྱི་ལོ་རྒྱུས་ཀྱི་ཁུངས་བཙལ་བ་དང་ཆབས་ཅིག རྗེ་རིན་པོ་ཆེའི་སློབ་དཔོན་དམ་པ་ལྷོ་བྲག་ནམ་མཁའ་རྒྱལ་མཚན་གྱི་མི་ཚེའི་བརྒྱུད་རིམ་སྐོར་ལ་ཅུང་ཙམ་གླེང་བར་བྱ།

དང་པོ། ལྷོ་བྲག་ཡུལ་གྱི་གནས་ཚུལ་དངོས་སྙིང་བ།

གཅིག ཡུལ་ཁུངས་འདེད་པ།

ལྷོ་བྲག་ཡུལ་ནི་སྔར་བོད་སིལ་བུར་འཐོར་རྗེས་འབངས་གྱེན་ལོག་གི་རྐྱེན་ངན་གཞིར་བྱས་ཏེ་བྱུང་བའི་རུ་ཆེན་བཞིའི་ནང་ཚན་གཡོ་རུ་ཡིན་པར་འདོད་ལ། དེ་ཡང《ཆོས་འབྱུང་མཁས་པའི་དགའ་སྟོན》ནང་དུ་བཀོད་པའི་སྟོང་སྡེ་བཅུ་ནི་ཡར་ལུང་དང་ཕྱིང་ལུང་། འཕྱོངས་རྒྱས་གཉིས་ཡར་མཚམས་དང་གཡུ་འབངས་གཉིས། དྭགས་པོ་དང་ཉ་གཉི་གཉིས། གཉལ་དང་ལྷོ་བྲག་གཉིས། ལྷོ་ཁའི་ཁོངས་ལོ་རོ་སྟོད་སྨད་དང་སྟོང་བུ་ཆུང་གི་སྡེ་བཅས་ཡིན་[1]པར་གསུངས་པའི་གཡོ་རུའི་ཁོངས་གཏོགས་ཡིན། གཞན《རྒྱལ་པོའི་བཀའི་ཐང་ཡིག》ལས་ཀྱང་། གཡོ་རུའི་ཡུལ་གྲུ་བཅུ་དྲུག་ནི། དྭགས་པོ་པ་རབ་གུང་མོ་ཡར་ལུང་དང་། འགྲངས་ཏེ་གཉལ་ལོ་རོ་དང་འཁག་པ་དང་། གཏམ་ཤུལ་གྲ་ལུང་དོལ་གཞུང་དང་། ཡར་འབྲོག་སོགས་ལ་དོས་བཟུང་ཡོད།[2]དེ་ཡང་ཕྱུར་རྒྱལ་གདོང་དམར་བོད་ཀྱི་བཙོས་བསྒྱུར་པ་གྲགས་ཅན་དར་མ་འུ་དུམ་བཙན་པོ་དེ་ཉིད་ཀྱིས་རང་ཉིད་ཀྱི་ཐབས་དང་ཤེས་རབ་ལ་བརྟེན་ནས་འཛམ་གླིང་ས་ཡི་སུམ་གཉིས་དབང་བསྒྱུར་བར་བྱེད་པའི་ཕྱུར་རྒྱལ་བོད་ཀྱི་སྤྱི་ཚོགས་ཀྱི་འཕེལ་རྒྱས་སྤྱི་ལ་དམིགས་ཏེ་ཕྱོགས་ཡོངས་ནས་དག་ཐེར་བྱེད་མགོ་བསླངས་བ་ན་ཆབ་སྲིད་ཀྱི་བློ་མིག་ལྡོངས་ཤིང་། བསམ་བློའི་འཁྱེར་སོ་དོག་པའི་ལྷ་ལུང་དཔལ་གྱི་རྡོ་རྗེས་ཅལ་འཛོགས་དུག་མདའ་རྐང་གཅིག་གིས་བོད་ཁམས་སུལ་བུར་གཏོར་སོང་། དེ་ནས་མི་འདོད་པའི་སྡུག་བསྔལ་སྣ་ཚོགས་ཆར་རྗེས་ཀྱི་ཤ་འོད་བཙལ་བ་བཞིན་བཙན་པོའི་བརྒྱུད་པ་རྣམས་མཐའ་འཁོབ་ཡུལ་དུ་སྨུགས། བོད་ཁམས་ཕྱོགས་བཞིར་གྱེས་ནས་ལུང་བ་རེར་འགོ་བ་རེ་དང་ཚོ་བ་རེར་ཚོ་དཔོན་རེ་བྱུང་བའི་དཔེ་ལྟར་བོད་ཀྱི་ཡུལ་གྲུ་རྣམས་དཔོན་རྗེ་ཚན་པ་དགུའམ་ཚན་པ་བཅུ་ཙམ་བྱུང་ནས་བོད་ཡུལ་འདི་ཉིད་སིལ་བུར་འཐོར་ཏེ་ལོ་ངོ་སུམ་བརྒྱ་ལྷག་གི་རིང་ལ་བོད་ཡུལ་མུན་པའི་གླིང་དུ་གྱུར་།

གཉིས། ལྷོ་བྲག་དང་རིགས་ཤུད་པུ།

དེ་ཡང་ལྷོ་བྲག་ཆོས་འབྱུང་དུ། གཏམ་ལྷ་སྲུན་དགུ་ལྷ་ཡི་ཞུ་བ་བྱས། །བྱ་ཚང་གུང་སྣང་བཙན་པོའི་

①དཔའ་བོ་གཙུག་ལག་ཕྲེང་བ། 《ཆོས་འབྱུང་མཁས་པའི་དགའ་སྟོན》མི་རིགས་དཔེ་སྐྲུན་ཁང་། སྤྱི་ལོ་ 2006ལོར་པར། ཤོག་ངོས་357
②གཏེར་སྟོན་ཨུ་རྒྱན་གླིང་པའི་གཏེར་ནས་བཏོན་པའི《རྒྱལ་པོའི་བཀའི་ཐང་ཡིག》མི་རིགས་དཔེ་སྐྲུན་ཁང་། སྤྱི་ལོ 1996ལོར་པར། ཤོག་ངོས་218

མཁར་ལ་བརྟེན། །སྐྱེ་བ་ཤུད་པུས་མ་ཕྱུར་བྱས་ནས་ནི། །གཏམ་ཤུལ་ལྷོ་བྲག་རྫེ་དཔོན་ཚན་གཅིག་བྱུང་། །①ཞེས་འཁོད་པ་ལྟར། སྐབས་དེར་གྱེན་ཡོག་གི་འགོ་གཙོ་སྐྱེ་བ་དང་ཤུད་པུས་གཙོ་བྱས་པའི་བྱ་ཚང་གུང་སྣང་གཏམ་ཤུལ་གྲོང་བརྡལ་གྱི་མཁར་ཤུལ་ཞིག་བཙན་པའི་མཁར་ལ་བསྟེན་པ་ལྷོ་བྲག་གཏམ་ཤུལ་ལྟེ་བར་གྱུར་བའི་ཡུལ་གྲུ་མང་པོར་དབང་བསྒྱུར་བྱས་ཤིང་། དེ་ནས་རབ་བྱུང་བཞི་བའི་ནང་དུ་ས་སྐྱ་བས་བོད་ཀྱི་སྲིད་དབང་སྐྱོང་སྐབས་འགྲོ་མགོན་ཆོས་རྒྱལ་འཕགས་པའི་སྐུ་རིང་ལ་ལྷོ་བྲག་ཤར་བརྒྱུད་དང་མཚོ་སྨད་གཏམ་ཤུལ་ཁུལ་ནི་དབུས་ཀྱི་ཁྲི་སྐོར་གྱི་ཡ་གྱལ་ཏེ་གཡའ་བཟང་ཁྲི་སྐོར་གྱི་ཁོངས་སུ་འདུ་ལ། ལྷོ་བྲག་ནུབ་རྒྱུད་ཁག་ཅིག་ཡར་འབྲོག་ཁྲི་སྐོར་གྱི་ཁོངས་སུ་གཏོགས། འདི་ནས་རིགས་འདེད་བྱེད་ཐུབ་པ་ཞིག་ལ་རིགས་ཤུད་པུ་ནི་སྔར་བོད་བོད་པུར་རྒྱལ་བཙན་པོའི་གདུང་རྒྱུད་རྣལ་མ་ཡིན་ཞིང་། དེ་ཡང་གོང་དུ་བཀོད་པ་ལྟར་སྐབས་དེར་འབངས་གྱེན་ཡོག་གི་རྐྱེན་ངན་གཞིར་བྱས་ཏེ་བྱུང་བའི་བོད་དབུས་གཙང་རུ་བཞིའི་ནང་ཚན་གཡོ་རུའི་ཆར་གཏོགས་ཤུད་པུ་ཡིས་དབང་སྒྱུར་བའི་ལྷོ་བྲག་གི་གནས་འདི་ནི་ས་ཆ་གཞན་དག་དང་བསྡུར་ན་ལྟོས་བཅས་ཀྱི་སྲིད་འབྱོར་རིག་གསུམ་གང་གི་ཐད་ནས་ཀྱང་རྨང་གཞི་རྩུང་ལེགས་པོ་ཡོད་པ་དང་། མཁན་ཆེན་ཁོང་ཉིད་ཀྱང་ཡབ་ཤུད་ཕུའི་རིགས་སུ་སྐུ་འཁྲུངས་བས་གཞི་ནས་མཛད་འཕྲིན་རླབས་པོ་ཆེ་བསྒྲུངས་བ་ལ་འབྲེལ་བ་ཡོད་པར་སྣང་ངོ་།

གསུམ། ལྷོ་བྲག་ཡུལ་དུ་འཁྲུངས་བའི་སྐྱེས་ཆེན་དང་གནས་ཁྱད་པར་ཅན།

གཞན་ཡང་ལྗོངས་འདིར་སྐྱེས་ཆེན་དམ་པ་མང་པོ་བྱུང་སྟོང་སྟེ། དཔེར་ན། གངས་ཅན་ལྗོངས་འདིར་ཚེ་གཅིག་ལུས་གཅིག་ལ་ས་བཅུ་ལམ་ལྔའི་རྟོགས་པ་མཐོན་པོ་མངའ་ཤིང་གྲུབ་པའི་དབང་ཕྱུག་རྗེ་བཙུན་མི་ལ་རས་པ་ལྟ་བུའི་སྐྱེས་ཆེན་དམ་པ་འདི་ཉིད་ཀྱིས་བཞེངས་པའི་ཁྱད་དུ་འཕགས་པའི་དྲན་རྟེན་གྱི་རྗེ་རིང་ལྟ་བུའི་སྲས་མཁར་དགུ་ཐོག་ནི་ཡུལ་གང་དུའང་ཤིན་ཏུ་མཐོང་དཀོན་པའི་འཛམ་གླིང་གི་མཆོད་སྡོང་གཅིག་པུར་ཁོ་ན་ཡིན་པ་དང་། དེ་བཞིན་སྤྲུལ་པའི་རྒྱལ་པོ་སྲོང་བཙན་སྒམ་པོའི་སྐབས་སུའང་མཐའ་འདུལ་ཡང་འདུལ་གཙུག་ལག་ཁང་གི་གྲས་མཁོ་མཐིང་གསེར་གྱི་ལྷ་ཁང་དང་སྐྱེར་ཆུ་ལྷ་ཁང་གཉིས་དང་། དེ་མ་ཟད་བོད་ན་ཉི་ཟླ་ལྟར་གྲགས་པའི་གཏེར་སྟོན་གོང་འོག་གཉིས་ལས་གོང་མ་ཉི་མ་འོད་ཟེར་གྱི་ཕྱག་བཏབ་པའི་སྨྲ་བོ་ལྕོག་དགོན་དང་འོག་མ་གུ་རུ་ཆོས་དབང་གིས་བཞེངས་པའི་གུ་རུ་ལྷ་ཁང་གཉིས། གཏེར་སྟོན་པདྨ་གླིང་པའི་གདན་ས་ལྷ་ལུང་དགོན། ཐོག་མར་ཤུད་པུའི་གྲུབ་ཐོབ་ཟླ་བ་རྒྱལ་མཚན་པས་ཕྱག་བཏབ་ཅིང་ཕྱིས་སུ་ལྷོ་བྲག་གྲུབ་ཆེན་ནམ་མཁའ་རྒྱལམཚན་གྱི་གདན་ས་ཐིག

①དཔའ་བོ་གཙུག་ལག་ཕྲེང་བ། 《ལྷོ་བྲག་ཆོས་འབྱུང》བོད་ལྗོངས་མི་རིགས་དཔེ་སྐྲུན་ཁང་། 2005ལོར་པར། ཤོག་གྲངས་37

ཕྱིས་དགོན། དེ་མིན་ད་དུང་དཔལ་ལྡན་བཀའ་བརྒྱུད་ཀུན་གྱི་ཆུ་མགོ་གནས་མཆོག་གྲོ་བོ་ལུང་ལ་སོགས་པ་ཡང་ལྷོ་བྲག་ཁུལ་དུ་གནས་ཡོད། དེ་དང་ཆབས་ཅིག་གནས་འདི་ནི་གངས་ལྗོངས་ལོ་རྒྱུས་ཐོག་གི་གྲགས་ཆེན་མི་སྣ་འཁྲུངས་སྐྱོང་བའི་ས་ཁུལ་ཞིག་སྟེ། རེ་རེ་བཞིན་བགྲང་ན་དཔལ་བཀའ་བརྒྱུད་ཀུན་གྱི་ཤིང་རྟའི་སྲོལ་འབྱེད་ཆེན་མོ་མར་པ་ལོ་ཙཱ་བ་ཆོས་ཀྱི་བློ་གྲོས་དང་། རྗེ་ཙོང་ཁ་པའི་དབུ་བླ་ཐུན་མོང་མ་ཡིན་པ་བཞིའི་མཆོག་གྱུར་གྲུབ་ཆེན་ནམ་མཁའ་རྒྱལ་མཚན། (1326—1402) གཏེར་སྟོན་རྒྱལ་པོ་ལྷོ། མཆོག་གི་སྤྲུལ་སྐུ་རྣམ་གསུམ་གྱི་ཡ་གྱལ་གོང་མ་ཉང་རལ་ཉི་མ་འོད་ཟེར་དང་གུ་རུ་ཆོས་ཀྱི་དབང་ཕྱུག ལྷོ་བྲག་ནམ་མཁའི་སྙིང་པོ། འབྲུག་པ་བཀའ་བརྒྱུད་ཀྱི་གཙོ་བོ་ཡབ་སྲས་གསུམ་ལས་སྟོད་འབྲུག་པ་རྒོད་ཚང་བ་མགོན་པོ་རྡོ་རྗེ། རིག་འཛིན་ཆེན་མོ་འཕྲིན་ལས་ལྷུན་གྲུབ། གཞན་ཡང་བོད་ཀྱི་རི་མོ་བ་བཞིའི་ནང་གི་ཉི་ཟླ་ལྷུར་གྲགས་པ་སྨན་མཁྱེན་གཉིས་ཞེས་པའི་སྨན་ལུགས་གསར་གཏོད་མཁན་སྨན་བླ་དོན་གྲུབ་སོགས་སྐྱེས་ཆེན་དམ་པ་མང་པོ་འཁྲུངས་སྐྱོང་བ་རེད། ད་དུང་རྩ་ཆེ་བའི་དཔེ་རྒྱུན་དཀོན་པོའི་རིགས་མང་དུ་མཆིས་པ་དཔེར་ན། 《མངའ་བདག་ཉང་ཉི་མ་འོད་ཟེར་གྱི་རྣམ་ཐར》དང་། 《ལྷོ་བྲག་གྲུབ་ཆེན་ནམ་མཁའ་རྒྱལ་མཚན་གྱི་གསུང་འབུམ》《གཏེར་སྟོན་གུ་རུ་ཆོས་དབང་གི་རྣམ་ཐར》《རྒྱལ་རབས་གསལ་བའི་མེ་ལོང》《རྣམ་རིག་སྐར་རྩིས》《པདྨ་གླིང་པའི་གསུང་འབུམ》《ཆོས་འབྱུང་མཁས་པའི་དགའ་སྟོན》སོགས་རིན་ཐང་དཀོན་པོའི་རིགས་མང་དུ་མཆིས། མདོར་ན་ལྷོ་བྲག་ཡུལ་ནི་གཞན་གྱི་ཡུལ་རང་ག་བ་ཞིག་དང་གཏན་ནས་མི་འདྲ་བར་ཕྱིའི་སྣོད་ཀྱི་བཀོད་པ་དང་ནང་བཅུད་ཀྱི་སེམས་ཅན་གང་གི་ཐད་ནས་གཞན་དང་ཐུན་མོང་མ་ཡིན་པའི་དམིགས་བསལ་གྱི་ཁྱད་ཆོས་དུ་མ་ལྡན་ནོ།།

གཉིས་པ། མི་ཚེའི་ལོ་རྒྱུས།

གཅིག འཁྲུངས་འདས་ཀྱི་ལོ་ཚིགས།

དེ་ཡང་དམ་པ་ཁོང་ཉིད་མའི་ཏུམ་དུ་འཇུག་པ་ན་མའི་རྨི་ལམ་དུ་ཁོག་ནང་ཐམས་ཅད་པོ་ཏི་གླེགས་བམ་གྱིས་ཁེངས་པ། ཆོས་བཅོ་ལྔའི་ཟླ་བ་ལུས་ལ་ཤར་བ། འོད་ཟེར་ཕྱོགས་ཀུན་ལ་ཁྱབ་པ། བདེ་སྟོང་གི་ཏིང་ངེ་འཛིན་བཟང་པོ་རྒྱུད་ལ་སྐྱེས་པ། མའི་ཁོག་ན་མགུལ་བ་ཤེས་པའི་དུས་ན། ཡེ་ཤེས་ཀྱི་མཁའ་འགྲོ་མང་པོས་གྲིབ་སེལ་བ་དང་བསྟོད་སྲ་བྱེད་པ་བྱུང་། དེ་ནས་མེ་ཕོ་སྟག་གི་སྤྱི་ལོ་༡༣༢༦ལོར་ཡབ་ཤུད་ཕུའི་སློབ་དཔོན་ནམ་མཁའ་བཟང་པོ་དང་ཡུམ་སྲས་མོ་རིན་ཆེན་རྒྱན་ཞེས་བྱ་བའི་སྲས་སུ་ལྷོ་བྲག་བན་པ་ཏ་སྐུ་འཁྲུངས། དགུང་གྲངས་དོན་བདུན་ལ་ཕེབས་པ་རབ་བྱུང་བདུན་པའི་ཆུ་རྟ་ལོར་

༡༩༠༢ལོར་བསྟན་པ་དང་འགྲོ་བའི་དོན་རྒྱ་ཆེར་མཛད་ནས་སྐུ་ཚེ་འདིའི་དངོས་ཀྱི་གདུལ་བྱ་རྣམས་རྫོགས་པ་ན། ལྷུགས་མོ་སྤྲུལ་གྱི་ལོར་ཟླ་མཚར་བའི་ལྷས་དུ་མ་དང་བཅས་ཏེ་ཞི་བར་གཤེགས། ① ②དགུང་སྐྱིད་རྒྱབ་པར་ཡབ་རིང་བོ་མ་བཞུགས་པར་འདས། མགོན་པོ་གྲི་གུག་གིས་མིང་གི་བདེ་ལྡན་རྡོ་རྗེ་ཞེས་ཟེར། སྐུ་གདུང་ཞལ་ཆེམས་ལྟར་ལ་མོ་དང་དགའ་ལྡན་བར་གྱི་རི་འགྲམ་ཞིག་ཏུ་ས་འབུམ་ཆེན་པོ་ཞིག་བཞེངས་པའི་ནང་མ་ཉམས་པར་བཞུགས་སུ་གསོལ་བ་དེར་ཡོངས་གྲགས་སུ་ལྗོ་བྲག་འབུམཔ་ཟེར། འདིའི་ཐད་ནས《བཀའ་གདམས་ཆོས་འབྱུང་གསལ་བའི་སྒྲོན་མེ》དང་《ལྗོ་བྲག་ནམ་མཁའ་རྒྱལ་མཚན་གྱི་གསུང་འབུམ》《དུང་དཀར་ཚིག་མཛོད》རྣམས་དགོངས་པ་གཅིག་ཏུ་ངེས་བས་སོ།

གཉིས། དགེ་བའི་བཤེས་གཉེན་གང་དག་བསྟེན་ཚུལ།

ཁོང་ཉིད་ཆུང་ངུའི་དུས་ནས་ན་མཉམ་གཞན་དང་མི་འདྲ་བའི་མཛད་སྤྱོད་ཁྱད་པར་ཅན་མངའ། དགུང་ལོ་གསུམ་པར་ཕྱུར་བའི་དབང་ཐོབ་པས་རིགས་ཀྱི་མཁའ་འགྲོ་རྣམས་གར་བྱེད་པའི་སྣང་བ་ཤར་པས་གར་བསྒྱུར་གྱི་ཕྱག་རྒྱ་མང་པོ་མཁྱེན། དགུང་ལོ་བདུན་པའི་སྐྱེང་ཁུ་བོ་རྒྱལ་སྲས་བཟང་པོའི་དྲུང་ནས་དགེ་ཚུལ་གྱི་སྡོམ་པ་བཞེས། དགུང་ལོ་ཉི་ཤུ་བར་རྒྱ་མ་རིན་ཆེན་སྐད་དུ་ཕྱོན་ཏེ་རིན་པོ་ཆེ་བཀྲ་ཤིས་རྒྱལ་མཚན་གྱི་དྲུང་ནས་བསྙེན་རྫོགས་ཀྱི་སྡོམ་པ་བཞེས། དགེ་བའི་བཤེས་མཉེན་རི་ཟངས་རྟོག་པ་དང་བླ་བདེ་བའི་འབྱུང་གནས། དགེ་བཤེས་སྨོན་གྲྭ་བ་སོགས་བསྟེན་ནས་སློབ་གཉེར་ལེགས་པར་གནང་། ཁུ་བོ་དཔལ་མགོན་གྱི་དྲུང་དུ་ལྷ་མོའི་སྒྲུབ་སྐོར་མང་དུ་གསན། མཁན་ཆེན་མོན་གྲ་པའི་དྲུང་ནས་བློ་སྦྱོང་ཚིགས་བརྒྱད་མ་དང་། མཁན་ཆེན་མཚོ་སྣ་བས་མཛད་པའི་ལམ་རིམ་སོགས་གསན།

དེ་ཡང་དགུང་ལོ་བཅུ་བར་ཁུ་བོའི་དྲུང་དུ་སྣེའུ་ཟུར་པ་ནས་བརྒྱུད་པ་དང་བྱ་ཡུལ་བ་ནས་བརྒྱུད་པའི་ལམ་རིམ་དང་། ཐུགས་རྗེ་ཆེན་པོ་དང་། མི་གཡོ་བ་ཧ་མགྲིན། ལྷ་བཞིའི་སྒྲོལ་མ་ཉེར་གཅིག་ལ་སོགས་པའི་ཆོས་སྐོར་མང་དུ་ཞུས། དགུང་ལོ་གསུམ་པར་ཕྱུར་བའི་དབང་ཐོབ་པས་རིགས་ཀྱི་མཁའ་འགྲོ་རྣམས་གར་བྱེད་པའི་སྣང་བ་ཤར་པས་གར་བསྒྱུར་གྱི་ཕྱག་རྒྱ་མང་པོ་མཁྱེན། དགུང་ལོ་བཅུ་བར་ཁུ་བོ་རྒྱལ་སྲས་བཟང་པོ་ལས་རབ་ཏུ་བྱུང་། དགུང་ལོ་བཅུ་གཉིས་པ་ལ་ཕྱུར་བ་ཁྲི་བཅུས་སྐོར་བ་ཞིག་ལ་བསྙེན་པ་དུམ་རེ་མཛད་པས་ངག་ནུས་ཆེ་བའི་བློས་ཕྱིག་པ་ལ་ སྟགས་ཚུ་རིག་པས་ཤི་བ་ལ་སྙིང་རྗེ

①ལས་ཆེན་ཀུན་དགའ་རྒྱལ་མཚན། 《བཀའ་གདམས་ཆོས་འབྱུང་གསལ་བའི་སྒྲོན་མེ》 མི་རིགས་དཔེ་སྐྲུན་ཁང་། སྤྱི་ལོ2001ལོར་པར། ཤོག་ངོས་218

②གངས་ཅན་རིག་མཛོད་ཀྱི་དེབ་39《ལྗོ་བྲག་ནམ་མཁའ་རྒྱལ་མཚན་གྱི་གསུང་འབུམ》 བོད་ལྗོངས་བོད་ཡིག་ཡིག་སྙིང་དཔེ་སྐྲུན་ཁང་། སྤྱི་ལོ་2004ལོར་པར། ཤོག་ངོས་347

འབྲུངས་ནས་བཞུམས་པས་ཕལ་དངོས་སུ་གཟིགས། དགུང་ལོ་བཅུ་བར་འདུལ་བའི་སློབ་གཉེར་མཛད། དགུང་ལོ་བཅུ་དགུ་བར་རྒྱ་མ་རིན་ཆེན་སྒང་གི་བླ་མ་བཀྲ་ཤིས་རྒྱལ་བོ་སོགས་ལ་བསྙེན་པར་རྫོགས། ①

གསུམ། རྗེ་རིན་པོ་ཆེ་དང་མཇལ་བའི་དུས་སྐབས་ཀྱི་རྟགས་རྟེན་འབྲེལ་ལ་དཔྱད།

དེ་ཡང་རྗེ་ཙོང་ཁ་པ་ནི། ལས་ཆེན་ཀུན་དགའ་རྒྱལ་མཚན་མཆོག་གིས་ཇི་སྐད་དུ། ཇོ་བོ་འདས་ནས་སུམ་བརྒྱ་གསུམ་འདས་པ། །མེ་མོ་བྱ་ལ་ཙོང་ཁའི་ཡུལ་དུ་ནི། །ཐམས་ཅད་མཁྱེན་པ་བློ་བཟང་གྲགས་པའི་དཔལ། །ཁམས་གསུམ་འགྲོ་བའི་གཉེན་གཅིག་སྐུ་བལྟམས་སོ། །②ཅེས་གསུངས་བ་ལྟར། མེ་མོ་བྱའི་ལོ་སྟེ༡༣༥༧ལོར་ཙོང་ཁའི་ཡུལ་དུ་སྐུ་འཁྲུངས། མཁན་ཆེན་ཁོང་ཉིད་དགུང་ལོ་བདུན་ཅུ་བ་རབ་བྱུང་བདུན་པའི་ཤིང་ཕག་ལོར་༡༣༧༥ལོར་རྗེ་རིན་པོ་ཆེ་དང་མཇལ། ③ བཀའ་གདམས་ཀྱི་ཆོས་སྐོར་དང་།མན་ངག་པ་ལམ་རིམ་པའི་གདམས་ངག མཁན་ཆེན་ཉིད་ཀྱི་དག་སྣང་ཆོས་སྐོར་ལུང་བསྟན་མང་བོ་གནང་ནས་སློབ་མའི་གཙོ་བོར་རྗེས་སུ་བཟུང་། གྲུབ་ཆེན་འདི་ཉིད་རྗེ་ཙོང་ཁ་པའི་དབུ་བླ་ཐུན་མོང་མ་ཡིན་པ་བཞིའི་མཆོག་གཅིག་ཡིན་ཏེ། ལས་ཀྱི་རྗེ་རྗེ་བླ་མའི་མཆོག བློ་བཟང་གྲགས་པ་སློབ་མའི་མཆོག བདུད་རྩིའི་སྨན་མཆོག་ཆོས་ཀྱི་མཆོག་④ཅེས་རྣམ་ཐར་ལས་བྱུང་བ་ལྟར་དགུང་ལོ་བདུན་ཅུ་བར་འཇམ་མགོན་ཆོས་ཀྱི་རྒྱལ་བོ་དགུང་ལོ་༣༧བཞེས་དུས་དང་མཇལ་ཞིང་། རྗེ་རིན་པོ་ཆེ་དང་མཇལ་བའི་དུས་སུ་ངོ་མཚར་བའི་གཟིགས་སྣང་དང་། རྟགས་རྟེན་འབྲེལ་བྱུང་ཚུལ་རགས་རིམ་ཙམ་ཞིག་བརྗོད་ན། རྗེ་ཙོང་ཁ་བའི་དབུའི་སྟེང་ན་རྗེ་བཙུན་བྱམས་པ་བཞུགས། དཔུང་བ་གཡས་ན་འཇམ་དཀར་བཞུགས། གཡོན་ན་དབྱངས་ཅན་མ། ཆོས་སྐྱོང་དང་མཁའ་འགྲོ་མང་པོས་སྐོར། ལྷ་འདྲེ་མང་བོའང་ཆོས་ཉན་གྱིན་འདུག་པས་མོས་གུས་ཐུན་མོང་མ་ཡིན་པ་སྐྱེས་གསུང་། རྗེ་ཙོང་ཁ་པ་ལ་བདག་གིས་ཆོས་བཀའ་མ་ལུས་བ་ཡོངས་སུ་ཕུལ། རྗེ་ཙོང་ཁ་པའི་འཁོར་བླ་མ་འཇམ་དཀར་སོགས་ཕྱུན་སུམ་ཚོགས་པ་རྣམས་ལའང་ཆོས་ལུང་མང་དུ་ཞུས་དཔོན་སློབ་ཐམས་ཅད་ལ་དད་པ་ཐོབ། བདག་གིས་ཆོས་བསྟན་པའི་དུས་སུ་རྗེ་ཙོང་ཁ་པའི་གཟུགས་སྣང་ལ་ངའི་མགོ་ཐོག་ཏུ་ཕྱཀྲ་ཐུབ་པ་དང་། གཡས་སུ་ཕྱག་ན་རྡོ་རྗེ། གཡོན་དུ་གདུགས་

①ཡོངས་འཛིན་ཡེ་ཤེས་རྒྱལ་མཚན། 《ལམ་རིམ་བླ་མ་བརྒྱུད་པའི་རྣམ་ཐར》། བོད་ལྗོངས་མི་དམངས་དཔེ་སྐྲུན་ཁང་གིས་1990ལོར་པར། ཤོག་ངོས་303

②ལས་ཆེན་ཀུན་དགའ་རྒྱལ་མཚན། 《བཀའ་གདམས་ཆོས་འབྱུང་གསལ་བའི་སྒྲོན་མེ》། མི་རིགས་དཔེ་སྐྲུན་ཁང་གིསསྤྱི་ལོ2001ལོར་པར། ཤོག་ངོས་320

③འབྲུག་རྒྱལ་དབང་ཆོས་རྗེ། 《རྗེ་ཙོང་ཁ་པ་ཆེན་པོའི་རྣམ་ཐར》མི་རིགས་དཔེ་སྐྲུན་ཁང་། 2001ལོར་པར། ཤོག་ངོས་218

④དུང་དཀར་རིན་པོ་ཆེ། 《དུང་དཀར་ཚིག་མཛོད》། ཀྲུང་གོ་བོད་རིག་པ་དཔེ་སྐྲུན་ཁང་གིས་2001ལོར་པར། ཤོག་ངོས་1081

དཀར་ཅན་སོགས་བཞུགས་འདུག་པ་ནི་བར་ཆད་མི་འབྱུང་བའི་རྟགས་སུ་གྲུབ་གསུང་ལ། སྤྱི་ཚོགས་ཀྱི་དོན་དངོས་དང་སེམས་ཁམས་རིག་པའི་སྟེང་ནས་བསམ་ན། ཁོང་ཉིད་མཇལ་བའི་དུས་ན་རྗེ་རིན་པོ་ཆེའི་དབུའི་སྟེང་ན་དངོས་ནས་རྗེ་བཙུན་བྱམས་པ་བཞུགས་ཡོད་པ་སོགས་ནི་མི་སྲིད་པ་ཞིག་ཡིན་ལ། འོན་ཀྱང་རྣམ་རྟོག་ཁོ་ན་ཞིག་ཀྱང་མ་ཡིན་ཏེ། སྐབས་དེར་གཅིག་ནས་མཁན་སློབ་ཁོང་གཉིས་ཀ་ན་ཚོད་ཀྱི་དབང་དུ་བྱས་ན་གཞུང་དང་ལག་ལེན། ཐབས་ཤེས་རབ་གང་གི་ཆ་ནས་ཀྱང་ཆེས་ཡང་རྩེར་སོན་ཡོད་ལ། རྗེ་རིན་པོ་ཆེ་ཡང་སློབ་གཉེར་བ་དག་གི་ཁྲིད་ན་རྒྱུ་སྐར་ཁྲོད་ཀྱི་ཟླ་བ་བཞིན་མངོན་པར་གསལ་ཞིང་ཁྱད་དུ་འཕགས། དེ་མ་ཟད་བོད་ཡུལ་ནས་ཡུལ་གྲུ་སོ་སོར་བསྐྱོད་དེ་དགོན་སྡེ་མང་པོར་འཁྱིམ་པ་དང་ས་གང་ན་མཚན་སྙན་གྲགས་འབར་བའི་བླ་མ་ཡོད་ན་གནས་དེ་ru བསྐྱོད་ནས་དགེ་བའི་བཤེས་གཉེན་མང་པོའི་ཐོད་ལ་གཏུགས་ཤིང་། གདམས་ངག་བླངས། དབང་ལུང་མང་དུ་གསན་ཏེ། ཁོང་གི་མཛད་འཕྲིན་གྱི་བྱ་བཞག་ནི་ལྷོ་ཛ་ཡབ་གླིང་གི་གནས་གང་ནའང་འབྲུག་གི་སྒྲ་བཞིན་ལྷིར་ལྷིར་དུ་གྲགས་བཞིན་ཡོད་པས་མཁན་ཆེན་ཁོང་ཉིད་ཀྱིས་མཐོང་མ་ཐག་དད་པའི་སྟོབས་ཀྱིས་མངོན་པའི་རྣམ་རྟོག་གི་འདུ་ཤེས་ཞིག་ཡིན་པར་འདོད། གཞན་ཡང་རྗེ་ཙོང་ཁ་པའི་གཟུགས་སྣང་ལ་མཁན་ཆེན་གྱི་དབུ་ན་ཤཱཀྱ་ཐུབ་པ་བཞུགས་ཡོད་པ་ནི་མཁན་ཆེན་ཁོང་ཉིད་སྐབས་དེར་བོད་ཡུལ་ན་སྙན་གྲགས་ཆེས་ཆེར་རྒྱས་ཡོད་ལ་གསང་བདག་ཕྱག་ན་རྡོ་རྗེའི་སྤྲུལ་སུ་ཞུགས་ཡོད་པས་དད་པའི་སྟོབས་ཀྱིས་མངོན་པའི་གཟུགས་སྣང་ཞིག་ཏུ་འདོད།

གསུམ་པ། གྲུབ་ཆེན་ནམ་མཁའ་རྒྱལ་མཚན་གྱི་མཛད་རྗེས།

གཅིག བུ་སློབ་མང་དུ་བསྐྱངས་ཚུལ།

དེ་ཡང་ལས་ཆེན་ཀུན་དགའ་རྒྱལ་མཚན་གྱི《བཀའ་གདམས་ཆོས་འབྱུང་གསལ་བའི་སྒྲོན་མེ》ལས། དེ་ལ་སློབ་མ་ཇི་ལྟར་བྱུང་ཚུལ་ནི། ། ཡི་དམ་གྱི་ལུང་བསྟན་ལས། དད་པ་ཐོབ་པ་འབུམ་ཚོ་གཅིག། ངེས་པར་གྲོལ་བ་ལྔ་བཅུ་སྟེ། ། རྟོད་མེད་གྲུབ་ཐོབ་བརྒྱད་དུ་ངེས། ། འགྲན་གྱི་ཟླ་མེད་བློ་བཟང་ཡིན། ། ①ཞེས་གསུངས་པ་ལྟར་ཡོངས་སུ་གྲགས་པའི་བུ་ཆེན་བརྒྱད་ནི། རྗེ་བློ་བཟང་གྲགས་པ། གྲགས་པ་བློ་གྲོས། ཀུན་དགའ་བཟང་པོ། འཇམ་དབྱངས་ཁ་ཆེ། སྐྱེས་མཆོག་སྨོན་ལམ་པ། གུ་རུ་གཞོན་ནུ་རྡོ་རྗེ། སོན་ཨཱ་ཡུ།

---

①ལས་ཆེན་ཀུན་དགའ་རྒྱལ་མཚན། 《བཀའ་གདམས་ཆོས་འབྱུང་གསལ་བའི་སྒྲོན་མེ》 མི་རིགས་དཔེ་སྐྲུན་ཁང་། 2001ལོར་པར། ཤོག་ངོས་225

ཆོས་རྗེ་སློབ་མ་རྣམས་ཡིན་ལ། འདིས་གདན་ས་བཟུང་ནས་འགྲོ་དོན་བསྐྱངས་པས་འཕྲིན་ལས་ཆེ་བར་བྱུང་། མདོར་ན། མཁན་ཆེན་ལས་ཀྱི་རྡོ་རྗེ་ལ་བུ་སློབ་མང་དུ་ཐོན་པ་རྣམས་ཀྱི་ནང་ནས་བྱང་ཆུབ་ལམ་གྱི་རིམ་པའི་འཕྲིན་ལས་གངས་ཅན་འདིར་ཆེ་ཆེར་རྒྱས་བར་བྱེད་པ་ནི་རྗེ་རིན་པོ་ཆེ་ཡིན་པར་སྣང་ངོ་།།

གཉིས། ལམ་རིམ་བླ་བརྒྱུད་ཐད་ཀྱི་མཛད་རྗེས།

དེ་ཡང་ལས་དང་པོ་བའི་ས་ནས་སངས་རྒྱས་ཀྱི་ས་ལ་ཁྲིད་པའི་སྐྱེས་བུ་ཆེན་པོའི་ཆོས་ལུགས་ཤིང་རྟ་ཆེན་པོའི་སྲོལ་ཆུ་བོ་སུམ་འདྲེས་ཀྱི་གདམས་པ་སྡེ་སྣོད་གསུམ་གྱི་ཉིང་ཁུ་སྐྱེས་བུ་གསུམ་གྱི་ལམ་གྱི་རིམ་པའི་བརྒྱུད་པ་དང་འཛིན་སྐྱོང་སྤེལ་གསུམ་ཐད་ལ་བྱས་རྗེས་མངོན་པར་གསལ་བ་ནི། མཁས་དབང་ཐུང་དཀར་བློ་བཟང་འཕྲིན་ལས་མཆོག་གིས་ཇི་སྐད་དུ། བཀའ་གདམས་བརྒྱུད་པ་གསུམ་ནི་གཅིག་ནི་དགེ་བཤེས་པོ་ཏོ་བ་ནས་ཤ་ར་བ་ལ་བརྒྱུད་པ་དང་། དེ་ནས་ལོ་ཙྪ་བ་སྐྱེས་མཆོག་དཔལ་བཟང་པོ་བར་བརྒྱུད་པའི་བཀའ་གདམས་གཞུང་བའི་བརྒྱུད་པ་དང་། གཉིས་ནི་དགེ་བཤེས་སྤྱན་སྔ་བ་ནས་དགེ་བཤེས་བྱ་ཡུལ་ལ་བརྒྱུད་པ་དང་། དེ་ནས་ལྷོ་བྲག་ནམ་མཁའ་ནམ་མཁའ་རྒྱལ་མཚན་གྱི་བར་བརྒྱུད་པའི་བཀའ་གདམས་མན་ངག་པའི་བརྒྱུད་པ། གསུམ་ནི་དགེ་བཤེས་དགོན་པ་བ་ནས་དགེ་བཤེས་སྣེའུ་ཟུར་བ་ལ་བརྒྱུད་པ་དང་། དེ་ནས་ལྷོ་བྲག་ནམ་མཁའ་རྒྱལ་མཚན་གྱི་བར་བརྒྱུད་པ་ལ་བཀའ་གདམས་ལམ་རིམ་པ་ཞེས་བརྗོད་པ་ཡིན།[1] ཞེས་གསུངས་ལྟར་མཁན་ཆེན་ཁོང་ཉིད་ནི་བཀའ་གདམས་མན་ངག་པ་དང་། བཀའ་གདམས་ལམ་རིམ་པ་བརྒྱུད་པའི་ཐད་ལ་བྱས་རྗེས་བླ་མེད་བསྐྱུན་མཁན་ཡིན་ལ་ལམ་རིམ་བླ་བརྒྱུད་ཁྲིད་ན་བསུབ་ཏུ་མེད་པའི་རྗོ་རིང་ཞིག་བསླངས་ཡོད་པ་མ་ཟད། དུས་རབས་བཅོ་ལྔ་བའི་མགོར་ཁོང་གི་དངོས་སློབ་རྗེ་ཙོང་ཁ་པ་ཆེན་པོས་སྤར་ཡོད་བོད་ཀྱི་ནང་བསྟན་སྲོལ་བཟང་ཉམས་པ་རྣམས་དག་ཐེར་དང་ཡོད་པ་རྣམས་བརྒྱུད་འཛིན་གོང་འཕེལ་ཏུ་བཏང་བ་དང་ཆབས་ཅིག མདོ་སྔགས་ཟུང་འབྲེལ་གྱི་བསྟན་པའི་གནས་གཞི་དགའ་ལྡན་རྣམ་པར་རྒྱལ་བའི་གླིང་ཕྱག་བཏབ་པ་ནས། བཀའ་གདམས་གསར་མའམ་དགེ་ལུགས་པའི་གྲུབ་མཐའ་དར་སྤེལ་བྱུང་ཞིང་། བཀའ་གདམས་ཀྱི་སྡེ་དགོན་རྣམས་དགེ་ལུགས་པར་གཅིག་འདྲིས་བྱུང་བ་ཡིན།

[1]མཁས་དབང་ཐུང་དཀར་བློ་བཟང་འཕྲིན་ལས། 《ཐུང་དཀར་ཚིག་མཛོད》 མི་རིགས་དཔེ་སྐྲུན་ཁང་གིས་2001ལོར་པར། ཤོག་ངོས་1083

གསུམ། ཕོང་གི་གསུང་རྩོམ་ཐད་ཀྱི་མཛད་རྗེས།

དེ་ཡང་དམ་པ་ཕོང་ཉིད་ཀྱི་གསུང་རྩོམ་ཐད་ནས་བསྟོད་རྩོམ་གྱི་སྐོར་ལ《བསྟོད་པ་ནོར་བུའི་ཕྲེང་བ》དང་《རྣམ་འཇོམས་ཀྱི་མངོན་རྟོགས་བསྟོད་པ》། རྣམ་ཐར་གྱི་སྐོར་ལ《གསང་བའི་རྣམ་ཐར་ལོག་རྟོག་མུན་སེལ》དང་《གྲུབ་ཆེན་རིན་པོ་ཆེ་ཕྱག་རྡོར་བའི་བཀའ་འབུམ་ལས་ཕྱིའི་རྣམ་ཐར་བདུད་རྩིའི་ཕྲེང་བ》《ནང་ཏིང་ངེ་འཛིན་གྱི་ཉམས་སྣང་རྣམ་ཐར་དུ་བཀོད་པ་སྙན་བརྒྱུད་ཀྱི་ལྡེ་མིག》《སློབ་དཔོན་ཀུན་སློའི་རྣམ་ཐར》《ལྷོ་བྲག་རྗེ་བཙུན་ཕྱག་རྡོར་བའི་ཕྱིའི་རྣམ་ཐར་གདུངས་རབས་དང་བཅས་པ་བཞུགས་སོ》། ཞུ་ལན་གྱི་སྐོར་ནས《ཞུ་ལན་སྙན་མཆོག་བདུད་རྩི》དང་《ཞུ་ལན་རྡོ་རྗེ་ཕྲེང་བ》《ཞུ་ལན་གནད་ཀྱི་མེ་ལོང》། ཁྲིད་ཡིག་གི་སྐོར་ནས《གཅེས་ཕྲེང་ཡི་གེ་བཞི་བའི་ཁྲིད་ཡིག》དང་《དཔལ་གསང་བ་བསམ་གྱི་མི་ཁྱབ་ཀྱི་བསྐྱེད་རྫོགས་ཀྱི་ཁྲིད་རིམ》《དོན་སེམས་སེམས་བསྐྱེད་ཀྱི་རྗེས་གནང་དང་ཁྲིད་ཡིག》སོགས་མང་པོ་མཛད་ཡོད། ①

བཞི་པ། མཁན་ཆེན་ཕོང་ཉིད་གདུང་རྒྱུད་བླ་མ་ཡིན་པར་ངོས་བཟུང་བ།

ད་ལྟའང་ངག་རྒྱུན་དུ། མི་རྒྱུད་ལྔ་ལས་ཆད་པ་དང་། ཚ་རྒྱུད་གངས་ནས་ཆད་པ་ལྟར་ཤུད་པུ་ལྔ་ནས་ཆད་པའི་ལོ་རྒྱུས་ཡོད་ཞེས་ཕོང་གི་གསུང་འབུམ་ནང་བཀོད་ཡོད། མི་རྒྱུད་ལྔ་ལས་ཆད་པ་ནི་ཕོངས་གཏུགས་ན་རྗེ་གཉའ་ཁྲི་བཙན་པོ་ནས་བཟུང་སྟེ་བཙན་པོ་རྒྱལ་པོ་འགའ་ལ་གཏུགས་ཚོག་པར་གསུངས་ཡོད། རིམ་བཞིན་བོད་ཡུལ་བུར་འཁོར་རྗེས་སུའང་གོང་ནས་བཤད་པ་ལྟར་གཡོ་རུ་བཟུང་ཡོད་ལ། ཤུད་པུ་དཔལ་གྱི་སེང་གེ་ནས་བཟུང་སྟེ་ཤུད་པུ་རིགས་ཀྱིས་ཆོས་སྲིད་གཉིས་ཀྱི་ཐད་ནས་བོད་སྤྱི་ཚོགས་སྟེང་གོ་གནས་གལ་ཆེན་བཟུང་ཡོད། དེ་ཡང་ཤུད་པུ་དཔལ་གྱི་སེང་གེ་ནས་བཟུང་སྟེ་རིམ་བཞིན་བུ་ནས་བུ་བརྒྱུད་པའི་བླ་མ་མང་པོ་བྱུང་ཡོད་པ་ནི《ལྷོ་བྲག་རྗེ་བཙུན་ཕྱག་རྡོར་བའི་རྣམ་ཐར་གདུང་རབས》ལས། ཤུད་པུའི་བླ་མ་གྲུབ་ཐོབ་རིམ་པར་བྱུང་བ་གསལ་པོར་བརྗོད་ཡོད་ལ། དེ་ཡང་རེ་རེ་བཞིན་བགྲང་ན། ཤུད་པུ་ལོ་ཙྪ་བ་དཔལ་གྱི་སེངྒེའི་སྲས་ཤུད་པུ་བསོད་ནམས་སེང་གེ་དང་ཤུད་པུ་ཆོས་ཀྱི་སེང་གེ་གཉིས། ཤུད་པུ་བསོད་ནམས་སེང་གེའི་སྲས་ཤུད་པུ་ཉི་མ་སེང་གེ དེའི་སྲས་ཤུད་པུ་ཟླ་བའི་སེང་གེ དེའི་སྲས་ཤུད་པུ་ཆོས་ཀྱི་བློ་གྲོས། དེའི་སྲས་ཤུད་པུ་བསོད་ནམས་བློ་གྲོས། དེའི་སྲས་ཤུད་པུ་དགའ་བའི་བློ་གྲོས། དེའི་སྲས་ཤུད་པུ་བདེ་བའི་བློ་གྲོས། དེའི་སྲས་ཤུད་པུ་ཆོས་ཀྱི་རྒྱལ་པོ། ཤུད་པུ་ཆོས་ཀྱི་རྒྱ་མཚོ་

①གངས་ཅན་རིག་མཛོད་ཀྱི་དེབ་39《ལྷོ་བྲག་ནམ་མཁའ་རྒྱལ་མཚན་གྱི་གསུང་འབུམ》། བོད་ལྗོངས་བོད་ཡིག་ཡིག་རྙིང་དཔེ་སྐྲུན་ཁང་། 2004ལོར་པར། ཤོག་ངོས་147

གཉིས། ཤུད་ཕུ་ཆོས་ཀྱི་རྒྱལ་པོའི་སྲས་ཤུད་ཕུ་མི་ཚབ་རྒྱལ་པོ་དང་། ཤུད་ཕུ་ཁྲི་ཐུལ་ཅན་གཉིས། ཤུད་ཕུ་མི་ཚབ་རྒྱལ་པོའི་སྲས་ཤུད་ཕུ་ཟླ་བ་རྒྱལ་མཚན། ཤུད་ཕུ་མི་ཚབ་དཔལ་གཉིས། ཤུད་ཕུ་མི་ཚབ་དཔལ་གྱི་སྲས་ཤུད་ཕུ་སངས་རྒྱས་སྒྲ་འོད་དང་ཤུད་ཕུ་དཔོན་ཆེན་སེང་གེ་གཉིས། ཤུད་ཕུ་དཔོན་ཆེན་སེང་གེའི་སྲས་ཤུད་ཕུ་དཔོན་ཆེན་ཉི་མ་འོད་ཟེར། དེའི་སྲས་ཤུད་ཕུ་སློབ་དཔོན་དགྲ་འདུལ། དེའི་སྲས་ཤུད་ཕུ་དཔོན་ཆེན་ཉི་མ་རྒྱལ་པོ། དེའི་སྲས་ཤུད་ཕུ་དཔོན་ཆེན་དཀོན་མཆོག་སྐྱབས། མཁན་ཆེན་སེང་གེ། སློབ་དཔོན་ཐུགས་པ་གསུམ། ཤུད་ཕུ་དཔོན་ཆེན་དཀོན་མཆོག་སྐྱབས་ཀྱི་སྲས་ཤུད་ཕུ་སློབ་དཔོན་རྗེ་དབྱངས། དེའི་སྲས་མཁན་ཆེན་ནམ་མཁའ་རྒྱལ་པོ། ཤུད་ཕུ་དཔོན་ཆེན་སེང་གེ ཤུད་ཕུ་སློབ་དཔོན་རྗེ་རྗེ། ཤུད་ཕུ་དཔོན་ཆེན་བློ་གྲོས། རྒྱལ་འགོང་ཉི་མ་གྲགས་པ་དང་ལྷའོ། རྒྱལ་འགོང་ཉི་མ་གྲགས་པའི་སྲས་མཁན་ཆེན་རྒྱལ་ལ་དཔལ་བཟང་། དཔོན་པོ་ལི་བྱ། སློབ་དཔོན་ཤཱཀྱ་བཟང་པོ། སློབ་དཔོན་བཀྲ་ཤིས་བཟང་པོ་དང་བཞི། ཤུད་ཕུ་སློབ་དཔོན་ལི་བྱའི་སྲས། ཤུད་ཕུ་སློབ་དཔོན་བསོད་ནམས་བཟང་པོ། དེའི་སྲས་མཁན་ཆེན་རྒྱལ་སྲས་བཟང་པོ། སློབ་དཔོན་བཀྲ་ཤིས་བཟང་པོའི་སྲས། ཤུད་ཕུ་སློབ་དཔོན་ནམ་མཁའ་བཟང་པོ་དང་སློབ་དཔོན་རྒྱལ་མཚན་བཟང་པོ་གཉིས། སློབ་དཔོན་ནམ་མཁའ་བཟང་པོའི་སྲས། གྲུབ་ཆེན་ནམ་མཁའ་རྒྱལ་མཚན། ཤུད་ཕུ་སློབ་དཔོན་རྒྱལ་མཚན་བཟང་པོའི་སྲས། ཤུད་ཕུ་སློབ་དཔོན་རྒྱལ་མཚན་དཔལ་བཟང་པོ། དེའི་སྲས་ཤུད་ཕུ་སློབ་དཔོན་ཨབ་བསོད་བཟང་པོ་གསུམ་①ཡོད་པ་སོགས་ལ་དམིགས་ན། མཁན་ཆེན་ཁོང་ཉིད་ནི་ཕ་ནས་བུ། བུ་ནས་བུ་ལ་བརྒྱུད་པའི་བླ་མ་དང་། ཕ་མ་ཕ་མ་ཕྱི་མ་ཕྱི་མའི་ཕ་དང་སློབ་དཔོན་གཉིས་ཀའི་ཚུལ་དུ་གནས་ཡོད་ལ། ཡང་ཟུར་གཞན་ཞིག་ནས་བལྟས་ན། སྐབས་འདིར་ཏག་ཏག་བོད་ལ་སྤྱལ་སྐྱ་ལམ་ལུགས་བྱུང་ཟིན་ཡོད་ནའང་བཀའ་གདམས་ཀྱི་སྐྱ་མཆེད་གསུམ་གཙོ་བྱས་པའི་མཁས་བ་རིམ་བྱོན་། ཁོང་གི་དགེ་རྒན་དང་ཁོང་རང་ཉིད་སོགས་ལ་སྤྱལ་སྐྱ་འཚོལ་བའི་ལུགས་མ་བྱུང་བ་ནི་སྐབས་འདིར་ཁོ་རང་ཚོས་ཆོས་དང་རིག་གནས་ལ་ཁ་ཕྱོགས་པ་ལས་སྲིད་ཚོགས་ཀྱི་ཟང་ཟིང་དང་སྲིད་ལ་ཐེ་གཏོགས་བྱས་མེད་པ་ཁོ་རང་སོ་སོའི་རྣམ་ཐར་དག་ལས་གསལ། དེ་བས་བདག་གིས་མཁན་ཆེན་ཁོང་ཉིད་ནི་གདུང་རྒྱུད་བླ་མར་ངོས་བཟུང་ན་ཆོག་སྙམ།

①གངས་ཅན་རིག་མཛོད་ཀྱི་དེབ་39《ལྷོ་བྲག་ནམ་མཁའ་རྒྱལ་མཚན་གྱི་གསུང་འབུམ》། བོད་ལྗོངས་བོད་ཡིག་ཡིག་རྙིང་དཔེ་སྐྲུན་ཁང་། སྤྱི་ལོ་2004ལོར་པར། ཤོག་ངོས་58

སྡོམ་བྱང་།

དེ་ཡང་ལུང་རྟོགས་གཉིས་ལ་མངའ་བརྙེས་པའི་ལྷ་བྲག་མཁན་ཆེན་ནམ་མཁའ་རྒྱལ་མཚན་ཁོང་ཉིད་ཀྱི་མི་ཚེའི་བརྒྱུད་རིམ་ལ་མཁས་བ་གཞན་དང་ཐུན་མོང་མ་ཡིན་པའི་རིགས་ལུས་གདུང་རྒྱུད་དང་ཁྲིམ་ཚང་གི་རྒྱབ་ལྗོངས་ཡོད་ལ། ཕྱི་ལྷ་བྲག་ཡུལ་ལ་མཆོན་ནའང་བོད་ཀྱི་ལོ་རྒྱུས་སྟེང་མཁས་པ་མང་པོ་ཞིག་འབྲུངས་སྐྱོང་བས་ཁོང་གི་མཛད་འཕྲིན་ལ་ཕྱི་ཁོར་ཡུག་གི་མཐུན་རྐྱེན་ཡོད་ལ་ནང་ཁྲིམ་ཚང་གི་ཆ་རྐྱེན་ལྡན། དེ་བས་ཁོང་གིསམཆོག་གྱུར་གྱི་བུ་སློབ་མང་དུ་བསྐྱངས་བ་དང་ཆབས་ཅིག བཀའ་གདམས་ཚུ་ཐོ་གཉིས་ཀྱི་རྒྱུན་མུ་མཐུད་དུ་སྤེལ་ཐུབ་པ་བྱུང་། གཞན་ཡང་ཁོང་གིས་གསུང་ལས་བསྐྱངས་བའི་བུ་སློབ་མང་དུ་ཡོད་པའི་ནང་ནས་རྗེ་རིན་པོ་ཆེ་ལ་སོགས་བུ་སློབ་མང་པོ་བསྐྱངས་ཏེ་བོད་གངས་ཅན་ལྗོངས་ཀྱི་བཀའ་གདམས་བསྟན་པའི་སྲོལ་བསྐྱངས་པ་ཡིན་ནོ།།

(རྩོམ་པ་པོ་རྡོ་སྒྲོད། གཙོད་པ་དོན་གྲུབ། ཕ་ཡུལ། མཚོ་སྔོན་ཞུན་ཧྭ། ཀྲུང་དབྱང་མི་རིགས་སློབ་གྲྭ་ཆེན་མོའི་བོད་རིག་པ་ཞིབ་འཇུག་གླིང་གི2014ལོའི་རབ་འབྱམས་པ།)

(མཇུབ་སྟོན་དགེ་རྒན། ཀོ་ཤུལ་གྲགས་པ་འབྱུང་གནས།)

ཧོར་གླིང་གཡུལ་འགྱེད་ལས་བུད་མེད་ཀྱི་སྣང་བརྙན་ལ་དཔྱད་པ།

ལྷ་མོ་ཚེ་རིང་།

ནང་དོན་གནད་བསྡུས། སྒྱུ་རྩལ་རྩོམ་རིག་ཁྲོད་དཔེ་མཚོན་མི་སྣའི་སྣང་བརྙན་གྱིས་རྒྱ་ཆེའི་ཀློག་པ་པོར་དགའ་སྐྱོ་ཆགས་སྡང་གི་ཚོར་བ་སྤྲིན་ཐུབ་ལ། ཁོ་ཚོའི་ཡིད་སེམས་ཀྱི་དབང་པོའང་ཅིག་ཅར་འགུགས་ནུས། དེ་ལས་ཀྱང་མི་སྣའི་སྣང་བརྙན་བཞེངས་བསྐྲུན་བགྱིས་པ་ལེགས་མིན་དེ་རྩོམ་རིག་གི་ཡིད་འགུགས་ནུས་པ་དང་སྒྱུ་རྩལ་གྱི་རིན་ཐང་སོགས་ལ་འབྲེལ་བ་དམ་ཟབ་མཆིས། རྩོམ་འདིར་སྦྱང་དཔེ་ལས་ཚབ་མཚོན་རང་བཞིན་གྱི་བདག་ཉིད་ཅན《ཧོར་གླིང་གཡུལ་འགྱེད》བདམས་ཤིང་། ཐོག་མར《ཧོར་གླིང་གཡུལ་འགྱེད》ལས་བུད་མེད་ཀྱི་སྣང་བརྙན་སྤྱི་དང་བར་དུ་དེའི་ཁྲོད་ཀྱི་དཔེ་མཚོན་བུད་མེད་འགའི་སྣང་བརྙན་སོ་སོར་རང་ཚོད་ཀྱིས་དཔྱད་ཞིབ་ཙུང་ཞིབ་རྒྱས་སུ་བགྱིས་ཡོད་དོ།།

བརྡ་ཆད་གཙོ་བོ། ཧོར་གླིང་གཡུལ་འགྱེད། བུད་མེད། སྣང་བརྙན།

གླེང་གཞི།

སྤྱིར "རྩོམ་རིག་བརྩམས་ཆོས་ཀྱི་མཚོན་བྱ་གཙོ་བོ་ནི་མིའི་རིགས་ཀྱི་སྤྱི་ཚོགས་འཚོ་བ་ཡིན་པས། མི་སྣའི་སྣང་བརྙན་ནི་རྩོམ་རིག་གི་སྒྱུ་རྩལ་སྣང་བརྙན་གྱི་སྙིང་པོ་ཡིན"[①]ཞེས་པ་ལྟར། རྩོམ་རིག་གིས་སྤྱི་ཚོགས་འཚོ་བ་དངོས་མཚོན་ཆེད་དངོས་སུ་ཐོས་རྒྱུ་ཡོད་ལ་མཐོང་རྒྱུ་ཡོད་པ་ལྟ་བུའི་གསོན་ཉམས་ལྡན་པའི་སྒྱུ་རྩལ་གྱི་སྣང་བརྙན་སྣ་ཚོགས་བཞེངས་བསྐྲུན་བྱས་པའི་ནང་། ཆེས་གལ་འགངས་ཆེ་ཞིང་གཙོ་གནད་དུ་གྱུར་པ་ནི་སྤྱི་ཚོགས་འཚོ་བའི་ཁྲོད་ཀྱི་བྱེད་པ་པོ་སྟེ་སྨྲ་ཤེས་ཤིང་དོན་གོ་བའི་མི་སྣའི་སྣང་བརྙན་ཡིན་ལ། དེ་ཡང་མི་སྣའི་སྣང་བརྙན་ཞིབ་འབྲི་དང་བཞེངས་བསྐྲུན་བྱས་པ་ལེགས་མིན་དེ་ཐད་ཀར་རྩོམ་རིག་གི་ཡིད་འགུགས་ནུས་པ་དང་སྒྱུ་རྩལ་གྱི་རིན་ཐང་སོགས་ལ་འབྲེལ་བ་དམ་ཟབ་ཡོད་པས་ན། སྒྱུ་རྩལ་རོ་བཅུད་ཀྱིས་ཀུན་ནས་གཏམས་པའི་གླིང་རྗེ་གེ་སར་རྒྱལ་པོའི་སྒྲུང་ལྟ་བུ་ལ་མཚོན་ནའང་། ང་ཚོ་གདོང

①རིན་ཆེན་བཀྲ་ཤིས། རྩོམ་རིག་གསར་རྩོམ་གྱི་རྣམ་བཤད། [M] བསྐྱུར་དཔར། 1998ལོར་པར། ཤོག་ངོས་29

དམར་པོད་པ་ཚོའི་སྒྱུ་རྩལ་གྱི་ལོངས་སྤྱོད་འཛད་མེད་ཅིག་དང་ཀུན་གྱིས་དགའ་མགུ་ཡི་རངས་བྱེད་བཞིན་པའི་རྒྱུ་མཚན་ཡང་བརྩམས་ཆོས་འདིར་མི་སྣའི་སྣང་བརྙན་གསར་བཞེངས་ཐད་ཕུན་སུམ་ཚོགས་པའི་འབྲས་བུ་སྨིན་ཡོད་པ་སྨྲས་མེད་ལགས་ན། གླིང་སྒྲུང་ལས་མི་སྣའི་སྣང་བརྙན་སྐོར་གླེང་འདོད་ཀྱི་ཀུན་སློང་ཐོག་མར་སྐྱེས་སོང་། ཡིན་ཡང་གླིང་སྒྲུང་ལ་གཅིག་ནས་སྒྲུང་དཔེ་པོ་ཧྲེའི་འཕོར་གྲངས་མང་ལ། གཉིས་ནས་རྣན་གཙོད་པ་དོན་གྲུབ་ལགས་ཀྱིས "ངེད་ཅག་གིས་བསྡོམས་རྩིས་བྱས་པ་ལྟར་ན། གླིང་སྒྲུང་པོ་ནའི་ནང་དུ་ལྷ་ཡུལ་ཁམས་ནས་མི་ཡུལ་གྱི་བར་དང་། ཀླུ་ཡུལ་ནས་དམྱལ་ཁམས་ཀྱི་བར་དུ་སྒྱུ་རྩལ་གྱི་གཟུགས་བརྙན་སུམ་སྟོང་ལྷག་གསར་བཞེངས་བགྱིས་ཡོད"① ཅེས་གསུངས་པ་བཞིན་མི་སྣ་སུམ་སྟོང་ལྷག་གི་སྣང་བརྙན་གསར་བཞེངས་བྱས་ཡོད་ཅ་ན། ཕྱི་ནང་རིག་གནས་ཀུན་ལ་ཐོས་བསམ་དབེན་པའི་སློབ་མ་ཐ་ཤལ་བ་ངས་སྒྲུང་དཔེ་དེ་འདྲ་མང་པོ་ཞིག་བལྟ་ཀློག་བྱེད་ཐུབ་མེད་ལ། མི་སྣའི་སྣང་བརྙན་དེ་འདྲ་མང་པོ་ཞིག་དེ་ལས་ཀྱང་བློ་ངོར་ཤོང་དཀའ་བས། གླིང་སྒྲུང་ལས《ཧོར་གླིང་གཡུལ་འགྱེད》ལ་བོད་ཀྱི་མཁས་དབང་རྣམ་པ་དང་ཆེད་ལས་མི་སྣ་དག་གིས་སྔ་ཕྱིར་ཞུ་དག་ཐེངས་གསུམ་མཛད་ཅེས་དེབ་ཉིད་ཀྱི་སྔོན་འགྲོའི་གཏམ་དུ་གསུངས་ཡོད་ཅིང་། བརྗོད་བྱ་དོན་གྱི་བྱུང་བ་དང་རྗོད་བྱེད་ཚིག་གི་དག་ཆ་སོགས་ཀྱི་ཆ་ནས་སྒྲུང་དཔེ་དག་ལས་ཚབ་མཚོན་རང་བཞིན་དུ་གྱུར་ཡོད། གླིང་སྒྲུང་ཁྲོད་བུད་མེད་དག་གིས་ཀྱང་གླིང་སེང་ཆེན་ནོར་བུ་དགྲ་འདུལ་མཆོག་ལ་རོགས་རམ་དང་རྒྱབ་སྐྱོར་བྱས་ཏེ་ད་གཟོད་དམ་པ་ཁོང་ཉིད་ཀྱིས་རྒྱལ་ཁའི་དར་ཆ་ཡར་བསྒྲེངས་ཐུབ་བྱུང་བས། བུད་མེད་ཚོས་རང་ནུས་ཅི་ལྡོགས་སྟོས་རང་ས་ནས་མཛད་རྗེས་བླ་མེད་བཞག་ཡོད་པ་སྨྲས་མ་དགོས། ཡིན་ཡང་གླིང་སྒྲུང་ལས་བུད་མེད་ཀྱི་སྐྱི་ཚོགས་གོ་གནས་དང་རྒྱན་གོས་རིག་གནས་སྐོར་མ་གཏོགས། ཆེད་དུ་སྣང་བརྙན་གྱི་སྐོར་ལ་དཔྱད་གཏམ་སྤེལ་བ་ཙུང་ཙམ་བའི་ཚོད་དུ་གདའ་ལ། སྒྲུང་དཔེ་ལས་ཚབ་མཚོན་རང་བཞིན་གྱི་བདག་ཉིད་ཅན《ཧོར་གླིང་གཡུལ་འགྱེད》བདམས་ཏེ་དེའི་ཁྲོད་ཀྱི་བུད་མེད་ཀྱི་སྣང་བརྙན་བཞེངས་བསྐྲུན་དང་ཞིབ་འབྲི་བྱེད་ཚུལ་གླེང་བ་ནི་དེ་ལས་ཀྱང་ཉིན་མོའི་སྐར་མ་བཞིན་ཉུང་བས། ཆེད་ལས་ཀྱི་ཤེས་བྱའི་ཚུ་ཚད་དམའ་བ་དང་དཔྱད་རྩོམ་གྱི་ལམ་ལ་འཇུག་མཁན་ལས་དང་པོ་བ་ཞིག་ཡིན་པའི་ཆ་ནས། དཔྱད་བརྗོད་འདི་འདྲ་ཞིག་སྤེལ་བར་དཀའ་ངལ་མང་དུ་འཕྲད་སྲིད་པ་ནི་བཤོལ་ཐབས་བྲལ་སོང་། རང་ཉིད་རྩོམ་རིག་ཆེད་ལས་ལ་སློབ་གཉེར་བྱེད་མཁན་ཞིག་དང་སྔོས་སུ་རྩོམ་རིག་ལ་དུངས་པ་ཟབ་མོ་ཡོད་པ་བཅས་ཀྱིས་དཀའ་བའི་ལས་འདི་མ་བསླུལ་དང་དུ་བླངས་ཤིང་།《ཧོར་གླིང་གཡུལ་འགྱེད》ལས་བུད་མེད་ཀྱི་སྣང་

①གཙོད་པ་དོན་གྲུབ། གླིང་སྒྲུང་གི་མི་སྣའི་གཟུགས་བརྙན་ཞིབ་འབྲིའི་སྐོར་ལ་དཔྱད་པ། [J] ཀྲུང་གོའི་བོད་རིག་པ། 2013ལོའི་ཟླ་4པར་པར། ཤོག་ངོས་146

བརྩན་སྐོར་ལ་རང་བློས་དཔག་ཚོད་ཀྱིས་དཔྱད་གཏམ་ཁ་ཟིན་སྙ་ཟིན་རེ་སྤེལ་ཁུལ་བྱ་བའི་མགོ་བརྩམས་པ་ཡིན།

དང་པོ། 《རྟོར་སྙིང་གསུལ་འགྲེད》ལས་བྱུང་མེད་ཀྱི་སྣང་བརྙན་སྤྱིར་སྙིང་བ།

རྩོམ་རིག་ནི་སྤྱི་ཚོགས་འཚོ་བ་ལས་བྱུང་ཞིང་ཕྱིར་སྤྱི་ཚོགས་འཚོ་བ་ཚུར་སྣང་བྱེད་པ་ཞིག་ཡིན་ལ། སྤྱི་ཚོགས་འཚོ་བ་དེ་ཡང་འཕོར་བ་རྩིལ་བོ་འགྲུབ་བྱེད་ཀྱི་མ་ལག་གཙོ་བོ་རུ་གྱུར་པའི་ཕོ་མོ་གཉིས་ལས་གྲུབ་པ་ན། སྤྱི་ཚོགས་འཚོ་བ་བརྗོད་བྱ་རུ་འཛིན་པའི་རྩོམ་རིག་ཁྲོད་བུད་མེད་ཀྱི་སྣང་བརྙན་ཅི་ནས་ཀྱང་ཡོད་དགོས་པ་ནི་རང་བཞིན་གྱིས་གྲུབ་ཡོད། ང་ཚོ་རང་མི་རིགས་ཀྱི་སྔོན་བྱོན་མཁས་དབང་དག་གི་ཕྱག་སོར་ལས་ཐོན་པའི་ཕུལ་དུ་བྱུང་བའི་རྩོམ་རིག་པོ་ཏི་སོགས་དང་མཇལ་ཐེངས་རེར། རྩོམ་རིག་དེ་དག་ཁྲོད་དང་རྒྱུད་བརྟན་ཞིང་ལས་ལ་བརྩོན་པ། བྱམས་དང་སྙིང་རྗེ་ལྡན་པའི་བོད་རིགས་བུད་མེད་ཀྱི་སྣང་བརྙན་ཅི་རིགས་ཤིག་སྔོན་དུ་བཤམས་པའི་རི་མོ་ཇི་བཞིན་རང་ཅག་གི་མིག་མདུན་དུ་ཤར་ཐུབ་སྟེ། 《རྣལ་འབྱོར་དབང་ཕྱུག་ཆེན་པོ་མི་ལ་རས་པའི་རྣམ་མགུར》ཁྲོད་མ་ཡུམ་མྱང་ཚ་དཀར་རྒྱན་གྱི་བློ་གྲོས་དང་དཔའ་སྟོབས་ཀྱིས་ཨ་ཁུ་དང་ཨ་ནེས་བརྙས་བཅོས་ཚད་མེད་བྱས་ཤིང་རྟུང་རྗེག་དང་མནར་གཅོད་བཏང་བ་ལ་མགོ་བསྒུར་ནས་མ་བསྡད་པར། བུ་ཐོས་པ་དགའ་རྒྱུས་མེད་ཐག་རིང་ཡུལ་ལ་མཐུ་སློབ་ཏུ་བཏང་སྟེ་ཨ་ཁུ་དང་ཨ་ནེ་ལ་འཁོན་ལན་སློག་ཏུ་བཅུག་པ་རེད། མོའི་རང་སྟེང་ནས་དགྲ་གཉེན་གང་ལའང་ཆགས་སྡང་གི་རྣུས་ཐོན་པའི་སྣང་བརྙན་གསོན་པོ་ཞིག་རང་བཞིན་གྱིས་མངོན་ཐུབ་ལ། མཐར་མ་དྲིན་མོ་ཆེ་ཁོང་གི་བཀའ་དྲིན་ལ་བརྟེན་ནས་ཚེ་གཅིག་ལུས་གཅིག་ལ་སངས་རྒྱས་པའི་མི་ལ་རས་པ་ལྟ་བུའི་སྐྱེས་ཆེན་དམ་པ་ཞིག་གངས་ཅན་བོད་ཡུལ་དུ་གཏམས་པ་ཀུན་གྱིས་ཤེས་གསལ་ལྟར་རེད། 《ལྷ་མོའི་ཟློས་གར་འཁྲབ་གཞུང་བརྒྱད》ལས 《འགྲོ་བ་བཟང་མོ》དང 《སྣང་ས་འོད་འབུམ》《གཟུགས་ཀྱི་ཉི་མ》《ཆོས་རྒྱལ་ནོར་བཟང》སོགས་སུ་བུད་མེད་ཀྱི་སྣང་བརྙན་མང་དུ་བཀོད་འདྲི་གནང་བ་ལས་འགྲོ་བ་བཟང་མོ་དང་སྣང་ས་འོད་འབུམ། གཟུགས་ཀྱི་ཉི་མ། ཡིད་འཕྲོག་ལྷ་མོ་བཅས་ནི་བྱམས་དང་སྙིང་རྗེ་ཡིས་ཀུན་ནས་གཏམས་པའི་དཔེ་མཚོན་གྱི་བུད་མེད་འགའ་ཡིན། ཕོ་མོ་ཚོ་ནི་རྒྱལ་པོའི་དཔྲལ་བའི་མིག་དང་ཕོག་པའི་སྙིང་ལྟར་གཅེས་པའི་བཙུན་མོ་ཉག་གཅིག་པུ་དེ་ཚོ་ཡིན་པས། རྒྱལ་པོའི་ཕོ་བྲང་གི་བཙུན་མོ་གཞན་དག་ཁོ་མོ་ཚོར་ཕྲག་དོག་སྐྱེས་ཏེ་ངན་སེམས་བཅངས་པ་དང་ཐབས་ཤེས་སྣ་ཚོགས་ལ་བརྟེན་ནས་ཐུབ་ཚོད་བྱས་ཀྱང་། ཁོ་མོ་ཚོས་ཕྱིར་འཁོན་ལན་ཅི་ཡང་མ་སློག་པར་བྱམས་དང་བརྩེ་བས་བཟོད་

བསྒྲུབ་བྱས་ལ། སྟུག་བསྡོལ་ནམ་ཡང་རང་ཉིད་གཅིག་པུའི་ཁོག་ལ་བཙུག་ནས་བསྡད། འདི་ནི་རང་རེའི་བོད་ཀྱི་ཐུན་མིན་རིག་གནས་ཀྱིས་བསྐྲུན་པའི་འབྲས་བུ་ཡིན་ལ། བོད་རིགས་བུད་མེད་མཛངས་མ་སྤྱི་ལ་མངའ་བའི་ཐུན་མོང་གི་རང་གཤིས་ཤིག་ཀྱང་མ་ཡིན་ནམ། གཞན་ད་དུང་མིང་དུ་གྲགས་པའི《རྒྱལ་པོ་ར་མ་ཎའི་རྟོགས་བརྗོད》དང《གཞོན་ནུ་ཟླ་མེད་ཀྱི་གཏམ་རྒྱུད》གཉིས་སུའང་སླི་ཏྭ་དང་ཡིད་འོང་མའི་ཕྱི་ལུས་ཀྱི་མཛེས་པའི་སྣང་བརྙན་སྒྱུ་རྩལ་རྩོམ་རིག་གི་ལམ་ནས་རྩེར་སོན་པར་བཞེངས་བསྐྲུན་བྱས་ཡོད་ལ། ཡིད་འོང་མའི་བྱ་སྤྱོད་ལས་བཀས་བཀོད་རྒྱུད་འཛིན་གྱི་སྤྱི་ཚོགས་སུ་རང་མོས་རང་དབང་གི་གཉེན་སྒྲིག་ལ་བརྩོན་ལེན་བྱེད་ཕོད་པའི་བུད་མེད་སྙིང་སྟོབས་ཅན་ཞིག་གི་སྣང་བརྙན་མངོན་པར་མཚོན་ཡོད་དོ། །ཚིག་བརྒྱ་མདོར་དྲིལ་ན་ཡུལ་དུ་བྱུང་བའི་སྲོལ་རྒྱུན་རྩོམ་རིག་ཏུ་མ་ཞིག་གི་ཁྲོད་དཔའ་མཛངས་ལྡན་པའི་ཨ་མའི་སྣང་བརྙན་དང་། བྱམས་བརྩེ་ལྡན་པའི་བཙུན་མོའི་སྣང་བརྙན་སོགས་གཙོ་བྱས་པའི་བོད་རིགས་བུད་མེད་ཀྱི་སྣང་བརྙན་སྣ་ཚོགས་ཤིག་བཞེངས་བསྐྲུན་བགྱིས་ཡོད་པ་དེའོ། །

རྩོམ་རིག་གི་སྣང་བརྙན་ཞེས་པ་ནི “རྩོམ་མཁན་གྱིས་སྤྱི་ཚོགས་འཚོ་བ་དངོས་ཟུང་གཞི་བྱས་ཤིང་། དེ་ཉིད་ཀུན་རྟོག་ལ་བརྟེན་ནས་བཟོ་བཅོས་དང་ལས་སྣོན་གང་ལེགས་བྱས་པ་བརྒྱུད། རྩོམ་པ་པོ་རང་ཉིད་ཀྱི་མཛེས་རྟོག་གི་ཕྱོགས་བསམ་ལྟར་རྗོད་བྱེད་ངག་གི་སྦྱོར་བ་ལ་བརྟེན་ནས་མི་ཚེ་འཚོ་བའི་རི་མོ་ཞིག་གསར་དུ་བསྐྲུན་པ་ལ་བྱ།” ① དེ་ཡང་ལོ་རྒྱུས་ཀྱི་སྙན་ངག་རིང་མོ་དང་ཡང་ན་སྙན་ངག་གི་བརྩམས་སྒྲུང་རིང་མོ་ཊ་བགྲང་བའི་སྒྲུང་དཔེ《ཧོར་གླིང་གཡུལ་འགྱེད》འདུས་པའི་གླིང་སྒྲུང་ནི་བོད་ཀྱི་སྲོལ་རྒྱུན་རྩོམ་རིག་ཡུལ་དུ་བྱུང་བ་ཞིག་ཡིན་པ་ནི་གདོན་མི་ཟ་ལ། དེའི་ནང་གོང་གི་རྩོམ་རིག་གཞན་དག་དང་འདྲ་བར་གསོན་ཉམས་ལྡན་པའི་མི་སྣ་གང་མང་ཞིག་གི་སྣང་བརྙན་གསར་བཞེངས་བྱས་ཡོད་དེ། ཕོ་རབ་དཔའ་བོའི་མཚོན་བྱེད་གླིང་སེང་ཆེན་ནོར་བུ་དགྲ་འདུལ་མཆོག་དང་། མོ་མཆོག་མཛེས་མའི་མཚོན་བྱེད་སྐྱ་སྐྱ་ལོ་སེང་ལྕམ་འབྲུག་མོ་སོགས་བགྲང་གིས་མི་ལང་བ་ཞིག་གསར་བཞེངས་བྱས་ཡོད། འདིར་བྱེ་བྲག་ཏུ་སྒྲུང་དཔེ《ཧོར་གླིང་གཡུལ་འགྱེད》ལས་བུད་མེད་ཀྱི་སྣང་བརྙན་སྤྱི་ཙམ་བརྗོད་ན་འདི་ལྟ་སྟེ། 《ཧོར་གླིང་གཡུལ་འགྱེད》དུ་མཛེས་མའི་མཚོན་བྱེད་སེང་ལྕམ་འབྲུག་མོ་དང་། དཔའ་མོའི་མཚོན་བྱེད་ཨ་སྟག་ལྷ་མོ། སྤྱི་སེམས་ཆེ་བའི་མགར་བཟའ་ཆོས་སྒྲོན། ཕྲག་དོག་ཅན་གྱི་མེ་བཟའ་འབུམ་སྐྱིད་སོགས་སྐྱོན་ཡོན་གཉིས་ཀའི་ཆ་དང་ལྡན་པའི་བུད་མེད་ཀྱི་སྣང་བརྙན་གསོན་པོ་དུ་མ་ཞིག་གསར་བཞེངས་བགྱིས་ཏེ་ང་ཚོའི་སྤྱན་སྔར་བཀྲམས་ཡོད་ལ། ཁོ་མོ་ཚོའི་རྒྱུད་ན་འཛིག་རྟེན་འདིར་མཆིས་པའི

①རིན་ཆེན་བཀྲ་ཤིས། རྩོམ་རིག་གསར་རྩོམ་གྱི་རྣམ་བཤད། [M] བསྐྱར་དཔར། 1998ལོར26

བུད་མེད་གཞན་དག་དང་འདྲ་བར་མཛེས་སྡུག་བཞིན་བཟང་། སྙོ་བརྟན་འགྱུར་མེད། བྱམས་དང་བརྩེ་བ་ལྡན་པ་སོགས་ཡ་རབས་ཚུལ་ལྡན་གྱི་བྱ་སྤྱོད་འཛིན་པའི་བུད་མེད་མཛངས་མའི་སྣང་བརྙན་མཆིས་པ་མ་ཟད། ཕྲག་དོག་དང་སྡེར་སེམས་སོགས་འགྲོ་བ་མིའི་རིགས་སྤྱི་ལ་མངའ་བའི་གཤིས་ཀ་ཞིག་ཀྱང་ཕོ་མོ་ཚོའི་རང་སྟེང་དུ་གྲུབ་ཡོད་པས། བུད་མེད་ཀྱི་སྣང་བརྙན་དག་སྤྱི་ཚོགས་འཚོ་བ་དང་རིང་དུ་བྲལ་ཏེ་རང་སྣང་གང་ཤར་གྱིས་བཞེངས་བསྐྲུན་བྱས་པ་ཙམ་མ་ཡིན་པར། བརྗོད་བྱ་སྤྱི་ཚོགས་འཚོ་བར་བོད་རིགས་མང་ཚོགས་ཀྱི་བྱིངས་ཀྱིས་བསལ་བདམས་སྤང་བླང་དང་བཅོ་སྒྱུར་ལས་སྟོན་བྱས་པ་དང་། འཚོ་བ་དངོས་ཀྱི་ཆོས་ཉིད་གཞིར་བཟུང་སྟེ་ཤ་ཁྲག་གདོས་བཅས་ཀྱིས་གྲུབ་ཅིང་དགའ་སྐྱོ་ཆགས་སྡང་གིས་འཚོ་བའི་བུད་མེད་ཀྱི་སྣང་བརྙན་ངོ་མ་ཞིག་མ་བཅོས་རང་ཤུགས་ཀྱིས་ང་ཚོའི་སྣང་ངོར་ཤར་དུ་བཅུག་ཡོད་པས་སྒྱུ་རྩལ་བདེན་དངོས་ཀྱིས་ཀུན་ནས་ཕྱུགས་ཡོད། དེ་ལས་ཀྱང《ཧོར་གླིང་གཡུལ་འགྱེད》ལས་མཚོན་པའི་བུད་མེད་ཀྱི་སྣང་བརྙན་ནི་ཉིན་རྒྱུན་ཁྱིམ་ལས་ལ་རེམ་ཞིང་རང་ཁྱིམ་གྱི་སྒོ་ཕྱི་ནང་བར་ནས་རྒྱས་པ་ཙམ་ཞིག་མ་ཡིན་པར། ཕོ་མོ་ཚོ་ནམ་རྒྱུན་དགྲ་བོར་འཐབ་འཛིང་བྱེད་པའི་གྲོས་ཚོགས་ཆེ་མ་ཆུང་གསུམ་ལ་ཞུགས་དགོས་པར་མ་ཟད། སྐྱེས་པ་ཚོ་དམག་ལ་སོང་ཤུལ་དུ་རང་ཡུལ་སྲུང་སྐྱོབ་བྱེད་པའི་ལྗིད་ཏིག་ཏིག་གི་འོས་འགན་ཕོ་མོ་ཚོའི་ཕྲག་སྟེང་དུ་བབས་ཡོད་ལ། མཐའ་ན་གནད་འགག་གི་སྐབས་སུ་དགྲ་བོའི་མདུན་ཀྱང་བསུ་དགོས་པས། 《ཧོར་གླིང་གཡུལ་འགྱེད》ཁྲོད་ཀྱི་བུད་མེད་ཀྱི་སྣང་བརྙན་དང་སྲོལ་རྒྱུན་རྩོམ་རིག་གཞན་དག་ལས་མཚོན་པའི་བུད་མེད་ཀྱི་སྣང་བརྙན་བར་ལ་ཐུན་མོང་གི་ཆ་མཆིས་ལ། ཐུན་མོང་མ་ཡིན་པའི་ཁྱད་པར་གྱི་ཆ་ཡང་འདུག་སྟེ། 《ཧོར་གླིང་གཡུལ་འགྱེད》ལས་བུད་མེད་ཚོའི་རྒྱུ་རྩ་སྙིང་སྟོབས་དང་དཔའ་མཛངས་གིས་ཁེངས་ཡོད་པས་དཔའ་མོའི་སྣང་བརྙན་གྱིས་ཆ་ཀུན་ནས་ཕྱུགས་ཡོད་དོ།།

གཉིས་པ། 《ཧོར་གླིང་གཡུལ་འགྱེད》ལས་བུད་མེད་ཀྱི་སྣང་བརྙན་དམིགས་བཀར་གྱིས་གླེང་བ།

གཅིག སྐྱུ་ཡོ་སེང་ལྕམ་འབྲུག་མོའི་སྣང་བརྙན་གླེང་བ།

སྐ་སྐྱུ་ཡོ་སེང་ལྕམ་འབྲུག་མོ་ནི་གེ་སར་སྒྲུང་གི་ཁྲོད་ཀྱི་སར་རྒྱལ་པོ་མན་ཆད་ལས་བཤད་པ་ཆེས་མང་བོའི་མི་སྣ་ཞིག་ཡིན་ལ། ཕྱིའི་ལུས་ཀྱི་མཛེས་པ་དང་ནང་བསམ་པའི་ཀུན་སྤྱོད་སོགས་ཀྱི་ཆ་ནས་གླིང་གི་མོ་སྨན་དག་ལས་ཡང་རྩེ་རུ་བགྲང་བཞིན་ཡོད། ལྷག་པར་དུ་མོ་ནི《ཧོར་གླིང་གཡུལ་འགྱེད》ཁྲོད་ཀྱི་མི་

སྣ་གཙོ་བོ་རུ་གྱུར་ཡོད་དེ། གདོད་མའི་རུས་རྒྱུད་ཚོ་བའི་སྐབས་ཚོ་བ་ཕན་ཚུན་བར་བུད་མེད་འཕྲོག་རྩོད་བྱེད་པ་ལ་བརྟེན་ནས་གཡུལ་འགྱེད་ཀྱི་འགོ་བསླངས་ཤིང་། བུད་མེད་མཛེས་མ་ནི་གཡུལ་འགྱེད་ལས་ཐོབ་པའི་རྒྱལ་ཁའི་འབྲས་བུ་ཞིག་ཏུ་བགྲང་བཞིན་པ་ལྟར་ཧོར་གླིང་བར་གྱི་གཡུལ་འགྱེད་ཀྱང་འབྲུག་མོ་འཕྲོག་རྩོད་བྱེད་པ་ལ་བརྟེན་ནས་བྱུང་ཞིང་། མོ་ནི་ཛ་དྲག་ཆེ་བའི་གཡུལ་འགྱེད་ཀྱི་འགོ་བསླངས་མཁན་དང་འགལ་འབྲེལ་གྱི་གཞི་མ་རུ་གྱུར་ཡོད།

མཛེས་པའི་ཆ་ལ་སྤྲོ་བ་དང་བཙོག་པའི་གནས་ལ་ཞེ་མེར་བ་ནི་འགྲོ་བ་མིའི་རིགས་སྤྱི་ལ་མངའ་བའི་ཐུན་མོང་གི་ཁྱད་ཆོས་ཤིག་ཡིན་པ་མ་ཟད། དུས་དང་རྣམ་པ་ཀུན་ཏུ་མི་རྣམས་ཀྱིས་མཛེས་ཆོས་བརྩོན་ལེན་དང་མཛེས་པར་བསྟོད་བསྔགས་བྱ་དེས། 《ཧོར་གླིང་གཡུལ་འགྱེད》ཁྲིད་དྲང་ཕྱོགས་མི་སྣའི་གཙོ་བོར་གྱུར་པའི་སྐ་སྐྱ་ལོ་སེང་ལྷམ་འབྲུག་མོའི་ཕྱི་ལུས་ཀྱི་མཛེས་པའི་སྣང་བརྙན་རྗོད་བྱེད་ངག་གི་ཕྲེང་བ་ལ་བརྟེན་ནས་ཞིབ་འབྲི་བྱས་པ་འབུར་དུ་ཐོན་འདུག་པ་སྟེ། "སྨན་ཁྱོད་འདྲའི་ན་ཆུང་མཚར་མོ་ཞིག །བོད་མ་བརྒྱའི་རུམ་ནས་སྐྱེས་ཚུལ་མེད། །དེ་སྐྱེས་ཀྱང་ཁྱོད་འདྲ་འོང་ལུགས་མེད། །ཁྱོད་སྒྲོལ་མ་དཀར་མོའི་སྐྱེ་མཐའ་ཡིན། །ཁ་ཕར་འཕོར་སྐྲ་མཛེས་རྒྱན་ཡག་མ། །ཁ་ཚུར་འཕོར་འཇའ་རིས་མདངས་ལྡན་མ། །འགྲོས་ཕར་འགྲོ་གོམ་པ་ཧ་བརྒྱའི་རིན། །མ་མཁའ་འགྲོས་གར་སྟབས་བསྒྱུར་བ་འདྲ། །ཚུར་འོང་ལུགས་སྨུག་པོ་དྲིལ་བརྒྱའི་རིན། །ལྷ་རིག་འཛིན་རྩེ་བྲོ་འཁྲུགས་པ་འདྲ། །ཉམས་དགའ་བའི་རྩེ་ལུགས་མཛོ་རྒྱའི་རིན། །ཤེལ་མུ་ཏིག་ཕྲེང་ཆུང་བསྒྲིགས་པ་འདྲ། །སྐྲ་གཡས་པ་གཡས་སུ་འཕངས་པ་ན། །རྒོད་ཐང་དཀར་གཤོག་པ་བརྒྱངས་པ་འདྲ། །སྐྲ་གཡོན་པ་གཡོན་དུ་འཕངས་པ་ན། །རྒོད་ཐང་སྨུག་གནམ་འཕང་གཅོད་པ་འདྲ། །རྒྱབ་སྐྲ་རྒྱན་གཡུ་བྱུར་འཕྲེང་བསྒྲིགས་པ། །ལྷའི་བུ་མོ་མི་ཡུལ་འོངས་པ་འདྲ། །མདུན་ཁ་དོག་སྣ་ལྔའི་རྒྱན་ཆ་དེ། །བྱ་རྨ་བྱས་སྒྲོ་གུར་ཕུབ་པ་འདྲ། །ཡར་ལངས་ན་རྒྱ་དར་འཕྱུར་བ་འདྲ། །མར་བསྡད་ན་གུར་ཁང་ཕུབ་པ་འདྲ། །མདའ་ཉག་ཕྲན་ཞིག་ལ་ཅི་ཚང་བ། །སྨན་སེང་ལྷམ་འབྲུག་མོར་ཚང་ནས་ཡོད། །བློ་རྗེ་བ་མདེའུ་ངར་མ་འདྲ། །ཁོག་ཡིད་སེམས་དྲང་བ་མདའ་མོ་འདྲ། །གཤོག་ཡངས་པ་ཐང་དཀར་རྩེ་སྒྲོ་འདྲ། །ཡིད་དྭངས་པ་མེ་ལོང་གཟུགས་བརྙན་འདྲ། །" ①ཞེས་སེང་ལྷམ་འབྲུག་མོའི་ཕྱི་ལུས་ཀྱི་མཛེས་པའི་སྣང་བརྙན་ རྩོམ་རིག་སྒྱུ་རྩལ་གྱི་ལམ་ནས་རྩེར་སོན་པར་བཞེངས་བསྐྲུན་བྱས་པ་མ་ཟད། འབྲུག་མོའི་ཡག་མོ་སྣ་དང་གཟུགས་སྐྱེ་ལུས་རབ་བརྟགས་ཀྱི་ལམ་ནས་ཝུད་ཀྱིས་བརྗོད་ཡོད་ལ། ཁོ་མོའི་གཡུ་བྱུར་གྱིས་རྒྱན་ཆ་སྤྲས་ལུགས་དང་ལུས་ཀྱི་སྤྱོད་སྟངས་བཅས་ཕྱོགས་གང་ནས་བལྟས་ཀྱང་སྐྱོན་མ་ཕལ་བ་ཞིག

①ཆབ་འགག་རྡ་མགྲིན་གྱིས་བསྒྲིགས། ཧོར་གླིང་གཡུལ་འགྱེད། མི་རིགས་དཔེ་སྐྲུན་ཁང་། 2000ལོར་པར། ཤོག་ངོས་745—746

དང་མི་མཚུངས་ཤིང་སྨན་མཆོག་ལྷའི་བུ་མོ་ལྟ་བུ་ཞིག་ཡིན་པ་རྟོགས་ཐུབ། དེ་ལས་ཀྱང་བློ་རིག་བཀྲ་བ་དང་ཡིད་སེམས་དྲང་བ། ཁོག་རྒྱ་ཡངས་པ་སོགས་ཀྱང་གོང་གི་སྣང་བརྙན་ཞིབ་འབྲི་ལས་རྟོགས་ཐུབ་ལ། འབྲུག་མོའི་ཕྱི་ལུས་ཀྱི་མཛེས་པའི་སྣང་བརྙན་ཞིབ་འབྲི་ཐད་འདི་འདྲའི་ལེགས་འགྲུབ་མི་དམན་པ་ཞིག་ཐོབ་ཡོད་ཕྱིར། རང་རེའི་གངས་ཅན་པ་དག་གི་འཚོ་བ་དངོས་ཀྱི་ཁྲིད་སྨན་བུ་མོའི་མཛེས་སྡུག་དཔལ་གྱིས་ཕྱུག་པའི་དཔེར་སེང་ལྕམ་འབྲུག་མོ་འཛོག་པའི་སྲོལ་བྱུང་བ་རེད།

གོང་དུ་བརྗོད་པ་ཇི་བཞིན་གནའ་ནས་ད་བར་དུ་བོད་རིགས་མི་དམངས་ཀྱིས་བུད་མེད་མཛེས་མའི་མཚོན་བྱེད་དུ་སྐྱ་ལོ་སེང་ལྕམ་འབྲུག་མོ་འཛོག་ལ། ནམ་རྒྱུན་བུད་མེད་མཛེས་མ་ཞིག་གི་ཕྱི་ལུས་ཀྱི་མཛེས་པར་བསྟོད་བསྔགས་བྱེད་དུས "ཡག་མོ་སྒོ་སེང་ལྕམ་འབྲུག་མོར་འགྲན་པ" ཞེས་འབྲུག་མོ་ནི་མཛེས་མའི་མ་དཔེའམ་མཚན་གཞི་རུ་འཛོག་བཞིན་ཡོད་པས། མི་མང་པོ་ཞིག་གིས་འབྲུག་མོའི་སྣང་བརྙན་ལ་དཔྱེ་ཞིབ་བྱ་དུས་ཀྱང་མོའི་ཕྱི་ལུས་ཀྱི་མཛེས་པའི་སྣང་བརྙན་ཁོ་ན་གཙིགས་སུ་བཟུང་སྟེ་ངོས་འཛིན་བྱེད་བཞིན་མཆིས། གནད་དོན་གང་ཞིག་ལ་ངོས་འཛིན་དང་དཔྱེ་ཞིབ་བྱ་རུང་ཕྱོགས་གཅིག་ལ་དམིགས་ཏེ་ཕྱོགས་གཞན་མ་མཐོང་ན་མི་འགྲིག་པར་བསམ། ད་ནི་ང་ཚོ་ཟུར་མི་འདྲ་བའི་ཕྱོགས་གཞན་ཞིག་ནས་འགྲེངས་ཏེ་མོའི་ལུས་ཀྱི་བྱ་སྤྱོད་དང་ངག་གི་སྐད་ཆ་སོགས་གཙོ་གནད་དུ་བཟུང་སྟེ་དཔྱེ་ཞིབ་ཙམ་བྱས་ན། དོན་དམ་དུ་སེང་ལྕམ་འབྲུག་མོ་ནི་ཕྱི་མཛེས་ནང་སྟོང་གི་མཛེས་མ་ཙམ་པོ་བ་ཞིག་མ་ཡིན་པའི་ངོ་གདོང་གཞན་ཞིག་མཐོང་ཐུབ། མོའི་རྒྱུད་ན་ཐབས་དང་ཤེས་རབ་ཀྱི་བློ་མིག་ལྡན་ཞིང་བློ་དང་བཀོད་པའི་སྤྱང་གྲུང་འཛོམས་ཡོད། ཏོར་གུར་དཀར་རྒྱལ་པོས་གེ་སར་བདུད་འདུལ་བར་ཞེབས་ཞུལ་གྱི་གླགས་དང་བསྟུན་ནས་འབྲུག་མོ་བཙན་འཕྲོག་བྱེད་ཆེད་བྱ་ཐན་བསེ་པོ་གླིང་དུ་ཞུལ་མར་བཏང་བའི་སྐབས་དེར། འབྲུག་མོས "བྱ་ལྟ་བ་མིག་གིས་མི་བཟོད། བསམ་པས་ཞིབ་ཀྱིས་མི་ལང་བ་ཞིག་གཡུ་སྦྲའི་སྟེང་དུ་བབས་པ" [1]མཐོང་འཕྲལ་མྱུར་དུ་མི་དར་སྐྱག་ཡུ་ལ་མཉམ་འཛོག་བྱེད་དུ་བཅུག་ལ། སྔོན་ལ་ཏོར་ཡུལ་གྱི་ཁྱ་ཏའི་སོ་བ་བྱུང་བ་དང་། རྗེས་མར་ཐན་བྱའི་ཉུལ་མ་བྱུང་བ་ལ་བློ་ཞིབ་མོས་མནོ་བསམ་ཡང་ཡང་བཏང་མཐར་རྟགས་དང་རྟེན་འབྲེལ་མི་ལེགས་པ་ཞིག་ཡིན་པ་གཞི་ནས་རྟོགས་ཤིང་། མགྱོགས་མྱུར་དང་ཉེའུ་ཚུང་མངགས་ཏེ་ལྫོང་ཁྲུ་བོ་སྐྱི་དཔོན་རྒྱལ་པོ་ལ་རྒྱུ་མཚན་ཞུ་བར་འགྲོ་རུ་བཅུག དེའི་འཁོར་གླིང་སྡེ་ལྔ་མི་ཆེ་ཚུང་ཀུན་གནས་གཅིག་ཏུ་འཛོམས་ནས་གྲོས་བསྡུར་བྱས་པ་དང་། འབྲུག་མོས་བློ་ཞིབ་མས་དཔྱད་པ་རྣལ་མ་བཏང་ཞིང "བློ་སྔོན་དུ་དྲན་ན་གྲུང་པོ་ཡིན། །རྒྱབ་ལ་དྲན་ན་གླེན་པ་

---

①གཙོད་པ་དོན་གྲུབ་ཀྱིས་བསྒྲིགས། ཏོར་གླིང་གཡུལ་འགྱེད། པེ་ཅིན། མི་རིགས་དཔེ་སྐྲུན་ཁང་། 2000ལོར་པར། ཤོག་ངོས་21

ཡིན། །” [1]ཞེས་ཆུ་མ་འོང་གོང་ལ་རགས་ཞེས་པ་ལྟར་བྱ་བ་ཆེ་མ་ཆུང་གསུམ་གང་ཡིན་ཡང་སྔོན་ནས་གྲ་སྒྲིག་ལེགས་པོ་བྱེད་དགོས་པའི་གནས་ལུགས་དམ་པ་གླིང་སེ་ལྷ་མི་ཡོངས་ཀྱི་སྙན་ལམ་དུ་བཏང་། གོང་གི་བྱ་སྤྱོད་དང་སྐད་ཆ་དག་ལས་འབྲུག་མོ་ནི་སྐྱེས་པ་མོ་ལུས་ཡིན་ཡང་མོའི་བྱ་བ་སྒྲུབ་སྟངས་སོགས་ཀྱི་ཐད་ཕོ་རབ་ཅིག་གི་བློ་གྲོས་དང་སྤྱང་གྲུང་གིས་ཀུན་ནས་ཁྱབ་ཡོད་དེ། “ཕོ་རབ་ཅིག་གི་བློ་རྩེ་ལས། །ཕོ་འཁྲིད་གསུམ་གྱི་གྲོས་བསྡུར་དགའ། །” ཞེས་པ་ལྟར་དོན་དག་གང་བསྒྲུབ་ཀྱང་རང་སྟང་གང་ཤར་གྱིས་ཅི་དྲན་དྲན་བཞིན་ཐག་གཅོད་མི་བྱེད་པར་གླིང་གི་རྒན་གཞོན་ཀུན་ལ་གྲོས་བསྡུར་གང་ལེགས་བགྱིས་པ་དང་། གཞན་གྱི་བསམ་འཆར་བསྡུ་ལེན་བྱེད་མཁས་པའི་བུད་མེད་མཛངས་མ་ཞིག་གི་སྣང་བརྙན་མངོན་པར་མཚོན་ཡོད། གླིང་གི་དཔའ་རྩལ་ཚོ་ཧོར་ཏུ་ཇག་ལ་ཆས་སྐབས་ཀྱང་འབྲུག་མོས “བྲེལ་བྲེལ་འདྲ་ན་དགྲ་ཡོད་རེད། །དལ་དལ་འདྲ་ན་དགྲ་མེད་ཡིན། །” [2]པ་སོགས་ཐབས་ཀྱི་གདམས་ངག་ལེགས་པར་བསྟན། ཁྱད་པར་དུ་ཁྲོ་ཐུང་ལ་ཚིག་གི་ཟར་དང་ཟུར་ནས་དགྲ་ཕྱི་ནང་འཁྲུག་པའི་བྱ་སྤྱོད་མི་སྤེལ་བའི་ཞལ་ཏ་ཡང་ཡང་གནང་། དེ་ལས་མོ་ནི་གླིང་སེང་ཆེན་ནོར་བུ་དགྲ་འདུལ་མཆོག་གི་བཙུན་མོ་དང་དཔོན་མོ་ཆེས་གཙོ་གྲས་ཡིན་ལ། རྒྱལ་ཁབ་ཀྱི་འཇིགས་ཉེན་དང་མོའི་ལས་དབང་གཉིས་ནི་ཕན་ཚུན་ཤ་ཁྲག་བཞིན་དུ་སྦྲེལ་ཡོད་པས། མོས་རང་གི་ཁྱོ་ག་མེད་ཤུལ་དུ་གླིང་གི་བདེ་སྡུག་ལ་སེམས་འཁུར་དང་ཁྲ་མོ་གླིང་སྲུང་སྐྱོབ་བྱེད་པའི་འོས་འགན་ཐོག་ཏུ་བླངས་ཡོད་པ་མཚོན་ཐུབ། དེ་ལས་ཀྱང་ཁོ་མོར་མི་ངན་པའི་སྐྱོན་ཆ་ངོས་འཛིན་གསལ་པོ་བྱེད་ཐུབ་ཅིང་ལེགས་ཉེས་བླང་དོར་ཚུལ་བཞིན་འབྱེད་པའི་བློ་མིག་ལྡན་པ་མ་ཟད། འགྲོ་མང་འདུས་པའི་དབུས་སུ་སྐྱོན་བརྗོད་བྱེད་ཕོད་པའི་བློ་སྤོབས་མངའ་བའི་དཔའ་མོའི་སྣང་བརྙན་གྱིས་ཀུན་ནས་ཁྱབ་ཡོད། ཁྲོ་ཐུང་ལ་སྐྱོན་བརྗོད་བྱེད་དུས་ཀྱང་ཐད་ཀར་འཛེམ་བག་མེད་པར་བཀའ་བཀྱོན་དང་སྡིག་དམོད་མི་བྱེད་པར་གདོང་འཛུམ་གྱིས་ཁེངས་ཤིང་སྐད་ཆ་རྒྱང་ལ་བསྐོར་ཏེ་ཞལ་ཏ་གནང་བ་ལས། མོ་ནི་གཏམ་བརྗོད་ལ་ཤིན་ཏུ་མཁས་ཤིང་གླིང་གི་དཔོན་མོ་ཞིག་ཡིན་པའི་ཆ་ནས་ང་རྒྱལ་དང་མགོ་འཕང་མི་མཐོ་བར་ཞི་དུལ་བག་ཡོད་ཀྱིས་གནས་ཡོད་པ་ཚོར་ཐུབ་ལ། བྱ་བ་ཀུན་ཐབས་ཤེས་ཟུང་འཇུག་གི་ལམ་ནས་ཐག་གཅོད་བྱེད་བཞིན་པའང་གཞི་ནས་རྟོགས་ཐུབ།

སྤྱིར་རྒྱལ་པོའི་ཕོ་བྲང་དུ་ལུས་གཡུ་བྱུར་གྱིས་བརྒྱན་ཅིང་ཟས་གོས་འདོད་ཡོན་ལྟར་རོལ་ཚོག་པའི་བཙུན་མོ་ཞིག་ཏུ་གྱུར་པ་ནས་ཕོའི་ངང་ཚུལ་བཟུང་སྟེ་གཡུལ་ལ་ཞུགས་དགོས་པ་སུ་ཡི་བློ་ངོར་ཡང་ཤོང་དཀའ་མོད། ཧམ་སེམས་ཅན་གྱི་ཧོར་དམག་གླིང་དུ་ཐོན་ཏེ་ཇ་མཁར་ཕྱོགས་བཞི་བསྐོར་ཞིང་གླིང་

①གཙོད་པ་དོན་གྲུབ་ཀྱིས་བསྒྲིགས། ཧོར་གླིང་གཡུལ་འགྱེད། མི་རིགས་དཔེ་སྐྲུན་ཁང་། 2000ལོར་པར། ཤོག་ངོས་32

②གཙོད་པ་དོན་གྲུབ་ཀྱིས་བསྒྲིགས། ཧོར་གླིང་གཡུལ་འགྱེད། མི་རིགས་དཔེ་སྐྲུན་ཁང་། 2000ལོར་པར། ཤོག་ངོས་51

དམག་ལ་ཤི་རྨས་ཚབས་ཆེན་ཐེབས་དུས། འབྲུག་མོས་སེམས་བསམ་པའི་གཏིང་རིམ་ནས་མ་བཟོད་པར་གོ་ཆ་ལུས་ལ་མནབས་ཤིང་གཡུལ་ལ་ཞུགས། ཧོར་དམག་གིས་མོ་རང་འཕྲོག་རྩིས་བྱེད་སྐབས“འབྲུག་མོས་མཚོང་ལྷ་དང་སྟོབས་ཆེན་གཉིས་ཀྱི་སྙིང་དུ་གྲི་བཏོན་ནས་མཆོངས་བྱུང”[1]ལ། འདི་ལས་རྒྱལ་ཁབ་འཇིགས་ཉེན་ལ་འཕྲད་ཅིང་འབབས་མི་དག་གི་སྙིང་འཇགས་ཀྱི་འཚོ་བ་ཕྱི་དཀྲུགས་ནང་དཀྲུགས་བྱེད་བཞིན་པའི་གནད་འགག་གི་དུས་དེར། འབྲུག་མོ་དཔའ་ཞུམ་ཞིང་བག་ཡུམ་ནས་མ་བསྡད་པར། བློ་སྟོབས་པས་བཏེགས་ནས་ཡར་འགྲེངས་ཤིང་རང་གི་ཚེ་སྲོག་ཤོར་བར་ཡང་འཇིགས་སྐྲག་སྤུ་ཙམ་མེད་པར་གཡུལ་ལ་ཞུགས། ཉམ་ཆུང་ནུས་མེད་ཀྱི་བུད་མེད་ཅིག་གིས་ཕོ་རྒོད་སྟག་འདྲ་གཟིག་འདྲ་དག་དང་དཔུང་བ་མཉམ་གཤིབ་སྙོམས་འཐབ་རྩོད་ཀྱི་འགྲན་འཛུགས་རྒྱུ་ནི་ལས་ཀ་ཅང་ཁག་པོ་ཞིག་ཡིན་པ་སྨྲས་མ་དགོས་མོད། མོས་གླིང་སེ་སྲུང་སྐྱོབ་ཀྱི་ཆེད་རང་སྲོག་འབེན་ལ་བཞག་སྟེ་དགྲ་བོའི་གདོང་བསུས་པར་ཇི་འདྲའི་བློ་སྟོབས་དང་དཔའ་མཛངས་ལྡན་དགོས་པ་ནི་བསམ་ཡུལ་ལས་འདས་པ་ཞིག་རེད། མཇུག་མཐར་ཧོར་དམག་གི་འདྲེ་ལག་ལས་ཐར་མ་ཐུབ་པར་མོ་རང་བཙན་གྱིས་ཧོར་ཡུལ་དུ་ཁྲིད་མོད། མོའི་ལུས་ཧོར་དུ་གནས་ཀྱང་སེམས་ནམ་ཡང་གླིང་ལ་ཕྱོགས་ཡོད་དེ། ཐོག་མར་ཧོར་ཡུལ་ནས་གུར་དཀར་རྒྱལ་པོར་དུག་ཆང་དྲངས་འགོ་བཙམ་པ་དང་། དེའི་རྗེས་རང་ཡུལ་བསྐྱར་འཛུགས་དང་ནང་ཕུ་ནུའི་ཤ་འཁོན་གྱི་ཆེད་དུ་ཧོར་ཡུལ་ནས་བསྡུད་མར་གེ་སར་ལ་འཕྲིན་ཡིག་ཐེངས་གཉིས་བཏང་བ་དག་གིས་ཀྱང་བོད་རིགས་བུད་མེད་ཅིག་གི་འགྱུར་མེད་ཀྱི་སྙིང་སྟོབས་ཟླ་ན་མེད་པ་མཚོན་འདུག

ང་ཚོ་སྐད་བ་བོད་ཀྱི་ཁ་དཔེར“ཤིང་འཛར་མེད་རྒྱ་ཇོང་ནགས་ན་མེད། །མི་སྐྱོན་མེད་འཛམ་བུ་གླིང་ན་མེད། །”ཅེས་པ་ལྟར། འཛིག་རྟེན་འདིའི་བྱ་དངོས་ཡོད་དོ་ཅོག་ལ་ལེགས་ཉེས་གཉིས་ཀའི་ཆ་དང་ལྡན་པ་བཞིན། སྒྲུང་དཔེ《ཧོར་གླིང་གཡུལ་འགྱེད》དུ་འང་སེང་ལྕམ་འབྲུག་མོ་སྐྱོན་ཀུན་སེལ་དང་ཡོན་ཏན་ཀུན་ལྡན་གྱི་མི་སྣ་ཞིག་ཏུ་བཞེངས་བསྐྲུན་བྱས་མེད་དེ། ཕོ་མོའི་ཕྲག་དོག་གི་དབང་གིས་མེ་བཟའ་བདུད་ཀྱིས་འཚེར་བར་གྲགས་ལ། མོས་ལྷ་བྱ་ཁྲུང་ཁྲུང་དཀར་མོ་བརྒྱུད་དེ་གེ་སར་ལ་འཕྲིན་བསྐུར་དུས་ཀྱང“སྨན་མེ་བཟའ་སྙིང་ནོར་བཞིན་དུ་བསྐྱངས། །ང་འབྲུག་མོ་ཁྱི་ལུད་བཞིན་དུ་བོར། །”[2]ཞེས་པ་ལྟ་བུའི་ཚིག་འབྲུ་བྱུང་བ་ལ་བརྟག་ན་དངོས་གནས་ཕྲག་དོག་གིས་གཟིར་ཡོད་པ་ཤེས་ཐུབ། དེ་མིན་སྐབས་འགར་ཕྱི་ལུས་ཀྱི་མཛེས་པའི་དབང་གིས་ང་རྒྱལ་བྱེད་པའི་སྣང་ཚུལ་ཡང་རེ་གཉིས་ཙམ་མཐོང་ཐུབ། འོན་ཀྱང་དེ་དག་གིས་འབྲུག་མོའི་སྣང་བརྙན་ལ་གནོད་འགལ་མི་བྱེད་པར་མ་ཟད། ཕོ་མའི་ལུས་ཐོག་ནས་མི་

①གཅོད་པ་དོན་གྲུབ་ཀྱིས་བསྒྲིགས། ཧོར་གླིང་གཡུལ་འགྱེད། མི་རིགས་དཔེ་སྐྲུན་ཁང་། 2000ལོར་པར། ཤོག་གྲངས་496
②ཆབ་འགག་རྡ་མགྲིན་གྱིས་བསྒྲིགས། ཧོར་གླིང་གཡུལ་འགྱེད། མི་རིགས་དཔེ་སྐྲུན་ཁང་། 2000ལོར་པར། ཤོག་གྲངས་740

ལ་ཆེད་དུ་མངའ་བའི་དགའ་སྐྱོ་ཆགས་སྡང་ལས་བྱུང་བའི་གཤིས་ཀ་དེ་རྗེན་པར་མངོན་ཐུབ། འདི་དག་ལས་གཞན་རང་ཉིད་ཀྱི་ཁྱོ་གར་ལྷག་བསམ་ཟོལ་མེད་ཀྱི་བརྩེ་བ་བཅངས་པ་སོགས་སྣང་བརྙན་གྱི་ཁྱད་ཆོས་གཞན་དུ་མ་ཞིག་ཀྱང་མཆིས་ཏུང་ཡིག་ཚོགས་ལ་འཛིགས་ཏེ་འདིར་དེ་ཙམ་གྱིས་འཕྲུས་པར་བྱས་སོ། །

གཉིས། སྟོང་ཉིད་མགར་བཟའ་ཆོས་སྒྲོན་གྱི་སྣང་བརྙན་གླིང་བ།

མགར་བཟའ་ཆོས་སྒྲོན་ནི་ཧོར་མགར་པ་རྒྱལ་པོའི་བུ་མོ་ཡིན་ལ། འབྲུག་མོ་ཕྱིར་གླིང་ཡུལ་དུ་བསུས་པ་དང་ནང་ཕུ་ནུའི་ཤ་འཕོན་སློག་ཆེད་གེ་སར་རྒྱལ་པོ་ཧོར་ཡུལ་དུ་ཐོན་ཞིང་སེར་པོ་ཧོར་འདུལ་བར་བརྩམ་པའི་སྐབས་དེར། གེ་སར་རྒྱལ་པོས་མགར་བཟའ་ཆོས་སྒྲོན་གྲོགས་སུ་བཀུག་པར་བརྟེན་མོས་རོགས་རམ་དང་མཐུན་རྐྱེན་གང་ལེགས་བསྒྲུབས་པས། ཁྲ་མོ་གླིང་ཧོར་ལས་རྣམ་པར་རྒྱལ་བ་དང་སེང་ལྕམ་འབྲུག་མོ་ཕྱིར་རང་ཡུལ་དུ་བསུས་ཐུབ་བྱུང་། དེ་བས་སྒྲུང་དཔེ《ཧོར་གླིང་གཡུལ་འགྱེད》ཁྲོད་མགར་བཟའ་ཆོས་སྒྲོན་ནི་བུད་མེད་དག་ལས་བྱས་རྗེས་བླ་མེད་འཛོག་མཁན་ཡིན་ཞེས་བརྗོད་ཆོག་ཆོག་ཡིན། གེ་སར་རྒྱལ་པོ་རྒྱ་ཕྲུག་ཐང་ཉེད་དུ་སྤྲུལ་ནས་མགར་ཚང་དུ་སླེབས་མ་ཐག་མགར་བཟའ་ཆོས་སྒྲོན་ལ་བརྙས་བཅོས་དང་ཐུབ་ཚོད་ཚད་མེད་བྱས་ལ། མོས་གནས་ཚུལ་དེ་དག་ཕ་ལགས་ལ་ཡར་ཞུ་བྱས་ཀྱང་གེ་སར་རྒྱལ་པོའི་ཐབས་ཀྱི་རྐྱེན་པས་ངལ་བ་འབྲས་མེད་དུ་འགྱུར་ཏུ་བཅུག་པ་མ་ཟད། ཕ་མགར་པ་རྒྱལ་པོས་མོར་གཅར་བརྡུང་དྲག་པོ་བྱས་པས་མོ་ཐབས་ཟད་ཝུ་ཐུག་ཏུ་གྱུར་པ་དང་། “ད་ཕན་ཆད་བུ་ཆུང་འདིས་ཁྱོད་གསོད་རྒྱུ་ཡིན་ཟེར་ན་ཡང་། མི་སུ་ལའང་མི་བཤད”①ཅེས་མནའ་བསྐྱལ་ནས་དམ་བཅས། དེའི་རྗེས་མ་བསམ་གཏན་རྡོ་རྗེ་གཡུ་སྒྲོན་ལགས་ཀྱིས “ཤར་གུར་དཀར་རྒྱལ་པོ་འདུལ་བའི་གྲོགས། ། ཁྱོད་སྟོང་ཉིད་མགར་བཟའ་ཆོས་སྒྲོན་ཡིན། ། དེའི་རྟེད་གཞི་སེང་ལྕམ་འབྲུག་མོ་ཡིན། ། དེའི་ཀློན་པོ་སྡིག་གཅོད་ཤན་པ་ཡིན། ། ཤར་ཧོར་བདུད་འདུལ་བའི་བཀའ་བབས་ཡིན། །”②ཞེས་ལུང་བསྟན་འཁྲུལ་མེད་གནང་བ་དང་གེ་སར་རྒྱལ་པོས་ཀྱང “སེམས་སྐྱོ་རོགས་མགར་བཟའ་ཁྱོད་རང་ཡིན། ། དགྲ་འདུལ་ཚེ་བློ་ཡ་གྲོས་རོགས་མཛོད། ། བདུལ་ཚར་དུས་ཁྲ་མོ་གླིང་ལ་འགྲོ། ། སྨན་འབྲུག་མོ་དེ་དང་ཁྱད་པར་མེད། །”③ཅེས་བརྩེ་སེམས་མཐུན་པར་སྤྲེལ་བའི་དམ་བཅའ་བཞག་སྟེ་མགར་བཟའ་གྲོགས་སུ་བཀུགས། མོས་གྲོགས་མཛད་པ་ལ་བརྟེན་ནས་ཧོར་གྱི་བླ་འཁྱོང་དཀར་ནག་སེར་གསུམ་དང་ཐེའུ་རང་འབུམ་གྱི་བླ་མཛོ་བཅས་

①ཆབ་འགག་རྟ་མགྲིན་གྱིས་བསྒྲིགས། ཧོར་གླིང་གཡུལ་འགྱེད། མི་རིགས་དཔེ་སྐྲུན་ཁང་། 2000ལོར་པར། ཤོག་གྲངས་1087

②ཆབ་འགག་རྟ་མགྲིན་གྱིས་བསྒྲིགས། ཧོར་གླིང་གཡུལ་འགྱེད། མི་རིགས་དཔེ་སྐྲུན་ཁང་། 2000ལོར་པར། ཤོག་གྲངས་1090

③ཆབ་འགག་རྟ་མགྲིན་གྱིས་བསྒྲིགས། ཧོར་གླིང་གཡུལ་འགྱེད། མི་རིགས་དཔེ་སྐྲུན་ཁང་། 2000ལོར་པར། ཤོག་གྲངས་1097

བསད་པ་དང་བླ་ཤིང་མེ་འབར་རྩ་ནས་རྫོགས། ཧོར་སློན་ཤེད་ཆེན་ལྕེ་ལམ་དུ་བཏང་བ་སོགས་ཧོར་ཡུལ་ལ་གྲོང་གུད་ཚབས་ཆེན་བཟོས། སྤྱིར་ཧོར་ཡུལ་ནི་མགར་བཟའ་ཡི་ཆུང་དུས་ཀྱི་ལྕེ་ཁྲག་ས་ལ་འཕོ་ས་དང་གཉོམ་ལག་རྒྱས་ས་ཡིན་པས། འདི་ལྟར་གེ་སར་ལ་སྐོག་ནས་རོགས་རམ་མཛད་དེ་རང་ཡུལ་བསམ་བཞིན་དུ་དགྲ་བོའི་ལག་ནང་དུ་བཞག་ན། སེར་པོ་ཧོར་གྱི་ཆ་ནས་མོ་ནི་ཕྱི་དགྲ་ནང་ལ་བསུས་མཁན་གྱི་ཕུང་སོའམ་གཏེ་བོ་ལྟ་བུ་ཞིག་ཏུ་གྱུར་ཡོད་མོད། བཙན་པོ་གཉའ་ནས་གནོན་པ་དང་ཉམ་ཆུང་མཐའ་ནས་སྐྱོང་བ་ནི་གླིང་སྒྲུང་གི་སྤྱིའི་བརྗོད་བྱ་དང་མཛེས་དཔྱོད་བསམ་བློ་གལ་ཆེན་ཞིག་ཏུ་གྱུར་ཡོད་པ་བཞིན། གནམ་འོག་གི་འབངས་མི་ཀུན་ལ་བདེ་སྐྱིད་བསྐྲུན་མཁན་གྱི་ཉི་མ་ལྟ་བུར་གྱུར་པའི་གེ་སར་མཆོག་ལ་མོས་བློ་གཏད་ཅིང་ཚེ་གཅིག་གི་གཏན་གྲོགས་སུ་འདེམས་པ་ལས། མོར་མི་ཚེའི་ལྟ་ཚུལ་ཡང་དག་ཅིག་དང་བསམ་བློའི་ཀུན་སློང་གཙང་མ་ཞིག དེ་མིན་གཡའ་དག་པའི་སེམས་ཁམས་ཀྱི་འཛིག་རྟེན་ཞིག་མཆིས་པ་ཤེས་ཐུབ། རང་ཡུལ་དང་རྒྱབ་འགལ་དུ་གནས་དགོས་ཤུང་གེ་སར་གྱི་དགྲ་ཡུལ་ནས་མོས་རང་ནུས་ཡོད་དགུ་བཏོན་ཏེ་གེ་སར་དང་སྟག་གི་ཁྱུར་པོ་མཉམ་འཁྱུར་བྱས་ལ། སྐྱིད་ཀྱི་རྟ་ཕོར་མཉམ་ཞོན་བྱས་པས། མོའི་རང་སྟེང་དུ་ངང་རྒྱུད་བརྟན་ཞིང་རང་ཉིད་ཀྱི་བླ་གྲོགས་ལ་བརྩེ་བ་ལྷོད་མེད་བཅངས་པའི་བོད་རིགས་བུད་མེད་མཛངས་མའི་ཐུན་མོང་གི་རང་གཤིས་ཤིག་ངང་ངམ་ཤུགས་ཀྱིས་གྲུབ་ཡོད་དོ།།

གསུམ། ཨ་སྟག་ལྷ་མོའི་སྣང་བརྙན་གླིང་བ།

སྤྱིར་བཀས་བཀོད་རྒྱུད་འཛིན་གྱི་སྤྱི་ཚོགས་ནང་རྗེས་ལུས་ཀྱི་ལམ་ལུགས་ཀྱིས་མགོ་བཏུམས་ནས་རྫོངས་པར་གོམས་ཤིང་གཉོམ་ཆུང་ནུས་མེད་ཕོ་ནའི་བརྟུལ་ཞུགས་འཛིན་པ་ནི་བུད་མེད་སྤྱིའི་རང་བཞིན་ཡིན་ལ། རང་ཉིད་ཀྱི་ལས་དབང་སྐྱེས་པ་ཕོ་ནར་བཅོལ་བར་ཡང་ཚང་མ་གོམས་ལོབས་སུ་གྱུར་ཡོད་མོད། གླིང་སྒྲུང་ལས་མངོན་པའི་ཨ་སྟག་ལྷ་མོ་ནི་དེ་འདྲ་ཞིག་གཏན་ནས་མ་ཡིན་ཏེ། མོ་ནི་བྱང་བདུད་ཀླུ་བཙན་གྱི་སྲིང་མོ་ཡིན་ཡང་གེ་སར་རྒྱལ་པོས་བདུད་འདུལ་སྐབས་བློ་གྲོས་ལ་བརྟེན་ནས་གེ་སར་རང་ལ་དཔུང་གྲོགས་མཛད་ཅིང་། མོ་ནི་དཔའ་རྩལ་ཕུལ་དུ་བྱུང་བའི་དཔའ་མོ་ཞིག་ཡིན་པས་གེ་སར་རྒྱལ་པོས་རྫོང་ཆེན་དང་རྫོང་ཆུང་མང་པོ་ཆམ་ལ་འབེབས་སྐབས་ཀྱང་བྱས་རྗེས་མི་དམན་པ་བཞག་ཡོད། 《ཧོར་གླིང་གཡུལ་འགྱེད》དུ "དཔའ་ཨ་སྟག་ལྷ་མོ་དེ། དཔའ་དྲུག་ཡིད་དུ་འོང་ཞིང་། ཆས་དྲུག་མིག་ལ་མཛེས་པ། མགོ་དར་འཕྲུ་གར་སྐབས་ལིང་ལིང་། ཁྲབ་དཀར་མོ་བྱང་ཕུད་ཞུལ་ཞུལ། སྐེད་འཕོར་

གསུམ་འཁྲོལ་སྒྲ་སིལ་སིལ།”[1]ཞེས་མོའི་དཔའ་ཉམས་གསོན་ཉམས་ལྡན་པར་ཞིབ་འབྲི་བྱས་ཡོད་ལ། མོའི་བློ་སྤོབས་དང་དཔའ་སྟོབས་ཀྱིས་ཏོར་གྱི་པླ་ཏུར་ནམ་ལངས་སྤྱི་གྲི་བསད་དེ་ཟིལ་གྱིས་མནན་སྐྱོང་སྟེ། “ད་མ་འགྲོ་ཏོར་སེར་ཕ་མོའི་བུ། དཔའ་བོ་འཐབ་ནས་ཤི་རབ་མེད། དགྲ་ལྷས་རང་སྲོག་ཁེབས་ལེ་ཡིན། སྟར་མ་བྲོས་ནས་ཤོར་རབ་མེད།”[2]ཅེས་དཔའ་སྐད་ངག་ནས་སྒྲོག་བཞིན་མདའ་འཕངས་པ་ཁོའི་རྒྱབ་དཀྱིལ་ནས་སྣུན་ལ་རྒྱངས་སེ་ཐོན་ནས་རྟ་ལས་ལྷུང་བ་དང་ཆེ་སྲོག་མཇུག་སྒྲིལ་ བར་བྱས། དེའི་རྗེས་གྲི་ཕྱུང་ནས་དམག་རྣམས་དེད་པས་འགའ་རེ་མཚོན་འོག་ཏུ་ཤི་འགའ་རེ་ཡ་རྩེ་མཁར་ལ་བྲོས། སྤྱིར་གཟུགས་གཞིའི་ཆགས་ལུགས་དང་ལུས་ཀྱི་གྲུབ་སྟངས་ཀྱིས་ཕོ་མོའི་སེམས་ཁམས་དང་ལུས་ཀྱི་སྟོབས་ཤུགས། ནུས་པ་སོགས་ལ་ཁྱད་པར་བྱུང་བས་བུད་མེད་ཀྱིས་སྐྱེས་པའི་ངང་ཚུལ་བཟུང་སྟེ་དྲག་ཤུལ་གྱི་ལས་ལ་འཇུག་རྒྱུ་ནི་ཧ་ཅང་ཁག་པོ་ཞིག་ཡིན། བུད་མེད་ཞིག་ལ་མཚོན་ན་གཡུལ་འགྱེད་ཁྲིད་དང་སྐད་སྒྲོག་བཞིན་དགྲ་བོའི་རྗེས་རྒྱུགས་ཏེ་ཆེ་སྲོག་ལེན་པ་ནི་ཕར་ཞོག མཐའ་ན་དྲག་པོའི་གཡུལ་ལ་ཞུགས་དགོས་པའི་སྒྲ་ཙམ་ཐོས་ཡང་སྙིང་རླུང་སྟོད་ལ་འཚང་འགྲོ ། འོན་ཀྱང་ཨ་སྟག་ལྷ་མོ་བུད་མེད་ཀྱི་ལུས་སྟོབས་ཞན་པ་སོགས་ཀྱི་བཀག་རྒྱ་དང་འཆིང་རྒྱ་ལས་ཡོངས་སུ་གྲོལ་ཏེ་གཡུལ་ལ་ཞུགས་པ་མ་ཟད། མོའི་གྲི་ཁ་ནས་སྐྱེས་པ་མང་པོ་ རྐྱེན་ལམ་དུ་ཤོར་ལ་དཔའ་མོའི་དཔའ་རྟགས་བཞག་ཡོད་པས། མོ་ནི་གཡུལ་འགྱེད་འཚོ་བའི་ཁྲོད་གེ་སར་ལགས་ཀྱི་དགའ་གྲོགས་དང་སྐྱོ་གྲོགས་གཅིག་པུ་དེ་ཡིན་ལ། གླིང་གི་མོ་སྨན་ལས་དགྲ་ཐམ་པར་རྒྱག་པར་བྱས་རྗེས་ཟླ་མེད་བསྐྱུན་མཁན་དེ་ཡང་ཡིན་ནོ། །ང་ཚོ་བོད་ཀྱི་གནའ་དེང་གང་གི་རྩོམ་རིག་ཁྲོད་དཔའ་མོའི་སྣང་བརྙན་བཀོད་ཡོད་པ་ལས་ཨ་སྟག་ལྷ་མོའི་སྣང་བརྙན་ནི་རྩེར་སོན་ཡོད་ལ། མོ་ནི་བོད་རིགས་བུད་མེད་ཀྱི་དཔའ་མོའི་མཚོན་བྱེད་དུ་བགྲང་ནའང་དངོས་དོན་དང་འགལ་བ་མེད་པར་སྙམ། དེ་ཡང《ཏོར་གླིང་གཡུལ་འགྱེད》ཁྲོད་དེ་འདྲའི་མི་གསལ་ཡང་སྒྲུང་དཔེ་གཞན་འགའི་ཁྲོད་མོ་རང་གདུག་རྩུབ་ཆེ་ལུགས་བཀོད་ཡོད་ པས། མོ་རང་ལ “གདུག་རྩུབ་ཆེ་བའི་ཨ་སྟག་ལྷ་མོ” དང “བདུད་མོ་ཨ་སྟག་ལྷ་མོ” ཞེས་མིང་ངན་གྱི་ཆོ་ལོ་ཡང་བསྐྱལ་ཡོད་མོད། གནད་དོན་གང་ཞིག་ལ་དབྱེ་ཞིབ་དང་གང་ཟག་སུ་ཞིག་ལ་གདེང་འཇོག་བྱ་དུས་ཟུར་མིག་གཅིག་གིས་བལྟ་བར་མི་རུང་བ་ཇི་བཞིན་དུ། མོ་གཡུལ་ལ་ཞུགས་ཏེ་གཞན་གྱི་ཆེ་སྲོག་བླངས་པར་བརྟེན་མོ་ནི་ཡ་ང་བ་དང་འཇིགས་སུ་རུང་བ་ཞིག་ཏུ་སེམས་ན་ག་ལ་འགྲིག སྐབས་དེའི་སྤྱི་ཚོགས་ནི་ཁྱིད་ཤི་ང་གསོན་དང་ཕན་ཚུན་རྒྱུ་ནོར་འཕྲོག་རྩོད་བྱེད་པའི་རྣོག་འཛིང་གི་དུས་རབས་ཤིག་ཡིན་ལ། གཉོམ་ཆུང་བག་འཁུམ་སྐོས་

①ཆབ་འགག་རྡ་མགྲིན་གྱིས་བསྒྲིགས། ཏོར་གླིང་གཡུལ་འགྱེད། མི་རིགས་དཔེ་སྐྲུན་ཁང་། 2000ལོར་པར། ཤོག་གྲངས་1280
②ཆབ་འགག་རྡ་མགྲིན་གྱིས་བསྒྲིགས། ཏོར་གླིང་གཡུལ་འགྱེད། མི་རིགས་དཔེ་སྐྲུན་ཁང་། 2000ལོར་པར། ཤོག་གྲངས་1284

གནས་ན་རང་ཉིད་ཀྱི་གཅེས་པའི་ཚེ་སྲོག་ཀྱང་ཤོར་ཉེན་ཆེ་བས་ཨ་སྟག་ལྷ་མོའི་གདུག་རྩུབ་ཀྱི་རྣམ་པའང་ཅིས་ཀྱང་མཐོ། གཞན་ཡང་གེ་སར་རྒྱལ་པོའི་མཛད་པ་འཕྲིན་ལས་སྐྱོང་བར་ཡང་དཔའ་མོ་ཞིག་གི་སྟོང་གྲོགས་དང་དཔུང་རོགས་དགོས་པས། ཨ་སྟག་ལྷ་མོ་ནི་སྐབས་དེའི་དུས་རབས་ཀྱིས་བསྐྲུན་པའི་བུད་མེད་ཀྱི་སྣང་བརྙན་གསར་བ་ཞིག་གམ་གཞན་དང་ཐུན་མོང་མ་ཡིན་པའི་དཔའ་མོ་ཉག་གཅིག་པུ་དེ་ཡིན་པས། ང་ཚོས་བསྟོད་པའི་མཐེ་བོང་ཕོ་མོར་བསྒྲེངས་འོས་ལ་བསྔགས་པའི་མེ་ཏོག་ཀྱང་ཕོ་མོར་གཏོར་ན་འགྲིག་གོ །

བཞི། མི་བཟའ་འབུམ་སྐྱིད་ཀྱི་སྣང་བརྙན་གླིང་བ།

《ཏོར་གླིང་གཡུལ་འགྱེད》ཁྲོད་མི་བཟའ་འབུམ་སྐྱིད་ཀྱི་སྐོར་གོང་དུ་བརྗོད་ཟིན་པའི་བུད་མེད་གཞན་དག་དང་འདྲ་བར་ཅུང་རྒྱས་པ་ཞིག་བཀོད་མེད། འོན་ཀྱང་མོ་ནི་གླིང་གི་མོ་སྨན་ལས་ཟས་ཟ་མ་གཡོ་སྐོལ་བྱེད་པར་ཆེས་མཁས་པ་དེ་ཡིན་འདུག་ལ། འབྲུག་མོ་བཞིན་དུ་གེ་སར་རྒྱལ་པོས་ཕོག་པའི་སྙིང་ལྟར་གཅེས་པས་སེང་ལྕམ་འབྲུག་མོ་ཡིན་ཡང་མོར་ཐུག་དོག་སྐྱེས་པའི་སྣང་ཚུལ་རེ་གཉིས་ཡོད། དེའི་ཕྱིར་གླིང་གི་མོ་སྨན་གླིང་བ་དང་ནང་སྒོས་སུ་སྨྲང་དཔེ 《ཏོར་གླིང་གཡུལ་འགྱེད》ཁྲོད་ཀྱི་བུད་མེད་གླིང་བར་མི་བཟའ་འབུམ་སྐྱིད་ནི་མ་གླིང་ཐབས་མེད་ཡིན་པའི་མི་སྣ་ཞིག་ཏུ་གྱུར་ཡོད།《ཏོར་གླིང་གཡུལ་འགྱེད》དུ "མི་བཟའ་འབུམ་སྐྱིད་ཀྱིས་བཞེས་ཆང་ལ་མུན་ཆུ་དྭངས་མེད་རིལ་བུ་བཏབ་ནས་སྐྱེམས་སུ་དྲངས་པ་གསོལ་བས། སྤྱ་རབས་ཕྱིས་འབྱུང་ཐམས་ཅད་བསྙེལ་ཏེ་ནག་ཐོམ་མེ་བའི་ངང་དུ་བདུད་མཁར་ལ་ལྷ་ཁང་བཞེངས་རྒྱུ་བདུད་སྡེ་བྲན་ལ་རྗེས་སུ་འདེབས་རྒྱུ་མཐའ་དག་འཕྲོ་ཅན་དུ་ལུས་ཏེ། ཅི་ཡིན་འདི་མིན་དུ་ལོ་གསུམ་དང་ཟླ་བ་བཅུ་སོང་འདུག"[1]ཅེས་བཀོད་པ་ལྟར། གླིང་སེང་ཆེན་ནོར་བུ་དགྲ་འདུལ་མཆོག་གིས་བདུད་ཀླུ་བཙན་བདུལ་ཚར་ཞིང་བདུད་ཡུལ་བསྒྲོད་པའི་ཐོག་མའི་དམིགས་པའང་འགྲུབ་ཚར་ལ་ཉེ་བས་གླིང་ཡུལ་དུ་ཕྱིར་ལོག་ཆོག་ཆོག་ཡིན་མོད། བསམ་ཡུལ་ལས་འདས་པ་ཞིག་ལ་མི་བཟའི་ཐུག་དོག་གིས་རྐྱེན་པས་གེ་སར་རང་ཉིད་གཅིག་པུར་དབང་ཆེད། བརྗེད་ཟས་བརྗེད་ཆུ་དྲངས་པས་ཅི་ཡིན་འདི་ཡིན་མེད་པར་བསྡོམས་པས་ལོ་དགུ་ལ་བདུད་ཡུལ་ནས་ལུས། རྒྱལ་ཁབ་ཀྱི་ཆབ་སྲིད་ཆ་ནས་མི་བཟའི་བྱ་སྤྱོད་འདིར་དཔྱེ་ཞིབ་ཙམ་བྱས་ན་མོ་རང་ཆབ་སྲིད་ཀྱི་ཉེས་ཅན་ལྟ་བུ་ཞིག་ཏུ་འགྱུར་སྲིད་དེ། གེ་སར་རྒྱལ་པོས་མོས་དྲངས་པའི་བརྗེད་ཟས་བརྗེད་ཆང་གསོལ་བས་ཆབ་སྲིད་ཀྱི་ འོས་འགན་དུས་ལྟར་དུ་འགྲུབ་མ་ཐུབ་ལ། ཕྱིར་གླིང་ཡུལ་དུ་ལོག་པའི་དུས་ཚོད་ཀྱང་འགོར་འགྱངས་བྱས་པས་ཏོར་དམག་གླིང་ལ་

[1]གཙོད་པ་དོན་གྲུབ་ཀྱིས་བསྒྲིགས། ཏོར་གླིང་གཡུལ་འགྱེད། མི་རིགས་དཔེ་སྐྲུན་ཁང་། 2000ལོར་པར། ཤོག་ངོས་561

ཐོན་ཏེ་ཇ་མཁར་རྒྱང་ནས་བཤིག་པ་དང་འབྲུག་མོ་བཙན་གྱིས་འཕྲོག ཞལ་ལུ་དཀར་པོའི་དུང་གླུ་ཐང་ལ་ལྷུང་བ་དང་གླིང་དམག་བགྲང་ལས་འདས་པ་ཞིག་གི་ཚེ་སྲོག་ཤོར་བ་སོགས་ཤི་རྨས་ཚབས་ཆེན་ཐེབས། གལ་ཏེ་མོས་གེ་སར་ལ་འགོར་འགྱངས་བྱས་མེད་ཚེ་འདི་འདྲའི་ཕམ་ཉེས་ཚབས་ཆེན་བྱུང་མེད་ཀྱང་སྲིད་ཅེས་ཚོད་དཔག་བྱ་ཆོག དེའི་ཕྱིར་མི་བཟའ་འབྲུམ་སྐྱིད་ཀྱིས་གེ་སར་ལ་བརྗེད་ཟས་བརྗེད་ཆང་དྲངས་པ་དང་གླིང་ཡུལ་ལ་ཕམ་ཉེས་ཚབས་ཆེན་བྱུང་བའི་བར་དངོས་ཤུགས་གང་རུང་གི་ཆ་ནས་འབྲེལ་བ་དམ་ཟབ་མཆིས་པར་བསྒྲུབ་ཆོག་ལ། ཕམ་ཉེས་ཀྱི་མཇུག་འབྲས་མོར་འབྲེལ་བ་ཏིལ་འབྲུ་ཙམ་ཡང་མེད་ཅེས་བརྗོད་དཀའ་མོ་ཡིན། ཡིན་ན་ཡང་། ཕྱོགས་གཞན་ཞིག་ནས་མི་བཟའ་འབྲུམ་སྐྱིད་ནི་ཕྱིར་བཏང་གི་བུད་མེད་ཅིག་ཡིན་པས་ཁྲོ་ག་ནི་མོའི་འཇིག་རྟེན་སྣོར་མོ་འདིའི་ཡོད་ཚད་དུ་སྣོམ་བཞིན་ཡོད་ལ། རང་ཉིད་ཀྱི་རྒྱབ་རྟེན་དང་ཡིད་སེམས་ཀྱི་རེ་བ་བཙོལ་ས་ཉག་གཅིག་ཕྱུ་རུ་བགྲང་བཞིན་ཡོད། དེ་ལས་ཀྱང་གེ་སར་གྱི་ཚུང་མ་ནི་མོ་རང་གཅིག་པུ་མ་ཡིན་པར་གཞན་དུ་མ་ཡོད་ལ། ཕྱིར་གླིང་ཡུལ་དུ་ལོག་ཚེ་གེ་སར་གྱི་ཡ་ཐོད་ཀྱི་མིག་ལྟར་གཅེས་པའི་འབྲུག་མོ་དང་བུད་མེད་གཞན་འདུག་པས། མོས་གེ་སར་མཆོག་རང་ལས་བུད་མེད་གཞན་པ་དང་མཉམ་དུ་ལྷན་འཛོམས་བྱུང་མ་འདོད་པས་རེད། འདི་ལས་བརྩེ་དུང་གི་ཕྱོགས་ནས་མི་བཟའ་འབྲུམ་སྐྱིད་ནི་རང་གི་ཐབས་དང་ཁོར་ཡུག་ལ་བརྟེན་ནས་རང་ཉིད་ཀྱི་ཐོབ་པར་འདོད་ཡུལ་དང་། བློ་སེམས་འཁོར་ཡུལ་གེ་སར་རྒྱལ་པོར་ལྷོད་མེད་ཀྱི་བརྩེ་སེམས་བཅངས་ནས་བརྩོན་ལེན་བྱས་པའི་བུད་མེད་ཅིག་ཡིན་པས། རང་ཉིད་ཀྱི་གང་བསམ་པར་ལག་ལེན་དངོས་སུ་འཇུག་ཐོད་ཅིང་ལག་པའི་ཟུང་ལ་བརྟེན་ནས་བརྩོན་ལེན་བྱེད་མཁས་པའི་སྙིང་སྟོབས་ལྡན་པ་ཀུན་ནས་མཚོན་ཐུབ་པོ། །

མི་བཟའ་འབྲུམ་སྐྱིད་ཀྱི་སྣང་བརྙན་ལ་དཔྱེ་ཞིབ་བྱ་དུས་ཀྱང་འདི་ལྟར་ཕྱོགས་གཉིས་ཀ་ནས་མནོ་བསམ་བཏང་ན་འགྲིག་པར་བསམ།

ལྔ། སྤྲོ་ལོ་ནེའུ་ཚུང་གི་སྣང་བརྙན་གླེང་བ།

ཁོང་དུ་བརྗོད་ཟིན་པའི་བུད་མེད་བཞི་ནི་གླིང་སེང་ཆེན་རྒྱལ་པོའི་ཇ་མའམ་ཚུང་མ་ཡིན་པས་གེ་སར་དང་གཅིག་ལ་གཅིག་རྟེན་གྱི་འབྲེལ་བ་མཆིས། ཡིན་ཡང་སྐབས་བབ་ཀྱི་བརྗོད་བྱ་སྤྲོ་ལོ་ནེའུ་ཚུང་ནི་ཁོ་མོ་ཚོ་དང་མི་འདྲ་སྟེ། མོ་ནི་གླིང་གི་སྐྱ་ལོ་སྤྲོ་ལོ་གྲོ་ལོ་ཟེར་བའི་སྤུན་གསུམ་ཡོད་པ་ལས་སྤྲོ་ལོའི་བུ་མོ་ཡིན་ཞིང་། སྐྱ་ལོ་འབྲུག་མོ་དང་ནེའུ་ཚུང་གཉིས་ནི་ཕ་སྤུན་ཡིན་ལ། འབྲུག་མོའི་གཡོག་མོའང་ཡིན་ཞེས་གྲགས། དེ་ཡང་ཧོར་གུར་དཀར་རྒྱལ་པོས་བྱ་ཐན་བསེ་པོ་གླིང་དུ་ཞུལ་མ་མངགས་དུས། སེང་ལྷམ་འབྲུག་མོས་ནེའུ་ཚུང་མངགས་ཏེ་ ཕྱོང་ཁྲ་བོ་སྐྱི་དཔོན་རྒྱལ་པོར་གནས་ཚུལ་ཞུ་རུ་འགྲོ་བཅུག་ལ། མོས་སེང་ལྷམ་

འབྲུག་མོས་ཇི་ལྟར་གསུང་བ་ བཞིན་ཡར་ཞུ་བྱས་ཀྱང་སྤྱི་དཔོན་རྒྱལ་པོས “ཧ་རྗོད་མའི་བང་ལ་ཕུགས་སོ་མེད། ། ཁྱོད་བུ་མོའི་གཏམ་ལ་ཆ་བཞག་མེད། །” ①ཅེས་མི་འདོད་པའི་ཚིག་སྨྲས་པས། མོས་མྱུར་དུ “འདུག་ཐོད་པ་ཡི་ནས་ཡོད་ལེ་མེད། །ནམ་མཁའ་མི་ལྡངས་ཀ་མེད་རེད། །ཁྲི་གདུགས་ཉི་མས་རྒྱབ་ནས་དེད། །སྲུ་འབྲུག་མོ་རྒྱབ་ནས་རྩེབ་རན་ཡོད། །གླིང་ལྷ་སྲེ་ལ་མོ་བསྟུས་ལ་ཤོག །ལས་ཅི་དགོས་རྫེས་ནས་ལྟོས་དང་དགའ།” ② ཞེས་ལན་བཏབ་པ་ལས། མོ་གཡོག་མོ་ཞིག་ཡིན་རུང་རང་ཉིད་ལ་སྐྱོན་མེད་བཞིན་གང་འདོད་དུ་ཉེས་འགལ་བྱེད་མི་འཇུག་ལ། རང་ཉིད་ཀྱི་བདེན་པ་ཅེས་ཀྱང་སྲུང་བའི་བུ་མོ་སྙིང་སྟོབས་ཅན་ཞིག་ཡིན་པ་མཚོན་ཐུབ། ཧོར་གླིང་གཡུལ་འགྱེད་ཀྱི་སྐབས་སུ། ཤོང་ཁྲུ་བོ་སྤྱི་དཔོན་རྒྱལ་པོས་ཕྱི་ནང་འཆམ་མཐུན་དང་ཞི་འཇགས་ཡོང་ཕྱིར་ནེའུ་ཚུང་འབྲུག་མོར་བརྫུས་ཏེ་ཧོར་ལ་བག་མར་གཏོང་བའི་བསམ་ཚུལ་བརྗོད་དུས། ནེའུ་ཚུང་གིས་སྤྱི་དཔོན་རྒྱལ་པོའི་བཀའ་བཞིན “གླིང་ལྷ་སྲེ་དོན་ལ་ཕན་ཟེར་ན། །ང་བུ་མོ་དམྱལ་བར་མངགས་ཀྱང་འགྲོ། ལས་དེ་སྲེ་བྱ་ལན་ཐོ་ལན་འདེབས། །ངས་འགྲོ་གོ་ཆོད་བསམ་ཡིད་ལ་མེད། །” ③ ཅེས་བཀའ་དང་དུ་བླངས། གཞན་ཡུལ་གྱི་རྒྱལ་ཁམས་འགྲིམས་མ་མྱོང་བའི་བུ་མོ་ལོ་ཚུང་ཞིག་ས་ཆ་མེད་རྒྱུས་མེད་དགྲ་ནག་པོའི་ཡུལ་དུ་གནས་ལ་འགྲོ་འདོད་མཁན་སུ་ཞིག་ཡོད་ངེས། ནེའུ་ཚུང་གིས་རང་ཡུལ་ཞི་འཇགས་དང་འབངས་མི་བདེ་སྐྱིད་ཀྱི་ཆེད་རང་ཉིད་བློས་གཏོང་ཐོད་པ་ལས། མོའི་རང་རྒྱུད་དུ་གཞན་ཕན་ལྷག་བསམ་དཀར་པོའི་འོ་མཚོ་འཁྱིལ་ཡོད་ལ། ཁ་ལེན་ཚིག་བརྩི་ཡི་ཡ་རབས་སྤྱོད་བཟང་འཛོམས་ཡོད་པའི་བུ་མོ་ཞིག་གི་སྣང་བརྙན་གཞི་ནས་རྟོགས་ཐུབ།

སྡོམ་བྱང་།

ང་ཚོ་བོད་ཀྱི་ཁ་རྒྱུན་དུ་མི་ཚེ་སྟོང་ཟད་གཏོང་ན་གེ་སར་སྒྲུང་ལ་ལྟོས་ཞེས་པའི་བཤད་རྒྱུན་ཐོན་ཆད་གྲགས་མྱོང་མོད། འོན་ཀྱང་དུས་རབས་འཕེལ་རྒྱས་ཀྱི་འགྲོས་དང་བསྟུན་ནས་རྒྱལ་ཁབ་ཕྱི་ནང་ཀུན་ཏུ་གླིང་སྒྲུང་གི་སྐོར་ལ་ཞིབ་འཇུག་བགྱིད་མཁན་དགོང་མོའི་སྐར་ཚོགས་བཞིན་ཇེ་མང་ནས་ཇེ་མང་དུ་འགྲོ་བཞིན་ཡོད་ལ། དེའི་གཞལ་མེད་ཀྱི་རིན་ཐང་རྟོགས་མཁན་དང་གསེར་ངོ་གསེར་དུ་ཤེས་མཁན་ཡང་མང་དུ་འབྱུང་བཞིན་མཆིས་པ་ན། གྱི་ན་བ་ཕྲན་གྱིས་ཀྱང་གླིང་སྒྲུང་ལས་ཚབ་མཚོན་རང་བཞིན་གྱི་སྒྲུང་དཔེ་སྟེ《ཧོར་གླིང་གཡུལ་འགྱེད》ལ་ཐེངས་དུ་མར་མཇལ་བའི་མྱོང་ཚོར་དང་སྦྲགས་དེའི་ཁྲོད་ཀྱི་བུད་

①གཙོད་པ་དོན་གྲུབ་ཀྱིས་བསྒྲིགས། ཧོར་གླིང་གཡུལ་འགྱེད། མི་རིགས་དཔེ་སྐྲུན་ཁང་། 2000ལོར་པར། ཤོག་ངོས་28
②ཆབ་འགག་རྟ་མགྲིན་གྱིས་བསྒྲིགས། ཧོར་གླིང་གཡུལ་འགྱེད། མི་རིགས་དཔེ་སྐྲུན་ཁང་། 2000ལོར་པར། ཤོག་ངོས་745—746
③གཙོད་པ་དོན་གྲུབ་ཀྱིས་བསྒྲིགས། ཧོར་གླིང་གཡུལ་འགྱེད། མི་རིགས་དཔེ་སྐྲུན་ཁང་། 2000ལོར་པར། ཤོག་ངོས་447

མེད་ཀྱི་སྣང་བརྙན་སྐོར་ལ་དཔྱད་པ་ཐུང་ངུ་ཞིག་བཏང་ཡོད། ཡིན་ཡང་། སློབ་བུ་ངའི་སྦྱངས་སྟོབས་ཀྱི་ཡོན་ཏན་དང་སྐྱེ་སྟོབས་ཀྱི་ཤེས་རབ་ཞན་ལ། གཞུང་ལུགས་སྐོར་གྱི་དཔེ་ཆ་བལྟས་པ་ཉུང་བ་སོགས་ཀྱིས་རྩོམ་འདིར་གཞན་གྱིས་བརྗོད་མ་མྱོང་བའི་ལྟ་ཚུལ་གསར་བ་དང་ལམ་བུ་གསར་བ་ཞིག་བཏོན་ཐུབ་མེད་པས་ཕངས་སེམས་དང་ནོངས་འགྱོད་ཀྱིས་ཀུན་ནས་ཁེངས་ཡོད། དེ་ལས་ཀྱང་རྩོམ་འདི་འབྲི་བའི་གོ་རིམ་ཁྲོད་སྐབས་བྱེད་ཀྱི་ལུང་རིགས་དང་གསལ་བྱེད་ཀྱི་དཔེ་བཅས་ཀྱི་རྒྱབ་རྟེན་གཙང་མ་ཞིག་ཀྱང་དབེན་པས། མ་རྟོགས་ལོག་རྟོག་གི་ཉོག་བཤད་དང་ཚིག་དོན་སྦྱ་ཕྱི་འགལ་བ་བྱུང་བ་ལ་སོགས་ཀྱི་ནོར་འཁྲུལ་བགྲང་གིས་མི་ལང་བ་ཞིག་བྱུང་ཡོད་པ་ནི་བཟློལ་ཐབས་བྲལ་བས། བློ་གྲོས་ཀྱི་མཁྱེན་དཔྱོད་ཡངས་ཤིང་བློ་གཟུ་བོར་གནས་པ་དག་གིས་སྐྱོན་བརྗོད་དང་དགོངས་འཆར་ལྷུག་པར་སྩོལ་རོགས་ཞུ། །

（རྩོམ་པ་པོ་ངོ་སྤྲོད། ལྷ་མོ་ཚེ་རིང་། ཕ་ཡུལ། མཚོ་སྔོན་ཞིན་ཧྲ། ཀྲུང་དབྱང་མི་རིགས་སློབ་གྲྭ་ཆེན་མོའི་བོད་རིག་པ་ཞིབ་འཇུག་གླིང་གི2014ལོའི་ཤེས་རམས་པ། ）

（མཇུབ་སྟོན་དགེ་རྒན། གོ་ཤུལ་གྲགས་པ་འབྱུང་གནས།）

༄༅། །ཟིག་ཅེས་པའང་ལྷེའུའི་རིགས་ཤིག་ཡིན་པའི་སྐོར་རགས་ཙམ་གླེང་བ།

བློ་དབང་རྒྱལ་པོ།

ནང་དོན་གནད་བསྡུས། དཔྱད་རྩོམ་འདིར་བོད་རིགས་དམངས་ཁྲོད་ཀྱི་གྱོད་བཤད་ལས་ཟིག་ཅེས་པའི་ངག་རིག་སྒྱུ་རྩལ་ཐུན་མོང་མ་ཡིན་པ་དེའི་གོ་དོན་དང་སྒྱུ་རྩལ་ཁྱད་ཆོས་དཔེར་བཀོད་ཅིང་། ཟིག་ཅེས་པ་ནི་ལྷེའུའི་རིགས་ཤིག་ཡིན་པའི་སྐོར་རགས་ཙམ་གླེང་ཡོད།

བརྡ་ཚད་གཙོ་བོ། ཟིག ལྷེའུ། སྐད་ཆའི་སྒྱུ་རྩལ།

རྗེ་ཙོང་ཁ་པ་བློ་བཟང་གྲགས་པས། ཡང་ནས་ཡང་དུ་རྣམ་པར་དཔྱོད་ཅིག་དང་། །གོང་ནས་གོང་དུ་བློ་གྲོས་ཁྱད་ཞུགས་ནས། །ཤིན་ཏུ་ཕྲ་བའི་གནས་ཀྱང་རྟོགས་པར་འགྱུར། །ཞེས་གསུངས་པ་བཞིན། མངོན་སུམ་མིག་ལམ་དུ་སྣང་བའི་བྱ་དངོས་དག་ལའང་དཔྱད་གསུམ་དག་པས་ཞིབ་ཏུ་མ་དཔྱད་པར་འདི་བདེན་དང་འདི་རྫུན་གྱི་ཁ་ཚོན་གཅོད་རྒྱུ་དཀའ་ཙམ་གདའ་ན། ཕྲག་ཕྱུར་གྱི་གནས་ལུགས་དང་འདས་པའི་ལོ་རྒྱུས་ལ་ཞིབ་འཇུག་བྱེད་པར་དེ་བས་ཀྱང་ཡང་ནས་ཡང་དུ་དཔྱད་དགོས་པ་ནི་ཕྱོག་ཏུ་མེད་པའི་བྱ་བ་ཞིག་ཏུ་འགྱུར་བས་ལ། ལྷེའུ་ཞེས་པའི་བོད་ཀྱི་གནའ་བོའི་རིག་པ་འདི་ལ་ཞིབ་འཇུག་བྱེད་པར་ཡང་མཁས་པ་སྔ་མ་དག་གི་འབྲས་བུ་རྨང་གཞི་བྱས་ཏེ་ཡང་ནས་ཡང་དུ་དཔྱད་བརྗོད་སྤེལ་རྒྱུ་གལ་ཆེ་བར་འདོད། དེ་ཡང་མི་རིགས་རང་གི་དམངས་ཁྲོད་དུ་གྲགས་ཆེ་བའི་ལྷ་སྒྲུང་དང་ངག་རྒྱུན་སོགས་ལས་མི་རིགས་གང་དེའི་གདོད་མའི་དད་མོས་ཀྱི་རྣམ་པ་དང་ལོ་རྒྱུས་ཀྱི་གྲིབ་གཟུགས་མཐོང་ཐུབ་པ་བཞིན། བོད་ཀྱི་གནའ་བོའི་རིག་པ་ལྷེའུའི་གྲིབ་གཟུགས་ཀྱང་བོད་རིགས་ཀྱི་དམངས་ཁྲོད་དུ་འཚོལ་བ་ལས་འོས་མེད་དོ། །དེས་ན་ལྷེའུའི་གོ་དོན་དང་རྣམ་པ། བྱེད་ནུས་དང་རིགས་དབྱེ་སོགས་བསྐྱར་ཟློས་ཀྱིས་དོགས་ཏེ་ཆེད་དུ་མི་བརྗོད་ལ། འདིར་སྐབས་སུ་བབས་པ་མདོ་ཁམས་མགོ་ལོག་གི་དམངས་ཁྲོད་གྱོད་བཤད་ལས་རྗེས་ཤུལ་མ་ཡལ་ཙམ་གྱི་ཟིག་ཅེས་པའི་ངག་རིག་སྒྱུ་རྩལ་འདིའི་སྐོར་ངོ་སྤྲོད་རགས་ཙམ་

གྱིས་འདི་ཉིད་གནའ་རབས་བོད་ཀྱི་རིག་པ་ལྡེའུའི་རིགས་ཤིག་ཡིན་པའི་སྐོར་གླེང་བར་བྱའོ། །

དང་པོ། ཇོག་གི་ཀོ་དོན།

ཇོག་ཅེས་པ་ནི་སྒྲུང་པ་ཕྱོགས་གཉིས་ཀྱི་གང་རུང་གིས་སྒྲུང་གཞི་གཟུ་བའམ་ཇོག་པ་བརྒྱུད་ཕ་རོལ་པོར་དཔེ་ཡི་སྒོའམ་གབ་སྦས་ཀྱི་ཚུལ་གྱིས་བཤད་པའི་ངག་གི་སྒྱུ་རྩལ་རིགས་ཤིག་སྟེ། མཁས་དབང་ནམ་མཁའི་ནོར་བུས། “ཇོག་ཅེས་བྱ་བ་བཤད་བྱའི་ཚིག་དངོས་མ་སྨོས་པར་གདངས་རི་དང་སེང་གེ་རྒྱ་མཚོ་ལ་སོགས་པའི་དཔེ་བཞག་ཅིང་། དཔེའི་སྟེང་ནས་སྒྲུང་གི་དོན་འབྲས་བཤད་པ་ཞིག” ①ཅེས་དང་། “ཇོག་བཤད་ཅེས་བྱ་སྟེ། ཕ་རོལ་པོར་མཚང་འདྲུ་ཞིང་བཙན་གདམ་བསྒྲགས་པ” ②ཞེས་ཇོག་ཇམ་གྱི་ཇོག་འདི་འཁྲི་ཞིང་། “ལྡེའུ་ལ་ཡང་རྩེད་མཚར་དུ་སྤྱོད་པའི་ཁེད་དང་སྲིད་ཕྱོགས་སུ་སྤྱོད་པའི་ཇུག་འདེབས་པ་ཞེས་དང་། སྒྲུང་དང་ཤགས་འདེབས་སོགས་ལ་སྤྱོད་པའི་ཇུགས་སུ་གྲགས་པའི་ངག་གི་སྒྱུ་རྩལ” ③ཞེས་པ་སོགས་ཇོག་དང་ཇུགས། ཇུག་སོགས་ངེས་མེད་ལྟར་འཁྲི་བ་ལས་ཇོག་ཅེས་པ་ནི་འདི་དང་འདིའོ་ཞེས་གཏན་ལ་ཕབ་པ་ཞིག་མ་མཐོང་བས། འདི་ལའང་ཀྲོས་གཞིའི་ཚུལ་དུ་རང་གི་དྲན་ཚུལ་ཙམ་གླེང་བར་བྱའོ། །

ཇོག་ཅེས་པ་ནི་གཟུ་བས་སྒྲུང་གཞི་ལ་བརྟག་དཔྱད་བྱེད་སྐབས། ཕྱོགས་སོ་སོའི་མི་བུ་ཤེས་རྒྱ་ཅན་ཞིག་གམ་ཡང་ན་རྒན་པོ་བསམ་ཤེས་ཤིག་གིས། རང་ཕྱོགས་ཀྱི་བསམ་ཚུལ་ཕྱོགས་གཅིག་ཏུ་བསྡུས་ཤིང་རྒྱུ་མཚན་དང་གནས་ལུགས་ལྡན་པའི་སྐད་ཆ་ཡོད་ཚད་མདོར་དྲིལ་ཏེ། དེ་ལ་གདམ་དཔེ་དང་རྒྱན་གང་རུང་གིས་བརྒྱན་ནས་ཇོག་པའམ་གཟུ་བར་བཤད་པའི་སྐད་ཆ་དེ་ལ་ཟེར། མགོ་ལོག་ས་ཆར་མི་སྐོར་དང་ཚོགས་པ་གང་རུང་ཞིག་སྒྲུང་ལ་ཐུག་སྟེ་གཟུ་བས་སྒྲུང་བཤད་སྐབས། དེ་མ་ཐག་སྒྲུང་ཡ་ངོ་གཉུགས་ཀྱིས་མི་བཤད་པར་གཟུ་བས་ཕན་ཚུན་གྱི་བསམ་ཚུལ་དང་རྒྱུ་མཚན་སོ་སོར་ཟེ་མ་ཟེ་བཞིན་དུ་བཟ་སྤྲོད་པའི་འགན་ལེན་དགོས་ཤིང་། སྐབས་འགར་ཇོག་པ་ཞེས་ཆེད་དུ་ཇོག་འཇིར་མཁན་གྱི་མི་ཞིག་ཀྱང་གཟུ་བའི་ལག་རོགས་ཀྱི་ཚུལ་དུ་བཀོད་སྒྲིག་བྱེད་ངེས། སྒྲུང་པ་ཕྱོགས་སོ་སོ་ནས་ཀྱང་མི་རེ་ཡིས་གདམ་རེ་བཤད། རྟ་རེ་ཡིས་བང་

①ནམ་མཁའི་ནོར་བུ། ནམ་མཁའི་ནོར་བུའི་གསུངས་རྩོམ་ཕྱོགས་བསྒྲིགས། ཀྲུང་གོའི་བོད་རིག་པ་དཔེ་སྐྲུན་ཁང་། 2009ལོར་པར། ཤོག་ངོས་249

②རྣ་ཡུམ་སྐྱབས། དམངས་ཁྲོད་ཀྱི་བཤད་པ་གཅེས་བསྡུས། མང་ཚོགས་སྒྱུ་རྩལ། 2001(4) ཤོག་ངོས་64

③དོན་གྲུབ་དབང་རྒྱལ་དང་ནོར་སྟེ། མགོ་ལོག་ལོ་རྒྱུས་དེབ་ཐེར། [M] ཟི་ལིང་། མཚོ་སྔོན་མི་རིགས་དཔེ་སྐྲུན་ཁང་། 1992ལོར་པར། ཤོག་ངོས་63

རེ་བླངས་ན་དུས་ཚོད་འགྱངས་ཤིང་སྐད་ཆ་ཉོག་འགྲོ་བས། བརྒྱ་བཤད་ཚིག་གི་རྩ་བ་གཟུ་བར་ཞུ་དགོས་ཤིང་གཟུ་བར་ཞུས་པའི་སྐད་ཆ་དེའང་གཟབ་འཕོན་ལྟ་བུའི་ཚིག་ནག་རྐྱང་བ་མ་ཡིན་པར། གདན་ཚོགས་ལྷན་ལ་གབ་སྦས་ཀྱི་ཚུལ་གྱིས་ཕ་རོལ་པོར་ཅོ་འདྲི་བའམ་མགོ་རྫོངས་པར་བྱེད་པའི་གོ་རིམ་དེ་ལ་ཚིག་བརྡབས་པ་ཞེས་ཟེར། ཚིག་གི་དོན་ནི་འཇིགས་སྐྱུལ་ལམ་དྲག་པོའི་སྒོ་ནས་འཇིགས་ཉམས་སྟོན་པ་སྟེ། ཚིག་རྩམ་ཅན། ཕྱི་ཚིག་ནང་སྟོང་ལྟ་བུ་དང་། ཚིག་སྦུམ་མི་ཤོར་ཆེད་གཡོ་སྒྱུའི་ཐབས་འཕྲུལ་ཞིག་བྱས་པར་མངོན་ཞིང[1]ཞེས་པ་སོགས་ཀྱིད་པས་ཕ་རོལ་པོ་ལ་སྐད་ཆ་ཚིག་པོའམ་དྲག་པོའི་སྒོ་ནས་བཤད་པར་གོ་ནའང་ཚིག་མོད། སྐད་ཆ་ཚིག་པོའམ་དྲག་པོར་བཟློ་རྒྱུ་ནི་སྐབས་འདིའི་དམིགས་ཡུལ་དངོས་མིན་པར་འདོད་དེ། ཚིག་རྩེབ་པ་ནི་ཕ་རོལ་པོར་དངངས་སྐྲག་སྐྱེ་རུ་འཇུག་པ་ཙམ་མིན་པར། ཚུར་རོལ་གྱི་རྒྱུ་མཚན་དང་བདེན་པ་ཕ་རོལ་པོར་དཔེ་ཡི་སྒོ་ནས་སམ་གབ་པའི་ཚུལ་གྱིས་བརྗོད་དེ་ཁས་ལེན་འཐོབ་པའི་ཆེད་དུ་ཡིན་པས། སྐད་ཆ་ཚིག་ཚིག་བཤད་པ་ཞེས་པས་དོན་ཡོངས་སུ་རྫོགས་པ་སྟོན་མི་ནུས་པར་འདོད། ཡང་ཁ་དཔེར། ལོ་བརྒྱ་ལོན་པའི་མྱི་མེད་ཙང་། བསྐལ་བ་སྟོང་གི་ཚིག་ལོས་ཡོད་ཅེས་པ་ལྟར། ཚིག་ཅེས་པའི་ཡི་གེའི་འབྲི་སྟངས་སམ་གོ་དོན་དངོས་དེ་ད་ལྟའི་གོ་བ་ལེན་སྟངས་ཙམ་མམ་ད་ལྟའི་མི་ཡི་སྐད་ཆའི་སྒྲ་གདངས་ཙམ་གཞིར་བཟུང་ནས་ཐག་བཅད་ན་མི་འོས་པ་ཤོད་ལ་རྗེས་དང་། བཤད་ལ་བརྗས་སོགས་ཀྱི་སྒྲ་གདངས་ཀྱིས་རྫོགས་པ་ལྟ་བུ་མངོན་སུམ་དུ་མང་བ་བཞིན། ཚིག་ཅེས་པ་འདི་འང་སྔར་གྱི་སྒྲ་གདངས་གང་ཞིག་ད་ལྟའི་བར་དུ་མ་ཉམས་པར་སྒྲ་ཇི་བཞིན་བརྒྱུད་དེ་འོངས་པའམ། སྒྲ་གདངས་ལ་འགྱུར་བ་བྱུང་སོང་བ་གང་ཙང་ཞིག་ཅེས་ཀྱང་ཡིན་དགོས་ལ། ད་ལྟའི་སྒྲ་གདངས་ལྟར་ཡི་གེར་སྦྱར་ན་དེ་འདྲའི་འཚམ་པོ་ཞིག་ཡིན་མིན་ཀྱང་བཤད་དཀའ་བས། རྗེས་མ་སྒྲ་གདངས་ལ་འགྱུར་བ་བྱུང་བར་འདོད་དེ། སླ་ལ་རྩ་དང་། ཟླ་ལ་རྫ་སོགས་འདོན་པ་ལྟ་བུའང་མང་བར་འདུག་པས་སོ། །ཡང་རྫུ་ཞེས་པ་སྔར་གྱི་རྣམ་པ་བསྒྱུར་ནས་གཞན་འཕྲུལ་བར་བྱེད་པའི་དོན་ཏེ། རྫུ་བག་དང་རྫུ་འཕྲུལ། རྫུ་བྱས་ལྟ་བུ་སོགས་གང་ལའང་དོན་འགྱུར་ལེ་བ་རེ་སྣང་ལ། རྫུ་ཞེས་པ་སྔར་གྱི་རྣམ་པ་བསྒྱུར་ནས་གཞན་འཕྲུལ་བར་བྱེད་པའི་དོན་ཞེས་པར་བལྟས་ན། ཀྱིད་གཞི་འཆད་པར་སོ་སོའི་ཡོད་ཚད་དྲང་མ་དྲང་གཞག་གིས་འཆད་པའི་ངེས་པ་མེད་མ་མཆིས་ཏེ། བློ་ཐབས་སྣ་ཚོགས་ཀྱིས་ཕ་རོལ་པོ་ལས་རྒྱལ་བར་བརྩོན་དགོས་པས་ལན་རེར་རྫུ་

---

[1] བཙན་ལྷ་ངག་དབང་ཚུལ་ཁྲིམས། བརྡ་དགྲོལ་གསེར་གྱི་མེ་ལོང་ཞེས་བྱ་བ་བཞུགས་སོ། ། [M] པེ་ཅིན། མི་རིགས་དཔེ་སྐྲུན་ཁང་། 1997ལོར་པར། ཤོག་ངོས་751

བག་གི་ཆ་འདྲེས་ཀྱང་སྲིད་ལ། ཤགས་འགྲེད་དང་རྒྱུད་བཤད་བྱེད་སྐབས་ཚིག་ནག་རྐྱང་བཤད་ཀྱིས་རྒྱུད་གཞི་མི་བཤད་པར། དེ་ཉིད་གབ་སྦས་དང་འཁྲུག་བརྗོད་ཀྱི་ཚུལ་དུ་བཤད་པས་ཀྱང་ཅུང་ཟད་ཇུ་བག་གི་ཆ་འདྲེས་ཤིང་། གཟུ་བས་ཀྱང་རྒྱུད་པ་སོ་སོའི་ཇུ་བག་ལ་བློ་གཟུ་བོས་དཔྱད་པ་བཏང་མཐར་རྒྱུད་ཀྱི་དོན་འབྲས་གཏན་ལ་ཕབ་དགོས་པ་ཞིག་དང་། ཡང་སྦྲུས་ཟིན་ཚོད་དེ་ཚིག་དེའི་དགོངས་པ་མིན་པར་ལོགས་སུ་བཤད་ནས་འདི་ལ་བསམས་ཏེ་གསུངས་སོ་ཞེས་སྨྲ་བ་པོའི་བསམ་པ་སྟོན་པའི་ཆ་ནས་དགོངས་པ་ཡིན་ལ། ཐད་ཀར་མི་སྟོན་པ་འཁྲུག་པའི་ངག་གིས་བསྟན་པའི་དགོས་པ་འདིའོ་ཞེས་དགོས་པ་སྟོན་པའི་ཆ་ནས་ལྡེམ་པོར་དགོངས་པ་སྟེ། ལྡེམ་པོའམ་ལྡེའུའི་ངག་ནི་འཁྲུག་པོ་ཡིན་པས་སོ①ཞེས་པ་ལས་ཟློག་ཅེས་པ་ནི་ལྡེའུ་བྱེ་བྲག་ཅིག་ཡིན་པའི་ཆ་ནས་དེ་ལའང་ཅུང་ཟད་འཁྲུག་པོའམ་ཇུ་བག་གི་ཆ་ཞིག་འདྲེས་པ་ཨེ་ཡིན་ཀྱང་སྙམ་མོ། །ཡང་ཁ་སྐད་དུ་ཟློག་བརྡབས་པའམ་ཟློག་རྫབ་པ་ཟེར་བར་བལྟས་ནའང་ཟློག་པའི་འོས་འགན་ནི་ཕན་ཚུན་གྱི་སྐད་འཕྲེར་ཙམ་མིན་པ་རྟོགས་ཏེ། "སྨྲ་ཚིག་གིས། །མཐོང་ཡང་། །ཉེ་པ་འི་བློ་གདབ་ཏུ་མ་འོས་པ་འི་ཆད་པ་ནན་ཆེས། ཚིག་དྲག་གིས། །ཊི་ག་སུས་ཀྱང་བློ་གདབ་ཏུ་མ་ཕོད་དོ"②ཞེས་པའི་གདབ་ནི་བཤད་པ་དང་བཅོས་པ། གཏུགས་པ་སོགས་ལའང་འཇུག་པས། ཟློག་རྫབ་ཅེས་པ་ནི་གདབ་དང་དོན་འདྲ་ལ། ཇུ་གདབ་ཅེས་པའི་གདབ་ཀྱི་སྟོན་འཇུག་ཡར་འབྱར་ཏེ་ཟློག་དང་ཟློག་རྫབ་བམ་ཟློག་བརྡབས་སོགས་གང་བདེར་འགྱུར་སོང་བ་ཨེ་ཡིན་ཀྱང་སྙམ་མོ། །

བྱ་དངོས་གང་ཞིག་ཡིན་རུང་དེ་ལ་ཐོག་མའི་འབྱུང་ཁུངས་ཤིག་ངེས་པར་ཡོད་ལ། དེའང་རྟག་བརྟན་ཐེར་ཟུག་ཅིག་རྩ་བ་ནས་མ་ཡིན་པར། ཕྱི་ནང་གི་རྐྱེན་ལས་འགྱུར་ལྡོག་གང་མང་འབྱུང་ཞིང་སྤྱི་ཚོགས་སྟེང་གཙོ་ཕལ་གྱི་གོ་སའང་ངེས་མེད་དུ་འདུག་པ་བཞིན། ཟློག་ཅེས་པའི་ངག་རིག་སྒྱུ་རྩལ་འདི་ལའང་ཐོག་མའི་འབྱུང་ཁུངས་ཤིག་ཡོད་དགོས་ཏེ། མགོ་ལོག་ལོ་རྒྱུས་དེབ་ཐེར་ལས། ལྡེའུ་ལ་ཡང་རྩེད་མཚར་དུ་སྤྱོད་པའི་ཁེད་དང་སྲིད་ཕྱོགས་སུ་སྤྱོད་པའི་ཇུགས་འདེབས་པ་ཞེས་ཟློག་གི་འབྱུང་ཁུངས་ལྡེའུ་ཡིན་པའམ་ཟློག་ཅེས་པ་ལྡེའུའི་བྱེ་བྲག་ཅིག་ཡིན་པར་བསྟན་པ་ལྟར། ཟློག་ཅེས་པ་ནི་རྒྱུད་བཤད་དང་ཤགས་འགྲེད་སོགས་སྲིད་ཕྱོགས་སུ་སྤྱོད་པའི་ལྡེའུའི་རིགས་ཤིག་ལ་ངོས་འཛིན་དགོས་པར་འདོད། དེས་ན་ལྡེའུ་ཞེས་པ་ནི་བོད་ཀྱི་ཡིག་ཚང་སྔ་ཤོས་བཀའ་ཆེམས་ཀ་ཁོལ་མ་ལས། "ལྡེའུ་ཡང་སྟེང་ན་དབུ་ཉེ་

①རྗེ་ཙོང་ཁ་པ། ལེགས་བཤད་གསེར་གྱི་ཕྲེང་བ། མཚོ་སྔོན་མི་རིགས་དཔེ་སྐྲུན་ཁང་། 1986ལོར་པར། ཤོག་ངོས་351.

②གཞའ་གོང་དཀོན་མཆོག་ཚེ་བརྟན། བཟ་ཉིང་ཡིག་ཆའི་ཚིག་དོན་ཀུན་ཁྲོལ། ཀན་སུའུ་མི་རིགས་དཔེ་སྐྲུན་ཁང་། 2010ལོར་པར། ཤོག་ངོས་24

མ་བ། འོག་ན་ཆུ་ཆར་ཅི་ཡིན་བྱ་བས་སྣ་དྲངས་པ། ཐེམ་སྐྱེར་ལྷ་བ་ཕྱིས་ཅི་ཡིན། དམར་པོ་སྤུ་མེད་བཙུག་ཅིང་ཕྱུང་། སེར་པོ་མགོ་ཆེ་བསྐྱེད་ཅིང་རྒྱུགས་ཅི་ཡིན། བྱ་བ་ལ་སོགས་པ་ནུབ་བྱང་མཚམས་ཀྱི་པང་ན་གཟུགས་བརྙན་དུ་བཀོད་ནས་ཡོད་དོ”①ཞེས་པས་ལྡེའུ་དེ་ཇི་འདྲ་ཞིག་ཡིན་པའི་མཚན་གཞི་གསལ་པོར་འཕོད་པ་སྟེ། ལྡེའུ་ནི་བརྗོད་བྱ་དངོས་དེ་སྦས་ཤིང་ཞིང་གབ་པའི་ཚུལ་གྱིས་བརྗོད་པའི་ཚིག་རྒྱན་ཅན། གསང་བའི་ཟབ་གནད་སྟོན་པའི་བྱེད་ནུས་ཅན་གྱི་རྩོམ་གྱི་རྣམ་པ་ཞིག་ཡིན་འདུག་ལ། རྒྱལ་པོ་བཀའི་ཐང་ཡིག་ལས། “རིག་པའི་ཆོས་གོ་བར་བྱ་བའི་ཕྱིར་ལྡེའུ་བསྟན”②ཞེས་དང་། ལྡེའུ་ཆོས་འབྱུང་ཆེན་མོ་བསྟན་པའི་རྒྱལ་མཚན་ལས། “དེ་ཡན་ཆད་རྒྱལ་རབས་ཉེར་གསུམ་དུ་བོད་ལ་ཆོས་མེད་པས་མུན་པའི་དམག་དང་འདྲའོ། །དེའི་དུས་སུ་ཆབ་སྲིད་སྒྲུང་དང་ལྡེའུ་དང་བོན་གསུམ་གྱིས་གཙོས་ཏེ་སྲེ་སྲོད་གསུམ་འབྱུང་བའི་སྤུ་བལྷུས་སོ”③ཞེས་པ། རྒྱ་བོད་ཡིག་ཚང་ཆེན་མོ་ལས། “གཞན་ཡང་སྐྱི་བོ་ཐ་མལ་བ་རྣམས་ཆོས་ལ་བློ་ཁ་དྲངས་པའི་ཕྱིར་ཐོག་མར་སྒྲུང་དང་འདེབས་དང་བོན་རྣམས་བསྟན། རྒྱལ་པོས་མཛད་པའི་སྒྲུང་རྒྱུད་དང་ལྡེམས་ཀྱི་བསྟོད་པ་ར་ས་འཕྲུལ་སྣང་གི་སྒོ་བུར་ན་བྲིས་ཡོད་དོ”④ཞེས་པ་སོགས་གང་ལ་བལྟས་ཀྱང་། ལྡེའུའི་འབྱུང་དུས་ཐད་ལྟ་ཚུལ་མི་མཐུན་པ་རེ་འགའ་ཡོད་པ་ལས། ལྡེའུ་ནི་ཆབ་སྲིད་སྐྱོང་བྱེད་ཀྱི་ལག་ཆ་ཞིག་ཡིན་པ་སྔོན་བྱོན་མཁས་པ་ཀུན་གྱིས་ཁས་འཆེས་ཤིང་། ཆོས་འབྱུང་མཁས་པའི་དགའ་སྟོན་ལས། “ཞེས་འདྲི་བ་སོགས་ཏེ་བོན་ལྡེའུ་སྒྲུང་གསུམ་གྱི་ཚུལ་ལྷ་སའི་གདུང་རྣམས་ལ་བྲིས་ཡོད”⑤ཅེས་པའི་སོགས་སྒྲ་ལས་ལྡེའུ་ཁེད་ཙམ་ལ་ངོས་འཛིན་པ་མིན་པར། དེ་ལ་ནང་གསེས་དབྱེ་བའམ་བྱེད་ལས་རེ་འགའ་ཡོད་པའང་ཤུགས་ལ་རྟོགས་པར་འགྱུམས། ལྡེའུའི་གོ་དོན་གྱི་ཐད་ནས་ཀྱང་། ལྡེའུ་ཞེས་པ་ནི་གནའ་རབས་ཀྱི་གབ་ཚིག་རིགས་ཤིག་ཡིན། དེ་ཡང་བོད་ཀྱི་བཙན་པོ་ལྷ་ཐོ་ཐོ་རི་གཉན་བཙན་བར་རྒྱལ་རབས་ཉི་ཤུ་རྩ་བདུན་གྱི་རིང་ཆབ་སྲིད་སྒྲུང་ལྡེའུ་བོན་གསུམ་གྱིས་བསྐྱངས་ཞེས་པའི་ལྡེའུ་ནི་ཚིག་ཉུང་ཞིང་ནང་དོན་ངོ་མཚར་ལ་དགོད་བྲོ་བ་དང་། དེར་བརྟེན་ནས་མི་རྣམས་ཀྱི་བློ་སྒོ་འབྱེད་ཐུབ་པའི་རིག་རྩལ་གྱི་རིགས་ཤིག་ཡིན། དེ་ཡང་བསམ་དོན་གྱི་དངོས་པོ་ངོ་མ་སྨྲས་ནས་དེ་སྦྲིབ་བྱེད་དངོས་པོ་གཟུགས་འདྲ་བ་དང་སྒྲ་འདྲ་བ་དབྱིབས་འདྲ་བ་སོགས་སྦྱར་ཏེ་མི་རྣམས་ཀྱི་བློ་སྒོ་འབྱེད་དུ་འཇུག་པའི་བྱ་ཐབས་ལེགས་པོ་ཞིག་ཡིན་པར་མ་ཟད། ལོ་ཆུང་བྱིས་པ་རྣམས་ལ་ཐབས་ཤེས་དེའི་སྒོ་

①ཇོ་བོ་རྗེ་ཨ་ཏི་ཤ། བཀའ་ཆེམས་ཀ་ཁོལ་མ། ཀན་སུའུ་མི་རིགས་དཔེ་སྐྲུན་ཁང་། 1989ལོར་པར། ཤོག་ངོས་5
②ཨོ་རྒྱན་གུ་རུ་གླིང་པ། བཀའ་ཐང་སྡེ་ལྔ། མི་རིགས་དཔེ་སྐྲུན་ཁང་། 1986ལོར་པར། ཤོག་ངོས་115
③ལྡེའུ་ཇོ་སྲས། ལྡེའུ་ཆོས་འབྱུང་ཆེན་མོ་བསྟན་པའི་རྒྱལ་མཚན། བོད་ལྗོངས་མི་དམངས་དཔེ་སྐྲུན་ཁང་། 1989ལོར་པར། ཤོག་ངོས་105
④དཔལ་འབྱོར་བཟང་པོ། རྒྱ་བོད་ཡིག་ཚང་ཆེན་མོ། སི་ཁྲོན་མི་རིགས་དཔེ་སྐྲུན་ཁང་། 1986ལོར་པར། ཤོག་ངོས་134
⑤དཔའ་བོ་གཙུག་ལག་ཕྲེང་བ། ཆོས་འབྱུང་མཁས་པའི་དགའ་སྟོན། མི་རིགས་དཔེ་སྐྲུན་ཁང་། 1986ལོར་པར། ཤོག་ངོས་164

ནས་རང་བྱུང་གི་ཚན་རིག་ངོ་སྤྲོད་བྱེད་ཆོག་པ་རེད[1]ཅེས་པས། ལྡེའུ་ནི་གབ་བྱའི་དོན་གང་ཞིག་གབ་བྱེད་ཚིག་ལ་བརྟེན་ནས་ཕ་རོལ་ལ་དྲི་བ་བཏོན་ཏེ་གབ་བྱ་གང་ཡིན་པ་རྟོགས་པར་བྱེད་པའི་ངག་གི་སྒྱུ་རྩལ་རིགས་ཤིག་གམ། ཡང་ན་དྲི་བ་དྲི་ལན་བྱེད་པ་དང་དགོད་སྨོང་བ། ཕན་ཚུན་རྒྱལ་ཕམ་འབྱེད་པའི་ངག་རྩེད་པོ་ན་ཙམ་ཞིག་ཀྱང་མ་ཡིན་པར། མི་རྣམས་ཀྱི་བློ་སྟོབས་འཕྱེད་ཐུབ་པ་དང་ཕ་རོལ་པོར་ཕྱོགས་སྐུལ་ཀྱི་གོ་དོན་ལྡན་པའི་གཏམ་བཤད་པ་དང་དངོས་པོ་སྤྲད་པ་སོགས་ལ་བརྟེན་ནས་བརྡ་སྤྲོད་པའི་གོ་དོན་ཀྱང་ཡོད་ལ། ཟློག་གི་བྱེད་ནུས་གཙོ་བོའང་འདིའི་རིགས་སུ་གཏོགས་པས་ཟློག་ཅེས་པའང་ལྡེའུའི་རིགས་ཤིག་ཡིན་པ་ལ་ངེས་ཤེས་བསྐྱེད་ཅིང་རིགས་བསྡུས་བགྱིས་ན་འགལ་བ་མེད་པར་འདོད་དོ།།

གཉིས་པ། ཟློག་གི་སྐད་ཆའི་སྒྱུ་རྩལ།

སྐད་ཆ་ནི་མིའི་རིགས་ཀྱི་ཆེས་གལ་ཆེ་བའི་འབྲེལ་འདྲིས་ཀྱི་ཡོ་བྱད་ཅིག་ཡིན་ལ། རྩོམ་རིག་གང་ཞིག་གི་བསམ་བློའི་ནང་དོན་ཀྱང་སྐད་ཆ་ཡིས་ད་གཟོད་མངོན་ཐུབ་པས། མི་རིགས་སོ་སོར་རང་ཉིད་ཀྱི་ཁྱད་ཆོས་སམ་རྩོམ་གཤིས་ལྡན་པའི་སྐད་ཆའི་སྒྱུ་རྩལ་ཐུན་མོང་མ་ཡིན་པ་རེ་ཡོད་སྲིད་ལ། སྐད་ཆར་ཡང་སྤེལ་སྦྱོར་ལེགས་མིན་དང་བརྗོད་བྱ་འཚམ་མིན། བརྡ་རྙིང་དང་མངོན་བརྗོད་སོགས་ཚིག་བརྗེད་ཅིང་གོ་དཀའ་བས་བཅིངས་པ་ཡོད་ལ། ཀློག་ན་ཁ་ལ་བདེ་ཞིང་ཉན་ན་རྣ་བར་སྙན་པ། དོན་གོ་སླ་ཞིང་ཡིད་དབང་འགུག་པའང་ཡོད་པས། སྐད་ཆ་ཡིས་ད་གཟོད་ཕྱི་རོལ་འཚོ་བའི་སྣང་ཚུལ་སོགས་ཕྱོགས་གཅིག་ཏུ་བསྡུས་ཏེ་རྩོམ་རིག་གི་རྒྱུ་ཆ་གྲུབ་པ་རེད། ཟློག་རྗེས་པ་ནི་སྐྱི་ཚོགས་འཚོ་བའི་སྣང་ཚུལ་ཞིག་ཡིན་ལ། ཟློག་རྗེས་མཁན་ནི་དངོས་ཡོད་སྤྱི་ཚོགས་ཁྲོད་ཀྱི་མི་ཡིན་པས། ཟློག་གི་སྐད་ཆ་རེ་རེའང་སྤྱི་ཚོགས་འཚོ་བ་ལས་བྱུང་ཞིང་། འཚོ་བའི་བརྙན་རིས་ཇི་མ་ཇི་བཞིན་པ་ལས་བརྒལ་བའམ་མངོན་པར་མཐོ་བའི་སྒྱུ་རྩལ་རིགས་ཤིག་ཀྱང་ཡིན། དེ་བས་ན་ཟློག་གི་སྐད་ཆའི་སྒྱུ་རྩལ་ལའང་ཐུན་མིན་གྱི་ཁྱད་ཆོས་མང་དུ་འདུག་མོད་རྒྱས་པར་དོགས་ཏེ་འདིར་དཔེ་མཚོན་ཙམ་འགོད་པར་བྱའོ།།

གཅིག དཔེ་དོན་འབྲེལ་ཆགས་པ།

གཏམ་དཔེ་མེད་དེ་གོ་དཀའ། སྟོད་ཕོང་མེད་དེ་འཇུ་དཀའ་ཞེས་པའི་དཔེ་ལྟར། སྒྱུ་རྩལ་ལམ་མཛེས་པ། ཡང་ན་གནས་ལུགས་སོགས་གཏིང་ཟབ་པའི་དོན་རྣམས་དཔེ་ཡིས་བརྗོད་ན་གོ་སླ་བ་ལས། ཐད་ཀར་

①དུང་དཀར་བློ་བཟང་འཕྲིན་ལས། དུང་དཀར་ཚིག་མཛོད་ཆེན་མོ། ཀྲུང་གོའི་བོད་རིག་པ་དཔེ་སྐྲུན་ཁང་། 2002ལོར་པར། ཤོག་ངོས་1172

རྫེན་པར་བརྗོད་པ་དཀའ་ཞིང་བརྗོད་པའི་དབང་དུ་བཏང་ནའང་ཡུལ་ཅན་གང་དེའི་དབང་པོའི་གསོས་སུ་འགྱུར་མི་སྲིད་ལ། སྒྱུ་རྩལ་གྱི་རིན་ཐང་ཡང་མངོན་དུ་འགྱུར་མི་ཐུབ་པས། དཔེས་མཚོན་པའི་སྐད་ཆའི་སྒྱུ་རྩལ་ཐུན་མོང་མ་ཡིན་པ་འདི་ཉིད་གནའ་སྔ་མོ་ནས་བོད་མི་རིགས་ཀྱི་སྤྱི་ཚོགས་འཚོ་བར་ས་ཁྱབ་རྫོ་ཁྱབ་ཏུ་སོང་ཡོད། རྫིག་རྗེབ་པའང་གནའ་སྔ་མོ་ནས་བོད་མི་རིགས་ཀྱི་བསམ་བློའི་ཞིང་སར་རྩ་བ་ཚུགས་ཤིང་རྩེ་མོ་རྒྱས་པའི་སྲོལ་རྒྱུན་གྱི་གྱོད་དོན་ཐག་གཅོད་བྱ་ཐབས་ཤིག་ཡིན་པས། འདི་ཉིད་སྐད་ཆ་དང་མ་འབྲེལ་བ་མི་སྲིད་ལ། དཔེ་འཛོག་གི་སྒྱུ་རྩལ་མཚོན་ཐབས་ཀྱིས་ཀྱང་མངོན་པར་ཕྱུག་ཡོད་དེ། དཔེར་ན་སྔོན་ཁྱིམ་ཚང་ཞིག་གི་རྟ་རྐུན་ལ་ཤོར་ཞིང་། རྟ་རྐུན་སུ་ཡིན་པ་གོ་བས་ཕན་ཚུན་གྱོད་ལ་ཆད་པ་དང་། དེར་གཟུ་བ་གདན་དྲངས་ཏེ་གྱོད་བཤད་པ་ལ། གྱོད་པས་ཕ་རོལ་པོ་རྟ་རྐུན་དུ་ངོས་གཟུང་བའམ་རྟ་རྐུན་རེད་ཅེས་པར་རྫིག་བརྗབས་པ་ལ། "《ངའི》སེ་ལུ་བྲུག་དཀར་རྨ་བྱ་འདྲ་བོ། ། ཀྱི་སེར་སྔོ་ནག་ཆུ་རྫོ་འདྲ་བོ། ། རྗེ་ཁྲ་ཡག་རྨིག་སྣེ་མི་ཐོགས་ནོ། ། ཆུ་རྨ་ཆུ་རྨིག་ངོ་མི་འགོ་ནོ། ། གཅིག་ཡོད་ན་འདོགས་དབང་མ་བྱིན། ། གཉིས་ཡོད་ན་འཚོ་དབང་མ་བྱིན། ། ཁྱིམ་ཕ་བའི་ནང་རྫོངས་ར། ཕུ་ཏུང་གི་ཁ་མཐུད་བྱས་ཡོད་ལ་མེད་རྫས" ①ཞེས་པ་ལྟ་བུར་མཚོན་ན། རྟ་བདག་གིས་རང་གི་བོར་སོང་བའི་རྟ་ཡི་ཁྱད་ཆོས་དཔེ་ཡི་སྒོ་ནས་བསྟན་པའི་ཤོར་དུ་རྐུ་མཁན་ཁྱོད་ཡིན་ཚུལ་བསྟན་པ་སྟེ། རྟ་སེ་སེ་བྲུག་ཐོག་དཀར་པོ་ཅན། ཡག་སྤུ་ཁ་འཛོམས་པ་རྨ་བྱ་ལྟར་མཛེས་པ་བཤད་དེ། སེ་བོ་བྲུག་དཀར་ལས་རྟ་མདོག་གསལ་བོར་བསྟན་ཅིང་། རྟ་དེ་ནི་རྟ་གཞན་དང་མི་མཚུངས་བའམ་རྟ་རང་ག་བ་ཞིག་མ་ཡིན་པར་ཡག་སྤུ་ཁ་མཛེས་ལྡན་རྨ་བྱར་འགྲན་ནུས་ལ། ཀྱི་སེར་སྔོ་ནག་ཆུ་རྫོ་འདྲ་བོ་ཞེས་པ་ལས་རྟ་ཀྱི་སེར་སྔོ་ནག་གི་ཆ་འདྲིས་པ་ཆུ་ནང་གི་རྫོ་དང་འདྲ་བ་སྟེ། དེའང་རྟ་ཤ་མེད་རིད་པོ་ཉམ་ང་བ་ཞིག་གཏན་ནས་མ་ཡིན་པར། ཆུ་རྒྱུན་གྱིས་ཡུན་དུ་བརྫབས་པ་ལས་ཟ་ཟུར་མངོན་གསལ་མིན་པར་འཇམ་ཤ་དང་ལྡན་པ། འཁྱིང་རྟུང་ངམ་འོད་འཁྲུག་པའི་ཆུ་རྫོ་ཞིག་དང་འདྲ་ཞེས་རྟ་ཤ་ཆེན་ཞིག་ཡིན་པའི་དཔེར་ཆུ་རྫོ་བཀོད་པ་འཚོ་བར་ཁད་ཉེ་ཞིང་། རྒྱུན་ལྡན་གྱི་འཚོ་བའི་ཁྲོད་ཀྱི་ཆེས་རྒྱུན་ལྡན་གྱི་བྱ་དངོས་དཔེ་རུ་བཀོད་ཡོད་པས་མངོན་སུམ་ལྟར་ཉན་པོའི་སྣང་ངོར་འཆར་ཐུབ་པའོ། ། འོ་ན་རྨ་བྱ་དཔེ་རུ་བཀོད་པ་འབྲོག་པས་རྒྱུན་དུ་མཐོང་ཐུབ་བམ་ཟེར་ན། སྐྱོན་མེད་དེ་བོད་མིའི་སྣང་ངོར་རྨ་བྱ་ནི་མཛེས་པའི་ཕུད་དམ་གཙུག་ཏུ་འགོད་པའི་དཔེ་འཛོག་ཆུང་དུས་ནས་ཁ་བྱང་ན་བྱང་དུ་སོང་ཡོད་པས། རྨ་བྱ་རྒྱུན་དུ་མ་མཐོང་ཡང་། རྨ་བྱ་ཞེས་པ་ནི་རང་རང་གི་སེམས་ངོས་ཀྱི་མཛེས་པ་གང་དེའི་མཚོན་བྱེད་ལྟ་བུར་གྱུར་ཡོད་པ་སླུ་དང་ལ་གཞས་སོགས་ལས་ཀྱང་

①བཤད་མཁན། LMJ. མཚོ་སྔོན་ཞིང་ཆེན་མགོ་ལོག་བོད་རིགས་རང་སྐྱོང་ཁུལ་རྨ་ཆེན་རྫོང་གི་མི་ཡིན།

མཁྱེན་ཐུབ་པས་སོ། །དེ་ལྟར་ཡག་སྤྱུ་ཁ་དང་ཤ་ཆེན་ཞིག་ཡིན་པ་དཔེ་རུ་བཀོད་པའི་རྫང་གཞིའི་སྟེང་། སླར་ཡང་རྟ་དེ་གཉིས་ཀྱི་ཁྱད་ཆོས་ལ་ཁ་སྐོན་གྱི་ཚུལ་དུ་ཛ་ཁྲ་ཡག་རྨིག་སྣ་མི་ཐོགས་སོ། ཆུ་རྨ་ཆུ་རྨིག་ངོ་མི་འགོ་ནོ་ཞེས་ཟླ་རི་སོགས་རི་རྒྱུད་མཐོན་པོ་གང་ལ་འགོས་ནའང་རྨིག་སྣེར་མི་ཐོགས་པའམ་རྨིག་སྣ་རྗེ་ལ་མི་ཐོགས་པ་སྟེ། ལ་མཐོན་པོར་འགོས་ན་བཟང་ཞིང་རྒྱུད་པ་མི་འདར་བ། ཟླ་རྗེ་སོགས་ཀྱི་གནོད་པ་མི་ཐེབས་པ། ཆུ་ཆེན་པོར་བརྒལ་ན་དར་ཞིང་འགྲོས་མགྱོགས་པའི་ཚུལ་བཅས་ཅུང་ཟད་རབ་རྟོག་གི་ཚུལ་གྱིས་དཔེ་རུ་བཀོད་པ་རེད། འདི་ལྟ་བུའི་ཡག་སྤྱུ་ཁ་འཛོམས་ཤིང་གོམ་ལག་བདེ་བ། ཤ་ཤེད་རྒྱས་ཤིང་བྱང་ལམ་ཆོད་པའི་རྟ་ཕོ་གཉིས་དེ། རྟ་བདག་རྒད་པོར་འཚོ་དབང་དང་འདོགས་དབང་མ་བྱིན་པར་ཤོར་སོང་བ་དེ། ཁྱེད་ཚང་གི་ཕོ་བའི་ནང་རྫོངས་དང་ཕུ་རུང་གི་ཁ་མཐུད་བྱས་སམ་མ་བྱས་ཞེས་པ་སྟེ། ཕོ་བའི་ནང་རྫོངས་དང་ཕུ་རུང་གི་ཁ་མཐུད་ཅེས་རྟ་ཤ་ཟོས་པའམ་རྟ་ལྤགས་ཀྱིས་ཕུ་རུང་ལ་སྣེ་མཐུད་རྒྱག་པ་མི་སྲིད་ཀྱང་། ཁྱེད་ཚང་གིས་རྟ་བཀུས་ཏེ་བཙོངས་པའམ་བདག་ཏུ་བཟུང་སོང་བ་སྟེ། དེ་ལྟར་ཡིན་མིན་གྱི་གནས་ལུགས་དང་རྒྱུ་མཚན་གསལ་པོར་ཤོད་ཅེས་བརྗོད་དོན་གང་ཞིག་ཚིག་ངོར་དྲང་ཐད་དུ་མི་སྟོན་པར་དེ་དང་མཚུངས་ཆོས་གང་རུང་ཞིག་ཡོད་པའི་དངོས་པོ་གཞན་དང་གཞན་ལ་དཔེ་ཅི་རིགས་སུ་བཞག་སྟེ་འཁྱོག་པོའི་ཚུལ་གྱིས་མཚོན[1]པར་བྱས་པ་སྟེ། བོད་དམངས་ཁྲོད་ཀྱི་འཚོ་བ་དང་བར་ཐག་ཤིན་ཏུ་ཉེ་བའི་བྱ་དངོས་གང་རུང་དཔེ་རུ་བཀོད་འདུག་པའི་ཁྱད་ཆོས་མངོན་འདུག་གོ། །

གཉིས། ཆགས་སྣང་གི་རུས་ཐོན་པ།

ཟློག་རྗེབ་པ་ནི་ཁེད་བཤད་པ་དང་འདྲ་བར་རྩེད་མཆར་གྱི་ཚུལ་དུ་དྲི་བ་དྲི་ལན་འགོད་པ་ཙམ་ཞིག་མ་ཡིན་པར། གཟབ་ནན་དང་གཏན་ཚིགས་ཀྱི་ཆ་ལ་ངེས་པར་མཉམ་འཛོག་བྱེད་དགོས་ཏེ། གལ་ཏེ་ནོར་འཁྲུལ་བྱུང་སོང་ན་ཀྱོད་དོན་ཡོངས་སུ་ཕམ་འགྲོ་བའི་ཉེན་ཁའང་ཤིན་ཏུ་ཆེ་བས་རང་སྣང་གང་ཤར་གྱིས་གདབ་ཚིག་པ་ཞིག་གཏན་ནས་མ་ཡིན་ནོ། །དེ་བས་ན་དེ་ལ་ཆགས་སྣང་གི་ཉམས་ཐོན་ཡོད་ཅིང་ལན་རེར་ཕན་ཚུན་ལ་ཤགས་འགྱེད་དང་མཐོང་ཆུང་། དམའ་འབེབས་བྱེད་པའི་ཚུལ་གྱིས་ཟློག་རྗེབ་པའམ་རྒྱལ་ཕམ་རྩོད་པའི་སྐབས་ཀྱང་ཡོད་དེ། "སྟར་སྨི་རྒྱང་བཀྲ་རྒྱ་ཟེར་བའི་རྒྱུ་འཁྱེར་བ་དང་ཐོབ་གོ་ས་ཅུང་ཟད་ཡོད་པའི་མི་ཞིག་དང་། འཁྲུམས་པ་འུག་ཆོ་ཞེས་འཁྱེར་བ་དང་རྒྱབ་རྩ་ཞན་པའི་མི་ཞིག་གྱོད་ལ་ཆད་པར། སྨི་རྒྱང་བཀྲ་རྒྱས་

---

[1] མགོན་པོ་སྐྱབས། བོད་ཀྱི་ཤེས་རིག་དཔྱད་རྩོམ་ཕྱོགས་བསྒྲིགས། ཀྲུང་གོ་བོད་ཀྱི་ཤེས་རིག་དཔེ་སྐྲུན་ཁང་། 2000ལོར་པར། ཤོག་ངོས་137

འཁྲམས་པ་ཞུག་ཚེ་ལ། ང་སྨི་རྐྱང་བཀྲ་རྒྱ་སྟག་རེད། ཁྱོ་འཁྲམས་པ་ཞུག་ཚེ་ཤ་རེད་ཛོས། ཞེས་དམའ་འབེབས་དང་མཐོང་ཆུང་གིས་ཕ་རོལ་པོ་ཁྲུད་གསོད་ཀྱི་སྡིག་ཚིག་ཅིག་ང་རྒྱལ་གྱིས་བརྫབས་པར། འཁྲམས་པ་ཞུག་ཚོས་གོ་སྐབས་དེ་དང་བསྟུན་ཏེ་སྡིག་གདབ་པ་ལ། ང་འཁྲམས་པ་ཞུག་ཚེ་ཤ་རེད། ཤ་ཅི་འདྲ་ངན་ཙང་ཞྭ་རེད། ཁྱོད་སྨི་རྐྱང་བཀྲ་རྒྱ་སྟག་རེད། སྟག་ཅི་འདྲ་བཟང་ཙང་སྟན་རེད”①ཅེས་སྡིག་ལན་སྤྲན་པས་རྒྱལ་སོང་བའི་བཤད་སྲོལ་འདུག་པ་ལྟར། སྡིག་རྫེབ་སྐབས་ཕ་རོལ་པོར་མཚང་འབྲུ་དང་དམའ་འབེབས་སོགས་ཆགས་སྡང་ཙུས་སུ་ཐོན་པ་ཤགས་འགྱེད་དང་ཡང་ཤིན་ཏུ་འདྲ་སྟེ། བོད་སྔོན་མགར་ཁྲི་འབྲིང་བཙན་བྲོད་དང་རྒྱ་སྔོན་ཝེང་གེར་ཞང་ཤེ་གཉིས་ཀྱིས་ཤགས་བཀྱེས་པའི་ཚིག་ལས། “མགར་ཁྲི་འབྲིང་གིས་ལན་བཏབ་པའི། །མང་ཉུང་གི་ཁར་སྨྲ་དོར་རོ། །བྱེ་ཞུ་མང་མང་ཡང་ཁྲ་ཆིག་གི་ཉོད་པའི། །ཉེ་ཞུ་མང་མང་ཡང་སྲམ་ཆིག་གི་ཉོད་པ། །ཤ་བ་རྭ་མང་སྟེ་འཁྱེན་ཏམ། གཡག་ཙུ་ཐུངེ་སྟེ། འཁྱེན་པ་བལྟོས། །ཐང་ཤིང་ལོ་བརྒྱའ་སྐྱེས་པ་ཡང་། །སྟ་རེ་གཅིག་གི་དགྲའོ། །ཞེས་དང་། །ཆུ་ཟངས་གང་གི་ནང་ན། །ལན་ཙ་ཕྲོར་གང་བཏབ་ན། །ཆུ་བྲོ་འམ། །ལན་ཙ་བྲོ་བ་བལྟ་འོ། །ཡང་དེ་ལས། ང་འི་དམག་ནི་རྩ་མང་པོ་ལ་ཟོར་བ་གཆིག་གིས་གཅོད་པ་དང་མཚུངས་སྟེ་ཆོད་ཀྱང་། །གཡག་ཆེན་པོ་ལ་མདའ་ཕྲ་མོས་འཕང་སྣ་སོད་ཀྱང་”②ཞེས་གཏམ་ལན་གནད་དུ་འཁེལ་བ་མཛད་འདུག་པ་ལྟ་བུ་སྟེ། འདིར་ཡང་ཕ་རོལ་པོ་ལས་བློ་རིག་པ་དང་ལུས་དཔའ་རྩལ་ཕྱོགས་ཡོངས་ནས་རྣམ་པར་རྒྱལ་ཆེད་འབད་བརྩོན་ལྷོད་མེད་བྱས་པ་སྟེ། དྲི་ལན་གནད་དུ་འཁེལ་ལ་དངོས་པོའི་ཆོས་ཉིད་དང་མཐུན་པར་མ་ཟད། ཤགས་འགྱེད་བཞིན་ཚོར་འདུ་ཤུགས་དྲག་པའི་ཁྱད་ཆོས་ཀྱང་འབུར་དུ་ཐོན་ཡོད་དོ། །

གསུམ། ཚིག་དོན་སྟུད་ཆེ་ལ་གཏན་ཚིགས་ཀྱི་རང་བཞིན་ལྡན་པ།

སྡིག་ཅེས་པ་ཉ་ཉུང་ཉོག་བསྲེས་ཀྱི་སྐད་ཆའི་ཕུང་པོ་མ་ཡིན་ལ། ལ་བཤད་ལུང་བཤད་ཀྱི་རྗོད་པ་མགོ་མཇུག་མི་གསལ་བ་ཞིག་ཀྱང་མིན་པར། དེ་ནི་ཀྲོད་ཡ་ཕྱོགས་གང་ཙང་གི་སྐད་ཆའི་ཉིང་ཁུ་ལྟ་བུ་ཡིན་དགོས་ཏེ། ཀྲོད་གཞི་གང་ཙང་ཞིག་ཕ་རོལ་ལས་རྒྱལ་བའི་ཆེད་དུ་བཟོས་པའི་སྐད་ཆའི་སྙི་གུ་ཞིག

①བཤད་མཁན། SNDZ. མཚོ་སྔོན་ཞིང་ཆེན་མགོ་ལོག་བོད་རིགས་རང་སྐྱོང་ཁུལ་དགའ་བདེ་རྫོང་གི་མི་ཡིན།

②གཉའ་གོང་དཀོན་མཆོག་ཚེ་བརྟན། བརྗ་སྙིང་ཡིག་ཆའི་ཚིག་དོན་ཀུན་གྲོལ། ཀན་སུའུ་མི་རིགས་དཔེ་སྐྲུན་ཁང་། 2010ལོར་པར། ཤོག་ངོས་399

དང་ཡང་འདྲ་བར། གཞན་དག་ཤེས་མེད་ཚོར་མེད་དང་དྲི་བའི་རྙི་རུ་ལྷུང་ཞིང་སླུགས་པར་བྱེད་ལ། དོགས་པའི་རྒྱ་རུ་ཚུད་དེ་རྫོངས་བར་བྱེད་ཀྱང་དགོས་པས། ཁ་དཔེ་ལའང་སྐད་ཆ་མང་ན་འཕྲུག་འགྲོ། སྐྱུད་པ་རིང་ན་ཆད་འགྲོ་ཞེས་པ་ལྟར། སྐད་ཆ་མང་ན་དོར་འཁྲུལ་འབྱུང་སླ་བས་ཚིག་ཐུད་ཆེ་ཞིང་བརྗོད་དོན་གནད་དུ་ཐིངས་པ། གཏན་ཚིགས་ངེས་ཅན་གྱིས་ཕྲུག་པ་ཞིག་ལ་ཕྱོགས་གཉིས་ཀས་ཅིས་ཀྱང་བརྩོན་དགོས་པ་ཞིག་སྟེ་དཔེར་ན། "སྤྲ་མཐིང་སྨུག་གི་སྒོ་དར་ཀླུང་གིས་བསྐྱོད་ས། གདན་ཕྱིང་དཀར་གྱི་ཁ་ཚུ་ཐིང་དེ་འཁྱིལ་ས། ཕ་ཁྲིམས་ཀྱི་བཀའ་དོག་ས། མ་ཁྲིམས་ཀྱི་སོ་རྗེ་ས། གཟུ་བ་བླུད་ཡིན་ས། གྱོད་པ་ཐད་ཡིན་ས་འདི་ནས། ཁྱོད་རྒྱ་མཚོའི་ནང་ལ་རྗེ་འཕེན་ས་དང་། ཁྲོམ་ར་ནང་ལ་ཚིག་བཤད་སར་ཐོན་ན། ཐོག་མར་ཁྲོས་སོ་སུམ་ཅུའི་དུང་སྒོ་ཕྱེས་ནས། ལྷེ་དར་མའི་མདུད་པ་བཤིག་ནས། ཁྱོད་མགོ་དར་འཕྲུ་ཅན་གྱི་རྫོག་དཀར་བྱེད་རྒྱུ་ཡིན་ད། རྒྱབ་ལྷུ་ཅན་གྱི་ཁྲབ་དཀར་བྱེད་རྒྱུ་ཡིན་ད། ལག་པ་དན་ཅན་གྱི་མདུང་མོ་བྱེད་རྒྱུ་ཡིན་ལན་ཐོབས"[1]ཞེས་པ་ལྟ་བུའི་ཐིག་ལ་མཚོན་ན། ཚིག་ངོས་རྒྱང་བར་གོ་བ་མི་ལོན་རྒྱུ་ཅི་ཡང་མེད་མོད། དེའི་ཤུགས་བསྟན་ནམ་རྒྱབ་ངོས་ནས་ལན་ལྡོག་དཀའ་བའི་གནད་ཅིག་ཡོད་པ་མཇུག་གི་ཚིག་རྐང་གསུམ་པའི་ནང་དུ་བསྡུས་ཀྱང་དོན་རྟོགས་ཐུབ་ལ། ཕ་རོལ་པོས་རེ་ཞིག་དྲི་ལན་མི་ཐོབ་པའི་གཏན་ཚིགས་ངེས་ཅན་ཞིག་ཀྱང་ལྡན་པ་རེད། སྐབས་འདིར་ཕ་རོལ་ཉན་པ་པོས་ཀྱང་ཐུད་ཆེ་བའི་ཚིག་དོན་གྱི་ཤུགས་བསྟན་ལས་སྣང་བརྙན་བསམ་གཞིགས་ཀྱི་རིག་སྟོབས་ལ་བརྟེན་ཅིང་། རྟོག་སྣང་གི་འཆར་སྒོ་རྒྱ་ཆེར་སྤེལ་ཏེ་སྙིག་སྒྱུར་བའི་གནད་ཀྱི་སྒྲོ་འདོགས་ཆོད་པར་བྱས་ནས་ཕ་རོལ་པོའི་དྲི་བར་དྲི་ལན་ལྡོན་དགོས་པ་རེད། ཡང་དཔེར་ན་གྱོད་ཀྱི་མ་ལན་གོས་གསུམ་མམ་གྱོད་གཞི་དེ་འབྱུང་བའི་རྒྱུ་རྐྱེན་ཕ་རོལ་པོ་ལས་བྱུང་ཚུལ་གྱི་རྒྱུ་མཚན་དང་གནས་ལུགས་འདྲེན་པའི་ཐིག་ལ། སྟར་མི་སྟེ་གཉིས་གྱོད་ལ་ཆད་དེ་ཕ་རོལ་པོ་གྱོད་གཞི་སློང་བའི་གཤེད་མ་ལྟ་བུ་ཡིན་ཚུལ་བཤད་པ་ལ། "རྒྱང་ཧོ་རིངས་ཀྱི་སྤྲིན་ཐོ་གནམ་ལ་མ་གཡུག་ན། དགུང་ཨ་སྟོན་གཡའ་རུ་གཡའ་དྭངས་སུ་འགྱུར་དོན་མེད། དགུང་ཨ་སྟོན་དེ་གཡའ་རུ་གཡའ་དྭངས་སུ་མ་གྱུར་ན། ནས་འབྲུ་དྲུག་སྟོན་མོ་དེ་སད་ཀྱིས་འཁྱེར་དོན་མེད། ནས་འབྲུ་དྲུག་དེ་སད་ཀྱིས་མ་ཁྱེར་ན། མཐར་ཞིང་བདག་རྒད་པོ་དེ་མུ་གེས་འཆི་དོན་ཡོད་ལ་མེད་རྫོས"[2]ཞེས་མི་རིགས་དང་ས་ཁུལ་གང་དེའི་བདེན་པར་འཛིན་པའི་བསམ་བློའམ་གནས་ལུགས་ཤིག་རྒྱབ་རྟེན་དུ་འཛོག་ཅིང་། དེ་ལ་རྒྱུ་འབྲས་ཀྱི་འབྲེལ་བ་ངེས་པར་གྲུབ་པ་ལྟར་གྱོད་ཀྱི་གཞི་མ་ནི་ཕ་རོལ་པོས་རྒྱུ་དེ་དང་འདི་ལྟ་བུ་བསགས་པ་ལས་བྱུང་བར་སྒྲུབ་པ་ལྟ་བུའོ། །ཐིག་ནི་བོད་མི་རིགས་ཀྱི་འཚོ་བ་ལས་བྱུང་ཞིང་འཚོ་

①བཤད་མཁན། LMJ. མཚོ་སྔོན་ཞིང་ཆེན་མགོ་ལོག་བོད་རིགས་རང་སྐྱོང་ཁུལ་རྨ་ཆེན་རྫོང་གི་མི་ཡིན།

②བཤད་མཁན། SNDZ. མཚོ་སྔོན་ཞིང་ཆེན་མགོ་ལོག་བོད་རིགས་རང་སྐྱོང་ཁུལ་དགའ་བདེ་རྫོང་གི་མི་ཡིན།

བ་དངོས་ལས་བརྒལ་བའི་སྒྱུ་རྩལ་གྱི་རྣམ་པ་ཞིག་ཡིན་ལ། ལྷག་པར་སྔོན་དུས་སུ་གྱོད་དོན་ཐག་གཅོད་སྐབས་ཀྱི་གྲུབ་ཆ་གལ་ཆེན་ཞིག་ཀྱང་ཡིན་པས། སྔར་ཡང་མི་དམངས་ཀྱི་འཚོ་བའི་གྲུ་ཟུར་གང་རུང་ནས་ཀྱང་ཚིག་གི་རྣམ་པའམ་གྱིབ་གཟུགས་མཐོང་ཐུབ་སྟེ། ཧོར་གླིང་གཡུལ་འགྱེད་ལས། "ད་ལོ་ཧོར་དམག་ཚུར་ཡོང་འདི། །སྔོན་པོ་ལན་ནམ་ལོ་མ་ལན། །ལྟང་ཆུང་ལན་ནམ་འབྲས་བུ་ལན། །ལྗོ་ཐྲིན་ལན་ནམ་བ་མོ་ལན། །ལན་ངེས་པའི་རྩ་བ་སུ་ལ་ཐུག །སྔོན་པོ་ལན་ན་རྩ་བ་འབྲེག །ལོ་མ་ལན་ན་རྩེ་ནས་བཞར། །ལྟང་ཆུང་ལན་ན་ཐན་པས་བསྙེག །འབྲས་བུ་ལན་ན་སེར་རྒོད་འབེབས། །ལྗོ་ཐྲིན་ལན་ན་རླུང་གིས་གཏོར། །བ་མོ་ལན་ན་སླུག་པས་འགེབས། །ལན་ཆེ་བའི་རྩ་བ་སུ་ལ་ཐུག" ①ལྟ་བུ་རྩོམ་རིག་གི་རྣམ་པའམ་འཚོ་བའི་གྲུབ་ཆ་གཞན་དང་གཞན་དུའང་ཚིག་གི་བློ་ཐབས་འགོད་དང་བཀོལ་བཞིན་པའོ། །

བཞི། གབ་སྦྲས་སམ་འཁྲུག་བརྗོད་ཀྱིས་བརྒྱན་པ།

ཁྱིར་སྲིད་ཀྱི་ལས་དོན་མང་པོ་ཞིག་གསང་རྒྱུར་འཛིན་དགོས་ཤིང་། བོད་བཙན་པོའི་སྐབས་སུའང་ལྡེའུའི་རིག་པ་བཀོལ་ཏེ་ཕ་རོལ་པོ་ལས་རྣམ་པར་རྒྱལ་བའི་སྐོར་མང་སྟེ། བཙན་མོ་སད་མ་ཀར་གྱིས་གཡུ་སྙིང་བསྒྱུར་བའི་སྐོར་དང་། བློན་པོ་མགར་རྒྱ་ནག་ཏུ་རྒྱ་བཟའ་སྤྱོང་བར་ཆས་ཏེ་ཕྱིར་ཕེབས་སྐབས་འཕྲིན་ལན་དུ་བཏང་བའི་གསང་གནད་མཚོན་པའི་སྐད་ལྟ་བུ་མང་ངོ་། །ཡང་ཚིག་ནི་ལྡེའུའི་གྲུབ་ཆ་གལ་ཆེན་ཞིག་ཡིན་པའི་ཆ་ནས་འཁྲུག་པོར་བརྗོད་པའམ་གབ་སྦྲས་ཀྱི་ཚུལ་དུ་བརྗོད་པའི་ཐུན་མོང་གི་ཁྱད་ཆོས་ཀྱང་བདོག་སྟེ། དཔེར་ན། "ཁྱོས་ངའི་ཡང་དག་ལྷ་ལམ་དཀར་པོའི་ནང་ལ། མི་དག་འདྲེ་མོའི་ཁང་རྗེས་ཞིག་བཀོད་ཡོད་ལ་མེད། ངའི་འབྲུ་དྲུག་ནས་ཀྱི་ཞིང་ནང་ལ། ལྷས་ངན་ཅི་གུའི་ཛ་རྗེས་ཞིག་ཕབ་ཡོད་ལ་མེད་ལྟ་བུ་དང་། ས་འདི་ནས་ཡར་ལ་ལྟོས་ར། རི་སེར་གསུམ་གྱི་རྩེ་མོ་དགུང་ལ་མཉམ་ནོ། ཆུ་དྭངས་མོའི་འབབ་སྐད་ཟེ་ལ་རྒྱུག་ནོ། ཕོ་ཟེ་ཁྲིབ་ཁྲིབ་ཟེར་ས་པོ། མོ་ཟེ་གཡུ་སྐད་གྲག་ས་པོ་འདི་ན། རྫ་ཡར་སྐྱེས་སྨན་ཧོག་གི་རྩེ་མོ་མེད་ནོ། རྫ་མར་སྒྱུར་བཟང་དྲུག་གི་རྩ་བ་མེད་ནོ། སྐྱ་ཐེང་ངེ། སྐྱོ་ལྷང་ངེ་ཡོད་ནོ་འདི། ཁྱོས་ཤ་ཡིས་ཟོས་ཐལ་ཟེར་རྒྱུ་ཡིན་ན། གླ་ཡིས་ཟོས་ཐལ་ཟེར་རྒྱུ་ཡིན། དྲིས་ཀི་ཨ་ལན་དྲང་གི་ཚུགས། བཤད་ཀི་སྐད་མགོ་གསལ་གི་ཚུགས" ②ཞེས་པ་ལྟ་བུ་གྱོད་གཞི་བཤད་པར་ཐད་ཀར་དུ་ཁྱོད་ཀྱིས་ངེད་ལ་མི་འདོད་པའི་བྱ་བ་འདི་བྱས་སམ་མ་བྱས། ངའི་རྟ་བརྐུས་སམ་མ་བརྐུས། ཁྱོད་ཀྱིས་ངེད་ཀྱི་རྫ་ཟོས་སམ་མ་ཟོས་ཞེས་པ་ལྟ་བུ་བྲོ་མེད་ཀྱི་ཚིག་ནག་མ་ཡིན་པར། འཁོར་ལ་རྒྱུས་ཆེ་བའི་དཔེ་ཡིས་

①གཅོད་པ་དོན་གྲུབ་དང་ཆབ་འགག་རྟ་མགྲིན། ཧོར་གླིང་གཡུལ་འགྱེད། མི་རིགས་དཔེ་སྐྲུན་ཁང་། 2000ལོར་པར། ཤོག་གྲངས་986
②བཤད་མཁན། LMJ. མཚོ་སྔོན་ཞིང་ཆེན་མགོ་ལོག་བོད་རིགས་རང་སྐྱོང་ཁུལ་རྨ་ཆེན་རྫོང་གི་མི་ཡིན།

རབ་ཏུ་བརྒྱན་ཏེ་ཕ་རོལ་པོར་འཕྲོག་པོར་བརྗོད་པའམ་བསྟུས་པའི་ཚུལ་གྱིས་བརྗོད་པས། བོད་སྐད་ཤེས་མཁན་སུས་ཉན་ཀྱང་ཡིད་དབང་འཕྲོག་ལ་རབ་རིབ་ཀྱི་མཛེས་ཆོར་དབང་མེད་སྐྱེ་ཐུབ་པ་ཞིག་ཡིན་ནོ། །

རིག་གཞུང་ངམ་རིགས་ལམ་གང་ཞིག་ཡིན་རུང་དེ་ལ་དམིགས་བསལ་ལམ་གཏན་འཁེལ་གྱི་ཐག་གཅོད་བྱེད་ཐབས་ཤིག་མེད་པར། རང་རང་སོ་སོའི་བློ་གྲོས་ལ་བརྟེན་ནས་དོན་རྐྱེན་གང་རུང་ཐག་གཅོད་བྱེད་པའམ་གནད་དོན་བྱེ་བྲག་པར་བྱེ་བྲག་གི་ཐག་གཅོད་བྱེད་ཐབས་སྤྱད་ན་འཚམ་པ་ལྟར། ལྡེའུའི་རིག་པའམ་ཐེག་གི་རྗེས་སྟངས་གང་ཡིན་རུང་སྤྱོད་དོན་ཁོ་ནར་བཀོལ་དགོས་པ་ཞིག་མ་ཡིན་པར། འཚོ་བའི་ཁྲོད་ཀྱི་གནད་དོན་གང་རུང་ལའང་དེའི་རིགས་ལམ་འོས་འཚམ་གྱིས་བཀོལ་ཆོག་ཆོག་ཡིན་ཏེ། གླིང་སྒྲུང་ལས། “དེའི་ཕྱི་ཉིན་མགར་བས་བུ་ཆུང་ནང་ལ་བོས་ནས། བུ་ཆུང་ཁྱོད་ཀྱིས་ལས་ག་ཅི་ཤེས་དྲིས་པས། ངས་ཆོས་མེད་ཀྱི་འཁོར་ལོ་མི་བསྐོར། ཕྱི་དགྲ་ནང་ལ་མི་ལེན། ནང་གི་རྒྱུ་ཇས་ཕྱི་ལ་མི་འཕུད། དེ་མ་གཏོགས་ལས་ག་ཅི་ཡིན་ཡང་ཤེས་ཟེར། མགར་བས་དེ་རྣམས་ལས་དགོས་རྒྱུ་ཞིག་མ་རེད། དེ་མ་ཡིན་པའི་ལས་ག་རེ་ཤེས་ན་གལ་ཆེ་ཟེར། དེའི་ཕྱི་ཉིན། བུ་ཆུང་ཁྱོད་ཀྱིས་ལག་བསྐོར་གྱིས་རྫམ་པ་འཐག་ཤེ་ཐུབ་ཟེར་བས། ངས་ལག་བསྐོར་མི་ཤེས། ཁ་སང་ཁྱོད་ལ་ཆོས་མེད་ཀྱི་འཁོར་ལོ་མི་བསྐོར་ཟེར་བ་དེ་ཡིན་ཟེར། འོ་ན་ཁྱོད་ཀྱིས་ཁང་བའི་ནང་དུ་རྡུལ་ཕྱགས་ཡག་པོ་ཞིག་བྱེད་དགོས་ཟེར། ཨ་ཕ་ལགས། ངས་ཁ་སང་ནང་གི་རྒྱུ་ཇས་ཕྱི་ལ་མི་འཕུད་ཟེར་བ་དེ་ཡིན་ཟེར། འོ་ན་ཁྱོད་དེ་རིང་བུད་ཤིང་འཐུ་རུ་སོང་ཟེར་བས། དེ་ངས་ཁ་སང་ཕྱི་དགྲ་ནང་ལ་མི་ལེན་ཟེར་བ་དེ་ཡིན་ཟེར”[①]ཞེས་པ་ལྟ་བུ་སོགས་ནི་ཐེག་གི་རིགས་ལམ་དེ་སྤྱི་ཚོགས་འཚོ་བར་རྒྱུན་འབྱམས་སུ་སོང་བའི་རྣམ་པར་མཐོང་ཞིང་། ཡང་སྒྲུང་ཚ་དཀར་རྒྱན་གྱིས་རང་གི་བུ་ལ་གསེར་སྲང་བདུན་བསྐུར་ཚུལ་སོགས་ལས་ཀྱང་དེ་དག་གི་རྣམ་པ་དྲན་འཛིན་གྱི་ཡོལ་གོར་ངོས་སུ་མངོན་སུམ་འཆར་ཐུབ་པའོ། །

གསུམ་པ། ཐེག་གི་བྱེད་ནུས།

བོད་གནའ་རབས་ཀྱི་ངག་རིག་ལྡེའུ་ནི་ཤེས་བྱའི་གནས་ལུགས་རྟོགས་པའམ་བློ་སྐོ་འབྱེད་ཅིང་རྟག་པར་སྲིད་སྐྱོང་བའི་ཕྱོགས་སུ་བཀོལ་བར་མངོན་ལ། དུས་ཀྱི་འགྱུར་བ་དང་སྤྱི་ཚོགས་འཕེལ་རྒྱས་ཀྱི་འགྲོས་དང་བསྟུན་ནས་ལྡེའུ་འདིའང་སྔར་ལས་ཆ་ཚང་ངམ་སྣ་འཛོམས་རང་བཞིན་ཅན་དུ་གྱུར་བ་སྟེ། ཐོག་མར་ཁེད་ཀྱི་རྣམ་པ་ཚིག་རྐྱང་བའམ་ཁེད་ཙམ་དུ་འདོད་ཀྱང་ཆོག་མོད། སྤྱི་ཚོགས་ཀྱི་ལམ་ལུགས་དང་ངོ་བོར་འགྱུར་ལྡོག་བྱུང་ཞིང་མི་རྣམས་ཀྱི་བློ་རིག་ཇེ་མཐོད་དུ་སོང་བའི་སྐབས་སུ་སྔར་བཞིན་ཁེད་ཙམ་གྱིས་རྒྱལ་

①གཅོད་པ་དོན་གྲུབ་དང་ཆབ་འགག་རྟ་མགྲིན། ཏོར་གླིང་གཡུལ་འགྱེད། མི་རིགས་དཔེ་སྐྲུན་ཁང་། 2000ལོར་པར། ཤོག་ངོས་1080

སྲིད་བསྐྱངས་སོ་ཟེར་ན་ཙུང་ཟད་མི་འཚམ་ལ། བོད་རྒྱལ་སྤུ་དེ་གུང་རྒྱལ་དུས་ཀྱི་མགུར་གླུ་སོགས་ལས་ཀྱང་སྐབས་དེ་དང་དེའི་ཡར་མར་གྱི་མི་རྣམས་ཀྱི་བསམ་བློའི་ཆུ་ཚད་རྟོགས་ནུས་ཤིང་། སྐབས་དེ་དང་དེ་དག་གི་མཇུག་ཏུ་ཁིད་ཙམ་བཤད་པས་རྒྱལ་སྲིད་སྐྱོང་མི་ནུས་པར་འདོད། དེས་ན་ལྡེའུའི་གབ་བྱའི་ནང་དོན་རྒྱ་ཇེ་ཆེ་དང་གཏིང་ཇེ་ཟབ་ཏུ་སོང་བ་དང་གབ་བྱེད་ཚིག་སྦྱོར་ཕུན་སུམ་ཇེ་ཚོགས་སུ་ཕྱིན་ཏེ་ངག་ལྡེའུ་དང་ཡིག་ལྡེའུ་སོགས་སུ་གྱེས་ཤིང་། ངག་ལྡེའུ་ཀྱང་རྩེད་མཚར་སོགས་སུ་སྤྱོད་པའི་ཁིད་དང་ཤགས་འདེབས་དང་སྒྲུང་བཤད་སོགས་སྲིད་ཕྱོགས་སུ་སྤྱོད་པའི་ཚིག་སོགས་སུ་གྱེས་པར་འདོད་དོ། །

ལྡེའུ་ནི་ཁིད་དམ་ཁིད་དང་ཆ་འདྲ་བ་ཞིག་གམ་བརྗོད་བྱའི་དོན་དངོས་གབ་སྟེ་ཕ་རོལ་པོར་མགོ་རྨོངས་པར་བྱེད་པ་ཞིག ཡང་ན་ཆབ་སྲིད་ཀྱི་གསང་བརྡ་སྟོན་བྱེད་ཅིག་ཅེས་པ་སོགས་ལ་རགས་པར་བསམ་ན། ཐོག་མའི་ལྡེའུ་ལ་ཨ་ཆགས་ཆགས་དགུ་དང་ཐེམ་ཉེར་ཕ་བ་ཆེ་སོགས་དཔེ་ཏུ་དྲངས་འདུག་པའང་དོན་ལ་གནས་ཤིང་། དེ་དག་གི་རྨང་གཞིའི་སྟེང་ནས་ཁྱབ་ཆེ་བའི་སྒོ་ནས་ཆབ་སྲིད་སྐྱོང་བྱེད་ཀྱི་ལྡེའུ་དང་རྩེད་མཚར་གྱི་ལྡེའུ་སོགས་སུ་གྱེས་ཏེ་ད་ལྟ་དམངས་ཁྲོད་དུ་གྲགས་པའི་ཚིག་དང་ཁིད་སོགས་བྱུང་བར་འདོད་ན་འཚམ་པར་འདོད། དེ་ལས་ལྡེའུའམ་ཚིག་གིས་བརྗོད་བྱའི་དོན་དངོས་གབ་སྟེ་ཕ་རོལ་པོར་བརྡ་སྟོན་པར་བལྟས་ན། སྐབས་དེའི་ལྡེའུའམ་ཚིག་གི་ཐོག་མའི་རྣམ་པ་དེའང་ཕལ་ཆེར་གསང་འཕྲིན་ལ་འབྲེལ་བ་ཆེ་བར་འདོད་དེ། ངག་གམ་བརྡ་ཐབས་སྣ་ཚོགས་བརྒྱུད་ནས་གསང་བ་སྐྱེལ་བ་ཞིག་ཡིན་པར་མངོན། དེ་བཞིན་ཚིག་བརྡབ་པའམ་རྫུ་གདབ་ཅེས་པའི་གདབ་ནི་མཚོན་ཆ་དང་དབྱུག་པ་སོགས་ལ་གོ་བའང་འདུག་པས། ཚིག་ཅེས་པའང་ངག་ལྡེའུ་ཙམ་དུ་མ་ཟད་པར། རྫས་ལྡེའུ་ཡི་ནུས་པའང་ཞར་ལ་ཡོད་དམ་སྙམ་ཡང་འགོད་དུ་ཏུང་བའི་དཔེ་མཚོན་མ་རྙེད། གང་ལྟར་ངག་ལྡེའུ་ཡི་རིགས་སུ་གྱུར་པའི་ཚིག་ནི་བརྗོད་བྱ་དངོས་གབ་སྟེ་ཕ་རོལ་པོར་གསང་འཕྲིན་གཏོང་བའམ། རིག་པ་འགྲན་ཏེ་ཕ་རོལ་པོ་ལན་མེད་པར་བཏང་རྗེས་རྒྱལ་ཁ་བླངས་པ། ལྷག་པར་འགལ་ཟླ་ལས་བྱུང་བའི་གྲོད་དོན་སྣ་ཚོགས་ཐག་གིས་གཅོད་པའམ། གྲོད་ཀྱི་གཞི་མ་གསལ་པོར་རྟོགས་པར་མེད་དུ་མི་ཏུང་བའི་སྲིད་སྐྱོང་བྱ་ཐབས་ཤིག་སྟེ། "བོད་བློན་རྣམས་རྫུས་མའི་སྤྲང་པོ་ཞིག་བཏང་བྱུང་ངོ་། །དེར་བློན་པོ་ལོག་པའི་སྐད་བྱས་ཏེ་ར་ཕོ་རྒྱ་བོ་ལ་ངོ་ཤེས་མི་བྱའོ། །ཁ་རོག་སྡོད་ལ་ཀུ་ཅོ་ཐོང་། །ནག་མོ་ལྕགས་མཁར་ཐུག་ནས་ཡོད། །ལུང་པ་ཕུ་བཏུག་མདའ་བཏུགས་སུ། །ཐུ་ཏུ་ཅོ་བྲགས་ཁོང་ལ་ཞོག །དར་དཀར་དྲིལ་ལ་དར་ནག་བསྒྲིད། །ཟླ་བས་ཉི་མའི་རྩ་ཏུ་སླེབ" ①ཞེས་པ་དང་། ཏུན་ཧོང་དུ་བཞུགས་པའི་བོད་ཀྱི་ལོ་རྒྱུས་ཡིག་རྙིང་ལས།

①ས་སྐྱ་བསོད་ནམས་རྒྱལ་མཚན། རྒྱལ་རབས་གསལ་བའི་མེ་ལོང་། མི་རིགས་དཔེ་སྐྲུན་ཁང་། 1981ལོར་པར། ཤོག་ངོས་119

“བཙན་མོ་ལྷ་ལྕམ་སད་མ་ཀར་གྱིས་བཙན་པོས་མངགས་པའི་ཕོ་ཉ་ལ་བླངས་པའི་མགུར་ལ། མཆིལ་པ་འི་ནི་ཏུ་སྲུབས་ལ། །སྟག་ནི་ཤ་བཏགས་ཤིང་། །གཡས་སུ་ནི་མ་ཡོ་ཤིག །གཡོན་དུ་ནི་མ་ཧྲལ་ཅིག །གཡས་སུ་ནི་ཡོ་བ་ན། །སོ་བྱ་ནི་གྲི་ཐོ་ཆུང་། །གཡོན་དུ་ནི་ཧྲལ་བ་ན། །སྲམ་བུ་ནི་གོང་ཏེ་དཏུལ། །མར་གྱི་ནི་ཆང་ཆང་ལ། །སྒུར་གྱིས་ནི་མ་མནབས་ན། །སིང་པྱི་ནི་གནངས་སླད་ན། །སྲམ་གྱིས་ནི་འཚལ་ཏ་རེ། །ཟ་དུར་ནི་བཏབ་ཀྱང་ཏུང་” ①ཞེས་པ་སོགས་ཀྱི་ངག་ལྡེའུ་དག་ཀྱང་སྐབས་དེའི་རྩིག་གི་གྲིབ་གཟུགས་ཙམ་མེད་པ་ཞིག་ཏུ་མཐོང་ལ། ཡང་རྗེས་ཀྱི་བོད་སིལ་བུའི་སྐབས་སུ་རྗེ་བཙུན་མི་ལ་རས་པའི་ཡུམ་མྱང་ཚ་དཀར་རྒྱན་གྱིས། “རང་རེ་མ་བུ་གཉིས་ཀའི་ཕྱིར་དུ་སྡོག་ཐོན་དམ་པར་གྱིས། རྒྱགས་ཆད་ན་ལུང་བ་ཁ་བྱང་དུ་ལྟ་བ། སྤྲིན་ནག་པོ་ལྡིང་ཞིང་། སྐར་མ་སྨིན་དྲུག་འཆར་བའི་འོག་ན་རང་རེའི་ཉེ་ཚན་གྲོང་བ་བདུན་ཡོད་པས། དེ་ནས་རྒྱགས་ཅི་འདོད་ཡོངས། ཟད་མ་ཆོད་ན་ལུང་བ་དེའི་ནང་ན་རྣལ་འབྱོར་བ་འདི་རང་བཞུགས་པ་ཡིན་པས་གཞན་དུ་མ་འདྲི་བྱ་བ་ཞིག་འདུག” ②པ་སོགས་གང་ལ་བལྟས་ཀྱང་ད་ལྟའི་རྩིག་གི་འཕེལ་རྒྱས་ཀྱི་གོ་རིམ་ཞིག་ཏུ་ངེས་ཏེ། གསང་འཕྲིན་བཏང་སྟེ་དམག་བརྡ་རྒྱུག་པའམ་གསང་བའི་སྒོ་ནས་བརྡ་སྟོན་པའི་ཐབས་ལམ་མཆོག་ཏུ་གྱུར་བ་ཞིག་ཡིན། དེ་བས་ན་ཐོག་མའི་རྩིག་གི་རྣམ་པ་བཅད་ལྕུག་གང་ཏུང་དུ་སྣང་ཞིང་། བརྗོད་བྱའི་དོན་ལ་འདུ་སྟོབས་ཞན་པའམ་རྫོང་བྱེད་ཚིག་ལ་ལྕུག་བརྗོད་ཀྱི་ཆའང་འདྲིས་པ་ལྟར་སྣང་ཡང་། དུས་ཀྱི་འཕེལ་འགྱུར་ཁྲིད་རྩ་བ་གཅིག་ལ་རྩེ་མོ་དུ་མར་གྱེས་ཏེ་སོ་སོའང་རང་གི་ཐུན་མིན་ཁྱད་ཆོས་ཤིག་ལ་འཕེལ་འགྱུར་བྱུང་སོང་བ་ཞིག་ཡིན། དེས་ན་ལྡེའུས་ཆབ་སྲིད་བསྐྱངས་ཞེས་པའང་རྩིག་གི་རྣམ་པར་གོ་ཆོག་ཅིང་དེའང་གཙོ་བོ་གསང་འཕྲིན་སྐྱེལ་བྱེད་ཀྱི་ལག་ཆ་ལྟ་བུའི་བྱེད་ནུས་ཏེ། ད་ལྟ་འཛམ་གླིང་གི་རྒྱལ་ཁབ་སོ་སོར་སྤྱོད་པའི་གློག་འཕྲིན་གྱི་ཚབ་བྱེད་ཚིག་ལ། གསང་འཕྲིན་དེ་དཀྱིལ་མཁན་ཀྱང་མི་ཁྱད་པར་བ་ཞིག་ཡིན་དགོས་པར་མ་ཟད་སྐད་འབྱེར་མཁན་ཀྱང་མི་རང་ག་བ་ཞིག་གིས་མི་ནུས་པས་ངེས་པར་སྨྲ་བརྗོད་དག་ཅིང་ཡིད་འཛིན་བཟང་བ་ཞིག་དགོས་པ་རེད། རྩིག་གིས་གསང་འཕྲིན་སྐྱེལ་ནུས་པའི་རྨང་གཞིའི་སྟེང་ནས་རྩིག་གིས་གསང་བའི་སྒོ་ནས་གྲོད་དོན་ཐག་གཅོད་པའམ་གྲོད་གཞི་ལ་རྟོག་དཔྱོད་བྱེད་པའི་ཐབས་ལམ་ཉིད་པ་སྟེ། དེ་ཡང་མི་སུ་ལའང་ཤེས་སུ་མ་བཅུག་པར་གྲོད་དོན་ཐག་བཅད་པའི་དོན་མ་ཡིན་པར། བརྗོད་བྱའི་དོན་དངོས་གབ་སྟེ་རྫོད་བྱེད་དཔེ་འཇོག་དང་འཁྲུག་བརྗོད་ཀྱི་སྒོ་ནས་བརྡ་སྤྲོད་པ་དང་། སླར་ཡང་བརྡ་ལན་ལྡོན་པ་སོགས་ཀྱི་བྱེད་ཐབས་

①དབང་རྒྱལ་དང་བསོད་ནམས་སྐྱིད། ཏུན་ཧོང་ནས་ཐོན་པའི་བོད་ཀྱི་ལོ་རྒྱུས་ཡིག་ཆ། མི་རིགས་དཔེ་སྐྲུན་ཁང་། 1992ལོར་པར། ཤོག་ངོས་58

②ཙུས་པའི་རྒྱན་ཅན། མི་ལ་རས་པའི་རྣམ་མགུར། མཚོ་སྔོན་མི་རིགས་དཔེ་སྐྲུན་ཁང་། 1981ལོར་པར། ཤོག་ངོས་43

ཁྱད་པར་བ་ཞིག་ཡིན་པས་ན་རྙིག་ལ་ཆབ་སྲིད་སྐྱོང་བའི་བྱེད་ནུས་ལྡན་ནོ་ཞེས་ཀྱང་སླའོ། །

སྟོམ་བྱང་།

འཇུ་མི་ཕམ་རིན་པོ་ཆེས། “ལྡེའུ་ནི་ད་ལྟ་སྡེབས་རྒྱུགས་པའམ་བསྐྱིལ་བར་ཡང་གྲགས་ཞེས་བཤད་དེ། གྲོང་བ་ཕལ་བ་དག་གི་ཁ་མཚར་གྱི་གབ་ཚིག་དང་ཆ་འདྲ་བའོ” ①ཞེས་ལྡེའུ་དང་ཁེད་གཉིས་ཆ་འདྲ་བ་ཞིག་ཡིན་པར་གསུངས་པ་ལས་ལྡེའུ་དང་ཁེད་གཉིས་ཡོངས་སུ་གཅིག་གོ་ཞེས་ཁ་ཚོན་བཅད་མི་འདུག་ལ། མཁས་དབང་ནམ་མཁའི་ནོར་བུས། “ཁོགས་འདི་རིགས་ལྡེའུ་དངོས་མིན་ནའང་ལྡེའུ་ཞེས་པ་དེའི་ཆ་ལག་ཅིག་ཡིན་ངེས་པ་དང་། གནའ་བོའི་མི་བརྒྱུད་རྣམས་ཀྱིས་ཀྱང་ཁོགས་འདི་རིགས་བེད་སྤྱོད་བྱས་ཡོད་པ་ལ་ཐེ་ཚོམ་ཅི་ཞིག་ཀྱང་མེད། འོན་ཀྱང་ལྡེའུ་ཞེས་པ་དེ་ཁོགས་རིགས་ཁོ་ནར་ངོས་འཛིན་པ་དེ་ནི་ནོར་ཚབས་ཤིན་ཏུ་ཆེ་བ་ཞིག་སྟེ” ②ཞེས་པའི་ཁོགས་ནི་ཁེད་ལ་ངོས་འཛིན་དགོས་ཤིང་། ཁེད་ནི་ལྡེའུའི་བྱེ་བྲག་ཅིག་ཡིན་པ་ལས་ལྡེའུ་དང་ཁེད་ནི་བརྡ་གསར་རྙིང་གི་ཁྱད་པར་རམ་དོན་གཅིག་མིང་གི་རྣམ་གྲངས་ཙམ་མིན་པའང་གསལ་པོར་བསྟན་ཡོད་པ་རེད། དེས་ན་ཁེད་ཅེས་པ་ནི་དམངས་ཁྲོད་དུ་དར་ཆེ་ཞིང་ཚོགས་ཀྱི་དབུས་སུ་ཀུ་རེ་བྱེད་པ་དང་རིག་པ་འགྲན་པ་སོགས་ཀྱི་དོན་རྙེད་བྱེད་ཚིག་གིས་སྤྲས་ནས་བཤད་ཅིང་། དེ་ཨེ་ཁེད་མི་ཁེད་བལྟ་བའི་གབ་ཚིག་རིགས་ཤིག་སྟེ། དཔེར་ན་སྟོད་ཀི་ཚུ་རྗེ་དམར་ཡག ཛ་རྟའི་གྲི་ཟེག་བཏགས་ཡོད། སྨད་ཀི་ཕ་ལོང་རྡོ་བོ། གོས་དཀར་པོའི་ལྭ་ཟེག་མནབས་ཡོད། ཅི་ཁེད་ཅེས་པའི་ལན་དུ་རིམ་བཞིན་སྒོ་དང་གྲོད་པ་ཞེས་ལན་འདེབས་པ་ལྟ་བུ་རྩེད་མཚར་རམ་རིག་པ་སྦྱོང་བར་ཕན་པའི་དམངས་ཁྲོད་ཀྱི་རྩེད་རིགས་ཤིག་ཡིན་ལ། རྙིག་ནི་མི་སྙེར་རམ་ཚོགས་པ་གང་ཙུང་ཕན་ཚུན་གྱོད་ལ་ཐུག་པའི་ཚེ། གྱོད་པས་གཟུ་བ་བརྒྱུད་ཕན་ཚུན་ལ་དཔེ་སོགས་རྒྱན་གྱིས་སྤྲས་ཤིང་གབ་སྦས་ཀྱི་ཚུལ་གྱིས་དྲི་བ་འདོན་པའི་ངག་རིག་སྒྱུ་རྩལ་ཞིག་ཡིན་པས་གཙོ་ཆེར་གྱོད་བཤད་སོགས་སུ་བཀོལ་བ་རྒྱུག་ཆེ་ཞིང་། ཁེད་དང་འདྲ་བར་རྩེད་མོ་ཙམ་དུའང་མ་ཡིན་པར་གཟབ་ནན་དང་ཆགས་སྡང་གིས་གཏམས་པའི་ལྡེའུའི་རིགས་ཤིག་ཏུ་འདོད། རྙིག་དང་ཁེད་ཀྱི་བྱེད་ནུས་ཐད་ལ་བསམ་ནའང་ཁེད་ཀྱིས་རྒྱལ་རབས་ཉེར་བདུན་རིང་ཆབ་སྲིད་སྐྱོང་རྒྱུ་ཁོགས་པོར་སྣང་སྟེ། དྲང་པོ་ཐེམ་རིས་ལྷ་བ་ཆེ་ཅི་ཡིན་ཞེས་པ་ཁེད་ན་རྒྱལ་བ་དང་མ་ཁེད་ན་ཕམ་པའམ། ཨ་གཅིག་ཆ་གཅིག་ཅི་ཁེད་ཅེས་ཁེད་ན་རྒྱལ་བ་དང་མ་

①ཆབ་འགག་རྡོ་རྗེ་ཚེ་རིང་། བོད་ཀྱི་གབ་ཚིག་གི་བྱུང་འཕེལ་དང་ཁྱད་ཆོས་བརྗོད་པ། [J] བོད་ལྗོངས་ཞིབ་འཇུག 1989(1) ཤོག་ངོས་7

②ནམ་མཁའི་ནོར་བུ། ནམ་མཁའི་ནོར་བུའི་གསུངས་རྩོམ་ཕྱོགས་བསྒྲིགས། ཀྲུང་གོའི་བོད་རིག་པ་དཔེ་སྐྲུན་ཁང་། 2009ལོར་པར། ཤོག་ངོས་249

ཁེད་ན་ཕམ་པར་བརྩི་བ་ཙམ་གྱིས་གནས་ལུགས་དང་བདེན་པ་རྟོགས་དཀའ་ཞིང་མང་ཚོགས་ཀྱི་ཡིད་སེམས་ཀྱང་ཚིམ་དཀའ་བས། ལྡེའུས་ཆབ་སྲིད་བསྐྱངས་ཞེས་པའང་གཙོ་བོ་དམངས་ཁྲོད་སྒྲོད་བཤད་ཁྲོད་ད་དུང་གྲིབ་གཟུགས་མ་ཡལ་ཙམ་གྱི་ངག་རིག་སྒྱུ་རྩལ་ཞིག་ཅེས་པར་གོ་དགོས་ཤིང་། ལྡེའུ་དང་ཁེད་གཉིས་ཀུན་ནས་མཚུངས་པ་མ་ཡིན་པར་དེ་ལ་སྤྱི་བྱེ་བྲག་གི་ཁྱད་པར་ཡོད་ཅིང་ཞིག་ཅེས་པའང་ཁེད་དང་འདྲ་བར་ལྡེའུའི་བྱེ་བྲག་ཅིག་གོ། །

(རྩོམ་པ་པོ་ངོ་སྤྲོད། བློ་དབང་རྒྱལ་པོ། ཕ་ཡུལ། མཚོ་སྔོན་མགོ་ལོག ཀྲུང་དབྱང་མི་རིགས་སློབ་གྲྭ་ཆེན་མོའི་བོད་རིག་པ་ཞིབ་འཇུག་གླིང་གི2012ལོའི་ཤེས་རབས་པ།)
(མཇུབ་སྟོན་དགེ་རྒན། བཀའ་མགོན།)

དགེ་བའི་བཤེས་གཉེན་པོ་ཏོ་བ་ཆེན་པོའི་རྣམ་ཐར་རགས་བསྡུས།

འཕགས་པ།

ནང་དོན་གནད་བསྡུས། འདིར་གཙོ་བོ་དགེ་བའི་བཤེས་གཉེན་པོ་ཏོ་བ་མཆོག་གི་མཛད་རྣམ་ཐད་ཀྱི་རྒྱུ་ཆ་འཚོལ་སྡུད་བྱས་པ་བརྒྱུད་ལག་སོན་བྱུང་བ་དག་ནི། དང་པོ་རྒྱ་ཆེན་ཐོས་པ་མང་དུ་བཙལ། །བར་དུ་གཞུང་ལུགས་ཐམས་ཅད་གདམས་པར་ཤར། །ཐ་མར་ཉིན་མཚན་ཀུན་ཉམས་སུ་བླངས། །ཀུན་ཀྱང་བསྟན་པ་རྒྱས་པའི་ཆེད་དུ་བསྔོས། །ཞེས་པ་སྒྲོམ་གཞི་རུ་བླངས་ཏེ་པོ་ཏོ་བ་ཆེན་པོའི་རྣམ་ཐར་རགས་བསྡུས་སུ་འཁོད་ཡོད།

བརྗོད་ཚད་གཙོ་བོ། པོ་ཏོ་བ། རྣམ་ཐར། བཀའ་གདམས་པ།

དང་པོ། རྒྱ་ཆེན་ཐོས་པ་མང་དུ་བཙལ་བའི་ཚུལ།

གཅིག དགེ་བཤེས་པོ་ཏོ་བ་ངོ་སྤྲོད་མདོར་བསྡུས།

པོ་ཏོ་བ་རིན་ཆེན་གསལ་མཆོག (1027-1105) ①ནི "འཕན་ཡུལ་རིག་པའི་འབྱུང་གནས་ཀྱི་སའི་ཆ་སྲུས་བྲ་བོ་ཐང" ②དུ་ཡབ་གཤེན་སྲིད་ལ་ཕྱུག་སྐྱེ་སྲིད་པོ་ཞེས་པ་དང་། ཡུམ་རིགས་རྣམ་པར་དག་པ་ལེ་མོ་ཞེས་གྲགས་པ་གཉིས་ཀྱི་སྲས་སུ་སྐུ་འཁྲུངས་ཤིང་།③གདུང་རུས་གཉོས་ལ་གཏོགས། དགེ་བཤེས་པོ་ཏོ་བར་མཚན་གྱི་རྣམ་གྲངས་མང་དུ་མཆིས་ཀྱང་པོ་ཏོ་བ་ཞེས་འབོད་པའི་རྒྱུ་མཚན་ནི་འབྲོམ་སྟོན་པ་རྒྱལ་བའི་འབྱུང་གནས་བྱང་རྭ་སྒྲེང་དུ་སྐུ་གཤེགས་རྗེས་རྭ་སྒྲེང་གི་གདན་ས་ལོ་གཅིག་བསྐྱངས་མཐར་

①སྤྱི་ཁྱབ་རྩོམ་སྒྲིག་པ་ཁང་དཀར་ཚུལ་ཁྲིམས་སྐལ་བཟང་། རྗེ་ཙོང་ཁ་པའི་ལམ་རིམ་ཆུང་ངུའི་ལུང་ཁུངས་གསལ་བྱེད་ཟླ་ཤ། [M] གངས་ལྗོངས་ནང་རིག་མཐུན་ཚོགས་ཀྱིས་པར་སྐྲུན་བྱས། 2013ལོའི་ཟླ་3པར་པར། ཤོག་གྲངས་324

②ཞིས་པ་མི་ཕམ་ཟླ་བ་སོགས། དཔེ་རྒྱུན་དཀོན་པོའི་རྣམ་ཐར་ཕྱོགས་བསྒྲིགས་དམ་པའི་བཤུལ་ལམ་ཞེས་བྱ་བ་བཞུགས་སོ། ། [M] མཚོ་སྔོན་མི་རིགས་དཔེ་སྐྲུན་ཁང་། 2013ལོའི་ཟླ་6པར་པར། ཤོག་གྲངས་90

③ལས་ཆེན་ཀུན་དགའ་རྒྱལ་མཚན། བཀའ་གདམས་ཆོས་འབྱུང་གསལ་བའི་སྒྲོན་མེ། [M]བོད་ལྗོངས་མི་དམངས་དཔེ་སྐྲུན་ཁང་། 2003ལོའི་ཟླ་12པར་པར། ཤོག་གྲངས་360

ཐི་ལྷས་ལ་བརྟགས་ཏེ་དེར་མ་བཞུགས་པར་བྲག་རྒྱབ་ཏུ་ཕེབས་ཤིང་གནས་འདིའི་རི་པོ་ཏོ་སྟེ་པོ་ཐོ་ལྷ་བུ་ཞིག་ཡོད་པ་དེའི་སྟེང་དུ་དགོན་པ་བཏབ་ནས་བཞུགས་པས་པོ་ཏོ་བའམ་ཕུ་ཏོ་བར་གྲགས། རིན་ཆེན་གསལ་ཞེས་པ་ནི་ཡེར་པ་བ་རང་བ་རྫོག་བྱང་ཆུབ་འབྱུང་གནས་ཀྱིས་མཁན་པོ་དང་སླན་ཚུལ་བྱང་གིས་སློབ་དཔོན་མཛད་ནས་རབ་ཏུ་འབྱུང་སྐབས་བཏགས་པའི་མཚན་ཡིན། ①

གཉིས། བྱིས་པའི་དུས་ཀྱི་ཐུན་མོང་མ་ཡིན་པའི་གཤིས་རྒྱུད།

དགེ་བཤེས་པོ་ཏོ་བ་ནི་བྱིས་པའི་དུས་ནས་བྱམས་སྙིང་རྗེའི་ཐུན་མོང་མ་ཡིན་པའི་གཤིས་རྒྱུད་རང་བཞིན་དུ་མངའ་བ་ཞིག་སྟེ། "བྱིས་པའི་དུས་ནས་སེམས་ཅན་སྡུག་བསྔལ་གྱིས་མནར་བ་གསན་ནམ་གཟིགས་ན་ཐུགས་ནན་ཏར་མི་བདེ། བདེ་སྐྱིད་ལ་སྤྱོད་པ་གསན་ནམ་གཟིགས་པའི་ཚེ་དགྱེས་སྤྲོ་ཚད་མེད་པ་བསྐྱུན།" ②ཞེས་དང་། ཡང་ལན་ཅིག་སྐྱེ་བོ་གཞན་དག་གིས་དབུས་གཙང་གི "ཆུ་འདི་ཐམས་ཅད་ཀོང་ཆུ་ཀླག་བྱ་བ་ཅིག་ཏུ་ཆ། དེ་ན་བྱ་འདམ་སེལ་བྱ་བ་ཡོད་པས། ཆུ་དེ་ལ་མི་རོ་རྟ་རོ་ཐམས་ཅད་གསིལ། བྱ་དེ་ཤི་དེ་གསིལ་མཁན་མེད་པས་ཆུ་འཁྱིལ་འོང་ཟེར་བ་གསན་པས། བྱ་དེ་ཤིན་ཏུ་གཅེས་པར་འདུག་གོ་གསུངས་ནས། བྱ་དེ་ཤིའི་དོགས་ནས་ཐུགས་ལས་སུ་བྱུར། རྒྱ་ལམ་གྱི་འགྲོན་པོའི་སར་ནས། འགྲོན་པོ་ཀུན་ཁྱིད་ཅག་ཡུལ་དུ་ལོ་ལེགས་པར་ཤོག བྱིས་སུ་དོན་འགྲུབ་པར་ཤོག་ཅིག་ཅེས་སྨོན་ལམ་འདེབས་པ་ཡིན་པར་གདའ།" ③ དགེ་བཤེས་པོ་ཏོ་བ་ཁོང་རང་གིས་ཀྱང་། རང་གིས་དྲན་པ་རྙེད་པ་ནས་ཕ་རོལ་པོ་རྒྱལ་ན་དགའ། བདེ་ན་དགའ། སྐྱིད་ན་དགའ་བ་ལས། རང་རྒྱལ་བ་སོགས་བྱུང་ན་དགའ་སྙམ་པའི་རྟོག་པ་འོང་མ་མྱོང་ཞེས་གསུངས་པ་སོགས་ལས་དགེ་བཤེས་པོ་ཏོ་བ་མཆོག་ནི་སྐུ་ན་ཕྲ་བའི་དུས་ནས་ཕྲུ་གུ་གཞན་དང་བསྡུར་ན་ཁྱད་པར་དུ་འཕགས་པའི་དགེ་མཚན་ལྡན་པ་རེད།

①ལས་ཆེན་ཀུན་དགའ་རྒྱལ་མཚན། བཀའ་གདམས་ཆོས་འབྱུང་གསལ་བའི་སྒྲོན་མེ། [M] བོད་ལྗོངས་མི་དམངས་དཔེ་སྐྲུན་ཁང་། 2003ལོའི་ཟླ་12པར་པར། ཤོག་གྲངས་361

②དགེ་བཤེས་པོ་ཏོ་བ་སོགས། བཀའ་གདམས་ཀྱི་མན་ངག་བེའུ་བུམ་སྔོན་པོའི་རྩ་འགྲེལ། [M] གངས་ཅན་རིག་མཛོད་དེབ་གྲངས་བཅུ་དྲུག་པ། ཀྲུང་གོ་བོད་བརྒྱུད་མཐོ་རིམ་ནང་བསྟན་སློབ་གླིང་གི་སློབ་གཞི་རྩོམ་སྒྲིག་ཚོ་ཆུང་གིས་བསྒྲིགས། མི་རིགས་དཔེ་སྐྲུན་ཁང་། 1991ལོའི་ཟླ་2པར་པར། ཤོག་གྲངས་488

③ལས་ཆེན་ཀུན་དགའ་རྒྱལ་མཚན། བཀའ་གདམས་ཆོས་འབྱུང་གསལ་བའི་སྒྲོན་མེ། [M]བོད་ལྗོངས་མི་དམངས་དཔེ་སྐྲུན་ཁང་། 2003ལོའི་ཟླ་12པར་པར། ཤོག་གྲངས་360

གསུམ། དགེ་བའི་བཤེས་གཉེན་ཚུལ་བཞིན་བསྟེན་པ།

1.དགེ་བཤེས་སྟོན་པ་དང་མ་ཕྲད་པའི་སྔོན་དུ་བསྟེན་པའི་བླ་མ་དག

(1) ཡབ་གཤེན་སྲིད་ལ་ཕྱུག་ལས་བོན་ཆོག་བསླབས་པ།

བོན་ཆོས་ནི་བོད་ཀྱི་གདོད་མའི་ཆོས་ལུགས་ཡིན་ཞིང་ད་ལྟའི་བར་དུ་མ་ནུབ་པར་ཡོད་ལ། དགེ་བཤེས་པོ་ཏོ་བའི་ཡབ་ཀྱང་བོན་པོའི་སྐུ་གཤེན་ཞིག་ཡིན་པ་དང་། དགེ་བཤེས་ཁོང་སྐུ་ན་ཕྲ་བའི་དུས་སུ་ཡབ་ལས་བོན་ཆོག་བསླབས་ཡོད་དེ། "ཡབ་དེ་བོན་པོ་ཡིན་པས་དགེ་བཤེས་ཀྱིས་ཀྱང་བྱིས་པ་ཙ་ན་བོན་འདྲ་བ་ཡང་མཛད་པ་ལ། མ་མཉེས་པའི་བཀའ་སྐྱོལ་ཡང་གསུངས།"[①]ཞེས་པ་ལས་མཚོན་ནུས་ཤིང་ཁོང་གི་ཡབ་ནི་བོན་གྱི་སྐུ་གཤེན་ཞིག་ཡིན་པའི་ཆ་ནས་རང་གི་བུ་ཕྲུག་བན་གྱི་ཆོས་སྐོར་ཞུགས་པར་ཡིད་འཐད་བྱུང་བ་ལས་ཁོང་ཡང་བློ་ཁོག་ཡངས་པའི་སྐྱེས་བུ་དམ་པ་ཞིག་ཡིན་པ་མཚོན་ཐུབ་ལ་དགེ་བཤེས་པོ་ཏོ་བ་ནང་པའི་ཆོས་སྐོར་མ་ཞུགས་པའི་སྔོན་དུ་ཁོང་གི་ཤུགས་རྐྱེན་ཐེབས་ཡོད་པ་ནི་སྨོས་མེད་ཡིན་པས་ངེས་པར་གླེང་དགོས་པ་ཞིག་ཏུ་བསམ།

(2) བླ་མཆོད་ཞྭ་སྒོམ་བསྟེན་པ།

བྱིས་དུས་སུ་ཤ་ར་བ་ཤག་དབང་ཕྱུ་བ་གཤེགས་པའི་ཕུར་སྤྱངས་པ་ལ། འཇའ་འོད་སོགས་བྱུང་བ་ཡབ་ལ་དྲིས་པས། སྒོམ་ཆེན་ཞིག་གྲོངས་པ་རེད་ཅེས་བཤད་པས་རང་ཉིད་ཀྱིས་ཀྱང་སྒོམ་བསླབ་ན་ཅི་མ་རུང་སྙམ་ནས་ཐུགས་ལ་དགོངས། "དེ་ནས་ཡབ་ཀྱི་བླ་མཆོད་ཞྭ་སྒོམ་ཞེས་པ་གང་ཟག་ཁྱད་པར་ཅན་ཞིག་ཡོད་པ་དེ་ལས་བསྙེན་གནས་ཀྱི་སྡོམ་པ་བླངས"[②]ཤིང་ཕྱིས་སུ་ཞྭ་སྒོམ་ཁོང་ལ་མཉེས་པོ་ཡོད་ཅིང་གཉེན་པོ་དང་ལྡན་པ་ཅིག་འོང་བར་འདུག་དགོངས་ཏེ་ཡབ་ཡུམ་གཉིས་ལ་རབ་ཏུ་བྱུང་ལ་ཆོས་ཤིག་བྱེད་དུ་གཞུག་དགོས་ཞེས་ཡང་ཡང་བསྐུལ་ཞིང་གཞོན་ནུ་རང་ཉིད་ཀྱང་སྔོན་གོམས་པའི་བག་ཆགས་འཕྲུག་པོའི་མཐུས་སྲིད་འཁོར་བའི་གནས་ཐམས་ཅད་ཡིད་བརྟན་མི་རུང་བ་སྡུག་བསྔལ་གྱི་རང་བཞིན་དུ་རིག་ཅིང་། ཁྱད་པར་ཁྱིམ་གྱི་གནས་ནི་ཉོན་མོངས་དང་ཉེས་པར་སྤྱོད་པའི་འབྱུང་གནས་སྡུག་བསྔལ་གྱི་རྩ་བ་བཙོན་ར་ལྟ་བུར་གཟིགས་ནས་རབ་ཏུ་འབྱུང་བར་འདོད་འདུན་དྲག་པོ་སྐྱེས།

---

① ལས་ཆེན་ཀུན་དགའ་རྒྱལ་མཚན། བཀའ་གདམས་ཆོས་འབྱུང་གསལ་བའི་སྒྲོན་མེ། [M] བོད་ལྗོངས་མི་དམངས་དཔེ་སྐྲུན་ཁང་། 2003ལོའི་ཟླ་12པར་པར། ཤོག་གྲངས་361

② ཡོངས་འཛིན་ཡེ་ཤེས་རྒྱལ་མཚན། ལམ་རིམ་བླ་མ་བརྒྱུད་པའི་རྣམ་ཐར། [M] བོད་ལྗོངས་མི་དམངས་དཔེ་སྐྲུན་ཁང་། 1990ལོའི་ཟླ་5པར་པར། ཤོག་གྲངས་225

(3) རབ་བྱུང་གི་སྡོམ་པ་ལེན་སའི་བླ་མ་གཉིས།

དེ་ནས་སྨྲ་སྙོམ་གྱིས་ཕ་མ་གཉིས་ལ་རབ་ཏུ་བྱུང་ལ་ཆོས་ཤིག་བྱེད་དུ་གཞུག་དགོས་ཞེས་ཡང་ཡང་བསྐུལ་བ་དང་དགེ་བཤེས་རང་ཡང་རབ་ཏུ་འབྱུང་བར་འདོད་པའི་འདུན་པ་དྲག་པོ་ལྡན་པར་བརྟེན་ཕ་མ་གཉིས་ནས་ཀྱང་གནང་བ་ཐོབ་པར་བྱས། “དེ་ནས་ཡེར་པ་བ་རང་དུ་རྫོག་བྱང་ཆུབ་འབྱུང་གནས་ཀྱི་མཁན་པོ། བླན་ཚུལ་བྱང་ལ་སློབ་དཔོན་ཞུས་ནས་རབ་ཏུ་བྱུང་། མཚན་རིན་ཅན་གསལ་ཞེས་བྱ་བར་གསོལ” [1]བ་དང་། ཕྱིས་སུ་བླན་ཚུལ་བྱང་ལ་འདུལ་བ་གསན་པ་རེད།

(4) རྫོ་བོ་རྗེ་སོགས་ལས་ཆོས་གསན་པ།

“ཁུ་སྟོན་བརྩོན་འགྲུས་ལ་སོགས་པ་ལ་མཚན་ཉིད་ཀྱི་ཆོས་མང་དུ་གསན། བླན་ལ་འདུལ་བ་ཅུང་ཟད་གསན། རྫོ་བོ་ལ་ཡེར་པར་དགེ་བཤེས་སྟོན་པ་བྱུང་དུ་གསེར་འཚོལ་དུ་བཞུད་པའི་ཤུལ་དུ་ནག་ཚོས་ལོ་ཙྪ་བྱས་ནས་སྙོམ་རིམ་བར་པ་གཅིག་གསན་པ་ལ་སྐད་ནི་མ་ཤེས། བན་གསར་དུ་སོང་བས་བརྟ་གཞན་མེད་པསྡེ་ཏ་ལ་བླ་རྒྱུ་མང་པོ་འོང་བར་འདུག་པ་ལ། ལོ་ཙྪ་བ་ལ་ཅུང་ཟད་ལས་མི་འོང་བར་སྣང་གསུང་སྐད།” [2]

2.དགེ་བཤེས་སྟོན་པར་འཕྲད་པ།

དེ་ནས་དགེ་བཤེས་པོ་ཏོ་བའི་བསྙེན་གནས་ཀྱི་སྡོམ་པ་ཞུས་པའི་སློབ་དཔོན་སྨྲ་སྙོམ་གྱིས་ཁྱོད་སྒོམ་སྒྲུབ་པ་གཤའ་མ་ཞིག་བྱེད་འདོད་ན་བྱང་རྭ་སྒྲེང་ན་རྫོ་བོ་རྗེ་དཔལ་ལྡན་ཨ་ཏི་ཤའི་མན་ངག་ཡོངས་སུ་རྫོགས་པར་མངའ་བ་འབྲོམ་སྟོན་པ་ཞེས་བྱ་བ་བཞུགས་པས། དེའི་དྲུང་དུ་ཕེབས་ཏེ་མན་ངག་ཞུས་ན་ལེགས་ཚུལ་གྱི་བསྐུལ་མ་མཛད་པར་བརྟེན “དགུང་ལོ་ཉི་ཤུ་རྩ་བརྒྱད་པ་རྣམ་འཕྲང་ས་ཕྱི་ལ་བབ་པ་ནང་ཐོན་ལ་རྭ་སྒྲེང་དུ་ཕྱིན་ལ་དགེ་བཤེས་སྟོན་པ་ལ་དབྱར་འདི་གདམས་ངག་ཞུ། དེས་གདམས་ངག་ཕལ་ཆེར་ལོན་ཏེ་འཆི། སྟོན་བསོད་སྙོམས་བྱེད་གིན་ཁམས་སུ་ཕྱིན་ལ་མིང་ཏུས་ཚུན་ཆད་གསང་ལ་རི་ཁྲོད་འགྲིམ་ཞིང་སྒྲུབ་པ་ཉག་གཅིག་བྱ་སྙམ”cཞིང་ཕྱིས་སུ་རྭ་སྒྲེང་དུ་དགེ་བཤེས་འབྲོམ་སྟོན་པ་རྒྱལ་བའི་འབྱུང་གནས་ཀྱི་ཞབས་དྲུང་དུ་བསྙེན་ཏེ“དགེ་བཤེས་མཚན་ཉིད་དང་ལྡན་པ་དང་མི་འབྲལ་བར་བསྟེན་

---

①ལས་ཆེན་ཀུན་དགའ་རྒྱལ་མཚན། བཀའ་གདམས་ཆོས་འབྱུང་གསལ་བའི་སྒྲོན་མེ། [M]བོད་ལྗོངས་མི་དམངས་དཔེ་སྐྲུན་ཁང་། 2003ལོའི་ཟླ་12པར་པར། ཤོག་ངོས་361

②ལས་ཆེན་ཀུན་དགའ་རྒྱལ་མཚན། བཀའ་གདམས་ཆོས་འབྱུང་གསལ་བའི་སྒྲོན་མེ། [M] བོད་ལྗོངས་མི་དམངས་དཔེ་སྐྲུན་ཁང་། 2003ལོའི་ཟླ་12པར་པར། ཤོག་ངོས་362

③ཅིས་པ་མི་ཕམ་ཟླ་བ་སོགས། དཔེ་རྒྱུན་དཀོན་པོའི་རྣམ་ཐར་ཕྱོགས་བསྒྲིགས་དམ་པའི་བཤུལ་ལམ་ཞེས་བྱ་བ་བཞུགས་སོ། । [M] མཚོ་སྔོན་མི་རིགས་དཔེ་སྐྲུན་ཁང་། 2013ལོའི་ཟླ་6པར་པར། ཤོག་ངོས་92

དགོས་པར་དགོངས་ནས་ལོ་བདུན་བསྙེན་པ་ལ། དགེ་བཤེས་སྟོན་པའི་ཐུགས་ཀྱང་ཁེངས་པས། ཙོ་ཐང་འདིར་ཇོ་ལྷ་བུའི་མི་ཆེན་ཞིག་འབྱོན་པར་འདུག་བྱ་བ་གསུངས་པར་གདའ།”[1]དགེ་བཤེས་པོ་ཏོ་བས་དེ་ལྟར “འབྲོམ་རིན་པོ་ཆེ་བསམ་སྦྱོར་གཉིས་ཀྱིས་ཚུལ་བཞིན་དུ་བསྙེན་ཏེ་བྱང་ཆུབ་ལམ་གྱི་རིམ་པའི་ཁྲིད་ཞུས་པ་ན་འབྲོམ་རིན་པོ་ཆེས་རང་གི་སྲས་ཀྱི་ཐུ་བོ་བསྟན་པའི་བདག་པོར་འགྱུར་བར་གཟིགས་ནས་སྨིན་གྱི་འབྲས་བུ་ལྟར་བསྐྱངས། ལམ་གྱི་རིམ་པའི་དབུ་དགེ་བའི་བཤེས་གཉེན་བསྙེན་ཚུལ་ནས་ཐར་ཆགས་སུ་གདམས་ཤིང་དམིགས་སྐོར་རེ་རེ་ནས་བཤད་ཚོས་ཙམ་དུ་མ་ལུས་པར་རྒྱུད་ལ་སྐོར་ཏེ་སྦྱོང་བ་ཐོན་ངེས་སུ་འཁྲིད་པར་མཛད”[2]པ་དང་། དགེ་བཤེས་སྟོན་པ་སྤྱིར་སྐུ་མཆེད་གསུམ་པོ་ཐམས་ཅད་ལ་མཉེས་ཤིང་། ཁྱད་པར་པོ་ཏོ་བ་ལ་ངའི་ཇོ་བོ་ཆེན་པོ་གསུང་ནས་ཤིན་ཏུ་མཉེས་ཤིང་སྲས་ཀྱི་ཐུ་བོར་གྱུར།

3.འབྲོམ་སྟོན་པ་འདས་རྗེས་དགེ་བཤེས་དགོན་པ་བ་སོགས་བསྙེན་པ།

འབྲོམ་སྟོན་པ་སྐུ་གཤེགས་ཁར་དགེ་བཤེས་པོ་ཏོ་བར “བོད་ཕུ་དུང་ཙམ་འདི་ན་ཁྱོད་ཀྱི་དགེ་བཤེས་མ་མཐོང་གིས། བསྙེན་ས་མདོ་སྡེ་ལ་གྱིས་ཞེས་གདམས་ཏེ་ཞི་བར་གཤེགས”[3]ཤིང་། “འབྲོམ་གཤེགས་ནས་ཀྱང་རྣལ་འབྱོར་པ་དང་དགོན་པ་པས་སྐུ་མཆེད་གསུམ་མིག་གི་འབྲས་བུ་ལྟར་བསྐྱངས”[4]པ་རེད།

གཉིས་པ། གཞུང་ལུགས་ཐམས་ཅད་གདམས་པར་ཤར་བའི་ཚུལ།

དེ་ཡང་བཀའ་གདམས་གླེགས་བམ་ལས། དགེ་བཤེས་པོ་ཏོ་བ་འདི་ཉིད་བཤེས་གཉེན་འབྲོམ་རིན་པོ་ཆེ་རྒྱལ་པོ་དད་པ་བརྟན་པོར་སྐུ་འཁྲུངས་པའི་ཚེ་སྲས་ཆེ་བ་སངས་རྒྱས་འཛིན་པོ་ཏོ་བ། རྣ་-ཀླུ་འཛིན་ཕུ་ཆུང་བ། དགེ་འདུན་འཛིན་སྨྱུན་སྔ་བར་འགྱུར་བར་ལུང་བསྟན་ཡོད་ཅིང་། ཡང་དད་པ་བརྟན་པོའི་འཁྲུངས་རབས་ལས། སྲས་སངས་རྒྱས་འཛིན་ནི་འདི་ནས་ལོ་ནི་མི་རིང་བར་རིན་ཆེན་གསལ་ཞེས་བྱ་བ་རྒྱལ་བའི་འབྱུང་གནས་ཀྱི་སྲས་ཀྱི་ཐུ་བོར་གྱུར་ཅིང་། “འབྲོམ་རིན་པོ་ཆེ་ཁོ་ན་ལ་བརྟེན་ནས་བྱང་ཆུབ་ལམ་གྱི་རིམ་པའི་འགོ་དགེ་བའི་བཤེས་གཉེན་བསྙེན་ཚུལ་ནས་འབྲས་བུ་མི་སློབ་ཟུང་འཇུག་འགྲུབ་

---

①ལས་ཆེན་ཀུན་དགའ་རྒྱལ་མཚན། བཀའ་གདམས་ཆོས་འབྱུང་གསལ་བའི་སྒྲོན་མེ། [M]བོད་ལྗོངས་མི་དམངས་དཔེ་སྐྲུན་ཁང་། 2003ལོའི་ཟླ་12པར་པར། ཤོག་གྲངས་363

②ཡོངས་འཛིན་ཡེ་ཤེས་རྒྱལ་མཚན། ལམ་རིམ་བླ་མ་བརྒྱུད་པའི་རྣམ་ཐར། [M]བོད་ལྗོངས་མི་དམངས་དཔེ་སྐྲུན་ཁང་། 1990ལོའི་ཟླ་5པར་པར། ཤོག་གྲངས་226

③ལས་ཆེན་ཀུན་དགའ་རྒྱལ་མཚན། བཀའ་གདམས་ཆོས་འབྱུང་གསལ་བའི་སྒྲོན་མེ། [M]བོད་ལྗོངས་མི་དམངས་དཔེ་སྐྲུན་ཁང་། 2003ལོའི་ཟླ་12པར་པར། ཤོག་གྲངས་364

④ཡོངས་འཛིན་ཡེ་ཤེས་རྒྱལ་མཚན། ལམ་རིམ་བླ་མ་བརྒྱུད་པའི་རྣམ་ཐར། [M]བོད་ལྗོངས་མི་དམངས་དཔེ་སྐྲུན་ཁང་། 1990ལོའི་ཟླ་5པར་པར། ཤོག་གྲངས་231

པའི་བར་དམིགས་སྐོར་རེ་རེ་ནས་སྤྱོད་པ་ཕྱུལ་ཕྱིན་བཏོན་ཏེ་བསྐྱངས་པས་རྫོང་མེད་ཀྱི་སྤྱོད་པ་ཕྱུལ་ཕྱིན་འབྱུངས། དགེ་བཤེས་པོ་ཏོ་བའི་མཛད་པ་རྣམ་ཐར་བཀའ་གདམས་ཀྱི་དགེ་བཤེས་ཆེན་པོ་ཞིག་གིས་བསྟུས་པ་ནི་འདི་ལྟར། དགེ་བཤེས་པོ་ཏོ་བ་དེ་སྐྱེས་ཐོབ་ཀྱི་ལྷག་བསམ་ཅན། གནས་བརྟན་ཆེན་པོའི་གྲགས་པ་ཅན། བསྟན་པའི་ཁྲབ་གདལ་ཆེ་བ། སྡེ་སྣོད་ཀྱི་དོན་ཕྱིར་ཤར་བ། གཞུང་གི་བྱེད་པ་མཁས་པ། འདུལ་བའི་ཕྱག་ལེན་འཐེམས་པ། རབ་ཏུ་བྱུང་བའི་ཆ་ཐིངས་པ། བསྟན་པའི་བདག་པོ་ཞིག་བྱོན་པས། དགུང་དུས་དིང་སང་གི་བར་དུ་ཁས་བླངས་ལ་རྟོག་དཔྱོད་བྱེད་པའམ། སྡོམ་པའི་རྩིས་གཞི་འདིང་པའམ། སྡེ་སྣོད་ལ་བློ་ཁ་ཕྱོགས་པའམ། འདོད་པ་ལ་སྐྱོན་དུ་ལྟ་བའམ། ཡོན་ཏན་ལ་ངོམས་པ་བག་ཙམ་ཞིག་མཆིས་པ་འདི་དེའི་འོད་ལ་བརྟེན་པ་ཞིག་ལགས་པ་གདའ་གསུངས།”① ལམ་རིམ་བླ་བརྒྱུད་ལས། “དགེ་བཤེས་པོ་ཏོ་བ་དེ་ལམ་རིམ་འཆད་པའི་ཚེ་ལམ་སྒྲོན་རྩ་བར་བྱས་ནས། བཀའ་གདམས་གཞུང་དྲུག་དང༌། རིན་ཆེན་ཕྲེང་བ། སློབ་སྤྲིངས། བཤེས་སྤྲིངས། ཀ་མ་ལ་ཤཱི་ལའི་སྒོམ་རིམ་རྣམས་དང་སྦྱར་ཏེ་མཐའ་ཚོད་པར་མཛད” ཅེས་འཕོད་པ་ལྟར་དགེ་བཤེས་པོ་ཏོ་བས་བྱང་ཆུབ་ལམ་སྒྲོན་རྩ་བར་བྱས་ནས་བཀའ་གདམས་གཞུང་དྲུག་གི་འཆད་ཉན་རྒྱས་པར་སྤེལ་ཏེ་བཀའ་གདམས་གཞུང་པའི་སྲོལ་བཏོད་ཅིང་བཀའ་གདམས་ཞེས་པའི་སྒྲ་བོ་ཆེ་དེ་ཡང་ཁོང་གི་རིང་ནས་ཀུན་ལ་གྲགས་པར་གྱུར། “རྣམ་ཐར་གཙང་བ་དང༌། གདལ་ཆེ་བའང་ཁོང་ལས་བྱུང་བ་ཡིན་གསུངས། ཤིན་ཏུ་གཏིང་ཟབ་པས། ང་ལ་ཡོན་ཏན་འདི་ཡོད་མི་གསུང་ཡང༌། བྱང་ཆུབ་ཀྱི་ཐུགས་མངའ་བ། ཡི་དམ་གྱི་ཞལ་གཟིགས་པ། མངོན་པར་ཤེས་པ་རྒྱ་ཆེན་པོ་དང་ལྡན་པ་ལགས།” དགེ་བཤེས་ཆེན་པོ་པོ་ཏོ་བ་མཆོག་ནི་ཐོས་བྱུང་གི་ཤེས་རབ་རྨད་དུ་བྱུང་ཞིང་རྒྱལ་བའི་གསུང་རབ་ཐམས་ཅད་ལ་བྱང་ཆུབ་པར་མ་ཟད། སློབ་ཁྲིད་ཀྱི་བྱེད་ཐབས་ཀྱང་ཐུན་མོང་མ་ཡིན་པ་ཡོད་པས་ཐབས་དང་ཤེས་རབ་གང་ཅིའི་ཐད་དུའང་གཞན་གྱིས་དྲིང་མི་འཇོག་པའི་ཚད་དུ་སླེབས་ཡོད་པ་མཆོན།

གསུམ་པ། ཉིན་མཚན་ཀུན་ཏུ་ཉམས་སུ་བླངས་པའི་ཚུལ།

སྤྱིར་བཀའ་གདམས་པའི་དགེ་བའི་བཤེས་གཉེན་ནི་མདོ་སྔགས་གཉིས་དང་ཐོས་བསམ་སྒོམ་གསུམ་ཡ་མ་བྲལ་བར་བྱེད་ཅིང་སྐོས་སུ་དགེ་བཤེས་པོ་ཏོ་བ་གཙོ་བྱས་པའི་བཀའ་གདམས་གཞུང་པ་བ་དག་གིས་བྱང་ཆུབ་ལམ་སྒྲོན་དང་བཀའ་གདམས་གཞུང་དྲུག་སོགས་ལ་སློབ་གཉེར་བྱེད་པ་གཙོ་བོར་

①ཡོངས་འཛིན་ཡེ་ཤེས་རྒྱལ་མཚན། ལམ་རིམ་བླ་མ་བརྒྱུད་པའི་རྣམ་ཐར། [M]ལྷ་ས། བོད་ལྗོངས་མི་དམངས་དཔེ་སྐྲུན་ཁང་། 1990ལོར་པར། ཤོག་ངོས་229

འཛིན་ཅིང་སྐྱབ་པ་མཉམ་ལེན་གྱི་ཕྱོགས་ལ་ཐུགས་གཟབ་ཆེན་པོ་མཛད་པ་རེད། “འབྲོམ་གཤེགས་ནས་ཀྱང་རྣལ་འབྱོར་པ་དང་དགོན་པ་བ་འདས་ཀྱི་བར་ལོ་བཅོ་བརྒྱད་ར་སྒྲེང་ཉིད་དུ་སྐྱབ་པ་རྩེ་གཅིག་ཏུ་བཞུགས།” ①ཞེས་དང་། “ཉམས་ལེན་གྱི་དུས་སུ་རྩེ་གཅིག་ཏུ་དྲིལ་ནས་རང་གི་སེམས་ལ་བལྟ་བ་གོམས་པར་མཛད་ཅིང་ཟས་བསོད་སྙོམས་དང་གདན་གཅིག ན་བཟའ་ཕྱག་དར་ཁྲོད་ཀྱི་འཕྱིང་ཊུལ་ཚུ་རྩས་ཁ་བསྒྱུར་ཏེ་དྲུབ་པ་ཞིག་མནབས་པའང་རལ་བ་བཙེམ་ལོང་མེད་པར་ཅི་དགར་བོར་ཏེ་སྒོམ་གྱིན་བཞུགས།” ② གཞན་ཡང “དགེ་བཤེས་པོ་ཏོ་བ་དེ་འབྲོམ་རིན་པོ་ཆེ་ལ་གསང་སྔགས་ཀྱི་མན་ངག་རྣམས་མཐིལ་ཕྱིན་པར་ཞུས་ནས་བླ་མེད་ཀྱི་ལམ་རིམ་གཉིས་ཀྱིས་ཉམས་ལེན་མཐར་ཕྱིན་པར་མཛད་པ་ཞིག་ཡིན་ཡང་གསང་སྔགས་ཤིན་ཏུ་གསང་བར་མཛད་ནས་རྒྱུན་གྱི་དམ་ཚིག་གི་རྫོར་དྲིལ་ཉེ་གནས་ཀྱིས་ཀྱང་ཞིང་དུ་གཤེགས་ནས་མ་གཏོགས་མ་མཐོང” ③ཞེས་ལམ་རིམ་བླ་བརྒྱུད་དུ་གསལ། “དེ་ཡང་ལན་ཅིག་སྦྱིན་བདག་ཅིག་གིས་གཡུ་གྲུ་དམར་ཆེན་པོ་ཞིག་ཕུལ་བ་ན་ཕྱག་ཏུ་མ་བཞེས་པར་མདུན་དུ་ཞོག་ཅིག་པའི་བཀའ་མཛད། བསྔོ་བ་ལེགས་པར་མཛད། ཕྱི་ཉིན་དགེ་བཤེས་དཔོན་སློབ་རྣམས་ཕྱོགས་གཞན་ཞིག་ཏུ་ཐེབས་པ་ན་སྦྱིན་བདག་དེ་ཡིད་མ་ཆེས་པར་བཞུགས་སར་བལྟར་ཕྱིན་པས་གཡུ་དེ་སྔ་ཉིན་གང་བཞག་ས་དེར་མཆིས་པ་རེད།” ④ དགོན་པ་བ་འདས་ནས་སྐུ་མཆེད་གསུམ་གྱིས་ཕ་བོང་ཐང་དུ། “ཁྱེད་ཅག་ཚེ་འདི་ལ་མི་ལ་ཆོས་བཤད་མི་བྱ། བན་མོའི་བསྙེན་བཀུར་མི་བཟའ། སྡེ་པ་དང་དགོན་པ་བདག་ཏུ་མི་བཟུང་། སྐྱེ་བ་ཕྱི་མ་བྱམས་པ་དང་། ཇོ་བོའི་སྤྱན་སྔར་སྨོན་ལམ་གདབ། གཅིག་ལ་གཅིག་བརྟེན་དུ་བྱས་ལ་དགེ་སྦྱོར་སྣབས་གཅིག་ཏུ་བྱའོ་ཞེས་གྲོས་མཛད་དོ། ། དེ་མིན་དགེ་བཤེས་པོ་ཏོ་བའི་མཛད་སྤྱོད་རགས་རིམ་རྣམས་གླིང་བྱ་རབ་པས་སྔོམས་སུ་བཀོད་པ་འདི་ལྟ་སྟེ། གཞན་གྱི་དཔོན་དང་གཡོག་མི་བྱ། ། གཞན་སེམས་མི་དཀྲུག་སེམས་མི་བཟུང་། ། བསྡེ་བསླད་མི་བྱ་འབྲེལ་མི་བྱ། ། ཕྱོགས་འཛིན་མི་བྱ་འདྲིས་མི་བྱ། ། གྲོང་དུ་བྱ་ཞིང་འགྲོགས་དཀར་བྱ། ། རྟེན་བཞེང་བ་དངད་རྟེན་ལ་མཆོད། ། གླེག་འདོན་སྦྱིན་གཏོང་བྱ་བ་ཡང་། ། རྒྱ་ཆེན་ཡོངས་སུ་སྤྱང་ནས་ནི། ། རང་གི་ཟས་གོས་འཚོ་བ་ཡང་། ། ངན་ངོན་ཙམ་གྱིས་ཚོག

①ཐིས་པ་མི་ཕམ་ཟླ་བ་སོགས། དཔེ་རྒྱུན་དཀོན་པོའི་རྣམ་ཐར་ཕྱོགས་བསྒྲིགས་དམ་པའི་བཤུལ་ལམ་ཞེས་བྱ་བ་བཞུགས་སོ། ། [M]མཚོ་སྔོན་མི་རིགས་དཔེ་སྐྲུན་ཁང་། 2013ལོའི་ཟླ་6པར་པར། ཤོག་ངོས་100

②ཐིས་པ་མི་ཕམ་ཟླ་བ་སོགས། དཔེ་རྒྱུན་དཀོན་པོའི་རྣམ་ཐར་ཕྱོགས་བསྒྲིགས་དམ་པའི་བཤུལ་ལམ་ཞེས་བྱ་བ་བཞུགས་སོ། ། [M]མཚོ་སྔོན་མི་རིགས་དཔེ་སྐྲུན་ཁང་། 2013ལོའི་ཟླ་6པར་པར། ཤོག་ངོས་100

③ཡོངས་འཛིན་ཡེ་ཤེས་རྒྱལ་མཚན། ལམ་རིམ་བླ་མ་བརྒྱུད་པའི་རྣམ་ཐར། [M]ལྷ་ས། བོད་ལྗོངས་མི་དམངས་དཔེ་སྐྲུན་ཁང་། 1990ལོར་པར། ཤོག་ངོས་234

④ཡོངས་འཛིན་ཡེ་ཤེས་རྒྱལ་མཚན། ལམ་རིམ་བླ་མ་བརྒྱུད་པའི་རྣམ་ཐར། [M]ལྷ་ས། བོད་ལྗོངས་མི་དམངས་དཔེ་སྐྲུན་ཁང་། 1990ལོར་པར། ཤོག་ངོས་230

བྱ་ཞིང་། དབེན་པའི་གནས་སུ་སོང་ནས་ནི། །སྒྲུབ་པའི་སྙིང་པོར་བླང་བར་བྱ། །” ①ཞེས་སྐྱ་མཆེད་གསུམ་པོས་འབྲོམ་རིན་པོ་ཆེ་དང་དཔལ་ལྡན་དགོན་པ་བ་སོགས་བླ་མ་དམ་པ་དག་དགོངས་པ་མ་རྫོགས་ཀྱི་བར་ཚུལ་བཞིན་བསྟེན་ཏེ་རྒྱ་ཆེན་ཐོས་པ་མང་དུ་བཙལ་ཞིང་དགེ་བའི་བཤེས་གཉེན་རྣམས་དགོངས་པ་རྫོགས་རྗེས་སྒྲུབ་པ་ཉམས་ལེན་ལ་རྩེ་གཅིག་ཏུ་གཞོལ་བ་རེད།

བཞི་བ། ཀུན་ཀྱང་བསྟན་པ་རྒྱས་པའི་ཆེད་དུ་བསྒོས་པའི་ཚུལ།

གཅིག བུ་སློབ་བསྐྱངས་པའི་ཚུལ།

ལམ་རིམ་བླ་བརྒྱུད་གསོལ་འདེབས་སུ། “རྒྱལ་བའི་གདུང་འཚོབ་བཤེས་གཉེན་པོ་ཏོ་བ། །རྣམ་དཔྱོད་འགྲན་ཟླ་བྲལ་བའི་ཤ་ར་བ། །བྱང་ཆུབ་ཐུགས་ཀྱི་བཀའ་བབས་འཆད་ཁ་བ། །འགྲོ་བའི་རེ་སྐོང་གསུམ་ལ་གསོལ་བ་འདེབས། །” ② ཞེས་གསུངས་པ་ལྟར་དགེ་བཤེས་པོ་ཏོ་བ་མཆོག་ནི་བཤད་བརྒྱུད་དང་སྒྲུབ་བརྒྱུད་གཉིས་ཀ་མངའ་ཞིང་མདོ་སྔགས་ཟུང་ཡ་མ་བྲལ་བར་རྒྱལ་བའི་དགོངས་པ་མཐིལ་ཕྱིན་པར་རྟོགས་པ། ཁྱད་པར་བུ་སློབ་སྐྱོང་བ་ནི་རྩལ་དུ་ཐོན་འདུག་པར་བསམ་སྟེ། དགེ་བཤེས་པོ་ཏོ་བའི་འཁོར་དུ་ཆོས་ཉན་བཏང་གི་གྲྭ་པ་སྟོང་ལྷག་འདུས་ཤིང་། དེ་རྣམས་སྡོམ་གསུམ་གྱི་བཅས་མཚམས་དག་པ་བསྲུང་བ་ཡོངས་རྫོགས་ཀྱི་ཉམས་ལེན་ལ་གཅིག་ཏུ་གཞོལ་བ། སྒོ་གསུམ་གྱི་སྤྱོད་པ་ཐམས་ཅད་དགེ་བཤེས་པོ་ཏོ་བ་ཉིད་ཀྱི་རྗེས་སུ་སློབ་པ་ཤ་སྟག་བྱུང་བས་མཚན་སྙན་གྲགས་གང་སར་ཁྱབ་ཅིང་བོད་དུའང་རབ་ཏུ་བྱུང་བ་སྟོང་ཙམ་རྣམ་ཐར་གཅིག་ལ་འགོད་ནུས་པའི་སེམས་དཔའ་ཆེན་པོ་བཞུགས་འདུག་ཅེས་གྲགས། དེ་ཡང་ལམ་རིམ་བླ་བརྒྱུད་ལས། “བཀའ་བབ་ཀྱི་བུ་ཆེན་བརྒྱད་དུ་གྲགས་པ་ནི། དང་ཚུགས་མཆོག་ཟུང་གཅིག་ལ་འགྲན་པ་ཞིག་ཡོད་པའི་བཀའ་དགེ་བཤེས་ཕོ་བྲང་སྡིང་པ་ལ་བབ། རྩོད་པ་པཎྜི་ཏའི་རྒོལ་བ་ཡང་བཟློག་ནུས་པའི་བཀའ་དགེ་བཤེས་དོལ་པ་ཆེན་པོ་ལ་བབ། བྱམས་སྙིང་རྗེ་བྱང་ཆུབ་ཀྱི་སེམས་བདག་གཞན་བརྗེ་ནུས་པའི་བཀའ་གླང་རི་ཐང་པ་ལ་བབ། བཀའ་འགྱུར་རོ་ཅོག་ལ་གཞུང་བཤད་བྱེད་པ་ཐམས་ཅད་མཁྱེན་པའི་ཡེ་ཤེས་ལ་མངའ་བརྙེས་པ་འདྲ་བ་འོང་བའི་བཀའ་ཞང་ཤ་ར་བ་ལ་བབ། སྟོང་ཉིད་ཀྱི་ལྟ་བས་དངོས་པོ་དང་མཚན་མར་འཛིན་པ་ཐམས་ཅད་འཛིག་ནུས

①ཡོངས་འཛིན་ཡེ་ཤེས་རྒྱལ་མཚན། ལམ་རིམ་བླ་མ་བརྒྱུད་པའི་རྣམ་ཐར། [M]ལྷ་ས། བོད་ལྗོངས་མི་དམངས་དཔེ་སྐྲུན་ཁང་། 1990ལོར་པར། ཤོག་ངོས་231

②རྗེ་ཙོང་ཁ་པ། རྗེ་ཙོང་ཁ་པ་ཆེན་པོའི་གསུང་འབུམ་ཐོར་བུ་བཞུགས་སོ། །[M]མཚོ་སྔོན་མི་རིགས་དཔེ་སྐྲུན་ཁང་། 1986ལོའི་ཟླ་2པར་པར། ཤོག་ངོས་4

པ་ཡོད་པའི་བཀའ་རམ་ཤིངས་མ་བ་ལ་བབ། གསུང་རབ་ཐམས་ཅད་སྐྱེས་བུ་གསུམ་གྱི་གདམས་ངག་ཏུ་དྲིལ་ནས་སྨན་པ་མཁས་པས་ནད་བརྟགས་ཏེ་ནད་ཐོག་ཏུ་སྨན་གཏོང་བ་འདྲ་བ་ཡོད་པའི་བཀའ་སྣང་དྲིའུ་ལྷས་པ་ཡེ་ཤེས་རྒྱལ་མཚན་ལ་བབ། མཆོད་པ་ཀུན་ཏུ་བཟང་པོའི་མཆོད་སྤྲིན་ལ་འགྲན་ནུས་པ་ཅིག་ཡོད་པའི་བཀའ་དགེ་བཤེས་བྲག་དཀར་བ་ལ་བབ། བླ་མ་ལ་སངས་རྒྱས་ཀྱི་དངོས་ཀྱི་མོས་གུས་རྒྱུན་ཆད་མེད་པ་ཡོད་པའི་བཀའ་གཉལ་བ་ཆོས་འབར་ལ་བབ་བོ། །”①ཡང་དགེ་བཤེས་ངག་དབང་རྣམ་རྒྱལ་གྱིས་མཛད་པའི་པོ་ཏོ་བ་མཆོག་གི་རྣམ་ཐར་ལས། “ཁོང་གི་གསུང་ལས་སྐྱེས་པའི་སློབ་མ་ཡང་སྤྱིར་བསམ་གྱིས་མི་ཁྱབ་མོད། གྲགས་ཆེ་བ་རགས་བསྡུས་ཙམ་ནི། ཤ་ར་བ་ཡོན་ཏན་གྲགས་པ། སྣང་ཐང་པ་རྡོ་རྗེ་སེང་གེ་གཉིས་ལ་དབུས་ཀྱི་ཀ་ཆེན་འཇི་ཟླ་ཟུང་གཅིག་ཟེར། གཙང་སྨད་རམ་ཤིང་མ་བ་དང་སྣང་དྲིའུ་ལྷས་པ་གཉིས། གཙང་སྟོད་ན་བྱ་འདུལ་དང་ཕག་སྐྱུར་བ་གཉིས། གཉལ་ནས་སྣང་བྱ་རབ་པ་དང་གཉོས་བྲ་གོར་པ་གཉིས། དོལ་ནས་འབེ་མོན་ཕུ་ཆུང་པ་དང་། རོགས་དམར་ཞུར་བ་གཉིས་རྣམས་ལ་ཆེན་པོ་བརྒྱད་ཟེར། གཞན་ཡང་མྱང་སྟོང་ན་ལྷག་ཤེས་གཉིས། གཡག་སྡེ་ནས་སོག་པོ་པ། བཟང་ནས་གྲུ་གུ་ལུང་པ། ཁ་རག་སྒོམ་ཆུང་། གནས་ཁང་གི་འགོས། ནགས་སྟོན་མཐའ་དག ལྕེ་སྟོང་པ། མྱང་པོ་རི་ཁ་བ། ཇོ་སྟན་ཀུ་ཤུ་ར་བ། གྲོག་པ་བརྩོན་སེང་། ཟུར་རེ་བ་མཐའ་བཞི། གཙང་པ་མཁར་སོ་བ། རྒྱལ་གྱི་ཀོ་དེ་ལུང་པ། དར་ཡུལ་གྱི་གཡང་ངོས་པ། ཡེ་ཤེས་སེང་གེ་ཞ་བྲག་དཀར་བ། སྒྲོའི་སྟག་མགོ་བ། གྲབ་ཀྱི་ཕོ་བྲང་ཤིངས་པ། རྒྱལ་གྱི་སྒྲོ་ལག་པ། རྨའི་འཕྲོང་སྟོངས་པ། བན་དེ་བ་རི་ན་བྱང་། ཡག་པ་གཉན་ཆུང་། མལ་གྲོ་བ་སྣང་སྒོམ། ཐང་པོ་ཆེ་པ། དགོན་མེར་བ། གཡུ་སྒྲའི་ཞང་ཆེན་པོ། ཕོ་མའི་དགེ་སྦྱོང་ཆེན་པོ། མདོ་ལུང་པ། ཞར་དགོན་པ་གོང་འོག་གཉིས། ཟུ་སྤྲངས་དབང་སེང་། བྱང་པ་རིན་གཞོན། སྟོད་ལུང་པ་དབང་ཕྱུག་གྲགས་པ་སོགས”②ཅུང་གྲགས་ཆེ་བ་སྐོར་ཞིག་བགྲངས་པ་ལས་ཡོད་ཚད་ནི་ག་ལ་ཡིན། “དགེ་བཤེས་པོ་ཏོ་བ་ཆེན་པོ་དེ་ལ་ཚེ་བློས་བཏང་གི་གྲུབ་པ་རྣམ་གྲོལ་སྒྲུབ་པ་ཤ་སྟག་སྟོང་ཙམ་རེ་འཁོར་དུ་འདུས”③ཞེས་བཀོད་པ་ལྟར་ཁོང་གིས་གདུལ་བྱ་སྐྱོང་བའི་འཕྲིན་ལས་རྒྱ་ཆེར་སྤེལ་བས་བཀའ་གདམས་ཞེས་པའི་སྒྲ་བོ་ཆེའང་རིམ་གྱིས་གངས་རིའི་ལྗོངས་སུ་ཁྱབ་པ་རེད།

---

①ཡོངས་འཛིན་ཡེ་ཤེས་རྒྱལ་མཚན། ལམ་རིམ་བླ་མ་བརྒྱུད་པའི་རྣམ་ཐར། [M]ལྷ་ས། བོད་ལྗོངས་མི་དམངས་དཔེ་སྐྲུན་ཁང་། 1990ལོར་པར། ཤོག་ངོས་236—237

②པིས་པ་མི་ཕམ་ཟླ་བ་སོགས། དཔེ་རྒྱུན་དཀོན་པོའི་རྣམ་ཐར་ཕྱོགས་བསྒྲིགས་དམ་པའི་བཤུལ་ལམ་ཞེས་བྱ་བ་བཞུགས་སོ། ། [M]མཚོ་སྔོན་མི་རིགས་དཔེ་སྐྲུན་ཁང་། 2013ལོའི་ཟླ་6པར་པར། ཤོག་ངོས་103

③ཡོངས་འཛིན་ཡེ་ཤེས་རྒྱལ་མཚན། ལམ་རིམ་བླ་མ་བརྒྱུད་པའི་རྣམ་ཐར། [M]ལྷ་ས། བོད་ལྗོངས་མི་དམངས་དཔེ་སྐྲུན་ཁང་། 1990ལོར་པར། ཤོག་ངོས་230

གཉིས། གདན་ས་བཏབ་པའི་ཚུལ།

དགེ་བཤེས་པོ་ཏོ་བས་འབྲོམ་སྟོན་པ་ལོ་ངོ་བདུན་ལ་བསྟེན་ཅིང་རྣལ་འབྱོར་པ་དང་དགོན་པ་བ་ལོ་བཅོ་བརྒྱད་ལ་བསྟེན་ཏེ་ཁོང་རྣམས་ཞིང་ལ་གཤེགས་རྗེས། རྭ་སྒྲེང་གི་གདན་ཤུལ་སྐྱོང་བར་བཙམས་ཀྱང "དཔོན་ཆོས་ཀྱི་རྒྱལ་པོ་ལ་ཡང་མ་བཏུབ་ཅིང་མནལ་ལམ་དུ་ཉིད་ཀྱིས་ཐོང་མཁན་མཛད་ནས་ཞིང་ར་རྩྭ་བ་ལ། གཞི་ཛ་མོ་འབབ་ཞིག་ཏུ་སོང་བ་གཟིགས་པས་གདུལ་བྱ་མེད་པར་མཁྱེན་ནས་མ་བཞུགས།" ① ཞེས་རྒྱུ་རྐྱེན་སྣ་ཚོགས་ཀྱི་རྐྱེན་པས་རྭ་སྒྲེང་གི་གདན་ཤུལ་སྐྱོང་མ་ཐུབ་པར་དེ་དང་ཁ་བྲལ་ཞིང་། "ང་གཅིག་པར་ལྷགས་བྱ་ནས་ཚོགས་པ་བསྐྱངས་ཏེ་སྦྲོ་ལག་དགོན་དང་། མཁར་ཐོག་དང་། ལ་མོ་ར་སྒྲེ་དང་། ཁྲ་འཇབ་ཁུང་མིག་དང་། གངས་རྒྱལ་མོ་ལ་སོགས་པར་བཞུགས"②པས། མཚན་གྱི་རྣམ་གྲངས་ཀྱང་མང་དུ་བྱུང་ཞིང"སྐུ་ཚེའི་སྨད་ལ་པོ་ཏོ་དགོན་པ་ཕྱག་བཏབ་པས་དགེ་བཤེས་པོ་ཏོ་བ་ཞེས་གྲགས།" ③

གསུམ། བསྟན་བཅོས་མཛད་པའི་ཚུལ།

དགེ་བཤེས་པོ་ཏོ་བ་མཆོག་གི་གསུང་རྩོམ་གཙོ་བོར་བེའུ《བུམ་སྔོན་པོ་》དང་《དཔེ་ཆོས་རིན་ཆེན་སྤུངས་པ་》གཉིས་ཡོད་ཅིང་། བསྟན་བཅོས་འདི་གཉིས་ནི་ཁོང་གི་བུ་སློབ་དག་གིས་དགེ་བཤེས་ཁོང་ཉིད་ཞིང་ལ་གཤེགས་རྗེས་སུ་ཕྱར་གྱི་ཁོང་གི་གསུང་སྒྲོས་རྣམས་བསྡུ་སྒྲིག་བྱས་ཏེ་གྲུབ་པ་ཞིག་ཡིན་ཏེ། དེ་ཡང་ཏུང་དཀར་ཚིག་མཛོད་དུ། "སློབ་མ་དག་གིས་བླ་མ་འདི་ཉིད་ཀྱི་གསུང་སྒྲོས་བསྒྲིགས་ཏེ་འགྲེལ་པ་སྦྱར་བ་ལ་བེའུ་བུམ་སྔོན་པོ་ཞེས་ཟེར།"④ཞེས་པ་དང་། "ཁོང་གིས་དཔེ་སྣ་ཚོགས་དང་སྦྱར་ནས་ཆོས་གསུངས་པའི་དཔེ་རྣམས་སློབ་མ་རྣམས་ཀྱིས་ལམ་རིམ་དང་སྦྱར་ཏེ་ཕྱོགས་གཅིག་ཏུ་བསྒྲིགས་པ་ལ་པོ་ཏོ་བའི་དཔེ་ཆོས་ཞེས་བྱ་སྟེ། དེ་ལ་རྒྱས་འབྲིང་བསྡུས་གསུམ་ཡོད་དེ། ཐོག་མར་དགེ་བཤེས་གྲབ་པས་བསྒྲིགས་པ་བསྡུས་པ་དང་། དེའི་རྗེས་སུ་བྲག་དཀར་པས་བསྒྲིགས་པ་རྒྱས་པ་དང་། དེ་ནས་ལྕེ་སྒོམ་རྫོང

①བིས་པ་མི་ཕམ་ཟླ་བ་སོགས། དཔེ་རྒྱུན་དཀོན་པོའི་རྣམ་ཐར་ཕྱོགས་བསྒྲིགས་དམ་པའི་བཤུལ་ལམ་ཞེས་བྱ་བ་བཞུགས་སོ། [M] མཚོ་སྔོན་མི་རིགས་དཔེ་སྐྲུན་ཁང་། 2013ལོའི་ཟླ་6པར་པར། ཤོག་ངོས་100

②བིས་པ་མི་ཕམ་ཟླ་བ་སོགས། དཔེ་རྒྱུན་དཀོན་པོའི་རྣམ་ཐར་ཕྱོགས་བསྒྲིགས་དམ་པའི་བཤུལ་ལམ་ཞེས་བྱ་བ་བཞུགས་སོ། [M] མཚོ་སྔོན་མི་རིགས་དཔེ་སྐྲུན་ཁང་། 2013ལོའི་ཟླ་6པར་པར། ཤོག་ངོས་100

③ཏུང་དཀར་བློ་བཟང་འཕྲིན་ལས། ཏུང་དཀར་ཚིག་མཛོད་ཆེན་མོ། [M]ཀྲུང་གོའི་བོད་རིག་པ་དཔེ་སྐྲུན་ཁང་། 2002ལོའི་4པར་པར། ཤོག་ངོས་1273

④ཏུང་དཀར་བློ་བཟང་འཕྲིན་ལས། ཏུང་དཀར་ཚིག་མཛོད་ཆེན་མོ། [M]ཀྲུང་གོའི་བོད་རིག་པ་དཔེ་སྐྲུན་ཁང་། 2002ལོའི་ཟླ་4པར་པར། ཤོག་ངོས་1273—1274

པ་ཤེས་རབ་རྫོ་རྗེས་བསྒྲིགས་པ་ནི་འཁྲིང་པོ་སྟེ་དཔེ་ཆོས་རིན་ཆེན་སྤུངས་པ་ཞེས་གྲགས་པ་དར་རྒྱས་ཆེའོ།།”[1]དེའང་དཔེ་ཆོས་རིན་ཆེན་སྤུངས་པ་ནི་དགེ་བཤེས་པོ་ཏོ་བས་རྒྱ་ཆེན་གཏིང་ཟབ་ཀྱི་དམ་པའི་ཆོས་དེ་ཐད་ཀར་གསུང་ན་ཀུན་གྱིས་གོ་དཀའ་བར་དགོངས་ཏེ། ཆོས་ཐམས་ཅད་དཔེ་སྣ་ཚོགས་ཀྱི་སྒོ་ནས་དོན་གཏན་ལ་ཕབ་ཅིང་སྟོན་པ་དང་དཔེ་དུ་མའི་སྒོ་ནས་མཚོན་ཏེ་གསུངས་ན་ཆོས་དོན་བདེ་བླག་ཏུ་རྟོགས་པར་འགྱུར་བ་དང་། ཉན་པ་པོར་སྤྲོ་བ་འཕེལ་བ་སོགས་ཐུན་མིན་གྱི་ཁྱད་ཆོས་མང་དུ་མཆིས།

(རྩོམ་པ་པོ་ངོ་སྤྲོད། འཕགས་པ། ཕ་ཡུལ། མཚོ་སྔོ་མང་ར། ཀྲུང་དབྱང་མི་རིགས་སློབ་གྲྭ་ཆེན་མོའི་བོད་རིག་པ་ཞིབ་འཇུག་སླིང་གི2013ལོའི་ཤེས་རམས་པ།)

(མཇུག་སྟོན་དགེ་ཏན། བཀྲ་རྒྱ།)

---

①ཀྲུང་གོ་བོད་བརྒྱུད་མཐོ་རིམ་ནང་བསྟན་སློབ་གླིང་གི་སློབ་གཞི་རྩོམ་སྒྲིག་ཚོ་ཚུང་། དཔེ་ཆོས་དང་དཔེ་ཆོས་རིན་ཆེན་སྤུངས་པ། དེབ་བཅུ་བདུན་པ། [M]མི་རིགས་དཔེ་སྐྲུན་ཁང་། 1991ལོར་པར། ཤོག་ངོས་502

བོན་དཀར་ནག་དང་ས་མན་དཀར་ནག་གི་རིགས་དབྱེའི་སྐོར་གྱི་གཞིབ་བསྡུར།

བསོད་ནམས་དབང་ལྡན།

ནང་དོན་གནད་བསྡུས། དཔྱད་རྩོམ་འདིའི་ནང་བོན་དཀར་ནག་དང་ས་མན་དཀར་ནག་གི་བྱུང་རིམ་བརྗོད་ནས་དེ་གཉིས་ཀྱི་མིང་གི་འདོགས་སྟངས་དང་རིགས་བཀར་སྟོལ། ལོ་རྒྱུས་དབྱེ་མཚམས། ཕྱག་ལེན་ཚ་ག་བཅས་གཞིབ་བསྡུར་བྱེད་པ་བརྒྱུད་སངས་རྒྱས་ཆོས་ལུགས་བོད་སོག་གཉིས་ལ་དར་སྐབས་སོ་སོའི་རང་སའི་རིག་གནས་དང་འབྲེལ་རིམ་ཁྲིད་གཅིག་མཐུན་གྱི་ཆ་ཡོད་པར་ཙུང་ཟད་དཔྱད་ཞིབ་བྱས་པའོ།།

བརྡ་ཆད་གཙོ་བོ། བོན་དཀར་ནག ས་མན་དཀར་ནག བྱུང་རིམ།

དང་པོ། བོན་དཀར་ནག་གི་བྱུང་རིམ་དང་མིང་གི་ཐོགས་དོན། རིགས་བཀར་སྟོལ་བཤད་པ།

བོད་ཀྱི་གདོན་མའི་ཆོས་ལུགས་སམ་བོད་རང་ས་ནས་དར་བའི་ཆོས་ལུགས་ཐོག་མ་ནི་ཡོངས་ཁྱབ་ཏུ་བོན་··ཆོས་ལ་ངོས་འཛིན་བྱེད་པ་ཀུན་གྱི་ཤེས་གསལ་རེད། སངས་རྒྱས་ཆོས་ལུགས་བོད་ལ་མ་དར་བའི་ཡར་སྔོན་ཏུ·····བོད་པ་ཚོས་གནམ་ས་དང་ཉི་ཟླ་སྐར་གསུམ། སེ་ར། རྒྱ་ལོག མེ་རི། གངས་ཐན་སོགས་ཀྱི་རང་བྱུང་སྣང་ཚུལ་གྱི་ འགྱུར་ལྡོག་ལ་འཇིགས་སྐྲག་སྐྱེས་པ་ནས་དེ་ལ་དད་མོས་བྱེད་པ་དང་། ཁོང་ཚོའི་བསམ་ཚུལ་ཞིག་ལ་རང་བྱུང······ཁམས་ཀྱི་བཀོད་པ་དང་འགྲོ་བ་སེམས་ཅན་གྱི་ཆགས་འཇིག་ལ་སོགས་ལ་ལྷ་དབང་གང་དང་རང་བྱུང་གི་ནུས···མཐུ་གང་ཞིག་གིས་ཚོད་འཛིན་དང་སྟོངས་གྲོགས་གནང་གིན་ཡོད་ཡོད་འདྲ་བའི་འདུ་ཤེས་ཤིག་ཆགས་པ་དང་··བསྟུན་རྗེས་མ་རྗེས་མར་སྣང་ཚུལ་འདི་དག་ལ་ཇི་ལྟར་འགྲེལ་བཤད་དང་དད་གུས། མཆོད་པ་བྱེད་ལུགས་ཀྱི་སྲོལ་ཏེ་ཁྱབ་རྒྱ་ཇེ་ཆེ་དང་འཕྲུས་ཚང་དུ་སོང་ནས་ད་གཟོད་བོད་རང་ས་ཏུ་བོན་ཆོས་ཞེས་པའི་གདོད་མའི་ཆོས་ལུགས་འདི་བྱུང་བ་རེད། ཡང་ལ་

ལས་གདོད་མའི་བོན་ཆོས་འདི་ལ་བོན་ནག་ཟེར་སྲོལ་འདུག བོན་ཆོས་ཀྱི་རིག་གནས་རྟགས་མཚན་གལ་ཆེན་ཞིག་ནི་གཡང་དྲུང་གི་རི་མོ་དེ་རེད། "རི་མོ་དེའི་ནང་དོན་ནི་རྟག་བརྟན་ནམ་མི་འགྱུར་ བའི་དོན་ཡིན་པ་དང་། ཉི་མ་དང་མེ་ཡི་མཚོན་བྱེད་དང་ཆོས་ཀྱི་འཁོར་ལོ་མི་སྲིད་པར་གནས་པའི་རྟགས་མཚན་དུའང་བྱེད།" ①ད་ལྟ་ཡིན་ན་བོན་པོའི་སྟོན་པ་ཐོག་མ་གཤེན་རབ་མི་བོ་ཆེ་ཡི་འབྱུངས་འདས་ལ་བཞེད་ཚུལ་མི་འདྲ་བ་ཡོད་ཀྱང་ཐུན་མོང་གིས་བོན་སྟོན་གྱི་འགོ་ཁུངས་སྟོན་པ་གཤེན་རབ་ལ་གཏུགས་ཡོད་པ་ཚང་མ་ཁ་གཅིག་མཐུན་རེད། ད་ཡོད་ཡིག་ཆ་དག་ན་བོན་ཆོས་དུས་རིམ་གསུམ་ལ་བགར་ནས་དབྱེ་ཡོད་པ་སྟེ། དུས་རིམ་དང་པོ་བརྫོལ་བོན་ལ་ངོས་འཛིན་བྱེད་ལ་དེ་ནི་གདོད་མའི་བོན་ཆོས་ཡིན་པར་འདོད། གཉའ་ཁྲི་བཙན་པོའི་སྐབས་ ལ་དར་སོད་སྐབས་དེའི་བོན་ཆོས་ལ་གསུང་རབ་མེད་པ་དང་། དེ་ཡང་སྐྱེ་དངོས་ཐམས་ཅད་ལ་བླ་སྲོག་གམ་རྣམ་ཤེས་ཡོད་སྙམ་ཡི་གདོད་མའི་ཆོས་ལུགས་ཤིག་ཡིན་པར་བཤད། སྟོད་ནམ་མཁའ་དང་བར་མི་ཡུལ། འོག་ཀླུ་ཡུལ་གང་ཞིག་ན་གནས་པའི་ལྷ་ཀླུ་གཉན་གསུམ་ལ་དད་མོས་བྱས་ཏེ་ཕྱུགས་ཟོག་གི་ཁྲག་གིས་མཆོད་པ་བྱས་ནས་དགྲ་བགེགས་བར་ཆད་ཀྱི་གནོད་འཚེ་སེལ་བ་རེད། དུས་རིམ་གཉིས་པ་ནི་འཁྱར་བོན་ཡིན་ལ་ནང་དོན་ནི་ཕྱི་ནས་འོང་བའི་བོན་ཆོས་ལ་གོ་གྲི་གུམ་བཙན་པོའི་སྐབས་དར་ཆེ་ཞིང་བོད་ཀྱི་འཚོ་བ་དང་སྲིད་གཞུང་གར་སྟེགས་སྟེང་ནའང་གོ་གནས་གལ་ཆེན་བཟུང་ཡོད་མོད། མཐའ་མ་བོན་གཤེན་ཚོའི་སྟོབས་ཤུགས་སྲིད་ལས་མཐོ་བར་དོགས་ནས་རྒྱལ་གཤེན་བར་གྱི་འགལ་བ་ཇེ་དར་ལ་སོང་བ་དང་སྐབས་ཐོག་དེར་སངས་རྒྱས་ཆོས་ལུགས་བོད་ལ་དར་འགོ་ཚུགས་པ་ནས་སྲིད་ཕྱོགས་ནས་སངས་རྒྱས་ཆོས་ལུགས་དང་ལེན་དང་བོན་ཆོས་ལ་ཚད་བཀག་བྱས་པ་རེད། དུས་རིམ་གསུམ་པ་ནི་བསྒྱུར་བོན་ཡིན་ལ་དེ་ནི་རྒྱལ་པོ་སྲོང་བཙན་སྒམ་པོ་ནས་འགོ་བཙམས་ཏེ་བོན་ཆོས་བཀག་པ་དང་ནང་སྐོས་སུ་ཁྲི་སྲོང་ལྡེ་བཙན་དང་ཁྲི་གཙུག་ལྡེ་བཙན་སྐབས་ནས་བོན་ལུགས་ནང་ཆོས་སུ་བསྒྱུར་བ་རེད། དེ་འདྲའི་བན་བོན་གཉིས་ཀྱི་འགལ་འདུའི་ཁྲོད་ཕན་ཚུན་ལ་ཤན་ཤུགས་ཆེན་པོ་ཐེབས་པས་སངས་རྒྱས་ཆོས་ལུགས་ཀྱི་གསུང་འབུམ་མང་པོ་བོན་ལུགས་སུ་བསྒྱུར་བ་དང་བོན་ལུགས་ལ་སངས་རྒྱས་ཆོས་ལུགས་ཀྱི་ཤན་ཤུགས་ཐེབས་ཡོད་ཀྱང་ད་དུང་བོན་ཆོས་ཀྱི་ནང་དོན་དང་ཆ་ག་སྐོར་ཅིག་མ་གྱུར་བར་གནས་ཡོད། ལོ་རྒྱུས་ཀྱི་བརྒྱུད་རིམ་དེ་འདྲའི་འོག་ད་གཟོད་བན་བོན་གཉིས་རིམ་པར་ཕན་ཚུན་སྐྱ་འཐམས་པ་ཞིག་ཏུ་གྱུར་བར་སྣང་། དེར་བརྟེན "སྤྱིར་བཏང་དུ་སངས་རྒྱས་ཆོས་ལུགས་ཀྱི་

①ལས་ཏུ་ཀྲོ། ཀྲུང་གོའི་གྲངས་ཉུང་མི་རིགས་ཀྱི་རིག་གནས་ལོ་རྒྱུས-བོད་ཀྱི་རིག་གནས་ལོ་རྒྱུས། [M] ཧྲིན་ཡང་། ལའོ་ཉིན་མི་རིགས་དཔེ་སྐྲུན་ཁང་། 1994ལོར་པར། ཤོག་ངོས་755

ཤན་ཤུགས་ཐེབས་ཚུལ་ཟབ་པ་དང་འགྱུར་བ་མངོན་གསལ་ཡིན་པའི་བོན་ཆོས་ལ་བོན་དཀར་ཞེས་ཟེར་ལ། སངས་རྒྱས་ཆོས་ལུགས་ཀྱི་ཤན་ཤུགས་ཐེབས་ཚུལ་ལ་ཁ་ཐག་ཅུང་རིང་ཞིང་སྔོན་གྱི་གདོན་མ་ཡི་ཁྲིད་ཆོས་ལྡན་པའི་བོན་ཆོས་ལ་བོན་ནག" ①ཞེས་ཟེར་དོན་དེ་ལ་ཐུག་ཡོད་སྙམ།

གཉིས་པ། ས་མན་དཀར་ནག་གི་ཐུང་རིམ་དང་མིང་གི་ཐོགས་དོན། རིགས་བཀར་སྤྲོལ་བཤད་པ།

གནའ་དུས་ཀྱི་སོག་པོ་ཚོས་གནམ་དང་ས་གཞི། ཉི་ཟླ་སྐར་གསུམ། རི་ཆུ་ནགས་གསུམ། འབྲུག་སྒྲ་དང་མེ་རི། དྲག་ཆར། ནད་ཡམས་སོགས་རང་བྱུང་གི་སྣང་ཚུལ་དག་ལ་འགྲེལ་བཤད་རྒྱག་སྐབས་དེ་རིགས་ལ་བློ་སྤྲོག་དང་རྣམ་ཤེས་ཡོད་པར་སྣང་ནས་མི་རྣམས་ཀྱིས་དད་མོས་བྱེད་སར་གྱུར་བས་གདོན་མའི་དད་མོས་བྱེད་སྲོལ་འདི་ལ་སོག་པོ་རང་སྐད་ནས "པོཙུ" (boe)ཟེར་པ་ལས་ས་མན་ཆོས་ལུགས་མི་ཟེར། "ས་མན་ནི་(saman)བོད་ཀྱི་འབྲེལ་ཡོད་ཆོས་འབྱུང་ལོ་རྒྱུས་དག་གི་ནང་ན་(saman)ལ་ཤ་མན་ཞེས་བསྒྱུར་འདུག ས་མན་ཟེར་བའི་མིང་ཚིག་འདི་ཐོང་གོའི་སུཙུ་མན་ཀྲུག་སྐད（通古斯满洲语）ཡིན་ལ། དེའི་དོན་ནི "ལྷ་འཆམ་དྲག་པོ་བྱེད་པར" གོ་ལ། ས་མན་བྱེད་པོའམ་སྒྲུབ་མཁན་ནི་ཡ་གླིང་བྱང་ཕྱོགས་ཀྱི་འབྲོག་ཏུའི་མི་རིགས་སམ་ཡང་ན་ཨར་ཐེ་སྐད་ཁུངས་ལ་གཏོགས་པའི་མི་རིགས་ཚོའི་ཐུན་མོང་གི་གདོད་མའི་ཆོས་ལུགས་ཀྱི་རྣམ་པ་ཞིག་རེད།" ②སོག་སྐད་ཁྲོད་(saman)ཟེར་བའི་མིང་ཚིག་འདི་མེད་ལ་དེ་དང་ནང་དོན་གྱི་ཆ་ནས་ཕྱོགས་འདྲ་བ་ནི "པོཙུ" (boe)ཡི་དད་མོས་དང་གཅིག་པར་སྣང་། རྒྱ་ཡིག་དང་གཞན་ཕྱི་རྒྱལ་གྱི་ཡིག་ཆ་དག་གི་ཁྲོད་དུ(saman)ཞེས་པའི་མིང་ཚིག་འདིས་སོག་སྐད་ཀྱི "པོཙུ" (boe) ཞེས་པ་ཡི་དོན་མཚོན་ཡོད།

སོག་པོའི་ས་མན་ཆོས་ལུགས་ཀྱི་ཆེས་མཐོའི་དད་པ་བྱེད་སའམ་ལྷ་དེ་གནམ་(Tenggeriགནམ་རྐན་མ) ཡིན་པས་གནམ་ནི་སོག་པོས་སེམས་ཀྱི་དད་པ་བྱེད་ས་ཉག་གཅིག་རེད། "ས་མན་ཆོས་ལུགས་ལྟར་ན་གནམ་དང་འགྲོ་འོང་བྱེད་ཐུབ་པ་ནི་ས་མན་བྱེད་པོའམ་ལས་འདི་སྒྲུབ་མཁན་ཕོ་དང་ས་མན་བྱེད་པོ་མོ་བྱེད། སོག་སྐད་ཁྲོད་ས་མན་བྱེད་པོ་ཕོ་ལ་ད་གཟོད "པོཙུ" ཞེས་འབོད་པ་དང་ས་མན་བྱེད་པོ་མོ་ལ་

①ལས་ཏུ་ཀྲོ། ཀྲུང་གོའི་གྲངས་ཉུང་མི་རིགས་ཀྱི་རིག་གནས་ལོ་རྒྱུས-བོད་ཀྱི་རིག་གནས་ལོ་རྒྱུས། [M] ཧྲིན་ཡང་། ལའོ་ཉིན་མི་རིགས་དཔེ་སྐྲུན་ཁང་། 1994ལོར་པར། ཤོག་ངོས་755
②ལས་ཏུ་ཀྲོ། ཀྲུང་གོའི་གྲངས་ཉུང་མི་རིགས་ཀྱི་རིག་གནས་ལོ་རྒྱུས-སོག་པོའི་རིག་གནས་ལོ་རྒྱུས། [M] ཧྲིན་ཡང་། ལའོ་ཉིན་མི་རིགས་དཔེ་སྐྲུན་ཁང་། 1994ལོར་པར། ཤོག་ངོས་224

“idugen” ཞེས་འབོད།” ①དེ……གཉིས་ནི་གནམ་སའི་བར་གྱི་ལུང་སྟོན་པའམ་གནམ་དང་མི་ཡུལ་བར་ལ་འགྲོ་འོང་བྱས་ནས་གནམ་གྱི་དགོངས་དོན་བཤད་པ་དང་ཐ་ན་གནམ་གྱི་ལུང་རྟེན་མི་ཡུལ་ལ་ཁྱེར་འོང་སྤྲོལ་འདུག ས་མན་ཆོས་ལུགས་ཀྱིས་ལྷ་བབས་ནས་མི་ལ་ན་ཚ་དང་ཕྱུགས་ལ་གོད་ཁ་སོགས་གནོད་བགེགས་བར་ཆད་རྣམས་སེལ་བ་རེད།གཞན་ས་མན་ཆོས་ལུགས་ཀྱི་བསམ་བློའི་ཁྲོད་ས་གཞི་(Ekeetugen)་ཡང་གནམ་དང་འདྲ་བར་དད་གུས་བྱེད་སྲོལ་ཡོད།

དེ་ཡང་གནའ་རབས་སོག་པོས་དད་གུས་བྱེད་པའི་ས་མན་ཆོས་ལུགས་དེ་སྤྱི་ཚོགས་ཀྱི་འཕོ་འགྱུར་ཁྲོད་རིམ་པར་འགྱུར་ལྡོག་བྱུང་བ་དང་དེ་ལ་ཆོས་གཞུང་དང་གསུང་རབ། དགོན་པ་བཅས་མེད་པ་དང་། ལྷག་དོན་ལྷ་བབས་ནས་འདྲི་འགྲུག་པ་དང་ཁྲག་མཆོད། འདས་པ་པོ་དང་མཉམ་དུ་མི་ཕྱུགས་གསོན་པོ་དུར་སྦས་བྱེད་པ་ལས་གཞན་སེམས་ཅན་གྱི་སྲོག་བཅད་ནས་མཆོད་པ་བྱེད་པ་སོགས་དུས་རབས་འཕེལ་རྒྱས་ཀྱི་མིའི་བསམ་སྤྱོད་དང་མ་མཐུན་པས་ཉམས་དམས་སུ་སོང་བ་ཡིན་ཅིང་། སོག་པོའི་ས་ཆ་ཁ་ཤས་ཀྱི་དམངས་ཁྲོད་ན་ད་དུང་ལྷག་ཡོད་པ་རེད། རྒྱུ་མཚན་ནི་གང་ཡིན་ཞེ་ན་ཅི་ནས་ཀྱང་ས་མན་ཆོས་ལུགས་ནི་གནའ་རབས་སོག་པོའི་སྲོལ་རྒྱུན་ནས་བརྒྱུད་འོང་བའི་རིག་གནས་བསམ་བློའི་གྲུབ་ཆ་གཙོ་བོ་ཞིག་ཡིན་པས་ཁོང་ཚོའི་འདུ་ཤེས་ཁྲོད་བག་ཆགས་ཟབ་མོ་བཞག་ཡོད་པ་རེད།

རྗེས་སུ་དུས་རབས་བཅུ་གཉིས་པ་དང་བཅུ་དྲུག་པ་ནས་བཟུང་བོད་བརྒྱུད་ནང་བསྟན་སོག་ཡུལ་དུ་དར་འགོ་ཚུགས་པ་ན། “སོག་པོའི་ས་མན་ཆོས་ལུགས་ཕྱོགས་གཉིས་སམ་གྲུབ་མཐའ་གཉིས་སུ་གྱེས་པ་རེད། གཅིག་ནི་ས་མན་དཀར་པོ། （白勃额） （cagan-nu boe） གཉིས་ནི་ས་མན་ནག་པོ་རེད། （黑勃额） （kara-yin boe） ”②སྔོན་མས་བོད་བརྒྱུད་ནང་བསྟན་དང་ལེན་སྐོས་དགེ་ལུགས་པའི་ལྟ་གྲུབ་ལྟར་རང་ལུགས་བསྒྱུར་བ་ན་ས་མན་དཀར་པོ……ཞེས་ཟེར་ཞིང་། ཕྱི་མས་ས་མན་ཆོས་ལུགས་རང་སྣེང་གི་ཚོ་ག་མ་བསྒྱུར་བར་སྔར་གནས་སུ་བཞག་པ་ལ་ས་མན་ནག་པོ་ཟེར། “རྙིང་པ་ཚོའི་བཤད་རྒྱུན་ལྟར་ན། ས་མན་དཀར་པོས་ལྷ་གདན་འདྲེན་སྐབས་ནུབ་དང་ལྷོ་ནུབ་ལ་ཁ་ཕྱོགས་པ་ནི་ཁ་ཕྱོགས་དཀར་པོར་ངོས་འཛིན་ཞིང་། ནུབ་དང་ལྷོ་ནུབ་ནི་གནའ་དུས་ས་མན་ཆོས་ལུགས་ཀྱིས་དད་སའི་ཁ་ཕྱོགས་སུ་བྱེད། ས་མན་ནག་པོས་ལྷ་གདན་འདྲེན་སྐབས་ཤར་བྱང་ལ་ཁ་ཕྱོགས་པ་ནི་ཁ་ཕྱོགས་ནག་པོར་ངོས་འཛིན་

---

①ལས་ཧུ་ཀྲོ། གྲུང་གོའི་གྲངས་ཉུང་མི་རིགས་ཀྱི་རིག་གནས་ལོ་རྒྱུས-སོག་པོའི་རིག་གནས་ལོ་རྒྱུས། [M] ཧྲིན་ཡང་། ལའོ་ཉིན་མི་རིགས་དཔེ་སྐྲུན་ཁང་། 1994ལོར་པར། ཤོག་ངོས་224

②ལས་ཧུ་ཀྲོ། གྲུང་གོའི་གྲངས་ཉུང་མི་རིགས་ཀྱི་རིག་གནས་ལོ་རྒྱུས-སོག་པོའི་རིག་གནས་ལོ་རྒྱུས། [M] ཧྲིན་ཡང་། ལའོ་ཉིན་མི་རིགས་དཔེ་སྐྲུན་ཁང་། 1994ལོར་པར། ཤོག་ངོས་224

ལ།”[1]སྐྱིར་བཏང་སོག་མིའི་གོམས་སྲོལ་ཞིག་ལ་ཤར་བྱང་ལ་ཁ་ཕྱོགས་པ་ནི་བཀྲ་མི་ཤིས་པའི་རྟགས་མཚན་ཏུ་བྱེད་པས་འདུ་ཤེས་འདི་དེ་ལས་བྱུང་བར་བསམ། ཡིན་ནའང་མཁས་པ་འགའ་ཞིག་གིས་ས་མན་ནག་པོ་དེ་སོག་པོ་ནས་རྐང་ཚད་སོང་བ་རེད་ཞེས་ཁ་ཚོན་བཅད་ཡོད་ཀྱང་མཐའ་གཅིག་ཏུ་དེ་འདྲ་ཞིག་མ་རེད། ད་ལྟ་ཕྱི་སོག་དང་ནང་སོག་བཅས་སོག་པོའི་ས་ཆ་སོ་སོ་ན་གནས་པའི་ས་མན་གྱིས་གཙོ་བོ་ནད་བཅོས་དང་མོ་རྩིས། མཆོད་འབུལ་བྱེད་སྲོལ་གྱི་རྒྱུན་དེ་བསྐྱངས་ཡོད་པ་རེད་དོ།།

གསུམ་པ། བོན་དཀར་ནག་དང་ས་མན་དཀར་ནག་གི་གཤིབ་བསྡུར་འགའ།

གཅིག དེ་གཉིས་ལ་སྤྱི་ཁོག་གི་ཆགས་རིམ་སྙིང་ནས་བཤད་ན། སངས་རྒྱས་ཆོས་ཀྱི་བསམ་བློ་དང་ལེན་བྱས་པའམ་དེ་དང་བསྒྱུར་འདྲིས (བོད་བརྒྱུད་ནང་བསྟན) བྱས་པ་ཤུགས་ཆེ་བས་ཐད་ནས་བོན་དཀར་པོ་དང་ས་མན་དཀར་པོ་ཞེས་ཐོགས་ཤིང་། སངས་རྒྱས་ཆོས་ལུགས་ཀྱི་བསམ་བློ་དང་ལེན་བྱས་མེད་པའམ་དེ་དང་བསྒྱུར་འདྲིས (བོད་བརྒྱུད་ནང་བསྟན) བྱས་པ་ཤུགས་མི་ཆེ་བའི་ཆ་ནས་བོན་ནག་པོ་དང་དང་ས་མན་ནག་པོ་ཞེས་ཐོགས་ པ་གཞིར་བཞག་རེད། ཡིན་ནའང་ཞིབ་འདད་རེ་བརྒྱབ་ན་སའོ་པིན་ཆིན་གྱི《བོད་ཀྱི་རིག་གནས་ལོ་རྒྱུས》ནང་“གདོད་མའི་བོན་ཆོས་འཕེལ་རིམ་ཁྲིད་ཏའོ་ལུགས་དང་ས་མན་ཆོས་ལུགས་ཀྱི་ནང་དོན་མི་འུང་བ་ཞིག་ཀྱང་ཚུར་བླངས་ནས་འཐུས་ཚང་དུ་བཏང་འདུག”ཞེས་བཤད་པ་སྐྱེ་ཁུངས་མེད་ལུང་མེད་ཞིག་མ་ཡིན་པར་ཕན་ཚུན་ལ་ཤན་ཤུགས་ཐེབས་ཡོད་པ་ཤེས་གསལ་རེད།

གཉིས། མིང་བརྡའི་སྒྲ་གདངས་དང་དོན་གྱི་ཆ་ནས། སོག་སྐད་དུ་ཆོས་ལུགས་ཞེས་པའི་མིང་ཚིག་འདི་རྐྱང་བར་“ས་ཞིན”(sa xin)ཟེར་བ་ཡིན་པར་བལྟས་ན་བོན་གྱི་“སྲིད་གཤེན་”དང་སྒྲ་ཕལ་ཆེར་འདྲ་ལ། (saman) ས་མན་ཆོས་ལུགས་ལ་སོག་སྐད་དུ་“བོའུ་ས་ཞིན”(boe-sa xin)ཟེར་བ་རེད། སོག་སྐད་ལ་“བོའུ་ས་ཞིན་”ཏུ་འབོད་པ་དེ་དོན་ཏུ་“བོའུ་ཡི་ཆོས”དང་བོད་སྐད་ཀྱི་“བོན་ཆོས”ཞེས་པ་གཉིས་སྒྲ་གདངས་དང་དོན་གྱི་ཐད་ནས་གཤིབ་བསྡུར་བྱས་ན་ཕྱོགས་མཚུངས་ཅམ་འདུག་པར་ཨེ་ཡོད་སྙམ། རྒྱུ་མཚན་ནི་བོན་ཆོས་སུ་བོན་ཞེས་པའི་དོན་ནི་རླབས་པ་ཡིན་པ་གཞིར་བྱས་ཆོས་ཏེ་འདོན་པ་པོ་དང་ལུང་སྟོན་པ་པོའམ་སྤྱིལ་བ་བོར་གོ་བར་གཞིགས་ན། སོག་སྐད་དུའང་དོན་ལ་“བོའུ”ནི་ཆོས་

---

①ལས་ཏུ་ཀྲོ། ཀྲུང་གོའི་གྲངས་ཉུང་མི་རིགས་ཀྱི་རིག་གནས་ལོ་རྒྱུས-སོག་པོའི་རིག་གནས་ལོ་རྒྱུས། [M] ཧྲིན་ཡང་། ལའོ་ཉིན་མི་རིགས་དཔེ་སྐྲུན་ཁང་། 1994ལོར་པར། ཤོག་གྲངས་224

ཏེ་ས་མན་ཆོས་ལུགས་སྒྲུབ་མཁན་ནམ་ལྷ་འབབ་མཁན། ལྟང་སྟོན་མཁན་ལ་གོ་བས་གདོད་མའི་ཆོས་ལུགས་འདི་གཉིས་ཀ་མིང་ཚིག་གི་སྒྲ་གདངས་ཙམ་མ་ཡིན་པར་ཞིབ་ཏུ་དཔྱད་ན་དེ་འདྲ་གཅིག་མཐུན་གྱི་ཆ་ཡོད་པ་རེད་སྙམ། ལྷག་པར་དུ་དབུས་གཙང་སྐད་ཡིན་ན་“བ་”སྒྲ་འདི་“པ་”སྒྲ་རུ་འདོན་པ་ན་པོན་ཞེས་པའི་སྒྲ་ཡང་པོན་གྱི་སྒྲ་ཡོང་བ་རེད། དེར་བརྟེན་སོག་སྐད་དུ་ས་མན་སྒྲུབ་མཁན་ནམ་ལྷ་བར་“པོའུ་”(boe)ཞེས་པའི་ཤུགས་ཀྱི་“འུ་”སྒྲ་དང་བོད་སྐད་དུ་པོན་གྱི་“ན་”སྒྲ་ཡི་ཁྱད་པར་མ་གཏོགས་གཅིག་མཚུངས་སུ་སྒྲ་ཟུར་ཆགས་པ་ཞིག་རེད་འདོད། དེ་མིན་བོད་མཐོ་སྒང་དུ་དར་བའི་ལྷ་པ་དང་སོག་པོའི་ས་མན་སྒྲུབ་མཁན་ནམ་ལྷ་བབས་ནས་ལྟང་སྟོན་མཁན་“པོའུ་”(boe)གཉིས་འདྲ་བོ་འདུག་པ་རེད། གང་ལྟར་སངས་རྒྱས་ཆོས་ལུགས་ཀྱི་སྣད་མ་ཞུགས་གོང་ལ་པོན་ནག་དང་ས་མན་ནག་པོས་ཕྱུགས་ཟོག་སོགས་སེམས་ཅན་གྱི་སྲོག་བཅད་ནས་དམར་མཆོད་བྱེད་པ་དང་ལྷ་བབས་ཏེ་མོ་རྩིས་ལྟང་སྟོན་བྱས་ནས་མི་ལ་ན་ཚ་དང་ཕྱུགས་ལ་གོད་ཁ་ལ་སོགས་བགེགས་རིགས་བར་ཆད་ཀྱི་གནོད་པ་སེལ་བ་རེད།

ད་དུང་ཆོས་ལུགས་དེ་གཉིས་ཀྱི་ཚོ་ག་སྤེལ་སྐབས་མཆོད་ཆས་གཙོ་བོ་ཇ་དང་ཟངས་དཏུལ་གྱི་མེ་ལོང་སྤྱོད་པ་གཅིག་འདྲར་སྣང་ཞིང་། དེ་ལས་ཀྱང་“སྲིད་པའང་འཇིག་རྟེན་འདི་སྟེང་ལྷ་ཡུལ་དང་བར་མི་ཡུལ། འོག་ཀླུ་ཡུལ་གསུམ་གྱིས་གྲུབ་པ་ཞིག་ཡིན”①ཚུལ་དང་། གཞན་སྟོད་ནམ་མཁའ་ལྷ་ཡི་ཁམས་དང་ས་སྟེང་གཉན་གྱི་ཁམས། ས་འོག་ཀླུ་ཡི་ཁམས་ལ་ངོས་འཛིན་བྱེད་པ་བརྒྱུད་ལྷ་ཀླུ་གཉན་གསུམ་ལ་དད་གུས་དང་མཆོད་པ་བྱས་ནས་རྐྱེན་ངན་བར་ཆད་སེལ་ཐབས་ཀྱི་ཐུན་མོང་གི་འདུ་ཤེས་ཤིག་ཆགས་ཡོད་པ་གཅིག་མཐུན་ཏུ་སྣང་བར་བསམ་པའོ། །

སྡོམ་བྱང་།

བོད་ནས་སངས་རྒྱས་ཆོས་ལུགས་དང་ལེན་བྱས་པའི་གོ་རིམ་ཁྲིད་བོན་དཀར་ནག་ཞེས་མིང་གི་འདོགས་སྟངས་དང་རིགས་ཀྱི་བཀར་སྤྱོལ། ལོ་རྒྱུས་ཀྱི་དབྱེ་མཚམས་ཤིག་ཕྱིས་ཀྱང་ནང་བསྟན་དེ་བོད་རང་སའི་གདོད་མའི་ཆོས་ལུགས་བོན་དང་རིམ་པར་འདྲེས་ནས་ད་ཡོད་ཀྱི་བོད་ཀྱི་རིག་གནས་ཀྱི་སྙིག་གཞི་ཆ་ཚང་ཞིག་ཆགས་ཡོད་པ་ནང་བཞིན། ཕྱིས་སུ་སོག་པོས་ཀྱང་བོད་བརྒྱུད་ནང་བསྟན་ལས་གཙོ་

①སོན་ཡས། ས་མན་ཆོས་ལུགས་ནས་སངས་རྒྱས་ཆོས་ལུགས་བར། [M] གྲུང་དབྱང་མི་རིགས་སློབ་ཆེན་དཔེ་སྐྲུན་ཁང་། 2002ལོར་པར། ཤོག་ངོས་1

བོ་དགེ་ལུགས་པ་དང་ལེན་བྱས་པའི་གོ་རིམ་ཁྲིད་སོག་པོའི་གདོད་མའི་ས་མན་ཆོས་ལུགས་དང་རིམ་པར་འདྲེས་ནས་ད་ཡོད་ཀྱི་སོག་པོའི་རིག་གནས་ཀྱི་སྡིག་གཞི་ཞིག་ཆགས་པར་ཕན་ཚུན་བར་ལ་མིང་གི་འདོགས་སྟངས་དང་རིག་གནས་གསར་བ་དེ་ཐང་ཚུགས་ པར་ལོ་རྒྱུས་ཀྱི་དབྱེ་མཚམས་གསལ་འབྱེད་སྟོས་བསམ་བློའི་ཆགས་རིམ་ལ་དོན་གྱི་ཐད་ནས་ཀྱང་གཅིག་མཐུན་གྱི་ཆ་གནད་དུ་སླེབ་ཡོད་སྙམ་མོ།།

(རྩོམ་པ་པོ་ཇོ་སྦྱིད། བསོད་ནམས་དབང་ལྡན། ཕ་ཡུལ། མཚོ་སྔོན་སོག་རྫོང་། ཀྲུང་དབྱང་མི་རིགས་སློབ་གྲྭ་ཆེན་མོའི་བོད་རིག་པ་ཞིབ་འཇུག་གླིང་གི2014ལོའི་ཤེས་རམས་པ།)
(མཇུབ་སྟོན་དགེ་རྒན། ཕེ་ཆང་།)

རྒྱ་བོད་མཁས་པས་མཉམ་དུ་བསྒྲིགས་པའི་བཀའ་བསྟན་དཀར་ཆག
《ཀྲི་ཡོན་ལུའུ》ཞེས་པ་རགས་ཙམ་གླེང་བ།

བསོད་ནམས་བཟང་མོ།

གླེང་གཞི།

《ཀྲི་ཡོན་ལུའུ》ཞེས་པའི་དཀར་ཆག་འདིའི་རྒྱ་ཡིག་གི་མིང་ཚ་ཚང་ལ་《至元法宝勘同总录》ཟེར་ཞིང་།《རྒྱ་ནག་ཆོས་འབྱུང་》ལས་《ཏྲའི་ཡུའན་ཧྥ་པོའུ་ཀྲིན་ཐུང་ལཱུ》ཞེས་བྲིས་ཡོད་པ་དང་།《བོད་ཀྱི་དཀར་ཆག་རིག་པ》ལས་《ཏྲ་ཡོན་ཧྥྭ་པོའུ་ཀྲིན་ཐུང་ལུ》ཞེས་བྲིས་འདུག རྒྱ་སྐད་ཀྱི་བསྡུས་མིང་ལ་《至元录》ཞེས་ཟེར་བས། ཁོ་མོས་འདིར་《ཀྲི་ཡོན་ལུའུ》དང་། མིང་ཚ་ཚང་ལ་《ཀྲི་ཡོན་ཧྥ་པོའུ་ཁན་ཐུང་ཙུང་ལུའུ》ཞེས་སྒྲ་སྒྱུར་བྱས་ཡོད། དཀར་ཆག་འདིའི་མིང་ཚ་ཚང་ལས "ཀྲི་ཡོན" ནི་ཡོན་སེ་ཆེན་རྒྱལ་པོ་གོ་པེ་ལའི་（忽必烈）སྐབས་ཀྱི་རྒྱལ་རྟགས་ཡིན་པ་དང་། ཀྲི་ཡོན་ལོ་ནི་སྤྱི་ལོ1264—1368བར་ལ་གོ་དགོས། རྒྱལ་རྟགས་བཀའ་བསྟན་གྱི་དཀར་ཆག་གི་མིང་དུ་བཏགས་སྲོལ་ནི་རྒྱ་ནག་གི་སྲོལ་རྒྱུན་ཞིག་ཡིན། "ཧྥ་པོའུ" ཞེས་པ་ནི་དམ་ཆོས་རིན་པོ་ཆེའི་དོན་དང་། འདིར་རྒྱལ་བའི་བཀའ་འགྱུར་རོ་ཅོག་ལ་གོ་དགོས། "ཀྲིན་ཐུང" ནི་ཞིབ་བསྡུར་བྱས་པའི་དོན་ཏེ་འདིར་གཙོ་བོ་རྒྱ་བོད་ཡིག་རིགས་གཉིས་ཕན་ཚུན་ཞིབ་བསྡུར་བྱེད་པར་གོ། ཁ་བྱང་གི་ནང་དོན་ལས་ང་ཚོས་དཀར་ཆག་དེ་ནི་ཡོན་སེ་ཆེན་རྒྱལ་པོ་གོ་པེ་ལའི་དུས་སུ་རྒྱ་བོད་ཀྱི་ནང་པའི་བཀའ་འགྱུར་ཁག་གཉིས་ཕན་ཚུན་ཞིབ་བསྡུར་བྱས་ནས་མཛད་པའི་རྒྱའི་བཀའ་བསྟན་གྱི་དཀར་ཆག་ཆེན་པོ་ཞིག་ཡིན་པ་རྟོགས་ཐུབ།

དང་པོ། 《ཀྲི་ཡོན་ལུའུ》མཛད་པའི་དུས་ཚོད་དང་རྒྱུ་རྐྱེན།

《ཀྲི་ཡོན་ལུའུ》ཡི་སྔོན་འགྲོའི་ནང་དུ་དཀར་ཆག་འདི་མཛད་པའི་དུས་ཚོད་དང་མཛད་ཡུལ་གསལ་

པོ་བསྟན་འདུག སྔོན་འགྲོའི་ནང་དོན་གཞིར་བཟུང་ནས་བཤད་ན། དཀར་ཆག་འདི་མཛད་པའི་དུས་ཚོད་ནི་ཆེན་པོ་ཧོར་གྱི་དུས་ཧྲི་ཀྲི་ཡོན་ལོ་ཉེར་གཉིས་ནས་ཉེར་བཞིའི་བར་（སྤྱི་ལོ་1285—1287）ཡིན། འདི་ནི་ཞི་ཙུ་སེ་ཆེན་རྒྱལ་པོའི་བཀའ་བཀོད་ལྟར་རྒྱ་བོད་བཅས་པའི་ཡུལ་གྲུ་མང་པོའི་མཁས་པ་རྣམས་ཏྲ་ཏུའི་（大都）（དེང་གི་པེ་ཅིང）ཏྲ་ཤིང་ཅོའོ་（大兴教寺）དགོན་པར་བསྡུས་ནས་དུས་ཡུན་ལོ་གཉིས་ཙམ་རིང་དཀའ་བ་སྤྱད་དེ་ལྷན་དུ་མཛད་པ་ཞིག་རེད་འདུག དཀར་ཆག་འདི་མཛད་པའི་རྒྱུ་མཚན་ནམ་དམིགས་ཡུལ་ཡང་སྔོན་འགྲོའི་ནང་འདི་ལྟར་བྲིས་ཡོད་པ་སྟེ། "སེ་ཆེན་རྒྱལ་པོས། ནང་ཆོས་ཡུན་རིང་དར་ཡང་རྒྱ་བོད་གཉིས་ཀྱི་བཀའ་བསྟན་ལ་ཁྱད་པར་ཡོད་པ་ཚོར་བས། ཆེད་མངགས་བཀའ་ཕབ་ཏེ་ཡུལ་གྲུ་གཉིས་ཀྱི་མཁས་པ་ཕན་ཚུན་རྗེད་གླེང་བྱེད་དུ་བཅུག" ཞེས་འཁོད་འདུག ད་དུང《ཡོན་གྱི་ལོ་རྒྱུས》སོགས་ལོ་རྒྱུས་དེབ་ཐེར་མང་པོའི་ནང་དུའང"སེ་ཆེན་རྒྱལ་པོས། ལོ་ངོ་མང་པོའི་ཐེ་ཚོམ་ད་རེས་དག་ཐེར་དང་ཁ་གསལ་ཡོང་བར་བྱས།" ཅེས་འཁོད་འདུག དེ་ལས་དཀར་ཆག་དེ་མཛད་དོན་ནི་རྒྱ་བོད་བཀའ་བསྟན་གྱི་ཁྱད་པར་རྟོགས་རྒྱུ་དང་། རྒྱའི་བཀའ་བསྟན་ལ་དག་ཐེར་བྱ་རྒྱུ་ཡིན་པ་རྟོགས་ཐུབ། དཀར་ཆག་འདི་དངོས་སུ་བསྒྲིགས་པའི་དུས་སུ་འགྲོ་མགོན་འཕགས་པ་གཤེགས་ཟིན་ན་ཡང་། དཀར་ཆག་འདིའི་སྔོན་འགྲོ་ལས"རྒྱལ་པོ་གོ་པེ་ལའི་ནང་ཆོས་ལ་དད་མོས་ཆེ་བས། དུས་དང་རྣམ་པ་ཀུན་ཏུ་ཁོམ་པ་ཡོད་སྐབས་ཆོས་གསན་པ་དང་། ཁོང་གིས་ཏྲི་ཏྲི་དང་གྲོས་མོལ་གནང་ཞིང་ཡུལ་གྲུ་ཁག་གི་མཁས་པ་གདན་དྲངས་ནས། རྒྱ་བོད་བཀའ་བསྟན་གྱི་དཀར་ཆག་ཞིབ་བསྡུར་བྱེད་དུ་བཅུག།" ཞེས་གསུངས་ཡོད་པས། དཀར་ཆག་འདི་ནི་འགྲོ་མགོན་ཆོས་རྒྱལ་འཕགས་པའི་ཞལ་བཀོད་ལྟར་བསྒྲིགས་པ་གསལ་པོར་ཤེས་ཐུབ། དེ་མིན《ཀྲི་ཡོན་ལུའུ》ཡི་སྔོན་འགྲོའི་མཚན་ཐོ་ལ་དཔྱད་ན། བསྒྲིགས་པ་པོ་མང་པོ་ཞིག་ནི་འགྲོ་མགོན་ཆོས་རྒྱལ་འཕགས་པ་དང་འབྲེལ་བ་ཡོད་པ་རེད་འདུག ལ་ལ་ནི་ཁོང་གི་སྐུ་མཆེད་ཡིན་པ་དང་ལ་ལ་ནི་ཁོང་གི་དངོས་སློབ་ཡིན་པ། ཡང་ལ་ལ་ནི་དེ་སྔོན་ཁོང་གི་མདུན་ནས་སྡོམ་པ་ལེན་སྐྱོང་ཡོད་པ་བཅས་མང་པོ་ཞིག་ནི་ཁོང་གི་འོས་སྦྱོར་འོག་ཏྲ་ཏུ་ལ་སླེབས་པ་རེད། དཔེར་ན། འཕགས་པ་རིན་པོ་ཆེའི་སྐུ་དཔོན་དྷརྨ་པཱ་ལ།（达玛巴拉）འཕགས་པའི་དངོས་སློབ་ཡེ་ལེའན་ཀྱཱ་ཤིའུ།（叶辇国师）དེ་བཞིན་ཆོས་རྗེ་ཡོན་ཏན་དཔལ།（胆巴）ཡུ་གུར་བ་ཧོ་ཐེའི་ས་ལི་（合台萨里）དང་ཀ་རུ་ཎ་དས་（迦鲁纳答思）ལ་སོགས་མང་པོ་ཞིག་ཁོང་གི་དྲུང་དུ་ཡོན་ཏན་སྦྱངས་སྐྱོང་ཡོད་པ་དང་ཁོང་གིས་ཡོན་གོང་མར་འོས་སྦྱོར་བྱས་པ་རེད་འདུག དེ་ཡང་མཚན་ཐོའི་ནང་ནས་རྒྱ་རིགས་ཀྱི་གྲྭ་པ་ཚང་མའི་མཚན་གྱི་ནང་དུ"吉祥"ཞེས་བྲིས་པ་འདུག དཔེར་ན"顺德府开元寺佛日光教大师讲论

沙门庆吉祥" ལྟ་བུའོ། །《རྒྱ་ནག་ཆོས་འབྱུང》གི་ནང་དུ་དེ་ལ "དཔལ།" ཞེས་བསྒྱུར་འདུག རྒྱའི་ལོ་རྒྱུས་ཀྱི་དེབ་ཐེར་ཁག་གཅིག་གི་ནང་དུ་གོ་ཧྲི་（国师）ཡི་དྲུང་ནས་སྡོམ་པ་ལེན་མཁན་ལ་"དཔལ།"ཞེས་པའི་མཚན་དེ་གསོལ་གྱི་ཡོད་པ་བྲིས་འདུག སྐབས་དེའི་གོ་ཧྲི་ནི་འགྲོ་མགོན་ཆོས་རྒྱལ་འཕགས་པ་ལ་གོ་དགོས་ངེས་ཡིན། 《རྒྱ་བོད་ཡིག་ཚང》གི་ནང་དུ་འགྲོ་མགོན་ཆོས་རྒྱལ་འཕགས་པ་ཏཱ་ཏུ་ལ་བཞུགས་དུས་རྒྱ་དཀར་ནག་དང་། མི་ཉག སོག་པོ། ཡུ་གུར་བཅས་ཀྱི་དགེ་འདུན་4425ལྷག་ཙམ་རབ་ཏུ་བྱུང་བར་བཤད། དེ་ལྟར་རྒྱ་རིགས་ཀྱི་གྲྭ་པ་དེ་དག་ཀྱང་ལ་ལ་འགྲོ་མགོན་ཆོས་རྒྱལ་འཕགས་པའི་དྲུང་ནས་སྡོམ་པ་ལེན་མྱོང་ཡོད་པ་འདྲ། ཁོ་ཚོའི་ནང་ནས་གྲྭ་པ་མང་ཆེ་བ་ཞིག་གི་ལོ་རྒྱུས་ད་ལྟ་དེབ་ཐེར་ཁག་ཏུ་མཐོང་རྒྱུ་མི་འདུག དེར་བརྟེན་དེའི་བར་གྱི་འབྲེལ་བའི་སྐོར་ཁ་གསལ་པོ་རང་མ་བྱུང་། དེ་མིན་ལོ་རྒྱུས་དེབ་ཐེར་མང་པོའི་ནང་དུ་འགྲོ་མགོན་ཆོས་རྒྱལ་འཕགས་པས་སྐུ་ཚེ་ཧྲིལ་པོར་བཀའ་བསྟན་གྱི་དཔེ་ཆ་མང་པོ་ཉར་ཚགས་དང་བསྡུ་བསྒྲིགས་གནང་བས། ཁོང་གི་ཤུགས་རྐྱེན་འོག་ཏཱ་ཏུ་ཕོ་བྲང་གི་ནང་དུ་བཀའ་བསྟན་བཤུས་བྲིས་བྱས་པའི་གོམས་སྲོལ་ཞིག་ཆགས་ཡོད་པ་བསྟན་འདུག ཁོར་ཡུག་དེ་འདྲ་ཞིག་གི་འོག་ཏུ་ཡོན་རྒྱལ་རབས་ཀྱིས་དཀའ་བསྟན་དཀར་ཆག་བསྒྲིགས་པ་དང་རྒྱ་བོད་བཀའ་བསྟན་བསྡུར་བ་བྱེད་པའང་ལུགས་དང་མཐུན་པ་ཞིག་རེད་སྙམ། མདོར་ན་དཀར་ཆག་འདི་ནི་ཡོན་རྒྱལ་རབས་ཀྱི་ཏཱི་ཧྲི་（帝师）ཐོག་མ་འགྲོ་མགོན་ཆོས་རྒྱལ་འཕགས་པའི་ཞལ་བཀོད་ལྟར་བསྒྲིགས་པ་ཡིན་པས། འདི་ཡང་འགྲོ་མགོན་ཆོས་རྒྱལ་འཕགས་པའི་མཛད་རྗེས་ཆེད་དུ་བྱུང་བ་ཞིག་ལ་བརྩི་ན་འགྲིག་སྙམ།

གཉིས་པ། 《ཀྲི་ཡོན་ལུའུ》ཡི་མཛད་པ་པོ།

《ཀྲི་ཡོན་ལུའུ》ཡི་སྟོན་འགྲོའི་ནང་དུ་མཚན་ཐོ་ཞིག་ཡོད་པ་དེའི་ནང་དཀར་ཆག་དེ་གཙོ་སྒྲིག་བྱེད་མཁན་དང་མཛད་པ་པོ་གཞན་རྣམས་ཀྱི་མཚན་དང་རིགས་རུས། གོ་གནས་བཅས་ཀྱི་སྐོར་འཁོད་འདུག མཚན་ཐོར་གཞིགས་ན་དཀར་ཆག་ཞིབ་བསྡུར་བྱེད་མཁན་ཁྱོན་མི་29ཡོད་པ་དང་། དེའི་ནང་དུ་རྒྱ་རིགས་15དང་། བོད་རིགས་6ཡུ་གུར་བ་4རྒྱ་གར་བ་1བཅས་ཡོད། དེ་མིན་མི་༣ཀྱི་རིགས་རུས་གང་ཡིན་པ་མི་གསལ། དཀར་ཆག་དེའི་སྟོན་འགྲོའི་ནང་དུ་མཚན་ཐོ་འདི་ལྟར་བྲིས་ཡོད་དེ། "顺德府开元寺佛日光教大师讲论沙门庆吉祥、平滦路水岩寺传法辅教大师讲论沙门恩吉祥、传法潮音妙辩大师讲经沙门海吉祥、眞定府兴化寺传法通玄大师讲经沙门温吉祥、大都大悯忠寺传法通辩大师讲经沙门湍吉祥、大都大昊天寺传法玄悟大师讲经沙门习吉祥、大都弘法

寺通显密二教演秘大师沙门微吉祥、大崇国寺临坛大德圆融崇教大师沙门演吉祥、大圣寿万安寺临坛大德崇教大师沙门应吉祥、济宁路金山寺妙辩通义大师讲论沙门庆吉祥、大圣寿万安寺传大乘戒临坛大德沙门理吉祥、宣授江淮释教都总摄扶宗弘教大师释行吉祥、圣寿万安寺都总统佛觉普安大师沙门拣吉祥、宣授诸路释教都总统道通智大禅师昭吉 祥” ཞེས་སོ། །དེ་ཡང་《རྒྱ་ནག་ཆོས་འབྱུང་》ལས་ “ཤུན་ཏེ་ཕོ་བྲང་གི་ཁའི་ཡུའན་ཐེའི་མཁན་པོ་ཐྰ་གོ་ཞི་ཀུང་དའ་གཡོའུ་ཀ་སྟེ་རྒྱལ་བསྟན་ཉི་འོད་གསལ་བྱེད་ཆོས་རྗེའི་འཇའ་ས་དང་རྒྱལ་མཚན་ཐོབ་པའི་དགེ་སྦྱོང་མ་སོ་འཛིན་པ་དགེ་ལེགས་དཔལ།① པེད་ལིའུ་ན་ལམ་གྱི་ཤུའི་འན་ཐེའི་མཁན་པོ་ཐྲ་ཡན་ཐྰ་ཐྭུ་གི་ཡོའ་ཐྭ་ཤིའ་སྟེ་བརྒྱུད་འཛིན་བསྟན་སྐྱོང་ཆོས་རྗེའི་འཇའ་ས་དང་རྒྱལ་མཚན་ཐོབ་པའི་དགེ་སྦྱོང་མ་སོ་འཛིན་པ་སྦྱིན་པ་དཔལ། ཐྲའན་ཐྰ་ཐོའུ་ཡིན་མིའོའུ་པིའི་ན་ད་ཤིའུ་སྟེ་བརྒྱུད་འཛིན་ཐུགས་འཕེལ་སྤོབས་དབང་ཆོས་རྗེའི་འཇའ་ས་དང་རྒྱལ་མཚན་ཐོབ་པའི་དགེ་སྦྱོང་མདོ་སྡེ་སྨྲ་བ་རྒྱ་མཚོ་དཔལ། ཁན་ཏིང་ཕོ་བྲང་གི་ཕིའུ་ཧྭའ་ཐེའི་མཁན་པོ་ཐྲའན་ཐྭ་ཤའ་སྟེ་བརྒྱུད་འཛིན་དོན་རྟོགས་ཆོས་རྗེའི་འཇའ་ས་དང་རྒྱལ་མཚན་ཐོབ་པའི་དགེ་སྦྱོང་མདོ་སྡེ་སྨྲ་བ་སློབ་དཔོན་བྱམས་པ་དཔལ། ཐྭའི་ཏུ་ཕོ་བྲང་ཆེན་པོའི་མིན་ཐུང་ཐེའི་མཁན་པོ་ཐྲའན་ཐྰ་ཐུང་པིའན་ཐྭ་ཤིའ་སྟེ་བརྒྱུད་འཛིན་སྤོབས་བཟང་ཆོས་རྗེའི་འཇའ་ས་དང་རྒྱལ་མཚན་ཐོབ་པའི་དགེ་སྦྱོང་མདོ་སྡེ་སྨྲ་བ་འཁྲིལ་བ་དཔལ། ཧོའུ་ཐིའན་ཐེའི་མཁན་པོའི་ཐྲའན་ཐྰ་ཤའན་ཞུ་ཐྭ་ཤིའ་སྟེ་བརྒྱུད་འཛིན་དོན་གཟིགས་ཆོས་རྗེའི་འཇའ་ས་དང་རྒྱལ་མཚན་ཐོབ་པའི་དགེ་སྦྱོང་མདོ་སྡེ་སྨྲ་བ་སེམས་འབྱོངས་དཔལ། ཧུའང་མེའི་ཐེའི་བདག་པོ་ཐུང་ཧུའི་ཐྭ་ཤིའ་སྟེ་སློ་མཆོག་ཆོས་རྗེའི་འཇའ་ས་དང་རྒྱལ་མཚན་ཐོབ་པའི་དགེ་སྦྱོང་མདོ་སྡེ་སྨྲ་བ་ཞི་བ་དཔལ། ཧུང་ཐྭུ་ཐེའི་མཁན་པོ་ཐུང་ཕིའན་སྙིཏི་གི་ཡོའུ་ཡན་སྙི་ཐྭ་ཤིའ་སྟེ་མདོ་སྔགས་མཁས་གྲུབ་གསང་བདག་ཆོས་རྗེའི་འཇའ་ས་དང་རྒྱལ་མཚན་ཐོབ་པའི་དགེ་སྦྱོང་མ་སོ་འཛིན་པ་དྲི་མེད་དཔལ། ཐྲང་ཀྲྀ་ཐེའི་མཁན་པོ་ལིན་ཐིན་ཐྭ་སྟེ་ཡུའན་བཞུག་ཐྲང་གི་ཡོའུ་ཐྭ་ཤིའ་སྟེ་གདམས་པའི་བཀའ་བབས་ཡོན་ཏན་གཏེར་མཛོད་ཁ་སྦྱོར་མཆོག་ལྡན་རྒྱལ་བསྟན་ཞབས་འདེགས་ཆོས་རྗེའི་འཇའ་ས་དང་རྒྱལ་མཚན་ཐོབ་པའི་དགེ་སྦྱོང་མདོ་སྡེ་སྨྲ་བ་མཐའ་ཡས་དཔལ། ཞིང་ཞིའུ་འན་ཨན་ཐེའི་མཁན་པོ་ལིན་ཐན་ཐྭ་སྟེ་ཁའི་སན་ཕིའོ་ཐྲང་གི་ཡོའུ་ཐྭ་ཤིའ་སྟེ་གདམས་པའི་བཀའ་བབས་ཡོན་ཏན་གཏེར་མཛོད་བསླབ་གསུམ་འདོམས་སྤེལ་རྒྱལ་བསྟན་ཞབས་འདེགས་ཆོས་རྗེའི་འཇའ་ས་དང་རྒྱལ་མཚན་ཐོབ་པའི་དགེ་སྦྱོང་འདུལ་བ་འཛིན་པ་ཆོས་ཉིད་དཔལ། ཅེ་

①བོང་ནེ་ཀྲི་ཡོན་ལིའུ་གཙོ་སྒྲིག་བྱེད་མཁན་དང་དཀར་ཆག་དེའི་འགན་འཁུར་པ་གཙོ་བོ་ཡིན།

ཉིན་ལམ་གྱི་གིན་ཤན་ཟེའི་མཁན་པོ་མིའོཙུ་ཕིའ་ན་ཐུང་ཨི་ཏྭ་ཤིའ་སྟེ་སྤྱོབས་བཟང་དོན་རིག་ཆོས་རྗེའི་འཇའ་ས་དང་རྒྱལ་མཚན་ཐོབ་པའི་དགེ་སློང་མ་མོ་འཛིན་པ་དགའ་བ་དཔལ། ལྷན་ཨན་ཟེའི་མཁན་པོ་ཁའི་སན་ཁིའོ་ཀྱུང་ཐུའན་ཏྭ་ཐེད་ཀྱུས་ལིན་ཐྭན་ཏྭ་ཤིའ་སྟེ་བསླབ་གསུམ་འདོམས་སྤེལ་བྱུང་སྟོམ་མཁན་པོའི་བརྒྱུད་པའི་བཀའ་བབས་ཡོན་ཏན་གཏེར་མཛོད་ཐེག་ཆེན་ཆོས་རྗེའི་འཇའ་ས་དང་རྒྱལ་མཚན་ཐོབ་པའི་དགེ་སློང་མ་མོ་འཛིན་པ་བསླུ་མེད་དཔལ། ཀྲུང་ཧྲུའའི་ཡུལ་གྲུའི་རྒྱལ་བསྟན་འཛིན་པ་ཕྱུ་ཙུང་ཧྲུང་ཡཙུ་ཏྭ་ཤིའ་སྟེ་བརྒྱུད་སྐྱོང་བསྟན་སྤེལ་ཆོས་རྗེའི་འཇའ་ས་དང་རྒྱལ་མཚན་ཐོབ་པའི་དགེ་སློང་མདོ་སྡེ་སྨྲ་བ་ལེགས་སྦྱོད་དཔལ། ལྷན་ཨན་ཟེའི་སྤྱི་གཉེར་པ་རྫོ་གི་ཕུ་ཨན་ཏྭ་ཤིའ་སྟེ་རྣམ་འདྲེན་ཀུན་སྐྱིད་ཆོས་རྗེའི་འཇའ་ས་དང་རྒྱལ་མཚན་ཐོབ་པའི་དགེ་སློང་མདོ་སྡེ་སྨྲ་བ་འདོམས་པ་དཔལ། ཏུའ་ལྷུ་ཞི་གི་ཡོཙུ་ཧུ་ཙུང་ཐུང་ཏྭཙུ་ཐུང་ཊན་ཊི་ཐན་ཤིའ་ཁིང་ཞེཙུ་ཊང་ལོཙུ་སྟེ་ཕྱོགས་བྲལ་རྒྱལ་བསྟན་ཡོངས་འཛིན་ལམ་རྟོགས་ཡང་དག་ཡེ་ཤེས་བདག་ཉིད་བསམ་གཏན་མཁན་ཆེན་འགྱུར་མེད་ཚེ་ལྡན་གནས་བརྟན་རྣན་པོའི་འཇའ་ས་དང་རྒྱལ་མཚན་ཐོབ་པའི་དགེ་སློང་འོད་ཟེར་དཔལ” ཞེས་བསྒྱུར་འདུག་པ་དང་། དེ་དག་ཚང་མ་ནི་རྒྱའི་དགེ་སློང་རྣམས་ཀྱི་མཚན་ཐོ་རེད།

གཞན་ཡང་། དཀར་ཆག་དེའི་སྔོན་འགྲོ་ལས། “宣授诸路释教都总统西蕃讲主远丹巴、西蕃传显密二教讲经律论沙门纥罗思巴臧布、西蕃通显密二教讲经律论赐衣沙门释速端然、西蕃传显密二教讲经律论赐衣沙门湛阳宜思、拔合思八帝师完布达哩麻八罗阿罗吃答帝师、西蕃扮底答拔合思八帝师上足弟子叶辇国师” ཞེས་བྲིས་ཡོད་པ་དེ། 《རྒྱ་ནག་ཆོས་འབྱུང》ལས་ “རྒྱལ་བསྟན་ཡོངས་འཛིན་གྱི་འཇའ་ས་ཅན་ཆོས་རྗེ་ཡོན་ཏན་དཔལ། ། བོད་བླ་མདོ་སྔགས་བསྟན་པའི་བརྒྱུད་འཛིན་རྒྱལ་མཚན་ཐོབ་པ་སྡེ་སྣོད་གསུམ་ཀ་སྨྲ་བའི་སློབ་དཔོན་ཕྲིན་ལས་བཟང་པོ། ཟབ་རྒྱ་གཉིས་ཀར་མཁས་པ་རྒྱལ་མཚན་ཐོབ་པའི་དགེ་སློང་སྡེ་སྣོད་གསུམ་ཁ་སྨྲ་བ་སློབ་དཔོན་ཤུ་ཧྭན་བཞིན། ཟབ་རྒྱའི་ཆོས་ཀྱི་རྒྱུད་འཛིན་རྒྱན་མཚན་ཐོབ་པའི་དགེ་སློང་སྡེ་སྣོད་གསུམ་ཀ་སྨྲ་བ་སློབ་དཔོན་འཇམ་དབྱངས་འོད་ཟེར། འཕགས་པ་རིན་པོ་ཆེའི་སྐུ་དཔོན་ཏི་ཤྲཱི་ཧྲཱ་བྷྲ་ལ་རཀྵི་ཏ། འཕགས་པའི་དངོས་སློབ་ཡེ་ལེའན་ཀ྄་ཤིའ། །” ཞེས་བསྒྱུར་འདུག་པ་དང་། དེ་དག་ནི་དཀར་ཆག་རྩོམ་སྒྲིག་ནང་ཞུགས་པའི་བོད་ཀྱི་རྣམས་ཀྱི་མཚན་ཐོ་རེད། ད་དུང་། “西蕃（西天）扮底答通五明师尾麻罗室利” ཞེས་པ་《རྒྱ་ནག་ཆོས་འབྱུང》ལས་ “རྒྱ་གར་གྱི་པཎྜི་ཏ་ལྔ་རིག་མཁྱེན་པའི་དབང་པོ་བི་མ་ལ་ཤྲཱི།” ཞེས་བསྒྱུར་འདུག་པ་དེ་ནི་རྒྱ་གར་བ་ཞིག་ཡིན་པ་དང་། “资德大夫释教都总统正宗弘教大师合台萨里、

北庭都护府通二国言音解显密教迦鲁挐答思、北庭都护府通显密教讲经律论沙门斋牙答思、翰林学士嘉议大夫脱印都统” ཞེས་པ་《རྒྱ་ནག་ཆོས་འབྱུང་》ལས་ “ཏྲི་ཧེ་ཏྲའི་ཌ་ཤྲིན་པ་ལ་ཏྲི་ཡུའན་ཞིའི་ལས་ཀ་ཅན་ཏུ་ལུ་ཤེའི་ཀ་ཤི་ཡེའུ་ཏུ་ཙུང་ཐུང་ཏེང་ཙུང་ཏུང་གི་ཡོའུ་ཏྲ་ཤེའི་སྟེ་ཕྱོགས་བྲལ་རྒྱལ་བསྟན་ཡོངས་འཛིན་བརྒྱུད་པའི་བཀའ་བབས་བསྟན་སྲིད་ཆོས་རྗེའི་འཛའ་ས་ཐོབ་པའི་སློབ་དཔོན་ཏཱ་ཐའི་ས་ལི། པེ་ཐིང་ཏུ་ཧུ་ཧྥུའི་ལས་ཀ་ཅན་ཟབ་རྒྱའི་དོན་རྟོགས་སྐད་གཉིས་སྨྲ་བ་ཀ་རུ་ཁ་ཏྲས། པེ་ཐིང་ཏུ་ཧུ་ཧྥུའི་ལས་ཀ་ཅན་ཟབ་རྒྱས་གཉིས་ཀར་མཁས་པ་རྒྱལ་མཚན་ཐོབ་པའི་དགེ་སྦྱོང་སྡེ་སྣོད་གསུམ་ཀ་སྨྲ་བའི་ཡུ་གུར་གྱི་པཎྜི་ཛ་ཡ་ཏྲ་ས། ཧན་ལིན་ཤེའོ་ཞིའི་ལས་ཀ་དང་ཀྱ་ཨི་ཏྲ་ཌའི་གོ་ས་ཅན་ལོ་ཙཱ་བ་ཐ་ཡིན་ཏུ་ཐུང་།” ཞེས་བསྒྱུར་འདུག་པ་དེ་ནི་ཡུ་གུར་བ་རེད། དཀར་ཆག་དེའི་སྟོན་འགྲོ་ལས། “翰林学士承旨正奉大夫安藏、奉训大夫行工部郎中牙识汉养阿、翰林学士承旨中奉大夫弹压孙” ཞེས་བྲིས་པ་དེ། 《རྒྱ་ནག་ཆོས་འབྱུང་》ལས་ “རིག་གཞུའི་བློན་ཆེན་ཧན་ལིན་ཕྱིའོ་ཞིའི་ཐད་ཏེའི་ལས་ཀ་དང་ཏེང་ཌྷུ་ཏྲའི་ཌའི་གོ་ས་ཅན་ལོ་ཙཱ་བ་སྐལ་བཟང་། རིག་གཞུའི་བློན་ཆེན་ཧན་ལིན་ཕྱིའོ་ཞིའི་ཐད་ཏེའི་ལས་ཀ་དང་ཏུང་ཏྲའི་ཧྥུའི་གོ་ས་ཅན་ལོ་ཙཱ་བ་ཧན་ཡན་ཟུན། ཧྥུང་ཤུན་ཏྲའི་ཌའི་གོ་ས་དང་ཀུང་ཕུ་ལང་ཏུང་གི་ལས་ཀ་ཅན་ཡ་ཤི་ཧ་ཡུང་ག” ཞེས་བསྒྱུར་འདུག་ལ། མི་དེ་གསུམ་པོའི་རིགས་རུས་ཀྱི་སྐོར་ལ་བཤད་ཚུལ་མི་འདྲ་བ་ཁ་ཤས་འདུག དཔེར་ན། 《རྒྱ་ནག་ཆོས་འབྱུང་》གི་ནང་དུ་ལོ་ཙཱ་བ་སྐལ་བཟང་ཟེར་བ་དེ་བོད་རིགས་ཡིན་པ་བསྟན་འདུག་པ་དང་། 《ཡོན་གྱི་ལོ་རྒྱུས》(《元史》) དང་《ཏྲི་ཧྲི་འགྲོ་མགོན་འཕགས་པའི་རྣམ་ཐར》(《帝师八思巴传》) སོགས་ལས་མི་དེ་ཡུ་གུར་བ་རེད་ཅེས་བརྗོད་འདུག ལོ་ཙཱ་བ་ཧན་ཡན་ཟུན་ཟེར་བའི་རིགས་རུས་ སྐོར་གྱི་འབྲེལ་ཡོད་དཔྱད་གཞི་ཐུན་གྱི་ད་ལྟ་མཐོང་མ་བྱུང་། 《ནང་ཆོས་ཀྱི་རིག་གནས་དང་ལོ་རྒྱུས》(《佛教文化与历史》) ཞེས་པའི་ནང་དུ་ཡ་ཤི་ཧ་ཡུང་ག་ཟེར་བ་ནི་སོག་རིགས་ཡིན་ཞེས་བརྗོད་འདུག

གསུམ་པ། 《ཀྲི་ཡོན་ལུའུ》ཡི་བསྒྲིགས་རིམ་དང་ནང་དོན་གཙོ་བོ།

《ཀྲི་ཡོན་ལུའུ》ཡི་ནང་དོན་ལ་དབྱེ་ཞིབ་བྱས་ན་དཀར་ཆག་དེ་གཙོ་བོ་གོ་རིམ་གཉིས་བརྒྱུད་ནས་བསྒྲིགས་པ་རེད་འདུག གོ་རིམ་དང་པོ་ནི་མཁས་པ་རྣམས་ཀྱིས་རྒྱ་བོད་བཀའ་བསྟན་ཕན་ཚུན་ཞིབ་བསྡུར་དང་དེའི་སྐོར་གྱི་ཤེས་བྱའི་ཐད་ལ་ཕན་ཚུན་བགྲོ་གླེང་གནང་བ་དང་། གོ་རིམ་གཉིས་པ་ནི་རྒྱའི་བཀའ་འགྱུར་རྣམས་ཐེག་པ་ཆེ་ཆུང་གི་དབྱེ་བ་ཕྱེས་ནས་རེ་རེ་བཞིན་དཀར་ཆག་ཏུ་བསྒྲིགས་པ་རེད།

ཞིབ་བརྟུར་བྱ་ཡུལ་རྒྱ་ཡིག་གི་མ་ཡིག་ནི་རྒྱའི་བཀའ་བསྟན་གྱི་དཀར་ཆག་ལྔ་སྟེ། ཐང་རྒྱལ་རབས་ཀྱི་དུས་སུ་མཛད་པའི་《ཁའི་ཡོན་ལུའུ》（《开元录》）དང་《ཀྲེན་ཡོན་ལུའུ》（《贞元录》）སུང་རྒྱལ་རབས་ཀྱི་སྐབས་སུ་མཛད་པའི་《ཞིའང་ཧྥུ་ལུའུ》（《祥符录》）དང་《ཅིང་ཡིའུ་ལུའུ》（《景祐录》）དེ་བཞིན་ཡོན་རྒྱལ་རབས་ཀྱི་དུས་སུ་མཛད་པའི་《ཧུང་ཧྥ་ལུའུ》（《弘法录》）བཅས་ཡིན། དེའི་ནང་ནས་ཀྱང་《ཁའི་ཡོན་ལུའུ》གཙོ་བོར་བཟུང་ཡོད་པ་རེད། བོད་ཡིག་གི་མ་ཡིག་ནི་ས་སྐྱ་དགོན་པར་ཉར་ཚགས་བྱས་ཡོད་པའི་བཙན་པོའི་རྒྱལ་རབས་ཀྱི་དཀར་ཆག་ཆེན་པོ་གསུམ་རེད་འདུག འོན་ཀྱང་དཀར་ཆག་གསུམ་པོར་ཞིབ་བརྟུར་བྱས་ཡོད་དམ་ཡང་ན་དེའི་ནང་ནས་དཀར་ཆག་གཅིག་བཟུང་ནས་ཞིབ་བརྟུར་བྱས་པ་གསལ་པོ་མི་ཤེས། དཀར་ཆག་རྩིལ་པོའི་ནང་དོན་ཁག་གསུམ་ལས་གྲུབ་པ་དང་དེ་ལས་དང་པོ་ནི་སྔོན་འགྲོ་ཡིན། སྔོན་འགྲོ་མི་འདྲ་བ་ཁག་གཉིས་བྲིས་ཡོད་པ་དང་། འབྲི་མཁན་ནི་ཅང་ཤི་པའོ་ཨན་དགོན་པའི（江西报恩寺）མཁན་པོ་ཧྲི་ཁེ་ཇིའི（释克己）དང་ཧང་ཀྲུའུ་ལིང་ཡིན་དགོན་པའི（杭州灵隐寺）མཁན་པོ་ཅིང་ཧྥུ་ཇིན་（净伏谨）རེད། འོན་ཏེ་ཁོང་རྣམ་གཉིས་ཀྱིས་སྔོན་འགྲོ་འབྲི་བའི་དུས་ཚོད་ལ་བལྟས་ན་གཅིག་ནི་སྤྱི་ལོ1306ལོ་ཡིན་པ་དང་གཅིག་ནི་སྤྱི་ལོ1289ལོ་ཡིན་པས། དེ་གཉིས་ཀ་《ཀྲི་ཡོན་ལུའུ》བསྒྲིགས་ཚར་པའི་རྗེས་སུ་བྲིས་པ་ཤེས་ཐུབ། དེར་བརྟེན་ཁོ་མོའི་བསམ་བློར་སྔོན་འགྲོ་དེ་གཉིས་ནི་དཀར་ཆག་བསྒྲིགས་པའི་རྗེས་སུ་ནང་དུ་བཙུག་པ་ཡིན་པ་ལས། དཀར་ཆག་དེ་བསྒྲིགས་པའི་སྐབས་སུ་བྲིས་པ་ཞིག་མ་རེད་སྙམ། སྔོན་འགྲོ་དེ་གཉིས་ལས་དཀར་ཆག་དེ་མཛད་པའི་དུས་ཚོད་དང་མཛད་ཡུལ། མཛད་རྐྱེན། དེ་བཞིན་དཀར་ཆག་མཛད་མཁན་གྱི་མི་སྣའི་གནས་ཚུལ་ཉུང་ཉུང་ཞིག་བཀོད་འདུག གཉིས་པ་ནི་《ཀྲི་ཡོན་ལུའུ》ཞེས་པའི་དཀར་ཆག་གི་ནང་དོན་དངོས་གཞི་ཡིན། མ་ཡིག་གི་འགོ་བཙུགས་མ་ཐག་ཏུ་ཡང་བསྐྱར་སྔོན་འགྲོ་ལྟ་བུའི་དུམ་བུ་ཐུང་ངུ་ཞིག་བྲིས་ཡོད་པ་ལས་བསྒྲིགས་པ་པོས་དཀར་ཆག་འདི་མཛད་པའི་དུས་ཚོད་དང་མཛད་ཡུལ། མཛད་རྐྱེན། དེ་བཞིན་དཀར་ཆག་མཛད་མཁན་བཅས་ཁ་གསལ་ཞིང་གོ་བདེ་བའི་ངང་གསལ་བཤད་བྱས་འདུག དེ་ནས་དཀར་ཆག་གི་དངོས་གཞིའི་ནང་དོན་དེ་གཙོ་བོ་ཁག་བཞིའི་ཐོག་ནས་བརྗོད་འདུག

༡ ཧན་མིང་ཏི་（汉明帝）ཡུང་ཕིང་ལོ་བཅུ་པ་（永平十年）ནས་ཀྲི་ཡོན་ལོ་ཉེར་གཉིས་（སྤྱི་ལོ67——1285）བར་གྱི་བཀའ་འགྱུར་ཇི་སྙེད་ཅིག་བསྒྱུར་བ་དག་གི་བསྒྱུར་བ་པོའི་གྲངས་ཚད་དང་བཀའ་བསྟན་གྱི་བསྒྱུར་གྲངས་བརྗོད་པ་མ་ཟད། མདོ་སྡེ། འདུལ་བ། མངོན་པ་གསུམ་སོ་སོ་ཐེག་པ་ཆེ་ཆུང་གི་ཆ་ནས་བམ་གྲངས་རེ་རེ་བཞིན་བརྗོད་ཡོད་པ་རེད།

༢ ཧན་མིང་ཧི་ཡུང་ཐིང་ལོ་བཅུ་པ་ནས་ཀྱི་ཡོན་ལོ་ཉེར་གཉིས་བར་གྱི་དུས་ཚོད་དེ་དུས་སྐབས་ཁག་ལྔ་ལ་དབྱེ་ནས་དུས་སྐབས་རེ་རེར་ཐོན་པའི་བཀའ་འགྱུར་དཀར་ཆག་གི་མིང་དང་བསྒྱུར་བ་པོའི་མཚན། བཀའ་འགྱུར་གྱི་བམ་གྲངས་བཅས་བརྗོད་ཡོད་པ་དང་། 《ཀྲི་ཡོན་ལུའུ》ཡི་ནང་དོན་ཡང་དུས་སྐབས་དེ་ལྔ་པོའི་ནང་ཐོན་པའི་རྒྱའི་བཀའ་འགྱུར་གྱི་དཀར་ཆག་ལྔ་པོ་ཞིབ་བསྡུར་བྱས་པའི་རྨང་གཞིའི་ཐོག་བསྒྲིགས་པ་རེད།

༣ གོང་གི་དུས་སྐབས་ལྔ་པོ་སོ་སོར་ཐོན་པའི་བཀའ་འགྱུར་དཀར་ཆག་གི་ནང་དོན་དག་ཐེག་པ་ཆེ་ཆུང་གི་དབྱེ་བ་ཕྱེ་ནས་མདོ་སྡེ། འདུལ་བ། མངོན་པ་སོ་སོའི་བམ་གྲངས་རེ་རེ་བཞིན་བརྗོད་འདུག

༤ རྒྱ་བོད་བཀའ་འགྱུར་ཞིབ་བསྡུར་བྱས་རྗེས། ཧན་མིང་ཧི་ཡུང་ཐིང་ལོ་བཅུ་པ་ནས་ཀྱི་ཡོན་ལོ་ཉེར་གཉིས་བར་གྱི་བཀའ་བསྟན་འགྱུར་རོ་ཅོག་རྣམས་དབྱེ་སྟངས་གསར་པ་ཞིག་དང་སྒྲིག་ལུགས་གསར་པ་ཞིག་གི་ཐོག་ནས་སླར་དུ་བསྒྲིགས་ཏེ། བཀའ་འགྱུར་གྱི་མིང་། བམ་གྲངས། བསྒྱུར་བ་པོ་བཅས་གསལ་པོར་འཁོད་པ་མ་ཟད། རྒྱ་བོད་བཀའ་འགྱུར་གྱི་ཁྱད་པར་དང་བོད་མ་ཡོད་མེད་རེ་རེ་བཞིན་བཀོད་པ་དང་ཆབས་གཅིག་རྒྱའི་བཀའ་འགྱུར་གྱི་འགྱུར་མ་མི་འདྲ་བ་ཁག་གི་བར་ལའང་བསྡུར་བ་བྱས་ཏེ། དེ་ཚོའི་ཁྱད་པར་དང་མི་འདྲ་སའི་གནས་འཁོད་འདུག དེ་མིན་ད་དུང་ཐེ་ཚོམ་ཡོད་པའི་རིགས་རྣམས་དམིགས་སུ་བཀར་ནས་བརྗོད་ཡོད་པ་དང་། ལྷག་པར་དུ་རྒྱ་བོད་གཉིས་ཀར་ཡོད་པའི་ཆོས་མཚན་རྣམས་ཀྱི་ལེགས་སྦྱར་གྱི་སྐད་དེ་རྒྱ་ཡིག་གི་ཐོག་ནས་ཐད་ཀར་ཕབ་བསྒྱུར་བྱས་འདུག འོན་ཀྱང་དཀར་ཆག་འདིའི་བཀའ་བསྟན་གྱི་བམ་གྲངས་སྐོར་ལ་གནད་དོན་མང་པོ་ཞིག་འདུག དཔེར་ན། 《ཀྲི་ཡོན་ལུའུ》ཡི་སྟོན་འགྲོའི་ནང་དུ་འཁོད་པའི་དཀར་ཆག་འདིའི་བཀའ་བསྟན་གྱི་བམ་གྲངས་དང་དཀར་ཆག་གི་དངོས་གཞིའི་ནང་དོན་ཁག་བཞིར་འཁོད་པའི་བམ་གྲངས་གཅིག་མཚུངས་མ་ཡིན་ལ། དངོས་བཞིའི་ནང་དོན་ཁག་བཞི་པོ་དེ་དག་ཕན་ཚུན་ཀྱང་བམ་གྲངས་མཐུན་གྱི་མི་འདུག དཔེར་ན། དཀར་ཆག་འདིའི་སྟོན་འགྲོའི་ནང་དུ་དཀར་ཆག་འདིར་ཁྱོན་སློགས་བམ་1440ཡོད་ཞེས་བྲིས་འདུག དངོས་གཞིའི་ནང་དོན་དང་པོ་སྟེ་སྤྱི་ཡོངས་ནས་ཧན་མིང་ཧི་ཡུང་ཐིང་ལོ་བཅུ་པ་ནས་ཀྱི་ཡོན་ལོ་ཉེར་གཉིས་བར་གྱི་བཀའ་འགྱུར་གྱི་བམ་གྲངས་བཤད་སྐབས་གོང་དང་འདྲ་བར་ཁྱོན་སློགས་བམ་1440ཡོད་ཟེར། འོན་ཀྱང་དངོས་གཞིའི་ནང་དོན་ཁག་གཉིས་པ་སྟེ་ཧན་མིང་ཧི་ཡུང་ཐིང་ལོ་བཅུ་པ་ནས་ཀྱི་ཡོན་ལོ་ཉེར་གཉིས་བར་གྱི་དུས་ཚོད་དེ་དུས་སྐབས་ལྔ་ལ་དབྱེ་ནས་དུས་སྐབས་རེ་རེར་ཐོན་པའི་བཀའ་འགྱུར་གྱི་དཀར་ཆག་དང་འདིའི་བམ་གྲངས་བཤད་སྐབས་ཁྱོན་སློགས་བམ་1438ལས་མི་འདུག ཡང་དངོས་གཞིའི་ནང་དོན་ཁག་གསུམ་པར་

གོང་གི་དུས་སྐབས་ལྔ་པོ་སོ་སོར་ཐོན་པའི་བཀའ་འགྱུར་དཀར་ཆག་གི་ནང་དོན་ཐེག་པ་ཆེ་ཆུང་གི་དབྱེ་བ་ཕྱེ་ནས་མདོ་སྡེ། འདུལ་བ། མངོན་པ་སོ་སོའི་བམ་གྲངས་རེ་རེ་བཞིན་བརྗོད་སྐབས་ཁྱོན་བམ་གྲངས་1438འཁོད་ཡོད་པ་དང་། མཐའ་མ་དངོས་གཞིའི་ནང་དོན་ཁག་བཞི་པ་སྟེ་ཏན་མིང་ཧྲི་ཡུང་ཐེང་ལོ་བཅུ་པ་ནས་ཀྲི་ཡོན་ལོ་ཉེར་གཉིས་བར་གྱི་བཀའ་འགྱུར་རོ་ཅོག་བསྒྱུར་དུ་བསྒྲིགས་པ་དེའི་ནང་དོན་ལ་དཔྱད་ན་དཀར་ཆག་འདིར་ཁྱོན་བསྡོམས་གླེགས་བམ་1569འདུག དོན་དངོས་ཐོག་འདི་ནི་དཀར་ཆག་འདིའི་བམ་གྲངས་དངོས་དེ་ཡིན། དེའི་ནང་ནས་བཀའ་འགྱུར་གླེགས་བམ་1374ཡོད་པ་དང་། ཞར་བྱུང་དུ་འཕགས་ཡུལ་གྱི་བསྟན་བཅོས་གླེགས་བམ་94དང་། རྒྱ་ནག་གི་གླེགས་བམ119བཅས་ཁྱོན་གླེགས་བམ214འཁོད་འདུག དེ་ཡང་《རྒྱ་ནག་ཆོས་འབྱུང》དང་《བོད་ཀྱི་དཀར་ཆག་རིག་པ》དེབ་དེ་གཉིས་པོའི་ནང་དུ་དཀར་ཆག་འདིར་ཁྱོན་གླེགས་བམ་704ཡོད་པར་བརྗོད། དེ་མིན་རྒྱ་ཡིག་གི་དེབ་ཁ་ཤས་ལས་དཀར་ཆག་འདིར་ཁྱོན་གླེགས་བམ་1644ཡོད་པ་བརྗོད། བམ་གྲངས་ལ་ཁྱད་པར་དེ་འདྲ་ཡོད་པ་ནི་《ཀྲི་ཡོན་ལུའུ》ལ་པར་གཞི་མི་འདྲ་བ་ཡོད་པའི་རྐྱེན་གྱི་ཡིན་ནམ་སྙམ། འོན་ཏེ་དཀར་ཆག་འདིའི་དངོས་གཞི་ནང་དོན་ཁག་བཞི་པོའི་བར་ལ་ཡང་བམ་གྲངས་མི་གཅིག་པ་དེ་དཀར་ཆག་བཤུས་བྲིས་བྱེད་སྐབས་ནོར་འཁྲུལ་བྱུང་བ་ཡིན་ནམ་ཡང་ན་རྒྱུ་རྐྱེན་གཞན་གང་ཡིན་པ་ད་དུང་ཞིབ་འཇུག་བྱེད་དགོས་འདུག

དཀར་ཆག་འདིའི་ནང་དོན་གསུམ་པ་ནི་དཀར་ཆག་འདིའི་མཐའ་མར་ཟུར་བྱང་ཞིག་བཀོད་ཡོད་པ་དང་། ནང་དོན་མང་པོ་རང་མེད་པར་དཀར་ཆག་བསྒྲིགས་པའི་བརྒྱུད་རིམ་ནང་ཐོན་པའི་ནོར་འཁྲུལ་འགའ་ལ་དག་ཐེར་གསལ་བཤད་བྱས་འདུག

བཞི་པ། 《ཀྲི་ཡོན་ལུའུ》ཡི་ཁྱད་ཆོས།

དང་པོ། དཀར་ཆག་བསྒྲིགས་སྟངས་ལ་བལྟས་ན། དཀར་ཆག་འདིས་མདོ་སྡེ། འདུལ་བ། མངོན་པ་གསུམ་ཀ་ལ་ནང་གསེས་ཐེག་པ་ཆེ་ཆུང་གཉིས་རེ་ཕྱེ་བ་དང་། དེའི་ཐོག་མ་ཐེག་པ་ཆེན་པོའི་མདོ་སྡེ་ལ་ཡང་ཐེག་ཆེན་མཚན་ཉིད་ཀྱི་མདོ་སྡེ་དང་ཟབ་མོ་སྔགས་ཀྱི་རྒྱུད་སྡེ་གཉིས་སུ་ཕྱེ་ཞིང་། དེའི་རྗེས་སུ་འབྲངས་ཏེ་བཀོད་པ་ལ་ཐེག་ཆེན་མཚན་ཉིད་ཀྱི་མདོ་སྡེ་ལ་ཕྱུ་ཆེན་སྡེ་ལྔར་གྲགས་པའི་ཤེར་ཆེན་གྱི་ཕྱུ། དཀོན་བརྩེགས་ཀྱི་ཕྱུ། འདུས་པ་ཆེན་པའི་ཕྱུ། སྡོང་པོ་བཀྲུན་པའམ་སྡོང་པ་བཀོད་པའི་ཕྱུ། མྱང་འདས་ཀྱི་ཕྱུ་དང་ལྔ། དེ་བཞིན་ཐེག་པ་ཆེན་པོའི་མདོ་སྡེ་སྣ་ཚོགས་བཅས་ཁག་དྲུག ཟབ་མོ་སྔགས་ཀྱི་རྒྱུད་སྡེ་ལ་གཟུངས་འདུས། ཚ་ག་དང་ཁ་འདོན་གྱི་རིགས་གཉིས་སུ་དབྱེ་འདུག། རྩ་བའི་ས་བཅད་གསུམ་

པ་མངོན་པ་ལ་ཐེག་པ་གོང་འོག་གཉིས་སུ་དབྱེ་ནས་ཐེག་པ་མངོན་པར་བསྡུས་པའམ་ཐེག་པ་ཆེན་པོའི་དོན་བསྡུས་པ་དང་ཐེག་པ་འོག་མའི་མངོན་པ་གཉིས་སུ་དབྱེ་བའོ། །《ཀྲི་ཡོན་ལུའུ》མ་བྱུང་གོང་གི་རྒྱའི་བཀའ་འགྱུར་གྱི་དཀར་ཆག་གཞན་ལ་བལྟས་ན་སྤྱིའི་བསྒྲིགས་ལུགས་ནི་སྔོན་ལ་ཐེག་པ་ཆེ་ཆུང་གི་དབྱེ་བ་ཕྱེ་བ་དང་། དེ་ནས་ཐེག་པ་ཆེ་ཆུང་སོ་སོར་ནང་གསེས་མདོ་སྡེ། འདུལ་བ། མངོན་པ་གསུམ་དུ་དབྱེ་ལ། ཐེག་པ་ཆེན་པོའི་མདོ་ལ་ཐེག་ཆེན་མཚན་ཉིད་ཀྱི་མདོ་གཅིག་པུ་ལས་ཟབ་མོ་སྔགས་རྒྱུད་སྡེ་དམིགས་སུ་བཀར་ནས་དབྱེ་མི་འདུག། དེ་ནི་《ཀྲི་ཡོན་ལུའུ》དང་རྒྱའི་བཀའ་འགྱུར་གྱི་དཀར་ཆག་གཞན་གྱི་མི་འདྲ་སའི་དམིགས་གསལ་གྱི་ཁྱད་ཆོས་ཤིག་རེད། ཐུན་གྱི་བསམ་བློར་བོད་ཀྱི་བཀའ་བསྟན་དཀར་ཆག་ལ་གནའ་སྔ་མོ་ནས་མདོ་སྔགས་གཉིས་སུ་དབྱེ་ནས་འགོད་པའི་སྲོལ་ཡོད་སྟབས། 《ཀྲི་ཡོན་ལུའུ》ཡི་བསྒྲིགས་ལུགས་དེ་བོད་ཀྱི་བཀའ་བསྟན་དཀར་ཆག་བསྒྲིགས་ལུགས་ཀྱི་ཤུགས་རྐྱེན་ཐེབས་པ་མིན་ནམ་སྙམ། ཡང་ཕྱོགས་གཞན་ཞིག་ནས་བལྟས་ན་མདོ་སྔགས་གཉིས་སུ་དབྱེ་ནས་ཁྲིས་ཡོད་པ་དེ་ལས་ཡོན་རྒྱལ་རབས་ཀྱི་དུས་སུ་གསང་སྔགས་ཀྱི་རྒྱུད་སྡེ་ལ་དོ་སྣང་ཆེན་པོ་བྱེད་ཀྱི་ཡོད་པ་མཚོན། གཉིས་པ། དཀར་ཆག་གི་ནང་དོན་ལ་བལྟས་ན། 《ཀྲི་ཡོན་ལུའུ》ནི་རྒྱ་བོད་བཀའ་བསྟན་དཀར་ཆག་ཕན་ཚུན་བསྡུར་བ་བྱས་ཏེ་བསྒྲིགས་པའི་དཀར་ཆག་ཞིག་ཡིན་སྟབས། འདིའི་ནང་དུ་བཀའ་འགྱུར་གྱི་བོད་མ་ཡོད་མེད་ཀྱི་སྐོར་ཁ་གསལ་པོར་འགོད་འདུག དཔེར་ན། བོད་མ་ཡོད་ན་ "བོད་མ་ཡོད" ཞེས་པ་དང་། བོད་འགྱུར་མེད་ན་ "བོད་མ་མེད" ཞེས་ཁྲིས་པ། དེ་བཞིན་ཐེ་ཚོམ་གྱི་གནས་ལ་ "བོད་མ་ཡོད་ཟེར་ཀྱང་མི་མཐོང" ལྟ་བུ་ཁྲིས་བའོ། གསུམ་པ། རྒྱ་བོད་གཉིས་ཀར་ཡོད་པའི་ཆོས་མཚན་གྱི་ལེགས་སྦྱར་གྱི་སྐད་དེ་རྒྱ་ཡིག་གི་ཐོག་ནས་ཐད་ཀར་ཕབ་བསྒྱུར་བྱས་ཡོདཔ་དེ་ལས་འཕགས་ཡུལ་ནས་དར་བའི་ཆོས་མཚན་དོ་མ་དེ་ཤེས་རྟོགས་བྱེད་ཐུབ།

མདོར་ན། 《ཀྲི་ཡོན་ལུའུ》ནི་ཡོན་སེ་ཆེན་རྒྱལ་པོ་གོ་པེ་ལའི་སྐབས་སུ་འགྲོ་མགོན་འཕགས་པའི་ཞལ་བཀོད་ལྟར། རྒྱ་བོད་ཡུལ་གྲུ་ཁག་གི་མཁས་པ་མང་པོ་ཐ་ཏུ་ལ་བསྡུས་ནས། རྒྱའི་ལོ་རྒྱུས་ཐོག་བྱུང་བའི་སྔོང་བའི་བཀའ་བསྟན་གྱི་དཀར་ཆག་མི་འདྲ་བ་ཞིབ་བསྡུར་བྱས་ནས་རྒྱ་ཡིག་བཀའ་བསྟན་གྱི་གྲངས་ཚད་དང་། རིགས་དབྱེ། བམ་གྲངས། ལོ་ཙཱ་བ་སོགས་གསལ་པོར་བཀོད་འདུག། དཀར་ཆག་དེའི་ནང་དོན་ཕུན་སུམ་ཚོགས་པོ་ཡིན་པས། ཡོན་རྒྱལ་རབས་རྗེས་ཀྱི་མིང་དང་ཆིང་རྒྱལ་རབས་གཉིས་ཀྱི་བཀའ་བསྟན་དཀར་ཆག་གི་བསྒྲིགས་ལུགས་ཀྱང་སྤྱིའི་ཆ་ནས་དཀར་ཆག་འདིར་དཔེ་བལྟས་བྱས་འདུག གཞན་ཡང་། དེ་ནི་རྒྱ་བོད་བཀའ་བསྟན་དཀར་ཆག་ཕན་ཚུན་ཞིབ་བསྡུར་བྱས་ཐོག་བསྒྲིགས་པའི་རྒྱའི་བཀའ་བསྟན་གྱི་

དཀར་ཆག་ཞིག་ཡིན་པས། དཀར་ཆག་དེའི་བསྒྲིགས་སྟངས་ནང་དོན་རིགས་དབྱེ་སྟངས་ལས་རྒྱ་བོད་གཉིས་ཀྱི་ཁྱད་ཆོས་མངོན་ཡོད་པ་དང་། དེ་ནི་རྒྱ་བོད་བཀའ་བསྟན་དཀར་ཆག་གཉིས་ཕན་ཚུན་བསྡུར་བ་དང་། ཁ་གསལ་བྱས་པའི་མིག་དཔེ་བཟང་པོ་དང་། རྒྱ་བོད་ནང་ཆོས་འབྲེལ་འདྲིས་བྱས་པའི་ལོ་རྒྱུས་ཀྱི་མཚོན་རྟགས་གལ་ཆེན་ཞིག་ཏུ་བརྩི་ཆོག་གོ།

(རྩོམ་པ་པོ་ངོ་སྦྲོད། བསོད་ནམས་བཟང་མོ། བོད་ལྗོངས་ལྷ་ས། ཀྲུང་དབྱང་མི་རིགས་སློབ་གྲྭ་ཆེན་མོའི་བོད་རིག་པ་ཞིབ་འཇུག་སླིང་གི་2012ལོའི་ཤེས་རམས་པ།)
(མཇུབ་སྟོན་དགེ་རྒན། འབྲུག་ལྷ།)

རྒྱལ་མོ་ཚ་བ་རོང་གི་ཡུལ་སྐད་ཀྱི་ཁྱད་ཆོས་ལ་རགས་ཙམ་དཔྱད་པ།

ཚེ་རིང་སྐྱིད།

ནང་དོན་གནད་བསྡུས། དཔྱད་རྩོམ་ཐུང་ངུ་འདིར་གཙོ་བོ་ཕྱོགས་གསུམ་ནས་བརྗོད་ཡོད་དེ། ཐོག་མར་རྒྱལ་མོ་ཚ་བ་རོང་གི་ས་གནས་ཀྱི་ལོ་རྒྱུས་རགས་རིམ་དང་། དེ་ནས་རྒྱལ་མོ་ཚ་བ་རོང་གི་ཡུལ་སྐད་ཀྱི་དབྱངས་གསལ་སྒྲ་ཚན། སྔོན་རྗེས་འཇུག་དང་མགོ་འདོགས་ཅན་སོགས་ཀྱི་སྒྲའི་འཕྲིན་ཚུལ་གྱི་ཁྱད་ཆོས་ཏེ་སྐད་གདངས་ཀྱི་ཁྱད་ཆོས་བརྗོད་ཡོད། མཇུག་མཐར་རྒྱལ་མོ་ཚ་བ་རོང་གིས་ད་ལྟའང་བཀོལ་བཞིན་པའི་ཐ་སྙད་འགའ་འཚོལ་བསྡུ་བྱས་ནས་དེ་དག་ལ་བརྡ་ཉིད་གི་ཁྱད་ཆོས་ལྡན་ཚུལ་རགས་ཙམ་བརྗོད་ཡོད།

བརྡ་ཆད་གཙོ་བོ། རྒྱལ་རོང་། ཡུལ་སྐད། སྐད་གདངས། སྒྲ་ཚན། ཐ་སྙད།

སྙིང་གཞི།

སྤྱིར་སྐད་ཆ་ནི་འགྱུར་བའི་ཆོས་སུ་གྲུབ་ཕྱིར་སྤྱི་ཚོགས་ཀྱི་འཕེལ་རྒྱས་དང་བསྟུན་ནས་བརྡ་སྤྲོད་ཚུལ་དང་། མིང་དང་། སྐད་གདངས་བཅས་ལ་འགྱུར་བ་བྱུང་བ་སྨོས་མི་དགོས་མོད། འོན་ཀྱང་རྒྱལ་མོ་ཚ་བ་རོང་བའི་ཡུལ་སྐད་ནི་ཡུལ་སྐད་གཞན་དང་བསྡུར་ན་ས་བབ་ཀྱི་ཆགས་སྟངས་སོགས་རྒྱུ་རྐྱེན་ཁ་ཤས་ཀྱི་དབང་གིས་ལྟོས་བཅས་ཀྱིས་སྐད་ཆའི་སྒྲ་གདངས་ལ་འགྱུར་བ་བྱུང་བ་ཅུང་ཆུང་ལ། དཀོན་མཆོག་རྒྱ་མཚོ་ནས་ང་ཚོས་བཙན་པོའི་རྒྱལ་རབས་སྐབས་སླྔངས་བའི་རྗེ་རིང་ཡི་གེ་དང་ཏུན་ཧོང་ནས་ཐོན་པའི་བོད་བཙན་པོའི་སྐབས་ཀྱི་ཡིག་ཆ་ཉིད་དང་། མདོ་དབུས་མཐོ་སྒང་གི་ཤར་ནུབ་ཀྱི་མཐར་འཁོད་པའི་ད་ལྟའི་སྟོལ་ཏེ་དང་། ལ་དྭགས་དང་། ཨ་མདོའི་འབྲོག་སྐད་དང་། རྒྱལ་རོང་བའི་སྐད་སོགས་ཀྱིས་བོད་བཙན་པོའི་སྐབས་ཀྱི་དབྱངས་གསལ་སྦྱོར་ཀློག་གི་སྐད་ཀྱི་གདངས་ཇི་ལྟ་བུར་ངེས་ཚུལ་དངོས་བརྒྱུད་ཅི་རིགས་ཀྱིས་ཅུང་ཟད་བསྒྲུབ་ཐུབ་པར་སྣམ།[1] དེ་བས་སྐད་བརྡའི་ཞིབ་འཇུག་པའམ་བརྡ་སྤྲོད་ཆེད་

①གཙོ་སྒྲིག་པ་དགྲ་འདུལ། ཀྲུང་གོའི་བོད་རིག་པ། ཀྲུང་གོའི་བོད་རིག་པ་ཞིབ་འཇུག་ལྟེ་གནས། 2008ལོར་པར། ཤོག་གྲངས་40

མཁས་པ་ཁ་ཤས་ཀྱིས་ཀྱང་རྒྱལ་མོ་ཚ་བ་རོང་བའི་ཡུལ་སྐད་ནི་བོད་ཀྱི་གནའ་བོའི་སྐད་གདངས་མཚོན་པའི་ཡུལ་སྐད་ཀྱི་གྲས་སུ་ངོས་འཛིན་བཞིན་མཆིས་སོ།།

རྒྱལ་མོ་ཚ་བ་རོང་ནི་སྤྱིར་རྒྱལ་ནང་གི་བོད་ཁམས་ཡོངས་ལས་ཡུལ་སྲོལ་གོམས་གཤིས་དང་སྐད་རིགས་སམ་ཕྱོགས་གང་གི་ཐད་ནས་ཀྱང་ཁྱད་ཆོས་མངོན་གསལ་དོད་པོ་ལྡན་ལ། ཡུལ་སྲོལ་གོམས་གཤིས་ཀྱི་ཐད་ནས་ཀྱང་གཉེན་སྟོན་བག་སྐྱེལ་དང་གླུ་ལེན་གར་རྩེད། ད་དུང་ཆང་བཤད་དང་ཤ་བཤད། དུར་སྲོལ་དང་གསང་མཆོད་སོགས་བཙན་ལྷ་ངག་དབང་ཚུལ་ཁྲིམས་ཀྱིས་བརྩམས་པའི་རྒྱལ་རོང་དམངས་ཁྲོད་གཏམ་ཚོགས་ཞེས་པར་ཧ་ཅང་གསལ་བས། འདིར་ཡིག་ཚོགས་སྤྲུང་བའི་ཆེད་དུ་བསྐྱར་བརྗོད་མི་བྱེད་དོ།།

དེའི་ཕྱིར་དཔྱད་རྩོམ་ཐུང་ངུ་འདིར་ཡང་གཙོ་བོ་རྒྱལ་མོ་ཚ་བ་རོང་ལས་ཆུ་ཆེན་རྫོང་ཁྲི་སྐྱབས་ཐུགས་ཆེན་ཡུལ་གྱི་ཕལ་སྐད་གཞིར་བཟུང་ནས་དཔྱད་བརྗོད་བྱས་པ་ལ། དབྱངས་དང་གསལ་བྱེད་ཀྱི་སྒྲ་ཚན། སྔོན་འཇུག་དང་རྗེས་འཇུག མགོ་ཅན་དང་འདོགས་ཅན་བཅས་ཀྱི་སྒྲའི་འགྱིན་ཚུལ་གྱི་ཐུན་མིན་གྱི་ཁྱད་ཆོས་དང་། འདོད་རྒྱལ་དང་རྗེས་གྲུབ་ཀྱི་མིང་གི་གྲུབ་ཚུལ། ད་དུང་རྒྱལ་རོང་ཚ་ཁོག་ཏུ་ད་ལྟའང་མ་ཉམས་པར་སྔར་ལྟར་སྤྱོད་བཞིན་པའི་བརྡ་རྙིང་སོགས་འདུས་སོ།།

དང་པོ། རྒྱལ་རོང་ཡུལ་གྱི་ལོ་རྒྱུས་མདོ་ཙམ་བརྗོད་པ།

གངས་རིའི་མུ་ཁྱུད་དཀར་པོའི་བཀྲག་མདངས་བཀྲ་བའི་འཛམ་གླིང་སྟོད་བཙུད་ལས་སྨད་སྒང་དྲུག་རོང་བཞི་ཞེས་བའི་ནང་ཚན་ཤར་རྒྱལ་མོ་ཚ་བ་རོང་ཞེས་ཡོངས་སུ་གྲགས་པ་དེ་ཉིད་ཀྱི་དོན་ནི། བོད་ཀྱི་ཤར་ཕྱོགས་ཡིན་པས་ཤར། ལྷ་ཆེན་རྒྱལ་མོ་དམུ་རྡོའི་རི་རྒྱུད་དུ་ཡོད་པས་རྒྱལ་མོ། བོད་ཡུལ་གྱི་ཚ་བ་ཅུང་ཆེ་བའི་ས་ཡིན་པས་ཚ་བ། གྲོ་ནས་སྣུན་གསུམ་ཐོན་པའི་རོང་ཁུལ་ཡིན་པས་རོང་ཞེས་གྲགས་པ་ཡིན། ད་དུང་ཡུལ་དེར་རྒྱལ་མོ་རོང་ཟེར་བའི་རྒྱུ་མཚན་དུ་རྗེ་དམུ་དགེ་བསམ་གཏན་གྱིས་གསུངས་པ་བཞིན་རྒྱལ་མོ་དམུ་རྡོ་ཞེས་གྲགས་པའི་ལྷ་རི་མཐོ་ཞིང་བརྗིད་པ་དེའི་རི་རྒྱུད་དང་བཅས་ཡུལ་ལུང་ཆེན་པོ་དེར་རྒྱལ་མོ་རོང་ཞེས་གྲགས་པ། བོད་ཀྱི་ས་གནས་གཞན་ལས་ཚ་བ་ཅུང་ཆེ་བའི་གནས་ཡིན་གཤིས་རྒྱལ་མོ་ཚ་བ་རོང་ཞེས་འབོད། ཚིག་བསྡུས་ནས་རྒྱལ་རོང་ཞེས་བརྗོད་པར་བྱེད།[1]ཅེས་ཇ་བ་ཁུལ་བོད་རིགས་ཆའང་རིགས་རང་སྐྱོང་ཁུལ་གྱི་རིག་གནས་ལོ་རྒྱུས་དཔྱད་ཡིག་བདམས་བསྒྲིགས་ན་གསལ། དེ་

①དམུ་དགེ་བསམ་གཏན། ཇ་བ་ཁུལ་བོད་རིགས་ཆའང་རིགས་རང་སྐྱོང་ཁུལ་གྱི་རིག་གནས་ལོ་རྒྱུས་དཔྱད་ཡིག ཇ་བའི་སྲིད་གྲོས་ཁང་གིས་དཔར་''ཏུ་བཏབ། 1987ལོར་པར། ཤོག་ངོས་274

ཡང་སུམ་པ་དོན་གྲུབ་ཚེ་རིང་གིས་བསྒྲུབ་པ་ལྟར་རྒྱལ་རོང་རྒྱལ་ཁག་བཅོ་བརྒྱད་ཀྱི་རུས་སྦྲ་དང་ཁྱུང་ཅན་ཡིན་པར་གསུངས་ཞེས་སྒྲུབ་བྱེད་དུ་མ་བཀོད་ཡོད་ལ། མདོ་སྨད་ཆོས་འབྱུང་དུ། "འགག་དོག་མོ་གསུམ་དེ་སྦྲ་ལ་ཐོབ། །སྦྲ་དཔའ་རྩལ་ཆེ་བ་དེ་ཡི་དོན། །ཞེས་པ་ལྟར་མདོ་ཁམས་རོང་ཆེན་བཞིའི་(ཤར་རྒྱལ་མོ་ཚ་བ་རོང་། ལྷོ་ཚ་བ་རོང་། ནུབ་ཐེ་བོ་རོང་། བྱང་ཨ་སྐྱག་རོང་།)ནང་ཚན་འགག་དོག་ས་གསུམ་སྦྲས་ཐོབ་ཅེས་རྒྱལ་རོང་བ་རྣམས་སྦྲ་སྡེ་བསེ་ཡིན་པར་གསལ་པོར་བཤད་ཅིང་། ཚ་རོང་རྒྱལ་པོ་ཁོ་ཕན་དུ་གྲགས་པ་བྱུང་བས་དེ་ལ་ཚ་ཁོ་ཟེར་བ་བྱུང་བ་དང་། བོད་ཆོས་རྒྱལ་གྱི་གདུང་རྒྱུད་ཅིག་དང་པོར་སོ་མང་རྒྱལ་ཁག་ཏུ་ཞུགས་པ་རྒྱལ་པོ་ཚེ་མགོན་ལེགས་པ། དེ་ནས་མི་རབས་མང་དུ་སོང་སྐབས་རྩ་བན་ཐར་སྲས་གསུམ་ཡོད་པ་སོ་སོར་ཕྱེས་ནས་སོ་མང་དང་། མཆོག་རྩེ། ཟིང་འགག་བཅས་ཚ་བ་ཁག་གསུམ་ཟེར་བ་དང་། ཡང་རྒྱལ་པོ་ཁྲོ་སྐྱབས་རྒྱལ་ཁག་ཅེས་པ་བྱུང་བ་དེས་དུག་ཟུར་ས་ཆར་ཕོ་བྲང་བརྩིགས་པའི་རྒྱུད་ལ་ཁྲོ་སྐྱབས་རྒྱལ་ཁག་ཅེས་བྱུང་བ་སོགས་རྒྱལ་རོང་གི་ས་ཆ་དེར་རིམ་བཞིན་སྟོད་ཀྱི་སོ་མང་རྒྱལ་པོ། སྨད་ཀྱི་ལྕགས་པ་རྒྱལ་པོ། བར་གྱི་ཁྲོ་སྐྱབས་རྒྱལ་པོ། ཆུ་ཆེན་རབ་བརྟན་རྒྱལ་པོ་སོགས་རྒྱལ་རོང་ཁག་བཅོ་བརྒྱད་དུ་གྲགས་པ་བྱུང་བས། དེ་རྣམས་ཀྱི་ཐོག་མའི་རུས་ཁུངས་བོད་ཀྱི་གདུང་རྒྱུད་དུ་ངེས་པ་གདོན་མི་ཟ། །"[①]ཞེས་བོད་ཀྱི་ཡུལ་སྐད་ཀྱི་བྱུང་འཕེལ་དང་། དབྱེ་བ། ཁྱད་ཆོས་སྐོར་རགས་ཙམ་བརྗོད་པ་ཞེས་པར་གསལ།

རྒྱལ་མོ་ཚ་བ་རོང་གི་བོད་མི་རྣམས་ནི་ལས་ལ་བརྩོན་ཞིང་ཁྲིལ་གཞུང་ལྡན་པ། བློ་རིག་རྣོ་ལ་དཔའ་ངར་ཆེ་བས་བོད་གངས་ཅན་གྱི་ལྗོངས་སུ་སྙན་པའི་གྲགས་པ་འབར། ཁོ་ཚོས་དུས་ཡུན་རིང་པོའི་ལོ་རྒྱུས་ཀྱི་འཕེལ་རིམ་ཁྲོད་དུ་མདོ་དབུས་ཁམས་གསུམ་ན་གནས་པའི་ནང་མི་སྤུན་ཟླ་དང་ཆབས་ཅིག་འོད་སྟོང་འབར་བའི་བོད་ཀྱི་ཤེས་རིག་གསར་སྐྲུན་དང་། སྤྱི་ཚོགས་འཕེལ་རྒྱས་ཀྱི་བརྒྱུད་རིམ་ཁྲོད་དུ་འང་བྱས་རྗེས་གསུབ་ཏུ་མེད་པ་བཞག་ཡོད་པར་མ་ཟད། ཐུན་མོང་མ་ཡིན་པའི་ས་ཁུལ་རང་བཞིན་གྱི་རིག་གནས་ཀྱང་བསྐྲུན་ཡོད་ལ། དེ་ཡང་ལྷག་པར་དུ་རྒྱལ་རོང་གི་ཞིབ་འཇུག་པ་བཙན་ལྷ་ངག་དབང་ལེགས་ཀྱིས་གསུངས་པ་ལྟར་རྒྱལ་རོང་བོད་མི་ཚོས་ལོ་རྒྱུས་ཐོག་ཏུ་རང་རྒྱལ་གྱི་སྤུན་ཟླ་མི་རིགས་གཞན་དང་དཔུང་གདངས་མཉམ་སྒྲིལ་གྱི་སྒོ་ནས་མེས་རྒྱལ་མཐའ་མཚམས་སྲུང་སྐྱོབ་བྱེད་པའི་ཆེད་དུ། ཤར་ཕྱོགས་ཀྱི་ཅང་གི་རྒྱ་མཚོའི་དབུས་མཐའ་དང་། ནུབ་ཕྱོགས་བལ་བོའི་ས་མཚམས་སུ་མ་ཧུང་ཕྱི་དགྲའི་བཙན་འཛུལ་འགོག་རྒོལ་དུ་ཕྱིན་ནས། དཔའ་ངར་ཆེར་བསྐྱེད་དང་རང་སྲོག་ཕར་བསྔོས་ཀྱིས་དགྲ་བོར་ཧུང་རྡེག་བྱས་

①གཙོ་སྒྲིག་པ་བསྟན་འཛིན། གྲུང་པོའི་བོད་རིག་པ། གྲུང་པོའི་བོད་རིག་པ་ཞིབ་འཇུག་ལྟེ་གནས། 2008ལོར་པར། ཤོག་ངོས་66

ཏེ། ཁྱིངས་དྲེགས་རང་རྐྱམ་ཅན་གྱི་སྟང་དཀྱའི་སྙིང་རྩ་འདར་བར་བྱས་ཤིང་། དཔའ་མཛངས་རྒྱལ་ཕོད་ཀྱི་སྣན་པ་དབྱར་གྱི་ཧ་གསང་བཞིན་དུ་འཛིན་མའི་ཁྱོན་ཀུན་ལ་ཐོར། ①ཞེས་མངོན་ལ། ད་དུང་རྒྱལ་རོང་དཔོན་དམག་ས་དན་རི་འི་ཤི་པར་དཔུང་འཇུག་བྱེད་ཡུས་སུ་ཞུགས་པ་དང་བཙན་འཛུལ་བ་གོར་དམག་མཐར་སྐྲོད་གཏོང་བར་ཕྱིན་ཞེས་རང་མི་རིགས་དང་རྒྱལ་ཁབ་ལ་བྱས་རྗེས་བླ་ན་མེད་པ་བཞག་གོ།

གཉིས་པ། རྒྱལ་རོང་ཡུལ་སྐད་ཀྱི་སྒྲ་གདངས་ཀྱི་ཁྱད་ཆོས་བརྗོད་པ།

སྤྱིར་བོད་ཀྱི་ཡུལ་སྐད་ཀྱི་ཁྱད་པར་གཙོ་བོ་ནི་སྒྲ་གདངས་ཀྱི་ཐད་ནས་མངོན་པ་ཏ་ཅང་མངོན་གསལ་ཡིན་ལ། ཡུལ་གྲུ་ཕན་ཚུན་བར་བར་མི་འགྲོད་པའི་འབྲེལ་འདྲིས་ཀྱི་བགག་རྒྱ་དེ་ཡང་མ་གཞི་སྒྲ་གདངས་ཐད་ནས་བྱུང་བ་ཡིན། དེ་བས་བོད་སིལ་བུར་འཐོར་བའི་རྗེས་ནས་བོད་ཀྱི་སྤྱི་ཚོགས་རྣལ་བོ་དེ་འདྲ་གཅིག་གྱུར་ཆགས་མ་ཐུབ་པར་ཚོ་བའམ་ཤོག་པ་སོ་སོ་གཅིག་ཁོངས་གཅིག་ལ་མི་གཏོགས་པར་ཕན་ཚུན་འགྲོ་འོང་སོགས་ཉག་ཕྲ་ཕྱིར། བླ་མ་རེ་ལ་ཆོས་ལུགས་རེ། ། ལུང་བ་རེ་ལ་སྐད་ལུགས་རེ། ། ཟེར་བ་ལྟར་ཡུལ་སྐད་ལུང་སྐད་ཤིན་ཏུ་མང་བོར་འཕེལ། དེ་བས་རྒྱལ་མོ་ཚ་བ་རོང་བའི་ཡུལ་སྐད་ཀྱང་དེ་ལས་མ་འདས་ཏེ། རྒྱུ་མཚན་ནི་རྒྱལ་རོང་ཡུལ་སྐད་གྲུབ་པའི་མཐུན་རྐྱེན་གཙོ་བོ་ནི་ས་བབ་ཆགས་སྟངས་ཡིན་ལ། དེའང་གྲོག་རོང་ཏ་ཅང་མཐོ་ལ་དོག་ཅིང་། ལུང་མཐིལ་དུ་སོ་མང་ཆུ་བོས་དར་ཁ་འཐེན་བཞིན། རོང་ཁུལ་དུ་ནགས་ཚལ་སྟུག་ཅིང་ཚ་བ་ཆེ་བ། དེ་བས་སྔོན་དམག་འཁྲུག་དང་གཡུལ་འགྱེད་བྱུང་སྐབས་ས་ཆ་གཞན་པའི་མི་ལ་ས་དེར་ཆ་རྒྱུས་མེད་པས་ཐམ་ཁ་མི་ཐུབ་བ་ཁུར་སྐྱོང་ཞེས་བཤད་རྒྱུན་ཡོད།

གང་ལྟར་དུས་ཡུན་རིང་པོ་ཞིག་ཏུ་རི་མཐོ་ཞིང་ས་དོག་པའི་ཡུལ་གྲོང་ལུང་གསེབ་ཏུ་བཀག་བཀོད་རྒྱུད་འཛིན་གྱིས་ས་གནས་བཙན་བཟུང་གི་ལམ་ལུགས་ལ་བརྟེན་ནས་དཔལ་འབྱོར་གྱི་རྨང་གཞི་སྐེར་ཚུགས་སུ་སྡེལ་ཞིང་། ཕྱིའི་བོད་ཁམས་གཞན་དག་ལ་འབྲེལ་འདྲིས་ཀྱི་རྒྱུན་ཆད་སྐབས། རྒྱལ་རོང་བའི་སྐད་ཉིད་ལའང་བོད་སྐད་ཀྱི་བརྙིང་མའི་གཞི་གདངས་དག་པ་ཉིད་ལ་གཞན་སྐད་ཀྱིས་ཤན་ཞུགས་པ་ཉུང་བས་ཡུལ་སྐད་ཡན་གར་དུ་གྲུབ་པ་བཞིན་ནོ། དེ་བས་སྐད་ཆའི་སྒྲ་གདངས་མི་འདྲ་བར་བརྟེན་ནས་དབྱངས་དང་གསལ་བྱེད་ཀྱི་སྒྲ་ཚན་མང་ཉུང་ཡང་ཡུལ་སྐད་གཞན་དང་མི་མཐུན་པ་སྨོས་མི་དགོས་སྨམ།

---

①བཙན་ལྷ་ངག་དབང་ཚུལ་ཁྲིམས། རྒྱལ་རོང་ཞིབ་འཇུག་དཔྱད་ཡིག་ཕྱོགས་བསྒྲིགས། ཀྲུང་གོའི་བོད་རིག་པ་དཔེ་སྐྲུན་ཁང་། 2003ལོར་པར། ཤོག་ངོས་1

གཅིག དབྱངས་དང་གསལ་བྱེད་ཀྱི་སྒྲ་ཚན་གྱི་ཁྱད་ཆོས།

སྤྱིར་སྒྲ་གདངས་ནི་ཡུལ་དུས་ཀྱི་དབང་དུ་གྱུར་པས་བོད་སྐད་ཀྱི་གདངས་འདི་ཉིད་པོ་རྒྱུས་ཀྱི་འགྲོས་དང་བསྟུན་ནས་དབྱངས་དང་གསལ་བྱེད་ཀྱི་སྒྲའི་སྐྱེ་གནས་དང་འབྱིན་སྟངས་དག་ལ་འགྱུར་བ་ཅུང་བྱུང་འདུག་ལ། དེའང་རྒྱལ་རོང་ཡུལ་སྐད་ཀྱི་དབྱངས་དང་གསལ་བྱེད་ཀྱི་ཁྱད་ཆོས་བརྗོད་པ་ལ་སྒྲ་ཚན་གྱི་སྟེང་ནས་དབྱེ་བར་སྤྲོ་བས། འདིར་རེའུ་མིག་ལ་བཀོད་པ་གཤམ་ལྟར།

གསལ་བྱེད་རྒྱུད་བའི་རེའུ་མིག

སྒྲའི་སྐྱེ་གནས། / སྒྲའི་འབྱིན་སྟངས།			ཡ་མཆུ་དང་མ་མཆུ།	ལྕེ་རྩེའི་འདུན།	ལྕེ་རྩེའི་དཀྱིལ།	ལྕེ་རྩེའི་རྒྱབ།	ལྕེ་ངོས་ཀྱི་སྔོན།	ལྕེ་ངོས་ཀྱི་དཀྱིལ།	ལྕེ་ངོས་ཀྱི་གཞུག	མགྲིན་པ།
འགག་སྒྲ (བཙུམ་པ།)	སྒྲ་མེད།	སྲོག་ཆུང་།	P		t				K	P
		སྲོག་ཆེན།	Ph		th				kh	
	སྒྲ་ལྡན།	སྲོག་ཆུང་།	B		d				g	
འགག་བཙིར་གྱི་སྒྲ (ཕྲད་པ།)	སྒྲ་མེད།	སྲོག་ཆུང་།		Ts			tɕ			
		སྲོག་ཆེན།		Tsh			tɕh			
	སྒྲ་ ལྡན།	སྲོག་ཆུང་།		dz			dʑ			
སྣ་ སྒྲ།	སྒྲ་ལྡན།	སྲོག་ཆུང་།	M		n		8		ŋ	
མཐའ་སྒྲ	སྒྲ་ལྡན།	སྲོག་ཆུང་།			l					
འདར་སྒྲ	སྒྲ་ལྡན།	སྲོག་ཆུང་།			r					
བཙིར་སྒྲ(ཅུང་ཟད་ ཕྲད་པ།)	སྒྲ་ མེད།	སྲོག་ཆུང་།	J	S	ɬ					h
		སྲོག་ཆེན།		Sh		ʂh	ɕh			
	སྒྲ་ ལྡན།	སྲོག་ཆུང་།		Z		7	ʑ			(
དབྱངས་ཕྱེད་ཀ	སྒྲ་ ལྡན།	སྲོག་ཆུང་།	W					J		

དབྱངས་རྐྱང་བའི་རེའུ་མིག

དབྱངས་རྐྱང་བ།	རྒྱལ་སྤྱིའི་སྒྲ་གདངས།	རྒྱལ་རོང་ཁ་སྐད་ཀྱི་སྒྲ་གདངས།
ཨ	a	a
ཨི	i	]
ཨུ	u	u
ཨེ	e	e
ཨོ	o	o

གོང་དུ་བཀོད་པ་ལྟར་ན་རྒྱལ་རོང་སྐད་ལ་གསལ་བྱེད་རྐྱང་བ་རང་སྒྲ་ཐོན་པ37ཡོད་ལ། དབྱངས་ཨི i ཡི་སྒྲ་གདངས] ལྟར་ཀློག་སྟེ། དཔེར་ན། རི་བོ་ལ r] po ཉི་མ་ལ 89 ma ཞེས་ཟེར་ཞིང་། དུ་བ་ལ du ba དང་རུ་མ་ལ ru ma ཞེས་ཀློག གེ་སར་ལ ge shar དང་ལེ་ལོ་ལ le lo ཞེས་ཀློག ད་དུང་རོ་ལ ro དང་གྲོ་ལ gro ཞེས་དབྱངས་རེ་རེར་གསལ་བོར་ཐོན་པར་མ་ཟད་དེ་རེ་རེའི་མཚོན་དོན་ཐ་དད་པ་ཡིན་པ་ཤེས་པར་བྱའོ། འོན་ཀྱང་བཟ་སྒྲོད་མཁས་པ་རྣམས་ཀྱིས་ཚད་མར་འཛིན་པའི་གི་གུའི་སྒྲ i ཞེས་པ་ཡང་རྒྱལ་རོལ་ཡུལ་སྐད་ལ་གཏན་ནས་མེད་པ་མིན་ལ། མིང་གཞི་ལ་རྗེས་འཇུག་ས་སྦྱོར་བའི་སྐབས་སུ i སྒྲ་ཐོན་ཏེ། དཔེར་ན། ནས་ལnis དང་རས་ལ ris ཞེས་ཀློག

དེ་ཡང་རྒྱལ་རོང་ཡུལ་སྐད་ཀྱི་ཁྱད་ཆོས་མངོན་པའི་ཆ་ཤས་ཤིག་ཏུ་གྲུབ་ཡོད་ལ། རྒྱུ་མཚན་ནི་ཡུལ་སྐད་དང་ལུང་སྐད་སོ་སོའི་ཁྱད་ཆོས་མི་འདྲ་བར་མ་ཟད། དེའི་ཁྱད་ཆོས་མངོན་ཚུལ་ཀྱང་མི་འདྲ་བ་ལྟང་རེད། དེ་བས་རྒྱལ་མོ་ཚ་བ་རོང་གི་ཡུལ་སྐད་ལ་མཚོན་ན་ཁྱད་ཆོས་མངོན་གསལ་ཡིན་པའི་ཆ་ཏ་ཅང་མང་ལ། དབྱངས་གསལ་གཉིས་ཀྱི་སྒྲ་ཚན་གྱི་ཁྱད་ཆོས་ཀྱང་མི་གླེང་ཐབས་མེད་རེད་སྙམ། །

གཉིས། སྔོན་འཇུག་དང་རྗེས་འཇུག་གི་སྒྲ་འབྱིན་ཚུལ་གྱི་ཁྱད་ཆོས།

སྒྲ་གདངས་ཀྱི་ཁྱད་ཆོས་ནི་སྔོན་འཇུག་དང་རྗེས་འཇུག་གི་སྒྲ་གདངས་ཟུར་དུ་ལེགས་པར་ཐོན་ཅིང་། སྒྲ་ལྡན་དང་སྒྲ་མེད། སྲོག་ཆེན་དང་སྲོག་ཆུང་གི་ཁྱད་པར་གསལ་བར་མངོན། རྒྱལ་རོང་བ་ཚེ་རིང་རྒྱལ་གྱིས་གསུངས་པ་ལྟར། རྒྱལ་རོང་དུ་དབྱངས་གསལ་འདི་དག་དང་འཕྲུལ་བརྩེགས་སོགས་འདོན་ཚུལ་ཐ་དད་རྣམས་ད་དུང་ཡང་མ་ཉམས་པར་མངོན་སུམ་དུ་མཐོང་བས་གྲུབ་ཅིང་གཞན་དུ་དེ་ལྟར་

མེད་པའི་ཕྱིར། འདི་དག་རྣམས་ལེགས་པར་ཤེས་ན། དག་ཡིག་ལ་མི་རྨོངས་བའི་རྐྱེན་ཕུན་སུམ་ཚོགས་པ་ཞིག་ཀྱང་ཡིན་ཏེ། དཔེར་ན། དག་ཡིག་འགའ་ཞིག་ལས། སངས་རྒྱས་སྐུ་ནི་ས་སྐུ་ཡིན། །རྐུན་མའི་རྐུན་ནི་ར་རྐུན་ཡིན། །ཞེས་པར་མཚོན་ན། སྒྲ་གདངས་ཐ་དད་དུ་ཡོད་པས་དག་ཡིག་ལ་སྦྱང་བ་སྔོན་དུ་མ་སོང་ཡང་ཡི་གེར་འབྲི་བ་ན་ཚེགས་མེད་དུ་འབྱེད་ཐུབ་པ་མངོན་སུམ་དུ་གྲུབ་པ་ཡིན་པ་དང་། འདས་མ་འོངས་ཀྱི་བྱ་ཚིག་དང་སྐུལ་ཚིག་བཅས་ལ་མཚོན་ན། བསྒྲིགས། སྒྲིག བསྒྲིག སྒྲིགས་ཞེས་པར་སྒྲ་གདངས་ཐ་དད་པར་ཐོན་པ་ཡིན་ནོ། །①ཞེས་བརྗོད་པ་ལྟར། སྔོན་འཇུག་དང་རྗེས་འཇུག་གི་སྒྲ་གདངས་ཟུར་དུ་ལེགས་པར་ཐོན་པ་གཤམ་ཀྱི་རེའུ་མིག་ཏུ་གསལ་ལོ། །

སྔོན་འཇུག་གི་སྒྲ་གདངས་ཟུར་དུ་ཐོན་ཚུལ་ལ་དཔེར་ན།

སྔོན་འཇུག	ལ་ཏིང་དོད་རྟགས།	དཔེར་བརྗོད།	རྒྱལ་རོང་ཁ་སྐད།
ག	ga	གསང་།	^saN
ད	da	དབྱངས།	hjaNs
བ	ba	བརྗོད།	br>ot
མ	ma	མཛེས།	mdzes
འ	%a	འབྲོག	nbrok

རྗེས་འཇུག་གི་སྒྲ་གདངས་ཟུར་དུ་ཐོན་ཚུལ་ལ་དཔེར་ན།

རྗེས་འཇུག	ལ་ཏིང་དོད་རྟགས།	དཔེར་བརྗོད།	རྒྱལ་རོང་ཁ་སྐད།
ག	ga	མཆོག	mt.hok
ང	Na	རོང་།	ro,
ད	da	དད།	dat
ན	na	ཏན།	tan

①རྒྱལ་རོང་པ་ཚེ་རིང་རྒྱལ། ཚུལ་ཁྲིམས་འཆལ་བ་རྣམས་ཀྱི་འགྲོད་པ་བཤལ་བ་སོགས་བཞུགས་སོ། །གཟིགས་སྤྱི་དགོན་གྱི་གཞུང་ལས་དོ་དམ་ཁང་ནས། 2013ལོར་པར། ཤོག་ངོས་67

བ	ba	རབ།	rap
མ	ma	ནམ།	nam
འ	%a	འབབ།	nba
ར	ra	དཀར།	hkar
ལ	la	དཔལ།	hpal
ས	sa	ནས།	nis

ད་ལྟ་ཨ་མདོའི་འབྲོག་སྐད་དུ་རྗེས་འཇུག་གི་སྒྲ་གདངས་ཞིགས་པར་ཐོན་པ་ཡོད་ཀྱང་། སྔོན་འཇུག་གི་སྒྲ་གདངས་ཀྱི་ཟུར་ཞིགས་པར་ཐོན་པ་ཧ་ཅང་ཉུང་ལ། དེ་བས་རྒྱལ་རོང་ཡུལ་སྐད་ལ་ཐུན་མིན་གྱི་ཁྱད་ཆོས་ལྡན་ཞེས་པའང་འཕྲུལ་བརྩེགས་ཀྱི་སྙིང་ནས་གླིང་བ་ཡིན་པར་སྨམ།།

གསུམ། མགོ་ཅན་དང་འདོགས་ཅན་གྱི་སྒྲ་འབྱིན་ཚུལ་གྱི་ཁྱད་ཆོས།

དེ་ཡང་སི་ཏུ་པཎ་ཆེན་གྱི་ཞལ་ནས། ཁམས་ཕྱོགས་ཀྱི་ཨ་མདོ་དང་རྒྱལ་མོ་རོང་སོགས་བྱང་ཤར་ གྱིས་ཆ་རྣམས་སུ་འཁོད་པའི་སྐྱེ་བོ་དག་ལའང་གནའ་བོའི་དུས་སུ་བོད་ཡུལ་དབུས་ནས་བྱུང་བའི་ཀློག་ཚུལ་མ་ཉམས་པ་ཡིན་པར་གྲགས་པའི་ཡི་གེ་ཀློག་ཚུལ་དང་། དེ་དག་གི་ཡུལ་སྐད་ལས་མགོ་འདོགས་འཕྲུལ་རྗེན་སོགས་ཀྱི་ཟུར་དག་པར་འདོན་པ་འབྱུང་བར་མངོན་སུམ་སྨོས་གྲུབ་པ་སོགས་ཀྱིས་མཚོན་ནུས་སོ། དེ་བས་རྒྱལ་མོ་ཚ་བ་རོང་བའི་ཡུལ་སྐད་ལ་འཕྲུལ་རྗེན་མགོ་འདོགས་སོགས་ཀྱི་སྒྲ་གདངས་གི་ཟུར་དག་པར་ཐོན་པ། དཔེར་ན། ཕྲེང་བ་ལ pre ba དང་དཔྱད་པ་ལ hpjat pa ཟླ་བ་ལ s|a ba ཞེས་པ་ལྟར་ཀློག་གོ །

སྤྱིར་བོད་ཁམས་ཀྱི་བརྡ་སྤྲོད་མཁས་པ་རྣམས་ཀྱིས་རྒྱལ་མོ་ཚ་བ་རོང་བའི་སྐད་ནི་བོད་ཀྱི་ཡུལ་སྐད་དག་ལས་ཐུན་མིན་གྱི་ཁྱད་ཆོས་མང་བོ་ལྡན་པའི་གྲས་སུ་འཁོད་ཡོད་ལ། དེའི་རྒྱུ་མཚན་ནི་རྒྱལ་རོང་གི་བོད་མི་རྣམས་ཀྱིས་བོད་ཀྱི་ཡི་གེ་ཀློག་སྐབས་སྒྲ་གདངས་སོ་སོའི་ཐད་ནས་ནང་དོན་ཐ་དད་པ་མཚོན་ཐུབ་ལ། དེ་ནི་ད་ལྟ་བོད་སྐད་སྤྱིའི་འབད་ཕྱོགས་སུའང་འགྱུར་བཞིན་ཡོད། དེ་བས་རྒྱལ་རོང་བ་ཚོ་རིང་རྒྱལ་གྱིས་རྒྱལ་རོང་གི་ཡུལ་སྐད་ཀྱི་ཁྱད་ཆོས་མངོན་པར་གསལ་བ་ར་སྤྲོད་པའི་ཆེད་དུ། སྦྱོར་ཀློག་གི་སྐབས་སུའང་འཕྲུལ་རྗེན་དང་མགོ་འདོགས་ཀྱི་ཡི་གེ་རྣམས་སོ་སོའི་སྒྲ་ཐོན་དགོས་པ་ནི། ས་སྐྱ་བསོད་ནམས་རྩེ་མོས། གང་དང་གང་ལ་གང་བཏགས་པས། །གོ་རིམ་བཞིན་དུ་གནས་ནས་འབྱུང་། །དེ་ལ་ར

མགོ་ལྡེ་རྟེ་འདར། །ལ་མགོ་ལྡེ་སྐྱོད་རྒྱ་ཡང་བསྐྱེད། །ས་མགོ་སོ་ཡི་བར་ནས་དབྱུང་། །ལྷག་མ་རྣམས་ཀྱང་དེ་བཞིན་ཤེས། །གལ་ཏེ་མ་ཕྱིན་ཐུར་པ་ནི། །ཡི་གེ་ཕྲལ་བཞིན་བརྗོད་པར་བྱ། །དཔེར་ན་གྲ་ལ་ག་ར་འམ། །སྒྲ་ལ་སྒ་ར་ཛི་བཞིན་དུ། །དེ་ནས་འཕུལ་བ་བསྟན་པར་བྱ། །གས་འཕུལ་ཐོག་མ་རྐན་ནས་དབྱུང་། །དས་འཕུལ་ལྡེ་རྟེ་སྐྱོད་པ་ལས། །བ་མས་འཕུལ་བ་ཐོག་མར་ནི། །མཆུ་བཙུམ་པ་ལས་ཁྱད་པར་སྣང་། །འས་འཕུལ་གྲི་བའི་ཕུགས་ནས་དབྱུང་། །འཕུལ་ཞིང་བརྩེགས་པའི་ཡི་གེ་ཡང་། །གོ་རིམ་བཞིན་དབྱུང་མ་བྱས་ན། །འདི་ཡང་ཕྲལ་ཞིང་བསྒྲགས་པ་སྟེ། །མཁྲ་ལ་མཁའ་ར་ཛི་བཞིན་ནོ། །① ཞེས་སོགས་རྒྱ་ཆེར་འབྱུང་བའི་སྒྲ་གདངས་འདི་དག་གི་ཁྱད་པར་རྣམས་དེང་དུས་སུ་ཤར་རྒྱལ་མོ་རོང་བའི་ཡུལ་སྐད་དུ་ཇི་བཞིན་གསལ་ལ། དེ་མ་གཏོགས་ཕལ་ཆེར་བོད་ཁམས་ཕྱིངས་ན་ཉམས་ཟིན་པ་འདྲ། དེས་ན་རྒྱལ་རོང་བ་རྣམས་ཀྱིས་བོད་ཡིག་སྦྱངས་སྐབས་སློག་ཚུལ་ང་ཚོ་དང་མི་འདྲ་བ་ཏ་ཅང་མང་ལ། དེ་ནི་ཁོང་ཚོའི་སློག་ཚུལ་གྱི་ང་རོ་དག་པ་དེ་ཙམ་གྱིས་ཡུལ་སྐད་གཞན་དང་མི་མཐུན་པའི་ཁྱད་ཆོས་མངོན་གྱིན་ཡོད། ད་དུང་རྒྱལ་རོང་བ་རྣམས་ཀྱིས་བཤད་རྒྱུར་ཁོང་ཚོ་ཆུང་དུས་བོད་ཡིག་སྦྱང་སྐབས་སུ་ཚང་མས་དག་ཡིག་སྦྱང་མི་དགོས་ལ། དེ་འདྲའི་བསླབ་དེབ་ཀྱང་ཡེ་ནས་ཡོད་མ་རེད་ཟེར། དོན་དངོས་སུ་ཁོང་ཚོའི་སློག་སྟངས་ལྟར་བོད་ཁམས་ཡོངས་ཀྱིས་དེ་ལྟར་བསླུག་ན་དག་ཡིག་ཅེས་ཟུར་དུ་ཁྲིད་མི་དགོས་པར་གནང་ངོ་། དེ་བས་འདིར་རྒྱལ་རོང་ཡུལ་སྐད་ཀྱི་མགོ་ཅན་དང་འདོགས་ཅན་གྱི་སྒྲའི་འགྲིན་ཚུལ་མི་འདྲ་བའི་ཁྱད་ཆོས་ལ་གཟིགས་པར་འཚལ།

མགོ་ཅན་གྱི་སྒྲ་ཟུར་དུ་ཐོན་པ་དཔེར་ན།

རྐང་བ།	སྒྲ་རྟགས།	ར་མགོ་ཅན།	སྒྲ་རྟགས	ས་མགོ་ཅན།	སྒྲ་རྟགས	ལ་མགོ་ཅན།	སྒྲ་རྟགས
ཀ	ka	རྐ	rka	སྐ	ska	ལྐ	lka
ག	ga	རྒ	rga	སྒ	sga	ལྒ	lga
ང	,a	རྔ	r,a	སྔ	s,a	ལྔ	l,a
ཏ	ta	རྟ	rta	སྟ	sta	ལྟ	lta
ཙ	tsa	རྩ	rtsa	སྣ	sna	ལྕ	lt.a
མ	ma	རྨ	rma	སྣ	sna	ལྡ	lda

①རྒྱལ་རོང་པ་ཚེ་རིང་རྒྱལ། ཚུལ་ཁྲིམས་འཆལ་བ་རྣམས་ཀྱི་འགྱོད་པ་བཤལ་བ་སོགས་བཞུགས་སོ། །གཟིགས་སྒོ་དགོན་གྱི་གཞུང་ལས་ངོ་དམ་ཁང་ནས། 2013ལོར་པར། ཤོག་ངོས་66

འདོགས་ཅན་གྱི་སྒྲ་ཟུར་དུ་ཐོན་པར་དཔེར་ན།

རྐྱང་བ།	སྒྲ་གདངས།	ཡ་བཏགས་ཅན།	སྒྲ་གདངས།	ར་བཏགས་ཅན།	སྒྲ་གདངས།	ལ་བཏགས་ཅན།	སྒྲ་རྟགས།
ཀ	ka	ཀྱ	ca	ཀྲ	kra	ཀླ	Hla
ཁ	kha	ཁྱ	cha	ཁྲ	khra	ཟླ	sla
པ	pa	པྱ	pja	པྲ	pra	རླ	rla
ཕ	pha	ཕྱ	phja	ཕྲ	phra	སླ	sla
བ	ba	བྱ	Jja	བྲ	bra	བླ	bla

དེ་བཞིན་དུ་ད་ལྟ་རྒྱལ་ནང་གི་ཡུལ་སྐད་མང་ཤོས་ལ་དེ་འདྲའི་ཁྱད་ཆོས་མངོན་གསལ་ལྡན་པ་མེད་ལ། ལྷག་པར་དུ་གོང་གི་རེའུ་མིག་ཏུ་བཀོད་པའི་མགོ་ཅན་དང་འདོགས་ཅན་གྱི་སྒྲ་ཟུར་དུ་ཐོན་པ་དེ་བས་ཀྱང་ཉུང་། དེའི་རྒྱུ་མཚན་ནི་ཤར་རྒྱལ་མོ་ཚ་བ་རོང་དང་བསྡུར་ན་ཡུལ་སྐད་གཞན་དག་གི་ཁྱད་ཆོས་ལ་མི་རིགས་གཞན་དང་འབྲེལ་འདྲིས་ཆེ་བ་དང་གཅིག ས་བབ་ཀྱི་ཆ་རྐྱེན་ལེགས་ཅིང་འགྲིམ་འགྲུལ་སྟབས་བདེ་བ་སོགས་རྒྱུ་རྐྱེན་མང་པོའི་དབང་གིས་རྒྱལ་རོང་ཡུལ་སྐད་དང་མི་མཐུན་པའི་ཆ་མང་ཤེས་བྱུང་།

གསུམ་པ། རྒྱལ་རོང་ཡུལ་སྐད་དུ་བཙ་ཞིབ་བཀོལ་སྤྱོད་བྱེད་པའི་གནས་བབ།

དེ་ཡང་སྤྱིར་རྒྱལ་མོ་ཚ་བ་རོང་ནི་གོང་ནས་བཤད་པ་བཞིན་དུས་རབས་བདུན་པའི་སྐབས་ཀྱི་བོད་རྒྱལ་སྲོང་བཙན་སྒམ་པོའི་དུས་ནས་བཟུང་བོད་ཀྱི་མཐའ་མཚམས་སྲུང་ཆེད་མི་རིགས་གཞན་གྱི་ཐུབ་ཚོད་དང་དགྲ་བོའི་བཙན་འཛུལ་ལ་མི་འཇིགས་པར་རི་གྲོང་ལུང་སྟོང་ཞིག་ཏུ་ཆགས་པའི་མི་རིགས་ཀྱི་དཔའ་བོ་དག་ལ་ཟེར། དེའི་རྐྱེན་གྱིས་རང་མི་རིགས་དང་ཁ་ཐག་རིང་སར་མཆིས་ཤིང་མི་རིགས་གཞན་དང་འབྲེལ་འདྲིས་ཏ་ཅང་ཕྲ་ཕྱིར། བཙ་སྦྱོད་ཞིབ་འཇུག་པ་ཁ་ཤས་ཀྱིས་ཤར་རྒྱལ་མོ་ཚ་བ་རོང་ནི་དང་ཐོག་བོད་ལྡོངས་ཉིང་ཁྲི་ནས་ཡོང་ཞེས་བརྗོད་ལ། རྒྱུ་མཚན་ནི་ཕོང་ཚོའི་གྲོན་པའི་ཆ་ལུགས་དང་རྒྱུན་ལྡན་འཚོ་བའི་ཁྲིད་ཀྱི་གོམས་གཤིས་ལ་འདྲ་ས་མང་བོ་འདུག་ཅེས་ཟེར་ལ། ཡང་ཁ་ཤས་ཀྱིས་སྟོད་མངའ་རིས་ནས་མཆེད་པ་ཡིན་ཞེས་གྲགས། དེའང་རྒྱུ་མཚན་མི་ཉུང་བ་ཞིག་ཡོད་ལ། དཔེར་ན། སྐད་ཆ་དང་གོམས་གཤིས་ཀྱི་ཐད་སོགས་ནས་གླེང་རྒྱུ་ཡོད་དོ། གང་ལྟར། རྗེ་དམུ་དགེ་བསམ་གཏན་གྱིས་གསུངས་

པ་ལྟར་ན་མདོ་སྨད་ཆོས་འབྱུང་ལས། མདོ་སྨད་ལྗོ་བྱང་གི་མི་རྒྱུད་ཕལ་ཆེར་བོད་ཆོས་རྒྱལ་གྱིས་རྒྱ་བོད་སོ་མཚམས་སུ་བཞག་པ་ལས་མཆེད་པ་ཤ་སྟག་ཡིན་པས་སྐད་རིགས་ལའང་བཟ་ཉིང་མ་འགྱུར་བ་མང་། [1]ཞེས་གསུངས་ཤིང་། རྒྱལ་མོ་ཚ་བ་རོང་གི་ཡུལ་སྐད་འདི་ལ་བོད་ཀྱི་བཟ་ཉིང་མ་འགྱུར་བ་ཤས་ཆེ་བ་ཡིན་ཏེ། བོད་ཡུལ་རྒྱལ་མོ་རོང་གི་ས་ཁུལ་རེ་ཟུང་དང་། དེ་མིན་ཁམས་ཕྱོགས་ཀྱི་ས་ཁུལ་རེ་ཟུང་ཙམ་གྱི་ཡུལ་སྐད་བཤད་མཁན་གྱིས་བོད་ཀྱི་སྤྱི་སྐད་ཤོད་མཁན་བར་གོ་བརྡ་མི་འཕྲོད་པ་ཡོད་ཀྱང་། ཚིག་སྦྱོར་གྱི་འགྲོས་ནི་བོད་སྐད་ཀྱི་ཁྱད་ཆོས་དང་ཡོངས་སུ་མཐུན་པ་ཡིན། རྒྱལ་མོ་ཚ་བ་རོང་གི་བོད་མི་ཚོས་ལོ་ངོ་བརྒྱ་སྟོང་གི་རིང་སྤྱད་པའི་ཡི་གེ་ནི་བོད་ཡིག་ཡིན་པར་མ་ཟད། རྒྱལ་མོ་ཚ་བ་རོང་གི་བོད་མིས་བོད་ཡིག་ཀློག་སྐབས་སྔོན་འཇུག་དང་རྗེས་འཇུག ཡང་འཇུག མགོ་གསུམ། འདོགས་བཞི་སོགས་ཀྱི་སྒྲ་དག་པར་ཀློག་པའི་ཚད་དེ་བོད་མི་གཞན་གྱིས་ཡོང་དཀའ་བ་ཞིག་ཡིན་པས། བཟ་སྦྱོད་ཆེད་མཁས་པ་དང་སྐད་བཟ་ཞིབ་འཇུག་པ་མི་ཉུང་བས་རྒྱལ་མོ་ཚ་བ་རོང་གི་ཡུལ་སྐད་ལ་ཞིབ་འཇུག་དང་གདེང་འཛོག་ཚད་མཐོན་པོ་བྱེད་བཞིན་མཆིས། དེས་ན་རྒྱལ་མོ་ཚ་བ་རོང་གི་ཡུལ་སྐད་ཀྱི་ནང་དུ་བཟ་ཉིང་ཆེས་མང་བ་དང་། ཡང་རྗེ་དམུ་དགེ་བསམ་གཏན་གྱིས་གསུང་པར། སྒྲ་དྲག་ཆེ་བའི་དབང་གིས་འགྱུར་བ་དང་། འགྱུར་ཆེ་བ་དང་། ཉམས་ཆེ་དྲག་པའི་དབང་གིས་འགྱུར་བ་དང་། འགྱུར་ཆེ་བ་སོགས་ཀྱི་དབང་གིས་མི་འདྲ་བ་ལྟ་བུར་གྱུར་པའང་ཡོད་ལ་དབུས་གཙང་སྐད་ཀྱང་རིམ་གྱིས་འགྱུར་བའི་སྟབས་ཀྱིས་མི་འདྲ་བ་ལྟ་བུར་གྱུར་མོད། མ་གཞི་རྒྱལ་རོང་གི་སྐད་འདི་བོད་སྐད་རང་ཡིན་པ་དེད་ཙག་བོད་རང་མཚན་པ་དང་། བོད་ཡིག་ཤེས་པ་དག་གིས་བལྟས་ན་ཤིན་ཏུ་གསལ། བོད་སྐད་དང་བོད་ཡིག་མི་ཤེས་ཤིང་། རྒྱལ་རོང་གི་སྐད་ཀྱང་མི་ཤེས་པ་འགའ་ཞིག་གིས་བྱུང་རྒྱལ་དུ་སྨྲས་བས། དངོས་དོན་ལྩགས་ལྟ་བུ་དག་བསྒྱུར་ག་ལ་ནུས[2]ཞེས་གསུངས་སྲོང་ངོ་།

ཤར་རྒྱལ་མོ་ཚ་བ་རོང་བའི་ཡུལ་སྐད་དུ་ད་ལྟའང་སྔར་བཞིན་མ་ཉམས་པར་བཀོལ་བཞིན་པའི་བཟ་ཉིང་ཅུང་མང་ལ། དེ་བས་བདག་གིས་རྒྱལ་རོང་ཡུལ་སྐད་ཀྱི་ཁྱད་ཆོས་བརྗོད་སྐབས་ཀྱང་མི་བརྗོད་ཐབས་མེད་ཡིན། རྒྱ་མཚན་ནི་སྤྱིར་ཨ་མདོའི་འབྲོག་སྐད་ཁ་ཤས་ལ་བཟ་ཉིང་གི་ཤན་ཞུགས་ཀྱང་། རྒྱལ་རོང་ཡུལ་སྐད་དང་བསྡུར་ན་དེ་ནི་གངས་ལ་ཁ་བ་བྱིན་པ་ལྟར་ལས་མེད་པ་འདྲའོ། ད་ཏུང་རྒྱལ་རོང་

①དམུ་དགེ་བསམ་གཏན། ཇ་བ་ཁུལ་བོད་རིགས་ཆའང་རིགས་རང་སྐྱོང་ཁུལ་གྱི་རིག་གནས་ལོ་རྒྱུས་དཔྱད་ཡིག ཇ་བའི་སྲིད་གྲོས་ཁང་གིས་དཔར་དུ་བཏབ། 1987ལོར་པར། ཤོག་ངོས་278

②དམུ་དགེ་བསམ་གཏན། ཇ་བ་བོད་རིགས་ཆའང་རིགས་རང་སྐྱོང་ཁུལ་གྱི་རིག་གནས་ལོ་རྒྱུས་དཔྱད་ཡིག་བདམས་བསྒྲིགས། ཇ་བའི་སྲིད་གྲོས་ཁང་གིས་དཔར་དུ་བཏབ། 1987ལོར་པར། ཤོག་ངོས་279

ཡུལ་སྐད་དུ་བོད་ཀྱི་བརྡ་རྙིང་མང་པོ་བཀོལ་བཞིན་པ་ར་སྤྱོད་ཆེད། བོད་རྒྱ་ཤན་སྦྱར་གྱི་རྒྱལ་རོང་ཁ་སྐད་ཚིག་མཛོད་ཆེན་མོ་ཞེས་པ་ལས་བརྡ་རྙིང་དག་བསྡུ་སྒྲིག་བྱས་པ་ལ།

བརྡ་རྙིང་།	སྒྲ་རྟགས།	ནང་དོན།	རྒྱ་ཡིག	མཆན།
ད་འདད།	da ndat	དུར་ས།	坟墓	
ད་ཏར།	da tar	དབྱུག་པ།	棍棒	
ཁྱུང་། (གྱུང)	khu,	སྟག	虎	བརྡ་དཀྲོལ་ལས"གྱུང་ནི་རི་མོ་མེད་པའི་སྟག"ཅེས་བྱུང་། རྒྱལ་རོང་ཁ་སྐད་དུ་སྟག་ལ་གོ
འོར་ཆེ།	(or t.he	བཀའ་དྲིན་ཆེ།	多谢	བརྡ་དཀྲོལ་དག་ལས"འོར་ཆེ་ནི་སྐུ་དྲིན་དང་བཀའ་དྲིན་ཆེ་བ"ཞེས་བྱུང་།
རེ་ལྡེ།	re lde	སྨྱུག་མའི་ལྷས་མ།	竹子编的武器	བརྡ་དཀྲོལ་དག་ལས"རེ་ལྡེ་ནི་རྩིད་པ་ལས་བྱེད་པའི་སྐྱམ་བུ་དང་སྨྱུག་མའི་ལྷས་མ་ལ་འང་ཟེར"ཞེས་བྱུང་། རྒྱལ་རོང་ཁ་སྐད་དུ་སྨྱུག་མའི་ལྷས་མ་ལ་གོ
མྱིག་ཏུ།	m8ik t.u	མིག་ཆུ།	泪水眼泪	
ཞགས།	Maks	ཞག་བཞམས་པའམ་གཅེས་པ།	乳油 珍爱	གནའ་དཔེ་དག་ལས"དེས་ཚིག་སྙན་པ་རྣམ་པ་སྣ་ཚོགས་ཀྱི་སྒོ་ནས་བཞམས་ཏེ"ཞེས་བྱུང་།
སྨྱུང་།	sm8u,	ལྟོགས་པ།	饥饿	བརྡ་དཀྲོལ་དག་ལས"སྨྱུང་བ་ནི་ལྟོགས་པའམ་ཟས་བཅད་པ'"ཞེས་བྱུང་།
སྨྱོང་།	sm8o,	བརྐྱང་བ།	伸长	བརྡ་དཀྲོལ་དག་ལས"མགོ་སྨྱོང་ནི་སྐེ་བརྐྱང་བ"ཞེས་བྱུང་།
ཁོམ་ཙ(ཁོལ་མ)།	khom tsa	སྐེའུ་ཁུང་།	窗子	བརྡ་རྙིང་དག་ལས་སྐེའུ་ཁུང་ངམ་སྐར་ཁུང་ལ་ཁོལ་མ་ཟེར།
ཁྲ་(ཆང་)ཏུ(ཆུ)	t.ha t.u	ཆང་གི་ཉིང་ཁུ།	纯青稞酒	
ཁྱི་དབྲེ།	t.hi bre	ཁྱི་གཅིན།	狗屎	བཻ་སྔོན་ལས"ཁྱི་དབྲེ་ཞེས་པ་ཁྱིའི་རྫོངས་ཁའི་དྲིག་པའི་མིང་"ཞེས་གསུངས་ཀྱང་། རྒྱལ་རོང་ཁ་སྐད་དུ་ཁྱི་གཅིན་ལ་ཁྱི་དབྲེ་ཞེས་དབྲེ་ནི་གཅིན་གྱི་མིང་ངོ་།

ཛུ་སླིག	dMu slik	རྡོ།	石头	བརྡ་རྙིང་དག་ལས“ཛུ་སླིག་དང་ཛུ་བོ་རྡོ”ཞེས་གསུངས།
བརྙས།	J9 r8as	ཟར་ཚུར་ལ་གཡར་བ།	借贷	
ཏམ་(ཐབ)ཙུ(ཚི)	tam tsu	ཐབ་ཚིའམ་སྒྲོག་གུ	扣子	

དེ་བཞིན་དུ་རྒྱལ་རོང་ཡུལ་སྐད་ཀྱི་ཁྲོད་ན་བོད་ཀྱི་བརྡ་རྙིང་མང་པོ་བཀོལ་བཞིན་པ་ཧ་ཅང་གསལ་པོར་མངོན་ལ། དེའང་སི་ཏུ་པཎ་ཆེན་གྱིས་ཀྱང་ཡིག་ཀློག་གི་སྒྲ་དག་པའི་ཚད་ལ་འབྲི་གུང་སྐྱོབ་པ་རིན་པོ་ཆེ་བཞུགས་སྐབས་འབྲི་གུང་བ་དང་། ཡུལ་རྒྱལ་མོ་ཚ་བ་རོང་བ་བཞག་པར་མ་ཟད། རྒྱལ་མོ་རོང་གི་ཡུལ་སྐད་ཀྱང་ཆེས་སྔ་དུས་ཀྱི་བོད་ཀྱི་བརྡ་རྙིང་ཤིན་ཏུ་མང་པོ་ཡོད་པ་གཟུར་གནས་མཁས་པ་དག་གིས་བརྟགས་ན་རྟོགས་བདེ་བ་ཞིག་ཡིན་ལ། བཤད་ན་གོ་བདེ་བ་ཞིག་ཡིན་ནོ། །

སྤྱིར་སྐད་རིགས་སམ་ཡུལ་སྐད་ཅིག་གི་ཁྲོད་ན་བརྡ་རྙིང་ཡོད་མེད་ལ་ཞིབ་འཇུག་བྱེད་དགོས་ན་ངེས་པར་དུ་མི་རིགས་སམ་ལུང་ཡུལ་དེའི་མི་རྣམས་ལ་རྒྱུས་ལོན་ཆེན་པོ་བྱེད་དགོས་པར་མ་ཟད། དེའི་འབྱུང་ཁུངས་དང་མཆེད་ཚུལ། ད་དུང་གཙོ་བོ་སྐད་ཁུངས་ལ་སོམ་ཉི་སྤྲུ་ཙམ་ཡང་མེད་པར་བྱེད་དགོས། རྒྱུ་མཚན་ནི་སྐད་རིགས་སམ་ཡུལ་སྐད་དེའི་འབྱུང་ཁུངས་གསལ་ཆེ་ད་གཟོད་དེའི་ཁྲོད་དུ་བཀོལ་སྤྱོད་བྱེད་པའི་ཐ་སྙད་ཀྱི་ཁྱད་ཆོས་ལ་འཇུག་ཐུབ་བོ།

གང་ལྟར། རྒྱལ་མོ་ཚ་བ་རོང་གི་ཡུལ་སྐད་ཀྱི་ཁྱད་ཆོས་ལ་མཚོན་ན་སྐད་གདངས་ཀྱི་ཐད་ནས་སྔོན་འཇུག་དང་རྗེས་འཇུག ཡང་འཇུག མགོ་ཅན་དང་འདོགས་ཅན་སོགས་ལས་མངོན་ཡོད་པར་མ་ཟད། ད་དུང་ཕྱོགས་གཞན་པ་སྟེ་ཐ་སྙད་ཀྱི་ཐད་ནས་ཀྱང་ཡུལ་སྐད་གཞན་པ་དང་བསྡུར་ན་བརྡ་རྙིང་བཀོལ་བ་ཅུང་མང་ལ། དེ་བས་ཕྲན་གྱིས་བཙན་ལྷ་ངག་དབང་སོགས་ཀྱིས་བརྩམ་སྒྲིག་བྱས་པའི་བོད་རྒྱ་ཤན་སྦྱར་གྱི་རྒྱལ་རོང་ཁ་སྐད་ཚིག་མཛོད་ཆེན་མོ་ལས་དྲངས་ཡོད་ལ། ཡང་འདིར་ཡིག་ཚོགས་སྣང་ཕྱིར་བསྐྱར་བཟློས་མི་བྱའོ།

སྡོམ་བྱང་།

འདིར་མདོ་དབུས་ཁམས་གསུམ་གྱི་ཡུལ་སྐད་ཀྱི་ཁྱད་པར་རྗེ་ཆེ་ནས་རྗེ་ཟབ་ཏུ་འགྲོ་དགོས་དོན་

ནི་ཚོལ་གསུམ་ནང་ཕན་ཚུན་འཕྲུལ་རྟེན་གྱི་སྒྲ་གདངས་དག་མ་དག་ལ་རག་ལས་ཤིང་། ང་ཚོ་བོད་སྤྱིའི་སྐད་གདངས་རིམ་གྱིས་ཡང་སོར་འགྱུར་ཏེ་གནའ་བོའི་སྒྲ་ལྡི་བའི་ཀློག་ཚུལ་དག་ད་སྐབས་རྒྱལ་རོང་ཡུལ་སྐད་ལས་གཞན་དུ་ཐོས་དཀའ། དེར་ད་དུང་སྒྲའི་ང་རོ་དག་མིན་ཐད་ལ་རྩོམ་པ་པོ་གངས་ཆབས་ཀྱིས་དཔྱད་པ་གཏོང་སྟངས་གསར་བ་ཞིག་ལ། བོད་སྐད་དེ་དག་མི་རིགས་གཞན་པའི་སྐད་ལ་སྒྲ་ཐད་སྒྱུར་བྱས་པ་ལས་ཡུལ་སྐད་གང་གིས་སྒྲ་དག་པར་ཀློག་ནུས་པ་ཤེས་ཐུབ་པ་དང་། མི་རིགས་གཞན་པ་ཚོས་ང་ཚོའི་སྒྲ་ལྟར་བྲིས་ཚེ་རྒྱལ་རོང་བོད་མིས་ཀློག་པ་དག་འཕྲུལ་རྟེན་མགོ་འདོགས་ཀྱི་སྒྲ་སོ་སོར་གཏོར་ནས་བསྒྱུར་ཡོད་དེ། དཔེར་ན། རང་གིས་དངོས་སུ་མཐོང་བ་ལ་ཆུ་ཆེན་རྫོང་ཁྲོ་སྐྱབས་ཐུགས་ཆེན་ལུང་མདོའི་སློ་བྱང་ཞིག་ཏུ། ཁྲོ་སྐྱབས་མི་རིགས་རིག་གནས་ཚད་ཡོད་འགན་ཁུར་ཀུང་སི་ལ་绰斯甲民族文化有限公司དང་སྨད་དོ་ཞབས་ཞུ་ཁུལ་ལ་斯玛都服务区སྤྱིལ་སྐྱ་ལ་斯卜日了 斯古ཞེས་པ་དང་། ཡུལ་སྐད་གཞན་པ་ཕལ་ཆེ་བར་མིང་གཞི་དང་རྗེས་མཇུག་གི་སྒྲ་ཙམ་ལས་མི་བསྒྱུར་ལ། དཔེར་ན། ཁྲོ་སྐྱབས་ལ་绰甲 དང་སྨད་དོ་ལ་玛都 སྤྱིལ་སྐྱ་ལ་主了古 ཞེས་བསྒྱུར་བ་རེད། ཡང་སི་ཏུ་པཎ་ཆེན་གྱིས་གཞན་ཡང་བོད་ཡིག་སྔེབ་ཇི་ལྟར་སྦྱོར་བའི་ཚུལ་ནི་སྔོན་གྱི་བོད་སྐད་དག་པ་ཉིད་ལ་བརྗོད་པའི་སྒྲ་ཇི་ལྟར་འབྱུང་བ་དེ་ལྟར་མཁན་པོ་འདྲིས་སྦྱར་བ་ཡིན་པས་སྐད་ལ་འཕྲུལ་རྟེན་སོགས་ཀྱི་ཟུར་གསལ་བ་མེད་ན་ཡི་གེ་ལ་དེ་ལྟར་ཐོབ་པ་རྒྱུ་མཚན་གང་ཞིག་གིས་རྟོགས་པར་ནུས། [1] ཞེས་གསུངས་པའི་དོན་ལ་ད་ལྟ་རང་རེས་བརྟགས་ཀྱང་རྟོགས་ཐུབ་པ་ཞིག་ཡིན་ཏེ། དཔེར་ན། ས་སྐྱ་བས་བོད་ལ་དབང་སྒྱུར་བའི་སྐབས་འགྲོ་མགོན་ཆོས་རྒྱལ་འཕགས་པའི་མཚན་རྒྱ་སྐད་དུ་བསྒྱུར་བར帕 思 巴 ཞེས་པ་བོད་སྐད་ཀྱི་འཕགས་པ་ཞེས་པའི་ཚིག་ཁྱིམ་གཉིས་ལྡན་གྱི་མིང་སྒྲ་སྒྱུར་བྱས་པར་རྒྱ་ཡིག་ཏུ་ཡིག་འབྲུ་གསུམ་དུ་འགྱུར་བའི་རྒྱུ་མཚན་ནི་སྐབས་དེར་བོད་སྐད་ཀྱི་སྒྲ་ལ་སྔོན་འཇུག་དང་རྗེས་འཇུག་མགོ་ཅན་དང་འདོགས་ཅན་སོགས་ཀྱི་སྒྲ་གསལ་པོ་ཡོད་པར་མ་ཟད་ཡང་འཇུག་གི་སྒྲའང་གསལ་བོར་ཐོན་པ་མངོན་སུམ་གྱིས་གྲུབ་པ་ཡིན། གལ་ཏེ་དེ་ལྟ་མིན་ན་དེང་སྐབས་འཕགས་པ་ཞེས་པའི་མིང་རྒྱ་ཡིག་ཏུ་སྒྲ་སྒྱུར་བྱེད་སྐབས 帕 巴 ཞེས་ཡིག་འབྲུ་གཉིས་ལས་མི་འབྱུང་བའི་རྒྱུ་མཚན་ཅི་ཞིག་ཡོད།།

(རྩོམ་པ་པོ་ཛ་སྒྲོད། ཚེ་རིང་སྐྱིད། ཕ་ཡུལ། སི་ཁྲིན་ཛ་བ། ཀྲུང་དབྱང་མི་རིགས་སློབ་གྲྭ་ཆེན་མོའི་བོད་རིག་པ་ཞིབ་འཇུག་གླིང་གི2014ལོའི་ཤེས་རམས་པ།)

(མཇུག་སྒྲོན་དགེ་རྒན། ཀྲོའུ་རོན་ཉན།)

---

①བཙན་ལྷ་ངག་དབང་ཚུལ་ཁྲིམས། རྒྱལ་རོང་ཞིབ་འཇུག་དཔྱད་ཡིག་ཕྱོགས་བསྒྲིགས། ཀྲུང་གོའི་བོད་རིག་པ་དཔེ་སྐྲུན་ཁང་། 2003ལོར་པར། ཤོག་ངོས་174

མི་སེར་རྒྱལ་ཁབ་དུས་ཀྱི་བོད་བརྒྱུད་གསང་སྔགས་རྒྱ་ནག་ཏུ་
དར་ཚུལ་སྐོར་གླེང་བ།

ཚེ་རིང་དབང་མོ།

ནང་དོན་གནད་བསྡུས། མི་སེར་རྒྱལ་ཁབ་དུས་ལ་རྒྱ་ནག་ཏུ་ནང་ཆོས་བསྐྱར་དར་བྱེད་པར་ཆེས་དམིགས་གསལ་གྱི་ཁྱད་ཆོས་ལྡན་པའི་བོད་བརྒྱུད་གསང་སྔགས་རྒྱ་ནག་ལ་དར་ཁྱབ་ཆེ་བ་དེ་ཡིན། སྐབས་དེའི་བོད་བརྒྱུད་གསང་སྔགས་ནང་ལོག་ལ་སྤེལ་བར་སྟོན་ཆད་ཡོན་རྒྱལ་རབས་དང་མིང་རྒྱལ་རབས། ཆིང་རྒྱལ་རབས་སྐབས་དང་བསྡུར་ན་རྒྱལ་རབས་རིམ་བྱུང་ནང་བཞིན་གྱི་རྒྱབ་སྐྱོར་ཐོབ་མེད། འོན་ཀྱང་སྐབས་དེར་དར་ཁྱབ་ཆེས་ཆེ་ལ་སྤྱི་ཚོགས་ཤུགས་རྐྱེན་ཡང་གཏིང་ཟབ་ཐེབས་ཡོད། རྩོམ་འདིའི་ནང་མི་སེར་རྒྱལ་ཁབ་ཀྱི་དུས་སུ་བོད་བརྒྱུད་གསང་སྔགས་རྒྱ་ནག་ཏུ་དར་བའི་ལོ་རྒྱུས་རྒྱབ་ལྗོངས་དང་དར་ཚུལ་གྱི་ཁྱད་ཆོས། དེས་ཐེབས་པའི་སྤྱི་ཚོགས་ཀྱི་ཤུགས་རྐྱེན་སོགས་ཕྱོགས་གསུམ་ནས་དཔྱད་པ་གཏོང་ཁུལ་བྱས་ཏེ། མི་སེར་རྒྱལ་ཁབ་སྐབས་བོད་བརྒྱུད་གསང་སྔགས་རྒྱ་ནག་ཏུ་དར་ཚུལ་ལ་ཞིབ་རྟོགས་ཆ་ཚང་ཙམ་ཡོང་བར་དམིགས་ཡོད།

མིང་བརྡ་མཚོ་བོ། མི་སེར་རྒྱལ་ཁབ། བོད་བརྒྱུད་གསང་སྔགས། དར་ཁྱབ།

དང་པོ། མི་སེར་རྒྱལ་ཁབ་དུས་སུ་བོད་བརྒྱུད་གསང་སྔགས་རྒྱ་ནག་ཏུ་
དར་བའི་ལོ་རྒྱུས་རྒྱབ་ལྗོངས།

ཀྲུང་དབྱིན་ཉལ་ཐ་དམག་འཁྲུག་དང་ཀྲུང་འཇར་དམག་འཁྲུག་ཕམ་པ་དང་བསྟུན་ནས་རྒྱལ་ཁབ་ཀྱི་བདག་དབང་དང་མངའ་ཁོངས་སོགས་བཀག་པའི་འདྲ་མཉམ་མིན་པའི་ཆིངས་ཡིག་འགའ་བཞག་དེ་ནས་བཟུང་ནང་ཆོས་དང་བཅས་པའི་སྔར་ཡོད་ཀྱི་སྲོལ་རྒྱུན་རིག་གནས་ཀྲུང་རྒྱལ་ཁབ་ཀྱི་ཆབ་སྲིད་དང་དཔལ་འབྱོར་སོགས་ཧ་ལ་སུངས་འགྲོ་བར་དང་བསྟུན་ནས་རིམ་གྱིས་མར་ཆགས། འོན་ཏེ་ཕྱོགས་གཅིག་ནས་ནུབ་ཕྱོགས་ཀྱི་རིག་གནས་དང་ལྟ་བཞིའི་ལས་འགུལ་གྱིས་བརྟན་པའི་དམངས་གཙོ་དང་ཚན་རིག་

གི་ལྟ་བ་མགྱོགས་མྱུར་ཏུ་དར་ཁྱབ་བྱུང་། བོད་བརྒྱུད་གསང་སྔགས་ནི་དེ་འདྲའི་ལོ་རྒྱུས་རྒྱབ་ལྗོངས་འོག་ལ་རྒྱ་ནག་ཏུ་དར་བས། དེ་ནི་གཅིག་ནས་ཀྱང་གོ་ནང་ཆོས་འཕེལ་རྒྱས་འགྲོ་བའི་རང་སྙིང་གི་དགོས་མཁོ་ཡིན་ལ། རྒྱུ་མཚན་ནི་ནང་ཆོས་རྒྱ་ནག་ཏུ་དར་ནས་ལོ་ཉིས་སྟོང་ལྷག་གི་ལོ་རྒྱུས་ཡོད་ལ། རིམ་གྱིས་ཏཱའུ་ལུགས་དང་ཀུང་ཙིའི་གཉིས་དང་འདྲ་བའི་གཙོ་རྒྱུགས་རིག་གནས་སུ་གྱུབ། ཕྱིར་མིས་རིག་གནས་སྨྲུན་ཡོད་ལ་རིག་གནས་ཀྱིས་སླར་མིར་ཤུགས་རྐྱེན་ཆེན་པོ་ཐེབས་ངེས། མི་སེར་རྒྱལ་ཁབ་དུས་སུ་ནང་ཆོས་ལ་གནོད་བརླག་ཚབས་ཆེན་བྱུང་ཟུང་། སྔར་རིག་གནས་ཀྱི་བག་ཆགས་ཟབ་མོས་དུས་སྐབས་འདི་དང་མཚམས་པའི་དགེ་བསྙེན་དང་དགེ་སློང་བ་མང་པོ་ཞིག་བྱུང་། གཞན་ཞིག་ནི་རྒྱལ་ཁབ་ཕྱི་ནང་གི་ངེས་གཏན་གྱི་ལོ་རྒྱུས་དུས་སྐབས་འདིར་ཕྱི་ནང་གཉིས་ཀྱི་རིག་གནས་གཞན་གྱིས་བཙིར་གནོན་དང་ཤན་ཤུགས་འོག་ཆར་རྗེས་ཀྱི་ཤུ་མོ་བརྙོལ་བ་བཞིན་དུ་འཕེལ་བ་རེད།

གཉིས་པ། མི་སེར་རྒྱལ་ཁབ་དུས་སུ་བོད་བརྒྱུད་གསང་སྔགས་རྒྱ་ནག་ལ་ དར་ཚུལ་གྱི་ཁྱད་ཆོས།

གཅིག དར་སྤེལ་གྱི་ལམ་བུ་མི་འདྲ་བ།

ནང་ཆོས་རིག་གནས་ཐོག་མར་རྒྱ་ནག་ཏུ་དར་ནས་བཟུང་རྒྱ་ནག་གི་མཁས་ཆེན་གང་མང་ཞིག་སྟེ། དཔེར་ན་ཐང་ཤོན་ཙང་དང་། ཧྭ་ཤན། ཡིའི་ཅིང་སོགས་རྒྱ་གར་ལ་ཆོས་སྒྲུབ་པར་ཕེབས། དུས་མཉམ་དུ་ཤི་ཡུལ་ནས་ཕེབས་པའི་ཨན་ཧི་ཀའོ་དང་། ཙཱུ་མོག་ལོ་ཧི། རྣ་མོག་སོགས་ཀྱིས་ཀྱང་ནང་ཆོས་རྒྱ་ནག་ཏུ་དར་སྤེལ་བྱས་པར་མཛད་རྗེས་ལྷབས་ཆེན་བཞག་ཡོད། དེ་ལྟར་ན་ནང་ཆོས་རྒྱ་ནག་ཏུ་དར་བ་ནི་ཆེས་ཐོག་མར་ལམ་བུ་གཉིས་བརྒྱུད་ནས་སྤེལ་བ་ཡིན་ཏེ། གསང་སྔགས་ནི་དེ་འདྲ་མིན་ལ་སྔར་ཐང་རྒྱལ་རབས་དང་དེ་རྗེས་ཡོན་རྒྱལ་རབས། མིང་རྒྱལ་རབས་དང་ཆིང་རྒྱལ་རབས་སྐབས་ཀྱི་གསང་སྔགས་དར་ཚུལ་ནི་རྒྱ་གར་ནས་བོད། དེ་ནས་རྒྱ་ནག་ཏུ་དར་བའི་ལམ་བུ་གཅིག་པུ་ཁོ་ན་ཡིན་ལ། གཞན་ཡང་དར་ཁྱབ་ཆེ་ས་གཙོ་བོ་རྒྱལ་པོའི་རྒྱལ་ས་དང་ཉེ་བའི་ས་ཕྱོགས་འགའ་ཡིན། ཤུགས་རྐྱེན་རྒྱ་ཆེ་ཐེབས་ཐུབ་མེད་ལ་གསང་སྔགས་སྒྲུབས་པའི་གྲྭ་པ་ཡང་མང་པོ་བྱུང་མེད། ལྷག་པར་དུ་ཐང་ཞྭའུ་ཙུང་གིས་ནང་བསྟན་བསྣུབས་པའི་ལས་འགུལ་སྤེལ་བས་བར་སྐབས་ཤིག་ལ་ཉམས་ཆགས་སུ་གྱུར་ནས་རྩ་སྟོང་དུ་ཕྱིན་ལ་ཉེ། དེ་རྗེས་ཡོན་མིང་ཆིན་རྒྱལ་རབས་ཀྱི་སྐབས་སུ་བོད་བརྒྱུད་གསང་སྔགས་རྒྱ་ནག་ཏུ་དར་སྤེལ་བྱུང་བ་དེ་གཙོ་བོ་ཆབ་སྲིད་ཀྱི་ལས་འགུལ་ཞིག་ལ་གཏོགས་ཏེ། ཕྱོགས་གཅིག་ནས་རྒྱ་ནག་རྒྱལ་པོས་བོད་བརྒྱུད

ནང་བསྟན་དར་སྤེལ་ལ་བརྟེན་ནས་ཆོས་སྲིད་ཟུང་འབྲེལ་གྱི་བོད་དང་སོག་པོར་དབང་བསྒྱུར་ལ་ཤུགས་བསྣན་པ་དང་། ཕྱོགས་གཞན་ཞིག་ནི་བོད་ཀྱི་བླ་སྤྲུལ་ཚོགས་པས་ཀྱང་དབྱིང་གི་ཆབ་སྲིད་དང་དཔལ་འབྱོར་གྱི་རྒྱབ་རྟེན་བཅའ་ཏེ་རང་ཉིད་ཀྱི་མངའ་ཁོངས་སྟོབས་ཤུགས་དང་སྤྱི་ཚོགས་ཀྱི་ཤན་ཤུགས་ཆེས་ཆེར་གཏོང་རྒྱུ་དེ་ཡིན། མི་སེར་རྒྱལ་ཁབ་སྐབས་ལ་བོད་ཀྱི་གསང་སྔགས་རྒྱ་ནག་ཏུ་དར་སྤེལ་བྱུང་བ་དེའང་ཆབ་སྲིད་ཀྱི་དམིགས་ཡུལ་གཏན་ནས་མེད་པ་མི་སྲིད་ལ། དཔེར་ན། ཆེས་ཐོག་མར་རྒྱ་ནག་ཏུ་ཆོས་སྤེལ་དུ་ཡོང་བ་ནི་པན་ཆེན་སྐུ་ཕྲེང་དགུ་པ་ཆོས་ཀྱི་ཉི་མ་རེད། ཁོང་རང་ཉིད་གཙོ་བོ་བོད་ཀྱི་ས་ཁུལ་དུ་ཆབ་སྲིད་ཀྱི་དགོངས་པ་མ་མཐུན་ནས་རྒྱ་ནག་ཏུ་ཡོང་བ་དེ་ཚང་མས་ཤེས་གསལ་ལྟར་རེད། སྐབས་དེའི་དུས་ལ་མཚོན་ན་ཆབ་སྲིད་ཀྱི་དམིགས་ཡུལ་བཟུང་ནས་ཆོས་སྤེལ་བའི་སྣང་ཚུལ་དེ་གོ་གནས་གལ་ཆེན་བཟུང་མེད། རྒྱུ་མཚན་ནི་སྐབས་དེའི་གུང་གོའི་རྒྱལ་ཁབ་ལ་གནོད་སྐྱོན་ཚབས་ཆེ་ཐོག་པ་དང་མི་རིགས་ཀྱི་ལས་དབང་གཅིག་མཚུངས་སུ་ཆགས་ཡོད་པས་ཆོས་ལུགས་ལ་བཅངས་བའི་རེ་བ་དེའང་ཕལ་ཆེར་གཅིག་འདྲ་རེད། དུས་སྐབས་འདིའི་ནང་ལ་གསང་སྔགས་གྲུབ་མཐའ་སོ་སོའི་བླ་སྤྲུལ་སྔ་རྗེས་སུ་རྒྱ་ནག་ཏུ་ཆོས་སྤེལ་བར་ཕེབས། དཔེར་ན་རྙིང་མ་པའི་སྤྲུལ་སྐུ་དང་། བཀའ་བརྒྱུད་པའི་སྤྲུལ་སྐུ། ས་སྐྱའི་སྤྲུལ་སྐུ། དགེ་ལུགས་པའི་སྤྲུལ་སྐུ་སོགས་ཡོད། ① དུས་མཚུངས་སུ་རྒྱ་ནག་གི་ཧྭ་ཧྲི་མང་པོ་ཞིག་བོད་ས་གནས་ལ་ཆོས་སློབ་བར་ཕེབས། ཁམས་ཕྱོགས་བརྒྱུད་ནས་བོད་ཀྱི་བླ་སྤྲུལ་དང་འབྲེལ་བ་རྒྱ་ཆེན་བྱུང་།

གཉིས། དར་སྤེལ་གྱི་ཐབས་ལམ་མི་འདྲ་བ།

ཡོན་མིང་ཆེན་རྒྱལ་རབས་སྐབས་བོད་ཀྱི་གསང་སྔགས་རྒྱ་ནག་ཏུ་དར་སྤེལ་བྱས་པའི་ཐབས་ལམ་མི་འདྲ་བ་མང་པོ་ཡོད་དེ། དཔེར་ན་ཆོས་གཞུང་བསྒྱུར་བ་དང་ཆོས་ཁྲིད་སྤེལ་བ་སོགས་ཡོད་མོད། ཆོས་སྲིད་ཟུང་འབྲེལ་ལམ་ལུགས་ཀྱི་ཤུགས་རྐྱེན་འོག་ཏུ་བྱུང་བའི་ཆོས་སྤེལ་ཚུལ་ནི་གཙོ་བོ་རྒྱལ་པོ་དང་སྣ་དྲག་སོགས་ཁྲིམ་རྒྱུད་ཆེན་པོ་སོགས་དབང་བསྐུར་བ་དང་། རབ་གནས་བྱེད་པ་སོགས་ཆོས་ལུགས་ཆོ་ག་སྤེལ་བ་རེད། མི་སེར་རྒྱལ་ཁབ་སྐབས་ལ་བོད་ཀྱི་གསང་སྔགས་རྒྱ་ནག་ཏུ་དར་བར་དེ་ཚོ་དང་ཁ་བྲལ་ཐབས་མེད་ཀྱང་། ཆེས་དམིགས་གསལ་གྱི་མི་འདྲ་ས་ཞིག་ཡོད་པ་ནི་བོད་ཀྱི་གསང་སྔགས་ཀྱི་ཆོས་གཞུང་ཞིབ་འཇུག་དང་ཆོས་ལུགས་ཉམས་ལེན་སོགས་ཆོས་གཞུང་ཡིག་བསྒྱུར་དང་སློབ་གྲྭའི་ནང་གི་སློབ་སྦྱོང་། ཆོས་ལུགས་འཆད་ཁྲིད། དགོན་པའི་སློབ་གསོ་ཉམས་ལེན་སོགས་སློལ་རྒྱུན་དང་དེང་རབས་ཅན་གྱི་སློབ་གསོའི་ཐབས་ལམ་ནང་དུ་དྲངས་བ་རེད། ཆོས་གཞུང་ཡིག་བསྒྱུར་སྐོར་ལ་གཙོ་བོ་ས་སྐྱའི་སྤྲུལ་

① 南怀瑾：中国佛教发展史略 [M]. 上海：复旦大学出版社，2009：433.

སྐུས་བསྒྱུར་བའི་གསང་སྔགས་ཀྱི་གཞུང་སོགས་ཡོད། རྒྱ་ནག་གི་སློབ་དཔོན་ཆོས་འཕགས་ཀྱིས་དགེ་ལུགས་པའི་ཆོས་གཞུང་གྲགས་ཅན《བྱང་ཆུབ་ལམ་རིམ་ཆེན་མོ་》དང་《སྔགས་རིམ་ཆེན་མོ།》སོགས་མང་པོ་ཞིག་བསྒྱུར་བ་རེད། གཞན་སློབ་དཔོན་ནན་ཧའི་དང་སློབ་དཔོན་ལུང་ནན་སོགས་ཀྱིས་ཀྱང་གསང་སྔགས་ཀྱི་ཆོས་གཞུང་མང་པོ་རྒྱ་ནག་ཏུ་བསྒྱུར་བས་དུས་སྐབས་དེ་ནི་ཐང་སུང་རྒྱལ་རབས་ནས་བཟུང་གསང་སྔགས་ཐད་ཀྱི་ཡིག་བསྒྱུར་འདུས་ཚད་ཆེས་ཆེ་བའི་དུས་སྐབས་ཤིག་ཏུ་གྱུར། དཔེར་ན་སློབ་དཔོན་ནན་ཧའི་དང་བཅས་པའི་ཆོས་ལ་དགའ་ཞེན་ཆེ་བའི་མི་མང་པོ་ཞིག་སློབ་དཔོན་ཏ་ཡུང་དང་མཉམ་དུ་བོད་དུ་ཆོས་སྒྲུང་བར་ཕེབས། རྗེས་ནས་ལྷ་ས་འབྲས་སྤུངས་དགོན་པའི་ནང་ལ་ལོ་ལྔའི་རིང་ལ་སྦྱངས་པར་མཛད། ཕྱིར་རྒྱ་ནག་ཁྲིན་ཏུའུ་ལ་ཕེབས་ནས་ཆོས་སྤེལ། སྤྱི་ལོ1938ལོར་ཁྲིན་ཏུའུ་ཅིན་ཚི་དགོན་པའི་ནང་ལ་དགེ་ལུགས་པའི་ཆོས་གཞུང་ཁྲིད་སྐྱོང་བྱེད་ས་གསར་དུ་བཙུགས། དེའི་རྗེས་ནས་ནང་ལོག་ས་ཁུལ་དུ་རྫོ་རྗེའི་སླུབ་གནས་མང་ཙམ་བཙུགས། སློབ་དཔོན་ཁྲའོ་ཡི་དང་སློབ་དཔོན་ཀོན་ཁྲུང་སོགས་སློབ་དཔོན་ཏ་ཡུང་དང་མཉམ་དུ་དཀར་མཛེས་དྲ་རྒྱ་དགོན་པའི་ནང་ཆེད་དུ་གསང་སྔགས་སྦྱོང་བར་ཕེབས། ཕྱིར་རྒྱ་ནག་ཏུ་ཕེབས་རྗེས་ཧྲུའུ་ཞི་ཧའི་ཧྲན་དགོན་པའི་ནང་དུ་གསང་སྔགས་ཀྱི་ཆོས་སྤེལ། མི་སེར་རྒྱལ་ཁབ་སྐབས་བོད་ཀྱི་གསང་སྔགས་དར་སྤེལ་གཏོང་བར་དེང་རབས་ཅན་གྱི་སློབ་གསོ་བྱེད་ཐབས་ཀྱང་གང་མང་ཞིག་བེད་སྤྱོད་བྱས་ཡོད། དཔེར་ན་སྤྱི་ལོ1924ལོར་པེ་ཅིན་ནས་བོད་ཡིག་སློབ་གླིང་བཙུགས། རྗེས་ནས་བོད་རིག་པའི་ཆོས་ཚོགས་སུ་བསྒྱུར། སྤྱི་ལོ1930ལོར་སངས་རྒྱས་ཆོས་ལུགས་བསྐྱར་དར་གྱི་སྔོ་ཁྲིད་པ་སློབ་དཔོན་ཐའི་ཤུའུ་ཡིས་བོད་དུ་ཆོས་སྦྱོང་བར་ཕེབས་པའི་མི་སྣ་གསོ་སྐྱོང་བྱེད་ཆེད་ཁྲུང་ཆིན་ལ་རྒྱ་བོད་ཆོས་ཚོགས་གླིང་བཙུགས་ཏེ་སློབ་མ་མང་པོ་བསྡུས་ནས་ཆོས་གཞུང་དང་བོད་ཡིག་ལ་སློབ་སྦྱོང་མཛད། སྤྱི་ལོ1935ལོར་ཧྲང་ཧེ་ཉ་སོག་བོད་སློབ་གླིང་བཙུགས་ཏེ་གཞོན་ནུ་ཤེས་ཡོན་ཅན་བདམས་ནས་བོད་ཡིག་སྦྱོང་དུ་བཅུག[①] སྤྱི་ལོ1936ལོར་དགེ་བཤེས་ཤེས་རབ་རྒྱ་མཚོ་མཆོག་གོ་མིན་སྲིད་གཞུང་སློབ་གསོ་སྡེ་ཁག་དང་སོག་བོད་ཨུ་ཡོན་ཚོགས་པས་གདན་འདྲེན་ཞུ་པར་ལྟར་སྦྲ་ཕྱིར་ནན་ཅིན་ཀྲུང་དབྱང་སློབ་གྲྭ་ཆེན་མོ་དང་ཧྲང་ཧའི་བྱང་ཆུབ་ཆེན་མོའི་ཆོས་ཚོགས་སོགས་སུ་ཕེབས་ནས། གཞོན་ནུ་སློབ་མ་རྣམས་ལ་བོད་བརྒྱུད་ནང་བསྟན་ངོ་སྤྲོད་བྱས། སྤྱི་ལོ1937ལོར་ཡང་པེ་ཅིན་སློབ་གྲྭ་ཆེན་མོ་དང་ཆེན་ཏ་སློབ་གྲྭ་ཆེན་མོ། ཝུའུ་ཧན་སློབ་གྲྭ་ཆེན་མོ། ཀྲུང་ཧྲན་སློབ་གྲྭ་ཆེན་མོ་སོགས་སུ་ཕེབས་ནས་བོད་ཀྱི་རིག་གནས་དང་ནང་བསྟན་རིག་གཞུང་སྐོར་གྱི་འཆད་ཁྲིད་མང་པོ་གནང་།[②]

① 陈兵：二十世纪中国佛教［M］. 北京：民族出版社，2000：380

② 于洪娟：浅论民国时期汉藏佛教文化交流［J］. 西北民族大学学报，2008（5）

གསུམ། ཆོས་སྤེལ་བའི་ནང་དོན་མི་འདྲ་བ།

ཡོན་མིང་ཆེན་རྒྱལ་རབས་སྐབས་ལ་མཚོན་ན། བོད་ཀྱི་གསང་སྔགས་རྒྱ་ནག་ཏུ་དར་བ་དེ་གཙོ་བོ་བཀའ་བརྒྱུད་འཛིན་གྱི་དབང་བསྒྱུར་ཚོགས་པར་བརྟེན་པ་ཡིན་པས་དེའི་བརྒྱུད་སྤེལ་བྱས་བའི་གྲུབ་མཐའ་སོ་སོར་ཆབ་སྲིད་ཀྱི་ཤན་ཤུགས་མི་དམན་པ་ཞིག་ཡོད་སྲིད་ལ། དཔེར་ན་ཡོན་རྒྱལ་རབས་སྐབས་ས་སྐྱ་པས་རང་ཉིད་ཀྱི་གོ་གནས་དང་ཏིའི་ཧྲིའི་ཐོབ་ཐང་སོགས་ལ་བརྟེན་ནས་རྒྱ་ནག་ཏུ་ཆོས་བརྒྱུད་སྤེལ་བའི་གྲུབ་མཐའ་གཞན་པ་དག་ལ་གནོན་ཤུགས་བཟོས་པ་རེད། མིང་ཆེན་རྒྱལ་རབས་སྐབས་ལ་ས་སྐྱ་བའི་སྟོབས་ཤུགས་རིམ་གྱིས་ཉམས་པས་ཆོས་སྤེལ་བ་སོགས་ཀྱང་ཇེ་ཉུང་དུ་སོང་། དགེ་ལུགས་པ་རྒྱ་ནག་ཏུ་སྤེལ་བ་དེ་མིང་རྒྱལ་རབས་ནས་འགོ་ཚུགས་ཡོད་ཀྱང་། ཆིང་རྒྱལ་རབས་ཀྱི་སྐབས་དགའ་ལྡན་ཕོ་བྲང་སྲིད་དབང་བཙུགས་པ་དང་ཆབས་ཅིག་ཏུ་དགེ་ལུགས་པའི་ཆོས་སྲིད་གཉིས་ཀྱི་གོ་ས་ཇེ་མཐོ་རུ་སོང་བ་དང་། གོང་མས་ཆབ་སྲིད་ཀྱི་དམིགས་ཡུལ་བཅངས་ནས་རྒྱལ་བ་སྐུ་ཕྲེང་ལྔ་པ་རྒྱལ་ས་པེ་ཅིན་ལ་གདན་དྲངས། ཧྲུན་ཀྲི་གོང་མས་ཁོང་ལ་ནུབ་ཕྱོགས་ཀྱི་ཆོས་བདག་ཏཱ་ལའི་བླ་མ་ཞེས་བའི་ཚོ་ལོ་བསྩལ། དེ་ལས་གཞན་ལྕང་སྐྱ་སྤྲུལ་སྐུ་དང་རྗེ་བཙུན་དམ་པ་གཉིས་ཀྱང་རྒྱ་ནག་ཏུ་གདན་དྲངས་ནས་མཚན་གནས་གནང་། ལོ་རྒྱུས་ཐོག་ནས་བལྟས་ན་ཡོན་མིང་ཆེན་རྒྱལ་རབས་ཀྱི་སྐབས་ལ་བཀའ་བརྒྱུད་པའི་རྒྱ་ནག་ཏུ་ཆོས་སྤེལ་བར་ཐོག་མཐའ་བར་གསུམ་དུ་རྒྱུན་སྐྱོར་གནང་ཡོད་པས་བར་ཆད་དང་འགྱུར་ལྡོག་ཆེན་པོ་བྱུང་མེད།[①] དེ་ནས་མི་སེར་རྒྱལ་ཁབ་སྐབས་ལ་སླེབས་དུས། རྒྱ་ནག་ཏུ་བོད་ཀྱི་གསང་སྔགས་ཐད་ལ་དར་སྤྱོལ་ཆེན་པོ་བྱུང་ཡོད་པས་སྔར་གྱི་ཆབ་སྲིད་ཁ་ནའི་དམིགས་ཡུལ་ལས་བརྒལ་ཏེ། བོད་བརྒྱུད་ནང་བསྟན་གྱི་གྲུབ་མཐའ་སོ་སོའི་བླ་སྤྲུལ་རྣམ་པ་རྒྱ་ནག་ཏུ་ཆོས་སྤེལ་དུ་ཕེབས། དུས་སྐབས་དེའི་རྒྱབ་ལྗོངས་ཀྱི་ཤུགས་རྐྱེན་འོག བླ་སྤྲུལ་མང་པོ་ཞིག་གིས་ཆོས་སྤེལ་བའི་ནང་དོན་དེ་རང་ཉིད་ཀྱི་གྲུབ་མཐའ་ཙམ་མ་ཡིན་པར། གྲུབ་མཐའ་སོ་སོའི་བར་དང་། མདོ་སྔགས་བར་དང་། བོད་བརྒྱུད་ནང་བསྟན་དང་རྒྱ་བརྒྱུད་ནང་བསྟན་བར་ཕན་ཚུན་སློབ་སྦྱོང་དང་མཉམ་འབྲེལ་བྱས་པའི་སྣང་ཚུལ་བྱུང་། དཔེར་ན་སྤྲུལ་སྐུ་ནོར་ནང་ནི་མ་གཞི་རྙིང་མ་བའི་བླ་ཆེན་ཞིག་ཡིན་ཡང་། ཆོས་སྤེལ་སྐབས་བཀའ་བརྒྱུད་པའི་ཆོས་གཞུང་སོགས་ཀྱང་ཁྲིད་ཀྱི་ཡོད། གཞན་བཀའ་བརྒྱུད་པའི་གངས་དཀར་སྤྲུལ་སྐུས་ཀྱང་རྙིང་མ་བའི་རྫོགས་པ་ཆེན་པོའི་ཆོས་གནང་སྦྱོང་ཡོད།[②] དུས་མཚུངས་སུ་བོད་དུ་ཆོས་སྦྱོང་བར་འགྲོ་མཁན་མང་ཆེ་ཤོས་གསང་སྔགས་གཙོ་བོར་འཛིན་ཏེ་དེའི་སྙིང་བཅུད་བསྡུ་ལེན་བྱས་ནས་ཀྲུང་གོའི་སངས་རྒྱས་ཆོས་

① 索南才让：西藏密教史 [M]. 北京：中国社会科学出版社，1998：621.

② 陈健民：曲肱斋全集 6 册 [M]. 北京：中国社会科学出版社，2002：341.

ལུགས་སྔར་གསོ་བྱེད་པའི་སྐོར་ལ་བྱས་རྗེས་རླབས་ཆེ་བཞག དཔེར་ན་དགེ་ལུགས་པའི་ཆོས་གཞུང་ལ་སྦྱངས་པ་མཛད་པའི་སློབ་དཔོན་ཏའི་ནན་དང་སློབ་དཔོན་ལུང་ནན་སོགས་ཀྱིས་ཁྲིན་ཏུའུ་རུ་ཆོས་སྤེལ་བའི་ནང་དོན་གཙོ་བོ་མདོ་སྔགས་ཟུང་འབྲེལ་ཡིན་ལ། ལྷག་པར་དུ་སློབ་དཔོན་ལུང་ནན་ལ་མཚོན་ན། ཁོང་གིས་མདོ་སྔགས་གཉིས་ཀྱི་ཆོས་གཞུང་ཁྲིད་པ་མ་ཟད། རྒྱ་བོད་དབྱིན་གསུམ་གྱི་ཡིག་རིགས་ལ་ནང་བྱིན་ཆུད་པས་སྐད་གྲགས་ཤིན་ཏུ་ཆེ། གངས་དཀར་སྤྲུལ་སྐུའི་སློབ་མ་དགེ་སློང་ཧོང་ནན་ཙུའུ་ཡིས་ནང་ཡོག་ཏུ་གསང་སྔགས་དང་ཅིན་ཐུའུ་ཙོང་འབྲེལ་ནས་སྤེལ་བ་རེད།

གསུམ་པ། མི་སེར་རྒྱལ་ཁབ་སྐབས་བོད་ཀྱི་གསང་སྔགས་རྒྱ་ནག་ཏུ་དར་བའི་ཤུགས་རྐྱེན།

བཤད་སྲོལ་ལྟར་ན་ཐང་རྒྱལ་རབས་ཀྱི་རྗེས་ནས་བཟུང་རྒྱ་གར་གྱི་གསང་སྔགས་ཉམས་ལེན་བྱེད་པའི་རྣམ་པ་དེ་ཕལ་ཆེར་ཉམས་ཡོད་པར་སྣང་ཡང་། གསང་སྔགས་ཀྱི་རིག་གཞུང་དང་ཉམས་ལེན་གྱི་ཐབས་ཤེས་དེ་ཀྲུང་གོའི་ཐེག་ཆེན་གྱི་བསྟན་པའི་ཉམས་ལེན་གྱི་མ་ལག་ནང་དུ་ཚུད་ཡོད་པ་རེད། 《མདོ་སྔགས་ཟུང་འཇུག་ཐར་ལམ་ཉིང་བསྡུས》ཞེས་པའི་ནང་དུ་གསལ་པོ་གསུངས་ཡོད། དེར་བརྟེན་བོད་ཀྱི་གསང་སྔགས་དེ་ཡོན་མིང་ཆེན་རྒྱལ་རབས་སྐབས་རྒྱ་ནག་ཏུ་སྤེལ་བ་ནི་གཙོ་བོ་རྒྱལ་ཁབ་ཀྱི་ཆབ་སྲིད་ཀྱི་དགོས་མཁོ་དང་ཆོས་སྤེལ་བའི་ཚོ་གའི་ཁྲིད་ཀྱི་ངོ་མཚར་གྱི་ཆ་ལ་ཁ་གཏད་ཡོད་པ་ཙམ་ལས། ཀྲུང་གོའི་རིག་གནས་ཀྱི་ཟབ་ས་ནས་འབྲེལ་བ་བྱེད་ཐུབ་མེད། མི་སེར་རྒྱལ་ཁབ་སྐབས་ལ། དམིགས་གསལ་གྱི་རྒྱལ་ཁབ་གནས་བབ་དང་མི་རིགས་ཀྱི་དཀའ་ངལ་སོགས་ཀྱི་ཆ་རྐྱེན་འོག སྔར་ལོ་རྒྱུས་སྙིང་བཀོད་བཀོད་རྒྱུད་འཛིན་གྱི་དབང་བསྒྱུར་ལ་ཞབས་འདེགས་བྱས་པའི་བོད་བརྒྱུད་གསང་སྔགས་དེ་རྒྱ་བོད་མི་རིགས་དང་བཅས་པའི་རྒྱལ་ཁབ་ཡོངས་ཀྱི་མི་རིགས་ཁག་སོ་སོའི་ཐུན་མོང་གི་སེམས་ཀྱི་རེ་འདོད་དུ་གྱུར། དེས་ཀྲུང་གོའི་སངས་རྒྱས་ཆོས་ལུགས་དང་བོད་བརྒྱུད་གསང་སྔགས་གཉིས་མཉམ་འབྲེལ་ཡོང་བར་ཕྱི་རོལ་གྱི་ཆ་རྐྱེན་ལེགས་པོ་ཞིག་བསྐྲུན་ཡོད་ལ། ཀྲུང་གོའི་རིག་གནས་དཀྱིལ་ཡངས་ཀྱི་བསམ་བློ་ཡང་མངོན་ཡོད། སྐབས་དེ་དུས་སངས་རྒྱས་ཆོས་ལུགས་བསྐྱར་དར་གྱི་ལས་འགན་འཁུར་མཁན་གཙོ་བོ་ནི་དམངས་གཙོ་དང་ཚན་རིག་དར་བའི་ཤེས་རིག་གི་རྒྱབ་ལྗོངས་ཆེན་པོའི་འོག་ཏུ་འཚར་ལོངས་བྱུང་བའི་སྐྱ་སེར་གཞོན་ནུ་དག་ཡིན་ལ། ཁོང་ཚོས་རྟགས་དང་རྒྱུ་མཚན་ལ་བརྟེན་པའི་ཞིབ་འཇུག་གི་ཐབས་ལམ་བེད་སྤྱོད་དེ་སངས་རྒྱས་ཆོས་ལུགས་ལ་སློབ་སྦྱོང་དང་ཉམས་ལེན་བྱས་པ་རེད། དེའི་ཁྲོད་ནས་མི་ཁ་ཤས་ཀྱིས་ཆོས་ལུགས་ལ་ཐོས་བསམ་སྒོམ་གསུམ་གྱིས་ཉམས་ལེན་ཟབ་མོ་བྱས་ཏེ་བསྟན་པའི་མཐར་ཐུག་གི་དགོངས་

པ་ལྷག་པར་མཐོང་ནས་ཕྱིན་ཆད་བོད་བརྒྱུད་གསང་སྔགས་རྒྱ་ནག་དང་ཕྱི་རྒྱལ་ཏུ་དར་སྤེལ་བྱེད་པའི་སྟོབས་ཤུགས་གཙོ་བོ་ཆགས། ཡང་ཁ་ཤས་ཀྱིས་མདོ་སྔགས་ཟུང་འཇུག་གི་ཉམས་ལེན་རྒྱ་ཆེན་ཐོན་ཐུབ་མེད་ཀྱང་། ཁོང་ཚོའི་མཛད་རྗེས་ཆེ་ཤོས་ནི་བོད་བརྒྱུད་གསང་སྔགས་དང་བཅས་པའི་ཀྲུང་གོའི་སངས་རྒྱས་ཆོས་ལུགས་དང་དེང་རབས་ཚན་རིག་བར་འབྲེལ་ཐམ་བཙུགས་པ་དེ་རེད། དེ་དག་གིས་མི་སེར་རྒྱལ་ཁབ་སྐབས་བོད་བརྒྱུད་གསང་སྔགས་ནང་ལོག་ཏུ་དར་སྤེལ་བྱས་པ་བརྒྱུད་ནས་སངས་རྒྱས་ཆོས་ལུགས་ཆེས་ངོ་མཚར་ཅན་གྱི་རྣམ་པ་དང་དེང་རབས་ཀྱི་ཚན་རིག་བར་འབྲེལ་བ་བྱུང་རྗེས་རྒྱལ་ཁབ་ཕྱི་ནང་གི་ཆོས་ལུགས་སློབ་གསོ་དང་། སངས་རྒྱས་ཆོས་ལུགས་དང་དེང་རབས་ཚན་རིག་བར་གྱི་ཁ་བརྡ། སངས་རྒྱས་ཆོས་ལུགས་ཀྱི་བསམ་བློ་སྤྱོད་དེ་སྤྱི་ཚོགས་ཀྱི་དོན་དངོས་གནད་དོན་ཐག་གཅོད་པ་སོགས་ལ་ལམ་ཕྱོགས་གསར་པ་ཞིག་བསྟན།

དང་པོ། སངས་རྒྱས་ཆོས་ལུགས་དེང་རབས་ཀྱི་སློབ་གསོ་ཐབས་ལམ་བརྒྱུད་ནས་ཐའི་ཝན་དང་ཧང་ཀང་། འཛར་པན། ཡ་རོབ་གླིང་གི་རྒྱལ་ཁབ་སོགས་ཀྱི་མཐོ་རིམ་སློབ་གླིང་ཁག་དང་སྤྱི་ཚོགས་སློབ་གསོའི་ནང་དུ་དར་ཁྱབ་ཤིན་ཏུ་ཆེ། དེའི་ཁྲོད་ནས་བོད་བརྒྱུད་ནང་བསྟན་གྱི་གོ་གནས་གལ་ཆེན་ཟིན་ཡོད། ནང་ལོག་དང་ཐའི་ཝན། ཡ་རོབ་གླིང་གི་སློབ་གསོ་མི་སྣ་མང་ཆེ་ཤོས་ནི་མི་སེར་རྒྱལ་ཁབ་སྐབས་སུ་བོད་ས་གནས་དང་ནང་ལོག་ཏུ་འཚར་ལོངས་བྱུང་བའི་བོད་བརྒྱུད་གསང་སྔགས་པ་ཡིན་ལ། དཔེར་ན་སྔར་ཨ་མེ་རི་ཁར་གསང་སྔགས་སྤེལ་བའི་གངས་དཀར་སྤྲུལ་སྐུའི་སློབ་མ་དགེ་སློང་ཞུའུ་རའེ་ཅང་དང་། གངས་དཀར་སྤྲུལ་སྐུའི་སློབ་མ་དགེ་སློང་ཁྲིང་ཅན་མིང་སོགས་ཡོད། ཐའི་ཝན་ལ་བོད་བརྒྱུད་གསང་སྔགས་སྤེལ་མཁན་ནི་སྐད་གྲགས་ཆེ་བའི་པའི་ཕུའུ་རན་དང་གངས་དཀར་སྤྲུལ་སྐུའི་སློབ་མ་དགེ་སློང་ཆུའུ་ཡིང་ཀོང་ཡིན། གཞན་ད་དུང་ཨ་མེ་རི་ཁ་དང་ཁཱ་ན་ཏ་ལ་བོད་བརྒྱུད་གསང་སྔགས་ལ་ཞིབ་འཇུག་དང་སློབ་གསོ་བྱེད་མཁན་གྱི་རྒྱ་རིགས་ཀྱི་སློབ་གཉེར་བ་ཀྲུང་ཁྲིན་ཅིའི་དང་རན་ཡུན་ཧོང་། ལྷ་ཀྲུའུ་ལ་སོགས་པ་ཡོད།①

གཉིས་པ། བོད་བརྒྱུད་ནང་བསྟན་ཁྱབ་སྤེལ་བྱུང་བ་དེས་སངས་རྒྱས་ཆོས་ལུགས་དང་ནུབ་ཕྱོགས་མཚན་ཉིད་རིག་པ་དང་དངོས་ལུགས་རིག་པ། སེམས་ཁམས་རིག་པ་སོགས་དེང་རབས་ཀྱི་ཚན་རིག་དང་ཁ་བརྡ་བྱེད་པར་སྐུལ་འདེད་བྱས་ཡོད་དེ། དཔེར་ན་རའི་ཧྲིའི་སེམས་ཁམས་རིག་པ་བ་རོང་གེ་ལ་བར་དོ་ཐོས་གྲོལ་ཆེན་པོས་ཤུགས་རྐྱེན་ཟབ་པོ་ཐེབས་ཏེ་ཁོང་རང་གི་དགེ་རྒན་ཧྥོ་ལོ་ཡི་ཏེ་ཡི་ལྟ་བ་ལས་ཐར་ཏེ་

① 陈兵：二十世纪中国佛教［M］．北京：民族出版社，2000：379.

རང་ཉིད་ཀྱི་གཞུང་ལུགས་གསར་པ་ཞིག་བརྗོད་པ་རེད། མི་སེར་རྒྱལ་ཁབ་སྐབས་སངས་རྒྱས་ཆོས་ལུགས་ནུབ་ཕྱོགས་ཀྱི་ཤེས་ཡོན་མི་སྣའི་ཁྲོད་དུ་ཁྱབ་སྤེལ་བྱུང་བས་ཨེ་ཡིན་སི་ཐན་དང་ཨན་གེ་སི་ལ་སོགས་པའི་མཚན་ཉིད་རིག་པ་བ་དང་ཚན་རིག་པ་སོགས་མང་པོའི་ཡིད་དབང་ཕྲོགས། དེའང་ཁོང་ཚོས་སངས་རྒྱས་ཆོས་ལུགས་དང་ཁ་བཏ་བྱས་ཡོད་དེ། ཨེ་ཡིན་སི་ཐན་གྱིས་གལ་སྲིད་འཛིག་རྟེན་འདི་ན་ཚན་རིག་གི་དགོས་མཁོ་སྐོང་ཐུབ་པ་མ་ཟད་ཚན་རིག་དང་མཉམ་དུ་བསྡད་ཐུབ་པའི་ཆོས་ལུགས་ཤིག་ཡོད་པའི་དབང་དུ་བཏང་ན། ཆོས་ལུགས་དེ་ནི་སངས་རྒྱས་ཆོས་ལུགས་ཡིན་པ་ཐག་ཆོད་རེད་ཅེས་གསུངས། ①

གསུམ་པ། གོང་གི་གནས་ཚུལ་དག་གི་ཤུགས་རྐྱེན་འོག་བོད་བརྒྱུད་ནང་བསྟན་དེ་འཛམ་གླིང་ཡོངས་ཀྱི་མི་ཚང་མས་དེང་རབས་ཚན་རིག་འཕེལ་རྒྱས་ཀྱིས་ཁྱེར་ཡོངས་བའི་གནད་དོན་ཐག་བཅད་བྱེད་སར་གྱུར། ལྷག་པར་དུ་འགྲན་རྩོད་ཧ་ཅང་ཆེ་བའི་དུས་རབས་ནང་འཚོ་གནས་བྱེད་པའི་མི་རྣམས་ཀྱི་སེམས་ཁམས་ལ་མཁོ་བའི་གདམ་ག་གལ་ཆེན་ཞིག་ཀྱང་ཡིན། དུས་རབས་ཉི་ཤུ་པའི་ལོ་རབས་དྲུག་བཅུའི་རྗེས་སུ། ཡོ་རོབ་གླིང་གི་རྒྱལ་ཁབ་སོ་སོས་སྔ་རྗེས་སུ་བོད་ཀྱི་གསང་སྔགས་ལྟེ་བར་བྱེད་པའི་སྒྲུབ་གནས་མང་པོ་བཙུགས། དཔེར་ན་སྤྱི་ལོ1969ལོར་ཨ་མེ་རི་ཁ་ཧྭ་ཀྲུའུ་ནས་རྙིང་མ་བའི་སྒྲུབ་གནས་ལྟེ་བ་བཙུགས། སྤྱི་ལོ1967ལོར་དབྱིན་ཇི་ནས་བཀའ་བརྒྱུད་པ་བསམ་ཡས་གླིང་བོད་བརྒྱུད་ནང་བསྟན་གྱི་ཉམས་ལེན་ལྟེ་གནས་བཙུགས། སྒྲུབ་གནས་དེ་དག་བཙུགས་པར་བརྟེན་ནས་བོད་ཀྱི་གསང་སྔགས་ཀྱང་ཡོ་རོབ་གླིང་གི་རྒྱལ་ཁབ་སོ་སོར་ཁྱབ། ཕྱོགས་སྡོམ་བྱས་པར་བལྟས་ན། དབྱིན་ཇིར་བོད་བརྒྱུད་ནང་བསྟན་ལ་སློབ་སྦྱོང་བྱེད་མཁན་གྱི་མི་གྲངས་དེ་སངས་རྒྱས་ཆོས་ལུགས་པའི་བརྒྱ་ཆའི50ཟིན་ཡོད།②

ཡང་ཕྱོགས་གཞན་ཞིག་ནས་བལྟས་ན། མི་སེར་རྒྱལ་ཁབ་སྐབས་སུ་བོད་ཀྱི་གསང་སྔགས་རྒྱ་ནག་ཏུ་བསྐྱར་དར་བྱུང་བ་དང་ཕྱི་རྒྱལ་དུ་ཁྱབ་སྤེལ་བྱུང་ནས་བོད་བརྒྱུད་གསང་སྔགས་དར་ཁྱབ་ཆེས་ཆེར་འཕེལ་བ་དེས་མི་རྣམས་ལ་ཕྱིར་རྟོག་མང་པོ་ཞིག་སྐྱེས་སུ་བཅུག་སྟེ། ལྷག་པར་དུ་ཆེས་མངོན་གསལ་དོད་པོའི་ཁྱད་ཆོས་ཤིག་ནི་ཤེས་ཡོན་ཅན་གྱི་གཞོན་ནུ་མང་པོ་ཞིག་མཚན་ཉིད་རིག་པ་དང་ཚན་རིག སེམས་ཁམས་རིག་པ་སོགས་བརྒྱུད་ནས་བོད་བརྒྱུད་ནང་བསྟན་ལ་རྒྱུས་ལོན་བྱས་པ་རེད། འོན་ཀྱང་སྐབས་དེའི་སྤྱི་ཚོགས་ཁོར་ཡུག་གི་ཆ་རྐྱེན་འོག་ཁོང་ཚོས་བོད་ཀྱི་གསང་སྔགས་ལ་ངེས་དོན་གྱི་ཆ་རྒྱུས་ལེན་པའི་སྐལ་བ་བྱུང་མེད་ལ། དེའི་སྐབས་ཀྱིས་ཁོང་ཚོས་རྟག་པར་སེམས་ཀྱི་དགའ་ངལ་འཕྲད་དུས་སེམས་ལྷོད་དུ་གཏོང་ཞིང་སྐབས་བདེ་བའི་ཉམས་ལེན་བྱ་ཐབས་ཤིག་ལ་ངོས་བཟུང་བས། མི་མང་པོ་ཞིག་གིས་བོད་

① 索达吉堪布： 佛教科学论 [EB/OL]. http//www. jcedu. org, 2006-12-23.

② 陈兵：二十世纪中国佛教 [M]. 北京：民族出版社，2000：379.

བརྒྱུད་ནང་བསྟན་ལ་གོ་བ་ཡང་དག་པ་ཞིག་ལེན་ཐུབ་མེད་པར་ཁོང་ཚོས་བོད་བརྒྱུད་ནང་བསྟན་དེ་དར་སྤྱོལ་ཆེ་བའི་སེམས་ཁམས་རིག་པ་ཞིག་དང་རྩལ་སྦྱོང་བྱ་འགུལ་ཞིག་དང་མཉམ་བསྲེས་བྱས་ཏེ་ངོ་བོར་འཛུག་ཐུབ་མེད། དེར་བརྟེན། དེང་སྐབས་བོད་བརྒྱུད་ནང་བསྟན་ནུབ་ཕྱོགས་སུ་དར་ཁྱབ་ཆེ་བ་དང་དད་ལྡན་མི་སྣ་ཅི་འདྲ་མང་ཙང་བོད་ཀྱི་གསང་སྔགས་ངེས་དོན་གྱི་དེང་རབས་དམངས་གཙོ་དང་ཚན་རིག་གི་ཁྲོད་ནས་ཡར་རྒྱས་གོང་འཕེལ་དང་འཕྲུས་སྐྱོ་ཚང་ཅན་དུ་འགྱུར་བར་ད་དུང་དུས་ཡུན་རིང་པོ་ཞིག་དགོས་སོ། །

(རྩོམ་པ་པོ་ནི་སྒྲོད། ཚེ་རིང་དབང་མོ། ཕ་ཡུལ། སི་ཁྲོན་དཀར་མཛེས། ཀྲུང་དབྱང་མི་རིགས་སློབ་གྲྭ་ཆེན་མོའི་2013ལོའི་ཞིབ་རམས་པ།)
(མཚུབ་སྟོན་དགེ་རྒན། ཞིས་རབ་ཉི་མ།)

ལོ་ཆེན་བཻ་རོ་ཙ་ནའི་བྱུང་བ་དང་མཛད་པའི་སྐོར་ལ་རགས་ཙམ་དཔྱད་པ།

བརྩོན་ཐར་རྒྱལ།

ནང་དོན་གནད་བསྡུས། དཔྱད་རྩོམ་འདིའི་ནང་དུ་དུས་རབས་བརྒྱད་པའི་སྐབས་སུ་བྱུང་བའི་བོད་ཀྱི་ལོ་ཙཱ་བ་རྒན་གསུམ་ལས་ལོ་ཆེན་བཻ་རོ་ཙཱ་ནའི་འཁྲུངས་དུས་དང་སློབ་གཉེར་མཛད་པའི་ཚུལ་སོགས་ཀྱིས་གཙོས་པའི་སྐུ་ཚེའི་བྱུང་བ་དང་། བོད་དུ་རྫོགས་པ་ཆེན་པོའི་ཆོས་སྤེལ་བ་དང་དམ་ཆོས་བསྒྱུར་སྤེལ་གནང་པ་སོགས་ཁོང་གི་མཛད་པའི་སྐོར་ལ་རགས་ཙམ་དཔྱད་ཡོད།

མིང་བརྡ་གཙོ་བོ། བཻ་རོ་ཙ་ན། དམ་ཆོས། ལོ་ཙཱ།

དང་པོ། ལོ་ཆེན་བཻ་རོ་ཙ་ནའི་བྱུང་བའི་སྐོར།

གཅིག འཁྲུངས་དུས་དང་འཁྲུངས་ཡུལ། ཡབ་ཡུམ་བཅས་ཀྱི་སྐོར།

ལོ་ཆེན་བཻ་རོ་ཙ་ན་ནི་དུས་རབས་བརྒྱད་པའི་བོད་རྒྱལ་ཁྲི་སྲོང་ལྡེ་བཙན་གྱི་དུས་སུ་འཁྲུངས་པ་ཡིན་ཞིང་། ཁོང་གི་རྣམ་ཐར་སྐོར་ལ་གཡུ་སྒྲ་སྙིང་པོ་སོགས་བུ་སློབ་བདུན་གྱིས་བསྒྲིགས་པའི《བཻ་རོའི་རྣམ་ཐར་འདྲ་འབག་ཆེན་མོ》དང་མཁའ་འགྲོ་ཡེ་ཤེས་མཚོ་རྒྱལ་གྱིས་བརྩམས་པའི《སྤྲུལ་བའི་ལོ་ཆེན་བཻ་རོ་ཙ་ནའི་རྣམ་ཐར་པདྨའི་དགའ་ཚལ》གཉིས་ཡོད་པ་མ་ཟད། 《པད་མ་བཀའ་ཐང》དང《གུ་བཀྲའི་ཆོས་འབྱུང》《ཆོས་འབྱུང་མཁས་པའི་དགའ་སྟོན》 སོགས་སུའང་ཁོང་གི་སྐུ་ཚེའི་མཛད་པ་ཉུང་ཟད་རེ་བཀོད་ཡོད་པ་རེད།

《དུང་དཀར་ཚིག་མཛོད》དུ "འཁྲུངས་ལོ་དང་འདས་ལོ་ཞིབ་པར་མ་རྙེད་ཀྱང་སྤྱི་ལོ760ཡས་མས་སུ་བོད་རྗེ་ཁྲི་སྲོང་ལྡེ་བཙན་དང་དུས་མཉམ་ཡིན་པ་མཁས་པ་ཡོངས་སུ་གྲགས་པ་རྣམས་ཞལ་མཐུན" [①]པར་གསུངས་པ་དང་། 《སྤྲུལ་བའི་ལོ་ཆེན་བཻ་རོ་ཙ་ནའི་རྣམ་ཐར་པདྨའི་དགའ་ཚལ》དུ "སྣང་

①དུང་དཀར་བློ་བཟང་འཕྲིན་ལས། དུང་དཀར་ཚིག་མཛོད། [m] ཀྲུང་གོའི་བོད་རིག་པ་དཔེ་སྐྲུན་ཁང་། 2002ལོའི་ཟླ་4པར་པར། ཤོག་ངོས་1399

ལོ་དབྱར་ཟླ་ར་བའི་ཚེས་བཅུའི་དུས༔” [①]ཞེས་སྐྱང་ལོ་ལ་འཁྲུངས་པར་གསུངས་པ་གཉིས་ལ་གཞིགས་ན། སྤྱི་ལོ760ལས་གོང་དུ་དེད་པའི་སྐྱང་ལོ་ནི་ས་སྐྱང་སྟེ་སྤྱི་ལོ749ཡིན་པ་དང་དེ་ནི་བཻ་རོའི་འཁྲུངས་ལོ་ཡིན་པར་སྨྲས་ཚེ། གོང་ལས་གྲན་པའི་བོད་རྒྱལ་ཁྲི་སྲོང་ལྡེ་བཙན་སྤྱི་ལོ742ལོར་འཁྲུངས་པ་ཡིན་པས། གོང་གཉིས་ཀྱི་བར་དུ་དགུང་གྲངས7ཙམ་ལས་ཁྱད་པར་མི་འདུག་པ་དང་རྒྱལ་བོས་སྐབས་དེར་ད་དུང་རྒྱལ་སྲིད་ཀྱང་འགན་དུ་བཞེས་མེད་པས་བཻ་རོ་ཙ་ན་སྤྱི་ལོ749ལོར་འཁྲུངས་པར་ཡིད་ཆེས་དཀའ་བ་རེད། མར་དེད་པའི་སྐྱང་ལོ་ནི་ལྕགས་སྐྱང་སྟེ་སྤྱི་ལོ761ཡིན་ཞིང་། ལོ་དེར་ཁྲི་སྲོང་ལྡེ་བཙན་དགུང་ལོ་ཉི་ཤུ་ལྷག་དང་གོང་གིས་རྒྱལ་སྲིད་ཀྱང་འགན་དུ་བཞེས་ནས་ལོ་དྲུག་ལྷག་འགོར་འདུག་པས《བཻ་རོའི་རྣམ་ཐར་འདྲ་འབག་ཆེན་མོ》ལྟར་དུ། “རྒྱལ་བློན་ཧ་པ་བདུན་ཙམ་གྱིས་བསྐོར་མགྲོགས་པ་ལྷུང་བཞིན་སློ་མོའི་ཡུལ་དུ་བཞུད” [②]པ་སྟེ་རྒྱལ་བོ་སྐུ་དངོས་སུ་ཐེབས་པ་དང་ཡང་དོན་ལ་མཐུན་ནོ། །

གོང་གི་འཁྲུངས་ཡུལ་ནི《པད་མ་བཀའ་ཐང》དུ། གཙང་གི་སྙེ་མོ་བྱེ་མཁར་བྱ་བ་ཡི༔ གནས་གཞི་ཞིག་གི་བྲང་ཁང་དམིག་གུ་ན༔ [③]ཞེས་བཀོད་ཡོད་པས། བཻ་རོ་ཙ་ནའི་འཁྲུངས་ཡུལ་ནི་གཙང་གི་སྙེ་མོ་བྱེ་མཁར་བྱ་བ་ཡིན་པ་ཤེས་ཐུབ་ཅིང་།《དུང་དཀར་ཚིག་མཛོད》དུ་གཙང་གི་སྙེ་མོ་བྱེ་མཁར་ནི་ད་ལྟ་སྙེ་མོ་རྫོང་ཟངས་རི་ཆུས་ཡིན་པར་ངོས་འཛིན་གནང་འདུག་པས། ལོ་ཆེན་བཻ་རོ་ཙ་ནའི་འཁྲུངས་ཡུལ་ནི་ད་ལྟའི་སྙེ་མོ་རྫོང་ཡིན་པར་ངོས་འཛིན་བྱས་ཆོག

ཡིག་ཆ་མང་བོའི་ནང་དུ་གོང་གི་ཆུང་དུས་ཀྱི་མཚན་ལ་གན་ཛག་ཐང་ཏ་ཟེར་ལ། མཚན་དུ་བཻ་རོ་ཙ་ན་ཇི་ལྟར་ཐོགས་པའི་སྐོར་གསལ་བོར་མི་སྣང་ཡང་། རྗེས་སུ་བསམ་ཡས་སུ་གདན་དྲངས་ནས་མཁན་སློབ་གཉིས་ལས་ལོ་ཙཱ་བསླབས་ཤིང་ཆོས་བསྒྱུར་ལ “དེའི་ཚེ་བཻ་རོས་སངས་རྒྱས་རྣམ་པར་སྣང་མཛད་ཀྱི་ཞལ་མཐོང་ཆོས་ཐོས་ཏེ་བཻ་རོ་ཙ་ནར་མིང་བཏགས” [④]པ་ཡིན་པར་དཔའ་བོ་གཙུག་ལག་ཕྲེང་བས་གསུངས་འདུག་ཅིང་། གང་ལྟར་གོང་ཉིད་ལོ་ཙྪར་མཁས་པར་གྱུར་བ་དང་ཆོས་མང་དུ་བསྒྱུར་བས་ཆེ་བསྟོད་ཀྱི་ཚུལ་དུ་བཻ་རོ་ཙ་ན་སྟེ་རྣམ་པར་སྣང་མཛད་ཅེས་པར་བཏགས་པར་དེས།

①མཁའ་འགྲོ་ཡེ་ཤེས་མཚོ་རྒྱལ། སྤྲུལ་བའི་ལོ་ཆེན་བཻ་རོ་ཙ་ནའི་རྣམ་ཐར་པཎྜའི་དགའ་ཚལ། [m]སི་ཁྲོན་མི་རིགས་དཔེ་སྐྲུན་ཁང་། 1995ལོའི་ཟླ་11པར་པར། ཤོག་ངོས་272

②གཡུ་སྒྲ་སྙིང་བོ་སོགས་ཀྱིས་བསྒྲིགས། བཻ་རོའི་རྣམ་ཐར་འདྲ་འབག་ཆེན་མོ། [m] སི་ཁྲོན་མི་རིགས་དཔེ་སྐྲུན་ཁང་། 1995ལོའི་ཟླ་11པར་པར། ཤོག་ངོས་93

③གཏེར་ཆེན་ཨུ་རྒྱན་གླིང་པས་གཏེར་ནས་བཏོན། པད་མ་བཀའ་ཐང་། [m] སི་ཁྲོནམི་རིགས་དཔེ་སྐྲུན་ཁང་། 1995ལོའི་ཟླ་11པར་པར། ཤོག་ངོས་405

④དཔའ་བོ་གཙུག་ལག་ཕྲེང་བ། ཆོས་འབྱུང་མཁས་པའི་དགའ་སྟོན། མི་རིགས་དཔེ་སྐྲུན་ཁང་། [m] 2013ལོའི་ཟླ་3པར་པར། ཤོག་ངོས་302

སྔོན་གྱི་ལོ་རྒྱུས་དང་ཆོས་འབྱུང་རྣམས་སུ་རྟག་པར་པ་གོར་བཻ་རོ་ཙ་ན་ཞེས་འབྱུང་ལ། གོང་དུ་སྨྲས་ཟིན་པ་སྟེ་བཻ་རོ་ཙ་ན་ནི་ཁོང་གི་མཚན་ཡིན་པས། པ་གོར་ནི་ཐོན་མི་སམ་བྷོ་ཊ་ཞེས་པའི་ཐོན་མི་བཞིན་དུ་ཁོང་གི་རིགས་རུས་ཡིན་ངེས། ཡབ་យུམ་གཉིས་ཀྱི་མཚན་གྱི་སྐོར་ལ། 《བཻ་རོའི་རྣམ་ཐར་འདྲ་འབག་ཆེན་མོ》ན "ཕ་ནི་པ་གོར་ཧེ་འདོད་དང་། མ་ནི་བྲན་ཟ་དཀར་སྐྱིད་གཉིས་ཀྱི་བུ" [①]གན་ཧྲག་ཐང་ཏ་ཡིན་པར་བྲིས་འདུག་པ་ལས་བཻ་རོའི་ཡབ་ཀྱི་མཚན་ནི་པ་གོར་ཧེ་འདོད་དང་ཡུམ་གྱི་མཚན་ལ་བྲན་ཟ་དཀར་སྐྱིད་ཡིན་པ་གསལ་བོར་རྟོགས་ཐུབ།

ལོ་ཆེན་ཁོང་གི་ཡུམ་གྱི་མཚན་བྲམ་ཟ་དཀར་སྐྱིད་ཡིན་པ་ལ་མཁས་པ་ཕལ་ཆེ་བ་ཞལ་མཐུན། འོན་ཀྱང་ཁོང་གི་ཡབ་སུ་ཡིན་པའི་སྐོར་ལ《བཻ་རོའི་རྣམ་ཐར་འདྲ་འབག་ཆེན་མོ》ན་སློབ་དཔོན་པདྨའི་བཻ་རོའི་སྐོར་གྱི་ལུང་བསྟན་བྲིས་པའི་སྐབས་སུ་ཡབ་ནི་པ་གོར་ཧེ་འདོད་དང་ཡུམ་ནི་བྲན་ཟ་དཀར་སྐྱིད་ཡིན་པར་གསལ་བོར་བཀོད་ཡོད་པ་དང་། དེའི་འགབ་ཀྱི་བཻ་རོའི་དཀའ་བ་དང་བོའི་སྐབས་སུ། "ཉང་ཆབ་དང་གཙང་ཆབ་འཛོམ་པའི་འགྲམ། ས་ཆེན་པོ་ཙུང་འབུར་བ་ཕ་རྣན་ཆག་རྡེ་རྗེ་རྒྱལ་དང་། མ་སྲིང་བཟའ་སྒྲོན་སྐྱིད་ཞེས་བྱ་བ་གཉིས་ཀྱི་བུ" [②]བཻ་རོ་ཙ་ན་ཡིན་པར་ངོས་འཛིན་གནང་བ་དང་དཀའ་བ་གཉིས་པའི་སྐབས་སུ "དུས་དེ་ཙ་ན་ཨ་ཁུ་ཧེ་འདོད་སྐད་པ་དེས། འདུན་པ་ཆེན་པོས་རྒྱལ་བོ་སྤྱན་དྲངས་ཏེ" [③]བཻ་རོ་ཙ་ན་རྒྱ་གར་དུ་མི་མངག་པར་ཞུ་བ་བྱས་པ་དང་དེའི་རྗེས་ན "ཨ་ཁུ་ཧེ་འདོད་ཀྱིས་ཚ་བོ་ལ་ཕྲོད་མ་འགྲོ་ཤི་འོངས་པས་ཆུང་མ་ལོངས་ལ་དེད་ཚོའི་དཔོན་གྱིས" [④]ཞེས་བཀོད་འདུག་ཅིང་དེ་གཉིས་གཞིར་བྱས་ན་ཡབ་ནི་རྣན་ཆག་རྡེ་རྗེ་རྒྱལ་ཡིན་པ་ལས་པ་གོར་ཧེ་འདོད་ནི་མ་ཡིན་པར་དེ་ནི་བཻ་རོའི་ཨ་ཁུ་ཡིན་པ་རེད། 《བཻ་རོའི་རྣམ་ཐར་འདྲ་འབག་ཆེན་མོ》ཁོ་ན་རུ་འདི་ལྟ་བུའི་དོགས་གནད་འདུག་པ་ལས་ལོ་རྒྱུས་ཁྱིངས་ནི་ཞལ་མཐུན་པར་སྣང་ལ་རྣམ་ཐར་དེ་ཉིད་ལས་ཀྱང་སྔོན་དུ་ཡབ་ནི་པ་གོར་ཧེ་འདོད་ཡིན་པར་གསུངས་པ་དང་རྗེས་སུ་དེ་ཉིད་ཡབ་མ་ཡིན་པར་ཨ་ཁུ་ཡིན་པའི་ སྣ་ཕྱི་འགལ་འདུག དེ་ཡང་རྣམ་ཐར་དེ་ཉིད་ལ་མ་དཔེ་ཡོད་དྲུག་ཙམ་འདུག་པ་དང་དེ་དག་གཏེར་ནས་བཏོན་པ་དང་བཀའ་

①གཡུ་སྒྲ་སྙིང་པོ་སོགས་ཀྱིས་བསྒྲིགས། བཻ་རོའི་རྣམ་ཐར་འདྲ་འབག་ཆེན་མོ། [m] སི་ཁྲོན་མི་རིགས་དཔེ་སྐྲུན་ཁང་། 1995ལོའི་ཟླ་11པར་པར། ཤོག་ངོས་93

②གཡུ་སྒྲ་སྙིང་པོ་སོགས་ཀྱིས་བསྒྲིགས། བཻ་རོའི་རྣམ་ཐར་འདྲ་འབག་ཆེན་མོ། [m] སི་ཁྲོན་མི་རིགས་དཔེ་སྐྲུན་ཁང་། 1995ལོའི་ཟླ་11པར་པར། ཤོག་ངོས་96

③གཡུ་སྒྲ་སྙིང་པོ་སོགས་ཀྱིས་བསྒྲིགས། བཻ་རོའི་རྣམ་ཐར་འདྲ་འབག་ཆེན་མོ། [m] སི་ཁྲོན་མི་རིགས་དཔེ་སྐྲུན་ཁང་། 1995ལོའི་ཟླ་11པར་པར། ཤོག་ངོས་99

④གཡུ་སྒྲ་སྙིང་པོ་སོགས་ཀྱིས་བསྒྲིགས། བཻ་རོའི་རྣམ་ཐར་འདྲ་འབག་ཆེན་མོ། [m] སི་ཁྲོན་མི་རིགས་དཔེ་སྐྲུན་ཁང་། 1995ལོའི་ཟླ་11པར་པར། ཤོག་ངོས་99

བབས་ནས་བསྒྲིགས་པ། དམངས་ཁྲོད་དུ་འཁྱུར་བ་སོགས་ཀྱི་བཤད་ཚུལ་མང་བས་རྣམ་ཐར་འདི་ཉིད་ལ་མ་དག་པ་དང་ནང་འགལ་གྱི་ལྷད་སྙོན་རེ་གཉིས་ཞུགས་ཡོད་པར་ངེས་པས་རེད། དེ་བས་ན་ཁོང་གི་ཡབ་ནི་པ་གོར་ཧེ་འདོད་ལས་རྒྱན་ཚག་རྗེ་རྗེ་རྒྱལ་མིན་པར་སྙམ།

གཉིས། བསམ་ཡས་སུ་གདན་དྲངས་པའི་སྐོར།

བོད་རྒྱལ་ཁྲི་སྲོང་ལྡེ་བཙན་གྱིས་བོད་ཀྱི་སྲིད་འཛིན་རིག་གསུམ་ཕྱོགས་ཡོངས་ནས་གོང་འཕེལ་གཏོང་བ་ལ་ཐུགས་ཁུར་ཟབ་བཞེས་གནང་བ་དང་། ལྷག་པར་དམ་ཆོས་སྤེལ་བའི་ཕྱོགས་སུ་ཁོང་ལ་བླ་ན་མེད་པའི་མཛད་རྗེས་ཡོད་པ་རེད། བོད་དུ་ལོ་ཙཱའི་སྡེ་བཙུགས་ནས་དམ་ཆོས་རྒྱ་ཆེར་སྤེལ་བའི་ཆེད་དུ་ཁོང་གིས་བོད་ཕྲུག་བློ་རྣོ་བ་མང་པོ་བསྡུས་ཏེ་སློབ་དཔོན་རྣམ་གཉིས་ལས་སཾ་སྐྲི་ཏའི་སྐད་བསླབས་ཀྱང་དག་ནས་ཡང་དག་པར་མ་འཁྲོལ་བས་རྒྱལ་པོ་ཡིད་མུག་པར་གྱུར། དེ་ནས་ཁོང་སྐུ་དངོས་སུ་ས་ཆ་སོ་སོར་ཕྱིན་ནས་རྣམ་དཔྱོད་དང་ཤེས་རབ་ལྡན་པའི་བོད་ཕྲུག་ཕོ་ལུས་ཐོབ་པ་བརྒྱ་རྩ་བརྒྱད་ལ་དཔྱད་པ་ཞིབ་མོ་བཏང་མཐར་གཅིག་ཏུ་བསྡུས་ནས་ལོ་ཙྪ་བསླབས་པའི་གྲས་སུ་བཻ་རོ་ཙ་ན་ཚུད་པ་རེད།

རྒྱལ་པོ་སྐུ་དངོས་སུ་གཙང་སྙེ་མོ་བྱེ་མཁར་དུ་ཕེབས་ནས། ལོ་ན་ཕྲ་བའི་གན་ཇག་ཐང་ཏ་དང་གཏམ་གླེང་བགྱིས་པས་བྱིས་པ་འདི་ཉིད་གཞན་ལས་ལྷག་པའི་རྣམ་དཔྱོད་ལྡན་པ་མཁྱེན་ཅིང་། དགུང་ལོ་བརྒྱད་ལས་མེད་ཀྱང་ཕ་མ་གཉིས་ལ་བསླངས་ནས། བསམ་ཡས་སུ་གདན་དྲངས་པ་མ་ཟད། དགུང་ལོ་བཅོ་ལྔའི་བར་དུ་སློབ་དཔོན་པདྨ་འབྱུང་གནས་དང་མཁན་པོ་ཞི་བ་འཚོ་གཉིས་ལས་ལེགས་སྦྱར་སྐད་ལ་མཁས་པར་སྦྱངས་ལ། ཕྱིས་སུ་སློབ་དཔོན་པདྨས་ཆོས་གསུངས་པ་བཻ་རོས་ལེགས་པར་བསྒྱུར་བས་རྒྱལ་པོ་ཐུགས་དགྱེས་པར་གྱུར། དུས་དེ་ནས་བཟུང་ཁོང་ཡིག་བསྒྱུར་གྱི་ལས་སུ་ཐོག་མར་ཞུགས་ཤིང་། བསམ་ཡས་གཙུག་ལག་ཁང་ཡོངས་སུ་གྲུབ་རྗེས་ཁྲུས་ཁང་གླིང་དུ་མཁན་པོ་ལས་རབ་ཏུ་བྱུང་ནས་སད་མི་བདུན་གྱི་ནང་ཚན་དུ་གྱུར་ཏེ། མཚན་ལ་ཡེ་ཤེས་སྡེ་ཏུ་གསོལ་བ་དང་ཕྱིས་སུ་རྗེ་འབངས་ཉེར་ལྔའི་གྲས་སུ་ཚུད།

གསུམ། རྒྱ་གར་དུ་ཕྱིན་ནས་ཆོས་བསླབས་པའི་སྐོར།

དགུང་ལོ་བཅོ་ལྔ་སོན་པའི་སྐབས་སུ། རྒྱལ་པོས "རྒྱུ་འབྲས་ཀྱི་ཆོས་བོད་དུ་རྫོགས་ཀྱང་རྒྱུ་འབྲས་ལས་འདས་པའི་ཆོས་ཤིག་རྒྱ་གར་ན་ཡོད་འདུག་པས་ཚོལ་དུ་གཏོང་དགོས་ཞེས་གྲོས་བགྲོས་པར" ①བཻ་

①སྡེ་སྲིད་སངས་རྒྱས་རྒྱ་མཚོ། སྡེ་སྲིད་སྨན་གྱི་ཁོག་དབུབས། [m] མི་རིགས་དཔེ་སྐྲུན་ཁང་། 2004ལོའི་ཟླ་8པར་པར། ཤོག་ངོས་117

རོ་ཚ་ན་ཚོགས་པའི་གསེབ་ནས་ལངས་ཏེ། ང་འགྲོ་ཞེས་ཁས་བླངས་པ་ལ་གཙང་ལེགས་གྲུབ་ཀྱིས་གྲོགས་བགྱི་བར་ཁས་བླངས་ཤིང་། གསེར་མི་ཉུང་བ་བསྣམས་ནས་རྒྱ་གར་དུ་ཕེབས། སློབ་དཔོན་རྣམ་གཉིས་བོད་དུ་བཞུགས་བཞིན་དུ་རྒྱ་གར་དུ་ཆོས་སློབ་པར་ཕེབས་པའི་རྒྱུ་མཚན་ཅི་ཡིན་པ་ནི། གོང་དུ་བཀོད་པའི་སྟེ་སྲིད་ཀྱི་དགོངས་པ་ལ་གཞིགས་ན་སློབ་དཔོན་རྣམ་གཉིས་ཀྱིས་བོད་དུ་རྫོལ་མེད་ཨ་ཏི་ཡོ་གའི་ཆོས་བོད་དུ་མ་སྤེལ་བ་དང་། རྒྱལ་པོས་ཆོས་དེ་འདྲ་ཞིག་རྒྱ་གར་ན་ཡོད་པ་རྟོགས་སོང་བས་ཁོང་གཉིས་རྒྱ་གར་དུ་མངགས་པ་ཡིན་པ་རྟོགས་ནུས།

ཁོང་གཉིས་ཀྱིས་ལམ་བར་དུ་དོ་ཤི་དོ་ཚད་ཐེངས་མང་པོ་དང་སྲོག་ཉེན་ལ་ཐུག་པའི་དཀའ་བ་ཐེངས་བཅུ་དྲུག་སྤྱད་མཐར་རྒྱ་གར་དུ་སླེབས། རྒྱ་གར་ནས་སློབ་དཔོན་ཤྲི་སིཾ་ཧ་གཙོར་བྱས་པའི་པཎ་ཆེན་ཉེར་ལྔ་བསྟེན་ནས་ཆོས་མང་དུ་ཞུས་ཤིང་། ལྷག་པར་དུ་ཤྲི་སིཾ་ཧ་ལས་ཀུན་ལ་མ་བསྒྲགས་པར་རྡོ་རྗེ་གདན་དུ་རྒྱ་རིམ་པ་གསུམ་དུ་བྱས་ནས་སྦས་པའི་རྫོགས་པ་ཆེན་པོའི་ཆོས་ནམ་གྱུང་ལ་ཕྱོག་དུ་གདན་དྲངས་ནས་དབང་དང་མན་ངག་ཡོངས་སུ་ཞུས། མཐར་རྒྱལ་པོའི་ངོ་སོ་ཐོབ་པའི་ཆེད་དུ་གཙང་ལེགས་གྲུབ་སྔོན་དུ་བོད་ལ་སོང་ཡང་དགུང་ལོ་ཞེ་བཞི་ལ་ལམ་ནས་བགྲོངས་པ་ནི་གོང་གི་རྣམ་ཐར་དེ་དག་ཏུ་གསལ།

འོན་ཀྱང་བཻ་རོ་ལ་ཆོས་དེ་ཙམ་གྱིས་ཐུགས་མ་ཆིམ་པར་རང་ཉིད་ཁོ་ན་རྒྱ་གར་དུ་བསྡད་ཅིང་། སློབ་དཔོན་ལ་ན་བ་བཞི་དང་བརྟུགས་པ་བཅུ་ཡི་མགུར་གསུངས་ནས་ཆོས་སྣ་ཚོགས་ཞུས་ཤིང་མཐར་སློབ་དཔོན་གྱིས་བསྟན་པ་ཡོངས་སུ་གཏད་པ་དང་། རྒྱ་གར་བས་ཟབ་ཆོས་བསླབས་ནས་བོད་དུ་ཁྱེར་བ་ཤེས་ན་སྲོག་ཉེན་ཡོང་བར་དོགས་ནས་འཕྲང་དཔོན་ཀུ་མཱ་ལ་གསེར་ཕྱིན་ཅིང་གྲོགས་བསྒྲིགས་ནས་རྐང་མགྱོགས་བསླབས་མཐར། མྱུར་དུ་བོད་ལ་སླེབས་པར་གྲགས།

རྒྱ་གར་ནས་ལོ་ག་ཙམ་ལ་བཞུགས་པའི་སྐོར་ལ《བཻ་རོའི་རྣམ་ཐར་འདྲ་འབག་ཆེན་མོ》ན་བཅོ་ལྔ་ལོན་ནས་ལྔ་བཅུ་རྩ་བདུན་མ་ལོན་བར། །འགྲོ་བ་མི་དོན་ཕྱིར་ན་རྒྱ་གར་ཡུལ་དུ་འགྲིམས། །[①] ཞེས་པ་ལྟར་དུ་བྲིས་འདུག དེ་ལྟར་ཡིན་ཚེ་ཁོང་ཕྱིར་བོད་དུ་འཁྱོར་དུས་སྤྱི་ལོ817ཙམ་ལ་སླེབས་འདུག་ཅིང་ཁྲི་སྲོང་ལྡེ་བཙན་སྔ་མོ་ནས་གཤེགས་ཟིན་པས་དོན་ལ་མི་གནས། ལ་ལས་འདི་ནི་བགྲོད་པ་རེ་ལོ་རེ་ལ་བརྩི་བའི་ཕྱེད་ལོའི་བརྩི་སྟངས་ཡིན་པར་བཤད་ཀྱང་དེ་ལ་ཡང་ཡིད་ཆེས་དཀའ་སྟེ། དེ་ལྟར་ཡིན་ཚེ་དགུང་ལོ་བཅོ་ལྔའི་སྐྱེང་རྒྱ་གར་དུ་ཕེབས་པ་ནི་དོན་ལ་དགུང་ལོ་བདུན་ལྷག་ཡིན་པས། དེ་འདྲའི་བྱིས་པ་ཞིག

①གཡུ་སྒྲ་སྙིང་པོ་སོགས་ཀྱིས་བསྒྲིགས། བཻ་རོའི་རྣམ་ཐར་འདྲ་འབག་ཆེན་མོ། [m] སི་ཁྲོན་མི་རིགས་དཔེ་སྐྲུན་ཁང་། 1995ལོའི་ཟླ་11པར་པར། ཤོག་གྲངས་178

དཔའ་ཁས་ལེན་གྱིས་དགའ་བ་སྣ་ཚོགས་བརྒྱུད་ནས་རྒྱ་གར་དུ་སླེབས་ཐུབ་པར་ཡིད་ཆེས་དགའ་བ་སྟེ། སློབ་དཔོན་ཐོན་མི་ཡང་དགུང་ལོ་བཅོ་ལྔའི་སྐབས་སུ་ད་གཟོད་རྒྱ་གར་དུ་ཕེབས་པ་རེད།

གཉིས་པ། བཻ་རོ་ཙ་ན་བོད་དུ་ལོག་ནས་ཐུན་མིན་གྱི་མཛད་པ་བསྒྲུངས་པའི་སྐོར།

གཅིག རྫོགས་པ་ཆེན་པོའི་ཆོས་བོད་དུ་སྤེལ་ཞིང་མདོ་ཁམས་ཕྱོགས་སུ་དམ་པའི་ཆོས་སྤེལ་བ།

རྙིང་མ་བའི་ཆོས་ཀྱི་སྙིང་བོར་གྱུར་བ་ཟབ་མོ་རྫོགས་པ་ཆེན་མོའམ་ཨ་ཏི་ཡོ་གའི་ཆོས་འདི་བོད་དུ་སྤེལ་བའི་ཆེད་དུ་བོད་རྒྱལ་ཁྲི་སྲོང་ལྡེ་བཙན་གྱིས་བཻ་རོ་ཙ་ན་རྒྱ་གར་དུ་མངགས། བསྟན་པའི་ཉིང་ཁུ་གསང་སྔགས་ནི་སྔོན་ལྡན་གྱི་གདུལ་བྱ་པོ་ནར་མ་གཏོགས་གདུལ་བྱ་གང་ཉུང་ལ་ཁྲིམ་བསྒྲགས་སུ་གཏན་ནས་བྱ་མི་ཉུང་བ་སོགས་རྒྱུ་རྐྱེན་མང་པོའི་དབང་གིས་སྐབས་དེར་སློབ་དཔོན་པདྨ་འབྱུང་གནས་བོད་དུ་བཞུགས་ཀྱང་བོད་ལ་རྫོགས་ཆེན་གྱི་ཆོས་འདི་ཉིད་མ་སྤེལ་བར་སྣང་བས། རྒྱལ་པོས་བོད་མི་བློ་རྣོ་ལ་སྙིང་ཉུས་ཆེ་བ་ཞིག་རྒྱ་གར་དུ་མངགས། ཁོང་གིས་རྒྱ་གར་ནས་སློབ་དཔོན་མང་པོ་བསྟེན་ནས་རྩོལ་མེད་ཨ་ཏིའི་ཆོས་ལེགས་པར་བསླབས་མཐར་ཕྱིར་བོད་དུ་ལོག་ནས་དབུས་སུ་གཙོ་བོ་རྒྱལ་པོ་ལ་ནུབ་ཀྱི་དུས་གཞན་ལ་མ་ཚོར་བའི་ཚུལ་གྱིས་སྤེལ་ལ། རྗེས་སུ་རྒྱལ་རོང་དུ་ཕེབས་ནས་གདུལ་བྱ་སྔོན་ལྡན་དག་ལ་གནང་བས། རྫོགས་ཆེན་དར་བའི་ཡུལ་ནི་མདོ་སྨད་ཡིན་པར་གྲགས་པ་དོན་ལ་གནས།

རྫོགས་པ་ཆེན་པོའི་ཆོས་ནི་སེམས་སྡེ་དང་ཀློང་སྡེ་མན་ངག་གི་སྡེ་གསུམ་དུ་དབྱེ་ཡོད་ཅིང་། “སེམས་སྡེ་མ་བུ་བཅོ་བརྒྱད་ལས་ལྔ་བཻ་རོ་ཙ་ན་དང་། བཅུ་གསུམ་བི་མ་ལས་བྱུང་། ཀློང་སྡེ་ཡང་བི་མ་ལས་བྱུང་ཞིང་། མན་ངག་གི་སྡེ་ལ་སྙིང་ཏིག་ཅེས་གྲགས་ཏེ་བཻ་རོ་ཉིད་ལས་བྱུང་བའོ།།”① སེམས་ཕྱོགས་སུ་གྲགས་པའི་རྫོགས་པ་ཆེན་པོའི་ཆོས་ནི་གཉགས་ཛྙཱ་ན་ཀུ་མ་རས་བཻ་རོ་དང་བཻ་རོའི་སློབ་མ་གཡུ་སྒྲ་སྙིང་པོ་གཉིས་བླ་མར་བསྟེན་ནས་བསླབས་པས་རིམ་པར་བརྒྱུད་པ་མ་ཟད། བཻ་རོའི་དངོས་སློབ་སྤྱམ་སངས་རྒྱས་མགོན་པོ་ནས་བརྒྱུད་པ་དང་ཇོ་མོ་སྒྲི་མོ་དང་མར་བ་ཤེས་རབ་འོད་སོགས་ལ་བརྒྱུད་པའང་ཡོད་དོ།། རྫོགས་ཆེན་གྱི་བསྟན་བཅོས་གཙོ་གྲས《རིག་པའི་ཁུ་བྱུག》ཡང་བཻ་རོ་ཙ་ནས་ཕབ་བསྒྱུར་བྱས་པར་གྲགས།

དེ་བས་བོད་ཀྱི་ཡུལ་འདིར་ཟབ་མོ་རྫོགས་ཆེན་གྱི་ཆོས་དར་བར་གྱུར་བ་ནི་ལོ་ཆེན་བཻ་རོ་ཙ་ནའི་བླ་མེད་ཀྱི་སྐུ་དྲིན་དང་ཁ་འབྲལ་ཐབས་མེད་པས། ཁོང་ནི་བོད་ལ་ནང་བསྟན་དང་ལྷག་པར་དུ་རྙིང་མའི་

①ཐུའུ་བཀྭན་བློ་བཟང་ཆོས་ཀྱི་ཉི་མ། ཐུའུ་བཀྭན་གྲུབ་མཐའ། [m] ལན་གྲུ ཀན་སུའུ་མི་རིགས་དཔེ་སྐྲུན་ཁང་། 2005ལོའི་ཟླ་9པར་པར། ཤོག་ངོས་66

རྫོགས་ཆེན་གྱི་ཆོས་དར་ཞིང་རྒྱས་པར་གྱུར་བའི་ཕྱོགས་ན་རླབས་ཆེ་བའི་མཛད་རྗེས་ཡོད་པ་རེད།

བཻ་རོ་ཙ་ན་ཕྱིར་བོད་དུ་ལོག་ནས་རྒྱལ་བློན་རྣམས་ལ་དམ་ཆོས་སྤེལ་ནའང་། མ་འགྱངས་པར་འགལ་རྐྱེན་ལ་འཕྲད་པ་སྟེ། ཏ་ར་ཀླུ་གོང་གིས་གཙོས་པའི་བློན་པོ་རྣམས་ཀྱིས་དགྲོང་དགོས་པར་སྨྲས་ཀྱང་རྒྱལ་པོས་མཐར་རྒྱལ་མོ་ཚ་བ་རོང་དུ་སྐྱུགས་པར་ཐག་བཅད། ཁོང་རྒྱལ་མོ་ཚ་བ་རོང་དུ་སྐྱུགས་པ་ལ་རྒྱུ་མཚན་འགའ་ཡོད་པར་འདོད་དེ། དང་པོ་ནི། རྒྱ་གར་བས་ཕྲ་མ་བྱས་པ། རྒྱ་གར་བ་རྣམས་བཻ་རོས་ཟབ་ཆོས་བོད་དུ་ཁྱེར་བ་ལ་བློ་མ་བདེ་བར་བོད་དུ་མི་བཏང་ནས། བཻ་རོས་བོད་དུ་ཁྱེར་བ་ནི་ཟབ་ཆོས་མ་ཡིན་པར་ཁྲི་ཆུ་ཕྲ་མེན་སོགས་བོད་ཕུང་བར་བྱེད་པའི་ལོག་ཆོས་དང་ངན་སྔགས་ཡིན་ཞེས་བོད་དུ་སྐན་ཕྲ་བཙུགས་པ། གཉིས་པ་ནི། བོད་བློན་རྣམས་ཀྱིས་ཕྲག་དོག་བྱས་པ། ཁྲི་སྲོང་ལྡེ་བཙན་ལ་ཆོས་གསུངས་པས་བཻ་རོའི་མཚན་ལ "མན་ངག་བདག་པོ་ལྷའི་རྗེ་ཞེས་བྱ་བར་གྲགས" ①པ་དང་རྒྱལ་པོའི་ཡང་རྒྱལ་པོ་ཡིན་པར་འདུག་ཅེས་བློན་པོ་རྣམས་ཀྱིས་རྒྱལ་པོས་དད་གུས་བྱས་པ་ལ་ཕྲག་དོག་བྱས་པས། བློན་གྱིས་ངན་སེམས་བཅངས། གསུམ་པ་ནི། བན་བོན་གྱི་འགལ་བ། ཁྲི་སྲོང་ལྡེ་བཙན་གྱི་དུས་ནི་བོད་ཀྱི་ལོ་རྒྱུས་ལས་བན་བོན་གྱི་འགལ་བ་ཆེས་ཆེ་བའི་དུས་ཤིག་ཡིན་པ་དང་བན་བོན་གྱི་ཆོས་རྩོད་བྱས་པ་དང་མཐར་བོན་ཆོས་བསྒྱུབས་པའི་ལས་ཀྱང་བགྱིས། བཻ་རོས་ནང་ཆོས་སྤེལ་བས་བོན་ཆོས་ལ་དགའ་བའི་བློན་པོ་ལི་སྟག་ཆེན་པོ་དང་ལི་ཐི་ཁྲ་མི་སོགས་མ་དགའ་བས་ཁོང་ལ་འགལ་རྐྱེན་བཟོས། བོན་ལ་དགའ་ཞིང་ཆོས་ལ་མི་མོས་པས ༔ ཕྲ་མ་བྱས་ཏེ་ང་ཉིད་མཐའ་ལ་སྐྱུགས ༔ ②ཞེས་པ་ལྟ་བུ་ལས་ཁོང་ལ་བན་བོན་གྱི་འགལ་བས་གནོད་པ་བྱས་པ་རྟོགས་ཐུབ། བཞི་བ་ནི། རྒྱལ་པོའི་ཆེན་མ་ཚེ་སྤོང་བཟའ་དམར་རྒྱན་དང་འགལ་བ། བཙུན་མོ་འདི་ནི་ང་རྒྱལ་དང་གདུག་རྩུབ་ཆེ་བ་ཞིག་སྟེ། རང་གི་བུ་མུ་ནེ་བཙན་པོ་ལ་ཡང་གསོལ་དན་དྲངས་ནས་བཀྲོངས་པ་བོད་ཀྱི་ལོ་རྒྱུས་དག་ན་གསལ། བཻ་རོ་ཙ་ན་སྐྱེས་འབྲས་མཚར་བས་མོ་རང་ཁོང་ལ་ཆགས་ཀྱང་ཁ་ཡ་མ་བྱས་པས་ངན་སེམས་བཅངས་ལ་འགལ་རྐྱེན་བཟོས། འདིའི་སྐོར་ནི《བཀའ་ཐང་སྡེ་ལྔ》ན་ཞིབ་པར་བཀོད་ཡོད་པ་མ་ཟད།《པདྨ་བཀའ་ཐང》དུ། བཻ་རོ་ཙ་ན་ནན་ཏར་མཚར་དྲགས་པས ༔ ཇོ་མོས་དུས་བཏབ་སློབ་དཔོན་མ་བྱོན་ནས ༔ དེ་ཡི་སྙིང་ནོ་བྱས་པ་ཡིན་ནོ་སྐད ༔ ③ཅེས་པས་གསལ།

①གཡུ་སྒྲ་སྙིང་པོ་སོགས་ཀྱིས་བསྒྲིགས། བཻ་རོའི་རྣམ་ཐར་འདྲ་འབག་ཆེན་མོ། [m] སི་ཁྲོན་མི་རིགས་དཔེ་སྐྲུན་ཁང་། 1995ལོའི་ཟླ་11པར་པར། ཤོག་ངོས་160

②མཁའ་འགྲོ་ཡེ་ཤེས་མཚོ་རྒྱལ། སྤྲུལ་པའི་ལོ་ཆེན་བཻ་རོ་ཙ་ནའི་རྣམ་ཐར་པདྨའི་དགའ་ཚལ། [m] སི་ཁྲོན་མི་རིགས་དཔེ་སྐྲུན་ཁང་། 1987ལོའི་ཟླ་11པར་པར། ཤོག་ངོས་304

③གཏེར་ཆེན་ཨུ་རྒྱན་གླིང་པས་གཏེར་ནས་བཏོན། པད་མ་བཀའ་ཐང་། [m] སི་ཁྲོནམི་རིགས་དཔེ་སྐྲུན་ཁང་། 1987ལོའི་ཟླ་4པར་པར། ཤོག་ངོས་438

དེ་ལྟར་དུ་རྒྱལ་པོས་བཻ་རོ་ཙ་ན་རྒྱལ་མོ་ཚ་བ་རོང་དུ་སྤྱུགས་པར་ཐག་བཅད་པ་དང་། ས་དེར་འཁྱོར་མ་ཐག་གནས་དེའི་མི་རྣམས་ཀྱིས་ཁོང་ནི་བོད་ཀྱི་རྟོག་ཅན་པ་ཡིན་པར་འདོད་ནས། སྦྲུལ་དོང་དང་ཤིག་དོང་སོགས་སུ་བཅུག་ནས་མནར་གཅོད་བྱས་ཀྱང་གནོད་པ་ཅི་ཡང་མ་ཐེབས་པས། ཁོང་དུ་བཀུར་བ་དང་རྒྱལ་མོ་ཚ་བ་རོང་གི་རྒྱལ་པོ་གྱུའམ་མདོ་གཞེར་ནག་པོས་བླ་མར་བསྟེན་ནས་ཆོས་མང་དུ་གསུངས་པ་དང་། ཡུལ་མི་ཐམས་ཅད་ཀྱིས་ཀྱང་དད་མོས་ཆེན་པོ་བྱས་པས་མདོ་སྔགས་ཀྱི་ཆོས་མང་དུ་སྤེལ།

གཡུ་སྒྲ་སྙིང་པོ་ལ་ཆོས་མང་དུ་གསུངས་པ་མ་ཟད། དེ་ཉིད་གཙོས་པའི་རབ་བྱུང་བ300ལྷག་དང་། བདུད་འདུལ་རྡོ་རྗེས་གཙོས་པའི་སྔགས་པའི་སྡེ725བྱུང་བ《སྤྲུལ་བའི་ལོ་ཆེན་བཻ་རོ་ཙ་ནའི་རྣམ་ཐར་པདྨའི་དགའ་ཚལ》ན་གསལ་བ་དང་། སྲུམ་སངས་རྒྱས་མགོན་པོ་དང་རྒྱ་བློ་གྲོས་གཞོན་ནུ། སྲས་རྡོ་རྗེ་རྒྱལ་མཚན་སོགས་བུ་སློབ་མང་དུ་བསྐྱངས་ཤིང་། མཐར་གཙུག་ལག་ཁང་ཡང་བཞེངས་པ་སྟེ། "རབ་བྱུང་བཞུགས་ཁང་ནོར་བུའི་གླིང་ཞེས་གསོལ༔ སྔགས་པའི་སྒྲུབ་ཁང་གཤིན་རྗེ་སྒྲུབ་པ་ཡི༔ ཁྲི་རྩེ་བདུད་འདུལ་བདེ་ཆེན་གླིང་ཞེས་བཏགས༔"①

དེ་བཞིན་དུ་མདོ་ཁམས་ཡུལ་གྲུ་མང་པོར་ཕེབས་ནས་དམ་པའི་ཆོས་དར་ཞིང་རྒྱས་པར་མཛད་པས། ད་ལྟ་ཡུལ་དེ་དག་ཏུ་བཻ་རོའི་སྒྲུབ་ཕུག་དང་གཡུ་སྒྲ་ཕུག སྙིང་ཙ་བྲག་ཕུག བཻ་རོའི་འོད་གསལ་ཕུག་སོགས་སྒྲུབ་ཕུག་མང་པོ་ཡོད་པ་མ་ཟད། ས་ཆ་ལ་ལར་བཻ་རོའི་ཞབས་རྗེས་སུ་གྲགས་པ་ཡང་ཡོད་པས། འདི་དག་གིས་ལོ་ཆེན་ཁོང་ཉིད་གནས་དེ་དག་ཏུ་ཕེབས་ནས་དམ་ཆོས་སྤེལ་བ་མཚོན་ནུས།

ཕྱིས་སུ་བོད་རྒྱལ་སད་ན་ལེགས་འཛིང་ཡོན་གྱི་དུས་སུ། རྒྱལ་བློན་རྣམས་བགྲོས་ནས་བཻ་རོ་ཙ་ན་བོད་དུ་གདན་དྲངས་ཏེ། བསམ་ཡས་སྒྲ་བསྒྱུར་གླིང་ནས་ལོ་པཎ་རྣམས་དང་ལྷན་དུ་རྒྱུད་སྡེ་མན་ངག་གི་ཆོས་དུ་མ་བསྒྱུར་བ་དང་། རྗེས་སུ་ཕྱིར་རྒྱལ་མོ་ཚ་བ་རོང་དུ་ཐེངས་གཅིག་ཕེབས་པ་རེད། བཻ་རོ་ཙ་ན་རྒྱལ་མོ་ཚ་བ་རོང་ནས་ལོ་ག་ཚོད་བཞུགས་པ་ལ་གཅིག་གྱུར་གྱི་བཤད་ཚུལ་ཞིག་མ་མཐོང་ངོ་།།

གཉིས། མདོ་སྔགས་ཀྱི་ཆོས་མང་དུ་བསྒྱུར་བ་དང་ལོ་ཙཱ་བ་མང་དུ་བསྐྱངས་པའི་ཚུལ།

བཻ་རོ་ཙ་ན་ནི་ཁྲི་སྲོང་ལྡེ་བཙན་སྐབས་ཀྱི་ལོ་ཆེན་དང་ལོ་ཙཱ་བ་རྒན་གསུམ་གྱི་གྲས་ཡིན་ལ། 《གུ་བཀྲའི་ཆོས་འབྱུང》དུ། སྒྲ་སྐད་ལོ་ཙཱ་ལ་མཁས་པའི་ཕུལ་དུ་ཕྱིན་ཏེ། བསིལ་ལྡན་སྤྱུ་གུ་དཀྲིགས་པའི་ལྗོངས

①མཁའ་འགྲོ་ཡེ་ཤེས་མཚོ་རྒྱལ། སྤྲུལ་བའི་ལོ་ཆེན་བཻ་རོ་ཙ་ནའི་རྣམ་ཐར་པདྨའི་དགའ་ཚལ། [m] སི་ཁྲོན་མི་རིགས་དཔེ་སྐྲུན་ཁང་། 1995ལོའི་ཟླ་11པར་པར། ཤོག་གྲངས་312

འདི་ན་སྔ་ཕྱིར་བྱོན་པའི་མཁས་པ་སུས་ཀྱང་འགྲན་བཟོད་པ་མེད་①ཅེས་ལོ་ཆེན་ཁོང་ལ་ཚད་མཐོའི་གདེང་འཇོག་གནང་འདུག

ཁོང་ནི་རྒྱ་བོད་ཡིག་རིགས་གཉིས་དང་རྒྱ་ནག་གི་ཡི་གེ ཞང་ཞུང་གི་ཡི་གེ་སོགས་ལ་མཁས་པས། མདོ་སྔགས་དང་བོན་ཆོས། སྨན་དང་རྩིས་སོགས་མང་དུ་བསྒྱུར་ཡོད། མཚན་ལ་མདོ་བསྒྱུར་ནང་དུ་ཡེ་ཤེས་སྡེ་དང་། སྔགས་བསྒྱུར་ནང་དུ་བཻ་རོ་ཙ་ན་དང་། བོན་བསྒྱུར་ནང་དུ་གན་ཧག་ཐང་ཏ་དང་། རྩིས་བསྒྱུར་ནང་དུ་ཨིཥ་ཤྲཱི་རོ་དང་སྨན་བསྒྱུར་ནང་དུ་ཆོས་འབར་ཞེས་སུ་བཀོད་ཡོད།

ཁོང་གི་བརྩམས་པའི་བསྟན་བཅོས་ཀྱང་འགའ་ཤས་ཡོད་ལ་དེ་དག་གི་གྲས་སུ་ནང་བོན་གཉིས་ཀ་དང་རིག་གནས་སྐོར་གྱི་བསྟན་བཅོས་ཡོད་པ་རེད། 《བཟོ་རིག་སྣ་རྩེའི་ཟེགས་མ》ཞེས་པ་བརྩམས་གནང་མཛད་ཡོད་པ་དང་། ཁོང་ནི་སྨན་གྱི་ཕྱོགས་སུ་ཡང་ཧ་ཅང་མཁས་པས། སྨན་གཞུང་མན་ངག་ཐམས་ཅད་ཀྱི་མཆོག་དང་ཕྱི་མོ《བདུད་རྩི་སྙིང་པོ་ཡན་ལག་བརྒྱད་པ་གསང་བ་མན་ངག་གི་རྒྱུད》ཡོངས་སུ་བསྒྱུར་ལ། 《ཊཱི་ཀཱ་མུན་སེལ་སྒྲོན་མེ》དང《མིང་དོན་བརྡ་སྤྲོད་རྣམ་ལྔ》གཉིས་མཛད།

ཁོང་གིས་བསྒྱུར་བའི་བསྟན་བཅོས་ཀྱི་གྲངས་ཚད་དང་རིགས་མང་ཞིང་། མཇུག་ཏུ་མཚན་བཀོད་པ་ཡང་གཅིག་གྱུར་མིན་པར་རྣམ་གྲངས་འགར་སྣང་ཞིང་། ཕྱི་མཚན་ཉིད་ཐེག་པའི་བཀའ་དང་བསྟན་བཅོས་ཀྱི་འགྱུར་བྱང་དང་གསང་སྔགས་ཕྱི་ནང་གི་འགྱུར་བྱང་སོ་སོ《པད་མ་བཀའ་ཐང》གི་ལེའུ་གྱ་བདུན་པ་དང་གྱ་བརྒྱད་པར་གསལ་བས་ཤེས་འདོད་དག་གིས་ཞིབ་ཏུ་གཟིགས་པར་འཚལ།

ཁོང་གིས་ཡིག་འབྲུ་ཁྲི་ཚོ་བརྒྱ་ཕྲག་བསྒྱུར་ཡོད་པ་དང་། ཁོང་གིས་བསྒྱུར་བའི་འགྱུར་ཡིག་དག་ནི་བོད་རང་གི་མཁས་པས་བརྩམས་པ་ནང་བཞིན་འགྱུར་ཡིག་གི་བརྡ་སྤྲོད་ཁྱད་ཆོས་བོད་དང་ཡོངས་སུ་མཐུན་པ་མ་ཟད། ཚིག་ཉམས་འདོན་ཚུལ་སོགས་ཀྱི་ཆ་ནས་ཀྱང་བོད་དང་ཆ་ཡོངས་སུ་མཐུན་པས། བོད་ཡིག་གི་ལམ་ནས་བརྩམས་པའི་བསྟན་བཅོས་དང་ཡོངས་སུ་འདྲ་བའི་ཁྱད་ཆོས་ལྡན།

ལོ་ཙཱའི་ལས་བགྱི་བའི་ཞོར་ནས་ཁོང་གིས་ལོ་ཙཱ་བ་གཞན་མང་པོ་ཞིག་གསོ་སྐྱོང་མཛད། དཔེར་ན་ཐུགས་སྲས་གཡུ་སྒྲ་སྙིང་པོ་དང་བདུད་འདུལ་ཛེ་ཛེ་གཉིས་ལྟ་བུ་དང་། གཡུ་སྒྲས་སྦྱང་བ་དགུ་དང་ཕོད་པ་བཅུ་གསུམ་གྱི་སྒོ་ནས་བླ་མར་བསྟེན་པ་ནི《ཆོས་འབྱུང་མཁས་པའི་དགའ་སྟོན》ན་གསལ། དེ་ལས་གཞན་གཡུ་སྒྲ་དཔལ་སྒྲོན་གསོ་སྐྱོང་གནང་བ་མ་ཟད། ཤེས་རབ་ཆེ་ལ་རིགས་བཟང་བོ་མང་པོ་བསྡུས་ནས་དེ་དག་ལས་ཟླ་འོད་བཟང་དང་ཚེ་དབང་ཆོས་རྒྱལ། མ་ཧི་དོན་ཡོད། ཕུ་ཊ་ཕ་ལ། ཀུན་དགའ་ཏྨ་ཛ

①ཀུ་རུ་བཀྲ་ཤིས། གུ་བཀྲའི་ཆོས་འབྱུང་། [m] ཀྲུང་གོའི་བོད་རིག་པ་དཔེ་སྐྲུན་ཁང་། 1990ལོའི་ཟླ་10པར་པར། ཤོག་གྲངས་171

པདྨ་བཛྲ། ཤནྟུ་མང་ཀྐཙས་ཕུལ་དུ་བྱུང་བའི་སྒྲ་བསྒྱུར་མཁས་པ་བདུན་གསོ་སྐྱོང་མཛད་ནས་མདོ་ཕྱོགས་དང་སྔགས་ཕྱོགས་ཀྱི་ཆོས་མང་དུ་བསྒྱུར་བ་ལ་བྱས་མཛད་རྗེས་བླ་མེད་བཞག་གོ།

གསུམ། བོན་ཆོས་བསྒྱུར་བ་དང་གཏེར་དུ་སྦས་པའི་སྐོར།

《པད་མ་བཀའ་ཐང》ནང་བོན་བསྒྱུར་ནང་དུ་གན་ཇག་ཐང་ཏ་བྲིས། ①ཞེས་བཻ་རོ་ཙ་ནས་བོན་ཆོས་མང་དུ་བསྒྱུར་བར་བསྟན་ཡོད་པ་དང་། "ད་ཆ་ང་ཚོས་མཐོང་ལམ་དུ་གྱུར་བའི་བརྩམས་ཆོས《བཻ་རོ་སྙིང་ཐིགས་མཁའ་ཀློང》སོགས་ཚན་པ་ལྔ་དང་། བསྒྱུར་ཆོས་ལ《ཐེག་པ་རིམ་པ་མངོན་དུ་བཤད་པ》སོགས་བསྟན་བཅོས་བདུན།" ②སོགས་ཡོད་པར་བཤད། བོན་ཆོས་རྩོམ་པ་དང་བསྒྱུར་བ་ལས་གཞན་ཁོང་གིས་སེམས་ཕྱོགས་མན་ངག་བཅོ་བརྒྱད་སོགས་ཀྱི་བོན་གཏེར་སྦས་པ་དང་། དྲན་པ་ནམ་མཁའ་དང་གྲོགས་བགྲོས་ཏེ་ལྷ་སའི་ཡེར་པའི་རྫོང་ལ་བོན་ཆོས་གཏེར་དུ་སྦས་པ་སོགས་མང་དུ་ཡོད་པས། བོན་ཆོས་བསྒྱུར་བ་དང་དར་བ་སོགས་ཀྱི་ཐད་ལ་ལོ་ཆེན་ཁོང་ཉིད་ཀྱིས་ནུས་པ་བཏོན་ཡོད་པར་ངེས་ཤིང་བོན་གྱི་ཡིག་ཆ《སྲིད་པ་རྒྱུད་ཀྱི་ཁ་བྱང》ནང་། བོན་ཆོས་ཁྱད་མེད་བཻ་རོ་ཙ་ན③བཀོད་འདུག་པས། ལ་ལས་བཻ་རོ་ཙ་ན་ནི་གྲུབ་མཐའ་རིས་མེད་ཀྱི་སྐྱེས་བུ་ཞིག་ཡིན་པར་སྨྲ་བ་ཡང་དོན་ལ་གནས་པར་སྙམ།

བཞི། ཡུལ་གཞན་དུ་ཕེབས་ནས་ཆོས་གསུངས་པ་དང་ཆོས་ཀྱི་བགྲོ་གླེང་མཛད་པ།

ལོ་ཆེན་བཻ་རོ་ཙྪ་ན་ནི་བོད་ལས་གཞན་པའི་ཡུལ་དུ་ཕེབས་སྐབས་ལ། ཡུལ་དེ་དག་ནས་ཆོས་གསུངས་ཏེ་དམ་ཆོས་སྤེལ་བ་མ་ཟད། མི་རིགས་གཞན་གྱི་ཆོས་པ་དང་ལྷན་དུ་ཆོས་ཀྱི་བགྲོ་གླེང་ཡང་མཛད་སྐྱོང་།

རྒྱ་གར་ནས་བོད་ལ་ལོག་པའི་ལམ་དུ་བལ་པོའི་ཏག་ཤ་ཀ་བྱ་བའི་ཡུལ་དུ་ཕེབས་ནས་གནས་དེའི་པཎྜི་ཏ་པྲཛྙཱ་སིདྡྷི་སླ་བ་དང་མཇལ་ནས་པཎྜི་ཏ་དེས་ཁོང་ལ་རང་གི་སེམས་ཇི་ལྟར་རྟོགས་ན་རྟོགས་པ་ལགས། ཐེག་པ་གང་ལ་མཁས་ན་འབྲས་བུ་ལགས། མཆོད་པ་གང་གིས་མཆོད་ན་འཕགས་པ་མཉེས་④

①གཏེར་ཆེན་ཨུ་རྒྱན་གླིང་པས་གཏེར་ནས་བཏོན། པད་མ་བཀའ་ཐང་། [m] སི་ཁྲོན་མི་རིགས་དཔེ་སྐྲུན་ཁང་། 1987ལོའི་ཟླ་4པར་པར། ཤོག་ངོས་491

②ར་རྟོར་བློ་གྲོས་བཟང་པོ། ལོ་ཆེན་བཻ་རོ་ཙ་ན་དང་ཁོང་གིས་བོད་ཀྱི་ཡུལ་གྲུ་སོ་སོར་དམ་ཆོས་རིག་གནས་བསྒྱུར་སྤེལ་མཛད་པའི་སྐོར་རགས་ཙམ་གླེང་བ། ཀྲུང་གོའི་བོད་རིག་པ། [j] 2008ལོའི་ཟླ་1པར་པར། ཤོག་ངོས་100

③དྲན་པ་ནམ་མཁའ་སོགས། བོན་གྱི་ལོ་རྒྱུས་ཡིག་ཆ་ཕྱོགས་སྒྲིག བོད་ལྗོངས་བོད་ཡིག་དཔེ་རྙིང་དཔེ་སྐྲུན་ཁང་། 2010ལོའི་ཟླ་8པར། ཤོག་ངོས་350

④གཡུ་སྒྲ་སྙིང་པོ་སོགས། བཻ་རོའི་རྣམ་ཐར་འདྲ་འབག་ཆེན་མོ། [m] ཁྲི་འདུ། སི་ཁྲོན་མི་རིགས་དཔེ་སྐྲུན་ཁང་། 1995ལོའི་11པར་པར། ཤོག་ངོས་154

ཞེས་པའི་དྲི་བ་གསུམ་བཏོན་པ་ལ་ལན་ལེགས་པར་བསྒྱུར་པ་སོགས་བྱས་ནས། བལ་པོའི་ཡུལ་དུ་ཆོས་ཟླ་བ་གཅིག་ལ་གསུངས་ཤིང་པཎྜི་ཏ་པྲཛྙཱ་ཀིརྟི་རྗེས་སུ་བཟུང་ནས་མཆོད་པར་བྱས་སོ། །

ལོ་ཆེན་བཻ་རོ་ཙ་ན་ལི་ཡུལ་དུ་སྤྱི་ཕྱིར་ཐེངས་གཉིས་ལ་ཕེབས་པར་སྣང་། ཐེངས་དང་པོ་ནི་རྒྱ་གར་ནས་ཕྱིར་ལོག་པའི་ལམ་བར་དུ་ཕེབས་པ་རེད། འདིའི་སྐོར་ནི《བཻ་རོའི་རྣམ་ཐར་འདྲ་འབག་ཆེན་མོ》ན་གསལ་ཡང《སྤྲུལ་བའི་ལོ་ཆེན་བཻ་རོ་ཙ་ནའི་རྣམ་ཐར་པདྨའི་དགའ་ཚལ》ན་བཀོད་མི་འདུག ལི་ཡུལ་ཞང་ར་སྨུག་པོར་ཕྱིན་ནས་བཙུན་མ་ལི་ས་ཚུལ་ཁྲིམས་སྒྲོན་ལ་སེམས་ཉིད་རྫོགས་པའི་ཐབས་སོགས་ཀྱི་ཆོས་མང་དུ་གསུངས་པ་རེད། ཐེངས་གཉིས་པ་ནི་ཚ་བ་རོང་ནས་ཕྱིར་བསམ་ཡས་སུ་ཕེབས་རྗེས་ལི་ཡུལ་ཞང་ར་སྨུག་པོར་ཕེབས་པ་དེའོ། ། འདི་ནི་གོང་གི་རྣམ་ཐར་གཉིས་སུ་བཀོད་འདུག་ཀྱང《སྤྲུལ་བའི་ལོ་ཆེན་བཻ་རོ་ཙ་ནའི་རྣམ་ཐར་པདྨའི་དགའ་ཚལ》ན་བཀོད་པ་ཅུང་ཞིབ་པར་འདུག ལི་ཡུལ་གྱི་ལྷ་ལྕམ་བྱང་ཆུབ་སྒྲོན་མ་བྱ་བས་བང་ཆེན་གསུམ་བཏང་ནས་ཁོང་གདན་འདྲེན་ཞུས་པ་རྣམས་མཁན་སློབ་གཉིས་ལ་གསལ་པོར་ཞུས་མཐར། ལི་ཡུལ་དུ་ཕེབས་ནས་རྒྱུད་ལུང་མ་ལུས་དང་ཡང་ཟབ་རྫོགས་པ་ཆེན་པོའི་ཆོས་རྣམས་གསུངས་ཏེ། ཡུལ་དེ་སྨིན་གྲོལ་ལ་བཀོད་པ་དང་འཛའ་ལུས་པ་དྲུག་ཅུ་བྱུང་བ་སོགས་བཀོད་འདུག་པ་ལས། ཡུལ་དེ་ད་དུང་ཆོས་རྒྱ་ཆེར་སྤེལ་བ་ལ་རང་ནུས་གང་ཡོད་བཏོན་པ་ཤེས་ནུས།

གཞན་ད་དུང་རྒྱ་ནག་ཏུ་ཕེབས་ནས་བསམ་གཏན་པ་དག་དང་ཆོས་ཀྱི་བགྲོ་གླེང་མཛད་སྐོར། ག་དུས་རྒྱ་ནག་ཏུ་ཕེབས་པའི་སྐོར་ལ་གོང་གི་རྣམ་ཐར་གཉིས་མི་མཐུན།《བཻ་རོའི་རྣམ་ཐར་འདྲ་འབག་ཆེན་མོ》ན་ཁོང་བསམ་ཡས་སུ་མ་ཕེབས་པར་ཚ་བ་རོང་ན་བཞུགས་དུས་ཕེབས་པར་བཀོད་འདུག་པ་དང་།《སྤྲུལ་བའི་ལོ་ཆེན་བཻ་རོ་ཙ་ནའི་རྣམ་ཐར་པདྨའི་དགའ་ཚལ》ན་བོད་དུ་གདན་དྲངས་པ་ལ་འཁྱོན་པའི་སྔ་གོན་བྱེད་སྐབས། ལོ་ཆེན་ཁོང་གིས་རྒྱ་ནག་ཡུལ་དུ་སྦྱིར་ན་འགྲོ་དགོས་ཀྱང་ད་ནི་བོད་ལ་འགྲོ་དགོས་པར་གསུངས་པ་ཙམ་ལས་ལོ་ཆེན་ཁོང་རྒྱ་ནག་ཏུ་ཕེབས་པ་དང་ཆོས་ཀྱི་བགྲོ་གླེང་མཛད་པ་སོགས་ཞིབ་ཏུ་བཀོད་མི་འདུག《བཻ་རོའི་རྣམ་ཐར་འདྲ་འབག་ཆེན་མོ》ཏུ་སློབ་དཔོན་རྒྱ་ནག་ཏུ་ཕེབས་ནས་རྒྱ་ནག་གི་མཁས་པ་དང་གྲུབ་ཐོབ། རྣལ་འབྱོར་མ་དང་རྫོགས་ལྡན་པ་བཅོ་བརྒྱད་དང་ཆོས་ཀྱི་དགོངས་པ་བསྡུར་བ་ཞིབ་ཏུ་བཀོད་འདུག རྒྱ་ནག་གི་ཡུལ་གང་དུ་ཕེབས་པ་ནི་གསལ་པོར་བཀོད་མི་འདུག་ཀྱང་བཤད་རྒྱུན་ཞིག་ཏུ་སྒང་ཆེན་འཕྲིང་རི་སོགས་སུ་ཕེབས་པར་བཤད་པས་འདི་དག་ཁ་ཚོན་གཅོད་དཀའ།

སྡོམ་བྱང་།

དེ་ཡང་རྫོག་ལོ་ཆེན་པོས། བཻ་རོ་ཙ་ན་ནམ་མཁའི་མཐའ་དང་མཉམ། །ཞེས་ལོ་ཆེན་བཻ་རོ་ཙ་ན་ལ་བསྟོད་པའི་མེ་ཏོག་ཕུལ་ཡོད་པ་མ་ཟད། 《པད་མ་བཀའ་ཐང》ན་ལོ་ཙཱར་བཏགས་ཀྱང་དོན་ལ་པཎྜི་ཏ། ། [1]ཞེས་སྔགས་པ་བརྗོད་ཡོད་པ་དང་། བོད་ཀྱི་ལོ་ཙྪ་བ་རྣམ་གསུམ་གྱི་ཐོག་མར་བགྲངས་ནས་གདེང་འཇོག་ཚད་མཐོན་པོ་གནང་ཡོད་པ་རེད། ཁོང་གི་ཀུག་ཀྱོག་གི་སྐུ་ཚེ་གང་བོའི་ནང་དུ་བོད་ཀྱི་ཤེས་རིག་ སྔར་ལས་ལྷག་པའི་སྒོ་ནས་གོང་འཕེལ་དུ་གཏོང་བ་ལ་རང་ནུས་ཡོད་རྒྱུ་བཏོན་ཡོད་ཅིང་། སྐོས་སུ་དམ་ཆོས་རིག་གནས་བོད་དུ་བསྒྱུར་ཞིང་སྤེལ་བའི་ཐད་དུ་ཟླ་ན་མེད་པའི་མཛད་རྗེས་བཞག་ཡོད་པས། ལོ་ཆེན་ཁོང་གི་མཛད་པ་འཕྲིན་ལས་ལ་ང་ཚོས་ནམ་ཡང་རྗེས་སུ་ཡི་རང་བྱ་འོས་སོ། །

(རྩོམ་པ་པོ་ངོ་སྤྲོད། བཙུན་ཐར་རྒྱལ། ཕ་ཡུལ། མཚོ་སྔོན་རེབ་གོང་། ཀྲུང་དབྱང་མི་རིགས་སློབ་གྲྭ་ཆེན་མོའི་བོད་རིག་པ་ཞིབ་འཇུག་གླིང་གི་2014ལོའི་ཤེས་རམས་པ།)
(མཇུག་སྒྲོན་དགེ་རྒན། ཚེ་རིང་ཐར།)

[1]གཏེར་ཆེན་ཨོ་རྒྱན་གླིང་པས་གཏེར་ནས་བཏོན། པད་མ་བཀའ་ཐང་། [m] སི་ཁྲོན་མི་རིགས་དཔེ་སྐྲུན་ཁང་། 1987ལོའི་ཟླ་4པར་པར། ཤོག་གྲངས་491

བོད་ཀྱི་ཚེ་ཐར་རིག་གནས་ཀྱི་བྱུང་འཕེལ་དང་ཁྱུགས་རྐྱེན་སྐོར་རགས་ཙམ་གླེང་བ།

བཀྲ་ཤིས་རྒྱལ།

ནང་དོན་གནད་བསྡུས། ཚེ་ཐར་གཏོང་བ་ནི་བོད་ཀྱི་ས་ཆ་སོ་སོར་དུས་རྒྱུན་མཐོང་ཐུབ་པའི་དམངས་ཁྲོད་ཀྱི་ཆོས་ལུགས་ཚ་ག་ཞིག་ཡིན། བོད་ཀྱི་ཚེ་ཐར་ཞེས་པའི་རིག་གནས་སྣང་ཚུལ་དེ་ནི་མི་དང་སྲོག་ཆགས། ད་དུང་རང་བྱུང་ཁམས་བཅས་བར་ལ་མཐུན་སྒྲོར་ཡོང་བྱེད་ཀྱི་གཞི་མ་ཞིག་ཀྱང་ཡིན་པར་སེམས། དཔྱད་རྩོམ་འདིའི་ནང་དུ་དམངས་ཁྲོད་ཀྱི་ཚེ་ཐར་གཏོང་བའི་ཆོས་ལུགས་ཚ་ག་གཞིར་བཟུང་སྟེ། ཚེ་ཐར་ཞེས་པའི་གོ་དོན་དང་། དབྱེ་བ་དང་ཚེ་ཐར་གྱི་ཚ་གའི་གོ་རིམ། དགེ་མཚན་སོགས་བརྗོད་ཡོད་ལ། དེ་མིན་མཐའ་དཔྱོད་ཀྱི་ཚུལ་གྱིས་ཚེ་ཐར་དང་ཚེ་བླུའི་རིག་གནས་སྣང་ཚུལ་དེ་ནི་རྒྱབ་ལྗོངས་མི་འདྲ་བའི་རིག་གནས་གཉིས་ཀྱི་འོག་ཏུ་བྱུང་བ་ཡིན་པས། དེ་གཉིས་ནི་ངོ་བོ་གཅིག་ལ་ལྡོག་པ་ཐ་དད་པའི་རིག་གནས་སྣང་ཚུལ་ཞིག་ཡིན་པའི་སྐོར་ཡང་བརྗོད་ཡོད།

བརྡ་ཆད་གཙོ་བོ། ཚེ་ཐར་རིག་གནས། བྱུང་འཕེལ། དགེ་མཚན།

གླེང་གཞི།

 སྤྱིར་ན་རིག་གནས་གང་དང་གང་ཞིག་ཡིན་རུང་། དེ་ནི་རང་བྱུང་ཁོར་ཡུག་དང་། ཐོན་སྐྱེད་ཁོར་ཡུག འཚོ་གནས་ཀྱི་ཁོར་ཡུག་བཅས་མི་འདྲ་བའི་དབང་གིས་རིག་གནས་ཀྱི་རྣམ་པ་ཡང་མི་འདྲ་བ་ཡོང་གིན་ཡོད་པ་རེད། བོད་ལ་མཚོན་ན་ཡང་གནའ་བོའི་ཞང་ཞུང་ཤེས་རིག་གམ་གངས་ཏི་སེ་ཡིས་ལྟེ་བ་བྱས་པའི་ཏི་མ་ལ་ཡའི་རིག་གནས་ཀྱི་སྣུ་ཕྲུད་ཅིག་ཆགས་ཡོད་པ་རེད།

ཡང་གཅིག་བཤད་ན། ཚེ་ཐར་ནི་བོད་རང་གི་ཐུན་མོང་མ་ཡིན་པའི་འཚོ་གནས་ཀྱི་ཁོར་ཡུག་གིས་བསྐྲུན་པའི་རིག་གནས་ཀྱི་རྣམ་པ་ཞིག་ཀྱང་ཡིན་པར་སེམས་ཏེ། རི་རྒྱལ་མང་པོས་མཐའ་བཞི་བསྐོར་

བ་དང་གནའ་བོའི་བོད་མི་རྣམས་ཀྱིས་སྐྱེ་དངོས་ཡོད་ཚད་ལ་བླ[①]ཡོད་པར་སེམས་པས། རིམ་གྱིས་རི་ལྷ་སོགས་ལ་དད་པ་བྱེད་པའི་སྲོལ་ཞིག་ཀྱང་ཆགས་ཡོད་པ་རེད། དེ་དང་བསྟུན་ནས་རི་ལྷ་ལ་སྒོ་ཐེག་འབུལ་བའམ་རི་ལྷ་ལ་ཡང་ནོར་སྐལ་ལམ། གཡང་ར་སྒོ་བཞི་ལས་སྣ་རེ་རེ་ཡུལ་ལྷ་ལ་འབུལ་བའི་རིག་གནས་སྣང་ཚུལ་ཤིག་ཆགས་ཡོད་པ་རེད། དེ་ཡང་དུས་རབས་བརྒྱད་པའི་སྐབས་ཙམ་ལ་ཐུབ་བསྟན་རིག་གནས་དེ་བོད་ཀྱི་རིག་གནས་ཀྱི་མ་ལག་ཏུ་ཞུགས་རྗེས། སྔོན་གྱི་ཚེ་བླའི་རིག་གནས་ཀྱི་ནང་དོན་ལ་ཡང་འགྱུར་ལྡོག་ཅུང་ཟད་ཅིག་བྱུང་ཡོད་པར་ངེས། དེ་བས། བོད་ཀྱི་ཚེ་ཐར་རིག་གནས་ཀྱི་ནང་དོན་དང་། དབྱེ་བ། དགེ་མཚན་སོགས་ལ་དཔྱད་པ་བྱས་ཚེ་བོད་ཀྱི་གནའ་བོའི་རིག་གནས་སྣང་ཚུལ་ཞིག་གི་འགྱུར་བ་རྟོགས་ཐུབ་པ་དང་། དེས་དེང་གི་སྤྱི་ཚོགས་ལ་ཐེབས་པའི་ཤུགས་རྐྱེན་དང་དགེ་མཚན་ཡང་རྟོགས་ཐུབ་པར་སེམས་ནས་རང་བློས་དཔོགས་ཚད་ཀྱིས་དཔྱད་རྩོམ་ཐུང་ངུ་འདི་བྲི་བའི་སྣ་གོན་བགྱིས་པ་ལགས་ན། མ་རྟོག་ལོག་རྟོག་དང་འགྲེལ་བ་ནོར་བ་སོགས་སྐྱོན་ཅི་རིགས་ཤིག་འབྱུང་སྲིད་པས་ཀུན་གྱིས་སྐྱོན་བརྗོད་དང་དགོངས་འཆར་ལྷུག་སྤྲོལ་གནང་བར་མཁྱེན།

དང་པོ། ཚེ་ཐར་རིག་གནས་སྤྱིར་བཤད་པ།

ཨ་རུའི་ཕྲུན་ནེ་ཏེས་ཁི་ཐེའི《རིག་གནས་ཀྱི་རྣམ་བཤད》ཞེས་པའི་ནང་དུ། "ཁོར་ཡུག་ག་འདྲ་ཞིག་ཡིན་ན་དེ་དང་མཐུན་པའི་རིག་གནས་ཀྱི་རྣམ་པ་ཡང་དེ་འདྲ་ཞིག་ཆགས་ཡོང་གི་རེད" ཅེས་པ་ལྟར། བོད་ཀྱི་ཚེ་ཐར་རིག་གནས་དེ་ཡང་བོད་རང་གི་ཐུན་མོང་མ་ཡིན་པའི་འཚོ་གནས་ཀྱི་ཁོར་ཡུག་གིས་བསྐྲུན་པའི་རིག་གནས་ཀྱི་སྣང་ཚུལ་ཞིག་ཡིན་ལ། དེས་བོད་ཀྱི་ཤེས་རིག་དང་བོད་ཀྱི་མི་རིགས་འདི་ད་ལྟའི་བར་མདོ་དབུས་མཐོ་སྒང་དུ་འཚོ་གནས་ཡོང་བ་ལ་ཚད་ངེས་ཅན་ཞིག་གི་ཆ་ནས་རམ་འདེགས་ཐུབ་འདུག་པར་སེམས་ཏེ། དེས་མི་དང་སྲོག་ཆགས། མི་དང་རང་བྱུང་ཁམས་མཐུན་སྦྱོར་ཡོང་བར་རིག་གནས་ཀྱི་ངོས་ནས་དང་ལེན་དང་རྩ་དོན་བཅེ་སྲུང་བྱེད་པའི་འདུ་ཤེས་ཤིག་བོད་མིའི་རུས་རྒྱང་གི་གསེང་དུ་ཡིབ་པར་བྱས་ཡོད་པས། ཁོར་ཡུག་ནི་སྲུང་སྐྱོབ་བྱ་ཡུལ་ཞིག་ལས་འཐབ་རྩོད་བྱ་ཡུལ་ཞིག་ཏུ་

---

①དུང་དཀར་བློ་བཟང་འཕྲིན་ལས།《དུང་དཀར་ཚིག་མཛོད་ཆེན་མོ》པེ་ཅིན། ཀྲུང་གོའི་བོད་རིག་པ་དཔེ་སྐྲུན་ཁང་། 2002ལོར་པར། ཤོག་ངོས་1507
དུང་དཀར་རིན་པོ་ཆེས་ཀྱང་བླ་ཞེས་པ་དེ《བརྡ་གསར་རྙིང་གི་རྣམ་བཞག་ལི་ཤིའི་གུར་ཁང་》ཞེས་པའི་ནང་དུ་བླ་ནི་ཏུང་བའམ་ཚོག་པ། བཟོད་པའི་དོན་ལ་འཇུག་པར་བཤད་པ་ལྟར།《དུང་དཀར་ཚིག་མཛོད་ཆེན་མོ》ཏུ་བླ་ཞེས་པ་དེ་བྱ་ཚིག་ཅིག་ཏུ་གོ་བ་བླངས་ནས་ཏུང་བ་དང་། ཚོག་པ། བཟོད་པ་སོགས་ལ་འཇུག་ཞེས་གསུངས་ཡོད་ན་ཡང་། དོན་ལ་བླ་ཞེས་པ་དེ་མིའི་སྲོག་རྟེན་ཞིག་ཏུ་གོ་བ་བླངས་ན་འགྲིག་པར་སྙམ།

གྱུར་ཡོད་པ་མ་རེད། དེའི་ངོས་ནས་བཤད་ན། ཚེ་ཐར་དེ་གཅིག་ན་བོད་ཀྱི་གདོད་མའི་རིག་གནས་ཀྱི་སྣང་ཚུལ་ཞིག་རེད་ལ། གཉིས་ན་ཆོས་ལུགས་ཆོ་ག་ཞིག་ཀྱང་ཡིན་པར་མ་ཟད། གསུམ་ན་དེ་ནི་བོད་མིས་རང་བྱུང་ཁམས་ཀྱི་སྐྱེ་དངོས་དང་སྲོག་ཆགས་ལ་བཟུང་བའི་རྣམ་འགྱུར་ཞིག་ཀྱང་ཡིན་ནོ། །

གཅིག ཚེ་ཐར་གྱི་གོ་དོན།

ཚེ་ཐར་ཞེས་པའི་གོ་དོན་ཅི་ཡིན་ཞེ་ན། དེ་ལ་ཐོག་མར་ཚེ་དང་། སྲོག བླ་ཞེས་པ་སོགས་ལ་འགྲེལ་བཤད་གསལ་པོ་ཞིག་དགོས་པར་སེམས་ཏེ། དུང་དཀར་རིན་པོ་ཆེས "མར་མེའི་ཁུ་དང་འདྲ་བའི་ཚེ། སྡོང་པོ་དང་འདྲ་བའི་སྲོག མེ་ལྕེ་དང་འདྲ་བའི་བླ་སྟེ་དེ་གསུམ་ནི་སེམས་ཅན་རྣམས་ཀྱི་དབང་པོ་འཚོ་བར་བྱེད་པའི་རྐྱེན་གསུམ་ཡིན། ཚེ་སྲོག་བླ་མའི་དཔེ་གསུམ་ཡང་ཟེར" [1]ཞེས་དང་། ད་དུང་ཁོང་གིས "སྲོག་དང་སྙིང་" ཞེས་པའི "མིང་འདྲ་ཡང་དོན་མི་འདྲ" [2]ཞེས་གསུངས་པའི་ལྟ་བ་དེར་འཐད་ཀྱང་ཁོང་གི་འགྲེལ་སྟངས་ལ་འཐད་པ་མ་བྱུང་ངོ་། །སྲོག་ཅེས་པའི་དོན་ལ། 《མངོན་པ་མཛོད》དང《འདུལ་བ》མ་ཟད་མདོ་དང་བསྟན་བཅོས་གཞན་དག་ལས་ཀྱང་སེམས་ཅན་གསོན་པོར་འཚོ་ཞིང་གནས་ཐུབ་པའི་ནུས་པ་དབུགས་བཅས་པ་ལ་སྲོག་ཅེས་བྱ་ཞེས་ཟེར། ཚེ[3]དང་སྲོག[4]བླ[5]གསུམ་ནི་གཅིག་ལ་གཅིག་བརྟེན་གྱི་ཕུང་པོའི་གཞི་རྟེན་གཙོ་བོ་ཞིག་ཡིན་པར་བཤད་ལ་དེ་གསུམ་ག་ལས་གཅིག་ཆད་ཚེ། ཚེ་སྲོག་ཀྱང་མཇུག་རྫོགས་པར་བཤད་འདུག་གོ། དེ་མིན་བླ་ཞེས་པའི་གོ་དོན་ལ། 《བརྡ་གསར་རྙིང

①དུང་དཀར་བློ་བཟང་འཕྲིན་ལས། 《དུང་དཀར་ཚིག་མཛོད་ཆེན་མོ》པེ་ཅིན། ཀྲུང་གོའི་བོད་རིག་པ་དཔེ་སྐྲུན་ཁང་། 2002ལོར་པར། ཤོག་ངོས་1511

②སྲོག་དང་སྙིང་ཞེས་པའི་མིང་འདྲ་ཡང་། དོན་མི་འདྲ་སྟེ། འདིའི་སྲོག་སྙིང་ནི་མི་མ་ཡིན་པ་སོ་སོའི་མིང་ཡོད་པའི་རྟགས་ལ་ཟེར་ཞིང་། དེའི་རྒྱུ་མཚན་ནི་རྟགས་དེ་འདོན་ཏེ་མི་མ་ཡིན་དེ་འབོད་ནས་མ་འོངས་པར་རང་གིས་སླས་པའི་དག་ལ་མི་ཉན་པ་སོགས་བྱུང་ན་མི་མ་ཡིན་དེ་འཆི་བར་འགྱུར་བ་ཡིན་ཞེས་ཟེར་སྲོལ་ཡོད་ཞེས་གསུངས། དུང་དཀར་བློ་བཟང་འཕྲིན་ལས། 《དུང་དཀར་ཚིག་མཛོད་ཆེན་མོ》པེ་ཅིན། ཀྲུང་གོའི་བོད་རིག་པ་དཔེ་སྐྲུན་ཁང་། 2002ལོར་པར། ཤོག་ངོས་1514

③སེམས་ཅན་རིས་མཐུན་པར་སྔོན་ལས་ཀྱི་དབང་གིས་ཅི་ཙམ་གནས་ཐུབ་པའི་དུས་ངེས་པ་ཚེ་ཞེས་བརྗོད་པ་སྟེ། དྲོད་དང་རྣམ་ཤེས་ཀྱི་རྟེན་དུ་གྱུར་བ་གང་ཡིན་པ་དེ་ནི་སྲོག་གི་དབང་པོའོ་ཞེས་བརྗོད་དོ། །ཀྲང་དབྱི་སུན་གྱིས་གཙོ་སྒྲིག་བྱས་པའི《བོད་རྒྱ་ཚིག་མཛོད་ཆེན་མོ》མི་རིགས་དཔེ་སྐྲུན་ཁང་། 1985ལོར་པར། ཤོག་ངོས་2988

④《མངོན་པ་མཛོད》དང《འདུལ་བ》རུ། སྲོག་ཅེས་པ་ནི་དྲོད་དང་རྣམ་ཤེས་གཉིས་ཀྱི་རྟེན་གཞི་རུ་གྱུར་བའི་དབང་པོ་གཙོ་བོ་ཡིན་པ་དང་། དེ་གཉིས་གནང་ཐུབ་པར་བྱེད་པའི་སྲོག་འཛིན་གྱི་རླུང་དེ་ལ་སྲོག་ཟེར་བ་ཡིན། སྲོག་འཛིན་གྱི་རླུང་དེ་སྙིང་གར་གནས་པ་དང་། དེ་དང་ལྟེ་བར་གནས་པའི་མེ་རླུང་གཉིས་ཁ་སྦྱོར་བྱས་ཏེ་རླུང་བཟུང་ཐུབ་ན་མི་དེ་ཚེ་རིང་བོར་སྡོད་ཐུབ་པ་དང་། སྲོག་ཆད་ཟེར་བ་ནི་རྣམ་པར་ཤེས་པ་གཉིས་བར་གྱི་འབྲེལ་བ་ཆད་ན་རྣམ་ཤེས་དང་ལུས་པོའི་འབྲེལ་བ་ཆད་འགྲོ། ཀྲང་དབྱི་སུན་གྱིས་གཙོ་སྒྲིག་བྱས་པའི《བོད་རྒྱ་ཚིག་མཛོད་ཆེན་མོ》མི་རིགས་དཔེ་སྐྲུན་ཁང་། 1985ལོར་པར། ཤོག་ངོས་2987

⑤དུང་དཀར་རིན་པོ་ཆེས་ཡང་བླ་ཞེས་པ་དེ་བྱ་ཚིག་ཅིག་ཏུ་གོ་བ་བླངས་ནས་ཉུང་བ་དང་། ཚིག་པ། བཟོད་པ་སོགས་ལ་འཇུག་ཞེས་གསུངས་འདུག དུང་དཀར་བློ་བཟང་འཕྲིན་ལས། 《དུང་དཀར་ཚིག་མཛོད་ཆེན་མོ》པེ་ཅིན། ཀྲུང་གོའི་བོད་རིག་པ་དཔེ་སྐྲུན་ཁང་། 2002ལོར་པར། ཤོག་ངོས་1506

གི་རྣམ་བཞག་ཡི་ཤེའི་གུར་ཁང་》ཞེས་པའི་ནང་དུ་བླ་ནི་ཊང་བའམ་ཚིག་པ། བཟོད་པའི་དོན་ལ་འཇུག་པར་བཤད་ལ། མཁས་དབང་མཁར་རྨེའུ་བསམ་གཏན་ལགས་ཀྱིས་བླ་ཞེས་པ་འགྲོ་བ་མིའི་ནང་སེམས་དང་ཤེས་པ་གནས་ས་ཞིག་ཏུ་ངོས་འཛིན་བྱེད་པ་ཡིན་ཏེ། བླ་ནི་བླ་དབུགས་སྲོག་གསུམ་ཞེས་པ་ལས་གལ་ཆེ་ཤོས་དེ་ཡིན[1]ཞེས་དང་། བོན་གྱི་བསྟན་འབྱུང་《དྲི་མེད་གཟི་བརྗིད》དུ “བླ་ནི་བླ་ཡིད་སེམས་ཞེས་པའི་ནས་གསེས་ཤིག་ཡིན་པར་འདོད”[2]ཅེས་བརྗོད་ཡོད། བོད་ཀྱི་དམངས་ཁྲོད་དུ་བླ་ཞེས་པ་དེ་མི་རང་ཉིད་དང་འགྲོགས་ནས་ཡོད་པ་དང་། སྐབས་འགར་སྟབས་མ་ལེགས་པར་བླ་དེ་ལུས་དང་བྲལ་ཆེ་བླ་འཁྱམས་པ་ཞེས་བརྗོད། དེར་མ་ཟད་བོན་གྱི་གནའ་བོའི་ཡིག་རྙིང་འགའ་ཞིག་ཏུ་བླ་འཁྱམས་པའི་སྐོར་བརྗོད་པ་མང་དུ་སྣང་ངོ་།།

དེ་མིན་བླ་ཞེས་པའི་སྐོར་ལ་སྤྱིར་བཏང་མིའི་བླ་སྲོག་གམ “བླ་སྲོག་རྣམ་ཤེས་གསུམ” ཞེས་པའི་སྦྱོར་སྲོལ་མང་ལ། བླ་ཞེས་པ་དེ་མིའི་སྲོག་གི་རྟེན[3]དུ་གོ་བ་སྟེ། བོད་ཀྱི་ལོ་རྒྱུས་དེབ་ཐེར་དང་ལྷག་པར་དུ་ཏུན་ཧོང་ཡིག་རྙིང་དུ་དྲི་གུམ་བཙན་པོའི་མཚན་ཐེར་གདགས་ཞེས་པའི་སྐབས་ཀྱི་གཏམ་རྒྱུད་དེའི་ས་བོན་དང་། བོད་མི་རྣམས་ཀྱི་ཁ་རྒྱུན་ལ་བླ་ཐང་དང་། བླ་རི། བླ་བྲག བླ་རྫོ།[4] བླ་མཚོ། བླ་ཤིང་[5]ཞེས་པའི་སྐབས། བླ་ཞེས་པ་དེ་རང་ཉིད་ཀྱི་སྲོག་རྟེན་གནས་ས་ཡིན་པར་ཁས་འཆེས་པའི་རི་དང་མཚོའུ། རྫོ་བྲག ཤིང་སོགས་ལ་གོ་བའི་གནས་སྐབས་ཀྱང་ཡོད་ལ། མིའི་སྲུང་མ་ལྟ་བུ་ཞིག་ཏུ་གོ་བའི་སྐབས་ཀྱང་ཡོད་དེ། དྲི་གུམ་བཙན་པོ་དང་ལོ་ངམ་འཐབ་པའི་གཏམ་རྒྱུད་དེ། “ཞང་ནས་ལོ་ངམ་གྱིས་སླང་པོ་བརྒྱའ་ལ།

①མཁར་རྨེའུ་བསམ་གཏན་རྒྱལ་མཚན། 《མདའ་དང་འཕང་》སྨད་ཆ། པེ་ཅིན། ཀྲུང་གོའི་བོད་རིག་པ་དཔེ་སྐྲུན་ཁང་། 2007ལོར་པར། ཤོག་ངོས་130

②མཁར་རྨེའུ་བསམ་གཏན་རྒྱལ་མཚན། 《མདའ་དང་འཕང་》སྨད་ཆ། པེ་ཅིན། ཀྲུང་གོའི་བོད་རིག་པ་དཔེ་སྐྲུན་ཁང་། 2007ལོར་པར། ཤོག་ངོས་130

③ཡང་དུང་དཀར་རིན་པོ་ཆེས་བླ་ཞེས་པ་དེ “བླ་སྲོག་རྣམ་ཤེས་གསུམ” ཞེས་སྦྱོར་བའི་སྐབས་སུ། སྲོག་རྟེན་སྲོག་ཙ་རྣམ་ཤེས་གསུམ་ཞེས་བླ་དེ་སྲོག་གི་གཞི་རྟེན་ལ་གོ་བ་བླངས་འདུག དུང་དཀར་བློ་བཟང་འཕྲིན་ལས། 《དུང་དཀར་ཚིག་མཛོད་ཆེན་མོ》པེ་ཅིན། ཀྲུང་གོའི་བོད་རིག་པ་དཔེ་སྐྲུན་ཁང་། 2002ལོར་པར། ཤོག་ངོས་1511

④བླ་རྫོ་སྲོག་འཁོར་ཞེས་སྦྱོར་སྲུང་མ་ཚོ་རང་གིས་བརྟེན་པ་ཡིན་ན་སྲུང་མ་དེའི་བླ་རྫོ་ཞེས་ལྕུགས་རྫོ་ཟུར་གསུམ་པ་ལ་སྲུང་མ་དེ་ཡི་ཐུགས་དང་འདོད་གསོལ་བྲིས་ནས་དུས་རྒྱུན་དུ་ལུས་ལ་བཅིངས་དགོས་པ་དང་། སྲོག་འཁོར་ཞེས་པ་ནི་རང་གིས་བསྟེན་པའི་སྲུང་མ་དེའི་ཐུགས་ཡོད་པའི་འཁོར་ལོ་རས་སམ། ཤོག་བུ་ལ་བྲིས་ནས་བླ་རྫོ་དང་འཁོར་ལོ་གཉིས་པོ་སྲུང་མ་དངོས་ཡིན་པའི་འདུ་ཤེས་བཞག་ནས་འབྲལ་མེད་དུ་ལུས་ལ་བཅིངས་དགོས་པ་ཞིག་ཡིན། དུང་དཀར་བློ་བཟང་འཕྲིན་ལས། 《དུང་དཀར་ཚིག་མཛོད་ཆེན་མོ》པེ་ཅིན། ཀྲུང་གོའི་བོད་རིག་པ་དཔེ་སྐྲུན་ཁང་། 2002ལོར་པར། ཤོག་ངོས་1507

⑤དུང་དཀར་ཚང་གིས། བོན་གྱི་ཆོས་སྐད་དུ། བླ་ཐང་། བླ་མཚོ། བླ་རི་སོགས་ནི་བོད་མིས་རང་ཉིད་ཀྱི་བླ་སྲོག་གནས་སའི་རི་དང་བྲག་མཚོའུ་སོགས་ལ་དར་རྒྱས་དང་ཉམས་རྒུད་ཇི་ལྟར་བྱུང་བའི་རྟགས་མཚན་ལས་རང་ལ་བདེ་སྡུག་དེ་དང་མཐུན་པར་འབྱུང་བ་ཡིན་ཞེས་པའི་བཤད་སྲོལ་མཆིས་ཞེས་བརྗོད་འདུག དུང་དཀར་བློ་བཟང་འཕྲིན་ལས། 《དུང་དཀར་ཚིག་མཛོད་ཆེན་མོ》པེ་ཅིན། ཀྲུང་གོའི་བོད་རིག་པ་དཔེ་སྐྲུན་ཁང་། 2002ལོར་པར། ཤོག་ངོས་1507—1508

གསེར་གྱི་མདུང་རྩེ་ཉིས་བརྒྱའ་ར་ལ་བཏགས་ཏེ། རྒྱབ་ཏུ་ཐལ་བཀལ་ནས། སྤང་ནང་འཐབ་སྐེ། ཐལ་བ་གཙོར་ནས། དེ་འི་ནང་དུ་ཕོ་ངམ་གྱིས་བརྐལ་ཏོ། བཙན་པོ་དྲི་གུམ་ལྡེ་བླ་གུང་རྒྱལ་གྱིས་གནམ་དུ་དྲངས་ན། ཕོ་ངམ་གྱིས་མཚན་ནས་སྤྲེ་ཨུ་ཕྱུང་བས། ལྡེ་བླ་གུང་རྒྱལ[1]ནི་ཏི་ཙེ་གངས་རུམ་དུ་འཕང་སྟེ་གཤེགས་སོ། །”[2]

བླ་ཞེས་པ་དེ་མིའི་སྲོག་རྟེན་ཡིན་པའི་ཕྱིར་ན་དེ་ལ་བླ་འཁྱམས་པ་ཞེས་དབང་པོ་གནད་དུ་མི་གནས་པར་བླ་བོར་བའི་དོན་ཀྱང་འབྱུང་། དེ་བས་བླ་དེ་ཕྱིར་འགུགས་པ་དང་དེ་ཟློག་པའི་ཕྱིར་དུ་བླ་འགུགས་དང་བླ་བསླུ་སོགས་སྲོག་སྲུང[3]ཅེས་པའི་ཚོ་ག་སྣ་ཚོགས་གཏོང་བ་དེ་ནི་བོད་ཀྱི་ཚེ་ཐར་རིག་གནས་ཀྱི་ཐོག་མའི་རྣམ་པ་ཞིག་མིན་ནམ་སྙམ།

དེ་མིན་ད་དུང་བླ[4]ཞེས་པ་གཙོ་བོའི་དོན་དུ་གོ་བའི་སྐབས་ཀྱང་ཡོད་པར་སེམས། དེའི་ཕྱིར། གདོད་མའི་དུས་ཀྱི་ཚེ་བླུ་དང་ད་ལྟའི་ཚེ་ཐར་གང་ཡིན་ཀྱང་བོད་རང་གི་རིག་གནས་ཀྱིས་གཞི་རྒྱང་བྱས་ཐོག ཕྱིའི་རིག་གནས་ཀྱི་ལུགས་ཆ་བསྟན་པའི་རིག་གནས་ཀྱི་རྣམ་པ་ཞིག་ཡིན་པར་སེམས་ལ། དེ་ཡང་སྲོག་ཆགས་དང་སྐྱེ་དངོས་གང་རུང་ཞིག་གི་ཚེ་ཐར་བར་བྱེད་པའི་རིག་གནས་ཀྱི་རྣམ་པ་ཞིག་ཏུ་གོ་བ་བླངས་ཆོག་པར་སེམས་སོ། །སྲོག་བླུ་ཡིན་ན་ཚེ་ཐར་ཡིན་པས་ཁྱབ་ཀྱང་ཚེ་ཐར་ཡོད་ཚད་སྲོག་བླུ་ཡིན་པས་མ་ཁྱབ་པས་དེ་གཉིས་ལ་ཁྱད་པར་ཅུང་ཟད་ཡོད། འོན་ཏེ་དེ་གཉིས་ཀ་ཚེ་ཐར་བར་བྱེད་པའི་རིག་གནས་ཀྱི་རྣམ་པ་ཞིག་ཡིན་པས། འཚོ་སྐྱོང་དགེ་སྒྲུབ་ཀྱི་ལས་ཤིག་ཏུ་ངོས་བཟུང་ཆོག་ལ། ཡང་གཅིག་བཤད་ན། དེ་

---

①རང་ཉིད་ཀྱི་བླ་སྲོག་གནས་སའི་རི་དང་མཚོ་སོགས་ལ་དར་རྒྱས་དང་ཉམས་རྒུད་ཇི་ལྟར་བྱུང་བའི་རྟགས་མཚན་ལས་རང་ལ་བདེ་སྡུག་དེ་དང་མཐུན་པར་འབྱུང་བ་ཡིན་པར་སེམས་པ་རེད། དེ་བས་བླ་འཐམ་སྲུང་མ་བདའ་བ་ཡིན་ཚོ། མི་གང་དེའི་ཚེའི་འཇུག་པ་ཡང་ཇོགས་པ་ཡིན་པར་སེམས་ཀྱིན་ཡོད་པར་སྙམ་པས་དཔྱད་པར་རིགས་སོ། །

②གཉའ་གོང་དཀོན་མཆོག་ཚེ་བརྟན། 《བརྡ་རྙིང་ཡིག་ཆའི་ཚིག་དོན་ཀུན་ཁྱལ》 ཀན་སུའུ་མི་རིགས་དཔེ་སྐྲུན་ཁང་། 2002ལོར་པར། ཤོག་ངོས་16

③དེ་ལ་བན་ཤུལ་དཔལ་མཁར་རྒྱལ་གྱི《སྲུང་ཅེས་པའི་ཐ་སྙད་ཀྱི་གོ་དོན་འཛོག་ཚུལ་ལ་དཔྱད་པ》ཞེས་པའི་དཔྱད་རྩོམ་ཞིག་གི་ནང་དུ་འདི་ལྟར་བཀོད་འདུག་སྟེ། སྲུང་གི་གོ་དོན་འཛོག་ཚུལ་འདི་ལྟ་སྟེ། 《བོད་རྒྱ་ཚིག་མཛོད་ཆེན་མོ》ལས་སྲུང་ནི་ལུས་ཚབ་ལ་གོ་བ་དང་། 《དག་ཡིག་གསར་བསྒྲིགས》ལས་ཆོས་ལུགས་རྫོངས་དད་བྱེད་མཁན་གྱིས་ནད་པའི་ཚབ་ཏུ་གསོད་རྒྱུའི་ཕྱུགས་སམ་ནད་པའི་སྲོག་ཚབ་ཏུ་བཟོས་པའི་མི་ཕྱུགས་ཀྱི་འདྲ་གཟུགས་ཀྱི་མིང་ཡིན་པར་བཤད་པ། 《དུང་དཀར་ཚིག་མཛོད》ལས་སྲུང་མ་ནི་སྲོག་ཚབ་ཏུ་གཏོང་བ་སྟེ་མི་གསོན་པོའི་ཚབ་ཏུ་ནོར་ཕྱུགས་སེམས་ཅན་ངོ་མ་གསོད་མ་དགོས་པར་ཟན་དང་མར་སོགས་ལས་སེམས་ཅན་དེའི་འདྲ་གཟུགས་བཅོས་ནས་ཕྱུགས་དང་སྨོན་ལམ་བཏབ་དེ་གཏོང་སྲོལ་ཡོད་པ་དེ་འདྲ་ཞིག་ཡིན་ཞེས་གསུངས་པ། 《ཚིག་མཛོད་བརྡ་དག་ཀུན་གསལ་མེ་ལོང་》ལས་སྲུང་ནི་ཆོས་ལུགས་ཀྱི་བྱེད་སྒོར་ནད་པ་སོགས་ཀྱི་སྲོག་བླུ་བའི་ཆེད་དུ་འགོང་བོར་ཟས་སྦྱིན་པ་དེ་ཡིན་ཞེས་བཀོད་པ།

④རྒྱལ་པོ་འབངས་ཀྱི་བླ། ཡོ་གལ་འཆོས་པ་སྲིད་ཀྱི་བླ། དཀུང་སློན་དབང་གི་བླ། ནང་སློན་རྩིས་ཀྱི་བླ། ཡུལ་དཔོན་འཕྲང་བཟོའི་བླ་ཞེས་བླ་ལྟ་ཡི་བགྲངས་སྲོལ་འདུག་ལ། སྐབས་འདིར་བླ་ཞེས་པ་དེ་གཙོ་བོའི་དོན་ལ་འཇུག་པར་སེམས། དུང་དཀར་བློ་བཟང་འཕྲིན་ལས། 《དུང་དཀར་ཚིག་མཛོད་ཆེན་མོ》 པེ་ཅིན། ཀྲུང་གོའི་བོད་རིག་པ་དཔེ་སྐྲུན་ཁང་། 2002ལོར་པར། ཤོག་ངོས་1507ལ་གསལ།

གཉིས་ནི་ངོ་བོ་གཅིག་ལ་ལྡོག་པ་ཐ་དད་པའི་དམངས་སྲོལ་ཆོ་གའི་རིགས་ཤིག་ཏུ་གོ་ཆོག་པར་སྙམ།

གཉིས། ཚེ་ཐར་གྱི་བྱུང་འཕེལ།

བོད་ཀྱི་དམངས་སྲོལ་རིག་གནས་ལས་ཚེ་ཐར་གཏོང་བའི་ཆོ་ག་འདི་ནི་སྲོལ་བཟང་པོ་ཞིག་དང་། སྲོག་ཆགས་དང་རང་བྱུང་ཁམས་ཆེན་པོར་བཅངས་པའི་ཡ་རབས་ཀྱི་འདུ་ཤེས་འཛིན་སྟངས་ཤིག་ཡིན། སྤྱིར་ཚེ་ཐར་ཞེས་པ་ནི་ཚེ་ཐར་བར་བྱེད་པ་དང་ཚེ་ཡི་རྒྱུན་བསྲིངས་པའི་ཆོ་ག་ཞིག་ཡིན་ལ། དེ་ནི་སྒོ་ཕྱུགས་ཚེ་ཐར་གཏོང་བ་ལས་གཞན། ད་དུང་དམངས་ཁྲོད་དུ་འགའ་ཞིག་གིས་ལྡོན་ཤིང་ནགས་ཚལ་དང་རི་ཆུ་སོགས་རང་བྱུང་གི་བཀོད་པར་གནོད་སྐྱོན་ཐེབས་སུ་མི་འཇུག་པར། ཡུལ་གྱི་མཛེས་སྡུག་རང་སོར་འཇོག་པ་དང་སྲུང་བའི་ལས་སོགས་ལའང་ཚེ་ཐར་དུ་བཏང་ཞེས་བརྗོད་དོ། །

བོད་ལ་ཚེ་ཐར་གྱི་ཆོ་ག་བྱུང་བ་དེ་སངས་རྒྱས་ཆོས་ལུགས་བོད་དུ་དར་ཁྱབ་བྱུང་བ་དང་འབྲེལ་བ་ཆེན་པོ་ཡོད་པར་སེམས་ཤིང་། དེ་མིན་ཚེ་བླུ་ནི་བོད་མིའི་ཡ་ཐོག་གི་བླ་ཡི་བསམ་བློ་ལས་བྱུང་བར་སེམས་ཏེ། བོད་ཀྱི་གདོད་མའི་རིག་གནས་ཀྱི་ནང་དུ། བླའི་བསམ་བློའི་ཤུགས་རྐྱེན་ཅུང་ཆེ་སྟེ། སྤྱི་སྒེར་གང་ཞིག་ཡིན་ཀྱང་བླ་རི། བླ་མཚོ། བླ་བྲག་སོགས་རང་ཉིད་ཀྱི་དར་རྒུད་ཅི་ལྟ་ཇི་ལྟར་ཡིན་པའི་རྣམ་པ་དེ་རི་དང་མཚོའུ་གང་རང་ལས་མངོན་ཐུབ་པར་སེམས་པས། དེ་ལ་བླ་གནས་པའི་རི་དང་མཚོ་ཞེས་བརྗོད་ལ། དེའི་ཚེ་ཐག་རིང་བའི་ཆེད་དམ་རང་གིས་དེ་ལ་སྐྱབས་བཙོལ་བ་དང་། རང་གི་དགོས་འདོད་གང་ཅུང་སྐོང་བའི་ཆེད་དུ་སྲོག་ཆགས་གང་ཅུང་དང་། སྐྱེ་དངོས་གང་ཅུང་ཚེ་བླུར་གཏོང་བའི་རིག་གནས་ཀྱི་རྣམ་པ་འདི་ཆགས་པར་སེམས། དེ་མིན་མིའི་ནད་གདོན་བར་ཆད་སོགས་སེལ་བའི་ཆེད་དུ་སྲོག་ཆགས་ཚེ་ཐར་དུ་བཏང་ནས་ཡུལ་ལྷར་འབུལ་བའམ་སྲོག་ཐར་བར་བྱེད་པའི་སྲོལ་ཞིག་ཀྱང་ཡོད་པ་རེད།

གང་ལྟར། བོད་མིའི་བླ་ཡི་བསམ་བློ་ལས་བོད་དུ་སྲོག་ཆགས་ཀྱི་ཚེ་བླུ་བའི་རིག་གནས་སྣང་ཚུལ་ཞིག་བྱུང་ལ། སངས་རྒྱས་ཆོས་ལུགས་བོད་དུ་རྒྱ་ཆེར་དར་བ་དང་བསྟུན་ནས། ཚེ་བླུའི་རིག་གནས་ཀྱི་རྣམ་པ་དེ་ཡང་རིམ་གྱིས་ཚེ་སྲོག་ལ་འདྲ་མཉམ་དུ་ལྟ་བ་དང་། ཚེ་སྲོག་གཅེས་སྲུང་དེ་བརྗོད་གཞིར་གྱུར་པའི་སངས་རྒྱས་ཆོས་ལུགས་ཀྱི་གཙོ་རྒྱུགས་བསམ་བློའི་ཕྱོགས་སུ་འགྱུར་ལྡོག་བྱུང་སྟེ་ཚེ་ཐར་གྱི་རྣམ་པར་འཕོས་པ་ལོས་ཡིན་སྙམ་པའི་དོགས་པ་ཞིག་ལས། དེའི་འབྲེལ་ཡོད་ཀྱི་འཕེལ་འགྱུར་སྐོར་གྱི་རྒྱུ་ཆ་ཞིག་ད་ཕྱི་ཁུངས་པོའི་ལག་ཏུ་མ་སོན་པས་དཔྱད་གཞིར་ལྷག་གོ །

གསུམ། ཚེ་ཐར་གྱི་རིགས།

ཚེ་ཐར་དེ་ཡང་ཚེ་ཐར་གཏོང་ཡུལ་སྲོག་ཆགས་དང་སྐྱེ་དངོས་ཀྱི་ངོས་ནས་དབྱེ་བ་དང་དགོས་ཆེད་

སྔོ་མིའི་དགོས་པ་གང་གི་ཆེད་དུ་ཚེ་ཐར་གཏོང་བའི་ངོས་ནས་དབྱེ་བ་སྔོ་རིགས་གཉིས་དཀར་ཆག་པར་སླམ།

༡ ཚེ་ཐར་གཏོང་ཡུལ་གྱི་ངོས་ནས་དབྱེ་ན།

(༡) སྲོག་ཆགས་ཀྱི་རིགས་ལ་སྔོ་ཟོག་རྟ་དང་ནོར། ལུག ར་མ་དང་། བྱ་བྱེའུ། རི་དྭགས་ཆུང་ངུའི་རིགས། ① ཆུ་ནང་གི་ཉ་མོ་སོགས་སོ། །སྲོག་ཆགས་དེ་རྣམས་ཀྱི་སྲོག་ཐར་བར་བྱས་རྗེས་སྲོག་ཆགས་དེ་རྣམས་མང་ཤོས་ལ་རྣ་ཚར་རེ་བཏགས་ནས་ཁོ་རང་ལ་འཚམ་པའི་ཁོར་ཡུག་ཅིག་ཏུ་གཏོང་བ་རེད།

(༢) སྐྱེ་དངོས་ཀྱི་རིགས་ལ་ཤུག་པ། སྡོང་པོ། སྤྲིན་མ་སོགས་ཡོད་དོ། །དེ་རྣམས་མང་ཆེ་བར་ཁ་བཏགས་དང་ཚོ་དར་རེ་བཏགས་ནས་ཚེ་བླུར་བཏང་བའི་རྟགས་མཚོན་པར་བྱེད་པ་ཡིན། གནའ་བོའི་ཤིང་སྡོང་ཆེན་པོ་ལ་དར་ལྕོག་གམ་རྗེ་དར་བཏགས་ནས་མཆོད་པ་བྱ་སྲོལ་ཡོད་ལ། "དེ་མིན་ཚོང་བ་ག་གེ་མོ་དང་ལྷབས་ཆེན་གྱི་སྐྱེས་བུ་སུ་དང་སུའི་བླ་ཤིང་ཡིན་པའི་བཤད་སྲོལ་ཡོད་པས་དེ་ལ་གཅེས་སྲུང་བྱེད། ཡང་ཤིང་སྡོང་ལ་ལའི་ཡལ་ག་ཐམས་ཅད་བལ་སྐུད་སོགས་ཀྱིས་གཡོགས་ནས་ཤིང་ལ་ཚེ་ཐར་བྱ་སྲོལ་ཡོད།" ②

༢ ཚེ་ཐར་གཏོང་བའི་དགོས་པའི་ངོས་ནས་དབྱེ་ན།

(༡) སྲོག་བླུ། སྲོག་བླུའམ་སྲོག་བསླུ། སྲོག་སླུད། ཚེ་བླུ་ཞེས་པ་མདོར་ན་དོན་གཅིག་མིང་གི་རྣམ་གྲངས་ཏེ་སྲོག་ཆགས་གང་རུང་ཞིག་གི་སྲོག་གམ་ཚེ་ཐར་བར་བྱས་པའམ་ཉོས་པའི་དོན་ཏེ། སྲོག་ཐར་ཞེས་པ་ནི་སྲོག་གཅོད་པར་འོས་པ་ཞིག་སྲོག་མ་བཅད་པར་གློད་པའི་མིང་③ཞེས་དང་མིའི་ནད་གདོན་བར་ཆད་གང་རུང་སེལ་བའི་ཆེད་དུ་སྲོག་ཆགས་དང་སྐྱེ་དངོས་གང་རུང་ཞིག་ཚེ་ཐར་ལ་གཏོང་བའམ་སྲོག་ཉེན་ལ་ཐུག་ཡོད་པའི་སྲོག་ཆགས་གམ། མང་ཆེ་བ་ཤན་པས་ལག་ཏུ་རལ་གྲི་བཟུང་ནས་གསོད་རྒྱུའི་གྲ་སྒྲིག་བྱེད་བཞིན་པའི་ཡུལ་གང་རུང་ཞིག་ཡིན་དགོས་ལ། གལ་ཏེ་རལ་གྲིའི་ཁར་འཚོར་ལ་ཉེ་བའི་སྲོག་ཆགས་གང་ཞིག་གི་ཚེ་སྲོག་བླུས་པ་ཡིན་ཚེ། དེའི་མིང་ལ་ཚེ་བླུ་ཞེས་ཟེར་ཞིང་། དེ་ཡི་ཚེ་བླུས་པ་ལ་བརྟེན་ནས་བདག་པོ་གང་རུང་དེའི་ནད་གདོན་བར་ཆད་སོགས་ཀྱང་སེལ་བར་བཤད། ད་དུང་མགོ་ནག་མིའི་

①རི་དྭགས་ནི་གཞི་བདག་གི་བླ་བུ་ཡིན་པར་བཤད་དེ་རི་དྭགས་གསོད་མཁན་དེ་མི་གྲལ་ནས་ཕུད་སྲོལ་ཡོད། ས་ཆ་ལ་ལ་ནས་ཚོ་བའམ་གྲོང་སྡེ་ག་གེ་མོ་ནས་རི་དྭགས་བསད་པ་ཡུལ་ཕྱོགས་དེའི་དགོན་པས་ཤེས་ཚེ་གྲོང་ཚོ་དེའི་སྐུ་རིམ་བཅའ་བའམ་མི་ཤི་བའི་བསྔོས་མགོར་མི་འགྲོ་བའི་གནད་དོན་ཆེན་པོར་ཐུག་འགྲོ། ཨ་སྐྱབས་རྒྱལ་སྲས་ཚང་དཔྱད་རྩོམ《བོད་ཀྱི་དམངས་ཁྲིད་སྲོལ་རྒྱུན་ལས་ཁོར་ཡུག་སྲུང་སྐྱོབ་སྙིང་བ་མེས་པོའི་ཞལ་ལུང་》ཞེས་པ་ལས་དྲངས།

②ཨ་སྐྱབས་རྒྱལ་སྲས་ཚང་དཔྱད་རྩོམ《བོད་ཀྱི་དམངས་ཁྲིད་སྲོལ་རྒྱུན་ལས་ཁོར་ཡུག་སྲུང་སྐྱོབ་སྙིང་བ་མེས་པོའི་ཞལ་ལུང་》ཞེས་པ་ལས་དྲངས།

③ཀྲང་དབྱི་སུན་གྱིས་གཙོ་སྒྲིག་བྱས་པའི《བོད་རྒྱ་ཚིག་མཛོད་ཆེན་མོ》མི་རིགས་དཔེ་སྐྲུན་ཁང་། 1985ལོར་པར། ཤོག་ངོས་2988

དགོས་པ་གང་གི་ཆེད་དུ་ཡང་མ་ཡིན་པར་སྲོག་ཉེན་ལ་ཐུག་པའི་སྲོག་ཆགས་གང་ཉུང་གི་ཚེ་ཐར་དུ་བཅུག་ཚེ་དེ་ལ་ཡང་ཚེ་བླུ་ཞེས་འབོད་ཅོག

གཞན་ཡང་མི་རྣམས་ཀྱིས་དུས་རྒྱུན་ཤུག་སྡོང་དང་གསོམ་སྡོང་སོགས་ཀྱང་ཚེ་བླུར་གཏོང་སྲོལ་མཆིས། གང་ཞིག་ཚེ་བླུར་བཏང་རྗེས་མཐོ་དཔོན་པོ་དང་དམན་མི་སེར་སུས་ཀྱང་དེའི་ཚེ་སྲོག་ལ་གནོད་པ་དང་བར་ཆད་གཏོང་བའི་སྲོལ་མེད་དོ།།

(༢) ཚེ་ཐར། ཚེ་ཐར་ཞེས་པ་ནི་ཚེ་བགེགས་བར་ཆད་ལས་ཐར་བར་བྱེད་པའི་དཀར་ཕྱོགས་ཀྱི་ལས་ཤིག་དང་། ཚེ་རིང་དུ་བསྲིངས་པར་སྐྱལ་སྐྱོན་ཅན་གྱི་ཆོ་ག་ཞིག་ཡིན། དེ་དང་ཚེ་བླུ་ལ་ཁྱད་པར་ཆེན་པོ་མེད་དེ། དེ་གཉིས་ཀ་སྲོག་ཆགས་དང་སྐྱེ་དངོས་གང་ཉུང་གི་སྲོག་ཐར་བར་བྱས་པའི་དོན་ཡིན་པ་རེད། ཡིན་ཡང་། དེ་དང་སྲོག་ཐར་ལ་ཁྱད་པར་ཅུང་མཆིས་སྟེ། འབྲས་བུ་སྲོག་ཐར་བར་བྱས་པ་ནི་གཅིག་འདྲ་ཡིན་ན་ཡང་ཐར་བར་བྱས་པའི་གོ་རིམ་དང་ཚོ་གའི་སྟེང་ན་ཁྱད་པར་ཅུང་ཟད་ཡོད་པ་རེད། ཚེ་ཐར་ནི་སྲོག་ཆགས་དང་སྐྱེ་དངོས་གང་ཉུང་གི་སྲོག་ཐར་བར་བྱས་པའི་དོན་ཡིན་པ་ལས། དེ་ཉིད་སྲོག་ཉེན་ལ་ཐུག་ཡོད་མེད་མང་པོ་ཡོད་པ་རེད། སྲོག་ཐར་ནི་ངེས་པར་དུ་སྲོག་ཉེན་ལ་ཐུག་ཡོད་པའམ་སྐྱེ་ལ་གྲི་ཚད་ཡོད་པའི་སྲོག་ཆགས་གང་ཉུང་ཞིག་གི་ཚེ་ཐར་བར་བྱས་པ་ཞིག་ཡིན་དགོས་པ་རེད།

(༣) ཡུལ་ལྷར་འཛིན་པ།

བོད་ཀྱི་མེས་པོ་རྣམས་ལ་ནི་རི་རྒྱལ་ཆེན་པོ་རེ་ལྟེ་བ་བྱས་ཏེ་ཚོ་བ་ཆགས་པའི་གོམས་སྲོལ་ཞིག་ཆགས་ཡོད་པ་རེད། དེ་ཡང་རི་རྒྱལ་ཆེན་པོ་རེ་རེ་ནི་ཕོ་ཚོའི་བླ་སྲོག་གནས་སའམ་ཡུལ་ལྷ་གཞི་བདག་གནས་ས་ཡིན་པར་ཁས་འཆེས་པས་ན། རི་རྒྱལ་དེའི་ཡུལ་ལྷ་ལ་སྒོ་ཕྱུགས་ནང་གི་སྤྱ་ཁ་ལེགས་ཤོས་དང་། གཟུགས་གཞི་སྟོབས་ཤོས། སྤྱ་མདོག་སྒོ་ཕྱུགས་གཞན་ལས་ལྷོས་བཅས་ཀྱིས་ཁྱད་དུ་འཕགས་པའི་གཡང་ནོར་རེ་འབུལ་བའི་ཡུལ་སྲོལ་ཞིག་ཡོད་པ་རེད། དཔེར་ན། ཁྱིམ་ཚང་རེ་རེ་ལ་གཞི་བདག་གཙོ་བོ་ཞིག་ཡོད་པ་རེད་ལ། གཞི་བདག་དེར་ཁྱིམ་ཚང་དེའི་གཡང་ར་སྒོ་བཞི་ལས་རེ་རེ་ཕུལ་བའི་སྲོལ་ཡོད་པ་རེད། སྒོ་ཕྱུགས་དེ་རྣམས་གཞི་བདག་དེར་འཛིན་པའི་རྗེས་སུ་དེའི་མིང་ཡང་བརྗེ་དགོས་ཏེ། དེ་རྣམས་ལ་ལྷ་གཡག་དང་། ལྷ་ལུག ལྷ་རྟ་རྒྱང་ངེ་། མགོན་རྟ། ལྷ་ར་དཀར་པོ་ཞེས་འདོགས་སྲོལ་ཡོད། གལ་ཏེ་གཡག་ཅིག་འཛིན་ཚེ། དུས་རྒྱུན་འབྲོག་མི་རྣམས་ཀྱིས་དེའི་མིང་“ལྷ་གཡག་”གམ“གཤོས”ཞེས་འབོད། དེར་མ་ཟད་ལྷ་གཡག་གམ་གཤོས་སུ་བདམས་རྗེས་ཁལ་ཁྱི་མོ་མི་འགེལ་ཞིང་། མཆོད་གྲིབ་གདན་ནས་གཏོང་ཆོག་གིན་ཡོད་པ་མ་རེད། གལ་ཏེ་གཞི་བདག་གང་དེར་འཛིན་ཡོད་པའི་སྒོ་ཕྱུགས་དེ་ལ་མཆོད་གྲིབ་ཐོག

ཚེ་ཁྲིམ་ཚང་དེའི་ལྷ་འབྲུགས་ནས་བགེགས་དང་། ནད་གདོན། བར་ཆད་སོགས་འབྱུང་བར་བཤད་སྲོལ་མཆིས་སྐད། འབྲོག་མི་རྣམས་ཀྱིས་ལྷ་གཡག་དང་ལྷ་ལུག ལྷ་ར། ལྷ་རྟ་སོགས་སུ་བདམས་རྗེས་དེ་ལ་དུས་རྒྱུན་གཙེས་སྐྲས་ལེགས་པོ་བྱེད་དགོས་པ་མ་ཟད། ཚེ་གང་ཐོར་དེའི་ཚེ་ལ་གནོད་པ་བཟོས་ཆོག་པ་མ་རེད། གལ་ཏེ་ཡུལ་ལྷ་ལ་འཁྲེན་པའི་ཚེ་ཐར་གང་ཞིག་ལོ་ན་བགྲེས་ཏེ་ཤི་བའམ་ནད་བྱུང་སྟེ་ཤི་བ་སོགས་ཡིན་ན། སླར་ཡང་གཞན་ཞིག་དེའི་ཚབ་ཏུ་ཚེ་ཐར་གཏོང་བའི་སྲོལ་ཡོད། ད་དུང་ཚེ་གཡོག་ཅེས་ཚེ་ཐར་གྱི་རིགས་རྣམས་ལ་དམིགས་བསལ་གྱིས་ཏན་གཡོག་དང་སྲུང་སྐྱོང་བྱེད་པའི་སྲོལ་ཡང་མཆིས། དེ་བཞིན་དུ། གཡང་ར་སྒོ་བཞི་ལས་རང་གི་ཡུལ་ལྷ་སྲོག་ཆགས་སྣ་རེ་འཁྲེན་པའི་སྲོལ་ཞིག་ད་ལྟའི་བར་དུ་མ་ཉམས་པར་གནས་ཡོད་པ་འདི་ཡང་བོད་མིའི་གནའ་བོའི་རིག་གནས་ཤིག་གི་རྒྱུན་བསྐྱངས་པ་ཡིན་པར་སེམས་ཤིང་། དེ་ཡང་ཚེ་ཐར་གྱི་རིགས་ཤིག་ཏུ་ཡང་བགྲངས་ཆོག་པར་སྙམ།

གཉིས་པ། ཚེ་ཐར་གྱི་ཚོ་ག་སྲོལ་སྔངས།

ལོ་རེའི་ཚེ་ཐར་གྱི་ཚོ་ག་སྲེལ་བ་ལ་རྩེ་ཁོག་ས་ཆའི་དམངས་ཁྲོད་དུ་ལྷ་ཁ་གསོ་བ་ཞེས་འབོད། ཚེ་ཐར་གཏོང་བའི་ཚོ་ག[1]དེ་ནི་འབྲོག་ཕྱོགས་ལ་མཚོན་ན་ལོ་རེའི་ལོ་མགོ་ལ། ཁྲིམ་ཚང་གཅིག་གི་ཆེས་གལ་ཆེ་བའི་དོན་དག་ཅིག་ཏུ་བརྩི་བ་རེད་ལ། དེའི་ཚོ་ག་སྲེལ་བ་དེ་ཡང་གོ་རིམ་ཡོད་ཅིང་བརྩི་འཛོག་བྱ་དགོས་པའི་དོན་དག་ཀྱང་མང་པོ་ཡོད་པའི་རིག་གནས་ཀྱི་སྣང་ཚུལ་ཤིག་ཆགས་ཡོད་པ་རེད། གཤམ་དུ་དེའི་ཚོ་གའི་གོ་རིམ་རྣམས་ཙུང་ཟད་བརྗོད་ན་འདི་ལྟ་སྟེ།

གཅིག སྐབས་བདེའི་ཚེ་ཐར་ཚོ་ག་སྲེལ་སྟངས།

ཚེ་ཐར་གཏོང་བའི་ཚོ་ག་སྲེལ་ཚུལ་ལ། ཁྲིམ་མི་དང་གཉེན་ཉེ་སུ་ཞིག་གི་ཚེ་ལ་བར་ཆད་འབྱུང་ཉེན་ཆེ་བའི་ན་ཚ་སོགས་བྱུང་ཚེ། རྟ་ནོར་ར་ལུག་གང་ཟུང་ཞིག་རང་གི་བླ་མཆོད[2]ཀྱི་དྲུང་དུ་ཁྲིད་དེ་ཚེ་ཐར་གནང་རོགས་ཞེས་ཞུ་དགོས་ཤིང་། བླ་མཆོད་དེས་མགོན་པོ་ཚེ་དཔག་མེད་ཀྱི་མཚན་གཟུངས་དུད་འགྲོ་དེའི་རྣ་བར་བསྒྲགས་ཤིང་དུས་དེ་ནས་བཟུང་སེམས་ཅན་དེ་སྲོག་འཕྲོག་པའི་འཇིགས་པ་ལས་གྲོལ་བ་ཡིན་པ་དང་། དེའི་བདེན་མཐུ་ལ་བརྟེན་ནས་སྦྱིན་བདག་གི་ཚེ་གེགས་ཀྱི་བར་ཆད་ཞི་ཞིང་། ཚེ་བསོད་

---

①ཚེ་ཐར་གཏོང་བའི་ཚོ་ག་དེ་ལ་རྩེ་ཁོག་སོགས་འབྲོག་ཁུལ་མང་ཆེ་བར་ལྷ་ཁ་གསོ་བ་ཞེས་ཟེར།

②བླ་མཆོད། རྒྱུན་དུ་མཆོད་གནས་སུ་བསྟེན་ཏེ་གོང་དུ་བཀུར་ཞིང་གུས་པས་མཆོད་པ་བྱ་ཡུལ་གྱི་མཆོད་གནས་ལ་ཟེར་ཞིང་། བོད་ཀྱི་བླ་མཆོད་ཕལ་ཆེ་བ་ནི་སྦྱིན་བདག་གི་སྐུ་རིམ་མཆོད་གནས་ལྟ་བུ་ལས། ཆོས་འབྲེལ་ཡོད་པའི་བླ་མའི་གྲས་སུ་མི་བརྩི་ཞེས་དུང་དཀར་རིན་པོ་ཆེས་གསུངས། དུང་དཀར་བློ་བཟང་འཕྲིན་ལས། 《དུང་དཀར་ཚིག་མཛོད་ཆེན་མོ》 པེ་ཅིན། ཀྲུང་གོའི་བོད་རིག་པ་དཔེ་སྐྲུན་ཁང་། 2002ལོར་པར། ཤོག་ངོས་1507

རྒྱས་པ་དང་། སྦྱིན་བདག་དང་དུད་འགྲོ་བཅས་མཐར་ཐུག་མངོན་མཐོ་དང་ངེས་ལེགས་ཀྱི་གོ་འཕང་འཐོབ་པའི་སྨོན་ལམ་དང་ཤིས་བརྗོད་མང་དུ་མཛད་པའི་མཐར། ཚེ་སྒྲུད་ཅེས་པ་རས་སྣའམ་བལ་སྐུད་གང་ཟུང་ཚོན་དམར་ཅན་གྱི་རྣ་ཚར་ཞིག་གནང་བ་དང་། སྦྱིན་བདག་དེས་རྣ་ཚར་དེ་དག་ཚེ་ཐར་གྱི་རྣ་བ་གཡས་གཡོན་དུ་འདོགས་པའི་སྲོལ་ཡོད།

ཀོ་རིམ་དང་པོ། ཚེ་ཐར་གྱི་སྔོན་འགྲོའི་ཆ་ག་སྟེ་བླ་མཆོད་གདན་འདྲེན་དང་ཚེ་དར་བཟོ་བ།

དེ་འང་སྦྱིན་བདག་གམ་ཁྱིམ་ཚང་གིས་ཉིན་བཟང་སྐར་བཟང་ཞིག་ལ་ཚེ་སྒྲུད་དམ་ཚེ་དར་བཟོ་དགོས་པ་དང་། ལྷ་ལ་མཆོད་བཤམས་དང་། གཞི་བདག་འཁོར་སྲུང་ལ་ལྷ་བསང་གཏོང་བ་སོགས་ཀྱི་སྒྲུབ་མཆོད་སྣ་ཚོགས་བྱས་ཏེ། ཁྱིམ་མིའི་ནད་ཚ་དང་ཕྱུགས་ཀྱི་གོད་ཁ་བཟློག་པའི་སྙད་དང་། ལྷག་པར་དུ་ཁྱིམ་མི་རེ་རེ་ཚེ་རིང་པོ་ཡོང་བ་དང་། ཚེ་གེགས་ཀྱི་བར་ཆད་ཞི་བ། ཚེ་བསོད་རྒྱས་པ། འདོད་དོན་འགྲུབ་པ་བཅས་ལ་དམིགས་ནས་ཁྱིམ་ཚང་གིས་ཚེ་ཐར་གཏོང་བ་ཡིན། ཚེ་ཐར་མ་བཏང་བའི་ཡར་སྔོན་དུ། ཁྱིམ་ཚང་དེ་རང་གི་བླ་མཆོད་ཁྱིམ་དུ་བསུས་ཏེ་ཚེ་ཐར་གྱི་སྔོན་འགྲོའི་ཆ་ག་རྣམས་བསྒྲུབ་པར་བྱེད་པ་རེད། ཚེ་ཐར་མ་བཏང་བའི་སྔོན་ཉིན་གྱི་དགོང་མོར་ནོར་ཕྱུག་ལྷས་ལ་བསྐྱིས་རྗེས། བླ་མཆོད་ཀྱིས་སྔོ་ཕྱུགས་ལ་གཙང་སྦྲ་བྱེད་དགོས་པ་རེད།

གཉིས། རྒྱུན་ལྡན་གྱི་ཚེ་ཐར་ཆ་ག་སྤེལ་སྟངས།

ཀོ་རིམ་གཉིས་པ། ཚེ་ཐར་གཏང་བྱའི་སྔོ་ཟོག་གདམ་པ།

སྤྱིར་བཏང་གི་ཚེ་ཐར་ལ་གཏོང་བ་དང་ལོ་རེའི་ལོ་མགོའི་ཁྱིམ་ཚང་གི་ལྷ་ཁ་གསོ་བའི་ཚེ་ཐར་དེ་གཉིས་ཀྱི་ཆ་ག་ལ་ཁྱད་པར་ཅུང་ཟད་འདུག་སྟེ། སྤྱིར་བཏང་གི་ཚེ་ཐར་ནི་མི་གང་ཡང་རུང་བ་ཞིག་ཚེ་ལ་བགེགས་བར་ཆད་མི་འབྱུང་བའི་ཆེད་དུ་སྲོག་ཆགས་གང་རུང་ཞིག་གི་ཚེ་ཐར་བར་བྱེད་པ་དེ་ཡིན་ལ། ཁྱིམ་ཚང་གི་ལྷ་ཁ་གསོ་བའི་ཚེ་ཐར་དེ་ནི་ཁྱིམ་ཚང་དེའི་ཡུལ་ལྷ་གཞི་བདག་གི་ཆེད་དུ་ཚེ་ཐར་གཏོང་བ་ཡིན་པས། ཚེ་ཐར་གཏོང་བའི་ཀོ་རིམ་ཁྲོད་དུ་ཡུལ་ལྷ་ལ་འཐེན་རྒྱུའི་སྔོ་ཕྱུགས་དེ་བླ་མཆོད་ཀྱིས་མོ་རྩིས་བྱས་རྗེས། ད་གཟོད་ཐག་གཅོད་དགོས་པ་ལས་གང་འདོད་དུ་བདམས་ཆོག་པ་ཞིག་མ་ཡིན་ནོ། །

ཀོ་རིམ་གསུམ་པ། ཚེ་ཐར་གཏོང་བའི་ཆ་ག་དངོས།

ཚེ་ཐར་གཏོང་བའི་ཉིན་མོ་དེར་ཁྱིམ་དེའི་བླ་མཆོད་གང་དེས་མགོན་པོ་ཚེ་དཔག་མེད་ཀྱི་མཚན་གཟུངས་འདོན་ཅིང་། ཚེ་དབང་ཚེ་སྒྲུབ་བྱེད་ལ། ཚེ་ཐར་ལ་གཏོང་རྒྱུའི་སྔོ་ཕྱུགས་རྣམས་ཀྱི་སྐེ་ལ་ཐགས་པ་གཅང་མ་རེ་བཞག་ནས་སྦྲ་སྐོར་ཁྲིད་ཡོང་སྟེ། མགོན་པོ་ཚེ་དཔག་མེད་ཀྱི་མཚན་གཟུངས་འདོན་པ་

དེ་ལ་ཉན་དུ་འཇུག་པ་རེད། དེ་རྗེས་ཁྲུས་ཆུ་དཀར་ནག་འདྲེས་མ་ཞིག་ཁྱེར་ཡོང་སྟེ། ཚེ་ཐར་གཏང་བྱའི་སྒོ་ཕྱུགས་རྣམས་ཁྲུས་བྱེད་པ་ཡིན་ཏེ། ཚེ་ཐར་གཏོང་དུས་སྒོ་ཕྱུགས་དེའི་སོག་པ་དང་། ཐོད་པ། ར་མགོ་བཅས་སུ་མར་རྒྱན་འབྱུག་པར་བྱེད་ཅིང་། རས་སྣའམ་བལ་སྐུད་གང་རུང་སྟེ་དར་སྔོན་སྣ་ལྔ་ཅན་གྱི་ཚེ་དར་དེ་དུད་འགྲོ་དེའི་རྣ་རྩེ་དང་སོག་པར་འདོགས་པ། ད་དུང་དུད་འགྲོ་དེའི་ཟ་རྩེ་ནས་མགོ་བར་འོ་ཆུ་འདྲེས་མའི་ཆུ་གཙང་མ་ཞིག་བླུགས་ཏེ་འབྲུད་པའི་སྲོལ་བྱེད་ཅིང་། སླར་ཡང་མགོ་ནས་ཟ་རྩེ་བར་ཆུ་གཙང་མ་ཞིག་བླུགས་ཏེ་བཤལ་བ་ཡིན། དེས་མི་གཙང་བ་དང་བཙོག་གྲིབ་སེལ་བ་མཚོན་པ་རེད། མར་རྒྱན་བྱུག་པ་དང་ཚེ་སྐུད་འདོགས་པ་སོགས་ཀྱི་ཞོར་དུ་ཁ་ནས་དེ་རིང་ནས་བཟུང་ཁྱིད་རང་ཚེ་ཐར་དུ་བཏང་བ་ཡིན་པས "བཤས་ནས་ཤ་མི་བཟའ། བཙོངས་ནས་རིན་མི་ལེན། བཀོལ་ནས་དོས་མི་འགེལ། བལ་རྩིད་མི་འབྲེག བཀྲ་ཤིས་པ་ཤོག ཚེ་རིང་བར་སྨོན" [1]ཞེས་པ་སོགས་ཀྱི་སྨོན་ལམ་དང་ཤིས་བརྗོད་མང་དུ་བྱས་མཐར་ཚེ་ཐར་དུ་གཏོང་བ་ཡིན། མདོར་ན་བོད་ཀྱིས་སྒོ་ཕྱུགས་ཚེ་ཐར་གཏོང་ཚུལ་གྱི་ཕྱག་ལེན་དང་ཆོ་ག་དེ་ས་ཆ་སོ་སོ་ལ་རང་རང་གི་ས་གནས་རང་བཞིན་གྱི་ཁྱད་ཆོས་ཅུང་ཟད་རེ་མངའ་ཡང་སྤྱིའི་ཆ་ནས་ཆོ་ག་ཕྱག་ལེན་གཅིག་ཏུ་སྣང་བས་རེ་ཞིག་རྩེ་ཁོག་ས་ཁུལ་གྱི་ཚེ་ཐར་གྱི་ཆོ་ག་འདི་ཙམ་བཀྲངས་ཏེ་འཐུས་པར་བྱའོ། །

གོ་རིམ་བཞི་བ། ཚེ་ཐར་གཏོང་བའི་ཆོ་གའི་མཇུག་བསྡུ་ཚུལ།

ཁྱིམ་ཚང་དེ་དང་ཁྱིམ་མཚེས་ཀྱི་སྐྱེས་པ་རྣམས་ཀྱིས་ཚེ་ཐར་ལ་བཏང་ཟིན་པའི་སྒོ་ཕྱུགས་དེ་རྣམས་ཁྲིད་དེ་ཁྱིམ་ཚང་དེའི་སྦྲ་ལ་བསྐོར་བ་གསུམ་བྱེད་དགོས་ཤིང་། བླ་མཆོད་ཀྱིས་ལྷ་རྒྱལ་པོ་ཞེས་བརྟན་པའི་ཚེ་སྐྱེས་པ་དེ་རྣམས་ཀྱིས་ཀྱང《གི་གི་བསོ་བསོའི》ལྷ་རྒྱལ་འཐེན་པ་དང་ལག་གི་ཞགས་པ་དེ་གནམ་ལ་སྐོར་འདེབས་བྱེད། མཇུག་མཐར་བླ་མཆོད་སྐུ་དངོས་སུ་ཚེ་ཐར་ལ་བཏང་བའི་སྒོ་ཕྱུགས་རྣམས་ཀྱི་རྩར་ཐེབས་ཏེ་ཁྲུས་ཆུ་དཀར་པོ་ཞིག་ཚེ་བླུ་དེ་རྣམས་ཀྱི་ལུས་སྟེང་དུ་གཏོར་རྗེས་ཚེ་ཐར་དུ་བཏང་བའི་

---

①གཙན་ཉི་གཞོན། 《བོད་ཀྱི་ཚེ་ཐར་སྲོག་བླུའི་གོམས་སྲོལ་སྐོར་ཅུང་ཙམ་གླེང་བ》《ཀྲུང་གོའི་བོད་རིག་པ》༢༠༠༨ལོའི་དེབ་དང་པོ། ཤོག་ངོས༡༡༠ལ་གསལ། ཞོར་དུ་ཁོང་གིས་བྲིས་པའི་ཚེ་ཐར་སྲོག་བླུའི་སྐོར་གྱི་དཔྱད་རྩོམ་དེ་ཡང་ཅུང་ཟད་གླེང་བར་བྱ་སྟེ། རྩོམ་པ་པོས་ཚེ་ཐར་གྱི་བྱུང་བ་དང་སྲོག་གཅོད་ཀྱི་ཉེས་དམིགས། ཚེ་ཐར་སྲོག་བླུའི་ཆོ་ག་བཅས་གསུམ་གྱི་སྒོ་ནས་བཀྲམས་ཡོད་ལ། དེའི་ནང་དུ་རྩོམ་པ་པོས་མགོ་ནས་མཇུག་བར་ཆོས་ཀྱི་ནང་དོན་ཁོ་ན་ལ་སྦྱར་ཏེ། ཚེ་ཐར་ནི་སངས་རྒྱས་ཆོས་ལུགས་ཀྱི་ཤུགས་རྐྱེན་ཏེ་ཚེ་སྲོག་ཐམས་ཅད་འདྲ་མཉམ་གྱི་བསམ་བློ་ལས་བྱུང་བ་ཡིན་ཚུལ་ལབ་ཡོད་པ་དང་། སྲོག་བཅད་ན་ཉེས་པ་ཡོད་པ་ལས་སྲོག་བླུ་བྱུང་ཚུལ་སོགས་བཤད་ཡོད་པ་ལས། བོད་མིའི་ཡ་ཐོག་གི་བླ་ཡི་བསམ་བློའི་ཤུགས་རྐྱེན་དང་། ལྷག་པར་བོད་རང་གི་ཐུན་མོང་མ་ཡིན་པའི་རིག་གནས་ཀྱི་རྨང་རྐང་ལས་བྱུང་བའི་ཡུལ་ལྷའི་དད་མོས་དང་། རང་ཉིད་ནད་གདོན་བར་ཆད་སོགས་ལས་ཐར་ཆེད་སྒོ་ནོར་ཡུལ་ལྷར་འཐེན་པའམ་ཡུལ་ལྷའི་ཆེད་དུ་སྒོ་ནོར་ཚེ་ཐར་ལ་གཏོང་བའི་རིག་གནས་ཀྱི་རྣམ་པ་དེ་ཕྱོགས་ཙམ་ཡང་གླེང་མི་འདུག་པ་ནི་ཅུང་ཡ་མཚན་ཞིག་རེད།

སྔོ་ཕྱུགས་རྣམས་རང་རང་གི་ཟོག་ཁྱུར་གཏོང་བར་བྱེད་པ་དང་། ཁྱིམ་ཚང་དེའི་ཚེ་ཐར་གྱི་ཚོ་གའི་མཇུག་ཀྱང་ཡོངས་སུ་བསྐྱིས་པ་ཡིན་ནོ།།

གསུམ་པ། ཚེ་ཐར་རིག་གནས་ཀྱི་དགེ་མཚན།

རིག་གནས་གང་དང་གང་ཞིག་ཡིན་རུང་། དེ་དར་བ་དང་འཕེལ་རྒྱས་ཕྱིན་པ་ལ་དགེ་སྐྱོན་གྱི་ཕྱོགས་གཉིས་རེ་མཆིས་པས་ན། བོད་ཀྱི་ཚེ་ཐར་རིག་གནས་ཀྱང་དེ་ལས་མ་འདས་ཏེ། ཤེས་རིག་གོང་འཕེལ་འགྲོ་བའི་བརྒྱུད་རིམ་ཁྲོད་དུ། བོད་ཀྱི་ཚེ་ཐར་རིག་གནས་ཀྱི་སྣང་ཚུལ་དེ་ལ་ཡང་ཅུང་མི་ལེགས་པའམ་ཚན་རིག་དང་མི་མཐུན་པ། འཐུས་སྐྱོན་ཤོར་བའི་ཆ་འགའ་རེ་མཆིས་སྟེ། དཔེར་ན། ཚེ་ཐར་ལ་བཏང་བའི་སྲོག་ཆགས་གང་ཞིག་གང་དེའི་བོར་ཡུག་ལ་རྒྱུས་ཡོན་མེད་པར་ཚེ་ཐར་དུ་བཏང་བ་དེ་སྨན་བླ་སྐྱབས་ཀྱི་ཁ་ཤགས་ཤིག་ཏུ། “སྨད་ཀྱི་གསེར་ཉ་ཁ་སྤུ་ཅན་པོ། སྟོད་ཀྱི་མཚོ་མོ་ཚྭ་ཁུ་ཅན་གྱི་ནང་ལ་བཏང་ན། འདི་སྲོག་ཐར་རེད་དམ་སྲོག་ཐོག་རེད”[1]ཅེས་བཤད་པ་སོགས་དང་། ད་དུང་བོད་ཀྱི་ལྷ་སྲུལ་རེ་འགས་རང་རིགས་ཀྱི་དཔལ་འབྱོར་གནས་ཚུལ་ལ་གཞིགས་ཏེ་སློབ་གསོའི་ཕྱོགས་ལ་རྒྱབ་སྐྱོར་དང་མཐུན་རྐྱེན་མི་སྦྱོར་བར་རང་ཉིད་ཀྱི་ཁེ་གྲགས་དང་། ལྷག་པར་དུ་བོད་ཀྱི་ “རྒྱ་ལྷ” རྣམས་ཀྱིས་ནི་རང་ལ་གཞན་གྱི་དད་གུས་དང་རྒྱུ་ནོར་འཐོབ་རྒྱུ་རྐྱང་བའི་ཕྱིར་དུ་ཉ་མོ་ཚེ་ཐར་ལ་གཏོང་བའི་སྣང་ཚུལ་གྱི་རིགས་ཀྱང་མ་ཤི་ན་མཐོང་རྒྱུ་མང་པོ་འདུག་པའི་ཚོད་རེད། ཡིན་ཡང་། སྣང་ཚུལ་དེ་ལྟ་བུ་ནི་མི་བྱེ་བྲག་པའི་བཟོས་པ་ཡིན་པས་དེ་སྤྱིའི་ཆ་ལ་འགེབ་པར་མི་རིགས་པར་སྙམ། ཡིན་ཡང་། དེ་ནི་བོད་ཀྱི་ཚེ་ཐར་རིག་གནས་ཀྱི་ཁྲོད་དུ་གནད་དོན་ཞིག་ཏུ་ལྷགས་འདུག་པ་རེད།

བོད་མི་རིགས་སྤྱི་ཆ་ནས་བཤད་ན། ཚེ་ཐར་རིག་གནས་ཀྱི་སྣང་ཚུལ་དེའི་ཁྲོད་དུ་དགེ་མཚན་གྱི་ཆ་ཡང་མང་པོ་འདུག་པ་མཐོང་། ལྷག་པར་དུ། དེང་སང་ཀུན་གྱིས་སྐྱེ་ཁམས་ཀྱི་གནད་དོན་དང་མི་དང་རང་བྱུང་ཁམས་བར་གྱི་འཚམ་མཐུན་མཉམ་གནས་སོགས་གོ་ལ་ཧྲིལ་པོའི་རང་བཞིན་གྱི་གནད་དོན་མང་པོ་ཞིག་གླེང་ཡོང་དུས། བོད་ཀྱི་ཚེ་ཐར་རིག་གནས་འདིའི་དགེ་མཚན་ཡང་མ་གླེང་ཐབ་མེད་ཡིན་པར་སྙམ་མོ།།

གཅིག མི་དང་སྲོག་ཆགས་འཚམ་མཐུན་ཡོང་བ།

དེ་ཡང་རྒྱལ་སྲས་ཞི་བ་ལྷས། “རང་གི་ལུས་ལ་དཔེ་བླངས་ནས། གཞན་ལ་གནོད་པ་མ་བྱེད་ཅིག” ཅེས་པ་ལྟར། བོད་མི་རིགས་ནི་བྱམས་པ་དང་སྙིང་རྗེ་ཅན་གྱི་མི་རིགས་ཤིག་ཏུ་ཀུན་གྱིས་བགྲངས་པར་

[1]སྨན་བླ་སྐྱབས་ཀྱིས་མཚོ་སྔོན་པོའི་ཁ་རྟ་བཤད་པའི་ཁ་ཤགས་སྟེ། 《མཚོ་སྔོན་པོ》 ཞེས་པའི་ནང་གི་ཚིག་ཅིག

བྱེད་ལ། དོན་ལ་ཡང་དེ་ལྟར་ཡིན་ཏེ། ལྟོས་བཅས་ཀྱིས་གཞན་གྱི་ཚེ་སྲོག་ལ་གནོད་པ་བྱེད་པ་ཤིན་ཏུ་ཉུང་། མ་ཟད་བོད་ཀྱི་ཚེ་ཐར་གཏོང་བའི་རིག་གནས་ཀྱི་རྣམ་པ་དེ་གཞན་གྱི་ཚེ་སྲོག་ལ་གཅེས་སྲུས་ཀྱི་རྨང་གཞིའི་སྟེང་ནས་བྱུང་བའི་དམངས་སྲོལ་ཁྱད་པར་བ་ཞིག་ཀྱང་ཡིན་ནོ། །

གཞན་ལ་འཚེ་བ་མི་བྱེད་པ་དང་། རང་གཞན་གྱི་ཚེ་སྲོག་གི་རིན་ཐང་དེ་འདྲ་མཉམ་དང་བརྩི་བཀུར་གྱི་སྟེང་ནས་གཞན་ལ་འཚེ་བ་དོར་བ་དང་། གཞན་འཛིགས་སྐྲག་སྡུག་བསྔལ་ལས་ཐར་བར་བྱེད་པའི་བྱ་སྤྱོད་དེ་ནི་ཀུན་གྱི་བསྔགས་བརྗོད་ཀྱི་གནས་ཤིག་ཡིན་པ་སོགས་འདིའི་སྐོར་ལ་དམ་པ་ལྷ་ཆོས་ལས་མང་པོ་གསུང་ཡོད་པས་འདིར་རྒྱས་སྤྲོས་མི་བྱའོ། །

གཉིས། སྐྱེ་ཁམས་ཁོར་ཡུག་སྲུང་སྐྱོབ།

བོད་ནི་གནའ་བོའི་ཤེས་རིག་དར་བའི་མི་རིགས་ཤིག་ཡིན་པས། དམངས་ཁྲོད་ཀྱི་ལུགས་སྲོལ་དང་གོམས་གཤིས་ཐམས་ཅད་ལ་ཡང་བོན་དང་བན་གྱི་ཆོས་གཉིས་ཀྱི་ཤན་ཞུགས་ཡོད་པ་ཤ་སྟག་ཡིན། བོན་གྱིས་འཇིག་རྟེན་གྱི་ཁམས་འདི་ལྷ་ཀླུ་མི་གསུམ་གྱིས་གྲུབ་པར་སྣང་བས། གཅིག་ལ་གནོད་པ་བྱས་ཚེ་ཅིག་ཤོས་ལ་གནོད་པ་ཐེབས་འགྲོ་བའི་ལྟ་བ་བཏོན་པ་དང་། སྐྱེ་འགྲོ་ཐམས་ཅད་ལ་བླ་ཡོད་པར་སེམས་པས་བླ་བསླུ་དང་། སྲོག་བླུའི་ཚེ་ག་བྱུང་ཞིང་། དེས་མི་དང་རང་བྱུང་ཁམས་བར་གྱི་སྙོམས་སྒྲིག་དང་འཚམ་མཐུན་ལ་ནུས་པ་བླ་ལྷག་ཏུ་སྤེལ་བས། ལྷ་གསོལ་བསང་གཏོང་། མོ་དཔྱད་རྩིས་འདེད་ལུགས་སྲོལ་དང་། བན་གྱི་འཇིག་རྟེན་གྱི་ཁམས་ནི་རྟེན་ཅིང་འབྲེལ་བར་འབྱུང་བས་རྟེན་འབྲེལ་གྱི་རིག་པ་རྩལ་དུ་བཏོན་ནས་ཕྱིའི་རྒྱུ་འབྲས་དང་། ནང་གི་རྒྱུ་འབྲས། གསང་བའི་རྒྱུ་འབྲས་ཀྱི་སྟེང་ནས་འཇིག་རྟེན་གྱི་ཆགས་གནས་འཇིག་སྟོང་བརྗོད་པ་དང། མི་དང་རང་བྱུང་ཁམས། མི་དང་དུད་འགྲོ། མི་དང་སེམས་ཅན་ཐམས་ཅད་ཀྱི་བར་དུ་རྒྱུ་འབྲས་དོ་མཉམ་གྱི་ལྟ་བ་བཏོན་ནས། འཇིག་རྟེན་དང་འཇིག་རྟེན་ལས་འདས་པའི་བདེ་བ་མཐར་ཐུག་ཅིག་ལ་སློགས་པ་ལས། སྲོག་གཅོད་པ་དང་མ་བྱིན་ལེན། མི་ཚངས་སྤྱོད་ལ་སོགས་པའི་མི་དགེ་བ་བཅུ་སྤོང་དགོས་པའི་བླང་བྱ་བཏོན་པ་ལྟར་རིག་གནས་ནི་མི་རིགས་ཤིག་གི་བསམ་བློའི་སྲོག་རྩ་ཡིན་པས་དམངས་ཁྲོད་ཀྱི་གོམས་སྲོལ་ཡང་དེ་དང་རྗེས་ཟློས་ལགས།

སའི་གོ་ལའི་ཡུལ་གྲུ་གཞན་དག་ཏུ་དྭངས་གསལ་གྱི་གསོན་ཤུགས་ཉམས་ཤིང་ཉིན་རེར་ཁོར་ཡུག་གི་གནད་དོན་ཚབས་ཆེར་འགྲོ་བཞིན་པའི་དེང་གི་དུས་སུ། གངས་ཀྱི་ནི་ར་བ། རྒྱ་བོའི་ནི་མགོ་ཁུངས། རི་མཐོ་ས་གཙང་གི་མདོ་དབུས་མཐོ་སྒང་འདིར་ང་ཚོས་གཏོར་བརླག་དང་སྨུགས་བཙོག་མ་ཐེབས་པའམ་ཐེབས་པ་ཆེས་ཆུང་བའི་དྭངས་གཙང་གི་གཞིས་ཁྱིམ་མཆོག་གྱུར་ཞིག་ཏུ་ངོས་འཛིན་པར་བྱེད། འདི་ནི་བོད་མི་རིགས་ཀྱིས་སྐྱེ་ཁམས་ཁོར་ཡུག་ལ་བཟུང་བའི་འདུ་ཤེས་དང་རྣམ་འགྱུར་ལས་ཐད་ཀར་བསྐྱེད་

པའི་འབྲས་བུ་ཤ་སྟག་ཡིན་ཞིང་། ཟུར་གཞན་པ་ཞིག་ནས་བལྟས་ན། འདི་ནི་བོད་མིའི་གནའ་དེང་གི་ཆོས་ལུགས་དད་མོས་དང་ཡུལ་སྲོལ་གོམས་གཤིས་ཀྱི་སྟོབས་ལས་བྱུང་བའི་འབྲས་བུའང་ཡིན་ངེས།

གསུམ། མིའི་རིགས་ཀྱི་འཚོ་གནས་ལ་དང་དོད།

ང་ཚོ་མིའི་རིགས་འདི་བསྐལ་བ་སར་ཆགས། བ་སོའི་ཁར་ཆགས་ནས་ད་ལྟའི་བར་སྔ་མ་སྔ་མ་ལས་ཕྱི་མ་ཕྱི་མ་གོང་འཕེལ་དང་འཕེལ་རྒྱས་བློ་ལྡོག་སོང་ཡོད་པ་དང་། ཉིན་རེ་ནས་ཉིན་རེར་གོང་འཕེལ་འགྲོ་བཞིན་འདུག་གོ། ཡིན་ཡང་། ང་ཚོས་འཕེལ་རྒྱས་ཁོ་ན་ལ་སྙེགས་པ་མང་དྲགས་པས། ཡོ་རོབ་གླིང་སོགས་སུ་བཟོ་ལས་ཤེས་རིག་ཕྱི་མའི་དུས་སུ་མི་རྣམས་ཀྱིས་རང་གི་འཚོ་གནས་ལ་ཕྱིར་རྙོག་བྱེད་པའི་དུས་ཤིག་བྱུང་ཞིང་། སྐབས་དེར། མི་རྣམས་ཀྱི་བསམ་པར་ང་ཚོའི་སྤྱི་ཚོགས་གོང་འཕེལ་དང་མདུན་སྐྱོད་བྱས་བྱས་མཐར། ཡང་སྙིང་ང་ཚོ་ལ་ཅི་ཞིག་ཐོབ་འདུག་གམ་ཞེས་མནོ་བསམ་གཏོང་དུས། མིའི་རིགས་ཀྱིས་དངོས་པོའི་དཔལ་ཡོན་སྙེགས་དྲག་པས་བསམ་པའི་དཔལ་ཡོན་ནམ། མིའི་བདེ་སྐྱིད་དེ་ལྟོས་བཅས་ཀྱིས་ཡལ་བར་དོར་ཟིན་པའི་ངེས་ཤེས་རྙེད། ཅེས་ད་ལྟའི་ཡོ་རོབ་གླིང་གི་མཚན་ཉིད་རིག་པ་དང་། སྐྱེས་ཆེན་མང་པོའི་གསུང་སྒྲོས་སུ་མང་དུ་མཐོང་ཐུབ་བོ། །

རྒྱུ་མཚན་དེའི་ངོས་ནས་བལྟས་ཚེ། བོད་ཀྱི་ཚེ་ཐར་གཏོང་བའི་རིག་གནས་ཀྱི་རྣམ་པ་དེ་ནི་གཅིག་ན་མི་རིགས་རང་གི་ཐུན་མོང་མ་ཡིན་པའི་ས་ཁུལ་རང་བཞིན་གྱི་རིག་གནས་རྣམ་པ་ཞིག་རེད་ལ། གཉིས་ན་བོད་ཀྱི་ཚེ་ཐར་གཏོང་བའི་ཚོ་ག་དེ་ནི་མི་དང་སྲོག་ཆགས། མི་དང་སྐྱེ་དངོས་སམ་རང་བྱུང་ཁམས་བར་གྱི་འཆམ་མཐུན་མཉམ་གནས་ལ་ཁོར་ཡུག་བཟང་པོ་ཞིག་བསྐྲུན་བྱེད་ཅིག་རེད། ཟུར་ངོས་གཞན་ཞིག་ལྟོས་ཚེ། དེས་སྐྱེ་དངོས་དང་། སྲོག་ཆགས་འབུ་སྲོག་ཡན་ཆད་ཀྱི་ཚེ་སྲོག་ཐམས་ཅད་ཀྱི་ཚེ་སྲོག་གི་རིན་ཐང་ལ་གོང་བཀུར་དང་། བརྩི་འཛུགས་བྱས་པ་དང་། ཡང་གཅིག་བཤད་ན། དེ་ནི་བོད་ཀྱི་མེས་པོ་རྣམས་ཀྱིས་མིའི་རིགས་ཀྱི་འཚོ་གནས་ལ་དང་དོད་བྱས་པའི་དན་རྟགས་ཤིག་ཀྱང་མ་ཡིན་ནམ།

སྟོམ་བྱང་།

དེ་ཡང་ཚེ་ཐར་ཞེས་པ་དེ་སངས་རྒྱས་ཆོས་ལུགས་ཀྱི་ནང་དུ་དར་ཁྱབ་ཆེ་བའི་ཚོ་ག་ཞིག་ཡིན་པ་དང་། བོད་ཀྱི་དམངས་སྲོལ་རིག་གནས་ཁྲོད་དུ་སྲོག་བླུ་བའི་རིག་གནས་ཀྱི་རྣམ་པ་དེ་ཅུང་ཁྱབ་ཆེ་བར་སེམས་ཏེ། སངས་རྒྱས་ཀྱི་མདོ་དང་སྐྱེས་རབས་གཏམ་རྒྱུད་སོགས་སུ་གཞན་སྲོག་བཅད་པའི་ཉེས་དམིགས་དང་། ཚེ་སྲོག་ཐམས་ཅད་ལ་འདྲ་མཉམ་དུ་ལྟ་བ་སོགས་ཤིན་ཏུ་མང་པ་དང་། དགེ་སྦྱོང་ཕྱིག

སྤྱོངས་ཀྱི་བསམ་བློ་བཤད་ཡོད་པ་སོགས་ལས་ཤེས་ཐུབ་པར་སྙམ། དེ་མིན་བོད་ཀྱི་ཁོར་ཡུག་གི་རྐྱེན་གྱིས་དམངས་ཁྲོད་དུ་ཡུལ་ལྷའམ་རི་ལྷའི་དད་མོས་དེ་ཤིན་ཏུ་ཁྱབ་ཆེ་ཞིང་། ཡུལ་ལྷའི་སྔོ་ཟློག་ལ་སྤྱོད་ཆགས་མང་པོ་ཚེ་ཐར་གཏོང་བའི་ཆོ་ག་དེ་དེང་དུས་ཀྱང་དམངས་ཁྲོད་དུ་མ་ཉམས་པར་ཡོད་པ་རེད། གཞན་བོད་མི་རྣམས་ཀྱིས་མིའི་བླ་ལ་འབྲུམས་རྒྱུ་ཡོད་པར་བཤད་ཅིང་། བླ་འབྲུམས་པ་དེ་ཕྱིར་འགུགས་པའི་ཆེད་དུ་བླ་འགུགས་དང་བླ་བསླུ་སོགས་སྤྱོག་སླུད་ཀྱི་ཆོ་ག་ཞིག་ཀྱང་དམངས་ཁྲོད་ལྷག་འདུག་པ་བོན་གྱི་ཆོ་གའི་དཔེ་རྙིང་པ[1]དང་ཏུན་ཧོང་ཡིག་རྙིང་[2]སོགས་སུ་ཡང་མཐོང་རྒྱུ་འདུག་གོ།

དེའི་ཕྱིར། བོད་ཀྱི་ཚེ་ཐར་གྱི་ཆོ་ག་དེ་སངས་རྒྱས་ཆོས་ལུགས་ཀྱི་རྐྱེན་གྱིས་རྒྱ་གར་ནས་ཚུར་བོད་དུ་མཆེད་ཡོང་བ་ཀྲུང་ཀྲུང་ཞིག་མ་ཡིན་ལ། བོད་རང་གི་བླ་ཡི་དད་མོས་ཁོ་ན་ལས་བྱུང་བ་ཞིག་ཀྱང་མ་ཡིན་པར། དེ་ནི་བོད་རང་གི་དམངས་ཁྲོད་ཀྱི་དད་མོས་གཞིར་བྱས་སངས་རྒྱས་ཆོས་ལུགས་ཀྱི་དགེ་སྒྲུབ་སྡིག་སྤྱོངས་ཀྱི་བསམ་བློའི་ཤན་ཞུགས་པ་ཡིན་པར་སེམས།

མདོར་ན། བོད་ཀྱི་ཚེ་ཐར་རིག་གནས་དེ་ནི་རྒྱུན་ལྡོངས་མི་འདྲ་བའི་རིག་གནས་གཉིས་སྟེ། བོད་ཀྱི་གདོད་མའི་ཆོས་ལུགས་སམ་བོད་མིའི་བླ་ཡི་བསམ་བློ་ལས་བོད་དུ་སྤྱོག་ཆགས་ཀྱི་ཚེ་བླུ་བའི་རིག་གནས་སྣང་ཚུལ་ཞིག་བྱུང་ལ། དེ་རྗེས་སངས་རྒྱས་ཆོས་ལུགས་བོད་དུ་རྒྱ་ཆེར་དར་བ་དང་བསྟུན་ནས། ཚེ་བླུའི་རིག་གནས་ཀྱི་རྣམ་པ་དེ་ཡང་རིམ་གྱིས་ཚེ་སྲོག་ལ་འདྲ་མཉམ་དུ་ལྟ་བ་དང་། ཚེ་སྲོག་གཅེས་སྲུས་དེ་བཇོད་གཞིར་གྱུར་བའི་སངས་རྒྱས་ཆོས་ལུགས་ཀྱི་གཙོ་རྒྱུགས་བསམ་བློའི་ཕྱོགས་སུ་འགྱུར་ལྡོག་བྱུང་བའི་དམངས་སྲོག་རིག་གནས་ཤིག་སྟེ། དེ་གཉིས་ནི་ངོ་བོ་གཅིག་ལ་ལྡོག་པ་ཐ་དད་པའི་རིག་གནས་ཀྱི་སྣང་ཚུལ་ཞིག་གམ། བོད་རང་ས་རང་ཡུལ་གྱི་ཁྱད་ཆོས་མངའ་བའི་རིག་གནས་ཀྱི་རྣམ་པ་ཞིག་ཏུ་འཕོས་པ་ཡིན་པར་སྙམ་མོ། །

(རྩོམ་པ་པོ་ངོ་སྤྲོད། བཀྲ་ཤིས་རྒྱལ། ཕོ། ཕ་ཡུལ། མཚོ་སྔོན་རྩེ་ཁོག ཀྲུང་དབྱང་མི་རིགས་སློབ་གྲྭ་ཆེན་མོའི་བོད་རིག་པ་ཞིབ་འཇུག་སླིང་གི2013ལོའི་ཤེས་རམས་པ།)

(མཇུག་སྒྲོན་དགེ་རྒན། ཞེ་ཆང་།)

---

①《ཤ་ཏྭ་རྒྱས་མདོས》བོན་གྱི་དཔེ་རྙིང་ལག་བྲིས་མ། དེར་"མིཝ་སླུད་ཀྱིས་བསླུའོ་ཟེར" ཞེས་པ་ལས་སླུད་ཅེས་པའི་ཐ་སྙད་བྱུང་འདུག་ཅེས། བན་ཤུལ་དཔལ་མཁར་རྒྱལ་གྱིས་དཔྱད་རྩོམ《སླུད་ཅེས་པའི་ཐ་སྙད་ཀྱི་གོ་དོན་འཇོག་ཚུལ་ལ་དཔྱད་པ》ཞེས་པའི་ནང་དུ་འདི་ལྟར་བཀོད་འདུག ཤོག་ངོས1ལ་གསལ།

②《བོད་ཀྱི་རྩོམ་རིག་དཔེ་ཆ་དང་ཤིན་ཏུང་ཡུལ་འབྲེལ་གྱི་ཡིག་ཚངས》ཐོ་མ་སིས་བརྩམས། 1993ལོར་ལུང་ཏུང་ནས་པར་བསྐྲུན་བྱས།

རྒྱ་བོད་ཡིག་སྒྱུར་ལས་བྱ་ཚིག་གི་སྒྱུར་སྟངས་སྐོར་ལ་རགས་ཙམ་དཔྱད་པ།

སྒྲོལ་མ་མཚོ།

ནང་དོན་གནད་བསྡུས། རྒྱ་བོད་ཡིག་སྒྱུར་གྱི་གོ་རིམ་ཁྲོད་དུ་རྒྱ་བོད་སྐད་ཡིག་གི་བརྗོད་སྦྱོར་གྱི་ཁྱད་པར་གྱི་རྐྱེན་གྱིས་བྱ་ཚིག་གི་བརྗོད་སྦྱོར་སྟངས་དང་། བྱ་ཚིག་གིས་ཚིག་ཅིག་གི་ཁྲོད་ཐོན་པའི་ནུས་པ་སོགས་ལ་མངོན་གསལ་གྱི་ཁྱད་པར་ཡོད་པས་རྒྱ་བོད་ཡིག་སྒྱུར་གྱི་ལག་ལེན་ཁྲོད་དུ་བྱ་ཚིག་གི་སྒྱུར་སྟངས་ནི་དཀའ་གནད་ཅིག་ཡིན། བྱ་ཚིག་གིས་ཚིག་གཅིག་གི་ཁྲོད་དུ་གཙོ་ཁྲིད་ཀྱི་ནུས་པ་ཐོན་ཡོད་ལ། གོ་རིམ་ལྡན་པ་དང་ཆ་ཚང་བའི་སྐད་ཆའམ་བརྗོད་པ་ཞིག་སྟོན་དུས་བྱ་ཚིག་གིས་དེའི་ནང་དོན་ཧྲིལ་པོར་བཀོད་སྒྲིག་བྱེད་ཀྱིན་ཡོད་ཅིང་། བྱ་ཚིག་བསྒྱུར་བ་ལེགས་མིན་གྱིས་ཚིག་གམ་བརྗོད་པ་ཧྲིལ་པོར་ཤུགས་རྐྱེན་ཐེབས་སྲིད་པས། རྩོམ་འདིའི་ནང་དུ་རྒྱ་བོད་བྱ་ཚིག་གི་ཁྱད་ཆོས་དང་བརྗོད་སྦྱོར་གྱི་ཁྱད་པར་སོགས་གཞིབ་བསྡུར་རགས་ཙམ་བྱས་རྗེས། རྒྱ་བོད་ཡིག་སྒྱུར་གྱི་གོ་རིམ་ཁྲོད་དུ་བྱ་ཚིག་ཇི་ལྟར་བསྒྱུར་བའི་སྒྱུར་སྟངས་འགའ་བཤད་པ་དང་། བྱ་ཚིག་སྒྱུར་སྐབས་དོ་སྣང་བྱ་དགོས་ས་གང་ཞིག་ཡོད་པ་བཅས་ཕྱོགས་གསུམ་གྱི་སྒོ་ནས་བྲིས་ཡོད་དོ། །

བརྗོད་ཚད་གཙོ་བོ། རྒྱ་བོད་ཡིག་སྒྱུར། བྱ་ཚིག་སྒྱུར་སྟངས།

གླེང་གཞི།

འཛམ་བུ་གླིང་འདིར་འགྲོ་བ་མིའི་རིགས་བྱུང་བ་ནས་སོ་སོའི་འཚོ་རྟེན་གྱི་རང་བྱུང་ཁོར་ཡུག་དང་སྤྱི་ཚོགས་ཁོར་ཡུག་སོགས་མི་འདྲ་བའི་རྐྱེན་གྱིས་སྐད་དང་འཚོ་བའི་གོམས་གཤིས་ཀྱང་མི་འདྲ་བའི་མི་རིགས་མང་པོ་ཆགས་ཡོད་ལ། མི་རིགས་ཕན་ཚུན་བར་གྱི་འགྲོ་འོང་འབྲེལ་འདྲིས་ནི་ལོ་ཙཱའམ་ཡིག་སྒྱུར་གྱི་བྱེད་ཐབས་ལ་བརྟེན་དགོས་པ་ཡིན། ལྷག་པར་དུ་ཡིག་སྒྱུར་ནི་མི་རིགས་ཕན་ཚུན་བར་རིག་གནས་སྤེལ་རེས་དང་བསམ་བློ་བརྗེ་རེས་བྱེད་པ་སོགས་ཀྱི་འབྲེལ་ཟམ་ལྟ་བུར་ཆགས་ཡོད་པས་ན། མི་རིགས་ཀྱི་རིག་གནས་དང་། དཔལ་འབྱོར་སོགས་འཕེལ་རྒྱས་སུ་འགྲོ་བར་ཡིག་སྒྱུར་ནི་མེད་དུ་མི་རུང་ཞིང་། མི་

རིགས་ཤིག་གི་རིག་གནས་འཕེལ་རྒྱས་སུ་གཏོང་བར་མི་རིགས་དེའི་སྲོལ་རྒྱུན་རིག་གནས་རྒྱུན་འཛིན་དང་དར་སྤེལ་ཐོག མི་རིགས་གཞན་དག་གི་སྔོན་ཐོན་རིག་གནས་དང་སྙིང་བཅུད་སོགས་བསྡུ་ལེན་བྱས་ནས་མི་རིགས་ཀྱི་རིག་གནས་དང་དཔལ་འབྱོར། ཚན་རྩལ་སོགས་དར་རྒྱས་སུ་གཏོང་བར་ཡིག་སྒྱུར་གྱི་བྱེད་ཐབས་འདི་ཏ་ཙང་གལ་ཆེ་བ་ཡིན་ནོ།།

དེ་ཡང་ཡིག་སྒྱུར་ཞེས་པ་ནི "སྐད་ཁོངས་མི་འདྲ་བའི་རྒྱལ་ཁབ་བམ་མི་རིགས་ཤིག་གི་སྐད་ཡིག་གིས་མཚོན་པའི་ནང་དོན་དང་། རྩོམ་གཤིས་སོགས་བཟང་འཕྲིན་རྣམས་ཆ་ཚང་ཞིང་ཡང་དག་པའི་སྒོ་ནས་སྐད་ཡིག་གཞན་ཞིག་གིས་མཚོན་པར་བྱེད་པའི་སྐད་དང་ཡི་གེའི་འགྱུལ་སྐྱོད་ལ་གོ" ①ཞེས་པ་ལྟར་སྒྱུར་པ་པོས་བསྒྱུར་བྱའི་མ་ཡིག་གི་ནང་དོན་གསལ་པོར་རྟོགས་པ་དང་། རྩོམ་པ་པོའི་བསམ་བློའི་འཁྱེར་སོ་གང་ཡིན་ཤེས་པར་བྱས་ནས་མ་ཡིག་གི་བརྗོད་བྱའི་དོན་སྙིང་དང་རྩོམ་གཤིས་ཇི་བཞིན་མཚོན་པ་དང་། འགྱུར་ཡིག་གི་ཚིག་སྦྱོར་འབྲེལ་ཆགས་པ་དང་རང་སྐད་ཀྱི་ཐུན་མོང་མ་ཡིན་པའི་ཁྱད་ཆོས་དང་བཟོ་སྲོལ་ལུགས་དང་མཐུན་པར་བྱེད་དགོས་པ་དེ་ལ་ཟེར། མི་རིགས་ཤིག་གི་སྐད་ཡིག་ནི་མི་རིགས་དེའི་བློ་གྲོས་ཀྱི་རྟེན་གཞི་དང་། ལོ་རྒྱུས་དང་རིག་གནས་གསོག་ཉར་གྱི་བང་མཛོད་ཡིན་པས་སྐད་ཡིག་ལ་བརྟེན་ནས་རྒྱལ་ཁབ་དང་མི་རིགས་སོ་སོར་འབྲེལ་འདྲིས་དང་རྒྱུས་ལོན་བྱེད་དགོས་ལ། མི་རིགས་གཞན་པའི་སྔོན་ཐོན་གྱི་རིག་གནས་བསྡུ་ལེན་བྱས་ནས་རང་མི་རིགས་ཀྱི་རིག་གནས་དང་དཔལ་འབྱོར་ སྟར་ལས་འཕེལ་རྒྱས་སུ་གཏོང་ཐུབ། རང་རེའི་བོད་མི་རིགས་ལ་མཚོན་ན། "རང་རེ་བོད་ཀྱི་ཡིག་སྒྱུར་ལོ་རྒྱུས་ནི་དུས་ཚོད་རིང་དུ་རྩིས་ན་གནའ་བོའི་ཞང་བོད་ཡིག་སྒྱུར་གྱི་ལོ་ངོ་བཞི་སྟོང་ཙམ་གྱི་ལོ་རྒྱུས་འདེད་ཚོག་པ་ཡིན་ལ། དུས་ཐུང་ཙམ་ཞིག་རྩིས་ནའང་བོད་ལ་བོད་ཡིག་དངོས་སུ་བྱུང་བའི་བཙན་པོའི་དུས་སྐབས་ཀྱི་ལོ་ངོ་ཉིས་སྟོང་ལ་ཉེ་བའི་ལོ་རྒྱུས་ཀྱང་བགྲང་ཚོག་པ་ཡིན" ②ཞེས་འཁོད་པ་ལྟར། བོད་ཀྱི་ཡིག་སྒྱུར་གྱི་ལོ་རྒྱུས་རིང་ལ། ལོ་སྟོང་ཕྲག་གཅིག་ལྷག་གི་སྔོན་ནས་བཟུང་བོད་མི་རིགས་ཀྱི་སྔོན་བྱོན་ལོ་པཎ་དང་མཁས་པ་རྣམས་ཀྱིས་རྒྱ་གར་དང་། རྒྱ་ནག ལི་ཡུལ། ཁ་ཆེ་སོགས་ནས་ནང་པའི་ཆོས་གཞུང་དང་། གསོ་རིག སྐར་རྩིས་སོགས་ནང་འདྲེན་བྱས་ནས་བོད་མི་རིགས་ཀྱི་རིག་གནས་ཡར་རྒྱས་གོང་འཕེལ་དུ་བཏང་ཡོད་པ་དང་། ལྷག་པར་དུ་དུས་རབས་བདུན་པར་ཆོས་རྒྱལ་སྲོང་བཙན་སྒམ་པོའི་རིང་། སློབ་དཔོན་ཐོན་

① འབྲུག་ལྷ་དང་ཟླ་བ་ཚེ་རིང་གཉིས་ཀྱིས་སྒྲིག་རྩོམ་བྱས། རྒྱ་བོད་ཡིག་སྒྱུར་སློབ་དེབ་བློ་གསལ་མིག་སྒྲོན། [M] མི་རིགས་དཔེ་སྐྲུན་ཁང་། 2009ལོའི་ཟླ9དཔར་མ། ཤོག་ངོས41

②འཆི་མེད་ཚེ་རིང་། བོད་ཀྱི་གནའ་བོའི་སྒྲ་སྒྱུར་གཞུང་ལུགས་སྐོར་གྱི་ཞིབ་འཇུག [M] མི་རིགས་དཔེ་སྐྲུན་ཁང་། 2010ལོའི་ཟླ2དཔར་མ། ཤོག་ངོས139

མི་སམ་རྙོ་ཊས་བོད་ཡིག་གསར་གཏོད་མཛད་པའི་རྗེས་ནས་འགོ་བརྩམས་ཤིང་།《ཆོས་འབྱུང་མཁས་པའི་དགའ་སྟོན》ལས། "རྒྱ་བལ་མཁས་པ་དུ་མ་སྤྱན་དྲངས་ཏེ།། གསུང་རབ་དུ་མ་བསྒྱུར་ཅིང་དར་བར་མཛད།། རྒྱ་གར་གྱི་སློབ་དཔོན་ཀུ་ས་ར་དང་བྲམ་ཟེ་ཤང་ཀ་ར་དང་། ཁ་ཆེ་ཏ་ནུ་དང་། བལ་པོ་ཤྲི་ལ་མཉྫུ་དང་། རྒྱ་ནག་ཧ་ཤང་དེ་ཝ་ཆེ་རྣམས་བྱོན། བོད་ཀྱི་ལོ་ཙྪ་བ་ཐོན་མི་སམ་རྙོ་ཊ་དང་། དེའི་མཚན་བུ་དཀྵ་ཀོ་ཤ་དང་ལྷ་ལུང་རྡོ་རྗེ་དཔལ་སོགས་ཀྱིས་འདུས་པ་རིན་པོ་ཆེའི་ཏོག་གི་གཟུངས། ཟླ་བ་སྒྲོན་མ། དཀོན་མཆོག་སྤྲིན་སོགས་བསྒྱུར་ཅིང་ཤེར་ཕྱིན་སྟོང་ཕྲག་བརྒྱ་པ་ཡང་བསྒྱུར་བར་གྲགས། གཙོ་བོ་ཐུགས་རྗེ་ཆེན་པོའི་མདོ་རྒྱུད་ཉི་ཤུ་རྩ་གཅིག་བསྒྱུར།"[1] ཅེས་གསུངས་པ་ལྟར་ན། རང་རེའི་ལོ་ཙྪ་བ་རྣམས་ཀྱིས་རྒྱ་དཀར་ནག་གི་ཆོས་གཞུང་མང་པོ་བོད་ཡིག་ཏུ་བསྒྱུར་ཡོད་ལ། བོད་རྒྱལ་ཁྲི་སྲོང་ལྡེ་བཙན་གྱིས་སྲིད་བསྐྱངས་པའི་རིང་ལ་སང་ཤི་སོགས་ཀྱིས་རྒྱ་ནག་གི་ཆོས་གཞུང་མང་པོ་བོད་དུ་གདན་དྲངས་ནས་བོད་སྐད་དུ་བསྒྱུར་བ་དང་། དེ་ནས་མཁན་སློབ་ཆོས་གསུམ་གདན་འཛོམས་ནས་བསམ་ཡས་སྒྲ་བསྒྱུར་གླིང་བཙུགས་ཏེ། ཡིག་སྒྱུར་མི་སྣ་མང་པོ་སྐྱིད་སྲིད་བྱས་ཡོད་ལ། སྐབས་དེར་རྒྱ་བོད་ལོ་ཙྪ་བ་རྣམས་ཀྱི་སྐྱུ་དྲིན་ལས་རྒྱ་གར་ནས་སངས་རྒྱས་ཆོས་ལུགས་དང་རིག་གནས་བོད་དུ་བསྒྱུར་བའི་ལོ་ཙྪའི་བྱ་གཞག་གི་ཐ་རླབས་འཕྲུར་བར་མཛད། བཙན་པོ་ཁྲི་སྲོང་ལྡེ་བཙན་སྐབས་སུ་བོད་ཀྱི་ལོ་ཙྪའི་བྱ་གཞག་སྔར་ལས་འཕེལ་རྒྱས་ཆེན་པོ་བྱུང་ཡོད་དེ། ལོ་ཙྪ་བ་གྲགས་ཆེན་དག་གིས་འགྱུར་ཡིག་མཐའ་དག་ཕྱོགས་བསྡུས་དང་ཞུས་དག་གཏན་འབེབས། དག་སྒྲིག་བཅས་བྱས་པ་དང་། འགྱུར་མིང་མཐའ་དག་ཚད་ལྡན་དུ་བཏང་ཞིང་། དེ་དང་མཉམ་དུ་ཐེག་པ་ཆེ་ཆུང་གི་མདོ་ལ་སོགས་པའི་ཆོས་ཚན་སོ་སོར་བཀར་ནས་དཀར་ཆག་བསྒྲིགས། སྐད་གསར་བཅད་ཐེངས་གཉིས་པ་མཛད་དེ་ཡིག་སྒྱུར་གྱི་གཞུང་ལུགས་ཐོག་མ《སྒྲ་སྦྱོར་བམ་གཉིས》མཛད་པ་དང་། ཡིག་སྒྱུར་ཐད་རྩ་དོན་གསུམ་དང་སྒྱུར་ཐབས་བཞི་གཏན་ལ་ཕབ་ནས་བོད་ཀྱི་ལོ་ཙྪའི་བྱ་གཞག་ལ་གཞུང་ལུགས་ཀྱི་རྒྱབ་རྟེན་ཡོད་པར་གྱུར། དེ་འདྲའི་ལོ་པཎ་རིམ་བྱོན་རྣམས་ཀྱི་མཛད་རྗེས་ལས་སངས་རྒྱས་ཀྱི་ཆོས་གཞུང་གཙོས་ཐུན་མོང་དང་ཐུན་མོང་མིན་པའི་བཅུ་ཕྲག་རིག་གནས་རི་བོའི་གཏོས་དང་མཉམ་པ་གངས་རིའི་ཁྲོན་ཡོངས་སུ་དར་བས་ན་དེང་གི་དུས་སུའང་རང་རེའི་བོད་མི་རིགས་འདི་འཛམ་གླིང་གི་མི་རིགས་ཁྲོད་དུ་ཀྲོང་དེར་ལངས་ཆོག་པ་དང་མི་རིགས་གཞན་གྱིས་ཡིད་སྨོན་བྱེད་ཆོག་པའི་གནས་སུ་སླེབས་ཡོད་པ་དང་། གྲུབ་འབྲས་འདི་དག་ཀྱང་རང་རེའི་སྔོན་བྱོན་ལོ་པཎ་དང་མཁས་པ་རྣམས་ཀྱིས་དཀའ་སྤྱད་སྟུག་ཏུས་སྒོམས་རྒྱལ་ཁབ་གཞན་དང་མི་རིགས་གཞན་གྱི་སྐད་ཡིག་རིག་གནས

① དཔའ་བོ་གཙུག་ལག་ཕྲེང་བ། ཆོས་འབྱུང་མཁས་པའི་དགའ་སྟོན [M] མི་རིགས་དཔེ་སྐྲུན་ཁང་། 1984ལོའི་ཟླ1དཔར་མ། ཤོག་ངོས182

སོགས་སྦྱོངས་པ་དཔྱིས་ཕྱིན་མཛད་དེ་གཞུང་གལ་ཆེན་རྣམས་བོད་སྐད་དུ་བསྒྱུར་ནས་བོད་ཀྱི་ལོ་ཙཱའི་བྱ་བར་གཙིགས་ཆེན་དང་རྒྱུན་འཁྱོངས་བྱས་པས་ཡིན། ཡིག་སྒྱུར་གྱིས་བོད་མི་རིགས་ཀྱི་རིག་གནས་འཕེལ་རྒྱས་ཁྲིད་སྟོག་ཤིང་ལྟ་བུའི་ནུས་པ་ཞིག་བཏོན་དང་འདོན་བཞིན་ཡོད་ལ། ང་ཚོས་ཡིག་སྒྱུར་གྱི་གལ་ཆེན་རང་བཞིན་དང་ནུས་པ་དེ་ཤེས་དགོས། རིག་གནས་དང་དཔལ་འབྱོར་ཡར་ངོའི་ཟླ་ལྟར་འཕེལ་བའི་སྔོན་ཐོན་རྒྱལ་ཁབ་དང་མི་རིགས་དག་གིས་ཀྱང་གཞན་མི་རིགས་ཀྱི་སྙིང་ནོར་ལྟ་བུའི་རིག་གནས་བསྡུ་ལེན་བྱས་ཏེ་རང་མི་རིགས་ཀྱི་རིག་གནས་དང་དཔལ་འབྱོར་སོགས་འཕེལ་རྒྱས་གཏོང་བར་ཡང་ཡིག་སྒྱུར་གྱི་བྱ་ཐབས་འདི་ལ་བརྟེན་ཡོད་པས། རང་རེའི་བོད་མི་རིགས་ལ་མཚོན་ནས་བཤད་ན་ཡང་དེ་བཞིན་ནོ།།

ཕྱོགས་གཅིག་ནས་རང་རེའི་མེས་པོ་རྣམས་ཀྱིས་བཞག་པའི་ཕྱག་རྒྱུན་དང་རིག་གནས་བང་མཛོད་དེར་རྒྱུད་འཛིན་དང་། དར་སྤེལ་གཏོང་དགོས་ལ། ཕྱོགས་གཞན་ཞིག་ནས་ཡིག་སྒྱུར་གྱི་བྱེད་ཐབས་ལ་བརྟེན་ནས་རྒྱལ་ཁབ་དང་མི་རིགས་གཞན་གྱི་སྔོན་ཐོན་རིག་གནས་ཀྱི་སྙིང་བཅུད་དང་ཕུན་སུམ་ཚོགས་པའི་ཉམས་མྱོང་། ཚན་རིག་ལག་རྩལ་སོགས་ཀྱི་ལེགས་ཆ་བསྡུ་ལེན་གང་ཐུབ་བྱས་ཏེ་རང་མི་རིགས་ཀྱི་རིག་གནས་དང་། དཔལ་འབྱོར། སློབ་གསོ་སོགས་སྔར་ལས་འཕེལ་རྒྱས་དང་དར་རྒྱས་སུ་གཏོང་དགོས། དགོས་པ་དེའི་ཕྱིར་མི་རིགས་གཞན་གང་ལ་རིག་གནས་དང་དཔལ་འབྱོར་སོགས་ཀྱིས་ཕྱུག་པ་མཐོང་ཚེ་མི་རིགས་དེའི་སྐད་ཡིག་དང་རིག་གནས་སོགས་ལ་བྱང་བའི་ལོ་ཙཱ་བ་སྐྱེད་སྲིང་བྱེད་དགོས་སོ།།

ལོ་ཙཱ་བ་ཞིག་ལ་མཚོན་ན། ཐོག་མར་བསྒྱུར་བྱ་དང་སྒྱུར་བྱེད་ཀྱི་སྐད་རིགས་གཉིས་ལ་བྱང་ཆུབ་དགོས་པ་དང་། དེའི་རིག་གནས་ཀྱི་རྒྱབ་ལྗོངས་དང་འབྲེལ་ཡོད་ཀྱི་རིག་གནས་ཤེས་བྱ་སོགས་ལ་རྒྱུས་མངའ་ཞིབ་ཚགས་དགོས། ད་དུང་ཡིག་སྒྱུར་གྱི་འཇུག་སྟོར་གཟབ་ནན་ཏན་ཏིག་དང་ཧུར་སྐྱེད་ཁུར་ལེན་གྱི་རྣམ་འགྱུར་ལྡན་དགོས། དེ་ཡང་ཡིག་སྒྱུར་གྱི་ལས་ལ་དངོས་སུ་འཇུག་སྐབས་ཐོག་མའི་ལས་རིམ་ནི་མ་ཡིག་གི་ནང་དོན་ལ་གོ་བ་དཔྱིས་ཕྱིན་པ་ཞིག་ཡོད་པའི་རྨང་གཞིའི་སྟེང་སྒྱུར་བྱེད་སྐད་ཀྱི་ཡིག་རིགས་ཀྱིས་མ་ཡིག་གི་བརྗོད་བྱའི་སྙིང་པོ་བསྒྱུར་དུ་མཚོན་དགོས་པ་ཞིག་ཡིན། རྒྱ་བོད་ཡིག་སྒྱུར་ལ་མཚོན་ན་ཡང་ཐོག་མར་རྒྱ་ཡིག་གི་དོན་ལ་གོ་བ་ལེགས་པོ་ལོན་པའི་རྨང་གཞིའི་ཐོག་བོད་ཡིག་གིས་རང་མི་རིགས་ཀྱི་བརྡ་སྤྲོད་ལུགས་དང་མཐུན་པའི་སྒོ་ནས་མ་ཡིག་གི་ནང་དོན་བསྒྱུར་དུ་མཚོན་དགོས། དེའི་གོ་རིམ་ཁྲིད་ནས་རྒྱ་བོད་གཉིས་ཀྱི་སྐད་རིགས་དང་བརྡ་སྤྲོད་སྟངས། རིག་གནས་ཀྱི་ཁྱད་པར་སོགས་ཡང་དག་པའི་སྒོ་ནས་རྒྱུས་མངའ་ལོན་དགོས། རྒྱ་བོད་སྐད་རིགས་གཉིས་ནི་སོ་སོའི་ཐུན་མོང་མ་ཡིན་པའི་ཁྱད་ཆོས་ལྡན་པའི་སྐད་རིགས་ཐ་དད་གཉིས་ཡིན་པ་དང་། སྐད་ཆའི་བརྡ་སྤྲོད་སྟངས་ལ་མི་འདྲ་བའི་ཁྱད་

པར་ཆེན་པོ་ལྡན་ཡོད། དེ་ལས་ཀྱང་རྒྱ་བོད་ཡིག་སྒྱུར་གྱི་ལག་ལེན་ཁྲོད་དུ་བྱ་ཚིག་གི་བརྗོད་སྒྲོད་སྟངས་ལ་མངོན་གསལ་གྱི་ཁྱད་པར་ཡོད་པའི་རྐྱེན་གྱིས་བྱ་ཚིག་གི་སྒྱུར་སྟངས་ནི་ཅུང་དཀའ་བའི་གནས་ཤིག་ཏུ་གྱུར། བྱ་ཚིག་གིས་ཚིག་གཅིག་གི་ཁྲོད་དུ་གཙོ་ཁྲིད་ཀྱི་ནུས་པ་བཟུང་ཡོད་པ་དང་། བྱ་ཚིག་བསྒྱུར་ལེགས་མིན་གྱིས་ཚིག་གམ་བརྗོད་པར་ཤུགས་རྐྱེན་ཟབ་མོ་ཐེབས་པའི་རྐྱེན་གྱིས་བྱ་ཚིག་གི་སྒྱུར་སྟངས་ལེགས་པར་ཞིང་དུ་ཚུད་རྒྱུ་ནི་གལ་ཆེ་བར་བསམ།

དང་པོ། རྒྱ་བོད་ཡིག་སྒྱུར་ལས་བྱ་ཚིག་གི་གཞི་བཤད།

ཡིག་སྒྱུར་གྱི་གོ་རིམ་ཁྲོད་དུ་སྒྱུར་བ་པོས་བསྒྱུར་བྱའི་མ་ཡིག་གི་ནང་དོན་གསལ་པོར་རྟོགས་པ་དང་། རྩོམ་པ་པོའི་བསམ་བློ་འཁྲིར་སོ་གང་ཡིན་ཤེས་པར་བྱས་ནས་བརྗོད་བྱའི་དོན་སྙིང་ཇི་བཞིན་མཚོན་པ་དང་། འགྱུར་ཡིག་གི་ཚིག་སྦྱོར་འབྲེལ་ཆགས་པ་དང་རང་སྐད་ཀྱི་ཐུན་མོང་མ་ཡིན་པའི་ཁྱད་ཆོས་དང་བརྗོད་སྒྲོད་ལུགས་ལ་མཐུན་པར་བྱེད་དགོས། བྱ་ཚིག་ནི་སྐད་ཆ་གཅིག་གི་ཁྲོད་ཀྱི་སྙིང་པོ་ཡིན་པ་དང་། གོ་རིམ་ལྡན་པ་དང་ཆ་ཚང་བའི་སྐད་ཆ་ཞིག་གམ་བརྗོད་པ་ཞིག་སྟོན་དུས་བྱ་ཚིག་གིས་དེའི་ནང་དོན་ཐིལ་བོར་བཀོད་སྒྲིག་བྱེད་ཀྱིན་ཡོད་པས། ཡིག་སྒྱུར་གྱི་གོ་རིམ་ཁྲོད་དུ་བྱ་ཚིག་གི་སྒྱུར་སྟངས་ལ་བློ་ཞིབ་མོ་བཏང་ནས་སྐབས་དོན་ལ་འཚོར་ཞིང་ཀུན་དང་མཐུན་པ་ཞིག་ཆགས་ཐུབ་པར་བྱས་ཆོ། བསྒྱུར་བྱ་མ་ཡིག་གི་བསྟན་དོན་ལ་གོ་བ་ཡང་དག་པ་ཞིག་ལོན་པ་དང་བརྗོད་སྙིང་སོགས་ཇི་མ་ཇི་བཞིན་དུ་སྟོན་ཐུབ་པ

གཅིག རྒྱ་བོད་བྱ་ཚིག་གི་ཁྱད་པར་མདོར་བསྡུས།

བོད་ཡིག་གི་བྱ་ཚིག་ནི་སྤྱིར་དོན་གྱི་ངོ་བོ་ཙམ་སྟོན་པའི་མིང་དང་མཚུངས་པར། འདོད་རྒྱལ་ཐོག་མའི་བྱ་བ་དང་རྗེས་གྲུབ་གཉིས་ལྡན་གྱི་བྱ་བ་ཞེས་པ་རིགས་གཉིས་སུ་དབྱེ་རྒྱུ་ཡོད་དེ། དཔེར་ན། ཟ་དང་། འཐུང་། བཤད། ཉན་སོགས་ལྟ་བུ་ནི་འདོད་རྒྱལ་ཐོག་མའི་བྱ་ཚིག་དང་། སློབ་སྦྱོང་དང་། མངོན་འགྱུར། འཛུགས་སྐྲུན་སོགས་ལྟ་བུ་ནི་རྗེས་གྲུབ་ཀྱི་བྱ་ཚིག་ཡིན། བྱ་ཚིག་ལ་བྱ་བྱེད་ཐ་དད་པ་དང་། རང་དབང་ཅན་གྱི་བྱ་ཚིག་དང་། སྐུལ་ཚིག་དང་དགག་སྒྲའི་སྐུལ་ཚིག་སྦྱོར་ཆོག་པའམ་མི་ཆོག་པ། བྱེད་པ་པོ་རྣམ་དབྱེ་གསུམ་པ་བྱེད་སྒྲ་འཇུག་ཐུང་བའམ་མི་ཐུང་བ། བྱ་བའི་ཁ་ལོ་སྒྱུར་ཐུབ་མིན། བྱ་བ་རང་འགྲུལ་དང་གཞན་སྐུལ་གྱི་ཁྱད་པར་སོགས་ཀྱི་དབྱེ་བ་འབྱེད་རྒྱུ་ཡོད་དོ། །

གཉིས། བྱ་ལས་ཀྱི་ཁྱད་པར།

རྒྱ་བོད་སྐད་ཡིག་གཉིས་ཀྱི་ཁྲོད་དུ་བྱ་ལས་གཉིས་ཀྱི་སྐད་ཆའི་གོ་རིམ་སྒྲིག་སྟངས་མི་འདྲ་སྟེ། རྒྱ་

ཡིག་གི་ནང་དུ་བྱ་ཚིག་སྔོན་དང་ལས་རྗེས་སུ་འབྲི་དགོས་པ་དང་། བོད་ཡིག་གི་བྱ་ཚིག་ནི་དེ་ལས་ལྡོག་སྟེ་ལས་སྔོན་དང་བྱ་ཚིག་རྗེས་སུ་འབྲི་དགོས་པ་ཡིན། དཔེར་ན། རྒྱ་ཡིག་གི་བྱ་ཚིག "吃饭"ཞེས་པ་བོད་ཡིག་ཏུ་བསྒྱུར་ན་ཟ་མ་ཟ་ཞེས་བསྒྱུར་དགོས་པ་དང་། དེ་བཞིན་དུ། "写作业"ལ་ལས་བྱ་འབྲི་བ་དང་། "开会"ལ་ཚོགས་འདུ་འཚོགས་པ། "学习知识"ཞེས་པ་ཡོན་ཏན་སློབ་པ་ལྟ་བུའོ། །རྒྱ་སྐད་ཀྱི་ཚིག་གི་སྒྲིག་རིམ་སྒྲིའི་འགྲོ་ལུགས་ནི་རིམ་པ་བཞིན་བྱེད་པ་པོའམ་བྱེད་པ་དང་། བྱ་ཚིག དེའི་རྗེས་སུ་ལས་སྦྱོར་དགོས་ལ། བོད་སྐད་ནི་རིམ་པ་ལྟར་དུ་བྱེད་པ་པོའམ་བྱེད་པ་དང་། ལས། དེའི་རྗེས་བྱ་ཚིག་ཡོད་དོ། །

གསུམ། དུས་གསུམ་སྟོན་པའི་ཁྱད་པར།

རྒྱ་སྐད་ལས་བྱ་བའི་མིང་ཡོད་ཚད་རང་ངོས་ན་དུས་གསུམ་གྱི་ཁྱད་པར་སྟོན་པའི་བྱེད་ནུས་མེད་སྟབས། དུས་གསུམ་གྱི་ཚིག་གྲོགས་ཏེ། དཔེར་ན། "在, 正在"(དུས་ད་ལྟ་བ་གསལ་བྱེད་ཀྱི་སྒྲ) "过, 已经, 了"(དུས་འདས་པ་གསལ་བྱེད་ཀྱི་སྒྲ) "要, 将要"(དུས་མ་འོངས་པ་གསལ་བྱེད་ཀྱི་སྒྲ) སོགས་སྦྱར་ན་ད་གཟོད་དུས་གསུམ་གང་ཡིན་གྱི་ཁྱད་པར་གསལ་པོར་མཚོན་ཐུབ་པ་རེད། བོད་སྐད་དེ་ལས་ལྡོག་སྟེ་བྱ་བའི་མིང་ཕལ་ཆེར་ལ་རང་ངོས་ནས་དུས་གསུམ་གསལ་བར་བྱེད་ཐུབ་པས་བྱ་བའི་མིང་ཁུང་ཤོས་ཤིག་མ་གཏོགས་དུས་གསུམ་གསལ་བྱེད་ཀྱི་སྒྲ་སྦྱོར་བའི་དགོས་པ་མེད། ཡང་བོད་སྐད་ལ་དུས་གསུམ་གསལ་བྱེད་ཀྱི་སྒྲ་ཡོད་དེ། བཞིན། གྱིན། གྱིན ("在, 正在") ནི་དུས་ད་ལྟ་བ་གསལ་བར་བྱེད་པའི་སྒྲ་སྟེ། བྱ་བ་གང་ཞིག་བྱེད་པ་སྟོན་པ་དང་། ཟིན། བཏང་། ཚར("过, 已经, 了") སོགས་ནི་དུས་འདས་པ་གསལ་བར་བྱེད་པའི་སྒྲ་སྟེ། བྱ་བ་གང་ཞིག་བྱས་པ་སྟོན་པ་ཡིན། རྒྱུ། འགྱུར། དགོས ("要, 将要") ནི་དུས་མ་འོངས་པ་གསལ་བར་བྱེད་པའི་སྒྲ་སྟེ། བྱ་བ་གང་ཞིག་བྱ་རྒྱུ་སྟོན་པ་ཡིན་ནོ། །

བཞི། ཡིན་མིན་དང་ཡོད་མེད་སོགས་ཤན་འབྱེད་གསལ་བྱེད་ཀྱི་སྒྲ་སྦྱོར་སྟངས།

རྒྱ་ཡིག་གི་ཁྲོད་དུ་ཡིན་དང་ཡོད་སོགས་ཤན་འབྱེད་བྱེད་ཀྱི་སྒྲ་ཡང་བྱ་ཚིག་གི་ཁོངས་སུ་གཏོགས་ཡོད་དེ། ཤན་འབྱེད་གསལ་བྱེད་ཀྱི་སྒྲ་འདིའི་བརྗོད་སྟངས་ནི་རྒྱ་བོད་སོ་སོའི་བརྗོད་སྟངས་མི་འདྲ་བ་ཡིན། རྒྱ་ཡིག་གི་ཁྲོད་དུ་རང་གཞན་གྱི་དབྱེ་བ་མེད་པར་ཡིན་མིན་གྱི་དབྱེ་བ་གསལ་བྱེད་ཀྱི་སྒྲ་ལ"是"ཞེས་པའི་ཡི་གེ་འདི་འབྲི་བ་ཡིན། འདི་ལ་དགག་སྒྲ་སྦྱར་མ་སྦྱར་གྱི་ཁྱད་པར་མ་གཏོགས་མེད། བོད་ཡིག་གི་ནང་དུ་རང་ཉིད་སྟོན་པ་ལ་ཡིན་ནམ་མ་ཡིན་དང་། ཕ་རོལ་པོ་སྟོན་པ་ལ་རེད་མ་རེད་

སོགས་བརྗོད་སྟངས་མི་འདྲ། ཡོད་མེད་ཀྱི་ཁྱད་པར་མཚོན་སྐབས་ཀྱང་། རྒྱ་ཡིག་ཏུ"有"ཞེས་པ་སྒྲ་ལ་ཡང་རང་གཞན་གྱི་དབྱེ་བ་མེད་པར་རང་གཞན་གཉིས་ཀ་ལ་སྦྱར་ཆོག་པ་དང་། བོད་ཡིག་གི་ཁྲོད་དུ་རང་སྟོན་པའི་སྐབས་སུ་ཡོད་དང་མེད་ཅེས་པའི་ཐ་སྙད་སྦྱར་བ་དང་། ཕ་རོལ་པོ་སྟོན་པའི་སྐབས་སུ་འདུག་དང་མི་འདུག་ཅེས་འབྲི་བ་ཡིན། དཔེར་ན། "我是个学生"ལ། བོད་སྐད་དུ་ང་ནི་སློབ་མ་ཞིག་ཡིན་ཞེས་བསྒྱུར་དགོས་པ་དང་། ཡང"她是一位老师"ལ། བོད་སྐད་དུ་ཁོ་མོ་ནི་དགེ་རྒན་ཞིག་རེད་ལྟ་བུའོ།།

གཉིས་པ། རྒྱ་བོད་ཡིག་སྒྱུར་ལས་བྱ་ཚིག་གི་སྒྱུར་སྟངས་འགའ་བཤད་པ།

འགྲོ་བ་མིའི་རིགས་བྱུང་ནས་སོ་སོའི་འཚོ་བའི་གོམས་གཤིས་ཁྲོད་དུ་ལས་གང་ཞིག་གསལ་བར་བྱེད་པའི་སྒྲ་དེ་ལ་མིང་ངམ་བརྗོད་ཐུན་མོང་མ་ཡིན་པ་ཞིག་ཆགས་ཡོད་ལ། རྒྱ་བོད་མི་རིགས་གཉིས་ལ་མཚོན་ན་ཡང་དེ་བཞིན་ཡིན། དེ་དག་གི་ཁྱད་པར་ཡང་གོང་ནས་ཅུང་ཙམ་གླེང་ཡོད། ཁྱད་པར་དེ་ཤེས་པའི་རྨང་གཞིའི་སྟེང་རྒྱ་བོད་ཡིག་སྒྱུར་ལས་བྱ་ཚིག་གི་སྒྱུར་སྟངས་ཡང་དག་པ་ཞིག་ཤེས་དགོས། སྤྱིར་རྒྱ་བོད་ཡིག་སྒྱུར་གྱི་ཁྲོད་མིང་གི་སྒྱུར་སྟངས་ལ་གཙོ་བོ་དོན་སྒྱུར་དང་ཐད་སྒྱུར། སྒྲ་སྒྱུར་ཞེས་རྩ་བའི་སྒྱུར་ཐབས་གསུམ་ཡོད་ལ། ཡིག་སྒྱུར་གྱི་ལག་ལེན་དང་ཡིག་སྒྱུར་བྱས་ཟིན་པའི་བསྒྱུར་རྩོམ་སོགས་ལ་རོལ་སྐྱོང་བྱེད་པའི་སྐབས་དེར་རྒྱ་ཡིག་གི་བྱ་བའི་མིང་ནི་གཙོ་བོ་དོན་སྒྱུར་བྱེད་དགོས་ཏེ། ཚིག་གཅིག་གི་ཁྲོད་དུ་བྱ་བ་ཅི་ཞིག་བྱེད་པའི་མིང་དེ་ནི་ངེས་པར་དུ་ཇི་བཞིན་དུ་དོན་སྒྱུར་དང་སྐབས་བསྟུན་སྒྱུར་བ་སོགས་ཀྱི་བྱེད་ཐབས་སྤྱོད་པ་ལས་སྒྲ་སྒྱུར་གྱི་ཐབས་སྤྱོད་མི་ཆོག་པ་ནི་ཐེ་ཚོམ་སྨྲ་ཙམ་ཡང་མི་དགོས། གཤམ་ནས་རྒྱ་ཡིག་གི་བྱ་ཚིག་བོད་ཡིག་ཏུ་སྒྱུར་སྟངས་ཅུང་ཟད་གླེང་བར་བྱ་བ་ལ།

གཅིག རྒྱ་ཡིག་གི་བསྟན་དོན་ཉེ་བའི་བྱ་ཚིག་གི་སྒྱུར་སྟངས།

རྒྱ་ཡིག་ཁྲོད་དུ་དཔེར་ན། "询问"དང་"讯问"གཉིས་ཀྱིས་དོན་སོ་སོར་སྟོན་གྱིན་ཡོད་ནའང་། བོད་ཡིག་ཏུ་སྒྱུར་དུས་ཞུ་བ་ལེན་པ། དྲི་བ་འདོན་པ། འདྲི་ཞིབ་བྱེད་པ། སྐད་ཆ་འདྲི་བ་སོགས་གང་ཡིན་ཡང་འདྲི་ཡུལ་གྱི་ཁ་གཏད་ས་གསལ་བོར་མི་རྟོགས་པས། གནས་ཚུལ་འདི་ལྟ་བུ་ལ་འཕྲད་ན་ཐ་སྙད་དེ་གཉིས་ལ་འོས་ཤིང་འཚམས་པའི་བརྗོད་ཚད་རེ་རེ་སྦྱར་ཏེ་ཐ་སྙད་གཉིས་ཀ་ཁྱད་པར་ཕྱེས་ཏེ་བསྒྱུར་བ་ལེགས། རྒྱ་ཡིག་གི་བྱ་ཚིག་ཁྲོད་དུ་བྱ་བའི་མིང་ཁ་ཤས་ལ་སྐད་ཆའི་བརྗོད་སྟངས་ཀྱི་ཤུགས་དྲག་ཞན་གྱི་ཁྱད་པར་ཡོད་དེ། དཔེར་ན། "批评"དང་"批驳"གཉིས་ནི་ནང་དོན་ཐག་ཉེ་བའི་བྱ་ཚིག་གཉིས་ཡིན་ལ། "批评"ཞེས་པའི་བསྟན་དོན་ནི་མི་གཞན་གྱི་སྐྱོན་ཆ་དང་ནོར་འཁྲུལ་ལ་ཐེར་འདོན་དང་

བསམ་འཆར་བཏོན་ཏེ་ནོར་འཁྲུལ་སྤང་དགོས་པའི་དོན་བསྟན་ལ་སྐད་ཆའི་ཤུགས་དེ་འདྲའི་དྲག་པོ་ཞིག་མིན། སྤྱིར་བཏང་དུ་བོད་ཡིག་ཏུ་སྒྱུར་དུས་སྐྱོན་བརྗོད་བྱེད་ཞེས་བསྒྱུར་ཆོག་ལ། "批驳"ནི"批评"ལས་སྐད་ཆའི་ཤུགས་དྲག་པ་ཡིན་པས། རྒྱུན་དུ་དགག་པ་བརྒྱབ་ཅེས་བསྒྱུར་བ་ཡིན་ནོ།།

ཡང་བྱ་ཚིག་འགའ་ཞིག་ནང་དོན་ཐོག་ནས་ཕལ་ཆེར་འདྲ་ཡང་། ཚིག་གཅིག་གི་ཁྲོད་དུ་སྦྱར་དུས་ཁྱད་པར་ཆེ་སྟེ། ཡིག་སྒྱུར་བྱེད་སྐབས་དེའི་སྐད་ཆའི་ཁོར་ཡུག་ལ་གཞིགས་ནས་ཡིག་སྒྱུར་བྱེད་དགོས་པ། དཔེར་ན། "爱戴"དང"爱护"ལྟ་བུར་མཚོན་ན། "爱戴"ནི་གང་ཟག་ལས་དངོས་པོ་ལ་མི་འཇུག་པ་དང་། འོག་རིམ་གྱིས་གོང་རིམ་ལ་བརྩི་བཀུར་དང་དགའ་བ་སོགས་མཚོན་པས་བོད་ཡིག་ཏུ་སྒྱུར་དུས་དགའ་གུས་བྱེད་ཅེས་བསྒྱུར་ཆོག"爱护"ནི་དེ་ལས་བཀོལ་རྒྱ་ཅུང་ཟད་ཆེ་བ་ཡིན། དཔེར་ན"爱护战士、爱护孩子、爱护身体、爱护公共财物"ལ་སོགས་ལ་སྦྱར་ཆོག་པས"爱戴"ལས་བཀོལ་རྒྱ་ཆེ་བ་ཡིན། དེ་དག་རིམ་བཞིན་བོད་ཡིག་ཏུ་བསྒྱུར་ན། འཐབ་འཛིང་བ་རྣམས་ལ་གཅེས་སྐྱོང་བྱེད། ཕྲུ་གུར་བྱམས་སྐྱོང་བྱེད། གཟུགས་པོར་བདག་སྐྱོང་བྱེད། སྤྱི་བའི་རྒྱུ་ནོར་ལ་གཅེས་སྲུས་བྱེད་བཅས་སུ་བསྒྱུར་དགོས་པ་དང་། འདིའི་སྐབས་ཀྱི"爱护"ནི་གཅེས་སྐྱོང་བྱེད་པ། བྱམས་སྐྱོང་བྱེད་པ། བདག་སྐྱོང་བྱེད་པ། གཅེས་སྲུས་བྱེད་པ་བཅས་བྱ་བའི་ཡུལ་མི་འདྲ་བ་ལ་བརྟེན་ནས་བྱ་ཚིག་དེའི་ནང་དོན་ཡང་སྐབས་དེའི་སྦྱོར་སའི་བྱ་བའི་ཡུལ་དང་བསྟུན་ནས་མཐུན་པར་བསྒྱུར་བ་ནི་བོད་སྐད་ཀྱི་ཐུན་མོང་མ་ཡིན་པའི་ཁྱད་ཆོས་ཤིག་ཡིན་ནོ།།

གཞན་ཡང་"消除"དང"消灭"ལྟ་བུ་ནི་བསྟན་དོན་ཉེ་བའི་བྱ་ཚིག་གཉིས་ཡིན་ལ། སྤྱིའི་དོན་ནི་མེད་པར་བཟོ་བའམ་ཤུལ་མེད་དུ་བཏང་བར་འཇུག་ཀྱང་དོན་གྱི་འཇུག་ཡུལ་མི་འདྲ་སྟེ། "消除"ནི་སྐྱོན་ནམ་གནོད་པ་སོགས་མེད་པར་བཏང་བའམ་སེལ་བའི་དོན་དུ་འཇུག་པ་དང་། བསལ་ཏེ་མེད་པར་བྱས་ནའང་ཕྱིར་མི་བྱུང་བའི་ངེས་པ་མེད་ཅིང་། "消灭"ནི་གནོད་ཕྱོགས་ཀྱི་ཡུལ་དེ་རྩ་བ་ནས་ཤུལ་མེད་དུ་བཏང་བར་འཇུག་པ་དང་། རྩ་བ་ནས་མེད་པར་བྱས་པའི་དོན་ཡིན་པས་ཕྱིར་མི་འབྱུང་བའི་དོན་ཡིན། དེ་དག་སོ་སོ་བོད་ཡིག་ཏུ་སྒྱུར་དུས"消除"ལ་སེལ་བ་དང་། "消灭"ལ་རྩ་མེད་དུ་འགྲོ་བའམ་ཤུལ་མེད་དུ་གཏོང་བ་སོགས་སུ་བསྒྱུར་ན་ཅུང་ལེགས་པར་སྙམ་སྟེ། དཔེར་ན། "你应该消除顾虑，勇敢地做决定。"ཞེས་པར་ཁྱེད་ཀྱིས་དོགས་པ་བསལ་ཏེ་སྙིང་སྟོབས་ཆེན་པོའི་སྒོ་ནས་ཐག་གཅོད་དགོས། ཞེས་བསྒྱུར་བ་ལྟ་བུ་དང་། ཡང་། "坚决地消灭敌人。"ཞེས་པ་བོད་ཡིག་ཏུ་བསྒྱུར་ན། སྙིང་ཐག་རྡད་ཆོད་ཀྱིས་དགྲ་བོ་ཚར་གཅོད་དགོས་ཞེས་པ་ལྟ་བུའོ།།

ཡང་རྒྱ་ཡིག་གི་བྱ་ཚིག་ཁྲོད་དུ་བྱ་ཚིག་ཁ་ཤས་ཤིག་ནི་བཟང་ངན་གཉིས་ཀ་དང་བར་མའི་དོན་བསྟན་པའི་བྱ་ཚིག་ཡིན་ལ། དེ་ནི་སྐབས་དེའི་བརྗོད་པ་རྫིལ་བོའི་ནང་དོན་དང་། ཚིག་གོང་འོག་གི་བསྟན་དོན་ལ་གཞིགས་ནས་བྱ་བའི་མིང་དེའི་བསྟན་དོན་བརྡར་ཤ་གཅད་དགོས་ཏེ། དཔེར་ན། རྒྱ་ཡིག་གི་བྱ་ཚིག "影响" ལྟ་བུར་མཚོན་ན། སྤྱིར་བཏང་དུ་ཤུགས་རྐྱེན་ཞེས་བསྒྱུར་ཡོད་ལ། དེ་ནི་བྱ་ཚིག་ཡིན་པའི་སྐབས་སུ་ཤུགས་རྐྱེན་བཟང་པོའི་ཕྱོགས་དང་ངན་པའི་ཕྱོགས་གཉིས་ཀ ད་དུང་བཟང་ངན་གྱི་དབྱེ་བ་གང་ཡང་མེད་པར་ཤུགས་རྐྱེན་རྐྱང་རྐྱང་སོགས་བསྟན་གྱིན་ཡོད་པས། སྐབས་དེའི་བརྗོད་བྱའི་ནང་དོན་ལ་གཞིགས་ནས་བོད་ཡིག་ཏུ་བསྒྱུར་དགོས་ཚུལ་ཐད་དཔེར་བརྗོད་ཅིག་དྲངས་ནས་བཤད་ན། "这场改革不仅影响中国，而且会影响世界。" ཞེས་པ་ ལྟ་བུ་ནི་ཤུགས་རྐྱེན་གྱི་བཟང་ངན་གང་ཡང་བསྟན་མེད་པས་བོད་ཡིག་ཏུ་བསྒྱུར་ན། བསྒྱུར་བཅོས་འདིས་ཀྲུང་གོར་ཤུགས་རྐྱེན་གཏོང་ངེས་ཡིན་པར་མ་ཟད། འཛམ་གླིང་ལའང་ཤུགས་རྐྱེན་གཏོང་ངེས་ཡིན། ལྟ་བུ། "不要影响卓玛学习。" ལྟ་བུར་མཚོན་ན། སྐབས་འདིའི "影响" ནི་ཤུགས་རྐྱེན་ངན་པའི་དོན་བསྟན་གྱིན་ཡོད་པས། བོད་ཡིག་ཏུ་བསྒྱུར་དུས་སྒྲོལ་མའི་སློབ་སྦྱོང་ལ་གནོད་རྐྱེན་མ་བཟོ་ཞེས་བསྒྱུར་དགོས་པ་ལྟ་བུའོ། །

གཉིས། དོན་དུ་མ་ཅན་གྱི་བྱ་ཚིག་སྒྱུར་སྟངས།

1. རྒྱ་ཡིག་གི་བྱ་ཚིག་དོན་དུ་མ་ཅན་ལ་འཇུག་ཚུལ།

རྒྱའི་བརྡ་སྤྲོད་དུ་བྱ་བའི་མིང་གང་ཞིག་ཕན་ཚུན་འབྲེལ་བ་ཡོད་པའི་དོན་མི་འདྲ་བ་གཉིས་སམ་གཉིས་ཡན་ཆད་སྟོན་པའི་རིགས་མང་། རྒྱ་བོད་སྐད་གཉིས་ལ་མཚོན་ན། དོན་རྐྱང་མའི་མིང་ནི་ཉུང་ཤས་དང་དོན་དུ་མར་འཇུག་པའི་མིང་ནི་མང་ཤོས་ཡིན་ལ། ལོ་ཙཱའི་སྐབས་སུ་དོན་དུ་མ་ཅན་གྱི་མིང་ཡིག་སྒྱུར་བྱེད་པ་ནི་ཅུང་དཀའོ། ། དེ་ཡང་གཙོ་བོ་དོན་རྟོགས་དཀའ་སླའི་དབང་གིས་ཡིན་ཏེ། དོན་རྐྱང་མའི་མིང་ལ་རྒྱུན་པར་གོ་ཚུལ་གཅིག་ལས་མེད་པས། དོན་དེ་ཉིད་རྟོགས་རྗེས་སྤྱིར་བཏང་ཐད་སྒྱུར་བྱས་ཆོག་མོད། དོན་དུ་མའི་མིང་ནི་ཚིག་བབ་དང་བསྟུན་ནས་གོ་ཚུལ་སྣ་ཚོགས་ཤིག་ཡོད་པས། དོན་དེ་དག་རེ་རེ་བཞིན་ཤེས་རྗེས་ད་གཟོད་སྐབས་བསྟུན་མཐུན་སྒྱུར་བྱེད་དགོས་པ་ཡིན། ལྷག་པར་དུ་རྒྱ་བོད་སྐད་གཉིས་ཀྱི་དོན་དུ་མའི་མིང་གི་གྲུབ་ཚུལ་ལ་ཁྱད་ཆེ་བ་དང་། རྒྱའི་དོན་དུ་མ་ཅན་གྱི་མིང་གི་འཇུག་ཡུལ་ནི་སྤྱིར་བཏང་ཤིན་ཏུ་རྒྱ་ཆེ་བས་ཕལ་ཆེར་བློར་ཤོང་དཀའ་བ་ཞིག་སྟེ། དེ་ལས་མང་ཆེ་བར་སྒྲ་ཚིག་རྐྱང་སྦྲགས་གཉིས་ཀྱི་སྐབས་སུ་ཉུང་ན་དོན་བཅུ་ཙམ་དང་། མང་ན་དོན་བརྒྱ་ཕྲག་ལྷག་ཡོད། དཔེར་ན། "打" ཞེས་པའི་བྱ་ཚིག་འདི་ལ་མཚོན་ན་རྒྱ་ཡིག་ཚིག་མཛོད་ནང་དུ་ནང་དོན416ལྷག་འདུས་ཡོད། ལོ་ཙཱའི་གོ་རིམ་

ཁྱད་དུ་ཐོག་མར་མ་ཡིག་གི་ནང་དོན་ལ་གོ་བ་ལེན་དགོས་པ་དང་། མ་ཡིག་གི་བསྟན་དོན་ལ་གོ་བ་ཡང་དག་པ་ཞིག་ཡོད་པའི་རྨང་གཞིའི་སྟེང་ནས་སྒྱུར་བྱེད་ཡིག་རིགས་ཀྱིས་དེའི་བསྟན་དོན་ཡང་དག་པ་དང་ཇི་བཞིན་དུ་ཕབ་སྒྱུར་བྱས་པ་ཡིན་པས། མ་ཡིག་གི་ནང་དོན་ལ་གོ་བ་ནོར་ཚེ་འགྱུར་ཡིག་ལའང་ནོར་འཁྲུལ་འབྱུང་བ་ནི་སྨྲོས་མ་དགོས་པ་ཞིག་ཡིན། དེའི་རྐྱེན་གྱིས་བསྒྱུར་བྱའི་ཁྱད་ཀྱི་དོན་དུ་མ་ལ་འཇུག་པའི་བྱ་ཚིག་གི་དོན་གསལ་པོ་ཞིག་ཤེས་རྒྱུ་གལ་ཆེ་བ་ཡིན། སྤྱིར་རྒྱ་ཡིག་གི་བྱ་ཚིག་གཅིག་དོན་དུ་མར་འཇུག་པའི་གནས་ཚུལ་མང་བ་དང་དེའི་ཤོང་ཚད་ཀྱང་མང་བའི་རྐྱེན་གྱིས་ཡིག་སྒྱུར་གྱི་གོ་རིམ་ཁྲོད་ཐད་ཀར་རྒྱ་ཡིག་གི་བྱ་ཚིག་དེའི་དོན་དང་ཁ་གཏད་པའི་བོད་ཡིག་གི་བྱ་བའི་མིང་ངམ་བྱ་ཚིག་གཅིག་ཏུ་རྟོགས་པ་ནི་ཤིན་ཏུ་དཀའོ། །

སྤྱིར་གོང་དུ་བཤད་པ་བཞིན་རྒྱའི་དོན་དུ་མ་ལ་འཇུག་པའི་བྱ་ཚིག་གི་རིགས་འདིར་གཅིག་ནས་དོན་གྱི་འཇུག་ཡུལ་ཤིན་ཏུ་རྒྱ་ཆེ་བ་དང་། གཉིས་ནས་བོད་ཡིག་དང་བསྡུར་ན་གྲངས་འབོར་ཧ་ཅང་མང་བས། དེའི་སྒྱུར་ཚུལ་ནི་ཆོས་ཉིད་གཅིག་ཏུ་ཕྱོགས་སྡོམ་བྱེད་བསམས་ན་དཀའ་མོད། ང་ཚོས་རྒྱའི་དེང་རབས་བརྡ་སྤྲོད་པའི་གཞུང་ལ་ཁུངས་བྱས། རྒྱ་བོད་ལོ་ཙཱ་བའི་ད་ཡོད་ཀྱི་དཔྱད་འབྲས་རྣམས་གཞིར་བཟུང་ནས་སྨྲས་ན་རྒྱ་ཡིག་གི་དོན་དུ་མའི་བྱ་ཚིག་དེ་བོད་ཡིག་ཏུ་སྒྱུར་དུས་རྒྱ་ཡིག་ཏུ་རྩ་བའི་དོན་ཁོ་ནར་འཇུག་པ་དེ་བོད་ཡིག་ཏུ་དོན་སྣ་ཚོགས་སུ་བསྒྱུར་དགོས་པ་ཡིན་ནོ། །

2.རྒྱ་ཡིག་གི་བྱ་ཚིག་དོན་རྐྱང་བ་ཅན་བོད་ཡིག་ཏུ་དོན་དུ་མར་བསྒྱུར་བ།

རྒྱ་བོད་བརྡ་སྤྲོད་དང་སྐད་ཆ་བཤད་སྟངས་ཀྱི་ཁྱད་པར་གྱི་དབང་གིས་རྒྱ་ཡིག་གི་བྱ་ཚིག་འགའ་རེ་བོད་ཡིག་ཏུ་བསྒྱུར་དུས་སྐབས་དེའི་ཚིག་གོང་འོག་གི་སྐད་ཆའི་བཤད་སྟངས་དང་བརྗོད་བྱའི་བསྟན་དོན། བྱ་ཚིག་གི་བྱ་བའི་ཡུལ་སོགས་མི་འདྲ་བའི་དབང་གིས་བོད་ཡིག་ཏུ་དོན་དུ་མར་བསྒྱུར་དགོས་པ་ཡོད་དེ། དཔེར་ན། “提高技能”དང“提高质量”“提高产量”“提高水平”ལྟ་བུར་མཚོན་ན། སྤྱིར“提高”ཞེས་པ་ནི་བོད་ཡིག་ཏུ་མཐོ་རུ་གཏོང་བའི་དོན་ལ་འཇུག་པ་དང་། “提高”ཞེས་པ་ལས་འདི་ནི་སྦྱར་བའི་ཡུལ་མི་འདྲ་བའི་དབང་གིས་སྒྱུར་དུས་ཀྱང་དོན་མི་འདྲ་བ་སྟོན་གྱིན་ཡོད། གོང་གི་དཔེར་བརྗོད་དེ་དག་རིམ་པ་བཞིན་བོད་ཡིག་ཏུ་བསྒྱུར་ན། ནུས་རྩལ་ཇེ་ཆེར་གཏོང་བ་དང་སྤུས་ཀ་ཇེ་ལེགས་སུ་གཏོང་བ། ཐོན་ཚད་ཇེ་མང་དུ་གཏོང་བ། ཆུ་ཚད་ཇེ་མཐོར་གཏོང་བ་ཞེས་རྒྱ་ཡིག་གི་བྱ་ཚིག་དེ་བོད་ཡིག་ཏུ་བསྒྱུར་སྐབས་གང་ལ་གང་འཚམ་གྱིས་བསྒྱུར་དགོས། སྐབས་དེའི་བརྗོད་བྱའི་བསྟན་དོན་དང་བྱ་བའི་ཡུལ། མིང་གི་སྔ་ཕྱི་དང་ཚིག་བབ་ལ་བསྟུན་ཏེ་སྦྲ་སྦྱོར་བམ་གཉིས་ལས་དོན་དང་མི་འགལ་

ལ་བོད་སྐད་དང་གར་བདེ་བར་གྱིས་ཤིག་ཅེས་པ་ལྟར་བསྒྱུར་བ་ལས། ཐུས་ཚད་མཐོར་འདེགས་གཏོང་བ་དང་ཐོན་ཚད་མཐོར་འདེགས་གཏོང་བ། ནུས་རྩལ་མཐོར་འདེགས་གཏོང་བ་ཞེས་བསྒྱུར་ན་བཙན་བསྒྱུར་ཏུ་སོང་བར་སྙམ་མོ།།

གསུམ། ཚིག་གི་སྦྱོར་སྟངས་ལ་གཞིགས་ནས་བྱ་ཚིག་གི་སྒྱུར་སྟངས།

སྐད་རིགས་ཤིག་གི་བརྗོད་སྒྲོད་ལས་མིང་གི་སྦྱོར་སྟངས་དང་ཚིག་གི་སྦྱོར་སྟངས་ནི་མི་རིགས་དེའི་ཡུན་རིང་གི་འཚོ་བའི་གོམས་གཤིས་དང་སྐད་ཆ་བཤད་སྟངས་ལས་གཏན་འཇགས་སུ་སོང་ཡོད་ལ། སྐད་རིགས་སོ་སོར་ཐུན་མོང་མ་ཡིན་པའི་ཁྱད་ཆོས་ལྡན་ཡོད། རྒྱ་ཡིག་གི་ཚིག་གི་སྦྱོར་སྟངས་འགའ་ནི་བོད་སྐད་དུ་ཇི་བཞིན་དུ་བསྒྱུར་མི་འཚམ་པའམ་སྦྱོར་སྟངས་དེ་རིགས་ལ་མི་འོས་པ་ཡོད་པས། ཡིག་སྒྱུར་གྱི་གོ་རིམ་ཁྲོད་ཚིག་གི་སྦྱོར་སྟངས་ལ་གཞིགས་ནས་བྱ་ཚིག་གི་བསྟན་དོན་མཚོན་པའམ་ཡིག་སྒྱུར་བྱ་རྒྱུ་ནི་ཤིན་ཏུ་གལ་ཆེའོ།། རྒྱ་ཡིག་གི་བྱ་ཚིག "开"ནི་བོད་ཡིག་གི་བྱ་ཚིག་འབྱེད་དང་བསྟན་དོན་འདྲ་བས། སྐབས་འགར་དོན་མཚུངས་པར་སྟོན་པ། དཔེར་ན། "开门"ལ་སྒོ་འབྱེད་པ། "开幕"ལ་ཡོལ་བ་འབྱེད་པ། "开窍"ལ་བློ་སྒོ་འབྱེད་པ། "开矿"ལ་གཏེར་ཁ་འབྱེད་པ། ཞེས"开"ཞེས་པའི་བྱ་ཚིག་ལ་འབྱེད་ལྟར་དུ་བསྒྱུར་ཆོག་ལ། ཡང་བོད་སྐད་ཀྱི་སྐད་ཆའི་བརྗོད་སྟངས་ཀྱིས་སྐབས་འགར"开"ཞེས་པའི་བྱ་ཚིག་ལ་འབྱེད་ལྟར་དུ་བསྒྱུར་མི་ཆོག་སྟེ། དཔེར་ན། "开国"ལ་རྒྱལ་ཁབ་དབུ་བརྙེས་པ། "开工"ལ་ལས་འགོ་འཛུགས་པ། "开荒"ལ་ས་རྣོད་སློག་པ། "开山"ལ་རི་གཤག་པ། "开春"ལ་དཔྱིད་ཚེས་པ། "开渠"ལ་ཡུར་བ་བཟོ་བ་ལྟ་བུ་བཅས་སུ་བསྒྱུར་པ་ལས"开"ཞེས་པའི་བྱ་ཚིག་ཡོད་ཚད་འབྱེད་ལྟར་བསྒྱུར་མི་ཆོག་པས། ཚིག་གི་སྦྱོར་སྟངས་ལ་གཞིགས་ནས་ཡིག་སྒྱུར་བྱེད་དགོས། ཡང་དཔེར་ན། "放箭"ལ་མདའ་འཕེན་པ། "放毒"ལ་དུག་འདེབས་པ། "放牧"ལ་ཕྱུག་འཚོ་བ། "放学"ལ་སློབ་གྲྭ་གྲོལ་བ། "放光"ལ་འོད་འཕྲོ་བ་ཞེས་རྒྱ་ཡིག་གི་བྱ་ཚིག "放"ཞེས་པར་དེའི་ཚིག་གྲོགས་མ་གཅིག་པ་ལས་དོན་ཡང་འགྱུར་ལྡོག་བྱུང་བ་ནི་རྨོངས་མ་དགོས། དེའི་རྐྱེན་གྱིས་བོད་ཡིག་ཏུ་སྒྱུར་བའི་སྐབས"放"ཞེས་པའི་བྱ་ཚིག་འདི་ནི་བསྟན་བྱ་མ་འདྲ་བ་དང་བསྟུན་ནས་བོད་ཡིག་ཏུ་སྒྱུར་སྲོལ་ཡང་མི་འདྲ་བས་ང་ཚོས་ཡིག་སྒྱུར་བྱེད་པའི་གོ་རིམ་ཁྲོད་དུ་ངེས་པར་དུ་སྐབས་བབ་ཀྱི་དོན་དང་བསྟུན་ནས་ཡང་དག་པར་བསྒྱུར་དགོས་སོ།།

རྒྱ་སྐད་ལ་མཆོན་ན་མིང་བརྗོད་ཕན་ཚུན་སྦྱོར་སྟངས་ཀྱི་ཆ་ནས་ལ་ལར་ཙུང་གཏན་ཚིགས་ཀྱི་རང་བཞིན་ལྡན་པ་དང་ལ་ལར་ངེས་གཏན་ཆེར་མེད་སྟབས། སྦྱོར་ཡུལ་མི་འདྲ་བའི་སྐབས་སུ་དོན་ཡང་ཐ་

དང་དུ་སྟོན་པ་ཡིན། དཔེར་ན། རྒྱ་ཡིག་གི་བྱ་ཚིག "讲" ལྟ་བུར་མཚོན་ན། "我讲过" "讲大局" "讲效益" "讲课文" སོགས་སྦྱོར་བྱའི་བྱ་བའི་ཡུལ་མི་འདྲ་བའི་དབང་གིས་དོན་ཡང་མི་འདྲ་ཐ་དད་དུ་སྣང་ཡོད་པ་ལྟ་བུ། རྒྱ་བོད་གཉིས་ཀྱི་ཡི་གེའི་ངོ་བོ་དང་སྐད་བརྡ་སྤྲོད་ལུགས་མི་འདྲ་བའི་དབང་གིས་རྒྱ་ཡིག་གི་སྐད་བརྡའི་ཁོར་ཡུག་ནང་མིང་བརྡ་གཉིས་ཕན་ཚུན་བསྡེབས་ན་ཚིག་སྔ་ཕྱི་འབྲེལ་ཆགས་ཤིང་དོན་ལ་འགྱུར་ཡང་བོད་སྐད་དུ་མི་འགྱུར་བའི་གནས་ཚུལ་ཤིན་ཏུ་མང་། གོང་གི་རྒྱ་ཡིག་དེ་དག་སྒྱུར་བ་ལ་རིམ་པ་བཞིན་བསྒྱུར་ན་ངས་བཤད་སྔོང་། ཁྱོན་ཡོངས་ལ་བསམས་གཞིགས་བྱེད་པ། ཕྱུས་ཚད་ལ་དང་དོད། སློབ་ཚན་འཁྲིད་པ་ཞེས་རྒྱ་ཡིག་གི་བྱ་ཚིག " 讲 " དེ་བོད་ཡིག་ཏུ་སྒྱུར་སྐབས་གང་ལ་གང་འཚམ་གྱིས་བསྒྱུར་དགོས། བསྒྱུར་བྱའི་བྱ་ཚིག་གང་དེའི་སྦྱོར་ཡུལ་བྱེ་བྲག་པར་བལྟས་ནས་བསྟན་དོན་མ་འཁྲུལ་བར་བརྟར་ཤ་བཅད་པའི་སྟོན་འགྲོའི་འོག བོད་ཀྱི་སྐད་བརྡའི་ཁོར་ཡུག་ནང་ཚིག་གི་སྦྱོར་འགྲིག་མིན་དང་ཚིག་དོན་གསལ་མིན། གཏན་ཚིགས་དང་མཐུན་མིན་སོགས་གང་ཅིའི་ཐད་ལ་གཞིགས་ནས། བོད་རང་ལ་སྨར་ནས་གོམས་ཤིང་སྲོལ་དུ་ཆགས་ཡོད་པའི་ཚིག་གི་སྦྱོར་སྟངས་ལྟར་མིང་བརྡ་གང་ལ་གང་འཚམ་དུ་སྦྱར་ནས་མ་ཡིག་གི་དོན་དེ་མཚོན་དགོས་པ་ལས། ངས་བཤད་སྔོང་། ཁྱོན་ཡོངས་ལ་བཤད་པ། ཕྱུས་ཚད་ལ་བཤད་པ། སློབ་ཚན་བཤད་པ་ཞེས་པ་ལྟར་དུ་རྒྱ་སྐད་ལ་ཞུ་ཚུགས་ཀྱིས་བསྒྱུར་ནས་ཞྭ་དཔེ་ལྟམ་འགེབས་བྱེད་མི་རུང་སྟམ་མོ། །

བཞི། དོན་གྱི་སྙིག་སར་གཞིགས་ནས་བྱ་ཚིག་སྒྱུར་བ།

བྱ་ལས་ཀྱི་འབྲེལ་བ་སྟོན་སྐབས་རྒྱ་ཡིག་དང་བོད་ཡིག་གི་བརྡ་སྤྲོད་ཀྱི་ཁྱད་པར་ལས་རྒྱ་ཡིག་གི་ཁྲོད་དུ་ལས་སྟོན་དང་བྱ་བ་རྗེས་སུ་ཡོད་པ་དང་། བོད་ཡིག་གི་ཁྲོད་དུ་བྱ་བ་སྟོན་དང་ལས་རྗེས་སུ་ཡོད་པའི་སྐོར་གོང་ནས་གླེང་ཡོད། བྱ་ཚིག་དང་ཚིག་ཕྲིལ་པོའི་དོན་ལ་གཞིགས་ནས་བརྗོད་པའི་ནང་དོན་དང་ཚིག་གཅོད་མཚམས་སོགས་ལ་དབྱེ་ཞིབ་དང་ངོས་འཛིན་བྱ་རྒྱུ་ནི་ཡིག་སྒྱུར་ཁྲོད་ཀྱི་གནད་དོན་གལ་ཆེན་ཞིག་ཡིན་ལ། དེ་ཡང《སྒྲ་སྦྱོར་བམ་གཉིས》ལས། "……རྐྱང་པ་ལ་ནི་དོན་གང་ལ་བསྙེགས་པ་ཡན་ཆད་ཀྱི་ཚིག་དོན་གཉིས་ཀ་ལ་གར་བདེ་བསྟོལ་ཞིང་བསྒྱུར་ཅིག"[①]ཅེས་བཀོད་ཡོད། དེའི་རྐྱེན་གྱིས་རྒྱ་བོད་ཡིག་སྒྱུར་བྱེད་སྐབས་ཚིག་རིང་པོ་བསྒྱུར་བའི་ཁྲོད་རྒྱ་བོད་གཉིས་ཀྱི་བརྡ་སྤྲོད་ལས་བྱ་ལས་གཉིས་ཀྱི་ཁྱད་པར་དང་བརྡ་སྤྲོད་སྟངས་ལ་རྒྱུས་མངའ་ལེགས་པོ་མེད་ཚེ་ཡིག་སྒྱུར་བྱེད་སྐབས་གོ་བ་ལོག་པའམ་འགྱུར་གྱི་བསྟན་དོན་མི་གསལ་བའི་གནད་དོན་སོགས་ཡོང་སྲིད། རྒྱ་ཡིག་གི་བྱ་ཚིག་ཁྲོད་དུ།

①སྒྲ་སྦྱོར་བམ་གཉིས། [M]

དཔེར་ན། “说” “想” “讲” “指出” “认为” ཞེས་པ་སོགས་ཀྱིས་བྱ་ཚིག་གི་སྐབས་བྱ་བ་རྗེས་སུ་སྟོན་གྱིན་ཡོད་པས་བོད་ཡིག་ཏུ་བསྒྱུར་དུས་དོན་གྱི་སྡེབ་སར་དོ་སྣང་བྱེད་དགོས།

ལྔ། བྱ་ཚིག་གཅིག་རིགས་དུ་མ་ལ་འཇུག་པ་ཅན་གྱི་སྒྱུར་སྟངས།

རྒྱ་ཡིག་གི་བརྡ་སྤྲོད་ཁྲོད་དུ་མིང་གཅིག་ནི་བྱ་བའི་མིང་དང་དངོས་པོའི་མིང་ངམ་ཁྱད་ཆོས་བརྗོད་པའི་མིང་ལ་འཇུག་པ་ཡོད་པས། བྱ་བའི་མིང་ཡང་རྒྱུན་དུ་བྱ་བའི་མིང་དང་དངོས་པོའི་མིང་གཉིས་ཀ་དང་། བྱ་བའི་མིང་དང་ཁྱད་ཆོས་སྟོན་པའི་མིང་གཉིས་ཀར་འཇུག་པའི་གནས་ཚུལ་ཡོད། མིང་འདི་རིགས་སྒྱུར་སྐབས་ལྷག་པར་དོ་སྣང་བྱེད་དགོས་ལ། དེ་ནི་སྐབས་དེའི་མིང་གི་རང་བཞིན་ལ་བརྟེན་ནས་སྐབས་དོན་མི་འདྲ་བ་སྟོན་པ་སྟེ། དཔེར་ན། རྒྱ་ཡིག་གི “梦” ཞེས་པ་ལ་རྨི་ལམ་དང་རྨི་ལམ་རྨི་བའི་དོན་གཉིས་ལྡན་ཡོད་ལ། དེ་བཞིན་དུ “堆” ཞེས་པར་ཕུང་པོ་དང་སྤུངས་པའི་དོན་དང་། “犁” ཞེས་པར་ཐོང་གཤོལ་དང་རྨོ་བའི་དོན་གཉིས་ཀ་ལྡན་པ། “度量” ལ་ཁོག་རྒྱ་དང་འཇལ་བའི་དོན་གཉིས་ཀ་ལྡན་པ། “报告” ཞེས་པར་སྙན་ཞུ་དང་སྙན་ཞུ་འབུལ་བའི་དོན། “导演” ཞེས་པར་འཁྲབ་ཁྲིད་པ་དང་འཁྲབ་པའི་དོན་ལྡན་ཡོད་པ་ལས་སྔ་མ་ནི་དངོས་མིང་དང་ཕྱི་མ་ནི་བྱ་ཚིག་གམ་བྱ་བའི་མིང་ཡིན་ལ། རྒྱ་ཡིག་གི་ཁྲོད་དུ་འདི་འདྲའི་བྱ་ཚིག་མང་བས་རྒྱ་བོད་ཡིག་སྒྱུར་བྱེད་སྐབས་མིང་འདི་རིགས་ཀྱི་འཇུག་ཚུལ་གསལ་པོར་ཤེས་མིན་གྱིས་མ་ཡིག་གི་གོ་བ་ཡང་དག་པར་ལེན་ཐུབ་མིན་ལ་ཤུགས་རྐྱེན་ཆེན་པོ་ཐེབས་ཀྱིན་ཡོད་པས་ཞིབ་ཏུ་རྟོགས་པར་བྱ་རྒྱུ་ནི་ཤིན་ཏུ་གལ་ཆེའོ། །

ཡང་རྒྱ་བོད་ཡིག་སྒྱུར་གྱི་གོ་རིམ་ཁྲོད་ལོ་ཙཱ་བས་ཞིབ་མོས་མ་བརྟག་པའམ་གཟབ་ནན་མ་བྱས་པའི་དབང་གིས་འགྱུར་སྐྱོན་བྱུང་ཡོད་པ་ནི་དཔེར་ན། རྒྱ་ཡིག་གི “三个代表” ཞེས་པའི “代表” ནི་རིགས་གཉིས་ལ་འཇུག་པ་སྟེ། དངོས་པོའི་མིང་ལ་འཇུག་སྐབས། དེ་ནི་འཐུས་མི་དང་། སྐུ་ཚབ། དཔེ་མཚོན་སོགས་ཀྱི་དོན་ཡིན་པ་དང་། ཡང་བྱ་བའི་མིང་ལ་འཇུག་སྐབས། དེའི་དོན་ནི་ཚབ་བྱེད་པ་དང་མཚོན་པའི་དོན་ཡིན། སྤྱིར “三个代表” ཞེས་པའི་སྐབས་འདིའི “代表” ནི་དངོས་པོའི་མིང་ཡིན་ལ། ཡོངས་ཁྱབ་ཏུ་མཚོན་བྱེད་གསུམ་ཞེས་བསྒྱུར་ཡོད། ཡང་ལ་ལས་ཚབ་བྱེད་གསུམ་ཞེས་བསྒྱུར་བའི་འགྱུར་ཡང་ཡོད་ལ། ཚབ་བྱེད་གསུམ་ཞེས་བསྒྱུར་བ་ནི “代表” ཞེས་པ་བྱ་བའི་མིང་དུ་གོ་བ་ཡིན་ལ། དེ་ནི་མིང་འདིའི་འཇུག་ཚུལ་དང་གོ་དོན་བྱང་ཆུབ་པ་ཞིག་མ་ཤེས་པའི་སྐྱོན་ཡིན་པར་སྙམ་མོ། །

ཡང་རྒྱ་ཡིག་གི་བྱ་བའི་མིང་ངམ་བྱ་ཚིག་གི་ཁྲོད་དུ་བྱ་བའི་མིང་དང་ཁྱད་ཆོས་སྟོན་པའི་མིང་གཉིས་ཀའི་དོན་ལྡན་པ་ཡོད་དེ། དཔེར་ན། “巩固” ལ་སྲ་བརྟན་དུ་གཏོང་བ་དང་། བརྟན་པོའམ

མཁྲེགས་པོའི་དོན་གཉིས་ཀ་ལྡན་པ། “明确” ཞེས་པར་གསལ་པོ་ཤེས་པ་དང་། གསལ་པོ་ཡི་དོན་ལྡན་པས་ཡིག་སྒྱུར་གྱི་གོ་རིམ་ཁྲོད་དུ་སྐབས་དེའི་ཚིག་སྔ་ཕྱིའི་ནང་དོན་དང་བརྗོད་བྱའི་དོན་ལ་བསྟུན་ནས་ཡང་དག་པར་བསྒྱུར་དགོས། ཡང་དཔེར་ན། “丰富文化生活” ཞེས་པའི་ཁྲོད་ཀྱི “丰富” ནི་བྱ་ཚིག་ཡིན་པས། བོད་ཡིག་ཏུ་བསྒྱུར་ན་རིག་གནས་འཚོ་བ་ཕུན་ཚོགས་སུ་གཏོང་བ་ཞེས་བསྒྱུར་བ་དང་། “文化生活丰富” ཞེས་པའི “丰富” ནི་ཁྱད་ཆོས་སྟོན་པའི་མིང་ཡིན་པས། དེར་བོད་ཡིག་ཏུ་བསྒྱུར་ན། རིག་གནས་འཚོ་བ་ཕུན་སུམ་ཚོགས་པ་ཞེས་བསྒྱུར་དགོས་པ་ལྟ་བུའོ། །

མིང་འདི་རིགས་བསྒྱུར་དུས་ཤེས་དགོས་པ་ཞིག་ནི་མིང་དེ་རིགས་གང་གི་ཁོངས་སུ་གཏོགས་པ་དང་དེའི་ནང་དོན་གསལ་པོར་རྟོགས་ཚེ། ད་གཟོད་ཡིག་སྒྱུར་གྱི་གོ་རིམ་ཁྲོད་མ་ཡིག་ལ་གོ་ལོག་ཏུ་མི་འགྲོ་བ་དང་འགྱུར་ཡིག་གིས་དེའི་བསྟན་དོན་ཡང་དག་པ་སྐོས་མཚོན་ཐུབ་པས། བསྒྱུར་བྱ་དང་སྒྱུར་བྱེད་ཡི་གེ་གཉིས་ཀྱི་བརྗ་སྤྲོད་དང་རྗོད་སྟངས་སོགས་བྱང་ཆུབ་དགོས་པ་དང་། ལོ་ཙཱ་བས་གལ་པོ་ཆེ་ལ་ནན་ཏན་ཞེས་པ་ལྟར་གཟབ་ནན་ཏུར་སྐྱིད་བྱ་རྒྱུ་སོགས་ནི་གལ་ཆེ་བར་སྙམ་མོ། །

གསུམ་པ། རྒྱ་བོད་ཡིག་སྒྱུར་སྐབས་དོ་སྣང་བྱེད་དགོས་ས་དང་གནད་དོན་འགའ་བཤད་པ།

མཁས་དབང་མཁྱེན་རབ་འོད་གསལ་གྱིས། “བོད་ཀྱི་སྐད་ཡིག་ནི་རྨང་གཞི་ཡིན་པས་ཐོག་མར་བོད་ཀྱི་སྐད་ཡིག་མཐར་ཕྱིན་པ་དང་བྱང་ཆུབ་པ་ཞིག་བྱེད་དགོས། དེ་ལྟར་ཡོང་བ་ལ་འབད་བརྩོན་ཆེན་པོས་སྤར་སྤྲོལ་བོད་ཀྱི་རིག་གནས་ཀུན་སློབ་དགོས་པ་ལས་བོད་སྐད་ཤོད་ཤེས་པ་དང་། བོད་ཡིག་འབྲི་ཀློག་ཤེས་པ་ཙམ་གྱིས་ཚོག་ཤེས་པར་མི་བལྟ། གལ་ཏེ་མི་རིགས་རང་ཉིད་ཀྱི་སྐད་ཡིག་བྱང་ཆུབ་པ་ཞིག་མ་ཤེས་པར་དེས་མི་རིགས་གཞན་གྱི་སྐད་ཡིག་དང་རིག་གནས་སོགས་ཅི་ཙམ་ཤེས་ཀྱང་དེ་ལ་མཁས་པ་ཡིན་པ་ཙམ་ལས། དེས་མི་རིགས་གཞན་གྱི་རིག་གནས་ཀྱི་ལེགས་ཆ་བླངས་ཏེ་མི་རིགས་རང་གི་རིག་གནས་ཡར་རྒྱས་གཏོང་བར་བྱས་རྗེས་འཛོག་རྒྱུའི་རེ་བ་བྲལ་བ་རེད།”[①]ཅེས་གསུངས་པ་ལྟར། རྒྱ་བོད་ཡིག་སྒྱུར་གྱི་ལས་གཉེར་པར་བསྒྱུར་བྱ་དང་སྒྱུར་བྱེད་གཉིས་ཀྱི་སྐད་རིགས་ལ་བྱང་ཆུབ་དགོས་ལ། ལྷག་པར་དུ་སྒྱུར་བྱེད་ཀྱི་སྐད་དེ་བོད་སྐད་ཡིག་གི་རྨང་གཞི་བརྟན་པོ་ཞིག་ཡོད་དགོས། རྒྱ་བོད་ཡིག་སྒྱུར་གྱི་གོ་རིམ་ཁྲོད་བོད་ཡིག་གི་བྱ་ཚིག་ལ་བྱང་ཆུབ་པ་ཞིག་དགོས་པར་སྙམ། བྱ་ཚིག་གི་ཡིག་སྒྱུར་ཁྲོད་གཤམ་གྱི་གནད་དོན་འགའ་ལ་དོ་སྣང་བྱ་དགོས་སོ། །

---

①མཁྱེན་རབ་འོད་གསལ། མཁྱེན་རབ་འོད་གསལ་གྱི་གསུང་རྩོམ་ཕྱོགས་བསྒྲིགས [M] ཀྲུང་གོའི་བོད་རིག་པ་དཔེ་སྐྲུན་ཁང་། 2003ལོའི་ཟླ2དཔར་མ། ཤོག་གྲངས་47

གཅིག དུས་གསུམ་གྱི་ཁྱད་པར་ལ་དོ་སྣང་བྱེད་དགོས་པ།

གོང་ནས་བཤད་པ་ལྟར། རྒྱ་བོད་གཉིས་ཀྱི་བརྡ་སྤྲོད་ཀྱི་ཁྱད་པར་ལས་དུས་གསུམ་གྱི་མཚོན་སྟངས་ལ་ཁྱད་པར་ཡོད་དེ། རྒྱ་སྐད་ལས་བྱ་བའི་མིང་ཡོད་ཚད་རང་ངོས་ན་དུས་གསུམ་གྱི་ཁྱད་པར་སྟོན་པའི་བྱེད་ནུས་མེད་སྟབས། དུས་གསུམ་གྱི་ཚིག་གྲོགས་ཤིག་སྦྱར་ནས་དུས་ཀྱི་ཁྱད་པར་སྟོན་དགོས། བོད་ཡིག་ནི་དེ་ལྟར་མིན་ཏེ། བོད་ཡིག་གི་བྱ་ཚིག་མང་ཆེ་བ་ནི་བྱ་ཚིག་རང་སྟེང་ནས་གཟུགས་འགྱུར་བ་ལ་བརྟེན་ནས་དུས་གསུམ་མཚོན་པར་བྱེད་ཐུབ་པ་ནི་བོད་ཀྱི་སྐད་ཡིག་གི་ཐ་མེད་ཁྱད་ཆོས་ཤིག་ཡིན། དཔེར་ན། དཔེ་ཆར་ལྟ། དཔེ་ཆར་བལྟ། དཔེ་ཆར་བལྟས། དཔེ་ཆར་ལྟོས་ཞེས་པ་ལྟ་བུའི་བྱ་ཚིག་གི་གཟུགས་ཀྱི་འགྱུར་བའི་སྟེང་ནས་དུས་ཀྱི་ཁྱད་པར་ཕྱེ་དགོས་པས། དུས་གསུམ་གྱི་རྣམ་གཞག་ཞིབ་པར་ངེས་དགོས་པ་ནི་ཤིན་ཏུ་གལ་ཆེའོ། །དཔེར་ན། རྒྱ་ཡིག་གི་བྱ་ཚིག་ལྟ་བུ་མཚོན་ན་དུས་གསུམ་གྱི་བཀོལ་སྟངས་མི་འདྲ་བ་ལ་དང་བསྟུན་ནས་བོད་ཡིག་ཏུ་བསྒྱུར་སྐབས་ཡང་ 打碎、减少 གཅག་དང་གཅོག བཅག ཆོག་ཞེས་བོད་ཡིག་གི་བྱ་ཚིག་ལ་གཟུགས་མི་འདྲ་བ་ཡོད་པ་ལྟ་བུའོ། །

གཉིས། བྱ་བྱེད་ཐ་དད་མིན་གྱི་ཁྱད་པར་ལ་དོ་སྣང་བྱེད་པ།

བྱ་བྱེད་ཐ་དད་པའི་བྱ་ཚིག་ལ། 《སི་ཏུའི་སུམ་རྟགས་འགྲེལ་ཆེན》ལས། "དངོས་པོ་གང་ཞིག་ལ་ལས་གང་ཞིག་བྱེད་པ་པོ་གཞན་གྱིས་དངོས་སུ་སྒྲུབ་པར་བྱེད་པ་དེ་ནི་བྱེད་པ་པོ་གཞན་དང་དངོས་སུ་འབྲེལ་བའི་ལས།"①ཞེས་གསུངས། བྱ་བ་གང་ཞིག་བྱེད་པ་པོ་དང་བྱ་བའི་ལས་གཉིས་ཐ་དད་དུ་ཡོད་པ་ཞིག་ལ་གོ་དགོས་ཏེ། དཔེར་ན། སློབ་མས་ལས་བྱ་འབྲི་ཞེས་པ་ལྟ་བུ་ལ་མཚོན་ན། བྱེད་པ་པོ་ནི་སློབ་མ་དང་ལས་ནི་ལས་བྱ་ཡིན་པ། བོད་ཡིག་གི་བྱ་ཚིག་ནི་ཚིག་གྲོགས་གཞན་ལ་མ་བརྟེན་པར་བྱ་ཚིག་ཉིད་ནས་བྱེད་པོ་གཞན་འབྲེལ་ཡིན་མིན་གསལ་བར་སོ་སོར་སྟོན་ནུས་པ་ཡིན། དཔེར་ན། ཇ་བསྐོལ་ནས་བོལ། ཤ་བཙོས་ནས་ཚོས་དང་། འཁོར་ལོ་བསྐོར་དང་འཁོར་ལོ་འཁོར་སོགས་ལྟ་བུའོ། །

རྒྱ་ཡིག་གི་བྱ་ཚིག་མང་ཆེ་ཤོས་ནི་རང་སྟེང་ན་བྱ་བྱེད་ཐ་དད་མིན་གྱི་ཁྱད་པར་མེད་པར་ཚིག་གྲོགས་ལ་བརྟེན་དགོས་ལ། དཔེར་ན། རྒྱ་ཡིག་གི་བྱ་ཚིག "使着火" ཞེས་པ་བོད་ཡིག་ཏུ་བསྒྱུར་ན་མེ་འབར་དུ་བཙུག་ཅེས་བསྒྱུར་མི་དགོས་པར་མེ་སྦར་ཞེས་པ་ལས་རྒྱ་ཡིག་གི་དོན་མཚོན་ཐུབ་པ་ལྟ་བུའོ། དེ་བཞིན་དུ་རྒྱ་ཡིག་གི "让孩子睡觉" ཞེས་པ་བོད་ཡིག་ཏུ་བསྒྱུར་ན་བྱིས་པ་བསྙལ་ཞེས་བསྒྱུར་བའོ། །

①སི་ཏུའི་སུམ་རྟགས་འགྲེལ་ཆེན། [M] མཚོ་སྔོན་མི་རིགས་དཔེ་སྐྲུན་ཁང་། 1993ལོའི་ཟླ3དཔར་མ། ཤོག་ངོས34 ཤོག་ངོས35 ཤོག་ངོས37 ཤོག་ངོས56

གསུམ། བྱ་ཚིག་གསར་བ་སྒྲིག་སྐབས་རྒྱ་ཡིག་གི་ཤན་ཞུགས་པ།

དེང་སྐབས་སྤྱི་ཚོགས་འཕེལ་རྒྱས་ཀྱི་གོམ་འགྲོས་དང་བསྟུན་ནས། ཚན་རྩལ་ཡང་ཡར་ངོའི་ཟླ་ལྟར་གོང་ནས་གོང་དུ་འཕེལ་ཏེ། དངོས་པོ་གསར་པའི་རིགས་ཀྱང་ཆར་རྗེས་ཀྱི་ཤ་མོ་བཙོལ་བ་བཞིན་ཉིན་རེ་ནས་ཉིན་རེར་ཇེ་མང་དུ་འགྲོ་བ་དང་། འགྲོ་བ་མིའི་དངོས་པོའི་ལོངས་སྤྱོད་དང་བསམ་པའི་ལོངས་སྤྱོད་ལའང་སྟོན་མེད་ཀྱི་དཔྱིད་དཔལ་གསར་བ་རྒྱས་པར་བྱེད་པའི་བསྐལ་བཟང་གི་དུས་སུ་གྱུར་མོད། གཞན་མི་རིགས་ཀྱི་རིག་གནས་ནང་འདྲེན་གྱི་གོ་རིམ་ཁྲོད་དང་། ལྷག་པར་དུ་རྒྱ་བོད་ཡིག་སྒྱུར་གྱི་གོ་རིམ་ཁྲོད་ནས་རྗེས་གྲུབ་ཀྱི་མིང་འབོར་ཆེན་ཞིག་ཡིག་སྒྱུར་སོགས་ལས་བོད་མི་རིགས་ཀྱི་སྐད་དུ་བྱུང་ཡོད་ལ། ལོ་ཙཱ་བ་འགའ་རེས་ཡིག་སྒྱུར་གྱི་ལག་ལེན་ཁྲོད་དུ་གཟབ་ནན་ཏན་ཏིག་དང་ཏུར་སྐྱེད་ཁུར་ལེན་གྱིས་ལོ་ཙཱ་མ་བྱས་པའམ་སྐད་གཉིས་ཀྱི་བྱང་ཚད་དམའ་བའི་རྒྱུ་རྐྱེན་གྱིས། རྒྱ་ཡིག་ནས་རང་སྐད་དུ་བསྒྱུར་བའི་མིང་གསར་བ་མང་པོ་ཞིག་ལ་རྒྱ་སྐད་ཀྱི་ཤན་ཞུགས་པའམ། བོད་སྐད་ཡིག་གི་བརྗོད་སྒྲོད་ཀྱི་ཁྱད་ཆོས་ཤོར་བ་སོགས་ཀྱི་གནད་དོན་མང་པོ་ཡོད། དེ་ཡང་དཔའ་རིས་སངས་རྒྱས་ཀྱིས། "འགྱུར་དག་པ་ནི་བོད་སྐད་ཀྱི་གསོ་ཐིག་དང་། འགྱུར་མ་དག་པ་ནི་བོད་སྐད་བརླག་བྱེད་ཡིན།"[1]ཞེས་པ་ནང་བཞིན། བོད་སྐད་ཡིག་གི་བརྗོད་སྒྲོད་སྟངས་ཀྱི་ཁྱད་ཆོས་ཉམས་པའི་འགྱུར་མང་པོ་ཡོད་དེ། དཔེར་ན། "提高"ལ་མཐོར་འདེགས་ཞེས་བསྒྱུར་བ་ལྟ་བུ། བྱ་ཚིག་འདིའི་ཕྱི་ངོས་ནས་བལྟས་ན་མཐོ་ཕྱོགས་སུ་འདེགས་པའི་དོན་ཡིན་མོད། རྩ་བའི་དོན་ནི་ཇེ་མཐོར་བཏང་བ་དེ་ཡིན། "提高"ཟེར་དོན་ནི་རྒྱའི་སྐད་ཡིག་གི་མིང་གི་ཁྱད་ཆོས་ལས་གྲུབ་པ་ཡིན་པས། རང་རེ་བོད་ཀྱིས་དེ་བཞིན་དུ་མིང་བརྗ་གསར་བཟོ་བྱས་ག་ལ་རུང་། བོད་ཀྱི་ཁ་སྐད་ལས་རྒྱུན་པར་བཀོལ་བའི་ཚིག་ཇེ་མཐོར་བཏང་བ་ཞེས་པ་དེ་ལ་སྦྱར་ན་མི་མཐུན་པའི་རྒྱུ་མཚན་ཅི་ཡང་མེད། ཚིག"提高文化水平"ཞེས་པ་འདི་བོད་ཡིག་ཏུ་བསྒྱུར་ན་རིག་གནས་ཚད་ཇེ་མཐོར་གཏོང་བ་ལྟ་བུའོ།།

ད་དུང་དཔེར་ན་ང་ཚོས་ནམ་རྒྱུན་སློབ་གྲྭ་ནས་གོ་ཐོས་མང་བའི་དཔེ་ཁ་ཤས་ཤིག་ལ། རྒྱ་ཡིག་གི"打饭"ལ་བོད་སྐད་དུ་ཟ་མ་ལེན་དུ་འགྲོ་བ་ལ་ཟ་མ་རྒྱག་ཏུ་འགྲོ་བ་དང་། "打字"ཞེས་པ་ཡི་གེ་གཏགས་པ་ལ་ཡི་གེ་རྒྱག་པ་ལྟ་བུའི་སྐྱོན་མང་པོ་བྱུང་ཡོད་པས་བསྒྱུར་དུས་ཡིད་འཇོག་བྱེད་པར་གལ་ཆེའོ།།

[1]དཔའ་རིས་སངས་རྒྱས། བརྗོད་སྒྲོད་སྦྱོར་བ་རྣམ་བཞི་རབ་གསལ། [M] མི་རིགས་དཔེ་སྐྲུན་ཁང་། 2008ལོའི་པར་གཞི། ཤོག་ངོས98

བཞི། བྱ་ཚིག་གི་འགྱུར་རིང་དྲགས་པ།

རྒྱ་བོད་ཡིག་སྒྱུར་གྱི་གོ་རིམ་ཁྲིད་ལོ་ལྔ་བའི་རིག་གནས་ཀྱི་བྱུང་ཚད་དང་འགྱུར་ཡིག་ལ་འགན་འཁུར་མིན་སོགས་ཀྱིས་མིང་བསྒྱུར་དུས་དོན་སྒྱུར་བྱས་དྲགས་པའམ་ཡང་ན་ཚིག་འགྲེལ་གྱི་ཚུལ་དུ་བསྒྱུར་བས་མིང་ནི་ཚིག་ལྷུར་བསྒྱུར་ཡོད་པའི་གནས་ཚུལ་ནི་མང་ལ། བྱ་ཚིག་དང་ཡང་ན་བྱ་བའི་མིང་སྒྱུར་དུས་ཀྱང་དོན་སྒྱུར་ཐལ་དྲགས་པའམ་ཚིག་འགྲེལ་གྱི་ཚུལ་དུ་བསྒྱུར་བ་ལས་འགྱུར་རིང་དྲགས་པའམ་མིང་ཚིག་ལྷུར་བསྒྱུར་ཡོད་པའི་གནས་ཚུལ་ནི་དཔེར་ན། “退婚” ཞེས་པར་གཉེན་གན་བཅིས་མེད་དུ་གཏོང་བ་ཞེས་བསྒྱུར་མོད། དེ་ནི་རྒྱ་ཡིག་གི་མ་ཡིག་ལ་ཡིག་འབྲུ་གཉིས་ལས་མེད་མོད། བོད་ཡིག་ཏུ་ཡིག་འབྲུ་དྲུག་ཏུ་བྲིས་ཡོད་པས་བྱ་བའི་མིང་དེ་ཚིག་ལྷུར་བསྒྱུར་བའི་སྐྱོན་ཡོད་པར་སྣམ། ཡང “逮捕” ཞེས་པར་འཛིན་བཟུང་བྱེད་པ་དང་། “调整” ཞེས་པར་ལེགས་སྒྲིག་བྱེད་པ། “开发” ཞེས་པར་སྟོག་འདོན་བྱེད་པ་སོགས་བྱ་ཚིག་སུམ་བརྩེགས་སུ་སྒྱུར་ཡོད་ལ། དེ་དག་རིམ་བཞིན་དུ་འཛིན་པ་དང་སྒྲིག་པ། སྟོག་པ་སོགས་ནི་བྱ་ཚིག་གཅིག་གིས་དོན་ཡོངས་སུ་སྟོན་ཐུབ་པས་བྱ་ཚིག་ཉིས་བརྩེགས་སུམ་བརྩེགས་སུ་སྒྱུར་དགོས་དོན་མེད་པར་སྣམ། རྒྱ་ཡིག་གི་བྱ་ཚིག་ཉིས་བརྩེགས་ཅན་བོད་ཡིག་ཏུ་བྱ་ཚིག་ཉིས་བརྩེགས་སུམ་བརྩེགས་ཅན་དུ་བསྒྱུར་ན་བོད་སྐད་ཀྱི་བདག་གཞན་དང་། བྱ་བྱེད་ལས་གསུམ་སོགས་ཀྱི་ཐུན་མོང་མ་ཡིན་པའི་རྣམ་གཞག་ཀྱང་མག་མོག་ཏུ་འགྱུར་བའི་ཉེན་ཁ་མཆིས་པས་ཡིག་སྒྱུར་གྱི་གོ་རིམ་ཁྲིད་གང་ནུས་སྔོས་མདོར་བསྡུས་བྱ་དགོས་པ་དང་། རྗེས་གྲུབ་ཀྱི་མིང་བོད་སྐད་དུ་སྒྱུར་སྐབས་འབྲུ་ཅི་ཙམ་ཉུང་ན་དེ་ཙམ་གྱིས་ བློ་ངོར་འཛིན་བདེ་བ་དང་། མ་ཡིག་གི་དོན་འགྱུར་མར་ཡོངས་སུ་ཐོན་སྣམ་ནས་འགྲེལ་སྒྱུར་བྱས་ན་ཚིག་ཏུ་སྤྱུར་འགྲོ་བས། ཡིད་ལ་འཛིན་མི་བདེ་ཞིང་དགོས་གལ་ཡང་མི་ཆེ་བར་སྣམ་མོ། །

སྡོམ་བྱང་།

རིག་གནས་དཔལ་འབྱོར་ཡར་ངོའི་ཟླ་ལྟར་འཕེལ་བའི་དེང་གི་དུས་འདིར། ཡིག་སྒྱུར་ནི་མི་རིགས་ཕན་ཚུན་བར་དུ་རིག་གནས་དང་བསམ་བློ་སྤེལ་རེས་ཁྲིད་མེད་དུ་མི་རུང་བའི་འབྲེལ་ཟམ་ལྟ་བུ་ཞིག་ཏུ་གྱུར་ཡོད་ལ། གཞན་མི་རིགས་ཀྱི་རིག་གནས་གསར་བ་ནང་འདྲེན་གྱིས་རང་མི་རིགས་ཀྱི་རིག་གནས་ཕུན་སུམ་ཇི་ཚོགས་སུ་གཏོང་བར་རང་རིགས་མེས་པོས་བཞག་པའི་རིག་གནས་འཛམ་གླིང་གཙུག་རྒྱན་ལྟར་དུ་གནས་པ་དེ་ཉིད་རྒྱུན་འཛིན་དང་དར་སྤེལ་གང་ལེགས་ཐོག གསར་བྱུང་དངོས་པོ་དང་རིག་གནས་

གསར་བ་དག་ནང་འདྲེན་དང་འཛུགས་སྐྲུན། ཁྱབ་བརྡལ་དུ་བཏང་སྟེ་འཛམ་གླིང་མི་རིགས་གཞན་གྱི་ཚོགས་ནས་འབུར་དུ་ཐོན་དགོས་པས་ན། ཡིག་སྒྱུར་གྱི་གལ་ཆེན་རང་བཞིན་ཡང་སྔོས་མ་དགོས་པ་ཞིག་ཡིན། དེ་ཡང་ཡིག་སྒྱུར་གྱི་ལས་ལ་འཇུག་པར་སྐད་རིགས་གཉིས་དང་ཡན་ལ་བྱང་ཆུབ་པའི་ལོ་ཙཱ་བ་སྐྲིད་སྲིང་བྱ་རྒྱུ་ནི་གལ་ཆེ། ལོ་ཙཱ་བ་ཞིག་ལ་མཚོན་ན། བསྒྱུར་བྱ་སྒྱུར་བྱེད་སྐད་གཉིས་ཀྱི་སྐད་ཡིག་དང་བརྡ་སྤྲོད་སྟངས། རིག་གནས་ཁྱད་ཆོས་སོགས་ཞིབ་ཏུ་ཤེས་ན། ཡིག་སྒྱུར་གྱི་ཁྲིད་དུ་བསྒྱུར་བྱ་མ་ཡིག་གི་བསྟན་དོན་ཡང་དག་པ་དེ་འགྱུར་ཡིག་ཏུ་ཕོ་བདེ་བའི་ངང་ནས་ཕབ་སྒྱུར་བྱེད་ཐུབ་པས། ལོ་ཙཱ་བས་སྐད་རིགས་ཀྱི་བྱང་ཚད་དང་། འབྲེལ་ཡོད་ཀྱི་ཤེས་བྱ། རིག་གནས་རྒྱབ་ལྗོངས་སོགས་ཕྱོགས་ཡོངས་ནས་ཧུར་བསྐྱེད་ཁུར་ལེན་དགོས་པ་ནི་ཤིན་ཏུ་གལ་ཆེའོ།།

(རྩོམ་པ་པོ་ངོ་སྤྲོད། སློབ་མ་མཚོ། ཕ་ཡུལ། མཚོ་སྔོན་རེབ་གོང་། ཀྲུང་དབྱང་མི་རིགས་སློབ་གྲྭ་ཆེན་མོའི་བོད་རིག་པ་ཞིབ་འཇུག་གླིང་གི་2014ལོའི་ཤེས་རམས་པ།)
(མཇུག་སྒྲོན་དགེ་རྒན། འབྲུག་ལྷ།)

ས་སྐྱ་ལེགས་བཤད་དང་ཕུ་བོས་ནུ་བོར་བདམས་ཤིང་བསྟན་པའི་
མདོ་གཉིས་ཅུང་ཙམ་བསྡུར་བ།

མགོན་པོ་བཀྲ་ཤིས།

ནང་དོན་གནད་བསྡུས། རྩོམ་འདིའི་ནང་དུ་བོད་ཀྱི་ལེགས་བཤད་ཐོག་མ་ས་སྐྱ་ལེགས་བཤད་དང་བོད་བཙན་པོའི་དུས་སྐབས་ཀྱི་བརྩམས་ཆོས་བདམས་ཤིང་བསྟན་པའི་མདོ་གཉིས་བསྡུར་བ་ལ་བརྟེན་ནས་དུས་རབས་བཅུ་གསུམ་པའི་སྐབས་ཀྱི་བོད་ཀྱི་མཁས་ཆེན་ཞིག་གི་བསམ་བློ་དང་དུས་རབས་བདུན་པ་ནས་དགུ་པའི་བར་གྱི་བོད་མིའི་མི་ཆོས་བསམ་བློ་དང་། འཇིག་རྟེན་གྱི་ལྟ་བ། རིན་ཐང་གི་ལྟ་བ་སོགས་དང་། ཕྱི་ནང་གི་ནང་དོན་འགའ་རེ་གཞིབ་བསྡུར་བྱས་ཡོད།

བརྡ་ཆད་གཙོ་བོ། ས་སྐྱ་ལེགས་བཤད། བདམས་ཤིང་བསྟན་པའི་མདོ།

སྔོན་འགྲོའི་གཏམ།

བོད་ཀྱི་རྩོམ་རིག་ལོ་རྒྱུས་ངོས་ནས་བཤད་ན《ས་སྐྱ་ལེགས་བཤད》དང《ཕུ་བོས་ནུ་བོར་བདམས་ཤིང་བསྟན་པའི་མདོ》གཉིས་ལས་སྔ་མ་ནི་བོད་ཀྱི་ལེགས་བཤད་རྩོམ་རིག་ཐོག་མ་དང་། ཕྱི་མ་ནི་དྲི་བ་དྲིས་ལན་གྱི་ཚུལ་གྱིས་བྲིས་པའི་བོད་ཀྱི་བསླབ་བྱ་སྔ་གྲས་རེད། རྩོམ་རིག་གང་ཞིག་ཡིན་རུང་རྩོམ་པ་པོ་འཚོ་བཞུགས་ཀྱི་སྤྱི་ཚོགས་སྐབས་ཀྱི་བསྟན་བཅོས་ཡིན་པས། སྐབས་དེའི་སྤྱི་ཚོགས་ཀྱི་ཆབ་དཔལ་རིག་གསུམ་ལ་འབྲེལ་བ་ཆེན་པོ་ཡོད་པ་རེད། ས་སྐྱ་པཎྜི་ཏ་སྲིད་ན་འཚོ་བའི་སྐབས་ནི་བོད་སིལ་བུར་འཐོར་ཞིང་ས་གནས་རེ་ལ་རྒྱལ་པོ་རེ་དང་། ལུང་པ་རེ་ན་དཔོན་པོ་རེ་ཟེར་བའི་དུས་སྐབས་ཤིག་ཡིན་པར་མ་ཟད། སོག་པོའི་དབང་བསྒྱུར་སྟོབས་ཤུགས་ཇེ་ཆེར་སོང་ནས་བོད་ལ་ཡང་དབང་བསྒྱུར་གྱི་མགོ་བརྩམས་པའི་སྐབས་ཡིན། ཆོས་ཕྱོགས་ནས་བཤད་ན་བོད་ལ་ས་སྐྱ་བ། བཀའ་གདམས་པ་པ་སོགས་གྲུབ་མཐའ་ཇེ་མང་དུ་འགྲོ་བཞིན་པའི་སྐབས་ཤིག་ཀྱང་རེད། ཟླ་རིམ་སི་ཙ་ཡོད་པའི་ཁུན་ཏོང་གཏེར་ཡིག་ཁྲིད་ཀྱི་ཨང P.

T.1283དང་ཨང P.T2111བཅས་གཉིས་ཡོད་ཅིང་སྐུ་ཞབས་དབང་རྒྱལ་དང་ཆབ་སྤེལ་ཚེ་བརྟན་ཕུན་ཚོགས་གཉིས་ཀྱི་ཞིབ་འཇུག་གནང་པ་ལྟར་ན་མདོ་འདི་གཉིས་ཀྱི་ནང་དོན་མཐུན་ས་མང་བས་མདོ་འདི་གཉིས་ཀྱིས་ཕན་ཚུན་ལ་ཁ་སྐོང་ཐུབ་པར་འདོད། ཏུན་ཧོང་ཡིག་རྙིང་ནང་དུ་མདོ་འདི་གཉིས་ལ་ཁ་བྱང་མེད་པས་ཞིབ་འཇུག་པ་རྣམས་ཀྱིས་ནང་དོན་ལ་གཞིར་བཟུང་ནས་ཁ་བྱང་མི་གཅིག་པ་འགའ་རེ་བྲིས་ཡོད་མོད། ཡིན་ནའང་འདིར་གཙོ་བོ་རྒྱུགས་ཆེ་བའི་ཕུ་བོས་ནུ་བོར་བཏམས་ཤིང་བསྟན་པའི་མདོ་ཞེས་པ་འདི་བཀོལ་བ་ཡིན། མདོ་འདིའི་ནང་དོན་གྱི་ཆ་ནས་དྲི་བ་དང་པོ་ནས་བཅོ་བརྒྱད་བར་ནི་བདེ་སྡུག་གི་དབྱེ་བ་དང་དྲང་བདེན་གྱི་ཚད་གཞི། དྲི་བ་བཅུ་དགུ་ནས་སོ་གཅིག་བར་ནི་གྲོགས་བསྟེན་ཚུལ་དང་བཟའ་མི་ནང་འཁོར་བར་གྱི་འབྲེལ་བ་འཛིན་སྟངས། དྲི་བ་སོ་གཉིས་བར་ནི་སོ་དགུ་བར་ནི་ཡ་རབས་གུས་སྲོལ་དང་བྱམས་སྙིང་རྗེ་བསྐྱེད་ཚུལ། དྲི་བ་ཞེ་གཅིག་ནས་ང་གཅིག་བར་ནི་མི་ངན་ལ་འགྲོགས་ཐབས་དང་མཛའ་འགྲོགས་བསྟེན་ཚུལ། དྲི་བ་ང་གཉིས་ནས་ང་དྲུག་བར་ནི་སློབ་གསོ་གཏོང་ཚུལ་དང་སློབ་དཔོན་བསྟེན་ལུགས། དྲི་བ་ང་བདུན་ནས་རེ་གཉིས་བར་ནི་ཁྱིམ་སྲིད་འཛིན་ཐབས། དྲི་བ་རེ་གསུམ་ནས་དོན་གསུམ་བར་ནི་ནོར་སྒྲུབ་པ་དང་། དེ་གསོག་འཇོག་དང་བེད་སྤྱོད་བྱེད་སྟངས། དྲི་བ་དོན་བཞི་ནས་དོན་དགུ་བར་ནི་མཛངས་བླུན་དང་དབུལ་ཕྱུག བཟང་ངན་སོགས་ཀྱི་ཁྱད་པར་ལྟོས་བཅོས་ཀྱིས་འབྱེད་ཚུལ་སོགས་ཐོར་བུའི་སྐོར་སོགས་བརྒྱད་དུ་དབྱེ་བ་ཡང་ཡོད།[1] མདོ་འདི་ཡང་ཏུན་ཧོང་གི་གཏེར་ཡིག་གི་ཤོག་དྲིལ་གཞན་དང་བསྡུར་ན་དེ་ཡང་བོད་བཙན་པོའི་སྐབས་ཀྱི་ཇོམ་ཞིག་ཡིན་པ་ཕལ་ཆེར་ངོགས་པ་ཟ་མ་དགོས་པར་སྙམ་ལ། བོད་བཙན་པོའི་དུས་སྐབས་ནི་སུམ་གཉིས་ས་ཡི་དཀྱིལ་འཁོར་ལ་དབང་བསྒྱུར་ཞིང་བསམ་ཡས་སྒྲ་བསྒྱུར་གླིང་སོགས་བཙུགས་ནས་མི་རིགས་གཞན་དང་། རྒྱལ་ཁབ་གཞན་གྱི་རིག་གནས་ཚུར་ལེན་བྱས་ཤིང་། སྐབས་དེར་མཆོན་ན་བོད་ཀྱི་དཔལ་འབྱོར་དང་ཆབ་སྲིད། རིག་གནས་སོགས་དར་ཆེ་བའི་སྐབས་ཤིག་ཀྱང་རེད། སྤྱིར་བསྟན་བཅོས་འདི་གཉིས་ལས་ས་སྐྱ་ལེགས་བཤད་ལ་ནང་དོན་གྱི་ཆ་ནས་རབ་ཏུ་བཤད་པ་དགུ་དང་ཤོ་ལོ་ཀ་བཞི་བརྒྱ་དང་ལྔ་བདུན་(མཆོད་བརྗོད་དང་སྤྱིར་བསྟན་བཅས་ཤོ་ལོ་ཀ་གཉིས་མི་འདུས)ཡོད། ཕུ་བོས་ནུ་བོར་བཏམས་ཤིང་བསྟན་པའི་མདོ་ནི་ཕུ་ནུ་གཉིས་ཀྱིས་དྲི་བའི་ཚུལ་དུ་བྲིས་ཡོད་ལ། ཇོམ་ཡིག་རྩིལ་བོར་དྲི་བ་བདུན་བཅུ་བདུན་བཅུ་དོན་དགུ་ཡོད་ལ། དེའི་ནང་དུ་ཕུ་ནུ་གཉིས་གང་དུ་ཡོད་པའི་གནས་དང་དྲི་བ་འདྲི་དོན། འདྲི་མཁན། དེ་མིན་དྲི་བ་དང་པོ་བཅས་མི་འདུས་སོ། །

①མགོན་པོ་ཚེ་རིང་། ཏུན་ཧོང་ཡིག་རྙིང་ལས《ཕུ་བོས་ནུ་བོར་བཏམས་ཤིང་བསྟན་པའི་མདོ》ལ་དཔྱད་པ། མཚོ་སྔོན་མི་རིགས་སློབ་གྲྭ་ཆེན་མོའི་རིག་གཞུང་དུས་དེབ། 2008ལོར་པར། ཤོག་ངོས་2

གཅིག བདེ་བའི་ངོས་འཛིན་སྐོར།

མིའི་རིགས་བསྐལ་བ་ཡ་ཐོག་གི་སྤྱི་ཚོགས་ནས་འཕེལ་རྒྱས་སོང་ནས་ད་ལྟའི་བར་བགྲངས་བྱ་གྲངས་ལས་འདས་པ་ཞིག་སོང་ཟིན་མོད། ཡིན་ནའང་བདེ་བའི་སྐོར་གྱི་ངོས་འཛིན་ལྟ་ཚུལ་མ་གཅིག་པའི་རྩོད་གཞིའི་གནས་སུ་གྱུར་ཡོད། འཛིག་རྟེན་ལྟ་ཚུལ་ལས་ཀུན་ཁྱབ་ཀྱི་འཛིག་རྟེན་ལྟ་ཚུལ་གྱི་ཟུར་ནས་བལྟས་ན་བརྩམས་ཆོས་འདི་གཉིས་ནང་གི་ལྟ་ཚུལ་དེ་ཡང་དག་པ་ཞིག་ཡིན་པ་སྨྲ་མ་དགོས་པ་ཞིག་རེད། 《སྐྱེ་ལེགས་བཤད་》ནང་དུ། “རང་དབང་ཐམས་ཅད་བདེ་བ་སྟེ། །གཞན་དབང་ཐམས་ཅད་སྡུག་བསྔལ་ཡིན། །” ཞེས་གསུངས་པ་ལྟར་ན། གཞན་དབང་དུ་མ་སོང་བར་རང་གི་བསམ་སྤྱོད་སོགས་ལ་རང་དབང་དང་ལྡན་པ་ནི་བདེ་བ་དང་གཞན་གྱི་དབང་དུ་གྱུར་བ་ནི་སྡུག་བསྔལ་ཡིན་པ་ཚོགས་བཅད་ཤོ་ལོ་ཀ་གཉིས་ཀྱི་ནང་དུ་ཞུང་ཞིང་ཉིང་བཅུད་ལྡན་པའི་སྒོ་ནས་བྲིས་ཡོད། ཡང་ “ནོར་གྱི་མཆོག་ནི་སྦྱིན་པ་སྟེ། །བདེ་བའི་མཆོག་ནི་སེམས་བསྐྱེད་པ། །རྒྱན་གྱི་མཆོག་ནི་ཐོས་པ་སྟེ། །གྲོགས་པོའི་མཆོག་ནི་མི་བསླུ་བའོ། །” ཞེས་པ་ལས་སེམས་བསྐྱེད་པ་ནི་བདེ་བའི་མཆོག་ཏུ་ངོས་བཟུང་ཡོད་ལ། བདེ་བ་ཡང་མི་མི་འདྲ་བ་ལ་བརྟེན་ནས་ངོས་འཛིན་ཚུལ་མི་གཅིག་པ་ཡང་བསྟན་ཡོད་དེ། “བློན་པོ་འཁོར་པ་ཐོབ་ན་བདེ། །སྐྱེས་མཆོག་ཐམས་ཅད་ཕྱིན་ན་བདེ། །མཛེ་ཅན་ཕྲུགས་ན་བདེ་བར་འཛིན། །མཁས་པ་མཛེ་ལ་འཛིགས་པར་ལྟ། །” ཞེས་པ་ལས་བློན་པོ་ཞིག་ཡིན་ན་རྒྱུ་འཁོར་བ་ཐོབ་ཆེ་བདེ་བ་ཏུ་མཐོང་བ་དང་། སྐྱེས་བུ་དམ་པ་ཞིག་ཡིན་ཆེ་རྒྱུ་ནོམ་པ་སོགས་མ་སེམས་ཅན་ལ་ཕྱིན་ན་བདེ་བར་མཐོང་བ་ཡང་བཤད་ཡོད། ད་ཏུང་བདག་གཞན་གཉིས་ཀྱི་རང་གི་བདེ་བ་བཤད་ཡོད་པར་མ་ཟད། མཁས་པར་གྱུར་ཀྱང་ང་རྒྱལ་སོགས་མེད་པར་དང་རྒྱུད་ཞི་ཞིང་དུལ་བ་དང་། དཔོན་ཆེན་དང་། སྐྱེས་ཆེན་སོགས་ཀྱིས་རང་ལས་དམན་པའམ་ཞན་པ་ཚུལ་བཞིན་དུ་ལེགས་པར་བསྐྱངས་ན་གཞན་གྱི་བདེ་བ་ཡིན་པར་མ་ཟད་རང་ལ་ཡང་ཕན་པ་བསྟན་ཡོད། ཡིན་ནའང་སངས་རྒྱས་ཆོས་ལུགས་ཀྱི་རྩོད་སྒྲུབ་ལྟ་བ་དང་ནང་དོན་རིག་པའི་ལྟ་བས་ཀྱང་ཟིན་ཡོད་དེ། ཡང་དེ་ཏ། “ནོར་གྱིས་མ་གདུང་སུ་ཞིག་ཡོད། །རྟག་ཏུ་བདེ་བར་བསྡད་པ་སུ། །བདེ་དང་སྡུག་བསྔལ་ཐམས་ཅད་ཀྱང་། །དབྱར་དགུན་བཞིན་དུ་བརྗེ་བར་འགྱུར། །འདུ་འཛི་སྤངས་པ་བདེ་བ་སྟེ། །མིན་ན་བཟང་པོ་རྣམས་དང་འགྲོགས། །དུག་སྦྲུལ་གསོ་བ་གང་ལ་ཏུང་། །གསོ་ན་བཟླས་བརྗོད་བསྒོན་པར་བྱ། །” ཞེས་པ་ལས་བདེ་བ་རྟག་ཏུ་མེད་པ་ནི་དབྱར་དགུན་བཞིན་དང་འདྲ་བ་སོགས་ནང་བསྟན་གྱི་རྟེན་འབྱུང་གི་དོན་དང་སྦྱར་ཡོད་པར་མ་ཟད། འདུ་འཛི་སྤངས་ན་བདེ་བ་ཐོབ་པས་དེ་སྤོངས་བར་ཡང་སྐུལ་ཡོད།

ཕུ་བོས་ནུ་བོར་བཏམས་ཤིང་བཏམས་པའི་མདོའི་དྲི་བ་དང་པོར་བདེ་བའི་སྐོར་གྱི་ངོས་འཛིན་བྲིས་པ་འདིས་བོད་བཙན་པོའི་དུས་སྐབས་ཀྱི་བོད་མིའི་འཇིག་རྟེན་ལྟ་ཚུལ་གསལ་པོར་ཤེས་པར་མ་ཟད། ང་ཚོར་མཚོན་ན་བློ་བསྐྱེད་ཆེན་པོ་ཞིག་སྟེར་ལ། མི་སུ་ཡིན་རུང་བདེ་བ་ལས་སྡུག་བསྔལ་མི་འདོད་པས་འདིའི་ནང་ནུ་བོ་ས་ཆ་གཞན་དུ་འགྲོ་དོན་ཡང་བདེ་བ་ལས་མེད་པས་ཕུ་བོས་སྲ་གསང་མེད་པར་རང་གིས་བདེ་བའི་སྐོར་གྱི་ལྟ་བ་ལྷུག་པར་བརྗོད་ཡོད། དེ་ཡང་དྲི་བ་དང་པོར། ནུ་ན་རེ། །“སྦྱིར་སྐྱེས་བ་ལ། གང་བདེ་ན་བདེ་བའི་མཆོག་ཡིན། ཕུ་ན་རེ། སེམས་བདེ་ན་བདེ་བའི་མཆོག་ཡིན། །སེམས་སྦྱི་བདེ་ན། །གཞན་ཆེ་བདེ་ཡང་བདེ་བ་མ་ཡིནོ། །” ཞེས་བརྗོད་དེ། མི་ཞིག་ལ་མཚོན་ན་རྒྱུ་ནོར་པ་དང་ཕྱུགས་ཟོག་གི་གྲངས་མང་བ་ཙམ་གྱིས་བདེ་བ་ཐོབ་པ་ནི་ཡོད་མོད། དེ་ནི་བདེ་བའི་མཆོག་གམ་བདེ་བ་མཐར་ཐུག་པ་མ་ཡིན་པར་བདེ་བ་མ་མཐར་ཐུག་པ་ནི་རང་གི་སེམས་བདེ་ན་བདེ་བ་ཡིན་པར་མ་ཟད་བདེ་བ་ཐམས་ཅད་ལས་མཆོག་ཏུ་གྱུར་བ་བསྟན་པ་འདི་ནི་བོད་ཀྱི་རྩོམ་རིག་ལོ་རྒྱུས་ངོས་ནས་བཤད་ན་ལེགས་བཤད་དང་བསླབ་བྱ་སོགས་ཀྱི་ཐོག་མ་མ་ཡིན་ནམ། རྩོམ་འདིའི་ནང་དུ་བྱེ་བྲག་གི་དོན་རེ་རེ་ཡང་བརྗོད་ཡོད་པ་ནི་རྩོམ་འདིའི་ཁྱད་ཆོས་ཤིག་ཡིན་པས་དྲི་བ་གཉིས་པར་སེམས་བདེ་བ་ཇི་ལྟར་ཡོང་བའི་ཐབས་ཀྱི་སྐོར་འཆད་ཡོད་དེ། དྲི་བ་གཉིས་པར་ “ནུ་ན་རེ། །སེམས་བདེ་བའི་ཐབས་ཆེ་ལྟར་བྱ། །ཕུ་ན་རེ། བདག་ལ་མཚང་སྦྱིད་པར་བྱསྣ། མཐོ་བའི་ས་ན་ཡང་མཐོ་ཞིང་བདེའོ། །དམའ་བའི་ས་ན་ཡང་། དམའ་ཞིང་བདེའོ། ཡོངས་ཀྱི་རྒྱལ་པོའི་ཁྲིམས་ལ། །སྲོག་སྲིད་གཉིས་བརྟན་ཏེ། །ཆེ་ལ་ཡང་། རན་པར་བྱ་བའི་རིགས་སོ། །དེ་འགལ་དང་། །དགྲར་ནི་གྲོགས་ལྟོག། དཔུང་ནི་རྒྱལ་པོས་བྱསྣ། །མ་སླེམས་པའི་ཡང་སྦྱི་སྦྱིད་ལ། །ཤགས་གདབ་ཏུ་ཡང་། །ཡུས་མེད་ན། །ཆེ་ལ་བརྟན། །” ཞེས་པ་ལས་རང་གིས་རང་ལ་མཚང་མེད་པ་ཞིག་བྱས་ན་མཐོ་སར་གནས་ཀྱང་དོན་དམ་མཐོ་ཞིང་བདེ་བ། དམའ་སར་གནས་ནའང་རྟག་ཏུ་སེམས་བདེ་བ། རྒྱུ་ནོར་ལ་ཆོག་ཤེས་འཛིན་པ་སོགས་བྱས་ན་བདེ་བ་མཆོག་ཏུ་གྱུར་བར་བསྟན་ཡོད། བརྩམས་ཆོས་གཉིས་ཀའི་བདེ་བ་ལ་བཟུང་བའི་ངོས་འཛིན་གཅིག་མོད། འོན་ཀྱང་བཏམས་ཤིང་བསྟན་པའི་མདོས་དུས་རབས་བདུན་པ་དང་བརྒྱད་པའི་བོད་བཙན་པོའི་སྐབས་ཀྱི་མིའི་བསམ་བློ་མཚོན་པ་དང་གཅིག ས་པཊ་ལས་ཏ་ལམ་ལོ་བཞི་བརྒྱའམ་ལྔ་བརྒྱ་ལས་སྔ་བའི་བོད་མི་རང་གིས་བདེ་བའི་ངོས་འཛིན་ཡིན་པ་ལས་རིག་གནས་ཆེ་ཆུང་ལ་བཙུ་ལ་མཁས་པའི་པཎྜིཏ་ཞིག་གམ་ཆོས་ལུགས་

པ་ཞིག་གིས་བདེ་བར་བཟུང་བའི་ངོས་འཛིན་མ་ཡིན་པ་གཉིས་ཡིས་བཏམས་ཤིང་བསྟན་པའི་མདོ་ཡི་རིན་ཐང་དེ་ལྷག་པར་ཤེས་ཐུབ།

གཉིས། མི་ཚེའི་ལྟ་བའི་སྐོར།

ས་སྐྱ་གོང་མ་རྣམ་ལྔའི་ཡ་གྱལ་ས་སྐྱ་པཎྜིཏ་ཀུན་དགའ་རྒྱལ་མཚན་ནི་ས་སྐྱ་བའི་གྲུབ་མཐའི་བདག་པོ་དང་། རིག་གནས་ཆེ་ཆུང་བཅུ་ལ་མཁས་པའི་པཎྜིཏ་ཞིག་ཡིན་པས། ལེགས་བཤད་དུ་ཆ་ཚང་ཞིང་ཤུགས་དྲག་པོའི་སྒོ་ནས་ཆོས་ལུགས་ཀྱི་གཞི་རྩའི་ལྟ་བ་དྲིལ་སྒྲིག་བྱས་ཡོད། དཔེར་ན། "སྡུག་བསྔལ་རྒྱ་མཚོའི་སྣོད་གྱུར་པ། །ལུས་འདི་དགྲ་དང་འདྲ་མོད་ཀྱི། །བློ་དང་ལྡན་པས་འཕོལ་ཤེས་ན། །འདི་ལ་བསོད་ནམས་རྟེན་དུ་ཉུང་། །" ཞེས་པ་ལས་མི་ཚེ་ནི་སྡུག་བསྔལ་གྱི་རྒྱ་མཚོ་ལྟ་བུ་དང་། དེ་ལ་མི་འདོད་པ་ཐོག་ཏུ་འབབ་པའི་སྡུག་བསྔལ་དང་། འདོད་པ་ལ་ཆོག་མི་ཤེས་པའི་སྡུག་བསྔལ། ཤི་ན་མེད་དེ་མི་འགྲོ་བར་ཇ་མཁན་གྱི་འཕང་ལོའམ། ཐ་ཆུན་གྱི་ཁྱུད་མོའམ། བུམ་ནང་གི་བུང་བ་བཞིན་འཁོར་བའི་གནས་རིས་ལས་འདའ་མི་ཐུབ་པ་བསྟན་མོད། འོན་ཀྱང་མི་ལུས་འདི་ལ་སྙིང་པོ་བླངས་ནས་དམ་པའི་ལྷ་ཆོས་ཤིག་བསྒྲུབས་ན་ཚེ་འདི་ཕྱི་ཀུན་ལ་བདེ་སྐྱིད་ལེགས་ཚོགས་ཐམས་ཅད་འབྱུང་བར་ཡང་བརྗོད་ཡོད། ནམ་འཆི་ཆ་མེད་ཡིན་ཞིང་སུས་ཀྱང་བཟློལ་མི་ནུས་ལ། ཤི་ནས་ཀྱང་འཁོར་བའི་གནས་འདིར་ཁྱམས་ཏེ་གར་འགྲོ་གཏོལ་མེད་པར་འགྱུར་བ་སྟོན་པ། དཔེར་ན "མི་རྣམས་ཚེ་ཐུང་དེ་ཡི་ཕྱིད། །མཚན་མོ་གཉིད་ལོག་ཤི་དང་འདྲ། །ན་རྒའི་སྡུག་བསྔལ་སྣ་ཚོགས་ཀྱིས། །ཕྱེད་པོའང་བདེ་བར་སྤྱོད་པ་མེད། །གཉེན་བཤེས་ཀུན་གྱིས་མཐའ་སྐོར་ཏེ། །གཙམ་བསྐྱུངས་མིག་རྩ་ཤེན་ཏུ་ཞན། །གང་ཕྱོགས་འགྲོ་བའི་གཏོལ་མེད་པ། །དེ་ཚེ་དགེ་བ་གཞན་རྣམས་ཕུང་། །" [1]ཟེར་བ་བཞིན་ལེགས་བཤད་འདིའི་ནང་དམ་པའི་ཆོས་ཀྱི་ནང་དོན་གྱིས་གྲངས་མང་པོ་ཟིན་ཡོད་པར་དམ་པའི་ལྷ་ཆོས་སྒྲུབ་པར་སྐུལ་ཡོད། གཞན་ལེགས་བཤད་འདིའི་མཇུག་ཏུ་ཡང "བློ་གསལ་བློ་ཡི་ཀུ་མུད་རྒྱས་གྱུར་ཅིག །ཤེས་བྱ་ཀུན་ལ་རབ་སྦྱངས་པས། །ཐམས་ཅད་མཁྱེན་པ་ཐོབ་པའི་ཕྱིར། །དེས་ན་བདག་གི་བསྟན་བཅོས་འདི། །རྫོགས་པའི་སངས་རྒྱས་ཐོབ་ཕྱིར་བྱས། །" ཞེས་པ་ལས་ཀྱང་ཕོས་བསྟན་བཅོས་འདི་རྩོམ་པའི་དགོངས་པ་ཤེས་མོད། ཡིན་ནའང་ཆོས་ལུགས་ཀྱི་ནང་དོན་དེ་ཡང་ལེགས་བཤད་འདིའི་མགོ་མཇུག་བར་གསུམ་དུ་མེད་པར་གཙོ་བོ་རབ་བྱེད་དགུ་བ་ཆོས་བརྟག་པར་ཡོད་པ་ཙམ་མོ། །《བཏམས་ཤིང་བསྟན་པའི་མདོའི་》ནང་དུ་མི་ཚེ་ལ་བཟུང་བའི་ལྟ་བ་ས་

[1] 《བོད་ཀྱི་རྩོམ་རིག་ལོ་རྒྱུས་སྐལ་བཟང་མིག་སྒྲོན།》 གཙོ་སྒྲིག་པ་རྒྱ་ཡེ་བཀྲ་ཤིས། མཚོ་སྔོན་མི་རིགས་དཔེ་སྐྲུན་ཁང་། 2002ལོའི་ཟླ་2པའི་པར་གཞི། ཤོག་ངོས་328—330རུ་གསལ།

སྐྱ་ལེགས་བཤད་དང་མི་འདྲ་སྟེ། དྲི་བ་གསུམ་པར། "ཧུ་ན་རེ། །དགོས་པ་ལ་མ་སྟོར་བ་བྱ་བ་གང་། །ཕུ་ན་རེ། །ཡོངས་ནི་དགོས་པ་ལ་སྟོར་བར་བྱ་བ་གཅིག་ཀྱང་མེད། །དེའི་ནང་ན་མཆོག་བདམས་ན། །(སྲོག) སྲིད་གཉིས་མ་སྟོར་པར་བྱ་འོ། །" ཞེས་པ་ལས་སྤྱིར་དགོས་པའི་ནང་བཏུག་འོས་པ་གཅིག་ཀྱང་མེད་མོད་མཆོག་ཏུ་གྱུར་བ་བདམས་ན་སྲོག་དང་ཁྲིམ་སྲིད་གཉིས་མ་བཏུག་པར་བྱའོ་ཞེས་མིའི་སྲོག་དང་ཁྲིམ་སྲིད་ནི་མཆོག་ཡིན་པ་ལས་ཁྲིམ་ནས་ཁྲིམ་མེད་པར་རབ་ཏུ་བྱུང་ཏེ་ཐར་བ་དང་ཐམས་ཅད་མཁྱེན་པའི་གོ་འཕང་ཐོབ་པ་མ་ཡིན་པ་ང་ཚོས་ཤུགས་ལས་གོ་ཐུབ་པོ། །འདིས་བོད་བཙན་པོའི་སྐབས་ཀྱི་བོད་མིའི་བསམ་བློར་སངས་རྒྱས་ཆོས་ལུགས་ཀྱི་ལྟ་བས་ཤན་ཐེབས་པ་དེ་འདྲའི་མངོན་གསུམ་མིན་པ་མཐོང་ངོ་། །

གསུམ། ནོར་འབྲུལ་ཡོ་བསྲང་བྱ་དགོས་པའི་སྐོར།

མི་སུ་ཞིག་ཡིན་རུང་སྐྱོན་མེད་པའམ་ནོར་འཁྲུལ་མེད་པ་ཅན་ཞིག་མེད་པས་དེ་ལ་ཡོ་བསྲང་བྱ་དགོས་པ་ནི་བརྩམས་ཆོས་གཉིས་ལས་བསྟན་ཡོད་དེ། 《ས་སྐྱ་ལེགས་བཤད་》དུ། "དམ་པ་ཉིག་པ་ཆུང་ཡང་སྤོང་། །དམན་རྣམས་ཆེན་པོའང་དེ་ལྟ་མིན། །ཞོ་ལ་རྡུལ་ཕྲན་འབྱུར་བ་སེལ། །ཆང་ལ་ཕབས་ཀྱང་ལྷག་པར་འདེབས། །" ཞེས་པ་དང་། "སྐྱེས་མཆོག་རང་གི་སྐྱོན་ལ་ལྟ། །སྐྱེ་བོ་ངན་པ་གཞན་སྐྱོན་འཚོལ། །རྨ་བྱ་རང་གི་ལུས་ལ་རྟོག། སྲིན་བྱ་གཞན་ལ་ལྷས་ངན་མཐོང་། །ཅེས་པ་དང་། ཚུང་ཟད་བསམ་པ་ཡོད་རྣམས་ཀྱིས། །སྐྱོན་དེ་བརྟགས་ལ་གདོན་པར་བྱ། །དེ་ལྟར་གཉེན་པོ་སྤྱོད་པ་ཡི། །མི་དེ་གོང་ནས་གོང་དུ་འགྲོ། །" ཞེས་ནོར་འཁྲུལ་ཡོ་བསྲང་དང་བཅོས་སྒྱུར་བྱེད་པ་ནི་རང་ཉིད་མུ་མཐུད་དུ་ཡར་ཐོན་ཡོང་བའི་ཆེད་ཡིན་པར་མ་ཟད་ སྔར་ལས་ཇེ་བཟང་དང་ཇེ་ལེགས་སུ་འགྲོ་བའི་ཆོས་ཉིད་ཀྱང་བསྟན་ཡོད། བཏམས་ཤིང་བསྟན་པའི་མདོའི། དྲི་བ་སོ་བརྒྱད་པར "ཧུ་ན་རེ། །བདག་ལ་བླ་མ་གཤེ་ན་ཅི་ལྟར་བྱ། །ཕུ་ན་རེ། །བདག་དགེས་ཉེས་ན། །ཁས་ལོང་ཤིག། མ་ཉེས་ན། །འཇམ་བྱང་བར་འཇམ་དུ་ཤོད་ཅིག། མ་ཉེས་པ་གཤེ་ཞེས། །ཚུ་ཚད་དང་ལོག་པ་ནང་ཚིག་བྱེ་སྟེ་བཀྱེད་ན། །བདག་ལ་གནོད་དོ། །བདག་ལ་གཡོ་ཡོད་ན། བོར་ཏེ། སླར་བསྐྱར་ཞིང་ཡོད་ཆེས་པར་བྱ་བའི་རིགས་སོ། །" ཞེས་བསྟན་ཡོད་ལ། འདི་ནི་ས་སྐྱ་ལེགས་བཤད་དང་འདྲ་བར་རང་གི་ཉེས་པ་ཡིན་ན་ནི་ངོས་ལེན་ཞུ་དགོས་པ་དང་རང་ལ་མནོང་ཡོད་ན་སྤངས་བའམ་སླར་དེ་ལས་ལྡོག་སྟེ་ནོར་འཁྲུལ་ཡོད་ན་ཡོ་བསྲང་བྱེད་དགོས་པ་བསྟན་ཡོད།

བཞི། ཡོན་ཏན་དང་བརྩོན་འགྲུས།

ས་སྐྱ་ལེགས་བཤད་ནང་དུ “མཁས་པ་རྣམས་ཀྱིས་དཔྱད་པ་ཡི། །ཤེས་བྱ་ཤེས་ན་མཁས་པར་བགྲང་། །བ་ལང་རྒན་གཞོན་དཔྱོད་པ་ལ། །བླུན་པོ་མཁས་ཀྱང་ཡོན་ཏན་མིན། །ལེགས་བཤད་བྱིས་པ་དག་ལས་ཀྱང་། །མཁས་པ་རྣམས་ནི་ཡོངས་སུ་ལེན། །དྲི་ཞིམ་འབྱུང་ན་རི་དྭགས་ཀྱི། །ལྟེ་བ་ལས་ཀྱང་གླ་རྩི་ལེན། །རིག་པ་ནང་བར་འཆི་ཡང་བསླབ། །ཚེ་འདིར་མཁས་པར་མ་གྱུར་ཀྱང་། །སྐྱེ་བ་ཕྱི་མར་བཅོལ་བ་ཡི། །ནོར་ལ་རང་ཉིད་ལེན་པ་འདྲ། །”ཞེས་མཁས་པ་རྣམས་ཀྱིས་དཔྱད་བྱ་ཡོད་པའི་ཤེས་བྱ་ཤེས་ན་ད་གཟོད་ཡོན་ཏན་དུ་བགྲངས་པ་དང་བྱིས་པ་དག་ལས་ཀྱང་ལེགས་བཤད་ལེན་པ། ནང་པར་འཆི་ཡང་ཡོན་ཏན་སློབ་པ་སོགས་ཡོན་ཏན་སློབ་པར་ཧ་ཅང་མཐོང་ཆེན་བྱ་དགོས་པ་བྲིས་ཡོད། དེ་བཞིན་དུ་བཏམས་ཤིང་བསྟན་པའི་མདོའི། དྲི་བ་ང་གསུམ་པར “ཕུ་ན་རེ། ཤེས་པ་ཆི་ལྟར་བྱ། །ཕུ་ན་རེ། །ཡོངས་ནི། །མ་བསྟན་པར་ཤེས་པ་དང་། མ་བསླབས་པར་ཐོབས་པ་མྱེད། མཛངས་པ་ཆི་ཡང་ཤེས་པ་ཡང་། །བསླབ་པ་ལ་ནི་འགྲུས། །བསྟན་པ་ལ་ནི་ཉན། །ལེགས་པ་ལཞི། དགྲ་ལ་ཡོད་གྱུང་ལེན། །ཉེས་པ་ལ་ནི། །བདག་ལ་ཡོད་གྱུང་འདོར། །དྲང་པོར་སྟོན་པ་ལ་ནི་གཤེ་ཡང་དགའོ། །ལོག་པར་སྟོན་པ་ནི། །བྱམས་གྱུང་སྤང་ངོ་། །དེ་ལྟ་བས་ན། །ཕ་དང་། ཕུ་ནུ་རྒན། རབས་གྱིས་གྱུང་། །བུ་ཚ་གཞོནུ་ནི། །ཤེས་པའི་ཉོ་ཤ་ཁོང་ན་མ་ལུས། བསླབ་ཆིང་སྦྱང་བ་ལ། །ཆེད་ཆེ་བ་མྱེདོ། །དེ་ལྟ་བས་ན། །ངན་ཡང་འབྲིང་པོར་འོང་ན། །འཛངས་པ་ལྟ་སློས་གྱུང་ཆི་དགོས། །སྙིང་རྒྱུ་ཁོང་ན་ཡོད་གྱུང་། མ་བསྟན་མ་བསླབས། ཆིང་མ་སྦྱངས་ན། འཛངས་པ་ལྟ་འབྲིང་པོར་འོང་ན། ངན་པ་ལ་ལྟ་སློས་གྱུང་ཅི་དགོས། །དེ་ལྟ་བས་ན། །སླད་པ་ཆེད་ཆེ་བར་མདོན་ནོ། །བུས་བ་གཞོནུ། རྩེ་བའི་གོར། ཡོག་རྩིས་ལ་སོགས་པ། །འཛངས་ཀྱི་སྔོན་དུ་འགྲོ་བ་དང་། ཕོང་རྩལ་ལ་སྩོགས་པ། །དཔའ་བའི་སྔོན་དུ་འགྲོ་བ། ཐོབ་པར་བསླབས་པའི་རིགས་སོ། །ཡུན་དུ་ཕན་བ་ནི། དགའ་ཡང་བསླབ། །ཡུན་དུ་གནོད་པ་ནི། །དད་གྱུང་བཏང་ན་ཐྲལ་གྱི་ལྟ་ཆི་སློས། །” ཞེས་བསྟན་པ་ལྟར་ན་མི་ཞིག་ཡིན་ན་མ་སྦྱངས་པར་ཤེས་པ་ཞིག་མེད་པས་ཡོན་ཏན་སློབ་དགོས་པ་དང་། དེ་ལ་ཡང་བརྩོན་འགྲུས་སྐྱེད་དགོས་ལ་རིག་པ་འབྲིང་པོ་དང་ཞན་པ་དག་གིས་ལྷག་པར་དུ་བརྩོན་འགྲུས་སྐྱེད་དགོས་ཚུལ་དང་། ཡོན་ཏན་ཡང་ཕོང་རྩལ་ལ་སོགས་སྦྱངས་ན་དཔའ་བོའི་ཁ་སྔོན་དུ་འགྲོ་ཞེས་འདི་དག་ལའང་ཆུང་དུས་ནས་འབད་པས་སྐབས་དེའི་སྤྱི་ཚོགས་ཀྱི་སྣང་ཚུལ་སྟེ་མི་ཞིག་ཡིན་ན་དཔའ་མཛངས་གཉིས་དང་ལྡན་པར་འབད་པ་བྱེད་པ་ཤེས་ཐུབ་པར་སྣམ།

༄༅། བཟའ་ཚང་དང་འབྲེལ་བའི་སྐོར།

《ས་སྐྱ་ལེགས་བཤད་》དུ་ཁྱིམ་སྲིད་ཀྱི་མག་པ་དང་ཆུང་མ་ཇི་ལྟ་བུ་ཞིག་ལེན་ཚུལ་བརྗོད་མེད་པས་འདིར་《བཏམས་ཤིང་བསྟན་པའི་མདོ་》ཡི་ནང་གི་དེའི་སྐོར་ལ་བལྟས་ན་བོད་ཀྱི་སྐབས་དེའི་སྤྱི་ཚོགས་ཀྱི་ཟུར་ཞིག་མཐོང་ཐུབ་པས་འདིར་བཀོད་ན། དྲི་བ་ང་བདུན་པར "ནུ་ན་རེ། །གཉེན་བྱ་ན་ཇི་ལྟར་བྱ། །ཕུ་ན་རེ། །མནའ་མ་བླངས་ན། །མནང་དང་འཛངས་བདམོ། །དེར་ཡང་མྱི་ལྡན་ན། །མནང་དོམ་ཤིག། མག་པ་བདམ་དུ་ཡོད་ན། །འཛངས་ཕྱུག་གཉིས་དོམ་ཤིག །" ཅེས་མནའ་མ་འཛངས་ཕྱུག་གཉིས་དང་ལྡན་པ་གདམས་པ་དང་དེ་འདྲ་མེད་ན་འཛངས་པ་ལས་རྒྱུ་ནོར་ཅན་འདེམས་པ་དང་མག་པ་ཡིན་ན་འཛངས་ཕྱུག་གཉིས་འདེམས་པ་དེ་ནི "སྐབས་དེའི་དབང་སྒྱུར་གྲལ་རིམ་གྱི་གཉེན་སྒྲིག་གི་ལྟ་བ་མཚོན་ཏེ། རྒྱུ་ནོར་ནི་ཆ་རྐྱེན་ཡིན་པའི་གཉེན་སྒྲིག་ནི་དབང་སྒྱུར་གྲལ་རིམ་གྱིས་རང་ཉིད་ཀྱི་དཔལ་འབྱོར་དང་ཆབ་སྲིད་ཀྱི་ཁེ་ཕན་ལ་འདང་རྒྱུབ་པ་ལས་དེ་ནི་ངལ་རྩོལ་མི་དམངས་ཀྱི་བརྩེ་དུང་དང་གཏན་ནས་མི་འདྲའོ། །"[a]སྤྱི་ཚོགས་ཀྱི་ཀུན་སྤྱོད་དུས་སྐབས་རེ་རེར་མི་གཅིག་པས། འདི་ལས་སྐབས་དེའི་དབང་སྒྱུར་གྲལ་རིམ་གྱིས་བཟའ་ཟླ་ཅི་ལྟ་བུ་ཞིག་བཙལ་བའི་སྣང་བརྙན་ང་ཚོས་སེམས་ལ་གསལ་ལེར་ཤར་ཐུབ་བོ། །

༥ བཟའ་ཟླ་ཕན་ཚུན་འདྲ་མཉམ་ཡིན་པ།

བཟའ་ཟླ་ཇི་ལྟར་སྤྱོད་པའི་སྐོར་བྲིས་པ་དཔེར་ན། དྲི་བ་རེ་གཉིས་པར། "ནུ་ན་རེ། །ཆུང་མ་དང་ཏ་ཆང་མཛའ་ཆེས་ན་ནི། །གཞན་གྱིས་གྱུང་ཁྲེལད། །སྣང་བར་བྱར་ནི། །མོའང་ཡིད་དུ་འོང་དགུ་བྱེད་ན། ཇི་ལྟར་བྱ། ཕུ་ན་རེ། །ཇི་ལྟར་ཡིད་དུ་འོང་བ་ལ་སྣང་སྟེ། །ལེགས་པའི་ཡིད་དུ་འོང་བ་བྱེད་ན། མཛའ་ཞེས། །གཞན་གྱིས་མྱི་ཁྲེལ་གྱིས། །མོས་མ་ཉེས་པར། །དཔྱས་གྱིས་དོགས་པའི་ཕྱིར་སྤྱང་བའི། ག་ལ་རིགས་སོ། །གཞུང་གིས་ལེགསན་པ་མ་ཡིན་ན། །ཡིད་དུ་ཇི་ལྟར་འོང་ཡང་། འཐུན་བར་མ་བྱེད་ཅིག། མོས་མ་ཉེས་དང་། སྣ་འགའ། བདགི་སེམས་དང་མ་མཐུན་པའི་ཕྱིར། །བདག་ལ་དབང་ལ་དབང་ཡོད་ཆེས། དངན་སྣང་དུ་མ་སྣང་ཤིག །" ཅེས་ཆུང་མའི་སྐད་ཆ་མི་འོས་པ་སོགས་མ་ཡིན་པར་ བཟང་བའི་སྐོར་ལ་ནི་ཉན་དགོས་པ་དང་། ཆུང་མ་ལ་ལེགས་ཕྱོགས་ནས་སྙིང་དུ་སྡུག་ན་ནི། མཛའ་དྲགས་ཞེས་གཞན་གྱིས་འཕྱ་མི་སྲིད་ལ། ཆུང་མས་ཉེས་པ་མིན་བཞིན་དུ་གཞན་གྱི་འཕྱ་དམོད་ལ་དོགས་ནས་སྤོང་བ་ནི་ག་ལ་འགྲིག ཡང་ལུགས་ལྟར་ལེགས་པའི་ཕྱོགས་མ་ཡིན་ན་ནི་སྙིང་དུ་ཅི་ཙམ་སྡུག་ཀྱང་མཐུན་པར་མ་བྱེད་ཅིག དེ་མིན་ཆུང་མ་མ་ཉེས་པར་བྱ་བ་འགའ་ཞིག་རང་གི་འདོད་བློ་དང་མ་མཐུན་པར་བརྟེན་ནས། རང་

① 丹珠昂奔 : 藏族文化散论 . 北京：中国友谊出版公司，1993.269.

ལ་དབང་ཡོད་སྣམ་སྣེ་བརྟས་བཙོས་ཀྱི་སྤང་ཟུག་མ་བྱེད་ཅིག་ཅེས་བཟའ་ཟླ་ཇི་ལྟར་སྐྱོང་བའི་ལུགས་ཏེ་བཟའ་ཟླ་བར་ཕན་ཚུན་འདྲ་མཉམ་ཡིན་པ་ལ་སོགས་གསལ་པོ་ཤེས་ཐུབ་པས་འདི་ནི་སྐབས་དེའི་སྤྱི་ཚོགས་གོམས་སྲོལ་ཤེས་བྱེད་ཀྱི་མེ་ལོང་ལྟ་བུ་ཞིག་རེད། གཞན་ཡང་མནའ་མ་དང་སྒྱུག་མོའི་བར་ལ་ཁ་མཆུ་བྱུང་བ་ནི་འཇིག་རྟེན་གྱི་ཆོས་ཉིད་ཡིན་པས་སྒྱུ་མོས་ཀྱང་མནའ་མར་ཐད་ཀར་ཚིག་ངན་པས་གཤེ་གཤེ་མི་གཏོང་པར་གནས་ལུགས་བཤད་ནས་བླང་དོར་སྟོན་པ། མནའ་མས་ཀྱང་ཁྱོ་གའི་ཕ་མ་རང་གི་ཕ་མར་ངོས་བཟུང་ནས་གུས་བཀུར་དང་། ནམ་ཞིག་རང་ཡང་སྒྱུག་མོ་ཡིན་པ་སོགས་ལ་བསམ་ནས་ཕ་མར་སྲི་ཞུ་སྒྲུབ་པ་སོགས་རང་རིགས་ཀྱི་སྲོལ་རྒྱུན་བཟང་པོ་དེ་ཡང་མཐོང་ཐུབ། ཁྱིམ་བཟང་ཚང་ཕན་ཚུན་དབར་འཆམ་མཐུན་ཡོང་དགོས་ན་ཤ་ཞེན་དང་ཕྱི་ཐག་ཡོད་པར་བྱས་ཏེ་བུ་ཞིག་ཡིན་ན་ཕའི་སེམས་དང་མཐུན་པ། གཅུང་པོ་ཞིག་ཡིན་ན་གཅེན་པོའི་སེམས་དང་མཐུན་པ། བྲན་འཁོར་ཞིག་ཡིན་ན་རྗེ་བོའི་སེམས་དང་མཐུན་པ། ཆུང་མ་ཞིག་ཡིན་ན་ཁྱོ་གའི་སེམས་དང་མཐུན་པ། གཡོག་པོ་ཞིག་ཡིན་ན་དཔོན་པོའི་སེམས་དང་མཐུན་ན་ད་གཟོད་གཉེན་འཁོར་ཀུན་བདེ་བར་བྱེད་ནུས་པ་བསྟན་ཡོད་པར་མ་ཟད་སེམས་མི་མཐུན་པ་ལ་སྙིང་ནད་ཆེ་བ་ཡང་མེད་པ་སོགས་ཤ་གཉེན་སྐྱོང་ཚུལ་དང་བཟའ་ཚང་འཁྲིག་མོ་ཡོང་བའི་ཐབས་ལམ་བྲིས་ཡོད། འདིར་ཡང་ཕན་ཚུན་སེམས་མཐུན་དགོས་པ་ལས་ཕན་ཚུན་བར་བསྟུན་དགོས་པ་མིན་པ་འདིས་བོད་མིའི་ཕན་ཚུན་བརྩི་མཐོང་གི་རིག་གནས་གསལ་པོ་ཤེས་ཐུབ་བོ། །

༦ ཕ་མར་སྲི་ཞུ་དང་དྲིན་ལན་འཇལ་ཚུལ།

《ས་སྐྱ་ལེགས་བཤད་》ནང་དུ "ཇི་ལྟར་ཕ་མ་བུར་བྱམས་ཀྱང་། །དེ་ལྟར་བུ་ཚས་ཕ་མ་མིན། །ཕ་མས་བུ་ཚ་བསྐྱངས་བསྐྱངས་ནས། །ཕ་མ་རྒས་ནས་བུ་ཚས་བརྟས། །" ཞེས་བསྟན་ཏེ། བུ་ཚས་ཕ་མར་བརྟས་མི་རུང་བ་དེ་གཙོ་བོར་ཆོས་ལུགས་ཀྱི་ལས་རྒྱུ་འབྲས་ལྟ་བའི་ཐོག་ནས་བཤད་པ་རེད།《བཏམས་ཤིང་བསྟན་པའི་མདོ》ཡི་ནང་དུ་ཡང་ཕ་མར་སྲི་ཞུ་བྱེད་དགོས་པ་བྲིས་ཡོད་དེ། དྲི་བ་སོ་གཉིས་པར "ནུ་ན་རེ། །སྲི་ཞུ་བྱ་ཆེ་བཟང་། །ཕུ་ན་རེ། །བུ་ཅས་ནི་ཕ་མ་དང་། །གཉེན་བཤེས་མི་འགྱོད་པར་ནུས་ན། །སྲི་ཞུའི་མཆོག །དེ་ལྟ་བས་ན། །བུ་དང་ཆུང་མ་བས་ནི། །ཕ་མ་དང་ཕུ་ནུ་བོ། ཕངས་པར་བརྩི་དགོས། །བུ་ཚ་ཕ་མས་གསོས་ཏེ། །ཕངས་བའི་རིམ་འགྲོ་མྱིག་དང་མཚུངས་པར་བྱས་པ་ཡང་། །རྒས་བའི་བསེལ་དང་ལན་སློན་བར་དགོས་ཟད་དེ། །སྐྱེས་ན་སླར་ལན་སློན་ཞིང་ཆེ་ནུས་ཀྱིས་བྱ་བའི་རིགས་སོ། །དཔེར་ན། གཆན་གཟན། མཆའ་དང་བུ་ཆོད་ཀྱི་བུ་ཡང་། །ཕ་མའི་དྲིན་གྱི་ལན་སློན་ནས། མྱིའི་བུ་ལྟ་ཆེ་སློས་མ་རབས

གྱིས་ཕན་གཞན་དུ་གདགས་མྱེད་ཀྱང་། ། ཕ་མའི་ངག་མཉན་ཏེ། ། ཡིད་དང་མ་གཡལ་བེའི་རིམ་གྲོ་ཆེར་བྱ་བའི་རིགས་སོ། ། བུའང་ཐུགས་ཐུབ་མྱི་བྱེད་ན། མནའ་མ་ལྷ་ཆེ་སྨོས། ། ཕ་དང་ཕླ་མ་ལ། ། སྲི་ཞུ་མྱེད་ན། ། དེ་ནི་ཕྱུགས་དང་མཚུངས་གྱིས། ། མྱི་ཞེས་མྱིང་མ་གདགས་ཤིག །” ཅེས་དཔེ་སྣོ་ནས་ཕ་མ་སྲི་ཞུ་བྱ་དགོས་པ་དང་ཕ་མར་སྲི་ཞུ་བྱེད་པ་ནི་སྲི་ཞུའི་མཆོག་ཡིན་པ་བྲིས་ཡོད་པ་འདི་ནི་ཕ་མས་བུ་དྲིན་གྱིས་བསྐྱངས་བའི་ལྟ་བ་གཅིག་པུའི་ཐོག་ནས་ཕ་མར་དྲི་ལན་འཇལ་དགོས་པ་བསྟན་པ་ལས་ནང་བསྟན་གྱི་ཤན་ཞུགས་མེད་པ་འདྲ། སྐབས་དེའི་བརྩམས་ཆོས་གཞན་དག་ལས་ཀྱང་ཕ་མར་དྲིན་གྱིས་བསྐྱངས་དགོས་ཚུལ་བསྟན་པ་མཐོང་ཐུབ་སྟེ། དྲི་བ་དོན་བདུན་པའི་ནང་དུ་ཕ་དང་མ་སུ་ཡིན་ཀྱང་རང་གི་བུ་ཕྲུག་ལ་ཉེ་རིང་མེད་ལ། ཕ་མས་རང་གི་བུ་ཕྲུག་ཉེས་པར་དོགས་ནས་ལོག་པའི་ལམ་མི་སྟོན་པར་མ་ཟད་སྙིང་གི་གཏམ་འཆད། གལ་ཏེ་ཕ་མས་ལོག་པའི་ལམ་ལ་སྐྱུལ་བའི་ཚིག་བཤད་ན། ལོག་པ་ཚོར་བཞིན་དུ་དོན་ངན་པ་བསྒྲུབ་པ་མི་འགྲིག་པས་སྤྱོང་དགོས་པ་བསྟན་ཡོད།

བདུན། མིའི་འགྲོ་ལུགས་འདུག་སྟངས་སྐོར།

《བཏམས་ཤིང་བསྟན་པའི་མདོ》ཡི་ནང་དུ་བྱ་བ་བསྒྲུབས་སྐབས་ཀྱི་གནད་དོན་མང་པོ་ཞིག་འཆད་ཡོད་པ་དཔེར་ན་བྱ་བ་གང་ཞིག་ཡིན་ཀྱང་རྩ་བའམ་གཞུང་ནི་དྲང་པོས་འཛིན་པ་དང་། ཡན་ལག་ཀྱང་མ་ནོར་བར་སྒྲུབ་པ། དེ་ལས་དྲང་པོ་ནི་རྒྱལ་པོའི་ཆོས། ཁྲིམས་ཀུན་ལ་སྙོམས་ན་དྲང་ཞེས་བྱ་ཤིང་། ཡན་ལག་མ་ནོར་བར་སྒྲུབ་པ་ནི་ཁྲིམས་ལས་མི་འབྱུང་བའི་རིགས་ལ་བདེན་དང་མི་བདེན། ཡིན་དང་མ་ཡིན་སོགས་དབྱེ་བ་འབྱེད་ཐུབ་པ། མདོར་ན་མིའི་དཔོན་པོ་བྱེད་ན་ནམ་མཁའ་དང་མཚུངས་བར་སྙོམས་ཤིང་། སྲང་མདའ་དང་འདྲ་བར་དྲང་ལ། བདེན་ཅན་གྱིས་མ་རངས་པ་མེད་པ་དང་། འཚོ་སྐྱོང་གིས་མ་ཁྲབ་པ་མེད་པར་བྱ་བའི་རིགས་སོ་ཞེས་བོད་ཀྱི་གཏམ་དཔེར་ཡང་མི་དྲང་མོ་མདའ་འདྲ་འདྲ། བུ་རྐོད་པོ་སྟག་འདྲ་འདྲ་ཟེར་བ་བཞིན་མི་དྲང་མོ་དུས་དང་རྣམ་པ་ཀུན་ཏུ་གཞན་གྱིས་བཀུར་བ་དེ་འདི་ལས་ཀྱང་མཆོན་ཐུབ། དྲི་བ་བཅུ་གསུམ་པར “ནུ་ན་རེ། །དྲང་པོའི་ཆོས་བྱས་ཀྱང་། །ལ་ལ་འཁྲུམས་པ་ཡོད་ན། །ཆེ་ཉེས། ཕུ་ན་རེ། །དེ་ལྟ་བུ་ནི་དཀོན་པའི་རིགསྟེ། འགའ་ཞིག་ཡོད་དུ་ཟིན་ཀྱང་། །བདག་གིས་མ་ཉེན་ཡང་དག་པ་ལ། །དབང་མྱེད་པར་འོངས་ན། །སུས་ཀྱང་མྱེད་པར་འོངས་ན། །སུས་ཀྱང་མྱི་སྨོན་ཏེ། །སྲོག་ཆད་པ་དང་། འདྲས། །འཕྱོད་པའི་ས་མྱེད་དོ། །ཡོངས་ཀྱང་། ཉེས་བྱེ་བྱེད་དེ་ལེགས་པ་ནི། །བརྒྱའ་ལ་གཅིག་གོ །ལེགས་བྱེད་བྱེད་ལེགས་པ་ནི། ཀུན་ནོ། །” ཞེས་དྲང་བདེན་ཚུལ་བཞིན་བྱས་ན་ཕམ་ཉེས་ཡོང་བ་ཏ་

ཅང་དཀོན་པ་ཡིན། འགའ་ཞིག་བྱུང་པ་སྲིད་ཀྱང་རང་གིས་མ་ཉེས་པ་དངོས་འབྲེལ་ལ་དབང་མེད་དུ་དེ་ལྟར་གྱུར་པ་ཡིན་ན་སུས་ཀྱང་མི་བསྙོན་ལ། སྤྱིར་བྱ་བ་ངན་པ་བྱས་བྱས་ནས་ལེགས་པ་བྱུང་བ་ནི་བརྒྱ་ལ་སྲིད་མཐའ་ཙམ་དང་བྱ་བ་བཟང་པོ་བྱས་བྱས་ནས་ལེགས་པོ་ཡོང་བ་ནི་ཀུན་ལ་སྲིད་དོ། 《ས་སྐྱ་ལེགས་བཤད་》ནང་དུ་ཡང་། "རང་དོན་འབད་པས་བསྒྲུབ་འདོད་ན། །དེ་ཡིས་དང་པོར་གཞན་དོན་སྒྲུབས། །རང་དོན་ཁོ་ན་གཙོར་བྱེད་པ། །དེ་ཡིས་རང་དོན་འགྲུབ་མི་ཟད། །" ཅེས་པ་ལྟར་གཞན་གྱི་བྱ་བ་བསྒྲུབ་ན་རང་གི་དོན་ཀྱང་འགྲུབ་པ་བསྟན་ཡོད། བྱ་བ་དྲང་བདེན་མ་བྱས་པར་བྱ་ངན་གཡོ་ཐབས་ཁོ་ན་བྱེད་བཞིན་དུ་གསོན་པོར་སྡོད་པ་ལས་དྲང་ཞིང་ཚད་མ་འབའ་ཞིག་བྱེད་བཞིན་དུ་ཤི་དགོས་བྱུང་ཡང་ཆོག་པ་ཙམ་གྱི་བར་དུ་སྲན་ཚུགས་པར་བྱ་དགོས་ལ། ཕྱི་ཚུལ་བཟང་ཞིང་ཁ་སླན་ལ་ཞེ་འཁྱོག་པའི་ཁོག་ཧུལ་དུ་གནས་པར་མི་བྱེད་པ་བསྟན་ཡོད་དེ། དྲི་བ་དགུ་པར། "ནུ་ན་རེ། །དྲང་པོར་བྱར་སྨི་བྱར་སྨི་ཧུང་བ་ཞིག་ཡོད་ན། སྲན་ཆེ་ཚམ་དུ་གཟུགས། །ཞུ་ན་རེ། །ཉེས་པོ་ཡོན་པོ་བྱེད་བྱེད་དེ། གསོན་བ་བས། །དྲང་པོ་སྙོམས་པ་བྱེད་བྱེད་ཤི་ཡང་བླ་བ་ཚམ་དུ་སྲན་གཟུགས་དགོས། །ཕྱི་བྱད་བཟང་ཞིང་ཁ་དྲང་ལ་སྙིང་ཡོ་དང་ཁོང་གསོབ་ཏུ་འདུག་པར་མ་བྱེད་ཆིག །" ཅེས་ཁ་ཡག་ངོ་དགའ་བྱེད་པ་ལས་ཤི་ན་བཟང་བའི་དྲང་པོར་བཟུང་བའི་ལྟ་ཚུལ་འདི་ལྟ་བུ་ལ་ང་ཚོ་ཡིད་སྨོན་འཆོར།

བརྒྱད། བྱ་བ་གང་ཡིན་ཡང་བློ་འདྲི་གྲོས་བསྡུར་བྱ་དགོས་པའི་སྐོར།

《ས་སྐྱ་ལེགས་བཤད་》ཡིན་ནའང་འདྲ《བཏམས་ཤིང་བསྟན་པའི་མདོ་》ཡིན་ནའང་འདྲ་བྱ་བ་ལ་གྲོས་བྱ་དགོས་ཚུལ་བསྟན་ཡོད་མོད་སྔ་མར་གྲོས་བྱ་བའི་དགོས་པ་ཙམ་བཤད་ཡོད་པ་དཔེར་ན། བློ་ལྡན་བྱ་བ་ཅུང་ཟད་ཀྱང་། །རྒྱུན་དུ་གྲོས་ཀྱིས་བསྒྲུབ་པར་བྱ། །གྲུབ་པར་གྱུར་ན་ལྟ་ཅི་སྨོས། །མ་གྲུབ་ན་ཡང་མཛེས་པའི་རྒྱུ། །ཞེས་པ་དང་། །བློ་གྲོས་ལྡན་པ་གཉིས་བགྲོས་ན། །བློ་གྲོས་ལེགས་པ་གཞན་འབྱུང་སྲིད། །ཡུང་བ་དང་ནི་ཚ་ལ་ལས། །ཁ་དོག་གཞན་ཞིག་སྐྱེ་བར་འགྱུར། །ཞེས་གྲོས་བྱེད་པ་ནི་གཅིག་ནས་མི་རབ་གཅིག་གི་བློ་མཐའ་ལས་མི་ངན་གཉིས་ཀྱི་བློ་གྲོས་དགའ་ཟེར་བ་ལྟར་བྱ་བ་ཅི་ཞིག་བསྒྲུབ་ཀྱང་གྲོས་བསྡུར་བྱས་ན་བྱ་བ་ལེགས་པོ་འགྲུབ་འོངས་པ་དང་། གཉིས་ནས་གལ་ཏེ་མ་འགྲུབ་ཀྱང་མཛེས་པའི་རྒྱུ་ཡིན་པ་བསྟན་ཡོད། གཞན་མི་ཉམས་མྱོང་ཅན་དང་བློ་གྲོས་ཅན་ལ་བློ་འདྲི་དགོས་པ་བརྗོད་པ། དཔེར་ན། རང་ལ་བློ་གྲོས་མི་ལྡན་ན། །བློ་ཆེན་གཞན་ལ་ལེགས་པར་འདྲི། །ལག་པས་དགྲ་བོ་མི་གསོད་ན། །མཚོན་ཆ་ལེན་པར་མི་བྱེད་དམ། །ཞེས་པ་ནི་རང་རེའི་ཁ་དཔེར་ཡང་མི་ཤེས་ན་མི་དྲིས། །མི་རིག་ན་སྣང་ལ་བུད་ཟེར་བ་བཞིན་

ནོ། །ད་ཙང་བཏམས་ཤིང་བསྟན་པའི་མདོའི་ནང་དུ་གྲོས་གཞི་གང་ཞིག་ཡིན་ཙང་ཐོག་མ་ནས་ཀྱང་ཞིབ་ཏུ་བསམས་པ། གྲོས་བྱ་བའི་སྐབས་གཞན་གྱི་འཕྲུ་སྨྱོད་སོགས་ལ་དོགས་བྱེད་པ་སོགས་སྤང་ཏེ་སྤྱོབས་པས་བརྗོད་པ། གྲོས་ཞེས་པ་ཡང་མི་གཅིག་གིས་ལེགས་པར་མི་ཤེས་པས་མང་པོ་མཉམ་དུ་འཛོམས་ནས་དེའི་ནང་གི་གནས་ལུགས་དང་མཐུན་པ་གཞིར་བཟུང་དགོས་པ་ལས་རང་གི་འདོད་པ་ལྟར་མ་བྱས་ན་མི་འགྲིག་ན་གྲོས་བྱེད་པའི་དགོས་པ་ཡང་མེད་པ་སོགས་བྱེ་བྲག་གི་གྲོས་བྱ་སྟངས་སོགས་དྲི་བ་བཅུ་དགུ་པ་དང་ཉི་ཤུ་པར་གཟིགས་དང་དུས་ད་ལྟ་ཡང་ང་ཚོ་ལ་མཁོ་བའི་བསླབ་བྱ་ལེན་རྒྱུ་ཡོད་དོ། །

དགུ། བཟང་པོ་ལ་བྱ་དགའ་དང་ངན་པ་ལ་ཆད་པ་གཅོད་དགོས་པའི་སྐོར།

བཟང་པོ་ལ་བྱ་དགའ་དང་ངན་པ་ལ་ཆད་པ་གཅོད་པ་འདི་བོད་བཙན་པོ་སྲོང་བཙན་སྒམ་པོའི་དུས་ནས་བཟུང་བོད་ཀྱི་ཁྲིམས་ཀྱི་ནང་དུ་བཞག་ཡོད་དེ། དཔེར་ན། མི་དཔའ་བོ་ལ་སྟག་དང་གཟིགས་ལྤགས་གནང་པ། མི་སྟར་མ་ལ་ཕ་ཞྭ་གྱོན་པ། བློན་པོ་བྱས་རྗེས་ཅན་ལ་བྲན་གཡོག་དང་ས་ཞིང་སྐྱེར་བར་མ་ཟད་བསྟོད་ཚིག་རྗེ་རིང་ལ་འབྲི་བའི་ལུགས་ཡོད། བཏམས་ཤིང་བསྟན་པོའི་མདོ་ཡང་བཙན་པོའི་སྐབས་ཀྱི་བརྩམས་ཆོས་ཞིག་ཡིན་པས་འདིའི་སྐོར་ཞིབ་བརྗོད་བྱས་ཡོད། དྲི་བ་སོ་གཅིག་པར "ཐུ་ན་རེ། །གཡོག་བྲན་གཉིས་ལེགས་གཉིས་ཞིག་བྱ་ན། །ཆད་པ་དང་བྱ་དགའ་བྱ་བ་ཆེད་ཆེ་འམ་ཆུང་། །སྨྲོ་བ་ཡང་མཚངས་མཚམས་མ་བྲུས་ན་ནི་སྙིང་མི་ཚིམ། །བྲུ་དྲགས་ན་ནི། །ཡི་ཆད་ན་ཆེ་ལྟར་བྱའ། །ཕུ་ན་རེ། ཆ་ད་པ་ནི། །ཉེས་པ་བྱེད་དུ་མི་གཞུག་པའི་སྡིགས་མོ། །བྱ་དགའ་ནི། ལེགས་པའི་ཚོ་ཤ། ཁོང་ན་མ་ལུས་པའི། །མིག་འདྲིན་པ་སྙེ། །འདི་ནི། །ཐོག་ཏུ་ཕེབས་པ་དང་། མདོང་རྩོལ་ཆེར་བྱ་བའི་རིགས་སོ། །སྨྲོ་བའི་ཀྱོད་ཚམ་ལ་ནི། །ཁོ་ན་ཉིད་ཀྱིས། །ཆེ་ཉེས་པའི་ཕྱིར། སྨྲོས་པས། ཚོག་གིས། །ཕ་མྱིས་ལ་སྣོགས་པསྨོས་ཤིང་སྨྲོས་པ་ནི། ཡི་ཆད་པར་འོང་གིས། །མཚང་བྲུ་བའི་མི་རིགས་སོ་ལེགས་པ་བྱས་ཀྱང་ངོ་སོ་མྱེད། །ཉེས་པ་བྱས་ཀྱང་། ཀྱོད་མྱི་རྣ་བ་ནི། །ཆེས་འཇམ་ཞིང་ལེགས་པ་མ་ཡིན་གྱི། འབྲུག་པ་ཡིན་ནོ། །" ཞེས་བརྗོད་པ་ལྟར་ན། ཆད་པ་ནི་ཉེས་པ་བྱེད་དུ་མི་འཇུག་པའི་དྲན་སྐུལ་དང་། བྱ་དགའ་ནི་ལེགས་ཆའི་ནུས་པ་ཁོག་ནས་མ་ལུས་པར་འདོན་དུ་འཇུག་པ་དང་། གཞན་ལ་མིག་དཔེ་སྟོན་པ། གཤེ་གཤེ་གཏོང་ན་ཡང་ཉེས་པའི་ཚད་གཞིར་བལྟས་ནས་བཏང་ན་ཚོག་པ་ལས་ཁོའི་ཕ་མེས་ལ་སོགས་པའི་ལོ་འཁྲོས་བགྲངས་ནས་དམོད་པར་བྱེད་པ་ནི་ཡིད་ཆད་པར་འགྱུར་སྲིད་པས་ཐལ་དྲགས་པ་དག་བྱ་བ་མི་རིགས་སོ། ལེགས་པ་བྱས་ཀྱང་ངོ་སོ་མེད་པ་དང་། ཉེས་པ་བྱས་ཀྱང་ལེ་ལན་མི་བདའ་བ་ནི་འཇམ་ཞིང་ལེགས་པ་ཅིས་ཀྱང་མ

ཡིན། དོན་རྣམས་འབྲུགས་པའི་རྒྱུ་ཡིན་པ་བསྟན་པ་སོགས་ལས་སྐབས་དེའི་བོད་མིའི་མི་ཆོས་བསམ་བློ་ང་ཆོས་དྲན་པའི་ངོས་སུ་ཕ་ཤེར་འཆར་རྒྱུ་ཡོད།

《ས་སྐྱ་ལེགས་བཤད་》ནང་དུ་བསྟོད་པ་བྱས་ན་དགའ་བ་ནི་བླུན་པོ་དང་དེ་ལས་ལྡོག་ན་མཁས་པ་ཡིན་པར་བསྟན་ཡོད། སྤྱིར་ང་རྒྱལ་དང་ཁེངས་དྲེགས་སོགས་སྤོང་བ་ལས་བསྟོད་དགོས་ས་ཞིག་ལ་བསྟོད་པ་དང་སྨད་དགོས་ས་ཞིག་ལ་སྨད་པ་མ་བྱས་ན་གོང་དུ་བརྗོད་པ་བཞིན་ལེགས་ཆའི་ནུས་པ་ཁོག་ནས་མ་ལུས་པར་འདོན་དུ་འཇུག་ཐབས་མེད་དོ། །

བཅུ། ཁྲིམས་ཀྱི་སྐོར།

《ས་སྐྱ་ལེགས་བཤད་》ནང་དུ་ཁྲིམས་ཀྱི་སྐོར་མང་པོ་མེད་མོད་ཁྲིམས་དང་འགལ་ན་རེ་ཞིག་རྒྱལ་ཡང་ཕམ་ངེས་ཡིན་པ་བསྟན་ཡོད་དེ། དཔེར་ན། "མི་གང་ཁྲིམས་ལས་གང་འདའ་བ། །རེ་ཞིག་རྒྱལ་ཡང་ཕམ་པ་ཡིན། །ཆུ་སྐྱུར་ཁྲིམས་ལས་འདས་པ་ཡིས། །ས་ཀུན་ཐོབ་ཀྱང་སེང་གེས་བསད། །" ཅེས་པ་ལྟ་བུ། །བཏམས་ཤིང་བསྟན་པའི་མདོའི་ནང་དུ་ཁྲིམས་ཀྱི་སྐོར་ལ་དྲི་བ་གཉིས་འདུག་སྟེ། འདིའི་ནང་ཁྲིམས་དང་འགལ་ན་ཁྲིམས་ཆད་ཕོག་པ་གཞིར་བཞག་གི་སྟེང་ཁྲིམས་ཐག་ཅི་ལྟར་གཅོད་ཚུལ་ལ་ཡང་ལན་ཞིག་བཏབ་ཡོད་པ་ནི་ཁྲིམས་ཀྱི་ནང་དོན་གལ་ཆེན་ཞིག་ཡིན་པས། བོད་ཀྱི་རྒྱལ་རབས་སོ་གཉིས་པ་སྲོང་བཙན་སྒམ་པོ་ནས་བཟུང་བོད་ཀྱི་སྲིད་དབང་གཅིག་གྱུར་ནས་རྒྱ་བསྐྱེད་པའི་དུས་ཞིག་ཡིན་པར་མ་ཟད་ཁྲིམས་ཡང་སྔོན་དང་བསྡུར་ན་ཅུང་འཕྲུས་ཚད་དུ་སོང་ཡོད་པའི་སྐབས་ཞིག་ཀྱང་ཡིན་པར་སྙམ་མོ། །དྲི་བ་སོ་དགུ་ཙ། ཉུ་ན་རེ། །མྱི་ཆེགས་ཉེས་བྱས་ན། །བྱེ་བྲག་དབྱེར་ཡོད་དམ་མྱེད། །ཞུ་ན་རེ། །བྱེ་བྲག་དབྱེར་ཡོད་དེ། །གཞོན་ནུའི་ཚེ་ལ་ནི་ཉོས་ཉེས་སོ་ཚོག་བྱསུ་ཟིན་ཀྱང་། །མཐོན་དུ་མྱི་རུང་ངོ་། །བློ་རྫོགས་སྟེ། །ཉེས་ན་ནི། ཉེས་ཡང་དགིས། །མཐོན་དུ་མི་རུང་ངོ་། །རྗེ་གོལ་གཉིས་ཕ་བུ་གཉིས་དཔོན་གཡོག་གཉིས་སུ་ཡང་། །མཐོན་དུ་གཟུང་ངོ་མྱི་གཟུང་དེ་བྱ་བའི་རིགསོ། །" ཞེས་བསྟན་པ་ལྟར་ན། སྐབས་དེ་ནས་བཟུང་ན་ཚོད་མ་ལོན་པའི་དུས་སུ་ཉེས་པ་ཞིག་བསགས་ནའང་འཁོན་དུ་མི་འཛིན་པ། བསམ་ཤེས་ཐུབ་ནས་ཉེས་པ་བསགས་ན་ནི་ཉེས་པ་བྱས་པ་རང་ཡིན་པས་འཁོན་དུ་འཛིན་རུང་ངོ་། འདི་ལྟ་བུ་ཀྲུང་གོར་མཚོན་ན་དགུ་བཅིས་རྗེས་ད་གཟོད་ཁྲིམས་ནང་དུ་གཏན་འཁེལ་བྱས་པ་ཡིན་ཏེ། ཀྲུང་ཧྭ་མི་དམངས་སྤྱི་མཐུན་རྒྱལ་ཁབ་ཀྱི་ཉེས་ཁྲིམས་ཀྱི་དོན་ཚན་བཅུ་བདུན་པ། ཉེས་ཁྲིམས་འགན་ཁུར་བའི་ལོ་ཚོད། ལོ་བཅུ་དྲུག་ཏུ་ལོན་པའི་མིའི་ནག་ཉེས་བཟོས་ན། ངེས་པར་དུ་ཉེས་དོན་གྱི་འགན་ཁུར་དགོས། ལོ་བཅུ་བཞི་སོན་པ་དང་

བཅུ་དྲུག་མ་སོན་པའི་མིས་བསམ་བཟློས་ནས་མི་གསད་པ་དང་། བསམ་བཟློས་ནས་གནོད་སྐྱེལ་ཏེ་མི་ལ་རྨས་ལྷི་མོ་ཕོག་པའམ་ཤི་བ། བཙན་གཡེམ། འཕྲོག་བཅོམ། དུད་ཚོང་རྒྱག་པ། མེ་གཏོང་བ། འབར་གཏེར། དུག་ནག་འདེབས་པའི་ནག་ཉེས་དང་འགལ་ན། ངེས་པར་དུ་ཉེས་ཁྲིམས་འགན་ཁུར་དགོས། ལོ་བཅུ་དྲུག་སོན་པ་དང་ལོ་བཅོ་བརྒྱད་མ་སོན་པའི་མིའི་ནག་ཉེས་བཟློས་ན། གུ་ཡང་དམ་ཇེ་ཡང་དུ་བཏང་ནས་ཆད་པ་གཅོད་པ། ལོ་བཅུ་དྲུག་མ་སོན་པའི་མི་ལ་ཉེས་ཁྲིམས་ཀྱི་ཆད་པ་མི་གཅོད་ལ། ཕོའི་ཁྲིམ་བདག་དང་ལྷ་རྟོག་པ་ལ་བདག་བྱེད་པའམ་སློབ་གསོ་གཏོང་དུ་འཇུག་པ། ངེས་པར་དུ་དགོས་བའི་སྐབས། བཀག་ཉར་གྱིས་བསླབ་གཙུན་བྱས་ཆོག། ཅེས་གཏན་ཁེལ་བྱས་ཡོད། འབོན་བྱུང་ཀྱང་དགྲ་ཤ་ཁྲིམས་ཀྱིས་བླངས་ན་ཆོག་པ་བསྟན་ཡོད་པ་ནི་དྲི་བ་ཞེ་གསུམ་པར "ཞུ་ན་རེ། །མགོན་བྱུང་ན། ཤ་གཉེར་དཾ་མི་གཉེར། ཞུ་ན་རེ། །ཤ་ཁྲིམས་ཀྱིས་གཉེར་པས་ཆོག །" ཞེས་བསྟན་པ་ལྟར་ཡིན་ལ། སྤྱིར་དགྲ་ཤ་ལེན་པ་ནི་སྤྱིར་ཁྲིམས་ལུགས་འཕྲུས་མི་ཚང་ཞིང་། དྲང་བདེན་དང་། འདྲ་མ་ཉམ་མིན་པའི་སྐབས་ཀྱི་སྤྱི་ཚོགས་ཀྱི་སྣང་ཚུལ་ཞིག་ཡིན་པ་ལས་གལ་ཏེ་ཁྲིམས་ལུགས་འཕྲུས་ཚང་ཞིང་དྲང་བདེན་ཡིན་ན་དེ་འདྲའི་གནས་ཚུལ་འབྱུང་པའི་ཚད་ཉུང་བས་སྐབས་དེར་བོད་ཀྱི་ཁྲིམས་ཡང་ལྷོས་བཅས་ཀྱིས་བཤད་ན་ཉུང་འཕྲུས་ཚང་ཡིན་པ་ཤེས་ཐུབ་བོ། །

བཅུ་གཅིག ཤུལ་བཞག་གི་སྐོར།

《ས་སྐྱ་ལེགས་བཤད་》ནང་དུ་རང་གི་བུ་རབས་ཚ་རྒྱུད་ལ་ཅི་ཞིག་འཇོག་པ་དང་རྒྱུ་ནོར་བཞག་པའི་ཉེས་པ་བསྟན་ཡོད་དེ། དཔེར་ན། "རིགས་རྒྱུད་རྒྱུད་ཀྱིས་དོགས་པས་ན། །བློ་ཆུང་ཅུང་ཟད་རྙེད་པ་གསོག། མཁས་པ་རིགས་རྒྱུད་མཐོ་ཐོབ་ཕྱིར། །གསུག་བཞིན་གཞན་ལ་སྦྱིན་པ་གཏོང་། །རིགས་རྒྱུད་ཕྱུག་པོར་བྱ་སླམ་ནས། །རང་ཉིད་བཙོངས་ནས་བུ་ལ་སྟེར། །བུ་ངན་ཕ་ལ་རྐོལ་བཞིན་དུ། །ནོར་རྣམས་བརླགས་ནས་ཁྲི་བཞིན་འཁྱམས། །" ཞེས་པ་ལྟར་ཡིན་ཏེ། ས་པཎ་གྱིས་མཁས་པའི་རིགས་རྒྱུད་མཐོ་ཐོབ་ཕྱིར་རྒྱུ་ནོར་སྦྱིན་པ་གཏོང་བ་དང་ཤུལ་དུ་རྒྱུ་ནོར་བཞག་པའི་ཉེས་པ་བསྟན་ཡོད། 《བཏམས་ཤིང་བསྟན་པའི་མདོ》ཡི་ནང་དུ་རང་གི་བུ་བུ་མོ་སོགས་ལ་ཤུལ་གཞག་འདྲ་དགོས་ན་ཅི་ཞིག་འཇོག་པའི་སྐོར་གླེང་སྐབས། དྲི་བ་རེ་དྲུག་པར "ཞུ་ན་རེ། །ཏ་ཅང་དབུལ་ཆེས་ན། །རེས་འགའ་བཞག་ ཀྱང་དགོསྨ་ཆེས་བྱ། །ཞུ་ན་རེ། །ཡོང་སྐྱི། །འཇོངས་པ་དྲང་པོས་བཞག་ན། །བཞི་རབ་འོ། །དཔའ་བོ། །ཐབས་མཁས་པས་བཞག་ན། བཞི་རབ་འོག་འོ། །བརྟན་པོ་གཟུང་ཐུབ་པས་བཞག་ན། །བཞི་འཁྲིབ་བ་འོ། །རྟོན་

མ་ནོར་དང་གོས་གྱིས། བཞག་པ་ནི། །བཞག་གི་མཐའ་མ་འོ། །” ཞེས་བསྟན་འདུག་པ་ལྟར་ན། བཙན་པོའི་སྐབས་སྒྲིར་བཏང་ལས་སྒྲིར་བཏང་མ་ཡིན་པའི་ཕུ་བོ་ཞིག་གི་བསམ་ཚུལ་ཡང་མཛངས་པ་དང་དྲང་པོའི་གཤིས་ལུགས་བཞག་ན་བཞག་གི་རབ་ཡིན་པ་དང་། དཔའ་བ་དང་ཐབས་མཁས་པའི་བློ་རྩལ་བཞག་ན་བཞག་གི་རབ་འོག་མ་དང་། བརྟན་པོ་དང་རང་ཚུགས་ཐུབ་པའི་ཀུན་སྤྱོད་བཞག་ན་བཞག་གི་འབྲིང་། གལ་ཆེན་པའི་རྒྱུ་ནོར་དང་གོས་བཞག་པ་ནི་བཞག་གི་མཐའ་མ་ཡིན་ཞེས་བོད་ལ་སངས་རྒྱས་ཆོས་ལུགས་མ་དར་གོང་ནས་བཟུང་མིའི་བསམ་བློ་ཀུན་སྤྱོད་ལ་ཧ་ཅང་མཐོང་ཆེན་བྱེད་པ་ཤེས་ཐུབ་བོ། །

སྡོམ་བྱང་།

《ས་སྐྱ་ལེགས་བཤད་》ནི་དུས་རབས་བཅུ་གསུམ་ཡས་མས་སུ་ས་པཎ་ཀུན་དགའ་རྒྱལ་མཚན་གྱིས་རྒྱ་གཞུང་ལ་དཔེ་བྱས་ཤིང་བོད་ཀྱི་ཐུན་མིན་གྱི་ཁྱད་ཆོས་སོགས་ལ་བརྟེན་ནས་བྲིས་པའི་བོད་ཀྱི་ལེགས་བཤད་ཐོག་མ་ཡིན་པས་དེའི་སྐོར་ལ་ཞིབ་འཇུག་བྱ་མཁན་ཡང་མང་པར་མ་ཟད་ནང་དོན་གྱི་ཆ་ལ་ཡང་དཔྱད་འཇོག་གང་མང་བྱས་ཡོད་ལ། བོད་ཀྱི་རྩོམ་རིག་ལོ་རྒྱུས་ནང་དུ་ལེགས་བཤད་ཀྱི་རྩོམ་རིག་གི་མ་དཔེར་གཅིག་པུ་བཟུང་ཡོད་དོ། །ཡིན་ནའང་ལེགས་བཤད་འདིར་ཚིག་རྒྱན་སྦྱོར་སྟངས་དང་ནང་དོན་སོགས་ཀྱི་ཆ་ནས་རིག་གནས་གཞན་གྱི་ཤན་ཤུགས་ཐེབས་ཡོད་པ་གདོན་མི་ཟའོ། །

《བཏམས་ཤིང་བསྟན་པོའི་མདོ》ཡི་རྩོམ་པ་པོ་ལ་སངས་རྒྱས་ཆོས་ལུགས་ཀྱི་ཤན་ཤུགས་ཐེབས་མེད་པ་རྩོམ་འདི་ལས་ཤེས་ཐུབ་ལ། ཁོས་མང་ཚོགས་ཁྲོད་ཀྱི་ཆེས་སྒྲིར་བཏང་གི་དོན་ཞིག་སྟེ། ཕུ་ནུ་གཉིས་ཁ་ཐལ་ཁའི་སྙིང་གཏམ་བརྗོད་པ་རྒྱུ་ཆ་བྱས་ཏེ་བྲིས་ཡོད་པས་བོད་ཀྱི་སྐབས་དེའི་མིའི་བསམ་བློ་དང་། ཀུན་སྤྱོད་ཀྱི་ཚད་གཞི་ཡིན་པས་བོད་བཙན་པོའི་དུས་ཀྱི་བསམ་བློ་དང་གོམས་སྲོལ་སོགས་མངོན་པར་མཚོན་པའི་རྩོམ་རིག་གི་བརྩམས་ཆོས་ཆེས་བཟང་ཤོས་རེད། ལྷག་པར་དུ་ཁོས་ཁྲིམ་པའི་འཚོ་བའི་ཁྲོད་ཀྱི་བྱེ་བྲག་གི་གནད་དོན་དག་གི་དོར་ལེན་ལ་ལན་བཏབ་ཡོད་པ་འདི་དག་ས་སྐྱ་ལེགས་བཤད་ལས་རིན་ཐང་ཆེ་བར་སྣམ། རྩོམ་ཐབས་དྲི་བ་དྲིས་ལན་གྱི་འབྲི་ཐབས་སྤྱད་པ་འདིས་གནད་དོན་རེ་རེ་བྱེ་བྲག་ཏུ་བཤད་ཡོད་པས་རྩོམ་རྩལ་ཁྱད་དུ་འཕགས་པ་ཞིག་རེད། བརྩམས་ཆོས་གཉིས་ལ་སྤྱིའི་ཆ་ནས་བལྟས་ན་བྱ་བའི་སྣང་བླང་སྟོན་པ་འདྲ་མོད་བྱེ་བྲག་གི་ནང་དོན་ཕྱི་མའི་བྲིས་བ་བཟང་བ་དཔེར་ན། ང་ཚོའི་རྒྱུན་ལྡན་གྱི་འཚོ་བའི་ཁྲོད་ཀྱི་གནད་དོན་མང་པོ་ཞིག་བྲིས་ཡོད། བྱ་བ་ཞིག་ཡིན་ནའང་འདྲ་དངོས་པོ་ཞིག་ཡིན་ནའང་འདྲ་བཟང་ངན་གྱི་ཕྱོགས་གཉིས་ཡོད་ངེས་པས་བརྩམས་ཆོས་འདི་གཉིས་ཀྱིས་མི་འདད་བའི་ཆ

ལ་ཕན་ཚུན་ཁ་གསབ་བྱས་ན་ང་ཚོའི་མི་ཚེ་ལོ་ཟླའི་ཁྲོད་དུ་ཕན་ཐོགས་ཆེ་བར་སྙམ་མོ།། བོད་ཀྱི་རྩོམ་རིག་ལོ་རྒྱུས་སྐལ་བཟང་མིག་སྒྲོན་དང་བོད་ཀྱི་རྩོམ་རིག་བྱུང་འཕེལ་གྱི་ལོ་རྒྱུས་དང་ཁྱད་ཆོས། རྩོམ་ཡིག་གསེར་གྱི་སྦྲམ་བུ་སོགས་སུ་ནང་དུ་བཏམས་ཤིང་བསྟན་པོའི་མདོ་བཞག་མེད་མོད། ལྷག་པ་ཆོས་འཕེལ་གྱིས་བསྒྲིགས་པའི་བོད་ཀྱི་རྩོམ་རིག་ལོ་རྒྱུས་ནང་དུ་དྲངས་ཡོད་པར་མ་ཟད་འདིའི་ཁྱད་ཆོས་རེ་གཉིས་ཡང་བརྗོད་ཡོད། རྒྱ་ཡི་བཀྲ་རྙོས་བསྒྲིགས་པའི་ལེགས་བཤད་ཟླ་བའི་ནང་དུ་ལེགས་བཤད་རྣམས་ཀྱི་མགོ་རུ་བཞག་པ་འདིས་ཀྱང་བསྟན་བཅོས་རྩོམ་རིག་རང་བཞིན་ལ་མཐོང་ཆེན་བྱེད་པ་ཤེས་ཐུབ་བོ།། འདི་ནི་བོད་ཀྱི་རྩོམ་རིག་ལོ་རྒྱུས་ནང་ནས་ཆད་ལྷག་ཤོར་མི་ཉན་པའི་ལེགས་བཤད་ཀྱི་རྩོམ་རིག་གལ་ཆེན་ཡིན་པས་འདིས་བོད་ཀྱི་རྩོམ་རིག་གི་འཕེལ་རྒྱས་ལ་ཤུགས་རྐྱེན་ཅི་འདྲ་ཐེབས་ཡོད་པ་བཤད་དཀའ་མོད། འདིས་བོད་ཀྱི་ཀུན་སྤྱོད་དང་མི་ཆོས་ཕྱོགས་ལ་ཤན་ཤུགས་ཐེབས་ཡོད་པར་སྙམ་མོ།། མཇུག་མཐར་ལོ་བ་དོན་འགྲུབ་དབང་བོའི་སྐད་ཆ་གཅིག་གིས་རྩོམ་འདིའི་མཇུག་བསྒྲིལ་ལོ།། "ལོ་རྒྱུས་ཀྱི་མི་སྣ་དང་ལོ་རྒྱུས་ཀྱི་རྩོམ་རིག་ལ་ནམ་ཡིན་ཏང་ལོ་རྒྱུས་ཀྱི་ཤུགས་རྐྱེན་ཐེབས་སྲིད། འོན་ཀྱང་ལོ་རྒྱུས་འཕེལ་རྒྱས་ཀྱི་སྤྲུལ་ཤུགས་ལྟ་བུར་གྱུར་པའི་ངལ་རྩོལ་མི་དམངས་ལ་མཚོན་ན། རང་ཉིད་ཀྱི་བདེ་ཐང་གི་གཤིས་གས་རང་ཉིད་ལ་ཕན་པའི་ཀུན་སྤྱོད་དང་། དད་མོས། ཁྲིག་སྲོལ་སོགས་དང་ལེན་བྱེད་བཞིན་ཡོད་པར་མ་ཟད། ངོས་ཟིན་གྱི་ཁྲོད་ནས་སྙིགས་དོར་བཅུད་ལེན་སྒོས་རང་ཉིད་ཀྱི་ཕྱུགས་བསམ་ཁྲོད་ཀྱི་སྒྱུ་རྩལ་སྣང་བརྙན་བཞེངས་སྐྲུན་བྱེད་བཞིན་ཡོད་དོ།།"[1] ཞེས་པ་བཞིན་བོད་རིགས་མི་དམངས་ཡང་དེ་ལས་མ་འདས་སོ།།

（མགོན་པོ་བཀྲ་ཤིས། ཕ་ཡུལ། མཚོ་སྔོན་ཞིང་ཆེན་རྨ་ལྷོ་སོག་རྫོང་། ཀྲུང་དབྱང་མི་རིགས་སློབ་གྲྭ་ཆེན་མོའི་བོད་རིག་པ་ཞིབ་འཇུག་སླིང་གི་2013ལོའི་ཤེས་རམས་པ། ）

(མཇུབ་སྟོན་དགེ་རྒན། བཀྲ་རྙ།)

① 丹珠昂奔 :《 佛教与藏族文学 》 中央民族学院出版社 .1988 年 12 月第一版 , 第 103 页

ཁྲི་སྲོང་ལྡེ་བཙན་གྱིས་ཐུབ་པའི་བསྟན་པ་དར་སྤེལ་མཛད་ཚུལ་སྐོར་གླེང་བ།

སྐོམ་པ་རྒྱལ།

ནང་དོན་གནད་བསྡུས། རྒྱལ་པོ་ཁྲི་སྲོང་ལྡེ་བཙན་གྱི་སྐབས་དེར་མི་རིགས་དང་རྒྱལ་ཁབ་གཞན་བར་ཕན་ཚུན་འགྲོ་འོང་དང་རིག་གནས་བརྗེ་རེས་མང་དུ་བྱུང་ཡོད་ལ། ལམ་བུ་དེའི་ནང་རྒྱ་དཀར་ནག་གཉིས་གཙོ་བྱས་པའི་རིག་གནས་མང་པོ་ཅིག་དང་འབྲེལ་འདྲིས་བྱུང་ནས་རང་གི་རིག་གནས་ནང་དེ་བསྡུན་གྱིས་ཁ་གསབ་མང་དུ་མཛད་ཡོད། རྩོམ་འདིའི་བརྗོད་གཞིར་གྱུར་པའི་ཐུབ་བསྟན་རིག་གནས་ཡང་སྐབས་དེའི་བརྒྱུད་རིམ་ནང་དུ་དོན་གཉེར་བྱུང་པའི་གྲུབ་འབྲས་ཆེན་པོ་ཞིག་ཡིན། གཤམ་ནས་རྒྱལ་པོ་ཁྲི་སྲོང་ལྡེ་བཙན་གྱི་སྐབས་དེར་ཕོ་ཉའི་འགྲོ་འོང་དང་། འཛུགས་སྐྲུན་བཟོ་བཀོད། རིག་གནས་ཕན་ཚུན་བར་དཔྱད་བསྡུར་གྱི་རིག་པ་བཅས་ཐབས་ལམ་གསུམ་བརྒྱུད་ནས་ཐུབ་བསྟན་རིག་གནས་དར་སྤེལ་མཛད་ཚུལ་སྐོར་བརྗོད་ཡོད།

མིང་བརྡ་གཙོ་བོ། ཁྲི་སྲོང་ལྡེ་བཙན། ཐུབ་པའི་བསྟན་པ། ཐབས་ལམ།

གླེང་སྒྲོང་།

གོང་དུ་རྒྱལ་པོ་མང་དུ་བྱོན་ཡང་གནས་སྐབས་སུ་ཆོས་ལྡན་གྱི་རྒྱལ་པོ་ནི་མ་བྱོན[①]ཞེས་པ་ལྟར་དུ་བོད་ཀྱི་ལོ་རྒྱུས་མང་པོའི་ནང་དུ་ཆོས་ཕྱོགས་དང་འབྲེལ་བའི་རྒྱལ་པོ་རྣམས་གཙིགས་སུ་བཟུང་ཚུལ་གྱི་གཏམ་ཡོད་པ་དང་། དེ་དག་ནི་ལུང་གིས་ཟིན་པའི་སྐྱེས་བུ་ཁྱད་འཕགས་ཅན་ཞིག་ཏུ་ངོས་འཛིན་བྱེད་ཚུལ་ཡོད། དེ་ན་ཁྲི་སྲོང་ལྡེ་བཙན་ཁོང་ཡང་ཆོས་རྒྱལ་གྱི་ལུང་གིས་ཟིན་པའི་སྐྱེས་བུ་ཁྱད་འཕགས་ཅན་ཡིན་ལ། ཁོང་གི་སྐབས་དེར་བོད་ཀྱི་སྤྱི་ཚོགས་ནང་ཆོས་ལུགས་བར་དང་། སྣོན་གསར་རྙིང་བར་གྱི་འགལ་

①རྒྱལ་དབང་ལྔ་བས་མཛད། དེབ་ཐེར་དཔྱིད་ཀྱི་རྒྱལ་མོའི་གླུ་དབྱངས། [M] པེ་ཅིན། མི་རིགས་དཔེ་སྐྲུན་ཁང་། 1981ལོར་པར། ཤོག་ངོས་15དང 52—64

བ་སྟོར་བཞིན་ཛ་དྲག་ཆེ་བ། ཕྱོགས་གཞན་ཞིག་ནས་རྒྱ་དཀར་ནག་གཉིས་དང་འབྲེལ་འདྲིས་ཆེས་ཟབ་པའི་དུས་སྐབས་ཤིག་རེད། དེ་ལྟར་སྤྱི་ཚོགས་ནང་རིག་གནས་སྣ་མང་དང་བསམ་བློ་གཅིག་མཐུན་མིན་པའི་སྣང་ཚུལ་བྱུང་ཡོད་པས། རྒྱལ་པོ་ཁོང་གིས་ཐུབ་པའི་བསྟན་པ་དར་སྤེལ་བྱེད་པའི་ལམ་བུ་ཞིག་བྱུང་གིས་གྲུབ་འདུག

ཁོང་གི་སྐབས་སུ་ནང་ཆོས་ལས་གཞན་ཁྱབ་ཆེ་བ་བོན་བསྟན་ཡོད། 《དེབ་ཐེར་དཔྱིད་ཀྱི་རྒྱལ་མོའི་གླུ་དབྱངས་》སུ་སྟོར་བོད་འདིར་བོན་དར་ཞིང་ཕལ་ཆེར་དེའི་རྗེས་སུ་འཇུག①ཞེས་དང་། 《བོན་གྱི་དེབ་ཐེར་ལེགས་བཤད་མཛོད་》དུ། རྗེ་དེ་ཡར་ལུང་སོ་དཀར་བབ་པ་མི་རྣམས་ཀྱིས་གཉའ་བར་བཏེགས་པས། རི་ལྷ་རི་གྱང་ཐོ། རྗེ་གཉའ་ཁྲི་བཙན་པོ། གཤེན་སྣང་བའི་མདོག་ཅན། བོན་གསང་སྔགས་སྤྱི་སྤུངས། མཁར་བྱི་བ་སྟག་རྩེ་ཞེས་གཏམ་དུ་གྲགས་སོ། ། རྒྱལ་གཤེན་བསྟན་པ་གསུམ་ས་ལ་མཉམ་ཆགས་ཀྱི་གཏན་ཚིགས་དེ་བཙུགས་སོ་②ཞེས་དེབ་ཐེར་འདི་གཉིས་དང་འདྲ་བར་བན་བོན་གཉིས་ཀྱི་བསྟན་བཅོས་སུ་བོན་བསྟན་དར་ཚུལ་གྱི་དུས་མི་མཐུན་པ་འབྱུང་ཡང་། བོན་བསྟན་ཀྱིས་གནའ་སྔ་མོ་ནས་བོད་ཀྱི་སྤྱི་ཚོགས་དང་ཤེས་རིག་ལ་སྐུལ་འདེད་ཀྱི་འབྲས་བུ་མི་དམན་པ་བྱུང་ཡོད། དེ་ན་ཐུབ་བསྟན་རིག་གནས་འདི་ཉིད་བོད་ལ་དར་སྤེལ་བྱེད་དུས་ལོ་རྒྱ་བ་དག་གིས་ཆོས་དཔེ་འཁྱེར་འོང་བ་དང་བསྒྱུར་བ་ཙམ་ཁོ་ན་མ་ཡིན་པར། རྒྱལ་ཁབ་ཕན་ཚུན་གྱི་བསམ་བློ་བརྗེ་རེས་དང་། འཛུགས་སྐྲུན་བཟོ་བཀོད། ཡང་ན་རིག་གནས་ཕན་ཚུན་ནང་གཤིབ་བསྡུར་གྱི་རིག་པ་སོགས་ལམ་སྣ་ཚོགས་བརྒྱུད་ཡོད་འདུག

དང་པོ། ཐོ་ཉའི་འགྲོ་འོང་གིས་ཐུབ་བསྟན་སྤེལ་ཚུལ།

སྲས་དགུང་ལོ་ཆུང་ངུའི་དུས། རྒྱ་ཡུལ་དུ་སང་ཤི་གཙུག་ལག་འགའ་ཞིག་ལེན་དུ་གཏང་བར་ལམ་དུ་ཞུགས་③ཞེས་དང་། ལོ་ཙཱ་བ་ཆེན་པོ་བཻ་རོ་ཙ་ན་དང་། དགེ་སློང་ནམ་མཁའི་སྙིང་པོ་སོགས་ཕྱི་ཕྱིར་རྒྱ་གར་དུ་མངགས④ན་ཉུང་དེབ་ཐེར་མང་པོའི་ནང་དུ་སློབ་དཔོན་པདྨ་འབྱུང་གནས་དང་མཁན་ཆེན་ཞི་བ་འཚོ། པི་མ་ལ་མི་ཏྲ་ལ་སོགས་གདན་དྲངས་པའི་བརྒྱུད་རིམ་གསལ་པོ་འཁོད་པ་ལྟར་རྒྱ་གར་ནག་

①རྒྱལ་དབང་ལྔ་བས་མཛད། དེབ་ཐེར་དཔྱིད་ཀྱི་རྒྱལ་མོའི་གླུ་དབྱངས། [M] པེ་ཅིན། མི་རིགས་དཔར་སྐྲུན་ཁང་། 1981ལོར་པར། ཤོག་ངོས་15དང་52—64

②ཀུན་མཁྱེན་ཤར་རྫ་བཀྲ་ཤིས་རྒྱལ་མཚན་གྱིས་མཛད། ལེགས་བཤད་མཛོད། [M] ཁྲིན་ཏུའུ། སི་ཁྲོན་མི་རིགས་དཔེ་སྐྲུན་ཁང་། 2013ལོར་པར། ཤོག་ངོས་171

③རྒྱལ་དབང་ལྔ་བས་མཛད། དེབ་ཐེར་དཔྱིད་ཀྱི་རྒྱལ་མོའི་གླུ་དབྱངས། [M] པེ་ཅིན་མི་རིགས་པར་སྐྲུན་ཁང་། 1981:15དང་52—64

④གོང་དང་མཚུངས།

གཉིས་སུ་ཕར་ཐུབ་བསྟན་རིག་གནས་སྤྱོད་བར་སྟ་གཞུག་སུ་མི་མང་པོ་མངགས་ཡོད་པ་མ་ཟད། རྒྱལ་ཁབ་གཞན་ནས་མཁན་པོ་དང་ལོ་ཙཱ་བ་མང་པོ་ཀྱང་གདན་འདྲེན་ཞུས་ནས་ཐུབ་བསྟན་རིག་གནས་དར་སྤེལ་ཐད་ལ་ནུས་ཤུགས་ཕུལ་ཡོད་པ་ཤེས་ཐུབ། འོན་ཀྱང་འཇོགས་སྐྱུན་བརྒྱུད་རིམ་དེའི་ཁྲོད་དུ་སྤྱི་ཚོགས་དང་རིག་གནས་བར་གྱི་ནང་འགལ་ཅིག་ཞོར་ནས་ཐོན་ཡོད། ཀློང་ཆེན་ཆོས་འབྱུང་ནང་དུ་བཻ་རོ་ཙཱ་ན་དང་གཙང་ལེགས་གྲུབ་གཉིས་ཕྱིར་བོད་དུ་ཡོང་སྐབས། རྒྱ་གར་བ་ཆོས་ལ་ཕྲག་དོག་ཆེ་བས་གཙང་ལེགས་གྲུབ་ལམ་བར་དུ་གཅན་འཕྲེང་བས་བསྒྲོངས་པ་དང་། [1]བཻ་རོ་ཙཱ་ན་དགའ་བས་ཐར། བཻ་རོ་ཙཱ་ན་བོད་དུ་སླེབས་རྗེས། རྒྱ་གར་པས་སྔན་ཕྲ་བཙུག་པ་རྐྱེན་བྱས་ཚ་བ་རོང་དུ་སྤྱུགས་པ་དང་། གནུབས་ནམ་མཁའི་སྙིང་པོ་ལྷོ་བྲག་མཁར་ལ་སྤྱུགས། འདྲེ་རྒྱལ་པོའི་བློ་གྲོས་བྱང་ཐོ་ཡོར་ནག་པོ་སྤྱུགས། གྱུ་གྱུ་ཨུ་བེ་ཤ་ཞང་ཞུང་ཡུལ་དུ་སྤྱུགས། ཏ་ཡོང་སིང་ཧ་ནཱ་ཛ་མདོ་ཁམས་སྨད་དུ་སྤྱུགས།[2] མཁན་པོ་ཡང་གནས་སྐབས་སུ་ཕྱིར་མི་ཕེབས་ག་མེད་བྱུང་པ་སོགས་མང་དུ་མཐོང་། བརྒྱུད་རིམ་དེའི་ནང་དུ་ལོ་ཙཱ་བ་མང་པོས་སྤྱི་ཚོགས་ཀྱི་འགལ་བ་དེ་འདྲའི་རྙོག་འཛིང་ཆེ་བའི་ནང་དུ་རིག་གནས་དར་སྤེལ་གྱི་ཐད་ནུས་པ་ཕུལ་ཡོད་པ་དང་། དེ་ལས་རིག་གནས་ཀྱི་དགོས་མཁོ་དང་རིན་ཐང་དེ་ལ་ལྷག་ཏུ་ནས་ཁས་ལེན་ཐོབ་འདུག་པ་ཤེས་ཐུབ། ཁོང་ཅག་གི་བསམ་བློ་དང་ལམ་བུ་དེས་རྗེས་སོར་ཐུབ་བསྟན་རིག་གནས་དར་སྤེལ་ཐད་གྲུབ་འབྲས་ལེགས་པོ་བྱུང་པ། རྒྱ་གར་མཁས་པ་མང་པོ་སྤྱན་དྲངས་ནས། །མཚན་ཉིད་བཀའ་དང་གསང་སྔགས་ཕྱི་ནང་བསྒྱུར། །སད་མི་བདུན་རབ་ཏུ་བྱུང་ནས་ནི། །ཞབས་འོག་རྗེའུ་བརྟན་དབུ་ཡི་མཆོད་གནས་མཛད། ། [3]ཞེས་དང་། ཁྲི་སྲོང་ལྡེ་བཙན་དབོན་སྲས་སྐུ་དྲིན་ལ། ལོ་ཙཱ་ཆེ་འབྲིང་ཆུང་བ་གསུམ་གྱིས། དམ་ཆོས་ཕལ་ཆེར་དེའི་དུས་སུ་བསྒྱུར་སྐད། ད་ཏུང་སྐུ་ཚེ་སྨད་ལ་ཟ་ཧོར་ནས་པད་མ་འབྱུང་གནས། རྒྱ་གར་ནས་ཛྙོ་ཛི་སྨྲ་ཏྲ་དང་བི་ལ་ལ་མི་ཏྲ། ཁྲིམ་ནས་ཀ་མ་ལ་ཤི་ལ། ཁ་ཆེ་ནས་ཨ་ནན་ཏ། བལ་པོ་ནས་ཤི་ལ་མཉྫུ། རྒྱ་ནག་ནས་ཧ་ཤང་མ་ཧ་ཡ་ན། དེ་རྣམས་སྤྱན་དྲངས་ནས་ལོ་ཙཱ་བ་ཆེ་འབྲིང་ཆུང་བ་གསུམ་གྱིས་དམ་ཆོས་བསྒྱུར།[4] ཞེས་སོགས་ཁྲི་སྲོང་ལྡེ་བཙན་ཁོང་གི་སྐུ་རིང་ལ་ལོ་པཎ་མང་པོ་བྱོན་པ་དང་བསྟན་

①ཀློང་ཆེན་དྲི་མེད་འོད་ཟེར་གྱིས་མཛད། ཀློང་ཆེན་ཆོས་འབྱུང་། [M] ལྷ་ས། བོད་ལྗོངས་བོད་ཡིག་དཔེ་རྙིང་དཔེ་སྐྲུན་ཁང་། 1991ལོར་པར། ཤོག་ངོས་227

②གཡུ་སྒྲ་སྙིང་པོ་སོགས་ཀྱིས་མཛད། བཻ་རོའི་རྣམ་ཐར་འདྲ་འབག་ཆེན་མོ། [M] ཁྲིན་ཏུའུ། སི་ཁྲོན་མི་རིགས་དཔེ་སྐྲུན་ཁང་། ཤོག་ངོས་158

③གུ་རུ་ཨུ་རྒྱན་གླིང་པས་ཡར་ཀླུངས་ཤེལ་གྱི་བྲག་ཕུག་ནས་བཏོན། རྒྱལ་པོའི་བཀའ་ཐང་ཡིག [M] པེ་ཅིན། མི་རིགས་དཔེ་སྐྲུན་ཁང་། 1986ལོར་པར། ཤོག་ངོས་117

④མཁས་པ་ལྡེའུས་མཛད། ལྡེའུ་ཆོས་འབྱུང་། [M] ལྷ་ས། བོད་ལྗོངས་བོད་ཡིག་དཔེ་རྙིང་དཔེ་སྐྲུན་ཁང་། 2010ལོར་པར། ཤོག་ངོས་285

བཙོས་མང་པོ་བསྒྱུར་ཅིང་། བོད་ཀྱི་དགོན་པ་དང་རབ་བྱུང་བའི་སྡེ་ཚོགས་མར་བྱུང་སྟེ། བོད་ལ་དཀོན་མཆོག་གསུམ་གྱི་རྟེན་ཞེས་ཐུབ་བསྟན་རིག་གནས་ཀྱི་རིག་གཞུང་རྩ་བའི་ཆ་ནས་ཡོངས་སུ་གྲུབ་ཐུབ་པ་བྱུང་།

གཉིས་པ། འཇིགས་སྲུན་བཟོ་བཀོད་བརྒྱུད་ནས་ཐུབ་བསྟན་སྤེལ་རྩལ།

བོད་ལ་ཐུབ་བསྟན་རིག་གནས་ཀྱི་མྱུ་གུ་འབུས་པ་ནས་རིག་གནས་དེ་ལོ་ཙཱ་བ་དང་གསུང་རབ་ཁོ་ན་ལ་བརྟེན་ནས་ཁྱབ་བརྡལ་དུ་བཏང་བ་ཙམ་མ་ཡིན་ལ། སྲོང་བཙན་གྱི་སྐབས་ནས་བཟུང་ཐུབ་བསྟན་རིག་གནས་ཀྱི་ལྷ་བ་དེ་རྒྱལ་ཁབ་དེ་དག་གི་ལག་ཤེས་བཟོ་ལས་བརྒྱུད་ནས་བོད་དུ་སྤེལ་མགོ་ཚུགས་ཡོད་པ། དཔེར་ན། ར་ས་འཕྲུལ་སྣང་གཙུག་ལག་ཁང་དང་རྒྱ་སྟག་ར་མོ་ཆེ་སོགས་བཞེངས་སྐབས་བལ་བཟའ་ཁྲི་བཙུན་དང་རྒྱ་བཟའ་ཀོང་ཇོ་གཉིས་ཀྱིས་ས་དཔྱད་དང་རྟེས་འགོད་བྱས་པའི་བརྒྱུད་རིམ་ལ་བལྟས་ཆོ་གསལ་བོ་ཡིན།[①] དགེ་འདུན་ཆོས་འཕེལ་གྱིས་འདིའི་སྐོར་ལ་འདི་ལྟར་གསུང་འདུག བོད་ཀྱི་ལོ་རྒྱུས་སུ་ཐགས་པ་རྣམས་དགའ་བའི་ཆེད་དུ་ཀ་བ་ཕུར་བའི་དབྱིབས་དང་། བོན་པོ་རྣམས་དགའ་བའི་ཆེད་དུ་གཡུང་དྲུང་གི་རིས་སུ་བྱས་ཟེར་ཡང་། དེ་འདྲ་ཞིག་མ་ཡིན། དོན་གྱིས་རྒྱ་གར་གྱི་དཔལ་ནཱ་ལེནྡྲ་སོགས་ཀྱི་ཀ་བའི་བཟོ་དབྱིབས་དང་ཆ་བྱད་སོགས་ཡང་ཕུར་བུ་དང་གཡུང་དྲུང་གི་རིས་སུ་འདུག ཀ་བ་དེ་དག་ཆེ་ཆུང་ཀྱང་ཕལ་ཆེར་གཅིག་འཇོགས་སུ་གཅིག་འཇོགས་ནུས་པ་ལྷ་བུ་སྣང་ཞེས་བཟོ་རྩལ་གྱི་བསམ་བློའི་འབྱུང་ཁུངས་ལ་གལ་ཆེ་བའི་སྟོམ་ཚིག་བཀོད་འདུག ལྷག་པར་དུ་རྒྱལ་པོ་ཁྲི་སྲོང་ལྡེ་བཙན་གྱི་སྐབས་སུ་བཞེངས་བསྐྲུན་བྱས་པའི་བསམ་ཡས་གཙུག་ལག་ཁང་ནི་བོད་ཀྱི་ལོ་རྒྱུས་ངོས་ནས་ཐུབ་བསྟན་རིག་གནས་ཀྱི་དགོན་པ་ཐོག་མ་དང་། ཐུབ་བསྟན་རིག་གནས་དར་སྤེལ་གྱི་གོ་རིམ་ཁྲིད་དུ་ནུས་པ་བླ་མེད་ཐོན་ཡོད་པའི་གཙུག་ལག་ཁང་ཞིག་རེད། དེ་བཞེངས་སྐབས་སུ་ས་དཔྱད་དང་རྟེས་འགོད་བྱས་པ་ལོ་རྒྱུས་ནང་ཐུབ་བསྟན་རིག་གནས་ཀྱི་འཇིག་རྟེན་ཆགས་ཚུལ་དང་བསམ་བློའི་ལྟ་བ་སོགས་རྒྱབ་རྟེན་དུ་བྱས་ནས་རྒྱ་གར་གྱི་ཨོ་ཏན་པུ་རིའི་གཙུག་ལག་ཁང་ལ་བལྟས་ནས་བཞེངས་པ་ཡིན་ཟེར་ཚུལ་འདུག དེ་ལ་རྒྱལ་པོ་ཞལ་ནས་ད་ཅི་འདྲ་བཞེངས་ཞུས་པས། །ཨུ་རྒྱན་པདྨ་འབྱུང་གནས་ཞལ་ནས་སྲུ། །འདུལ་བ་མདོ་སྡེ་མངོན་པ་གསུམ་དང་མཐུན་པར་བཞེངས། །བསྟན་པ་མི་ནུབ་ཆོས་ཀྱི་འཕོར་ལོ་བསྐོར་བར་བཞེངས། །དགེ་འདུན་ཀུན་དགའ་ར་བ་ཕྱི་འདུལ་བ་ལྟར་བཞེངས། །ནང་མདོ་སྡེ་དང་བསྟུན་ནས་

①དགེ་འདུན་ཆོས་འཕེལ་གྱིས་མཛད། མཁས་དབང་དགེ་འདུན་ཆོས་འཕེལ་གྱི་གསུམ་འབུམ་བཞུགས་སོ། [M] ཁྲིན་ཏུའུ། སི་ཁྲོན་མི་རིགས་དཔེ་སྐྲུན་ཁང་། 2013ལོར་པར། ཤོག་ངོས་402

དབུས་ཀྱི་རི་བོ་མཆོག་རབ་ལ་གླིང་བཞི་གླིང་ཕྲན་ཉི་ཟླས་བསྐོར་བའི་ཚུལ་དུ་བཞེངས། རྒྱ་ཕྲག་མདོན་པ་དང་བསྟུན་ནས་སྐུ་གསུང་ཐུགས་ཀྱི་བཞུགས་གནས་སུ་བཞེངས། འབྲས་བུ་གསང་སྔགས་དང་བསྟུན་ནས་དཀྱིལ་འཁོར་ཐམས་ཅད་རྫོགས་པར་བཞེངས་གསུངས་སོ། །འོ་ན་དེ་ལྟར་བྱེད་པའི་དཔེ་གང་ན་ཡོད་ཞུས་པས། རྒྱ་དཀར་ནག་གི་མཚམས། སྔོན་དུས་བཞེངས་པ་ཨོ་ཏནྟ་པུ་རིའི་གཙུག་ལག་ཁང་ལ་དཔེ་བྱས་བཞེངས། འོག་ཁང་རྒྱ་གར་དང་བསྟུན་ནས་སྤྲུལ་སྐུའི་ཞིང་ཁམས། བར་ཁང་རྒྱ་ནག་དང་བསྟུན་ནས་ལོངས་སྐུའི་ཞིང་ཁམས། སྟེང་ཁང་བོད་ཡུལ་དང་བསྟུན་ནས་ཆོས་སྐུའི་ཞིང་ཁམས་སུ་བཞེངས།[①]ཞེས་ཐུབ་བསྟན་རིག་གནས་ཀྱི་བསམ་བློ་དེ་འཛུགས་བསྐྲུན་བཟོ་རྩལ་བརྒྱུད་ནས་དར་རྒྱས་མཛད་ཡོད་པ་གསལ་པོ་མངོན།

གསུམ་པ། རིག་གནས་ཕན་ཚུན་དཔྱད་བསྡུར་གྱི་རིག་པས་ཐུབ་བསྟན་སྤེལ་ཚུལ།

རྒྱ་གར་གྱི་ཐུབ་བསྟན་རིག་གནས་དེ་ལོ་ཙཱ་བ་དང་རྒྱལ་ཁབ་ཕན་ཚུན་བར་གྱི་འབྲེལ་འདྲིས་བརྒྱུད་ནས་བོད་ལ་དར་བ་དང་། བོད་ཀྱི་སྤྱི་ཚོགས་ནང་རིམ་གྱིས་རང་ཚུགས་ནས་གཞུང་ལུགས་གྲུབ་པ་ཡིན། གོ་རིམ་དེའི་ནང་རིག་གནས་སོ་སོའི་ཚབ་མཚོན་དུ་གྱུར་པའི་དབང་སྒྱུར་ནང་ཁུལ་གྱི་འགལ་བ་དེ་རིག་གནས་དར་སྤེལ་བྱེད་ཐུབ་མིན་གྱི་འགག་རྩ་ལྟ་བུ་གྱུར་འདུག རྒྱལ་པོ་ཁོང་གིས་གནས་ཚུལ་དེ་འདྲའི་འོག་ཏུ་སྤྱི་ཚོགས་ཀྱི་གླིང་ཕྱོགས་ལ་དོ་སྣང་བྱས་ནས་ཐུབ་བསྟན་རིག་གནས་དར་རྒྱས་སུ་གཏོང་བར་འོས་མཐུན་གྱིས་ཐབས་ལམ་ཅིག་བེད་སྤྱོད་བྱེད་པར་གལ་ཤིན་ཏུ་ཆེ་བར་དགོངས་ནས་རིག་གནས་ཕན་ཚུན་བར་དཔྱད་བསྡུར（རིག་གནས་ཕན་ཚུན་བར་གྱི་རྩོད་གླེང་དེ་དོན་གྱིས་དཔྱད་བསྡུར་གྱི་རིག་པ་ཞིག་ལ་གོ་ཡང་འཁྲིག་པར་བསམ།）གྱི་རིག་པ་དེ་ལག་ལེན་དུ་བསྟར། དུས་སྐབས་འདི་ལ་གཙོ་བོ་བན་བོན་བར་གྱི་འགལ་བ་ནི་ཧ་ཅང་ཚབ་ཆེན་ཡིན། གནས་ཚུལ་དེ་དུང་དཀར་རིན་པོ་ཆེའི་ཆོས་སྲིད་ཟུང་འབྲེལ་དུ་ཁྲི་སྲོང་ལྡེ་བཙན་གྱི་སྐུ་ཚེའི་སྟོད་ཙམ་ལ་བློན་མ་ཞང་གྲོམ་པ་སྐྱེས་ཀྱིས་ནང་ཆོས་དར་སྤེལ་ལ་བཀག་འགོག་བྱས་པ་དང་། རྒྱལ་པོ་དང་ཐུབ་བསྟན་ལ་དད་པའི་བློན་པོ་དག་གིས་མ་ཞང་གྲོམ་པ་བསྒྲོངས་པ་དང་། ཡང་དེའི་རྗེས་སུ་བན་བོན་གཉིས་ཕན་ཚུན་ལ་ཁས་མི་ལེན་པའི་གནས་ཚུལ་འོག་ཆོས་རྩོད་བྱེད་དགོས་པ་དང་། དེའི་གྲུབ་འབྲས་ཀྱི་སྟེང་ནས་ཆོས་ལུགས་གང་ལ་དད་མོས་བྱེད་པར་གཏན་འབེབས་བཟོས་

①ཀུ་རུ་ཨུ་རྒྱན་གླིང་པས་ཡར་ལྗུངས་ཤེལ་གྱི་བྲག་ཕུག་ནས་བཏོན། བཙུན་མོ་བཀའི་ཐང་ཡིག [M] པེ་ཅིན། མི་རིགས་དཔེ་སྐྲུན་ཁང་། 1986ལོར་པར། ཤོག་ངོས་231—232

པའི་བརྒྱུད་རིམ་སོགས་བཀོད་འདུག[1] གཞན་སྟོན་རྩེན་རྩོད་པའི་བརྒྱུད་རིམ་སོགས་དེ་དག་ཚང་མ་ནི་དོན་གྱིས་རིག་གནས་ཕན་ཚུན་བར་གྱི་གཤིབ་བསྡུར་གྱི་རིག་པ་ཅིག་དང་། རིག་ལམ་དེའི་སྟེང་ནས་རིག་གནས་ཕན་ཚུན་བར་གྱི་ལེགས་ཆ་དང་ཉམས་མྱོང་བསྲེས་སྦྱོར་བྱས་ནས་རང་གི་གཞུང་ལུགས་འཇུགས་སྐྲུན་བྱས་ཡོད།

དེ་ལྟར་རྒྱ་གར་ནས་དར་འོང་བའི་ཐུབ་བསྟན་རིག་གནས་དེ་བོད་ཀྱི་ཡུལ་གྲུའི་རིག་གནས་དང་ཟུང་སྦྱོར་གྱིས་སྐབས་དེའི་དམངས་ཡོངས་ཀྱི་འདོད་བློ་དང་མཐུན་པའི་གཞུང་ལུགས་ཤིག་ཡོངས་སུ་ཆགས་འགོ་ཚུགས་ནས། ཁྲི་སྲོང་ལྡེ་བཙན་གྱིས་རྒྱབ་སྐྱོར་དང་མཐུན་རྐྱེན་འོག་བསམ་ཡས་གཙུག་ལག་ཁང་བཞེངས་སྐྲུན་དང་། སད་མི་བདུན་རབ་ཏུ་བྱུང་ནས་དགེ་འདུན་གྱི་སྡེ་བྱུང་པ། བསམ་ཡས་སྒྲ་བསྒྱུར་རྒྱ་གར་གླིང་བཙུགས་ནས་ལོ་ཙཱ་བ་སྔ་ཚར་གསུམ་དང་བར་ཚར་གསུམ། ཕྱི་ཚར་གསུམ་སོགས་ལོ་ཙཱ་བ་མང་པོས་ཐུབ་བསྟན་རིག་གནས་ཀྱི་གླེགས་བམ་མང་པོ་བོད་ཡིག་ཏུ་བསྒྱུར་པ། ལྷག་པར་དུ་ལོ་ཙཱའི་བྱེད་ཕྱོགས་སུ་སྒྲ་སྦྱོར་བམ་གཉིས་དང་བྱེ་བྲག་རྟོགས་བྱེད་ཆེན་མོ་ཞེས་ཚིག་མཛོད་དང་བསྒྱུར་ཐབས་ཀྱི་གཏན་ཁེལ་རིམ་པ་སོགས་མང་པོ་གཏན་ལ་ཕབ་པ། གཞན་དགོན་པ་ཡོད་ཀྱང་རབ་བྱུང་པ་མེད་ན་དགོན་པ་ཡུན་རིང་དུ་གནས་མི་ཐུབ་པ་དང་། རབ་བྱུང་པ་ཡོད་ཀྱང་དེ་ལ་མཆོད་གཞིས་མེད་ན་འདུལ་བའི་སྡོམ་རྒྱུན་ཆད་འགྲོ་བའི་རིག་གནས་ཀྱི་རྒྱུན་མཐུད་རང་བཞིན་ལག་ལེན་དུ་བསྟར་ཏེ་རྒྱལ་པོ་ཁོང་གིས་རབ་བྱུང་པའི་འཚོ་བ་ཐོག་མར་རྒྱལ་མཛོད་ནས་མགོ་སྤྲོད་བྱས་པ་དང་། རྗེས་སུ་བསམ་ཡས་མཁན་པོ་སྦ་ཡེ་ཤེས་དབང་པོའི་རེ་ཞུ་བཞིན་དུ་རབ་བྱུང་པ་རེ་ལ་མཆོད་གཞིས་ཁྱིམ་ཚང་གསུམ་རེ་དང་། དགོན་པ་གཞུང་ལ་མཆོད་གཞིས་སྦྲད་པ་དང་ཁྲིམས་ཀྱིས་སྲུང་བའི་དབང་ཆ་སོགས་རིམ་པར་མཛད་པས་ཐུབ་བསྟན་རིག་གནས་བོད་དུ་དར་རྒྱས་ཆེན་པོ་བྱུང་ངོ་། །

སྡོམ་བྱང་།

རྒྱལ་པོ་ཁྲི་སྲོང་ལྡེ་བཙན་གྱི་དུས་སྐབས་དེར་རིག་གནས་ཕན་ཚུན་བར་དང་ནང་གི་དབང་སྒྱུར་པའི་བར་གྱི་འགལ་བ་ཚབ་ཆེན་དང་། གཅིག་གྱུར་གྱི་བསམ་བློ་མཚོན་པའི་རིག་གནས་ཅིག་མེད་པའི་སྤྱི་ཚོགས་ཀྱི་སྟོང་ཆ་དང་དགོས་མཁོ་དེ་ཟུར་ལ་མངོན་ཡོད་པས། རྒྱལ་པོ་ཁོང་ཉིད་ཀྱིས་རང་གི་སྲིད་དབང་སྲ་བརྟན་དུ་གཏོང་བའི་གོ་སྐབས་དམ་འཛིན་བྱས་ནས་གནའ་ནས་བོན་བསྟན་རྒྱབ་རྟེན་དུ་བྱས་

[1] དུང་དཀར་བློ་བཟང་འཕྲིན་ལས་ཀྱིས་མཛད། བོད་ཀྱི་ཆོས་སྲིད་ཟུང་འབྲེལ་སྐོར་བཤད་པ། [M] པེ་ཅིན། མི་རིགས་དཔེ་སྐྲུན་ཁང་། 1983ལོར་པར། ཤོག་ངོས་21

པའི་དབང་སྒྱུར་སྟོབས་ཤུགས་དེ་ཉམས་དམས་སུ་གཏོང་བ་ལ་ཐུབ་བསྟན་རིག་གནས་བེད་སྤྱོད་དང་འཇུགས་སྐྱུན་བྱས་པ་རེད་བསམ། རྒྱལ་པོ་ཁོང་གི་དུས་སུ་ཐུབ་བསྟན་རིག་གནས་དར་རྒྱས་ཆེན་པོ་བྱུང་སྟེ་ང་ཚོས་དོན་གཉེར་བྱེད་ཐུབ་པར་བྱུང་བ་ལོ་རྒྱུས་དང་སྤྱི་ཚོགས་ཀྱི་ཚད་གཞི་གང་གི་ངོས་ནས་སྐུ་དྲིན་ཤིན་ཏུ་ཆེ་བ་དང་ངེས་པ་དོན་གྱིས་ཆོས་རྒྱལ་ལ་བགྲངས་ཆོག་འདུག་མོད། འོན་ཀྱང་ཟུར་གཞན་པ་ཅིག་ནས་བལྟས་ན་དང་པོ་གཉའ་ཁྲི་བཙན་པོ་ནས་བོད་ལ་ས་ཁྲབ་རྗེ་ཁྲབ་ཏུ་གྱུར་བ་དང་། ཤ་ཀྲང་ཏུས་ཀྲང་དུ་གྱུར་བའི་བོན་བསྟན་རིག་གནས་ཀྱི་སྐད་མ་ཞུགས་པའི་རྩ་བ་སྐབས་འདི་ནས་བཏྲག་སོང་བ། འདི་དག་ལ་ཞིབ་ཏུ་བསམ་ན་ཆབ་སྲིད་ཀྱི་ཁེ་དབང་དེ་རིག་གནས་ཀྱི་སྟོབས་ཤུགས་ལ་བརྟེན་པ་དང་། རིག་གནས་ཀྱི་དར་རྒྱུད་དེ་ཡང་ཆབ་སྲིད་ཀྱི་དབང་ཆ་ལ་ཐད་ཀར་འབྲེལ་བ་ཡོད་པ་གསལ་པོ་ཤེས་ཐུབ། བོད་ཀྱི་ལོ་རྒྱུས་མང་པོའི་ནང་ཆོས་ལུགས་དར་རྒྱས་མཛད་པའི་རྒྱལ་པོ་དག་གིས་ཆེ་བ་དང་། ཆོས་ཀྱི་བྱ་བ་མ་བྱས་པའི་རྒྱལ་པོ་དག་གིས་ངན་མཚང་སོགས་མཐའ་གཅིག་ཏུ་ཆོས་ལུགས་ཀྱི་རྒྱ་མའི་སྟེང་ནས་ཚད་འཇལ་བྱས་ཡོད་ཀྱང་། ཆབ་སྲིད་ཀྱི་ཁེ་དབང་ཞིག་གི་ངོས་ནས་བལྟས་པ་ཡིན་ཚེ་ལོ་རྒྱུས་ལས་སྔོམ་ཚིག་གསར་བ་ཞིག་མི་རྙེད་པའི་ངེས་པ་མེད་ལ། སྤྱིར་ན་ཆོས་ལུགས་ནི་ཆབ་སྲིད་ཀྱི་ལག་ཆ་ཡིན་པ་རྒྱལ་ཁབ་གཞན་དང་མི་རིགས་གཞན་གྱི་ལོ་རྒྱུས་ལས་ཤེས་ཐུབ། བོད་རང་སྟེང་ནས་ཀྱང་ཚུལ་དེ་ལས་མ་འདས་སོ། །

(སྒོམ་པ་རྒྱལ། ཕ་ཡུལ། རེབ་གོང་། ཀྲུང་དབྱང་མི་རིགས་སློབ་གྲྭ་ཆེན་མོའི་བོད་རིག་པའི་ཞིབ་འཇུག་གླིང་གི 2013ལོའི་ཤེས་རམས་པ།)
(མཇུབ་སྟོན་དགེ་རྒན། ཚེ་རིང་ཐར།)

བོན་གསེན་གྱི་རིག་གནས་སྒྲིག་འཛུགས་དང་དེའི་སྤྱི་ཚོགས་བྱེད་ནུས་སྐོར་ཅུང་ཟད་གླེང་བ།

སྙམ་པ་རྒྱལ།

ནང་དོན་གནད་བསྡུས། རྩོམ་འདིར་བོན་གྱི་ཡིག་ཆའི་ནང་གི་སྔོན་གྱི་བོན་གཤེན་དང་དེང་གི་རབ་གོང་གི་དཔོན་གཉིས་གཞིར་བཟུང་ནས་ཁྲི་སྲོང་ལྡེ་བཙན་གྱི་གོང་དང་རྗེས་དུས་རིམ་གཉིས་ནང་གི་བོན་བསྟན་དར་སྤེལ་ཐད་ནུས་པ་བླ་མེད་ཐོན་པའི་བོན་གཤེན་གྱི་རིག་གནས་སྐོར་རྟོག་ཙམ་གླེང་ཡོད།

མིང་བརྡ་གཙོ་བོ། བོན་གཤེན། རིག་གནས་སྒྲིག་འཛུགས། སྤྱི་ཚོགས་བྱེད་ནུས།

གླེང་སློང་།

བོན་གྱི་བསྟན་བཅོས་ནང་དུ་གཉའ་ཁྲི་བཙན་པོ་དང་ཞང་ཞུང་གི་གཤེན་ནམ་མཁའ་སྣང་བ་མདོག་ཅན་གཉིས་མཆོད་ཡོན་དུ་གྱུར་བའི་གཏམ་ཡོད་པ་དང་།[①] དེ་བཞིན་དུ་རིམ་པར་བྱུང་བའི་བཙན་པོ་རྣམས་ཀྱིས་ཀྱང་བོན་གཤེན་གྱི་རིག་གནས་འདི་ལ་མཐོང་ཆེན་བྱས་ཏེ་སྐུ་གཤེན་མང་དུ་བྱུང་། སྐབས་དེར་བདེ་སྡུག་གི་བར་ཆད་ཅི་མཆིས་པ་ཐམས་ཅད་རིག་གནས་དེ་ཉིད་ཀྱི་ཐབས་ལ་བརྟེན་ནས་ཞི་བའི་ཐབས་སུ་བྱེད་པར་སྣང་། རིམ་གྱིས་རིག་གནས་དེ་ཉིད་མཐོ་བ་སྲིད་དང་དམའ་བ་འབངས་ཀྱི་འཚོ་བའི་ནང་དུ་སིམ་ནས་བོན་གཤེན་གྱི་ལག་རྗེས་ལ་དམིགས་ནས་ཁོང་ཚོ་ལ་གཙིགས་ཀྱི་ཆེ་བ་གནང་སྲོལ་བྱུང་པ་དང་། ཐོབ་ཐང་དང་མཐོང་ཆེན་དེས་གཤེན་གྱི་རིག་གནས་དེའི་དགོས་མཁོ་ཕྱིར་མངོན་པ་དང་དགེ་མཚན་ལྷག་ཏུ་རྒྱ་ཆེར་སྤེལ་ཐུབ་པ་བྱུང་ཏེ་ཕྱི་ཕྱོགས་སུ་སྣོ་ཆེན་པོ་ཕྱི་ནས་བོད་ཁོ་ན་མ་ཡིན་པའི་ཡུལ་གཞན་གྱི་བོན་གཤེན་མང་པོ་བོད་ལ་ཕེབས་ཡོད། སྐབས་དེ་དུས་ནས་བོད་ཀྱིས་རྒྱལ་ཁབ་ཕན་ཚུན་བར་གྱི་འགྲོ་ལམ་ལ་མཐོང་ཆེན་བྱས་ཏེ་ཕྱི་ཕྱོགས་སུ་སློབ་སྦྱོང་བྱེད་པའི་ཚད་ཏ་ཅང་མཐོན་པོར་སླེབས་ཡོད།

---

①དཔྲ་སྟོན་དག་དབང་སྐལ་བཟང་བསྟན་པའི་རྒྱལ་མཚན། དཔྲ་སྟོན་དག་དབང་སྐལ་བཟང་བསྟན་པའི་རྒྱལ་མཚན་གྱི་གསུང་པོད་དང་པོ། [M] པེ་ཅིན། མི་རིགས་དཔེ་སྐྲུན་ཁང་། 2009ལོར་པར། ཤོག་ངོས་ 58

གནས་བབ་དེ་འདྲ་ཞིག་གིས་བོན་གཤེན་རྣམས་ལ་སྤྱི་ཚོགས་ཀྱི་རྒྱབ་སྐྱོར་ཤུགས་ཆེན་ཐོབ་པ་དང་རྗེས་ཕྱོགས་བོན་བསྟན་དར་སྤེལ་གྱི་བྱ་བཞག་ཁྲིད་དུ་འདང་ནུས་པ་བླ་མེད་ཐོན་ཡོད་པར་བསམ། ལྷག་པར་དུ་ཁྲི་སྲོང་ལྡེ་བཙན་གྱིས་བོན་བསྣུབས་རྗེས་བོན་གཤེན་གྱི་རིག་གནས་ཧེ་གཙོ་བོ་དམངས་ཁྲོད་དུ་སྲུང་འཛིན་བྱས་ཡོད་པ་དང་། ད་ལྟའི་རེབ་གོང་གི་ཡུལ་ནའང་ཁྱབ་བརྡལ་བྱུང་ཡོད།

དང་པོ། ཐོག་མའི་བོན་གཤེན་གྱི་རིག་གནས་སྒྲིག་འཛུགས་སྐོར།

གཅིག ཐོབ་དང་ཡོན་ཏན། གྲངས་ཀྱི་རིག་པས་དོན་གཉེར་བྱས་ཡོད་པ།

གནམ་གྱི་ཁྲི་བདུན་དུས་སུ། གྲུབ་པ་ཐོབ་པའི་གཤེན་བཅུ་དང་། མཐུ་བོ་ཆེ་མི་དགུ བོན་ཆེན་བཞི་བཅུ་རྩ་གཉིས་ཏེ། རྒྱལ་གྱི་སྐུ་འཚོ་བའི་གཤེན་བཅུ། བློན་གྱི་གྲོས་འཚོ་བའི་གཤེན་བཅུ། རྒྱ་བོད་ཀྱི་མཐའ་སྲུང་བའི་སྟོད་ན་བཅུ། གསུམ་པ་སྟོང་སྟེ་སྨད་ན་སྲུང་བའི་གཤེན་བཅུ། བཀྲ་ཤིས་གཡང་ལོན་ངོ་སྤྲོད་གཉིས་སོ། གཞན་ཡང་གཤེན་ཕྲན་གྲངས་མང་བར་བཞུགས་ཏེ། རྒྱལ་ཁམས་ནི་བོན་གྱི་རྒྱལ་ཁམས། མངའ་རིས་ནི་རྒྱལ་པོའི་མངའ་རིས་[1]ཞེས་འཁོད་ཡོད་པའི་བཞེད་ཚུལ་དེ་སྲིད་པ་རྒྱུད་ཀྱི་ཁ་བྱང་རྣམ་ཐར་ཆེན་མོ་དང་། བསྒྲགས་པ་རིན་པོ་ཆེའི་གླིང་གྲགས། བསྟན་པའི་རྣམ་བཤད་དར་རྒྱས་གསལ་བའི་སྒྲོན་མེ་སོགས་ཡིག་ཚང་ཁུངས་ཐུབ་སུ་གཅིག་མཐུན་བྱུང་ཡོད། ལུང་ཚིག་དེ་ལས་གཅིག་ནས་གྲུབ་ཐོབ་དང་། མཐུ་བོ། བོན་ཆེན་ཞེས་མིང་གི་ཆེ་བ་དང་ཐོབ་ཀྱི་ཁྱད་པར་བྱུང་ཡོད་ལ། གཉིས་ནས་རྒྱལ་པོའི་སྐུ་འཚོ་བ། བློན་གྱི་གྲོས་འཚོ་བ། ཁམས་ཀྱི་མཐའ་སྲུང་པ། བཀྲ་ཤིས་གཡང་འབོད་སོགས་ལས་དང་ཡོན་ཏན་གྱི་ཁྱབ་ཁོངས་གསལ་པོ་ཡིན་པ། གསུམ་ནས་གྲུབ་ཐོབ་དགུ་དང་གཤེན་པོ་བཅུ། བོན་ཆེན་བཞི་བཅུ་རྩ་གཉིས་སོགས་གྲངས་ཀྱིས་སྒྲིག་འཛུགས་ཀྱི་རིག་པ་དེའང་བྱུང་ཡོད། དེ་དག་ལས་སྐབས་དེར་བོད་ཀྱི་སྤྱི་ཚོགས་ནང་ཡུལ་གཞན་གྱི་རིག་གནས་ཀྱི་ཤུགས་ཆེན་པོ་ཐེབས་ཡོད་པ་མ་ཟད། རྒྱ་དང་། སུམ་པའི་མཐའ་སྲུང་བའི་གཤེན་ཞེས་ཡུལ་གྲུ་གཞན་དང་མངའ་ཁོངས་ཀྱི་མཐའ་སྲུང་བར་ཡང་བོན་གཤེན་གྱི་ནུས་པ་ཐོན་ཡོད་པའང་ཤེས་ཐུབ།

①བོན་གྱི་ལོ་རྒྱུས་ཡིག་ཆ་ཕྱོགས་སྒྲིག གཡུང་དྲུང་བོན་གྱི་སྒྲ་བསྒྲགས་རིན་པོ་ཆེའི་གླིང་གྲགས། [G] ལྷ་ས། བོད་ལྗོངས་བོད་ཡིག་དཔེ་སྙིང་དཔེ་སྐྲུན་ཁང་། 2010ལོར་པར། ཤོག་ངོས་141—175

གཉིས། གུ་ཡངས་པའི་རིག་གནས་ཁོར་ཡུག་གི་བསམ་བློ་ལ་བརྟེན་ནས་དོན་གཉེར་བྱས་ཡོད་པ།

གཞན་ཡང་གྲུབ་པ་ཐོབ་པའི་གཤེན་བཅུ་ནི། རྒྱལ་བོན་མུ་ཁྲི་བཙད་པོ། སྨོན་བོན་ཏ་ར་ཅི་པར། སྨོན་བོན་སྟག་ལྷིར་ལི་ལྷིར། ཞང་ཞུང་ཨ་ནུ་འཕྲུག་ཐག ཞང་ཞུང་སད་ནེ་གའུ། རྒྱ་བོན་ཟིང་པ་མཐུ་ཆེན། ཤད་བུ་ར་ཁྱུག སྤེ་བོན་ཐོག་རྩེ། སྤེ་བོན་ཐོག་འཕྲུལ། ད་མི་ཐད་ཀེ་དང་བཅུའོ། མཁས་པ་མི་དགུ་ནི། ཞང་ཞུང་སྟོང་རྒྱུང་མཐུ་ཆེན། སེ་ཤ་རི་དབུ་ཆེན། མེ་ཉག་ལྕེ་ཚ་མཁར་བུ། ལྡེ་གྱིམ་ཚ་རྨ་ཆུང་། སྟག་གཟིག་ཟ་རང་མེ་འབར། རྒྱ་གར་ལྷ་བདག་སྔགས་དྲོ། དམུ་ཧི་པ་གྱེར་མེད། གེ་སར་ངམ་པ་ལྕེ་རིང་། སུམ་པ་མུ་ཕྱུངས་གསལ་དང་དགུའོ། । མཐུ་བོ་ཆེ་མི་དགུ་ནི། རྒྱ་བོན་ལེགས་ཏང་རྨང་པོ། གཙོ་གྱིམ་བུ་ལེན་ཚབ། ལི་བོན་ཕྱ་སངས། སུམ་པའི་དྲུང་མུ་ཕྱོ་སང་། ཁྱུ་བོན་གནམ་གཤེན་མཐོང་གྲགས། ཞང་ཞུང་བོན་པོ་ར་ལ་ཁྱུང་། བ་གོར་དོད་དེ་རྒྱལ་བ། འཇང་བོན་འཕེན་''སྣང་། རྨ་བོན་ཐུགས་དཀར་①སོགས་གྲུབ་ཐོབ་བཅུ་དང་། མཐུ་ཆེན་དགུ་མཁས་པ་མི་དགུ་སོགས་བོད་ཁོ་ན་མ་ཡིན་པར་ཞང་ཞུང་། མེ་ཉག སྟག་གཟིག རྒྱ་གར། གེ་སར། སུམ་པ། སྨོན་སོགས་རྒྱ་ཁབ་དང་ཡུལ་གྲུ་མི་འདྲ་བ་མང་པོ་ནས་བོད་ལ་ཕེབས་འདུག སྐབས་དེ་དུས་ནས་རིག་གནས་ལ་མཐོང་ཆེན་བྱས་ཏེ་ཡུལ་གྲུ་གཞན་གྱི་རིག་གནས་དང་གཤིབ་བསྡུར་གྱིས་ཕྱི་ཕྱོགས་ཀྱི་རིག་གནས་ནང་འདྲེན་བྱེད་པའི་ཁོར་ཡུག་གུ་ཡངས་པོ་དེ་ཡོད་འདུག་པ་ཤེས་ཐུབ། རིམ་གྱིས་སྲིད་ཕྱོགས་ཀྱི་རྒྱབ་སྐྱོར་ཆེན་པོ་ཐོབ་པའི་བོན་གཤེན་གྱི་རིག་གནས་ཏེ་མི་རྣམས་ཀྱི་འཚོ་བའི་ནང་དུ་སིམ་ནས་རིམ་བཞིན་སྟོབས་ཆེན་པོ་རྒྱས་ཏེ། ②ཆེ་གཉིས་དབང་གིས་མེ་འབར་བ་ལ། ཆུང་གསུམ་ཕྲ་མའི་ཤེང་བསྣན། ····· ཞེས་པའི་གཏམ་གྱི་གྲགས་པ་བྱུང་ནས། ཆེ་བ་རྒྱལ་ཁབ་ཀྱི་བདག་དབང་ཕྱག་ཏུ་བཞེས་པའི་གྲི་གུམ་བཙན་པོ་དང་། ཅིག་ཤོས་ཡོན་ཏན་གྱི་ཆེ་བ་ཐོབ་པའི་བོན་གཤེན་བར་དུ་མི་མཐུན་རྐྱེན་གྱིས་མཐར་བོན་བསྟན་བསྣུབས་པའི་གོད་ཆགས་ཏེ་བྱུང་པ་ཡིན། གྲི་གུམ་བཙན་པོས་བོན་བསྣུབས་པ་དང་པུ་དེ་གུང་རྒྱལ་གྱིས་དར་རྒྱས་མཛད་པ་གཉིས་ཀ་བསམ་བློ་བཏང་ན་སྐབས་དེར་བོན་གཤེན་གྱིས་སྲིད་ཀྱི་གནས་བབ་ཐད་སྟོབས་ཤུགས་ངེས་ཅན་ཞིག་ཟིན་ཡོད་པ་ཤེས་ཐུབ།

①བོན་གྱི་ལོ་རྒྱུས་ཡིག་ཆ་ཕྱོགས་སྒྲིག གཡུང་དྲུང་བོན་གྱི་སྒྲ་བསྒྲགས་རིན་པོ་ཆེའི་གླིང་གྲགས། [G]ལྷ་ས། བོད་ལྗོངས་བོད་ཡིག་དཔེ་སྙིང་དཔེ་སྐྲུན་ཁང་། 2010ལོར་པར། ཤོག་ངོས་141—175

②བོན་གྱི་ལོ་རྒྱུས་ཡིག་ཆ་ཕྱོགས་སྒྲིག གཡུང་དྲུང་བོན་གྱི་སྒྲ་བསྒྲགས་རིན་པོ་ཆེའི་གླིང་གྲགས། [G] ལྷ་ས། བོད་ལྗོངས་བོད་ཡིག་དཔེ་སྙིང་དཔེ་སྐྲུན་ཁང་། 2010ལོར་པར། ཤོག་ངོས་141—175

གསུམ། གཙིགས་ཀྱི་ཆེ་བ་གནང་བའི་ཐབས་ལ་བརྟེན་ནས་དོན་གཉེར་བྱས་ཡོད་པ།

བོད་ཀྱི་བཙན་པོ་མང་པོའི་བོན་གཤེན་ལ་གཙིགས་ཀྱི་ཆེ་བ་གནང་ཚུལ་བོན་གྱི་ཡིག་ཆ་མང་པོའི་ནང་གླིང་འདུག དེའི་དོན་ནི་གཤེན་པོ་རྣམས་ཀྱི་ཡོན་ཏན་ཏེ་རྒྱལ་ཁབ་ཀྱི་ཁས་འཆེ་ཐོབ་པའི་རྟགས་མཚན་ཞིག་དང་། བཙན་པོས་གཤེན་པོ་རྣམས་ཀྱི་དུས་སྐབས་སོ་སོའི་ནང་དུ་རྒྱལ་སྐྱོང་ཞི་ཐབས་སུ་ཕུལ་བའི་མཛད་རྗེས་ལ་དམིགས་ནས་དེ་དག་ལ་གཙིགས་ཀྱི་ཆེ་བ་གནང་བའི་ཐབས་ཀྱིས་གཤེན་གྱི་རིག་གནས་དོན་གཉེར་བྱས་ཡོད།

ཁྲི་བདུན་དུས་སུ། ①སྐུ་ལ་གཙིགས་བྱིན་པ་དབུ་སྐྲ་སིལ་མ་རྩེ་རྒྱལ་གཙོད་དང་གཏུབ་ཏུ་མེད། དབུ་ལ་དར་དཀར་པོའི་འཕྱིང་ཐོད་ལ་བྱ་རྒྱལ་རྒོད་ཀྱི་ལྡེམ་ཕོད་བཙུགས་པ། གསེར་གྱི་བྱ་ཏྲ་ལ་གཡུ་ཡི་ལྡེམ་མདངས་ཅན། ན་བཟའ་དབྱི་དཀར་གྱི་ཐུལ་པ་ལ་སྟག་གཟིག་གུང་གསུམ་གྱིས་གོང་ལག་བཏང་པ་དང་། གསུང་ལ་གཙིགས་བྱིན་པ་ནི། གཤེན་ངག་ཚིག་གསུམ་མ་ཐོན་པ་ལ། རྒྱལ་པོས་གོང་ནས་བཀའ་མི་སྩལ། བློན་པོས་འོག་ནས་གྲོས་མི་གསོམ། གཤེན་སྒྲུ་ཚིག་གསུམ་མ་བླང་བར། རྒྱལ་བློན་གྱིས་བྲོ་སྨྲ་མི་བྱེད། ཐུགས་མཉེས་པའི་གཙིགས་བྱིན་པ་ནི། སྟོང་ཁྲལ་ཚད་དག་ཀྱང་རྒྱལ་པོ་དང་མཉམ་པ་དང་། ལག་དམར་དངོས་སུ་འབུལ། གཤེན་ལ་བེར་ཀ་རྒྱབ་ན་བརྗིག་མཁན་སྒྱིན། དཀོར་ནོར་འཕྱེར་ན་དགུ་བཅུ་ཆད་དུ་འགེལ་བར་བྱས་སོ། ཞེས་དང་། ཡང་རྒྱལ་པོ་སྟག་བུ་སྙ་གཟིགས་ལྟོ་བྲག་གི་བཙོན་དུ་ཚུད་པ་གཤེན་གྱིས་བཏོན་པས། དྲིན་ལན་དང་ཆེ་ཐབས་སུ་གཙིགས་བྱིན་པ། ②གྲལ་གཡས་གྲལ་གྱི་རྩེ་ལ་སྐུ་གཤེན་དེ་འཛོག་བ་སོའི་ཁྲི་དང་ཟ་འོག་གི་གདན་བཏིང་། ཡིག་ཚངས་དུ་གསེར་གྱི་ཕུད་བུ་དང་མཐིང་གི་བུམ་པ་ཡང་གནང་འདུག གཞན་ཡང་རྒྱལ་པོ་སྲོང་བཙན་སྒམ་པོའི་དུས་སུ་③རྒྱལ་པོ་ཡིས་བོན་ལ་ཡིག་ཚང་གཡུའི་བུམ་པ་དང་། སྟག་ཞུ་དང་ནི་སྟག་ཐུལ་བྱང་། ཞེས་ཆེ་བའི་གཙིགས་གནང་ཡོད། རྗེས་ཀྱི་ཁྲི་སྲོང་ལྡེ་བཙན་གྱི་དུས་སུའང④་སྐབས་དེར་བོན་པོ་ལྷ་དང་བཅས་པས་བོད་ཀྱི་ཕྱོགས་སོ་སོ་ནས་རྒྱལ་པོའི་སྐུ་དགྲ་བཏུལ་ནས

①བོན་གྱི་ལོ་རྒྱུས་ཡིག་ཆ་ཕྱོགས་སྒྲིག གཡུང་དྲུང་བོན་གྱི་སྒྲ་བསྒྲགས་རིན་པོ་ཆེའི་གླིང་གྲགས། [G] ལྷ་ས། བོད་ལྗོངས་བོད་ཡིག་དཔེ་སྙིང་དཔེ་སྐྲུན་ཁང་། 2010ལོར་པར། ཤོག་ངོས་141—175

②བོན་གྱི་ལོ་རྒྱུས་ཡིག་ཆ་ཕྱོགས་སྒྲིག གཡུང་དྲུང་བོན་གྱི་སྒྲ་བསྒྲགས་རིན་པོ་ཆེའི་གླིང་གྲགས། [G] ལྷ་ས། བོད་ལྗོངས་བོད་ཡིག་དཔེ་སྙིང་དཔེ་སྐྲུན་ཁང་། 2010ལོར་པར། ཤོག་ངོས་141—175

③བོན་གྱི་ལོ་རྒྱུས་ཡིག་ཆ་ཕྱོགས་སྒྲིག སྲིད་པ་རྒྱུད་ཀྱི་ཁ་བྱང་རྣམ་ཐར་ཆེན་མོ། [G]ལྷ་ས། བོད་ལྗོངས་བོད་ཡིག་དཔེ་སྙིང་དཔེ་སྐྲུན་ཁང་། 2010ལོར་པར། ཤོག་ངོས་232—339

④བོན་གྱི་ལོ་རྒྱུས་ཡིག་ཆ་ཕྱོགས་སྒྲིག གཡུང་དྲུང་བོན་གྱི་སྒྲ་བསྒྲགས་རིན་པོ་ཆེའི་གླིང་གྲགས། [G] ལྷ་ས། བོད་ལྗོངས་བོད་ཡིག་དཔེ་སྙིང་དཔེ་སྐྲུན་ཁང་། 2010ལོར་པར། ཤོག་ངོས་141—175

མཐའ་མཚམས་སྲུང་བའི་མངའ་ཐང་དགུང་དང་མཉམ། བོད་འབངས་བདེ་ལ་བཀོད་པས་དེར་རྗེ་རྒྱལ་མཉེས་ནས། བོན་པོ་ལ་ཆེ་བའི་ཡོན་ཏན་ནོད་པ་ནི། དང་པོ་མིང་གི་ཡིག་ཚང་བྱིན་ཞེས་པ་དང་། རྒྱལ་པོ་བསྟེང་བ་དྭངས། བོད་ཁམས་ཀྱི་ནད་རིགས་འབྲུག་པ་ཆད། ཡང་བསྐྱར་དེ་ནས་རྒྱལ་པོ་དགྱེས་ཏེ་བོན་ལ་ཆེ་ཐབས་ཡིག་ཚངས་ཕུལ་བ་ནི། སྟོད་སྨད་བར་གསུམ་ནས་ཡུལ་གསུམ་ཕུལ་ཞེས་ཡོན་ཏན་གྱི་ཆེ་བ་གང་གི་ཕྱིར་གཙིགས་ཀྱི་ཆེ་བ་གནང་བ་རིམ་པར་བཀོད་འདུག གཙིགས་ཀྱི་ཆེ་བ་དེ་དག་ནང་བོན་གཤེན་རྣམ་པའི་ཕྱི་ལུས་ཀྱི་གོན་པ་སོགས་ཆ་ལུགས་སྤྱི་དང་། གཞན་སྲིད་ཕྱོགས་དབང་ཆ་ཐད་ཐོལ་བརྒྱལ་ཆེན་པོ་བྱུང་ནས་སྟོབས་ཤུགས་ཆེན་པོ་ཆགས་ཡོད།

དེ་ལྟར་བོད་ཀྱིས་གནའ་སྔ་མོ་ནས་རིག་གནས་ཐད་ཕྱི་ཕྱོགས་སུ་སྣོ་ཆེན་པོ་བྱེ་ནས་རིག་གནས་མང་པོ་གསོག་ཉར་དང་རང་གི་རིག་གནས་དང་བསྲེས་སྦྱོར་གྱི་ཐབས་དམ་པའི་བོན་གྱི་རིག་གཞུང་རྒྱ་ཆེན་པོ་ཞིག་དར་སྤེལ་བྱས་ཡོད། གྲུབ་འབྲས་དེ་ཡང་ཆོས་སྲིད་ཀྱི་ལུགས་གཉིས་ཀར་སྟོབས་ཤུགས་ཆེན་པོ་ཐེན་པའི་བོན་གཤེན་གྱི་ཡོན་ཏན་དང་འབྲལ་ཐབས་མེད་པ་ཞིག་རེད། དེ་དག་ནི་དོན་གྱིས་སྲིད་དང་རིག་གནས་བར་གྱི་མཐུན་སྦྱོར་གྱི་རིག་པ་ཞིག་དང་ཕན་ཚུན་གྱི་དགོས་མཁོ་ཞིག་ཡིན་འདུག གོང་དུ་གླེང་བའི་གཤེན་གྱི་རིག་གནས་ཡང་ལམ་དེ་འདྲ་ཞིག་གི་སྟེང་གཙོ་བོ་སྲིད་ཀྱི་རྒྱབ་སྐྱོར་ལ་བརྟེན་ནས་རིམ་གྱིས་སྤྱི་ཚོགས་ཀྱི་ཐུར་སོ་སོར་ནང་ཁྲབ་སྟེ། ①རྒྱལ་པོ་ཡི་སྐུ་དགྲ་བོན་གྱིས་བཏུལ། ན་བ་ཐམས་ཅད་གཏོ་ཡིས་གསོ། ཤི་བ་ཐམས་ཅད་འདུར་གྱིས་བསྐྱལ་ཞེས་གཉའ་ཁྲི་བཙན་པོ་ནས་ཁྲི་སྲོང་ལྡེ་བཙན་གྱི་བར་དུ་དར་རྒྱས་ཆེན་པོ་བྱུང་།

ང་ཚོས་བན་བོན་སོ་སོའི་ལོ་རྒྱུས་གཞིར་བཟུང་ན། བན་བོན་གཉིས་ཀ་རང་ལུགས་ལ་ཕྱོགས་པའི་ཤུགས་ཏ་ཅང་ཆེ་བས་ལོ་རྒྱུས་ཀྱི་བདེན་པ་མཐོང་དཀའ་བ། བོན་ཕྱོགས་ཀྱིས་ཐེའུ་རང་མང་སྐྱ་ཨུ་བེར་གྱི་སྤྲུལ་པ་གྲི་གུམ་བཙན་པོ་ཞེས་དང་། བན་ཕྱོགས་ཀྱིས་གླིན་པ་སྣང་གི་ཤ་ཚུགས་སུ་གྲུབ་པའི་སྣང་དར་ཞེས་མཚོན་པའི་ཆོས་རྒྱལ་དང་བདུད་རྒྱལ་གྱི་མིང་གི་བཞེད་པ་དག་གྲུབ་མཐའི་ཕན་གནོད་ཀྱི་སྟེང་ནས་ལོ་རྒྱུས་སུ་བྱུང་པ་ཙམ་ཡིན་པ་ལས་དངོས་དོན་མི་མཐོང་ལ། གཅིག་ཤོས་ཀྱི་ཆོས་རྒྱལ་དང་ཅིག་ཤོས་ཀྱི་བདུད་རྒྱལ་ལ་བགྲངས་པའི་ལོ་རྒྱུས་ཀྱི་ལྟ་བ་དེ་དག་གཞུང་ཐིག་གཅིག་ལ་དྲངས་ན་སྤྱིར་ནས་རྒྱལ་པོ་ཞིག་ལ་མཚོན་ན་རྒྱལ་ཁབ་ཀྱི་ཁེ་དབང་གཙོ་བོ་ཡིན་ལ། རིག་གནས་ཏེ་ནམ་ཡང་སྲིད་ཀྱི་དགོས་མཁོ་ལྟར་དུ་དར་སྤེལ་དང་དོན་གཉེར་བྱེད་ཀྱི་ཡོད་པས། ལོ་རྒྱུས་ནང་འཁོད་པའི་ཁྲི་སྲོང་ལྡེ་བཙན་གྱི་སྐུ་ཚེའི་

①བོན་གྱི་ལོ་རྒྱུས་ཡིག་ཆ་ཕྱོགས་སྒྲིག སྲིད་པ་རྒྱུད་ཀྱི་ཁ་བྱང་རྣམ་ཐར་ཆེན་མོ། [G] ལྷ་ས། བོད་ལྗོངས་བོད་ཡིག་དཔེ་རྙིང་དཔེ་སྐྲུན་ཁང་། 2010ལོར་པར། ཤོག་ངོས་232—339

སྨད་ལ་བབ་བོན་གྱི་རྩོད་པ་དེ་དག་བརྒྱུད་མཐར་བོན་གྱི་རིག་གནས་དོན་གཉེར་བྱེད་མཁན་གྱི་བོན་གཤེན་ཚོགས་པ་ལ་ཉམས་ཉེས་ཆེན་པོ་བྱུང་སྟེ། རིག་གནས་དེའང་སྐབས་དེ་ནས་བཟུང་སྲིད་ཕྱོགས་ཀྱི་ཁྱབ་ཁོངས་ནང་ཕལ་ཆེར་མིང་གི་ལྷག་མར་གྱུར། ལོ་རྒྱུས་ནང་འཁོད་པའི་ཁྲི་སྲོང་ལྡེ་བཙན་གྱིས་བོན་བསྣུབས་ཞེས་པ་དེའང་ཐོག་མར་སྲིད་ཕྱོགས་ཀྱི་རྒྱབ་སྐྱོར་ལ་བརྟེན་པས་བོན་གཤེན་གྱི་རིག་གནས་སྒྲིག་འཛུགས་དེ་ལ་ཉམས་ཉེས་བྱུང་བ་ཡིན་པར་བསམ།

གཉིས་པ། ད་ལྟའི་བོན་གཤེན་གྱི་རིག་གནས་དོན་གཉེར་སྐོར།

ཁྲི་སྲོང་ལྡེ་བཙན་གྱི་དུས་དེར་བོན་བསྟན་བསྣུབས་པ་དང་། བོན་གཤེན་རྣམས་ཀྱིས་བོན་བསྟན་གཏེར་ལ་སྦས་ཞེས། ཡུལ་གྲུ་སོ་སོའི་རི་བྲག་ནགས་སུ་སྦས་པ་དང་བོན་གཤེན་རྣམས་ཡུལ་གཞན་ལ་ཕེབས་ནས་བསྟན་པ་བསྐྱངས་ཚུལ་སོགས་ཐབས་སྣ་ཚོགས་ཀྱིས་བོན་བསྟན་དར་སྤེལ་བྱས་ཡོད་འདུག ཕྱོགས་གཞན་ཞིག་ནས་སྐབས་དེར་ཐུབ་པའི་བསྟན་པ་བོད་ནས་དར་རྒྱས་བྱུང་བའི་དུས་རེད། རིག་གནས་གཅིག་དར་བ་དང་གཅིག་རྒུད་པའི་དུས་དེར་ཕན་ཚུན་ལ་ཉམས་མྱོང་གིས་སོ་སོའི་རིག་གནས་སྲུང་འཛིན་བྱས་ཡོད་ཚུལ་ཕྱིས་ཀྱི་བན་བོན་གྱི་དགོན་པའི་སློབ་གསོའི་ལམ་ལུགས་དང་། ཆོས་ལུགས་དང་དམངས་སྲོལ་ཆོ་ག་སོགས་ལས་ཤེས་ཐུབ། གང་ལྟར་དུས་དེ་ནས་བཟུང་གཅིག་ནས་སྲིད་ཕྱོགས་ཀྱི་རྒྱབ་སྐྱོར་ཤོར་བ་དང་། གཉིས་ནས་སྔར་ཡོད་ཀྱི་རིག་གནས་སྒྲིག་གཞི་ལ་གཏོར་སྐྱོན་བྱུང་བའི་རྒྱབ་ལྗོངས་དེའི་འོག་ནས་བོན་གཤེན་རྣམས་ཀྱིས་བོན་བསྟན་དར་སྤེལ་གྱི་ཐབས་ལམ་མང་པོ་འཚོལ་སྒྲིག་བྱེད་མགོ་ཚུགས་ཡོད། ད་ལྟ་དམངས་ཁྲོད་དུ་རྒྱུན་དུ་མཐོང་ཐུབ་པའི་ "དཔོན"ཞེས་གསང་སྔགས་སྒྲུབ་པ་པོའི་རིག་གནས་ཀྱི་ཚོགས་པ་དེ་ནི་གནས་བབ་དེ་འདྲ་ཞིག་གི་ངོས་ནས་བྱུང་བ་ཡིན་པར་བསམ། རྗེས་སུ་གྲུབ་མཐའ་མང་པོའི་ཤུགས་ཆེ་ཆུང་གིས་མི་རྣམས་ཀྱི་དད་མོས་ལ་འགྱུར་བ་བྱུང་ནས་རིག་གནས་དེའི་གནས་བབ་ལའང་དེ་བསྟུན་གྱི་འགྱུར་ལྡོག་བྱུང་ཡོད་ཀྱང་། དམངས་ཁྲོད་དུ་རིག་གནས་དེའི་སྤྱོད་སྒོ་སྔར་བཞིན་ཆེ་ལ། ལྷག་ཏུ་ནས་ཡུལ་ཕྱོགས་འགའ་རེ་ན་བོན་གཤེན་གྱི་རིག་གནས་འདི་ལ་ཐུན་མིན་གྱི་སྒྲིག་གཞི་གྲུབ་ནས་དམངས་དང་མཐུན་སྦྱོར་གྱིས་བོན་བསྟན་དར་སྤེལ་ཐད་ནུས་པ་བླ་ན་མེད་པ་ཞིག་ཐོན་གྱིན་ཡོད། དཔེར་ན་རེབ་གོང་ཡུལ་གྱི་བོན་གཤེན་གྱི་རིག་གནས་ནི་དེ་ལྟ་བུའི་ཚད་གཞི་ཞིག་གི་སྟེང་ན་གནས་ཡོད་པར་བསམ།

རེབ་གོང་གི་བོན་གཤེན་གྱི་རིག་གནས་འདི་གཙོ་བོ་བོད་རྒྱལ་ཁྲི་སྲོང་ལྡེ་བཙན་གྱིས་བོན་བསྣུབས

སྐབས་རེབ་གོང་དུ་①ཐོན་པའི་གྲུབ་ཐོབ་རྣམ་གསུམ། སྲི་རྫིང་འཁོར་ལོས་བསྒྱུར། ངོ་མོ་ཡེ་ཤེས་མཚོ་རྒྱལ། ཁྲུང་པོ་ཁྲུང་དཀར་ཚངས་བ་གསུམ་གྱིས་སྐུ་དྲིན་ལས་ད་ལྟ་ཡར་ནང་བོན་སྡེ་ཁ་གསུམ་ཞེས། བོན་བརྒྱ། དམག་གསར། སྟོང་དེ་གསུམ་བྱུང། གཞུང་གི་བོན་མང་ཁ་གསུམ་ཞེས། སྟོད་ཕྱོགས་བོན་མང་། (གྲུང་རི། ངོ་མོ། སྲི་ཁ་གསུམ) སྨན་བཟང་བོན་མང་ (ཁྲུང་པོ། སྟོང་ཆེ། ཉ་ཞོལ་མ། ཉ་གོང་མ། ཨ་བག ནོའུ་རོང་) སྨད་ཕྱོགས་བོན་མང་ (ཁྲུང་པོ་ཐང་། སྟོང་སྐམ། གླིང་བརྒྱ། དར་གྲོང་། ཞོ་འོང་ཉིན་ཐ།) སོགས་སྒྲུབ་གཤེན་གྱི་སྡེ་མང་དུ་འཕེལ་ཡོད་པ་དང་། གྲོང་སྡེ་རེ་ནང་ གསས་ཁང་ལྔེ་བ་བྱས་ནས་བོན་བསྟན་དར་སྤེལ་བྱེད་གྱི་ཡོད། གསས་ཁང་དང་ས་འདིའི་མི་རྣམས་ཀྱི་འཚོ་བ་གཉིས་མཉམ་གནས་ཀྱི་ཡུན་རིང་པོ་འགོར་བ་དང་། ཀུན་སྤྱོད་དང་། སློབ་གཉེར། སྒྲིག་ལམ་སོགས་ཕྱོགས་མང་པོ་ཅིག་ནང་སྤར་སྲོལ་རྒྱུད་འཛིན་དང་དར་སྤེལ། ལེགས་སྒྲིག་བཅས་བྱས་ཏེ་གཏན་ཁེལ་གྱི་བཅའ་ཡིག་བཟོས་ཡོད། བོན་གྱི་དགོན་པ་མང་པོས་གཡུང་དྲུང་བོན་གྱི་གྲྭ་ས་གོང་འོག་བར་གསུམ (གཙང་གི་སྨན་རི་དགོན་དང་ཉ་ལག་གཡུང་དྲུང་གླིང་དགོན་དང་མཁར་སྣ་དགོན་གསུམ) གྱི་བཅའ་ཡིག་སྟེ། ②སྨན་རི་དགོན་པའི་མཁན་རབས་ཉེར་གཉིས་པ་སྐུ་མདུན་བསོད་ནམས་བློ་གྲོས་ཀྱིས་མཛད་པའི་བཀྲ་ཤིས་སྨན་རིའི་བཅའ་ཡིག་གསེར་གྱི་ཐིག་ཤིང་ཞེས་པ་དེ་གཞིར་བཟུང་ནས་བཅའ་སྲོལ་ཡོད་པར་བཤད། དེ་ལྟར་བཅའ་ཡིག་དེ་ཐོག་མར་འདུལ་དགོན་བརྒྱུད་ནས་རིམ་བཞིན་སྒྲུ་དགོན་ལ་དར་བ་ཡིན་པར་བསམ། རེབ་གོང་དུ་སྔོན་ཆད་བོན་སྡེ་ཁ་གསུམ་ལ་རང་རང་གི་ཚོགས་དང་བསྟུན་ནས་བཅའ་ཡིག་བཟོས་ཡོད་པ་དང་། སྨད་པ། སྨན་བཟང་། གླིང་བརྒྱ་སོགས་ལ་ཡོད་པར་བཤད། ད་ལྟ་བོན་སྡེ་ཁག་ཚང་མའི་རེབ་གོང་བོན་མང་གི་བསྟན་བདག་བླ་མ་བོན་བརྒྱ་དགེ་ལེགས་ལྷུན་འགྲུབ་རྒྱ་མཚོའི་མཛད་པའི་བཅའ་ཡིག་ཆེན་མོ་སྒྲིག་ཁྲིམས་དབྱར་གྱི་ཛ་སྒྲ་གཞིར་བཟུང་གིན་ཡོད། ③བོན་གཤེན་ཚང་མའི་བཅའ་ཡིག་དེ་གཞིར་བཟུང་ནས་རང་གཞན་ཀུན་ལ་རེ་བ་ནན་མོ་འཛིན་པ་དང་། དེའི་སྟེང་ནས་ཕྱི་ནང་གཉིས་གཙང་གི་བོན་གཤེན་ཚད་མར་བྱེད་པ་ཡིན། གཤམ་ནས་བོན་མང་གི་བཅའ་ཡིག་ནང་ཉུང་ཙམ་ཞིག་བཀོད་ན་སྐབས་འདིར་གླིང་བའི་དམངས་ཁྲོད་དུ་བོན་གཤེན་རིག་གནས་ཇི་ལྟར་སྒྲིག་འཛུགས་བྱེད་པའི་སྐོར་ཙུང་ཟད་ཤེས་ཐུབ་པ་ཡིན།

①མཁས་དབང་བོན་བརྒྱ་རིན་པོ་ཆེའི་གསུང་རྩོམ་ཕྱོགས་བསྒྲིགས། བསྟན་འབྱུང་ཤེལ་གྱི་རྒྱང་མཐོང་། པོད་བཅུ་བ། [M] ཞང་བོད་ཤེས་རིག་ཞིབ་འཇུག་དར་སྤེལ་ལྟེ་གནས། 2013ལོར་པར། ཤོག་ངོས་12

②དོན་གྲུབ་ལྷ་རྒྱལ། གཡུང་དྲུང་བོན་གྱི་གྲུབ་མཐའ་སྤྱི་བཤད། [M] པེ་ཅིན། མི་རིགས་དཔེ་སྐྲུན་ཁང་། 2013ལོར་པར། ཤོག་ངོས་275

③མཁས་དབང་བོན་བརྒྱ་དགེ་ལེགས་ལྷུན་འགྲུབ་རྒྱ་མཚོའི་མཛད། [M] གཤེན་གྱི་འདུས་སྡེ་ཆེན་པོ་རེབ་གོང་བོན་མང་ཕྱུར་ཐོགས་སྟོང་དང་དགུ་བརྒྱའི་རིག་འཛིན་འདུས་པ་རྒྱ་མཚོའི་བཅའ་ཡིག་ཆེན་མོ་སྒྲིག་ཁྲིམས་དབྱར་གྱི་ཛ་སྒྲ།

གཅིག དཔོན་གྱི་ཚད་གཞི།

སློབ་གཉེར་བསླབ་པ་ཐད་ནས། ཐོག་མར་བོན་མང་གི་ཚོགས་ཁྲལ་དུ་ཞུགས་འདོད་བཙོས་མིན་ཡོད་ཆེ། ཁྲི་ཀློག་འདོན་གསུམ་དང་ཚོ་ག་ཕྱག་ལེན་སོགས་ལེགས་པར་བསླབ། ཚོ་ག་ཕྱག་ལེན། འདོན་དབྱངས་རྟ། གཏུང་རོལ་མོ། ཐིག་རྟུལ་མཆོན། གཏོར་མ་བཅའ་བཟོ། དཀྱིལ་འཁོར་བཤམས་བཀོད། མཆོད་སྒྲིག་གང་ལེགས་ཀྱིས་བྱ་བ་ཐམས་ཅད། གོང་མའི་གསུང་རྒྱུན་བཞིན་མ་ནོར་མ་འཁྲུལ་བ། རང་བཟོས་མ་བསླད་པ་དང་སྣ་ཚོས་སུ་མ་སོང་བ། གང་དྲན་མི་བྱེད་པ་བཅས་བླ་མ་དང་དགེ་རྒན། ལས་སྣེ་འགྲིགས་བདག་རྣམས་ཀྱི་ཐུགས་ལ་འབབ་པ། ཀུན་གྱིས་ཁས་ལེན་པ་ཞིག་ཡོད་དགོས་པ་ལས། གཞན་ཚོགས་ཁྲལ་དུ་ཕེབས་པའི་ཆེ་ཡང་ཀུན་སློང་བཟང་པོའི་ངང་ནས་བསྟན་པ་དང་འགྲོ་བ་སེམས་ཅན་ལ་ཕན་པའི་དོན་དང་རིག་འཛིན་མཁའ་འགྲོའི་ཚོགས་ཁྲལ་དུ་འགྲོ་བ་ལྟ་བུའི་དག་སྣང་དགོས་པ།

ལུས་ངག་གི་སྤྱོད་ལམ་ཐད་ནས་ཀྱང་། ལུས་ངག་བཙུན་གྱི་ཚུལ་འཛིན་དགོས། དེ་ཡང་དབུ་སྐྲ་ཞྭང་ལོ་མ་བཅོས་རྩེ་རྒྱལ་དུ་འཛོག་པ་རིག་འཛིན་གོང་མའི་ཕྱག་སྲོལ་ཡིན། ན་བཟའ་སྨད་ཤམས་དང་། སྟོད་གོས་སྟོན་པོ་དང་དམར་སྨུག་མནབས་དགོས། ཡང་ན་ཕྱག་བེར་སྟག་གཟིག་གི་པགས་པས་གོང་གཤམ་མཛེས་པ་འདི། བོད་ཀྱི་རྒྱལ་རབས་གོང་མ་རྣམས་ཀྱིས་ཆེ་ཐོབ་རྟགས་དང་གཙིགས་སུ་ཕུལ་བའི་ལོ་རྒྱུས་ཡོད་པས་ལུགས་སྲོལ་མ་འགྱུར་ན་བཟང་། ཞྭ་གོས་གླེགས་བམ། ཐྲར་སིལ་སྙོམ་ཐག ཕྱག་ཕྲེང་ཚད་ལྡན། དབལ་ཕུར་ཐུན་ར་ལ་སོགས་ཕྱག་ཆ་གང་དགོས་ཚང་བ། དེ་ཡང་དབུ་ཞྭ་ལ་རིགས་མང་བས། རྟོགས་ལྡན་རྣམ་འབྱོར་གྱི་བསླབ་པ་རྒྱན་རིམ་ལྟར་དུ། ཡི་ཤུའི་སྟག་ཞྭ་ཆེན་མོ། སྙོམ་ཞུ་དཀར་མོ་རྩེ་རྒྱལ། ཞྭ་དཀར་ཁྲུང་གཤོག་ལྡིང་བ། མངོན་སྤྱོད་དོམ་ཐུ་ནག་པོ། ཞྭ་ནག་ཐོད་ཁ་རྩེ་འབར་སོགས་རང་རང་གི་ཡོན་ཏན་ཐོབ་ཐང་གང་འོས་ལྟར་མནབས་དགོས་པ།

གཉིས། དཔོན་གྱི་སྒྲིག་སྲོལ་དོ་དམ།

གཞུང་སྤྱིའི་བསྟན་པའི་བྱ་བ་ལས་དོན་གྱི་འགྲིགས་ལམ་ནི། དགོན་བདག་བླ་མ་དང་ཁྲི་བ། དགེ་བསྐོས་དང་དབུ་མཛད། འགན་ཁུར་ལས་ཐོག་པ་དང་ལས་ཟུར་པ་རྣམས། རྒན་མང་ཚོགས་པའི་གཞུང་བརྒྱུད་ནས་བསྟན་པའི་ལས་དོན་ལ་ཤ་ཚ་ཞིང་སྙིང་ཉེ་ཐུགས་ཁུར་ཆེ་བཞེས་གནང་དགོས། བོན་སྡེ་སོ་སོའི་གསས་ཁང་དང་། སྐུ་གསུང་ཐུགས་རྟེན། ལྷ་ཆ་མཆོད་རྫས། གཞུང་རྒྱུ་དངོས་རྫས་དགོས་མཁོའི་ཡོ་བྱད་རྣམས་བདག་གཉེར་གཙང་སྟེས་བྱེད་དགོས། ཚོགས་ཞུགས་མི་སྣ་རྒན་གཞོན་བར་མ་ཀུན་གྱིས་སློབ་

གཉེར་བྱེད་ཚུལ་དང་། དགེ་སྦྱོར་ཉམས་ལེན་གྱི་གནས་ཚུལ། གསས་ཁང་སོ་སོའི་བསྐང་འདོན་དགོར་གཉེར་གྱི་གནས་ཚུལ། དོན་དམ་བདག་གཉེར་གྱི་བཟང་ངན། མང་ཚོགས་ཀྱི་མཆོད་འབུལ་ཕྱག་བསྐོར་གྱི་གནས་ཚུལ་ཐམས་ཅད་ལ། དངོས་དང་བརྒྱུད་ནས་ཟབ་ཞུགས་བྱས་ཏེ་རྒྱུས་ལོན་ཐོག་བཀའ་སློབ་གནང་དགོས་པ་བཅས་ཕྱོགས་མང་པོ་ནས་གལ་ཆེན་དུ་གསུང་ཡོད།

གསུམ། དཔོན་གྱི་འཚོ་བའི་སྒྲིག་སྲོལ།

བོན་མང་གི་སྒྲུབ་ཆེན་ཁག་ནི་གཙོ་བོ་དགེ་བསྐོས་དང་ཁྲི་བ། དབུ་མཛད་ཞེས་མིང་གི་ཐོབ་བཏགས་ཀྱི་ངོས་འཛིན་ཁྲིད་སྒྲིན་བདག་གི་ལས་སྣ་བསྐོ་བཞག་བྱས་ནས་བོན་ སྡེ་ཚང་མར་རེས་མོས་བྱས་ནས་འགྲོ་བ་དང་། ཉིན་དེ་དག་རིང་གི་བོན་མང་གི་འཚོ་བའི་འགྲོ་སོང་དག་ལས་སྣ་དེ་དག་གིས་ཁག་འཁུར་བྱས་པ་ཡིན། དཔལ་འབྱོར་གྱི་ཁྱད་པར་གྱི་དབང་གིས་བོན་སྡེ་རེ་འགའ་ན་མཚམས་ལ་ལར་ཐོབ་བཏགས་ལ་ངོས་འཛིན་བྱེད་མཁན་མེད་ཚེ་སྡེ་བ་གཞན་གང་ཉུང་ནས་བསྐོ་བཞག་བྱེད་སྲོལ་ཡོད། དེང་སྐབས་དམངས་ཀྱི་འཚོ་བ་ཡར་ཐོན་བྱུང་ཡོད་པས་ལས་སྣ་དེ་དག་ལ་འཚང་ཁ་བྱེད་ཀྱིན་འདུག བྱེ་བྲག་གི་སྒྲུབ་སྡེ་སོ་སོ་ན་དུས་ཆེན་སྒྲུབ་མཆོད་དང་། སྐུ་རིམ་བསྐང་སྒྲུབ། ཆོས་བཅུ་དགུ་ཟློག་སོགས་བསྟན་པ་དང་འགྲོ་བའི་དོན་དུ་ཚོགས་ཆེ་ཆུང་སྣ་ཚོགས་ཡོད་པའི་འཚོ་བ་དང་འགྲོ་སྒོ་བོན་པོ་སྒེར་ཕྱོགས་ནས་རང་ཐོ་ཁུག་མ་བྱེད་པ་གཙོ་ཆེ་བ། ལར་ཆོས་ཀྱི་སྦྱིན་བདག་རེ་བྱུང་ན་དེ་བསྟུན་གྱི་འཚོ་བའི་ཕྱོགས་ལ་མཐུན་རྐྱེན་བསྐྲུན་པ་སོགས་བོན་གཤེན་གྱི་རིག་གནས་འདི་དུས་ད་ལྟའང་མི་རྣམས་ཀྱི་འཚོ་བའི་ནང་སྤྱོད་སྒོ་ཆེ་ལ་ཕུན་སུམ་ཚོགས་པ་ཞིག་ཡིན།

བཞི། དཔོན་གྱི་ཆོས་ལུགས་ཚོ་གའི་སྐོར།

རིབ་གོང་ཡུལ་དུ་བོན་གཤེན་གྱི་ཚོ་གའི་སྐོར་ལ་བོན་གཤེན་སྤྱིའི་ཚོ་ག་དང་། བྱེ་བྲག་གི་སྒྲུབ་སྡེའི་ཚོ་ག གཞན་རང་སྟེང་གི་བསྙེན་སྒྲུབ་སོགས་དབྱེ་སྟངས་ཡོད། ཚོ་ག་ཕྱག་ལེན་གྱི་བཅའ་ཐབས་དང་འདོན་དབྱངས་རྟ་ནི་ཁ་ཞུ་དང་ལག་བྲུ་ཞེས་པའི་དཔེ་ཏུ་སྣང་ཞེས་བཤད་ཚུལ་འདུག་ཀྱང་། གཙོ་བོ་གཙང་གི་སྣན་རི་དགོན་དང་ཏ་ལག་གཡུང་དྲུང་གླིང་དང་མཁར་སྣ་གསུམ་གྱིས་གཙོས་པའི་གྲྭ་ས་རྣམས་ཀྱི་ཕྱག་སྲོལ་བཞིན་བྲུ་ལུགས་སུ་བསྟུན་ཆེ་བར་ཡང་གསུང་གང་ལྟར་འདི་ལ་ཞིབ་ཏུ་དཔྱད་དགོས་པར་འདུག

བོན་མང་སྤྱི་ལ་དུས་བཞིའི་སྒྲུབ་ཆེན་བཞི་ཡོད་དེ། ཡི་དམ་དབང་ཆེན་འབུམ་པའི་སྒྲུབ་ཆེན་དང་། ལུགས་ཉིད་གི་ཟླ་དང་པོའི་ཚེས་ལྔ་ནས་བརྒྱད་བར། མཁའ་འགྲོ་གསང་གཅོད་ཡིད་བཞིན་ནོར་བུའི་སྒྲུབ་

མཆོད་དང་། ལུགས་རྙིང་གི་ཟླ་བཞི་པའི་ཚེས་གཅིག་ནས་ལྔ་བར། ཡི་དམ་ཀུན་འདུས་དང་ཞི་ཁྲོའི་སྒྲུབ་མཆོད། སོ་སོ་ལུགས་རྙིང་གི་ཟླ་བཞི་པའི་ཚེས་བཅུ་ཉིན་ནས་བཅུ་གཅིག ཚེས་བཅུ་གཉིས་ནས་བཅུ་བཞི་བར་ཡིན། ཡི་དམ་དཔལ་གསང་རྣམ་པའི་སྒྲུབ་ཆེན་ཏེ་བཞི་ཡོད། ལུགས་རྙིང་གི་ཟླ་བཅུ་པའི་ཚེས་བརྒྱད་ནས་བཅུ་བར་ཡིན། སྒྲུབ་ཆེན་ཚང་མ་རེབ་གོང་གི་བོན་སྡེ་ཁག་ནང་རེས་མོས་བྱས་ནས་མཉམ་གཅིག་ཏུ་གཏན་ཁེལ་གྱི་གསས་ཁང་དེ་ལ་འཛོམས་ནས་ཚོ་ག་སྒྲིལ་བ་ཡིན། ཁོང་རྣམ་པ་བཞུགས་དུས་ཀྱང་གདུང་གྲལ། ཕྱི་གྲལ། བར་གྲལ་བཅས་ཐོབ་མི་འདྲ་བ་ལྟར་སོ་སོ་ཡོད།

བྱེ་བྲག་གི་སྒྲུབ་སྡེ་སོ་སོ་ན་དུས་ཆེན་སྒྲུབ་མཆོད་དང་། སྐུ་རིམ་བསྐང་སྒྲུབ། ཚེས་བཅུ་དགུ་ཟློག་སོགས་བསྟན་པ་དང་འགྲོ་བའི་དོན་དུ་ཚོགས་ཆེ་ཆུང་སྣ་ཚོགས་ཡོད་པ། བཞི་པའི་སྒྲུབ་ཆེན། དགུན་སྲུང་། སེར་སྒྲུབ། རྒྱ་ལོ་སྐུ་རིམ། ནག་མོ་ཚོགས་བསྐོར། གསུམ་པའི་གཟི་མ། སྟག་ལྷ་ཁྲི་འདོན། ཕྱི་ཁྲིད་ཚོགས་བསྐོར་སོགས་སྣེར་ཕྱོགས་ཀྱི་ཚོ་ག་མང་དུ་སྒྲིལ་གྱིན་ཡོད། དེ་དག་ཚང་མ་རང་ཕྱོགས་གི་གསས་ཁང་ནང་དུ་སྒྲིལ་བ་ཡིན།

བོན་པོ་སྣེར་ནས་གཞན་ཁང་དུ་མཆམས་ལ་བཞུགས་ནས་སྒྲུབ་པ་བྱེད་པ། རྒྱུན་ལྡན་དུ་ཕོ་མོའི་གཟའ་སྐར་གྱི་སྦྱོར་བ་ལ་བརྟག་ནས་དེ་གཉིས་ཀྱི་འཇིག་རྟེན་མཐུན་འཇུག་གི་བྱ་བའི་ཚོ་ག་སྒྲིལ་བ། བྱིས་པ་བཙས་པའི་ཉིན་ལ་རྩིས་བྱས་ཏེ་མིང་འདོགས་པ། མི་ལ་ན་ཚ་འདྲ་བྱུང་ན་གཏོ་འཕེན་གྱིས་བཟློག་པའི་ཐབས་བྱེད་པ། མིའི་འགྲོ་དོན་ཕྱིར་དུ་མོ་འདེབས་པ། ཁང་རྙིང་ལ་བཙོ་སྐོལ་ཞེས་མི་གཙང་བ་དག་བྱེད་པའི་ཐབས་སུ་འཇུག་པ་སོགས་མང་པོ་ཡོད།

སྒྲུབ་མཆོད་གང་ཡིན་རུང་བོན་པོ་ཚང་མས་ཏ་ཅང་དོ་སྣང་བྱེད་པ་ཡིན། ཉིན་དེ་དག་རིང་གི་འཚོ་བའི་རྒྱབ་རྟེན་རང་མོས་ཀྱིས་ཁས་ལེན་བྱས་པའི་དགེ་བསྐོས་དང་། ཁྲི་བ། དབུ་མཛད་སོགས་ཀྱིས་སྦྱིན་བདག་མཛད་ནས། གཙོ་བོ་གོ་རེ་དང་། རྩམ་པ། མར། སྐོར་མོ་སོགས་ཀྱི་ཚོས་སྦྱིན་བྱེད་པ་ཡིན། ད་རུང་ཉིན་དེ་དག་རིང་ལ་ཟས་གཡོ་བསྐོལ་བྱེད་སའི་ཇ་ཁང་ཡང་ཡོད། སྒྲུབ་མཆོད་རེ་རེ་ལ་བར་མ་ཆད་པར་ཞུགས་ཐུབ་པ་ཡིན་ན་བོན་པོ་རང་ཉིད་ཀྱི་བསྙེན་སྒྲུབ་ཀྱི་རིམ་པ་གཅིག་ལེགས་པར་གྲུབ་པ་ཡིན་པར་ངོས་འཛིན་བྱེད་པ་ཡིན། དེ་ལྟར་གནའ་དེང་གི་བོན་གཤེན་གང་ཡིན་ཀྱང་རང་གི་ཁྲིད་ཚོས་དང་མཐུན་པར་བོན་བསྟན་དར་སྤེལ་ཐད་སྲིག་འཛུགས་ཞིག་ཆགས་ཡོད།

མདོར་ན། གཉའ་ཁྲི་བཙན་པོ་ནས་བཟུང་བོན་གཤེན་གྱི་རིག་གནས་ཏེ་སྲིད་ཀྱི་ཁྱབ་ཁོངས་ནང་བཀོལ་སྤྱོད་བྱས་ཡོད་པ་དང་། བཙན་པོ་མང་པོའི་གཙོ་གས་ཀྱི་ཆེ་བ་གནང་བའི་སྲོལ་ལ་བརྟེན་ནས

ཁོང་ཚོའི་ཆ་ལུགས་དང་། ཚ་ག་ཁྲབ་ཁོངས་སོགས་མང་པོ་ནང་ཐུན་མིན་གྱི་རིག་གནས་ཞིག་ཆགས་ཡོད། གཞན་བོད་ཀྱི་སྤྱི་ཚོགས་ནང་སྐབས་དེ་དུས་ནས་བཟུང་བསམ་བློ་ཐད་བཀག་རྒྱ་མེད་པར་རིག་གནས་དོན་གཉེར་གྱི་ཁོར་ཡུག་ལེགས་པོ་ཞིག་གྲུབ་ཡོད་ལ། རྒྱལ་ལྗོངས་དེ་འདྲའི་འོག་བོན་བསྟན་རིག་གནས་དེ་མཐོ་བ་སྲིད་དང་དམའ་བ་འབབས་ཀྱི་འཚོ་བའི་ཐུར་སོ་སོར་ཁྲབ་ཐུབ་པ་བྱུང་ནས་བོན་གཤེན་གྱི་རིག་གནས་འདིའི་ཡོན་ཏན་ལྷག་ཏུ་ཆེར་བསྐྱེད་པ་དང་། མིའི་འཚོ་བའི་ནང་སིམ་ནས་ཁྲི་སྲོང་ལྡེ་བཙན་གྱི་དུས་དེར་སྲིད་ཕྱོགས་ཀྱི་རྒྱལ་སྐྱོར་ཤོར་བ་དང་བསྟུན་རྗེས་སོར་འབབས་ཀྱི་འཚོ་བའི་སྟོབས་དང་མཐུན་སྦྱོར་གྱིས་དམངས་ཁྲོད་ཏུ་དཔོན་ཞེས་ད་ལྟའི་མཐོང་ཐེན་དུ་གྱུར་པའི་བོན་བསྟན་དོན་གཉེར་གྱི་རིག་གནས་ཚོགས་པ་དེ་སྒྲིག་འཛུགས་བྱེད་ཐུབ་པ་བྱུང་། བརྒྱུད་རིམ་དེའི་ནང་དུ་བོན་གཤེན་གྱི་རིག་གནས་ཏེ་སྤྱི་ཚོགས་ཀྱི་རྒྱལ་ལྗོངས་མི་འདྲ་བའི་འོག་ཐོབ་ཐང་དང་ཆ་ལུགས་གང་གི་ངོས་ཐད་ནས་རྣམ་པ་ཇི་བཞིན་དུ་སོར་བཞག་བྱེད་མེད་ཀྱང་། གནའ་བོའི་དུས་ནས་རང་ས་ནས་རང་གིས་དོན་གཉེར་བྱས་འོང་པའི་ཐུན་མིན་གྱི་རིག་གནས་ཞིག་དང་བོད་མི་རིགས་ཀྱི་རིག་གནས་སྤྱིའི་གྲུབ་ཆ་ཞིག་ཡིན་པ་པོ་རྒྱུས་ནང་བདེན་ཚུགས་ཡོད་པ་ལགས་སོ།།

(སྙོམ་པ་རྒྱལ། ཕ་ཡུལ། རེབ་གོང་། ཀྲུང་དབྱང་མི་རིགས་སློབ་གྲྭ་ཆེན་མོའི་བོད་རིག་པའི་ཞིབ་འཇུག་གླིང་གི་2013ལོའི་ཤེས་རམས་པ།)
(མཇུབ་སྟོན་དགེ་རྒན། ཚེ་རིང་ཐར།)

试论藏传佛教寺院教育对现代教育的启发

巴灯郎加

引言

在谈论藏族的教育问题时，藏传佛教寺院教育是我们必须提及的一个内容。因为在藏族的教育史上寺院教育是很重要的，在藏族的传统教育中寺院教育的贡献更是不可小觑。在当代社会中有一种普遍的观点，认为寺院教育和现代意义上的教育是对立的。从时间上来看，一个代表着传统教育，而另一个代表的则是现代教育。而当我们真正走进藏传佛教寺院教育，认识到寺院教育的特点后，便会发现，寺院教育实际上有很多方面是值得现代教育借鉴的。寺院教育中以佛教教义为基础的智慧和道德的教育理念对于现代教育以人为本的教育思想意义重大。藏传佛教寺院教育重师传、重实践，在学习方法上讲求专精、背诵、论辩等特点都对现代教育有一定的启发。寺院教育是否压制了藏族的学校教育、限制了藏族人口的发展等观点，还需要进一步研究和探讨。

一、从教育的不同类别看现代教育和寺院教育

从现代教育的视角出发，我们可以清楚地发现，教育应该包括现代社会的全部教育活动，如学校教育、家庭教育、社会教育等。在西方现代社会中，学校教育、社会教育、家庭教育和宗教教育相辅相成，构成了完善的现代西方教育。狭义的现代教育专指学校教育，但我们知道，学校教育仍离不开社会、家庭和宗教教育的影响。一般宗教都有教主崇拜，要求信徒无条件信奉和服从，不能有丝毫怀疑或不敬，并且教主和信徒之间永远不能平等，教主始终高高在上，掌握着宗教的所属权，行使着拯救的事业，但是佛教强调人人通过学习修行，都必将成佛，所有众生都是平等的未来佛。一般宗教都有经典崇拜，而佛教教人理智与自觉，要对经典

加以辨难释疑。弥勒在《大乘庄严经论》中说："具有理性，善于思考分辨的人，不会受邪魔侵害。"以智慧与道德为目的的教育理念是佛教教育无比殊胜之所在，藏传佛教寺院教育也同样继承这一教育理念。佛教是最重视智慧和方法的，佛教认为智慧与否与个人的德行有关。一个人即使知识渊博，但如果贪嗔痴慢一大堆，其内心每天处在无穷的烦恼中，这个人就不是智慧。而佛教智慧强调万事因缘而生，因缘而灭，本性自空，万法无常，做到不攀缘、不造作、不执着，从而获得真正的安详与自在。这样一个智慧的实现，必须从慈悲与爱中产生，因为一个人只有在爱他人、爱众生、爱自然的心灵滋养下，不断排除自私之心，才可以变得大智起来。从佛教的教育理念和教育目的可以看到，在佛教中，教育的意义远远超出现代学校教育的范围，佛教所倡导的教育不仅在于传授知识，还在于对人性的关注。这就是以佛教教义为基础的寺院教育的珍贵之处。

二、藏传佛教寺院教育的特点及其对现代教育的启发

藏传佛教寺院教育以智慧和道德的培养为目的，重视师传、注重专精、注重记忆以及论辩能力的培养等独特的教学方法，自由的求学原则等，都是现代教育值得借鉴的。

（一）藏传佛教寺院教育的师传对于现代教育的意义

"上师"在藏传佛教中具有特别的意义，是佛、法、僧三宝的总体现。藏族典籍中记载："没有上师，读再多的经论也成不了佛。"从这里我们可以看到，藏传佛教的教育是一个重师传的教育形式。重师传和尊敬师长成为藏传佛教教育中一个特别的传统。在藏传佛教中，对于上师的选择是很独特的，强调在选择上师时要经过长时间的观察，对师长的智慧、德行以及教育方式有了一定的了解之后方可进行选择。在确定了上师后，就被纳入所选择老师的传承之中，要对老师树起绝对的信心。学生依照自己的意愿选择老师是很合适的，一方面学生掌握了学习的主动权，能够根据自己的喜好学习；另一方面老师也能够充分照顾到学生的特长与个性发展，因材施教。现代学校教育中，老师被固定到某个班并只按课程表讲课，每个班级学生太多，根本无法照顾到每个学生的兴趣与特长。学生也很少能从心底提升对老师的感情，师生关系淡漠，师生之间缺乏沟通与交流。相对于现代教育的这一缺陷，藏传佛教寺院

教育中师传这一特点如何更好地因材施教、如何建立融洽的师生关系等都能够有所启发。

（二）藏传佛教寺院教育是重实践的教育

对于教育来说，理论与实践的结合是极其重要的。藏传佛教寺院教育从一开始就将实践作为教育的重要环节。在闻、思、修的学习过程中，最后都要落实到“修”上。佛教中说：“只有行为而没有了解，是盲目的；只有了解而没有实践，是浅薄的。当二者合一，便有自我控制。”可见在藏传佛教寺院教育中实践更是关键的一环。

藏传佛教学习中的实践主要强调对于经典理论的思考以及对于经论的反复思量，即在经教理论的基础上，加以思考实践，从而获得真实的利益，这是教学的一般次序。另外，藏传佛教寺院教育又是生活的教育，对于僧侣来说寺院是学校，也是出家人的“家”，僧人的衣、食、住、行全都需要自理，这使学僧从一开始便将理论学习与生活结合起来，成为大众信徒的行为表率。就现代教育的学校教育来说，受教育者所习得的知识很少能够与实践结合，甚至有一部分知识难以在生活中得到运用。还有一种情况，很多人的学历越高，实际生活的能力却越低下。学校教育过于注重书本知识的传授，却不能给教育的获得者提供应有的利益。藏传佛教寺院教育的经验就告诉我们要把理论与实践相结合，教育才能够达到它真正的目的。

（三）藏传佛教寺院教育注重对背诵能力的训练

藏传佛教特别注重记诵能力训练，在藏传佛教寺院教育中，背诵经典是学生最根本的学习方法，同时也是考试的主要方法。记诵训练的方法契合教育的规律，让处在记忆力最好阶段的学生将大量的书本知识背下来，从而可以终生受用；记诵又可以使心定下来，专心致志地学习。从现实中发现，藏族僧人问学时，普遍有一个特点是问得十分细致，记忆和讲述也特别牢靠准确，这是受益于记诵训练的结果。宗喀巴大师从小养成每天从清晨起床到日出背熟17页经文（约一万字）的习惯。有一次他给一万多僧人讲经，连注释都一字不漏，靠背诵讲解了三个多月。20世纪40年代，拉卜楞寺奴古仁波切能背诵经文六十四函（约一千九百万字）。这是在普遍重视记诵训练的教育背景下的例子。记诵训练的意义在于，使个人记忆能力敏锐，在终生的学问事业中受用无穷。而现在记诵训练被严重忽略乃至废弃，以至于研究生、博士生毕业，对本专业领域的文本典籍仍十分陌生，还需要去图书馆查资料写论文。有教授说：古代文人哪怕是到了八十岁,写文章时资料典籍仍熟记在心,如果说要去图书馆查资料,那是要被人笑话的。两相比较,更可以看出记忆训练的意义。

（四）藏传佛教寺院教育注重辩论能力的训练

在藏传佛教寺院教育中，辩论作为学习和考试的主要方式。这种方式对所有人一视同仁，不分出身地位和经济条件的高低优劣。《中国藏族寺院教育》一书转引一位高僧的回忆文说:“二十四岁时,我在聚集了许多寺院学者和数千僧侣中分早、中、晚三次的集会上进行了考试。早上,有三十名学有成就的学者就《量学》方面进行责难辩论；中午,有十五名学者就《中观》和《现观庄严论》等方面进行责难辩论；晚间,有三十五名学者就《毗奈耶律经》《对法》等方面进行责难辩论。来自很多寺院的身着红黄两色盛装的学者数百人参加了考试,同时还有数千僧侣到场聆听。”从中可以看到辩论考试的严格与庄重。辩论既是学生升级考试的主要手段,也是平常学习的主要方法。在学习过程中,对每一个法相概念和理论命题以及结论和论证过程,都要一一思辨推论,对每一个问题的了解都要达到精细入微的地步。通过对每个问题正反两面的反复论证,使所有的命题和观点都建立在充分论证、合乎逻辑的基础之上,消除偶然性、不确定性、歧义以及隐含的矛盾。辩论有利于深入掌握理论原理,对培养逻辑思维能力、提高认识和思维能力的精细度和敏捷度,具有特别的意义和作用。从实际生活中也能看到,这种在独立思考、自由辩论的环境中培养出来的人,一般都有考虑问题精细周到、善于分析、在演讲及著述中有很强的逻辑性等特点。

结语

从藏传佛教寺院教育的以上特点中，我们可以看到这一传统教育的意义并不仅仅局限于寺院或者说是宗教的教育范畴。其以上特征向我们完美地解释了寺院教育的现代意义，即藏传佛教寺院教育以其佛教为基础的教育理念以及特殊的教育方法是值得现代教育借鉴的。一些对寺院教育的偏颇之见也是值得我们重新讨论的。有些人说寺院教育没有竞争性，最简单的解释就是寺院教育是针对宗教人士的，对于现代的学校教育来说，寺院教育的范围就显得比较狭窄。但是，事实上，在寺院的学习是很艰苦的,僧侣们一般都会花十几年甚至二十几年的时间来研习佛法。这种勤奋的学习精神在现代学校中是很少见的。尤其是藏传佛教寺院教育是佛教的教育,各教派的教材及教学内容也是经过精心地选择和实践检验的,只有如此修学,才可以取得成就。寺院教育是十分自由和平等的教育,那些优秀的、富有天赋的学生求上进无止境,可以穷一生之力去学习和钻研经典,但有很多人是可以从中自由转出的,根据个人的能力与爱好,去做修行士、医生以及其他职业。有些天赋较差的学生,仍可以轻松地从事出家修行的生活。我们也可以说,了解藏传佛教的寺院教育,可以让我们看到现代学校教育的缺陷，并从寺院教育中汲取好的经验。藏传佛教寺院教育在历史上培养了无数的高僧大德,保留了丰富的文化,积累了殊胜的教育理念和教学方法,形成了完整的教育体系,留下了很多可资借鉴的经验。对于寺院教育我们应该有一个客观、公正的认识。

（作者：巴灯郎加，藏族，中央民族大学藏学研究院2013级硕士研究生，藏族宗教文化方向）
（指导教师：徐丽华）

浅析清末民初藏乱原因

白希兰

引言

清朝末年，武昌起义的消息由《泰晤士报》传至拉萨后，一时间人心浮动。此时受命赴西藏稳定局势的川军急切希望回川，但缺乏路费。川军中“哥老会”势力充分利用这一大好时机，煽动并带领其余川军发动骚乱，抢劫官府银两，银两到手后又大喊“革命”。他们在西藏烧杀抢劫无恶不作，驻藏军人职责丧失殆尽，引起西藏僧俗的强烈不满，双方展开激战，时间几达一年之久，使得人民生活在水深火热之中，正常的生产生活秩序被严重破坏，严重阻碍了整个西藏经济的发展，中央政府与西藏地方政府之间的关系也趋于不正常化，本文依据一些文献资料就当时具体情况分析藏乱发生的主客观原因。

一、客观原因

清朝末年，风雨飘摇之中的清王朝已无力抵抗帝国主义列强的侵略；国内民族危机的加深迫使一些仁人志士寻求救国救民的道路，爱国人士孙中山挑起了救国救民的重担，并找到了一条通向光明的救国之路——辛亥革命。孙中山领导的辛亥革命是中国近代史上具有划时代意义的历史事件，它推翻了统治中国近三百年的清王朝，结束了中国延续两千多年的封建帝制，建立了中华民国。

二、主观原因

宣统三年（1911年）五月湖南、湖北与四川地区相继爆发反帝爱国的“保路运动”，拉开了辛亥革命的序幕。此时，向来为西藏调拨军饷的四川官府，由于铁路风潮已经持续了几个月，全省拒纳粮税，相关负责机构也被捣毁，饷源枯竭，驻藏川军已数月未得到粮饷。加上革命之风四起，士兵人心惶惶，回川心切，但苦于无盘缠回家，“其实亦穷苦无聊，非乱不能生财”[①]，“哥老会”利用这一大好时机，策动士兵起来动乱。

三、罪魁祸首“哥老会”

民国初年西藏动乱的发生有外因也有内因，辛亥革命是外因，内因包括驻藏官员间的勾心斗角、权力角逐，也有驻藏官员的举措失当，当然川军中的“袍哥”也难辞其咎。

袍哥，系四川方言，即指清代著名江湖帮会“哥老会”。江湖秘密社会的勃兴与蔓延是清代的一大社会现象，其传布区域之广、在下层社会号召力之强、人数之众都是史无前例的。清朝年间，中国人口剧增，生产水平和物质资料的增长无法满足人口的剧增，加之生产关系没有发生任何改变，地主阶级依旧维持其对土地的兼并和劳动成果的剥削，使得社会游民数量随着人口的增长而增长，而社会游民数量的膨胀就为江湖秘密社会的发展提供了温床。江湖秘密社会的本质是“由于早已失去生产资料，游民群体的求生手段，必然是寄生性和非法性的，从而也决定其组织的反现存秩序性和反政府性。”[②]具体到四川袍哥，“由于大量的不同成分的人员加入，理论上的平等、共济，往往是家长制、等级制，各个码头内部等级森严，甚至形同主仆，各个码头之间明争暗斗，甚至火拼。加上没有明确的政治目标，其行动方向往往因人因时因事而异，具有较大的盲目性，易为不同的政治势力所利用。”[③]辛亥革命中，内地的一些“哥老会”为革命党人所利用，对推翻清王朝的统治起到了积极的作用，而在入藏川军中的“哥老会”势力明显对西藏乃至整个中国社会的向前发展起到了严重的阻碍作用。

入藏川军是“钟颖临时从四川的无业游民、地痞流氓，大部分是“哥老会”（当地称作袍哥）的成员中，招募两千人”[④]，“由于他们未受过军事教育，放荡不羁，在外奸淫掳掠，无所不为，藏人莫不切痛恨”。[⑤]在军队内部，“哥老会”几乎控制了整个军队，在进

---

① 吴丰培辑：民元藏事电稿藏乱始末见闻记四种．拉萨：西藏人民出版社，1983.121.

② 史革新：中国社会通史晚清卷．太原：山西教育出版社，1996.211.

③ 袁庭栋：巴蜀文化志．四川出版集团，巴蜀书社，2009.187.

④ 牙含章编著：班禅额尔德尼传．拉萨：西藏人民出版社，1987.216.

⑤ 吴丰培辑：民元藏事电稿藏乱始末见闻记四种．拉萨：西藏人民出版社，1983.163.

驻波密的川军中“已占全军百分之九十五”[1]。武昌起义的消息传到波密以后，波密军队中的“哥老会”成员便骚动起来了，非“哥老会”成员继而或遭到杀戮，或被迫加入“哥老会”，“袍哥之命令，甚于朝廷，动则杀戮，谁敢不遵”[2]。起初，动乱川军只是单纯地想从驻藏各机构中劫资回川，得到西藏商会给予的饷银后，又树起革命旗帜，焚烧抢劫，俨同寇盗。最后竟然妄图劫掠格鲁派三大寺之一的色拉寺，致使事态进一步扩大，引起西藏僧俗人民的强烈不满，以至于事态由起初的川军内部动乱，演变为川军与西藏僧俗人民之间的冲突。

四、驻藏大臣联豫排除异己，举措失当

引起清末民初藏乱的原因，被“哥老会”所控制的驻藏川军难辞其咎，与驻藏大臣联豫排除异己、举措失当也脱不了干系。联豫，字建侯，满洲正黄旗人，是清朝最后一任驻藏大臣，曾随薛福成出使欧洲，光绪年间任雅州府知府。光绪三十一年（1905年）三月，钦命授予副都统衔，派为驻藏帮办大臣，于同年十一月由成都起程，翌年（1906年）七月下旬抵藏，后兼任帮办大臣。不久，钦差大臣张荫棠入藏查办，他娴于外交，处藏事得宜，联豫恐其夺位，挑动晚清政府，竟排挤张荫棠离开西藏。可是不料又来了川军协统钟颖，他年轻气盛，因为都是血气方刚的年轻人，跟士兵关系甚好，颇受士兵的欢迎。军权在握并颇得军心的钟颖，对于欲在西藏大展宏图、独揽大权的联豫来说构成了很大的威胁，于是他想尽一切办法削弱其势力。罗长裿的出现让联豫看到了希望，他将罗长裿作为自己削弱钟颖势力的一颗棋子，寻找一切时机对钟颖进行排挤。联豫“奏请设兵备处，以罗为总办，分钟颖兵权，又札张鸿升、陈渠珍两营，不归统领节制。”[3]在进驻波密时，联豫不顾战事的激烈，找到了冠冕堂皇的理由让罗长裿代替出师不利的钟颖统领全师，因钟颖与士兵关系甚好，战事期间替换军官削减了士气，犯了兵家之大忌，为以后的驻藏川军在西藏的叛乱埋下了祸根。

光绪三十四年（1908年）八月，十三世达赖喇嘛由北京返回西藏，联豫率属吏前往迎接，“达赖不理，目若不见，联豫愤甚，即言达赖私运俄国军械，亲赴布达拉宫搜查未获，复派人往那曲检验达赖的行李，搜检殆遍，也未获一支枪械，而达赖行李中的东西丢失的颇

① 陈渠珍著，任乃强校注：艽野尘梦．拉萨：西藏人民出版社，1999.74.

② 吴丰培辑：民元藏事电稿藏乱始末见闻记四种．拉萨：西藏人民出版社，1983.121.

③ 吴丰培辑：民元藏事电稿藏乱始末见闻记四种．拉萨：西藏人民出版社，1983.143.

多”，[①]达赖喇嘛下令停止对驻藏大臣的一切供应，使双方的关系急剧下降。后来十三世达赖喇嘛出走，联豫弹劾他的奏折到了北京，清政府下令革除其名号，两人结怨更深。

联豫作为晚清政府在西藏的最高行政长官，其所作所为不仅代表自己，更重要的是代表中央政府，他每一个小小的举措都可能产生意想不到的结果，但联豫为满足一己私利，不顾国家的利益，造成了不堪设想的后果。拉萨发生第二次动乱时，联豫为躲避灾难，将一切事宜交给钟颖处理，自己则躲在哲蚌寺藏起来，后来又辗转去了印度“到印度后，联见钟代理数月，未出事变，以为长安”，贪图权力的联豫便回署办事。钟颖不得已将关防移交，从此不问军事，联豫“号令不行，倚任袍哥保位保身之计”，于是局势变得更加严重，联豫束手无策，“其才不足以济变，其德不足以服人，当此时也，为藏事计，为联自计，或举以自代，或予以特权，使其外结蕃心，内固军志，时变虽丞，补救匪难，乃自回任后，对钟颖疑之嫉之，对于军队畏之恨之，钟颖岂肯再为用命，军队盖复与之离心，统将无人，各树党羽”[②]，致使战事一发不可收拾。

联豫的一系列不当举措使得西藏的局势变得更加严峻，“果使达赖不出走，蕃情尚可以维系，钟颖不撤兵权，兵变未必即发生，波密不剿，寺院不攻，边衅无自而开，联豫不复回任，达赖即可回藏，天时人事相适而成。”[③]历史没有如果，从中不难看到作为驻藏官员在这次动乱中的不当行为和失职。

五、左参赞罗长裿谄媚联豫、任人唯亲

除上之外，驻藏左参赞罗长裿谄媚联豫、任人唯亲也是民国初期藏乱主因之一。罗长裿，湖南湘乡人，“弱冠入词林，中年入江南”[④]，能书善文，喜欢谈论兵事，满腹经纶，办事果敢，遂获军机处三品官衔。入藏前曾创“陶龛学校”，开办并主持江苏仕学馆、江苏法政学堂，总办江南陆师学堂等，“尤潜心性理哲学，旁及外交、政治诸学，著书最富。生平服膺王船山史论，终日手不释卷。力办各陆军学校均以此编授诸学生，有受其熏陶者读其

① 恰白·次旦平措：西藏通史．拉萨：西藏藏文古籍出版社，1996.132.

② 吴丰培辑：民元藏事电稿藏乱始末见闻记四种．拉萨：西藏人民出版社，1983.146.

③ 吴丰培辑：民元藏事电稿藏乱始末见闻记四种．拉萨：西藏人民出版社，1983.147.

④ 陈渠珍著，任乃强校注：艽野尘梦．拉萨：西藏人民出版社，1999.65.

指斥满廷诸篇。”[①]因此颇为官场所忌，居恒郁郁不得志，后调往四川，在川滇总督赵尔丰幕府办文案。正当其郁郁不得志时，遇见了拟入藏充军的钟颖，在他的帮助下，罗长裿得以离开四川来到西藏以实现自己的雄才大略，并妄图从此平步青云，飞黄腾达。但到达西藏后，罗长裿似乎遗忘了钟颖，利用联豫独揽大权嫉妒有为之人的欲望和心理，离间联豫和钟颖，百般谄媚于联豫，有一件事情表现得淋漓尽致：“罗之谄事联，自内而外，其丑态久为汉土官所不齿。其最可耻者，联有妾姓罗，伊即认为家门，出入皆不避。新丧送殡之日，官皆应至，罗令众摘缨以吊，众不应，罗自摘之，并令各军官等执香摆对送之。”[②]可见罗长裿谄媚联豫的程度。

功夫不负有心人，罗长裿精心奉承联豫终于有了回报，联豫在短短六个月内越级擢升其为驻藏左参赞，后在西藏设立兵备处，任罗长裿为总办，并在钟颖波密战役出师不利的情况下以罗长裿替代钟颖。罗长裿重振军纪，平定波密战役后沾沾自喜，因所带士兵均为钟颖部下，与之有着比较深厚的感情，不服命令，罗长裿没有试图改善与士兵的关系，而是重用心腹，不管其能力与否，并且大撤川人，换用湘人，引起军中士兵的强烈不满。

罗长裿在波密征战时，适逢秋天，秋天的波密已经寒气逼人，加上士兵已经数月没有分到饷银，军衣单薄，于是恳求营长将噶浪营官遗弃的数千匹毡子发给士兵以保暖，罗长裿吝惜不予，他的一系列行为引起了众兵的强烈不满，在听到武昌起义的消息后，士兵揭竿而起，发动兵谏并处死了罗长裿。

六、川军协统钟颖推波助澜，颇得军心

钟颖统领川军入藏时，正值年轻气盛，想有所作为，刚好赶上中央政府派兵进军西藏的大好时机，于是便利用裙带关系，被任命为川军协统，准备施展自己的才华。其所率士兵都是临时从四川招募的草寇，因为没有接受过正规的军事训练，纪律松弛，钟颖以前也没有带兵的经验，因此对这一切手足无措。但想有所作为的钟颖利用裙带关系得到这个率兵进藏的大好机会，若不率兵顺利进入西藏，自己的梦想便只会变成白日梦，为了搞好与军中士兵的关系顺利进藏，只好听之任之，任其为所欲为。川军在入藏途中对藏民肆意凌虐，钟颖在

① 陈渠珍著，任乃强校注：艽野尘梦．拉萨：西藏人民出版社，1999.65.

② 吴丰培辑：民元藏事电稿藏乱始末见闻记四种．拉萨：西藏人民出版社，1983.151.

《传知录》中也承认“乃查第一营自开拔后，途中用民间柴草，意有不给偿者，且强拉番民背运，甚至殴打”①。他的这种行为助长了军中“哥老会”的嚣张气焰，于是在动乱发生时肆无忌惮地烧杀抢劫，并且让这场恶战愈演愈烈。

纵观清末民初藏乱之因，我们需要从主客观两个方面去分析，当时正值辛亥革命之风四起，全国各地民众纷纷响应，人心思变，与西藏有着唇亡齿寒关系的四川的“保路运动”影响了整个社会系统的运转，西藏粮饷无法按时送到，几近崩溃的清王朝已再无能力去处理西藏事务；当时正值中国改朝换代的时刻，执政者自顾不暇，对于边疆的西藏更是鞭长莫及；官场中钩心斗角、权力角逐之息弥漫，腐朽糜烂的晚清政府已没有几个人能将国家的利益、民族的利益放在首位了。

除此之外，引起清末民初藏乱的还有川军中的“哥老会”势力兴风作浪，驻藏官员颟顸误国，虽然就当时时局而言，“山雨欲来风满楼”任何人已不可能改变大的环境，但是联豫、罗长裿、钟颖等人作为中央政府在西藏的行政长官，其所作所为将关系到西藏地方甚至整个中国西南的政局。为谋一己私利，他们在国家与个人之间选择了独揽大权、竭力保全自己的地位，不惜任何代价排除异己。驻藏大臣在动乱发生之初没有采取任何措施制止，当威胁到自己生命安全时，竟然躲起来，而看到局势相安无事时，贪恋权力地位的联豫又回到衙门专权。当动乱演变为川军与西藏僧俗人民之间的冲突时，他开始寻求对付西藏人民的办法，其行为可怜可悲。罗长裿极力谄媚于联豫，为的就是“英雄”能够有用武之地，而其种种行为引起了士兵的强烈不满，招来了杀身之祸，其被杀除了成为政治斗争的牺牲品以外，纯属咎由自取。而钟颖作为入藏川军协统，对于所领士兵的恶劣行为不仅不制止，反而推波助澜，助长其嚣张气焰，致使战事一发不可收拾。

（作者：白希兰，藏族，中央民族大学藏学研究院2014级硕士研究生，藏族历史方向）

（指导教师：曾国庆）

① 转引自牙含章编著：达赖喇嘛传．华文出版社，1984.242.

囊谦部落历史政权归属问题研究

多措

一、小邦部落时期的历史政权归属

（一）苏毗部落的存在方式

约在公元前四世纪，苏毗作为西藏高原早期诸部落中的一支，已登上了西藏历史的舞台。公元六世纪末，青藏高原形成了三大部落联盟鼎足而立的局面，即象雄部落联盟、雅砻部落联盟和苏毗部落联盟。

在探讨小邦部落时期苏毗部落抑或苏毗王国的政权归属问题时，首先必须明确苏毗部落当时的存在方式，包括它当时的地理位置，势力范围以及与周边地区或部落的政治、经济、文化交往等。但学术界当时苏毗的存在方式一直存在争议，目前也没有得出一个统一的结论。有些著作中认为早期的苏毗部落及后来雄踞于拉萨河流域的森波杰、赤邦苏以及在汉文史籍中出现的“苏毗女国”“东女国”是同一个政权或同一个部落的发展和扩大，如此说来它的势力范围几乎囊括了今西藏阿里日土县和噶尔、革吉县的北部地区，襄曲河（苏毗河）到拉萨河流域，后发展至川西北的嘉绒一带，今四川阿坝茂汶以西、甘孜州的巴塘、理塘以及整个昌都地区，范围十分广大，当然也包括了今玉树地区。

有些学者则认为不能把古代史中的苏毗、拉萨河流域的森波杰以及后来的女国、东女国混为一谈，它们有的或有渊源，有的则是相对独立的。因此，下面我将以藏文史籍和汉文史籍中对这些政权的描述为依据，对苏毗做一个简要的概述。

在人类历史发展的长河中，任何一个社会形态都要经过从氏族到部落，再到部落联盟，最后发展至具有一定规模的国家政权，曾经雄霸于青藏高原的吐蕃王朝也遵循着这样一个规律，从藏族六大姓氏部落到氏族部落处于割据状态时的“十二小邦”和“四十小邦”，再到其中势力较强的“雅砻部落”，逐渐统一整个青藏高原，建立起强大的吐蕃王朝为止，“苏毗部落”大体上可以说是一个独立的政权，下辖数个小邦国。《敦煌本吐蕃历史文书》记载：“遍布各地之小邦，各据一堡寨，任小邦之王与小邦家臣者其历史如下：岩波查松之地，王为古止森波杰，其家臣为‘噶尔’与‘年’二氏。苏毗之雅松之地，以末汁芒茹帝为王，其家臣为‘郎’与‘甘木’二氏。在此之前状况，当初分散局面即如此说，古昔各地小邦王子及家臣应世而出，众人之主宰，掌一大地面之首领，王者威猛相臣贤明，谋略深沉者相互剿灭，并入治下收为编氓，最终以鹘提悉补野之地势莫敌最为崇高。”[①]从中可知苏毗部落早在十二小邦时期就已存在，并且与后来雄踞于拉萨河流域的森波杰相对而立。此外，据苯教史料记载，苏毗曾是象雄王朝鼎盛时期在其统治下的一个小邦国，当时主要是象雄王朝的北部军事据点，即现在所说的外象雄的一部分。这一地区大致包括今西藏那曲地区和唐古拉山以北，青海玉树的囊谦县和杂多县一带，处于卫藏与多康的交界处。这大体上勾勒出了小邦部落时期苏毗部落的存在方式，即它自古以来就是一个与象雄、雅砻等部落相对而立且势力较大的独立的藏族部落。有时也因为部落兼并呈现出依附于某邦国的情况（如依附于象雄部落），但并不长久，这在与雅砻部落的交往中会略加说明，所以即使它的具体势力范围还有待研究，但它的重要性和独立性是可以肯定的。

（二）与雅砻部落的交往

既然苏毗自古以来就是一个独立的藏族部落，有时也因为部落兼并呈现出依附于某邦国的情况（如依附于象雄部落），可为何说这种依附现象并不持久呢？这在它与雅砻部落的交往中可以略加说明，自起源于雅砻河谷的鹘提悉补野聂赤赞普到松赞干布统一青藏高原之前的一千多年间的历史交往因资料匮乏无法详述，但仅从一些零零散散的记载中也可以管中窥豹一番。

如部分苯教史料称，聂赤赞普时期苯教得到很大发展，据传蔡弥穆杰改革苯教，根据赞普的命令降服了苏毗的苯教师阿央结瓦，可知当时新旧苯教之间发生了矛盾，同时也说明了当时苏毗部落与雅砻部落之间存在分歧。之后到第三十代赞普仲年德茹时，赞普驾临孙波

① 小邦邦伯与家臣．见《敦煌本吐蕃历史文书》．124.

（苏毗），和一位苯教法师的妻子名叫嘉姆恰江的同居一夜，生有一子取名孙日仁波，从中也可看出当时确实有一个独立于悉补野的部落苏毗。至达日年色时，《敦煌本吐蕃历史文书》记载到："青瓦达孜城堡，达布年塞王居焉；辗噶尔旧堡，有森波杰达甲吾王在；悉补尔瓦之宇那，有森波杰赤邦松王焉"。[①]后来赤邦松兼并达甲吾，有学者认为至此苏毗完成了对拉萨河流域及其邻近地区的统一，并且在他们的著作中以"苏毗森波杰、大女王达甲吾、小女王赤邦松"等来称呼，这一称呼的依据应该是汉文史籍中对"苏毗女国"的记载以及敦煌文献的译著，由此而把森波杰和苏毗混为一谈。可在藏文史料，尤其在敦煌文献原文中明确标明了古代森波杰和苏毗是两个相对独立的小邦国，并且森波杰是男是女尚不可知，何以断定为"女王森波杰"。所以到南日松赞统一森波杰时并不能算作对苏毗的统一，联系一些汉文史料可知，此时的苏毗与隋朝也有所往来，于隋开皇六年（586年）遣使隋朝，后失去联系。所以当时苏毗若真的收归于鹘提悉补野，又怎么会与隋朝通好。此外，史料中也没有记载说苏毗向雅砻部落缴纳赋税、承担差役。当然不可否认敦煌文献中"最终以鹘提悉补野之地势莫敌最为崇高"[②]等记载以及雅砻部落统一青藏高原的大趋势下，苏毗部落统治下的一些地区和小邦国当时也被收归于鹘提悉补野。所以在松赞干布收复苏毗时才会出现"编氓苏毗叛乱"的字样。

而此时汉文史籍中对苏毗的记载使得本就笼统的概念更加混淆，最早出现苏毗女国之说的是《隋书》和《北史》，之后在《新唐书·西域传》中对苏毗的记载大致与"孙波茹"相近，而在七世纪时的《新唐书·东女国》以及《册府元龟》中则记载了东女国的相关历史。这些先后出现的不同记载是否与苏毗在其历史发展过程中政治、军事和人口迁移等有某种直接联系尚不可知。

如《北史·附国传》载，附国"西有女国，其东北连山，绵亘数千里，接于党项"。按此，女国位于党项西南，且与之相连。显然其大概方位在藏北和青海玉树囊谦一带，横跨唐古拉山南北草原，由此可知当时的女国与上述苏毗部落不仅在地域上相近且同样是个独立的小邦国，故苏毗即苏毗女国具有一定的可信度。

《新唐书·西域传》所载苏毗："苏毗本西羌族，为吐蕃所并，号孙波，在诸部中最

---

① 赞普传记（三）. 见《敦煌本吐蕃历史文书》. 105.

②小邦邦伯与家臣 . 见《敦煌本吐蕃历史文书》. 125.

大，东与多弥（在金沙江中上游地区）接，西距鹘莽硖（今唐古拉山口），户三万。”大体上勾勒出了苏毗被划为茹的地域 ，即横跨唐古拉山南北的草原。

《册府元龟》卷958外臣部之国邑二说：“东女国，西羌之别种，以西海复有女国故称东焉，俗以女为王”，从而说明除了东女国以外，还存在另一个女国，这应该是《隋书》以及《新唐书·西域传》中所记载的苏毗女国。这样一来苏毗的真实面貌就比较清楚了，因为汉文史籍中记载的苏毗、女国、东女国都有“俗以女为王—西羌之别种”等一些相似的特点描述，而且地域相接壤，故显得模棱两可。不知女国是苏毗，还是女国是指东女国。其实它们都具有以女性为中心的特点在现在看来是不足为奇的，因近来的考古挖掘表明苏毗女国（青海玉树囊谦一带）属于卡若文化范畴，所以这些地区的某些文化现象和政治制度是共有的。

二、吐蕃王朝时期的历史政权归属

（一）苏毗女国到“孙波茹”的转变

早在第二十九代赞普达日年色时雅砻王朝就开始了对吐蕃诸小邦部落的兼并，到囊日松赞之时，悉补野氏的势力范围进一步扩大。《敦煌本吐蕃历史文书》载：“破宇那堡寨，灭顽敌魁渠森波杰，芒波杰孙波逃遁突厥矣”[①]。此外，有琼保邦色者，割藏蕃小王马尔门之首级及藏蕃两万户来献，其土地民户均入于赞普掌握之中，不久，达波王属民谋叛，赞普依参哥米钦所请，授以征讨达布，收达布全境。至此卫藏大部分地区都纳入了其管辖，统一了雅鲁藏布南北，活动中心也从江南迁到江北的墨竹工卡，疆域不断向东、西、北部等地区扩展，奠定了统一卫藏诸小邦及部落的基础，但是内外政权却尚未巩固。

《敦煌本吐蕃历史文书》载：“松赞干布赞普之时，父王所属民庶心怀怨望，母后所属民庶公开叛离，外戚如象雄、苏毗、聂尼达布、工布、娘布等均公开叛变。”[②]由此可知，南日松赞执政后期征服并纳入辖治之下的达布、娘布、工布等地区尚未建立比较稳固的统治，而那些远离悉补野的外戚如象雄和苏毗本来已经归附为赞普的庶民，实际上并没有心甘情愿做悉补野的庶民，可能是以盟誓的方式暂时从形式上维持了这种所属关系，但后来公开

① 赞普传记（四）. 见《敦煌本吐蕃历史文书》. 107.

② 赞普传记（六）. 见《敦煌本吐蕃历史文书》. 112.

反叛。松赞干布即是在这种严峻的形势下登上了赞普的宝座，并开始惩罚叛乱之徒，整饬法律，把叛变庶民逐渐重新纳入了自己的统辖之下。

松赞干布首先征服了吐蕃东北部的苏毗，如《敦煌本吐蕃历史文书》载：“娘·芒波杰尚囊对苏毗一切部落不用发兵征讨，有如种羊领群之方法，以舌剑唇枪服之，不损失户数，系归真正之编氓矣。”①其后又将北面的唐人和吐谷浑收归治下，以及征服了吐蕃西部的象雄国、东南部的羌人地区，扩大了吐蕃疆域，完成了统一大业。至此，苏毗部落即苏毗王国才真正意义上的收归吐蕃王朝治下，从建立统一的社会管理体制和律例就可以看出，赞普对苏毗地区具有实际上的管辖权。如松赞干布实现统一大业后，为了巩固统治，稳固边防，开始划分行政区域、制定基本法律，建立军事组织和体制。

松赞干布把吐蕃划分成以军事组织为主的五大行政区，即五茹：卫茹、约茹、叶茹、茹拉、孙波茹。其中孙波茹即苏毗地区，它的具体位置在《贤者喜宴》中有明确记载：“东至聂域崩那，南至弥底黑水，西至叶尔山下丁保齐，北至那秀斯长，中心是甲秀达巴林”②。苏毗茹下辖共十一个东岱即十一个千户，由此可知吐蕃王朝时期苏毗的大致情况。

此外赞普治下的属民分为“桂”和“庸”两种。其内部细分为小王、主、奴等五个等级，每一级各有职权范围，但必须向赞普缴纳赋税、贡献礼品、承担差役，故为属民。《贤者喜宴》说：“纳木巴财库王（ནམ་པ་ཉི་རྒྱལ།）（象雄）、尼泊尔铜王（བལ་པོ་ལི་རྒྱལ། ）、苏毗铁王（སུམ་པ་ལྕགས་རྒྱལ། ）（青海与中康）、门地娱乐王（མོན་རྫི་རྒྱལ། ）（门巴部落）等四方王，收集赋税上献。因此，他们亦隶属于属民之中。”③他们臣服于赞普，定期缴纳赋税，但与区内小王又有所不同，他们是远居吐蕃的小邦王。由此可以看出苏毗王国转变为孙波茹后除了需要履行定期纳税、补给军资需要等义务以外在部落内部的事情上具有一定的自主权。

（二）孙波茹解体及囊谦部落的形成

苏毗女国在编入孙波茹之后成为吐蕃武力扩张的重要基地，即所谓“吐蕃举国强援，军粮马匹，半出其中”。此外，在《敦煌本吐蕃历史文献》中记载：“及至龙年（692年），

① 赞普传记（六）. 见《敦煌本吐蕃历史文书》. 112.

② 巴俄·祖拉陈瓦：贤者喜宴. 北京：民族出版社，2005. 101.

③ 巴俄·祖拉陈瓦：贤者喜宴. 北京：民族出版社，2005. 102.

赞普驻于辗噶尔。多思麻之冬会于甲木细噶尔举行，收‘苏毗部’（孙波）之关卡税。此时川西北的苏毗王俄琰儿与唐通好。及至虎年（702年）多思麻之冬季会盟征孙波茹大料集。由此可知此时苏毗本部需向中央王庭吐蕃赞普缴纳贡税，又如及至猪年（759年）多思麻夏季会盟于伍列尔召集之。孙波茹大部（将领）授予告身。”①这些记载反映出苏毗在被松赞干布划归为孙波茹之后，已成为真正之编氓，因为吐蕃早期的王室尚没有完全控制各地诸侯，只是通过联盟形式加强这种联系，其所谓的君臣也只是形式而已，并没有真正确立君臣名分，其实质是一种向君臣关系发展的盟友关系。而在此处已明确记载了吐蕃中央王朝在孙波茹内按期征收赋税、徭役，而且说到孙波茹大部将被授予告身，更是反映出了孙波茹大部将接受吐蕃之委任，实际上也就承认了君臣所属关系。因为告身制度是吐蕃时期官职制度的重要内容，它的主要作用是区别官吏等级，史料记载吐蕃时期的千户长即茹本（རུ་དཔོན། ）被授予铁告身。从中我们可以看出自松赞干布之后吐蕃赞普对孙波茹的管理进一步加强，成为其真正意义上的宗主国。以上便是吐蕃王朝时期苏毗女国的大概面貌，其历史政权此时归强大的吐蕃王朝管辖，但并不排除它有管理内部事务的自主权。

至842年，吐蕃王朝土崩瓦解，王族后裔云丹和威宋为首的卫约两派内讧之战蔓延到吐蕃各地，加剧了前后藏的分裂，引发了869年的平民暴动，之后一百年左右，各地形成了分裂割据的局面，在前后藏地区出现了家族统治和农奴制领主庄园，部落制度基本瓦解。而在甘、青、川一带，藏族部落的组织形式依然存在，并且出现了各地小邦互不统属、独立分治的局面，同时部落间相互侵扰兼并，一些部落不断迁徙进入其他地区，原囊谦千户祖先即是在这种形势下从四川迁居囊谦地区，后发展壮大成为囊谦部落。

约12世纪中叶，朱氏家族的后代直哇阿路（ཏྲི་བོ་ཨ་ལུས། ）由今四川康定折多山一带带领部分属民迁入玉树南部，逐步扩大其势力成为第一代囊谦部落的酋长或土王，并与当时在囊谦地区最为盛行的拨绒噶举派名僧勒巴尕布（རས་པ་དཀར་པོ།）携手合作，经过多次磋商，最终归附南宋。南宋朝廷向其颁发了管理领地的文书及允准在囊谦境内修建佛教寺院，承认直哇阿路为囊谦部落的土官，负责管理行政事务，由勒巴尕布主持宗教事务，囊谦地区出现了政教合一的雏形，并与中央王朝确立了领属关系。名义上政权归属于南宋，但除了颁给文册以外，并无实际管理的记载。

① P. T. 1288 大事纪年，见《敦煌本吐蕃历史文书》. 第 91—99 页 .

三、政教合一制度时期的历史政权归属

（一）萨迦政权时期——吐蕃等路宣慰使司辖地

从公元12世纪末开始，蒙古成吉思汗征服了北方的许多地区，并攻取了西夏境土，安多和康区的一些寺院和高僧派人前去向自己附近的蒙古军奉献礼品，请求不要进攻藏族居住的各地区。随后卫藏各地方势力和教派也纷纷效仿，寻求各自的势力支持，所以有些文献中记载："公元1236年，蒙古阔端部将多达那波发兵藏区，当兵临扎曲河（澜沧江上游）岸时，囊谦王与根邦寺第二任座主鲁美多杰（ལུམ་མེད་རྡོ་རྗེ།）携礼往迎，表示归顺。遂让囊谦土王和鲁美多杰共同主持属地事物，前者主政，后者主寺，囊谦部落的政教合一制度初步形成。"①此时囊谦土王实际上已经归顺蒙古势力。

1264年，元朝设置总制院，后改称宣政院，掌握全国的佛教事宜和藏族地区的军政事务，八思巴以国师身份监管总制院。1265年，八思巴返藏途中经过玉树时，选任勒巴尕布的再传弟子日美多杰为囊谦根蚌寺住持，并在颁给囊谦土王的文册中对宋代皇帝颁赐给囊谦土王的辖地一一予以承认。后来加委乌斯藏十三万户时，加封囊谦王阿由路哇（ཨ་ཡུལ་བ།），承认囊谦所属六部落为囊谦的领地和属民。1300年，赐予囊谦土王之弟根蚌寺住持曲吉将才"勒参"职衔，此时囊谦部落的政权归萨迦政权管辖。

（二）帕竹政权时期（明）

帕木竹巴本来是萨迦政权管辖下的十三万户之一，后来推翻萨迦政权，开始了帕竹政权统治西藏的时期。此时囊谦土王便从帕木竹巴处请得封赐，与此相对应的是第四代囊谦王申根日巴(ཤིང་གེ་དཔལ།)，其弟根蚌寺住持吉乎·桑州尖措被明朝册封的大宝法王噶举派黑帽系五世活佛得银协巴封为"功德自在宣府国师"，有权管理根蚌寺之教务，同时有权管理部落事物，从此囊谦部落形成了典型的政教合一制度。

此后历代囊谦土王以及根蚌寺的住持都受到历代大宝法王的封赐，而且历任根蚌寺住持也大都由囊谦土王的兄弟担任。如：第八世囊谦王及其兄邱巴扎巴（ཆོས་དཔལ་གྲགས་པ།）迎请

---

①丹玛·江永慈诚堪布多杰、昂欠·堪布多杰：康木朵简史（下）. 兰州：甘肃民族出版社，1997. 39.

第七世大宝法王曲扎嘉措到根蚌寺讲经弘法，并且布施了大量财物，邱巴扎巴被大宝法王授予“功德自在宣府国师”的称号。此后的第十三世囊谦土王及其弟根蚌寺住持索南巴德又迎请第九世大宝法王旺秋多杰到根蚌寺讲法，十五世囊谦王及其弟尕玛拉德也都被授予当时的大宝法王的加封和“功德自在宣府国师”的称号。

尤其是到十五世囊谦王洛周加宝（བློ་གྲོས་རྒྱལ་པོ།）时，西藏又处于政权更迭的关键时期，五世达赖在哲蚌寺建立了甘丹颇章政权。此时囊谦部落正遭受四川白利土司势力的入侵，他们迫害佛教僧侣，焚毁了囊谦根蚌寺，囊谦王室不得不迁往别处。此时洛周加宝去世，尕玛拉德摄理王位，他向青海和硕特蒙古处求援，请求固始汗出兵平定白利土司。固始汗为削弱藏巴汗的势力，剿灭了康区的白利土司，由此进藏推翻了藏巴汗政权，开始了格鲁派执政时期，从此藏区实际上受制于蒙古固始汗，而囊谦土王也归顺和硕特蒙古管辖。

（三）甘丹颇章政权时期（清）

如上所述，因固始汗派兵剿灭了白利土司，囊谦部落从此归和硕特蒙古管辖，之后固始汗进藏和卫军联合推翻了藏巴汗，于1642年建立起甘丹颇章政权，历代囊谦土王便开始了进藏朝拜达赖喇嘛的传统，从十六世囊谦土王阿牛开始归属于格鲁派政权管辖，从达赖喇嘛处请得封赐的同时也接受蒙古势力的册封，如：十七世囊谦土王官却加宝（དཀོན་མཆོག་རྒྱལ་པོ།）之子根蚌寺住持陈林才旺塔生（ཕྲིན་ལས་ཚེ་དབང་མཐར་ཕྱིན།）不仅深得达赖喇嘛的赏识，同时也被青海亲王达什巴图尔赐予“乌吉台吉”（ཨུ་ཇི་ཐེ་ཇི།）的爵位，颁给文册，称他为多得（མདོ་སྟོད།）地区的“嘉宝（王）”。

到十八世囊谦土王多杰才旺（རྡོ་རྗེ་ཚེ་དབང་།）时又是一次大转型时期。首先，西藏地方政府在结束了固始汗势力统治之后，又重新陷入了准噶尔势力的控制之下。1720年，康熙命胤禵为征远大将军，进入西藏，在康济鼐为主的阿里三围的军队以及阿尔布巴为主的工布地区的藏军的援助下击败准噶尔，该部逃向伊犁。从此结束了蒙古汗王对西藏的统治，设立了四噶伦管理西藏政务的制度。其次，雍正二年（1725年），清朝招抚囊谦部落，第十八世囊谦土王多杰才旺被清朝授予千户，为囊谦第一代千户，同时将玉树地区的35个部落集合在一起，委任囊谦土王为各部落的总头人赐以蓝宝石顶戴，其治下的各部落按户数、领地及势力大小分别予以“百户部落”“百长部落”等头衔，笼统地说囊谦千户王直辖7个百户部落，36个百长部落。

囊谦王系共传二十五代，到末代囊谦千户王扎喜才旺多杰（བཀྲ་ཤིས་ཚེ་དབང་སྟོབས་རྒྱལ།）为第八代千户王，囊谦部落的政权归噶厦政府管辖，但噶厦政府又受中央政府的管辖，故在设立噶厦管辖的区域行政机构时，主要侧重点在西藏地区，而东部藏区仍实行土司和部落制度。囊谦在行政上受中央政府属下县建制的领导，所以除了历任囊谦土王都会进藏朝拜达赖喇嘛或者摄政王求得文册以提高自己的身份和威信以外，并不经常联系。

至民国三年（1914年），第二十四世囊谦千户王旺泽·才旺拉加（དབང་གྲགས་ཚེ་རིང་ལྷ་རྒྱལ།）时期，就玉树归属问题发生了青川战争，后经北洋政府决定，玉树二十五族仍归西宁管辖。后于1931年，又发生青藏战争，藏兵占领囊谦，玉树司令马彪率青兵发起反攻，击溃藏兵，收复了囊谦。

四、囊谦部落政权的特点

（一）政治特点

通过以上对囊谦部落历史政权归属问题的研究，我们可以从它的历史演进中总结出囊谦部落的政治特点、区域特点和文化特点。其中就政治特点而言，囊谦部落的前身苏毗女国抑或苏毗部落联盟在藏族历史上扮演过举足轻重的作用。

从藏族六大姓氏部落到氏族部落处于割据状态时的“十二小邦”和“四十小邦”，再到其中势力较强的“雅砻部落”统一了整个青藏高原，建立起强大的吐蕃王朝为止，“苏毗部落”大体上可以说是一个独立的政权，下辖数个小邦国。并且与象雄部落联盟、雅砻部落联盟相对而雄踞于青藏高原。

而在松赞干布时编入孙波茹之后成为吐蕃武力扩张的重要基地，即所谓：“吐蕃举国强援，军粮马匹，半出其中”，除了需要履行定期纳税、补给军资需要等义务以外部落内部的事情具有一定的自主权。而在吐蕃王朝瓦解后，囊谦部落应运出现于玉树南部，政治上不但保留了原始的部落制度，而且附和藏区的大气候走上了政教合一的道路，属于县管辖下的部落，部落组织中也仍有互不统属的大部落、小部落，有头人、部落会议及临时性的军事组织。

历经萨迦时期囊谦部落政教合一制度初步形成，到帕竹时期根蚌寺住持吉乎·桑州尖措被明朝册封的大宝法王得银协巴封为“功德自在宣府国师”，有权管理根蚌寺之教务，同时有权管理部落事物。从此，囊谦部落形成了典型的政教合一制度。再到格鲁政权时期白利土司进犯，第十五世囊谦土王洛周加宝去世，其弟根蚌寺住持尕玛拉德摄理王位，此时囊谦部落内部的政治大权和宗教大权都已集于一人之上，所以囊谦部落的政治具有区域性的政教合一性质。

后来雍正年间囊谦千户、百户、百长的设置也是囊谦部落政治的一大特点。虽然明清时期在甘、青、川、滇藏区多设有土司制度，但囊谦部落却自始至终都没有被加封为土司的记录，只能说是受中央政府册封的部落首领世代承袭。

（二）区域特点

根据以上论述，囊谦部落所在区域的特殊性和重要性是不言而喻的，据苯教史料记载其为现在所说的外象雄的一部分。这一地区大致包括今西藏那曲地区和唐古拉山以北，青海玉树的囊谦县和杂多县一带，处于卫藏与多康的交界处，被描述成古代外象雄的“东门”。汉文史籍中对苏毗部落即苏毗女国的地理位置的描述，我们可以知道当时吐蕃王朝东击吐谷浑、党项、白兰，北进河陇、西域等地，皆需取道中间地带的苏毗，此外在吐蕃王朝与唐朝的交往中苏毗地区也起着举足轻重的作用，如吐蕃历史上的重大战役“大非川之战”中，苏毗成为供给军队物资的后方重要基地。

苏毗地区不仅充当着吐蕃与隋唐交往的桥梁，而且与南面的天竺等地也有经济往来。

《隋书·女国》记载了苏毗人到天竺贩盐的情况并说苏毗“尤多盐，恒将盐向天竺兴贩，其利数倍”，据记载，到公元六世纪末，当时有四条国际商道靠近或横越苏毗。

此外，历史上著名的“唐蕃古道”是中国古代的三大通道之一，此道更是联系唐都长安和吐蕃腹地的重要通道，也是唐代以来中原内地去往青海、西藏地区乃至尼泊尔、印度等国的必经之路，亦有丝绸南路之称。囊谦部落所在的玉树地区便坐落于唐蕃古道之上，当年文成公主进藏便取道玉树，由此留下了文成公主庙等重要的文化古迹。之后八思巴返藏途经玉树以及固始汗消灭白利土司之后也经玉树进入西藏，以及后来因玉树地区的管辖权而发生的青藏战争都折射出了这个地段的重要性。

而今，囊谦部落所在地玉树藏族自治州位于青海省西南部，北与海西蒙古族藏族自治州相连，东与果洛藏族自治州，东南与四川省甘孜藏族自治州，西南与那曲和昌都交接，所以不仅在藏族古代历史中扮演过汉藏政治、经济、文化交往的交通要道，而且地处康巴、卫藏、安多三大区的中心，同时也是藏族区域文化的交汇地。

（三）文化特点

若是把上述的研究作为论据，那么从囊谦部落的前身苏毗女国开始，我们在论述苏毗的存在方式时说道，因为汉文史籍中记载的苏毗、女国、东女国都有“俗以女为王—西羌之别种”等一些相似的特点描述，而且地域相接壤，故容易混淆，如在《隋书》《北史》均载：“女国，世以女为王，王姓苏毗一人有万家—其女王死，国中厚敛金钱，求死者族中之贤女二人，一为女王，次为小王。”这与汉文史籍中对东女国的记载是极其相似的，即它们都具有以女性为中心的特点。但近来的考古挖掘表明苏毗女国（青海玉树囊谦一带）属于卡若文化范畴，所以处于卡若文化中心昌都的东女国与苏毗女国的某些文化现象相似也是不足为奇的，但从中可以知道苏毗以女权为核心并保存了大量的母系氏族的残余。

此外从零星的历史记载中看到，聂赤赞普时期蔡弥穆杰改革苯教，降服了苏毗的苯教师阿央结瓦，以及第三十世赞普仲年德茹驾临孙波（苏毗），和一苯教法师的妻子生有一子取名孙日仁波，当时吐蕃赞普与苏毗的交往中都提到“苏毗”“苯教”，可以明确知道当时苏毗地区苯教是非常兴盛的，直到公元八世纪末，苏毗人还十分崇信苯教，如《贤者喜宴》记载，苏毗人厌恶佛法，桑耶寺建成后的开光仪式也不来参加。

但在佛教后弘期时，苏毗地区却恰恰相反。随着佛教各教派的形成，噶举派在囊谦部落传播得十分广泛，其中拨绒噶举最先得到传播，这与拨绒·达玛旺秋的高徒帝师日巴（ཏི་ཤྲཱི་རས་པ）的功绩是分不开的。他曾前往西夏传法，被西夏王室封为国师，后在囊谦部落的觉让寺圆寂，他的弟子遍布囊谦地区，囊谦王室的属寺根蚌寺的第一任住持勒巴尕布便是他的高徒，而囊谦部落政教合一的体制起先也是基于拨绒噶举在当地的影响，以及后来拥有“百长”头衔的三大寺庙觉让寺、苏莽寺、达那寺都是噶举派寺庙。如今囊谦地区的噶举派寺庙仍在该地佛教寺庙中占绝大多数，但随着萨迦、格鲁政权登上历史舞台，囊谦部落也相继涌现出许多萨迦派和格鲁派寺庙。

总之囊谦部落的政治特点，尤其是区域性政教合一的特点使得囊谦地区的宗教文化得以经久不衰，此外囊谦地区特殊的地理位置更使得这一地区的文化呈现出多元并蓄的特点，从被称为“玉树三绝”的服饰、帐篷和歌舞中就可以体会到这一特性。

结语

囊谦部落基于它特殊的政治特点、文化特点和区域特点在藏族历史发展进程中扮演过极其重要的角色，尤其在后来各教派执政时期，囊谦千户部落成为玉树地区最大的千户首领，主导着玉树地区的政治走向、社会风气。由于地处卫藏、康巴、安多三大区的中心，这里不仅是藏族政治、经济、文化交往的重要交通要道，而且坐落在古代“唐蕃古道”之上，为中原内地去往青海、西藏地区乃至尼泊尔、印度的必经之路。因此，在古代历史文化交往中留下了许多珍贵的文化遗迹，为丰富藏族的文化做出了巨大贡献，但由于藏学研究侧重点的不同，玉树地区历史文化的学术价值至今还没有完全挖掘出来，由此我希望通过研究玉树一角即囊谦部落的历史为这一地区的研究尽一份绵薄之力。

（作者：多措，藏族，中央民族大学藏学研究院2014级硕士研究生，藏族宗教文化方向）

（指导教师：魏强）

论《安多政教史》的写作特点

李加才让

一、研究现状

《安多政教史》作为第一部全面叙述安多地区教法发展史的巨著，具有一定的史学价值，在写法上既继承了传统的教法史写作模式，也有很大的创新性。对其内容及写作方式的研究除了一些介绍藏族史料与文献的书籍外几乎没有，更没有针对此书总的研究成果。

二、作者的生平简介

《安多政教史》一书的作者智观巴·贡却丹巴饶吉，藏历第13饶炯铁鸡年（1801年）出生于拉卜楞寺附近的合作丹增部落，6岁时被认定为惹卜察奇合日寺桑丹林静修院智观巴·洛桑西饶的转世灵童，被请至该寺坐床。9岁时到拉卜楞寺跟随阿莽·贡却坚赞学习，20岁以后便到西藏游学深造，以学识广博、戒行严谨、能说善辩著称。后回到家乡，历任多噶尔却典夏寺、拉卜楞寺时轮学院和密宗学院以及阿姆去乎寺、泽仓寺、杂义寺等寺的堪布。《安多政教史》这本巨著是他受恩师阿莽·班智达贡却坚赞的嘱托而开始撰写的，于水蛇年（1833年）完成初稿，经恩师审阅后复又进行结构的调整和大量材料的补充，在他65岁时（1865年）也就是他圆寂的前一年，最终完成全书的书写，后由阿姆去乎寺（噶当曲科林寺）刻板刊印。

三、著书背景

说起撰写这本书的缘由，作者在《安多政教史》的跋中如此写道“恩师·法王·持金刚·贡却坚赞跋藏布指示说：多麦这个地区的教法发展情况，除大成就自在主圣·噶登嘉措著有《教法史总纲》以及松巴堪布耶希班觉尔在所著的《教法史》中有零星叙述外，全无文字记载。人们对于安多地区的情况，了解者很少，应该写出。”[1]这一段道出了撰写此书的最初缘由，此书中没有提到撰写始于哪一年，但智观巴·贡却丹巴饶吉于1833年即他33岁那年交出此书的初稿呈请审阅时，“‘复蒙指示：过于简略，能不能写得丰富些’。于是他再次向相关的高僧贤士请教，于土鸡年（清道光二十九年，1849年）写出第二次修订稿，并于母牛年（清同治四年，1865年）也就是他去世的前一年‘将先前所记略加增补，以后部分则根据所得的资料依次排列，于这一年的藏历十二月下弦吉日完成于大伽蓝拉卜楞寺自己的僧寮王明乐园’。1865年最终定稿的这部史乘就是今天我们看到的藏文木刻版900页、汉译本100万字之藏史鸿篇《安多政教史——奇异大海》（ཡུལ་མདོ་སྨད་ཀྱི་ལྗོངས་སུ་ཐུབ་པའི་བསྟན་པ་རིན་པོ་ཆེ་ཇི་ལྟར་དར་བའི་ཚུལ་གསལ་བར་བརྗོད་པ་དེབ་ཐེར་རྒྱ་མཚོ་ཞེས་བྱ་བ་བཞུགས་སོ།།）”[2]。

四、《安多政教史》的写作特点

《安多政教史》无论在形式上还是在内容上都跟以往的藏族教法史有一些区别，尤其在形式上这种区别尤为明显。在形式或内容以外，《安多政教史》在资料应用、纪年方法等多方面都有自己独特的特点。

（一）结构安排特点

纵观《安多政教史》的目录，就会发现作者既没有从安多地区赫赫有名的大寺院塔尔寺或者拉卜楞寺开始写，也没有从作者的诞生地夏河地区开始，而在叙述完藏区地域情况、安多地区教法发展综述、青海和硕特蒙古历史后紧接着从湟源开始写，前后总的顺序为黄河流域—拉卜楞寺—洮河流域，作者是以地域空间构建史实，按照自北向南的顺序写这本书的，从中我们也可以领略智观巴对安多地区地理情况的把握和认知。

微观的叙述模式为以寺院历史为主、地方历史为辅，按线索递进，“地理位置及风水—寺院建筑和塑像—活佛传承—堪布传承—各学院—法事活动—圣迹文物—与政治有关的事。每座寺院或地区的政教传承系统的叙事结构是以时间顺序及人物顺序为经，各类事件为纬铺

---

① 智观巴·贡却丹巴饶吉著，吴均、毛继祖、马世林译：安多政教史．兰州：甘肃民族出版社，1989年4月．738.

② 同上。

展开来，可谓颇具匠心。”[①]

因为《安多政教史》以寺院的历史为主，所以这部著作也可以看作安多地区各个寺院的寺院志的集合。这一叙述模式，把安多地区的各个寺院志根据地域或者大河流域为线连接起来，并按照地域安排内容结构，形成一个整体，就像一串念珠，用一根线把各个佛珠连接起来，总的结构为某个地区—大河流域—各个寺院—各个学院—人物。完全是一部完整且简略的寺院志，这一模式作为藏区寺院志的普遍写法，“是一种特定的编纂结构，色多洛桑崔臣嘉措（1845年—1915年）所著《塔尔寺志》基本也是这样一种结构”[②]。

《安多政教史》在写作方式上借鉴了前人的做法，藏族的教法史写法有一个固定的模式，基本上结构是印度史（印度佛教史）—吐蕃历代赞普史—藏传佛教史。从整体上看，《安多政教史》也是跟随了这一结构模式，第一章写藏区的地域概念，第四章写青海和硕特蒙古的历史，随后便是正式开始写安多各个地区的教法史。

结构安排和写作方式上作者对以往教法史的写作传统做了很大的改变，《安多政教史》在整体上延续了以往的教法史的结构特点，但是很多方面都有自己的独创性。这一点王璞在《藏族史学思想论纲》中写道：“习惯了吐蕃—萨迦—帕竹—噶丹颇章这条藏族史发展主线之后，阅读《安多政教史》在历史思维的许多层面均需作较大的转变”[③]。此书一开始没有专章论述印度佛教史，也没有吐蕃历史的情况，第一章写《藏区概述》后，笔锋急转，直接写安多地区的政教史而没有更多涉及卫藏的政教历史，这里我们也看到智观巴·贡却丹巴饶吉撰写此书的目的，即专门写一部安多地区的教法史。

在文前介绍参考书目是此书的一大特点，以往的藏族学者在自己的书中段落间交代所依据的史料或文献，较为零散稀少，智观巴在第二章以专章列录了他参考或者“听闻过的530多部文献”[④]，以往的任何教法史都没有这种在文前罗列自己的参考书目的传统，“这可谓在体例上有所创建”[⑤]，所列文献包括各类史书、教法史、传记、寺志、目录、氏谱等，这不仅反映出作者深厚的史料学功底及严谨的治史态度，而且该章内容又是一份独立的藏文史

① 王璞：藏族史学思想论纲．北京：中国社会科学出版社，2008 年 4 月．299

② 王璞：藏族史学思想论纲．北京：中国社会科学出版社，2008 年 4 月．299.

③ 王璞：藏族史学思想论纲．北京：中国社会科学出版社，2008 年 4 月．298.

④ 东噶·洛桑赤烈：东噶藏学大辞典（藏文），北京：中国藏学出版社，2002 年 4 月．1495.

⑤ 孙林：藏族史学发展史纲要，北京：中国藏学出版社，2006 年 9 月．424.

学目录。按大河流域安排结构也是此书结构的一大特点。安多地区的各个寺院志根据地域或者大河流域为线连接起来，并按照地域安排内容结构，形成整体。此文共分三部分，第一主要是讲黄河流域的政教史，第二篇是拉卜楞寺寺志，第三篇是夏河、洮河以及四川地区一些小河流域的政教史。第一篇的结构安排为：

- 黄河流域
  - 黄河北部
    - 湟水北部地区
    - 湟水南和黄河北部地区
  - 黄河南部
    - 黄河南果洛地区、贵德地区
    - 隆务河流域

这种整体以地域分布，其次从河流流域描写的写法是《安多政教史》写作形式的总体特征，无论是安多地区总的历史叙述顺序还是某个小地区的历史叙述形式都遵从了这一主旨。

（二）内容上的特点

《安多政教史》总分三大篇十八章：第一篇是讲湟水、黄河、隆务河流域的政教发展史，西北方向一直延伸到武威、张掖、酒泉一带；第二篇是讲拉卜楞寺志；第三篇是讲夏河与洮河流域之政教史；最后是阿坝地区属于安多范围内的政教史。

《安多政教史》的内容跟以前相比较大的不同点是，以往的教法史中都会多多少少提及西藏八大教派的历史并专章论述其历史与仪轨等，但智观巴没有写各个教派的历史和佛理仪轨等，甚至连格鲁派的发展史及理论仪轨也没写多少，而是直接从安多地区的各个格鲁派寺院发展历史写起，一切都围绕着格鲁派寺院，具体有以下几个特点：

1. 以往的教法史在印度佛教史的叙述上花很多的笔墨，也用去整本书不小的篇幅，但在《安多政教史》中没有这方面的叙述，作者一改原来的教法史著作中常见的惯例或套路，即讲述历史要交代“缘起”，教法史要从宇宙的形成开始，再叙述印度的历史以及宗教传承和西藏的历代赞布等的历史，之后才进入正题。这种套路一般多表现在涉及全藏区的教法史、王通史等著作中，尤其是那些被叫做“史册”（ཆོས་འབྱུང）的史书中，应该是一种约定俗成的撰写模式，但本书虽然也被称为“史册”，却不见这种模式，直接从介绍藏区地理概况作为叙述的开始，改变了藏史书中“缘起”部分常见的做法。

2. 《安多政教史》虽然是一部教法史，但也不乏地方史与政治有关的重大事件，成为重要的历史文献和依据。第四章青海蒙古诸部首领的历史是专门论述青海、蒙古的历史尤其是和硕特蒙古的历史和其与格鲁派之间的关系，这对于研究17世纪左右蒙古诸部落在青海地区的角逐历史具有重大的意义。这章中蒙古人和格鲁派上层联合推翻当时的噶玛噶举派藏巴地方政府而建立格鲁派政权的历史经过有较为详细的叙述，同样具有很大的历史参考价值。在其他章节中作者对于历史上的一些重大事件或人物有较为详细的叙述，比如1723年水兔年事件（罗布藏丹津反清事件）对于安多地区各个寺院的影响，又如满清政府和格鲁派的最初接触中一些历史人物的贡献等。

3. 对于拉卜楞寺的介绍和叙述在《安多政教史》中占了三分之一的篇幅，也是其三大篇章的中篇。拉卜楞寺作为藏区格鲁派六大寺院之一，尤其作为智观巴本人家乡的寺院和一直学习的寺院，在这本著作中的描述比其他任何寺院都详细。本篇分四章，分别阐述寺院的建立、嘉木样活佛系统和寺院法嗣的传承历史。作者撰写该篇时，曾参阅许多传记著作以及拉卜楞寺的寺院档案等材料，所以其有关该寺的一些高僧大德传记的描写十分生动传神。同时，本篇在年代方面也交代得清晰完整，并且比较准确。

4. 作为以写寺院历史为主的史书，对于寺院的建筑塑像、活佛传承、历代法嗣、各学院都有详细的介绍，尤其是对于各大寺院的属寺和属民的记录对于考察地方的历史和宗教以及信仰的变化有着很重要的参考意义。因为历史上各教派和各寺院以及地方势力的此消彼长，现在的情况比之过去可能有很大的变化，比如一个大的寺院因为种种原因逐渐衰落下去或者其属寺逐渐发展起来，以致属寺逐渐脱离主寺而独立，又或者以前是同一个寺院的属民因为后来的行政划分而逐渐彼此分离，要考察这些属寺和属民的历史宗教的发展演变，《安多政教史》作为完成于19世纪且对于属寺和属民等情况叙述详细的著作，是很宝贵的历史参考资料。

五、智观巴·贡却丹巴饶吉的历史地理观及史学思想

（一）智观巴的历史地理观

本书的藏族地区概述部分，王璞在《藏族史学思想论纲》中写道“《安多政教史》第一章，是智观巴对前人地理观的总结，可见作者是将地域空间作为地方志的第一要素来阐述”①。确实地域空间是智观巴写此书的中心线，不懂得传统的藏族地域划分和一些核心地域概念，弄不清它们之间的相互联系和区别，无法理解全书的史学思想的，但是在这里智观巴之所以专章论述藏族地域概念，最重要的原因不是“对前人的地理观的总结”②，而是与写此书的初衷息息相关，也就是为什么要写此书，虽然没有明说，但智观巴在这章所传递的信息与最后一章讲写此书的原因是前后呼应的。此章的内容可以分为三部分，第一部分是讲传统的藏族地域观，即讲藏区分为上、中、下三部分，再在讲下部多康六卫时指出这些都属于中康的范围，此外，又划分为三岗，即原多康区域，称之为玛尔康，多麦称之为野摩塘，宗喀被称为吉塘，这些地区都属于《佛说大乘庄严宝王经》等许多经籍之中所说的观世音菩萨行化地雪域国土。智观巴综述了传统藏族地域划分后，并没有对这些地域概念进行考究或分析，而是说“这全部都属于雪域国土”③，随后作者举例了《噶当书》与松赞干布对藏区特点的描述来进一步证明雪域一词仅指卫藏藏区的话范围太小，理应还包括安多藏区。在这里作者实际上传递着一个信息，历史上藏族很多教法史中涉及安多地区是少之又少，而同样作为观世音菩萨的化行地安多乃雪域高原之一部分，以往的教法史对于这点的忽略是不可取的。紧接着第二部分论述了安多的地域概念。第三部分讲到虽然安多地区政教的发展情况不及卫藏和中康，但是作为雪域高原的一部分，这里的地理气候环境等条件与以上两地区相差无几。综上所说，第一章名为藏族地区概述，实乃作者写此书的理由，即安多地区作为雪域藏区的一部分。但以往，无论在学术传统上还是作为学者们的一种心理情结，存在一种忽视安多地区政教历史的这种“卫藏中心论”倾向，作者在这里的论述，也有对这种卫藏中心论

① 王璞：藏族史学思想论纲．北京：中国社会科学出版社，2008 年 4 月．293.

② 同上。

③ 智观巴·贡却丹巴饶吉著，吴均、毛继祖、马世林译：安多政教史．兰州：甘肃民族出版社，1989 年 4 月．4.

反驳的倾向。

（二）严谨的治学态度

智观巴的治学态度是非常严谨的，这在作者一开始就把自己所听闻且参考的所有历史文献都录列在文前的做法中就可以看出。作者在文中很少妄加定论，对于一些历史疑难或者资料稀少而无法确证的历史事件等都持保留态度，甚至有一些解释和对后辈的期望。书中不时有“待考”之类的语句，他在最后又说：“总之，关于历史资料，在《甘珠尔》大藏经和《丹珠尔》大藏经等显密经典里很难找到依据和推测，资料比较抽象不具体，实难写好。基于这些情况做到经得起分析是比较困难的。特别是我自己年岁比较大，疾病缠身，加之俗务繁忙，精力分散，未能详细认真地加以考证，形式和内容的错误在所难免，恳求贤者对其不当之处，赐予指正，并恳勿予讥毁为幸！”。

（三）史学纪年的特点

《安多政教史》的纪年法有其以下特点，以往的教法史都只用藏历饶迥纪年法，但是在《安多政教史》中不仅有饶迥纪年，在描写与明清有关的历史人物及事件时往往在写饶迥纪年的同时相应地也写有明清皇帝的年号纪年，这样的皇帝年号纪年法与藏历饶迥纪年法并用，对于历史事件的查阅和相应的汉藏历史的对照都有很大的方便和好处。

作者博览群书，于年代的求证十分精心。与安多的宗教政治历史有关的时间，本书记录得十分详尽清楚，且多数准确，尤其是对于一些大的寺院的传承世代（法嗣）的记录，都加以全面的考量，一般都记有年代和时间，由此就形成一个个简略而全面的历史谱牒，为人们了解各寺院的历史沿革而提供可靠的资料。

（作者：李加才让，藏族，中央民族大学藏学研究院2014级硕士研究生。藏族历史方向）

（指导教师：曾国庆）

从认知角度看藏语拉萨话ཁ kha “口”的隐喻和转喻用法

欧珠措姆

引言

Lakoff和Johnson证明了隐喻的特点不只是个别句子的特点，我们生活在隐喻的世界中，我们的概念世界根植于自身的经验。隐喻和转喻是人类重要的认知工具和思维工具。

语言是客观世界的反映，人们在认识周遭事物时最开始会将自己身体部位等最熟悉的东西运用到外部事物中去理解。身体器官是人们认知的基础和出发点之一。身体器官或部位的名称也是较古老和原始的，具有词义上的单一明确性，词音简单，因而有较好的构词能力，因此研究身体部位的隐喻认知的论文也有很多。“口”作为人类发声和进食的器官，对人体的重要性不言而喻。许颖新①、王国娟②分别通过不同的角度对汉语中“口”的隐喻认知机制做了细致而系统的研究。吴海梅③对英语和汉语中“口”的隐喻运用进行了对比分析。隐喻和转喻都是人们认识事物，通过联想并拓展词汇意义的重要工具，但在藏文中通过此方面来研究语义的作品犹如凤毛麟角。在此仅供发其端绪，希能抛砖引玉，以期来者。

藏语的“ཁ”（口）读作“kha”，是藏文第二个字母。藏文的辅音字母不加元音符号时，都含有元音a的音，因此“kha”只是藏文的一个基字，其读音在三大方言中统一读作“kha”，音调上有高降调和平调之分。口是人体器官中非常重要的部位，吃饭和说话的功能对于生命的重要性可想而知。这些基本范畴的词通过其意义向其他意义扩展，形成转喻或隐喻的意义。在《藏汉大辞典》中对藏文“口kha”列出了九种不同的意思。这些不同的意义，有些甚至与口的本义大相径庭。可见至今“kha”的用法已经远远超出了最初的范畴，产生了很多延伸意义。

---

① 许颖欣：汉语“口”的隐喻认知机制研究，杭州电子科技大学学报．2007,9.

② 王国娟：从认知角度看汉语“口”的隐喻用法，青海师范大学学报．2011,1.

③ 吴海梅：英汉“Mouth”（口）的隐喻研究，韶关学院学报．2010,8。

“kha”的隐喻和转喻认知机制

“kha”的本意为人或动物的发声和进食的器官，位于头部。如：ཁ་གདངས kha^{55} tã^{31}(口-张开)“张口”ཁ་ཀྱོག kha^{55} cɔʔ^{51}（口-歪）“歪嘴” ཁ་ཆུ kha^{55} tɕhu^{55}（口-水）“口水”等具有人和动物口和嘴的意义为“口”这个概念的典型性延伸。以此意义基础上可构成许多与口有直接或间接关系的词汇范畴。

（一）“kha”的概念与人体其他部位的映射

人们在认知过程中会有从认识自身到周围的事物的过程，因此各个身体部位之间也会通过转喻或隐喻来概念化。比如：སྙིང་ཁ ŋiŋ^{55}kha^{54}（心脏-口）“心脏”中ŋiŋ^{55}是目标域，kha^{54}是源域。口具有吃饭和吐出的功能，这与从某个容器输入和输出的功能具有相似性，将这个特点和属性映射到了心脏在体内的作用和功能就产生ŋiŋ^{55} kha^{54}。还有ཕོ་ཁ phɔ^{55} kha^{54}（胃、肚子-口）“胃”。ཁ་ལག kha^{55} laʔ^{53}（口-手）“正餐”一词具有转喻认知的色彩。“转喻的本体和喻体之间的映射是在同一个域中进行，本体和喻体是一种代替关系，即通过某一事物的凸显特征来辨认该事物。”①转喻中事物与事物之间具有邻近的特点。在藏区传统的生活习俗中，肉和糌粑等用手抓着吃较为普遍，这与平常劳作时候可以直接含在嘴里的奶渣等零食，吃法上有所区别。因此这里凸显了“口”的众多特点中口与手合作或联系紧密的特征。还比如：ཁ་མིག kha^{55} miʔ^{54}（口-眼睛）“脸”凸显了口和眼睛在人脸各个器官中的重要性，甚至能代表长相美与丑的标准，口的概念在本域当中得到了拓展。

（二）人体部位的“kha”映射到外界的具体事物相似的部位

1. 从有机生命域的口到无生命域的“口”

身体算作一个容器的话，“口”则是这个容器的端口或食物等的进出之处。基于有生命域和无生命域的这个相似性，“kha”在藏语中也常常映射到事物的端口、边沿和口子。比如：

གྲིའི་ཁ ɖʐi^{35}kha^{54}（刀-口）“刀刃” སྨྱུག་ཁ ȵuʔ^{55}kha^{54}(笔-口)“笔尖”

① 李瑛、文旭：从“头”认识，外语教学.2006年5月.

ཕོར་ཁ། pho^{55} kha^{54}（碗-口）“碗口” ཕུ་ཐུང་ཁ། phu^{55}thũ^{55}kha^{54}（袖子-口）“袖口”

ཁ་སྒྲོག Kha^{55} dʑɔ^{33}（口-扣子）“扣子” ཁ་ཆག Kha^{55} tɕhɑ^{51}（口-断碎）“缺口”

另外在此基础上能够把“口”映射到抽象域中。如：ཁ་གསབ། kha^{55} səp^{51}（口-补充）“补充” ལམ་ཁ། laŋ^{21} ka^{54}（路-口）“路口” ཆུ་ཁ། tɕhu^{55} kha^{55}（水-口）“水边” ཤན་ཁ། ɕaŋ^{55} kha^{55}（船舟-口）“码头”。生活中，路口、码头、水岸等可以是车辆、轮船的发出和停靠运转的点，与“口”有相似的吞吐功能。

2.“kha”的容器隐喻

人们在观察自身发现人的身体可分里外，能进食并储存。这与一般容器的属性有相似之处，因而这是“kha”最直接的映射，比如：ཁ་འགགས། kha^{55} kaʔ^{33}（口-堵塞）“堵塞” ཁ་དོག་པོ། kha^{55} thɔ^{33}pɔ^{54}（口-狭窄）“狭窄” ཁ་སྙོམས། kha^{55} ȵom^{54}（口-平齐）“平齐”

ཁ་ཕྱེ། Kha^{55} tɕhe^{55}（口-开）“打开” ཁ་བརྒྱབ། kha^{55} cəp^{35}（口-助动词、打）“关闭” ཁ་གཅོད། Kha^{55} tɕø^{51}（口-切断）“盖子” ཁ་གང་། kha^{55} khã^{35}(口-满)“装满”等词汇。

（三）物理域到话语域的映射

说话是“口”最基本也是最主要的职能之一。“口”和说话之间有着密切的关系，“口”是说话的工具，话语是这个工具的产物，因此工具和结果的思维结构“口”能够映射到语言的概念域上。在藏语拉萨话中“kha”的此类转喻表达方式很丰富。比如：ཁ་བཤད། kha^{55} ʃæ^{51}（口-说）“说话、聊天” ཁ་ནོར། Kha^{55} nɔ^{35}（口-错误）“说错话” ཁ་གཡར། kha^{55} ja^{55}（口-借）“找借口” ཁ་རྒྱུན། kha^{55} cũ^{55}（口-相续）“传说” ཁ་གསལ། kha^{55} sæ^{55}（口-清楚）“明白、清楚” ཁ་ཡག་ངོ་དགའ kha^{55} jaʔ^{51} ŋo^{33} ka^{55}（口-好-脸面-喜欢）“说好话、阿谀奉承”另外像ཁ་བརྡར། kha^{55} tarq^{13}（口-磨）“耍嘴皮子” ཁ་ལྕིད་པོ། kha^{55} dʑi^{33}pɔ^{54}（口-沉重的）“寡言的” ཁ་ལྐུགས་པ། kha^{55} kug^{55}pa^{55}（口-笨）“嘴笨” ཁ་བདེ་པོ། kha^{55} de^{33}pɔ^{54}（口-舒适）“口才好” ཁ་ངན། kha^{55} ŋɛ^{55}（口-坏的）“恶语” ཁ་སྟོང་པ། kha^{55}tɔŋ^{55}pa^{54}（口-空）“空说无凭” ཁ་ཚ་པོ། kha^{55} tsha^{54} pɔ^{54}（口-痛）“刀子嘴” ཁ་ནགkha^{55}naʔ^{51}（口-黑）“说话不吉利” ཁ་སྙན་པོ། kha^{55}ȵɛ^{55}pɔ^{54}（口-好听的）“嘴巴甜” 等词语上同时体现了转喻和隐喻的认知方式。这些词汇的“口”凸显了它说话的职能，同时与“磨”“沉重的”“舒适的”“坏的”“空的”等词语修饰合成，这些修饰词都从动作域、感觉域、容器域和颜色域分别映射到了语言域，

生动地体现了人的语言及语言技能。

（四）“kha”对方向域的映射

人们常常通过一个人说话的方式了解他人，“kha”在面部上可算是最活跃的一个器官，“kha”通过笑等各种动作和表情能够给对方留下深刻的印象。因此在口的本域中凸显了这种特点，能够通过“整体和部分”的思维模式表达脸或面部的概念。

1.“kha”能映射表面、直观的概念

ཁ་ངོ། kha^{55} $ŋɔ^{33}$（口-面部）“脸”ཁ་གཏིང་། kha^{55} $tiŋ^{51}$（口-深处）“表里”ཁ་འབྲས། kha^{55} $ndʒə^{51}$（口-果实）“相貌” ཁ་སྦུག kha^{55} buk^{31}（口-向下扣）“俯伏”ཁ་མདོག kha^{55} $mdɔʔ^{31}$（口-颜色）“颜色” ཁ་དཀར། $kha^{55}ka^{55}$（口-白）“显白”。这些词汇中“口”的意义已经不再是“人和动物的嘴或东西的边沿、端口”等意思，说明“口”的意义从它最普通的典型域中得到了延伸和新的概念化，为产生下一层词语群奠定了基础。

2.“kha”向“方向域”的隐喻映射

“kha”在人的面部的重要性及对面部起到代替作用，从而使得通过隐喻认知它可以映射更深层和抽象的，具有前沿、掌控等类似属性的“方向”意义的概念。

如：ཁ་ལོ་བ། kha^{55} lo^{33} wa^{31}（口-可以-者）“司机”其中直接通过“口”的本义来理解这个词，就得不到任何一个合理的解释。通过隐喻认知可以得知“脸”和“方向”同样具有朝前方、有带头性、显眼等主要的相似属性。当然，“脸”比“方向”更具体和容易把握。有“方向”含义的还有ཁ་གཏད། Kha^{55} $tɛ^{51}$（口-面向）“面向”ཁ་གཅུ། kha^{55} $tɕu^{55}$（口-调转）“调头”ཁར་ཐུག $Khə^{55}$ tuk^{55}（口-位格-接）“直接、对上”，ཁ་སྤྲོད། kha^{55} $dʑø^{51}$（口-给）“对面”等等。

在这里“口”从“表面”向“方向域”转变过程中思维结构从转喻过度到了隐喻，映射先从“口”本义的邻近性关系考虑，在“口”的本义概念内得到拓展。在此基础上从本义的相似性关系考虑，向不同概念域映射。

（五）“kha”表示“数量域”

一人一口，基于“口”在生命个体的重要性，“口”能映射个体或个人的概念。正如点数时口中喊“到”，或者一人一碗来吃饭，具有点数的功能。能够以部分代整体的思维模式转喻成数量的计算单位。比如：ཁ་སྐྱོང་། kha^{55} cõ^{51}（口-抚养）“抚养” ཁ་གྲངས། kha^{55} tʂã^{31}（口-数目） ཁ་འཐོར། Kha^{55} thɔ^{55}（口-零散）“分散” ཁ་ཅིག kha^{54} tɕiʔ^{51}（口-一个）“有些” ཁ་ཁག kha^{55} khaʔ^{51}（口-各）“各自、相异”等词语上能够显现“kha”从它本义吃饭说话的功能升华到能够直接代替一个整体。

（六）整体性的隐喻

整体性隐喻是建立在以上各种“口”的转喻和隐喻用法基础之上，通过经验、推理，使整个词的意思递进到了更高一级，同时达到了表达和修饰的目的。人们通过口的隐喻发明了很多形容词和副词，能够生动地体现人的情感和心理状态。也体现了“kha”丰富的隐喻意义和在情感概念化中的重要作用。比如：

ཁ་ཞེ་གཉིས་མེད། kha^{55} ɕe^{33} ȵi^{55} meʔ^{51}（口-心底-二者-无）“表里如一” ཁ་སློད། kha^{55} lø^{51}（口-放松）“不高兴的样子” ཁ་གདང་ང་། Kha^{55} daŋ^{33} ŋa^{33}（口-张开-形容词后缀）“傻乎乎的样子” ཁ་ལ་དཔག་པའི་སོ། kha^{55} la^{33} paʔ^{53}pɛ^{35} sɔ^{54}（口-位格助词-推测-牙）“合适的” ཁ་གཅིག་སྒྲག kha^{55} tɕiʔ^{55} ʥaʔ^{51}“异口同声” ཁ་ཆག་སྣ་རལ། kha^{55} tɕhaʔ^{51} na^{54} rɛ^{55}（口-破碎-鼻-豁出）“三长两短” ཁ་ཡོད་ལག་ཡོད། kha^{55}jø^{53}laʔ^{33} jø^{51}（口-有-手-有）“说到做到”等的描写和修饰意味较强，不仅是在口头语，在文学修辞中也不乏运用隐喻和转喻手法。诸如此类的词汇和习语在藏语中数不胜数，以形象化、具体化的方式表达抽象的东西。

通过上述分析不难发现藏语词汇中语义的延伸不是随机的，而是由人的认知机制决定的。从个别的本义或源域凸显它的一些明显特征，然后拓展到几个次域，再以这个次域为中心用相同的认知机制形成了另一个概念结构。 如图：

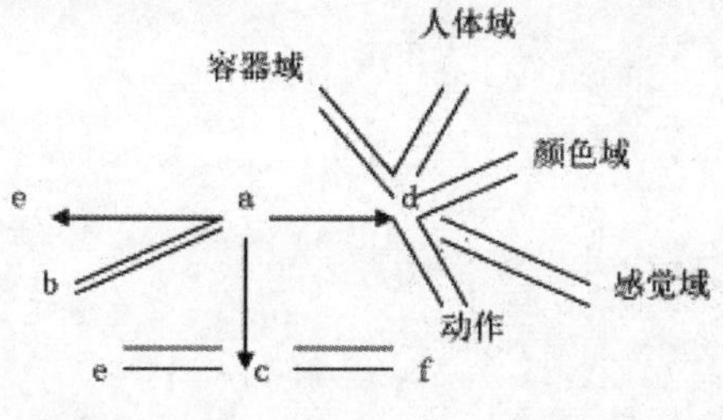

“══”代表隐喻映射　“——►”代表转喻

a：“口”的源域 b：对“容器”的隐喻映射 c：以“部分代整体”的认知思维向“脸”的转喻 d：以“工具和结果”的关系“口”向“话语域”的转喻延伸 e：以“部分代整体”关系“口”向“计数量”的转喻延伸 f：从“次域”c隐喻映射到“表面” g：从“次域”c隐喻映射到“方向域”

如图我们可以大致了解对藏语拉萨话中的“kha”的认知过程的关系网络，显然，人们的认知过程中具有转喻和隐喻的连贯性，转喻是隐喻的基础。在过渡中也没有截然分开，从一个域到另一个域的界限是模糊的。“kha”向“话语域”的转喻打开了人们的思路。在文中虽然没有系统归纳，但在举例中可以看出“kha”是表达口才、思想、感觉等方面的引擎。图中没有设计“整体隐喻”部分，但是“kha”在拉萨话乃至藏语中开拓了丰富的习语，说明“kha”的转喻和隐喻的思维逻辑得到了频繁的结合，“kha”的比喻意义在藏语社群中变得确定、稳定、规范化。当然，这只是对“kha”的语义延伸最初步的探索，有很大的局限性和片面性，对各个词义的延伸机制还需研究，更何况隐喻和转喻只是从语言内部的分析，语义的变化也会受到社会文化等外在因素的影响。

结语

在藏文和藏文化圈中人们通过生活经验，把“kha”的属性和结构映射到生活的方方面面从而产生了大量的词汇，说明了隐喻和转喻认知模式具有普遍性，是理解事物和概念化的有力工具。

（作者：欧珠措姆，藏族，中央民族大学藏学研究院2013级硕士研究生，藏语言文学方向）

（指导教师：才旺拉姆）

简析藏族传统手饰的种类及其特点

取宗

一、藏族传统手饰的历史概述

(一)考古发掘

据藏族文献记载:“在距今4500年左右的西藏昌都卡若遗址中发现的新石器时代的装饰品有50多件，有笈、璜、环、珠、项饰、镯、贝饰、牌饰和垂饰，质料则有石、玉、骨、贝等,反映了距今四五千年前的青藏高原土著居民已有了较高的审美情趣，不仅有了缝制衣服的骨针，还具备了需要一定审美意识才能创造的簪、璜、珠等，这也许是藏族服饰文化的先声吧！”①在“中二丁王”，雅砻河谷的吐蕃开始了冶炼铁、铜、银等矿产，为金属饰品的出现创造了条件。藏族史料记载，公元3世纪拉脱脱日年赞时期，出现了服饰的等级差异。松赞干布时期，吐蕃奴隶制王朝森严等级在服饰和佩饰上的也日体现臻完备。“青海海西州都兰出土的大批吐蕃服饰文物，真实、生动地反映了吐蕃服饰的工艺水平。服装的织物纹样，装饰品的金质首饰、佩饰的精美使人叹为观止。”②“在西藏阿里古格王朝的遗址中发掘大量的盔甲和武器，在盔甲和武器上出现的图纹纹样说明西藏的武士服饰已具备鲜明的本土特征和个性。元代，萨迦上层官吏、贵族的服饰或仿效蒙古，或直接为元朝赠赐。在这一时期的另一个显著特点是宗教信仰对服饰的影响逐渐增大，用特定的图纹或符号来表达一种特定的意思，如印有宗教符号及佛教法宝的装饰品等等。到了明清时期，藏族的服饰文化与今天的服饰联系最为密切。”随着藏族服饰的不断完善，藏族佩饰也随之丰富多样。

---

① 扎呷：西藏传统民族手工艺研究．北京：中国藏学出版社，2005.

② 刘钊、李涛：藏族服饰的流变与特色．西藏民俗．1994 年第 4 期．叶星生：西藏城镇与草原服饰及其图纹艺术的分析比较．西藏民俗．1992 年第 2 期．

（二）文献记载

清末入藏的英国人贝尔扼要介绍了西藏平民阶层的服饰，清代西藏妇女平时手戴银镶珊瑚戒指，左手戴银钏，右手戴宽二寸的砗磲圈；《格萨尔传》记载晁同与妻子色错口角，妻子色错索要自己的财产：“……八瓣莲纹金戒指，是我色错的手饰……”；《颇罗鼐传》记载颇罗鼐之妻婚礼上的服饰：“……手臂戴金钏和海螺镯，中指和无名指套上宝石镶嵌戒指……”。在《颇罗鼐传》里明确地提到了戒指和臂钏，可见戒指在当时已是服饰文化的重要组成部分，同时也是显示藏族身份、地位和财富的象征。过去，男子还多在拇指上戴扳指，质料有多种，清代文献记载了当时藏族戴骨扳指的习俗；《西藏志》里也记载了当时西藏的平民也戴骨扳指。《西藏的神灵与鬼怪》里记载：“……曾作为代言神巫道具的扳指（戴于右手拇指上的空心厚银戒指）就成为了一个令人向往的、具有极强法力的护身符。”涉及藏族服饰文化的相关文献有，《白史》中关于吐蕃时期的衣食住行等民俗的详细论述；新、旧《唐书》有关服饰、风俗内容的记载；《隋书》中对附国、女国等记载虽少，但对藏族服饰的研究尤其珍贵。虽然在这些文献里记载有各种藏族服饰文化的内容，但是细分到戒指的时候，几乎都没有提到很详细的内容，由此也可以看出有关藏族手饰研究的资料是极其匮乏的。

（三）研究现状

近现代对藏族服饰的研究日趋成熟，越来越多的学者对藏族服饰文化的研究产生了浓厚的兴趣，其主要的研究成果如下：安旭的《藏族服饰史》从考古、实物和图像资料出发，分史前时期、吐蕃时期、藏区分裂时期及元明之际、清前期及噶厦政府时期、当代五个时期来探求藏族服饰的历史发展轨迹；《西藏见闻录》《西藏游记》《西藏志卫藏通志》《卫藏图识》《绥靖屯志》《维西见闻记》等，是了解清代各地藏族服饰，研究清时期各少数民族生活的重要参考；图齐的《西藏宗教之旅》及石泰安的《西藏史实与说唱艺人》分别涉及藏传佛教各派僧人的服饰元素以及格萨尔说唱艺人的特殊着装以及意义；马若达于1945年发表在《旅行杂志》第8期的《康藏人的服饰忆略》（一）（二），任乃强于1933年—1934年在《新亚细亚》上发表的《西康图经—民俗篇》（1-8）有关于藏族服饰的介绍，1988年安旭的《藏族服饰艺术》（英汉藏版）系统地描述了藏族服饰的渊源和发展的因素，以及服饰地域差异及审美特性；《服装配饰》分农林区、牧区、宗教服饰三大类，包括绣花缎、妇女服、节日里的牧民服饰、做法事的喇嘛僧服等珍贵的实物资料；李致的《中国四川甘孜藏族服饰奇观》画册以图片的形式介绍了甘孜的丹巴、石渠、道孚、白玉、乡城、新龙、稻城、炉霍、得荣、理塘、德格、色达以及康巴藏民族民间表演艺术服饰。

二 、藏族传统手饰的种类

（一）戒指

1. 造型

“藏族佩饰纹样的构图多为团花和连续式。团花有圆形、菱形、方形等形，带状连续式有二方连续和四方连续带式，一般采用发射排列，或为离心式，或为同心式。如缠枝花、卷草等纹样；对称与比例，均其对称是一种左右两面，或上下两面，或多面等的形、色等量配置的形式。”①藏族手饰的形状大部分以方与圆、大与小、水平与垂直、直线与曲线相结合，最明显也最常见的是方与圆的结合，比如银质的方形形状里镶有圆形的松石等。在手饰里镶嵌的各种材质大多以椭圆形为主，究其原因，一方面如李玉琴所说，藏族人们受佛教轮回观念的影响以及对“圆通”“圆觉”“圆满”境地的追求，使图纹也成为寄托宗教情感的载体。另一方面，原始传统佛教则认为创造宇宙的成分是由水、火、地三大元素所构成，依次配合圆形、三角、方形之图案。“○”圆形，宇宙现象界周而复始之理，为宇宙动力的源头。“□”方形，自然界一切物质所产生出来的力量（磁场），具有凝聚及增强的作用。从这两个方面可以简单地总结出，藏族手饰以及整个藏族服饰的造型形状所表现出的内容不仅局限于其宗教性，还表达了崇尚自然、天人合一的思想。同时在手饰中常见到的形状还有菱形，这种图形给人一种对称、动静结合的美感。圆环形、圆簧形、马蹬形、马鞍形、嵌宝形、印章形和盾牌形等形状的戒指在藏族手饰的造型中也比较常见。

① 钱敏：藏族佩饰中装饰纹样．淮阴师范学院美术系．

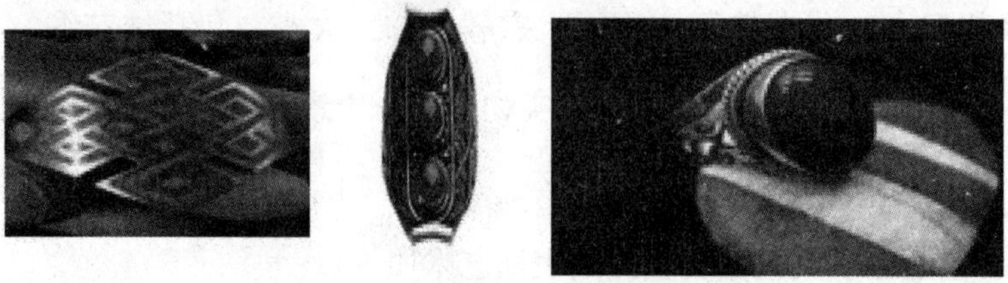

从左到右：菱形、马鞍形（方+圆）、椭圆形

2.材质

藏族手饰的源头可以一直追溯到新石器时代，丰富的文化遗址为藏族文化的研究包括对手饰的研究提供了最真实的样本。藏族游牧的生活方式和生活环境在制造材料的选取上有更多的选择。在藏族文化生活中，常见的手饰的材质有金、银、纯银、藏银、玉石、玛瑙、象牙、水晶、牛骨、三色铜、蜜蜡、贝壳、藤条等，有的嵌有珊瑚珠、松耳石等名贵珠宝。藏族独特的地理优势和丰富的自然资源为藏民族对手饰材质的选择提供了便捷性和直接性。李永宪在《西藏原始艺术》中分析了骨质饰品在装饰品中占据重要地位的原因，认为是狩猎或畜牧经济的模式和自然环境决定的，一方面骨质材料易获而且易保存，另一方面是自己狩猎成功的标志。“金、银、铜、铁亦有悠久的历史，据《国王遗教》记载：……聂赤赞布前期，马桑九兄弟期间，就已经出现了铁质武器。一些文章还指出：……到杰布昂波钦、贡布九兄弟统治时期，就已经产生了石匠、铁匠等手工艺技术。”[①]据《红史》《青史》《贤者喜宴》等藏族史书记载，吐蕃王朝时期，铸制金、银、铜、铁的手工业已形成了一定的规模。到12—13世纪，西藏的铸铜技术有了更大的提高。到了15世纪，藏族的冶铁已有了很大的发展。所以，由此可知，藏族先民在一千多年以前就掌握了铸铜、铸铁工艺，并将之用于生活的方方面面。因此，藏民族的手饰以金、银、铜、铁等金属质地为主也是顺理成章的。当然，藏族手饰材质的多样性特点不仅与藏族自身的生活和自然环境有关，还与和周围各民族之间相融合的文化环境有关，比如康区的妇女喜欢佩戴各种玉石手镯等现象有可能是受其周围的其他少数民族文化的影响。现今社会，的藏民族戒指的质料比以往更加丰富，藏民族以自己的审美观念、各民族文化的差异、商业的眼光等为依据，制造出各种质地不一的戒指，比较常见的有金刚杵天珠戒指、羊眼板珠戒指、纯银雕花、纯银镶蓝宝石、纯银镶嵌紫

① 载 西藏研究（藏文版）.1985年3期.

水晶、纯银镶绿松石、纯银镶红珊瑚。三色铜上刻有六字真言、白铜镶黑天珠等。

从左到右依次为：天珠、红珊瑚、绿松石、蜜蜡

3. 颜色

从颜色上来讲藏族手饰主要以红与绿、黄与蓝、黑与白的对比为主，巧妙地运用金色、复色或者黑、白等中性色等来协调，使色调变得和谐、明快、生动。阿恩海姆说：“色彩能够表现情感，能让人产生不同的联想和感受。”藏地八大色彩（绿、白、黄、红、蓝、黑、金、银）在手饰上的应用比较普遍，尤其藏地五色（绿、白、黄、红、蓝）在藏族人看来，具有强烈的美学表现能力。

（藏族颜色的象征意义）

色彩名称	方位	五色经幡	五佛性	藏戏面具	象征意义
天蓝、藏青	中方	天空	不动如来	猎人	佛教文化中代表威严、愤怒、杀戮；百姓使用则显示富足
白	东方	云	金刚萨埵	男性角色	慈祥、纯洁、美好、吉祥
黄	南方	大地	宝生佛	高僧大德	兴旺、财富，也象征宗教
红	西方	火	阿弥陀佛	国王，浅红用于臣相	在佛教文化中是权势的象征
绿	北方	水	不空成就佛	女性角色	平民颜色，在佛教中表示事业

以上表格里所体现的五色的象征意义是从佛教文化的角度来讲的，同时这些色彩自身还有寓意：白色是吉祥和祥瑞的象征，是善的化身；蓝色（尤其我们最熟悉的是藏蓝或藏青）是蓝天和湖泊的色彩，显得神秘而高远；黄色是大地的本色；绿色是草原的颜色（平民色彩），寓意为生机和活力；红色代表火，被看成力量的象征。五色体现了大自然直观表象：蓝天、白云、雪山、绿草等。同时由褐色、灰色与黄色构成的单调而寂寞的雪域高原，也需要藏族用明快鲜艳的色彩来表达他们丰富的情感，装点空寂的生活。所以，藏族人追求明亮色彩和色相反差的审美心灵，使得他们喜欢在银饰上镶嵌大量色彩艳丽的珊瑚、松石等迎合深色、重色的主体颜色，使藏族整体服饰色彩的搭配更有层次感和美感。

藏族人喜欢在手饰里镶有黑、绿、黄、红、蓝、白等色彩的原因："苯教尚白厌黑，认为五种本源物质生二卵，一卵青色，又生神、人……一卵黑色，……生出饿鬼……"苯教虽尚白厌黑，但佛教里用黑色代表护法神，同时藏族民间也认为黑色是财富的象征。从天珠自身的来源和宗教意义来讲，"天珠"的起源可追溯到公元前3000年至公元前1500年之间。藏族人在其中渗进了各种药物用于治病，并以巫术咒语的图案造型，符画于石材上（天珠），进而有提升精神（灵魂）意识的作用。藏民族对天珠的喜爱不仅仅在于其宗教性，还在于其自身的特性（药性等）的原因使得天珠在藏区得到了广泛的应用，所以天珠本身的颜色（青黑）也自然得到了藏族人的喜爱。藏族人对绿松石的喜好和广泛应用，不仅因其艳丽，还因其在宗教中被认为是神的赐予。藏族银饰上镶嵌绿松石源于其宗教神话中"佩戴绿松石能净化血液"之说，同时也带有苯教万物有灵和自然崇拜的色彩，藏区的柏树崇拜（嘉绒地区）也是藏民崇尚绿色的表现之一。红珊瑚珠的应用也是宗教信仰中"尚红"观念的体现，同时也是万物有灵和自然崇拜的体现。在嘉绒藏族的世界观里，红珊瑚作为吉祥物，含有对水的崇拜（红珊瑚生长于海里，海是水汇聚的地方。海是神秘的，海中的生物都带有灵气）、对色彩的崇拜、对宝物的崇拜。对黄色、红色的普遍应用，也跟宗教信仰有关：寺庙建筑的颜色中以红色、黄色最为突出，喇嘛的服装也以红色和黄色为主，还有佛祖释迦牟尼身着黄色袈裟，宗喀巴大师头戴黄帽，莲花生大师头戴红帽等各种说法；用白色也可以看出自然崇拜的迹象，比如嘉绒藏族"白"石崇拜、"白"马鸡的崇拜等。由此可以看出，藏族在色彩上大胆地运用红与绿、白与黑、黄与紫、黄与蓝等对比色，从手饰的色彩搭配来看，金、银、三色铜为主要色调，在其之上嵌有红珊瑚、绿松石、黑玛瑙、各色的天珠等，体现了藏民族巧妙地运用了色彩的对比美和协调美，反应了藏族的文化信仰。

从左到右依次：绿色、黑色、红色、暗黄色

4.图案

对藏族手饰的纹饰种类有很多种分法，其中比较常见的分法有几何形纹饰、动物纹图案、植物纹图案、文字图案、佛教图案。在《服装佩饰》里提到：“藏族的佩饰是起源于远古的自然崇拜。”①把藏族手饰的纹饰分为两类：一方面从原始宗教色彩的纹饰图案分析，九眼珠、玛瑙、翡翠、松耳石、金、银、红蓝宝石等，皆有辟邪驱魔的功效，这种观念的来源被当代的学者归为“灵物崇拜”。手饰中各种花、草、树木的纹饰，是受到了苯教万物有灵论的影响，因为在苯教世界观里，山有山神，水有水神，树有树神，灶有灶神，世间一切实物都是有灵性的，所以在手饰里镶有各种花草树木其实是苯教文化（万物有灵论）在藏民族生活中的体现。还有一种说法，太阳纹、花草纹、水波纹、雷纹、云纹等几何图样，万字、十字等象征符号是人们用各种简化的图案来表达自己对大自然的审美意识以达到对自己心灵的慰藉效果。其次，在苯教的世界观里，天山有“赞神”、地上有“年”神、水上有“龙”神（自然崇拜），所以手饰里嵌有“龙”有可能是从这个方面演变而来的。据苯教经典《十万龙经》中所记载：“王族龙王的居处……龙宫的基础由玛瑙砌成，护墙由金砖砌成，屋顶用青金石砌成，四个角楼用银铃装饰……龙王右手持闪光的珠宝，左手持盛满珠宝的小口袋……”由此可见，“龙”神又是财神，是一切财富之源泉。在康区男子皆有金、银质双龙头、单龙头，也是苯教世界观里对“龙”的自然崇拜的体现。对孔雀纹饰的喜爱，有可能是受到周边民族文化的影响，比如受到傣族的影响，因为孔雀是傣族的图腾崇拜，而傣族对孔雀的喜爱渐渐地影响到周围其他民族的生活文化。在我们藏民族的日常生活中对孔雀这一生物的应用也是可以见到的，比如孔雀的尾毛插在瓶中放置于神龛上供奉和欣赏，有时

① 张鹰：服装佩饰．重庆：重庆出版社，2001.6.

候把孔雀尾毛挂在墙上作为装饰品放置于佛堂。而且在藏族的锅庄和酒歌里也有对孔雀的颂扬。在民歌里也常把孔雀比喻为美女。《颇罗鼐传》里记载：“……外面罩上青色的外袍，蓝色的波纹褶皱上缀着孔雀花翎……”阿里普兰地区最精美、最独特的服饰是妇女的孔雀服饰。所以，在手饰上见到孔雀的纹饰也是不足为奇的。

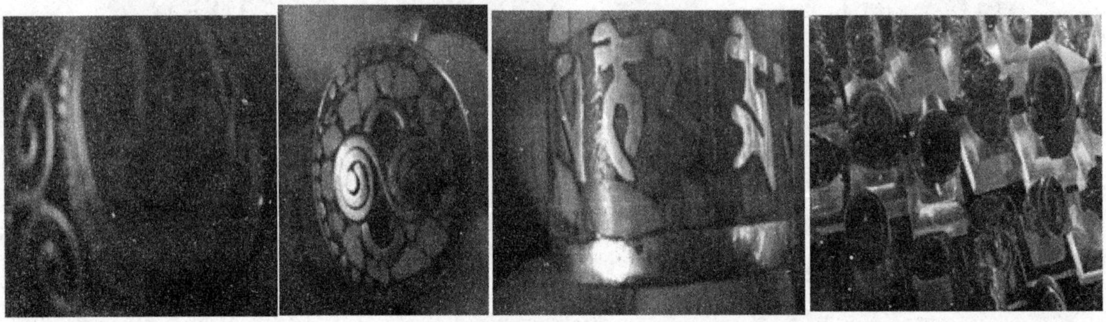

从左到右依次为：佛眼、格桑花、六字真言、镶有9个红珊瑚的银质戒指

（二）手镯

手镯和戒指在颜色和材质上大致一样。在造型上手镯主要以椭圆形为主，并镶有各种形状不一的图案花纹，而且藏族手镯的一个显著的特点就是手镯大部分是活扣的，适合不同的手腕大小，当然也有做成死扣的款式。在图案上也跟戒指的图案大体一样，除了个别的比如尸陀林主、象神等图案纹饰。究其原因，笔者认为是受到了印度教的影响。因为象神是象头神迦尼萨（Ganesha),是湿婆神（Shiva）与雪山女神（Parvati）之子，在印度，人们进行任何活动前均先礼拜象头神迦尼萨，因为他是创生和破除障碍之神，他也协助信众接近其他的神祇，世人相信迦尼萨带来成功和幸福。

象神

尸陀林主

（三）扳指

过去，男子还多在拇指上戴扳指，质料有多种，清代文献记载了当时藏族戴骨扳指的习俗；《西藏志》里也记载了当时西藏的平民戴骨扳指；《西藏的神灵与鬼怪》里记载："……曾作为代言神巫道具的扳指（戴于右手拇指上的空心厚银戒指）就成为了一个令人向往的、具有极强法力的护身符。"相关的藏文文献里有提及扳指，在对扳指的材质、颜色、花纹、造型的介绍里找到了骨质的和银质的空心厚形的扳指，但其他质地、颜色的扳指还没有找到相关的材料。一般的扳指多用犀角、象牙、水晶、玉、瓷、翡翠、碧玺等名贵滑润的原料。普通扳指以白玉磨制者为最多。贵族扳指以翡翠质上选，其色浑澄不一且花斑各异，碧绿而清澈如水者价值连城，非贵胄而不敢轻易戴。

三、藏族传统手饰的功能及适用范畴

（一）功能

1. 审美功能

手饰以及手饰里镶嵌的宝石作为人体的装饰，也是体现藏族审美观的一个最直接的表现形式。如钱敏所说："藏族佩饰装饰纹样在造型中不受具体形象的限制，往往服从视觉上的快感，而突破平凡的樊笼，体现出抽象形式的艺术美感。"[①]比如藏族手饰中以金银饰品和各种宝石为主体，其形态夸张、样式奇特，讲究结构的大气，比其他民族的饰品要粗朴、大方。多样与统一、对称与均衡、 主次分明、对比与调和等美学法则也在藏族手饰中得到了充分的体现。比如各个藏区对手饰材质的选择因各自地域的限制而各异不同但同时又拥有一致性，像绿松石、红珊瑚、金、 银等质地是藏区所有地方的必然选择，这就体现了藏族手饰材质的统一与多样的审美特点。同时，这些特点在藏族手饰的色彩、图案、工艺等上也得到了充分的体现。比如，在色彩上主要以绿、红、蓝，黄等为主，还喜好将这些不同的材料交叉搭配，使其体现出强烈的色彩对比，这主要体现了手饰色彩主次分明、对比与调和的审美特点。

① 钱敏：藏族配饰中装饰纹样．淮阴师范学院美术系．

藏族手饰的审美功能不仅体现了藏族整体的审美观，还体现了个人的审美标准。如个人对手饰质地的选择、对颜色的选择、对图纹的选择以及对手饰佩戴的要求等都可以体现出藏族个体的审美观念。藏族个体的审美观在一定程度上体现了藏族整体的审美观，在此基础上又传承和发扬了整体的审美标准，但同时也有了一定的变化，比如现在年轻人喜欢把佛珠戴在手上作为一种装饰品，也从侧面反映了当代年轻藏族人的审美取向。由以上内容可知，藏族对手饰材质、颜色、造型上的审美观体现出其具有审美的功能。

2.财富功能

游牧的生活方式使得藏族对财富积累的方式也与其他民族有所区别，尤其安多藏族善于把自己的财富转换为金银珠宝配饰佩戴在身上以便于保存和迁徙。女士的服饰有时候是整个家族财富的积累。所以，藏族人平时对服饰、佩饰的要求极其高，他们也很重视这种财富的积累，因为它不仅仅是财富的积累，同时也是勤劳勇敢的直接体现方式，是社会荣誉心理的满足。“藏族服饰的价值是非常昂贵的，一般的盛装都在百万元以上，一套隆重的藏服价值可能超过千万元。尤其像项链、腰带、首饰是代代相传留下来的，有的已有几百年的历史。”[①]可见，藏族服饰及佩饰价值具有传承性。藏族服饰是这个家族的财富，而手饰可以算是妇女们自己家产的主要积累，因为《格萨尔传》里记载晁（chao）同与妻子色错口角，妻子色错索要自己的财产：“……八瓣莲纹金戒指，是我色错的手饰……”色错在索要自己财产的时候，自己的戒指是其财产的主要部分。在其他相关的文章里也提到，藏族姑娘出嫁时，贫穷人家的父母也要千方百计地采买若干贵重的珠宝送给女儿做嫁妆。这些珠宝，由女人自己保存，离异时女人可以带走，作为未来生活的一种保障。就以云南迪庆县为例，妇女们的社会地位或者其家族的富裕程度主要体现在平日里她们所佩戴的手饰上。因为耳饰、项饰、腰饰、颈饰等主要是在盛装的时候佩戴，不可能在平时劳作的时候佩戴，不仅不方便也有可能在劳作的过程中丢失。所以，藏族手饰在藏族妇女的世界里是比较重要的，不仅体现自己的家庭地位、社会地位、经济地位，同时也是体现自己审美的直接媒介。

3.生产功能

关于藏族手饰功能方面的内容，一些文章描述到妇女们在从事挤奶、捏酥油团等劳作时，将手镯往手腕上部一抹，可防止奶水流入袖筒内。昔日，卫藏地区的藏族妇女们在右手

① 李玉琴：藏族服饰文化研究．北京：人民出版社，2010.172.

的手腕上一定要戴珠贝腕环，以免挤牛奶时奶汁滴到手上，然后流入袖子里。据说珠贝腕环是为了奶汁的清洁而佩戴的。另外妇女们觉得自己戴着各种材质的戒指尤其金银质的戒指可以起到辟邪的作用。比如，妇女们劳作时如果戴有戒指可以保证来年的丰收，孵蛋时戴着戒指可以保证全部养活等这样的说法。所以，不管是戒指还是其他的手饰，在藏民的生活中都可以折射出藏民对庄稼、牲畜的希冀，希望来年有更好的收成或者希望生活变得更好。

（二）使用范畴

1. 性别

藏族男女手饰间的区别在于颜色、形状、大小等。女士的手饰与男士比较，倾向于小巧玲珑、色彩鲜艳、经济实惠等特点，男士则倾向于简单、适用且价格相对昂贵的手饰。有些地方，如果女士佩戴的手饰比男士的豪华的话，就会引起其他村民的非议，究其原因，“男士是整个家族的主要力量，家里最具代表性以及最能显示其家里财富状况的佩饰等理应由男士来佩戴”。藏族男士一般不经常佩戴手饰，只是在一些节日的时候佩戴，除了极少数的男士会经常戴一件自己认为是护身符的手饰，比如戴一个扳指在拇指上。但藏族的女士，到了一定的年龄以后一般每个人都会佩戴，妇女们至少会戴一个手饰以当作自己的护身符。有些是家里的长辈送给自己的家传宝物，有些是由自己的另一半送给自己的爱情信物，有些是由高僧大德送给自己的护身符，比如已经开光了的金刚杵戒指等。总之，藏族的每个妇女都佩戴着具有一定意义的手饰。

2. 年龄

藏族妇女都有戴手镯的习惯，有些藏区女孩一般是成年以后才佩戴戒指。“西藏日喀则聂拉木县一带的藏族妇女普遍将一只完整的大白螺套入手腕为镯，平时日常劳作都不会取下。当地有一种说法表示，这白螺手镯自女子25岁戴上后，便一生都要佩戴。他们认为海螺作为护身符，可以保证妇女顺利分娩，并抵御邪恶力量的伤害和防止厄运的降临。”[①] “安多有些地区从小女孩懂事开始就戴手镯。手镯还可以充当订婚信物，馈于自己心爱之人。”[②]有些地区女孩子16岁以后可以佩戴手饰。所以，不管是戒指还是手镯，都是到了一

① 尹伟：藏族女性民俗文化中的海螺．民族研究．2009年第4期．

② 赵嵘璋：安多藏族的服饰习惯及特点．大西北风情．

定的年龄以后才会出现的，它是藏区女孩子成年与否的分水岭，同时也是说明自己可以选择自己爱情的表现方式之一。

3. 区域

藏族的服饰丰富多彩，尤其女性的服饰更加绚丽多彩。其中，手饰在藏民族妇女的装扮中占据重要的地位，因为它在一定程度上可以体现出这个妇女在家庭中、社会中的地位。但是不同地区之间的服饰，尤其是女士的服饰间的差别是很大的。比如安多服饰雍容华贵，以银质饰品为主，以多为美；康巴服饰粗犷豪放，好用蜜蜡、珊瑚、九眼珠等天然饰品为饰；卫藏服饰则典雅古朴，组合饰物奇特怪异。不同地区的装饰或装饰的材质也是多样的，比如“珊瑚、玛瑙、翡翠镶制的金、银戒指，主要流行于青海华隆、大通、果洛等地区，一般戴在无名指或中指上。金银戒指主要流行于青海海晏、祁连、贵德、刚察、湟中、泽库等地区，式样以环形为主。珊瑚、玛瑙、翡翠、琥珀镶制的手镯，主要流行于青海玉树、环湖部分地区以及东部农业区个别地方。象牙手镯，主要流行于玉树、大通、湟中等地区。玉镯主要流行于玉树各地”[①]。藏区的不同地区因自然环境、经济环境、历史文化背景的不同致使人们对饰品的材质、造型、颜色等的选择也有所区别，本文主要以材质为例说明不同地区对手饰材质选择上的异同。阿坝高原牧业区人们在盛装时全身佩戴昂贵饰品，以宝石、金银饰品镶嵌的戒指、项链等为主。康中半农地区，人们在盛装时全身佩戴贵重饰品，用玛瑙、天珠、绿松石等制成的手镯、头饰等，色调鲜艳，对比强烈，形成一种立体装饰的效果。据相关资料表明：“在康区藏族男子喜欢佩戴象牙扳指环和玉石扳指环，妇女喜欢佩戴各种玉石手镯，少数人还佩戴象牙手镯；理塘妇女手戴玉石圈、银手圈、金手镯、象牙佛珠、金银戒指、钻石戒指等稀有宝物为饰品。”[②]物衬人、人衬物，相辅相成，物美人杰，展现了高原人对美好生活的憧憬，给人一种威武、刚毅、剽悍之感。木里藏族的男子也戴手镯，质地有象牙、银、铜等，左手中指戴银戒指。女子大多喜戴玉镯和海螺手镯，海螺手镯只戴一只于右手腕，其他质地的手镯以副为单位戴于左右手。因此，从以上几个方面的内容大概地说明了藏族手饰的丰富多样性，而且我们也可以从手饰中看到藏族服饰区域性差异的特点。

---

① 李玉琴：藏族服饰文化研究．北京：人民出版社，2010.95.

② 李玉琴：藏族服饰文化研究．北京：人民出版社，2010.102

四、藏族传统手饰的制造工艺

西藏在“上丁二王”，采矿冶炼的金属铸造工艺已发展到相当高的水平。据《新唐书·吐蕃传》记载：其铠甲精良，夜之周身，窍两目劲弓利刃不能甚伤。”[①]可见吐蕃人在唐代就掌握了极高的冶炼技术。“宋代，吐蕃人冷锻的兵器，如枪、矛、盾、头盔和箭头等，都是一流的兵器。蕃枪细而长，韧而坚，宋哲宗‘令在京府界诸路马军并习蕃枪’；剑，小而锋利；弓箭，轻巧，射程短，宜于马上骑射。吐蕃人制造的马鞍，宋人谓之‘蕃鞍’，常视为宝物，朝廷用来赏赐有功之臣。”[②]冶炼铜银的工艺技术，为藏族服饰发展提供了物质条件。美丽的藏饰天生拥有那片土地赋予它的神奇魔力。天然石头、珊瑚、动物骨头、白银是制作藏饰的主要原料,就是这些平实的材料,粗糙的外表却有精致的内涵。藏族的装饰品大部分均磨制光滑，制造精细。远古先民创造的人体装饰物，从一开始就显示出它在材质、造型、纹饰、制造工艺等的丰富多样性和独特的区域性特征。西藏的金属工艺，即用金、银、铜、铁、锡等制造的器物大致可以分为两个类别，一是生产生活用品，二是宗教用品。生产生活用品分又分为生产工具、生活器皿和配饰。根据拉萨市城关区1959年资料显示：1959年以前的旧西藏已有完备的金、银、铜、铁、锡五金匠人行业组织。金银匠可制造各种金属首饰、银盘、银壶等13种，铁匠能生产镰刀、犁、藏刀、铁锅等31种。其中一件配饰工序要经模冲、镂、焊接、抛光等，反复加工，小型铜饰则多为浇铸。西藏铜匠在钣金成型、碉楼花纹、拉丝、鎏金方面身怀绝技，故西藏配饰工艺久负盛名。藏族手工艺品制造者们，重视饰品的艺术性与文化性，将生活中的动物、植物以及理想中的吉祥物演变成图案在手饰中展现出来，比如龙、海螺纹、鹰、金刚杵、各种花朵、十相自在、如意狗鼻纹、观音像、吉祥结等符号在手饰的纹饰里普遍见到，而且做工细腻，栩栩如生。

藏饰品制造大都是一种仿古的工艺，很适合当前世人的时尚风格，也适合各种肤色的人佩戴。其中一些银饰品采用了抗氧化处理，表面显得珵光明亮，这种手镯适合手臂皮肤细致的女性佩戴。藏饰品浓郁的文化气息、豪迈的造型风格,不但吸引了现代人的眼球,也撞击着城市人的心灵,在人们厌倦忙忙碌碌的生活，向往返璞归真的生活时,藏饰的神秘感和些许的

① 杨辉麟：西藏的民俗．西宁：青海人民出版社，2009 年 5 月．

② 同上。

浪漫心绪更是令人心驰神往，即使只是平常一般的打扮,搭配上具有藏族特色的饰品,也能使人们在平凡中更加精彩。同时，藏族配饰工艺品寄托着藏民族对神灵的祈祷，对现实生活的珍惜和对未来美好生活的渴望和追求，是融藏族的理想、信仰、财富、文化、审美为一体的一门艺术。

五、藏族传统手饰的文化特点

蒋萍认为戒指有三个文化内涵：爱情信物、财富象征、装饰点缀。就戒指而言，戒指在初始阶段即为装饰和娱乐性的；进入阶级社会而成为权力和地位的象征，并逐渐演变为讯号、标志。即便以装饰美化作用为主导的今天，佩戴者的“身份”依然隐藏其中。藏族手饰的文化特点除了戒指本身的这三个文化内涵外还有其自身的特点。

（一）宗教性

宗教文化尤其佛教文化对藏族社会各方面的影响是非常大的，在文学、艺术、道德观念、价值观念、文化等领域里，宗教的踪影无处不在。宗教对手饰的影响也是非常广泛的，从手饰的材质、颜色、图案到造型等方面可以看出来。从纹样来讲尤其可以看出其手饰的宗教性，比如吉祥八宝、六字真言、十相自在等图案；从材质上讲，比如砗磲、蜜蜡、红玉髓、玛瑙、珊瑚、金、银并称为“西方七宝”，认为它们是供佛修行的最佳持物。藏族手饰中的纹样不会随意变化，因为“这些纹样皆源自藏传佛教中的象征符号，它们都有着特定的造型模式、有着特殊的含义或指向”，①因此，很多人选择佩戴具有传统纹饰的手饰。此外在安多藏族佩饰上镶嵌的珊瑚、绿松石、金银、玛瑙、琥珀、玻璃等珠宝，也在佛教经典《法华经》《般若经》中被列为“佛门七珍”。无论是“八宝”还是“七珍”，他们都蕴含着吉祥幸福、财源旺盛的美好寓意。

（二）象征性与符号化

藏族手饰纹样主要运用象征性和符号化的表现形式，重“意”胜于重“形”。符号化、象征性的纹样表达了特定的意义和思想。如有象征纯洁无瑕、修成正果的莲花，象征吉祥富贵的龙凤纹、牡丹纹、缠枝纹，象征鱼的菱形、三角形，象征山的三角形、折线纹，象征太阳的十字纹，具有轮回象征寓意的佛心印“卍”字纹，“吉祥八宝”以及象征美丽彩虹的五

① 宋宁：论嘎玛藏传佛教手饰纹样的纹样特点 . 中国藏学出版 , 2010 年第 1 期 . 76.

色彩条纹等，这种直接或间接的图形符号的表达，充分体现在藏族佩饰上，共同构成藏族佩饰富有寓意色彩的纹饰。藏族传统的手饰的纹饰大部分都有其自身的象征性意义。

（三）民族性

在藏族人的生活中，饰品不再是简单的装饰，已经成为人民生活的一部分。无论是日常生活、节日还是朝拜，人们都会全身披挂各种饰品。藏族受宗教的影响比较深，从原始宗教到后来藏传佛教的盛行，在藏饰上都有明显的表现，有的图案甚至成为各阶层和职业范围的标志。藏族男女普遍喜爱装饰，除自然条件、宗教信仰外，也有显示藏民族的个性和自尊心的因素。

藏族传统手饰基于审美观、宗教信仰、传统观念的影响等原因在其外观上有相对的稳定性和特殊性，因此，可以作为区分此民族与彼民族的一个特征要素，这一点在需要表达“我是藏族”的时候起到了重要的作用。每个民族的人们都有着对自己民族自觉的归属感，这种对自己民族认同的表达不仅是对他人表达，也是对自己的说话。尤其在现代化、城镇化的进程中，一些显露于外的民族特征如服装等因为渐渐不适合日常生活、学习和工作的需要而隐退时，手饰这种受气候、交流对象等条件影响不大的，本来无关紧要的外在特征就变得重要起来，通过这种方式对民族认同的表达也成为很多藏族人执着于传统手饰或戴有典型的藏族传统手饰的重要原因。

结语

藏族传统手饰是藏族服饰文化的重要组成部分。藏族传统手饰的材质、造型、图纹、颜色丰富多彩，从这些特点中不仅体现出了其自身的审美、财富、生产、商品等功能，而且藏族的审美观念、民族意识、价值观也在其中体现得淋漓尽致。藏族传统手饰不仅是向外宣传本民族文化的最直接的途径，同时也是继承、发扬、体现本民族文化的文化载体。

（作者：取宗，藏族，中央民族大学藏学研究院2014级硕士研究生，藏族宗教文化方向）

（指导教师：罗桑开珠）

浅谈张荫棠整饬西藏吏治

仁青群措

引言

19世纪末至20世纪初，正值清政府内忧外患之际，英帝国主义两次发动了侵藏战争，并强迫清政府签订了一系列丧权辱国的不平等条约，严重损害了中国对西藏地方的主权。清政府为力挽在藏主权，派遣张荫棠随同唐绍仪赴印度与英国谈判。唐绍仪曾留学美国，而张荫棠则做过清政府驻旧金山的领事和驻西班牙的代办。这段经历使他们对帝国主义的侵略本性有直接的认识，使他们的政治头脑和对事务的明辨能力较其他官员更为清晰和有力。清政府选派此二人前去谈判的主要原因之一是因为他们都有过远涉重洋的经历。

一、张荫棠查办藏事的背景

张荫棠，字憩伯，广东南海人①，举人出身。早年曾赴美国及西班牙就职，任清政府驻美领事及驻西班牙代办之职。在此期间，他受到了欧美资产阶级思想的影响，了解世界情势，对外国的侵略有所认识、有所警惕。光绪三十年（1904年），张荫棠以参赞身份随同外务部右侍郎唐绍仪赴印度与英国进行关于《拉萨条约》的谈判。第二年唐绍仪因病回国，张荫棠接议藏约，并被任命为全权大臣。在谈判过程中，张荫棠深切地感受到了西藏地方在帝国主义侵略下岌岌可危的局势，十分关心西藏事务。不仅如此，此时的西藏也已被远在千里之外的清王朝吏治败坏、腐败丛生的风气所感染，在此期间，清王朝在对西藏的施政中暴露出来的问题也越来越多，尤其是个别驻藏大臣不称职，腐败无能，早已引起了达赖喇嘛等西

① 关于他的祖籍有“南海说”和“新会说”两种，这一问题需要加以考证辨析，问题虽小但对研究张荫棠的生平必定有积极意义。鉴于笔者未能加以考证，且同意“南海说”的专家学者较多，此处暂且引用此说法。

藏僧俗上层和普通百姓的强烈不满，被讥讽为“熬茶大臣”[①]。特别是在英国第二次侵藏战争期间，驻藏大臣有泰倒行逆施、丧权辱国的行径更令国人愤怒。他不但不支持藏族人民的抗英斗争，反而从中阻挠和破坏，致使清政府在西藏地方的统治地位逐步削弱。部分驻藏官吏贪污腐化，鱼肉藏民，民族矛盾也在逐步激化。“今藏中吏治之污，弊孔百出，无怪为藏众轻视，而敌国生心。”[②]这些使张荫棠痛切地感到，必须前去西藏整顿藏事。他积极向朝廷建议，主张整顿藏事，抵制英帝国主义吞并我国西藏地方的阴谋。他指出：“我国整顿藏事，迟早皆应举办，今事机迫切，尤为刻不容缓。”[③]光绪三十二年（1906年），张荫棠又致电外务部，详陈英国企图吞并西藏的阴谋及清政府应采取的治藏政策：“英人经营西藏已非一日，耗费不下千万，阴谋百出，令人有不可思议者……（西藏）为川滇秦陇四省屏蔽。设有疏虞，不独四省防无虚日，其关系大局实有不堪设想者……整顿西藏有刻不容缓之势矣。”[④]张荫棠认识到此时正是整顿藏政的最佳时机，除英人的干涉外，还因受了同时期正风行新政的国内势态的影响，它给整顿藏政和筹办新政提供了良好的周围环境。更为主要的是，此时的西藏政局由于十三世达赖喇嘛的出走，内部群龙无首，局面较为混乱，但对于张荫棠来说，这就为他实施各种整顿,减少阻力，控制局面，提供了便利。

张荫棠非常关心西藏事务，提出自己新的治藏政策，受清政府的欣赏和重视，得到了清政府的采纳。光绪三十二年四月（1906年4月），清政府授予张荫棠五品京堂候补，随后又加封副都统衔和驻藏帮办大臣的头衔进藏“查办藏事”。但他坚持不接受“驻藏帮办大臣”这一头衔，他不接受的原因如他自己所述：“查驻藏两大臣，徒有办事之名，几同守府，已为藏人所轻视。”[⑤]驻藏大臣在藏人中早已失去威信，给他戴这么个乌纱帽，对他个人来说虽算是升官，却有可能会“蹈常袭故，复为藏人所轻视，反致一事不能办，适为英人所藉口，于大局无益而有碍。”[⑥]当然还有一个原因就是，所谓“帮办大臣”，明显只是副官，

---

①“熬茶”是藏传佛教的一种布施行为。按惯例驻藏大臣在西藏宗教庆典时，代表清王朝向僧众发放布施。此称意指驻藏大臣除布施外别无他事。

② 张荫棠驻藏奏稿．见吴丰培编 清代藏事奏牍（下）．中国藏学出版社，1994.1318.

③ 张荫棠驻藏奏稿．见吴丰培编 清代藏事奏牍（下）．中国藏学出版社，1994.1304.

④ 张荫棠驻藏奏稿．见吴丰培编 清代藏事奏牍（下）．北京：中国藏学出版社，1994.1305—1306.

⑤ 张荫棠驻藏奏稿．见吴丰培编 清代藏事奏牍（下）．北京：中国藏学出版社，1994.1317.

⑥ 同上。

上面还有一个正的办事大臣，这样一来“遇事掣肘，莫能过问”[①]，关系难处，他还不如保持钦差大臣的威严和自由，更有利于他在西藏的使命。张荫棠后被委以留藏妥办开埠及查办藏事的重任，[②]他受命后由印度途径大吉岭入藏，于同年年底抵达拉萨。

二、张荫棠整饬西藏吏治所采取的措施

张荫棠作为钦差大臣，进藏之后所做的第一件大事就是严惩腐败，整饬吏治。他以“窃维安边之要，首在察吏，必大吏廉洁，率属办事，乃能刚正以服远人”[③]为原则，紧紧抓住了整饬吏治这一关键，他采取的措施有：

（一）揭露弹劾驻藏满、汉、藏各族官吏

1．查处驻藏大臣有泰。张荫棠根据收集到的证据奏呈清政府：“有泰二十九年十一月到任，英军犹驻堆朗，约赴帕克里议和，照十六年条约切实办理，愿即休兵，初无直捣拉萨之意。乃裕钢一误于前，有泰再误于后，藉口商上不肯支应乌拉，不能启程，仅派李福林前往，半途逗留。迨英兵至江孜，又日请有泰往议，仍不敢去，仅派马全骥、刘文通赴江孜，不得要领而还，卒酿成六月之变。有泰始往见荣赫鹏，自言无权受制商上，不肯支应夫马等情，以告无罪，媚外而乞怜。荣赫鹏笑颔之，载入蓝皮书，即以为中国在藏无主权确证。庸懦无能，辱国已甚，……有泰到任半年，毫无经画，坐误事机……坐视藏僧与英军在布达拉山议约十条，无一语匡救，约成哄令画押，仓皇失措。”[④]“英军驻拉萨两月，伙食均自备，其犒赏牛羊薪草等项约费千五六百两，藉端报销至四万……此报销浮冒之弊。”[⑤]此外，有泰还有“纵容门丁需索之弊”[⑥]。

2．查处刘文通等其他官员。有泰新任门丁刘文通“凭权纳贿，卖缺鬻差，其门如市……

---

① 张荫棠驻藏奏稿．见吴丰培编 清代藏事奏牍（下）．北京：中国藏学出版社，1994. 1317.

② 从清初设置驻藏大臣以来，历任大臣均由满族或蒙古族官员担任，从不委任汉员，已成定例。这次张荫棠以全权大臣身份查办藏事，是第一次破格委任，可见清政府对这次查办藏事是十分重视的。

③ 张荫棠驻藏奏稿．见吴丰培编 清代藏事奏牍（下）．北京：中国藏学出版社，1994. 1317.

④ 张荫棠驻藏奏稿．见吴丰培编 清代藏事奏牍（下）．北京：中国藏学出版社，1994. 1319.

⑤ 同上。

⑥ 同上。

刘文通购进藏姬五六人，献媚固宠，白昼挈随员等赴柳林子，召妓侑酒，跳唱纳凉，该大臣醉生梦死，一唯所愚弄”。[①]撤任都司李福林因“贿刘五千两转升游击”。靖西同知松寿欠发兵饷，“侵吞入己”，其子善佑认敌作父，“借敌国势力以图挟制”。“前粮台黄绍勋、王延龄、郭镜清、胡用霖、杨兆龙历任亏挪银五万两……粮台知县李梦弼、同知恩禧亏空骤增至十一万两。”[②]

根据张荫棠的参奏，清廷下令将前藏游击刘文通等革职，归案审办，分别监追。卸任靖西同知知县松涛之子善佑革职，永不叙用，递解回籍，严加管束。署靖西游击周占彪、后藏都司马全骥勒令休职。游击李福林革职留任，戴罪效力。有泰庸懦昏聩，贻误时机，并有浮冒报销情弊，先行革职，不准回京，听候归案查办。后来，张荫棠又致电军机处、外务部请代奏复查各员贪污情形，请旨惩罚。清政府还敕令，西藏前任粮台黄绍勋、郭镜清、胡用霖、杨兆龙等交四川总督招数监追，粮台知县李梦弼、同知恩禧、文案委员范启荣及松涛等押解四川分别追缴。刘文通解往四川永远监禁，并将原籍寄居财产查抄充公，有泰发往军台效力赎罪。[③]

3．查处噶厦地方政府高官及护法神。噶伦彭措汪垫“贪黩顽梗，勒索百姓，赏差银两，任意苛派”，朗子夏番官阳买，“贪酷素著，民怨沸腾”[④]。箭头寺护法神曲吉罗桑四朗“藉神苛敛，亩抽十之四五，怙势横行，重利盘剥，抄家害命，强夺庄田，积资数百万。印藏之战，以将神符咒蛊惑达赖，力言英兵不能到曲水，致大局糜烂等语。经臣访查属实。当以符咒妖术，大背黄教宗旨，饬商上将该护法曲吉斥革，永禁藉神苛敛，为地方除一大害。而商上仍畏该护法曲吉权势熏灼。似此元奸巨蠹，殃民病国。可否请旨将箭头寺四品护法曲吉罗桑四朗、桑耶寺护法曲吉罗桑彭错即行革职，永远监禁。一面饬商上将箭头寺资产查明，除酌留若干养赡寺僧外，由商上查抄充公，为练兵兴学之用。”[⑤]除外，张荫棠还下令将箭头寺四品护法曲吉罗桑四朗、桑耶寺护法曲吉罗桑彭措，即行革职，永不叙用。

综上所述，无论是满、汉、藏族贪官污吏，只要是危害国家利益，张荫棠都进行了严厉

① 张荫棠驻藏奏稿．见吴丰培编 清代藏事奏牍（下）．北京：中国藏学出版社，1994.1319—1320.

② 同上。

③ 张荫棠驻藏奏稿．见吴丰培编 清代藏事奏牍（下）．北京：中国藏学出版社，1994.1330—1332.

④ 张荫棠驻藏奏稿．见吴丰培编 清代藏事奏牍（下）．北京：中国藏学出版社，1994.1321.

⑤ 张荫棠驻藏奏稿．见吴丰培编 清代藏事奏牍（下）．北京：中国藏学出版社，1994.1343.

的惩处，一视同仁。这批贪官污吏的罪恶行为，早就引起了西藏广大僧俗民众的愤怨，当清政府发布命令，把他们一一革职查办后，“藏民欢声如雷……颇知敬畏”①，自此，张荫棠在西藏人民中间赢得了较高的威信。

（二）颁发《训俗浅言》，教育官吏

在张荫棠一系列的治藏举措中，他撰写散发的《训俗浅言》和《藏俗改良》两本小册子里，由于充斥着大民族主义思想，对藏族人民固有的民族风俗习惯等多加指责，令藏人反感不悦，甚至成为了后来人诬告弹劾他的主要依据。然而，我们不能因此而一味地去否定它。就如《训俗浅言》来讲，张荫棠在此书中对官吏的思想教育和行为准则上的要求是值得我们给予一定肯定的。他在此书中写道：“做官者以爱民为本，勿苟图富贵而刻剥百姓……做官者忠心爱国爱民，不贪财不怕死……俭以养廉，不受昧心之财。做官者昧良心贪利，不过为子孙积资财，作马牛，自己却落得臭名万载，却何苦来……人心散涣，各顾私利，外敌即从而欺凌。今前后藏无论汉番官商军民人等，总宜万众一心，互相联络，以充内力，外敌自无由侵入。”②

在《传谕藏众善后问题二十四条》中张荫棠也提建议说：“藏官来往，责民间供应乌拉夫马，实属扰民之苛政，应一律革除。”

（三）惩办亲英官吏，任用爱国贤才

张荫棠除了惩治上面提到的贪官污吏外，还惩治罢免了一批基层亲英官吏，破格任用了一批爱国正直官员。印度人高希所著《中印关系中的西藏》一书中写到：“张荫棠在拉萨整个驻守期间，始终进行排英活动。他罢免了一切有亲英倾向嫌疑的西藏和内地官员，把几个声名狼藉的抗英死硬分子召回拉萨……有亲英倾向嫌疑的日喀则和春丕宗本也被罢免，曾与荣赫鹏使团尖锐对立的康巴宗的泽仁代本却在拉萨受宠加封。”③

① 张荫棠驻藏奏稿 见吴丰培编 清代藏事奏牍（下）．北京：中国藏学出版社，1994. 1361.

② 张荫棠驻藏奏稿 见吴丰培编 清代藏事奏牍（下）．北京：中国藏学出版社，1994. 1353—1355.

③ 赵富良：试论张荫棠“查办藏事”及其治藏方针．西藏研究 1992 年第 2 期．

（四）对各级官吏寄予厚望

由于张荫棠的改革触及了大部分贵族官吏的利益，严惩了他们的贪污受贿行为，引起了他们的嫉恨，尤其是被他请旨惩办的一批满汉藏官吏对他咬牙切齿、含恨于心。由此，在藏仅一年之久的张荫棠便遭众多政敌的弹劾，不得不放下自己的“伟业”，被迫奉清政府之命于光绪三十三年四月（1907年5月）赴西姆拉与英谈判修订“西藏通商章程”。清政府凭几人的弹劾便轻易地撤换张荫棠，这应该与他身为汉人的微妙处境也有关系。张荫棠在临行前所撰《译行商上暨札噶厦劝令速办九局事宜》一文，要求噶厦政府、僧俗官员及驻藏大臣尽心竭力地将他未完成的事业“速为兴办”。他认为“人材愈多，事愈易办……结为团体，切不可自分党派，各怀疑忌，以至人心不固，内里不充，于世无益，反为有损”。他主张用人要“不拘一格”，并寄希望于藏汉僧俗官员：“凡任事僧俗各员，断不可谬执成见，仍沿陋习，不思改革，以自处于劣败之地位，将被强者之鱼肉，可危可惧。勉之慎之。”[①]

结语

对于历史，作为后来者的我们不应苛求，张荫棠在藏时间非常短，仅有一年多。他制定的章程内容虽不少，但当时付诸实施的却并不多。在这短短的一年多的时间里，张荫棠针对西藏吏治方面存在的一些弊端，提出了自己的改革主张，尽管这些并未能全部付诸实施，但在当时的西藏社会，客观上能给老百姓带来一些实际利益，在一定程度上减轻了藏族人民的负担，有利于社会的进步和发展，顺应了历史发展的潮流，对后来驻藏大臣联豫、十三世达赖喇嘛乃至近代西藏噶厦地方政府制定，实施反腐计划是大有裨益的，客观上也起到了很好的借鉴作用。张荫棠整饬吏治，选拔造就了一批贤良官吏，他提出的做官者要以爱民为本，俭以养廉，不受昧心之财以及提出的具体措施都具有一定的积极意义。他的这些观点对于为官者而言，至今仍然具有某种启迪作用。

对于张荫棠在藏整饬吏治所取得的成效，甚至像查尔斯·贝尔这样的敌对势力也不得不承认：“现在，开办现代学校的中国官员们业已到来，大大地减少了西藏官员们从贫苦阶层勒索来的贿赂，并且……做出比西藏官员更为正直的审判。无疑奠定了驻藏大臣所称西藏贫

---

① 张荫棠驻藏奏稿，见吴丰培编 清代藏事奏牍 （下）. 北京：中国藏学出版社，1994. 1371.

苦阶层赞成中国的某些基础。”[①]况且，晚清政府正处于日益腐朽没落的阶段，张荫棠的各种举措也常遭英人及其政敌的干扰，他在如此差的环境、如此短的时间里能取得以上的成绩，当然值得我们给予肯定。

（作者：仁青群措，藏族，中央民族大学藏学研究院2013级硕士研究生，藏族历史方向）
（指导教师：曾国庆）

① 谭·戈伦夫：现代西藏的诞生．北京：中国藏学出版社，1990.85.

阿尔布巴事件略述

肖婧

引言

自13世纪中叶的“凉州会晤”之后，西藏地方正式纳入了中原版图，这一事件也是蒙藏关系新纪元之始。元明清三个朝代近700年的时间，是藏族社会历史文化发展的重要时期，社会文明的各个层面都有了长足的发展。尤其是在清朝时期，中央政府与西藏地方的统属关系得到了更进一步的加强。清朝和西藏地方的最初联系始于1639年，当时远在东北一隅的满洲统治者皇太极派人专程去西藏致书于西藏地方的掌权人和“掌佛法大喇嘛”，要求选派高僧到满洲地区传教。①由此可以看出，当时满洲统治者深知藏传佛教在蒙古地区传播的重要性，也就是后来所说的“兴黄教，即所以安众蒙古，所系非小”②。在这段时期内，中央政府对西藏地方的施政方式也逐渐地由政教分离制转变为政教合一制。在七世达赖喇嘛执政时期真正形成政教合一制度之前，清朝政府对西藏地方一直实行着政教分离的间接统治，并且先后施行了和硕特蒙古汗王制、五噶伦共同掌政制和郡王制三种具体的政教分离的世俗政权统治模式③。阿尔布巴事件就发生在五噶伦共同掌政制时期，《颇罗鼐传》和《噶伦传》的作者多卡夏仲•策仁旺杰就是那个时期的人，他亲身经历且亲眼目睹了这一事件的发生，因此，在这两本书中有关阿尔布巴事件的记载，其可信度相当之高。据《颇罗鼐传》和《噶伦传》这两本书记载，阿尔布巴事件纯粹是一场卫藏地区统治阶级间争夺领导权的斗争；李凤珍在《清代西藏郡王制初探一读清史札记》一书中也将阿尔布巴事件的性质总结为:1727年

---

① 清实录•太宗（卷四九）崇德四年十月庚寅

② 杨群、李红坦：探析珠尔默特那木扎勒事件与清治藏政策的转变，青海民族研究，2005 年第 4 期

③ 陈志刚：论清代前期对西藏的统治．社会科学战线，2006 年第 1 期．本论文将清朝前期对西藏地方施政模式总结为三种：即和硕特蒙古汗王制、五噶伦共同掌政制以及郡王制

的卫藏战争，不是阿尔布巴等勾结准噶尔反对清朝的叛乱，而是噶伦间的争权内讧。①

一、三种政教分离的统治模式

和硕特蒙古汗王制是清朝最初实行的治藏政策，最初来源于17世纪30年代初藏传佛教格鲁派的一次危机。当时，噶玛噶举派红帽系的藏巴汗、青海喀尔喀蒙古首领却图汗以及康区的白利土司顿月多吉三方结盟，形成了一股强势的反格鲁派联盟。在这紧要关头，经四世班禅罗桑却吉坚赞和五世达赖阿旺洛桑嘉措商议之后，决定向和硕特蒙古部首领固始汗②求助。1636年，固始汗带兵入藏，大举消灭了三大反格鲁派势力，并于1642年以达赖喇嘛驻锡地甘丹颇章为名，正式建立了甘丹颇章地方政权。从此，达赖喇嘛和固始汗就分别掌管了西藏的宗教和政治大权。经固始汗、达延汗、达赖汗掌政之后，西藏的政治大权传到了拉藏汗的手里，康熙五十六年（1717年），准噶尔部首领策旺阿拉布坦率兵侵扰西藏，洗劫拉萨，并杀死拉藏汗，拉藏汗被杀事件标志着从固始汗开始的蒙古汗王掌政制度在藏统治近80年之后结束。

和硕特蒙古汗王表③

名字	身份	汗位时间	册封	备注
固始汗（1582年-1654年）	和硕特部首领	1653年即汗位	1653年被顺治帝册封	
达延汗	固始汗子	1658年即汗位		1668年逝世
达赖汗	达延汗子	1671年即汗位 在位39年		
拉藏汗	达赖汗子	1703年即汗位 在位14年	1705年被康熙帝册封为“翊法恭顺汗”	1717年被杀

清朝政府实行的第二种政教分离政策是五噶伦共同掌政制，康熙五十六年（1717年）准

① 李凤珍：清代西藏郡王制初探——读清史札记．北京：中国藏学出版社，2012. 168.

② 固始汗，原名图鲁拜琥（1582—1655年），和硕特汗王哈尼诺颜果尔之子

③ 欧潮泉：藏族历史大纲．北京：民族出版社，2011. 183.

噶尔部侵藏之后，清廷决定废除蒙古汗王制，建立噶伦政府，并先后任命了协助清朝征准有功的前后藏世俗贵族康济鼐、阿尔布巴、隆布鼐、颇罗鼐、扎尔鼐五名噶伦共同掌政，共同处理日常事务。这五人分为两派，前藏贵族阿尔布巴、隆不鼐、扎尔鼐为一派，后藏贵族康济鼐和颇罗鼐为另一派。双方因为某些原因矛盾不断激化，终于爆发了前后藏之战，这也是本文要重点介绍的阿尔布巴之乱。这次事件之后，五噶伦共同掌政制遭到废除，其在藏施行的时间仅有6年。

阿尔布巴事件之后，清朝政府废除了噶伦掌政制，因颇罗鼐在此次事件中表现突出，雍正帝封其为贝子，并命其总理藏政。乾隆四年（1739年）封贝勒颇罗鼐为郡王，《清实录》中对于此事有详细的记载：谕曰“西藏贝勒颇罗鼐，遵奉谕旨，敬信黄教，振兴经典，练兵防卡。著加恩晋封郡王。[①]”从此，西藏进入了颇罗鼐家族总理全藏事务的时代，这是清朝政府治理西藏的第三种政教分离政策。后来，因颇罗鼐之子珠尔默特那木扎勒的叛变，此政策遭到废除，具体记载可以在《酌定西藏善后章程十三条》中找到依据。

二、阿尔布巴事件

（一）阿尔布巴事件的历史背景

17世纪末到18世纪中叶，是西藏地方从动乱走向安定的时期，清廷多次派兵入藏之后，才使得西藏地方逐渐恢复了平静。在七世达赖执政时期政教合一制度出现之前，清朝政府对西藏地方曾先后施行了三种政教分离的统治政策，阿尔布巴事件就发生在清朝政府对西藏实施第二种政教分离政策期间，即五噶伦共同掌政制期间。1717年，准噶尔大军进军西藏，将拉萨洗劫一空，同时将当时掌握西藏政治大权的蒙古和硕特蒙古汗王拉藏汗杀害。准噶尔侵扰西藏的消息传到清廷之后，康熙帝对此谕曰：“此时不进兵安藏，贼寇无所忌惮，或煽惑沿边诸番部，将难处置。”[②]于是清廷先后于1718年和1720年两次派兵进藏平乱。[③]通过清朝政府军队的援助，准噶尔军队被彻底驱逐出藏，从此西藏地方又恢复了往日的平静。准噶尔

① 清实录·高宗（卷一〇六），乾隆四年十二月乙酉

② 清实录·圣祖（卷二十七），康熙五十九年正月壬申

③ 清实录·圣祖（卷二十九），康熙五十九年十月乙卯

侵藏和拉藏汗被杀等事件发生之后，清朝政府深知蒙古汗王制度在藏已经行不通，所以在藏建立了僧俗贵族联合掌政的四噶伦制，清朝任命助清军反击准噶尔有功的康济鼐为首席噶伦，《清实录•世宗》中记载道："颁给总理事务贝子康济鼐印①"。其余三名分别由工布贵族阿尔布巴、前藏贵族隆布鼐、达赖喇嘛的强佐扎尔鼐担任。1723年又提升颇罗鼐为噶伦②，至此正式形成了五噶伦共同掌政制，这是清廷对藏施政的一个历史转折点。

（二）阿尔布巴事件相关人物

五噶伦共同掌政制，顾名思义，就是有五位噶伦共同掌管西藏地方的大小事务，他们分别是康济鼐、阿尔布巴、隆不鼐、颇罗鼐和扎尔鼐。其中前藏贵族阿尔布巴、隆不鼐、扎尔鼐为一派，达赖喇嘛之父索南达杰在其后支持；后藏贵族康济鼐和颇罗鼐为另一派。

1. 康济鼐

"康济鼐，又名岱青巴都尔，原名索南结波，清初西藏贵族，西藏南木林人。曾任拉藏汗地方政权之噶伦兼驻阿里总管。康熙五十六年（1717年）蒙古准噶尔部侵扰西藏，康熙五十九年（1720年）与颇罗鼐联合起义反击准噶尔部。康熙六十年（1721年）因功被清朝政府封为贝子，后来又被任命为西藏地方首席噶伦，后被阿尔布巴等人杀害于拉萨大昭寺。"③

2. 阿尔布巴

"阿尔布巴，又称阿沛•多吉结波，清代西藏地方政府官员，西藏工布江达人。曾任拉藏汗政权之噶伦，并且总理政务。康熙五十六年，蒙古准噶尔军侵扰西藏，于工布地方拥兵自立。康熙五十九年，应抚远大将军十四皇太子胤禵邀请，赴青海噶玛塘（今贵德县）与胤禵相见，任进藏清军先遣队总管。康熙六十年受封贝子兼噶伦，管理工布地方兵马事务。忌首席噶伦康济鼐，欲夺西藏实权。雍正五年（1727年）联合隆布鼐、扎尔鼐等人将康济鼐杀害。次年，被颇罗鼐围困于布达拉宫，后被清军处死。"④

3. 隆布鼐

"隆布鼐，西藏拉萨人，曾任拉藏汗政权主管财务的孜本。康熙五十六年准噶尔侵扰西

① 清实录 • 世宗（卷五十一），雍正四年十二月甲申

② 陈柏萍：从驻藏大臣的设置看清朝前期对西藏的施政．青海民族学院学报，2004 年第 2 期

③ 西藏社会历史藏文档案资料译文集．北京：中国藏学出版社，1997. 11.

④ 西藏社会历史藏文档案资料译文集．北京：中国藏学出版社，1997. 11.

藏之时，奉拉藏汗之命赴日喀则安抚民众。康熙五十九年，赴木鲁乌苏迎接清军入藏，驱逐准噶尔大军。次年，以功封辅国公，兼噶伦，管理拉萨东北一带兵马事务。雍正三年，将女嫁于七世达赖之父索朗达结，平日自炫贵戚，恃势妄行，忌首席噶伦康济鼐。同年，率工布、塔布和霍尔蒙古军，并调运拉萨火炮，先后两次增援前藏军队，与颇罗鼐军战于江孜，次年，被颇罗鼐围困于布达拉宫，后被清军处死。"①

4. 颇罗鼐

"颇罗鼐，本名索朗多杰，西藏江孜人，幼时在宁玛派的祖寺敏珠林寺修习，后至拉萨，在拉藏汗手下任职。康熙五十六年蒙古准噶尔部侵扰西藏，避居江孜。康熙五十九年与康济鼐联合起义反击准噶尔大军，六十年任孜本，主管西藏地方财务。雍正元年被清廷封为台吉，之后升任噶伦，管理后藏事务。雍正五年首席噶伦康济鼐被噶伦阿尔布巴等人谋杀后领兵攻入拉萨，执阿尔布巴等人交清廷处刑，之后总理西藏政务十九年，在整顿藏政和训练地方军队等方面颇著政绩。"②

5. 扎尔鼐

"扎尔鼐，又名角惹瓦，清初藏传佛教格鲁派当权人物。康熙五十九年勘平准噶尔部侵扰，曾亲往藏北羊热口迎接，同年九月，七世达赖喇嘛至布达拉宫坐床，任强佐，总管七世达赖喇嘛事务。六十年被清廷封为头等台吉。雍正元年，被任命为噶伦，主管西藏地方政务。雍正五年与阿尔布巴等人谋杀首席噶伦康济鼐，翌年，被颇罗鼐所执，后被清军处死。"③

(三)阿尔布巴事件的起因

清朝政府施行五噶伦共同掌政制的初衷是好的，然而随着时间的推移，五位噶伦逐渐分成了两派，双方的矛盾不断激化，最终爆发了阿尔布巴事件。阿尔布巴事件的导火索就是噶伦之间的内讧，要想真正的了解此事件的真正面貌，就得先了解噶伦之间的矛盾。

1. 宗教矛盾

"双方的矛盾始于雍正登基之时，即1723年。当时为了减少西藏百姓的负担，雍正帝下

---

① 西藏社会历史藏文档案资料译文集．北京：中国藏学出版社，1997．11—12.

② 西藏社会历史藏文档案资料译文集．北京：中国藏学出版社，1997．10—11.

③ 西藏社会历史藏文档案资料译文集．北京：中国藏学出版社，1997．12.

令撤出大部分的驻藏部队，其结果是使众噶伦失去弹压，开始内斗。”①《颇罗鼐传》中记载道：“康熙皇帝逝世之后，雍正皇帝为了超度亡魂，派人来卫藏供奉寺庙僧侣，康济鼐和颇罗鼐同去禀告达赖活佛，为三大寺和上下密院的僧侣扩建佛殿，然而阿尔布巴和隆布鼐等人因厌恶其他教派，所以不愿意为文殊怙主上师的信徒们扩建佛殿，这就促使了噶伦们的不和，从此结下了怨仇。”②“表面上是教派纷争，实则为统治阶级内部争权夺利的斗争。不同教派群众间的矛盾与统治阶级的政权斗争交织在一起，是导致此事件的主要原因之一。”③

2. 政治矛盾

“在西藏封建农奴制社会中，等级差别就是政治差别”④。清朝政府封授的五位噶伦，都是代表各自阶级利益的贵族，按照西藏的等级制度，康济鼐根本无权出任首席噶伦，然而清朝政府为了巩固对西藏地方的统治，仍令康济鼐为西藏地方政权的最高首领。康济鼐虽贵为首席噶伦，但其势力却远不如前藏贵族的阿尔布巴等人，甚至可以说是无法抗衡的。所以在这种情况下，阿尔布巴等三位前藏贵族必然心中有许多的不满和不服，但是又不能违抗清朝政府的谕旨，这样一来也造成了噶伦之间的矛盾。

3. 经济矛盾

当康济鼐的手下颇罗鼐掌管全藏的财政大权之后，势必会对前藏贵族的利益造成巨大的影响，再加上颇罗鼐又是一位刚正不阿的人，正如《颇罗鼐传》中所记载的那样：“颇罗鼐台吉在任职期间，大公无私，既不玩弄权术，又不唯利是图，并且一直为佛教和众生操劳”。⑤“康济鼐还命令颇罗鼐清查拉萨官吏的徇私舞弊，核查政府的财政收支状况”⑥，这样就直接触犯了阿尔布巴等人的经济利益。如此一来，双方的矛盾就进一步的加深了。

（四）阿尔布巴事件的经过和结果

随着时间的推移，双方的矛盾日益激化，当颇罗鼐意识到危险的存在，并得知前藏贵族

① 陈楠，任小波主编：藏族史纲要．中央民族大学出版社，2014．265.

② 陈楠，任小波主编：藏族史纲要．中央民族大学出版社，2014．211.

③ 李凤珍：清代西藏郡王制初探——读清史札记．北京：中国藏学出版社，2012．120.

④ 李凤珍：清代西藏郡王制初探——读清史札记．北京：中国藏学出版社，2012．118.

⑤ 多卡夏仲·策仁旺杰著，汤池安译：颇罗鼐传．拉萨：西藏人民出版社，2002．193.

⑥ 李凤珍：清代西藏郡王制初探——读清史札记．北京：中国藏学出版社，2012．119.

有意加害他与康济鼐之时，及时地奉劝康济鼐，希望制定相应的对策。然而，康济鼐听了他的话之后，全然不在乎，一字一句间都透露着对前藏贵族的蔑视：“我忠于佛爷师徒，信仰坚定，敬畏四谛报应，皇上谕旨，一一照办，毫无过失。怎么会怕谁呢？尤其是公隆布鼐，我只要拍一下巴掌，就能叫他完蛋。要跟我挑衅，同我较量，可不是白日做梦！”①首席噶伦康济鼐根本不把颇罗鼐的劝告当做一回事。《清实录》中也记载到：“康济鼐为人甚好，但恃伊勋绩，轻视众噶伦，为众所恨。”②颇罗鼐见此状，言道：“那就随大人心意吧，我一向以王臣之礼相待，如实进言，是为了提防灾难，警惕遇害。如果认为我这是在颠倒是非，那么今后一旦遇害，可别后悔。”③“这时，颇罗鼐的家仆向颇罗鼐禀告，夫人身染重病，生命危在旦夕，所以颇罗鼐借回家探妻之由返回其庄园，此时，危险正一步步地靠近首席噶伦康济鼐。终于，在1727年6月18日这一天爆发了阿尔布巴事件。阿尔布巴等人以议事为由，邀请康济鼐至拉萨，想借机除掉康济鼐。”④他们想除掉康济鼐的理由正如噶伦隆布鼐所说的那样：“在皇帝圣旨未到，大臣未来之前，我们必须将康济鼐和颇罗鼐这一伙人全部干掉，那样我们就可以统一西藏了，再不进行此事，以后就不可能有机会了。”⑤“六月十八日这一天，三位前藏贵族将康济鼐邀请至大昭寺觉卧佛殿一侧的办公室商量事情，因为阿尔布巴等人对康济鼐十分亲切，所以此时康济鼐根本意识不到危险，更不知道自己将会大祸临头，所以他整个人的状态一直都很放松，而且笑容满面。当他正在认真审阅公文之时，有人从后面抓住他的发辮，随后三位前藏噶伦挥刀将其砍杀。康济鼐被无辜杀害之后，其随从也被赶尽杀绝。”⑥颇罗鼐得知康济鼐被杀的消息之后心痛欲绝，他认为自己和康济鼐任职期间，一心为着佛教的利益和众生的幸福，在拉萨勤于民政，安定黎民百姓，一直以来皆以法规处理政务，然后到头来却遭此下场，遂决定为首席噶伦康济鼐报仇雪恨。

---

① 多卡夏仲·策仁旺杰著，汤池安译：颇罗鼐传．拉萨：西藏人民出版社，2002. 238.

② 清实录·世宗（卷五十二），雍正五年正月丁巳

③ 多卡夏仲·策仁旺杰著，汤池安译：颇罗鼐传．拉萨：西藏人民出版社，2002. 238.

④ 多卡夏仲·策仁旺杰著，汤池安译：颇罗鼐传．拉萨：西藏人民出版社，2002. 265.

⑤ 多卡夏仲·策仁旺杰著，汤池安译：颇罗鼐传．拉萨：西藏人民出版社，2002. 193.

⑥ 多卡夏仲·策仁旺杰著，汤池安译：颇罗鼐传．拉萨：西藏人民出版社，2002. 244.

（五）阿尔布巴事件的影响

颇罗鼐一方面调动后藏力量，积极备战；另一方面亲赴阿里寻求军事援助。经过几个回合的交战之后，颇罗鼐率兵抵达拉萨，将三位前藏噶伦围困于布达拉宫之中，次日，拉萨各寺庙将阿尔布巴、隆布鼐和扎尔鼐擒获，献给颇罗鼐。在1727年颇罗鼐给雍正皇帝的奏折①之中，我们也可以找到事件相关信息的记载。现将奏折（节选）摘抄如下：

奉天承运大皇帝陛下尊前：

扎萨台吉噶伦颇罗鼐万叩敬禀

顶戴圣旨

为着陛下之朝纲和社稷，台吉颇罗鼐率后藏、阿里之兵，拟为贝子康济鼐报仇，扎什伦布和萨迦等言称要订立和约，但此事事关重大，只有陛下圣聪明鉴，决不能订此和约。

为了佛法宝和藏地众生之安乐，皇帝陛下若不速派大军来藏进行消灭降服，后藏、阿里之兵士定将大失所望。万望广开圣恩，勿弃我等。明鉴、再明鉴。

×月×日于拉孜兵宫拜呈

从这份奏折中可以清楚地看到，台吉颇罗鼐将首席噶伦康济鼐被杀之事禀告雍正皇帝，并将自己打算率领后藏和阿里士兵为康济鼐报仇之事一并禀告，同时也希望皇帝能够为了众生安乐，尽快派大军来藏增援。从中也能够发现，颇罗鼐一直都与清朝政府保持着密切的联系，且事无巨细，一一向皇帝禀告。之后，双方进行了多次激战，最终以颇罗鼐为首的后藏势力取得了胜利。《清实录·世宗》卷七十一中就有相关的记载："二十六日，颇罗鼐率兵直抵西藏，驻藏大臣马喇、僧格"②"即往布达拉守护达赖喇嘛。颇罗鼐一面安抚西藏，一面派兵将布达拉地方围困。二十七日，马喇、僧格回至西藏。二十八日，各寺庙喇嘛将阿尔布巴、隆布鼐、扎尔鼐等擒获"③。颇罗鼐将阿尔布巴等人交给清军，经审判后，阿尔布巴等人被处决④，此事件随即告终。

阿尔布巴事件之后，五噶伦共同掌政制度遭到废除，清廷急需在西藏地方找到一位总领

---

① 转引自，西藏社会历史藏文档案资料译文集．北京：中国藏学出版社，1997. 译自迪克特·舒的藏文印章学基础

② 第一任驻藏大臣：马喇、僧格

③ 西藏地方历史资料选辑．北京：生活·读书·新知三联书店出版，内部发行，1973. 98.

④ 王尧，陈庆英主编：西藏历史文化辞典．拉萨：西藏人民出版社，浙江人民出版社，1998. 4.

西藏事务之人。颇罗鼐在任职期间大公无私、公正廉明，按政府规矩行事，一直以佛教的利益和众生的幸福着想，再加上颇罗鼐在平反阿尔布巴事件中的出色表现，所以他就成为了清政府心中最理想的人选。雍正六年（1728年）十二月，令颇罗鼐专管后藏。[①]从此开启了颇罗鼐家族统领西藏事务的时代。颇罗鼐遵奉清朝中央的领导，实心效力，西藏地方获致前所未有的安定与繁荣。直至乾隆四年（1739年），颇罗鼐被封为郡王。“西藏贝勒颇罗鼐，遵奉谕旨，敬信黄教，振兴经典，练兵防卡，著加恩晋封郡王”[②]，这是继五噶伦共掌政制之后，清朝政府决定在藏施行第三种政教分离的政策，即郡王制，此制度是以颇罗鼐之子珠尔默特那木扎勒被驻藏大臣傅清和拉布敦所杀为标志而结束的。

结语

“1727年的卫藏战争既不是由外来势力蒙古准噶尔部所煽动的战争，更不是由内部势力西藏本民族统治者发动的抗清战争”[③]，而只是以前后藏噶伦内讧为导火索而引起的一场争权夺利的战争。五噶伦共同掌政制是清朝对西藏施行的一种间接的统治模式，阿尔布巴事件发生在清朝，此次事件是西藏执政的噶伦之间爆发的争夺权力的斗争，与清朝政府并没有联系，其中前后藏贵族之间的矛盾随着时间的推移而日益加深，宗教矛盾、政治矛盾、经济矛盾都是引起这场战争的重要原因，这一事件也随着阿尔布巴、隆布鼐、扎尔鼐三名前藏噶伦被清朝政府处决而告终。我们不仅要了解这次事件的前因后果，而且还要将这次事件追溯到当时的历史背景下来看待。从这次事件中也可以看到清廷治理西藏的一些不足之处，在吸取了种种不足之后，清朝政府对西藏地方的治理措施逐渐改变，而且也越来越趋于完善。此事件之后的郡王制、驻藏大臣的设置直到后来的政教合一制，每一种新制度的设立都渗透着中央政府对西藏地方施政的改变，这些改变也使得西藏地方的政策得到改进和完善，对西藏社会的发展做出了重要的贡献。

（作者：肖婧，藏族，中央民族大学藏学研究院2014级硕士研究生，藏族历史方向）

（指导教师：喜绕尼玛）

---

① 清实录·世宗（卷七十六）

② 清实录·世宗（卷一〇六）

③ 李凤珍：清代西藏郡王制初探——读清史札记．北京：中国藏学出版社，2012. 171.

吉祥八瑞之形成与演变

则玛其西

一、吉祥八瑞概述

吉祥八瑞是一组著名的佛教符号，在藏区也被视为吉祥符号的典范。其一般排列为，白伞、一对金鱼、妙莲、宝瓶、右旋白螺、吉祥结、胜利幢、金轮。关于吉祥八宝的渊源，在藏文的诸多资料中都有相同的说法，相传当年佛祖释迦牟尼悟道成佛，转法讲经时，由帝释天、大梵天等众施主敬奉佛祖而呈现了伞盖等八种象征吉祥的供奉物，并因此而出现了很多吉兆，经佛祖加持成为众生吉祥之象征，此外它还象征佛祖的身、语、意及功德。

在藏族艺术中，吉祥八瑞可以分别绘制，可以画成两个、四个或八个一组。当成组绘制时，常常呈宝瓶状。当呈宝瓶状时，没有宝瓶，其他七物呈宝瓶状而代表宝瓶所象征的财富。“人类生活的世界是一个充满象征符号的世界，即符号化的世界，吉祥符号及吉祥文化渗透于任何一文化。其产生归根于人类的吉祥观念、吉凶、祈福、消灾等根植于人类思想的价值观念，因而也产生了原始的图腾崇拜和自然崇拜，以及灵物崇拜”①，经过不断的演绎和发展后孕育了吉祥符号。吉祥符号最初产生于人们对万物有灵的信仰，在历史演变过程中又通过艺术加工，逐渐从崇拜物转化为吉祥物，以其产生来看，大多以神话传说、历史故事、民俗习惯、宗教信仰的形式出现，以取物之形状、属性以及意蕴等等。

二、吉祥八瑞的雏形

(一)印度文化的印象

吉祥八瑞现已是藏传佛教典型的象征符号，在宗教场所或世俗活动都有它的踪迹。但其

① 普华才让：论藏族符号极其象征意义.5页.

渊源并非佛教所独有，也并非为藏传佛教所创。扎雅·罗丹西绕在其著作《藏族文化中的佛教象征符号》中指出，这些符号最初起源于印度、中东和中原地区，而后与藏族本土的雍仲苯教等文化相互影响、相互融合后发展起来。

吉祥八瑞作为具有某种象征意义的符号，最初为印度的一套供物，是国王加冕时获赠的礼品，此套供物的八种器物为：宝座、字符、手印、发旋、珍宝瓶、净水瓶、一对金鱼、盖碗。印度南部早期的一组器物为：拂尘、双鱼、赶象刺棒、宝镜、宝鼓、宝幡、水瓶、灯盏。耆那教也选用吉祥八瑞，可能要早于佛教的吉祥八瑞。耆那教的八种器物为：宝瓶、净水瓶、双鱼、字符、吉祥结、发旋、宝镜、宝座。佛教的吉祥八瑞为之前提到过的白伞、一对金鱼、妙莲、宝瓶、右旋白螺、吉祥结、胜利幢、金轮。

由此可见，吉祥八瑞作为佛教中的符号或是并无统一定义而表现为一整套供物在早期就已存在，并在不同的文化中相传。“吉祥八瑞”作为一整套的概念定义时在佛教，亦在耆那教中所用，但其并非独一无二或并无渊源的一种新生文化。据上述各文化中的八种器物来看，其中一大相同之处是都是选用了八种器物，即凑为数字“八”，另一种则是很多器物都是选用了相同的。作为比印度早期文化较后兴起的耆那教和佛教，与之前的八种器物都有一定的相同之处，耆那教在保留了字符的同时，加入了吉祥结符号，而佛教在引用了吉祥结的同时，保留了金鱼、宝瓶、胜利幢三者，开创性地加入了白伞、妙莲、右旋白螺、轮四者，共为八种。

吉祥八瑞的形成与佛教的发展密不可分，也同佛教形成的社会背景相联系。公元前6世纪，印度大部分地区已经历2000多年的城市文明。这时，随着雅利安人的入侵，印度河流域成熟而发达的城市文明与冥府宗教被雅利安文明和混乱的天界诸神所替代，雅利安人继承了印度河流域的文明并逐渐从旁遮普向南、向东扩张。从公元前7世纪时奥义书[①]中所出现的轮回和一元论可看出土著文化对其所强加的多神论的抵触很大，雅利安人进入恒河流域可能是一个缓慢的过程，而对当地土著文化的统治并非一帆风顺。这时期的雅利安势力已延伸至达摩揭陀和毗提河，当时的国王是主那迦（Janaka），他对那些传布新观念的游方圣贤和智者给予很大的支持。

① 奥义书，婆罗门教的经典之一。音译“鄔波尼煞陀”

到公元前6世纪，早期雅利安人的圣典吠陀已经确立了其“天启”地位，其作者也已成为先知。先后经历了泛神论、尊一神论几个阶段之后，吠陀的神人同形同性论进入一个新的阶段，即为奥义书的一神论阶段。此时吠陀的神祇有大幅度的变动，其古老的吠陀神祇伐楼那已降为小神，战神因陀罗被创造神生主神（Prajapati）取代，它是印度教有神论的主要来源。在《原人歌》（Purusasukta，《梨俱吠陀》第十卷第90首）中所记载的生主神自我献祭：“原人之口，是婆罗门；彼之双臂，是刹帝利；彼之双腿，产生吠陀；彼之双足，出首陀罗。”这便成为了人们对祭祀的性质以及人、神关系认识的源泉，也把人分为四个种姓，为吠陀的种姓制度奠定了牢固的基础。这也成为了印度历史的转折点，古典吠陀时期的中介和奥义书的开端由此开始。在一些奥义书中，原有的种姓制度的权威地位有了些许变动，刹帝利不是以学徒的身份出现而是具有权威的身份，有时也是婆罗门的教师。

此时，恒河流域的城市文明已具有相当长的历史，亦很发达，除此之外也有古老的村庄文化和城镇。经济也得到了较大的发展，国王和各贵族、富商们过着奢华的生活，商人们也积聚了大量的财富，钱币和书写也初现端倪。一些独立于婆罗门之外并与之相抗衡的“异端”思想家由此出现，形成了著名的沙门思潮。其中影响较大者为沙门六师，他们都反对雅利安人注重祭祀的多神论和奥义书智者的一元论。超自然的力量被贬低到无足轻重的地位，沙门六师代表了宇宙自然规律的认识。但关于轮回、业和解脱的观念是沙门各教派的基本教义，后来成为一切印度宗教的基本教义，它并不是来自吠陀教的传统。祭祀作为一种古老的制度一直是印度雅利安文化的中心，但刹帝利地位的提升与轮回、业观念的突出使得祭祀重要性开始降低，苦行取代祭祀成为获得新的生活目标即从轮回中解脱的一种途径。苦行禁欲早在印度河文明中就有，在吠陀中较多，但至奥义书时其苦行目的已从获得神奇的力量转变为使人们从轮回中获得解脱。

沙门思潮就在此种文化背景下出现，其思想各有不同，但都反对婆罗门教的基本信条：吠陀的权威性，创世者信仰，祭祀万能和等级森严的种姓制度。最有名的非婆罗门之学统，为佛教和耆那教。这一时期，婆罗门正统思想与沙门非正统思潮激烈碰撞，出现了印度历史上的思想自由、教派林立的时期，如春秋时期的诸子百家现象。“佛教与它们共同构成沙门思潮，一方面它们与婆罗门教相互对立，同时沙门思潮各个教（学）派也存在着矛盾。佛教正是在与其他诸种学说、思潮的碰撞、斗争中不断壮大丰富，从而发展成为了世界宗教。”① 这个时期的宗教观点对印度文化和思想的发展产生了极其深远的影响。吉祥八瑞作为佛教的象征性符号，其作为一种原有的深层的文化主动融入到佛教文化，同时也被动地引用到了佛教文化，以同样的身份演绎着不同的文化内涵。一种文化模式的存在时间越长，它的积淀就越丰厚，所形成的传统就越牢固，整合能力就越强。佛教的产生亦不能完全脱离当时的印度文化中的吠陀和其他沙门思想，在当时的社会文化背景之下选取立足之道的一种创新。因而，佛教在发展开始就顺应了原有印度文化的稳定性，也利用了文化结构的变异性，选取吉祥八瑞是其表现之一。吉祥八瑞不仅从印度原有文化至耆那教作为一整套器物组存在，金鱼和宝瓶普遍运用于早期印度和耆那教，其历史渊源流长，在梵文中，一对金鱼被称为“双鱼”，暗示其来源，也是恒河和朱木那两大主要圣河的标志。在印度，每年的六七月，印度教会举行纪念黑天神降落下界的节日，即为“宝瓶节”，其子宫形状的圣水瓶尤为受尊重。耆那教和佛教共有的吉祥结，装饰在毗湿奴胸前，是其妻罗乞什密女神的钟爱之物。独列于佛教吉祥八瑞里的妙莲，也有其悠久的历史，吠陀教太阳神的每只手都持一朵莲花，吠陀教的创生之神梵天诞生于一朵金色莲花里，这朵莲花长自毗湿奴的肚脐。佛教亦有佛陀七步生莲的说法。在印度教和佛经中，莲花被隐喻为女性子宫。由此可以看出，佛教吉祥八瑞在原有的文化基础上，选用新的器物或符号，形成自成体系的符号群。轮，不仅是吠陀时期毗湿奴的主要器物，而且是古印度太阳的象征，象征着统治、保护和创生，最初在印度河流域哈拉帕文明遗址出土的泥印章上发现，在印度教中也是一种神的象征或标志。法轮的基础构造的圆形是一个象征宇宙的图案，其中轮轴代表着地球的轴心。

（二）与佛陀的融合

吉祥八瑞一开始就与佛陀紧密联系，伴随着佛陀的“诞生”而形成。佛教传统中认为，吉祥八瑞是释迦牟尼成佛时吠陀教众神敬献给他的供物。佛教选用了毗湿奴的两件器物列入吉祥八瑞，分别为左手持的右旋海螺和右手持的金轮。此两件器物分别由梵天神和大天神因陀罗神敬献给佛陀。在印度教中认为佛陀是毗湿奴十大化身中的第九化身，而其前五个化身鱼、龟、野猪、人狮、侏儒都有这两武器。梵天神第一个在佛陀前现身，献上一尊千辐金轮，象征请求佛陀通过“转法轮”传道。随后大天神因陀罗神献上一只白色海螺号，象征请

① 李建欣：佛教在印度兴起的思想文化背景—沙门思潮论．世界宗教研究．2007年第3期

求佛陀“宣喻佛法真谛”。在藏族佛本生的绘画图中，画有黄色梵天神和白色因陀罗神跪拜在佛陀宝座前，分别献上金轮和白海螺，而地神母献给佛陀一只装有长生不老甘露的金瓶。佛陀在获得圆满之前战胜了四魔，为此佛教徒选用了欲神的摩羯头图案作为军旗，并将四面绘有摩羯头图案的旗帜插在如来佛或佛陀菩提塔的四大基本方位上。众神也选择把胜利幢插在须弥山上，因佛陀战胜了四魔而尊其为“征服者”。

吉祥八瑞随着佛教的发展也经历了不同的时期，佛教早前经历了非偶像时期，佛像最初被画成非偶像或无形的，用其他物化的符号来象征佛陀，比如用华盖、菩提树下的宝座、有神刻足迹的石刻等。通过这些石刻来显现出佛陀的神性，表其神性标识的各种吉祥符号有胜利幢、狮子座、三股叉、三宝、吉祥结、字符、海螺、双鱼，其中尤为盛行的是莲花和金轮。比如印度盛产莲花，据记载古时共有七种莲花（两种荷花，五种水莲），有“七宝莲花”之意。在印度文化中，莲花是生的再生，莲即佛，佛即莲。在佛教的法像、莲座、建筑物等中，处处雕刻、绘制或缝绣各种莲花图样。佛教中莲花是清净、吉祥、圣洁的象征，具有“四德”（香、净、柔软、可爱）和“四义”之美，莲花成为了佛教的观想对象。把莲花的自然属性与佛教的教义、戒律等相联系，形成了对莲花的无上崇拜，在佛教艺术中，莲花成了佛教的重要符号。随着佛教偶像崇拜的转变，这些符号从原本表征佛陀开始转变为其佛陀各种意象的符号，成为了一种图形语言向众生推广佛教思想，这种方法在信息和文字都不发达的早期社会里，有其特殊的实用和普及推广作用。

“早期，吉祥八瑞的组成部分是不同宗教的不同神祇的器物。在早期密宗中，吉祥八瑞被神化为八大天女，以“八大瑞相天女”著称，她们各手持一个吉祥符号作为器物”[①]。吠陀教太阳神的每只手都持有一朵莲花，莲花亦是西方红色阿弥陀佛即莲华部怙主的象征。白色莲花是尸弃佛的象征，白度母手持十六瓣莲花。海螺和金轮为毗湿奴的器物。吉祥结装饰于毗湿奴的胸前，为表对其妻的忠贞。胜利幢是死亡与毁灭之神湿婆的军旗。金鱼是印度大成就者提洛巴的器物，象征着他使众生免受轮回之苦的觉识和能力。

吉祥八瑞与佛陀的完美契合在佛教传统里各有不同，在汉地佛教中，其代表着佛陀身体的八大器官：宝伞代表脾脏；双鱼代表肾脏；宝瓶代表胃；莲花代表肝脏；海螺代表膀胱；吉祥结代表小肠；胜利幢代表肺；金轮代表心脏。而在藏传佛教中，则对应着佛陀身体的各

①[英] 比尔（Beer,R）；藏传佛教象征符号与器物图解．向红笳译．北京：中国藏学出版社，3页

组成部分：宝伞代表头部；金鱼代表双眼；宝瓶代表颈部；莲花代表舌头；金轮代表双足；胜利幢代表身；海螺代表语；吉祥结代表意。由此也可以看出，对吉祥八瑞的理解及象征意义不外乎关于佛陀和佛教，但它在各文化氛围里也有不同角度的理解，不一定是一个模式下的同一种定义。此外，在尼泊尔的佛教当中，一对拂尘替代了金轮，其余七物都一样，由此也可以看出，吉祥八瑞在各地佛教中有相对不同的理解。

三、吉祥八瑞的形成

吉祥八瑞现已成为佛教符号的典型例子，其成为一种真正意义上的符号群及拥有完整的理念系统和体系可能形成于佛教，且其造像及组织考究亦完成于佛教。后期随着佛教的东渐，尤其是藏传佛教的形成和发展，吉祥八瑞从造像及理念体系发展到了顶峰，集文化、宗教、艺术、民俗于一身出现在历史的舞台，亦成为佛教在藏地传播及西藏化的重要组成部分，同时也融合了藏地本土的传统习俗，寓予其藏传佛教的特色，使之成为了佛教本土化的工具及产物，亦是佛教本土化最成功的表现之一。

吉祥八瑞在藏语里译音为“扎西达吉”，意为八种吉祥标志，又称为吉祥八徽、八瑞相、吉祥八宝等。它是在藏区各种场合最常见亦具有深刻内涵的象征符号之一，也是最早在正规经文中提到的符号。

宝伞，藏语为“Gdugs”，亦称为白伞、华盖。宝伞与民间用的雨伞、阳伞形状不同，它源于古印度。相传在古印度，因天气炎热和烈日暴晒，人们用树叶、布片等用来遮阳，逐步发展成为伞状。皇室成员和贵族出行时，以伞避阳，后演化成为仪仗器具，作为皇族或世俗财富和权威的象征，仪仗队伍中的宝伞越多表明身份越高。宝伞作为印度皇室的象征物和保护伞，使人免受阳光的暴晒之苦，阴凉象征着保护人们免受酷热之苦，避开欲、障、疾病和邪恶力量。国王可以撑十三把宝伞，早期印度佛教徒把这个数字看成是转轮王佛头的权力象征。释迦牟尼佛得道后，为众弟子讲经传法，梵天等拿一把饰有绸缎、珠宝的金柄白伞为佛遮阳，并献给佛祖，由此被佛教采用，象征着佛陀教诲的权威，佛法能遮蔽魔障，守护佛法。此后成为了活佛、上师、大喇嘛的专用工具，标志着消除众生的贪嗔痴慢疑五毒。就如阿底峡大师公元十一世纪在西藏复兴佛教，人们认为他有资格拥有撑十三把宝伞的仪仗。

宝伞是一把展开的伞，由伞柄、帷幔和尖顶三部分合成。柄象征着讲修，帷幔象征三藏，尖顶象征三学，荫凉象征拯救一切苦难。现在藏地的宝伞中，其容量可以有四五个人在宝伞下。材料多为木的，也有镀金的，常漆成红色。木制的辐条上覆盖着黄色、白色或多色的丝绸，还缀有丝制、宽短的帷幔，也可以装饰以孔雀翎、珠宝链饰和牦牛尾的挂饰。顶端的源头是镀金的，形状和尺寸都无规定。

金鱼，藏语为“Ser Nya”，它不同于我们常见的鱼，是一种带有胡须的江鱼，称为高原鱼。金鱼常成对出现，通常是垂直平行图即鱼身大部分竖直向上，也有交叉形图案即全身完全或略微交叉，两条鱼头均转向对方且相互对应。金鱼形似鲤鱼，尾巴、鳃和鳍都尤为优雅。金鱼的材料、色彩、质地一般体现为“翅为绿玉，圆眼放光，柔软无比，撇弃无明，标志智慧”。

鱼行于水中，自由自在，在佛教中代表着幸福和自在。在藏传佛教中，常以雌雄一对金鱼出现，象征着解脱的境地，同时象征着复苏、永生等。

宝瓶，藏语为“Bumpa”，常为一些财神的象征，亦以它们的器物身份而出现。传统的藏式宝瓶画为极其华丽的宝瓶，其各个部位都散射着莲花瓣图案。它的瓶底宽大、颈项短细。顶部开口处的盖子可以下旋，盖子周边镶有很宽的装饰图案。底座呈圆形，底座和瓶身上饰有莲花图案。瓶顶开口处镶有一块大宝石，以显其身份宝贵，象征着佛、法、僧三宝。藏传佛教寺院中，瓶内盛装净水和宝石，并插孔雀翎或如意树，标志着聚满甘露或圆满无漏之意。佛教坛城中的大宝瓶一般为金制的，并饰有大量的奇珍异宝。宝瓶亦可安放或埋在圣地，以保周边地区富庶和安抚地方神。

妙莲，藏语为“Padma”，在佛教典籍和建筑经常可见，各种莲花中，以白莲最为高贵，取“出五浊世，无所污染”之义。佛祖亦有一步一莲的说法，它所表现的出淤泥而不染的高贵品质和纯洁象征着独有的圣洁，所以在藏区被视为开悟烦恼的菩萨德性的象征。藏传佛教艺术中有其程式化的形式，多有茎（亦有无茎者），莲叶、莲蓬相称，莲花白里透红，清润柔美。但是，不管是绘画、雕刻，妙莲与实际中的莲花和其他绘画中的莲花都有很大的不同。

右旋海螺，亦称白海螺，藏语为“Dungkar Yarkhyil”，为白色螺旋形，两端较尖的卵形体。在印度教中，其分为阴性和阳性，亦以白红黄灰四种不同的颜色分别划分印度的婆罗门、刹帝利、吠舍、首陀罗四大种姓。①在藏传佛教中，因右旋海螺比左旋海螺罕见，因此尤为珍贵。海螺是藏区最为古老的仪式用品或法器，用其盛满藏红花水，装饰宝座、佛塔、雕塑，最重要的是用于供奉音乐之伴奏，象征佛音吉祥，代表好运。海螺代表佛陀语言，象征佛法教义如螺号声四处传播，名扬大千世界。白色海螺常垂直绘制，在较低处系一根飘丝带。海螺亦可水平放置，盛放甘露或香料。

吉祥结，藏语为“dPal Bevu”，是一种密闭的交织状的生动的装饰物，由盘曲的绳线组成，此结无首无端，表示佛法回环贯通，佛心无法无尽，佛智圆满，求无障碍。藏传佛教里，它亦象征着有关宇宙所有理论和哲学的“梵网经”，象征着佛陀之意，如跟随佛陀之意，可从生存海洋中获取智慧珍珠和觉悟珍宝。

胜利幢，藏语为“Gyaltshan”，又称白盖或华盖、金幢、尊胜幢。它形如收叠的宝伞，上呈椭球状，下为伞柄状。它是一种丝绸旗帜，材质多为木头、布料或金属，圆柱状的窄布往往多于三层，丝质帷幔层叠数目不等，布棚架于木架上，顶端点缀着四条绸带。幢有绸缎幢和铜制幢两种，前者主要置于佛堂内，后者主要置于寺院佛堂（如大雄宝殿）的平顶楼墙四角、门头二旁。它原为古印度的一种军旗，在佛法中标志着佛法战胜四魔、一切烦恼和坚固不衰。藏传佛教中代表佛法胜利，破除一切烦恼魔障，知识战胜无知，或克服一切阻碍，获得幸福和快乐。

法轮，藏语为“Khor lo”，形如圆环，由中心轮轴、轮外框和多个辐条构成，丝带缠绕其身。相传为转轮王的福德威严而形成的作战金轮，不用人力而自转，战无不胜。金轮原为古印度的一种兵器，又是帝释天敬献给佛陀的器物，被佛教收为法器，象征佛法像轮子一样旋转不停，永不停息。藏传佛教中亦认为法轮是三学与三藏转入所化相续之法轮，中心轴代表了戒学，辐代表慧学（轮辐一般由八个金刚杵形构成），轮代表定学。千辐金轮和八辐金轮代表着佛陀上千次的传法活动和佛陀的“八正道”。中心有三个或四个“喜旋”，三个代表佛、法、僧“三宝”，战胜贪嗔痴“三毒”。四个与四大要素相符，象征以四圣谛为依据的佛法。

在藏区，吉祥八瑞在藏传佛教的背景和融合下，被赋予了其深厚的意义和象征意义，使其成为藏传佛教一组著名的符号群，亦成为藏族文化长流中的最为广泛的文化群。

①[英]比尔（Beer, R.）：藏传佛教象征符号与器物图解．向红笳译．北京：中国藏学出版社，12页．

四、吉祥八瑞的神圣化与世俗化

吉祥八瑞在最初的形成与后来的发展过程中，经历了神圣化与世俗化的过程，这是随着它的发展规律而相互转化。吉祥符号从符号学的角度来讲，是将人类吉祥意识（所指）附在具体事物上，通过实物载体来表达和反映吉祥观念意义的符号，它是吉祥意识的产物与外化。作为符号，它是借助能指和所指的联系而产生的，能指即具体的事物，所指即附在上述形象上的概念或意义。这就是吉祥符号，它是记录那些表达吉祥幸福观念的纹样、图案或文字、器物等。宗教信仰为吉祥符号的产生提供了广阔的空间，而吉祥符号则以其独有的形式展现着宗教。

（一）吉祥八瑞的神圣化

"宗教标记或符号的产生一般与宗教本身的特殊性有关，或是来自于对某一宗教具有特殊意义的某一重大事件中的特定事物，或是来自对宗教信仰中的某一核心观念的图解。"① 吉祥八瑞成为藏传佛教的吉祥符号时，从原始宗教和信仰崇拜下自然物崇拜的直接演化而来，赋予其自然物特有的神性和灵性，也在佛教的推动下，从世俗的生活用品中，在宗教中被延伸、借用，赋予其深刻的宗教文化内涵，进而使之成为具有神圣性质的吉祥符号。

吉祥八瑞中的宝伞最初从遮阳物而来，成为印度皇室的象征物和保护伞，亦成为了世俗财富和权力的象征，逐渐转化成为一种社会身份地位的象征，代表着荣誉和尊崇。因此，宝伞在早期佛教艺术中成为了明显的非偶像的象征符号，使其从世俗转向了神圣化，具有神性的特征。藏文的《藏传佛教神明大全》中记载为："宝伞之柄象征讲经修行,帷幔象征三藏,顶珠象征三学,荫凉象征着救众生之一切痛苦"。据《续通鉴》记载：元世祖忽必烈至元七年（1270年），忽必烈根据西藏高僧八思巴的建议，在大明殿的御座上安置了一顶白伞盖，上面用泥金写有梵文，用以镇服邪魔，护国安民。以后每年二月十五日都举行供祈白伞盖的佛事活动，拔除不祥。可见当时元朝皇帝对白伞盖极其重视，亦可知晓白伞已被赋予了极深的宗教内涵。从印度历代国王的宝伞仪仗队伍和藏区达赖和班禅的宝伞仪仗亦可看出，宝伞的世俗象征和宗教神圣象征的一种跨越和自然的融合。

---

①时光、王岚：宗教学引论．北京：中央民族大学出版社，1994年5月第1版．126.

金鱼以其独有的文化特质在不同地域的各种文化当中被赋予了更多的文化意义，包括爱情、地位、权力、财富等吉祥意义。印度、古埃及、中原等均以江河流域为文明起源，金鱼自然成为了其文明中的一大文化，并被赋予吉祥的内涵。在印度，金鱼最初象征着恒河和朱木那河，早在公元二三世纪，鱼就被装在土制的容器里，作为一种好运气的象征，它们自然步入了耆那教及佛教的传统信仰，被赋予宗教内涵，代表着佛陀之慧眼，象征着智慧之意。在藏传佛教中常以一对雌雄金鱼来表达解脱的境地，同时象征着复苏、永生等。

宝瓶，作为一种容器，在很多的文化中被赋予了神奇的功能，往往与超自然的力量联系在一起。在佛教中，《雍和宫法物说明册》中说道："宝瓶，佛说福智圆满具完美无漏之谓"，具一切善业及智慧，满足众生的愿望。在藏传佛教中，常用于宗教仪式中，尤其是密宗修法灌顶的仪式。

莲花，作为一种植物，以其出污泥而不染的品质，为各文化所喜爱。它亦是吉祥八瑞中最知名的图案之一，象征着修佛的正果，亦以莲比作佛法，还有与莲相关的莲花座、聚莲塔、莲花生大士等，都表现了莲花的神圣化。

吉祥八瑞中有几个是从古印度战场的武器演化而来。其中，作为毗湿奴的法器海螺和金轮，成为佛教的吉祥符号，是从不同宗教的神圣性的转化和在佛教中神圣性的升华。右旋白螺是古印度战神的器物，海螺号表示人们在战斗中的骁勇和胜利，同时毗湿奴和阿周那的海螺亦用于战斗。它相当于军号，是力量权威和统治的象征。婆罗门教把战斗中使用的海螺作为宗教统治的礼仪象征。早期佛教徒同样视其为佛陀教义至高无上的象征，此时它不是一种战斗的军号，而是可以祛除邪恶、避开自然灾祸并恫吓一切有害生灵的吉祥的号声，战斗与和平、邪恶与吉祥的角色的转化，以及佛陀宣讲佛法和号召众生利益而获得圆满的努力和精进的佛学内涵，螺号即佛语的宣讲，使它的神圣性尤为明显。金轮，是古印度的一种武器，其轮圈的轮上有六个、八个、十个、最多为十八个的利片，战车上轮辐亦有相同数量的轮辐。佛教视其为"转轮王"的标识，是佛教教义的"法轮"。轮相比于转轮王的武器，可断灭一切"障"和"惑"，佛陀的三次传法亦称为"三转法轮"，使轮的意义从最初的武器转化成了具有神性的法轮。胜利幢，意为旗子、旗帜或军旗，最初亦是古印度的战斗中使用的战旗。一般装饰在战车的尾部或插在宝伞或华盖后面。每个战旗的具体标识各有不同，比如黑天的战旗为金翅鸟图案，阿周那的为猴子图案。胜利幢如之前所述是湿婆的军旗，顶上插有一三股叉，表示其统治“三界”。古印度的军旗因其恐吓威慑的需要常常制成恐怖的样式，其中最为突出的则是摩羯头图案，它亦是吠陀时期欲神的标识。欲神，在印度教中与魔的作用相仿，曾试图阻碍佛陀获得圆满。佛教为表佛陀战胜四魔，选用摩羯头图案作为军旗，象征佛陀战胜一切“嗔”与“蕴”。在藏地寺庙中，常可看到不同形状的胜利幢坐落于各寺庙的屋顶。

吉祥结为罗乞什密女神的钟爱之物，她是婆罗门教和印度教的命运、财富、美丽女神，作为财富和幸福之神，吉祥结自然成了吉祥的符号。关于吉祥结，在各种文化中都有不同的解释，被认为是字符，亦有认为同希腊十字架相同，还在伊斯兰教和凯尔特教的图案中得到了创新。关于吉祥结的来历和说法暂不考究，它最终演变成了佛教符号，代表着佛陀的无限智慧和慈悲，以及“十二因缘”。

（二）吉祥八瑞的世俗化

吉祥八瑞其本身作为宗教信仰的一种象征系统，体现着一定的宗教观念和宗教情感。同时，它的造像、绘画等作为一种宗教艺术作品，渲染某种理想的情调，另一方面其自身也是以某种特定的宗教意识的感性表现形式，具有特殊的象征性。同时，它以艺术的形式展示着某种宗教观念，体现着某种宗教情感，这也为其走入世俗化提供了一个桥梁。

佛教的传入和吉祥八瑞的形成发展中，自然有艺术的引进和发展。吉祥八瑞作为佛教符号被广大藏民所接受，而且成为一种佛和信众沟通的桥梁，后逐渐融入到藏民的生活并以艺术的形式成为生活的一部分。吉祥八瑞图，是藏族民间传统美术中最常见又被赋予深刻内涵和吉祥寓意的装饰图。现如今，它们不仅在寺庙和各宗教场所运用，而且在各建筑物、服饰、生活日用品中广泛运用。在藏族地区，它们几乎遍及各民居、家具、衣物及山体、墙壁、天花板和柱子上，甚至金属、木头、石头、陶器、服装、手镯、项链、护身符、噶吾上都刻有吉祥八宝图，而在回廊壁画、吉祥碗中更为普遍。不仅从佛教的寓意来看，吉祥八宝的广泛绘制时刻警醒人们遵守宗教信条，同时可看出它未完全保留原有的神圣性，而是融入世俗生活中的审美享受和对生活的憧憬。吉祥八宝的世俗化，至今并不是以具体的物体来表现的，如它作为佛教的器物组只在寺院或宗教场所使用，并未被世俗泛用，而更多的是以绘画、雕刻等艺术和附着于生活用品等来表现的。

吉祥八宝有单一体和复合体，单一体为用某一种单一的形象来表示一种完整的吉祥主题。复合体，是由多种吉祥符号组合成一种符号，这是藏民互渗思维延伸产生的最为典型的图案造型，这不仅带有佛教文化思想的吉祥主题，同时也融入了藏民本身追求和谐幸福的思想，这也为其早期的神圣化与现今世俗化提供了一个平台。但是，在宗教世俗化的过程中，有宗教设施和用品的商品化过程表现，以商品性的手段使之失去原有的神性，而完全融入世俗生活，如有些厂商或许不知其宗教背景或文化内涵，把吉祥八宝用于地板或卫生间等瓷砖装饰等，吉祥符号泛滥于各种场合和各种商品上，已经不纯粹是其世俗化的问题，而是有悖于其最初的意义，这是让人值得思考的问题。

结语

吉祥八瑞是至今在藏区喜闻乐见的吉祥符号，作为一个宗教符号，从佛教传入时的舶来品至佛教本土化的过程中，吉祥八瑞本身也融合了本土宗教和文化，成为了集佛教、苯教、藏族历史文化特色的一组吉祥符号群，并被藏区宗教界和世俗广泛使用，成为了藏族文化瑰宝中重要的一部分。其本身发展过程也经历了神圣化和世俗化的过程，在不同文化中以相同质地的角色起着不同的影响。在信息的发展和社会各文化相融的过程中，为了原有文化的更好保存和发展，最佳选择是在原有文化意义的基础上加以创新，注入新生力量使其更好地运用和发展，但是在此过程中如果失去了其本身意义或违背了原有的味道，而使其泛滥到各种场合，是对此种文化的一种不尊重和伤害，这种做法需要我们深思熟虑，也是值得探究的。

（作者：则玛其西，藏族，中央民族大学藏学研究院2013级硕士研究生，藏族宗教文化方向）
（指导教师：才让太）

浅析放生习俗变异的现象及其原因

泽仁翁姆

一、历史上的放生习俗

“放生”通常是指人们救护那些被擒、被抓、将被宰杀、命在垂危的众生的命，将被捕获的鱼、鸟等放之于山野或池沼之中，使其不受人宰割、烹食。放生主要体现了对生命尊严的维护，体现了佛门广大慈悲的救度精神。放生之俗是随着佛教的传入而产生发展起来的，自这一习俗在民间普遍为人们接受后，使原来在苯教影响下无节制地宰杀家畜、捕杀野生动物、毁坏森林等现象得到了彻底的改变，它在客观上起到了保护生态平衡的作用。禁止乱杀乱伐，积极保护牲畜和野生动物，保护大自然在藏族民间逐渐成了一种自觉行动。久而久之拉近了藏族地区人和自然的距离，使人和自然相处得也非常和谐。无论农区牧区，藏族人家家养奶牛，喝的牛奶、用的酥油都是它的恩赐，所以在家畜中奶牛也最受宠。许多山村都有将奶牛尤其是老奶牛放生的习惯。有些奶牛从小就生活在主人家，跟随主人十多年二十年，和主人家庭建立了很深厚的感情，为主人家做出了不少贡献，“吃的是草，挤出来的是奶”所以当它老了后，主人对它就更加关心、更加疼爱，不打不杀任其自由地生活。另外放生对象还有鱼类及野生动物，其结果达到了保护生态的目的。

如在康定，大多数坐落在水边的村寨藏家，从来不打渔，也不吃鱼肉。有些上年纪的阿爸阿妈还经常守在河边，劝说外来渔人不要打渔，甚至将他人打来的鱼买下再放回到水里将其放生。有的人在山上见到受伤的动物，不但不杀它，还给它食物，帮它疗伤，直至伤好再放归山中。 甚至很多地方将本村四周的山和水列为禁山禁水，并且有专人守护，不准任何人上山打猎、下河捕鱼，不准伐木打草甚至放牧等，如果违犯，打猎的枪、捕鱼的网等劳动工具，则会被没收，还要按村规民约予以经济上的处罚。

在康定县一带，只要有人在河边行走，河里的鱼儿们就游到岸边来，并且不停地跳出水面，若有人手拿食物伸进水里，鱼儿会毫不畏惧地从人手里抢食吃。得荣境内还有一座人称是“打开藏区108座神山的金钥匙”的翁甲神山，山里藏马鸡、松鼠、山鸡、兔子等各种小动物到人家里作客的事屡见不鲜，如果不给它食物吃，它们是不会轻易离去的。这一切都和长期生活在那里的藏族人民对它们的保护、爱怜是分不开的。另外也有藏民为了求家人平安而专门放生，这种做法在藏区最为普遍。也有的人将自家某一特定的牛或羊作为放生对象，任其自由生长，不耕、不驮、不杀、不售，死后其皮肉也都不用。也有的人家在自家的羊群中选出一只或几只公羊放生，在它的耳朵上穿个孔，系上不同颜色的布条以示区别。在四川藏区山里草坝子上常年散落着几只、几十只一群的放生羊，其主人已经完全放弃了对它们的所有权。

二、变异后的放生习俗现象

放生是四布施当中的无畏布施，四布施指的是：“慈布施、财布施、法布施和无畏布施。慈布施是法布施、财布施、无谓布施的动机”。所以放生的功德圆不圆满，慈布施是关键的第一步。慈布施就是指发心或动机。发心首先要做到清净，才可以谈后面的三个布施是否可以达到圆满。如：法的慈布施是指发大慈大悲心，即爱惜怜悯众生的爱心和不忍众生受苦的同情心。上师们在放生之前讲放生要如理如法，以上这些是在佛教理论上说讲，但要把这些理论和显示结合起来难度极大。生活中，参与放生的大部分人都抱着求自己和自己相关的人健康、发财、事业兴旺、感情顺利的目的等。如果抱有这样的动机，算不算如法呢？为了健康长寿、事业兴旺等，做佛事也好，念经祈请诸佛菩萨也罢，如果仅仅是只求今生的安乐，没有想到修行佛法、自他安利这样的发心，那放生实质上是一种自私自利的行为，从发心上已经不如法了。如果没有利益众生的发心，即便已经获得健康、富有，却枉费了难得的暇满人身。

随着社会的不断发展，放生的性质也发生了巨大的变化。与原来的宗教意义相去甚远，而最多的是考虑经济和名誉的需要。众所周知，藏传佛教的精髓是智慧与慈悲，但藏族由于各方面的限制，去修习佛法，领会其要领的人很少，一旦离开了智慧它就会变成迷信，迷信很容易受其他事物的左右。这几年来笔者曾经目睹过，也亲自参与过一些放生的活动，发现这其中有越来越多不如法的行为。本人觉得放生要考虑动机、目的、行为、结果。

（一）放生的泛滥，阻碍了当地经济的发展

改革开放以后，地处汉藏交界的康定一带由于其特殊的地理条件，人们的生活有了一定的改善。但正是由于人们有了物质上的保障，他们更多的是想到拿着自己的一点积蓄去放生，去寻求一种精神上的寄托。放生已经形成了专门市场，当地人这种无节制地放生，严重阻碍了地方经济的发展。有的农牧民盲目地将全家人的平安、吉祥、来世的幸福寄托在放生行为上，牲畜倒是“解放”了，一家人却靠政府救济度日。为了来世，不惜自己和家人的今生贫困窘迫，心甘情愿地过苦日子。更有甚者，家里遇到了困难，有人重病缠身或是遭了灾，他们首先想到的不是寻找解决问题的办法和措施，而是企图通过放生来求得奇迹的出现—病人康复、困难消失等等。有的牧民把“百头牛”“千只羊”视为富裕的象征，并且恪守佛教“不杀生”的思想信念，宁肯将牲畜养到老、到死也不肯杀、不肯出售，甚至将成群的牛羊赶到山上放生，不仅破坏了草场，浪费了自然资源，还致使资源不能转化为商品，群众生活得不到改善，更谈不上提高。居士们愿意拿出自己辛辛苦苦挣来的收入参与放生，却被一些唯利是图的商贩利用，往往是放之前，先赚一笔；放之后，捕回来再赚一次。放生的钱赚起来特别容易，如此一来，放生的活动越多，这些人造恶业的机会也会越多。在黑心人的眼里，这些学佛人智商有问题，“学佛学傻了”。在旁观者看来，也很难因为这种“掩耳盗铃”的善举，对佛法生起任何信心，只会认为学佛的人看上去好像没什么智慧。其实，放生脱离了智慧，已经不再是佛法了，但却让不了解佛法的旁观者对佛法滋生出邪见。

（二）为了名誉，不择手段

本来放生是我们面对那些动物，想到同为生命，它们却失去自由，而且随时面临被杀害的威胁，对它们的可怜生起爱惜怜悯之心，发心愿它们能远离痛苦，永具安乐。就如同母亲看到自己正在受病痛折磨的孩子一般，心中时时刻刻，甚至在睡梦中都不忘祈祷孩子能够早日康复，脱离痛苦。如果能让孩子从痛苦中解脱，甚至可以放弃自己的健康，甘愿承受他的病痛。所以在放生时，不要只循规蹈矩地念念仪轨，最好是能在念仪轨之前先做五分钟的观想，在观想中改变自私的发心，而调整到生起一种大慈大悲心的动机上来，然后再念诵四无量心及放生仪轨。如果能如此，慈布施便圆满了。但现如今，随着放生活动的不断增多，越

来越多的人都会聚集在买卖市场，因为聚集人数繁多，使他们滋生了一种攀比心理，为了一时的名气，通常会有商人自行组团，凑钱买放生物，这样一来，当地的放生市场会供不应求，他们就会提前几天去内地购买，并且不辞辛苦地运回当地，等着放生日那天去放生。这样一来，由于气候等多方面的不适应，很多放生物会在运输途中死去，即便不死，在他们放生以后，由于内地和高原的水的差异，它们也活得不长。如鱼分寒带鱼与热带鱼、咸水鱼与淡水鱼、深海鱼与浅水鱼，等等。鱼的存活与水质和水温有很大的关系。放生时只有行善的善心是不够的，还要具备相关知识和智慧，要考虑到被放生动物的生存条件，放生引起的社会效应、环境利弊等。如果把热带鱼投放到寒水池，把咸水鱼投放到淡水河，因不适应生存环境而致死，这是救命呢还是变相的杀生呢？这是善心干恶事。如果不管适应与不适应，盲目地投放大量不适应水质及温度的鱼，致死大片的鱼，鱼尸腐烂发臭，造成河塘污染。而当地的人们从来就没去想过这些问题。如此善业、恶业同时增长，不放也罢。

（三）商贩“良苦用心”，从中取利

现在在藏地，放生活动已经成为一种时尚，而地处汉藏交接商业贸易中心地的康定，更是如此，放生不仅规模日臻庞大，参与人数增多，款项数额也从每次几万元到几十万不等。信徒们热衷的放生活动，让黑心商人和不劳而获的窃贼有了可乘之机。每逢初一、十五，或观音菩萨、阿弥陀佛的诞辰日、圆寂日等都是信徒们组织放生的日子，那些做活鲜生意的商人、屠宰生意的商人也会格外活跃起来，显得异常忙碌。眼下，这种盲目而频繁的放生现象，已经助长出一条暴利产业链，而引起了社会更多人的关注。如在康定，当地的商贩大都是汉族，由于他们在当地生活了很多年，熟悉了当地人的风俗习惯以及地理环境。他们因为知道藏族崇尚放生，就会把鱼分为世俗鱼和放生鱼。世俗鱼通常是卖给那些当地的饭馆和城里工作的人。而体积很小的放生鱼是专门卖给那些来放生的当地人。他们会在放生池附近选择买卖点，说是为了人们方便放生，但经过这些年来的考察，并非如此。结束了一天的放生，他们其中的一些会把刚放生后的鱼抓回去又卖，或直接有人在下游撒网守候，如此一来，一种恶性的生物链就开始了，还有一种现象是在寺庙附近，专为放生驯养鸽子、兔子之类的小动物，被买去放生后，重新收回再卖等。这类事件非假设，实际大量存在。放生正好为这些人提供了大批捕鱼的良机，这是放生的初衷吗？如果放生一只狼，伤害大批的牲畜、

羊群，是善行吗？大量的放生毒蛇，使蛇灾泛滥；放生鼠类，使鼠害泛滥，致使伤及居民的生命和农田，就会引起对放生的质疑不满。有时候被人发现此种恶迹，难忍愤怒，在放生现场就开始吵架，若不小心,也有可能发生打架的行为。这种因放生而发生的人与人之间的冲突，非常不和谐。盲目、愚蠢的放生，已经引起了社会上的不满。实际上这是一种放生的组织者和追随者缺乏智慧、缺乏科学知识、缺乏社会责任感的表现，不值得效仿。

另外，在康定的牧区，信徒们流行给牦牛和羊放生，大批的牛羊被聚集起来，同时赶到草山上，不再为了满足人的食欲，而回归自然重获自由。然而，真的如放生者所期望的吗？我们常常发现一个奇怪的现象，往往放生当天，所有人满心欢喜的看见牛羊们挣脱了缰绳，自由自在地吃草，第二天，大批的牛羊就不翼而飞了。它们神秘消失的背后，隐藏着怎样的秘密呢？若深入地观察，则不难找到答案。如：放生前期，除了信徒和喇嘛们在忙着联系和组织，还有一些人也在忙着拨打电话，到处打听放生的时间和地点。放生当日，参与者的注意力都集中在放生活动上，即便有所警觉，而不过是看看放生周边的环境是否有隐患。这时，那些事先打探好信息的人已经在放生地的外围做好了埋伏，一旦天色渐暗，他们便展开行动。他们捕获了那些被放的牛羊，连夜运往屠宰场进行交易，做屠宰生意的人心里清楚这些是被偷来的赃物，而偷盗者急于销赃，掌控了窃贼的心理，所以可以将价格压到极低，比如市场价3000元一头牛，只用三四百元便可成交。

（四）放生引起的环境问题频繁

藏区也有许多污染环境的民间宗教习惯，如在神湖中大批量地投放宝瓶（袋装或瓶装的各种粮食和多种药物混合物）和哈达，在神山上大量地抛撒隆达（风马），造成湖水和神山的环境污染。这虽是一种古老的宗教习惯，弊多也不宜提倡。近期又有科学家公开表示：盲目“放生”引发生态灾难。他们提出科学的观点：“第一，大批的动物被“放生”，如果能存活，是一种灾难。因为它们原本不是这片生态系统的组成部分，它们所排放的废物对当地生态是一种多余负担，所需要的资源利用又形成了一种竞争。当产生的废物和所需的资源不相等时，就破坏了一种平衡，从而引发生态危机；第二，如果动物不能存活，就成了一种对动物的虐待，是种剥夺动物福利的行为”。如在康定一带，最常见的放生公鸡和鱼。当家里有人生病时，就请活佛或喇嘛打卦，然后将一只或几只公鸡放生，把它送到神山或寺庙里，不管不杀，这些神山和寺庙周围，四季都有成百上千只公鸡，都是当地人放生的。所以造成了对神山和寺院环境的严重破坏。另外，在放生池里每天会有大量的鱼死去，但由于无人看管料理，严重污染了空气，据当地人讲，由于放生池里的鱼来自四面八方，它们会带来不同的病菌，对人体是有害的。而最近几年，在康定有十几个乡的村民都戒了杀过年猪，将大量的猪放到各自的寺院附近，从不去管，由于寺院地处偏僻，附近无田地，于是这些放生猪个个都骨瘦如柴，为了生存他们会将大片草地用嘴撬开，导致严重的草原破坏。

（五）加持不成，心生邪见

通过观察不难发现，大家在放生行为上费力很大，效果甚微，投入大量财物，功德能否得到，心里也没底。很多人初次参加放生时，充满热情，很激动很感动，内心也生起欢喜，目的很明确，一心为了获得功德，得到加持，放生的过程中还常常感动，眼泪都流出来了，但始终不思考，不深入地观察这种放生如法不如法，有没有带来负面的影响。一段时间过后，得不到幸运，也看不到成效，开始抱怨得不到加持，对佛法产生怀疑，心生邪见，由此而退转，甚至影响周围人的放生心念。这样不如法的放生离解脱成佛的道路是更近还是更远了呢？结果显而易见。

三、让放生回归慈悲与智慧的本来面目

本来是善举的放生行为，如今为什么会发展为今天这般费力却微效的尴尬局面呢？我们首先要认识到，放生不是一种沿袭下来的传统习俗，不容许做任何修改。当放生已经成为一种脱离智慧的法门时，它已经变了质，谈不上真正的佛法，如果再不进行改变，把它当成一种法门来修持，不仅得不到佛法的智慧而非常可惜，而且会在这种“病”了的放生行为中变得更加迷信愚痴，这相当危险。

但这并不是在反对放生。放生要继续，尤其对修习大乘佛法的弟子来说，如法的放生行为，仍能帮助大家生起大慈大悲心。但是，对不如法的放生活动的危害一定要有清醒的认识，所以我们下一步应该做的是杜绝不如法的放生，将不如法改变为如法的，缺乏智慧的改变为具备智慧的。依大乘佛法的观点：所有的生命中，最珍贵的是人的生命，三界轮回中最

好的果位是人的果位，所以人们才说“暇满人身”，“人身难得”。那么，我们度众生时，也应从度人开始度众生。这也符合佛教是人本主义的宗教主张，把人的作用始终放第一位，认为“佛是净化的、觉悟了的人，人是污染未净、未觉悟的佛”。其他宗教，比如基督教、天主教，他们建医院、办学校、创孤儿院等等处处以人为本的修持，而眼下我们佛教在救动物方面比较不惜成本。我这样说，可能又会有人站出来提出异议：“难道动物就不用救了吗？”我必须强调的是，并不是说对动物不要有慈悲心，较之人为的大规模放生，我们更应该做的是不要伤害动物，不要破坏它们的家园，不要干扰它们的生活。能对动物造成伤害的最大的群体还是人，从这个角度上讲，对人类发慈悲心，把人“救”好了，动物们的生命自然也就好起来了，我们自己不要杀害生命、伤害众生，这一点能做到的话已经很了不起了。

放生组织可将放生款项筹集起来，比如放生组织每个月放生五千元，我们可以把其中的一千元拿去放生，每个月都存下剩下的四千元，半年或是一年之后把所存的积蓄拿去医院救度一些需要帮助的病人。刚开始的时候可以从组织中选派专人到各大医院进行实际调研。现在学佛的医院领导、医生、护士并不少见，调研时最好能找到这样的医疗机构的佛友，调研的目标是寻找那些因为贫穷，付不起药费、手术费而在痛苦中煎熬的最无助的病人。然后，定时的放生活动照常进行，只是把款项的十分之一用来放动物的生命，十分之九用来实实在在地帮助那些寻找到的病人。把钱直接递到他们的手上，只告诉他们这是修大乘佛法的人提供的一些资助，希望他们能早日康复，不要向他们提任何额外的要求，特别不能以此要求他人信佛。这样被帮助的人至少会对释迦牟尼佛生起感恩心，如果从此也可以发些善心，做一些善事那更好，但这是随缘的事了。

在藏地生活，家境普遍贫寒。那种身处贫穷，又患上重疾，渴望获得资助，又根本看不到希望的心情是最大的痛苦。直至今日，藏地仍然有很多可怜人。他们没钱做手术，买不起药。他们的家人因为贫困也爱莫能助。大家可以跟随自己的上师，走进那样的家庭，当你一迈进他们的家门，就能感受到强烈的痛苦和绝望，你自己也会生起一种慈悲心，伸出援手，希望力所能及地帮助这些可怜的人们。真正意义上的放生就是指当众生（人放在第一位）面临死亡，在恐惧中挣扎的时候，挽救他们的生命，让他们能延长寿命。

如果能这样做，学佛人的爱心之举自然能引起社会的认可和尊重，无论是信仰或是不信仰，从科学或是佛学，甚至国家或个人看来都是非常合理，也会得到尊重，都会自然而然的会对佛法生起感恩心，而且我们放生没必要偷偷摸摸地进行，很轻松，很踏实，也很乐意地去做。同时，那些想在“放生”中取得利益的窃贼、奸商或垂钓者也没有可乘之机了。在这个世界上，每一个宗教都是希望更多的人信自己的宗教，佛教也是如此的。为什么呢？因为觉得自己的宗教是最圆满、最殊胜、最究竟的，正因为如此，有时候也许有过这样的体会吧，自己信佛，身边的人特别是家里人不信佛，就会生起很大的烦恼，通过各种方式，比如用财物收买、讲佛法中的道理劝服、或者干脆强迫他人信佛，这样做真的很不理智。因为信仰不和而激起家庭矛盾，这说明自己的心态和行为出了问题。所以不要再抱怨不信佛的家人“业力大”，而是你自己的修持缺乏慈悲和智慧，走偏了。如果能如理如法的修持，表现出越来越有爱心，积极乐观，助人为乐，心态越来越平和，性格也从之前的刚烈改为柔和，这才是得到佛法的加持。这样的改变，不仅会让自己成为家庭中的和谐因素，也是社会和谐的积极因素啊。看到这样的佛教徒，公众自然而然会对佛法产生好感，或生起信心。所以我们通过这种方式来放生，令人很容易信佛，也会很容易做善事，不杀生，这样很多动物自然而然地就放生了。

佛教哲学讲辩证法，对任何事情，都要辩证地看待。放生需要慈悲，更需要智慧。佛教从来就是反对盲目信仰，而主张依靠逻辑推理证得正确的理由立信，即理信。《律部经典》中记载，佛陀释迦牟尼不止一次地教导说：“众比丘，众善知识，要像锻炼、切磨、鉴别真金那样，对我的言论经过鉴别再进行取舍，不要因为敬仰我而加以盲从。”对佛陀的信心，绝不是盲目的迷信，那不过是宗喀巴大师所言的“没有从理论上深刻理解的任何观点，都像插在泥巴中的木橛，站不稳脚跟。而是以严密精细的智慧，辨明事理，不达到精细入微程度不能轻易知足”的理智信心。所以缺乏智慧的放生活动会成为变相杀生，会成为助长自身和他人邪念的催化剂，会成为破坏我们美丽家园的污染源。所以我们要与时俱进地科学地、智慧地从事放生，力求还原它的本来面目。

（作者：泽仁翁姆，藏族，中央民族大学藏学研究院2013级硕士研究生，藏族历史方向）

（指导教师：喜绕尼玛）

浅析藏区天葬习俗的文化特征及其优越性

泽仁卓玛

一、藏区丧葬习俗概述

人的一生从生到死，生是生命的开始，死是生命的终结，因此对每一个人来说生与死同等重要。故而在历史发展的长河中，活着的人会在人逝世后举行各种仪式仪轨，以此来表示对死者的哀悼。对尸体进行处理，体现的是这个民族在一定历史阶段中对灵魂、生命、生与死的认识，久而久之就形成了各种各样的丧葬习俗。丧葬形式既是社会文化观念的反应，也是一定自然环境作用的产物。在藏族传统社会里，丧葬的形式有多种，如天葬、火葬、土葬、塔葬、墓葬等。由于生存环境、经济状况和社会阶级地位等的不同，人们对丧葬仪式的选择也略有差异。其中，藏民族在漫长的历史进程中孕育出的独特的天葬文化，是传统历史文化和独特的民俗文化相结合的产物，它在藏民族的藏仪习俗中尤为独特。

天葬不同于其他葬俗，它不仅具有占地少、污染小的优点，而且还有利于节约土地、节省财物等,相比于其他的葬俗有明显的优越性。譬如：相比于土葬，天葬不留遗体、不修坟墓，而土葬则违背了保护环境、珍惜土地等国策。在当今“一寸土地一寸金”的社会，自己没有土地来葬埋，买地需要巨大费用。因此，土葬在被社会接受的同时，也给民族、家庭之间带来了无休止的矛盾，尤其是土葬墓地的征用使人们的经济负担加重，并且坟墓几百年放在一处不变，对市容和市政管理等方面影响很大。与水葬相比，天葬是无污染、无浪费的葬俗。水葬造成水体污染，破坏了生态环境，对水生动植物的生存和保护有不利的影响。较之于火葬，天葬是无害空气、无害生态的葬俗。根据相关资料显示，火葬在将尸体高温焚化的过程中形成的骨灰也间接地污染着土壤，尸体的固体残留都会进入土地，对土壤环境的污染是普遍且持续很长时间的。再者在火化过程中产生的诸如二氧化碳之类的气体都会对大气造成污染。其他的殡葬法也无不例外，都会在一定程度上对环境和社会资源造成不良影响。而被藏民族视为最纯洁，最神圣的天葬葬俗，是一次最彻底的回归自然。让亲人回归大自然，消失在混沌的世界中，是藏民族最朴实的心愿，也是最好的慰藉。天葬是藏民族实现心愿最理想的表达方式，它在藏民族的日常生活中起到了积极的意义。

二、天葬对藏族生活的积极意义

（一）天葬习俗体现出藏民族乐观的生死观

关于天葬这一特殊葬俗的起源，目前学术界比较流行的观点有："a.印度来源说；b.本土起源说；c.'原始天葬'发展为'人为天葬'说；d.受到来自中亚古代民族葬俗的影响并且与拜火教之间有密切联系"[①]。尽管目前关于藏族天葬的起源问题仍没有一种一致的看法，其发生、发展及演变过程的来龙去脉依然缺少足够的证据去说明，但是"根据零星的文献记载，佛教后弘期后天葬就成为藏族最为普遍的一种丧葬方式是不存在太大疑问的。而且，自此以后的天葬仪轨中更强化了佛教文化的因素和内容，或者说，天葬的葬仪以佛教内容占主流了"[②]。佛教使天葬得以普遍实行。自佛教传入西藏并得到兴盛之后，原有的在苯教思想影响下存在的天葬形式，逐渐演变成了具有浓厚藏传佛教思想观念的天葬形式，使得天葬这一习俗的起源也打上了佛教的烙印，佛教教义的施舍和利他精神成为天葬的基本原理。佛教的"生死轮回""因果报应"和"布施"等观念也被移植到对天葬的阐释上。

藏传佛教认为人生无常，藏族人崇尚的是"万物有灵论"，人是肉身和灵魂的复合体，人体肉身的死亡只不过是灵魂多次轮回中躯壳的死亡而已，灵魂却是永远存在的。正是在这种佛教生死观的影响下，藏族人普遍轻肉体，重灵魂，轻今世，重来世。在藏民族的生活中，不管是土葬、塔葬，还是天葬，在其本质上反映的都是人民追求未来幸福生活的幸福观和对死亡的乐观态度。"在不了解天葬葬仪的外人看来，藏族天葬习俗是多么地'野蛮粗暴'或者'惨不忍睹'，可是对于藏民族自己来说，不管超度形式如何繁琐复杂、丧葬仪式多么粗暴，亲人对亡者的离去不会过分悲伤绝望，活着的人在情感上抱有美好的愿望，坦然面

① 霍巍著：西藏古代墓葬制度史．四川人民出版社，1995年．

② 边巴琼达著：浅析西藏天葬习俗的成因及文化含义．西藏研究，2005（1）．

对死亡，只祈求亡者能早日往生净土或投胎转世，希望来世有个美好幸福的命运”[①]。有着死亡并不可悲，生命并不可喜的乐观、淡然的态度。

“藏族先民把人类视作物质的一种形态，换言之即把人也当作物质，是可以转化、演化的物质。认为灵魂不仅可以存在，而且可以转世。这种古老的灵魂观对藏族的死亡观产生了深刻的影响，帮助藏族人在其灵魂深处坦然地认识死亡和对待死亡，对待亡者遗体的处理将其定格在物质的范畴，从而面对死亡时也并不恐惧紧张。死者家属通过各种传统的方式和仪式尽可能地让死者的亡灵迅速地离开人间，进入中阴，早日完成转世过程。他们不会过于伤情于亡者的离去，反之更担心的则是死者的灵魂因留恋曾经的生活和对亲人的不舍而滞留家中不愿离去，或四处流浪，成为无依无靠的游魂，而迷失在中阴中。所以，当藏族人过世时，亲朋好友们更多的是祈祷和祝福。这为天葬习俗更广泛的实行打下了较为良好的认识基础，同时反映出了藏族朴素的宇宙观和世界观。天葬这种几乎极致的发挥非理性因素的积极一面的作用，为藏族乐观的生死观的形成创造出了某种特定的氛围”[②]。另外佛教教义的慈悲、博爱、利众、布施的观念也促使天葬这种独特的丧葬仪式在藏族的生活中从古一直延续到现在，成为藏族一种鲜明的特点。

（二）天葬习俗反映藏族的价值取向

“丧葬习俗作为一种文化，它与人类的进步和发展同步，从最初的原始社会走进阶级社会，随着社会的进步和发展，出现了等级分明的等级葬俗，阶级的烙印十分明显。葬俗在阶级社会里，不仅仅反映整个民族的价值取向，同时也反映出了不同等级、不同阶层社会成员的价值取向”[③]。生活在青藏高原的藏族的丧葬习俗同样也体现出了这种功能。藏族因社会历史原因、经济条件和生活环境等多种因素，形成了不同种类的葬俗。而各种不同的丧葬习俗也体现出了不同的规模和形式，有着较明显的阶级等次，反映出藏族的一种价值取向。

在特定的历史环境中，水葬、塔葬、火葬和土葬，表现出了藏族社会意识形态中的等级偏见和深层次的思想观念。例如，在古代藏族社会中，人们将水葬视作贫贱的葬礼，使用于

① 格桑本、尕藏才旦著：藏族丧葬文化—天葬．甘肃民族出版社，2000.

② 李苗苗著：藏族天葬源起及文化价值探析．西藏民族学院学报（哲学社会科学版），2008(6).

③ 格桑本、尕藏才旦著：藏族丧葬文化—天葬．甘肃民族出版社，2000.

贫困人家、乞丐、孤寡等社会底层人物。如《西藏苯教》一书中写到："在青海兴海县牧区，水葬的对象主要是患传染病死亡的、不正常死亡的、以及夭折的小孩等三种人"①。因为受到古代藏族先民认为水葬是贫贱葬礼的影响，像现在青海共和一带的人们仍然流传着这样的观念。因此，水葬未能成为藏区流行的葬俗的原因之一也在于此。但是，随着佛教在藏区的深入发展，藏族深受佛教思想的影响，人死后尸体要以何种方式进行处理，采用何种葬法并非由死者自己在生前决定，也并非由死者的亲属选择。通常根据喇嘛们对天文星象等的卜算来决定。所以，如今水葬也已成为社会公认的一种丧葬方式。如 ：四川省甘孜藏族自治州的甘孜县，现在就有相当一部分的人选择死后实行水葬。又如：塔葬是在佛教思想观念的基础上形成的特殊葬礼，被视为是佛教思想和藏族土葬融为一体的丧葬方式。这是专属于具有影响力的高僧大德的丧葬方式，一般僧人都不具备塔葬的条件。丹珠昂奔教授在他的著作《藏族文化发展史》中提到："塔葬为上，但这是大活佛尸体的处理办法，非一般人所能获得。将尸体用盐水擦抹、风干后，涂以各种贵重香料放入塔内，供人供养、瞻仰"②。塔葬是藏族葬礼中最高贵的丧葬方式。在藏区土葬是吐蕃早期社会底层人的丧葬方式；火葬是随着印度习俗传入藏区的丧葬习俗，一般对高僧大德施以火葬。而天葬的形式、规模和特点让人们去选择平等的死亡去处，表现出极强的平等意识和平民理想的价值取向。

（三）天葬习俗所体现的藏民族的生态观

天葬习俗最突出的特点就在于，通过天葬师的手把死者的躯体肢解成小块，以"饲鹫"的形式喂给秃鹫，其中既有佛教教义布施思想的影响，同时又体现出藏族先民由来已久的环境保护意识。

藏区以天葬为主要的丧葬习俗，尽可能少地占用空间和土地，不耗费过多的精力与时间，以不影响同胞及其他生物的生存发展空间、不破坏生态环境为宗旨，从而赋予了天葬葬俗卓越的环保功能。天葬拥有与自然界产生平衡的能动力，以努力寻求维持生态平衡为目的，确保人与自然拥有一个和谐、互惠的生存环境。

自然环境哺育万物，为在世上生存的人和所有的动植物提供了生存所必需的阳光、空

① 察仓·尕藏才旦著：西藏苯教．四川人民出版社，2006.266—273.

② 丹珠昂奔著：藏族文化发展史（下），兰州出版社，2001.861.

气、淡水及各种生产、生活用品。藏族从古至今世代生活在雪域高原上，这里的每一缕阳光、每一捧清泉、每一口新鲜的空气和每一寸洁净的土地，让藏族人民得以生存和繁衍。在严酷的自然环境中，藏族人对大自然赋予的恩泽更是感受深刻，并把这种情感深入内心，用他们的行动展现在了世人的面前。在长期的高原生活中，藏族人体察到生态环境变化与人类生活环境有着直接的利害关系，因此，对大自然的慷慨解囊抱有强烈的报恩意识。“藏区的天葬习俗秉承不乱开垦一寸土地、不乱砍伐一棵树木、不乱挖掘地下矿藏、不污染生命的源泉、不迫害弱小的动物等行为为准则，通过以身作则，尽自己最大的努力去保护上苍恩赐的生态资源，坚信人与自然为一体，人对自然要小心呵护、精心保护，保护自然就相当于是在保护自己。通过合理的葬俗，藏族不断调适自身生存环境中社会环境和自然环境的冲突和矛盾，使二者在长期的相互磨合中不断地趋于和谐，最终达到维持生态平衡的客观作用，使众生拥有一个趋于和平、稳定的生存环境”①。

我国的母亲河长江、黄河从青藏高原流向祖国的大江南北，供应着千千万万中华儿女的饮水资源。正是因为藏族根深蒂固的生态保护意识，使雪域高原的生态环境一直处于一种良性循环的状态，既保护了“中华水库”的涵养蓄积，又调控着气候，使人与自热的关系处于一种平和的状态。

藏族对死亡的处理方式，充分表达了他们对环境的热爱和对大自然中所有动植物的珍惜与爱护，展现出了藏族古老的生态保护意识。这一意识也可以从藏族所独具的天葬习俗中探知一二。从这种生态保护观念中，能够让我们切身感受到藏区天葬习俗所体现的，藏族高尚的道德水准和热爱大自然并保护大自然的高尚情操。同时，透过天葬所体现出的藏族生态观，我们也可以对佛教提出的维持生命体之间的正常关系、正确处理生命体与生存环境之间的关系的基本原则也有一定的了解。就某种程度而言，天葬习俗给人们灌输的是一种积极、健康的思想观念，旨在让人们对自然环境进行保护和爱惜，也是对促进当代社会所提倡的建设社会主义和谐社会注入一种积极的因素。

（四）天葬习俗推动藏族医学的发展

公元七世纪，由于佛教在西藏的传入，藏地开始普遍地实行天葬。藏族古代的解剖尸

① 阙阅著：藏族丧葬习俗的文化人类学分析．青海民族研究，2004(3).

体，也是从天葬开始的。天葬习俗的广泛流行也为藏族医学的发展提供了便利条件。它使藏民族有机会较早的接触到人体本身，获得较多的人体组织结构、人体解剖学、人体胚胎形成和发育等的相关知识。对藏医学家们关于人体解剖方面的研究探析，提供了丰富的原始资料，并为人们提供了实际的操作和实践机会，使高原医学得到了充分的发展，同时也为人类医学事业做出了重大贡献。

“藏医学的专著《四部医典》《实践明灯》《经验明了》等出自吐蕃王朝‘医圣’宇妥·宁玛云丹贡布的手笔。成书于公元8世纪，比欧洲的首个病理解剖早5个世纪。《四部医典》的第二部《论述本集》就讲了人体解剖、生理、病因、病理等诊断治疗原则”①。据“《藏医史》记述，藏医历来重视医药图谱的编绘。早在公元8世纪初，吐蕃王朝王室侍医比吉·赞巴希拉，就曾编绘有《尸体图鉴》《尸体分剖图》《活体及尸体测量》等书”②。“公元12世纪，宇妥·萨玛云丹贡布在传讲《四部医典》时，曾亲自绘制接骨图画。并编撰《脏腑解剖图》一部”③。“公元13世纪，萨迦王朝名医昌狄·班旦措吉在人体解剖和药物图谱的绘制方面造诣很深，编写的《解剖明灯》足够可以证明：如果没有对人体解剖结构的细致观察，是不可能有这些科学的描述和著作，无疑天葬习俗活动给藏医学家、解剖学家提供了实地观察的场所。天葬活动也为临床病理诊断提供了极为可靠和难得的解剖资料。在五世达赖喇嘛时期，在摄政王第司·桑结嘉措亲自主持下，于公元1688年完成了60幅成套《四部医典系列挂图》。后又增加画幅，于1703年绘制成包括《人体骨骼》《人体脉络》《人体脏腑解剖形态》等79幅成套的《四部医典系列挂图》。其中《人体胚胎发育图》尤值一提。藏医在解剖孕妇尸体时，就观察到不同时期的胎儿在母体内发育、成熟的过程，并用彩图形式将其形象地描绘成婴儿胸腹形成的鱼型期、手脚形成的龟型期和身子形成的猪型期三个阶段。这一理论也比欧洲的胚胎学早9个世纪”④。藏医学家除了有丰富的医疗实践活动外，尚与藏医学家敢于亲自拿起解剖刀获得人体解剖知识有相当大的关系。如“洛桑·伦巴不仅是一位著名的大密宗师，还是一位高级的藏医师。他可以通过尸体解剖，检查各个器官，立刻可以判断死因。这主要取决于他在年轻时跟着天葬师到天葬场亲自学习人体解剖的知识有

① 洛嘉著：藏族天葬与古代解剖学．中国民族，1989（9）．

② 洛嘉著：藏族天葬与古代解剖学．中国民族，1989（9）．

③ 洛嘉著：藏族天葬与古代解剖学．中国民族，1989（9）．

④ 洛嘉著：藏族天葬与古代解剖学．中国民族，1989（9）．

关”[①]。“在1704年，藏医师兼民族绘画家洛扎•旦增诺布在天葬台亲自观察了一些尸体解剖后，一反正统的宗教观念，冲破宗教思想的传统束缚，在绘制的79幅彩色《四部医典系列挂图》中正确地把心脏绘在胸腔正中偏左的位置，心尖朝左下。绘制医学彩色挂图，准确表达心脏解剖位置，这不仅在我国是首创，而且在世界医学史上亦为之罕见，也为医学科学的发展做出了巨大的贡献”[②]。

另外还有1989年出版的《高原临床外科学》一书中记录，拉萨地区一千三百六十八例野外尸解材料即来源于天葬台，得出“西藏高原地区包虫病患病率为25%，20~30岁者占50%以上”的可靠资料，这对现代高原医学的发展起到了积极的作用[③]。

三、天葬习俗对当代社会的启示

我国由56个民族组成，每个民族都有着自己优秀的文化瑰宝，是构成中华文明不可或缺的组成部分。各民族的优良文化，不仅为社会提供了丰富的精神食粮，而且也是建设人类文明和规范社会秩序，构建社会主义和谐社会的润滑剂。对提高中国国民素质、增强民族自信心和凝聚力具有积极意义，有利于社会进步。但是传统文化又似一把双刃剑，在某种程度上，由于人们对其错误的理解，又会导致多种问题的滋生。在过度追求经济效益和社会各方面进步的同时，也面临着因过快、过度发展而引起的人与自然、人与社会和人与人之间的种种冲突与矛盾。因此，在寻求经济快速发展，实现人们小康社会梦想的同时，把握并处理好随之而来的种种问题，也是我们在发展中必须要面对和解决的问题。

（一）对保护环境提供有益启示

中国是一个世界性人口大国。据统计，中国每年死亡人口近千万，生老病死是人生常态，是每个人一生终要面对的问题。但是，由于受儒家“孝道”思想及中国传统的“入土为安”思想的影响，再加上如今社会中个人思想的膨胀及封建残余思想的存在，致使很多人在人死后兴建豪华墓，更有甚者花巨资建造奢华活人墓的情况在当今社会已是屡见不鲜。在一

① 温志大著：天葬习俗与医学科学的发展．西藏民俗，1997（1）．

② 温志大著：天葬习俗与医学科学的发展．西藏民俗，1997（1）．

③ 同上。

些经济发展较快的地方，因“生要有立足之地，死要有葬身之所”观念的影响，人们认为坟墓占地宽、墓碑精美的葬式既能真正告慰逝去的亲人，又能显示死者的财富、身份和地位，更是后代的荣耀，所以坟墓越建越豪华，占地面积越来越大。另外，受风水迷信思想的影响，人们更乐意在耕地、林地、草地等“风水好”的风水宝地上修建祖坟，希望能惠及子孙后代。如今，不仅是个人通过建造活人墓和豪华墓占用了土地，甚至某些村组织在利益的驱使下，将耕地和林地等以“青苗费、林木费”等名义变相地卖给墓地经营者，而试图从中取得利益。在这种非法占用大量土地建造墓地的行为日趋普遍的情况下，使我国人均土地资源紧缺和森林资源贫乏的我国面临更严峻的挑战和更大的压力。“截至2008年，我国因为土壤污染、水土流失、土地沙漠化、‘以租代征’、违反土地利用总体规划用地、未批先用土地、违法占地、用地等原因导致土地面积退化，耕地面积大量减少”。在社会经济、文化、政治都得到前所未有的发展的同时，我们正面临着种种危机，其根源就在于人类自身的“贪欲”。倘若人类能够稍微地控制住自己的欲望，爱惜并保护人类赖以生存的自然环境，那么我们可以完全避免当今所面临的种种危机。如果人们能够正确的意识到我国是人多地少的国家，并且随着人口的不断增长，耕地面积越来越少，18亿亩耕地红线的“防守”形势日趋严峻，保护耕地已成为国家战略性的重大问题的事实的话，我们如今的境况也不至如此。

作为世界第一人口大国，中国用全球7%的耕地养活了占世界22%的人口，成功解决13亿人口的吃饭问题。随着中国工业化和城镇化进程的加快，土地需求量持续扩大。兴建豪华墓、活人墓成风，死人与活人一起争夺子孙土地的现象，既浪费了土地资源，也不利于节约耕地。不符合当前我国构建和谐社会，建设环境友好型、资源节约型社会和构建社会主义新农村的理念。在相当长的时期内，中国都将面临土地供需矛盾尖锐的现实挑战。面对这类法律屡禁不止的问题，我们要在社会道德建设方面加以约束。藏区的天葬习俗就从此角度出发为保护环境、节约土地提供了有益的启示。藏族在人死后实行天葬，死后不树墓碑，不建墓室，不占一寸土，不让亡人和活人抢空间，在最大程度上不仅保护了环境、节约了土地，而且对今天提倡理性丧葬，正确认识墓地之所以存在的真正含义，杜绝豪华墓、活人墓有良好的启示作用。

（二）天葬师的奉献精神为规范人们的职业道德做出了榜样

天葬师，藏语称之为多丹是一种职业称呼，是藏族天葬习俗中不可缺少的重要角色。在整个天葬过程中担任着从肢解尸体到将尸体喂给秃鹫等一系列重要环节的工作，充当着天葬习俗得以传承的灵魂人物。他们普遍有着高超的医学知识，经过无数次的人体解剖，他们对人体的经络、血脉和病症、死因等十分熟悉，从而成为出色的解剖专家，甚至能在解剖过程中分辨出死者的死亡原因。

在藏区，天葬师是一个尴尬的职业。大多数人死后都离不开他，可是活着的时候又不愿意去接近他。因此，天葬师一般都会主动地将自己孤立开来、远离人群。可即使如此，由于天葬师工作的特殊性，使其职业有着不同于其他职业的、特殊的行为规范、责任和道德要求。他们仍然非常地敬业，具有职业道德，在默默地做着自己的本职工作，送一个个亡灵进入“六道轮回”，为社会做出特殊的贡献。

在藏区，天葬师把自己的职业看作一种“善业”“功德”，因此，他是按劳取酬，不讨价还价的，一般都是由死者亲属馈赠的，有时候数量不多，有时候也可能很可观。天葬师自身所体现出的不贪财、不敛财的行为规范和职业素养，不仅为规范我国新时期社会下，从事各行业的从业人员的个人道德和职业道德做出了榜样，并且提供了启示。

天葬师的奉献精神启发我们，各行业的从业人员应本着为人民服务的精神，满足社会对公众的不同层次的要求。在社会主义新时期下，职业道德的培养具有非同一般的意义。它不仅关系到整个社会秩序的发展进步，而且对建设社会主义和谐社会，处理人与社会、人与人之间的关系，促进彼此间的和睦共处有着积极的作用。“像天葬师的职业就因其工作内容和工作性质的特殊性，而不同于其他职业的伦理道德，有着自己的要求和准则。他不光要求天葬师要有为人民服务的精神，同时也要求具备不贪财、不怕脏，主动为他人着想，具有责任感，秉持正义感等高尚的品格。因此，天葬师的职业道德对加强培养社会各行业就业人员的道德水平，突出本职业的特点，更好地为大众服务，并以此为根据强化和提升个体的精神境界，使之爱岗敬业的精神能在工作中指导实践，提高效能”①。

① 陈治著：职业伦理催生效能．湖北社会科学，2006(3).

（三）为当今社会中殡葬事业的改革提供了参考

受中国传统儒家文化 “百善孝为先”观念的影响及对“孝”观念的理解偏差，使得人们在某种程度上过分看重“送死”，甚至认为“送死”大于“养生”，人死后一定要坚持厚葬才算是做到了真的“孝”。因此，人们通常把大量的精力、财力都消耗在这方面，大建坟墓，大办丧事，铺张浪费，互相攀比，既浪费了社会资源，又败坏了社会风气，而最终沦为一种社会陋习和痼疾，妨碍社会的正常发展。

如今，随着我国进入市场经济体系，我国的殡葬服务行业业已高度经济化和市场化。成千上万的墓地费和天价的丧葬费让老百姓从看不起病、吃不起药进而成为死不起人。传统观念的影响和如今社会攀比之风的盛行，由厚葬思想带来的丧葬现象也已经越来越变味，越来越令人望而却步。从死者去世到举办筵席、购买陪葬品和装修墓室等完成一系列的丧葬程序，已经演变出了“天价丧葬费”的社会现象。百姓除了买房、看病、读书入不敷出外，如今，人死后的殡葬事务也成为一件费用不菲的事情。因此，如今民间流传着这样一段话：“生不起，剖腹一万五千几；读不起，选个学校三万起；住不起，一万多元一平方米；娶不起，没房没车谁嫁你？养不起，父母下岗儿下地；病不起，药费利润十倍起；活不起，一月辛劳一千几；死不起，火化下葬一万几。总结（八个大字）：求生不得，求死不能”。类似的现象在网页和报刊杂志上随处可见，也许其中不乏掺杂了夸张的成分，但这种说法确实也在某一层面上反映出了当前社会存在的社会现状。随着社会的发展进步，房价地价也随之一路飙升。因墓价居高不下，各种殡葬仪式费用高得吓人，确实让生者感觉死不起。目前，过高的房价已经让很多的老百姓买不起房子，只好几代人挤在狭小阴暗的陋室；很多的大学生因买不起房，聚集在城市各个角落的出租屋变成城市“蚁族”，开始了“蜗居”生活。在活人的住处都还没得到妥善解决之际，却因社会上厚葬习俗的盛行，致使我国的丧葬事业呈现出一派“欣欣向荣”的变态发展态势，高居不下的墓价和昂贵的丧葬费导致阴宅比阳宅地价高，“墓价超房价”的趋势无非又是给人们的当头一棒。

在市场经济条件下，作为一种事业，丧葬事业的扩大是无可厚非的。但是这种过多的重视送死的殡葬事业的“繁荣发展”不仅占用和浪费了社会资源，更造成社会财富的不正常、不公平分配，不符合社会发展要求。从这种现象背后折射出的是人们对丧葬文化的认识误区，反映出人们对社会资源的适当利用和人类自身发展问题的短视。面对这种问题，藏区天葬习俗为此提供了启示，藏族人那种来于自然，归于自然，不殉葬，不陪葬，“赤裸裸来去天地间”[①]的民族特性，使藏族人在去世后不会太多的去关注身后事，因此，也就没有像内地“天价丧葬费”的社会现象滋生。天葬葬俗是一次最彻底的回归自然，简简单单，不留坟墓，不树墓碑，不费钱财，不破坏环境，尽可能少地使死人占用宝贵的社会资源，杜绝社会资源的浪费。这种观念对于人们反思、认识当今社会的厚葬之歪风邪气，树立理性的丧葬观念，对于改革当前我国殡葬制度中存在的问题，有着重要且积极的启示意义。

（四）天葬习俗对社会关系的调试作用

在藏族的生活中，有着这样一种习俗，即喜事要等着人来请，丧事要自觉找上门去帮忙。在得知丧事消息后，邻近的村民不管有没有亲戚血缘关系，也无论生前来往密切与否，抑或有无宿怨，都会在得知噩耗的第一时间内赶往死者家里吊唁，并力所能及地为死者家属搭把手。远方的亲朋好友也会在得知消息后尽快地赶来吊丧。因此，天葬习俗不光是活者为死者举行的最后的道别仪式，而且，天葬习俗也可以强化村落或族群内部成员之间的往来和沟通。

在天葬习俗中，村落成员之间的分工特别明确，不同身份和年龄的人在葬礼中担任着相应的职责。其目的都是想尽自己最大的努力帮助死者家属尽快完成葬礼，好让死者早日往生净土，投胎转世。在送殡之际，每家每户至少要有一个男子按传统规定前来送葬，除非有特殊情况，不然任何人不得怠慢和回避，否则会受到社会舆论的谴责，并将在生活和交际中受到排斥和冷落。“在送葬过程中，哪怕是过去彼此间结过怨或者邻里不和的也要前来送葬，人们将此视为情操、人品和胸怀的衡量标准，作为一个正常人应具备的品质来看待。如果一个人完全局限于个人恩怨，对丧事无动于衷的话，那么相亲邻里就会嘲笑和鄙视他”[②]。在祈求保佑的祷词中，无论规模大小、形式简繁，开篇词都是祈请神灵保佑众生和解脱众生，而不是针对个人的。在意识深处，藏族人已经把自己和周围众生紧紧地联系在一起，表达了个人愿意为群体利益奉献的舍己为人的情怀。因此，藏区的天葬习俗不会是死者家属个体

---

① 高洁著：藏族天葬文化的伦理意义研究．西北民族大学研究生学位论文，2010 年 4 月．

② 阙阅著：藏族丧葬习俗的文化人类学分析，青海民族研究，2004（3）．

（单个）的活动，而是村民邻里间集体的活动事宜，特别是在只注重权势、利益的交流，而忽视人与人之间感情和思想交流的当今社会，天葬习俗无疑又是拉近人与人彼此间的距离，缓和紧张尴尬关系的一种良好的方式。天葬仪式的过程也是巩固和增进村落内部成员间团结一致意识的有效措施。

结语

虽然天葬在当今很多世人眼里是一种不太容易被人接受的葬俗，但是在藏区却被藏族视为最纯洁、最神圣的葬俗，在藏族的日常生活中扮演着极为重要的角色。它不仅对藏族的日常生活起着积极的意义，而且，天葬这种独具优越性的葬俗也对现代社会中人们生活的各方面提供着积极进步的启示作用。崇尚佛教的藏族自古就有放生和保护自然环境的习俗与观念。藏族人认为，人死后将尸体布施给那些本以其他小生命为食的动物后，它们就不会再去伤害那些小动物的生命，实为一种功德无量的善事。当今雪域高原已成为远离城市喧哗，适应野生动物生活的最后一方净土，这与佛教不杀生的教义和思想有着密切的联系。天葬提倡把尸体施舍给秃鹫、不留遗体、不修坟墓。因此，解决了中国社会人口多、土地相对紧缺的问题。从环境保护的角度来讲，天葬不仅是一种布施性的葬礼，亦是一种具有环保意识的葬法，对整个环境保护起着举足轻重的作用。天葬习俗中天葬师的职业道德，也对培养和加强社会各行业从业人员的道德素养做出了榜样。而且天葬习俗对当今社会产业中殡葬事业乱象滋生的改革和完善提供了参考对象。总之，优越于其他葬礼的天葬葬俗不仅将人与自然的关系更加紧密地联系起来，而且，也是使人与自然处于协调发展的一剂良方。它对提升全社会道德水平，加强道德修养，开创社会主义精神文明建设有着积极进步的催化作用。

（作者：泽仁卓玛，藏族中央民族大学藏学研究院2013级硕士研究生，藏族宗教文化方向）

（指导教师：干木滚）

汉藏佛教僧服色彩之比较

桑旦东知

一、概述作为物质文化的服饰

服饰作为物质文化体系中的一支，必定有自身的特点和与其他事物之间直接或间接的联系，僧服亦不例外。在此笔者将这一部分内容分成两个方面来做一下简单的概述，为之后具体论述僧服的色彩做一个大背景式的铺垫。

（一）表象的智慧，首提服饰文化

每一种事物都有自己的发展历史轨迹，服饰文化也不例外。它是伴随人类的需要而产生，也随着人类审美意识等因素的提高而异彩纷呈，甚至直接与当时的社会文化背景相联系，出现另一种层面的意义。因此，服饰文化也是复杂多变的。正如《服饰与伦理》一书中所说："服饰不仅与不同民族、不同时代的物质文明相联系，而且与不同民族、不同时代的精神文明相联系。当然，服饰也会被吸纳进一种制度文化当中，并给予新的解释，扮演不同的角色。"①虽然，服饰是以表象形式展现在我们眼前，对其外显的款式、质料、色彩等的研究固然是最基础的，但这还远远不够。我们还要进一步探析和认知的是其背后所蕴藏的一个民族精神生活和社会文化制度的发展变迁史。基于此，服饰可以称作人的第二皮肤，也可认为是时代的一面镜子。

（二）悲智的外显，后述释门服饰

世界三大宗教之一的佛教诞生于公元前6世纪的印度，如今，已成为一种世界性的宗教。笔者在此所要论述的不是堆积如山般的佛教经典，也不是各教各派的见解观点，而是作为一

① 华梅、王春晓编：服饰与伦理．北京：中国时代经济出版社，2001.2.

种物质文化范畴，作为三宝之一僧伽身上所穿之僧服。笔者将此段分为印度沙门服饰、汉地沙门服饰、藏地沙门服饰共三段，简述僧服在三地的发展变化史及其特点。

1. 印度沙门服饰

僧服的起源毫无疑问是在释迦牟尼时期的印度，首先就从文献当中考证印度佛教僧服发展的一条线索，最初的僧服为粪扫衣。据佛陀什、竺道生等所译《五分律》记载："诸比丘不知有几种粪扫衣，以是白佛。佛言：粪扫衣有十种：王受位时所弃故衣、冢间衣、覆冢衣、巷中衣、新嫁女所弃故衣、女嫁时显节操衣、产妇衣、牛嚼衣、鼠咬衣、火烧衣。"[①]从中我们可以得知最初的僧服比较简朴，有一种苦行僧式着装的特点。此后施主所施之衣被佛祖认同后，僧伽的服饰因为粪扫衣和施衣的各种款式等的不同而出现五花八门，甚至出现与外道无法区别的现象。因此，佛陀就规定了僧伽服饰的数量，继而出现了三衣。据《十诵律》记载："从今听三衣，不应少不应多，若少畜得突吉罗罪，若多畜得尼萨耆波逸提罪。"[②]那么，三衣是哪三衣？型制是怎样的？第一种是"五条衣"，梵语"安陀会"，第二种是"七条衣"，梵语"郁多罗僧"，第三种是"九条衣"，梵语"僧伽黎"。而在三衣之后，因为僧伽、僧尼的需要，又加了两衣，共称为"五衣"。据《大唐西域记》记载："沙门法服，唯有三衣及僧却崎、泥缚些（桑个反）那。三衣制裁，部执不同，或缘有宽狭、或叶有小大。僧却崎（唐言：掩腋。旧曰僧祇支，讹也），覆左肩，掩两腋，左开右合，长裁过腰。泥缚些那（唐言：裙。旧曰涅槃僧，讹也），既无带襻，其将服也，集衣为褶，束带以绦，褶则诸部各异，色乃黄赤不同。"[③]至此，我们就可以清晰地看到印度僧伽服饰的演变过程。

2. 汉地沙门服饰

汉地佛教僧服服饰在沿袭和吸取印度本土僧伽服饰的前提下，也因地理环境、民族习惯、传统文化的因素有了样式、色彩等方面的演化。在沿袭三衣为主的法衣外，汉地佛教的僧服派生出了自己独有的特色一常服。此后，后魏出现了偏衫，北魏出现斜披式僧服，后期则出现肩上半搭偏衫，东魏出现海青，唐代出现直裰，宋元明时代的常服沿袭此风。对此黄

---

①（南朝宋）佛陀什、竺道生等译：弥沙塞部和醯五分律（30卷）. 大正藏，第22册.

②（后秦）弗若多罗、罗什译：十诵律（第27卷）. 大正藏，第23册.

③（唐）玄奘译：大唐西域记（第2卷）. 大正藏，第51册.

向群在其论文《汉传佛教僧服款式色彩的演变》中有些涉及。总之，这种演化是佛教中国化的过程，是体现在物质文化（僧伽服饰）层面的与传统文化、观念习俗相融合的必然结果。

3. 藏地沙门服饰

藏地佛教僧服服饰亦如汉地佛教，在吸收和容纳印度僧服的前提下，形成了一些自己独有的特色。不仅每个教派之间的僧服在质料、色彩上有差异，教派内部也因各自身份地位的不同出现了差异。这种差异往往也违背了一些原典的戒律，但戒律因时而变，因地而异，不仅仅是藏传佛教，南北传佛教都有此类现象的存在。在此以格鲁巴为例，有三种特有的僧服，一为“堆嘎”（stod vgag）（坎肩），它的形成是在后弘期初期，这是藏区僧人所特有的上衣。其服装造型遵循佛祖对僧服必须露臂、服装不能繁杂、不佩戴饰品的要求，着装特点却反映出藏族传统的穿着习俗。另外有达甘(zla gam)、土瓦(thul ba)也是藏传佛教所特有的僧服。

综上所述，印度佛教在传入汉藏两地之后，僧服在款式、质料上都有一些变化。但需明白这不仅仅局限于两地，而是一种佛教在他土发展的一种必然性，从动态去了解一个文化的发展轨迹，不论是物质的还是精神的文化，能对我们更好的掌握其内在的本质有实质性的意义，佛教也不例外。

二、略析印、汉、藏三地僧服色彩之演变

僧服作为一种物质文化的范畴是看得见摸得着的事物，而其颜色就最直观地显现在我们的眼前。佛教传播到世界各地以后因地理环境、风俗习惯的差异而表现出不同的发展形态，比如从僧服的颜色上讲就是如此。印度多为赤色，藏地为暗红（赤色）黄色为主，汉地以青色最盛，日本则黑白兼有，而南传佛教基本上以橘黄色和暗红色为代表。虽然各地的僧服之色出现差异，并且很直观地显现，但要深入了解其色彩背后所蕴藏的内涵却非易事。考其内涵的前提务必要了解各地僧服色彩的发展历程和特点。因此，我把这一部分分为三个方面来写，需要声明的是，印度僧服之色虽非论文主题，但毕竟佛教滥觞之地为印度，为了论文在结构上有逻辑性与整体性，故于此论述。而后，以佛教传入的时间为顺序，依次论述汉地佛教和藏地佛教僧服色彩发展的历程和特点。

（一）印度僧服色彩之演变

根据不同的佛教律典我们可以知道，印度最初的僧服是以三色为主。据《摩诃僧祇律》记载："若比丘得新衣，当三种坏色。若一一坏色青、黑、木兰，若不坏色受用者，波夜提。"①不仅是《摩诃僧祇律》有此记载，从大藏经律典《十诵律》《四分律》《五分律》《根有部律》等对比也可明确知道除了名称上的一些不同外基本上就是此三色。见表如下：

律典中对袈裟用色规定的对比

	袈裟用色		
《摩诃僧祇律》	青	黑	木兰
《十诵律》	青	泥	茜
《四分律》	青	黑	木兰
《五分律》	青	黑	木兰
《根有部律》	青	泥	赤
《铜鍱律》	青	黑褐	泥

此后在部派佛教时期，出现了五部衣色，宋道城《释氏要览》记载："舍利弗问经云。摩诃僧祇部。勤学众经。宣讲真义。以处本居中。应著黄色衣。昙无德部。通达理味。开导利益。表发殊胜。应著赤色衣。萨婆多部。博通敏达。以导法化。应著皂色衣。迦叶弥部。精勤勇猛。摄护众生。应著木兰衣。弥沙塞部。禅思入微。究畅幽密。应著青色衣(谨按四分律云上色衣不得畜。当坏作迦沙色。今昙无德部。即四分所宗自著赤衣。是南方正色。与诸部皆竟违佛制。今试论之。以累见天竺来僧衣色证知皆似色也应是译人以坏色难名。故托指青黄赤皂等)。"②见表如下：

① (东晋) 佛陀跋陀罗译：摩诃僧祇律大比丘戒本（1卷）. 大正藏，第22册.

② (宋) 道诚：释氏要览（3卷）. 大正藏，第54册.

五部衣色表

摩诃僧祇部	黄色衣
昙无德部	赤色衣
萨婆多部	皂色衣
迦叶弥部	木兰衣
弥沙塞部	青色衣

如上所述，印度佛教发展到了部派佛教时期，各部在僧服的颜色上出现了不同，就如宋道城所言，昙无德部并非违律而穿了赤色僧服，而是由于译者难以表述那种混合之色，故就以赤色命名，其实不然。从现在来说，我们也很难辨别或给某种混合的颜色命名，只能说起大概，古代亦可能出现此种现象。再之后印度僧服之色虽有三色及混合之色，但木兰色较为普遍，葛英般在其博士论文中也有表述："至后世，重戒律者多着木兰色袈裟，故木兰衣又为律衣代称。"[①]因此，印度佛教总体上还是依据律典着僧服，包括其颜色也是如此。

（二）汉地僧服色彩之演变

要准确论述汉地佛教僧服色彩的演变，并非易事。因为我们无法像今天一样，从图片资料直接得知每个时期僧服之色发生过怎样的变化，只能从历史文献资料中找其线索，但需要声明的是，这里所论述之色，并不能代表一个时期的整体僧服之颜色，因为一些区域可能出现过个别不同的颜色，所以这里所述仅仅为一个大趋势或是主流性的现象。

佛教初传汉地是在公元1世纪左右，也就是在两汉（东汉）时期，据记载当时汉地沙门僧服的颜色为赤色（木兰色）。费泳在《中国佛教艺术中的佛衣样式研究》中引述《魏书·释老志》："汉世沙门，皆衣赤布，后乃以杂色。"[②]就可略知一二。两晋时期僧服之色也继承了两汉时期的传统，未有多大变动。《中国佛教艺术中的佛衣样式研究》中说道："宋元照《佛制比丘六物图》记载："木兰色，谓西蜀木兰，皮可染作赤黑色，古晋高僧多服此

① 葛英股：汉地佛教服饰文化研究．长春：吉林大学，2011.

② 费泳：中国佛教艺术中的佛衣样式研究．北京：中华书局，2014.

衣。”①到了南北朝时期汉地僧服之色发生了变化，但也还是沿袭着律典所规定的传统三色之一。据《佛祖历代通载》记载：“魏改太延。……时有僧惠琳者，以才学得幸于帝，与决政事，时号‘黑衣宰相’”。②僧惠琳所处的时代就是南朝时期，虽然仅从这一文献记载中很难了知，也无法确定当时僧服色之主流，但毫无疑问，黑色象征着一种地位。穿黑僧服者亦代表着在知识界，也就是佛教界的地位。可又根据《洛阳伽蓝记》记载，北魏有寺庙四万所，僧尼两百万。而北齐国都邺城则于出现“缁衣之众参半于平俗”的状况，黑衣人几与俗家人口平分秋色。③这一说法，我们就不得不承认北朝僧服之色以黑色为主流，继而也可知道南北朝僧服尚黑是一种普遍现象，但是在南朝除了高层僧侣外普通僧侣着不着黑僧服就是继续研究的问题了。

北朝后期，也就是在北周武帝时，僧服之色又有了改变。据《大宋僧史略》记载：“今秣陵比丘衣色仿西竺缁衣也。又后周忌闻黑衣之谶，悉屏黑色，著黄色衣，起于周也。”④

隋唐时期的僧服之色葛英颖在其博士论文中提到：“袈裟的颜色出现明显改变，则是在隋唐以后。由于朝廷政权的介入，尤其是通过金襕袈裟、赐紫、赐绯、赐黄等几个典型事件将世俗官服的颜色强加给僧服，使得袈裟在色相上显现出汉地所独有的风格特征。”⑤从中我们很容易看出这时的僧服在很大程度上没有遵循律典所制，其原因我们可说是政权的需要，因为武则天当政时期，为了使自己的统治找到理论的合理性全力提高佛教的地位，赐上述僧服也在当时为最盛。我们也可以假设这可能是因为隋唐时期汉地佛教发展到了最高峰，各个宗派相应而生，为了抬高自己宗派的影响力，不仅仅需要从理论层面，作为物质层面的僧服等都是可改造的对象，因此也就出现了僧服色的多样性。

五代后周和宋朝时期的僧服之色，因为缺乏相应的文献资料，因此仅能依据费泳在其著作中论述的一些只言片语，如：“五代后周服黄色，宋代幽州服正黑色。”⑥对比前朝唐代僧服之色加以判断，这时应该多着黄色，虽然黑色已在北周时被悉屏，但在根本上禁止也较

---

① 费泳：中国佛教艺术中的佛衣样式研究 . 北京：中华书局 . 2014.

② （元）念常：佛祖历代通载（第八卷）. 大正藏 . 第 49 册 .

③ 凤凰网：趣谈终结南北朝乱世的神秘预言 . 黑衣作天 [OL]。

④ （宋）赞宁：大宋僧史略（卷上）. 大正藏 . 第 54 册 .

⑤ 葛英殷：汉地佛教服饰文化研究 . 吉林：吉林大学 , 2011.

⑥ 费泳：中国佛教艺术中的佛衣样式研究 . 北京：中华书局 . 2014.

为困难。故而，宋代着黑也为一种常态。

元代蒙古人建立了横跨欧亚两洲的大帝国，此时藏传佛教在内地的地位因统治者的推崇达到了国教级别。因此，汉地佛教深受藏传佛教的影响也是合乎其理的，僧服颜色也亦可能受到藏传佛教的影响。这时多着黄色僧衣，根据葛英颖在其博士论文中引《山堂肆考》："僧旧着黑衣，元文宗宠爱僧欣笑隐，赐以黄衣，其徒后皆黄衣"①就可知晓。

到了明代僧服色彩有了比较严格的规定，据《明史》记载："洪武十四年，禅僧，茶褐常服，青绦玉色袈裟；讲僧，玉色常服，绿绦浅红袈裟；教僧，皂常服，黑绦浅红袈裟。"②之后的清朝时期汉地僧服之色应多为黑红色或紫黑色，图观·洛桑却吉尼玛所著《宗教源流史》中有简单的记载："以汉地之习俗，黄色为皇帝，红色为大臣所专属，当时的皇帝未把此两色为僧伽所着，汉俗视光其肤为羞，故流行着黑红色（紫黑色）短服，此后到汉地的藏地高僧都着藏地僧伽之袈裟，因当时为元帝王统治时期，故而特准。所以，直到现在汉地沙门所着僧服皆为黑红色（紫黑色smug chas），藏地僧伽则多为着黄红之色的风气各有所显。"③图观大师为清朝乾隆年间的佛学大师，因此其所述也应该比较真实可信。

汉地佛教僧服色彩之演变

两汉时期	赤色＝木兰色
两晋	赤色
南朝	黑色
北朝	黑色
北朝后期—北周	黄色
隋唐	紫色、绯色、黄色、白色
五代后周	黄色
宋	幽州之地为正黑色
元	黄色

① 葛英殷：汉地佛教服饰文化研究．吉林：吉林大学．2011.

②（清）张廷玉等：明史 第67卷〈志第四十三·舆服三〉.

③ 图官·洛桑却吉尼玛：宗教源流史．甘肃民族出版社出版．1984.

明	禅僧：茶褐常服、青绦玉色袈裟 讲僧：玉色常服、绿绦浅红袈裟 教僧：皂常服、黑绦浅红袈裟
清	黑红色、紫黑色

（三）藏地僧服色彩之演变

佛教何时传入藏地，学术界多有争论，但以官方的形式或传入上层阶级的时期多定位松赞干布时期。这时还没有藏人僧侣，多为从汉地过来的沙门。藏地僧服是伴随着藏地僧人的出现而存在的，而藏地首批僧侣出现的时间应为公元8世纪末，即藏王赤松德赞时期，出现“七觉士”以后，才有了藏族自己的僧团。当时七觉士所着之僧服在史料中难以考证，只能通过逻辑的推论来究其梗概。首先，我们得知道藏人所译之律典皆为“根本说一切有部”原始佛教之后出现的部派佛教，最初就是形成了以恪守世尊住世时期戒律的上座部和提倡以社会的变化而可以改变戒律的大众部。由此看出，当时七觉士所着之僧服应为三衣，色为三色之一。其次，从上述葛英股博士论文中提到过后世印度沙门所着多为木兰色，也就是赤色。而葛英股是根据唐僧的《大唐西域记》和义净之《南海寄归内法传》而下此定论。故而，我们也没有理由否定当时七觉士所着之僧服为赤色。到了9世纪赤祖德赞时期，藏地僧服之色有了变化，据《拔协》记载：“哪怕在一个普通人(俗人)身上看到一块黄色补丁，也要行礼。”①但这种改变，我认为不是整个僧服色彩的改变，而是三衣（可能当时因地理环境的原因，数量和款式上有所增加）当中的某一件之色为黄。因为从现在来看只有德高望重的活佛才能着全黄之僧服，当时也应该是少数具有很深厚学识的僧人才着黄色僧服。着黄之因，更登群培认为：“是为了与‘赞’与‘赞普’的红色服饰相区别。”②这一说法是可信的。因为苯教就有尚红的传统，虽然当时佛教在上层社会有了很高的地位，但是苯教文化对藏族人的影响是深入到了生活方式和精神价值层面的，一种外来文化想一时间改变这种文化惯性是不可能之事。因此，作为物质文化的服饰也一直沿袭着苯教时期的传统，即赞普着红。

① 佟锦华、黄布凡译注：拔塞囊：拔协（增补本）. 成都：四川民族出版社，1990. 62.

② 格桑曲批译，周季文校：更敦群培文集精要. 北京：中国藏学出版社. 1996. 135.

时间到了后弘期11—12世纪，僧服的颜色也应该没有多大的变化，李玉琴的《藏族服饰文化研究》中说道："这时，佛教开始与藏地本土宗教苯教相交融合并。藏族僧伽服色选择以红色为主的原因，很大成分是'根本说一切有部'的传承，但是也不能忽视藏族人自己在心理上存在着对红色的迷信和偏好，这种心理情感正是以苯教为中心的宗教土壤上培育出来的。"①上述所说之红色，也就是公元8世纪所着之赤色，不是完完全全的红色，而是红中带黑，藏语称为（ngur smig）。因为佛教在戒律中是不提倡正色，也就是大红大紫类的，故此，这一时期是一种传承与沿袭。之后，随着藏传佛教各教派的形成和发展，僧服也有了一些变化，比如噶举派着白色，格鲁派有尚黄的传统。有研究人员认为这一时期僧服之色的变化是和中央政府的服饰制度有着密切的关系，颜色亦是如此。但我不敢全部苟同，毕竟，内因才是文化发展之根本，通过阅读藏族宗教史我们可轻易地知道这种变化是有着内在的传承和特殊的文化意义，而不能仅仅从政治因素来分析。

14世纪宗喀巴大师及其弟子的出现，改变了之前佛教戒律松散、显密难合而不纯的现象，也使藏传佛教哲学思想达到了前所未有的巅峰时期，影响力之大，不仅远居各派之前，也深深地影响着从当时到现在藏族人的思维模式和生活方式。而恰恰也在此时，尚黄心理也一起和格鲁派发展达到了前所未有的高度，甚至教派之名也有"黄教"之说。但我们也应该记住，尚黄并不能代表整个僧服都是黄色的，就如前面所说，这也和僧人的地位、学识以及所学有着密切的联系。才旦夏茸大师指出"以重闻、思时身穿红色僧服，以修行禅定时则穿黄色袈裟"。②由此，我们可以知道，藏族僧伽服饰到了格鲁派时期，基本已经定型了，不仅从款式、布料，主要还是从颜色来说。普通僧人或是修显宗者大多以红色（暗红）为主，而高僧大德、活佛以及修密宗者就多着黄色僧服，并且沿袭至今。

藏地佛教僧服色彩之演变

前弘期	8世纪赤松德赞时期	赤色（木兰色）ngur smug
	9世纪赤祖德赞时期	黄色、赤色

① 李玉琴：藏族服饰文化研究．北京：人民出版社，2010.185.

② 才旦夏茸著：完玛冷智译．论藏传佛教各教派的命名．青海民族宗教工作．2002年．

后弘期	11—12 世纪	赤色（木兰色）ngur smug
	14 世纪	黄色、赤色

三、比较汉藏两地僧服色彩之演变和差异，考其社会历史地位

（一）汉地僧服色彩演变之因

与藏地僧服色彩的变化比较，我们可以看出汉地僧服之色在漫漫的历史长河中多有变化，而这种变化虽然与佛教律典以及地理环境等有着密切的联系，但这种变化更多地带有政治性。南朝僧人惠琳被统治者以服色称其官职，虽不能说黑衣为统治者亲赐，但毫无疑问一个僧人被封为宰相，加之用僧服之色来称其人，足见其政治倾向之大。唐朝时期，僧服之色就是通过统治者亲赐而有了变化。武则天赐金襕袈裟、赐紫、赐绯、赐黄就是完全以政治手段的介入而改变了僧服之色的事件。此后，元朝时期，元文宗赐黄衣，明朝时期更甚，在中国古代服饰文化领域里，色彩曾经长期被等级观念所禁锢，僧服亦不例外。而这种等级观念的形成就与中国古代的社会政治结构有着直接的关系。因此，有必要来分析中国古代的社会政治结构及特点，以及与传统文化之间的关系。

1. 中国古代的社会政治结构及特点，与传统文化之间的关系

从夏朝到清王朝上下四千年的社会政治史来说，社会虽发生变化，政权亦出现更替，但作为血缘关系为纽带的专制统治从未发生过动摇，《中国文化概论》一书中写道：“中国古代的社会政治结构至少有以下特点：第一，以血缘关系为纽带的宗法制度完备而系统。……第二，专制主义严密。”①前者构成一种“家国同构”的家族式统治，后者主要是指君主专制制度，其特点之一就是：以武力为先导，控制宗教势力，专制时间漫长。而作为宗教代表的僧侣集团，其生活方式，理论思想，包括上述所提的僧服之色也左右于专制统治者，根据《中华民族服饰文化》“不同朝代也各有崇尚，一般是夏黑、商白、周赤、秦黑、汉赤、唐服黄色、旗赤，到了明代，定以赤色为益”②的论述，我们就可知道每个朝代尚色之差异。

① 张岱年、方克立主编：中国文化概论．北京：北京师范大学出版社，2004.43.

② 韦荣慧主编：中华民族服饰文化．纺织工业出版社出版，1992.317.

因此，汉地佛教僧服之色多变现象的出现，在中国古代的社会政治结构中产生亦不足为奇。毕竟，宗教势力是依附于君主专制制度的。

这种社会政治结构与中国古代的传统文化之间有着怎样的关系？首先，需要说明的是，在这里所讲的传统文化是以中国的宗教宗法性传统和儒释道为线索来做论述。他们之间是一种辩证的关系，尤其是中国社会的专制性特征，导致了中国传统文化形成政治型范式，而传统文化又反作用于这种体制，维护和巩固君主专制制度。不论是“以天神崇拜和祖先崇拜为核心，以社稷、日月、山川等自然崇拜为翼羽，以其他多种鬼神崇拜为补充，……”[①]的宗法性传统宗教，还是儒释道。尤其是作为外来文化的佛教进入中国后，先是在社会功能上寻求协调（与国家社会政治结构），接着发展到教义上与儒、道相衔接。总之，中国的传统文化在其自身发展的漫漫历程中，扮演的角色自始至终都是为了能使自己生存，而竭尽全力去迎合当权者的需要。汉地僧服颜色的多变也可以从上述赐袈裟等现象看出，传统文化的地位自古以来都未能超越中国的社会政治结构而完全独立发展。为此，梁启超曾感慨道：“泰西之政治，常随学术思想为转移；中国之学术思想，常随政治为转移，此不可谓非学界之一缺点也。”[②]

2．从尚黄传统考汉传佛教的历史地位

汉藏两个民族都有尚黄的传统，但是这种尚黄观念的形成却各有差异，从这种差异中我们能可以了解两个民族的社会文化传统，也可窥见佛教在各自的社会文化环境当中所处的历史地位。

汉人尚黄最早的说法，应为《服饰与伦理》中所述：“中国古代黄色常常被看作是君权的象征。这首先起源于古代农业民族的‘敬土’思想。按中国的阴阳学说，黄色在五行中为土，这种土是在宇宙中央的‘中央土’，放在五行当中，‘土为尊’。此后这种思想又与儒家大一统思想杂糅在一起，认为以汉族为主体的统一王朝就是这样一个处于“中央土”的帝国，而有别于周边的‘四夷’，这样‘黄色’通过土就与‘正统’‘尊崇’联系起来，为君主的统治提供了‘合理性’的论证。”[③]从这种说法可以看到，尚黄之观念从敬土思想渐渐

① 牟钟鉴、张践著：中国宗教通史（上卷）．北京：中国社会科学出版社．2007.5.

② 梁启超、梁启超论中国文化史．北京：商务印书馆．2012.242.

③ 华梅、王春晓编著：服饰与伦理．北京：中国时代经济出版社．2010.43.

与中国的传统文化即儒家文化融合后，转变成维护君主专制制度的理论依据。可见，中国古代的政治因子几乎渗透在各个方面，并接受各方面供养，以维护专制统治。《服饰与伦理》论述到："从隋朝开始，文帝穿上了黄袍临朝，以后历朝也将黄色作为帝王专用色，不仅庶民不得使用，就连皇帝身边的重臣，也一律不准用黄色。唐高宗元年，就明确规定：臣民不许着黄。《元史·舆服志》载，元代曾明令庶人不得服赭黄，可见赭黄为帝后袍服的专用服色。明太祖登基之后，所颁布的第一条服饰禁令就是禁庶人服色用黄。到明代弘治十七年，再次申令'即柳黄、明黄、姜黄、诸色亦应禁之'。到清代时，统治者放开杏黄之禁，而将明黄作帝后专用服色。"[①]虽然汉地佛教僧服在发展过程中曾几次出现过着黄或崇黄的传统，当下汉地也有很多着黄僧服的沙门。但是，在汉族人的观念里，提到黄色，不会想起佛教，而会联想到帝王、王室等古代政治统治集团。此现象与藏人崇黄观念完全不同。由此可见，汉地佛教在中国古代的社会政治结构和文化环境当中，虽然经过两个世纪的冲突与融合成为了中国传统文化当中不可缺少的一部分，但是自始至终从未超越以宗法性传统宗教和儒家为代表的中国最古老的传统文化，且更不必说凌驾于以血缘关系为纽带的宗法制度和君主专制制度之上。

（二）藏地僧服色彩演变之因

从前文的图表中我们可以看到藏地僧服之色与汉地佛教的僧服相比，变化较少，更确切地说主色围绕着赤色和黄色。从13世纪左右各教派形成各自不同的僧服之色，但这里主要还是依据格鲁派僧服之色来做论述。

1.藏地僧服色彩演变的内外因

从内因而言，藏地所译之律典"皆为根本一部""有部之律典"，相对于汉地较全的律典来说藏地主要就依这部律典，所以，僧服之色也未曾发生过重大的变化。

而外因即从藏族社会政治结构来说，从始传到发展，佛教渐渐成为一种统治性的意识形态，到了十三世纪政教合一制度的建立，让佛教凌驾于政、经、文之上，其影响力几乎渗透到了藏族人生活的每一个角落。政治的渗透和控制固然是有，但宗教的（佛教）势力在历史长河当中所扮演的角色等于或超过政治势力，而有充足的空间和独立自主的发展空间。

① 华梅、王春晓编著：服饰与伦理．北京：中国时代经济出版社．2010.69—70.

2. 从尚黄传统考藏传佛教的历史地位

藏族人尚黄观念的形成，是否在苯教为主流的文化时期，因文献资料等因素所限，未能确定，故不敢妄下定论。但是尚红、尚白之传统在苯教时期就已存在。李玉琴在《藏传佛教僧伽服饰释义》中论述道："……藏族人自己在心理上存在着对红色的迷信和偏好，这种心理情感正是以苯教为中心的宗教土壤上培育出来的。……苯教有尚红的传统。在青藏高原的许多苯教遗迹中可以看到在陶片、石器上或装饰品上涂红的痕迹。"①而尚白自古皆有，其原因不是本文的重点，故不在此多加论述，如想了解可以参考陈笑鸥的硕士论文《藏族的色彩审美和藏族文化》。藏人的尚黄观念形成之始及发展历程，以及成为各色中最为尊贵的颜色，甚至超过白色和红色。

佛教在传入藏地之前，苯教作为藏族的本土文化深深影响着藏族人的生活方式和价值取向。公元7世纪佛教传入藏地后，据学者东噶·洛桑赤列在《论藏族政教合一》中，认为佛苯之间发生过三次冲突。第一次为松赞干布时期，但是影响力不是很大，没能动摇苯教的文化统治。之后是在公元8世纪即藏王赤松德赞时期发生过两次激烈的冲突。其结果，佛教获得了在藏地的至高话语权，苯教陷入低谷，这种至高话语权不是在民间而是在官方层面。这时藏地也出现了首批藏族僧伽"七觉士"，但所着之僧服为赤色。到了赤热巴巾时期，僧服之色就首次出现了黄色，详细已在上文引《拔协》所述而有论。这是不是藏人尚黄观念之滥觞，虽不能确切定论，但毫无疑问，尚黄随着佛教进入藏地而初露端倪。因为赤热巴巾崇佛在历代藏王中是最甚的，他以法律形式规定崇黄，影响力直至后世是很有可能的。

时间到了后弘期时期，由于内外等各个因素，佛教已完全取代苯教成为藏地的核心文化，尤其是政教合一制度的建立使佛教带上了很强的政治色彩。因其特点为政治、经济、文化都要依附并为宗教服务，宗教利益高于一切，所以形成了与汉地政治大于宗教的相反的发展形态。14世纪宗喀巴大师及弟子的出现，格鲁派迅猛发展，到了五世达赖喇嘛（格鲁派统治）时期成为藏地各教派当中最繁盛的一派，影响至今。因格鲁派崇黄（僧服、僧帽），黄色便演变为藏族人观念当中象征高贵、智慧、慈悲的颜色。直到今日，这种思想依然根深蒂固。藏地依然还有黄色是活佛、高僧所着之色，俗人不可乱着的观念，足见其影响力。这和汉族人观念当中着黄为帝王和君王之专属的观念有着明显的差异。从这种差异，我们就可了

① 李玉琴：藏传佛教僧伽服饰释义．西藏研究，2008 年 2 月第 1 期．87.

知，藏地尚黄观念是伴随着佛教的发展而深入人心，是佛教在藏地的社会文化环境中形成至高无上的地位的见证。

结语

作为服饰文化的一支，僧服是整个佛教最显现、最表象的客观存在，尤其是其色彩。从色彩的演变和差异研究佛教的论文并不多见，通过比较者更是少之又少。本文以色彩的演变为切入点，根据律典对印度僧服色彩的演变进行了一个概述，重点对汉藏两地僧服色彩的演变和差异做了较为完整的分析，并从各自不同的社会文化环境出发，解释出汉藏两地僧服之色形成差异的必然性和合理性，通过这种差异引申出汉藏佛教在各自不同文化环境当中所处的历史地位。但需要明白的是这里所说的地位不是一种好坏高低之分，亦不是要在汉藏佛教的比较中证明谁好谁坏，而通过是僧服的色彩从一个全新的角度，尝试去研究佛教文化在不同社会文化环境中的发展形态。

不论是汉传佛教，还是藏传佛教，虽然在历史的长河中形成了不同的发展形态和模式，但名异实同，殊途同归，异枝同根，源头皆为印度。不仅如此，两者还是中华文化不可分割的组成部分，在多元文化共融共存的背景下，各美其美，美美与共，为世界的和平，祖国的和谐，民族的团结发挥着不可替代的作用。

(作者：桑旦东知，藏族，中央民族大学藏学研究院14级硕士研究生，藏族宗教文化方向)
(指导教师：周拉)